변호사시험 및 각종 국가고시 대비

제7판

푸에테
로스쿨
민법

선택형 진도별 모의고사

변호사 **김남훈** 편저

Preface

제7판

본 교재에는 2026년 1월에 시행될 제15회 변호사시험을 대비하기 위하여, 윌비스 한림법학원에서 2025년 8월 13일부터 진행하는 민법 진도별 모의고사의 선택형 문제와 해설이 수록되어 있습니다.

진도별 모의고사의 선택형 문제와 해설은 분량이 적지 않기 때문에, 프린트 자료로 학습하면 강의에 대한 집중도와 복습의 효율성이 떨어집니다. 이러한 문제점을 해결하기 위하여 정식 교재로 출간하였습니다. 모의시험 시간에는 실전과 동일하게 편집된 문제로 실전과 동일한 환경에서 연습을 하고, 해설강의 시간에는 정식 출간된 교재로 강의를 수강할 수 있습니다.

민법 선택형 진도별 모의고사를 준비하기 위하여 제1회 변호사시험부터 2025년 6월 협의회 모의고사 문제까지 모든 지문을 풀어보고 분석하였습니다. 이에 더하여 변호사시험과 유사한 수준의 문제가 출제되고 있는 국가고시의 선택형 문제를 동일한 방법으로 분석하였습니다.

위와 같은 방법으로 철저하게 분석한 문제 중에서, 출제예상쟁점과 미기출 최신 판례 위주로 문제를 구성하였습니다. 2025년 6월까지 선고된 최신 판례를 반영하였고, 법학전문대학원의 민사재판실무에서 강의하는 판례도 지문으로 구성하였습니다. 특히 법학전문대학원 협의회 모의고사에서 출제되지 않은 판례까지 포함하였습니다.

여러분의 시간이 낭비되지 않도록 모든 지문의 선정에 최선을 다하였습니다. 따라서 예년과 동일하게 내년 시험에서도 다수의 지문이 동일 또는 유사하게 출제될 것입니다.

선택형 문제에 대한 해설에는 출제 지문의 근거가 된 판례를 수록하였고, [관련판례]와 [비교판례] 등을 정리하여 중요한 쟁점에 대하여 체계적인 이해가 될 수 있도록 하였습니다. 판례를 정확하게 이해하기 위하여 필요한 범위 내에서 [판결이유] 및 [관련조문]까지 정리하였고, [보충해설]도 수록하였습니다.

본 교재에 수록된 판례가 선택형 뿐만 아니라 사례형과 기록형에도 출제가 될 것입니다. 따라서 사례형과 기록형에 출제될 수 있는 판례들은 ★ [사례형·기록형]의 형식으로 표시하였습니다. 단순히 선택형만 대비하는 강의가 아니라, 하나의 판례를 선택형·사례형·기록형을 동시에 대비할 수 있도록 강의할 것입니다. 이러한 학습이 사례형과 기록형까지 동시에 대비할 수 있는 가장 효율적인 방법이기 때문입니다.

하루하루 최선을 다하여 자신의 미래를 준비하는 여러분들의 고득점 합격을 기원합니다. 저도 여러분들의 실력 향상과 고득점 합격을 위하여 문제 출제 및 강의에 최선을 다하겠습니다. 항상 늦은 원고이지만 강의 일정에 맞추어 출간될 수 있도록 애써 주시는 출판팀 원성일 수석님께 많은 감사의 말씀을 드립니다. 가장 최상의 상황에서 강의를 할 수 있도록 배려해 주시는 김지훈 원장님, 정문순 수석님, 강경민 대리님, 강초은 과장님께도 감사의 말씀을 드립니다.

2025년 8월

저자 김남훈 올림

Contents

▶ **PART 01 민법총칙** ◀

chapter 01   민법서론 / 2

chapter 02   권리의 주체 / 13

    제1절 **자연인** ·· 13
    제2절 **법인과 비법인** ··· 16

chapter 03   권리의 객체 / 23

chapter 04   권리의 변동 / 27

    제1절 **법률행위** ·· 27
    제2절 **의사표시** ·· 38
    제3절 **법률행위의 대리** ··· 48
    제4절 **법률행위의 무효와 취소** ·· 63
    제5절 **조건과 기한** ··· 65

chapter 05   기 간 / 69

chapter 06   소멸시효 / 70

PART 02 물권법

chapter 01 물권의 변동 / 94

제1절 부동산물권의 변동 ·········· 94
제2절 동산물권의 변동 ·········· 100
제3절 물권의 소멸 ·········· 102

chapter 02 기본물권 / 105

제1절 점유권 ·········· 105
제2절 소유권 ·········· 114
    제1관 취득시효 ·········· 114
    제2관 첨부 ·········· 118
    제3관 소유권에 기한 물권적 청구권 ·········· 122
    제4관 공동소유 ·········· 129
    제5관 명의신탁 ·········· 138

chapter 03 용익물권 / 151

제1절 지상권 ·········· 151
제2절 전세권 ·········· 155

Contents

chapter 04 담보물권 / 162

- 제1절 **유치권** ··· 162
- 제2절 **질권** ··· 171
- 제3절 **저당권** ··· 177
- 제4절 **비전형담보물권** ··· 199

▸ PART 03 채권총론 ◂

chapter 01 채권의 목적 / 212

chapter 02 채권의 효력 / 217

- 제1절 **채무불이행과 손해배상** ································· 217
- 제2절 **책임재산의 보전** ··· 238
  - 제1관 채권자대위권 ··· 238
  - 제2관 채권자취소권 ··· 260

chapter 03 다수당사자의 채권관계 / 291

- 제1절 **불가분채권관계** ··· 291
- 제2절 **연대채무** ··· 293
- 제3절 **보증채무** ··· 299

chapter 04 채권양도와 채무인수 / 308

제1절 채권양도 ·· 308
제2절 채무인수 ·· 322

chapter 05 채권의 소멸 / 328

제1절 변제 ·· 328
제2절 상계 ·· 345
제3절 기타소멸사유 ·· 352

▶ PART 04 채권각론 ◀

chapter 01 계약총론 / 356

제1절 계약의 성립 ··· 356
제2절 계약의 효력 ··· 360
제3절 계약의 해제와 해지 ·· 378

chapter 02 계약각론 / 393

제1절 증여 ·· 393
제2절 매매 ·· 397
제3절 소비대차 · 사용대차 ·· 406
제4절 임대차 ··· 409
제5절 도급 ·· 439
제6절 임치 ·· 444
제7절 조합 ·· 446

Contents

chapter 03 법정채권관계 / 454

제1절 사무관리 ·· 454
제2절 부당이득 ·· 456
제3절 불법행위 ·· 470

▸ **PART 05 친족법** ◂

▸ **PART 06 상속법** ◂

▸ **PART 07 판례색인** ◂

제1편 민법총칙

- 제1장 **민법서론**
- 제2장 **권리의 주체**
- 제3장 **권리의 객체**
- 제4장 **권리의 변동**
- 제5장 **기 간**
- 제6장 **소멸시효**

CHAPTER 01 민법서론

001 /관습법과 사실인 관습/

관습법과 사실인 관습에 관한 다음 설명 중 틀린 것을 모두 고른 것은? (다툼이 있는 경우에는 판례에 의함)

> (가) 관습법은 법원으로서 법령과 같은 효력을 갖는 관습이므로 법령에 저촉되는지 여부와 무관하게 법칙으로서의 효력이 있고, 사실인 관습은 법령으로서의 효력이 없는 단순한 관행으로서 법률행위 당사자의 의사를 보충하는 것이다.
>
> (나) 민법이나 그 밖의 법률에 동물에 대하여 권리능력을 인정하는 규정이 없고 이를 인정하는 관습법도 존재하지 아니하므로, 동물 자체가 위자료 청구권의 귀속주체가 된다고 할 수 없다. 또한 현행 민법이 시행되기 전에 호주 아닌 기혼의 장남이 직계비속 없이 사망한 경우 그 재산은 처가 상속하는 것이 우리나라의 관습이었다.
>
> (다) 현행 민법 시행 후 임야를 비롯한 토지의 소유권 개념 및 사유재산제도가 확립되고 토지의 경제적인 가치가 상승함에 따라 토지 소유자의 권리의식이 향상되고 보호의 필요성이 커졌으며, 또한 상대적으로 매장을 중심으로 한 장묘문화가 현저히 퇴색함에 따라, 토지소유자의 승낙 없이 무단으로 설치된 분묘까지 취득시효에 의한 분묘기지권을 관습으로 인정하였던 사회적·문화적 기초는 상실되었고 이러한 관습은 전체 법질서와도 부합하지 않게 되었다.
>
> (라) 일상생활에 있어서의 일종의 경험칙에 속하는 사실인 관습은 그 유무를 판단하는 것이 재판의 전제가 된 경우에 법관이 스스로의 직권에 의하여 판단할 수 없고, 당사자의 주장이 필요하므로 변론주의가 적용된다.
>
> (마) 관습법은 법원이 직권으로 확정하여야 하고 사실인 관습은 당사자가 주장·입증하여야 하나, 법원이 관습의 존부 자체를 알 수 없는 경우에는 당사자가 이를 주장·입증할 필요가 있다.

① (가), (나), (다)　　② (가), (다), (라)　　③ (가), (라), (마)
④ (나), (다), (라)　　⑤ (다), (라), (마)

해설

(가) [✗] 관습법이란 사회의 거듭된 관행으로 생성한 사회생활규범이 사회의 법적 확신과 인식에 의하여 법적 규범으로 승인·강행되기에 이른 것을 말하고, 사실인 관습은 사회의 관행에 의하여 발생한 사회생활규범인 점에서 관습법과 같으나 사회의 법적 확신이나 인식에 의하여 법적 규범으로서 승인된 정도에 이르지 않은 것을 말하는 바, 관습법은 바로 법원으로서 법령과 같은 효력을 갖는 관습으로서 법령에 저촉되지 않는 한 법칙으로서의 효력이 있는 것이며, 이에 반하여 사실인 관습

㈎ 은 법령으로서의 효력이 없는 단순한 관행으로서 법률행위의 당사자의 의사를 보충함에 그치는 것이다(대법원 1983. 06. 14. 선고 80다3231 판결).

㈏ [O] 동물의 생명보호, 안전 보장 및 복지 증진을 꾀하고 동물의 생명 존중 등 국민의 정서를 함양하는 데에 이바지함을 목적으로 한 동물보호법의 입법 취지나 그 규정 내용 등을 고려하더라도, 민법이나 그 밖의 법률에 동물에 대하여 권리능력을 인정하는 규정이 없고 이를 인정하는 관습법도 존재하지 아니하므로, 동물 자체가 위자료 청구권의 귀속주체가 된다고 할 수 없다. 그리고 이는 그 동물이 애완견 등 이른바 반려동물이라고 하더라도 달리 볼 수 없다(대법원 2013. 04. 25. 선고 2012다118594 판결). 현행 민법이 시행되기 전에 호주 아닌 기혼의 장남이 직계비속 없이 사망한 경우 그 재산은 처가 상속하는 것이 우리나라의 관습이었다(대법원 2015. 01. 29. 선고 2014다205683 판결).

㈐ [X] ㈎ 대법원은 분묘기지권의 시효취득을 우리 사회에 오랜 기간 지속되어 온 관습법의 하나로 인정하여, 20년 이상의 장기간 계속된 사실관계를 기초로 형성된 분묘에 대한 사회질서를 법적으로 보호하였고, 민법 시행일인 1960. 1. 1.부터 50년 이상의 기간 동안 위와 같은 관습에 대한 사회 구성원들의 법적 확신이 어떠한 흔들림도 없이 확고부동하게 이어져 온 것을 확인하고 이를 적용하여 왔다. 대법원이 오랜 기간 동안 사회 구성원들의 법적 확신에 의하여 뒷받침되고 유효하다고 인정해 온 관습법의 효력을 사회를 지배하는 기본적 이념이나 사회질서의 변화로 인하여 전체 법질서에 부합하지 않게 되었다는 등의 이유로 부정하게 되면, 기존의 관습법에 따라 수십 년간 형성된 과거의 법률관계에 대한 효력을 일시에 뒤흔드는 것이 되어 법적 안정성을 해할 위험이 있으므로, 관습법의 법적 규범으로서의 효력을 부정하기 위해서는 관습을 둘러싼 전체적인 법질서 체계와 함께 관습법의 효력을 인정한 대법원판례의 기초가 된 사회 구성원들의 인식·태도나 사회적·문화적 배경 등에 의미 있는 변화가 뚜렷하게 드러나야 하고, 그러한 사정이 명백하지 않다면 기존의 관습법에 대하여 법적 규범으로서의 효력을 유지할 수 없게 되었다고 단정하여서는 아니 된다. ㈏ 우선 2001. 1. 13.부터 시행된 장사 등에 관한 법률(이하 개정 전후를 불문하고 '장사법'이라 한다)의 시행으로 분묘기지권 또는 그 시효취득에 관한 관습법이 소멸되었다거나 그 내용이 변경되었다는 주장은 받아들이기 어렵다. 2000. 1. 12. 법률 제6158호로 매장 및 묘지 등에 관한 법률을 전부 개정하여 2001. 1. 13.부터 시행된 장사법[이하 '장사법(법률 제6158호)'이라 한다] 부칙 제2조, 2007. 5. 25. 법률 제8489호로 전부 개정되고 2008. 5. 26.부터 시행된 장사법 부칙 제2조 제2항, 2015. 12. 29. 법률 제13660호로 개정되고 같은 날 시행된 장사법 부칙 제2조에 의하면, 분묘의 설치기간을 제한하고 토지 소유자의 승낙 없이 설치된 분묘에 대하여 토지 소유자가 이를 개장하는 경우에 분묘의 연고자는 토지 소유자에 대항할 수 없다는 내용의 규정들은 장사법(법률 제6158호) 시행 후 설치된 분묘에 관하여만 적용한다고 명시하고 있어서, 장사법(법률 제6158호)의 시행 전에 설치된 분묘에 대한 분묘기지권의 존립 근거가 위 법률의 시행으로 상실되었다고 볼 수 없다. 또한 분묘기지권을 둘러싼 전체적인 법질서 체계에 중대한 변화가 생겨 분묘기지권의 시효취득에 관한 종래의 관습법이 헌법을 최상위 규범으로 하는 전체 법질서에 부합하지 아니하거나 정당성과 합리성을 인정할 수 없게 되었다고 보기도 어렵다. 마지막으로 화장률 증가 등과 같이 전통적인 장사방법이나 장묘문화에 대한 사회 구성원들의 의식에 일부 변화가 생겼더라도 여전히 우리 사회에 분묘기지권의 기초가 된 매장문화가 자리 잡고 있고 사설묘지의 설치가 허용되고 있으며, 분묘기지권에 관한 관습에 대하여 사회 구성원들의 법적 구속력에 대한 확신이 소멸하였다거나 그러한 관행이 본질적으로 변경되었다고 인정할 수 없다. ㈐ 그렇다면 타인 소유의 토지에 분묘를 설치한 경우에 20년간 평온, 공연하게 분묘의 기지를 점유하면 지상권과 유사한 관습상의 물권인 분묘기지권을 시효로 취득한다는 점은 오랜 세월 동안 지속되어 온 관습 또는 관행으로서 법적 규범으로 승인되어 왔고, 이러한 법적 규범이 장사법(법률 제6158호) 시행일인 2001. 1. 13. 이전에 설치된 분묘에 관하여 현재까지 유지되고 있다고 보아야 한다(대법원 2017. 1. 19. 선고 2013다17292 전원합의체 판결). **[보충해설]** 지문의 내용은 위 대법원 전원합의체의 반대의견의 내용이다.

㈑ [X] 사실인 관습은 일상생활에 있어서의 일종의 경험칙에 속하는 것으로 그 유무를 판단함에는 당사자의 주장이나 입증에 구애됨이 없이 법관 스스로의 직권에 의하여 이를 판단할 수 있다 할 것인 바 피고 공사가 애당초 평균임금의 개념에 상여금이 포함되지 않음을 전제로 하여 퇴직금 규정을 제정하고 이것이 그 후 사실인 관습으로 확립되었다 함은 이를 인정할 수 없다(대법원 1977. 04. 12. 선고 76다1124 판결).

㈒ [O] [1] 법령과 같은 효력을 갖는 관습법은 당사자의 주장·입증을 기다림이 없이 법원이 직권으로 이를 확정하여야 하고 사실인 관습은 그 존재를 당사자가 주장·입증하여야 하나, 관습은 그 존부 자체도 명확하지 않을 뿐만 아니라 그 관습이 사회의 법적 확신이나 법적 인식에 의하여 법적 규범으로까지 승인되었는지의 여부를 가리기는 더욱 어려운 일이므로, 법원이 이를 알 수 없는 경우 결국은 당사자가 이를 주장·입증할 필요가 있다. [2] 사실인 관습은 사적 자치가 인정되는 분야 즉 그 분야의 제정법이 주로 임의규정일 경우에는 법률행위의 해석기준으로서 또는 의사를 보충하는 기능으로서 이를 재판의 자료로 할 수 있을 것이나 이 이외의 즉 그 분야의 제정법이 주로 강행규정일 경우에는 그 강행규정 자체에 결함이 있거나 강행규정 스스로가 관습에 따르도록 위임한 경우 등 이외에는 법적 효력을 부여할 수 없다(대법원 1983. 06. 14. 선고 80다3231 판결).

정답 ②

002 / 사정변경의 원칙 /
사정변경의 원칙과 관련하여 판례의 견해로 옳은 것을 모두 고른 것은?

> 가) 경제상황 등의 변동으로 당사자에게 손해가 생기더라도 합리적인 사람의 입장에서 사정변경을 예견할 수 있었다면 사정변경을 이유로 계약을 해제할 수 없다. 그러나 계속적 계약에서는 계약의 체결 시와 이행 시 사이에 간극이 크기 때문에 당사자들이 예상할 수 없었던 사정변경이 발생할 가능성이 높다. 따라서 이러한 경우에는 경제적 상황의 변화로 당사자에게 불이익이 발생했다는 것만으로도 계약을 해지할 수 있다.
>
> 나) 경제상황 등의 변동으로 당사자에게 손해가 생겼다면, 합리적인 사람의 입장에서 사정변경을 예견할 수 있었더라도 사정변경을 이유로 계약을 해제할 수 있다.
>
> 다) 회사의 이사가 회사의 채무에 보증을 한 후 이사직을 그만둔 경우 사정변경을 이유로 보증계약을 해지할 수 있는 것은 불확정채무 보증에 한하며, 확정채무의 보증인 경우 사정변경을 이유로 보증계약을 해지할 수는 없다.
>
> 라) 회사의 이사가 계속적 채무에 보증을 한 경우 이사직을 사임하였다면 그가 주주나 감사의 지위를 유지하는 등의 관계는 존속하더라도 사정변경을 이유로 보증계약을 해지할 수 있다.
>
> 마) 회사의 임직원으로 있으면서 회사의 계속적 거래로 인한 채무에 대해 계속적 보증을 한 경우 보증계약에서 보증기간을 정하였더라도 보증인의 회사퇴사와 같은 중대한 사정변경의 경우에는 보증계약의 해지권을 인정할 수 있다.
>
> 바) 甲이 주택건설사업을 위한 견본주택 건설을 목적으로 임대인 乙과 토지에 관하여 임대차계약을 체결하면서 임대차계약서에 특약사항으로 위 목적을 명시하였는데, 지방자치단

청장으로부터 가설건축물 축조신고 반려통보 등을 받아 견본주택을 건축할 수 없게 되자, 甲이 乙을 상대로 임대차계약의 해지 및 임차보증금 반환을 구한 경우, 위 임대차계약은 甲의 해지통보로 해지되므로, 乙이 甲에게 임대차보증금을 반환할 의무가 있다.

① 가), 나), 다) ② 나), 다), 바) ③ 다), 마), 바)
④ 가), 라), 마) ⑤ 다), 라), 마)

해설

가) [X] [1] 계약 성립의 기초가 된 사정이 현저히 변경되고 당사자가 계약의 성립 당시 이를 예견할 수 없었으며, 그로 인하여 계약을 그대로 유지하는 것이 당사자의 이해에 중대한 불균형을 초래하거나 계약을 체결한 목적을 달성할 수 없는 경우에는 계약준수 원칙의 예외로서 사정변경을 이유로 계약을 해제하거나 해지할 수 있다. 여기에서 말하는 사정이란 당사자들에게 계약 성립의 기초가 된 사정을 가리키고, 당사자들이 계약의 기초로 삼지 않은 사정이나 어느 일방당사자가 변경에 따른 불이익이나 위험을 떠안기로 한 사정은 포함되지 않는다. 경제상황 등의 변동으로 당사자에게 손해가 생기더라도 합리적인 사람의 입장에서 사정변경을 예견할 수 있었다면 사정변경을 이유로 계약을 해제할 수 없다. 특히 계속적 계약에서는 계약의 체결 시와 이행 시 사이에 간극이 크기 때문에 당사자들이 예상할 수 없었던 사정변경이 발생할 가능성이 높지만, 이러한 경우에도 위 계약을 해지하려면 경제적 상황의 변화로 당사자에게 불이익이 발생했다는 것만으로는 부족하고 위에서 본 요건을 충족하여야 한다(대법원 2017. 6. 8. 선고 2016다249557 판결).

나) [X] 계약 성립의 기초가 된 사정이 현저히 변경되고 당사자가 계약 성립 당시 이를 예견할 수 없었으며, 그로 인하여 계약을 그대로 유지하는 것이 당사자의 이해에 중대한 불균형을 초래하거나 계약을 체결한 목적을 달성할 수 없는 경우에는 계약준수 원칙의 예외로서 사정변경을 이유로 계약을 해제하거나 해지할 수 있다. 여기에서 말하는 사정이란 당사자에게 계약 성립의 기초가 된 사정을 가리키고, 당사자가 계약의 기초로 삼지 않은 사정이나 어느 일방당사자가 변경에 따른 불이익이나 위험을 떠안기로 한 사정은 포함되지 않는다. 경제상황 등의 변동으로 당사자에게 손해가 생기더라도 합리적인 사람의 입장에서 사정변경을 예견할 수 있었다면 사정변경을 이유로 계약을 해제할 수 없다(대법원 2020. 5. 14. 선고 2016다12175 판결).

다) [O] 사정변경을 이유로 보증계약을 해지할 수 있는 것은 포괄근보증이나 한정근보증과 같이 채무액이 불확정적이고 계속적인 거래로 인한 채무에 대하여 보증한 경우에 한하고, 회사의 이사로 재직하면서 보증 당시 그 채무가 특정되어 있는 확정채무에 대하여 보증을 한 후 이사직을 사임하였다 하더라도 사정변경을 이유로 보증계약을 해지할 수 없는 것이다(대법원 1994. 12. 27. 선고 94다46008 판결).

라) [X] 단순한 고용직 이사가 아니라 회사의 대주주로서 이사로 취임한 이래 부사장 등의 직책을 맡아 회사의 경영에 관여해 오던 자가 회사 경영진 내부의 마찰이 있는데다가 다른 회사 경영에 전념하기 위하여 이사직을 사임함과 동시에 다시 감사로 취임하여 재직하면서 주주의 지위는 계속 보유하고 있었다면, 그가 이사직을 사임하였다고 하여 그것만으로 회사와의 신뢰관계가 깨어져 사회통념상 그가 이사재직시 회사를 위하여 체결한 포괄근보증계약을 유지케 함이 바람직하지 못하게 되었다고 보기 어렵고, 또한 그가 보증인이 된 것이 오로지 이사의 지위에 있었기 때문에 부득이 한 것이라고 볼 수도 없으므로, 이와 같은 상황에서 이사의 지위에서 사임하였다는 사유를 내세워 그 보증계약을 일방적으로 해지할 수 없다고 본 원심판결을 수긍한 사례(대법원 1995. 04. 25. 선고 94다37073 판결).

마) [O] 회사의 임원이나 직원의 지위에 있기 때문에 회사의 요구로 부득이 회사와 제3자 사이의 계속적 거래로 인한 회사의 채무에 대하여 보증인이 된 자가 그 후 회사로부터 퇴사하여 임원이나 직원의 지위를 떠난 때에는 보증계약 성립 당시의 사정에 현저한 변경이 생긴 경우에 해당하므로 사정변경을 이유로 보증계약을 해지할 수 있다고 보아야 하며, 위 계속적 보증계약에서 보증기간을 정하였다고 하더라도 그것이 특히 퇴사 후에도 보증채무를 부담키로 특약한 취지라고 인정되지 않는 한 위와 같은 해지권의 발생에 영향이 없다(대법원 1990. 2. 27. 선고 89다카1381 판결).

바) [O] [1] 계약 성립의 기초가 된 사정이 현저히 변경되고, 당사자가 계약의 성립 당시 이를 예견할 수 없었으며, 그로 인하여 계약을 그대로 유지하는 것이 당사자의 이해에 중대한 불균형을 초래하거나 계약을 체결한 목적을 달성할 수 없는 경우에는 계약준수 원칙의 예외로서 사정변경을 이유로 계약을 해제하거나 해지할 수 있다. [2] 갑이 주택건설사업을 위한 견본주택 건설을 목적으로 임대인 을과 토지에 관하여 임대차계약을 체결하면서 임대차계약서에 특약사항으로 위 목적을 명시하였는데, 지방자치단체장으로부터 가설건축물 축조신고 반려통보 등을 받고 위 토지에 견본주택을 건축할 수 없게 되자, 갑이 을을 상대로 임대차계약의 해지 및 임차보증금 반환을 구한 사안에서, 견본주택 건축은 위 임대차계약 성립의 기초가 된 사정인데, 견본주택을 건축할 수 없어 갑이 임대차계약을 체결한 목적을 달성할 수 없게 되었고, 위 임대차계약을 그대로 유지하는 것은 갑과 을 사이에 중대한 불균형을 초래하는 경우에 해당하므로, 위 임대차계약은 갑의 해지통보로 적법하게 해지되었고, 을이 갑에게 임대차보증금을 반환할 의무가 있다고 한 사례(대법원 2020. 12. 10. 선고 2020다254846 판결).

정답 ③

003 / 실효의 원칙 /

실효의 원칙에 관한 판례의 태도로 틀린 것을 모두 고르면?

가) 판례는 실효의 법리를 신의칙에 바탕을 둔 파생원리로서 인정하며, 사법관계뿐만 아니라 공법관계 가운데 관리관계 외에 권력관계에도 적용할 수 있다고 한다.

나) 권리를 행사할 수 있음에도 불구하고 오랫동안 행사하지 않으면 이를 이유로 특별한 사유가 없는 권리행사를 할 수 없다는 것이 실효의 원칙이며, 따라서 토지소유자가 그 점유자에 대하여 부당이득반환청구권을 장기간 적극적으로 행사하지 아니하였다는 사정이 있다면 소유자의 부당이득반환청구권이 실효의 원칙에 따라 소멸하였다고 보아야 한다.

다) 소송법상의 권리에 대하여도 실효의 원칙은 적용될 수 있다.

라) 해제권 등 형성권에도 실효의 원칙을 적용한다.

마) 고용관계 등 근로자의 지위를 둘러싼 분쟁에는 실효의 원칙이 더욱 적극적으로 적용되어야 한다.

① 가), 나) ② 다), 라) ③ 가), 마)
④ 나), 마) ⑤ 나)

> 해설

가) [O] 실권 또는 실효의 법리는 법의 일반원리인 신의성실의 원칙에 바탕을 둔 파생원칙인 것이므로 공법관계 가운데 관리관계는 물론이고 권력관계에도 적용되어야 함을 배제할 수는 없다 하겠으나 그것은 본래 권리행사의 기회가 있음에도 불구하고 권리자가 장기간에 걸쳐 그의 권리를 행사하지 아니하였기 때문에 의무자인 상대방은 이미 그의 권리를 행사하지 아니할 것으로 믿을 만한 정당한 사유가 있게 되거나 행사하지 아니할 것으로 추인케 할 경우에 새삼스럽게 그 권리를 행사하는 것이 신의성실의 원칙에 반하는 결과가 될 때 그 권리행사를 허용하지 않는 것을 의미한다(대법원 1988. 4. 27. 선고 87누915 판결).

나) [X] [1] 권리자가 장기간에 걸쳐 그 권리를 행사하지 아니하여 새삼스럽게 그 권리를 행사하는 것이 신의성실의 원칙에 위반되어 허용되지 아니한다고 하려면, 의무자인 상대방이 더 이상 권리자가 그 권리를 행사하지 아니할 것으로 믿을 만한 정당한 사유가 있어야 한다. [2] <u>토지소유자가 그 점유자에 대하여 부당이득반환청구권을 장기간 적극적으로 행사하지 아니하였다는 사정만으로는 부당이득반환청구권이 이른바 실효의 원칙에 따라 소멸하였다고 볼 수 없다고 한 사례</u>(대법원 2002. 1. 8. 선고 2001다60019 판결).

다) [O] 실효의 원칙이라 함은 권리자가 장기간에 걸쳐 그 권리를 행사하지 아니함에 따라 그 의무자인 상대방이 더 이상 권리자가 권리를 행사하지 아니할 것으로 신뢰할 만한 정당한 기대를 가지게 된 경우에 새삼스럽게 권리자가 그 권리를 행사하는 것은 법질서 전체를 지배하는 신의성실의 원칙에 위반되어 허용되지 아니한다는 것을 의미하고, <u>항소권과 같은 소송법상의 권리에 대하여도 이러한 원칙은 적용될 수 있다</u>(대법원 1996. 07. 30. 선고 94다51840 판결).

라) [O] 일반적으로 권리의 행사는 신의에 좇아 성실히 하여야 하고 권리는 남용하지 못하는 것이므로, 해제권을 갖는 자가 상당한 기간이 경과하도록 이를 행사하지 아니하여 상대방으로서도 이제는 그 권리가 행사되지 아니할 것이라고 신뢰할 만한 정당한 사유를 갖기에 이르러 그 후 새삼스럽게 이를 행사하는 것이 법질서 전체를 지배하는 신의성실의 원칙에 위반하는 것으로 인정되는 결과가 될 때에는 이른바 <u>실효의 원칙에 따라 그 해제권의 행사가 허용되지 않는다고 보아야 할 것이다</u>(대법원 1994. 11. 25. 선고 94다12234 판결).

마) [O] 사용자와 근로자 사이의 고용관계(근로자의 지위)의 존부를 둘러싼 노동분쟁은, 그 당시의 경제적 정세에 대처하여 최선의 설비와 조직으로 기업활동을 전개하여야 하는 사용자의 입장에서는 물론, 임금 수입에 의하여 자신과 가족의 생계를 유지하고 있는 근로자의 입장에서도 신속히 해결되는 것이 바람직하므로 <u>실효의 원칙이 다른 법률관계에 있어서보다 더욱 적극적으로 적용되어야 할 필요가 있다</u>(대법원 1992. 01. 21. 선고 91다30118 판결).

정답 ⑤

004 / 신의칙 /

신의성실의 원칙이나 권리남용금지의 원칙에 관한 판례의 설명으로 틀린 것은?

① 공매절차에서 점유자의 유치권 신고 사실을 알고 부동산을 매수한 자가 그 점유를 침탈하여 유치권을 소멸시키고 나아가 고의적으로 점유를 제3자에게 이전하여 유치권자의 확정판결에 기한 점유회복을 곤란하게 함으로써 유치권자가 현재까지 점유회복을 하지 못한 사실을 내세워 유치권이 소멸되었음을 이유로 유치권자를 상대로 적극적으로 유치권부존재확인을 구하는 것은 권리남용으로 되어 허용되지 않는다고 보아야 한다.

② 계약의 일방 당사자는 신의성실의 원칙상 상대방에게 계약의 효력에 영향을 미치거나 상대방의 권리 확보에 위험을 가져올 수 있는 사정 등을 미리 고지할 의무가 있다. 특히 계속적 계약의 일방 당사자가 고도의 기술이 집약된 제품을 대량으로 생산하는 제조업자이고 상대방이 소비자라면 정보 불균형으로 인한 부작용을 해소하기 위해 제조업자에 대하여 위와 같은 고지의무를 인정할 필요가 더욱 크다.

③ 원고가 제1심에서는 이사회의 소집절차가 적법함을 전제로 한 주장을 하였다가 원심에 이르러서는 그 소집절차에 하자가 있었다고 주장하였다고 하더라도, 그러한 주장이 금반언의 원칙이나 신의성실의 원칙에 반한다고 할 수 없다.

④ 어떤 토지가 개설경위를 불문하고 일반 공중의 통행에 공용되는 도로, 즉 공로가 되면 그 부지의 소유권 행사는 제약을 받게 되며, 이는 소유자가 수인하여야만 하는 재산권의 사회적 제약에 해당한다. 따라서 공로 부지의 소유자가 이를 점유·관리하는 지방자치단체를 상대로 공로로 제공된 도로의 철거, 점유 이전 또는 통행금지를 청구하는 것은 법질서상 원칙적으로 허용될 수 없는 '권리남용'이라고 보아야 한다.

⑤ 국유일반재산인 토지를 자주점유하여 취득시효기간이 완성된 시효권리자가 취득시효완성 사실을 모른 채, 국가에 대하여 무단점유 사실을 확인하면서 당해 토지에 관하여 어떠한 권리도 주장하지 아니한다는 내용의 각서를 작성·교부하였다면, 그 이후에 취득시효를 주장하는 것은 신의칙에 반하지 않는다.

해설

① [O] ★ [사례형] 공매절차에서 점유자의 유치권 신고 사실을 알고 부동산을 매수한 자가 그 점유를 침탈하여 유치권을 소멸시키고 나아가 고의적인 점유이전으로 유치권자의 확정판결에 기한 점유회복조차 곤란하게 하였음에도 유치권자가 현재까지 점유회복을 하지 못한 사실을 내세워 유치권자를 상대로 적극적으로 유치권부존재확인을 구하는 것은, 자신의 불법행위로 초래된 상황을 자기의 이익으로 원용하면서 피해자에 대하여는 불법행위로 인한 권리침해의 결과를 수용할 것을 요구하고, 나아가 법원으로부터는 위와 같은 불법적 권리침해의 결과를 승인받으려는 것으로서, 이는 명백히 정의 관념에 반하여 사회생활상 도저히 용인될 수 없는 것으로 권리남용에 해당하여 허용되지 않는다고 한 사례(대법원 2010. 4. 15. 선고 2009다96953 판결). [보충해설] 점유를 침탈한 자가 선의의 특별승계인에게 점유를 이전하여 유치권자의 반환청구권을 소멸시킨 경우이다. [관련조문] 제204조 (점유의 회수) ① 점유자가 점유의 침탈을 당한 때에는 그 물건의 반환 및 손해의 배상을 청구할 수 있다.

② 전항의 청구권은 침탈자의 특별승계인에 대하여는 행사하지 못한다. 그러나 승계인이 악의인 때에는 그러하지 아니하다. ③ 제1항의 청구권은 침탈을 당한 날로부터 1년내에 행사하여야 한다.

② [O] [1] 계약의 일방 당사자는 신의성실의 원칙상 상대방에게 계약의 효력에 영향을 미치거나 상대방의 권리 확보에 위험을 가져올 수 있는 사정 등을 미리 고지할 의무가 있다. 이러한 의무는 계약을 체결할 때뿐만 아니라 계약 체결 이후 이를 이행하는 과정에서도 유지된다. 당사자 상호 간의 신뢰관계를 기초로 하는 계속적 계약의 일방 당사자가 계약을 이행하는 과정에서 상대방의 생명, 신체, 건강 등의 안전에 위해가 발생할 위험이 있고 계약 당사자에게 그 위험의 발생 방지 등을 위하여 합리적 조치를 할 의무가 있는 경우, 계약 당사자는 그러한 위험이 있음을 상대방에게 미리 고지하여 상대방으로 하여금 그 위험을 회피할 적절한 방법을 선택할 수 있게 하거나 계약 당사자가 위험 발생 방지를 위한 합리적 조치를 함으로써 그 위험을 제거하였는지를 확인할 수 있게 할 의무가 있다. 특히 계속적 계약의 일방 당사자가 고도의 기술이 집약된 제품을 대량으로 생산하는 제조업자이고 상대방이 소비자라면 정보 불균형으로 인한 부작용을 해소하기 위해 제조업자에 대하여 위와 같은 고지의무를 인정할 필요가 더욱 크다. [2] 甲 등이 乙 주식회사가 제조한 얼음정수기를 임대차 또는 매매의 방법으로 제공받아 사용하고 乙 회사는 이를 정기적으로 점검, 관리하는 내용의 계약을 체결하였는데, 그 후 얼음정수기에서 중금속인 니켈이 검출된 사안에서, 위 계약은 乙 회사가 얼음정수기를 제공할 뿐만 아니라 얼음정수기의 수질을 유지하기 위해 얼음정수기를 지속적으로 점검, 관리하는 내용의 계속적 계약으로서, 甲 등은 얼음정수기에서 단순히 법령상 안전기준을 충족하는 수준의 물을 제공받는 것을 넘어 건강을 위해 보다 높은 수준의 안전성이 확보된 깨끗한 물을 지속적으로 제공받을 것을 기대하고 위 계약을 체결하였던 것으로 보이고, 乙 회사는 위 계약으로 얼음정수기의 임대나 매매와 함께 품질관리 등의 관련 서비스를 제공함으로써 얼음정수기에서 제공되는 물의 안전성과 신뢰성을 지속적으로 책임지겠다는 약속을 하였다고 볼 수 있는데, 중금속인 니켈에 장기간 노출될 경우 인체에 위해가 발생할 가능성을 배제할 수 없는 사정이나 중금속에 대한 일반적인 사회통념 등을 고려하면, 乙 회사가 얼음정수기에서 니켈도금이 박리되고 니켈성분이 검출된 사실을 甲 등에게 고지할 의무가 있었는데도, 이를 고지하지 않음으로써 甲 등이 건강과 밀접한 관련이 있는 마실 물에 관하여 선택권을 행사할 기회를 상실하였으므로, 이러한 선택권의 침해로 甲 등의 정신적 손해를 인정한 원심판결을 수긍한 사례(대법원 2022. 5. 26. 선고 2020다215124 판결).

③ [O] 당사자는 신의에 따라 성실하게 소송을 수행하여야 하는 것이나(민사소송법 제1조 제2항), 어떤 사실에 관한 법률적 평가를 달리하여 주장하는 것만으로는 금반언의 원칙이나 신의성실의 원칙에 반한다고 할 수 없다. 따라서 이 사건에서 원고가 제1심에서는 이 사건 제1차 이사회의 소집절차가 적법함을 전제로 한 주장을 하였다가 원심에 이르러서는 그 소집절차에 하자가 있었다고 주장하였다고 하더라도, 그러한 주장이 금반언의 원칙이나 신의성실의 원칙에 반한다고 할 수 없다(대법원 2010. 6. 24. 선고 2010다2107 판결).

④ [O] 어떤 토지가 개설경위를 불문하고 일반 공중의 통행에 공용되는 도로, 즉 공로가 되면 그 부지의 소유권 행사는 제약을 받게 되며, 이는 소유자가 수인하여야만 하는 재산권의 사회적 제약에 해당한다. 따라서 공로 부지의 소유자가 이를 점유·관리하는 지방자치단체를 상대로 공로로 제공된 도로의 철거, 점유 이전 또는 통행금지를 청구하는 것은 법질서상 원칙적으로 허용될 수 없는 '권리남용'이라고 보아야 한다. 그 경우 특별한 사정이 없는 한 도로 지하 부분에 매설된 시설에 대한 철거 등 청구도 '권리남용'이라고 봄이 상당하다(대법원 2023. 9. 14. 선고 2023다214108 판결).

⑤ [X] 취득시효완성 후에 그 사실을 모르고 당해 토지에 관하여 어떠한 권리도 주장하지 않기로 하였다 하더라도 이에 반하여 시효주장을 하는 것은 특별한 사정이 없는 한 신의칙상 허용되지 않는다(대법원 1998. 5. 22. 선고 96다24101 판결).

정답 ⑤

005 / 건물철거청구와 권리남용 /
다음 사례에 관한 설명 중 옳지 않은 것을 모두 고른 것은? (다툼이 있는 경우에는 판례에 의함)

〈사례〉

강릉시는 갑자기 인구가 증가한 포남동 지역에 전력수요가 급증하자 전력을 공급하기 위한 변전소를 건설하기로 하는 도시계획을 결정하였다. 그 후 변전소 축조에 가장 적합한 부지로 결정된 X토지를 소유자인 乙로부터 매수하고자 매수협의를 하였으나, 乙이 매수가격으로 공시지가의 10배 많은 금액을 요구하였다. 이에 대체 부지를 찾던 강릉시는 마땅한 토지가 없었고 이로 인하여 변전소 건설이 지연되고 있었다. 이에 강릉시는 전력수요의 부족으로 정전이 자주 발생하여 주민들의 항의가 많고, 강원도로부터 빨리 전력 문제를 해결하라고 독촉을 받자, 乙의 항의에도 불구하고 X토지 위에 무단으로 변전소를 축조하여 포남동 지역에 전력을 공급하기 시작하였다. 그런데 강릉시가 변전소를 건설하는 과정에서 신속하게 건설하기 위하여 A전력산업주식회사와 변전소의 일부에 대한 건설도급계약을 체결하였다. 乙은 변전소가 건설되는 과정에서는 주민들의 여론 때문에 강력하게 반대를 하지 못하였는데, 변전소가 건설된 후에도 강릉시가 제대로 된 보상 계획안을 제시하지 않자, 강릉시를 상대로 X토지에 대한 인도청구 및 변전소 철거청구를 구하는 소를 제기하였다.

㉠ 토지소유권에 기한 지상물철거소송에서 상대방이 철거를 구하는 지상건물의 소유자라던가 점유자라는 주장은 단순한 공격방어방법이 아니라 소송물이 된다.

㉡ 강릉시가 변전소를 X토지 위에 권원 없이 축조하였다면 변전소는 X토지에 부합되고 그 결과 변전소의 소유권은 乙에게 귀속된다. 따라서 乙은 변전소인도청구소송으로 청구취지를 변경해야 한다.

㉢ 乙의 청구가 권리남용에 해당되지 않는 경우에는 위 변전소는 철거되어야 하고, X토지는 乙에게 반환되어야 한다. 또한 강릉시는 X토지의 사용이익도 반환해야 하는데, 반환해야 하는 구체적 이익은 임료상당의 부당이득금과 점유일 이후의 법정이자 및 위 '부당이득금과 법정이자'에 대한 소장부본 송달일 이후의 지연손해금이 된다.

㉣ 강릉시가 건설한 변전소 건물과 송전선으로 인하여 乙이 X토지 전체를 자신이 원하는 용도로 사용할 수 없게 되었다면, 강릉시는 토지 전체에 대한 임료 상당의 이득을 乙에게 반환할 의무가 있다.

㉤ 乙의 청구가 권리남용에 해당되지 않는 경우라도 A전력산업주식회사는 변전소에 대한 미지급 공사대금을 피담보채권으로 하여 변전소에 대하여 유치권을 행사할 수 있다. 따라서 A전력산업주식회사는 이러한 유치권으로 乙의 청구에 대항할 수 있으므로, 乙의 변전소에 대한 철거청구는 기각될 것이다.

① ㉠, ㉡, ㉤ ② ㉡, ㉤ ③ ㉡, ㉢, ㉣
④ ㉠, ㉢ ⑤ ㉠, ㉡, ㉣

해설

㉠ [×] 토지소유권에 기한 지상건물철거소송에 있어서의 소송물은 철거청구권 즉, 소유권에 기한 방해배제청구권이며 상대방이 철거를 구하는 지상건물의 소유자라던가 점유자라는 주장은 소송물과 관계없이 철거청구권의 행사를 이유 있게 하기 위한 공격방어방법에 불과하다(대법원 1985. 3. 26. 선고 84다카2001 판결).

㉡ [×] 건물은 토지를 점유할 권원이 있는지와 무관하게 토지와 독립된 부동산에 해당하므로 부합에 관한 이론이 적용되지 않는다. 따라서 변전소의 소유권은 강릉시에 귀속된다.

㉢ [O] 점유자인 강릉시가 선의인 경우에는 제201조 제1항에 의해 과실을 수취할 수 있다. [관련판례] 민법 제201조 제1항에 의하면 선의의 점유자는 점유물의 과실을 취득한다고 규정하고 있는바, 건물을 사용함으로써 얻는 이득은 그 건물의 과실에 준하는 것이므로, 선의의 점유자는 비록 법률상 원인 없이 타인의 건물을 점유·사용하고 이로 말미암아 그에게 손해를 입혔다고 하더라도 그 점유·사용으로 인한 이득을 반환할 의무는 없다(대법원 1996. 01. 26. 선고 95다44290 판결). 그러나 사안에서 강릉시는 악의의 점유자에 해당하므로, 반환범위는 민법 제748조 제2항에 의한다. [관련판례] [1] 타인 소유물을 권원 없이 점유함으로써 얻은 사용이익을 반환하는 경우 민법은 선의 점유자를 보호하기 위하여 제201조 제1항을 두어 선의 점유자에게 과실수취권을 인정함에 대하여, 이러한 보호의 필요성이 없는 악의 점유자에 관하여는 민법 제201조 제2항을 두어 과실수취권이 인정되지 않는다는 취지를 규정하는 것으로 해석되는바, 따라서 악의 수익자가 반환하여야 할 범위는 민법 제748조 제2항에 따라 정하여지는 결과 그는 받은 이익에 이자를 붙여 반환하여야 하며, 위 이자의 이행지체로 인한 지연손해금도 지급하여야 한다. [2] 한국전력공사가 권원 없이 타인 소유 토지의 상공에 송전선을 설치함으로써 토지를 사용·수익한 경우, 구분지상권에 상응하는 임료 상당의 부당이득금에 대하여 점유일 이후의 법정이자 및 그 이자에 대한 지연손해금을 인정한 사례(대법원 2003. 11. 14. 선고 2001다61869 판결). [판례평석] A전력공사가 아무런 권원 없이 B 소유 토지의 상공에 송전선을 설치하여 이를 점유, 사용하고 있다. B(원고)는 A(피고)를 상대로 ① 피고가 점유, 사용한 기간 동안의 구분지상권에 상응하는 임료 상당액, ② 이에 대한 부당이득일 이후 소장부본 송달일까지의 민법 제748조 제2항에 의한 법정이자, ③ 소장부본 송달일 이후부터 완제일까지 ① 및 ②에 대한 지연손해금을 청구하였다(부당이득반환채무는 이행기의 정함이 없는 채무로서 채권자가 이행청구를 한 때부터 채무자는 지체책임을 진다(제387조 제2항). 따라서 부당이득을 한 때부터 변제기에 해당하는 채권자의 청구시까지 법정이자가 생길 수 있다). 원심은 민법 제201조 제2항이 민법 제748조 제2항에 우선하여 적용되므로, 악의의 점유자는 수취한 과실만을 반환하면 족하고(따라서 과실에 준하는 사용이익인 위 ①), 여기에 이자를 가산하여 지급할 필요가 없다는 이유로, 원고의 청구 중 ②와 ②에 대한 지연손해금 청구부분에 대해서는 이를 배척하였다(즉 ①과 ①에 대한 지연손해금만을 인용하였다)(서울지방법원 2001. 8. 24. 선고 2001나11955 판결). 이에 대해 대법원은 민법 제201조 제2항이 제748조 제2항에 대한 특칙이라는 논거를 부정하면서 제748조 제2항을 적용하였는데, 이에 관해서는 최초의 판결인 점에서 의미가 적지 않다(김준호, 민법강의(제19판), 723면).

㉣ [O] 타인의 토지 위에 정당한 권원 없이 시설물을 설치·소유함으로써 그 시설물에 관련된 법규에 의하여 이격거리를 두어야 하는바, 그로 인하여 나머지 토지 부분이 과소토지로 남게 되어 사실상 소유자가 그 과소 토지 부분을 자신이 원하는 용도로 사용할 수 없게 된 경우에, 그 토지의 소유자는 당해 토지 전부에 대한 사용불능으로 인한 손해를 입게 되었다 할 것이고 그 사용불능은 당해 시설물의 설치로 인하여 발생한 것이므로 사회통념상 그 과소 토지 부분도 당해 시설물을 설치·소유한 자가 사용·수익하고 있다고 봄이 부당이득제도의 이념인 공평의 원칙에도 부합하므로, 타인의 토지 위에 정당한 권원 없이 시설물을 설치·소유한 자는 사용이 불가능하게 된 그 과소 토지 부분을 포함한 당해 토지 전부에 대한 임료 상당의 이득을 소유자에게 반환할 의무를 진다(대법원 2001. 03. 09. 선고 2000다70828 판결).

㉤ [×] ★ [사례형·기록형] [1] 건물철거는 그 소유권의 종국적 처분에 해당하는 사실행위이므로 원칙으로는 그 소유자에게만 그 철거처분권이 있으나 미등기건물을 그 소유권의 원시취득자로부터 양도받아 점유중에 있는 자는 비록 소유권취득등기를 하지 못하였다고 하더라도 그 권리의 범위 내에서는 점유중인 건물을 법률상 또는 사실상 처분할 수 있는 지위에 있으므로 그 건물의 존재로 불법점유를 당하고 있는 토지소유자는 위와 같은 건물점유자에게 그 철거를 구할 수 있다. [2] [1]항의 건물점유자가 건물의 원시취득자에게 그 건물에 관한 유치권이 있다고 하더라도 그 건물의 존재와 점유가 토지소유자에게 불법행위가 되고 있다면 그 유치권으로 토지소유자에게 대항할 수 없다(대법원 1989. 02. 14. 선고 87다카3073 판결). [동지판례] [1] 건물이 그 존립을 위한 토지사용권을 갖추지 못하여 토지의 소유자가 건물의 소유자에 대하여 당해 건물의 철거 및 그 대지의 인도를 청구할 수 있는 경우에라도 건물소유자가 아닌 사람이 건물을 점유하고 있다면 토지소유자는 그 건물 점유를 제거하지 아니하는 한 위의 건물 철거 등을 실행할 수 없다. 따라서 그때 토지소유권은 위와 같은 점유에 의하여 그 원만한 실현을 방해당하고 있다고 할 것이므로, 토지소유자는 자신의 소유권에 기한 방해배제로서 건물점유자에 대하여 건물로부터의 퇴출을 청구할 수 있다. 그리고 이는 건물점유자가 건물소유자로부터의 임차인으로서 그 건물임차권이 이른바 대항력을 가진다고 해서 달라지지 아니한다. 건물임차권의 대항력은 기본적으로 건물에 관한 것이고 토지를 목적으로 하는 것이 아니므로 이로써 토지소유권을 제약할 수 없고, 토지에 있는 건물에 대하여 대항력 있는 임차권이 존재한다고 하여도 이를 토지소유자에 대하여 대항할 수 있는 토지사용권이라고 할 수는 없다. 바꾸어 말하면, 건물에 관한 임차권이 대항력을 갖춘 후에 그 대지의 소유권을 취득한 사람은 민법 제622조 제1항이나 주택임대차보호법 제3조 제1항 등에서 그 임차권의 대항을 받는 것으로 정하여진 '제3자'에 해당한다고 할 수 없다. [2] 민법 제304조는 전세권을 설정하는 건물소유자가 건물의 존립에 필요한 지상권 또는 임차권과 같은 토지사용권을 가지고 있는 경우에 관한 것으로서, 그 경우에 건물전세권자로 하여금 토지소유자에 대하여 건물소유자, 즉 전세권설정자의 그러한 토지사용권을 원용할 수 있도록 함으로써 토지소유자 기타 토지에 대하여 권리를 가지는 사람에 대한 관계에서 건물전세권자를 보다 안전한 지위에 놓으려는 취지의 규정이다. 또한 지상권을 가지는 건물소유자가 그 건물에 전세권을 설정하였으나 그가 2년 이상의 지료를 지급하지 아니하였음을 이유로 지상권설정자, 즉 토지소유자의 청구로 지상권이 소멸하는 것(민법 제287조 참조)은 전세권설정자가 전세권자의 동의 없이는 할 수 없는 위 민법 제304조 제2항상의 "지상권 또는 임차권을 소멸하게 하는 행위"에 해당하지 아니한다. 위 민법 제304조 제2항이 제한하려는 것은 포기, 기간단축약정 등 지상권 등을 소멸하게 하거나 제한하여 건물전세권자의 지위에 불이익을 미치는 전세권설정자의 임의적인 행위이고, 그것이 법률의 규정에 의하여 지상권소멸청구권의 발생요건으로 정하여졌을 뿐인 지상권자의 지료 부지급 그 자체를 막으려고 한다거나 또는 지상권설정자가 취득하는 위의 지상권소멸청구권이 그의 일방적 의사표시로 행사됨으로 인하여 지상권이 소멸되는 효과를 제한하려고 하는 것이라고 할 수 없다. 따라서 전세권설정자가 건물의 존립을 위한 토지사용권을 가지지 못하여 그가 토지소유자의 건물철거 등 청구에 대항할 수 없는 경우에 민법 제304조 등을 들어 전세권자 또는 대항력 있는 임차권자가 토지소유자의 권리행사에 대항할 수 없음은 물론이다. 또한 건물에 대하여 전세권 또는 대항력 있는 임차권을 설정하여 준 지상권자가 그 지료를 지급하지 아니함을 이유로 토지소유자가 한 지상권소멸청구가 그에 대한 전세권자 또는 임차인의 동의 없이 행하여졌다고 해도 민법 제304조 제2항에 의하여 그 효과가 제한된다고 할 수 없다(대법원 2010. 8. 19. 선고 2010다43801 판결).

정답 ①

CHAPTER 02 권리의 주체

제1절 • 자연인

006 /의사무능력/

만 25세인 甲은 평소 정상적인 인식력과 예기력을 가진 자이었으나, 2010. 2. 10. A가 운전하는 차량에 치어 뇌를 크게 다쳐 병원에 입원하였다. 이에 따라 甲은 2010. 7. 20. A의 보험자인 乙 보험회사에 대하여 2억 원의 보험금청구권을 취득하게 되었다. 그러나 甲은 위 사고로 인하여 뇌기능에 장애가 남았다. 그 후 甲은 정신적 제약으로 사무를 처리할 능력이 지속적으로 결여된 상태에서 2012. 8. 1. 재활치료를 위한 1억 원의 의료보조장비를 丙으로부터 구입하였다. 이 때 丙은 甲의 이러한 상황에 대하여 전혀 알지 못하였다. 한편 이 과정에서 丙은 위 의료보조장비에 대한 대금 지급과 관련하여 계약 당일 위 보험금청구권에 대하여 채권질권을 설정받고, 甲은 乙 보험회사에게 이와 같은 질권설정의 사실을 통지하였다. 그러나 위 대금의 변제기인 2012. 8. 31.에도 甲이 丙에게 위 대금을 지급하지 않자, 丙은 乙 보험회사에 1억 원을 직접 청구하였다. 이상의 사실관계에 대한 다음 설명 중 가장 타당하지 않은 것은? (다툼이 있는 경우 판례에 의함)

① 甲이 의료보조장비 구입 및 질권설정 당시 의사능력이 없었더라도 성년후견이나 한정후견개시의 심판이 없는 한 민법 제10조 제1항 또는 제13조 제4항을 적용 또는 유추적용하여 그 행위를 취소할 수 없다.

② 의사무능력 상태하의 법률행위는 상대방의 선·악 여부에 불구하고 무효이므로, 甲은 丙에게 의료보조장비 구입계약의 무효를 주장할 수 있다. 다만 이 때 甲은 제한능력자의 반환범위에 대한 특칙인 민법 제141조를 주장할 수 없으므로, 부당이득 반환의 일반적 법리에 따라 의료보조장비를 반환하여야 한다.

③ 甲이 의료보조장비를 구입할 당시 의사능력을 구비하였는지 여부는 구체적인 법률행위와 관련하여 개별적으로 판단되어야 하고, 甲 측에서 甲의 의사무능력을 입증해야 한다.

④ 지적장애를 가진 사람이 장애인복지법령에 따라 지적장애인 등록을 하지 않았다거나 등록 기준을 충족하지 못하였다고 해서 반드시 의사능력이 있다고 단정할 수 없다.

⑤ 소멸시효의 기간만료 전 6개월 내에 제한능력자에게 법정대리인이 없는 경우에는 그가 능력자가 되거나 법정대리인이 취임한 때부터 6개월 내에는 시효가 완성되지 아니하는 것이지만, 의사무능력자에 대하여는 이러한 시효의 정지제도를 쉽사리 준용 또는 유추적용할 것은 아니다.

해 설

① [O] 표의자가 법률행위 당시 심신상실이나 심신미약상태에 있어 금치산 또는 한정치산선고를 받을 만한 상태에 있었다고 하여도 <u>그 당시 법원으로부터 금치산 또는 한정치산선고를 받은 사실이 없는 이상 그 후 금치산 또는 한정치산선고가 있어 그의 법정대리인이 된 자는 금치산 또는 한정치산자의 행위능력 규정을 들어 그 선고 이전의 법률행위를 취소할 수 없다</u>(대법원 1992. 10. 13. 선고 92다6433 판결).

② [×] [1] 의사능력이란 자신의 행위의 의미나 결과를 정상적인 인식력과 예기력을 바탕으로 합리적으로 판단할 수 있는 정신적 능력 내지는 지능을 말하는 것으로서, 의사능력의 유무는 구체적인 법률행위와 관련하여 개별적으로 판단되어야 하므로, 특히 어떤 법률행위가 그 일상적인 의미만을 이해하여서는 알기 어려운 특별한 법률적인 의미나 효과가 부여되어 있는 경우 의사능력이 인정되기 위하여는 그 행위의 일상적인 의미뿐만 아니라 법률적인 의미나 효과에 대하여도 이해할 수 있을 것을 요한다. [2] 무능력자의 책임을 제한하는 민법 제141조 단서는 부당이득에 있어 수익자의 반환범위를 정한 민법 제748조의 특칙으로서 무능력자의 보호를 위해 그 선의·악의를 묻지 아니하고 반환범위를 현존 이익에 한정시키려는 데 그 취지가 있으므로, 의사능력의 흠결을 이유로 법률행위가 무효가 되는 경우에도 유추적용 되어야 할 것이나, 법률상 원인 없이 타인의 재산 또는 노무로 인하여 이익을 얻고 그로 인하여 타인에게 손해를 가한 경우에 그 취득한 것이 금전상의 이득인 때에는 그 금전은 이를 취득한 자가 소비하였는가의 여부를 불문하고 현존하는 것으로 추정되므로, 위 이익이 현존하지 아니함은 이를 주장하는 자, 즉 의사무능력자 측에 입증책임이 있다. [3] 의사무능력자가 자신이 소유하는 부동산에 근저당권을 설정해 주고 금융기관으로부터 금원을 대출받아 이를 제3자에게 대여한 사안에서, 대출로써 받은 이익이 위 제3자에 대한 대여금채권 또는 부당이득반환채권의 형태로 현존하므로, 금융기관은 대출거래약정 등의 무효에 따른 원상회복으로서 위 대출금 자체의 반환을 구할 수는 없더라도 현존 이익인 위 채권의 양도를 구할 수 있다고 본 사례(대법원 2009. 01. 15. 선고 2008다58367 판결).

③ [O] 의사능력이란 자신의 행위의 의미나 결과를 정상적인 인식력과 예기력을 바탕으로 합리적으로 판단할 수 있는 정신적 능력 내지는 지능을 말하는 것으로서, 의사능력의 유무는 구체적인 법률행위와 관련하여 개별적으로 판단되어야 할 것이다(대법원 2012. 3. 15. 선고 2011다75775 판결). 의사능력이란 자기 행위의 의미나 결과를 정상적인 인식력과 예기력을 바탕으로 합리적으로 판단할 수 있는 정신적 능력이나 지능을 말하고, 의사무능력을 이유로 법률행위의 무효를 주장하는 측은 그에 대하여 증명책임을 부담한다(대법원 2022. 12. 1. 선고 2022다261237 판결).

④ [O] [1] 의사능력이란 자기 행위의 의미나 결과를 정상적인 인식력과 예기력을 바탕으로 합리적으로 판단할 수 있는 정신적 능력이나 지능을 말한다. 의사능력 유무는 구체적인 법률행위와 관련하여 개별적으로 판단해야 하고, 특히 어떤 법률행위가 일상적인 의미만을 이해해서는 알기 어려운 특별한 법률적 의미나 효과가 부여되어 있는 경우 의사능력이 인정되기 위해서는 그 행위의 일상적인 의미뿐만 아니라 법률적인 의미나 효과에 대해서도 이해할 수 있어야 한다. [2] 장애인복지법 제2조 제2항 제2호, 장애인복지법 시행령 제2조 제1항 [별표 1] 제6호, 장애인복지법 시행규칙 제2조 제1항 [별표 1] 제6호에 따르면, 특별한 사정이 없는 한 지능지수가 70 이하인 사람은 교육을 통한 사회적·직업적 재활이 가능하더라도 지적장애인으로서 위 법령에 따른 보호의 대상이 된다. 지적장애인에 해당하는 경우에도 의학적 질병이나 신체적 이상이 드러나지 않아 사회 일반인이 보았을 때 아무런 장애가 없는 것처럼 보이는 경우가 있다. 반면 지적장애를 가진 사람이 장애인복지법령에 따라 지적장애인 등록을 하지 않았다거나 등록 기준을 충족하지 못하였다고 해서 반드시 의사능력이 있다고 단정할 수 없다. 이러한 사정을 고려하면, 지적장애를 가진 사람에게 의사능력이 있는지를 판단할 때 단순히 그 외관이나 피상적인 언행만을 근거로 의사능력을 쉽게 인정해서는 안 되고, 의학적 진단이나 감정 등을 통해 확인되는 지적장애의 정도를 고려해서 법률행위의 구체적인 내용과 난이도, 그에 따라 부과되는 책임의 중대성 등에 비추어 볼 때 지적장애를 가진 사람이 과연 법률행위의 일상적 의미뿐만 아니라 법률적인 의미나 효과를 이해할 수 있는지, 법률행위가 이루어지게 된 동기나 경위 등에 비추어 합리적인 의사결정이라고 보기 어려운 사정이 존재하는지 등을 세심하게 살펴보아야 한다. [3] 지적장애 3급의 장애인인 甲이 乙 주식회사와 체결한 굴삭기 구입자금 대출약정에 기한 대출금채무를 연체하자 乙 회사가 甲을 상대로 대출원리금의 지급을 구하는 소를 제기하였고, 이에 甲이 대출약정 당시 의사능력이 없었으므로 대출약정이 무효라고 주장

한 사안에서, 대출약정 이후 甲에 대해 한정후견이 개시되었고, 그 심판 절차에서 이루어진 甲에 대한 정신상태 감정 결과의 내용과 감정 시기 등에 비추어 대출약정 당시 甲의 지능지수와 사회적 성숙도 역시 감정 당시와 비슷한 정도였을 것으로 보이는 점, 대출금액이 소액이라고 볼 수 없고, 위 대출약정은 굴삭기 구입자금을 마련하기 위한 것으로서 굴삭기는 실질적으로 대출금채무의 담보가 되고 대출금은 굴삭기 매도인에게 직접 지급되는데, 이와 같은 대출 구조와 내용은 甲의 당시 지적능력으로는 이해하기 어려운 정도라고 볼 수 있는 점, 대출약정 당시 甲이 제출한 굴삭기운전자격증은 위조된 것이었고, 甲의 지적능력에 비추어 굴삭기를 운전할 능력이 있었다고 보기도 어려우며, 甲이 자격증을 위조하면서까지 대출약정을 할 동기를 찾기 어려운 등 대출약정의 체결 경위에 합리적인 의사결정이라고 보기 어려운 사정이 있고, 오히려 제3자가 대출금을 실제로 사용하기 위해서 甲을 이용한 것은 아닌지 의심이 드는 점 등에 비추어, 지적장애인인 甲이 대출약정의 법률적인 의미나 효과를 이해할 수 있었다고 보기 어려우므로, 甲은 대출약정 당시 의사능력이 없다는 이유로 대출약정은 무효라고 볼 여지가 많은데도, 이와 달리 본 원심판결에 법리오해 등의 잘못이 있다고 한 사례(대법원 2022. 5. 26. 선고 2019다213344 판결).

⑤ [O] 교통사고로 심신상실의 상태에 빠진 갑이 을 보험회사를 상대로 교통사고 발생일로부터 2년이 경과한 시점에 보험계약에 기한 보험금의 청구를 내용으로 하는 소를 제기한 사안에서, 보험금청구권에 대하여는 2년이라는 매우 짧은 소멸시효기간이 정해져 있으므로 보험자 스스로 보험금청구권자의 사정에 성실하게 배려할 필요가 있다는 점, 권리를 행사할 수 없게 하는 여러 장애사유 중 권리자의 심신상실상태에 대하여는 특별한 법적 고려를 베풀 필요가 있다는 점, 갑이 보험사고로 인하여 의식불명의 상태에 있다는 사실을 그 사고 직후부터 명확하게 알고 있던 을 보험회사는 갑의 사실상 대리인에게 보험금 중 일부를 지급하여 법원으로부터 금치산선고를 받지 아니하고도 보험금을 수령할 수 있다고 믿게 하는 데 일정한 기여를 한 점 등을 종합하여 보면, 을 보험회사가 주장하는 소멸시효 완성의 항변을 받아들이는 것은 신의성실의 원칙에 반하여 허용되지 아니한다고 판단하여 갑의 보험금청구를 인용한 원심판단을 수긍한 사례 [이유] 민법 제179조는 "소멸시효의 기간 만료 전 6개월 내에 무능력자의 법정대리인이 없는 때에는 그가 능력자가 되거나 법정대리인이 취임한 때로부터 6월 내에는 시효가 완성하지 아니한다."고 정하여, 금치산자 등 행위무능력자에게 법정대리인이 없어서 그의 권리를 행사할 수 없는 경우에 대하여 소멸시효의 정지를 명문으로 정하여 소멸시효의 완성을 막고 있다. 이 규정은 법원으로부터 금치산선고 등을 받아 심신상실의 상태 등이 공적으로 확인된 사람을 보호하고자 하는 것으로서 그 선고를 받지 아니한 사람에게 쉽사리 준용 또는 유추적용할 것은 아니라고 하여도(채무자는 채권자가 그러한 상태에 있음을 알지 못하여 자신의 채무에 관한 불명확상태가 이미 자신에게 유리하게 종결되었다고, 즉 설사 자신이 채무를 진다고 하더라도 이에 대하여는 소멸시효가 완성되어 이제 법적 추급을 당하지 아니한다고 믿을 만한 정당한 사유가 인정되는 경우도 충분히 상정될 수 있다), 그러한 사람을 보호할 이익 자체가 —다른 관련자들의 이익과의 균형을 위하여 그 무게를 어느 만큼으로 잡을 것인가는 차후의 문제로 하고— 법적으로 시인됨을 분명히 말하여 준다. 즉 권리를 행사할 수 없게 하는 여러 장애사유 중 권리자의 심신상실상태에 대하여는 특별한 법적 고려를 베풀 필요가 있는 것이다(위 민법 제179조의 입법에서 참고가 된 2002년 전면개정 전의 독일민법 제206조(현행 제210조)도 의사무능력자이기만 하면 그를 위하여 소멸시효의 정지를 인정한다)(대법원 2010. 05. 27. 선고 2009다44327 판결). [보충해설] 판례는 제179조를 의사무능력자에게는 적용할 수 없다고 본다. 다만 의사무능력자에 대한 특별한 법적 고려를 베풀 필요가 있다는 이유로 신의칙에 따라 소멸시효 항변을 제한하고 있다. 따라서 사안의 경우에 의사무능력 상태에서 한 질권설정은 무효이므로, 乙 보험회사는 甲에게 보험금을 지급하여야 한다. 한편 2014. 3. 11. 상법 개정으로 인하여 현재 상법상 보험금청구권의 소멸시효는 3년이 되었음에 유의해야 한다. [관련조문] 보험금청구권은 3년간, 보험료 또는 적립금의 반환청구권은 3년간, 보험료청구권은 2년간 행사하지 아니하면 시효의 완성으로 소멸한다(상법 제662조).

정답 ②

제2절 • 법인과 비법인

007 / 비법인사단 /

다음 사례에 관한 설명 중 옳은 것을 모두 고른 것은? (다툼이 있는 경우에는 판례에 의함)

〈사례〉

사단으로서의 실질을 가지고 있으나 법인등기를 하지 않은 A동창회는 丙에게 동창회관 신축공사를 도급 주었고, 丙은 위 공사 중 토목공사를 丁에게 하도급 주었다. A동창회의 회장 甲은 A동창회 회장의 자격으로 丙이 丁에 대하여 부담할 하도급공사대금 채무를 보증하였다. 또한 甲은 분양금액을 횡령할 목적으로 A동창회 회장의 자격으로 乙과 동창회관내 상가의 분양계약을 체결하고 동창회 회장의 직인이 찍힌 분양계약서와 분양대금완납증명서를 작성해 주었다. 乙은 甲의 상가 분양이 그의 직무권한 내에서 행하여진 것이라고 믿었고, 그와 같이 믿은 데 과실도 없다. 그 후 동창회관은 완공되었으나 乙에게 분양해 줄 상가는 남아 있지 않다. 한편 A동창회 정관에는 '예산으로 정한 사항 외에 본회 및 회원의 부담이 될 계약 등에 관한 사항은 임원회와 총회의 결의를 거쳐야 한다.'고 규정하고 있으나, 甲은 동창회의 임원회와 총회를 거치지 않고 위 보증계약과 분양계약을 체결하였다는 사실이 밝혀졌다.

ㄱ. 甲이 丁과 체결한 보증계약은 A동창회의 재산으로 채무이행을 담보하는 것이므로 총유물의 처분행위로서 무효이다.
ㄴ. 甲이 丁과 체결한 보증계약은 A동창회의 정관에 반하는 것으로서 무효이나, 이를 A동창회가 별도로 등기하지 아니하면 丁이 악의인 경우에도 A동창회는 丁에 대하여 보증계약의 무효를 주장할 수 없다.
ㄷ. 乙은 甲에게 대표권의 일환으로 상가를 분양할 권한이 있다고 믿을 만한 정당한 이유가 있음을 들어, A동창회에게 상가의 분양계약에 따른 소유권이전등기를 청구할 수 있다.
ㄹ. 乙은 계약한 상가를 분양받지 못하여 입은 손해에 관하여 A동창회와 甲에게 불법행위를 원인으로 하는 손해배상청구를 할 수 있다.
ㅁ. 만일 A동창회가 설립등기를 한 법인이고, 위와 같은 정관 규정을 등기하지 않았다면 A동창회는 악의의 丁에 대하여도 보증계약의 무효를 주장할 수 없다.

① ㄱ, ㄷ, ㅁ　　② ㄱ, ㄴ, ㄹ　　③ ㄴ, ㅁ
④ ㄷ, ㄹ, ㅁ　　⑤ ㄹ, ㅁ

해설

※ A동창회는 사단으로서의 실질을 가지고 있으나 법인등기를 하지 않았다고 하였으므로 비법인사단이 된다. 총유물에 대한 법률행위는 관리 및 처분행위와 단순한 채무부담행위로 구분하여 정리해야 한다.

ㄱ. [✕] 민법 제275조, 제276조 제1항에서 말하는 총유물의 관리 및 처분이라 함은 총유물 그 자체에 관한 이용·개량행위나 법률적·사실적 처분행위를 의미하는 것이므로, 비법인사단이 타인 간의 금전채무를 보증하는 행위는 총유물 그 자체의 관리·처분이 따르지 아니하는 단순한 채무부담행위에 불과하여 이를 총유물의 관리·처분행위라고 볼 수는 없다. 따라서 비법인사단인 재건축조합의 조합장이 채무보증계약을 체결하면서 조합규약에서 정한 조합 임원회의 결의를 거치지 아니하였다거나 조합원총회 결의를 거치지 않았다고 하더라도 그것만으로 바로 그 보증계약이 무효라고 할 수는 없다. 다만, 이와 같은 경우에 조합 임원회의의 결의 등을 거치도록 한 조합규약은 조합장의 대표권을 제한하는 규정에 해당하는 것이므로, 거래 상대방이 그와 같은 대표권 제한 및 그 위반 사실을 알았거나 과실로 인하여 이를 알지 못한 때에는 그 거래행위가 무효로 된다고 봄이 상당하며, 이 경우 그 거래 상대방이 대표권 제한 및 그 위반 사실을 알았거나 알지 못한 데에 과실이 있다는 사정은 그 거래의 무효를 주장하는 측이 이를 주장·입증하여야 한다(대법원 2007. 04. 19. 선고 2004다60072 전원합의체 판결).

ㄴ. [✕] [1] 주택건설촉진법에 의하여 설립된 재건축조합은 민법상의 비법인사단에 해당하고, 총유물의 관리 및 처분에 관하여는 정관이나 규약에 정한 바가 있으면 이에 따라야 하고, 그에 관한 정관이나 규약이 없으면 사원 총회의 결의에 의하여 하는 것이므로 정관이나 규약에 정함이 없는 이상 사원총회의 결의를 거치지 않은 총유물의 관리 및 처분행위는 무효라고 할 것이나, 총유물의 관리 및 처분행위라 함은 총유물 그 자체에 관한 법률적·사실적 처분행위와 이용, 개량행위를 말하는 것으로서 재건축조합이 재건축사업의 시행을 위하여 설계용역계약을 체결하는 것은 단순한 채무부담행위에 불과하여 총유물 그 자체에 대한 관리 및 처분행위라고 볼 수 없다. [2] 비법인사단의 경우에는 대표자의 대표권 제한에 관하여 등기할 방법이 없어 민법 제60조의 규정을 준용할 수 없고, 비법인사단의 대표자가 정관에서 사원총회의 결의를 거쳐야 하도록 규정한 대외적 거래행위에 관하여 이를 거치지 아니한 경우라도, 이와 같은 사원총회 결의사항은 비법인사단의 내부적 의사결정에 불과하다 할 것이므로, 그 거래 상대방이 그와 같은 대표권 제한 사실을 알았거나 알 수 있었을 경우가 아니라면 그 거래행위는 유효하다고 봄이 상당하고, 이 경우 거래의 상대방이 대표권 제한 사실을 알았거나 알 수 있었음은 이를 주장하는 비법인사단 측이 주장·입증하여야 한다(대법원 2003. 07. 22. 선고 2002다64780 판결).

ㄷ. [✕] [1] 무주택자들이 조합원이 되어 조합원들의 공동주택을 건립하기 위하여 설립한 주택조합이 공동주택 건설사업이라는 단체 고유의 목적을 가지고 활동하며 규약 및 단체로서의 조직을 갖추고 집행기관인 대표자가 있고 의결이나 업무집행 방법이 총회의 다수결의 원칙에 따라 행해지며 구성원의 가입 탈퇴에 따른 변경에 관계 없이 단체 그 자체가 존속하는 등 단체로서의 중요사항이 확정되어 있다면 조합이라는 명칭에 불구하고 비법인사단에 해당하므로, 주택조합이 주체가 되어 신축 완공한 건물로서 일반에게 분양되는 부분은 조합원 전원의 총유에 속하며, 총유물의 관리 및 처분에 관하여 주택조합의 정관이나 규약에 정한 바가 있으면 이에 따라야 하고, 그에 관한 정관이나 규약이 없으면 조합원 총회의 결의에 의하여야 할 것이며, 그와 같은 절차를 거치지 않은 행위는 무효라고 할 것이다. [2] 비법인사단인 피고 주택조합의 대표자가 조합총회의 결의를 거쳐야 하는 조합원 총유에 속하는 재산의 처분에 관하여는 조합원 총회의 결의를 거치지 아니하고는 이를 대리하여 결정할 권한이 없다 할 것이어서 피고 주택조합의 대표자가 행한 총유물인 이 사건 건물의 처분행위에 관하여는 민법 제126조의 표현대리에 관한 규정이 준용될 여지가 없다 할 것이다(대법원 2003. 07. 11. 선고 2001다73626 판결).

ㄹ. [○] 주택조합과 같은 비법인사단의 대표자가 직무에 관하여 타인에게 손해를 가한 경우 그 사단은 민법 제35조 제1항의 유추적용에 의하여 그 손해를 배상할 책임이 있으며, 비법인사단의 대표자의 행위가 대표자 개인의 사리를 도모하기 위한 것이었거나 혹은 법령의 규정에 위배된 것이었다 하더라도 외관상, 객관적으로 직무에 관한 행위라고 인정할 수 있는 것이라면 민법 제35조 제1항의 직

무에 관한 행위에 해당한다(대법원 2003. 07. 25. 선고 2002다27088 판결). **[지문정리]** A 동창회에게는 민법 제35조 제1항의 유추적용으로, 甲에게는 제750조 불법행위를 원인으로 하는 손해배상청구를 할 수 있다.

ㅁ. [O] [1] 재단법인의 대표자가 그 법인의 채무를 부담하는 계약을 함에 있어서 이사회의 결의를 거쳐 노회와 설립자의 승인을 얻고 주무관청의 인가를 받도록 정관에 규정되어 있다면 그와 같은 규정은 법인 대표권의 제한에 관한 규정으로서 이러한 제한은 등기하지 아니하면 제3자에게 대항할 수 없다. [2] 법인의 정관에 법인 대표권의 제한에 관한 규정이 있으나 그와 같은 취지가 등기되어 있지 않다면 법인은 그와 같은 정관의 규정에 대하여 선의냐 악의냐에 관계없이 제3자에 대하여 대항할 수 없다(대법원 1992. 02. 14. 선고 91다24564 판결).

정답 ⑤

008 / 비법인사단 /

다음 사례에 대한 설명 중 옳은 것을 모두 고른 것은? (다툼이 있는 경우 판례에 의함)

〈사례〉

乙은 비법인사단인 B주택조합 등 다수의 주택조합을 설립하였다. 현재 B주택조합의 대표자는 甲이다. 그러나 甲은 주택조합의 설립 시부터 乙에게 대표자로서의 모든 권한을 일임하였다. 그래서 乙이 B주택조합의 대표자 도장, 甲의 신분증 등을 소지하면서 B주택조합의 대표자로서 사무를 집행하였고, 甲은 일절 대표자로서의 사무를 집행하지 않았다. 이는 甲이 乙로부터 월급을 받는 직원에 지나지 아니하여 乙의 사무집행에 관여할 지위에 있지 않았기 때문이었다. 그 후 丙은 B주택조합과 조합원 가입계약을 체결하였는데, 이에 대하여 丙은 B주택조합과 계약의 당사자를 B주택조합으로 보는 의사의 합치가 있었으나, 丙이 날인한 조합원 가입계약에 관련된 서류에는 계약당사자로 위 다수의 주택조합을 통칭하는 명칭으로 사용되는 A주택조합이 기재되어 있었다.

[참조조문] 민법 제62조 (이사의 대리인 선임) 이사는 정관 또는 총회의 결의로 금지하지 아니한 사항에 한하여 타인으로 하여금 특정한 행위를 대리하게 할 수 있다.

ㄱ. 비법인사단에 대하여는 사단법인에 관한 민법규정 가운데 법인격을 전제로 하는 것을 제외하고는 이를 유추적용 하여야 하는데, 민법 제62조의 취지에 비추어 비법인사단의 대표자는 제반 업무를 타인에게 포괄적으로 위임할 수 없다.

ㄴ. 丙이 날인한 서류의 기재된 내용에도 불구하고, 조합원 가입계약의 당사자는 丙과 B주택조합으로 보아야 한다.

ㄷ. B주택조합의 대표자가 B주택조합 대표자로서의 모든 권한을 乙에게 포괄적으로 위임한 것은 민법 제62조를 위반한 것이라도, 丙과 乙 사이의 조합원 가입계약을 원칙적으로 무효라고 볼 수 없다.

ㄹ. B주택조합의 적법한 대표자 또는 대표기관이라고 볼 수 없는 乙의 행위에 대하여서는 丙이 B주택조합을 상대로 민법 제35조 제1항의 불법행위에 기한 손해배상책임을 물을 수 없다.

① ㄱ, ㄴ   ② ㄱ, ㄹ   ③ ㄴ, ㄷ
④ ㄴ, ㄹ   ⑤ ㄷ, ㄹ

해설

ㄱ. [O] 비법인사단에 대하여는 사단법인에 관한 민법 규정 가운데 법인격을 전제로 하는 것을 제외하고는 이를 유추적용하여야 하는데, <u>민법 제62조에 비추어 보면 비법인사단의 대표자는 정관 또는 총회의 결의로 금지하지 아니한 사항에 한하여 타인으로 하여금 특정한 행위를 대리하게 할 수 있을 뿐 비법인사단의 제반 업무처리를 포괄적으로 위임할 수는 없으므로</u> 비법인사단 대표자가 행한 타인에 대한 업무의 포괄적 위임과 그에 따른 포괄적 수임인의 대행행위는 민법 제62조를 위반한 것이어서 비법인사단에 대하여 그 효력이 미치지 않는다(대법원 2011. 04. 28. 선고 2008다15438 판결).

ㄴ. [O] ㄷ. [X] 갑 주택조합 등 다수의 주택조합을 설립한 을이 갑 주택조합 대표자에게서 권한을 위임받아 갑 주택조합의 업무를 수행하면서 분양대행회사와 조합원모집대행계약을 체결하였고, 그에 따라 병 등이 분양대행회사를 통해 조합원가입계약을 체결하였는데, 계약서에는 계약당사자로 갑 주택조합 등 위 다수의 주택조합을 통칭하는 명칭으로 사용되는 정 주택조합이 기재되어 있는 사안에서, <u>비록 계약서에 정 주택조합이라고 기재되어 있더라도 병 등과 분양대행회사 사이에는 계약당사자를 갑 주택조합으로 보는 의사합치가 있었으므로 위 조합원가입계약의 계약당사자는 갑 주택조합이고, 다만 갑 주택조합의 대표자가 갑 주택조합 대표자로서의 모든 권한을 을에게 포괄적으로 위임한 것은 민법 제62조에 위반한 것이어서 위 조합원가입계약이 갑 주택조합에 효력이 없다고 한 사례</u>(대법원 2011. 04. 28. 선고 2008다15438 판결). **[보충해설]** 조합원 가입계약의 당사자는 자연적 해석에 의하여 丙과 B주택조합이 된다. 그러나 甲이 乙에게 대표권을 포괄적으로 위임한 것은 민법 제62조를 위반한 것이므로 무권대표가 되어서 원칙적으로 무효가 된다.

ㄹ. [X] [사례형·기록형] [1] 민법 제35조 제1항은 "법인은 이사 기타 대표자가 그 직무에 관하여 타인에게 가한 손해를 배상할 책임이 있다"라고 정한다. 여기서 '법인의 대표자'에는 <u>그 명칭이나 직위 여하, 또는 대표자로 등기되었는지 여부를 불문하고 당해 법인을 실질적으로 운영하면서 법인을 사실상 대표하여 법인의 사무를 집행하는 사람을 포함한다고 해석함이 상당하다.</u> 구체적인 사안에서 이러한 사람에 해당하는지는 법인과의 관계에서 그 지위와 역할, 법인의 사무 집행 절차와 방법, 대내적·대외적 명칭을 비롯하여 법인 내부자와 거래 상대방에게 법인의 대표행위로 인식되는지 여부, 공부상 대표자와의 관계 및 공부상 대표자가 법인의 사무를 집행하는지 여부 등 제반 사정을 종합적으로 고려하여 판단하여야 한다. 그리고 <u>이러한 법리는 주택조합과 같은 비법인사단에도 마찬가지로 적용된다.</u> [2] 갑 주택조합의 대표자가 을에게 대표자의 모든 권한을 포괄적으로 위임하여 을이 그 조합의 사무를 집행하던 중 불법행위로 타인에게 손해를 발생시킨 데 대하여 불법행위 피해자가 갑 주택조합을 상대로 민법 제35조에서 정한 법인의 불법행위책임에 따른 손해배상청구를 한 사안에서, 갑 주택조합의 등기부상 대표자는 조합 설립 시부터 을에게 대표자로서의 모든 권한을 일임하여 을이 조합의 도장, 대표자의 신분증 등을 소지하면서 조합 대표자로서 사무를 집행한 점, 갑 주택조합의 등기부상 대표자는 을로부터 월급을 받는 직원에 지나지 아니하여

을의 사무집행에 관여할 지위에 있지 않았고, 실제로도 일절 대표자로서의 사무를 집행하지 않은 점 등 여러 사정에 비추어 볼 때, 을은 갑 주택조합을 실질적으로 운영하면서 법인을 사실상 대표하여 법인의 사무를 집행하는 사람으로서 민법 제35조에서 정한 '대표자'에 해당한다고 보아야 함에도, 을이 갑 주택조합의 적법한 대표자 또는 대표기관이라고 볼 수 없다는 이유로 갑 주택조합에 대한 법인의 불법행위에 따른 손해배상청구를 배척한 원심판결에는 법리오해의 위법이 있다고 한 사례(대법원 2011. 04. 28. 선고 2008다15438 판결).

정답 ①

009 / 법인 · 비법인사단 · 비법인재단 /

법인, 비법인사단, 비법인재단에 대한 설명 중 틀린 것은? (다툼이 있는 경우 판례에 의함)

① 사립학교법상 학교법인이 용도변경이나 의무부담을 내용으로 하는 계약을 체결한 경우 반드시 계약 전에 관할청의 허가를 받아야만 하는 것은 아니고 계약 후라도 관할청의 허가를 받으면 유효하게 될 수 있다.

② 민법상 사단법인의 총회 결의는 소집·개최 절차가 이루어진 총회에 사원들이 참석하여 결의하는 것을 원칙적인 방법으로 한다. 따라서 민법상 사단법인에서 법률이나 정관에 정함이 없는데도 소집·개최 절차 없이 서면만으로 총회 결의를 한 경우에는 특별한 사정이 없는 한 그 결의에 중대한 하자가 있다고 보아야 한다.

③ 어떠한 단체가 고유 의미의 종중이 아니라 종중 유사단체를 표방하면서 그 단체에 권리가 귀속되어야 한다고 주장하는 경우, 우선 권리 귀속의 근거가 되는 법률행위나 사실관계 등이 발생할 당시 종중 유사단체가 성립하여 존재하는 사실을 증명하여야 하고, 다음으로 당해 종중 유사단체에 권리가 귀속되는 근거가 되는 법률행위 등 법률요건이 갖추어져 있다는 사실을 증명하여야 한다.

④ 민법 제38조에서 정한 비영리법인이 '공익을 해하는 행위를 한 때'란 법인의 기관이 직무의 집행으로서 공익을 침해하는 행위를 하거나 사원총회가 그러한 결의를 한 경우를 의미한다.

⑤ 법인의 자치법규인 정관을 존중할 필요성은 법인이 정관에서 정하지 아니한 사유로 이사를 해임하는 경우뿐만 아니라 법인이 정관에서 정한 사유로 이사를 해임하는 경우에도 요구된다. 따라서 정관에서 정한 해임사유가 발생하였다는 요건 외에 이로 인하여 법인과 이사 사이의 신뢰관계가 더 이상 유지되기 어려울 정도에 이르러야 한다는 요건이 추가로 충족되어야 법인이 비로소 이사를 해임할 수 있다.

해설

① [O] 학교법인이 기본재산에 대한 용도변경 등을 하거나 의무를 부담하려는 경우에는 관할청의 허가를 받아야 하고(사립학교법 제28조 제1항 본문), 관할청의 허가 없이 이러한 행위를 하면 효력이 없다. 위 규정은 학교법인의 용도변경 등 자체를 규제하려는 것이 아니라 사립학교를 설치·운영하는 학

교법인의 재산을 유지·보전하기 위하여 관할청의 허가 없이 용도를 변경하거나 의무를 부담하는 것 등을 규제하려는 것이다. 따라서 <u>학교법인이 용도변경이나 의무부담을 내용으로 하는 계약을 체결한 경우 반드시 계약 전에 관할청의 허가를 받아야만 하는 것은 아니고 계약 후라도 관할청의 허가를 받으면 유효하게 될 수 있다.</u> 이러한 계약은 관할청의 불허가 처분이 있는 경우뿐만 아니라 당사자가 허가신청을 하지 않을 의사를 명백히 표시하거나 계약을 이행할 의사를 철회한 경우 또는 그 밖에 관할청의 허가를 받는 것이 사실상 불가능하게 된 경우 무효로 확정된다(대법원 2022. 1. 27. 선고 2019다289815 판결).

② [O] 민법상 사단법인의 총회 결의는 민법 또는 정관에 다른 규정이 없으면 사원 과반수의 출석과 출석사원의 결의권의 과반수로써 한다(민법 제75조 제1항). 총회의 소집은 1주간 전에 그 회의의 목적사항을 기재한 통지를 발하는 방법으로 이루어지고(민법 제71조), 정관에 다른 규정이 없는 한 총회는 통지가 이루어진 사항에 관하여서만 결의할 수 있다(민법 제72조). 이러한 민법 규정에 비추어 볼 때 민법상 사단법인의 총회 결의는 소집·개최 절차가 이루어진 총회에 사원들이 참석하여 결의하는 것을 원칙적인 방법으로 한다고 보아야 한다. 총회의 소집·개최 절차를 진행하지 않은 채 목적사항을 서면통지하고 그에 대한 단순한 찬반투표만을 서면으로 받아 다수를 얻는 쪽으로 의사를 결정하는 방식으로 이루어지는 서면결의는 총회에 참석하여 목적사항을 적극적으로 토론하고 결의함으로써 사단법인 사무 운영에 자신의 의사를 반영하도록 하는 사원권의 행사를 제한할 수 있다. <u>따라서 민법상 사단법인에서 법률이나 정관에 정함이 없는데도 소집·개최 절차 없이 서면만으로 총회 결의를 한 경우에는 특별한 사정이 없는 한 그 결의에 중대한 하자가 있다고 보아야 한다</u>(대법원 2024. 6. 27. 선고 2023다254984 판결).

③ [O] [1] 종중 총회를 개최함에 있어서는, 특별한 사정이 없는 한 족보 등에 의하여 소집통지 대상이 되는 종중원의 범위를 확정한 후 국내에 거주하고 소재가 분명하여 통지가 가능한 모든 종중원에게 개별적으로 소집통지를 함으로써 각자가 회의와 토의 및 의결에 참가할 수 있는 기회를 주어야 하므로, <u>일부 종중원에 대한 소집통지 없이 개최된 종중 총회에서의 결의는 그 효력이 없다.</u> 대법원 2005. 7. 21. 선고 2002다1178 전원합의체 판결 이후에는 공동선조의 자손인 성년 여자도 종중원이므로, <u>종중 총회 당시 남자 종중원들에게만 소집통지를 하고 여자 종중원들에게 소집통지를 하지 않은 경우 그 종중 총회에서의 결의는 효력이 없다.</u> [2] 고유 의미의 종중(이하 '고유 종중'이라 한다)이란 공동선조의 분묘 수호와 제사, 종원 상호 간 친목 등을 목적으로 하는 자연발생적인 관습상 종족집단체로서 특별한 조직행위를 필요로 하는 것이 아니고, 공동선조의 후손은 그 의사와 관계없이 성년이 되면 당연히 구성원(종원)이 되는 것이며 그중 일부 종원을 임의로 종원에서 배제할 수 없다. 따라서 공동선조의 후손 중 특정 범위 내의 자들만으로 구성된 종중이란 있을 수 없으므로, <u>만일 공동선조의 후손 중 특정 범위 내의 종원만으로 조직체를 구성하여 활동하고 있다면 이는 본래 의미의 종중으로는 볼 수 없고, 종중 유사의 권리능력 없는 사단</u>(이하 '종중 유사단체'라 한다)<u>이 될 수 있을 뿐이다.</u> 종중 유사단체는 비록 그 목적이나 기능이 고유 종중과 별다른 차이가 없다 하더라도 공동선조의 후손 중 일부에 의하여 인위적인 조직행위를 거쳐 성립된 경우에는 사적 임의단체라는 점에서 고유 종중과 그 성질을 달리하므로, 그러한 경우에는 <u>사적 자치의 원칙 내지 결사의 자유에 따라 구성원의 자격이나 가입조건을 자유롭게 정할 수 있으나,</u> 어떠한 단체가 고유 의미의 종중이 아니라 종중 유사단체를 표방하면서 그 단체에 권리가 귀속되어야 한다고 주장하는 경우, 우선 권리 귀속의 근거가 되는 법률행위나 사실관계 등이 발생할 당시 종중 유사단체가 성립하여 존재하는 사실을 증명하여야 하고, 다음으로 당해 종중 유사단체에 권리가 귀속되는 근거가 되는 법률행위 등 법률요건이 갖추어져 있다는 사실을 증명하여야 한다. 특히 자연발생적으로 형성된 고유 종중이 아니라 그 구성원 중 일부만으로 범위를 제한한 종중 유사단체의 성립 및 소유권 귀속을 인정하려면, 고유 종중이 소를 제기하는 데 필요한 여러 절차(종중원 확정, 종중 총회 소집, 총회 결의, 대표자 선임 등)를

우회하거나 특정 종중원을 배제하기 위한 목적에서 종중 유사단체를 표방하였다고 볼 여지가 없는지 신중하게 판단하여야 한다(대법원 2021. 11. 11. 선고 2021다238902 판결).

④ [O] 민법 제38조에서 정한 비영리법인이 '공익을 해하는 행위를 한 때'란 법인의 기관이 직무의 집행으로서 공익을 침해하는 행위를 하거나 사원총회가 그러한 결의를 한 경우를 의미한다. 여기에 법인설립허가취소는 법인을 해산하여 결국 법인격을 소멸하게 하는 제재처분인 점(민법 제77조 제1항) 등을 더하여 보면, 민법 제38조에 정한 '공익을 해하는 행위를 한 때'에 해당하기 위해서는, 해당 법인의 목적사업 또는 존재 자체가 공익을 해한다고 인정되거나 해당 법인의 행위가 직접적·구체적으로 공익을 침해하는 것이어야 하고, 목적사업의 내용, 행위의 태양 및 위법성의 정도, 공익 침해의 정도와 경위 등을 종합하여 볼 때 해당 법인의 소멸을 명하는 것이 공익에 대한 불법적인 침해 상태를 제거하고 정당한 법질서를 회복하기 위한 제재수단으로서 긴요하게 요청되는 경우이어야 한다. 나아가 '해당 법인의 행위가 직접적이고도 구체적으로 공익을 침해한다.'고 하려면 해당 법인의 행위로 인하여 법인 또는 구성원이 얻는 이익과 법질서가 추구하는 객관적인 공익이 서로 충돌하여 양자의 이익을 비교형량 하였을 때 공공의 이익을 우선적으로 보호하여야 한다는 점에 의문의 여지가 없어야 한다. 또한 법인의 해산을 초래하는 설립허가취소는 헌법 제10조에 내재된 일반적 행동의 자유에 대한 침해 여부와 과잉금지의 원칙 등을 고려하여 엄격하게 판단하여야 하고, 특히 국가가 국민의 표현행위를 규제하는 경우, 표현내용과 무관하게 표현의 방법을 규제하는 것은 합리적인 공익상의 이유로 비례의 원칙(과잉금지의 원칙)을 준수하여 이루어지는 이상 폭넓은 제한이 가능하나, 표현내용에 대한 규제는 원칙적으로 중대한 공익의 실현을 위하여 불가피한 경우에 한하여 엄격한 요건하에서 허용될 뿐이다(대법원 2023. 4. 27. 선고 2023두30833 판결).

⑤ [X] [1] 법인과 이사의 법률관계는 신뢰를 기초로 하는 위임 유사의 관계이다. 민법 제689조 제1항에 따르면 위임계약은 각 당사자가 언제든지 해지할 수 있다. 그러므로 법인은 원칙적으로 이사의 임기 만료 전에도 언제든지 이사를 해임할 수 있다. 다만 이러한 민법 규정은 임의규정이므로 법인이 자치법규인 정관으로 이사의 해임사유 및 절차 등에 관하여 별도 규정을 둘 수 있다. 이러한 규정은 법인과 이사 관계를 명확히 하는 것 외에 이사의 신분을 보장하는 의미도 아울러 가지고 있으므로 이를 단순히 주의적 규정으로 볼 수는 없다. 따라서 법인의 정관에 이사의 해임사유에 관한 규정이 있는 경우 이사의 중대한 의무위반 또는 정상적인 사무집행 불능 등의 특별한 사정이 없는 이상 법인은 정관에서 정하지 아니한 사유로 이사를 해임할 수 없다. [2] 법인의 자치법규인 정관을 존중할 필요성은 법인이 정관에서 정하지 아니한 사유로 이사를 해임하는 경우뿐만 아니라 법인이 정관에서 정한 사유로 이사를 해임하는 경우에도 요구된다. 법인이 정관에서 이사의 해임사유와 절차를 정하였고 그 해임사유가 실제로 발생하였다면, 법인은 이를 이유로 정관에서 정한 절차에 따라 이사를 해임할 수 있다. 이때 정관에서 정한 해임사유가 발생하였다는 요건 외에 이로 인하여 법인과 이사 사이의 신뢰관계가 더 이상 유지되기 어려울 정도에 이르러야 한다는 요건이 추가로 충족되어야 법인이 비로소 이사를 해임할 수 있는 것은 아니다. 해임사유의 유형이나 내용에 따라서는 그 해임사유 자체에 이미 법인과 이사 사이의 신뢰관계 파탄이 당연히 전제되어 있거나 그 해임사유 발생 여부를 판단하는 과정에서 이를 고려하는 것이 적절한 경우도 있으나, 이 경우에도 궁극적으로는 해임사유에 관한 정관 조항 자체를 해석·적용함으로써 해임사유 발생 여부를 판단하면 충분하고, 법인과 이사 사이의 신뢰관계 파탄을 별도 요건으로 보아 그 충족 여부를 판단해야 하는 것은 아니다(대법원 2024. 1. 4. 선고 2023다263537 판결).

정답 ⑤

CHAPTER 03 권리의 객체

010 /물건/

물건에 관한 다음 설명 중 옳은 것(○)과 옳지 않은 것(×)이 바르게 표시된 것은? (다툼이 있는 경우에는 판례에 의함)

> ㉠ 주유소의 지하에 매설된 유류저장탱크는 주유소 건물의 종물이고, 주유소의 주유기는 계속해서 주유소 건물 자체의 경제적 효용을 다하게 하는 작용을 하고 있으므로 주유소 건물의 부합물이 된다.
>
> ㉡ 동일인의 소유에 속하는 전유부분과 대지지분 중 전유부분만에 관하여 설정된 저당권의 효력은 규약이나 공정증서로써 달리 정하는 등의 특별한 사정이 없는 한 종물 내지 종된 권리인 대지지분에까지 미치므로, 전유부분에 관하여 설정된 저당권에 기한 경매절차에서 전유부분을 매수한 매수인은 대지지분에 대한 소유권을 함께 취득한다.
>
> ㉢ 매매당사자들이 토지의 실제의 경계가 지적공부상의 경계와 상이한 것을 모르는 상태에서 당시 실제의 경계를 대지의 경계로 알고 매매하였다면 지적공부상의 경계를 떠나 현실의 경계에 따라 매매목적물을 특정하여 매매한 것이라고 볼 수 있다.
>
> ㉣ 사회적 관점이나 경제적 관점에 비추어 보아 저당건물과는 별개의 독립된 건물을 저당건물의 부합물이나 종물로 보아 경매법원에서 저당건물과 같이 경매를 진행하고 경락허가를 하였다고 하여 위 건물의 소유권에 변동이 초래될 수는 없다.
>
> ㉤ 상사유치권은 민사유치권과 달리 목적물과 피담보채권 사이의 개별적인 견련관계를 요구하지 않으므로 상사유치권의 대상이 되는 '물건'에는 부동산은 포함되지 않는다.

① (×) (×) (×) (×) (×)
② (×) (×) (×) (○) (×)
③ (○) (×) (○) (○) (○)
④ (○) (○) (×) (×) (○)
⑤ (×) (○) (×) (○) (×)

해설

㉠ [×] [1] 주유소의 지하에 매설된 유류저장탱크를 토지로부터 분리하는 데 과다한 비용이 들고 이를 분리하여 발굴할 경우 그 경제적 가치가 현저히 감소할 것이 분명하다는 이유로, 그 유류저장탱크는 토지에 부합되었다고 본 사례. [2] 주유소의 주유기가 비록 독립된 물건이기는 하나 유류저장탱크에 연결되어 유류를 수요자에게 공급하는 기구로서 주유소 영업을 위한 건물이 있는 토지의 지상에 설치되었고 그 주유기가 설치된 건물은 당초부터 주유소 영업을 위한 건물로 건축되었다는 점

등을 종합하여 볼 때, 그 주유기는 계속해서 주유소 건물 자체의 경제적 효용을 다하게 하는 작용을 하고 있으므로 주유소건물의 상용에 공하기 위하여 부속시킨 종물이라고 본 사례(대법원 1995. 06. 29. 선고 94다6345 판결).

ⓒ [O] 동일인의 소유에 속하는 전유부분과 토지공유지분(이하 '대지지분'이라고 한다) 중 전유부분만에 관하여 설정된 저당권의 효력은 규약이나 공정증서로써 달리 정하는 등의 특별한 사정이 없는 한 종물 내지 종된 권리인 대지지분에까지 미치므로, 전유부분에 관하여 설정된 저당권에 기한 경매절차에서 전유부분을 매수한 매수인은 대지지분에 대한 소유권을 함께 취득하고, 그 경매절차에서 대지에 관한 저당권을 존속시켜 매수인이 인수하게 한다는 특별매각조건이 정하여져 있지 않았던 이상 설사 대지사용권의 성립 이전에 대지에 관하여 설정된 저당권이라고 하더라도 대지지분의 범위에서는 민사집행법 제91조 제2항이 정한 '매각부동산 위의 저당권'에 해당하여 매각으로 소멸하는 것이며, 이러한 대지지분에 대한 소유권의 취득이나 대지에 설정된 저당권의 소멸은 전유부분에 관한 경매절차에서 대지지분에 대한 평가액이 반영되지 않았다거나 대지의 저당권자가 배당받지 못하였다고 하더라도 달리 볼 것은 아니다(대법원 2013. 11. 28. 선고 2012다103325 판결).

ⓒ [X] 매매당사자가 토지의 실제 경계가 지적공부상의 경계와 상이한 것을 모르는 상태에서 실제의 경계를 대지의 경계로 알고 매매하였다고 하여 매매당사자들이 지적공부상의 경계를 떠나 현실의 경계에 따라 매매목적물을 특정하여 매매한 것이라고 볼 수 없다(대법원 1993. 5. 11. 선고 92다48918 판결).

ⓔ [O] 저당권은 법률에 특별한 규정이 있거나 설정행위에 다른 약정이 있는 경우를 제외하고 그 저당부동산에 부합된 물건과 종물 이외까지 그 효력이 미치는 것은 아니므로 사회적 관점이나 경제적 관점에 비추어 보아 저당건물과는 별개의 독립된 건물을 저당건물의 부합물이나 종물로 보아 경매법원에서 저당건물과 같이 경매를 진행하고 경락허가를 하였다고 하여 위 건물의 소유권에 변동이 초래될 수는 없다(대법원 1974. 2. 12. 선고 73다298 판결). [관련판례] [1] 건물이 증축된 경우에 증축부분의 기존건물에 부합여부는 증축부분이 기존건물에 부착된 물리적 구조뿐만 아니라 그 용도와 기능의 면에서 기존건물과 독립한 경제적 효용을 가지고 거래상 별개의 소유권의 객체가 될 수 있는지의 여부 및 증축하여 이를 소유하는 자의 의사 등을 종합하여 판단하여야 한다. [2] 어느 건물이 주된 건물의 종물이기 위하여는 주된 건물의 경제적 효용을 보조하기 위하여 계속적으로 이바지되어야 하는 관계가 있어야 한다. [3] 경매법원이 기존건물의 종물이라거나 부합된 부속건물이라고 볼 수 없는 건물에 대하여 경매신청된 기존건물의 부합물이나 종물로 보고서 경매를 같이 진행하여 경락허가를 하였다 하더라도 그 독립된 건물에 대한 경락은 당연무효이고 따라서 그 경락인은 위 독립된 건물에 대한 소유권을 취득할 수 없다(대법원 1988. 2. 23. 선고 87다카600 판결).

ⓜ [X] 상사유치권은 민사유치권의 성립요건을 변경·완화하여 채권자보호를 강화함으로써 계속적 신용거래를 원활·안전하게 하기 위하여 당사자 사이의 합리적인 담보설정의사를 배경으로 하여 추인된 법정담보물권으로, 민사유치권과 달리 목적물과 피담보채권 사이의 개별적인 견련관계를 요구하지 않는 대신 유치권의 대상이 되는 물건을 '채무자 소유의 물건'으로 한정하고 있어 이러한 제한이 없는 민사유치권과는 차이가 있으나, 민사유치권과 마찬가지로 그 목적물을 동산에 한정하지 않고 '물건 또는 유가증권'으로 규정하고 있는 점에 비추어 보면 상사유치권의 대상이 되는 '물건'에는 부동산도 포함된다고 보아야 한다(대법원 2013. 5. 24. 선고 2012다39769 판결).

정답 ⑤

011 / 물건 /
다음 중 물건에 관한 설명으로 틀린 것은? (다툼이 있는 경우에는 판례에 의함)

① 유류분권리자가 반환의무자를 상대로 유류분반환청구권을 행사하는 경우 그의 유류분을 침해하는 증여 또는 유증은 소급적으로 효력을 상실하므로, 반환의무자는 유류분권리자의 유류분을 침해하는 범위 내에서 그와 같이 실효된 증여 또는 유증의 목적물을 사용·수익할 권리를 상실하게 되고, 유류분권리자의 목적물에 대한 사용·수익권은 상속개시의 시점에 소급하여 반환의무자에 의하여 침해당한 것이 된다.

② A가 그 소유 X부동산을 B에게 매도하였으나 아직 점유를 이전시켜 주지 않은 경우 특약이 없는 한 B가 매매대금 전부를 지급하지 않은 때에 X부동산에 대한 사용·수익액은 A에게 귀속되지만, B가 매매대금 전부를 지급하였다면 매매대금 완납시 이후의 사용·수익액은 B에게 귀속된다.

③ 임차인 乙이 임대인 甲의 동의를 얻지 않은 상태에서 임차권을 丙에게 양도한 경우, 임대차관계의 종료 여부와 관계없이 甲은 丙에게 차임상당의 부당이득반환청구를 할 수 있다.

④ 저당권의 실행에 의하여 매수인(경락인) 甲이 건물에 관하여 경락을 받은 경우에는 건물의 소유를 위한 지상권도 등기 없이도 취득한다. 그리고 그 후에 甲이 그 건물을 乙에게 양도한 경우에는 건물과 함께 지상권도 乙에게 양도하기로 한 것으로 볼 수 있다.

⑤ 甲은 乙로부터 토지를 임차하여 그 지상에 건물을 소유하고 있었는데 甲의 채권자가 그 건물에 대하여 신청한 경매절차에서 丙이 그 건물의 소유권을 경매로 취득한 경우, 丙은 종된 권리인 위 임차권도 함께 취득하나 특별한 사정이 없는 한 이를 토지소유자인 乙에게 대항할 수 없다.

[해설]

① [O] 유류분권리자가 반환의무자를 상대로 유류분반환청구권을 행사하는 경우 그의 유류분을 침해하는 증여 또는 유증은 소급적으로 효력을 상실하므로, 반환의무자는 유류분권리자의 유류분을 침해하는 범위 내에서 그와 같이 실효된 증여 또는 유증의 목적물을 사용·수익할 권리를 상실하게 되고, 유류분권리자의 목적물에 대한 사용·수익권은 상속개시의 시점에 소급하여 반환의무자에 의하여 침해당한 것이 된다. 그러나 민법 제201조 제1항은 "선의의 점유자는 점유물의 과실을 취득한다."고 규정하고 있고, 점유자는 민법 제197조에 의하여 선의로 점유한 것으로 추정되므로, 반환의무자가 악의의 점유자라는 사정이 증명되지 않는 한 반환의무자는 목적물에 대하여 과실수취권이 있다고 할 것이어서 유류분권리자에게 목적물의 사용이익 중 유류분권리자에게 귀속되었어야 할 부분을 부당이득으로 반환할 의무가 없다. 다만 민법 제197조 제2항은 "선의의 점유자라도 본권에 관한 소에 패소한 때에는 그 소가 제기된 때로부터 악의의 점유자로 본다."고 규정하고 있고, 민법 제201조 제2항은 "악의의 점유자는 수취한 과실을 반환하여야 하며 소비하였거나 과실로 인하여 훼손 또는 수취하지 못한 경우에는 그 과실의 대가를 보상하여야 한다."고 규정하고 있으므로, 반환의무자가 악의의 점유자라는 점이 증명된 경우에는 악의의 점유자로 인정된 시점부터, 그렇지 않다고 하더라도 본권에 관한 소에서 종국판결에 의하여 패소로 확정된 경우에는 소가 제기된 때로부터 악의의 점유자로 의제되어 각 그때부터 유류분권리자에게 목적물의 사용이익 중 유류분권리자에게 귀속되었어야 할 부분을 부당이득으로 반환할 의무가 있다(대법원 2013. 03. 14. 선고 2010다42624 판결).

② [O] 매매의 경우, 목적물의 인도시점에 과실수취권이 매수인에게 귀속되지만, 인도전이라도 매수인이 매매대금지급을 완납한 때에는 완납시부터 과실수취권은 매수인에게 귀속된다(제587조).

③ [×] 임차인이 임대인의 동의를 받지 않고 제3자에게 임차권을 양도하거나 전대하는 등의 방법으로 임차물을 사용·수익하게 하더라도, 임대인이 이를 이유로 임대차계약을 해지하거나 그 밖의 다른 사유로 임대차계약이 적법하게 종료되지 않는 한 임대인은 임차인에 대하여 여전히 차임청구권을 가지므로, 임대차계약이 존속하는 한도 내에서는 제3자에게 불법점유를 이유로 한 차임상당 손해배상청구나 부당이득반환청구를 할 수 없다(대법원 2008. 2. 28. 선고 2006다10323 판결).

④ [O] 저당권의 효력이 저당부동산에 부합된 물건과 종물에 미친다는 민법 제358조 본문을 유추하여 보면 건물에 대한 저당권의 효력은 그 건물에 종된 권리인 건물의 소유를 목적으로 하는 지상권에도 미치게 되므로, 건물에 대한 저당권이 실행되어 경락인이 그 건물의 소유권을 취득하였다면 경락 후 건물을 철거한다는 등의 매각조건에서 경매되었다는 등 특별한 사정이 없는 한, 경락인은 건물 소유를 위한 지상권도 민법 제187조의 규정에 따라 등기 없이 당연히 취득하게 되고, 한편 이 경우에 경락인이 건물을 제3자에게 양도한 때에는, 특별한 사정이 없는 한 민법 제100조 제2항의 유추적용에 의하여 건물과 함께 종된 권리인 지상권도 양도하기로 한 것으로 봄이 상당하다(대법원 1996. 04. 26. 선고 95다52864 판결).

⑤ [O] [1] 건물의 소유를 목적으로 하여 토지를 임차한 사람이 그 토지 위에 소유하는 건물에 저당권을 설정한 때에는 민법 제358조 본문에 따라서 저당권의 효력이 건물뿐만 아니라 건물의 소유를 목적으로 한 토지의 임차권에도 미친다고 보아야 할 것이므로, 건물에 대한 저당권이 실행되어 경락인이 건물의 소유권을 취득한 때에는 특별한 다른 사정이 없는 한 건물의 소유를 목적으로 한 토지의 임차권도 건물의 소유권과 함께 경락인에게 이전된다. [2] 위 [1]항의 경우에도 민법 제629조가 적용되기 때문에 토지의 임대인에 대한 관계에서는 그의 동의가 없는 한 경락인은 그 임차권의 취득을 대항할 수 없다고 할 것인바, 민법 제622조 제1항은 건물의 소유를 목적으로 한 토지임대차는 이를 등기하지 아니한 경우에도 임차인이 그 지상건물을 등기한 때에는 토지에 관하여 권리를 취득한 제3자에 대하여 임대차의 효력을 주장할 수 있음을 규정한 취지임에 불과할 뿐, 건물의 소유권과 함께 건물의 소유를 목적으로 한 토지의 임차권을 취득한 사람이 토지의 임대인에 대한 관계에서 그의 동의가 없이도 임차권의 취득을 대항할 수 있는 것까지 규정한 것이라고는 볼 수 없다. [3] 임차인의 변경이 당사자의 개인적인 신뢰를 기초로 하는 계속적 법률관계인 임대차를 더 이상 지속시키기 어려울 정도로 당사자간의 신뢰관계를 파괴하는 임대인에 대한 배신행위가 아니라고 인정되는 특별한 사정이 있는 때에는 임대인은 자신의 동의 없이 임차권이 이전되었다는 것만을 이유로 민법 제629조 제2항에 따라서 임대차계약을 해지할 수 없고, 그와 같은 특별한 사정이 있는 때에 한하여 경락인은 임대인의 동의가 없더라도 임차권의 이전을 임대인에게 대항할 수 있다고 봄이 상당한바, 위와 같은 특별한 사정이 있는 점은 경락인이 주장·입증하여야 한다(대법원 1993. 4. 13. 선고 92다24950 판결). [보충] 지상권 : 제282조, 전세권 : 제306조, 임차권 : 제629조

정답 ③

CHAPTER 04 권리의 변동

제1절 • 법률행위

012 /법률행위의 해석/
다음 설명 중 틀린 것을 모두 고르면? (다툼이 있는 경우 판례에 의함)

ㄱ. 계약당사자 쌍방이 모두 동일한 물건을 계약 목적물로 삼았으나 계약서에는 착오로 다른 물건을 목적물로 기재한 경우 계약서에 기재된 물건이 아니라 쌍방 당사자의 의사합치가 있는 물건에 관하여 계약이 성립한 것으로 보아야 한다. 이러한 법리는 계약서를 작성하면서 계약상 지위에 관하여 당사자들의 합치된 의사와 달리 착오로 잘못 기재하였는데 계약 당사자들이 오류를 인지하지 못한 채 계약상 지위가 잘못 기재된 계약서에 그대로 기명날인이나 서명을 한 경우에도 동일하게 적용될 수 있다.

ㄴ. 계약당사자 사이에 어떠한 계약 내용을 처분문서인 서면으로 작성한 경우 문언의 객관적인 의미가 명확하다면 특별한 사정이 없는 한 문언대로의 의사표시의 존재와 내용을 인정하여야 하나, 처분문서라 할지라도 그 기재 내용과 다른 명시적, 묵시적 약정이 있는 사실이 인정될 경우에는 그 기재 내용과 다른 사실을 인정할 수 있으므로, 처분문서인 차용금증서에 채권자가 甲으로, 채무자가 乙로, 연대보증인이 丙으로 기재되어 있더라도 실제로는 丁이 戊에게 금원을 대여하는 내용의 소비대차약정이 체결되었고 丙이 그 사정을 알았다면 계약서 내용과 달리 채권자를 丁 채무자를 戊로 인정할 수 있다.

ㄷ. 포괄근저당권을 설정한다는 문언이 기재된 경우에, 계약서가 부동문자로 인쇄된 약관의 형태를 취하고 있다 하더라도 이는 처분문서라고 할 것이므로, 특별한 사정이 없는 한, 그 문언대로 의사표시의 존재와 내용을 인정하여야 하나, 계약서의 용지가 미리 부동문자로 인쇄된 것이고 그 계약서 조항의 기재내용을 자세히 조사하여 본 일이 없었다면 부동문자로 인쇄된 계약서 기재조항은 예문에 불과하므로 그 효력을 부정하여야 한다.

ㄹ. 채권자가 채무자가 제공하는 부동산을 담보로 매매예약에 기한 가등기를 경료하고 금원을 대여한 후에 다시 같은 채무자에게 추가하여 금원을 대여하는 경우, 다른 특별한 사정이 없다면 추가되는 대여금 역시 기왕의 가등기 부동산의 피담보채무범위에 포함시키려는 의사가 있는 것으로 해석하는 것이 조리에 부합한다.

ㅁ. 부동산경매절차에서 부동산을 매수하려는 사람이 다른 사람과 사이에 자신이 매수대금을 부담하여 다른 사람 명의로 매각허가결정을 받고 나중에 그 부동산의 반환을 요구한 때에 이를 반환받기로 약정한 다음 그 다른 사람을 매수인으로 한 매각허가가 이루어진 경우, 그 경매절차에서 매수인의 지위에 서게 되는 사람은 그 명의인이므로 그가 대외적 및 대내적으로 경매 목적 부동산의 소유권을 취득한다.

① ㄷ ② ㄱ, ㄷ ③ ㄴ, ㄷ
④ ㄹ, ㅁ ⑤ ㄱ, ㅁ

> [!해설]

ㄱ. [O] [1] 일반적으로 계약을 해석할 때에는 형식적인 문구에만 얽매여서는 안 되고 쌍방당사자의 진정한 의사가 무엇인가를 탐구하여야 한다. 계약 내용이 명확하지 않은 경우 계약서의 문언이 계약 해석의 출발점이지만, 당사자들 사이에 계약서의 문언과 다른 내용으로 의사가 합치된 경우에는 의사에 따라 계약이 성립한 것으로 해석하여야 한다. 계약당사자 쌍방이 모두 동일한 물건을 계약 목적물로 삼았으나 계약서에는 착오로 다른 물건을 목적물로 기재한 경우 계약서에 기재된 물건이 아니라 쌍방 당사자의 의사합치가 있는 물건에 관하여 계약이 성립한 것으로 보아야 한다. 이러한 법리는 계약서를 작성하면서 계약상 지위에 관하여 당사자들의 합치된 의사와 달리 착오로 잘못 기재하였는데 계약 당사자들이 오류를 인지하지 못한 채 계약상 지위가 잘못 기재된 계약서에 그대로 기명날인이나 서명을 한 경우에도 동일하게 적용될 수 있다. [2] 갑이 을 주식회사로부터 신주인수권부사채를 인수하기로 하고, 그에 따라 을 회사가 갑에게 부담하는 채무를 담보하기 위하여 병 등은 연대보증을 하고 정 등은 근질권을 설정해 주었는데, 을 회사가 갑에게 사채원금 지급기한의 유예를 요청하자, 갑과 을 회사가 기존의 변제기한을 유예하고 이율을 변경하는 내용의 합의서를 작성하면서 병 등은 근질권설정자로 정 등은 연대보증인으로 기명날인한 사안에서, 병과 정 등을 비롯한 합의서에 기명날인한 당사자들은 모두 인수계약 당시와 마찬가지로 원래의 연대보증인 또는 근질권설정자의 지위를 유지하는 의사로 기명날인한 것이고, 위 합의서에 따른 합의는 작성 당사자 모두 인수계약에서 정한 지위를 그대로 유지하면서 기존의 변제기한과 이율에 관한 사항만 변경하는 내용으로 유효하게 성립하였다고 판단한 사례(대법원 2018. 7. 26. 선고 2016다242334 판결).

ㄴ. [O] [1] 일반적으로 계약의 당사자가 누구인지는 그 계약에 관여한 당사자의 의사해석의 문제에 해당한다. 의사표시의 해석은 당사자가 그 표시행위에 부여한 객관적인 의미를 명백하게 확정하는 것으로서, 계약당사자 사이에 어떠한 계약 내용을 처분문서인 서면으로 작성한 경우에는 그 서면에 사용된 문구에 구애받는 것은 아니지만 어디까지나 당사자의 내심적 의사의 여하에 관계없이 그 서면의 기재 내용에 의하여 당사자가 그 표시행위에 부여한 객관적 의미를 합리적으로 해석하여야 하며, 이 경우 문언의 객관적인 의미가 명확하다면, 특별한 사정이 없는 한 문언대로의 의사표시의 존재와 내용을 인정하여야 한다. 다만 처분문서라 할지라도 그 기재 내용과 다른 명시적, 묵시적 약정이 있는 사실이 인정될 경우에는 그 기재 내용과 다른 사실을 인정할 수는 있으나, 그와 같은 경우에도 주채무에 관한 계약과 연대보증계약은 별개의 법률행위이므로 처분문서의 기재 내용과 다른 명시적, 묵시적 약정이 있는지 여부는 주채무자와 연대보증인에 대하여 개별적으로 판단하여야 한다. [2] 처분문서인 차용금증서에 채권자가 '갑'으로, 채무자가 '을'로, 연대 보증인이 '병'으로 기재되어 있는 사안에서, 정이 무에게 금원을 대여하는 내용의 소비대차약정이 체결되었다고 볼 수 있을지라도, 주채무에 대한 계약과 연대보증계약은 엄연히 별개의 법률행위이므로 위와 같은 내용의 소비대차약정에 대하여 병이 연대보증을 한 것이라고 볼 수 있으려면 병이 위 차용금증서의 실제 채무자는 을이 아니라 무라는 사실과 그 실제 채권자는 갑이 아니라 정이라는 사실을 알고 있었다는 점이 전제되어야 하는데, 병이 그와 같은 사실을 알고 있었다고 단정하기 어려운 데도 병이 무의 정에 대한 채무를 연대 보증하였다고 판단한 원심판결에는 처분문서의 증명력과 계약 당사자 확정에 관한 법리를 오해한 위법이 있다고 한 사례(대법원 2011. 1. 27. 선고 2010다81957 판결).

ㄷ. [X] 은행과 근저당권설정자와의 사이에 근저당권설정계약을 체결할 때 작성된 근저당권설정계약서에 은행의 여신거래로부터 생기는 모든 채무를 담보하기로 하는 이른바 포괄근저당권을 설정한

다는 문언이 기재된 경우에, 계약서가 부동문자로 인쇄된 약관의 형태를 취하고 있다 하더라도 이는 처분문서라고 할 것이므로, 그 진정성립이 인정되는 때에는, 은행의 담보취득행위가 은행대차관계에 있어서 이례에 속하고 관례를 벗어나는 것이라고 보여지거나 피담보채무를 제한하는 개별약정이 있었다는 등의 특별한 사정이 없는 한, 그 문언대로 의사표시의 존재와 내용을 인정하여야 한다(대법원 2003. 04. 11. 선고 2001다12430 판결). 약정서의 용지가 미리 부동문자를 인쇄하여 두었던 것이고 원고는 근저당권 계약체결 시 그 계약서의 근저당설정에 관한 조항내용을 자세히 조사하여 본 일이 없었던 것이었다는 사실 만으로서는 처분문서인 계약서의 가장 중요한 내용에 속하는 그 조항의 효력을 부정할 수 없다(대법원 1970. 9. 22. 선고 70다1611 판결).

ㄹ. [O] 채권자가 채무자가 제공하는 부동산을 담보로 매매예약에 기한 가등기를 경료하고 금원을 대여한 후에 다시 같은 채무자에게 추가하여 금원을 대여하는 경우 그 추가대여금에 관하여 별도의 담보제공이 되어 있다거나 반대의 특약이 있다는 등 특별한 사정이 없다면 조리상 당사자의 의사는 추가되는 대여금 역시 기왕의 가등기 부동산의 피담보채무 범위에 포함시키려는 의사로 수수한 것이라고 해석함이 상당하다(대법원 1985. 12. 24. 선고 85다카1362 판결).

ㅁ. [O] [1] 부동산경매절차에서 부동산을 매수하려는 사람이 다른 사람과 사이에 자신이 매수대금을 부담하여 다른 사람 명의로 매각허가결정을 받고 나중에 그 부동산의 반환을 요구한 때에 이를 반환받기로 약정한 다음 그 다른 사람을 매수인으로 한 매각허가가 이루어진 경우, 그 경매절차에서 매수인의 지위에 서게 되는 사람은 그 명의인이므로 그가 대내외적으로 경매 목적 부동산의 소유권을 취득하고, 위 부동산을 양도함에 따른 양도소득은 특별한 사정이 없는 한 그 소유자인 명의인에게 귀속되는 것이 원칙이다. [2] 부동산 경매절차에서 매수대금을 부담한 사람이 다른 사람 명의로 매각허가결정을 받은 후에 자신의 의사에 따라 위 부동산을 제3자에게 양도하여 그 양도대금을 모두 수령하고 명의인은 매수대금을 부담한 사람에게 위 부동산을 반환하기로 한 약정의 이행으로서 직접 위 제3자에게 소유권이전등기를 경료해 준 경우에는 그 매수대금을 부담한 사람이 양도소득을 사실상 지배·관리·처분할 수 있는 지위에 있어 '사실상 소득을 얻은 자'라고 할 것이므로 실질과세의 원칙상 그 매수대금을 부담한 사람이 양도소득세 납세의무를 진다(대법원 2010. 11. 25. 선고 2009두19564 판결). **[보충]** 명의인이 매수인이 되므로 계약명의신탁의 법률관계가 성립된다.

정답 ①

013 / 법률행위의 해석 /
다음의 사실관계에 대한 다음 설명 중 가장 타당하지 않은 것은? (다툼이 있는 경우 판례에 의함)

〈사례〉

개발사업자 乙은 사업계획구역내의 X 토지에 관하여 소유자인 甲과 협의매수를 추진하면서 甲에게 한국감정평가업협회의 내부기준인 토지보상평가지침에 따라 X 토지가 철탑 및 고압송전선으로 그 사용에 제한을 받고 있는 상태대로 평가된 감정평가금액을 협의매수금액으로 제시하였고, 甲은 乙이 제시하는 매매가격을 보고 이를 받아들여 협의취득계약을 체결하였다. 협의취득계약 당시 甲과 乙 모두 감정평가기관들이 토지보상평가지침에 따라 X 토지가 철탑 및 고압송전선에 의한 사용제한을 받는 상태로 평가한 감정금액이 정당한 것이라고 믿었다. 한편 협의취득계약서에는 매매대금이 착오평가 등으로 과다 또는 과소하게 책정되어 지급되었을 때에는 과부족금액을 추가로 청구하거나 반환하여야 한다는 취지의 약정 등은 기재되어 있지 않았다. 추후에 甲은 乙이 감정평가기관들의 감정을 거쳐 제시한 X 토지의 감정금액이 '공익사업을 위한 토지 등의 취득 및 보상에 관한 법률'과 그 시행규칙을 위반하여 평가된 것이어서 정당한 감정금액보다 낮은 액수임을 알게 되어 乙에게 추가 보상금의 지급을 청구하였다.

① 당사자 사이에 법률행위의 해석을 둘러싸고 이견이 있어 당사자의 의사해석이 문제 되는 경우에는 법률행위의 내용, 그러한 법률행위가 이루어진 동기와 경위, 법률행위에 의하여 달성하려는 목적, 당사자의 진정한 의사 등을 종합적으로 고찰하여 논리와 경험칙에 따라 합리적으로 해석하여야 한다.

② 계약당사자 간에 어떠한 계약 내용을 처분문서인 서면으로 작성한 경우, 문언의 객관적인 의미가 명확하다면 특별한 사정이 없는 한 문언대로의 의사표시의 존재와 내용을 인정하여야 하므로 추가지급 약정이 존재한다고 인정하기는 어렵다.

③ 만약 인정된 사실을 토대로 제2심 법원이 乙의 의사가 추가지급을 약정한 것으로 볼 수 있다고 해석하였다면, 이러한 해석에 대하여 乙은 대법원에 상고할 수 있다.

④ 만약 계약당사자 쌍방이 계약의 전제나 기초가 되는 사항에 관하여 같은 내용으로 착오를 하고 이로 인하여 그에 관한 구체적 약정을 하지 아니하였다면, 당사자가 그러한 착오가 없을 때에 약정하였을 것으로 보이는 내용으로 당사자의 의사를 보충하여 계약을 해석할 수도 있다.

⑤ 사안의 경우에 당사자들이 착오가 없었더라면 乙은 甲에게 감액되지 않은 금액을 협의매매대금으로 지급하였을 것으로 해석하는 것이 당사자의 진정한 의사에 부합한다고 볼 수 있으므로 乙은 甲에게 추가보상금을 지급하여야 한다.

[해 설]

① [O] 법률행위의 해석은 당사자가 그 표시행위에 부여한 객관적인 의미를 명백하게 확정하는 것으로서 당사자 사이에 법률행위의 해석을 둘러싸고 이견이 있어 <u>당사자의 의사해석이 문제 되는 경우에는 법률행위의 내용, 그러한 법률행위가 이루어진 동기와 경위, 법률행위에 의하여 달성하려는 목적, 당사자의 진정한 의사 등을 종합적으로 고찰하여 논리와 경험칙에 따라 합리적으로 해석하여야 한다</u>(대법원 2015. 10. 29. 선고 2013다69804 판결).

② [O] [1] <u>계약당사자 간에 어떠한 계약 내용을 처분문서인 서면으로 작성한 경우, 문언의 객관적인 의미가 명확하다면 특별한 사정이 없는 한 문언대로의 의사표시의 존재와 내용을 인정하여야 하지만</u>, 문언의 객관적인 의미가 명확하게 드러나지 않는 경우에는 당사자의 내심의 의사 여하에 관계없이 문언의 내용과 계약이 이루어지게 된 동기 및 경위, 당사자가 계약에 의하여 달성하려고 하는 목적과 진정한 의사, 거래의 관행 등을 종합적으로 고찰하여 사회정의와 형평의 이념에 맞도록 논리와 경험의 법칙, 그리고 사회일반의 상식과 거래의 통념에 따라 당사자 사이의 계약의 내용을 합리적으로 해석하여야 하고, <u>특히 당사자 일방이 주장하는 계약의 내용이 상대방에게 중대한 책임을 부과하거나 그가 보유하는 소유권 등 권리의 중요한 부분을 침해 내지 제한하게 되는 경우에는</u>

문언의 내용을 더욱 엄격하게 해석하여야 한다. [2] 민법 제211조는 '소유자는 법률의 범위 내에서 그 소유물을 사용, 수익, 처분할 권리가 있다.'라고 규정하고 있다. 소유자의 위와 같은 소유권 행사에는 다양한 공법상 또는 사법상 제한이 따를 수 있고, 소유자 스스로의 의사에 기한 임차권 등 용익권의 설정에 의하여 소유권 행사가 제한될 수도 있다. 그러나 임대차기간 등 용익권 설정계약의 기간이 경과한 후에는 소유자가 용익권 설정으로 인한 제한으로부터 벗어나 자유롭게 소유권을 행사할 수 있는 권리가 보장되어야 하므로, 임대차기간 중의 해제·해지 의사표시에 어떠한 절차가 요구되거나 제한이 따른다고 하여 임대차기간 만료에 의한 임대차계약의 종료 시에도 당연히 그와 같은 제한이 적용된다고 확대해석하여서는 안 되고, 기간만료로 인한 임대차계약의 종료에 어떠한 제한이 따른다고 하기 위해서는 그러한 내용의 법률 규정이나 당사자 사이의 별도의 명시적 또는 묵시적 약정이 있어야 한다(대법원 2014. 06. 26. 선고 2014다14115 판결).

③ [O] 의사표시와 관련하여, 당사자에 의하여 무엇이 표시되었는가 하는 점과 그것으로써 의도하는 목적을 확정하는 것은 사실인정의 문제이고, 인정된 사실을 토대로 그것이 가지는 법률적 의미를 탐구 확정하는 것은 이른바 의사표시의 해석으로서, 이는 사실인정과는 구별되는 법률적 판단의 영역에 속한다. 그리고 어떤 목적을 위하여 한 당사자의 일련의 행위가 법률적으로 다듬어지지 아니한 탓으로 그것이 가지는 법률적 의미가 명확하지 아니한 경우에는 그것을 법률적인 관점에서 음미, 평가하여 그 법률적 의미가 무엇인가를 밝히는 것 역시 의사표시의 해석에 속한다. 근저당권자와 근저당권 설정자의 행위가 가지는 법률적 의미가 분명하지 않은 경우 그 법률관계의 실체를 밝히는 것은 단순한 사실인정의 문제가 아니라 의사표시 해석의 영역에 속하는 것일 수밖에 없고, 따라서 그 행위가 가지는 법률적 의미는 근저당권자와 근저당권 설정자의 관계, 근저당권설정의 동기 및 경위, 당사자들의 진정한 의사와 목적 등을 종합적으로 고찰하여 논리와 경험칙에 따라 합리적으로 해석하여야 한다(대법원 2014. 11. 27. 선고 2014다32007 판결).

④ [O] ⑤ [X] [1] 계약당사자 쌍방이 계약의 전제나 기초가 되는 사항에 관하여 같은 내용으로 착오를 하고 이로 인하여 그에 관한 구체적 약정을 하지 아니하였다면, 당사자가 그러한 착오가 없을 때에 약정하였을 것으로 보이는 내용으로 당사자의 의사를 보충하여 계약을 해석할 수도 있으나, 여기서 보충되는 당사자의 의사란 당사자의 실제 의사 내지 주관적 의사가 아니라 계약의 목적, 거래관행, 적용법규, 신의칙 등에 비추어 객관적으로 추인되는 정당한 이익조정 의사를 말한다고 할 것이다. [2] 한국토지주택공사가 갑 등 소유의 토지에 관하여 협의매수를 추진하면서 갑 등에게 토지가 철탑 및 고압송전선으로 사용에 제한을 받고 있는 상태로 평가된 감정평가금액을 협의매수금액으로 제시하였고 갑 등이 이를 받아들여 협의취득계약을 체결한 사안에서, 갑 등과 공사 쌍방이 감정평가가 적법하다는 착오에 빠졌다거나, 감정평가가 위법하다는 사실을 알았다면 감액되지 않은 금액을 협의매매대금으로 정하였을 것임이 명백하다고 단정할 수 없다고 한 사례(대법원 2014. 4. 24. 선고 2013다218620 판결).

정답 ⑤

014 / 법률행위의 해석과 당사자의 확정 /
법률행위의 해석과 당사자의 확정과 관련된 내용으로 옳은 지문을 모두 고르면? (다툼이 있는 경우 판례에 의함)

ㄱ. 부가가치세법에 따른 고유번호나 소득세법에 따른 납세번호를 부여받지 않은 비법인 단체의 경우, 대표자가 단체를 계약의 당사자로 할 의사를 밝히면서 대표자인 자신의 실명으로 예금계약 등 금융거래계약을 체결하고, 금융기관이 그 사람이 비법인 단체의 대표자인 것과 그의 실명을 확인하였다면, 특별한 사정이 없는 한 당사자 사이에 단체를 계약의 당사자로 하는 의사가 일치되었다고 할 수 있어 금융거래계약의 당사자는 비법인 단체라고 보아야 한다.

ㄴ. 상대방과의 사이에 계약 체결의 행위를 하는 사람이 다른 사람 행세를 하여 그 타인의 이름을 사용하여 계약서 기타 계약에 관련된 서면 등이 작성되었더라도, 행위자와 상대방이 모두 행위자 자신이 계약의 당사자라고 이해한 경우, 또는 그렇지 아니하더라도 상대방의 입장에서 합리적으로 평가할 때 행위자 자신이 계약의 당사자가 된다고 보는 경우에는, 행위자가 계약의 당사자가 되고 계약의 효과는 행위자에게 귀속된다.

ㄷ. 甲이 허무인 乙 명의의 자동차운전면허증과 인장을 위조한 후 이를 이용하여 증권회사인 丙 주식회사에 乙 명의의 계좌 개설을 신청하였고, 丙 주식회사는 위 자동차운전면허증으로 금융실명거래 및 비밀보장에 관한 법률 제3조 제1항, 금융실명거래 및 비밀보장에 관한 법률 시행규칙 제3조 제1호에 따라 실명확인 절차를 진행하여 乙 명의로 증권위탁계좌를 개설하였다. 이 경우에 계약의 당사자는 甲과 丙으로 확정이 된다.

ㄹ. 문화재수리 등에 관한 법률은 문화재수리업자의 명의대여 행위를 금지하면서도 이를 위반한 법률행위의 효력에 관해서는 명확하게 정하지 않고 있다. 문화재수리업자의 명의대여 행위를 금지한 위 법률 규정은 강행규정에 해당하고, 이를 위반한 명의대여 계약이나 이에 기초하여 대가를 정산하여 받기로 하는 정산금 약정은 모두 무효라고 보아야 한다.

ㅁ. 실제 계약을 체결한 행위자가 자신의 이름은 특정하여 기재하되 불특정인을 추가하는 방식으로 계약서상 당사자를 표시한 경우(즉, 실제 계약체결자의 이름에 '외 ○인'을 부가하는 형태), 그 계약서 자체에서 당사자로 특정할 수 있거나 상대방의 입장에서도 특정할 수 있는 특별한 사정이 인정될 수 있는 당사자만 계약당사자 지위를 인정할 수 있다.

① ㄱ, ㄴ, ㄷ, ㅁ ② ㄱ, ㄴ, ㄹ, ㅁ ③ ㄱ, ㄴ, ㄷ, ㄹ
④ ㄴ, ㄷ, ㅁ ⑤ ㄴ, ㄷ, ㄹ

[해설]

ㄱ. [O] [1] 계약의 당사자가 누구인지는 계약에 관여한 당사자의 의사해석 문제이다. 당사자들의 의사가 일치하는 경우에는 그 의사에 따라 계약의 당사자를 확정해야 한다. 그러나 당사자들의 의사가 합치되지 않는 경우에는 의사표시 상대방의 관점에서 합리적인 사람이라면 누구를 계약의 당사자로 이해하였을 것인지를 기준으로 판단해야 한다. [2] 금융실명거래 및 비밀보장에 관한 법률 제2조 제4호, 제3조

제1항, 제3항, 제7항, 금융실명거래 및 비밀보장에 관한 법률 시행령 제3조 제1호, 제4조의2 제1항 제1호, 제3조 제3호, 제4조의2 제1항 제3호의 문언 내용과 체계 등을 종합하면, 부가가치세법에 따른 고유번호나 소득세법에 따른 납세번호를 부여받지 않은 비법인 단체의 경우 그 대표자가 단체를 계약의 당사자로 할 의사를 밝히면서 대표자인 자신의 실명으로 예금계약 등 금융거래계약을 체결하고, 금융기관이 그 사람이 비법인 단체의 대표자인 것과 그의 실명을 확인하였다면, 특별한 사정이 없는 한 당사자 사이에 단체를 계약의 당사자로 하는 의사가 일치되었다고 할 수 있어 금융거래계약의 당사자는 비법인 단체라고 보아야 한다(대법원 2020. 12. 10. 선고 2019다267204 판결).

ㄴ. [O] 상대방과의 사이에 계약 체결의 행위를 하는 사람이 다른 사람 행세를 하여 그 타인의 이름을 사용하여 계약서 기타 계약에 관련된 서면 등이 작성되었다고 하더라도, 행위자와 상대방이 모두 행위자 자신이 계약의 당사자라고 이해한 경우, 또는 그렇지 아니하다고 하더라도 상대방의 입장에서 합리적으로 평가할 때 행위자 자신이 계약의 당사자가 된다고 보는 경우에는, 행위자가 계약의 당사자가 되고 그 계약의 효과는 행위자에게 귀속된다(대법원 2013. 10. 11. 선고 2013다52622 판결).

ㄷ. [X] ★ [사례형] [1] 타인의 이름을 임의로 사용하여 계약을 체결한 경우에는 누가 계약의 당사자인가를 먼저 확정하여야 하는데, 행위자 또는 명의자 가운데 누구를 당사자로 할 것인지에 관하여 행위자와 상대방의 의사가 일치한 경우에는 일치하는 의사대로 행위자의 행위 또는 명의자의 행위로서 확정하여야 하지만, 그러한 일치하는 의사를 확정할 수 없을 경우에는 계약의 성질, 내용, 목적, 체결경위 및 계약체결을 전후한 구체적인 제반 사정을 토대로 상대방이 합리적인 인간이라면 행위자와 명의자 중 누구를 계약당사자로 이해할 것인가에 의하여 당사자를 결정하고, 이에 터 잡아 계약의 성립 여부와 효력을 판단하여야 한다. 이는 그 타인이 허무인인 경우에도 마찬가지이다. [2] 갑이 허무인 을 명의의 자동차운전면허증과 인장을 위조한 후 이를 이용하여 증권회사인 병 주식회사에 을 명의의 계좌 개설을 신청하였고, 병 회사는 위 자동차운전면허증으로 구 금융실명거래 및 비밀보장에 관한 법률 제3조 제1항, 금융실명거래 및 비밀보장에 관한 법률 시행규칙 제3조 제1호에 따라 실명확인 절차를 진행하여 을 명의로 증권위탁계좌를 개설한 사안에서, 병 회사로서는 갑이 을인 줄 알고 계약을 체결하기에 이르렀다고 할 것이어서 갑과 병 회사 사이에 행위자인 갑을 위 계좌 개설계약의 당사자로 하기로 하는 의사의 일치가 있었다고 볼 수 없고, 비록 을에 대한 실명확인 절차가 허무인에 대한 것으로서 적법하지 않다고 하더라도 을이 허무인임을 알지 못한 병 회사로서는 명의자인 을을 계약당사자로 인식하여 계좌 개설계약을 체결한 것이라고 봄이 타당하고 이러한 계약체결 당시 병 회사의 계약당사자에 대한 인식은 사후에 을이 허무인임이 확인되었다고 하여 달라지지 않으므로, 병 회사의 계좌 개설계약의 상대방에 관한 의사가 위와 같은 이상 갑을 계약당사자로 한 계좌 개설계약이 체결되었다고 할 수 없고, 다만 계약당사자인 을이 허무인인 이상 병 회사와 을 사이에서도 유효한 계좌 개설계약이 성립하였다고 볼 수 없으므로 위 계좌에 입고된 주식은 이해관계인들 사이에서 부당이득반환 등의 법리에 따라 청산될 수 있을 뿐이라고 한 사례(대법원 2012. 10. 11. 선고 2011다12842 판결). [보충해설] 계약의 당사자는 乙과 丙으로 확정되지만, 당사자가 허무인이어서 계약은 무효가 아니라 성립되지 않은 사례이다.

ㄹ. [O] [1] 계약 등 법률행위의 당사자에게 일정한 의무를 부과하거나 일정한 행위를 금지하는 법규에서 이를 위반한 법률행위의 효력을 명시적으로 정하고 있는 경우에는 그 규정에 따라 법률행위의 유·무효를 판단하면 된다. 법률에서 해당 규정을 위반한 법률행위를 무효라고 정하고 있거나 해당 규정이 효력규정이나 강행규정이라고 명시하고 있으면 그러한 규정을 위반한 법률행위는 무효이다. 이와 달리 금지규정을 위반한 법률행위의 효력에 관하여 명확하게 정하지 않은 경우에는 규정의 입법 배경과 취지, 보호법익과 규율대상, 위반의 중대성, 당사자에게 법규정을 위반하려는 의도가 있었는지 여부, 규정 위반이 법률행위의 당사자나 제3자에게 미치는 영향, 위반행위에 대한 사회적·경제적·윤리적 가치평가, 이와 유사하거나 밀접한 관련이 있는 행위에 대한 법의 태도 등 여러 사정을 종합

적으로 고려해서 효력을 판단해야 한다. [2] 문화재수리 등에 관한 법률(이하 '문화재수리법'이라 한다)은 제21조에서 문화재수리업자의 명의대여 행위를 금지하면서도 이를 위반한 법률행위의 효력에 관해서는 명확하게 정하지 않고 있다. 문화재수리업자의 명의대여 행위를 금지한 문화재수리법 제21조는 강행규정에 해당하고, 이를 위반한 명의대여 계약이나 이에 기초하여 대가를 정산하여 받기로 하는 정산금 약정은 모두 무효라고 보아야 한다(대법원 2020. 11. 12. 선고 2017다228236 판결).

ㅁ. [O] 의사표시의 해석은 당사자가 그 표시행위에 부여한 객관적인 의미를 명백하게 확정하는 것으로서, 계약당사자 사이에 어떠한 계약 내용을 처분문서인 서면으로 작성한 경우에는 서면에 사용된 문구에 구애받는 것은 아니지만 어디까지나 당사자의 내심에 있는 의사가 어떠한지와 관계없이 서면의 기재 내용에 따라 당사자가 표시행위에 부여한 객관적 의미를 합리적으로 해석하여야 한다. 이 경우 문언의 객관적인 의미가 명확하다면 특별한 사정이 없는 한 문언대로의 의사표시의 존재와 내용을 인정하여야 한다. 계약당사자가 누구인지는 계약에 관여한 당사자의 의사해석의 문제로서 이에 관한 당사자들의 의사가 합치되지 않는 경우 계약의 성질, 내용, 체결 경위 및 계약 체결을 전후한 구체적인 제반 사정을 토대로 상대방이 합리적인 인간이라면 누구를 계약당사자로 이해하였을 것인지를 기준으로 당사자를 결정하고, 계약의 성립 여부와 효력을 판단함이 상당하다. 실제 계약을 체결한 행위자가 자신의 이름은 특정하여 기재하되 불특정인을 추가하는 방식으로 계약서상 당사자를 표시한 경우(즉, 실제 계약체결자의 이름에 '외 ㅇ인'을 부가하는 형태), 그 계약서 자체에서 당사자로 특정할 수 있거나 상대방의 입장에서도 특정할 수 있는 특별한 사정이 인정될 수 있는 당사자만 계약당사자 지위를 인정할 수 있다. 계약당사자가 되면 계약으로 발생하는 권리·의무의 주체가 될 수 있다는 점에서 당사자 사이의 법률관계에 중대한 영향을 초래하는 것이고, 때로는 강행규정 등 법률상 제한규정의 적용을 잠탈하려는 탈법적 의도에 따른 법률효과가 부여될 수도 있음을 고려하여, 위 특별한 사정의 인정 여부는 신중하게 판단하여 한다(대법원 2023. 6. 15. 선고 2022다247422 판결).

정답 ②

015 / 강행규정과 임의규정 /

다음 중 강행규정을 위반하여 무효인 것을 모두 고른 것은? (다툼이 있는 경우 판례에 의함)

> ㄱ. 공인중개사법 등 관련 법령에서 정한 한도를 초과하는 부동산 중개보수 약정에서 한도를 초과하는 보수
>
> ㄴ. 지방자치단체 甲이 그 소유의 일반재산인 X 토지를 乙 소유의 Y 토지와 교환하기로 방침을 정하고 이를 乙에게 통보하여 승낙을 받았으나, 지방재정법 및 예산회계법령 소정의 요건과 절차를 거치지 아니한 경우, 甲과 乙 사이에 체결된 교환계약
>
> ㄷ. 채권자의 과실로 채무자가 제공한 담보물의 가치가 감소되더라도 보증인의 면책 주장을 배제하는 채권자와 보증인 사이의 약정
>
> ㄹ. 의료인이나 의료법인 등 비영리법인이 아닌 자의 의료기관 개설을 원천적으로 금지하는 의료법에 위반하여 이루어진 약정
>
> ㅁ. 의료법인이 재산을 처분하려면 시·도지사의 허가를 받아야 한다는 의료법 규정을 위반한 법률행위

① ㄱ, ㄴ, ㄹ, ㅁ ② ㄱ, ㄴ, ㄷ, ㄹ, ㅁ ③ ㄴ, ㄷ, ㄹ, ㅁ
④ ㄱ, ㄴ, ㄷ, ㄹ ⑤ ㄷ, ㄹ, ㅁ

해설

ㄱ. **[무효]** 공인중개사법 제32조 제1항 본문은 "개업 공인중개사는 중개업무에 관하여 중개의뢰인으로부터 소정의 보수를 받는다."라고 정하고 있고, 제32조 제4항과 같은 법 시행규칙 제20조 제1항, 제4항은 중개대상물별로 공인중개사가 중개업무에 관하여 중개의뢰인으로부터 받을 수 있는 보수의 한도를 정하고 있다. 부동산 중개보수 제한에 관한 위 규정들은 중개보수 약정 중 소정의 한도를 초과하는 부분에 대한 사법상의 효력을 제한하는 이른바 강행법규에 해당한다. 따라서 공인중개사법 등 관련 법령에서 정한 한도를 초과하는 부동산 중개보수 약정은 한도를 초과하는 범위 내에서 무효이다(대법원 2021. 7. 29. 선고 2017다243723 판결).

ㄴ. **[무효]** 지방자치단체가 사경제의 주체로서 사인과 사법상의 계약을 체결함에 있어 따라야 할 요건과 절차를 규정한 관련 법령은 그 계약의 내용을 명확히 하고, 지방자치단체가 사인과 사법상 계약을 체결함에 있어 적법한 절차에 따를 것을 담보하기 위한 것으로서 강행규정이라 할 것이고, 강행규정에 위반된 계약의 성립을 부정하거나 무효를 주장하는 것이 신의칙에 위배되는 권리의 행사라는 이유로 이를 배척한다면 위와 같은 입법취지를 몰각시키는 것이 될 것이어서 특별한 사정이 없는 한 그러한 주장이 신의칙에 위반된다고 볼 수는 없다(대법원 2004. 1. 27. 선고 2003다14812 판결).

ㄷ. **[유효]** 민법 제485조의 면책규정은 법정대위권자로 하여금 구상의 실을 거둘 수 있도록 하기 위하여 채권자에게 담보의 보존을 간접적으로 강제하는 취지의 규정으로서 그 규정목적이 오로지 법정대위권자의 이익보호에 있으므로 그 성질상 임의규정으로 보아야 할 것이고 따라서 법정대위권자로서는 채권자와의 특약으로서 위 규정에 의한 면책이익을 포기하거나 면책의 사유와 범위를 제한 내지 축소할 수 있다(대법원 1987. 4. 14. 선고 86다카520 판결).

ㄹ. **[무효]** 의료법이 의료인이나 의료법인 등 비영리법인이 아닌 자의 의료기관 개설을 원천적으로 금지하고(제33조 제2항), 이를 위반하는 경우 처벌하는 규정(제87조 제1항 제2호)을 둔 취지는 의료기관 개설자격을 의료전문성을 가진 의료인이나 공적인 성격을 가진 자로 엄격히 제한함으로써 건전한 의료질서를 확립하고, 영리 목적으로 의료기관을 개설하는 경우에 발생할지도 모르는 국민 건강상의 위험을 미리 방지하고자 하는 데에 있다. 위 의료법 제33조 제2항은 의료인이나 의료법인 등이 아닌 자가 의료기관을 개설하여 운영하는 경우에 초래될 국민 보건위생상의 중대한 위험을 방지하기 위하여 제정된 이른바 강행법규에 속하는 것으로서 이에 위반하여 이루어진 약정은 무효이다(대법원 2022. 4. 14. 선고 2019다299423 판결).

ㅁ. **[무효]** 의료법 제48조 제3항은 의료법인이 재산을 처분하려면 시·도지사의 허가를 받아야 한다고 정하고 있다. 이는 의료법인이 재산을 부당하게 감소시키는 것을 방지함으로써 경영에 필요한 재산을 항상 갖추고 있도록 하여 의료법인의 건전한 발달을 도모하여 의료의 적정을 기하고 국민건강을 보호증진하게 하려는 데 그 목적이 있는 조항으로서 강행규정에 해당한다. 이 규정을 위반한 법률행위를 한 사람이 그 무효를 주장하는 것이 신의칙에 위배되는지는 위 법리에 따라 판단해야 한다(대법원 2021. 11. 25. 선고 2019다277157 판결).

정답 ①

016 / 불공정한 법률행위 /
불공정한 법률행위에 관한 설명 중 옳은 것은? (다툼이 있는 경우에는 판례에 의함)

① 계약 체결 당시를 기준으로 계약 내용에 따른 권리·의무관계를 종합적으로 고려한 결과 불공정한 것이 아니라도 사후에 외부적 환경의 급격한 변화에 따라 계약당사자 일방에게 큰 손실이 발생하고 상대방에게는 그에 상응하는 큰 이익이 발생할 수 있는 구조라면 불공정한 법률행위에 해당한다.

② 매매계약이 약정된 매매대금의 과다로 말미암아 민법 제104조에서 정하는 '불공정한 법률행위'에 해당하여 무효인 경우에는 무효행위의 전환에 관한 민법 제138조가 적용될 수 없다.

③ 불공정 법률행위에 해당하는지는 법률행위가 이루어진 시점을 기준으로 당초의 약정대로 계약이 이행되지 아니할 경우에 발생할 수 있는 문제까지 고려하여 평가하는 것이 원칙이다.

④ 급부와 반대급부는 해당 법률행위에서 정한 급부와 반대급부를 의미하지만, 궁박 때문에 법률행위를 하였다고 주장하는 당사자가 그 법률행위의 결과 제3자와의 계약관계에서 입었을 불이익을 면하게 되었다면, 특별한 사정이 없는 한 이러한 불이익의 면제를 해당 법률행위에서 정한 상대방의 급부로 평가해야 한다.

⑤ 불공정한 법률행위로서 무효라고 하려면 급부와 반대급부 사이에 현저한 불균형과 그 법률행위가 궁박, 경솔, 무경험으로 인한 것이라는 점 및 상대방이 이러한 사실을 인식하고 있었다는 점을 주장·증명하여야 한다.

해설

① [×] 민법 제104조의 불공정한 법률행위는 급부와 반대급부 사이에 현저한 불균형이 존재하고, 그와 같이 균형을 잃은 거래가 피해 당사자의 궁박, 경솔 또는 무경험을 이용하여 이루어진 경우에 성립하는 것이고, 피해 당사자가 궁박한 상태에 있었다고 하더라도 그 상대방 당사자에게 그와 같은 피해 당사자 측의 사정을 알면서 이를 이용하려는 의사, 즉 폭리행위의 악의가 없었다거나 또는 급부와 반대급부 사이에 현저한 불균형이 존재하지 아니한다면 민법 제104조의 불공정한 법률행위라고 할 수 없다. 그리고 어떠한 법률행위가 <u>불공정한 법률행위에 해당하는지는 법률행위 당시를 기준으로 판단하여야 하므로, 계약 체결 당시를 기준으로 계약 내용에 따른 권리의무관계를 종합적으로 고려한 결과 불공정한 것이 아니라면, 사후에 외부적 환경의 급격한 변화에 따라 계약당사자 일방에게 큰 손실이 발생하고 상대방에게는 그에 상응하는 큰 이익이 발생할 수 있는 구조라고 하여 그 계약이 당연히 불공정한 계약에 해당한다고 말할 수 없다</u>(대법원 2015. 1. 15. 선고 2014다216072 판결). <u>어떠한 법률행위가 불공정한 법률행위에 해당하는지는 법률행위 시를 기준으로 판단하여야 한다. 따라서 계약 체결 당시를 기준으로 전체적인 계약 내용에 따른 권리의무관계를 종합적으로 고려한 결과 불공정한 것이 아니라면</u>, 사후에 외부적 환경의 급격한 변화에 따라 계약당사자 일방에게 큰 손실이 발생하고 상대방에게는 그에 상응하는 큰 이익이 발생할 수 있는 구조라고 하여 그 계약이 당연히 불공정한 계약에 해당한다고 말할 수 없다(대법원 2013. 9. 26. 선고 2011다53683 전원합의체 판결).

② [×] 매매계약이 약정된 매매대금의 과다로 말미암아 민법 제104조에서 정하는 '불공정한 법률행위'에 해당하여 무효인 경우에도 무효행위의 전환에 관한 민법 제138조가 적용될 수 있다. 따라서 당사자 쌍방이 위와 같은 무효를 알았더라면 대금을 다른 액으로 정하여 매매계약에 합의하였을 것이라고 예외적으로 인정되는 경우에는, 그 대금액을 내용으로 하는 매매계약이 유효하게 성립한다.

이때 당사자의 의사는 매매계약이 무효임을 계약 당시에 알았다면 의욕하였을 가정적 효과의사로서, 당사자 본인이 계약 체결시와 같은 구체적 사정 아래 있다고 상정하는 경우에 거래관행을 고려하여 신의성실의 원칙에 비추어 결단하였을 바를 의미한다. 이와 같이 여기서는 어디까지나 당해 사건의 제반 사정 아래서 각각의 당사자가 결단하였을 바가 탐구되어야 하는 것이므로, 계약 당시의 시가와 같은 객관적 지표는 그러한 가정적 의사의 인정에 있어서 하나의 참고자료로 삼을 수는 있을지언정 그것이 일응의 기준이 된다고도 쉽사리 말할 수 없다. 이와 같이 가정적 의사에 기한 계약의 성립 여부 및 그 내용을 발굴·구성하여 제시하게 되는 법원으로서는 그 '가정적 의사'를 함부로 추단하여 당사자가 의욕하지 아니하는 법률효과를 그에게 또는 그들에게 계약의 이름으로 불합리하게 강요하는 것이 되지 아니하도록 신중을 기하여야 한다(대법원 2010. 7. 15. 선고 2009다50308 판결).

③ [×] 불공정 법률행위에 해당하는지는 법률행위가 이루어진 시점을 기준으로 약속된 급부와 반대급부 사이의 객관적 가치를 비교 평가하여 판단하여야 할 문제이고, 당초의 약정대로 계약이 이행되지 아니할 경우에 발생할 수 있는 문제는 달리 특별한 사정이 없는 한 채무의 불이행에 따른 효과로서 다루어지는 것이 원칙이다(대법원 2013. 9. 26. 선고 2010다42075 판결).

④ [×] [1] 민법 제104조에 규정한 불공정한 법률행위는 객관적으로 급부와 반대급부 사이에 현저한 불균형이 존재하고, 주관적으로 그와 같이 균형을 잃은 거래가 피해 당사자의 궁박, 경솔 또는 무경험을 이용하여 이루어진 경우에 성립하는 것으로서, 약자적 지위에 있는 자의 궁박, 경솔 또는 무경험을 이용한 폭리행위를 규제하려는 데에 그 목적이 있다. 객관적으로 급부와 반대급부 사이에 현저한 불균형이 존재하는지를 판단하려면 우선 해당 법률행위의 급부와 반대급부가 무엇인지를 확정한 뒤 그 각각의 객관적 가치를 비교·평가해야 한다. 또한 급부와 반대급부 사이에 현저한 불균형이 있는지는 단순히 시가와의 차액 또는 시가와의 배율로 판단할 수 있는 것은 아니고, 구체적·개별적 사안에서 일반인의 사회통념에 따라 결정하여야 한다. 여기에서 급부와 반대급부는 해당 법률행위에서 정한 급부와 반대급부를 의미하므로, 궁박 때문에 법률행위를 하였다고 주장하는 당사자가 그 법률행위의 결과 제3자와의 계약관계에서 입었을 불이익을 면하게 되었더라도, 특별한 사정이 없는 한 이러한 불이익의 면제를 곧바로 해당 법률행위에서 정한 상대방의 급부로 평가해서는 안 된다. 이를 상대방의 급부로 평가한다면, 당사자가 그 불이익을 입는 것보다 해당 법률행위에서 정한 반대급부를 이행하는 것이 경제적으로 유리하다고 보아 그 법률행위를 한 대부분의 경우에 그 불이익을 포함한 급부의 객관적 가치가 반대급부의 객관적 가치를 초과하여, 그 이유만으로 당사자의 궁박 여부와 관계없이 법률행위의 불공정성이 부정되는 부당한 결과가 발생할 수 있기 때문이다. 이러한 불이익은 급부와 반대급부 사이의 객관적 가치 차이가 사회통념상 현저하게 균형을 잃은 정도에 이르렀는지, 또는 당사자가 궁박한 상태에 있었는지를 판단할 때 고려할 수 있을 뿐이다. [2] '궁박'이라 함은 '급박한 곤궁'을 의미하는 것으로서 경제적 원인에 기인할 수도 있고 정신적 또는 심리적 원인에 기인할 수도 있으며, 당사자가 궁박한 상태에 있었는지 여부는 그의 나이와 직업, 교육 및 사회경험의 정도, 재산 상태 및 그가 처한 상황의 절박성의 정도 등 여러 사정을 종합하여 구체적으로 판단하여야 한다. 한편 당사자가 계약을 지키지 않는 경우 얻을 이익이 이로 인해 입을 불이익보다 크다고 판단하여, 그 불이익의 발생을 예측하면서도 이를 감수할 생각으로 계약에 반하는 행위를 함으로써 계약 상대방과의 관계에서 그가 주장하는 급박한 곤궁 상태에 이르렀다면, 이와 같이 그가 자초한 상태를 민법 제104조의 궁박이라고 인정하는 것은 엄격하고 신중하게 이루어져야 한다. [3] 갑 소유 주택에 관하여 갑과 을이 체결한 주택임대차계약의 임대차 기간 중 갑이 위 주택 및 부지와 이에 인접한 토지들을 함께 매수하여 다세대주택을 신축하려는 병 주식회사에 위 주택 및 부지를 매도하는 매매계약을 체결하면서 '갑이 임차인들을 퇴거시켜야 하고, 잔금 지급일까지 이를 완전히 해결하지 않으면 위 매매계약의 위약금뿐만 아니라 다른 부동산 매매계약의 위약금도 모두 책임진다.'는 취지의 특약을 포함시켰는데, 을이 임대차계약을 합의해제하고 임차목적물을 인도해 달라는 갑의 요구에 응하지 않아 갑이 거액의 위약금을 지급하여야 할 위험에

처하게 되자, 쌍방이 협의를 거쳐 갑이 매매계약의 잔금을 수령하면 을에게 임차보증금과 이사비용 뿐만 아니라 임차보증금의 10배에 달하는 인도 합의금을 지급하기로 한다는 내용의 합의를 하고, 정은 합의에 따른 갑의 채무를 보증한 사안에서, 위 합의에 따라 임차목적물의 인도가 이루어짐으로써 지급을 면하게 된 위약금 상당액을 을의 급부에 포함시켜 을의 급부의 객관적 가치가 갑과 정의 반대급부의 객관적 가치보다 오히려 높으므로 급부와 반대급부 사이에 현저한 불균형이 존재하지 않는다고 본 원심의 판단은 잘못이나, 갑과 정이 곤궁한 상태에 이르게 된 원인과 배경을 비롯하여 당사자의 신분 및 상호관계, 매매계약에 따른 경제적 이익, 합의의 경위 및 내용, 합의 이후의 상황, 매매계약의 해제와 같이 갑에게 존재하였던 다른 대안 등 모든 사정을 고려하면 위 합의가 갑과 정의 궁박 상태에서 체결되었다고 단정할 수 없으므로, 위 합의가 유효하다고 본 원심의 결론은 정당하다고 한 사례(대법원 2024. 3. 12. 선고 2023다301712 판결).

⑤ [O] 매도인측에서 매매계약이 불공정한 법률행위로서 무효라고 하려면 객관적으로 매매가격이 실제가격에 비하여 현저하게 헐값이고 주관적으로 매도인이 궁박, 경솔, 무경험 등의 상태에 있었으며, 매수인 측에서 위와 같은 사실을 인식하고 있었다는 점을 주장·입증하여야 한다(대법원 1991. 05. 28. 선고 90다19770 판결).

정답 ⑤

제2절 • 의사표시

017 / 비진의 의사표시 /

다음 사례에 관한 설명으로 옳지 않은 것을 모두 고른 것은? (다툼이 있는 경우에는 판례에 의하고, 특별법의 적용은 고려하지 않음)

〈사례〉

교사 甲은 A 학교법인이 경영하는 사립고등학교의 교원으로 근무하던 중 그 당시 유행하던 전염병에 감염되자 교직의 수행이 어려워져 2017. 6. 초에 사직원을 작성하여 제출하였다(이 사례에서 甲의 사직의 의사표시는 근로계약관계 합의해지의 청약으로 인정된다). 그 후 甲은 마침 완성된 치료약으로 인하여 완치판정을 받게 됨에 따라 학교 측에 2017. 7. 23. 다시 근무하겠다는 의사를 밝혔으나, 2017. 8. 2. 학교 측은 이미 제출된 사직원을 근거로 甲을 면직시키기로 하는 이사회의 결의를 거쳐 면직처분하였다.

ㄱ. 甲은 사직원의 제출에 따른 학교법인의 승낙의사가 형성되어 확정적으로 근로계약 종료의 효과가 발생하기 전이라도 원칙적으로 그 사직의 의사표시를 자유로이 철회할 수는 없다.

ㄴ. 甲의 사직청약의 철회가 학교법인에게 불측의 손해를 주는 등 신의칙에 반한다고 인정되는 특별한 사정이 있더라도, 학교법인이 승낙의 의사표시를 하기 전에 철회한 것이므로 甲의 철회는 유효하다.

ㄷ. 위 'ㄴ.'에서와 같은 신의칙에 반한다고 인정될 만한 특별한 사정이 없는 경우, 학교법인이 甲의 사직청약 철회 이후에 종전의 사직원에 기하여 그를 면직처분한 것은 무효가 된다.

ㄹ. 만약 2017. 6. 초에 의심증상만 있을 뿐 확진판정을 받지 않아 甲에게 사직의 의사가 없음에도, 학교법인이 사직서를 작성·제출하게 한 것이라면 이를 이사회에서 의원면직으로 처리하였더라도 이는 해고에 해당한다.

① ㄱ, ㄴ ② ㄱ, ㄷ ③ ㄱ, ㄹ
④ ㄴ, ㄹ ⑤ ㄷ, ㄹ

해설

ㄱ. [×] ㄴ. [×] ㄷ. [○] [1] 근로자가 일방적으로 근로계약관계를 종료시키는 해약의 고지방법에 의하여 임의사직하는 경우가 아니라, 근로자가 사직원의 제출방법에 의하여 근로계약관계의 합의해지를 청약하고 이에 대하여 사용자가 승낙함으로써 당해 근로관계를 종료시키게 되는 경우에 있어서는, 근로자는 위 사직원의 제출에 따른 사용자의 승낙의사가 형성되어 확정적으로 근로계약 종료의 효과가 발생하기 전에는 그 사직의 의사표시를 자유로이 철회할 수 있다고 보아야 할 것이며, 다만 근로계약 종료의 효과발생 전이라고 하더라도 근로자가 사직의 의사표시를 철회하는 것이 사용자에게 불측의 손해를 주는 등 신의칙에 반한다고 인정되는 특별한 사정이 있는 경우에 한하여 그 철회가 허용되지 않는다고 해석함이 상당하다. [2] 교사가 교직의 계속적인 수행이 어려워 사직하기로 결심하고 작성일자를 3개월 뒤로 한 사직원을 제출하였다가 사직원의 작성일자 이전에 학교측에 대하여 다시 근무할 것을 희망하는 의사를 밝혔으나 학교측이 위 사직원을 근거로 면직처분을 하였다면, 위 사직원 제출은 사용자에 대하여 근로계약관계의 합의해지를 청약한 경우에 해당한다고 볼 것이고, 학교측에 대하여 다시 근무할 것을 희망하는 의사를 밝힌 것은 종전의 사직의 사표시를 철회한 것으로 보아야 할 것인바, 이는 위 사직원 제출방법에 따른 근로계약관계의 종료를 위한 합의해지의 청약에 대하여 학교측의 내부적인 승낙의사가 형성되기 전에 이루어진 것으로서 특별히 위 사직의사표시의 철회를 허용하는 것이 학교측에 대한 불측의 손해를 주게 되는 등 신의칙에 반한다고 인정되는 특별한 사정이 없는 한 적법하게 그 철회의 효력이 생긴 것이라고 보아야 하고 따라서 학교측이 위 교사의 사직의사 철회 이후에 비로소 종전의 사직원에 기하여 그를 의원면직처분한 것은 무효라고 한 사례(대법원 1992. 4. 10. 선고 91다43138 판결).

ㄹ. [○] [1] 진의 아닌 의사표시에 있어서의 '진의'란 특정한 내용의 의사표시를 하고자 하는 표의자의 생각을 말하는 것이지 표의자가 진정으로 마음 속에서 바라는 사항을 뜻하는 것은 아니므로 표의자가 의사표시의 내용을 진정으로 마음 속에서 바라지는 아니하였다고 하더라도 당시의 상황에서는 그것이 최선이라고 판단하여 그 의사표시를 하였을 경우에는 이를 내심의 효과의사가 결여된 진의 아닌 의사표시라고 할 수 없다. [2] 사용자가 사직의 의사 없는 근로자로 하여금 어쩔 수 없이 사직서를 작성·제출하게 한 후 이를 수리하는 이른바 의원면직의 형식을 취하여 근로계약관계를 종료시키는 경우에는 실질적으로 사용자의 일방적인 의사에 의하여 근로계약관계를 종료시키는 것이어서 해고에 해당한다고 할 것이나, 그렇지 않은 경우에는 사용자가 사직서 제출에 따른 사직의 의사표시를 수락함으로써 사용자와 근로자의 근로계약관계는 합의해지에 의하여 종료되는 것이므로 사용자의 의원면직처분을 해고라고 볼 수 없다(대법원 2001. 01. 19. 선고 2000다51919 판결).

정답 ①

018 / 통정허위표시 /

통정허위표시에 관한 설명 중 옳은 것은? (다툼이 있는 경우 판례에 의함)

① 보증보험계약의 주계약이 통정허위표시로서 무효인 때에는 보험사고가 발생할 수 없는 경우에 해당하므로 그 보증보험계약은 무효이다. 다만 보증보험계약의 보험자는 주계약이 통정허위표시인 사정을 알지 못한 제3자에 대하여는 보증보험계약의 무효를 주장할 수 없다.

② 「부동산 실권리자명의 등기에 관한 법률」 시행 이후에 甲종중이 X토지를 매수하여 조세포탈 등의 목적 없이 종중원 乙에게 명의신탁하면서, 乙이 X토지를 임의로 처분할 것을 염려하여 乙과 합의로 등기원인을 매매예약으로 하는 X토지에 관한 甲 명의의 소유권이전등기청구권 보전을 위한 가등기를 마쳤다. 이 경우 실제 甲과 乙이 X토지에 관하여 매매예약을 체결한 바 없다면 甲과 乙의 합의는 통정허위표시로서 무효이다.

③ 甲이 乙의 임차보증금반환채권을 담보하기 위하여 통정허위표시로 乙에게 전세권설정등기를 마친 후 丙이 이러한 사정을 알면서도 乙에 대한 채권을 담보하기 위하여 위 전세권에 대하여 전세권근저당권설정등기를 마쳤는데, 그 후 丁이 丙의 전세권근저당권부 채권을 가압류하였다가 이를 본압류로 이전하는 압류명령을 받은 경우에, 丁이 통정허위표시에 관하여 선의라면 비록 丙이 악의라 하더라도 허위표시자는 丁에 대하여 전세권이 통정허위표시에 의한 것이라는 이유로 대항할 수 없다.

④ 甲은 乙과 통정하여 甲의 丙에 대한 임차보증금반환채권을 乙에게 허위로 양도하였는데, 乙의 채권자 丁이 위 임차보증금반환채권에 대하여 채권압류 및 추심명령을 받은 경우, 丁은 가장양수인 乙의 일반채권자에 불과하여 「민법」 제108조 제2항의 제3자에 해당하지 않는다.

⑤ 甲이 乙에게 매매예약을 등기원인으로 소유권이전등기청구권 가등기를 마쳐주었고, 그 후 乙이 제기한 가등기에 기한 본등기의 이행을 구하는 소송이 공시송달로 진행된 결과 乙의 승소판결이 선고되어 확정되었으나, 甲이 추완항소를 제기하여 가등기의 등기원인인 매매예약이 甲과 乙의 통정허위표시에 의한 것으로 무효라는 이유로 제1심판결을 취소하고 乙의 청구를 기각하는 판결이 선고·확정되었는데, 乙이 甲의 추완항소 이전에 발급받았던 송달증명원 및 확정증명원을 가지고 확정판결을 원인으로 지분소유권이전등기를 마쳤고, 乙의 남편인 丙이 재산분할을 원인으로 지분소유권이전등기를 마쳤으며, 丁과 戊가 매매를 원인으로 지분소유권이전등기를 순차로 마친 경우에, 戊는 통정허위표시로부터 보호를 받는 제3자에 해당한다.

해설

① [×] 상법 제644조에 의하면, 보험계약 당시에 보험사고가 발생할 수 없는 것인 때에는 보험계약의 당사자 쌍방과 피보험자가 이를 알지 못한 경우가 아닌 한 그 보험계약은 무효이다. 보증보험계약은 보험계약으로서의 본질을 가지고 있으므로, 적어도 계약이 유효하게 성립하기 위해서는 계약 당시에 보험사고의 발생 여부가 확정되어 있지 않아야 한다는 우연성과 선의성의 요건을 갖추어야 한다. 만약 보증보험계약의 주계약이 통정허위표시로서 무효인 때에는 보험사고가 발생할 수 없는 경우에 해당하므로 그 보증보험계약은 무효이다. 이때 보증보험계약이 무효인 이유는 보험계약으로서의 고유한 요건을 갖추지 못하였기 때문이므로, 보증보험계약의 보험자는 주계약이 통정허위

표시인 사정을 알지 못한 제3자에 대하여도 보증보험계약의 무효를 주장할 수 있다(대법원 2015. 3. 26. 선고 2014다203229 판결).

② [×] 명의신탁 부동산을 명의수탁자가 임의로 처분할 경우에 대비하여 명의신탁자가 명의수탁자와 합의하여 자신의 명의로, 혹은 명의신탁자 이외의 다른 사람 명의로 소유권이전등기청구권 보전을 위한 가등기를 경료한 것이라면 비록 그 가등기의 등기원인을 매매예약으로 하고 있으며 명의신탁자와 명의수탁자 사이에 그와 같은 매매예약이 체결된 바 없다 하더라도 그와 같은 가등기를 하기로 하는 명의신탁자와 명의수탁자의 합의가 통정허위표시로서 무효라고 할 수 없다(대법원 1997. 9. 30. 선고 95다39526 판결).

③ [○] [1] 실제로는 전세권설정계약을 체결하지 아니하였으면서도 임대차계약에 기한 임차보증금반환채권을 담보할 목적 또는 금융기관으로부터 자금을 융통할 목적으로 임차인과 임대인 사이의 합의에 따라 임차인 명의로 전세권설정등기를 경료한 경우에, 위 전세권설정계약이 통정허위표시에 해당하여 무효라 하더라도 위 전세권설정계약에 의하여 형성된 법률관계에 기초하여 새로이 법률상 이해관계를 가지게 된 제3자에 대하여는 그 제3자가 그와 같은 사정을 알고 있었던 경우에만 그 무효를 주장할 수 있다. 그리고 여기에서 선의의 제3자가 보호될 수 있는 법률상 이해관계는 위 전세권설정계약의 당사자를 상대로 하여 직접 법률상 이해관계를 가지는 경우 외에도 그 법률상 이해관계를 바탕으로 하여 다시 위 전세권설정계약에 의하여 형성된 법률관계와 새로이 법률상 이해관계를 가지게 되는 경우도 포함된다. [2] 갑이 을의 임차보증금반환채권을 담보하기 위하여 통정허위표시로 을에게 전세권설정등기를 마친 후 병이 이러한 사정을 알면서도 을에 대한 채권을 담보하기 위하여 위 전세권에 대하여 전세권근저당권설정등기를 마쳤는데, 그 후 정이 병의 전세권근저당권부 채권을 가압류하였다가 이를 본압류로 이전하는 압류명령을 받은 사안에서, 병의 전세권근저당권부 채권은 통정허위표시에 의하여 외형상 형성된 전세권을 목적물로 하는 전세권근저당권의 피담보채권이고, 정은 이러한 병의 전세권근저당권부 채권을 가압류하고 압류명령을 얻음으로써 그 채권에 관한 담보권인 전세권근저당권의 목적물에 해당하는 전세권에 대하여 새로이 법률상 이해관계를 가지게 되었으므로, 정이 통정허위표시에 관하여 선의라면 비록 병이 악의라 하더라도 허위표시자는 그에 대하여 전세권이 통정허위표시에 의한 것이라는 이유로 대항할 수 없음에도, 이와 달리 본 원심판결에 법리오해의 위법이 있다고 한 사례(대법원 2013. 2. 15. 선고 2012다49292 판결).

④ [×] 임대차보증금반환채권이 양도된 후 양수인의 채권자가 임대차보증금반환채권에 대하여 채권압류 및 추심명령을 받았는데 임대차보증금반환채권 양도계약이 허위표시로서 무효인 경우 채권자는 그로 인해 외형상 형성된 법률관계를 기초로 실질적으로 새로운 법률상 이해관계를 맺은 제3자에 해당한다(대법원 2014. 4. 10. 선고 2013다59753 판결). [관련판례] 통정한 허위표시에 의하여 외형상 형성된 법률관계로 생긴 채권을 가압류한 경우, 그 가압류권자는 허위표시에 기초하여 새로운 법률상 이해관계를 가지게 되므로 민법 제108조 제2항의 제3자에 해당한다고 봄이 상당하고, 또한 민법 제108조 제2항의 제3자는 선의이면 족하고 무과실은 요건이 아니다(대법원 2004. 05. 28. 선고 2003다70041 판결). [비교판례] 민법 제548조 제1항 단서에서 말하는 제3자란 일반적으로 그 해제된 계약으로부터 생긴 법률효과를 기초로 하여 해제 전에 새로운 이해관계를 가졌을 뿐 아니라 등기, 인도 등으로 완전한 권리를 취득한 자를 말하므로 계약상의 채권을 양수한 자나 그 채권 자체를 압류 또는 전부한 채권자는 여기서 말하는 제3자에 해당하지 아니한다(대법원 2000. 04. 11. 선고 99다51685 판결).

⑤ [×] ★ [사례형·기록형] [1] 상대방과 통정한 허위의 의사표시는 무효이고 누구든지 그 무효를 주장할 수 있는 것이 원칙이나, 허위표시의 당사자와 포괄승계인 이외의 자로서 허위표시에 의하여 외형상 형성된 법률관계를 토대로 실질적으로 새로운 법률상 이해관계를 맺은 선의의 제3자에 대하여는 허위표시의 당사자뿐만 아니라 그 누구도 허위표시의 무효를 대항하지 못하는 것인데, 허위표

시의 무효를 선의 제3자에게 대항하지 못하게 한 취지는 이를 기초로 하여 별개의 법률원인에 의하여 고유한 법률상의 이익을 갖는 법률관계에 들어간 자를 보호하기 위한 것이므로 제3자의 범위는 권리관계에 기초하여 형식적으로만 파악할 것이 아니라 허위표시행위를 기초로 하여 새로운 법률상 이해관계를 맺었는지 여부에 따라 실질적으로 파악하여야 한다. [2] 甲이 부동산 관리를 위해 乙에게 매매예약을 등기원인으로 소유권이전등기청구권 가등기를 마쳐주었고, 그 후 乙이 제기한 가등기에 기한 본등기의 이행을 구하는 소송이 공시송달로 진행된 결과 乙의 승소판결이 선고되어 외형상 확정되었으나, 甲이 추완항소를 제기하여 가등기의 등기원인인 매매예약이 甲과 乙의 통정한 허위의 의사표시에 의한 것으로 무효라는 이유로 제1심판결을 취소하고 乙의 청구를 기각하는 판결이 선고·확정되었는데, 위 부동산에 관하여 乙이 甲의 추완항소 이전에 발급받았던 송달증명원 및 확정증명원을 가지고 확정판결을 원인으로 지분소유권이전등기를 마쳤고, 乙의 남편인 丙이 재산분할을 원인으로 지분소유권이전등기를 마쳤으며, 그 후 丁과 戊가 위 부동산에 관하여 매매를 원인으로 지분소유권이전등기를 순차로 마친 사안에서, 위 부동산에 관한 乙 명의의 본등기는 甲과 乙 사이의 허위 가등기 설정이라는 통정한 허위의 의사표시 자체에 기한 것이 아니라, 이러한 통정한 허위의 의사표시가 철회된 이후에 乙이 항소심판결에 의해 취소·확정되어 소급적으로 무효가 된 제1심판결에 기초하여 일방적으로 마친 원인무효의 등기라고 봄이 타당하고, 이에 따라 乙 명의의 본등기를 비롯하여 그 후 戊에 이르기까지 순차적으로 마쳐진 각 지분소유권이전등기는 부동산등기에 관하여 공신력이 인정되지 아니하는 우리 법제하에서는 특별한 사정이 없는 한 무효임을 면할 수 없으며, 나아가 甲과 乙이 통정한 허위의 의사표시에 기하여 마친 가등기와 丙 명의의 지분소유권이전등기 사이에는 乙이 일방적으로 마친 원인무효의 본등기가 중간에 개재되어 있으므로, 이를 기초로 마쳐진 丙 명의의 지분소유권이전등기는 乙 명의의 가등기와는 서로 단절된 것으로 평가되고, 가등기의 설정행위와 본등기의 설정행위는 엄연히 구분되는 것으로서 丙 내지 그 후 지분소유권이전등기를 마친 자들에게 신뢰의 대상이 될 수 있는 '외관'은 乙 명의의 가등기가 아니라 단지 乙 명의의 본등기일 뿐이라는 점에서도 이들은 乙 명의의 허위 가등기 자체를 기초로 하여 새로운 법률상 이해관계를 맺은 제3자의 지위에 있다고 볼 수 없으며, 이는 甲의 추완항소를 계기로 甲과 乙 사이의 통정한 허위의 의사표시가 실체적으로는 철회되었음에도 불구하고 그 외관인 乙 명의의 가등기가 미처 제거되지 않고 잔존하는 동안에 乙 명의의 본등기가 마쳐졌다고 하여 달리 볼 수 없는데도, 戊가 통정한 허위의 의사표시의 제3자에 해당한다고 본 원심판단에 법리오해 등의 잘못이 있다고 한 사례(대법원 2020. 1. 30. 선고 2019다280375 판결). [비교판례] [1] 상대방과 통정한 허위의 의사표시는 무효이고 누구든지 그 무효를 주장할 수 있는 것이 원칙이나, 허위표시의 당사자 및 포괄승계인 이외의 자로서 허위표시에 의하여 외형상 형성된 법률관계를 토대로 실질적으로 새로운 법률상 이해관계를 맺은 선의의 제3자에 대하여는 허위표시의 당사자뿐만 아니라 그 누구도 허위표시의 무효를 대항하지 못하고, 따라서 선의의 제3자에 대한 관계에 있어서는 허위표시도 그 표시된 대로 효력이 있다. [2] 통정허위표시를 원인으로 한 부동산에 관한 가등기 및 그 가등기에 기한 본등기로 인하여 갑의 소유권이전등기가 말소된 후 다시 그 본등기에 터잡아 을이 부동산을 양수하여 소유권이전등기를 마친 경우, 을이 통정 허위표시자로부터 실질적으로 부동산을 양수하고 또 이를 양수함에 있어 통정 허위표시자 명의의 각 가등기 및 이에 기한 본등기의 원인이 된 각 의사표시가 허위표시임을 알지 못하였다면, 갑은 선의의 제3자인 을에 대하여는 그 각 가등기 및 본등기의 원인이 된 각 허위표시가 무효임을 주장할 수 없고, 따라서 을에 대한 관계에서는 그 각 허위표시가 유효한 것이 되므로 그 각 허위표시를 원인으로 한 각 가등기 및 본등기와 이를 바탕으로 그 후에 이루어진 을 명의의 소유권이전등기도 유효하다는 이유로, 을이 선의라 하더라도 을에 대하여 갑이 그 부동산의 소유권자임을 주장할 수 있다고 한 원심판결을 파기한 사례(대법원 1996. 4. 26. 선고 94다12074 판결).

정답 ③

019 / 착오에 의한 의사표시 /
착오에 관한 설명 중 옳지 않은 것은? (다툼이 있는 경우 판례에 의함)

① 계약 또는 법령 등에 의하여 가격구성요소의 고지의무가 인정되는 등 특별한 사정이 없는 한 은행이 고객에게 제로 코스트인 장외파생상품의 구조 내에 포함된 옵션(option)의 이론가, 수수료 및 그로 인하여 발생하는 마이너스 시장가치에 대하여 고지하지 아니하였다고 하여 고객에 대한 기망행위가 된다거나 고객에게 장외파생상품 거래에서 비용이나 수수료를 부담하지 아니한다는 착오를 유발한다고 볼 수 없다.

② 매매대상 토지 중 20~30평 가량만 도로에 편입될 것이라는 중개인의 말을 믿고 주택 신축을 위하여 토지를 매수하였고 그와 같은 사정이 계약 체결 과정에서 현출되어 매도인도 이를 알고 있었는데, 실제로는 전체 면적의 약 30%에 해당하는 197평이 도로에 편입된 경우 중요 부분에 착오가 있는 경우라고 볼 수 없다.

③ 토지매매에서 특별한 사정이 없는 한 매수인에게 측량을 하거나 지적도와 대조하는 등의 방법으로 매매목적물이 지적도상의 그것과 정확히 일치하는지 여부를 미리 확인하여야 할 주의의무가 있다고 볼 수 없다.

④ 한국거래소가 설치한 파생상품시장에서 이루어지는 파생상품거래와 관련하여 상대방 투자중개업자나 위탁자가 표의자의 착오를 알고 이용했는지 여부를 판단할 때에 단순히 표의자가 제출한 호가가 당시 시장가격에 비추어 이례적이라는 사정만으로 표의자의 착오를 알고 이용하였다고 단정할 수 없다.

⑤ 의사표시자가 행위를 할 당시 장래에 있을 어떤 사항의 발생을 예측한 데 지나지 않는 경우는 의사표시자의 심리상태에 인식과 대조사실의 불일치가 있다고 할 수 없어 착오로 다룰 수 없다. 다만 어떠한 인식이 장래에 있을 어떤 사항에 대한 단순한 예측이나 기대에 머무르는 것이 아니라 예측이나 기대의 근거가 되는 현재 사정에 대한 인식을 포함하고 있고 그 인식이 실제로 있는 사실과 일치하지 않는다면 착오로 다룰 수 있다.

[해 설]

① [O] 일반적으로 재화나 용역의 판매자가 자신이 판매하는 재화나 용역의 판매가격에 관하여 구매자에게 그 원가나 판매이익 등 구성요소를 알려주거나 밝힐 의무는 없고, 이는 은행이 고객으로부터 별도로 비용이나 수수료를 수취하지 아니하는 이른바 제로 코스트(zero cost) 구조의 장외파생상품 거래를 하는 경우에도 다르지 아니하다. 또한 은행이 장외파생상품 거래의 상대방으로서 일정한 이익을 추구하리라는 점은 시장경제의 속성상 당연하여 누구든지 이를 예상할 수 있으므로, 달리 계약 또는 법령 등에 의하여 가격구성요소의 고지의무가 인정되는 등 특별한 사정이 없는 한 은행은 고객에게 제로 코스트인 장외파생상품의 구조 내에 포함된 옵션(option)의 이론가, 수수료 및 그로 인하여 발생하는 마이너스 시장가치에 대하여 고지하여야 할 의무가 있다고 할 수 없고, 이를 고지하지 아니하였다고 하여 그것이 고객에 대한 기망행위가 된다거나 고객에게 당해 장외파생상품 거래에서 비용이나 수수료를 부담하지 아니한다는 착오를 유발한다고 볼 수 없다(대법원 2013. 9. 26. 선고 2011다53683 전원합의체 판결).

② [✗] [1] 동기의 착오가 법률행위의 내용의 중요부분의 착오에 해당함을 이유로 표의자가 법률행위를 취소하려면 그 동기를 당해 의사표시의 내용으로 삼을 것을 상대방에게 표시하고 의사표시의 해석상 법률행위의 내용으로 되어 있다고 인정되면 충분하고 당사자들 사이에 별도로 그 동기를 의사표시의 내용으로 삼기로 하는 합의까지 이루어질 필요는 없지만, 그 법률행위의 내용의 착오는 보통 일반인이 표의자의 입장에 섰더라면 그와 같은 의사표시를 하지 아니하였으리라고 여겨질 정도로 그 착오가 중요한 부분에 관한 것이어야 한다. [2] 매매대상 토지 중 20~30평 가량만 도로에 편입될 것이라는 중개인의 말을 믿고 주택 신축을 위하여 토지를 매수하였고 그와 같은 사정이 계약 체결 과정에서 현출되어 매도인도 이를 알고 있었는데 실제로는 전체 면적의 약 30%에 해당하는 197평이 도로에 편입된 경우, 동기의 착오를 이유로 매매계약의 취소를 인정한 사례(대법원 2000. 5. 12. 선고 2000다12259 판결).

③ [O] 의사표시는 법률행위 내용의 중요부분에 착오가 있는 때에는 취소할 수 있다. 법률행위 중요부분의 착오란 표의자가 그러한 착오가 없었더라면 그 의사표시를 하지 않았으리라고 생각될 정도로 중요한 것이어야 하고 보통 일반인도 표의자의 처지에 있었더라면 그러한 의사표시를 하지 않았으리라고 생각될 정도로 중요한 것이어야 한다. 가령 토지의 현황과 경계에 착오가 있어 계약을 체결하기 전에 이를 알았다면 계약의 목적을 달성할 수 없음이 명백하여 계약을 체결하지 않았을 것으로 평가할 수 있을 경우에 계약의 중요부분에 관한 착오가 인정된다. 법률행위 내용의 중요부분에 착오가 있는 때에는 그 의사표시를 취소할 수 있으나 그 착오가 표의자의 중대한 과실로 인한 때에는 취소하지 못한다. 여기서 '중대한 과실'이란 표의자의 직업, 행위의 종류, 목적 등에 비추어 보통 요구되는 주의를 현저히 게을리한 것을 의미한다. 토지매매에서 특별한 사정이 없는 한 매수인에게 측량을 하거나 지적도와 대조하는 등의 방법으로 매매목적물이 지적도상의 그것과 정확히 일치하는지 여부를 미리 확인하여야 할 주의의무가 있다고 볼 수 없다. [2] 甲이 乙로부터 토지를 매수하는 계약을 체결하면서 '위 토지에 인접한 매실나무 밭 바로 앞부분 약 80평이 포함되고 인접한 도로 부분 약 40평이 포함되지 않는다'고 잘못 알고 있었는데, 乙도 甲과 같이 토지의 경계를 잘못 인식하고 있어 매매계약 당시 甲에게 토지의 경계에 대하여 정확한 설명을 하지 않은 사안에서, 甲이 잘못 인식한 부분의 면적이 위 토지면적의 상당한 부분을 차지하므로, 甲은 매매계약의 목적물의 경계에 대하여 착오를 하였고, 그 착오는 중요한 부분에 해당하며, 乙 측의 잘못된 설명으로 甲의 착오가 유발되었으므로 甲의 착오에는 중대한 과실이 있다고 보기 어렵다고 한 사례(대법원 2020. 3. 26. 선고 2019다288232 판결).

④ [O] [1] 민법 제109조 제1항은 법률행위 내용의 중요 부분에 착오가 있는 때에는 그 의사표시를 취소할 수 있다고 규정하면서, 같은 항 단서에서 그 착오가 표의자의 중대한 과실로 인한 때에는 취소하지 못한다고 규정하고 있다. 여기서 '중대한 과실'이란 표의자의 직업, 행위의 종류, 목적 등에 비추어 보통 요구되는 주의를 현저히 결여한 것을 의미한다. 한편 위 단서 규정은 표의자의 상대방의 이익을 보호하기 위한 것이므로, 상대방이 표의자의 착오를 알고 이를 이용한 경우에는 착오가 표의자의 중대한 과실로 인한 것이라고 하더라도 표의자는 의사표시를 취소할 수 있다. [2] 한국거래소가 설치한 파생상품시장에서 이루어지는 파생상품거래와 관련하여 상대방 투자중개업자나 그 위탁자가 표의자의 착오를 알고 이용했는지 여부를 판단할 때에는 파생상품시장에서 가격이 결정되고 계약이 체결되는 방식, 당시의 시장 상황이나 거래관행, 거래량, 관련 당사자 사이의 구체적인 거래형태와 호가 제출의 선후 등을 종합적으로 고려하여야 하고, 단순히 표의자가 제출한 호가가 당시 시장가격에 비추어 이례적이라는 사정만으로 표의자의 착오를 알고 이용하였다고 단정할 수 없다(대법원 2023. 4. 27. 선고 2017다227264 판결).

⑤ [O] ★ [사례형·기록형] [1] 민법 제109조에 따라 착오를 이유로 법률행위를 취소하려면 그 착오는 법률행위 내용의 중요 부분에 관한 것이라야 한다. 특정한 목적을 위한 기부 또는 후원을 내용으로

하는 증여계약에서 그 목적이 계약 내용의 중요 부분에 관한 것인지는, 이러한 형태의 계약에서는 재산권의 무상 이전뿐만 아니라 그 이전의 목적이 중요하다는 특수성을 염두에 두면서, 목적의 표시 여부, 표시 주체와 방법, 쌍방의 목적 인식 여부, 목적의 구체성, 목적이 증여의 불가결한 기초 사정이 되었는지 여부 등을 고려하여 판단하여야 한다. [2] 민법 제109조에 따라 의사표시에 착오가 있다고 하려면 법률행위를 할 당시에 실제로 없는 사실을 있는 사실로 잘못 깨닫거나 아니면 실제로 있는 사실을 없는 것으로 잘못 생각하듯이 의사표시자의 인식과 그러한 사실이 어긋나는 경우라야 한다. 의사표시자가 행위를 할 당시 장래에 있을 어떤 사항의 발생을 예측한 데 지나지 않는 경우는 의사표시자의 심리상태에 인식과 대조사실의 불일치가 있다고 할 수 없어 이를 착오로 다룰 수 없다. 다만 어떠한 인식이 장래에 있을 어떤 사항에 대한 단순한 예측이나 기대에 머무르는 것이 아니라 그 예측이나 기대의 근거가 되는 현재 사정에 대한 인식을 포함하고 있고 그 인식이 실제로 있는 사실과 일치하지 않는다면 이를 착오로 다룰 수 있다. [3] 甲 사회복지법인은 일본군 위안부 피해자를 위한 양로시설 및 사회복지시설 등을 운영하는 법인이고, 乙은 甲 법인의 후원 안내에 따라 할머니들의 생활, 복지, 증언활동을 위한 일반후원 납입 계좌로 후원금을 송금하여 왔는데, 그 후 후원금이 대부분 법인에 유보되어 있고 위안부 피해자들을 위해서는 제대로 사용되지 않는다는 취지의 폭로와 언론 보도가 잇따르자 乙이 甲 법인을 상대로 후원금 반환 등을 구한 사안에서, 甲 법인과 乙 사이에 체결된 후원계약은 특정한 목적의 기부 또는 후원을 내용으로 하는 증여계약인데, 甲 법인의 후원 안내에 따르면 후원을 받는 목적은 위안부 피해자 관련 활동을 돕기 위한 것이고, 乙이 후원금을 송금한 일반후원의 목적은 할머니들의 생활, 복지, 증언활동을 돕기 위한 것으로, 쌍방은 위와 같은 목적을 공유하였고 이러한 목적은 乙이 후원계약을 체결하게 된 불가결한 기초 사정을 이루었던 것으로 보이므로, 위 후원계약의 목적은 계약 내용의 중요 부분에 해당한다고 보아야 하는 점, 乙은 후원금이 위안부 피해자 관련 활동에 사용되어 왔거나 현재도 사용되고 있고 앞으로도 그러하리라는 인식, 나아가 甲 법인이 그 점에서 신뢰할 만한 기관이라는 인식을 가졌던 것으로 보이고, 이와 같은 乙의 인식은 장래에 있을 어떤 사항에 대한 단순한 예측이나 기대에 머무르는 것이 아니라 그 예측이나 기대의 근거가 되는 현재 사정에 대한 인식도 포함하고 있었던 것으로 보이는 점, 대부분의 후원금이 특정 건물 건립 용도로 법인에 유보되어 있다는 사정은 후원 당시 甲 법인 스스로 밝힌 후원 목적 및 이에 의거하여 乙이 가지게 된 인식과 일치하지 않는 점, 甲 법인이 표시하고 乙이 인식하였던 후원계약의 목적과 후원금의 실제 사용 현황 사이에 착오로 평가할 만한 정도의 불일치가 존재하고, 乙이 이러한 착오에 빠지지 않았더라면 후원계약 체결에 이르지 않았을 것이며, 평균적인 후원자의 관점에서도 그러한 점 등을 종합하면, 乙은 착오를 이유로 후원계약을 취소할 수 있다고 보아야 하는데도, 이와 달리 본 원심판단에 법리오해의 잘못이 있다고 한 사례(대법원 2024. 8. 1. 선고 2024다206760 판결). **[관련판례]** ○ [1] 민법 제109조에서 규정한 바와 같이 의사표시에 착오가 있다고 하려면 법률행위를 할 당시에 실제로 없는 사실을 있는 사실로 잘못 깨닫거나 아니면 실제로 있는 사실을 없는 사실로 잘못 생각하듯이 표의자의 인식과 그 대조사실이 어긋나는 경우라야 하므로, 표의자가 행위를 할 당시 장래에 있을 어떤 사항의 발생이 미필적임을 알아 그 발생을 예기한 데 지나지 않는 경우는 표의자의 심리상태에 인식과 그 대조사실의 불일치가 있다고 할 수 없어 이를 착오로 다룰 수 없다. [2] 갑 주식회사가 택지개발사업 시행자인 한국토지주택공사와 분양계약을 체결한 후 택지개발예정지구의 대상 면적을 축소하는 택지개발예정지구 지정변경이 고시된 사안에서, 갑 회사가 개발사업이 당초 계획대로 진행될 것으로 예상하였더라도 이는 장래에 대한 단순한 기대이므로 그 기대가 이루어지지 않았다고 하여 법률행위 내용의 중요 부분에 착오가 있는 것으로 볼 수 없다고 한 사례(대법원 2013. 11. 28. 선고 2013다202922 판결). ○ [1] 법률행위의 해석은 당사자가 그 표시행위에 부여한 의미를 명백하게 확정하는 것으로서, 당사자가 표시한 문언에서 그 의미가 명확하게 드러나지 않는 경우에는 문언의 내용,

법률행위가 이루어진 동기와 경위, 당사자가 법률행위로 달성하려는 목적과 진정한 의사, 거래의 관행 등을 종합적으로 고려하여 논리와 경험의 법칙, 그리고 사회일반의 상식과 거래의 통념에 따라 합리적으로 해석하여야 한다. 계약은 둘 이상의 당사자의 합치하는 의사표시를 요소로 하는 법률행위를 말한다. 하나의 계약에 포함되어 있는 개별 약정이 다수의 법률행위로 분리된 것으로 보아야 하는지는 당사자에게 주관적으로 이러한 약정을 다수의 법률행위로 분리할 수 있는 것으로 하겠다는 의사의 합치가 있는지, 이러한 약정이 객관적으로 다수의 법률행위로 분리될 수 있는지 여부 등을 종합적으로 고려하여 결정하여야 한다. [2] 민법 제109조에 따라 의사표시에 착오가 있다고 하려면 법률행위를 할 당시에 실제로 없는 사실을 있는 사실로 잘못 깨닫거나 아니면 실제로 있는 사실을 없는 것으로 잘못 생각하듯이 의사표시자의 인식과 그러한 사실이 어긋나는 경우라야 한다. 의사표시자가 행위를 할 당시 장래에 있을 어떤 사항의 발생을 예측한 데 지나지 않는 경우는 의사표시자의 심리상태에 인식과 대조사실의 불일치가 있다고 할 수 없어 이를 착오로 다룰 수 없다. 장래에 발생할 막연한 사정을 예측하거나 기대하고 법률행위를 한 경우 그러한 예측이나 기대와 다른 사정이 발생하였다고 하더라도 그로 인한 위험은 원칙적으로 법률행위를 한 사람이 스스로 감수하여야 하고 상대방에게 전가해서는 안 되므로 착오를 이유로 취소를 구할 수 없다(대법원 2020. 5. 14. 선고 2016다12175 판결).

정답 ②

020 / 법률행위의 취소 /

다음 사례에 관한 설명으로 옳은 것을 모두 고른 것은? (각 지문은 독립적이며, 다툼이 있는 경우 판례에 의함)

〈사례〉
甲소유 건물 1층을 乙이 보증금 1억 원에 월차임 500만 원으로 임차하여 주점을 운영하고 있다. 乙은 최근 미성년자 고용 등을 이유로 영업허가가 취소될 위기에 처하자 임차권을 丙에게 권리금 1억 원에 양도하는 계약과 함께 영업허가를 양도하는 계약을 체결하고자 하였다. 이 과정에서 시세보다 저렴한 권리금을 수상하게 여긴 丙은 6개월 내에 계약이 취소될 경우 원상회복에 대하여 보증을 요구하였고, 이에 乙이 A 보증보험회사를 적극적으로 기망하여 A 보증보험회사는 丙을 보증채권자로 하는 보증서를 발급하였다. 이에 丙은 乙과 계약을 체결하였고, 보증금과 권리금 2억 원을 당일 乙에게 지급하였다.

ㄱ. 권리금계약은 임대차계약이나 임차권양도계약 등에 수반되어 체결되지만, 임대차계약 등과는 별개의 계약이다.

ㄴ. 영업허가가 취소될 수 있는 사정은 계약의 효력에 영향을 미치는 것이므로 양수인인 丙이 개인적으로 허가관청에 확인하여 알고 있었다 하더라도 乙이 이를 알리지 않았다면 고지의무를 위반한 것으로 보아야 한다.

ㄷ. 丙이 계약을 취소하기 전에 A 보증보험회사가 乙의 기망행위를 알게 되어 보증보험계약을 취소하더라도 A 보증보험회사는 보증채무를 이행하여야 하는 경우가 있다.

ㄹ. 위 ㄷ.의 경우 丙이 그와 같은 기망행위가 있었음을 알았거나 알 수 있었던 경우에는 A 회사는 그 취소를 가지고 丙에게 대항할 수 있다.

① ㄱ, ㄴ
② ㄱ, ㄹ
③ ㄷ, ㄹ
④ ㄴ, ㄷ
⑤ ㄱ, ㄷ, ㄹ

해설

ㄱ. [○] [1] 영업용 건물의 임대차에 수반되어 행하여지는 권리금의 지급은 임대차계약의 내용을 이루는 것은 아니고 권리금 자체는 거기의 영업시설·비품 등 유형물이나 거래처, 신용, 영업상의 노하우(know-how) 혹은 점포 위치에 따른 영업상 이점 등 무형의 재산적 가치의 양도 또는 일정 기간 동안의 이용대가라고 볼 것인바, 권리금계약은 임대차계약이나 임차권양도계약 등에 수반되어 체결되지만 임대차계약 등과는 별개의 계약이다. [2] 여러 개의 계약이 체결된 경우에 그 계약 전부가 하나의 계약인 것과 같은 불가분의 관계에 있는 것인지는 계약체결의 경위와 목적 및 당사자의 의사 등을 종합적으로 고려하여 판단하여야 하고, 각 계약이 전체적으로 경제적, 사실적으로 일체로서 행하여진 것으로 그 하나가 다른 하나의 조건이 되어 어느 하나의 존재 없이는 당사자가 다른 하나를 의욕하지 않았을 것으로 보이는 경우 등에는, 하나의 계약에 대한 기망 취소의 의사표시는 법률행위의 일부무효이론과 궤를 같이하는 법률행위 일부취소의 법리에 따라 전체 계약에 대한 취소의 효력이 있다. [3] 임차권의 양수인 갑이 양도인 을의 기망행위를 이유로 을과 체결한 임차권양도계약 및 권리금계약을 각 취소 또는 해제한다고 주장한 사안에서, 임차권양도계약과 권리금계약의 체결 경위와 계약 내용 등에 비추어 볼 때, 위 권리금계약은 임차권양도계약과 결합하여 전체가 경제적·사실적으로 일체로 행하여진 것으로서, 어느 하나의 존재 없이는 당사자가 다른 하나를 의욕하지 않았을 것으로 보이므로 권리금계약 부분만을 따로 떼어 취소할 수 없는데도, 임차권양도계약과 분리하여 권리금계약만이 취소되었다고 본 원심판결에 임차권양도계약에 관한 판단누락 또는 계약의 취소 범위에 관한 법리오해 등 위법이 있다고 한 사례(대법원 2013. 5. 9. 선고 2012다115120 판결).

ㄴ. [×] 재산적 거래관계에 있어서 계약의 일방 당사자가 상대방에게 계약의 효력에 영향을 미치거나 상대방의 권리 확보에 위험을 가져올 수 있는 구체적 사정을 고지하였다면 상대방이 계약을 체결하지 아니하거나 적어도 그와 같은 내용 또는 조건으로 계약을 체결하지 아니하였을 것임이 경험칙상 명백한 경우 계약 당사자는 신의성실의 원칙상 상대방에게 미리 그와 같은 사정을 고지할 의무가 있다. 그러나 이때에도 상대방이 고지의무의 대상이 되는 사실을 이미 알고 있거나 스스로 이를 확인할 의무가 있는 경우 또는 거래 관행상 상대방이 당연히 알고 있을 것으로 예상되는 경우 등에는 상대방에게 위와 같은 사정을 알리지 아니하였다고 하여 고지의무를 위반하였다고 볼 수 없다(대법원 2014. 07. 24. 선고 2013다97076 판결).

ㄷ. [○] 계약이행보증계약의 경우 채무자가 보증계약 체결 당시 보증인을 기망하였고 보증인은 그로 인하여 착오를 일으켜 보증계약을 체결하였다는 이유로 보증계약 체결의 의사표시를 취소하였더라도 보증채권자가 보증계약이 체결되는 것을 전제로 채무자와 계약을 체결하거나, 보증인이 이미 보증서를 교부하여 보증채권자가 그 보증서를 수령한 후 이에 터 잡아 새로운 계약을 체결하거나, 이미 체결한 계약에 따른 의무를 이행하는 등으로 보증계약의 채권담보적 기능을 신뢰하여 새로운 이해관계를 가지게 되었다면 그와 같은 보증채권자의 신뢰를 보호할 필요가 있다(대법원 2013. 07. 11. 선고 2012다36760 판결).

ㄹ. [○] 계약이행보증계약의 경우 채무자가 보증계약 체결에 있어서 보증인을 기망하였고, 보증인은 그로 인하여 착오를 일으켜 보증계약을 체결하였다는 이유로 보증계약 체결의 의사표시를 취소하였다 하더라도 보증채권자가 보증계약이 체결되는 것을 전제로 채무자와 계약을 체결하거나 또는 보증인이 이미 보증서를 교부하여 보증채권자가 그 보증서를 수령한 후 이에 터잡아 새로운 계약을 체결하거나 혹은 이미 체결한 계약에 따른 의무를 이행하는 등으로 계약보증계약의 채권담보적 기능을 신뢰하여 새로운 이해관계를 가지게 되었다면 그와 같은 보증채권자의 신뢰를 보호할 필요가 있다 할 것이나, <u>보증채권자가 그와 같은 기망행위가 있었음을 알았거나 알 수 있었던 경우에는 그 취소를 가지고 보증채권자에게 대항할 수 있다</u>(대법원 2003. 11. 13. 선고 2001다33000 판결).

정답 ⑤

제3절 • 법률행위의 대리

021 / 일상가사대리와 표현대리 · 무권대리와 상속 /

甲의 처 乙은 남편인 甲과 아무런 상의도 없이 甲이 집에 보관해 둔 인감도장과 등기권리증 등을 남편 甲 몰래 가지고 나와서 甲의 위임을 받았다고 하면서 甲소유의 부동산을 丙에게 매도하고 소유권이전등기를 경료해 주었다. 이 사례에 관한 설명 중 옳지 않은 것은? (다툼이 있는 경우 판례에 의함)

① 만일 설문과 달리 처가 북한으로 피랍되어 매매계약 체결 시까지도 연락이 두절된 남편을 대리하여 남편의 토지를 이러한 사정을 잘 알고 있는 친척에게 매도하였고 그 매도대금을 자녀의 양육비 등 생활비에 충당한 경우라면, 그 매매계약은 제126조의 표현대리에 해당하여 유효라고 볼 수 없다.

② 乙이 甲의 인감도장과 등기권리증을 가지고 있다는 것만으로는 乙의 부동산 처분행위가 표현대리에 해당한다고 할 수 없다.

③ 甲이 사망하고 乙이 甲의 유일한 상속인으로서 甲을 상속한 경우, 乙이 무권대리인으로서 위 부동산을 매매하였음을 이유로 丙을 상대로 소유권이전등기의 말소를 청구하는 것은 신의칙에 위반된다.

④ 甲이 사망하고 乙과 丁이 공동상속인으로서 甲을 상속한 경우, 丁이 乙의 부동산 처분행위를 추인하더라도 乙은 丙을 상대로 소유권이전등기의 말소를 청구할 수 있다.

⑤ 乙이 사망하고 甲이 乙의 유일한 상속인으로서 乙을 상속한 경우, 甲은 특별한 사정이 없는 한 추인을 거절할 수 있다.

해설

① [O] [1] 민법 제827조에서 말하는 '일상의 가사'라 함은 부부가 공동생활을 영위하는 데 필요한 통상의 사무를 말하는 것이어서 특별한 사정이 없는 한 부동산을 처분하는 행위는 일상의 가사에 속한다고 할 수 없는 것이고, 처가 특별한 수권 없이 남편을 대리하여 위와 같은 행위를 하였을 경우에 그것이 민법 제126조 소정의 표현대리가 되려면 처에게 일상가사대리권이 있었다는 것만이 아니라 상대방이 처에게 남편이 그 행위에 관한 대리의 권한을 주었다고 믿었음을 정당화할 만한 객관적인 사정이 있어야 한다. [2] 처가 북한으로 피랍된 남편을 대리하여 토지를 매도한 사안에서, 남편이 피랍된 후 매매계약 당시까지 연락이 두절되어 처에게 매매계약에 관한 대리권을 수여할 수 없었고, 당시 남편이 처에게 위 매매계약에 관한 대리권을 주었다고 매수인이 믿었음을 정당화할 만한 객관적 사정이 존재하였다고 볼 수 없어, 민법 제126조의 표현대리가 성립하지 않는다고 한 사례(대법원 2009. 04. 23. 선고 2008다95861 판결).

② [O] 제125조의 표현대리는 법정대리에 적용될 여지가 없다고 보는 것이 다수설의 입장이므로 일상가사대리에는 제125조의 표현대리가 성립되지 않는다. 또한 사안은 부부관계가 해소되는 등 일상가사대리권이 소멸한 경우가 아니므로 제129조도 적용되지 않는다. 따라서 제126조의 표현대리 성립여부가 문제되는데 일상가사대리권의 성질을 법정대리권으로 보아 본조의 기본대리권을 인정하는 것이 일반적이며, 乙은 권한외의 법률행위를 하였으므로, 상대방 丙이 乙에게 대리권한이 있다고 믿을만한 정당한 이유가 있는지 여부에 의해 제126조의 성립여부가 결정된다. 이에 대해 판례는 "타인의 채무에 대한 보증행위는 그 성질상 아무런 반대급부 없이 오직 일방적으로 불이익만을 입는 것인 점에 비추어 볼 때, 남편이 처에게 타인의 채무를 보증함에 필요한 대리권을 수여한다는 것은 사회통념상 이례에 속하므로, 처가 특별한 수권 없이 남편을 대리하여 위와 같은 행위를 하였을 경우에 그것이 민법 제126조 소정의 표현대리가 되려면 처에게 일상가사대리권이 있었다는 것만이 아니라 상대방이 처에게 남편이 그 행위에 관한 대리의 권한을 주었다고 믿었음을 정당화할 만한 객관적인 사정이 있어야 한다."는 입장이다(대법원 1998. 7. 10. 선고 98다18988 판결). 따라서 상대방이 처에게 남편이 그 행위에 관한 대리권한을 주었다고 믿었음을 정당화할 만한 객관적인 사정이 없이 단순히 乙이 甲의 인감도장과 등기권리증을 가지고 있다는 것만으로는 乙의 부동산 처분행위가 제126조의 표현대리가 된다고 할 수 없다.

③ [O] 갑이 대리권 없이 을 소유 부동산을 병에게 매도하여 부동산소유권이전등기등에관한특별조치법에 의하여 소유권이전등기를 마쳐주었다면 그 매매계약은 무효이고 이에 터잡은 이전등기 역시 무효가 되나, 갑은 을의 무권대리인으로서 민법 제135조 제1항의 규정에 의하여 매수인 병에게 부동산에 대한 소유권이전등기를 이행할 의무가 있으므로 그러한 지위에 있는 갑이 을로부터 부동산을 상속받아 그 소유자가 되어 소유권이전등기이행의무를 이행하는 것이 가능하게 된 시점에서 자신이 소유자라고 하여 자신으로부터 부동산을 전전매수한 정에게 원래 자신의 매매행위가 무권대리행위여서 무효였다는 이유로 정 앞으로 경료된 소유권이전등기가 무효의 등기라고 주장하여 그 등기의 말소를 청구하거나 부동산의 점유로 인한 부당이득금의 반환을 구하는 것은 금반언의 원칙이나 신의성실의 원칙에 반하여 허용될 수 없다(대법원 1994. 9. 27. 선고 94다20617 판결).

④ [X] 무권대리인은 본인의 추인권 뿐만 아니라 추인거절권도 상속하는 바, 乙이 丙에게 본인의 상속인의 지위에서 추인을 거절하고 소유권에 기한 이전등기말소를 청구할 수 있는지 문제된다. 다수설인 병존설에 의하면 형성권인 추인권을 공동상속인들인 乙과 丁이 반드시 공동으로 행사하여야 하는 것인지 문제가 된다. 통설은 추인불가분설의 입장에서 추인할 것인지 여부를 결정할 수 있는 권리는 분할될 수 없으며 공유자 전원이 일치하여 행사하여야 한다고 한다(제264조 참조). 따라서 공동상속인 중 무권대리인이 아닌 자가 추인하면 무권대리인 자신은 스스로 무권대리 행위를 한 자이므

로 신의칙상 추인을 거절할 수 없다. 따라서 丁이 추인한 경우에는 乙은 신의칙상 추인을 거절할 수 없으므로 乙은 丙을 상대로 소유권이전등기의 말소를 청구할 수 없다. 다만 상대방 丙이 악의나 과실이 있는 경우에는 무권대리인의 추인거절권의 행사가 신의칙에 반하지 않으므로 이 경우에는 丁이 추인한 경우라도 乙은 추인을 거절할 수 있고 乙이 추인을 거절한 경우에는 추인불가분설에 따라 丁의 추인도 효력이 없으므로 乙은 丙을 상대로 소유권이전등기의 말소를 청구할 수 있다.

⑤ [O] 본인이 무권대리인을 상속한 경우에 신의칙상 본인의 추인거절을 금지하여야 할 이유가 없으므로, 상속인인 본인은 자신의 추인거절권을 행사할 수 있으며 추인을 거절하더라도 신의칙에 반한다고 할 수 없다.

정답 ④

022 /법률행위 효과의 귀속주체/

법률행위의 효과가 귀속되는 주체와 관련한 다음 설명 중 옳은 내용을 모두 고른 것은? (다툼이 있는 경우에는 판례에 의함)

> ㉠ 조합의 대리인이 조합에게 상행위가 되는 법률행위를 하면서 조합을 위한 것임을 표시하지 않은 경우라도 그 효력은 조합원 전원에게 미친다.
>
> ㉡ 어음행위의 대리에 있어서는 형식적 요건으로서 본인을 위한다는 대리의 문구를 기재하고 대리인이 기명날인을 하여야 하므로 대리문구는 반드시 본인을 위하여서라는 문구의 기재가 있어야 하고, 그 어음상으로 보아 일반적으로 기명날인을 한 자가 자기 자신을 위한 것이 아니고 다른 사람을 위하여 어음행위를 한 것이라고 보여지는 기재가 있는 것만으로는 부족하다.
>
> ㉢ 甲의 소유인 X부동산을 甲의 대리인 乙이 매수인 丙에게 위임장을 제시하면서 부동산에 대한 매매계약을 체결하는 과정에서 매매계약서상에 "매도인 乙"로 기재를 하였다면 丙은 乙에게 타인권리 매매에 의한 담보책임을 물을 수 있다.
>
> ㉣ 수급인이 도급인의 대리인으로서 건물을 분양하면서 대리관계의 표시를 하지 아니한 채 수급인 명의로 된 분양계약서를 작성하였고, 그 밖에 명시적 또는 묵시적으로 도급인을 위한 것임을 전혀 표시하지 아니하였으며, 상대방도 분양권자가 수급인이라고 인식하는 등 건물의 분양을 둘러싼 여러 사정에 비추어 보더라도 수급인이 대리인으로서 분양한 것임을 상대방이 알 수 없었을 경우에는 분양의 효력이 도급인에게 미치지 않는다.
>
> ㉤ 매수인 丙이 매도인 甲을 대리하여 매매대금을 수령할 권한을 가진 대리인 乙에게 잔대금의 수령을 최고하고 乙을 공탁물수령자로 지정하여 변제공탁을 하였다. 이 경우 매수인 丙의 변제공탁은 매도인 甲에 대한 매매잔대금 지급으로서의 효력이 인정된다.

① ㉠, ㉡, ㉣ ② ㉠, ㉢, ㉤ ③ ㉠, ㉣, ㉤
④ ㉡, ㉢, ㉣ ⑤ ㉢, ㉣, ㉤

해설

㉠ [O] 민법 제114조 제1항은 "대리인이 그 권한 내에서 본인을 위한 것임을 표시한 의사표시는 직접 본인에게 대하여 효력이 생긴다."라고 규정하고 있으므로, 원칙적으로 대리행위는 본인을 위한 것임을 표시하여야 직접 본인에 대하여 효력이 생기는 것이고, 한편 민법상 조합의 경우 법인격이 없어 조합 자체가 본인이 될 수 없으므로, 이른바 조합대리에 있어서는 본인에 해당하는 모든 조합원을 위한 것임을 표시하여야 하나, 반드시 조합원 전원의 성명을 제시할 필요는 없고, 상대방이 알 수 있을 정도로 조합을 표시하는 것으로 충분하다. 그리고 상법 제48조는 "상행위의 대리인이 본인을 위한 것임을 표시하지 아니하여도 그 행위는 본인에 대하여 효력이 있다. 그러나 상대방이 본인을 위한 것임을 알지 못한 때에는 대리인에 대하여도 이행의 청구를 할 수 있다"고 규정하고 있으므로, 조합대리에 있어서도 그 법률행위가 조합에게 상행위가 되는 경우에는 조합을 위한 것임을 표시하지 않았다고 하더라도 그 법률행위의 효력은 본인인 조합원 전원에게 미친다(대법원 2009. 1. 30. 선고 2008다79340 판결).

㉡ [×] 어음행위의 대리에 있어서는 형식적 요건으로서 본인을 위한다는 대리의 문구를 기재하고 대리인이 기명날인을 하여야 하고 실질적 요건으로서는 대리인이 된 자가 본인을 위하여 어음행위를 할 수 있는 권한이 있어야 하는 것이나 위의 형식적 요건의 하나인 대리문구는 반드시 본인을 위하여서라는 문구의 기재가 없더라도 그 어음상으로 보아 일반적으로 기명날인을 한 자가 자기자신을 위한 것이 아니고 다른 사람을 위하여 어음행위를 한 것이라고 보여지는 기재가 있으면 족하다 할 것이며 실질적 요건인 대리권한 유무는 일반적인 증거에 의하여 인정할 것이다(대법원 1968. 5. 28. 선고 68다480 판결).

㉢ [×] ★ [사례형·기록형] 매매위임장을 제시하고 매매계약을 체결하는 자는 특단의 사정이 없는 한 소유자를 대리하여 매매행위 하는 것이라고 보아야 하고 매매계약서에 대리관계의 표시없이 그 자신의 이름을 기재하였다고 해서 그것만으로 그 자신이 매도인으로서 타인물을 매매한 것이라고 볼 수는 없다(대법원 1982. 5. 25. 선고 81다1349 판결).

㉣ [O] 대리인이 본인을 대리하여 행위를 함에 있어서는 민법 제114조 제1항의 규정에 따라 본인과 대리인을 표시하여야 하는 것이므로, 대리관계의 현명을 하지 아니한 채 행위를 하더라도 본인에게 효력이 없는 것이지만, 대리에 있어 본인을 위한 것임을 표시하는 이른바 현명은 반드시 명시적으로만 할 필요는 없고 묵시적으로도 할 수 있는 것이고, 나아가 현명을 하지 아니한 경우라도 여러 사정에 비추어 대리인으로서 행위한 것임을 상대방이 알았거나 알 수 있었을 때에는 민법 제115조 단서의 규정에 의하여 본인에게 효력이 미치는 것이다. 따라서 수급인이 도급인의 대리인으로서 건물을 분양하면서 대리관계의 표시를 하지 아니한 채 수급인 명의로 된 분양계약서를 작성하였고, 그밖에 명시적 또는 묵시적으로 도급인을 위한 것임을 전혀 표시하지 아니하였으며, 상대방도 분양권자가 수급인이라고 인식하는 등 건물의 분양을 둘러싼 여러 사정에 비추어 보더라도 수급인이 대리인으로서 분양한 것임을 상대방이 알 수 없었을 경우에는 민법 제115조의 규정에 의하여 분양의 효력이 도급인에게 미치지 아니하는 것이다(대법원 2008. 5. 15. 선고 2007다14759 판결).

㉤ [O] 매수인이 매도인을 대리하여 매매대금을 수령할 권한을 가진 자에게 잔대금의 수령을 최고하고 그 자를 공탁물수령자로 지정하여 한 변제공탁은 매도인에 대한 잔대금 지급의 효력이 있다(대법원 2012. 3. 15. 선고 2011다77849 판결).

정답 ③

023 / 대리일반 /

법률행위의 대리와 관련한 설명 중 틀린 것을 모두 고른 것은? (다툼이 있으면 판례에 의함)

ㄱ. 어떤 사람이 대리인의 외양을 가지고 행위하는 것을 본인이 알면서도 이의를 하지 아니하고 방임하는 등 사실상의 용태에 의하여 대리권의 수여가 추단되는 경우도 있다. 또한 甲의 부동산을 매도할 대리권을 수여받은 乙이 마치 甲인 것처럼 행세하여 甲의 부동산을 丙에게 매도한 경우, 丙은 甲에게 소유권이전등기를 청구할 수 있다.

ㄴ. 민법 제134조에서 정한 상대방의 철회권은 무권대리행위가 본인의 추인에 따라 효력이 좌우되어 상대방이 불안정한 지위에 놓이게 됨을 고려하여 대리권이 없었음을 알지 못한 상대방을 보호하기 위하여 상대방에게 부여된 권리로서, 상대방이 유효한 철회를 하면 무권대리행위는 확정적으로 무효가 되어 그 후에는 본인이 무권대리행위를 추인할 수 없다.

ㄷ. 甲이 乙 등을 대리할 적법한 권한이 없는 상태에서 乙 등을 포함한 구분소유자들 전원을 대리하여 丙과 가압류신청 취하 등에 관한 합의를 한 경우에, 가압류와 같은 집행행위나 소송행위에는 무권대리의 법리가 적용되지 않으므로, 乙 등이 위 합의의 효력이 자신들에게 미친다고 주장하며 丙을 상대로 소를 제기한 것은 甲의 무권대리 행위에 대한 묵시적 추인으로 볼 수 없다.

ㄹ. A가 甲의 아들 乙이 취직하는 데 필요하다고 甲에게 거짓말을 하여 甲으로부터 甲의 인감증명서를 교부받고, 甲의 인장과 위임장을 위조한 뒤 이 서류들을 丙에게 제시하면서 甲의 대리인인 것처럼 가장하여 甲의 부동산을 丙에게 매도한 경우에는 표현대리가 성립한다.

ㅁ. 무권대리인이 행한 소송행위에 대하여 본인은 원칙적으로 그 일부의 소송행위만을 추인할 수 있다.

ㅂ. 대부중개업자가 전주를 위하여 금전소비대차계약과 담보권설정계약을 체결할 대리권을 수여받은 것으로 인정되는 경우라도 특별한 사정이 없는 한 금전소비대차계약과 담보를 위한 담보권설정계약이 체결된 후에 이를 해제할 권한까지 당연히 가지고 있다고 볼 수는 없다.

① ㄱ, ㄴ, ㅂ   ② ㄴ, ㄷ, ㅁ   ③ ㄱ, ㄷ, ㅂ
④ ㄴ, ㄷ, ㄹ   ⑤ ㄷ, ㄹ, ㅁ

해설

ㄱ. [O] 대리권을 수여하는 수권행위는 불요식의 행위로서 명시적인 의사표시에 의함이 없이 묵시적인 의사표시에 의하여 할 수도 있으며, 어떤 사람이 대리인의 외양을 가지고 행위하는 것을 본인이 알면서도 이의를 하지 아니하고 방임하는 등 사실상의 용태에 의하여 대리권의 수여가 추단되는 경우도 있다(대법원 2016. 5. 26. 선고 2016다203315 판결). 갑이 부동산을 농업협동조합중앙회에 담보로 제공함에 있어 동업자인 을에게 그에 관한 대리권을 주었다면 을이 동 중앙회와의 사이에 그 부동산에 관하여 근저당권설정계약을 체결함에 있어 그 피담보채무를 동업관계의 채무로 특정하

지 아니하고 또 대리관계를 표시함이 없이 마치 자신이 갑 본인인 양 행세하였다 하더라도 위 근저당권설정계약은 대리인인 위 을이 그의 권한범위 안에서 한 것인 이상 그 효력은 본인인 갑에게 미친다(대법원 1987. 06. 23. 선고 86다카1411 판결).

ㄴ. [O] 민법 제134조는 "대리권 없는 자가 한 계약은 본인의 추인이 있을 때까지 상대방은 본인이나 그 대리인에 대하여 이를 철회할 수 있다. 그러나 계약 당시에 상대방이 대리권 없음을 안 때에는 그러하지 아니하다."고 규정하고 있다. 민법 제134조에서 정한 상대방의 철회권은, 무권대리행위가 본인의 추인에 따라 효력이 좌우되어 상대방이 불안정한 지위에 놓이게 됨을 고려하여 대리권이 없었음을 알지 못한 상대방을 보호하기 위하여 상대방에게 부여된 권리로서, 상대방이 유효한 철회를 하면 무권대리행위는 확정적으로 무효가 되어 그 후에는 본인이 무권대리행위를 추인할 수 없다. 한편 상대방이 대리인에게 대리권이 없음을 알았다는 점에 대한 주장·입증책임은 철회의 효과를 다투는 본인에게 있다(대법원 2017. 6. 29. 선고 2017다213838 판결).

ㄷ. [X] 갑이 을 등을 대리할 적법한 권한이 없는 상태에서 을 등을 포함한 구분소유자들 전원을 대리하여 병 공사와 가압류신청 취하 등에 관한 합의를 한 사안에서, 을 등이 위 합의의 효력이 자신들에게 미친다고 주장하며 병 공사를 상대로 소를 제기한 것은 갑의 무권대리 행위에 대한 묵시적 추인으로 볼 수 있어 위 합의의 효력이 을 등에 미친다고 본 원심판단을 정당하다고 한 사례(대법원 2013. 05. 09. 선고 2012다118976 판결).

ㄹ. [X] 인감증명서는 인장사용에 부수해서 그 확인방법으로 사용되며 인장사용과 분리해서 그것 만으로서는 어떤 증명방법으로 사용되는 것이 아니므로 인감증명서만의 교부는 일반적으로 어떤 대리권을 부여하기 위한 행위라고 볼 수 없다(대법원 1978. 10. 10. 선고 78다75 판결).

ㅁ. [X] 무권대리인이 행한 소송행위의 추인은 특별한 사정이 없는 한 소송행위의 전체를 대상으로 하여야 하고, 그 중 일부의 소송행위만을 추인하는 것은 허용되지 아니한다(대법원 2008. 08. 21. 선고 2007다79480 판결). [비교판례] 무권대리인이 행한 소송행위의 추인은 소송행위의 전체를 일괄하여 하여야 하는 것이나 무권대리인이 변호사에게 위임하여 소를 제기하여서 승소하고 상대방의 항소로 소송이 2심에 계속 중 그 소를 취하한 일련의 소송행위 중 소취하 행위만을 제외하고 나머지 소송행위를 추인함은 소송의 혼란을 일으킬 우려 없고 소송경제상으로도 적절하여 그 추인은 유효하다(대법원 1973. 07. 24. 선고 69다60 판결).

ㅂ. [O] 통상 대부중개업자가 전주를 위하여 금전소비대차계약과 그 담보를 위한 담보권설정계약을 체결할 대리권을 수여받은 것으로 인정되는 경우라 하더라도 특별한 사정이 없는 한 일단 금전소비대차계약과 그 담보를 위한 담보권설정계약이 체결된 후에 이를 해제할 권한까지 당연히 가지고 있다고 볼 수는 없다(대법원 2021. 10. 14. 선고 2021다243430 판결).

정답 ⑤

024 / 대리인을 통한 법률행위 /

甲은 乙에게 자기 소유 X아파트에 관한 일체의 관리권한을 위임하였다. 乙은 여러 차례 X아파트를 임대하고 임대료를 받는 사무를 처리하였다. 그러던 중 乙은 자신의 사업자금으로 유용할 의도로 자신이 甲이라고 말하면서 丙에게 X아파트를 매도하였다. 다음 설명 중 틀린 것을 모두 고른 것은? (다툼이 있으면 판례에 의함)

> ㄱ. 乙이 아파트를 임대하면서 甲의 대리인임을 표시하지 않았어도 甲을 임대인으로 하는데 乙과 임차인의 의사가 일치했다면 임대차계약의 당사자는 甲이 된다.
>
> ㄴ. 만약 乙의 대리권이 소멸한 후에도 계속하여 임대행위를 하였다면 甲을 임대인으로 하는데 乙과 임차인의 의사가 일치하더라도 乙이 계약당사자가 된다.
>
> ㄷ. 만일 乙이 甲으로 가장하여 아파트를 임대하고, 乙이 다시 자신을 甲으로 가장하여 임차인에게 아파트를 매도하는 법률행위를 한 경우에는 甲에 대하여 그 행위의 효력이 미친다고 볼 수 있다.
>
> ㄹ. 만약 사안과 달리 乙에게 X아파트 관리에 관한 아무런 권한이 없었다면 乙의 丙에 대한 매매행위에 표현대리 규정은 유추적용되지 않는다.
>
> ㅁ. 乙이 매매대금을 개인사업자금으로 사용하려한다는 사실을 丙이 알고서 계약을 체결하였더라도 乙의 매매행위에 표현대리가 성립한다면 甲은 계약상 책임을 부담한다.

① ㄱ, ㄴ ② ㄴ, ㄹ ③ ㄷ, ㄹ
④ ㄴ, ㅁ ⑤ ㄷ, ㅁ

[해설]

ㄱ. [O] 계약을 체결하는 행위자가 타인의 이름으로 법률행위를 한 경우에 행위자 또는 명의인 가운데 누구를 계약의 당사자로 볼 것인가에 관하여는, 우선 행위자와 상대방의 의사가 일치한 경우에는 그 일치한 의사대로 행위자 또는 명의인을 계약의 당사자로 확정해야 하고, 행위자와 상대방의 의사가 일치하지 않는 경우에는 그 계약의 성질·내용·목적·체결 경위 등 그 계약 체결 전후의 구체적인 제반 사정을 토대로 상대방이 합리적인 사람이라면 행위자와 명의자 중 누구를 계약 당사자로 이해할 것인가에 의하여 당사자를 결정하여야 한다(대법원 2001. 05. 29. 선고 2000다3897 판결).

ㄴ. [×] 일방 당사자가 대리인을 통하여 계약을 체결하는 경우에 있어서 계약의 상대방이 대리인을 통하여 본인과 사이에 계약을 체결하려는 데 의사가 일치하였다면 대리인의 대리권 존부 문제와는 무관하게 상대방과 본인이 그 계약의 당사자이다. [이유] 소외인은 아들인 피고 명의로 소유권이전등기가 경료되어 있는 주택에 관하여 피고를 대리하는 것임을 표시하고 임차인인 원고와 임대차계약을 체결하였고, 원고도 주택의 소유자인 피고와 사이에 임대차계약을 체결하려는 의사였던 것으로 인정되는바, 임대차계약 체결시 피고를 임대인으로 하는데 대리인인 소외인과 상대방인 원고의 의사가 일치된 것이므로 피고와 원고가 임대차계약의 당사자라 할 것이다(대법원 2003. 12. 12. 선고 2003다44059 판결).

ㄷ. [O] 본인으로부터 아파트에 관한 임대 등 일체의 관리권한을 위임받아 본인으로 가장하여 아파트를 임대한 바 있는 대리인이 다시 자신을 본인으로 가장하여 임차인에게 아파트를 매도하는 법률행위를 한 경우에는 권한을 넘은 표현대리의 법리를 유추적용하여 본인에 대하여 그 행위의 효력이 미친다고 볼 수 있다(대법원 1993. 2. 23. 선고 92다52436 판결).

ㄹ. [O] ★ [사례형·기록형] [1] 민법 제126조의 표현대리는 대리인이 본인을 위한다는 의사를 명시 혹은 묵시적으로 표시하거나 대리의사를 가지고 권한 외의 행위를 하는 경우에 성립하고, 사술을 써서 위와 같은 대리행위의 표시를 하지 아니하고 단지 본인의 성명을 모용하여 자기가 마치 본인인 것처럼 기망하여 본인 명의로 직접 법률행위를 한 경우에는 특별한 사정이 없는 한 위 법조 소정의 표현대리는 성립될 수 없다. [2] 처가 제3자를 남편으로 가장시켜 관련 서류를 위조하여 남편 소유의 부동산을 담보로 금원을 대출받은 경우, 남편에 대한 민법 제126조 소정의 표현대리 책임을 부정한 사례 [이유] 특별한 사정이란 본인을 모용한 사람에게 본인을 대리할 기본대리권이 있었고, 상대방으로서는 위 모용자가 본인 자신으로서 본인의 권한을 행사하는 것으로 믿은 데 정당한 사유가 있었던 사정을 의미한다(대법원 2002. 06. 28. 선고 2001다49814 판결).

ㅁ. [×] 진의 아닌 의사표시가 대리인에 의하여 이루어지고 그 대리인의 진의가 본인의 이익이나 의사에 반하여 자기 또는 제3자의 이익을 위한 배임적인 것임을 그 상대방이 알았거나 알 수 있었을 경우에는 민법 제107조 제1항 단서의 유추해석상 그 대리인의 행위에 대하여 본인은 아무런 책임을 지지 않는다고 보아야 하고, 그 상대방이 대리인의 표시의사가 진의 아님을 알았거나 알 수 있었는가의 여부는 표의자인 대리인과 상대방 사이에 있었던 의사표시 형성 과정과 그 내용 및 그로 인하여 나타나는 효과 등을 객관적인 사정에 따라 합리적으로 판단하여야 한다(대법원 2001. 1. 19. 선고 2000다20694 판결). [지문정리] 표현대리에도 대리권남용의 법리가 적용된다. 즉 상대방이 표현대리행위에 대하여는 정당한 이유가 있었지만, 표현대리인의 대리권남용사실에 대하여 악의 또는 (중)과실이 있는 경우에는 본인이 대리권남용의 항변을 하여 계약을 무효로 만들 수 있다. 대리권남용은 유권대리 또는 표현대리가 성립하여 본인이 계약상 이행책임을 부담하는 경우에, 본인이 계약상 책임으로부터 벗어나기 위하여 주장하는 것이다.

정답 ④

025 / 복대리 /

甲은 A 아파트를 신축하면서 아파트 분양 전문가인 乙에게 A 아파트의 분양업무를 위임하고 분양계약 체결의 대리권을 수여하였다. 乙은 분양업무를 위하여 丙을 고용하여 복대리권을 부여한 후에 A 아파트의 분양에 관한 업무를 처리하게 하였다. 丙은 丁과 A 아파트 1동 101호에 대한 분양계약을 체결하였다. 이상의 사실관계에 대한 다음의 각 설명 중에서 틀린 내용은? (다툼이 있는 경우에는 판례에 의함)

① 乙은 甲의 명시적인 승낙이 없다면 아파트 분양업무에 대하여 丙을 甲의 대리인으로 선임할 수 없다.

② 乙이 甲의 명시적인 승낙을 얻어 丙을 甲의 대리인으로 선임한 경우, 乙은 丙의 행위에 대해 甲에게 책임을 부담하지 않는다.

③ 乙이 甲의 명시적인 승낙 없이 丙을 甲의 대리인으로 선임한 경우 丁이 '丙의 분양계약에 관한 대리권한'을 믿은 것에 정당한 이유가 있는 경우에는 甲과 丁 사이의 분양계약은 유효하게 된다.

④ 복대리인 丙은 乙의 대리인이 아니라 甲의 대리인이 되고, 丙이 선임된 후에도 乙의 대리권은 소멸하지 않고, 丙의 대리권과 병존한다. 또한 丙의 대리권은 乙의 대리권의 존재 및 범위에 의존한다. 따라서 乙의 대리권이 소멸하면 丙의 대리권도 소멸한다.

⑤ 대리의 목적인 법률행위의 성질상 대리인 자신에 의한 처리가 필요하지 아니한 경우에는 본인이 복대리 금지의 의사를 명시하지 아니하는 한 복대리인의 선임에 관하여 묵시적인 승낙이 있는 것으로 보는 것이 타당하다.

해설

① [O] 임의대리인은 본인의 승낙이 있거나 부득이한 사유가 있지 아니하면 복대리인을 선임할 수 없는 것인바, <u>아파트 분양업무는 그 성질상 분양 위임을 받은 수임인의 능력에 따라 그 분양사업의 성공 여부가 결정되는 사무로서, 본인의 명시적인 승낙 없이는 복대리인의 선임이 허용되지 아니하는 경우로 보아야 한다</u>(대법원 1999. 9. 3. 선고 97다56099 판결).

② [X] <u>임의대리인이 복대리인을 선임한 경우에 본인에 대하여 그 선임·감독에 관한 책임을 진다</u>(제121조 제1항). <u>즉 부적임인 자를 선임하거나 그 감독을 게을리 하여 본인에게 손해를 준 경우에, 임의대리인이 그에 대한 책임을 진다.</u> 그러나 본인의 지명에 의하여 복대리인을 선임하였다면, 대리인이 다시 복대리인의 자격에 관하여 조사할 필요가 없으므로, 복대리인의 부적임 또는 불성실함을 알고 본인에 대한 통지나 그 해임을 태만히 한 경우에 한하여 책임을 진다(제121조 제2항).

③ [O] 대리인이 사자 내지 임의로 선임한 복대리인을 통하여 권한 외의 법률행위를 한 경우, 상대방이 그 행위자를 대리권을 가진 대리인으로 믿었고 또한 그렇게 믿는 데에 정당한 이유가 있는 때에는, <u>복대리인 선임권이 없는 대리인에 의하여 선임된 복대리인의 권한도 기본대리권이 될 수 있을 뿐만 아니라</u>, 그 행위자가 사자라고 하더라도 대리행위의 주체가 되는 대리인이 별도로 있고 그들에게 본인으로부터 기본대리권이 수여된 이상, 민법 제126조를 적용함에 있어서 기본대리권의 흠결 문제는 생기지 않는다(대법원 1998. 3. 27. 선고 97다48982 판결).

④ [O] 복대리인은 본인의 대리인이고, 대리인의 대리인이 아니다. 즉 복대리인이 한 대리행위의 효과는 대리인이 아니라 본인에게 귀속된다. 또한 복대리인을 선임한 후에도 대리인의 대리권은 소멸하지 않고 복대리인의 대리권과 병존한다. 복대리인은 대리인의 감독을 받을 뿐만 아니라 복대리인의 대리권은 대리인의 대리권의 존재 및 범위에 의존한다. 즉 <u>복대리권의 범위는 대리인의 대리권보다 클 수 없으며, 대리인의 대리권이 소멸하면 복대리인의 대리권도 소멸한다</u>.

⑤ [O] [1] 대리의 목적인 법률행위의 성질상 대리인 자신에 의한 처리가 필요하지 아니한 경우에는 본인이 복대리 금지의 의사를 명시하지 아니하는 한 복대리인의 선임에 관하여 묵시적인 승낙이 있는 것으로 보는 것이 타당하다. [2] <u>오피스텔의 분양업무는 그 성질상 분양을 위임받은 대리인이 광고를 내거나 그 직원 또는 주변의 부동산중개인을 동원하여 분양사실을 널리 알리고, 분양사무실을 찾아온 사람들에게 오피스텔의 분양가격, 교통 등 입지조건, 오피스텔의 용도, 관리방법 등 분양에 필요한 제반 사항을 설명하고 청약을 유인함으로써 분양계약을 성사시키는 것으로서 대리인의 능력에 따라 본인의 분양사업의 성공 여부가 결정되는 것이므로, 사무처리의 주체가 별로 중요하지 아니한 경우에 해당한다고 보기 어렵다</u>고 한 사례(대법원 1996. 1. 26. 선고 94다30690 판결).

정답 ②

026 /무권대리와 무권리자의 처분행위의 구별/
다음 사례에 관한 설명 중 옳은 것을 모두 고른 것은? (다툼이 있는 경우에는 판례에 의함)

> 甲은 丙을 상대로 제기한 대여금 청구소송의 승소확정판결에 기초하여 丙 소유의 A 토지에 대하여 강제경매를 신청하였다. 그 경매절차에서 甲이 아들인 乙 명의로 경락을 받음으로써 2002. 7. 14. 乙 명의의 소유권이전등기가 마쳐졌다. 그 후 甲은 2005. 5. 13. 자신이 A 토지의 소유자라고 하면서, 丙과 판결금 3,000만원 중 합의금으로 800만원을 丙으로부터 수령함과 동시에 이 사건과 관련하여 丙에 대한 어떠한 명목의 청구권도 행사하지 않기로 하며, A 토지에 대하여 丙에게 소유권을 이전해 주기로 약정하였다. 丙이 위 약정에 따라 같은 날 甲에게 800만원을 지급하였으나 甲은 丙에게 소유권이전등기를 해주지 아니한 채 2006. 1. 7. 사망하였고, 乙은 甲의 단독상속인이 되었다.

> ㄱ. 乙은 실질적인 권리자가 아니라 단순히 甲을 위하여 그 명의만을 빌려준 자에 불과하므로 A 토지의 소유권은 매수대금(경락대금)을 실질적으로 부담한 甲이 취득한다.
> ㄴ. A 토지에 관하여 甲이 丙에게 소유권이전등기를 해주기로 약정한 것은 일종의 타인 권리의 처분행위에 해당한다.
> ㄷ. 甲이 丙과 맺은 위 약정은 甲이 乙의 무권대리인으로서 한 행위로서 무효이지만, 乙이 甲의 단독상속인인 이상, 그 무효행위의 추인을 거절할 수 없으므로 소유권이전등기의무를 부담한다.
> ㄹ. 甲의 사망으로 인하여 乙이 그 상속인으로서 甲의 위 약정상 의무를 상속하게 되었다고 하더라도, 신의칙에 반하는 것으로 인정할 만한 특별한 사정이 없는 한 乙은 원칙적으로 위 합의에 따른 의무의 이행을 거절할 수 있다.

① ㄱ, ㄴ ② ㄴ, ㄷ ③ ㄷ, ㄹ
④ ㄱ, ㄹ ⑤ ㄴ, ㄹ

해설

ㄱ. [X] ㄷ. [X] 부동산의 경매절차에서 경매목적 부동산을 경락받은 경락인이 실질적인 권리자가 아니라 단순히 타인을 위하여 그 명의만을 빌려준 것에 불과하더라도 경매목적 부동산의 소유권은 경락대금을 실질적으로 부담한 자가 누구인가에 상관없이 그 명의인이 적법하게 취득한다고 할 것이다(대법원 2001. 09. 25. 선고 99다19698 판결). **[보충해설]** 즉 甲은 A부동산이 자신의 것이라면서 丙에게 소유권을 이전해 주겠다고 한 것이므로, 甲의 행위는 무권대리행위가 아니라 무권리자의 처분행위에 해당한다.

ㄴ. [O] ㄹ. [O] 채권자가 채무자 소유의 부동산에 대하여 강제경매신청을 하여 자녀들 명의로 이를 경락받았다면 그 소유자는 경락인인 자녀들이라 할 것이므로, 채권자가 그 후 채무자와 사이에 채권액의 일부를 지급받고 자녀들 명의의 소유권이전등기를 말소하여 주기로 합의하였다 하더라도 이는 일종의 타인의 권리의 처분행위에 해당하여 비록 양자 사이에서 위 합의는 유효하고 채권자

는 자녀들로부터 위 부동산을 취득하여 채무자에게 그 소유권이전등기를 마쳐주어야 할 의무를 부담하지만 자녀들은 원래 부동산의 소유자로서 타인의 권리에 대한 계약을 체결한 채무자에 대하여 그 이행에 관한 아무런 의무가 없고 이행을 거절할 수 있는 자유가 있었던 것이므로, 채권자의 사망으로 인하여 자녀들이 상속지분에 따라 채권자의 의무를 상속하게 되었다고 하더라도 그들은 신의칙에 반하는 것으로 인정할 만한 특별한 사정이 없는 한 원칙적으로 위 합의에 따른 의무의 이행을 거절할 수 있다고 한 사례(대법원 2001. 09. 25. 선고 99다19698 판결).

정답 ⑤

027 /대리일반/

대리에 관한 다음 설명 중 옳은 것은? (다툼이 있으면 판례에 의함)

① 乙이 甲의 대리인이라 칭하여 甲소유의 토지를 丙에게 매도하여 丙명의의 소유권이전등기가 경료된 후, 甲이 丙을 상대로 丙명의의 위 소유권이전등기가 원인무효임을 이유로 그 말소를 구한 소송을 제기한 경우, '乙에게 甲을 대리할 권한이 있는지 여부'에 대한 입증책임은 丙에게 있다.

② 甲이 乙에게 자기의 부동산을 담보로 2,000만원의 차용을 부탁하면서 담보설정용인감증명서, 등기필증, 인감인장 등을 교부하였음에도, 乙이 위 수권의 범위를 넘어 위 담보부동산에 관하여 丙을 채무자로, 甲을 물상보증인으로 하고 그 피담보최고액을 1억 3,000만원으로 하여 근저당권설정계약을 체결한 경우에 위 근저당권설정계약은 위 2,000만원을 담보하는 범위내에서도 乙의 대리행위에 의하여 본인인 甲에게 그 효력을 미치는 유효한 것이라고 볼 수 없다.

③ 다른 자의 대리인으로서 계약을 맺은 자가 그 대리권을 증명하지 못하고 또 본인의 추인을 받지 못한 경우에는 그는 상대방의 선택에 따라 계약을 이행할 책임 또는 손해를 배상할 책임이 있다. 이때 상대방이 계약의 이행을 선택하였는데, 무권대리인이 계약에서 정한 채무를 이행하지 않으면 상대방에게 채무불이행에 따른 손해를 배상할 책임을 진다.

④ 본인에게 효력이 발생할 의사표시의 내용을 스스로 결정하여 상대방과의 관계에서 자신의 이름으로 법률행위를 하는 대리인과 달리 '사자'는 본인이 완성해 둔 의사표시의 단순한 전달자에 불과하므로, 법률행위의 체결 및 성립 여부에 관한 최종적인 결정권한이 본인에게 유보되어 있다는 사정이 대리와 사자를 구별하는 결정적 기준이나 징표가 될 수 있다.

⑤ 甲은 A를 사칭하는 X로부터 대리권을 수여받아 乙에게 A 소유 토지에 관하여 근저당권설정등기를 마쳐주었다. 그런데 실제 A가 나타나 乙을 상대로 근저당권설정등기가 무효라는 이유로 말소청구소송을 제기하여 승소판결을 받음으로써 乙이 손해를 입게 되었다. 어차피 X가 甲의 개입없이 직접 A를 사칭하여 乙과 근저당권설정계약을 체결하였어도 乙은 피해를 볼 수밖에 없었을 것이므로, 甲에게 별도의 과실이 없다면 乙은 甲을 상대로 민법 제135조 제1항에 의한 무권대리인의 책임을 묻지 못한다.

[해설]

① [X] 이전등기명의인의 직접적인 처분행위에 의한 것이 아니라 제3자가 그 처분행위에 개입된 경우 현등기명의인이 그 제3자가 전등기명의인의 대리인이라고 주장하더라도 현등기명의인의 등기가 적법히 이루어진 것으로 추정되므로 그 등기가 원인무효임을 이유로 말소를 청구하는 전등기명의인으로서는 그 반대사실 즉, 그 제3자에게 전등기명의인을 대리할 권한이 없었다든지, 또는 그 제3자가 전등기명의인의 등기서류를 위조하였다는 등의 무효사실에 대한 입증책임을 진다(대법원 1993. 10. 12. 선고 93다18914 판결). [지문정리] 대리인과 계약을 체결한 상대방이 본인에게 계약상 이행청구를 할 경우에는 상대방이 유권대리에 대한 입증책임을 부담한다. 즉 이 경우에 본인의 무권대리 주장은 소송법상 부인이 된다. 그러나 대리인과의 계약을 통하여 상대방이 등기를 마친 경우에는 등기추정력이 '대리권의 존재'에도 발생하므로, 이 경우에는 등기의 무효를 주장하는 본인이 무권대리의 사실을 입증해야 한다.

② [X] 갑이 을에게 자기의 부동산을 담보로 금 2,000만원의 차용을 부탁하면서 담보설정용인감증명서, 등기필증, 인감인장 등을 교부하였다면 갑이 을에게 제3자로부터 금 2,000만원을 차용하여 줄 것을 위임하면서 을에게 갑을 대리하여 위 금전을 차용하고 그 담보설정을 하는 법률행위를 할 권한을 수여함과 동시에 그 대리권 수여의 범위도 위 담보부동산에 의하여 담보되는 피담보채무의 범위가 금 2,000만원인 이상 그 담보의 형식이 무엇이든 그 차용의 형식이 어떠하던지 무방하다는 뜻이 포함된 것으로 볼 것인바, 을이 위 수권의 범위를 넘어 위 담보부동산에 관하여 병을 채무자로, 갑을 물상보증인으로 하고 그 피담보최고액을 금 1억 3,000만원으로 하여 근저당권설정계약을 체결한 경우에 있어서는 위 근저당권설정행위가 무권대리행위에 해당한다 할지라도 갑이 차용을 부탁한 금 2,000만원의 한도내에서는 을이 수여받은 대리권의 범위내에 속하는 것이므로 위 근저당권설정계약은 위 금 2,000만원을 담보하는 범위내에서는 을의 대리행위에 의하여 본인인 갑에게 그 효력을 미치는 유효한 것이라고 보아야 할 것이다(대법원 1987. 9. 8. 선고 86다카754 판결).

③ [O] [1] 다른 자의 대리인으로서 계약을 맺은 자가 그 대리권을 증명하지 못하고 또 본인의 추인을 받지 못한 경우에는 그는 상대방의 선택에 따라 계약을 이행할 책임 또는 손해를 배상할 책임이 있다(민법 제135조 제1항). 이때 상대방이 계약의 이행을 선택한 경우 무권대리인은 계약이 본인에게 효력이 발생하였더라면 본인이 상대방에게 부담하였을 것과 같은 내용의 채무를 이행할 책임이 있다. 무권대리인은 마치 자신이 계약의 당사자가 된 것처럼 계약에서 정한 채무를 이행할 책임을 지는 것이다. 무권대리인이 계약에서 정한 채무를 이행하지 않으면 상대방에게 채무불이행에 따른 손해를 배상할 책임을 진다. 위 계약에서 채무불이행에 대비하여 손해배상액의 예정에 관한 조항을 둔 때에는 특별한 사정이 없는 한 무권대리인은 조항에서 정한 바에 따라 산정한 손해액을 지급하여야 한다. 이 경우에도 손해배상액의 예정에 관한 민법 제398조가 적용됨은 물론이다. [2] 민법 제135조 제2항은 '대리인으로서 계약을 맺은 자에게 대리권이 없다는 사실을 상대방이 알았거나 알 수 있었을 때에는 제1항을 적용하지 아니한다.'고 정하고 있다. 이는 무권대리인의 무과실책임에 관한 원칙 규정인 제1항에 대한 예외 규정이므로 상대방이 대리권이 없음을 알았다는 사실 또는 알 수 있었는데도 알지 못하였다는 사실에 관한 주장·증명책임은 무권대리인에게 있다(대법원 2018. 6. 28. 선고 2018다210775 판결).

④ [X] [1] 민법상 대리는 행위자 아닌 자에게 법률행위의 효력을 귀속시키는 제도로서 의사표시를 요소로 하는 법률행위에서 인정되는 것이 원칙이지만, '의사 또는 관념의 통지'와 같은 준법률행위에 대하여도 대리에 관한 규정이 유추적용된다. 또한 '대리인'은 본인으로부터 위임받은 권한 내에서 본인을 위한 것임을 표시하면서 본인에게 효력이 발생할 의사표시를 자신의 이름으로 상대방에게 행하는 자로(민법 제114조 제1항), 대리인이 본인을 위한 것임을 표시하지 아니한 때에는 그 의사표

시는 자기를 위한 것으로 보지만, 상대방이 대리인으로서 한 것임을 알았거나 알 수 있었을 때에는 본인에게 효력이 발생한다(민법 제115조). 대리인이 본인을 위한 대리행위라는 의사의 표시(현명)는 방식을 불문할 뿐만 아니라 반드시 명시적으로만 할 필요가 없이 묵시적으로도 할 수 있는 것이고, 현명을 하지 아니한 경우라도 그 행위를 둘러싼 여러 사정에 비추어 대리행위로서 이루어진 것임을 상대방이 알았거나 알 수 있었을 때에는 적법한 대리행위로서 효력이 인정된다. [2] 본인에게 효력이 발생할 의사표시의 내용을 스스로 결정하여 상대방과의 관계에서 자신의 이름으로 법률행위를 하는 대리인과 달리 '사자'는 본인이 완성해 둔 의사표시의 단순한 전달자에 불과하지만, 대리인도 본인의 지시에 따라 행위를 하여야 하는 이상(민법 제116조 제2항), 법률행위의 체결 및 성립 여부에 관한 최종적인 결정권한이 본인에게 유보되어 있다는 사정이 대리와 사자를 구별하는 결정적 기준이나 징표가 될 수는 없다. 그 구별은 의사표시 해석과 관련된 문제로서, 상대방의 합리적 시각, 즉 본인을 대신하여 행위하는 자가 상대방과의 외부적 관계에서 어떠한 모습으로 보이는지 여부를 중심으로 살펴보아야 하고, 이러한 사정과 더불어 행위자가 지칭한 자격·지위·역할에 관한 표시 내용, 행위자의 구체적 역할, 행위자에게 일정한 범위의 권한이나 재량이 부여되었는지 여부, 행위자가 그 역할을 수행함에 필요한 전문적인 지식이나 자격의 필요 여부, 행위자에게 지급할 보수나 비용의 규모 등을 종합적으로 고려하여 합리적으로 판단하여야 한다. 이는 당사자와 그 밖의 관계인의 위임이나 국가·지방자치단체와 그 밖의 공공기관의 위촉 등에 의하여 소송에 관한 행위 및 행정처분의 청구에 관한 대리행위와 일반 법률사무를 하는 것을 직무(변호사법 제3조)로 하는 변호사가 각종 권리의무의 발생과 법적 책임 등 복잡한 법률관계가 수반되는 당사자 사이의 계약의 체결을 위한 일련의 교섭 과정에 어느 일방을 위한 자문의 역할로 개입한 경우, 그 행위가 대리에 해당하는지 혹은 단순한 사자에 불과한지 다투어지는 경우에도 마찬가지이다(대법원 2024. 1. 4. 선고 2023다225580 판결).

⑤ [×] ★ [사례형·기록형] 민법 제135조 제1항은 "타인의 대리인으로 계약을 한 자가 그 대리권을 증명하지 못하고 또 본인의 추인을 얻지 못한 때에는 상대방의 선택에 좇아 계약의 이행 또는 손해배상의 책임이 있다."고 규정하고 있다. 위 규정에 따른 무권대리인의 상대방에 대한 책임은 무과실책임으로서 대리권의 흠결에 관하여 대리인에게 과실 등의 귀책사유가 있어야만 인정되는 것이 아니고, 무권대리행위가 제3자의 기망이나 문서위조 등 위법행위로 야기되었다고 하더라도 책임은 부정되지 아니한다. [이유] 원심은, 피고가 이 사건 토지의 소유자인 소외인의 대리인 자격으로 원고와 사이에 이 사건 근저당권설정계약을 체결하고 원고에게 이 사건 토지에 관한 근저당권설정등기를 마쳐주었으나, 소외인을 자칭하는 사람으로부터 대리권을 수여받았을 뿐 실제 소유자인 소외인 본인으로부터 대리권을 수여받은 바 없는 사실, 소외인은 이 사건 토지에 관한 원고 명의의 근저당권설정등기가 무효라고 주장하면서 원고를 상대로 그 말소등기절차의 이행을 구하는 소를 제기하여 승소확정판결을 받은 사실 등을 인정한 다음, 이 사건 토지에 관한 원고 명의의 근저당권설정등기가 원인무효로 된 것은 피고의 대리행위 없이 소외인을 자칭한 사람이 본인으로 나서 직접 원고와 근저당권설정계약을 체결하였더라도 그 결과가 마찬가지라는 점에서 소외인을 자칭하는 사람의 위법행위 때문이지 피고의 무권대리행위에서 비롯된 것이 아니므로, 피고에게 민법 제135조에서 규정한 무권대리책임이 있다고는 볼 수 없다고 판단하였다. 그러나 원심이 인정한 위 사실관계를 앞서 본 법리에 비추어 보면, 피고가 소외인의 대리인으로 이 사건 근저당권설정계약을 체결하였지만 소외인으로부터 대리권을 수여받은 사실이 없고 소외인으로부터 추인을 얻지도 못하였으므로, 그러한 대리권의 흠결에 대하여 피고에게 귀책사유가 있는지 여부를 묻지 아니하고, 피고는 상대방인 원고에게 민법 제135조 제1항에 따른 책임을 져야 한다. 피고의 무권대리행위로 인하여 이 사건 근저당권설정계약이 체결된 이상 그 무권대리행위가 소외인을 자칭한 사람의 위법행위로 야기되었다거나 그 사람이 직접 원고와 이 사건 근저당권설정계약을 체결하였더라도 동일한 결과가

야기되었을 것이라는 사정만으로 위와 같은 책임이 부정될 수는 없다. 그럼에도 원심은 그 판시와 같은 이유로 피고에게 무권대리책임이 인정되지 아니한다고 판단하였으니, 이러한 원심판결에는 민법 제135조 제1항이 정한 무권대리인의 책임에 관한 법리를 오해하여 판결 결과에 영향을 미친 위법이 있다(대법원 2014. 2. 27. 선고 2013다213038 판결).

정답 ③

028 / 대리권남용 /

다음 [사례]에 대하여 사건을 담당한 판사가 판결문을 작성한다고 할 때, 법률행위의 성립요건 및 효력요건과 관련하여 [보기]에 있는 내용들이 논리적인 순서대로 배열된 것은 어느 것인가? (다툼이 있는 경우 판례에 의하며, 판결문을 작성하는 과정에서 필요 없는 쟁점은 생략한다)

〈사례〉

A은행의 당좌담당인 甲대리(당좌계약 체결의 대리권만 있고, 예금계약 체결의 대리권은 없다)는 건설업자 B로부터 사채를 많이 모아주면 수익의 10%를 수고비로 지급하겠다는 말을 듣고, 예금주들을 모아 B에게 사채를 공급하기로 하였다. 이에 甲대리는 예금시 "3개월 만기식 정기예금을 하러왔다."라는 암호를 말하도록 하고 입금액도 수기식 통장에 기재하는 등의 방법으로 예금주들을 모았고 B를 통하여 그들에게 은행이자보다 높은 이자를 지급하였다. 甲대리는 이러한 소문을 듣고 찾아온 乙과 위와 같은 방식으로 예금계약을 체결하고 1억 원을 수령한 후, 계획대로 A은행 계좌에 입금하지 않고 B에게 송금하였다. 그런데 그 후 B의 회사가 부도가 나게 되고 그로 인하여 乙은 더 이상 이자를 받지 못하게 되었다. 이러한 사실을 알게 된 乙은 A은행에 대해 예금계약에 의한 예금반환을 청구하는 소를 제기하였다.

㉠ 현금입금 방식에 의한 예금의 경우 예금자가 예금의 의사를 표시하면서 금융기관에 금전을 제공하고 금융기관이 그 의사에 따라서 금전을 받아서 확인을 하면 예금계약은 성립한다. 따라서 A은행과 乙 사이의 예금계약은 성립한 것이다.
㉡ 따라서 乙의 A은행에 대한 예금계약상의 예금반환청구는 인용될 수 없다.
㉢ 乙은 甲의 예금계약 의사가 진의가 아님을 통상의 과실로 알지 못한 채 이 사건 예금계약을 체결한 것이므로 예금계약의 효력은 A은행에게 미치지 아니한다.
㉣ 甲이 자신의 이익을 꾀하기 위하여 A은행을 대리하여 예금계약을 체결하였기 때문에 甲의 대리행위는 무권대리가 된다.
㉤ 일반적으로 은행업무에 있어서 수신담당자는 수신업무 전반에 대해 업무처리를 하고 있는 실상에 비추어 볼 때 당좌담당 대리인 甲에게 예금계약체결 대리권을 인정할 수 있다.

ⓑ 甲이 당좌담당 대리이어서 예금업무에 관하여는 A은행을 대리할 권한이 없다고 하더라도 乙로서는 甲에게 그와 같은 권한이 있는 것을 믿는 데에 정당한 이유가 있다.

ⓢ 따라서 乙의 A은행에 대한 예금반환청구는 인용될 수 있다.

① ⓜ → ㉠ → ⓑ → ⓢ
② ㉠ → ⓑ → ⓜ → ⓢ
③ ㉠ → ⓑ → ㉢ → ㉡
④ ⓜ → ㉠ → ⓢ → ㉡
⑤ ㉠ → ⓜ → ⓑ → ㉡

해 설

(ⅰ) 乙이 A은행에 대해 제기한 예금반환청구가 인용될 수 있는지에 대한 판단을 위해서는 우선적으로 乙과 A은행 사이에 예금계약이 성립하였는지를 판단해야 한다. 즉 법률행위의 성립요건을 갖추었는가를 판단해야 한다. 따라서 ㉠이 첫 번째 내용이 된다.

(ⅱ) 다음으로 유효하게 성립한 법률행위가 효력을 발생하는가를 판단해야 한다. 즉 법률행위의 유효요건을 검토해야 한다. 한편 대리행위에 있어 법률행위의 유효요건은 대리권의 존재인데, 사안의 경우 표현대리가 성립하는 것이므로 ⓑ이 두 번째 내용이 된다.

(ⅲ) 표현대리가 인정이 되어 예금계약상의 반환채무를 부담하게 된 A은행은 乙이 甲의 대리권남용에 대하여 알았거나 알 수 있었음을 입증하여 계약상 책임으로부터 벗어날 수 있다. 따라서 ㉢과 ㉡이 세 번째 내용이 된다.

[관련판례] [1] 민법 제107조 제1항의 뜻은 표의자의 내심의 의사와 표시된 의사가 일치하지 아니한 경우에는 표의자의 진의가 어떠한 것이든 표시된 대로의 효력을 생기게 하여 거짓의 표의자를 보호하지 아니하는 반면에 만약 그 표의자의 상대방이 표의자의 진의 아님에 대하여 악의 또는 과실이 있는 경우라면 이때에는 그 상대방을 보호할 필요가 없이 표의자의 진의를 존중하여 그 진의 아닌 의사표시를 무효로 돌려버리려는데 있다. [2] 진의 아닌 의사표시가 대리인에 의하여 이루어지고 그 대리인의 진의가 본인의 이익이나 의사에 반하여 자기 또는 제3자의 이익을 위한 배임적인 것임을 그 상대방이 알았거나 알 수 있었을 경우에는 민법 제107조 제1항 단서의 유추해석상 그 대리인의 행위는 본인의 대리행위로 성립할 수 없다하겠으므로 본인은 대리인의 행위에 대하여 아무런 책임이 없다 할 것이며 이때 그 상대방이 대리인의 표시의사가 진의 아님을 알았거나 알 수 있었는가의 여부는 표의자인 대리인과 상대방 사이에 있었던 의사표시의 형성과정과 그 내용 및 그로인하여 나타나는 효과 등을 객관적인 사정에 따라 합리적으로 판단하여야 한다. [3] 예금계약이 은행의 정규예금금리보다 훨씬 높은 이자가 정기적으로 지급되고 은행의 많은 지점 가운데서도 오로지 하나의 지점에서만 이러한 예금이 가능할 뿐더러 예금을 할 때 암호가 사용되어야 하며 예금거래신청서의 금액란도 빈칸으로 한 채 통상의 방법이 아닌 수기식통장이 교부되는 사정이라면 위 예금계약의 형성과정과 내용 및 그로 인하여 나타나는 효과 등에 비추어 적어도 예금자로서는 은행지점장 대리인의 표시의사가 진의가 아닌 것을 알았거나 중대한 과실로 이를 알 수 없었다고는 할 수 없을지라도 적어도 통상의 주의만 기울였던들 이를 알 수 있었을 것이라고 인정되는 점에서 볼 때 위 지점장 대리인의 의사는 본인인 은행의 의사나 이익에 반하여 자기 또는 제3자의 이익을 위하여 배임적인 의도로 한 것이고 예금자 역시 위 대리인의 예금계약 의사가 진의가 아님을 통상의 과실로 알지 못한 채 예금계약을 체결한 것이라고 할 것이므로 결국

이 사건 예금계약 자체가 성립되지 아니하였다 할 것이니 위 예금자는 은행에 대하여 위 대리인의 사용자임을 이유로 그의 불법행위를 원인으로 한 책임을 묻는 것은 별문제로 하고 정당한 예금계약이 성립되었음을 전제로 하여 예금반환청구는 할 수 없다고 할 것이다. [이유] 이 사건 예금계약은 은행의 정규예금금리의 약 3배에 달하는 사채이율에 따른 이자가 지급되고 그 가운데 사채이자와 은행의 정규예금이자와의 차액이 사채중개인을 통하여 정기적으로 지급될 뿐만 아니라 피고은행의 여러 지점 중에서도 오로지 혜화동지점에서만 이러한 예금이 가능하고 예금을 할 때도 반드시 사채중개인 등이 알려준 암호대로 위 지점창구 직원에게 "3개월 만기의 통장식 정기예금을 하러왔다"고 말하여야 하며 예금거래신청서의 금액란도 빈칸으로 하여 제출하여야 하는 한편 예금통장도 통상적인 방법인 컴퓨터에 의한 기계식통장으로 하지 아니하고 수기식 통장으로 만들어 교부되는 등 비정상적인 방법으로 이루어진 것이다. 그러므로 우선 이 사건 예금계약이 지점장 대리인 김동겸과 원고사이에 이루어졌고 또 김동겸이 당좌담당 대리여서 예금업무에 관하여는 피고은행을 대리할 권한이 없다고 하더라도 상대방인 원고로서는 김동겸에게 그와 같은 권한이 있는 것으로 믿는 데에 정당한 이유가 있다고 보여지므로 예금계약은 일응 피고은행에게 그 효력이 있는 것으로 보여지겠지만 김동겸이가 한 대리행위가 본인인 피고은행의 의사나 이익에 반하여 예금의 형식을 빌어 사채를 끌어 모아 김철호의 사업자금을 마련함으로써 자기와 김철호의 이익을 도모하려한 것이고 원고가 김동겸의 예금계약 의사가 진의 아님을 알았거나 이를 알 수 있었다면 김동겸이가 한 이 사건 예금계약은 피고은행의 대리행위로 성립할 수 없으므로 피고은행은 이에 대하여 아무런 책임이 없게 된다(대법원 1987. 7. 7. 선고 86다카1004 판결.

정답 ③

제4절 • 법률행위의 무효와 취소

029 /무효행위의 추인/
무효행위 추인에 관한 설명 중 틀린 것을 모두 고르면? (다툼이 있는 경우에는 판례에 의함)

가) 취득시효 완성 후 시효취득자가 등기하기 전에 소유자가 그 사실을 알고도 이를 제3자에게 양도하였으나 그 제3자가 적극 가담함으로 인하여 무효로 된 경우, 그 제3자 명의의 등기에 대하여 시효완성 당시의 소유자가 무효행위를 추인하였다면 그 제3자는 취득시효 완성자에게 대항할 수 없지만, 회사의 궁박한 처지를 이용하여 토지를 그 시가의 5분의 1에도 못 미치는 현저히 저렴한 가격으로 취득하고자 매매계약을 체결한 경우 매도인은 추인에 의하여 계약을 유효로 할 수 있다.

나) 상법 제731조 제1항은 타인의 사망을 보험사고로 하는 보험계약의 체결시 그 타인의 서면동의를 얻도록 규정하고 있는데, 타인의 생명보험계약 성립 당시 피보험자의 서면동의가 없다면 그 보험계약은 확정적으로 무효가 되고, 피보험자가 이를 추인하였다고 하더라도 그 보험계약이 유효로 될 수는 없다고 할 것이다.

다) 재단법인의 기본재산의 처분에 관하여 주무관청의 허가를 얻지 못하면 그 효력이 발생하지 않는 것이지만, 그 후 재단법인이 그 기본재산을 보통재산으로 변경하는 정관변경에 대하여 주무관청으로부터 허가를 받은 다음 그 재산의 처분행위를 추인하였다면 종전의 처분행위는 소급하여 유효하게 된다.

라) 학교법인이 사립학교법 규정에 위반하여 관할청의 허가없이 의무부담행위를 한 경우에 그 행위는 무효이며, 학교법인이 그 후에 위 의무부담행위를 추인하더라도 효력이 생기지 아니한다.

마) 학생에 대한 학교의 편입학허가 등이 그 자격요건을 규정한 교육법에 위반되어 무효라면 그와 같은 자격요건에 관한 흠은 학교법인에 의해 정당한 것으로 추인될 수 있는 성질의 것이 아니다.

① 가), 나) ② 가), 다) ③ 나), 다)
④ 나), 라) ⑤ 나), 마)

해설

가) [×] [1] 부동산 소유자가 취득시효가 완성된 사실을 알고 그 부동산을 제3자에게 처분하여 소유권이전등기를 넘겨줌으로써 취득시효 완성을 원인으로 한 소유권이전등기의무가 이행불능에 빠지게 되어 시효취득을 주장하는 자가 손해를 입었다면 불법행위를 구성한다고 할 것이고, 부동산을 취득한 제3자가 부동산 소유자의 이와 같은 불법행위에 적극 가담하였다면 이는 사회질서에 반하는 행위로서 무효라고 할 것이다. [2] 취득시효 완성 후 경료된 무효인 제3자 명의의 등기에 대하여 시효완성 당시의 소유자가 무효행위를 추인하여도 그 제3자 명의의 등기는 그 소유자의 불법행위에 제3자가 적극 가담하여 경료된 것으로서 사회질서에 반하여 무효라고 한 사례(대법원 2002. 3. 15. 선고 2001다77352 판결). 불공정한 법률행위로서 무효인 경우에는 추인에 의하여 무효인 법률행위가 유효로 될 수 없다(대법원 1994. 6. 24. 선고 94다10900 판결).

나) [O] 상법 제731조 제1항이 타인의 사망을 보험사고로 하는 보험계약의 체결시 그 타인의 서면동의를 얻도록 규정한 것은 동의의 시기와 방식을 명확히 함으로써 분쟁의 소지를 없애려는 데 취지가 있으므로, 피보험자인 타인의 동의는 각 보험계약에 대하여 개별적으로 서면에 의하여 이루어져야 하고 포괄적인 동의 또는 묵시적이거나 추정적 동의만으로는 부족하다. 상법 제731조 제1항에 의하면 타인의 생명보험에서 피보험자가 서면으로 동의의 의사표시를 하여야 하는 시점은 '보험계약 체결시까지'이고, 이는 강행규정으로서 이에 위반한 보험계약은 무효이므로, 타인의 생명보험계약 성립 당시 피보험자의 서면동의가 없다면 그 보험계약은 확정적으로 무효가 되고, 피보험자가 이미 무효가 된 보험계약을 추인하였다고 하더라도 그 보험계약이 유효로 될 수는 없다. 피보험자의 서면동의 없이 체결된 타인의 사망을 보험사고로 하는 생명보험계약의 보험자가 수년간 보험료를 수령하거나 종전에 그 생명보험계약에 따라 입원급여금을 지급한 경우에도 위 생명보험계약의 무효를 주장하는 것이 신의성실의 원칙 등에 위반하지 않는다(대법원 2006. 9. 22. 선고 2004다56677 판결).

다) [×] 재단법인의 정관에는 자산에 관한 규정을 기재하여야 하므로 재단법인의 기본재산의 처분은 결국 정관의 변경을 초래하게 되어 주무관청의 허가를 얻지 못하면 그 효력이 발생하지 않는 것이지만, 그 후 재단법인이 그 기본재산을 보통재산으로 변경하는 정관변경에 의하여 주무관청으로부

터 허가를 얻은 다음 그 재산의 처분행위를 추인하였다면 종전의 처분행위는 추인한 때로부터 유효하게 된다(대법원 2006. 3. 23. 선고 2005다66534 판결).

라) [O] 학교법인이 사립학교법 제16조 제1항에 의한 이사회의 심의·의결 없이 학교법인 재산의 취득·처분행위를 하거나, 구 사립학교법(1997. 1. 13. 법률 제5274호로 개정되기 전의 것) 제28조 제1항의 규정에 의하여 관할청의 허가 없이 의무부담행위를 한 경우에 그 행위는 효력이 없고, 학교법인이 그 후에 위 의무부담행위를 추인하더라도 효력이 생기지 아니한다(대법원 2000. 9. 5. 선고 2000다2344 판결).

마) [O] 학생에 대한 학교의 편입학허가, 대학교졸업인정, 대학원입학, 공업석사학위 수여 등이 그 자격요건을 규정한 교육법 제111조, 제112조, 제115조에 위반되어 무효라면 이와 같은 당연무효의 행위를 학교법인이 취소하는 것은 그 편입학허가 등의 행위가 처음부터 무효이었음을 당사자에게 통지하여 확인시켜주는 것에 지나지 않으므로 여기에 신의칙 내지 신뢰의 원칙을 적용할 수 없고 그러한 뜻의 취소권은 시효로 인하여 소멸하지도 않으며 그와 같은 자격요건에 관한 흠은 학교법인이나 학생 또는 일반인들에 의하여 치유되거나 정당한 것으로 추인될 수 있는 성질의 것도 아니다(대법원 1989. 4. 11. 선고 87다카131 판결).

정답 ②

제5절 • 조건과 기한

030 / 조건과 기한 /
조건과 기한에 대한 다음 설명 중 틀린 것은? (다툼이 있는 경우에는 판례에 의함)

① 민법 제150조 제1항은 조건의 성취로 인하여 불이익을 받을 당사자가 신의성실에 반하여 조건의 성취를 방해한 때에는 상대방은 그 조건이 성취한 것으로 주장할 수 있다고 정하고 있다. 여기서 말하는 '조건의 성취를 방해한 때'에 방해행위가 없었더라도 조건의 성취가능성이 현저히 낮은 경우까지 포함되는 것은 아니다.

② 민법 제150조 제2항은 "조건의 성취로 인하여 이익을 받을 당사자가 신의성실에 반하여 조건을 성취시킨 때에는 상대방은 그 조건이 성취하지 아니한 것으로 주장할 수 있다."라고 정한다. 이 조항은 권리의 행사와 의무의 이행은 신의에 좇아 성실히 하여야 한다는 법질서의 기본원리가 발현된 것으로서, 누구도 신의성실에 반하는 행태를 통해 이익을 얻어서는 안 된다는 사상을 포함하고 있다.

③ 조건은 법률행위 효력의 발생 또는 소멸을 장래 불확실한 사실의 발생 여부에 따라 좌우되게 하는 법률행위의 부관이고, 법률행위에서 효과의사와 일체적인 내용을 이루는 의사표시 그 자체라고는 볼 수 없다.

④ 해제조건부 증여로 인한 부동산소유권이전등기를 마쳤다 하더라도 그 해제조건이 성취되면 그 소유권은 증여자에게 복귀한다고 할 것이고, 이 경우 당사자 간에 특별한 의사표시가 없는 한 조건성취의 효과는 소급하지 아니한다.

⑤ 경개계약에 조건이 붙어 있는 이른바 조건부 경개의 경우에는 구채무의 소멸과 신채무의 성립 자체가 그 조건의 성취 여부에 걸려 있게 된다.

해설

① [O] 민법 제150조 제1항은 조건의 성취로 인하여 불이익을 받을 당사자가 신의성실에 반하여 조건의 성취를 방해한 때에는 상대방은 그 조건이 성취한 것으로 주장할 수 있다고 정함으로써, 조건이 성취되었더라면 원래 존재했어야 하는 상태를 일방 당사자의 부당한 개입으로부터 보호하기 위한 규정을 두고 있다. 이 조항은 권리의 행사와 의무의 이행은 신의에 좇아 성실히 하여야 한다는 법질서의 기본원리가 발현된 것으로서, 누구도 신의성실에 반하는 행태를 통해 이익을 얻어서는 안 된다는 사상을 포함하고 있다. 다만 일방 당사자의 신의성실에 반하는 방해행위 등이 있었다는 사정만으로 곧바로 민법 제150조 제1항에 의해 그 상대방이 발생할 것으로 희망했던 결과까지 의제된다고 볼 수는 없으므로, 여기서 말하는 '조건의 성취를 방해한 때'란 사회통념상 일방 당사자의 방해행위가 없었더라면 조건이 성취되었을 것으로 볼 수 있음에도 방해행위로 인하여 조건이 성취되지 못한 정도에 이르러야 하고, 방해행위가 없었더라도 조건의 성취가능성이 현저히 낮은 경우까지 포함되는 것은 아니다. 만일 위와 같은 경우까지 조건의 성취를 의제한다면 단지 일방 당사자의 부당한 개입이 있었다는 사정만으로 곧바로 조건 성취로 인한 법적 효과를 인정하는 것이 되고 이는 상대방으로 하여금 공평·타당한 결과를 초과하여 부당한 이득을 얻게 하는 결과를 초래할 수 있기 때문이다. 한편 일방 당사자가 신의성실에 반하여 조건의 성취를 방해하였는지는 당사자들이 조건부 법률행위 등을 하게 된 경위나 의사, 조건부 법률행위의 목적과 내용, 방해행위의 태양, 해당 조건의 성취가능성 및 방해행위가 조건의 성취에 미친 영향, 조건의 성취에 영향을 미치는 다른 요인의 존재 여부 등 여러 사정을 고려하여 개별적·구체적으로 판단하여야 한다(대법원 2022. 12. 29. 선고 2022다266645 판결).

② [O] 민법 제150조 제2항은 "조건의 성취로 인하여 이익을 받을 당사자가 신의성실에 반하여 조건을 성취시킨 때에는 상대방은 그 조건이 성취하지 아니한 것으로 주장할 수 있다."라고 정한다. 이 조항은 권리의 행사와 의무의 이행은 신의에 좇아 성실히 하여야 한다는 법질서의 기본원리가 발현된 것으로서, 누구도 신의성실에 반하는 행태를 통해 이익을 얻어서는 안 된다는 사상을 포함하고 있다. 당사자들이 조건을 약정할 당시에 미처 예견하지 못했던 우발적인 상황에서 상대방의 이익에 대해 적절히 배려하지 않거나 상대방이 합리적으로 신뢰한 선행 행위와 모순된 태도를 취함으로써 형평에 어긋나거나 정의관념에 비추어 용인될 수 없는 결과를 초래하는 경우 신의성실에 반한다고 볼 수 있다(대법원 2021. 3. 11. 선고 2020다253430 판결). **[관련판례]** [1] 법률행위의 해석은 당사자가 그 표시행위에 부여한 의미를 명확하게 확정하는 것이다. 당사자가 서면에 사용한 문구를 그대로 따라야 하는 것은 아니지만, 처분문서의 진정 성립이 인정되는 경우 법원은 그 기재 내용을 부인할 만한 분명하고도 수긍할 수 있는 반증이 없으면 처분문서에 기재된 문언대로 의사표시의 존재와 내용을 인정하여야 한다. 다만 당사자가 표시한 문언으로 그 의미가 명확하게 드러나지 않아 처분문서에 나타난 법률행위의 해석이 문제되는 경우 그 문언의 형식과 내용, 법률행위가 이루어진 동기와 경위, 당사자가 법률행위를 통하여 달성하려는 목적과 진정한 의사, 거래와 관행 등을 종합적으로 고려하여 논리와 경험의 법칙, 그리고 사회일반의 상식과 거래의 통념에 따라 합리적으로 해석하여야 한다. [2] 조건은 법률행위 효력의 발생이나 소멸을 장래의 불확실한 사실의 성립 여부에 의존하게 하는 법률행위의 부관으로서 법률행위 내용의 일부를 구성한다. 특정 법률행위에 관하여 어떠한 사실이 그 효과의사의 내용을 이루는 조건이 되는지와 해당 조건의 성취 또는 불성취로 말미암아 법률행위의 효력이 발생하거나 소멸하는지는 모두 법률행위 해석의 문제이다. [3] 민법 제150조 제1항은 조건

의 성취로 인하여 불이익을 받을 당사자가 신의성실에 반하여 조건의 성취를 방해한 때에는 상대방은 그 조건이 성취한 것으로 주장할 수 있다고 정함으로써, 조건이 성취되었더라면 원래 존재했어야 하는 상태를 일방 당사자의 부당한 개입으로부터 보호하기 위한 규정을 두고 있다. 이 조항은 권리의 행사와 의무의 이행은 신의에 좇아 성실히 하여야 한다는 법질서의 기본원리가 발현된 것으로서, 누구도 신의성실에 반하는 행태를 통해 이익을 얻어서는 안 된다는 사상을 포함하고 있다. 당사자들이 조건을 약정할 당시에 미처 예견하지 못했던 우발적인 상황에서 상대방의 이익에 대해 적절히 배려하지 않거나 상대방이 합리적으로 신뢰한 선행 행위와 모순된 태도를 취함으로써 형평에 어긋나거나 정의관념에 비추어 용인될 수 없는 결과를 초래하는 경우 신의성실에 반한다고 볼 수 있다. [4] 민법 제150조 제1항은 계약 당사자 사이에서 정당하게 기대되는 협력을 신의성실에 반하여 거부함으로써 계약에서 정한 사항을 이행할 수 없게 된 경우에 유추적용될 수 있다. 그러나 민법 제150조 제1항이 방해행위로 조건이 성취되지 않을 것을 요구하는 것과 마찬가지로, 위와 같이 유추적용되는 경우에도 단순한 협력 거부만으로는 부족하고 이 조항에서 정한 방해행위에 준할 정도로 신의성실에 반하여 협력을 거부함으로써 계약에서 정한 사항을 이행할 수 없는 상태가 되어야 한다. 또한 민법 제150조는 사실관계의 진행이 달라졌더라면 발생하리라고 희망했던 결과를 의제하는 것은 아니므로, 이 조항을 유추적용할 때에도 조건 성취 의제와 직접적인 관련이 없는 사실관계를 의제하거나 계약에서 정하지 않은 법률효과를 인정해서는 안 된다(대법원 2021. 1. 14. 선고 2018다223054 판결).

③ [✕] 법률행위의 해석은 당사자가 표시행위에 부여한 객관적인 의미를 명백하게 확정하는 것으로서, 사용된 문언에만 구애받는 것은 아니지만, 어디까지나 당사자의 내심의 의사가 어떤지에 관계없이 문언의 내용에 의하여 당사자가 표시행위에 부여한 객관적 의미를 합리적으로 해석하여야 한다. 당사자가 표시한 문언에 의하여 그 객관적인 의미가 명확하게 드러나지 않는 경우에는 문언의 형식과 내용, 법률행위가 이루어진 동기 및 경위, 당사자가 법률행위에 의하여 달성하려는 목적과 진정한 의사, 거래의 관행 등을 종합적으로 고려하여, 사회정의와 형평의 이념에 맞도록 논리와 경험의 법칙, 그리고 사회일반의 상식과 거래의 통념에 따라 합리적으로 해석하여야 한다. 한편 조건은 법률행위 효력의 발생 또는 소멸을 장래 불확실한 사실의 발생 여부에 따라 좌우되게 하는 법률행위의 부관이고, 법률행위에서 효과의사와 일체적인 내용을 이루는 의사표시 그 자체이다. 조건을 붙이고자 하는 의사는 법률행위의 내용으로 외부에 표시되어야 하고, 조건을 붙이고자 하는 의사가 있는지는 의사표시에 관한 법리에 따라 판단하여야 한다. 조건을 붙이고자 하는 의사의 표시는 그 방법에 관하여 일정한 방식이 요구되지 않으므로 묵시적 의사표시나 묵시적 약정으로도 할 수 있다. 이를 인정하려면, 법률행위가 이루어진 동기와 경위, 법률행위에 의하여 달성하려는 목적, 거래의 관행 등을 종합적으로 고려하여 법률행위 효력의 발생 또는 소멸을 장래의 불확실한 사실의 발생 여부에 따라 좌우되게 하려는 의사가 인정되어야 한다(대법원 2018. 6. 28. 선고 2016다221368 판결).

④ [○] 해제조건부증여로 인한 부동산소유권이전등기를 마쳤다 하더라도 그 해제조건이 성취되면 그 소유권은 증여자에게 복귀한다고 할 것이고, 이 경우 당사자간에 별단의 의사표시가 없는 한 그 조건성취의 효과는 소급하지 아니하나, 조건성취 전에 수증자가 한 처분행위는 조건성취의 효과를 제한하는 한도 내에서는 무효라고 할 것이고, 다만 그 조건이 등기되어 있지 않는 한 그 처분행위로 인하여 권리를 취득한 제3자에게 위 무효를 대항할 수 없다(대법원 1992. 5. 22. 선고 92다5584 판결).

⑤ [○] [1] 경개계약은 구채무를 소멸시키고 신채무를 성립시키는 처분행위로서 구채무의 소멸은 신채무의 성립에 의존하므로, 경개로 인한 신채무가 원인의 불법 또는 당사자가 알지 못한 사유로 인하여 성립하지 아니하거나 취소된 때에는 구채무는 소멸하지 않는 것이며(민법 제504조), 특히 경개

계약에 조건이 붙어 있는 이른바 조건부 경개의 경우에는 구채무의 소멸과 신채무의 성립 자체가 그 조건의 성취 여부에 걸려 있게 된다. [2] 이미 확정적으로 취득한 폐기물 소각처리시설 관련 권리를 포기하는 대신 상대방이 수주할 수 있는지 여부가 분명하지 않은 매립장 복원공사를 장차 그 상대방으로부터 하도급받기로 하는 내용의 약정을 체결한 사안에서, 위 약정은 상대방이 위 복원공사를 수주하지 못할 것을 해제조건으로 한 경개계약이라고 해석함이 상당하므로, 상대방이 위 복원공사를 수주하지 못하는 것으로 확정되면 위 약정은 효력을 잃게 되어 신채무인 위 복원공사의 하도급 채무는 성립하지 아니하고 구채무인 소각처리시설 관련 채무도 소멸하지 아니한다고 한 사례 (대법원 2007. 11. 15. 선고 2005다31316 판결).

정답 ③

CHAPTER 05 기 간

031 / 기간의 계산 /
기간에 관한 다음 설명으로 옳지 않은 것은?

① 기간의 초일이 공휴일인 경우, 기간은 다음날부터 기산한다. 기간의 말일이 공휴일인 경우, 다음날로 기간이 만료된다. 또한 당사자의 의사표시에 의하여 초일불산입의 원칙과 달리 정하는 것은 허용되지 않는다.

② 사단법인의 사원총회 소집을 1주일 전에 통지하여야 하는 경우에 총회예정일이 2015년 3월 12일이면 늦어도 2015년 3월 4일 오후 12시까지는 사원들에게 소집통지를 발송하여야 한다.

③ 어느 법률이 부칙에서 공포일로부터 3개월이 경과한 날부터 시행하도록 되어 있고 그 법률이 2014년 11월 2일 공포되었다면 그 법률은 2015년 2월 3일 오전 0시부터 시행된다.

④ 1996년 10월 10일 오전 11시 15분에 출생한 자는 2015년 10월 10일 오전 0시부터 성년이 된다. 또한 생일이 1987년 10월 1일인 사람은 2004년 9월 30일 24시부터 유언을 할 수 있다.

⑤ 앞으로 다가오는 2015년 9월 9일부터 1주일까지라고 하면, 2015년 9월 15일 24시에 만료된다.

해설

① [×] 기간의 초일이 공휴일이라 하더라도 기간은 초일부터 기산한다(대법원 1982. 02. 23. 선고 81누204 판결). 기간의 말일이 토요일 또는 공휴일에 해당하는 때에는 기간은 그 익일로 만료한다(제161조). 한편 기간 계산에 관한 민법 규정은 임의규정이다. [관련판례] 민법 제157조는 "기간을 일, 주, 월 또는 년으로 정한 때에는 기간의 초일은 산입하지 아니한다"고 규정하여 초일 불산입을 원칙으로 정하고 있으나, 민법 제155조에 의하면 법령이나 법률행위 등에 의하여 위 원칙과 달리 정하는 것도 가능하다(대법원 2007. 08. 23. 선고 2006다62942 판결).

② [O] 총회소집을 1주일 전에 통지하여야 하는 경우에 초일은 산입하지 않으므로 2015년 3월 11일이 기산점이 되고, 역으로 계산하면 7일간 전인 5일이 기간 말일이 되고 그날 오전 0시로 기간이 만료한다. 따라서 늦어도 4일 오후 12시까지는 소집통지를 발송하여야 한다. [암기법] –8일의 24시까지 발송

③ [O] 주, 월, 또는 년의 처음으로부터 기간을 기산하지 아니하는 때에는 최후의 주, 월 또는 년에서 그 기산일에 해당하는 날의 전일로 기간이 만료한다(제160조 제2항). 따라서 2014년 11월 2일(공포일)로부터 3개월이 경과한 날이란 2014년 11월 3일 0시부터 기산하여 2015년 2월 2일 24시(2월 3일 오전 0시)를 말한다.

④ [O] 연령을 계산할 때에는 출생일을 산입한다(제158조). 따라서 1996년 10월 10일부터 기산하고, 성년이 되는 날은 2015년 10월 9일 24시가 된다. 또한 유언능력은 만 17세이다(제1061조).

⑤ [O] 오전 0시부터 시작하는 경우에는 초일을 산입하므로(제157조 단서), 2015년 9월 9일부터 기산하며 1주일의 만료일은 2015년 9월 15일 24시가 된다.

정답 ①

CHAPTER 06 소멸시효

032 /제척기간과 소멸시효기간/
제척기간과 소멸시효기간에 관한 설명 중 옳지 않은 것은? (다툼이 있는 경우에는 판례에 의함)

① 민법 제974조, 제975조에 의하여 부양의 의무 있는 사람이 여러 사람인 경우에 부양의무를 이행한 1인이 다른 부양의무자에 대하여 이미 지출한 과거 부양료의 지급을 구하는 권리는 당사자의 협의 또는 가정법원의 심판 확정에 의하여 구체적이고 독립한 재산적 권리로 성립하게 되지만, 그러한 부양료청구권의 침해를 이유로 채권자취소권을 행사하는 경우의 제척기간은 민법 제406조 제2항이 정한 '취소원인을 안 날' 또는 '법률행위가 있은 날'로부터 진행한다.

② 건설공사에 관한 도급계약이 상행위에 해당하는 경우 그 도급계약에 근거한 수급인의 하자담보책임은 상법 제64조 본문에 의하여 원칙적으로 5년의 소멸시효에 걸리고, 그 소멸시효기간은 하자가 발생한 시점부터 진행하는 것이 원칙이나, 그 하자가 건물의 인도 당시부터 이미 존재하고 있는 경우에는 이와 관련한 하자보수를 갈음하는 손해배상채권의 소멸시효기간은 건물을 인도한 날부터 진행한다.

③ 참칭상속인 甲이 자신 명의로 소유권이전등기를 마치고 乙에게 지상권설정등기를 마쳐준 경우, 진정상속인 丙이 제척기간 경과 전에 甲에 대한 상속회복청구소송을 제기하여 승소판결을 받았다면, 그 제척기간 경과 후에도 乙을 상대로 상속회복청구소송을 제기하여 상속재산에 관한 지상권설정등기의 말소를 구할 수 있다.

④ 제척기간은 권리자로 하여금 해당 권리를 신속하게 행사하도록 함으로써 법률관계를 조속히 확정시키려는데 제도의 취지가 있는 것으로서, 기간의 경과 자체만으로 곧 권리소멸의 효과를 가져오게 하는 것이다. 그런데 민법 제146조의 취소권의 행사기간과 수급인의 하자담보책임의 존속기간은 제척기간이지만 출소기간은 아니며, 점유보호청구권의 행사기간은 제척기간이면서 출소기간이다.

⑤ 민법 제163조 제5호에서 정하고 있는 '변호사, 변리사, 공증인, 공인회계사 및 법무사의 직무에 관한 채권'에만 3년의 단기 소멸시효가 적용되고, 세무사와 같이 그들의 직무와 유사한 직무를 수행하는 다른 자격사의 직무에 관한 채권에 대하여는 민법 제163조 제5호가 유추적용된다고 볼 수 없다.

[해설]

① [O] 민법 제974조, 제975조에 의하여 부양의 의무 있는 사람이 여러 사람인 경우에 그중 부양의무를 이행한 1인이 다른 부양의무자에 대하여 이미 지출한 과거 부양료의 지급을 구하는 권리는 당사자의 협의 또는 가정법원의 심판 확정에 의하여 비로소 구체적이고 독립한 재산적 권리로 성립하게 되지만, 그러한 <u>부양료청구권의 침해를 이유로 채권자취소권을 행사하는 경우의 제척기간은 부양료청구권이 구체적인 권리로서 성립한 시기가 아니라 민법 제406조 제2항이 정한 '취소원인을 안 날' 또는 '법률행위가 있은 날'로부터 진행한다</u>(대법원 2015. 1. 29. 선고 2013다79870 판결).

② [O] 건설공사에 관한 도급계약이 상행위에 해당하는 경우 그 도급계약에 근거한 수급인의 하자담보책임은 상법 제64조 본문에 의하여 원칙적으로 5년의 소멸시효에 걸리고, 그 소멸시효기간은 민법 제166조 제1항에 따라 그 권리를 행사할 수 있는 때인 하자가 발생한 시점부터 진행하는 것이 원칙이나, 그 하자가 건물의 인도 당시부터 이미 존재하고 있는 경우에는 이와 관련한 하자보수를 갈음하는 손해배상채권의 소멸시효기간은 건물을 인도한 날부터 진행한다(대법원 2021. 8. 12. 선고 2021다210195 판결).

③ [X] 진정상속인이 참칭상속인의 최초 침해행위가 있은 날로부터 10년의 제척기간이 경과하기 전에 참칭상속인에 대한 상속회복청구 소송에서 승소의 확정판결을 받았다고 하더라도 위 제척기간이 경과한 후에는 제3자를 상대로 상속회복청구 소송을 제기하여 상속재산에 관한 등기의 말소 등을 구할 수 없다(대법원 2006. 9. 8. 선고 2006다26694 판결). [보충해설] 제척기간에는 중단제도가 없기 때문이다.

④ [O] 제척기간은 권리자로 하여금 해당 권리를 신속하게 행사하도록 함으로써 법률관계를 조속히 확정시키려는 데 제도의 취지가 있는 것으로서, 기간의 경과 자체만으로 곧 권리 소멸의 효과를 가져오게 하는 것이다(대법원 2015. 1. 29. 선고 2013다215256 판결). 한편 형성권의 행사방법과 관련하여 원칙적으로 재판상 행사할 필요는 없다는 것이 판례의 입장이다. [관련판례1] 미성년자 또는 친족회가 민법 제950조 제2항에 따라 제1항의 규정에 위반한 법률행위를 취소할 수 있는 권리는 형성권으로서 민법 제146조에 규정된 취소권의 존속기간은 제척기간이라고 보아야 할 것이지만, 그 제척기간 내에 소를 제기하는 방법으로 권리를 재판상 행사하여야만 되는 것은 아니고, 재판 외에서 의사표시를 하는 방법으로도 권리를 행사할 수 있다고 보아야 한다(대법원 1993. 7. 27. 선고 92다52795 판결). [관련판례2] 민법상 수급인의 하자담보책임에 관한 기간은 제척기간으로서 재판상 또는 재판외의 권리행사기간이며 재판상 청구를 위한 출소기간이 아니다(대법원 2004. 1. 27. 선고 2001다24891 판결). 따라서 출소기간인 것을 별도로 정리하고 있으면 된다. [출소기간으로 규정된 것] 채권자취소권(제406조), 친생부인의 소(제847조) [판례가 출소기간으로 보는 것] [판례1] 민법 제204조 제3항과 제205조 제2항에 의하면 점유를 침탈당하거나 방해를 받은 자의 침탈자 또는 방해자에 대한 청구권은 그 점유를 침탈당한 날 또는 점유의 방해행위가 종료된 날로부터 1년 내에 행사하여야 하는 것으로 규정되어 있는데, 여기에서 제척기간의 대상이 되는 권리는 형성권이 아니라 통상의 청구권인 점과 점유의 침탈 또는 방해의 상태가 일정한 기간을 지나게 되면 그대로 사회의 평온한 상태가 되고 이를 복구하는 것이 오히려 평화질서의 교란으로 볼 수 있게 되므로 일정한 기간을 지난 후에는 원상회복을 허용하지 않는 것이 점유제도의 이상에 맞고 여기에 점유의 회수 또는 방해제거 등 청구권에 단기의 제척기간을 두는 이유가 있는 점 등에 비추어 볼 때, 위의 제척기간은 재판외에서 권리행사하는 것으로 족한 기간이 아니라 반드시 그 기간 내에 소를 제기하여야 하는 이른바 출소기간으로 해석함이 상당하다(대법원 2002. 4. 26. 선고 2001다8097 판결). [판례2] 상속회복의 소는 상속권의 침해를 안 날로부터 3년, 상속개시된 날로부터 10년 내에 제기하도록 제척기간을 정하고 있는바, 이 기간은 제소기간으로 볼 것이므로, 상속회복청구의 소에 있어서는 법원이 제척기간의 준수 여부에 관하여 직권으로 조사한 후 기간도과 후에 제기된 소는 부적법한 소로서 흠결을 보정할 수 없으므로 각하하여야 할 것이다(대법원 1993. 2. 26. 선고 92다3083 판결). [판례3] 협의상 이혼한 자 일방은 다른 일방에 대하여 재산분할을 청구할 수 있고(민법 제839조의2 제1항), 재산분할청구권은 이혼한 날부터 2년을 경과한 때에는 소멸하는데(민법 제839조의2 제3항), 재판상 이혼에 따른 재산분할청구권에도 위 민법 제839조의2가 준용된다(민법 제843조). 협의상 또는 재판상 이혼을 하였으나 재산분할을 하지 않아 이혼 후 2년 이내에 최초로 법원에 민법 제839조의2에 따라 재산분할청구를 함에 있어 제척기간 내 이루어진 청구에 대하여 제척기간 준수의 효력이 인정된다. ① 재산분할 제도는 혼인관계 해소 시 부부가 혼인 중 공동으로 형성한 재산을 청산·분배하는 것을 주된 목적으로 한다.

재산분할사건은 가사비송사건에 해당하고[가사소송법 제2조 제1항 제2호 (나)목 4)], 가사비송절차에 관하여는 가사소송법에 특별한 규정이 없는 한 비송사건절차법 제1편의 규정을 준용하며(가사소송법 제34조 본문), 비송사건절차에 있어서는 민사소송의 경우와 달리 당사자의 변론에만 의존하는 것이 아니고, 법원이 자기의 권능과 책임으로 재판의 기초가 되는 자료를 수집하는, 이른바 직권탐지주의에 의하고 있으므로(비송사건절차법 제11조), 청구인이 재산분할 대상을 특정하여 주장하더라도 법원으로서는 당사자의 주장에 구애되지 아니하고 재산분할의 대상이 무엇인지 직권으로 사실조사를 하여 포함시키거나 제외시킬 수 있다. ② 민법 제839조의2 제3항이 정하는 제척기간은 재판 외에서 권리를 행사하는 것으로 족한 기간이 아니라 그 기간 내에 재산분할심판 청구를 하여야 하는 출소기간이다. 따라서 이혼한 날부터 2년 내에 재산분할심판 청구를 하였음에도 그 재판에서 특정한 증거신청을 하였는지에 따라 제척기간 준수 여부를 판단할 것은 아니다(대법원 2023. 12. 21. 선고 2023므11819 판결). **[제204조 관련 최신판례]** ★★★ 민법 제204조에 따르면, 점유자가 점유의 침탈을 당한 때에는 그 물건의 반환 및 손해의 배상을 청구할 수 있고(제1항), 위 청구권은 점유를 침탈당한 날부터 1년 내에 행사하여야 하며(제3항), 여기서 말하는 1년의 행사기간은 제척기간으로서 소를 제기하여야 하는 기간을 말한다. 그런데 민법 제204조 제3항은 본권 침해로 발생한 손해배상청구권의 행사에는 적용되지 않으므로 점유를 침탈당한 자가 본권인 유치권 소멸에 따른 손해배상청구권을 행사하는 때에는 민법 제204조 제3항이 적용되지 아니하고, 점유를 침탈당한 날부터 1년 내에 행사할 것을 요하지 않는다. **[이유]** 원심판결 이유와 기록에 따르면, 원고가 이 사건 소를 제기하면서 유치권 소멸을 이유로 한 손해배상청구권을 행사하고 있는 사실을 알 수 있으므로 위 법리에 따라 이 사건에는 민법 제204조 제3항이 적용되지 않는다. 그런데도 원심은 판시와 같은 이유로 민법 제204조 제3항이 적용된다고 보아 이 사건 소가 민법 제204조 제3항에서 정한 1년의 제척기간을 지나 제기되어 부적법하다고 판단한 제1심판결을 그대로 유지하였다. 이러한 원심판단에는 민법 제204조 제3항의 적용 범위에 관한 법리를 오해하여 판결에 영향을 미친 잘못이 있다. 이를 지적하는 상고이유 주장은 이유 있다. 그러므로 원심판결을 파기하고, 이 사건은 대법원이 직접 재판하기에 충분하므로 자판하기로 하여 제1심판결을 취소하고, 민사소송법 제425조, 제418조 본문에 따라 사건을 다시 심리·판단하도록 제1심법원에 환송하기로 하여, 관여 대법관의 일치된 의견으로 주문과 같이 판결한다(대법원 2021. 8. 19. 선고 2021다213866 판결).

⑤ [O] [1] 민법은 1958. 2. 22. 법률 제471호로 제정되면서 제163조를 두어 3년의 단기 소멸시효가 적용되는 채권을 규정하였고, 그중 제5호에서는 '변호사, 변리사, 공증인, 계리사 및 사법서사의 직무에 관한 채권'을 규정하였다. 그 후 민법이 1997. 12. 13. 법률 제5431호로 개정되면서 계리사를 공인회계사로, 사법서사를 법무사로 법령에 맞게 용어를 바꾸었을 뿐 그 내용의 변경은 없었다. 한편 세무사 제도는 민법 제정 이후인 1961. 9. 9. 법률 제712호로 세무사법이 제정되면서 마련되었다. 이러한 법령의 제·개정 경과 및 단기 소멸시효를 규정하고 있는 취지에다가 '직무에 관한 채권'은 직무의 내용이 아닌 직무를 수행하는 주체의 관점에서 보아야 하는 점, 민법 제163조 제5호에서 정하고 있는 자격사 외의 다른 자격사의 직무에 관한 채권에도 단기 소멸시효 규정이 유추적용된다고 해석한다면 어떤 채권이 그 적용 대상이 되는지 불명확하게 되어 법적 안정성을 해하게 되는 점 등을 종합적으로 고려하면, 민법 제163조 제5호에서 정하고 있는 '변호사, 변리사, 공증인, 공인회계사 및 법무사의 직무에 관한 채권'에만 3년의 단기 소멸시효가 적용되고, 세무사와 같이 그들의 직무와 유사한 직무를 수행하는 다른 자격사의 직무에 관한 채권에 대하여는 민법 제163조 제5호가 유추적용된다고 볼 수 없다. [2] 세무사의 직무에 관하여 고도의 공공성과 윤리성을 강조하고 있는 세무사법의 여러 규정에 비추어 보면, 개별 사안에 따라 전문적인 세무지식을 활용하여 직무를 수행하는 세무사의 활동은 간이·신속하고 외관을 중시하는 정형적인 영업활동, 자유로운 광고·선전을 통한 영업의 활성화 도모, 인적·물적 영업기반의 자유로운 확충을 통한 최대한의

효율적인 영리 추구 허용 등을 특징으로 하는 상인의 영업활동과는 본질적으로 차이가 있다. 그리고 세무사의 직무와 관련하여 형성된 법률관계에 대하여는 상인의 영업활동 및 그로 인해 형성된 법률관계와 동일하게 상법을 적용하여야 할 특별한 사회경제적 필요 내지 요청이 있다고 볼 수도 없다. 따라서 세무사를 상법 제4조 또는 제5조 제1항이 규정하는 상인이라고 볼 수 없고, 세무사의 직무에 관한 채권이 상사채권에 해당한다고 볼 수 없으므로, 세무사의 직무에 관한 채권에 대하여는 민법 제162조 제1항에 따라 10년의 소멸시효가 적용된다(대법원 2022. 8. 25. 선고 2021다311111 판결).

정답 ③

033 / 소멸시효의 기간 /

다음 청구권들의 소멸시효기간의 장단을 가장 정확하게 표현한 것은? (A<B는 B의 소멸시효 기간이 A의 소멸시효 기간보다 길다는 의미이고, A=B는 소멸시효 기간이 동일하다는 의미이다. 은행과 주식회사는 상인으로 보고, 다툼이 있는 경우에는 판례에 의함)

> A. 만기를 백지로 하여 발행된 약속어음의 백지보충권
> B. 甲 은행으로부터 대출받으면서 근저당권설정비용 등을 부담한 채무자 乙이 그 비용 부담의 근거가 된 약관 조항이 약관의 규제에 관한 법률 제6조에 따라 무효라고 주장하면서 청구하는 비용 상당액의 부당이득 반환청구
> C. 주식회사인 부동산 매수인이 의료법인인 매도인과의 부동산매매계약의 이행으로서 그 매매대금을 매도인에게 지급하였으나, 매도인 법인을 대표하여 위 매매계약을 체결한 대표자의 선임에 관한 이사회결의가 부존재하는 것으로 확정됨에 따라 위 매매계약이 무효로 되었음을 이유로 매도인에게 이미 지급하였던 매매대금 상당액의 반환을 구하는 부당이득반환청구
> D. 국회의원이 재직중 국가로부터 받게 될 세비, 차마비, 체류비, 보수금 등을 의원직을 그만 둔 후에 국고에 대하여 하는 사법상의 금전채권청구

① A < B < C < D ② A < B < C = D ③ A < B = C = D
④ D = A < B < C ⑤ D = A < B = C

해설

A. **[3년]** 만기를 백지로 한 약속어음을 발행한 경우, 그 보충권의 소멸시효는 다른 특별한 사정이 없는 한 그 어음발행의 원인관계에 비추어 어음상의 권리를 행사하는 것이 법률적으로 가능하게 된 때부터 진행하고, 백지약속어음의 보충권 행사에 의하여 생기는 채권은 어음금 채권이며 어음법 제77조 제1항 제8호, 제70조 제1항, 제78조 제1항에 의하면 약속어음의 발행인에 대한 어음금 채권은 만기의 날로부터 3년간 행사하지 아니하면 소멸시효가 완성되는 점 등을 고려하면, 만기를 백지로 하여 발행된 약속어음의 백지보충권의 소멸시효기간은 백지보충권을 행사할 수 있는 때로부터 3년으로 보아야 한다(대법원 2003. 05. 30. 선고 2003다16214 판결).

B. **[5년]** [1] 당사자 쌍방에 대하여 모두 상행위가 되는 행위로 인한 채권뿐만 아니라 당사자 일방에 대하여만 상행위에 해당하는 행위로 인한 채권도 상법 제64조 소정의 5년의 소멸시효기간이 적용되는 상사채권에 해당한다. 그리고 상행위로부터 생긴 채권뿐 아니라 이에 준하는 채권에도 상법 제64조가 적용되거나 유추적용된다. [2] 갑 은행으로부터 대출받으면서 근저당권설정비용 등을 부담한 채무자 을 등이 그 비용 등 부담의 근거가 된 약관 조항이 구 약관의 규제에 관한 법률 제6조에 따라 무효라고 주장하면서 비용 등 상당액의 부당이득 반환을 구한 사안에서, 위 부당이득 반환채권은 상법 제64조가 적용되어 소멸시효가 5년이라고 한 사례(대법원 2014. 07. 24. 선고 2013다214871 판결).

C. **[10년]** [1] 소멸시효의 진행은 당해 청구권이 성립한 때로부터 발생하고 원칙적으로 권리의 존재나 발생을 알지 못하였다고 하더라도 소멸시효의 진행에 장애가 되지 않는다고 할 것이지만, 법인의 이사회결의가 부존재함에 따라 발생하는 제3자의 부당이득반환청구권처럼 법인이나 회사의 내부적인 법률관계가 개입되어 있어 청구권자가 권리의 발생 여부를 객관적으로 알기 어려운 상황에 있고 청구권자가 과실 없이 이를 알지 못한 경우에도 청구권이 성립한 때부터 바로 소멸시효가 진행한다고 보는 것은 정의와 형평에 맞지 않을 뿐만 아니라 소멸시효제도의 존재이유에도 부합한다고 볼 수 없으므로, 이러한 경우에는 이사회결의부존재확인판결의 확정과 같이 객관적으로 청구권의 발생을 알 수 있게 된 때로부터 소멸시효가 진행된다고 보는 것이 타당하다. [2] 주식회사인 부동산 매수인이 의료법인인 매도인과의 부동산매매계약의 이행으로서 그 매매대금을 매도인에게 지급하였으나, 매도인 법인을 대표하여 위 매매계약을 체결한 대표자의 선임에 관한 이사회결의가 부존재하는 것으로 확정됨에 따라 위 매매계약이 무효로 되었음을 이유로 민법의 규정에 따라 매도인에게 이미 지급하였던 매매대금 상당액의 반환을 구하는 부당이득반환청구의 경우, 거기에 상거래 관계와 같은 정도로 신속하게 해결할 필요성이 있다고 볼 만한 합리적인 근거도 없으므로 위 부당이득 반환청구권에는 상법 제64조가 적용되지 아니하고, 그 소멸시효기간은 민법 제162조 제1항에 따라 10년이다(대법원 2003. 04. 08. 선고 2002다64957 판결).

D. **[3년]** 국회의원이 재직중 국가로부터 받게 될 세비, 차마비, 체류비, 보수금 등을 의원직을 그만둔 후에 국고에 대하여 청구하는 법률관계는 국고에 대한 사법상의 금전채권을 청구하는 경우로서 민법 제163조 제1호의 급료채권에 해당하고 구 예산회계법(89.3.31. 법률 제4102호로 개정전) 제71조 제1항은 금전의 급부를 목적으로 하는 국가에 대한 권리로서 시효에 관하여 타법률에 규정이 없는 것은 5년간 행사하지 아니할 때에 시효로 인하여 소멸한다고 규정하고 있으므로 국가에 대한 금전채권일지라도 시효에 관하여 타법률에 5년보다 짧은 시효규정이 있는 것은 같은 조를 적용할 것이 아니라 할 것이다(대법원 1966. 09. 20. 선고 65다2506 판결).

정답 ④

034 / 소멸시효 /

소멸시효에 관한 설명 중 틀린 것을 모두 고른 것은? (다툼이 있는 경우에는 판례에 의함)

> ㄱ. 1개의 채권 중 일부에 대하여 가압류·압류를 하였는데, 채권의 일부에 대하여만 소멸시효가 중단되고 나머지 부분은 이미 시효로 소멸한 경우, 가압류·압류의 효력은 시효로 소멸하지 않고 잔존하는 채권 부분에까지 계속 미칠 수는 없다.
>
> ㄴ. 체납처분에 의한 채권압류로 인하여 채권자의 채무자에 대한 채권의 시효가 중단된 경우에 압류에 의한 체납처분 절차가 채권추심 등으로 종료된 때뿐만 아니라, 피압류채권이 기본계약관계의 해지·실효 또는 소멸시효 완성 등으로 인하여 소멸함으로써 압류의 대상이 존재하지 않게 되어 압류 자체가 실효된 경우에도 시효중단사유가 종료한 것으로 보아야 하고, 그때부터 시효가 새로이 진행한다.
>
> ㄷ. 가압류도 재판상의 청구와 마찬가지로 법원에 신청을 함으로써 이루어지고, 가압류명령에 따른 집행이나 가압류명령의 송달을 통해서 채무자에게 고지가 이루어진다. 따라서 가압류에 의한 시효중단의 효력은 가압류명령이 채무자에게 고지된 때에 발생한다.
>
> ㄹ. 채무자가 제3채무자를 상대로 제기한 금전채권의 이행소송이 압류 및 추심명령으로 인한 당사자적격의 상실로 각하되더라도, 위 이행소송의 계속 중에 피압류채권에 대하여 채무자에 갈음하여 당사자적격을 취득한 추심채권자가 위 각하판결이 확정된 날로부터 6개월 내에 제3채무자를 상대로 추심의 소를 제기하였다면, 채무자가 제기한 재판상 청구로 인하여 발생한 시효중단의 효력은 추심채권자의 추심소송에서도 그대로 유지된다.
>
> ㅁ. 채권자가 채무자의 제3채무자에 대한 채권을 가압류할 당시 그 피압류채권이 부존재하는 경우에는 집행채권에 대한 권리 행사로 볼 수 없으므로 특별한 사정이 없는 한 가압류집행으로써 집행채권의 소멸시효는 중단되지 않는다.
>
> ㅂ. 후순위 담보권자는 선순위 담보권의 피담보채권이 소멸하면 담보권의 순위가 상승하고 이에 따라 피담보채권에 대한 배당액이 증가할 수 있다. 따라서 후순위 담보권자는 선순위 담보권의 피담보채권 소멸로 직접 이익을 받는 자에 해당하므로 선순위 담보권의 피담보채권에 관한 소멸시효가 완성되었다고 주장할 수 있다.

① ㄱ, ㄷ, ㅁ, ㅂ ② ㄴ, ㄷ, ㅁ, ㅂ ③ ㄱ, ㄴ, ㄷ, ㄹ
④ ㄴ, ㄷ, ㄹ, ㅁ ⑤ ㄱ, ㄷ, ㄹ, ㅁ

해설

ㄱ. [✗] 채권자가 1개의 채권 중 일부에 대하여 가압류·압류를 하는 취지는 1개의 채권 중 어느 특정 부분을 지정하여 가압류·압류하는 등의 특별한 사정이 없는 한 가압류·압류 대상 채권 중 유효한 부분을 가압류·압류함으로써 향후 청구금액만큼 만족을 얻겠다는 것이므로, 1개의 채권의 일부에 대한 가압류·압류는 유효한 채권 부분을 대상으로 한 것이고, 유효한 채권 부분이 남아 있는 한 거기에 가압류·압류의 효력이 계속 미친다. 따라서 <u>1개의 채권 중 일부에 대하여 가압류·압류</u>

를 하였는데, 채권의 일부에 대하여만 소멸시효가 중단되고 나머지 부분은 이미 시효로 소멸한 경우, 가압류·압류의 효력은 시효로 소멸하지 않고 잔존하는 채권 부분에 계속 미친다(대법원 2016. 03. 24. 선고 2014다13280 판결).

ㄴ. [O] [1] 시효가 중단된 때에는 중단까지에 경과한 시효기간은 이를 산입하지 아니하고 중단사유가 종료한 때로부터 새로이 진행하는데(국세기본법 제28조 제2항, 민법 제178조 제1항), 소멸시효의 중단사유 중 '압류'에 의한 시효중단의 효력은 압류가 해제되거나 집행절차가 종료될 때 중단사유가 종료한 것으로 볼 수 있다. [2] 보험계약자의 보험금 채권에 대한 압류가 행하여지더라도 채무자나 제3채무자는 기본적 계약관계인 보험계약 자체를 해지할 수 있고, 보험계약이 해지되면 계약에 의하여 발생한 보험금 채권은 소멸하게 되므로 이를 대상으로 한 압류명령은 실효된다. [3] 체납처분에 의한 채권압류로 인하여 채권자의 채무자에 대한 채권의 시효가 중단된 경우에 압류에 의한 체납처분 절차가 채권추심 등으로 종료된 때뿐만 아니라, 피압류채권이 기본계약관계의 해지·실효 또는 소멸시효 완성 등으로 인하여 소멸함으로써 압류의 대상이 존재하지 않게 되어 압류 자체가 실효된 경우에도 체납처분 절차는 더 이상 진행될 수 없으므로 시효중단사유가 종료한 것으로 보아야 하고, 그때부터 시효가 새로이 진행한다(대법원 2017. 4. 28. 선고 2016다239840 판결).

ㄷ. [X] [1] 공사도급계약에서 소멸시효의 기산점이 되는 보수청구권의 지급시기는, 당사자 사이에 특약이 있으면 그에 따르고, 특약이 없으면 관습에 의하며(민법 제665조 제2항, 제656조 제2항), 특약이나 관습이 없으면 공사를 마친 때로 보아야 한다. [2] 민법 제168조 제2호에서 가압류를 시효중단사유로 정하고 있지만, 가압류로 인한 시효중단의 효력이 언제 발생하는지에 관해서는 명시적으로 규정되어 있지 않다. 민사소송법 제265조에 의하면, 시효중단사유 중 하나인 '재판상의 청구'(민법 제168조 제1호, 제170조)는 소를 제기한 때 시효중단의 효력이 발생한다. 이는 소장 송달 등으로 채무자가 소 제기 사실을 알기 전에 시효중단의 효력을 인정한 것이다. 가압류에 관해서도 위 민사소송법 규정을 유추적용하여 '재판상의 청구'와 유사하게 가압류를 신청한 때 시효중단의 효력이 생긴다고 보아야 한다. '가압류'는 법원의 가압류명령을 얻기 위한 재판절차와 가압류명령의 집행절차를 포함하는데, 가압류도 재판상의 청구와 마찬가지로 법원에 신청을 함으로써 이루어지고(민사집행법 제279조), 가압류명령에 따른 집행이나 가압류명령의 송달을 통해서 채무자에게 고지가 이루어지기 때문이다. 가압류를 시효중단사유로 규정한 이유는 가압류에 의하여 채권자가 권리를 행사하였다고 할 수 있기 때문이다. 가압류채권자의 권리행사는 가압류를 신청한 때에 시작되므로, 이 점에서도 가압류에 의한 시효중단의 효력은 가압류신청을 한 때에 소급한다. [3] 건설공제조합의 조합원에게 발행된 출자증권은 위 조합에 대한 출자지분을 표창하는 유가증권으로서 위 출자증권에 대한 가압류는 민사집행법 제233조에 따른 지시채권 가압류의 방법으로 하고, 법원의 가압류명령으로 집행관이 출자증권을 점유하여야 한다(건설산업기본법 제59조 제4항). 한편 위 출자증권을 채무자가 아닌 제3자가 점유하고 있는 경우에는 채권자는 채무자가 제3자에 대하여 가지는 유체동산인 출자증권의 인도청구권을 가압류하는 방법으로 가압류집행을 할 수 있다(민사집행법 제242조, 제243조). 이 경우 유체동산에 관한 인도청구권의 가압류는 원칙적으로 금전채권의 가압류에 준해서 집행법원의 가압류명령과 그 송달로써 하는 것이므로(민사집행법 제223조, 제227조, 제242조, 제243조, 제291조), 가압류명령이 제3채무자에게 송달됨으로써 유체동산에 관한 인도청구권 자체에 대한 가압류집행은 끝나고 효력이 생긴다. 따라서 채무자가 건설공제조합에 대하여 갖는 출자증권의 인도청구권을 가압류한 경우에는 법원의 가압류명령이 제3채무자인 건설공제조합에 송달되면 가압류의 효력이 생기고, 이 경우 가압류로 인한 소멸시효 중단의 효력은 가압류 신청 시에 소급하여 생긴다(대법원 2017. 4. 7. 선고 2016다35451 판결). [19년 사례형 기출]

ㄹ. [O] ★ [사례형] [1] 채무자의 제3채무자에 대한 금전채권에 대하여 압류 및 추심명령이 있더라도, 이는 추심채권자에게 피압류채권을 추심할 권능만을 부여하는 것이고, 이로 인하여 채무자가 제3

채무자에게 가지는 채권이 추심채권자에게 이전되거나 귀속되는 것은 아니다. 따라서 채무자가 제3채무자를 상대로 금전채권의 이행을 구하는 소를 제기한 후 채권자가 위 금전채권에 대하여 압류 및 추심명령을 받아 제3채무자를 상대로 추심의 소를 제기한 경우, 채무자가 권리주체의 지위에서 한 시효중단의 효력은 집행법원의 수권에 따라 피압류채권에 대한 추심권능을 부여받아 일종의 추심기관으로서 그 채권을 추심하는 추심채권자에게도 미친다. [2] 재판상의 청구는 소송의 각하, 기각 또는 취하의 경우에는 시효중단의 효력이 없지만, 그 경우 6개월 내에 재판상의 청구, 파산절차참가, 압류 또는 가압류, 가처분을 한 때에는 시효는 최초의 재판상 청구로 인하여 중단된 것으로 본다(민법 제170조). 그러므로 채무자가 제3채무자를 상대로 제기한 금전채권의 이행소송이 압류 및 추심명령으로 인한 당사자적격의 상실로 각하되더라도, 위 이행소송의 계속 중에 피압류채권에 대하여 채무자에 갈음하여 당사자적격을 취득한 추심채권자가 위 각하판결이 확정된 날로부터 6개월 내에 제3채무자를 상대로 추심의 소를 제기하였다면, 채무자가 제기한 재판상 청구로 인하여 발생한 시효중단의 효력은 추심채권자의 추심소송에서도 그대로 유지된다고 보는 것이 타당하다 (대법원 2019. 7. 25. 선고 2019다212945 판결).

ㅁ. [×] [1] 가압류명령의 송달 이후에 채무자의 계좌에 입금될 예금채권도 그 발생의 기초가 되는 법률관계가 존재하여 현재 그 권리의 특정이 가능하고 가까운 장래에 예금채권이 발생할 것이 상당한 정도로 기대된다고 볼 만한 예금계좌가 개설되어 있는 경우 등에는 가압류의 대상이 될 수 있다. 그러나 장래의 예금채권에 대한 가압류결정 정본이 제3채무자에게 송달되었을 때에 채무자의 제3채무자에 대한 예금계좌가 개설되어 있지 않는 등 피압류채권 발생의 기초가 되는 법률관계가 없는 경우에는, 그러한 채권가압류는 피압류채권이 존재하지 않으므로 가압류로서 집행보전의 효력이 없다. [2] 채권자가 채무자의 제3채무자에 대한 채권을 가압류할 당시 그 피압류채권이 부존재하는 경우에도 집행채권에 대한 권리 행사로 볼 수 있어 특별한 사정이 없는 한 가압류집행으로써 그 집행채권의 소멸시효는 중단된다. 다만 가압류결정 정본이 제3채무자에게 송달될 당시 피압류채권 발생의 기초가 되는 법률관계가 없어 가압류의 대상이 되는 피압류채권이 존재하지 않는 경우에는 가압류의 집행보전 효력이 없으므로, 특별한 사정이 없는 한 가압류결정의 송달로써 개시된 집행절차는 곧바로 종료되고, 이로써 시효중단사유도 종료되어 집행채권의 소멸시효는 그때부터 새로이 진행한다고 보아야 한다(대법원 2023. 12. 14. 선고 2022다210093 판결). [동지판례] [1] 압류명령의 송달 이후에 채무자의 계좌에 입금될 예금채권도 그 발생의 기초가 되는 법률관계가 존재하여 현재 그 권리의 특정이 가능하고 가까운 장래에 예금채권이 발생할 것이 상당한 정도로 기대된다고 볼 만한 예금계좌가 개설되어 있는 경우 등에는 압류의 대상이 될 수 있다. 그러나 장래의 예금채권에 대한 압류명령 정본이 제3채무자에게 송달되었을 때 채무자의 제3채무자에 대한 예금계좌가 개설되어 있지 않는 등 그 피압류채권 발생의 기초가 되는 법률관계가 없거나, 예금계좌가 개설되어 있다 하더라도 가까운 장래에 예금채권이 발생할 것이 상당한 정도로 기대된다고 보기 어려운 경우에는 그러한 채권압류는 효력이 없다. 여기서 가까운 장래에 예금채권이 발생할 것이 상당한 정도로 기대되는지 여부는, 채무자와 제3채무자 사이의 예금계약의 내용, 예금계좌의 잔액 및 입출금 내역 등 예금계약을 통해 이루어진 거래의 실태, 채무자가 해당 예금계좌를 사용한 목적 또는 용도, 이에 대한 일반인의 인식 정도 등 여러 가지 사정을 종합하여 객관적으로 판단하여야 한다. [2] 채권자가 채무자의 제3채무자에 대한 채권을 압류할 당시 그 피압류채권이 부존재하는 경우에도 집행채권에 대한 권리 행사로 볼 수 있으므로 특별한 사정이 없는 한 압류집행으로써 그 집행채권의 소멸시효는 중단된다. 다만 압류명령 정본이 제3채무자에게 송달될 당시 피압류채권 발생의 기초가 되는 법률관계가 없어 피압류채권이 존재하지 않는 경우에는 압류의 효력이 없으므로, 특별한 사정이 없는 한 압류명령의 송달로써 개시된 집행절차는 곧바로 종료되고, 이로써 시효중단사유도 종료되어 집행채권의 소멸시효는 그때부터 새로이 진행한다고 보아야 한다. 이는 가까

운 장래에 피압류채권이 발생할 것이 상당한 정도로 기대된다고 보기 어려워 장래의 채권에 대한 압류가 효력이 없는 경우에도 마찬가지이다(대법원 2025. 5. 15. 선고 2024다310980 판결).

ㅂ. [×] ★ [사례형·기록형] 소멸시효가 완성된 경우 이를 주장할 수 있는 사람은 시효로 채무가 소멸되는 결과 직접적인 이익을 받는 사람에 한정된다. 후순위 담보권자는 선순위 담보권의 피담보채권이 소멸하면 담보권의 순위가 상승하고 이에 따라 피담보채권에 대한 배당액이 증가할 수 있지만, 이러한 배당액 증가에 대한 기대는 담보권의 순위 상승에 따른 반사적 이익에 지나지 않는다. 후순위 담보권자는 선순위 담보권의 피담보채권 소멸로 직접 이익을 받는 자에 해당하지 않아 선순위 담보권의 피담보채권에 관한 소멸시효가 완성되었다고 주장할 수 없다고 보아야 한다(대법원 2021. 2. 25. 선고 2016다232597 판결). [관련판례] 소멸시효는 이에 의하여 직접 이익을 받는 채무자는 물론이고 그 채무자에 대한 채권자도 자기의 채권을 보전하기 위하여 필요한 경우에는 이를 원용할 수 있으나 채무자에 대하여 무슨 채권이 있는 것도 아닌 자는 소멸시효주장을 대위 원용할 수 없다(대법원 1991. 3. 27. 선고 90다17552 판결). 따라서 후순위 담보권자가 채권자대위권의 요건을 구비하였다면, 채무자인 저당권설정자의 소멸시효 원용권을 대위하여 행사할 수는 있을 것이다.

정답 ①

035 / 소멸시효의 중단 /

소멸시효 및 소멸시효의 중단에 관한 설명 중 옳지 않은 것은? (다툼이 있는 경우 판례에 의함)

① 채권자는 추심명령에 따라 얻은 권리를 포기할 수 있지만 추심권의 포기는 압류의 효력에는 영향을 미치지 아니하므로, 추심권의 포기만으로는 압류로 인한 소멸시효 중단의 효력은 상실되지 아니하고 압류명령의 신청을 취하하면 비로소 소멸시효 중단의 효력이 소급하여 상실된다.

② 소멸시효 중단의 효력이 있는 채권신고는 부동산에 대한 이중경매신청이 가능한 시점인 매각대금이 완납되어 목적물의 소유권이 매수인에게 이전될 때까지 이루어져야 하고, 그 시한이 지난 후 이루어지는 채권계산서 제출 등의 행위는 압류에 준하는 시효중단 효력을 가진다고 할 수 없다.

③ 채권자에게 권리의 행사를 기대할 수 없는 객관적인 사실상의 장애사유가 있었던 경우에도 대법원이 이에 관하여 채권자의 권리행사가 가능하다는 법률적 판단을 내렸다면 특별한 사정이 없는 한 그 시점 이후에는 그러한 장애사유가 해소되었다고 볼 수 있다.

④ 매매계약의 무효를 원인으로 한 매매대금 상당의 부당이득반환청구권은 특별한 사정이 없는 한 매매대금을 지급한 때에 성립하고 성립과 동시에 권리를 행사할 수 있으므로 그때부터 소멸시효가 진행한다.

⑤ 유류분반환청구권을 행사함으로써 발생하는 목적물의 이전등기청구권 등은 유류분반환청구권으로부터 파생된 권리이므로, 그 이전등기청구권 등에 대하여는 민법 제1117조 소정의 유류분반환청구권에 대한 소멸시효가 적용된다.

[해설]

① [O] 민법 제168조 제2호에 '압류 또는 가압류, 가처분'을 소멸시효의 중단사유로 규정하고 있고, 민법 제175조에 "압류, 가압류 및 가처분은 권리자의 청구에 의하여 또는 법률의 규정에 따르지 아니함으로 인하여 취소된 때에는 시효중단의 효력이 없다"라고 규정하고 있다. 여기서 '권리자의 청구에 의하여 취소된 때'라고 함은 권리자가 압류, 가압류 및 가처분의 신청을 취하한 경우를 말하고, '시효중단의 효력이 없다'라고 함은 소멸시효 중단의 효력이 소급적으로 상실된다는 것을 말한다. 한편 금전채권에 대한 압류명령과 그 현금화 방법인 추심명령을 동시에 신청하더라도 압류명령과 추심명령은 별개로서 그 적부는 각각 판단하여야 하고, 그 신청의 취하 역시 별도로 판단하여야 한다. 채권자는 추심명령에 따라 얻은 권리를 포기할 수 있지만(민사집행법 제240조 제1항) 추심권의 포기는 압류의 효력에는 영향을 미치지 아니하므로, 추심권의 포기만으로는 압류로 인한 소멸시효 중단의 효력은 상실되지 아니하고 압류명령의 신청을 취하하면 비로소 소멸시효 중단의 효력이 소급하여 상실된다(대법원 2014. 11. 13. 선고 2010다63591 판결).

② [O] 민법 제176조는 "압류, 가압류 및 가처분은 시효의 이익을 받은 자에 대하여 하지 아니한 때에는 이를 그에게 통지한 후가 아니면 시효중단의 효력이 없다."라고 규정하고 있다. 이는 압류 등 시효중단사유의 존재를 전제로 하여, 시효중단행위에 관여한 당사자나 그 승계인이 아닌 시효의 이익을 받을 자에게도 그에 대한 통지를 요건으로 시효중단의 효력이 미치게 함으로써 민법 제169조에 규정된 시효중단의 상대적 효력에 대한 예외를 인정한 것이다. 한편 첫 경매개시결정등기 전에 등기되었고 매각으로 소멸하는 저당권을 가진 채권자는 담보권을 실행하기 위한 경매신청을 할 수 있을 뿐만 아니라 다른 채권자의 신청에 의하여 개시된 경매절차에서 배당요구를 하지 않아도 당연히 배당에 참가할 수 있다. 이러한 채권자가 채권의 유무, 그 원인 및 액수를 법원에 신고하여 권리를 행사하였다면 그 채권신고는 민법 제168조 제2호의 압류에 준하는 것으로서 신고된 채권에 관하여 소멸시효를 중단하는 효력이 생긴다. 이와 같이 민법상 독립된 시효중단사유로 규정되어 있지 않은 채권신고에 대하여 해석상 압류에 준하는 시효중단 효력을 부여하는 근거는 배당요구 없이 당연히 배당에 참가하는 채권자의 채권신고를 임의경매신청과 동등한 권리행사 방법으로 평가할 수 있다는 데 있다. 따라서 소멸시효 중단의 효력이 있는 채권신고는 부동산에 대한 이중경매신청이 가능한 시점인 매각대금이 완납되어 목적물의 소유권이 매수인에게 이전될 때까지 이루어져야 하고, 그 시한이 지난 후 이루어지는 채권계산서 제출 등의 행위는 압류에 준하는 시효중단 효력을 가진다고 할 수 없다(대법원 2025. 5. 15. 선고 2023다290416 판결). → 원고는 주채무자인 A에게 사업자금을 대출하였고, 피고들은 A의 대출금채무를 연대보증한 자로서, 원고는 B 소유 부동산에 A에 대한 대출금채권을 피담보채권으로 하는 근저당권을 설정받았고, 다른 채권자의 신청으로 개시된 부동산 경매절차에서 근저당권자로서 채권계산서를 제출하였는데, 원고가 채권계산서 제출로 소멸시효가 중단되었다고 주장한 사안임. 원심은, 원고의 채권계산서 제출이 압류에 준하는 시효중단 효력을 가지는 채권신고임을 전제로, A가 민법 제176조의 통지를 받았음이 인정되지 않으므로 소멸시효가 중단되지 않았다고 판단하였음. 대법원은 원고가 경매절차에서 채권계산서를 제출한 시점은 매각대금 완납 이후여서, '압류에 준하는 시효중단사유'의 존재 자체가 인정되지 않으므로, 원심이 원고의 채권신고가 압류에 준하는 시효중단사유에 해당함을 전제로 판단한 것은 잘못이지만, 소멸시효가 중단되지 않았다는 원심의 결론은 정당하다고 보아, 상고를 기각함.

③ [O] [1] 채무자의 소멸시효를 이유로 한 항변권의 행사도 민법의 대원칙인 신의성실의 원칙과 권리남용금지의 원칙의 지배를 받는 것이어서 객관적으로 채권자가 권리를 행사할 수 없는 장애사유가 있었다면 채무자가 소멸시효 완성을 주장하는 것은 신의성실의 원칙에 반하는 권리남용으로서 허용될 수 없다. [2] 채권자에게 권리의 행사를 기대할 수 없는 객관적인 사실상의 장애사유가 있었던 경우에도 대법원이 이에 관하여 채권자의 권리행사가 가능하다는 법률적 판단을 내렸다면 특별한

사정이 없는 한 그 시점 이후에는 그러한 장애사유가 해소되었다고 볼 수 있다. [3] 일제강점기에 강제동원되어 기간 군수사업체인 구 미쓰비시중공업 주식회사에서 강제노동에 종사한 갑 등이 위 회사가 해산된 후 새로이 설립된 미쓰비시중공업 주식회사를 상대로 위자료 지급을 구한 사안에서, 강제동원 피해자의 일본 기업에 대한 위자료청구권은 '대한민국과 일본국 간의 재산 및 청구권에 관한 문제의 해결과 경제협력에 관한 협정'의 적용 대상에 포함되지 않는다는 법적 견해를 최종적으로 명확하게 밝힌 대법원 2018. 10. 30. 선고 2013다61381 전원합의체 판결이 선고될 때까지는 강제동원 피해자 또는 그 상속인들에게는 미쓰비시중공업 주식회사를 상대로 객관적으로 권리를 사실상 행사할 수 없는 장애사유가 있었다고 봄이 타당하다고 한 사례(대법원 2023. 12. 21. 선고 2018다303653 판결).

④ [O] 민법 제166조 제1항에 따르면 소멸시효는 객관적으로 권리가 발생하고 그 권리를 행사할 수 있는 때로부터 진행하고, 그 권리를 행사할 수 없는 동안에는 진행하지 아니한다. 여기서 '권리를 행사할 수 없다'라고 함은 그 권리행사에 법률상 장애사유, 예컨대 기간 미도래나 조건불성취 등이 있는 경우를 말하고, 사실상 그 권리의 존부나 권리행사의 가능성을 알지 못하였거나 알지 못함에 과실이 없다고 하여도 이러한 사유는 법률상 장애사유에 해당한다고 할 수 없다. 따라서 매매계약의 무효를 원인으로 한 매매대금 상당의 부당이득반환청구권은 특별한 사정이 없는 한 매매대금을 지급한 때에 성립하고 그 성립과 동시에 권리를 행사할 수 있으므로 그때부터 소멸시효가 진행한다(대법원 2024. 6. 27. 선고 2023다302920 판결).

⑤ [X] 유류분반환청구권을 행사함으로써 발생하는 목적물의 이전등기청구권 등은 유류분반환청구권과는 다른 권리이므로, 그 이전등기청구권 등에 대하여는 민법 제1117조 소정의 유류분반환청구권에 대한 소멸시효가 적용될 여지가 없고, 그 권리의 성질과 내용 등에 따라 별도로 소멸시효의 적용 여부와 기간 등을 판단하여야 한다(대법원 2015. 11. 12. 선고 2011다55092 판결). [관련판례] 유류분반환청구권의 행사는 재판상 또는 재판 외에서 상대방에 대한 의사표시의 방법으로 할 수 있고, 이 경우 그 의사표시는 침해를 받은 유증 또는 증여행위를 지정하여 이에 대한 반환청구의 의사를 표시하면 그것으로 족하며, 그로 인하여 생긴 목적물의 이전등기청구권이나 인도청구권 등을 행사하는 것과는 달리 그 목적물을 구체적으로 특정하여야 하는 것은 아니고, 민법 제1117조에 정한 소멸시효의 진행도 그 의사표시로 중단된다(대법원 2002. 4. 26. 선고 2000다8878 판결).

정답 ⑤

036 / 소멸시효의 중단 /

채권자 甲이 채무자 乙에 대한 1,000만원의 채권을 가지고 이를 보전하기 위해 乙의 재산에 대해 압류나 가압류를 하는 경우, 다음 설명 중 옳지 않은 것을 모두 고르면? (다툼이 있는 경우에는 판례에 의함)

> 가) 甲이 乙의 재산을 가압류한 후 가압류의 피보전채권에 관하여 본안소송을 제기하여 승소로 확정된 경우, 가압류에 의한 시효중단은 본안소송에 흡수되어 본안소송 확정시부터 다시 소멸시효가 진행하고 그 시효기간은 원칙적으로 10년이 적용되어 그때부터 10년이 경과하면 시효로 소멸한다.
>
> 나) 甲이 채권보전을 위하여 乙의 丙에 대한 채권을 가압류한 경우, 乙에게 가압류 사실이 통지되지 않았다면 甲의 乙에 대한 채권에 대하여 소멸시효 중단의 효력이 발생하지 않는다.
>
> 다) 乙이 사망한 후에 甲이 乙을 피신청인으로 하여 가압류결정이 내려졌다면 그 가압류결정은 무효이므로, 이러한 무효의 가압류는 소멸시효의 중단사유가 될 수 없다. 그러나 乙의 상속인이 乙의 사망신고 및 상속등기를 게을리 함으로써 甲으로 하여금 사망한 乙을 피신청인으로 하여 당연무효의 가압류를 하도록 방치하고 가압류에 대하여 이의를 제기하지 않거나 피상속인의 사망 사실을 채권자에게 알리지 않았다면, 乙의 상속인의 소멸시효 완성 주장은 권리남용에 해당한다.
>
> 라) 집행력 있는 집행권원 정본을 가진 채권자 甲이 다른 채권자에 의해 개시된 乙의 재산에 대한 경매절차에서 배당요구를 신청하였다면, 그 배당요구에 대하여 압류에 준하는 소멸시효 중단의 효력을 인정할 수 있다.
>
> 마) 불법행위에 따른 손해배상청구권의 소멸시효 완성 전에 가해자의 보험자가 피해자의 치료비를 자동차손해배상 보장법의 규정에 따라 의료기관에 직접 지급한 경우, 특별한 사정이 없는 한 보험자가 피해자에 대한 손해배상책임이 있음을 전제로 그 손해배상채무 전체를 승인한 것으로 봄이 상당하고, 치료비와 같은 적극적인 손해에 한정하여 채무를 승인한 것으로 볼 수는 없다.

① 가) 다) 라)   ② 나) 라) 마)   ③ 나) 다) 마)
④ 가) 라) 마)   ⑤ 가) 나) 다)

해설

가) [×] [1] 민법 제168조에서 가압류를 시효중단사유로 정하고 있는 것은 가압류에 의하여 채권자가 권리를 행사하였다고 할 수 있기 때문인데 가압류에 의한 집행보전의 효력이 존속하는 동안은 가압류채권자에 의한 권리행사가 계속되고 있다고 보아야 할 것이므로 가압류에 의한 시효중단의 효력은 가압류의 집행보전의 효력이 존속하는 동안은 계속된다(註; 계속설). [2] 민법 제168조에서 가압류와 재판상의 청구를 별도의 시효중단사유로 규정하고 있는데 비추어 보면, 가압류의 피보전채권에 관하여 본안의 승소판결이 확정되었다고 하더라도 가압류에 의한 시효중단의 효력이 이에 흡수되어 소멸된다고 할 수 없다(註: 비흡수설)(대법원 2000. 4. 25. 선고 2000다11102 판결).

나) [×] 채권자가 채권보전을 위하여 채무자의 제3채무자에 대한 채권을 가압류한 경우 채무자에게 그 가압류 사실이 통지되지 않더라도 채권자의 채권에 대하여 소멸시효 중단의 효력이 발생한다고 봄이 상당하다(대법원 2019. 5. 16. 선고 2016다8589 판결).

다) [×] [1] 사망한 사람을 피신청인으로 한 가압류신청은 부적법하고 그 신청에 따른 가압류결정이 내려졌다고 하여도 그 결정은 당연 무효로서 그 효력이 상속인에게 미치지 않으며, 이러한 당연 무효의 가압류는 민법 제168조 제1호에 정한 소멸시효의 중단사유에 해당하지 않는다. [2] 상속채무를 부담하게 된 상속인의 행위가 단순히 피상속인의 사망신고 및 상속등기를 게을리 함으로써 채권자로 하여금 사망한 피상속인을 피신청인으로 하여 상속부동산에 대하여 당연무효의 가압류를 하도록 방치하고 그 가압류에 대하여 이의를 제기하지 않거나 피상속인의 사망 사실을 채권자에게 알리지 않은 정도에 그치고, 그밖에 달리 채권자의 권리 행사를 저지·방해할 만한 행위를 하지 않았다면 상속인의 소멸시효 완성 주장은 권리남용에 해당하지 않는다(대법원 2006. 8. 24. 선고 2004다26287 판결).

라) [O] 집행력 있는 집행권원 정본을 가진 채권자는 이에 기하여 강제경매를 신청할 수 있으며, 다른 채권자의 신청에 의하여 개시된 경매절차를 이용하여 배당요구를 신청하는 행위도 집행권원에 기하여 능동적으로 그 권리를 실현하려고 하는 점에서는 강제경매의 신청과 동일하다고 할 수 있으므로, 부동산경매절차에서 집행력 있는 집행권원 정본을 가진 채권자가 하는 배당요구는 민법 제168조 제2호의 압류에 준하는 것으로서 배당요구에 관련된 채권에 관하여 소멸시효를 중단하는 효력이 생긴다(대법원 2002. 2. 26. 선고 2000다25484 판결).

마) [O] [1] 불법행위로 인한 손해배상청구권은 피해자나 그 법정대리인이 그 손해 및 가해자를 안 날부터 3년간 행사하지 아니하면 시효로 인하여 소멸하는 것인바, 여기에서 '손해를 안 날'이라 함은 피해자나 그 법정대리인이 손해를 현실적이고도 구체적으로 인식하는 것을 뜻하고 손해발생의 추정이나 의문만으로는 충분하지 않으며, 통상의 경우 상해의 피해자는 상해를 입었을 때 그 손해를 알았다고 볼 수가 있지만, 그 후 후유증 등으로 인하여 불법행위 당시에는 전혀 예견할 수 없었던 새로운 손해가 발생하였다거나 예상 외로 손해가 확대된 경우에는 그러한 사유가 판명된 때에 새로이 발생 또는 확대된 손해를 알았다고 보아야 하고, 이와 같이 새로이 발생 또는 확대된 손해 부분에 대하여는 그러한 사유가 판명된 때로부터 시효소멸기간이 진행된다. [2] 소멸시효 중단사유로서의 승인은 시효이익을 받을 당사자인 채무자가 소멸시효의 완성으로 권리를 상실하게 될 자 또는 그 대리인에 대하여 그 권리가 존재함을 인식하고 있다는 뜻을 표시함으로써 성립하는바, 그 표시의 방법은 아무런 형식을 요구하지 아니하고 또한 명시적이건 묵시적이건 불문하며, 묵시적인 승인의 표시는 채무자가 그 채무의 존재 및 액수에 대하여 인식하고 있음을 전제로 하여 그 표시를 대하는 상대방으로 하여금 채무자가 그 채무를 인식하고 있음을 그 표시를 통해 추단하게 할 수 있는 방법으로 행해지면 족하다. [3] 불법행위에 따른 손해배상청구권의 소멸시효 완성 전에 가해자의 보험자가 피해자의 치료비를 구 자동차손해배상 보장법(2006. 12. 28. 법률 제8127호로 개정되기 전의 것) 제9조 제1항 단서, 제11조 등의 규정에 따라 의료기관에 직접 지급한 경우, 특별한 사정이 없는 한 보험자가 피해자에 대한 손해배상책임이 있음을 전제로 그 손해배상채무 전체를 승인한 것으로 봄이 상당하고, 치료비와 같은 적극적인 손해에 한정하여 채무를 승인한 것으로 볼 수는 없다고 한 사례(대법원 2010. 4. 29. 선고 2009다99105 판결).

정답 ⑤

037 /소멸시효의 중단/

소멸시효의 중단에 관한 설명 중 가장 타당하지 않은 것은? (다툼이 있는 경우에는 판례에 의함)

① 채권자가 채무자 소유의 재산에 가압류를 한 경우에는 가압류 청구금액으로 채권의 원금만이 기재되어 있더라도 가압류채권자가 가압류채무자에 대하여 원본채권 외에 이자 또는 지연손해금 채권을 가지고 있다면 청구금액에 포함되지 않은 부대채권에 대하여도 시효중단의 효력이 발생할 수 있다.

② 금전의 급부를 목적으로 하는 국가의 채권에 대하여 적법한 납입의 고지가 있으면 그 채권의 발생 원인이 공법상의 것이건 사법상의 것이건 관계없이 시효중단의 효력이 발생한다. 그러나 형사소송에서는 「소송촉진 등에 관한 특례법」에서 정한 배상명령을 신청한 경우를 제외하고는, 피해자가 가해자를 상대로 고소하거나 그 고소에 기하여 형사재판이 개시되어도 이를 소멸시효의 중단사유인 재판상의 청구로 볼 수 없다.

③ 부동산경매절차에서 채무자에 대한 송달이 공시송달의 방법으로 이루어짐으로써 채무자가 경매진행 사실 및 잉여금의 존재에 관하여 사실상 알지 못하였더라도 소멸시효기간이 진행한다.

④ 채권자가 배당요구의 방법으로 권리를 행사하여 경매절차에 참가하였다면 그 배당요구는 민법 제168조 제2호의 압류에 준하는 것으로서 배당요구에 관련된 채권에 관하여 소멸시효를 중단하는 효력이 생긴다.

⑤ 원고의 피고에 대한 유치권확인청구 소송에서 피담보채권인 공사대금채권의 존재에 관한 주장이 있었고, 피고가 그 채권의 존부에 관하여 다투어 이에 대한 실질적 심리가 이루어진 것이라면 공사대금채권에 관하여 권리의 행사가 있은 것으로 볼 수 있다. 따라서 피고에 대한 유치권확인청구 소송의 제기는 그에 대한 각하판결이 확정되기 전까지는 피담보채권에 관한 재판상의 청구에 준하여 피담보채권에 대한 소멸시효 중단의 효력을 생기게 한다.

[해설]

① [X] 채권자가 가분채권의 일부분을 피보전권리인 청구채권으로 주장하여 채무자 소유의 재산에 대하여 가압류를 한 경우에는 그 청구채권 부분에만 시효중단의 효력이 있고, 가압류로 보전되는 청구채권에 포함되지 아니한 나머지 채권에 대하여는 시효중단의 효력이 발생할 수 없다. 가압류 청구금액으로 채권의 원금만이 기재되어 있다면 가압류채권자가 가압류채무자에 대하여 원본채권 외에 그에 부대하는 이자 또는 지연손해금 채권을 가지고 있다고 하더라도 청구금액에 포함되지 않은 부대채권에 대하여는 시효중단의 효력이 발생할 수 없다(대법원 2024. 10. 25. 선고 2024다233212 판결).

② [O] 예산회계법 73조 소정의 법령의 규정에 의하여 국가가 행하는 납입의 고지라 함은 국가가 조세 기타의 세입의 징수를 하기 위하여 동법 49조 및 동법시행령 36조 등의 규정에 의거하여 하는 공적인 절차를 말하며 이 절차는 법규에 의거한 공적인 절차로서 명확한 형식이 정해져 있고 이 형식적 정확성에 의하여 일반 사인이 하는 일정한 형식에 제한이 없는 최고와는 다른 시효중단의 효력을 인정하고 있다 할 것이므로 위 법조의 형식과 절차를 거쳐서 한 납입의 고지를 말하며 그 권리의 발생원인이 공법상의 것이거나 사법상의 것이건 시효중단의 효력이 있다 해석함이 타당하다(대법원 1977. 2. 8. 선고 76다1720 전원합의체 판결). [1] 형사소송은 피고인에 대한 국가형벌권의 행사를 그 목적으로 하는 것이므로, 피해자가 형사소송에서 소송촉진 등에 관한 특례법에서 정한 배상명령

을 신청한 경우를 제외하고는 단지 피해자가 가해자를 상대로 고소하거나 그 고소에 기하여 형사재판이 개시되어도 이를 가지고 소멸시효의 중단사유인 재판상의 청구로 볼 수는 없다. [2] 소멸시효 중단사유로서 승인은 시효이익을 받을 당사자인 채무자가 소멸시효의 완성으로 권리를 상실하게 될 자 또는 그 대리인에 대하여 그 권리가 존재함을 인식하고 있다는 뜻을 표시함으로써 성립하는 것인바, 검사 작성의 피의자신문조서는 검사가 피의자를 신문하여 그 진술을 기재한 조서로서 그 작성형식은 원칙적으로 검사의 신문에 대하여 피의자가 응답하는 형태를 취하여 피의자의 진술은 어디까지나 검사를 상대로 이루어지는 것이어서 그 진술기재 가운데 채무의 일부를 승인하는 의사가 표시되어 있다고 하더라도, 그 기재 부분만으로 곧바로 소멸시효 중단사유로서 승인의 의사표시가 있은 것으로는 볼 수 없다(대법원 1999. 3. 12. 선고 98다18124 판결). **[관련판례]** [1] 구 국세기본법 제27조 제2항은 국세징수권의 소멸시효에 관하여 국세기본법 또는 세법에 특별한 규정이 있는 것을 제외하고는 민법에 따른다고 규정하고 있고, 제28조 제1항은 납세고지(제1호), 독촉 또는 납부최고(제2호), 교부청구(제3호), 압류(제4호)를 국세징수권의 소멸시효 중단사유로 규정하고 있다. 위 납세고지, 독촉 또는 납부최고, 교부청구, 압류는 국세징수를 위해 국세징수법에 규정된 특유한 절차들로서 국세기본법이 규정한 특별한 국세징수권 소멸시효 중단사유이기는 하다. 그러나 구 국세기본법은 민법에 따른 국세징수권 소멸시효 중단사유의 준용을 배제한다는 규정을 두고 있지 않고, 조세채권도 민사상 채권과 비교하여 볼 때 성질상 민법에 정한 소멸시효 중단사유를 적용할 수 있는 경우라면 준용을 배제할 이유도 없다. 따라서 구 국세기본법 제28조 제1항 각호의 소멸시효 중단사유를 제한적·열거적 규정으로 보아 구 국세기본법 제28조 제1항 각호가 규정한 사유들만이 국세징수권의 소멸시효 중단사유가 된다고 볼 수는 없다. 이와 같은 관련 규정의 체계와 문언 내용 등에 비추어, 민법 제168조 제1호가 소멸시효의 중단사유로 규정하고 있는 '청구'도 그것이 허용될 수 있는 경우라면 구 국세기본법 제27조 제2항에 따라 국세징수권의 소멸시효 중단사유가 될 수 있다고 봄이 타당하다. [2] 조세는 국가존립의 기초인 재정의 근간으로서, 세법은 공권력 행사의 주체인 과세관청에 부과권이나 우선권 및 자력집행권 등 세액의 납부와 징수를 위한 상당한 권한을 부여하여 공익성과 공공성을 담보하고 있다. 따라서 조세채권자는 세법이 부여한 부과권 및 자력집행권 등에 기하여 조세채권을 실현할 수 있어 특별한 사정이 없는 한 납세자를 상대로 소를 제기할 이익을 인정하기 어렵다. 다만 납세의무자가 무자력이거나 소재불명이어서 체납처분 등의 자력집행권을 행사할 수 없는 등 구 국세기본법 제28조 제1항이 규정한 사유들에 의해서는 조세채권의 소멸시효 중단이 불가능하고 조세채권자가 조세채권의 징수를 위하여 가능한 모든 조치를 충실히 취하여 왔음에도 조세채권이 실현되지 않은 채 소멸시효기간의 경과가 임박하는 등의 특별한 사정이 있는 경우에는, 그 시효중단을 위한 재판상 청구는 예외적으로 소의 이익이 있다고 봄이 타당하다(대법원 2020. 3. 2. 선고 2017두41771 판결).

③ [O] 소멸시효는 객관적으로 권리가 발생하고 그 권리를 행사할 수 있는 때부터 진행하고, 그 권리를 행사할 수 없는 동안에는 진행하지 아니한다. 여기서 '권리를 행사할 수 없다.'란 그 권리행사에 법률상의 장애사유, 예컨대 기간의 미도래나 조건불성취 등이 있는 경우를 말하는 것이고, 사실상 그 권리의 존부나 권리행사의 가능성을 알지 못하였거나 알지 못함에 과실이 없다고 하여도 이러한 사유는 법률상 장애사유에 해당한다고 할 수 없다. 따라서 부동산경매절차에서 채무자에 대한 송달이 공시송달의 방법으로 이루어짐으로써 채무자가 경매진행 사실 및 잉여금의 존재에 관하여 사실상 알지 못하였다고 하더라도 소멸시효기간이 진행한다(대법원 2024. 4. 30. 자 2023그887 결정).

④ [O] 채권자가 배당요구의 방법으로 권리를 행사하여 경매절차에 참가하였다면 그 배당요구는 민법 제168조 제2호의 압류에 준하는 것으로서 배당요구에 관련된 채권에 관하여 소멸시효를 중단하는 효력이 생긴다. 배당을 받아야 할 채권자 중 가압류채권자가 있어 그에 대한 배당액이 공탁된 경우 공탁된 배당금이 가압류채권자에게 지급될 때까지 배당절차가 종료되었다고 단정할 수 없다. 따라서 가압류채권자에 대한 배당액을 공탁한 뒤 그 공탁금을 가압류채권자에게 전액 지급할 수 없어서

추가배당이 실시됨에 따라 배당표가 변경되는 경우에는 추가배당표가 확정되는 시점까지 배당요구에 의한 권리행사가 계속된다고 볼 수 있으므로, 그 권리행사로 인한 소멸시효 중단의 효력은 추가배당표가 확정될 때까지 계속된다(대법원 2022. 5. 12. 선고 2021다280026 판결).

⑤ [O] 1) 시효제도의 존재이유는 영속된 사실 상태를 존중하고 권리 위에 잠자는 자를 보호하지 않는다는 데에 있고 특히 소멸시효에 있어서는 후자의 의미가 강하므로, 권리자가 재판상 그 권리를 주장하여 권리 위에 잠자는 것이 아님을 표명한 때에는 시효중단 사유가 되는바, 이러한 시효중단 사유로서의 재판상의 청구에는 소멸시효 대상인 그 권리 자체의 이행청구나 확인청구를 하는 경우만이 아니라, 그 권리가 발생한 기본적 법률관계를 기초로 하여 소의 형식으로 주장하는 경우 또는 그 권리를 기초로 하거나 그것을 포함하여 형성된 후속 법률관계에 관한 청구를 하는 경우에도 그로써 권리 실행의 의사를 표명한 것으로 볼 수 있을 때에는 이에 포함된다고 보는 것이 타당하고, 시효중단 사유인 재판상 청구를 기판력이 미치는 범위와 일치하여 고찰할 필요가 없다. 2) 앞서 본 사실관계를 위 법리에 비추어 살펴보면, 원고들의 피고 1 회사에 대한 이 사건 유치권확인청구 소송에서 피담보채권인 각 공사대금채권의 존재에 관한 주장이 있었고, 피고들이 그 채권의 존부에 관하여 다투어 이에 대한 실질적 심리가 이루어진 것으로 보이는 이상 위 각 공사대금채권에 관하여 권리의 행사가 있은 것으로 볼 수 있다. 따라서 피고 1 회사에 대한 유치권확인청구 소송의 제기는 그에 대한 각하판결이 확정되기 전까지는 피담보채권에 관한 재판상의 청구에 준하여 피담보채권에 대한 소멸시효 중단의 효력을 생기게 한다고 봄이 상당하다(대법원 2024. 10. 31. 선고 2024다241152 판결).

정답 ①

038 /소멸시효 중단의 주관적 범위/
다음 사례에 관한 설명으로 틀린 것을 모두 고른 것은? (다툼이 있는 경우 판례에 의함)

〈사례〉

A 빌딩의 관리단은 甲 주식회사에게 적법한 위임을 거쳐 A 건물에 대한 체납관리비에 관한 일체의 권한을 수여하였다. A 빌딩 관리규정에는 "관리비 납부의무는 현재 입주하여 사용 중인 자가 매월 말일에 부담하는 것이 원칙이되, 입주자가 변경된 경우 새로 입주한 자가 전 입주자의 미납 관리비를 승계하도록 한다. 새로 입주한 자가 없는 경우에 '소유자'가 그 납부의무를 부담한다"고 규정되어 있다. 2014. 1. 1.에 A 빌딩 일부의 소유권을 취득하고 입주한 구분소유자인 乙은 관리비를 단 1회도 납부하지 않아 2015. 7. 1. 甲 주식회사는 乙을 상대로 체납관리비 1,000만 원(공용부분 200만 원, 전유부분 800만 원)과 연체료 200만 원의 지급을 구하는 소를 제기하여 2015. 7. 31. 승소판결을 받았다. 그 후 丙이 2015. 8. 15. 임의경매절차에서 乙의 구분소유권을 취득하였다.

ㄱ. 특별승계인 丙은 A 빌딩 관리규정 또는 집합건물의 소유 및 관리에 관한 법률 제18조에 따라 甲 주식회사에게 체납관리비를 지급할 의무가 있다.
ㄴ. 丙이 승계하는 체납관리비는 공용부분에 관하여 생긴 부분에 한한다.
ㄷ. 관리비가 승계되는 경우에도 연체료는 승계되지 않는다.

ㄹ. 관리비 채권의 소멸시효 기간은 1년이다.
ㅁ. 乙에 대한 확정판결로 인한 소멸시효 중단의 효력은 특별승계인인 丙에게 미치지 아니한다.

① ㄱ, ㄴ   ② ㄴ, ㄹ   ③ ㄷ, ㄹ
④ ㄴ, ㄷ, ㅁ   ⑤ ㄹ, ㅁ

해 설

ㄱ. [○] 원심은 이 사건 빌딩의 관리단으로부터 적법한 위임을 받은 원고가 이 사건 건물에 대한 체납관리비를 청구할 수 있고, 한편 이 사건 관리규정 제34조에 의하면, 관리비 납부의무는 현재 입주하여 사용 중인 자가 부담하는 것이 원칙이되, 입주자가 변경된 경우 새로 입주한 자가 전 입주자의 미납 관리비를 승계하도록 하면서 새로 입주한 자가 없는 경우에 '소유자'가 그 납부의무를 부담한다고 되어 있는데, 여기의 '소유자'에는 특별승계인도 포함되는 것으로 해석되므로, 특별승계인인 피고가 이 사건 관리규정 또는 집합건물의 소유 및 관리에 관한 법률 제18조에 따라 원고에게 체납관리비를 지급할 의무가 있다고 판단하였다. 관련 법리와 기록에 비추어 살펴보면, 원심의 위와 같은 판단은 정당하고, 거기에 상고이유 주장과 같이 이 사건 관리규정 제34조의 소유자 등에 관한 해석을 그르치는 등의 위법이 없다(대법원 2015. 05. 28. 선고 2014다81474 판결).

ㄴ. [○] 집합건물의 관리규약에서 체납관리비 채권 전체에 대하여 입주자의 지위를 승계한 자에 대하여도 행사할 수 있도록 규정하고 있다 하더라도, '관리규약이 구분소유자 이외의 자의 권리를 해하지 못한다.'고 규정하고 있는 집합건물의 소유 및 관리에 관한 법률(이하 '집합건물법'이라 한다) 제28조 제3항에 비추어 볼 때, 관리규약으로 전 입주자의 체납관리비를 양수인에게 승계시키도록 하는 것은 입주자 이외의 자들과 사이의 권리·의무에 관련된 사항으로서 입주자들의 자치규범인 관리규약 제정의 한계를 벗어나는 것이고, 개인의 기본권을 침해하는 사항은 법률로 특별히 정하지 않는 한 사적 자치의 원칙에 반한다는 점 등을 고려하면, 특별승계인이 그 관리규약을 명시적, 묵시적으로 승인하지 않는 이상 그 효력이 없다고 할 것이며, 집합건물법 제42조 제1항의 규정은 공동주택의 입주자들이 공동주택의 관리·사용 등의 사항에 관하여 관리규약으로 정한 내용은 그것이 승계 이전에 제정된 것이라고 하더라도 승계인에 대하여 효력이 있다는 뜻으로서, 관리비와 관련하여서는 승계인도 입주자로서 관리규약에 따른 관리비를 납부하여야 한다는 의미일 뿐, 그 규정으로 인하여 승계인이 전 입주자의 체납관리비까지 승계하게 되는 것으로 해석할 수는 없다. 다만, 집합건물의 공용부분은 전체 공유자의 이익에 공여하는 것이어서 공동으로 유지·관리해야 하고 그에 대한 적정한 유지·관리를 도모하기 위하여는 소요되는 경비에 대한 공유자 간의 채권은 이를 특히 보장할 필요가 있어 공유자의 특별승계인에게 그 승계의사의 유무에 관계없이 청구할 수 있도록 집합건물법 제18조에서 특별규정을 두고 있는바, 위 관리규약 중 공용부분 관리비에 관한 부분은 위 규정에 터잡은 것으로서 유효하다고 할 것이므로, 집합건물의 특별승계인은 전 입주자의 체납관리비 중 공용부분에 관하여는 이를 승계하여야 한다고 봄이 타당하다(대법원 2007. 02. 22. 선고 2005다65821 판결).

ㄷ. [○] 집합건물의 전(前) 구분소유자의 특정승계인에게 승계되는 공용부분 관리비에는 집합건물의 공용부분 그 자체의 직접적인 유지·관리를 위하여 지출되는 비용뿐만 아니라, 전유부분을 포함한 집합건물 전체의 유지·관리를 위해 지출되는 비용 가운데에서도 입주자 전체의 공동의 이익을 위하여 집합건물을 통일적으로 유지·관리해야 할 필요가 있어 이를 일률적으로 지출하지 않으면 안 되는 성격의 비용은 그것이 입주자 각자의 개별적인 이익을 위하여 현실적·구체적으로 귀속되는 부분에 사용되는 비용으로 명확히 구분될 수 있는 것이 아니라면, 모두 이에 포함되는 것으로 봄이

상당하다. 한편, 관리비 납부를 연체할 경우 부과되는 연체료는 위약벌의 일종이고, 전(前) 구분소유자의 특별승계인이 체납된 공용부분 관리비를 승계한다고 하여 전 구분소유자가 관리비 납부를 연체함으로 인해 이미 발생하게 된 법률효과까지 그대로 승계하는 것은 아니라 할 것이어서, 공용부분 관리비에 대한 연체료는 특별승계인에게 승계되는 공용부분 관리비에 포함되지 않는다(대법원 2006. 06. 29. 선고 2004다3598 판결).

ㄹ. [✕] 민법 제163조 제1호에서 3년의 단기소멸시효에 걸리는 것으로 규정한 '1년 이내의 기간으로 정한 채권'이란 1년 이내의 정기로 지급되는 채권을 말하는 것으로서 1개월 단위로 지급되는 집합건물의 관리비채권은 이에 해당한다고 할 것이다(대법원 2007. 2. 22. 선고 2005다65821 판결).

ㅁ. [✕] 집합건물의 관리를 위임받은 갑 주식회사가 구분소유자 을을 상대로 관리비 지급을 구하는 소를 제기하여 승소판결을 받음으로써 을의 체납관리비 납부의무의 소멸시효가 중단되었는데, 그 후 병이 임의경매절차에서 위 구분소유권을 취득한 사안에서, 병은 을에게서 시효중단의 효과를 받는 체납관리비 납부의무를 중단 효과 발생 이후에 승계한 자에 해당하므로 시효중단의 효력이 병에게도 미친다고 한 사례(대법원 2015. 5. 28. 선고 2014다81474 판결).

정답 ⑤

039 / 소멸시효의 중단 /

다음 사례에 대한 설명으로 타당하지 않은 것을 모두 고른 것은? (각 지문은 독립적이고, 다툼이 있는 경우 판례에 의함)

〈사례〉

乙은 K유한회사(이하 'K사'라 한다)와 물류서비스공급계약을 체결하여 이에 따라 K사의 소유인 A진단시약을 안전하게 보관할 주의의무가 있음에도 냉장설비를 제대로 관리하지 아니하여 보관중이던 A진단시약이 모두 변질되는 사고가 발생하였고, 이로 인하여 K사가 시가 12억 원 상당의 A진단시약을 전량 폐기하는 손해를 입었다. 乙은 K사에게 A진단시약의 가액에 상당한 금액을 배상할 의무가 있는데, 甲보험회사(이하 '甲')는 乙과의 보험계약에 따라 K사에게 보험금 12억을 지급하고, 사고발생일부터 1년이 지나기 전인 2013. 4. 28. 이 사건 사고로 인하여 K사가 乙에 대하여 가지는 이 사건 물류서비스공급계약에 기한 손해배상청구권을 K사의 보험자로서 대위행사한다는 취지로 소를 제기하였다. 그런데 심리 도중 K사는 甲과의 보험계약상 피보험자가 아니었던 사실이 밝혀지자, 甲은 2015. 4.경 K사로부터 K사에게 지급한 보험금 상당의 'K사의 乙에 대한 손해배상채권'을 양수한 후 2015. 6. 9. 乙에 대한 양수금청구를 청구원인으로 추가하였다.

ㄱ. 甲이 K사에게 보험금을 지급한 이상 보험자 대위를 할 수 있다.

ㄴ. 甲의 보험자대위청구와 K사의 손해배상청구는 A진단시약의 멸실로 인한 손해를 배상하려는 동일한 목적의 청구권이므로 2013. 4. 28. 소의 제기로 인하여 손해배상청구권도 시효가 중단되었다.

ㄷ. 만약 대위행사에 부적법한 사정이 있어 각하되더라도 6월내에 재판상 청구를 하면 최초에 중단된 것으로 보아야 하고, 이는 각하될 소송에 청구원인을 단순병합한 경우에도 마찬가지이므로 乙에 대한 손해배상채권은 2013. 4. 28.에 중단된 것으로 보아야 한다.

ㄹ. 만약 甲이 양수금 청구에 대하여 2013. 4. 20. 지급명령을 신청하였었는데, 乙이 2013. 5. 1. 이의신청을 하여 소송으로 이행되었다면, 양수금 채권에 대하여 재판상 청구로 시효가 중단되는 시점은 2013. 4. 20.이다.

① ㄱ, ㄴ ② ㄱ, ㄴ, ㄷ ③ ㄴ, ㄷ
④ ㄷ, ㄹ ⑤ ㄱ, ㄴ, ㄷ, ㄹ

[해설]

ㄱ. [✕] 상법 제682조 제1항에서 정한 보험자의 제3자에 대한 보험자대위가 인정되기 위하여는 보험자가 피보험자에게 보험금을 지급할 책임이 있는 경우라야 하고, 보험계약에서 담보하지 아니하는 손해에 해당하여 보험금지급의무가 없는데도 보험자가 피보험자에게 보험금을 지급한 경우에는 보험자대위의 법리에 따라 피보험자의 손해배상청구권을 대위행사할 수 없는데, 이러한 이치는 상법 제729조 단서에 따른 보험자대위의 경우에도 마찬가지로 적용된다(대법원 2014. 10. 15. 선고 2012다88716 판결).

ㄴ. [✕] ㄷ. [✕] 재판상의 청구가 시효중단의 사유가 되려면 그 청구가 채권자 또는 그 채권을 행사할 권능을 가진 자에 의하여 이루어져야 한다. 그리고 채권자가 동일한 목적을 달성하기 위하여 복수의 채권을 가지고 있는 경우 채권자로서는 그 선택에 따라 권리를 행사할 수 있으나, 그중 어느 하나의 청구를 한 것만으로는 다른 채권 그 자체를 행사한 것으로 볼 수는 없으므로 특별한 사정이 없는 한 다른 채권에 대한 소멸시효 중단의 효력은 없다. 이러한 사실관계를 앞서 본 법리에 비추어 살펴보면, 지멘스사가 원고와의 보험계약상 피보험자가 아닌 이상 원고가 지멘스사에게 보험금을 지급하였더라도 보험자로서 지멘스사의 손해배상채권을 대위행사할 수 없으므로, 원고가 당초 보험자대위에 기한 손해배상청구의 소를 제기한 것은 이를 청구할 아무런 권리나 권능이 없는 자의 권리행사에 불과하여 이로써 지멘스사의 손해배상채권이 행사되었다고 할 수 없고, 보험자대위청구와 채권양수금청구가 동일한 소송물이라고 볼 수도 없으므로, 원고가 피고에 대하여 보험자대위에 기한 손해배상청구의 소를 제기하였더라도 이로써 원고가 지멘스사로부터 양수한 손해배상채권의 소멸시효가 중단될 수는 없다고 할 것이다(대법원 2014. 06. 26. 선고 2013다45716 판결). [보충해설] 전소가 채권자 아닌 자에 의한 소송이므로 재판상 청구의 효력은 물론 최고의 효과도 인정하기 어렵다. 따라서 손해배상청구의 재판상 청구는 소변경신청서를 법원에 제출한 2015. 6. 9.로 보아야 한다. [비교판례] 원고가 채권자대위권에 기해 청구를 하다가 당해 피대위채권 자체를 양수하여 양수금청구로 소를 변경한 사안에서, 이는 청구원인의 교환적 변경으로서 채권자대위권에 기한 구 청구는 취하된 것으로 보아야 하나, 그 채권자대위소송의 소송물은 채무자의 제3채무자에 대한 계약금반환청구권인데 위 양수금 청구는 원고가 위 계약금반환청구권 자체를 양수하였다는 것이어서 양 청구는 동일한 소송물에 관한 권리의무의 특정승계가 있을 뿐 그 소송물은 동일한 점, 시효중단의 효력은 특정승계인에게도 미치는 점, 계속 중인 소송에 소송목적인 권리 또는 의무의 전부나 일부를 승계한 특정승계인이 소송참가하거나 소송인수한 경우에는 소송이 법원에 처음 계속된 때에 소급하여 시효중단의 효력이 생기는 점, 원고는 위 계약금반환채권을 채권자대위권에 기해 행사하다 다시 이를 양수받아 직접 행사한 것이어서 위 계약금반환채권과 관련하여 원고를 '권리 위에 잠자는 자'로 볼 수 없는 점 등에 비추어 볼 때, 당초의 채권자대위소송으로 인한 시효중단의 효력이 소멸하지 않는다고 본 사례(대법원 2010. 6. 24. 선고 2010다17284 판결).

ㄹ. [O] 민사소송법 제472조 제2항은 "채무자가 지급명령에 대하여 적법한 이의신청을 한 경우에는 지급명령을 신청한 때에 이의신청된 청구목적의 값에 관하여 소가 제기된 것으로 본다."라고 규정하고 있는바, <u>지급명령 사건이 채무자의 이의신청으로 소송으로 이행되는 경우에 지급명령에 의한 시효중단의 효과는</u> 소송으로 이행된 때가 아니라 <u>지급명령을 신청한 때에 발생한다</u>(대법원 2015. 02. 12. 선고 2014다228440 판결).

정답 ②

040 /소멸시효 기간/

민법 제163조에 의한 3년의 소멸시효의 대상이 되는 '1년 이내의 기간으로 정한 채권'에 관한 내용 중에서 옳은 것을 모두 골라 묶은 것은? (다툼이 있는 경우에는 판례에 의함)

> ㉠ 甲은 乙에게 1억 원을 1년 간 대여하고 이자는 매월 100만 원의 비율로 계산하여 1200만 원으로 정하였다. 다만 乙의 자금사정을 고려하여 원금 1억 원 및 이자 1200만 원을 변제기에 한꺼번에 받기로 하였다. 이 경우에 이자채권의 소멸시효기간은 3년이 된다.
> ㉡ 乙은 甲으로부터 자동차를 리스하고 리스대금 5천만 원에 대하여 1개월마다 5백만 원씩 지급하기로 약정을 맺었다. 이 때 甲의 乙에 대한 할부대금채권은 제163조 제1호의 "1년 이내의 기간으로 정한 금전 등의 지급을 목적으로 한 채권"에 해당되어 소멸시효기간은 3년이 된다.
> ㉢ 전기업자가 공급하는 전력의 대가인 전기요금채권은 민법 제163조 제6호의 '생산자 및 상인이 판매한 생산물 및 상품의 대가'에 해당하므로, 소멸시효기간은 3년이다. 한편 도급인의 공사협력의무는 계약에 따른 부수적 내지는 종된 채무로서 제163조 제3호에 정한 '공사에 관한 채무'에 해당하며 주된 채무인 공사대금채무가 시효로 소멸하였다는 도급인의 주장에는 종된 채무인 위 공사협력의무의 시효소멸 주장도 들어 있는 것으로 볼 수 있다.
> ㉣ 甲은 乙에게 자금을 대여하였는데, 변제기에 乙이 변제를 하지 않았다면 이 경우에 발생하는 지연손해금의 소멸시효는 일종의 이자에 해당되어 제163조 제1호의 "1년 이내의 기간으로 정한 금전 등의 지급을 목적으로 한 채권"에 해당되므로 소멸시효기간은 3년이 된다.
> ㉤ 건설업을 하는 甲 주식회사가 공사에 투입한 인원이 공사 기간 중에 리조트의 객실과 식당을 사용한 데에 대한 사용료를 乙에게 지급하기로 약정하였다면, 甲 주식회사가 리조트 사용료를 월 단위로 지급하기로 약정하였더라도, 숙박료와 음식료로 구성되어 있는 위 리조트 사용료 채권의 소멸시효기간은 민법 제163조 제1호의 '사용료 기타 1년 이내의 기간으로 정한 금전의 지급을 목적으로 한 채권'에 해당되지 않는다.

① ㉠, ㉡, ㉣   ② ㉠, ㉢   ③ ㉡, ㉢
④ ㉢, ㉣, ㉤   ⑤ ㉢, ㉤

[해설]

㉠ [×] 민법 제163조 제1호 소정의 '1년 이내의 기간으로 정한 금전 또는 물건의 지급을 목적으로 하는 채권'이란 1년 이내의 정기에 지급되는 채권을 의미하는 것이지, 변제기가 1년 이내의 채권을 말하는 것이 아니므로, 이자채권이라고 하더라도 1년 이내의 정기에 지급하기로 한 것이 아닌 이상 위 규정 소정의 3년의 단기소멸시효에 걸리는 것이 아니다(대법원 1996. 9. 20. 선고 96다25302 판결). 민법 제163조 제1호는 이자, 부양료, 급료, 사용료 기타 1년 이내의 기간으로 정한 금전 또는 물건의 지급을 목적으로 한 채권은 3년간 행사하지 아니하면 소멸시효가 완성한다고 규정하고 있다. 이는 기본 권리인 정기금채권에 기하여 발생하는 지분적 채권의 소멸시효를 정한 것으로서, 여기서 '1년 이내의 기간으로 정한 채권'이란 1년 이내의 정기로 지급되는 채권을 말한다. 그리고 채무불이행으로 인한 손해배상채권은 본래의 채권이 확장된 것이거나 본래의 채권의 내용이 변경된 것이므로 본래의 채권과 동일성을 가진다. 따라서 본래의 채권이 시효로 소멸한 때에는 손해배상채권도 함께 소멸한다. 한편 어떠한 계약상의 채무를 채무자가 이행하지 않았다고 하더라도 채권자는 여전히 해당 계약에서 정한 채권을 보유하고 있으므로, 특별한 사정이 없는 한 채무자가 채무를 이행하지 않고 있다고 하여 채무자가 법률상 원인 없이 이득을 얻었다고 할 수는 없고, 설령 채권이 시효로 소멸하게 되었다 하더라도 달리 볼 수 없다(대법원 2018. 2. 28. 선고 2016다45779 판결).

㉡ [×] 이른바 금융리스에 있어서 리스료는, 리스회사가 리스이용자에게 제공하는 취득자금의 금융 편의에 대한 원금의 분할변제 및 이자·비용 등의 변제의 기능을 갖는 것은 물론이거니와 그 외에도 리스회사가 리스이용자에게 제공하는 이용상의 편익을 포함하여 거래관계 전체에 대한 대가로서의 의미를 지닌다. 따라서 리스료 채권은, 그 채권관계가 일시에 발생하여 확정되고 다만 그 변제 방법만이 일정 기간마다의 분할변제로 정하여진 것에 불과하기 때문에(기본적 정기금채권에 기하여 발생하는 지분적 채권이 아니다) 3년의 단기 소멸시효가 적용되는 채권이라고 할 수 없고, 한편 매회분의 리스료가 각 시점별 취득원가분할액과 그 잔존액의 이자조로 계산된 금액과를 합한 금액으로 구성되어 있다 하더라도, 이는 리스료액의 산출을 위한 계산방법에 지나지 않는 것이므로 그 중 이자부분만이 따로 3년의 단기 소멸시효에 걸린다고 할 것도 아니다(대법원 2001. 06. 12. 선고 99다1949 판결).

㉢ [O] 전기업자가 공급하는 전력의 대가인 전기요금채권은 민법 제163조 제6호의 '생산자 및 상인이 판매한 생산물 및 상품의 대가'에 해당하므로, 3년간 이를 행사하지 아니하면 소멸시효가 완성된다(대법원 2014. 10. 06. 선고 2013다84940 판결). [1] 민법 제163조 제3호에서는 3년의 단기소멸시효의 적용 대상으로 '도급받은 자의 공사에 관한 채권'을 규정하고 있는데, 여기서 '도급받은 자의 공사에 관한 채권'이라 함은 공사채권뿐만 아니라 그 공사에 부수되는 채권도 포함한다. [2] 공사대금채권이 시효로 소멸한 경우 도급인이 공사대금을 지급하지 않는다고 하여 약정해제사유가 성립한다고 할 수 없고, 그 계약상 도급인에게 수급인으로 하여금 공사를 이행할 수 있도록 협력하여야 할 의무가 인정된다고 하더라도 이러한 협력의무는 계약에 따른 부수적 내지는 종된 채무로서 민법 제163조 제3호에 정한 '공사에 관한 채무'에 해당하고, 주된 채무인 공사대금채무가 시효로 소멸하였다는 도급인의 주장에는 종된 채무인 위 공사 협력의무의 시효소멸 주장도 들어 있는 것으로 볼 수 있다고 한 사례(대법원 2010. 11. 25. 선고 2010다56685 판결).

㉣ [×] 금전채무의 이행지체로 인하여 발생하는 지연손해금은 그 성질이 손해배상금이지 이자가 아니며, 민법 제163조 제1호가 규정한 '1년 이내의 기간으로 정한 채권'도 아니므로 3년간의 단기소멸시효의 대상이 되지 아니한다(대법원 1998. 11. 10. 선고 98다42141 판결). **[지문정리]** 민사채무에 관한 지연이자라면 일반 채권으로써 10년의 소멸시효기간이, 상사채무에 관한 지연이자라면 5년의 소멸시효가 적용된다.

⑭ [O] 건설업을 하는 甲 주식회사가 공사에 투입한 인원이 공사 기간 중에 리조트의 객실과 식당을 사용한 데에 대한 사용료를 乙에게 매월 말 지급하기로 약정하였는데, 숙박료와 음식료로 구성되어 있는 위 리조트 사용료 채권의 소멸시효기간이 문제된 사안에서, 민법 제164조 제1호는 여관, 음식점, 대석, 오락장의 숙박료, 음식료, 대석료, 입장료, 소비물의 대가 및 체당금의 채권은 1년간 행사하지 아니하면 소멸시효가 완성한다고 특별히 규정하고 있으므로, 甲 회사가 리조트 사용료를 월 단위로 지급하기로 약정하였더라도, 리조트 사용료 채권은 민법 제164조 제1호에 정한 '숙박료 및 음식료 채권'으로서 소멸시효기간은 1년이라는 이유로, 이와 달리 민법 제163조 제1호의 '사용료 기타 1년 이내의 기간으로 정한 금전의 지급을 목적으로 한 채권'으로서 소멸시효기간이 3년이라고 본 원심판결을 파기한 사례(대법원 2020. 2. 13. 선고 2019다271012 판결).

정답 ⑤

제2편 물권법

제1장 **물권의 변동**

제2장 **기본물권**

제3장 **용익물권**

제4장 **담보물권**

CHAPTER 01 물권의 변동

제1절 • 부동산물권의 변동

041 /법률행위에 의한 부동산물권변동/

부동산 물권변동에 관한 다음 설명 중 옳은 것을 모두 고른 것은? (다툼이 있는 경우에는 판례에 의함)

ㄱ. 건축업자 甲이 乙 소유의 토지를 매수하여 그 대금을 지급하지 아니한 채 그 위에 자기의 노력과 재료를 들여 건물을 건축하면서, 미지급 토지대금을 담보하기 위하여 건축허가 명의를 乙로 하고 완성된 건물에 관하여 乙 명의로 소유권보존등기를 마친 경우에도, 완성된 건물 소유권의 원시취득자는 甲이다.

ㄴ. 甲이 乙로부터 부동산을 매수하고 甲 명의로 소유권이전등기를 경료하였는데 甲의 채권자 丙의 신청으로 위 부동산에 관한 강제경매절차가 개시되자, 그 경매절차에서 매수인이 매각대금을 완납하기 전에 甲과 乙이 위 매매계약을 합의해제한 경우, 그 부동산의 소유권은 등기에 관계없이 당연히 乙에게 복귀한다.

ㄷ. 등기는 부동산등기법 제23조 제1항에 따라 법률에 다른 규정이 없는 한 등기권리자와 등기의무자가 공동으로 신청하여야 하나, 같은 조 제4항에 따라 등기절차의 이행 또는 인수를 명한 판결에 의한 등기는 승소한 등기권리자 또는 등기의무자가 단독으로 신청할 수 있다. 여기서 말하는 '등기절차의 이행을 명한 판결'은 주문에 반드시 등기절차를 이행하라는 등기의무자의 등기신청 의사를 진술하는 내용 등이 포함되어 있어야 한다.

ㄹ. 소멸시효 완성으로 소유권이전등기청구권이 소멸한 상태에서 소유권이전등기가 이루어졌고 시효의 이익을 받는 자가 소송에서 소멸시효의 주장까지 하였다면, 소유권이전등기는 원인무효의 등기에 해당하므로 말소되어야 한다.

ㅁ. 공유물분할의 소송절차 또는 조정절차에서 공유자 사이에 공유토지에 관한 현물분할의 협의가 성립하여 그 합의사항을 조서에 기재함으로써 조정이 성립하였다면 그 즉시 공유관계가 소멸하고 각 공유자에게 그 협의에 따른 새로운 법률관계가 창설되는 것이고 등기를 마쳐야만 그 부분에 관한 소유권을 취득하는 것은 아니다.

① ㄱ, ㄴ, ㄷ, ㅁ   ② ㄴ, ㄷ, ㄹ, ㅁ   ③ ㄱ, ㄷ, ㄹ
④ ㄴ, ㄷ, ㅁ   ⑤ ㄱ, ㄴ, ㄷ, ㄹ

해설

ㄱ. [O] 건축업자가 타인의 대지를 매수하여 그 대금을 지급하지 아니한 채 그 위에 자기의 노력과 재료를 들여 건물을 건축하면서 건축허가 명의를 대지소유자로 한 경우에는, 부동산등기법 제131조의 규정에 의하여 특별한 사정이 없는 한 건축허가명의인 앞으로 소유권보존등기를 할 수밖에 없는 점에 비추어 볼 때, 그 목적이 대지대금 채무를 담보하기 위한 경우가 일반적이라 할 것이고, 이 경우 완성된 건물의 소유권은 일단 이를 건축한 채무자가 원시적으로 취득한 후 채권자 명의로 소유권보존등기를 마침으로써 담보 목적의 범위 내에서 위 채권자에게 그 소유권이 이전된다고 보아야 한다(대법원 2002. 4. 26. 선고 2000다16350 판결). [보충해설] 이러한 경우에 양도담보가 설정되는 것이다. 다만 피담보채권이 매매대금채권이므로 가등기 담보등에 관한 법률이 적용되지 않고, 기존의 판례법리가 적용된다.

ㄴ. [O] 경매신청기입등기로 인한 압류의 효력은 부동산 소유자에 대하여 압류채권자에 대한 관계에 있어서 부동산의 처분을 제한하는 데 그치는 것일 뿐 그밖의 다른 제3자에 대한 관계에 있어서까지 부동산의 처분을 금지하는 것이 아니므로, 부동산 소유자는 경매절차 진행중에도 경락인이 경락대금을 완납하여 목적부동산의 소유권을 취득하기 전까지는 목적부동산을 취득한 원인이 되는 계약을 그 거래상대방과 사이에 합의해제할 수 있는 것이고, 그 합의해제로 인하여 그 부동산의 소유권은 등기에 관계없이 당연히 그 거래상대방에게 복귀한다고 할 것이며, 그 부동산의 소유권을 회복한 그 거래상대방은 그 소유권이전등기를 경료한 후 경매법원에 그 취득사실을 증명하여 경매절차의 이해관계인이 되는 경우 배당 후 잉여금이 있는 때에는 경매절차의 이해관계인으로서 직접 경매법원으로부터 이를 반환받을 권리를 가지게 되는 것이고, 그 소유권이전등기를 경료하지 아니하거나 그 취득사실을 경매법원에 증명하지 아니하여 경매절차의 이해관계인이 되지 아니하는 경우에도 배당 후 잉여금이 있을 때에는 합의해제에 따른 소유권이전등기의무의 이행불능의 효과로서 최소한 그 경매절차에 있어서 명목상의 이해관계인에 불과한 경매신청기입등기 경료 당시 부동산 소유자에게 반환된 잉여금 상당액의 대상청구권을 가지게 되므로, 그 경매로 인한 소득은 그 거래상대방에게 사실상 귀속된다고 보아야 할 것이다(대법원 1995. 1. 12. 선고 94누1234 판결).

ㄷ. [O] 등기는 부동산등기법 제23조 제1항에 따라 법률에 다른 규정이 없는 한 등기권리자와 등기의무자가 공동으로 신청하여야 하나, 같은 조 제4항에 따라 등기절차의 이행 또는 인수를 명한 판결에 의한 등기는 승소한 등기권리자 또는 등기의무자가 단독으로 신청할 수 있다. 여기서 말하는 '등기절차의 이행을 명한 판결'은 주문에 반드시 등기절차를 이행하라는 등기의무자의 등기신청 의사를 진술하는 내용 등이 포함되어 있어야 한다(대법원 등기예규 제1692호 판결 등 집행권원에 의한 등기의 신청에 관한 업무처리지침 2. 참조). 한편 소송서류 등이 공시송달의 방법으로 송달되어 확정된 제1심판결문을 기초로 등기권리자가 소유권이전등기를 마쳤으나 이후 제기된 추후보완항소에서 제1심판결이 취소되고 등기권리자의 청구가 기각되었다면, 등기의무자로서는 이미 등기명의를 이전받은 등기권리자를 상대로 위 추후보완항소 절차에서 반소를 제기하거나 별도로 소를 제기하여 소유권이전등기의 말소등기절차를 구할 수 있다. [이유] 원심이 피고가 반소로써 이 사건 본등기의 말소등기절차 이행을 구할 소의 이익이 있다고 판단한 것은 정당하고, 상고이유 주장과 같이 피고가 반드시 이 사건 본소의 확정 이후 별도의 소로 이 사건 본등기의 말소등기절차 이행을 구해야 한다고 보기 어렵다(대법원 2023. 4. 27. 선고 2021다276225 판결).

ㄹ. [O] [1] 소유권이전등기절차의 이행을 명하는 판결은 등기신청 의사의 진술을 명하는 것으로서 그 판결이 확정되면 확정 시에 채무자의 의사표시가 있는 것으로 본다(민사집행법 제263조 제1항). 의사표시를 명하는 집행권원의 집행이 채권자의 반대의무와 동시이행관계에 있는 때와 같이 반대의무가 이행된 뒤에 의사를 진술할 것인 경우에는 집행문을 내어준 때에 그 효력이 생긴다(같은 조

제2항). 등기가 실체관계에 부합한다고 하는 것은 그 등기절차에 어떤 하자가 있다고 하더라도 진실한 권리관계와 합치하는 것, 즉 <u>소유권이전에서 등기이전절차만이 위법하고 그 외의 다른 법률행위는 적법·유효한 상태로 소유권이전등기청구권을 가지고 있는 경우</u>를 말하고, 원인 없이 이루어진 무효의 소유권이전등기라고 하더라도 그 등기가 다른 사정에 의하여 실체관계에 부합하게 되면 유효한 것으로 된다. [2] 소멸시효에서 그 시효기간이 만료되면 소멸시효 중단 등 특별한 사정이 없는 한 권리는 당연히 소멸하는 것이지만 그 시효의 이익을 받는 자가 소송에서 소멸시효의 주장을 하지 아니하면 그 의사에 반하여 재판할 수 없다. 한편 <u>소멸시효 완성으로 소유권이전등기청구권이 소멸한 상태에서 소유권이전등기가 이루어졌고 그 시효의 이익을 받는 자가 소송에서 이러한 소멸시효의 주장까지 하였다면, 그 소유권이전등기는 원인무효의 등기에 해당하므로 말소되어야 한다</u>(대법원 2024. 10. 31. 선고 2024다232523 판결).

ㅁ. [×] 공유물분할의 소송절차 또는 조정절차에서 공유자 사이에 공유토지에 관한 현물분할의 협의가 성립하여 그 합의사항을 조서에 기재함으로써 조정이 성립하였다고 하더라도, 그와 같은 사정만으로 재판에 의한 공유물분할의 경우와 마찬가지로 그 즉시 공유관계가 소멸하고 각 공유자에게 그 협의에 따른 새로운 법률관계가 창설되는 것은 아니고, 공유자들이 협의한 바에 따라 토지의 분필절차를 마친 후 각 단독소유로 하기로 한 부분에 관하여 다른 공유자의 공유지분을 이전받아 <u>등기를 마침으로써 비로소 그 부분에 대한 대세적 권리로서의 소유권을 취득하게 된다고 보아야 한다</u>(대법원 2013. 11. 21. 선고 2011두1917 전원합의체 판결).

정답 ⑤

042 /등기추정력/

등기의 추정력에 대한 다음 설명 중 옳은 것을 모두 고른 것은? (다툼이 있는 경우에는 판례에 의함)

> ㄱ. 근저당권설정등기가 되어 있다는 사실만으로도 근저당권의 피담보채권을 성립시키는 기본계약이 존재한다고 추정된다.
>
> ㄴ. 토지에 관하여 점유취득시효 완성에 따라 소유권이전등기가 마쳐진 경우에도 적법한 등기원인에 따라 소유권을 취득한 것으로 추정되므로, 제3자가 등기명의자의 취득시효 기간 중 일부 기간 동안 해당 토지 일부에 관하여 직접적·현실적인 점유를 한 사실이 있다는 사정만으로 등기의 추정력이 깨어진다거나 위 소유권이전등기가 원인무효의 등기가 된다고 볼 수는 없다.
>
> ㄷ. 무허가건물대장은 행정관청이 행정상 사무처리의 편의를 위하여 비치한 대장으로서 건물의 물권 변동을 공시하는 법률상의 등록원부가 아니므로 무허가건물대장에 건물주로 등재된다고 하여 소유자로 추정되는 것은 아니다.
>
> ㄹ. 사망자 명의 신청으로 이루어진 이전등기도 등기의 추정력을 인정할 여지가 있으므로 등기의 무효를 주장하는 자가 현재의 실체관계와 부합하지 아니함을 증명할 책임이 있다.

ㅁ. 토지조사부에 토지의 소유자로 등재되어 있는 사람은 재결에 의하여 사정 내용이 변경되었다는 등의 반증이 없는 이상 소유자로 사정받아 사정이 확정된 것으로 추정되어 토지를 원시적으로 취득하게 되고, 소유권보존등기의 추정력은 보존등기 명의인 이외의 자가 당해 토지를 사정받은 것으로 밝혀지면 깨어진다.

① ㄱ, ㄴ, ㄷ   ② ㄴ, ㄷ, ㄹ   ③ ㄱ, ㄷ, ㅁ
④ ㄴ, ㄷ, ㅁ   ⑤ ㄷ, ㄹ, ㅁ

해설

ㄱ. [✗] 근저당권은 그 담보할 채무의 최고액만을 정하고, 채무의 확정을 장래에 보류하여 설정하는 저당권으로서(민법 제357조 제1항), 계속적인 거래관계로부터 발생하는 다수의 불특정채권을 장래의 결산기에서 일정한 한도까지 담보하기 위한 목적으로 설정되는 담보권이므로, 근저당권설정행위와는 별도로 근저당권의 피담보채권을 성립시키는 법률행위가 있어야 하고, 근저당권의 성립 당시 근저당권의 피담보채권을 성립시키는 법률행위가 있었는지 여부에 대한 증명책임은 그 존재를 주장하는 측에 있다(대법원 2011. 4. 28. 선고 2010다107408 판결).

ㄴ. [O] [1] 부동산에 관하여 소유권이전등기가 마쳐진 경우에 등기명의자는 그 전 소유자는 물론 제3자에 대하여도 적법한 등기원인에 따라 소유권을 취득한 것으로 추정되므로 이를 다투는 측에서 무효사유를 주장·증명하여야 한다. 즉, 부동산등기는 그것이 형식적으로 존재하는 것 자체로부터 적법한 등기원인에 의하여 마쳐진 것으로 추정되고, 등기명의자가 등기부에 기재된 것과 다른 원인으로 등기 명의를 취득하였다고 주장하고 있지만 그 주장 사실이 인정되지 않는다 하더라도 그 자체로 등기의 추정력이 깨어진다고 할 수 없으므로, 그와 같은 경우에도 등기가 원인 없이 마쳐진 것이라고 주장하는 쪽에서 무효사유를 주장·증명할 책임을 지게 된다. 토지에 관하여 점유취득시효 완성에 따라 소유권이전등기가 마쳐진 경우에도 적법한 등기원인에 따라 소유권을 취득한 것으로 추정되는 것은 마찬가지이므로, 제3자가 등기명의자의 취득시효 기간 중 일부 기간 동안 해당 토지 일부에 관하여 직접적·현실적인 점유를 한 사실이 있다는 사정만으로 등기의 추정력이 깨어진다거나 위 소유권이전등기가 원인무효의 등기가 된다고 볼 수는 없다. [2] 등기원인의 존부에 관하여 분쟁이 발생하여 당사자 사이에 소송이 벌어짐에 따라 법원이 위 등기원인의 존재를 인정하면서 이에 기한 등기절차의 이행을 명하는 판결을 선고하고 그 판결이 확정됨에 따라 이에 기한 소유권이전등기가 마쳐진 경우, 그 등기원인에 기한 등기청구권은 법원의 판단에 의하여 당사자 사이에서 확정된 것임이 분명하고, 법원이나 제3자도 위 당사자 사이에 그러한 기판력이 발생하였다는 사실 자체는 부정할 수 없는 것이므로, 위 기판력이 미치지 아니하는 타인이 위 등기원인의 부존재를 이유로 확정판결에 기한 등기의 추정력을 번복하기 위해서는 일반적으로 등기의 추정력을 번복함에 있어서 요구되는 증명의 정도를 넘는 명백한 증거나 자료를 제출하여야 하고, 법원도 그러한 정도의 증명이 없는 한 확정판결에 기한 등기가 원인무효라고 단정하여서는 아니 된다(대법원 2023. 7. 13. 선고 2023다223591 판결).

ㄷ. [O] 무허가건물관리대장은 무허가건물에 관한 관리의 편의를 위하여 작성된 것일 뿐 그에 관한 권리관계를 공시할 목적으로 작성된 것이 아니므로 무허가건물관리대장에 소유자로 등재되었다는 사실만으로는 무허가건물에 관한 소유권 기타의 권리를 취득하는 효력이 없다(대법원 2014. 2. 13. 선고 2011다64782 판결).

ㄹ. [×] 사망자 명의의 신청으로 이루어진 이전등기는 원인무효의 등기로서 등기의 추정력을 인정할 여지가 없으므로 등기의 유효를 주장하는 자가 현재의 실체관계와 부합함을 증명할 책임이 있다 (대법원 2017. 12. 22. 선고 2017다360 판결). [1] 사망자 명의로 신청하여 이루어진 이전등기는 일단 원인무효의 등기라고 볼 것이어서 등기의 추정력을 인정할 여지가 없으므로, 등기의 유효를 주장하는 자가 현재의 실체관계와 부합함을 증명할 책임이 있다. [2] 의용 민법과 의용 부동산등기법 적용 당시 행하여진 가등기의 구체적인 등기원인이 존재하는 것으로 추정할 수 없다. 가등기의 구체적인 등기원인의 추정력이 부정되는 것은 현행 민법과 부동산등기법에 따라 이루어진 가등기에 관해서도 마찬가지이다(대법원 2018. 11. 29. 선고 2018다200730 판결).

ㅁ. [○] 토지조사부에 토지의 소유자로 등재되어 있는 사람은 재결에 의하여 사정 내용이 변경되었다는 등의 반증이 없는 이상 소유자로 사정받아 사정이 확정된 것으로 추정되어 토지를 원시적으로 취득하게 되고, 소유권보존등기의 추정력은 보존등기 명의인 이외의 자가 당해 토지를 사정받은 것으로 밝혀지면 깨어진다. 그러나 사정명의인이라 하더라도 토지가 하천구역에 편입되기 이전에 다른 사람에게 처분하는 등으로 소유권을 상실하였다고 볼 만한 사정이 있는 경우에는 토지의 하천구역 편입에 따른 손실보상청구권을 가진다고 볼 수 없다(대법원 2015. 7. 9. 선고 2013두3658 판결).

정답 ④

043 / 부동산의 원시취득 /

다음 중 丙이 X부동산의 소유권을 취득하는 경우(A)와 그 취득이 원시취득인 경우(B)를 올바르게 연결한 것은? (다툼이 있는 경우 판례에 의함)

> ㄱ. 「부동산 실권리자명의 등기에 관한 법률」 시행 전에 명의신탁자 甲이 乙로부터 乙 소유의 X건물을 매수하고 명의수탁자 丙 앞으로 소유권이전등기를 마쳤는데, 위 법이 시행된 후 같은 법 제11조에 따른 유예기간 내에 실명등기가 이루어지지 아니한 경우
>
> ㄴ. X토지 및 Y토지를 소유하는 甲은 乙에 대하여 Y토지를 매도하는 대리권을 수여하였는데, 乙은 甲을 위한 것임을 표시하고 丙과 X토지의 매매계약을 체결하였다. 그 후 丙은 위 매매계약에 기하여 X토지에 관하여 소유권이전등기를 마쳤고, 위 매매계약 당시 丙은 乙에게 대리권이 있다고 믿었고 믿을만한 정당한 이유가 있었던 경우
>
> ㄷ. 丙이 甲 소유의 X토지를 소유의 의사로 평온, 공연하게 20년간 점유하고 소유권이전등기를 마친 경우
>
> ㄹ. 甲이 건축주이면서 건축허가 명의자인 乙로부터 건물신축공사를 도급받아 공사하던 중 건축공사가 중단되었고, 丙은 위 미완성의 건물을 인도받아 자기의 비용과 노력으로 나머지 공사를 하여 X건물을 완공하였는데, 그 공사의 중단 시점에 아직 사회통념상 독립한 건물이라고 볼 수 있는 정도의 형태와 구조를 갖추지 못하였던 경우
>
> ㅁ. 甲은 乙로부터 2억 원을 빌리면서 담보로 그 소유의 X토지에 저당권을 설정하였다. 변제기까지 甲이 채무를 변제하지 아니하자 乙은 임의경매를 신청하였고, 그 경매절차에서 丙이 X토지를 매수하여 경매대금을 완납한 경우

	A	B
①	ㄱ, ㄴ, ㄷ	ㄱ, ㄴ
②	ㄴ, ㄷ, ㄹ	ㄷ, ㄹ
③	ㄱ, ㄴ, ㄷ, ㅁ	ㄴ, ㄷ
④	ㄴ, ㄷ, ㄹ, ㅁ	ㄷ, ㄹ
⑤	ㄴ, ㄷ, ㄹ, ㅁ	ㄷ, ㅁ

해설

ㄱ. **[A×, B×]** 부동산 실권리자명의 등기에 관한 법률에 의하면, 이른바 3자간 등기명의신탁의 경우 같은 법에서 정한 유예기간의 경과에 의하여 <u>기존 명의신탁약정과 그에 의한 등기가 무효로 되고 그 결과 명의신탁된 부동산은 매도인 소유로 복귀하므로</u>, 매도인은 명의수탁자에게 무효인 명의 등기의 말소를 구할 수 있고, 한편 같은 법에서 정한 유예기간 경과 후에도 매도인과 명의신탁자 사이의 매매계약은 여전히 유효하므로, 명의신탁자는 매도인에게 매매계약에 기한 소유권이전등기를 청구할 수 있고, 소유권이전등기청구권을 보전하기 위하여 매도인을 대위하여 명의수탁자에게 무효인 명의 등기의 말소를 구할 수 있다(대법원 2011. 9. 8. 선고 2009다49193 판결). **[보충해설]** 3자간 명의신탁의 경우에 유예기간의 경과로 기존 명의신탁약정과 그에 따른 등기가 무효로 되고 그 결과 소유권은 매도인 乙에게 복귀한다. 따라서 丙은 소유권을 취득하지 못하므로, A와 B 어디에도 해당하지 않는다.

ㄴ. **[A○, B×]** 丙에게 민법 제126조 표현대리가 성립되므로, 丙은 표현대리에 의한 매매로 X부동산의 소유권을 승계취득을 하게 된다.

ㄷ. **[A○, B○]** 丙은 민법 제245조 제1항에 따라 등기함으로써 소유권을 취득하고, 점유취득시효의 법적 성질은 원시취득이다. **[보충판례]** 부동산점유취득시효는 20년의 시효기간이 완성한 것만으로 점유자가 곧바로 소유권을 취득하는 것은 아니고 민법 제245조에 따라 점유자 명의로 등기를 함으로써 소유권을 취득하게 되며, <u>이는 원시취득에 해당하므로</u> 특별한 사정이 없는 한 원소유자의 소유권에 가하여진 각종 제한에 의하여 영향을 받지 아니하는 완전한 내용의 소유권을 취득하게 되고, 이와 같은 소유권취득의 반사적 효과로서 그 부동산에 관하여 취득시효의 기간이 진행중에 체결되어 소유권이전등기청구권가등기에 의하여 보전된 매매예약상의 매수인의 지위는 소멸된다고 할 것이지만, 시효기간이 완성되었다고 하더라도 점유자 앞으로 등기를 마치지 아니한 이상 전 소유권에 붙어 있는 위와 같은 부담은 소멸되지 아니한다(대법원 2004. 09. 24. 선고 2004다31463 판결).

ㄹ. **[A○, B○]** 자기의 비용과 노력으로 건물을 신축한 자는 그 건축허가가 타인의 명의로 된 여부에 관계없이 그 소유권을 원시취득하게 되는바, 따라서 건축주의 사정으로 건축공사가 중단된 미완성의 건물을 인도받아 나머지 공사를 하게 된 경우에는 <u>그 공사의 중단 시점에 이미 사회통념상 독립한 건물이라고 볼 수 있는 정도의 형태와 구조를 갖춘 경우가 아닌 한 이를 인도받아 자기의 비용과 노력으로 완공한 자가 그 건물의 원시취득자가 된다</u>(대법원 2006. 05. 12. 선고 2005다68783 판결). **[비교판례]** 건물이 설계도상 처음부터 여러 층으로 건축할 것으로 예정되어 있고 그 내용으로 건축허가를 받아 건축공사를 진행하던 중에, 건축주의 사정으로 공사가 중단되었고 중단될 당시까지 이미 일부 층의 기둥과 지붕 그리고 둘레벽이 완성되어 그 구조물을 토지의 부합물로 볼 수 없는 상태에 이르렀다고 하더라도, 제3자가 이러한 상태의 미완성 건물을 종전건축주로부터 양수하여 나머지 공사를 계속 진행한 결과 건물의 구조와 형태 등이 건축허가의 내용과 사회통념상 동일하다고 인정되는 정도로 건물을 축조한 경우에는 그 구조와 형태가 원래의 설계 및 건축허가의 내용

과 동일하다고 인정되는 건물전체를 하나의 소유권의 객체로 보아 그 제3자가 그 건물전체의 소유권을 원시취득 한다고 보는 것이 옳고, 건축허가를 받은 구조와 형태대로 축조된 전체건물 중에서 건축공사가 중단될 당시까지 기둥과 지붕 그리고 둘레벽이 완성되어 있던 층만을 분리해 내어 이 부분만의 소유권을 종전건축주가 원시취득 한다고 볼 것이 아니다. 또한 구분소유가 성립하는 시점은 원칙적으로 건물전체가 완성되어 당해 건물에 관한 건축물대장에 구분 건물로 등록된 시점이라고 할 것이므로, 건축공사가 중단될 당시까지 종전건축주에 의하여 축조된 미완성 건물의 구조와 형태가 구분소유권의 객체가 될 수 있을 정도가 되었다고 하더라도 마찬가지이다(대법원 2006. 11. 9. 선고 2004다67691 판결).

ㅁ. [A○, B×] 경락에 의한 소유권취득은 성질상 승계취득이므로 하나의 토지 중 특정부분에 대한 구분소유적 공유관계를 표상하는 공유지분등기에 근저당권이 설정된 후 그 근저당권의 실행에 의하여 위 공유지분을 취득한 경락인은 구분소유적 공유지분을 그대로 취득한다고 할 것이다(대법원 1991. 8. 27. 선고 91다3703 판결).

정답 ④

제2절 • 동산물권의 변동

044 /선의취득/

선의취득에 관한 다음 설명 중 옳은 것은? (다툼이 있으면 판례에 의함)

① 소유자 甲으로부터 자전거를 임차한 乙이 이를 丙에게 전대한 후 다시 丁에게 양도하면서 乙의 丙에 대한 목적물반환청구권을 丁에게 양도하고 지명채권 양도의 대항요건을 갖춘 경우, 丁은 자전거를 선의취득 할 수 없다.

② 乙의 손목시계를 매도할 대리권이 없는 甲이 乙의 대리인의 지위에서 丙에게 이를 매도하고 현실로 인도해주었는데, 사실은 손목시계가 乙의 소유가 아니었다. 그런데 丙은 손목시계가 乙의 소유라고 믿었고 믿는 것에는 선의·무과실이었지만, 甲에게 대리권이 없다는 사실에 대하여는 알 수 있었다. 이 경우에 丙은 손목시계를 선의취득 할 수 없다.

③ 점유보조자를 권리자로 오신하여 거래한 경우 점유보조자에게는 점유권이 인정되지 않기 때문에 점유취득자는 목적물을 선의취득 할 수 없다. 또한 저당권의 실행으로 부동산이 경매되었다면 그 부동산의 상용에 공하여진 동산의 소유자가 그 부동산의 소유자가 아닌 경우에도 위 경매의 매수인은 당연히 그 동산의 소유권을 선의취득한다.

④ 자동차관리법 제6조는 "자동차 소유권의 득실변경은 등록을 하여야 그 효력이 생긴다."라고 규정하고 있다. 따라서 자동차관리법이 적용되는 자동차의 소유권을 취득함에는 민법상 공시방법인 '인도'에 의할 수 없으므로 민법 제249조의 선의취득 규정은 적용되지 않는다. 따라서 자동차관리법이 적용되는 자동차에 해당한다면 구조와 장치가 제작 당시부터 자동차관리법령이 정한 자동차안전기준에 적합하지 아니하여 행정상 특례조치에 의하지 아니하고는 적법하

게 등록할 수 없어서 등록하지 아니한 상태에 있고 통상적인 용도가 도로 외의 장소에서만 사용하는 것이라는 등의 특별한 사정이 있더라도 선의취득의 규정이 적용될 수 없다.

⑤ 소유자 甲으로부터 카메라를 임차하여 사용하고 있던 乙이, 자신이 카메라의 소유자라고 하면서 丙에게 이를 매도하였으나 丙으로부터 임차하기로 한 약정에 따라 이를 계속 사용하고 있는 경우, 丙은 카메라를 선의취득 할 수 있다.

해 설

① [✕] 양도인이 소유자로부터 보관을 위탁받은 동산을 제3자에게 보관시킨 경우에 양도인이 그 제3자에 대한 반환청구권을 양수인에게 양도하고 지명채권양도의 대항요건을 갖추었을 때에는 동산의 선의취득에 필요한 점유의 취득 요건을 충족한다(대법원 1999. 1. 26. 선고 97다48906 판결).

② [O] 동산의 선의취득은 양도인이 무권리자라고 하는 점을 제외하고는 아무런 흠이 없는 거래행위이어야 성립한다(대법원 1995. 6. 29. 선고 94다22071 판결). [**보충해설**] 丙이 甲에게 대리권이 없다는 사실에 대하여 과실이 있었으므로 표현대리가 성립할 수 없다. 따라서 丙이 손목시계가 乙의 소유라고 믿었고 믿음에 과실이 없다고 하여도 선의취득은 성립할 수 없다.

③ [✕] 점유보조자에게 점유권이 인정되지 않지만 점유보조자도 외관상으로는 동산을 사실상 지배하고 있기 때문에, 그를 권리자로 오신한 경우에도 양도인은 점유자이지만 무권리자일 것이라는 요건은 충족된다. [**관련판례1**] 민법 제250조, 제251조 소정의 도품, 유실물이란 원권리자로부터 점유를 수탁한 사람이 적극적으로 제3자에게 부정 처분한 경우와 같은 위탁물 횡령의 경우는 포함되지 아니하고 또한 점유보조자 내지 소지기관의 횡령처럼 형사법상 절도죄가 되는 경우도 형사법과 민사법의 경우를 동일시해야 하는 것은 아닐 뿐만 아니라 진정한 권리자와 선의의 거래 상대방간의 이익형량의 필요성에 있어서 위탁물 횡령의 경우와 다를 바 없으므로 이 역시 민법 제250조의 도품·유실물에 해당되지 않는다(대법원 1991. 3. 22. 선고 91다70 판결). [**관련판례2**] 저당권의 실행으로 부동산이 경매된 경우에 그 부동산에 부합된 물건은 그것이 부합될 당시에 누구의 소유이었는지를 가릴 것 없이 그 부동산을 낙찰받은 사람이 소유권을 취득하지만, 그 부동산의 상용에 공하여진 물건일지라도 그 물건이 부동산의 소유자가 아닌 다른 사람의 소유인 때에는 이를 종물이라고 할 수 없으므로 부동산에 대한 저당권의 효력에 미칠 수 없어 부동산의 낙찰자가 당연히 그 소유권을 취득하는 것은 아니며, 나아가 부동산의 낙찰자가 그 물건을 선의취득하였다고 할 수 있으려면 그 물건이 경매의 목적물로 되었고 낙찰자가 선의이며 과실 없이 그 물건을 점유하는 등으로 선의취득의 요건을 구비하여야 한다(대법원 2008. 5. 8. 선고 2007다36933 판결).

④ [✕] [1] 자동차관리법 제6조는 "자동차 소유권의 득실변경은 등록을 하여야 그 효력이 생긴다."라고 규정하고 있다. 이는 현대사회에서 자동차의 경제적 효용과 재산적 가치가 크므로 민법상 불완전한 공시방법인 '인도'가 아니라 공적 장부에 의한 체계적인 공시방법인 '등록'에 의하여 소유권 변동을 공시함으로써 자동차 소유권과 이에 관한 거래의 안전을 한층 더 보호하려는 데 취지가 있다. 따라서 자동차관리법이 적용되는 자동차의 소유권을 취득함에는 민법상 공시방법인 '인도'에 의할 수 없고 나아가 이를 전제로 하는 민법 제249조의 선의취득 규정은 적용되지 아니함이 원칙이다. [2] 자동차관리법이 적용되는 자동차에 해당하더라도 구조와 장치가 제작 당시부터 자동차관리법령이 정한 자동차안전기준에 적합하지 아니하여 행정상 특례조치에 의하지 아니하고는 적법하게 등록할 수 없어서 등록하지 아니한 상태에 있고 통상적인 용도가 도로 외의 장소에서만 사용하는 것이라는 등의 특별한 사정이 있다면 그러한 자동차에 대하여 자동차관리법이 정한 공시방법인 '등록'에 의하여만 소유권 변동을 공시할 것을 기대하기는 어려우므로, 소유권을 취득함에는 민법상

공시방법인 '인도'에 의할 수도 있다. 그리고 이때는 민법 제249조의 선의취득 규정이 적용될 수 있다(대법원 2016. 12. 15. 선고 2016다205373 판결).

⑤ [×] 동산의 선의취득에 필요한 점유의 취득은 현실적인 인도가 있어야 하고 소위 <u>점유개정에 의한 점유취득</u> 만으로서는 그 요건을 충족할 수 없다(대법원 1978. 1. 17. 선고 77다1872 판결).

정답 ②

제3절 • 물권의 소멸

045 /물권의 소멸/

다음 설명 중 옳은 것을 모두 고른 것은? (다툼이 있으면 판례에 의함)

> ㄱ. 포락(浦落)으로 사권이 소멸한 경우, 그 사권의 소멸을 주장하는 자가 포락 사실을 입증하여야 하며, 포락한 토지가 추후 성토된다 하더라도 소멸한 사권이 부활하지는 않는다.
>
> ㄴ. 토지를 매수하여 매수인 명의로 소유권이전청구권 보전을 위한 가등기를 경료하고 그 토지에 타인이 건물 등을 축조하여 점유 사용하는 것을 방지하기 위하여 지상권을 설정한 경우, 그 가등기에 기한 본등기청구권이 시효의 완성으로 소멸하여도 그 가등기와 함께 경료된 위 지상권은 소멸하지 않는다.
>
> ㄷ. 甲은 자신이 수급하여 보수공사한 건물에 관한 강제경매절차에서 공사대금채권에 기하여 건물을 점유하고 유치권을 주장하다가, 乙이 건물을 매수하자 乙로부터 건물을 다시 매수하여 자신(甲)의 명의로 소유권이전등기를 경료하였다. 그 후 甲이 丙에게 근저당권설정등기를 경료하여 준 경우, 甲의 유치권은 혼동으로 소멸하지 아니한다.
>
> ㄹ. 甲은 아버지 乙로부터 사업자금을 차용한 후 甲 소유의 부동산에 1순위 근저당권을 설정하여 주었고, 다시 丙으로부터 자금을 차용하고 위 부동산에 2순위 근저당권을 설정하여 주었다. 그런데 甲이 乙, 丙에게 위 차용금을 변제하지 못한 채 사망하고 乙이 甲을 단독 상속하게 된 경우, 乙의 위 1순위 근저당권은 소멸한다.
>
> ㅁ. 가등기권자가 본등기절차에 의하지 아니하고 가등기설정자로부터 별도의 소유권이전등기를 경료받은 경우, 혼동의 법리에 의하여 가등기권자의 본등기청구권이 소멸한다.

① ㄱ, ㄷ   ② ㄱ, ㄹ   ③ ㄱ, ㅁ
④ ㄴ, ㄹ   ⑤ ㄷ, ㅁ

해설

ㄱ. [○] 토지소유권의 상실 원인이 되는 포락이라 함은 토지가 바닷물이나 적용하천의 물에 개먹어 무너져 바다나 적용하천에 떨어져 그 원상복구가 불가능한 상태에 이르렀을 때를 말하고, 그 원상

회복의 불가능 여부는 포락 당시를 기준으로 하여 물리적으로 회복이 가능한지 여부를 밝혀야 함은 물론, 원상회복에 소요될 비용, 그 토지의 회복으로 인한 경제적 가치 등을 비교 검토하여 사회통념상 회복이 불가능한지 여부를 기준으로 하여야 하고, <u>위와 같이 원상복구가 불가능하게 되어 소유권이 소멸하였다는 사실은 사권의 소멸을 주장하는 자가 입증하여야 하며</u>, 원상복구 비용과 복구 후의 토지 가액을 비교하여 원상복구 비용이 복구 후의 토지 가액보다 적은 경우와 같이 원상복구에 과다한 비용을 요하지 아니하여 원상복구할 경제적 가치가 있는 경우에는 원칙적으로 사회통념상 원상복구가 가능하여 그 소유권이 상실되지 않았다고 보아야 한다(대법원 1995. 11. 07. 선고 93다25585 판결). <u>토지가 포락되어 하천부지화하여 항시 그 위로 물이 흐르고 있어 그 복구가 어려워 토지로서의 효용을 상실하였을 때에는 그 토지에 관한 사권은 포락으로 인하여 영구히 소멸된 것이고 그 후 포락된 토지가 다시 성토화되었다고 할지라도 종전의 사권이 다시 되살아나 종전의 소유권자가 다시 소유권을 취득할 수는 없는 것이다</u>(대법원 1983. 12. 27. 선고 83다카1561 판결).

ㄴ. [X] <u>토지를 매수하여 그 명의로 소유권이전청구권보전을 위한 가등기를 경료하고 그 토지상에 타인이 건물 등을 축조하여 점유 사용하는 것을 방지하기 위하여 지상권을 설정하였다면 이는 위 가등기에 기한 본등기가 이루어질 경우 그 부동산의 실질적인 이용가치를 유지 확보할 목적으로 전 소유자에 의한 이용을 제한하기 위한 것이라고 봄이 상당하다고 할 것이고 그 가등기에 기한 본등기청구권이 시효의 완성으로 소멸하였다면 그 가등기와 함께 경료된 위 지상권 또한 그 목적을 잃어 소멸되었다고 봄이 상당하다</u>(대법원 1991. 3. 12. 선고 90다카27570 판결).

ㄷ. [X] 甲이 乙로부터 점유하는 건물의 소유권을 취득하면 유치권은 혼동으로 소멸한다. 따라서 유치권 소멸 후에 근저당권이 설정되어도 유치권을 주장할 수 없다. 혼동에 의한 물권 소멸의 효과는 절대적이기 때문이다. **[관련판례]** 어떤 물건에 대한 소유권과 제한물권이 동일한 사람에게 귀속한 경우 그 제한물권은 혼동에 의하여 소멸하는 것이 원칙이지만, 본인 또는 제3자의 이익을 위하여 그 제한물권을 존속시킬 필요가 있다고 인정되는 경우에는 민법 제191조 제1항 단서의 규정상 혼동으로 소멸하지 않는 것임은 상고이유에서 지적하는 바와 같다. 그러나 기록에 의하면, <u>피고 1은 2001. 10. 29. 교보생명보험 주식회사로부터 이 사건 건물을 매수하여 같은 해 12. 7. 이전등기를 경료한 다음, 같은 날 주식회사 국민은행 앞으로 근저당권설정등기와 박정호 앞으로 소유권이전등기청구권보전을 위한 가등기를 각 순차로 경료한 사실을 알 수 있는바, 그렇다면 피고 1이 위와 같이 이 사건 건물의 소유권을 취득하기 전에 이 사건 건물에 관하여 유치권을 가지고 있었다고 하더라도 이는 그 유치권이 앞에서 본 혼동으로 소멸하지 아니하는 경우에 해당하지 아니한다고 할 것이다</u>(대법원 2008. 05. 08. 선고 2007다36933 판결).

ㄹ. [O] 1순위 저당권자가 소유자인 채무자를 상속하는 경우 저당권뿐만 아니라 채무까지 상속하게 되므로 피담보채권은 혼동으로 소멸하게 되고(제507조), 1순위 근저당권은 담보물권의 부종성에 의해 소멸하게 된다(제369조). 즉 채권과 채무의 혼동에 의한 소멸이 발생한다. **[관련조문] 제191조 (혼동으로 인한 물권의 소멸)** ① 동일한 물건에 대한 소유권과 다른 물권이 동일한 사람에게 귀속한 때에는 다른 물권은 소멸한다. 그러나 그 물권이 제3자의 권리의 목적이 된 때에는 소멸하지 아니한다. ② 전항의 규정은 소유권이외의 물권과 그를 목적으로 하는 다른 권리가 동일한 사람에게 귀속한 경우에 준용한다. ③ 점유권에 관하여는 전2항의 규정을 적용하지 아니한다. **제507조 (혼동의 요건, 효과)** 채권과 채무가 동일한 주체에 귀속한 때에는 채권은 소멸한다. 그러나 그 채권이 제삼자의 권리의 목적인 때에는 그러하지 아니하다. **[보충해설]** 제191조 제1항 단서와 관련하여 판례는 본인의 이익을 위하여 필요한 경우에도 제한물권이 소멸하지 않는다고 한다(대법원 1998. 7. 10. 선고 98다18643 판결 참조). 그러나 제507조 단서와 관련해서는 이러한 취지의 판례는 없다. 따라서 위 98다18643 판결의 취지상 제507조의 경우에도 본인의 이익을 위하여 필요한 경우에는 채권이 소멸하

지 않는다고 보아야 할 것인지에 대하여 견해가 대립될 수 있다. 그러나 해당지문은 2013년 사법시험 기출지문인데, 당시 옳은 지문으로 출제가 되었다. 따라서 제507조 단서와 관련하여 본인의 이익을 위하여 채권이 소멸하지 않는다는 판례는 없고, 해당지문이 옳은 지문으로 출제되었다는 정도로 정리하고 있으면 충분할 것이다.

ㅁ. [✗] 채권은 채권과 채무가 동일한 주체에 귀속한 때에 한하여 혼동으로 소멸하는 것이 원칙이므로, 어느 특정의 물건에 관한 채권을 가지는 자가 그 물건의 소유자가 되었다는 사정만으로는 채권과 채무가 동일한 주체에 귀속한 경우에 해당한다고 할 수 없어 그 물건에 관한 채권이 혼동으로 소멸하는 것은 아닌바, <u>토지를 乙에게 명의신탁하고 장차의 소유권이전의 청구권 보전을 위하여 자신의 명의로 가등기를 경료한 甲이, 乙에 대하여 가지는 가등기에 기한 본등기청구권은 채권으로서, 甲이 乙을 상속하거나 乙의 가등기에 기한 본등기 절차 이행의 의무를 인수하지 아니하는 이상, 甲이 가등기에 기한 본등기 절차에 의하지 아니하고 乙로부터 별도의 소유권이전등기를 경료받았다고 하여 혼동의 법리에 의하여 甲의 가등기에 기한 본등기청구권이 소멸하는 것은 아니다</u>(대법원 1995. 12. 26. 선고 95다29888 판결).

정답 ②

CHAPTER 02 기본물권

제1절 •• 점유권

046 /점유권/

점유권에 관한 다음 설명 중 옳은 것은? (다툼이 있으면 판례에 의함)

① 乙은 甲소유 건물에 사무실 집기를 비치한 채 이전하지 않자 甲은 건물의 출입로 부근에 철문을 설치하여 자물쇠로 시정하였다. 乙이 주변 토지를 통해 큰 지장 없이 건물에 출입할 수 있었다고 하여도 甲이 철문을 설치한 때부터 乙은 건물의 점유를 상실하였다.

② 민법 제203조 제1항 단서는 "점유자가 과실을 취득한 경우에는 통상의 필요비는 청구하지 못한다."라고 정하고 있다. 이 경우에 '점유자가 과실을 취득한 경우'란 점유자가 선의의 점유자로서 민법 제201조 제1항에 따라 과실수취권을 보유하고 있는 경우라고 제한하여 해석할 필요는 없다. 따라서 과실수취권이 없는 악의의 점유자에 대해서도 위 단서 규정이 적용될 수 있다.

③ 민법상 간접점유를 인정하기 위해서는 간접점유자와 직접점유를 하는 자 사이에 점유매개관계가 필요한데, 점유매개관계를 이루는 임대차계약이 종료된 이후라면 직접점유자가 목적물을 점유한 채 반환하지 않고 있는 경우라도 간접점유자의 반환청구권이 소멸한 것이므로 점유매개관계가 단절된 것이다.

④ 주식회사의 대표이사가 업무집행과 관련하여 정당한 권한 없이 직원으로 하여금 타인의 부동산을 지배·관리하게 한 경우, 부동산의 점유자는 회사일 뿐이고 대표이사 개인은 점유자가 아니기 때문에 불법적인 점유상태를 형성·유지한 위법행위로 인한 손해배상책임을 부담하지 않는다.

⑤ 구분소유적 공유관계에서 종전의 공유지분권과는 별도의 자주점유가 가능한 권원에 의하여 다른 공유자가 소유·점유하는 특정된 부분을 취득하여 점유를 개시하였다고 주장하는 경우 취득 권원이 인정되지 않는다고 하더라도 그 사유만으로 자주점유의 추정이 번복된다거나 점유권원의 성질상 타주점유라고 할 수 없다.

해설

① [×] [1] 물건의 소유자는 다른 특별한 사정이 없는 한 법률의 범위 내에서 그 물건에 관한 모든 이익(민법 제211조에서 명문으로 정하는 '사용, 수익, 처분'의 이익이 대표적인 예이다)을 배타적으로 향유할 권리를 가진다. 따라서 소유자가 상대방이 목적물을 권원 없이 점유·사용하여 소유권을 침해함으로 말미암아 재산상 손해를 입었다고 주장하여 그 손해의 배상을 청구하는 경우에는, 무엇보다도 상대방의 그러한 권리 침해로 인하여 소유자에게 재산상 손해가 발생하였는지를 살펴보아야 할 것인데, 그 경우 손해의 유무는 상대방이 당해 물건을 점유하는지에 의하여 좌우되지 아니하며, 점유 여부는 단지 배상되어야 할 손해의 구체적인 액을 산정함에 있어서 고려될 여지가 있을 뿐이다.
[2] 갑이 자기 소유 건물에 을이 사무실 집기 등을 비치하여 이를 권원 없이 점유·사용하고 있다는

이유로 건물 인도 및 점유·사용 기간에 관한 차임 상당액의 손해배상을 구한 사안에서, 갑이 위 기간 중 건물 출입로 부근에 철문을 설치하여 자물쇠로 시정하였지만, 을이 주변 토지를 통하여 건물에 출입하는 데 커다란 지장이 없었던 점, 출입문 설치 후에도 을은 건물에 사무실 집기 등을 비치하여 두어 갑이 건물을 용도대로 사용할 수 없었던 점 등에 비추어 을이 건물에 대한 종전 점유를 상실하였다고 할 수 없고, 또한 비록 을이 건물에 대한 점유를 상실하였다 하더라도, 갑이 손해배상청구를 하면서 을의 사용으로 인한 손해배상을 구하지 않는다는 의사를 표시하였다고 볼 수 없는 이상, 을이 건물에 사무실 집기 등 물건을 가져다 둠으로써 갑이 건물을 사용하지 못하는 손해를 입었는지, 그 손해는 금전적으로 얼마로 평가되는지 등을 심리·판단하여야 하는데도, 이에 관한 심리·판단 없이 갑이 건물 출입구 부근에 철문을 설치한 때부터 을이 건물에 대한 점유를 상실하였다고 보아 그 후 기간에 대한 청구를 기각한 원심판결에는 점유 또는 소유권 침해로 인한 손해배상에 관한 법리오해 등 위법이 있다고 한 사례(대법원 2012. 1. 27. 선고 2011다74949 판결).

② [×] ★ [사례형·기록형] 민법 제201조 제1항은 "선의의 점유자는 점유물의 과실을 취득한다."라고 정하고, 제2항은 "악의의 점유자는 수취한 과실을 반환하여야 하며 소비하였거나 과실로 인하여 훼손 또는 수취하지 못한 경우에는 그 과실의 대가를 보상하여야 한다."라고 정하고 있다. 민법 제203조 제1항은 "점유자가 점유물을 반환할 때에는 회복자에 대하여 점유물을 보존하기 위하여 지출한 금액 기타 필요비의 상환을 청구할 수 있다. 그러나 점유자가 과실을 취득한 경우에는 통상의 필요비는 청구하지 못한다."라고 정하고 있다. 위 규정을 체계적으로 해석하면 민법 제203조 제1항 단서에서 말하는 '점유자가 과실을 취득한 경우'란 점유자가 선의의 점유자로서 민법 제201조 제1항에 따라 과실수취권을 보유하고 있는 경우를 뜻한다고 보아야 한다. 선의의 점유자는 과실을 수취하므로 물건의 용익과 밀접한 관련을 가지는 비용인 통상의 필요비를 스스로 부담하는 것이 타당하기 때문이다. 따라서 과실수취권이 없는 악의의 점유자에 대해서는 위 단서 규정이 적용되지 않는다(대법원 2021. 4. 29. 선고 2018다261889 판결). [판례해설] 악의의 점유자는 과실을 취득할 수 없으므로, 제203조 제1항 본문이 적용된다는 의미이다. 즉 악의의 점유자는 회복자에 대하여 필요비를 청구할 수 있다.

③ [×] ★ [사례형·기록형] 민법상 간접점유를 인정하기 위해서는 간접점유자와 직접점유를 하는 자 사이에 일정한 법률관계, 즉 점유매개관계가 필요한데 간접점유에서 점유매개관계를 이루는 임대차계약 등이 해지 등의 사유로 종료되더라도 직접점유자가 목적물을 반환하기 전까지는 간접점유자의 직접점유자에 대한 반환청구권이 소멸하지 않는다. 따라서 점유매개관계를 이루는 임대차계약 등이 종료된 이후에도 직접점유자가 목적물을 점유한 채 이를 반환하지 않고 있는 경우에는, 간접점유자의 반환청구권이 소멸한 것이 아니므로 간접점유의 점유매개관계가 단절된다고 할 수 없다(대법원 2023. 8. 18. 선고 2021다249810 판결).

④ [×] ★ [사례형·기록형] 주식회사의 대표이사가 업무집행을 하면서 고의 또는 과실에 의한 위법행위로 타인에게 손해를 가한 경우 주식회사는 상법 제389조 제3항, 제210조에 의하여 제3자에게 손해배상책임을 부담하게 되고, 대표이사도 민법 제750조 또는 상법 제389조 제3항, 제210조에 의하여 주식회사와 연대하여 불법행위책임을 부담하게 된다. 따라서 주식회사의 대표이사가 업무집행과 관련하여 정당한 권한 없이 직원으로 하여금 타인의 부동산을 지배·관리하게 하는 등으로 소유자의 사용수익권을 침해하고 있는 경우, 부동산의 점유자는 회사일 뿐이고 대표이사 개인은 독자적인 점유자는 아니기 때문에 부동산에 대한 인도청구 등의 상대방은 될 수 없다고 하더라도, 고의 또는 과실로 부동산에 대한 불법적인 점유상태를 형성·유지한 위법행위로 인한 손해배상책임은 회사와 별도로 부담한다고 보아야 한다. 대표이사 개인이 부동산에 대한 점유자가 아니라는 것과 업무집행으로 인하여 회사의 불법점유 상태를 야기하는 등으로 직접 불법행위를 한 행위자로서 손해배상책임을 지는 것은 별개라고 보아야 하기 때문이다(대법원 2013. 6. 27. 선고 2011다50165 판결).

⑤ [O] 공유부동산의 경우에 공유자 중의 1인이 공유지분권에 기초하여 부동산 전부를 점유하고 있다고 하여도 다른 특별한 사정이 없는 한 권원의 성질상 다른 공유자의 지분비율의 범위 내에서는 타주점유라고 할 것이다. 그렇지만 이와 달리 <u>구분소유적 공유관계에서 어느 특정된 부분만을 소유·점유하고 있는 공유자가 매매 등과 같이 종전의 공유지분권과는 별도의 자주점유가 가능한 권원에 의하여 다른 공유자가 소유·점유하는 특정된 부분을 취득하여 점유를 개시하였다고 주장하는 경우</u>에는 타인 소유의 부동산을 매수·점유하였다고 주장하는 경우와 달리 볼 필요가 없으므로, <u>취득권원이 인정되지 않는다고 하더라도 그 사유만으로 자주점유의 추정이 번복된다거나 점유권원의 성질상 타주점유라고 할 수 없고, 상대방에게 타주점유에 대하여 증명할 책임이 있다</u>(대법원 2013. 03. 28. 선고 2012다68750 판결).

정답 ⑤

047 /점유권/

점유권에 관한 설명 중 옳지 않은 것은? (다툼이 있는 경우에는 판례에 의함)

① 위임관청이 위임조례 등에 의하여 권한의 일부를 수임관청에게 기관위임을 하여 수임관청이 사무처리를 위하여 공원 등의 부지가 된 토지를 점유하는 경우, 간접점유의 요건이 되는 점유매개관계는 법률행위뿐만 아니라 법률의 규정, 국가행위 등에도 설정될 수 있으므로, 이러한 위임조례 등을 점유매개관계로 볼 수 있다.

② 유익비상환청구에 관하여, 점유자의 증명을 통해 실제 지출금액 및 현존 증가액이 모두 산정되지 아니한 상태에서 회복자가 '점유자가 주장하는 지출금액과 감정 결과에 나타난 현존 증가액 중 적은 금액인 현존 증가액을 선택한다'는 취지의 의사표시를 하였다고 하더라도, 특별한 사정이 없는 한 이를 곧바로 '실제 증명된 지출금액이 현존 증가액보다 적은 금액인 경우에도 현존 증가액을 선택한다'는 뜻까지 담긴 것으로 해석하여서는 아니 된다.

③ 점유자가 점유물 반환 이외의 원인으로 물건의 점유자 지위를 잃어 소유자가 그를 상대로 물권적 청구권을 행사할 수 없게 되었다면, 그들은 더 이상 민법 제203조가 규율하는 점유자와 회복자의 관계에 있지 않으므로, 점유자는 비용 지출이 사무관리에 해당할 경우 그 상환을 청구하거나(민법 제739조), 자기가 지출한 비용으로 물건 소유자가 얻은 이득의 존재와 범위를 증명하여 반환청구권(민법 제741조)을 행사할 수 있을 뿐이다.

④ 민법 제205조에 의하면, 점유자가 점유의 방해를 받은 때에는 방해의 제거 및 손해의 배상을 청구할 수 있고(제1항), 제1항의 청구권은 방해가 종료한 날로부터 1년 내에 행사하여야 하는데(제2항), 여기서 기산점이 되는 '방해가 종료한 날'은 방해 행위가 종료한 날을 의미한다.

⑤ 원고가 소유권에 기하여 피고를 상대로 부동산의 불법점유를 이유로 한 부동산반환청구 및 점유기간 동안의 부당이득반환청구를 한 경우에, 소유권에 기한 부동산 반환청구가 변론종결 전에 소유권이 상실되었음을 이유로 배척된다면, 법원으로서는 소유권 상실 이전 기간의 부당이득반환청구와 관련하여 원고의 소유권의 존부와 피고의 점유권원의 유무 등을 가려서 그 청구의 당부를 판단할 수 없다.

해설

① [O] [1] 국가 또는 상위 지방자치단체 등 위임관청이 위임조례 등에 의하여 권한의 일부를 하위 지방자치단체의 장 등 수임관청에게 기관위임을 하여 수임관청이 사무처리를 위하여 공원 등의 부지가 된 토지를 점유하는 경우, 간접점유의 요건이 되는 점유매개관계는 법률행위뿐만 아니라 법률의 규정, 국가행위 등에도 설정될 수 있으므로, 이러한 위임조례 등을 점유매개관계로 볼 수 있다. 또한 사무귀속의 주체인 위임관청은, 위임조례의 개정 등에 의한 기관위임의 종결로 법령상의 관리청으로 복귀하고, 수임관청에게 점유의 반환을 요구할 수 있는 지위에 있다. 이러한 점 등에 비추어 보면, 위임관청은 위임조례 등을 점유매개관계로 하여 법령상 관리청인 수임관청 또는 그가 속하는 지방자치단체가 직접점유하는 공원 등의 부지가 된 토지를 간접점유한다고 보아야 한다. [2] 물건에 대한 점유란 사회관념상 어떤 사람의 사실상의 지배에 있다고 보여지는 객관적 관계를 말하는 것이다. 사실상의 지배에 있다고 하기 위하여는 반드시 물건을 물리적, 현실적으로 지배하는 것만을 의미하는 것이 아니고, 물건과 사람과의 시간적, 공간적 관계와 본권관계, 타인 지배의 배제 가능성 등을 고려하여 사회관념에 따라 합목적적으로 판단하여야 할 것이다. 특히 임야에 대한 점유의 이전이나 점유의 계속은 반드시 물리적이고 현실적인 지배를 요한다고 볼 것이 아니고, 관리나 이용의 이전이 있으면 점유의 이전이 있었다고 보아야 한다. 그러므로 사인이 소유하는 어떠한 토지에 도로나 공원 등 도시계획시설을 설치하는 내용의 도시계획이 결정·고시되었다고 하더라도, 아직 그 도시계획에 따른 사업이 시행되지 않은 상태에서는 곧바로 국가나 지방자치단체가 이를 점유한다고 볼 수 없다. 그러나 정식의 도시계획사업이 시행되기 전이라도 국가나 지방자치단체가 해당 토지에 도시계획시설을 구성하는 여러 시설을 설치·관리하여 일반 공중의 이용에 제공하는 등으로 이를 사실상 지배하는 것으로 평가될 수 있는 경우에는, 그 범위 내에서 국가나 지방자치단체의 점유가 인정될 수 있다(대법원 2018. 3. 29. 선고 2013다2559 판결).

② [O] 유익비상환청구에 관하여 민법 제203조 제2항은 "점유자가 점유물을 개량하기 위하여 지출한 금액 기타 유익비에 관하여는 그 가액의 증가가 현존한 경우에 한하여 회복자의 선택에 좇아 그 지출금액이나 증가액의 상환을 청구할 수 있다."라고 규정하고 있다. 즉 유익비의 상환범위는 '점유자가 유익비로 지출한 금액'과 '현존하는 증가액' 중에서 회복자가 선택하는 것으로 정해진다. 위와 같은 실제 지출금액 및 현존 증가액에 관한 증명책임은 모두 유익비의 상환을 구하는 점유자에게 있다. 따라서 점유자의 증명을 통해 실제 지출금액 및 현존 증가액이 모두 산정되지 아니한 상태에서 회복자가 '점유자가 주장하는 지출금액과 감정 결과에 나타난 현존 증가액 중 적은 금액인 현존 증가액을 선택한다'는 취지의 의사표시를 하였다고 하더라도, 특별한 사정이 없는 한 이를 곧바로 '실제 증명된 지출금액이 현존 증가액보다 적은 금액인 경우에도 현존 증가액을 선택한다'는 뜻까지 담긴 것으로 해석하여서는 아니 된다. 일반적으로 회복자의 의사는 실제 지출금액과 현존 증가액 중 적은 금액을 선택하겠다는 것으로 보아야 하기 때문이다(대법원 2018. 6. 15. 선고 2018다206707 판결).

③ [O] ★ [사례형·기록형] 물건의 소유자는 적법한 점유 권한 없는 점유자를 상대로 물권적 청구권을 행사하여 반환을 청구할 수 있고(민법 제213조), 점유자는 점유물을 반환하거나 그 반환을 청구받은 때에 회복자에 대하여 자기가 거기에 지출한 필요비나 유익비의 상환을 청구할 수 있다(민법 제203조). 그러나 점유자가 점유물 반환 이외의 원인으로 물건의 점유자 지위를 잃어 소유자가 그를 상대로 물권적 청구권을 행사할 수 없게 되었다면, 그들은 더 이상 민법 제203조가 규율하는 점유자와 회복자의 관계에 있지 않으므로, 점유자는 위 조항을 근거로 비용상환청구권을 행사할 수 없고, 다만 비용 지출이 사무관리에 해당할 경우 그 상환을 청구하거나(민법 제739조), 자기가 지출한 비용으로 물건 소유자가 얻은 이득의 존재와 범위를 증명하여 반환청구권(민법 제741조)을 행사할 수 있을 뿐이다(대법원 2022. 6. 30. 선고 2020다209815 판결).

④ [○] 민법 제205조에 의하면, 점유자가 점유의 방해를 받은 때에는 방해의 제거 및 손해의 배상을 청구할 수 있고(제1항), 제1항의 청구권은 방해가 종료한 날로부터 1년 내에 행사하여야 하는데(제2항), 민법 제205조 제2항이 정한 '1년의 제척기간'은 재판 외에서 권리행사 하는 것으로 족한 기간이 아니라 반드시 그 기간 내에 소를 제기하여야 하는 이른바 출소기간으로 해석함이 타당하다. 그리고 기산점이 되는 '방해가 종료한 날'은 방해 행위가 종료한 날을 의미한다(대법원 2016. 7. 29. 선고 2016다214483 판결).

⑤ [×] 원고가 소유권에 기하여 피고를 상대로 부동산의 불법점유를 이유로 한 부동산반환청구 및 점유기간 동안의 부당이득반환청구를 한 경우, 부당이득반환청구에 민법 제201조 제1항, 제197조 제1항을 적용함에 있어서는 소유권에 기한 부동산반환청구가 변론종결 전에 소유권이 상실되었음을 이유로 배척된다고 하더라도, 법원으로서는 소유권 상실 이전 기간의 부당이득반환청구와 관련하여 원고의 소유권의 존부와 피고의 점유 권원의 유무 등을 가려서 그 청구의 당부를 판단하고, 원고의 부당이득 주장이 이유 있는 것으로 판단된다면 민법 제201조 제1항, 제197조 제1항에도 불구하고 적어도 그 소제기일부터는 피고의 점유를 악의로 의제하여 피고에 대하여 부당이득의 반환을 명하여야 한다고 본 사례(대법원 2002. 11. 22. 선고 2001다6213 판결).

정답 ⑤

048 /점유권/
점유권에 대한 다음 설명 중 옳은 것을 모두 고른 것은? (다툼이 있으면 판례에 의함)

ㄱ. 지방자치단체나 국가가 적법한 공공용 재산의 취득절차를 밟는 등의 토지를 점유할 수 있는 일정한 권원이 없음을 알면서 사유토지를 도로부지에 편입시킨 경우, 특별한 사정이 없는 한 자주점유의 추정은 깨어진다.

ㄴ. 물건의 소유자가 적법한 점유 권원 없는 점유자를 상대로 민법 제213조에 따른 물권적 청구권을 행사하여 물건의 반환을 구할 수 있는 경우 점유자는 물건의 소유자를 상대로 민법 제203조에 따라 '점유물을 반환할 때' 비용상환청구권을 행사할 수 없고, 민법 제741조에 따라 해당 비용의 반환을 구할 수 있을 뿐이다.

ㄷ. 계약명의신탁에서 명의신탁자는 소유자가 명의신탁약정을 알았는지와 관계없이 소유권을 갖지 못할 뿐만 아니라 매매계약의 당사자도 아니어서 소유자를 상대로 소유권이전등기청구를 할 수 없고, 이는 명의신탁자도 잘 알고 있다고 보아야 한다. 명의신탁자가 명의신탁약정에 따라 부동산을 점유한다면 명의신탁자에게 점유할 다른 권원이 인정되는 등의 특별한 사정이 없는 한 명의신탁자는 소유권 취득의 원인이 되는 법률요건이 없이 그와 같은 사실을 잘 알면서 타인의 부동산을 점유한 것이다.

ㄹ. 피상속인이 사망하고 상속인 중 일부만이 피상속인의 점유를 승계하여 점유를 계속한 때에는 다른 특별한 사정이 없는 한 그 점유를 승계한 상속인들이 그 부동산 전체를 소유의 의사로 점유하는 것이다.

ㅁ. 상대방으로부터 점유를 위법하게 침탈당한 점유자가 상대방으로부터 점유를 탈환하였을 경우, 상대방의 점유회수청구가 받아들여지더라도 점유자가 상대방의 점유침탈을 문제 삼아 점유회수청구권을 행사함으로써 다시 점유를 회복할 수 있다면 상대방의 점유회수청구를 인정하는 것이 무용할 수 있다. 따라서 이러한 경우 점유자의 점유탈환행위가 자력구제에 해당하지 않더라도 상대방은 자신의 점유가 침탈당하였음을 이유로 점유자를 상대로 민법 제204조 제1항에 따른 점유의 회수를 청구할 수 없다.

① ㄱ, ㄴ, ㄷ ② ㄴ, ㄷ, ㄹ ③ ㄷ, ㅁ
④ ㄱ, ㄷ, ㄹ, ㅁ ⑤ ㄹ, ㅁ

해설

ㄱ. [O] 점유자가 점유 개시 당시에 <u>소유권 취득의 원인이 될 수 있는 법률행위 기타 법률요건이 없이 그와 같은 법률요건이 없다는 사실을 잘 알면서 타인 소유 부동산을 무단점유한 것임이 증명된 경우</u>, 특별한 사정이 없는 한 점유자는 타인의 소유권을 배척하고 점유할 의사를 갖고 있지 않다고 보아야 하므로, <u>이로써 소유의 의사가 있는 점유라는 추정은 깨어지는 것이다. 이는 지방자치단체나 국가가 적법한 공공용 재산의 취득절차를 밟는 등 토지를 점유할 수 있는 일정한 권원 없이 사유토지를 도로부지에 편입시킨 경우에도 마찬가지이다</u>(대법원 2012. 05. 10. 선고 2011다52017 판결).

ㄴ. [X] [1] 점유자가 점유물을 보존하거나 개량하기 위하여 지출한 필요비나 유익비에 관하여 민법 제203조 제1항, 제2항은 점유자가 '점유물을 반환할 때'에 상환을 청구할 수 있도록 규정하고 있으므로, 그 상환청구권은 <u>점유자가 회복자로부터 점유물 반환을 청구받거나 회복자에게 점유물을 반환한 때에 비로소 발생하여 점유자가 이를 행사할 수 있는 상태가 되고 이행기가 도래한다.</u>
[2] 민법 제203조는 정당한 법률관계가 없는 물건 점유자와 회복자 사이에서 점유물을 반환하는 경우 점유자가 지출한 필요비 또는 유익비의 상환청구 범위와 상환시기에 관하여 규정한 특별규정이므로, 물건의 소유자가 적법한 점유 권원 없는 점유자를 상대로 민법 제213조에 따른 물권적 청<u>구권을 행사하여 물건의 반환을 구할 수 있는 경우 점유자는 물건의 소유자를 상대로 민법 제741조에 따라 해당 비용의 반환을 구할 수는 없고 민법 제203조에 따라 '점유물을 반환할 때' 비로소 비용상환청구권을 행사할 수 있을 뿐이다</u>(대법원 2024. 12. 24. 선고 2020다275744 판결).

ㄷ. [O] [1] 민법 제197조 제1항에 따라 물건의 점유자는 소유의 의사로 점유한 것으로 추정된다. 점유자가 취득시효를 주장하는 경우 스스로 소유의 의사를 증명할 책임은 없고, 오히려 취득시효의 성립을 부정하는 사람에게 그 점유자의 점유가 소유의 의사가 없음을 주장하여 증명할 책임이 있다. 점유자의 점유가 소유의 의사가 있는 자주점유인지 아니면 소유의 의사가 없는 타주점유인지는 점유자 내심의 의사에 의하여 결정되는 것이 아니라 점유취득의 원인이 된 권원의 성질이나 점유와 관계가 있는 모든 사정에 의하여 외형적, 객관적으로 결정된다. 점유자가 성질상 소유의 의사가 없는 것으로 보이는 권원에 바탕을 두고 점유를 취득한 사실이 증명되었거나, 점유자가 타인의 소유권을 배제하여 자기의 소유물처럼 배타적 지배를 행사하는 의사를 가지고 점유하는 것으로 볼 수 없는 객관적 사정, 즉 점유자가 진정한 소유자라면 통상 취하지 아니할 태도를 나타내거나 소유자라면 당연히 취했을 것으로 보이는 행동을 취하지 아니한 경우 등 외형적, 객관적으로 보아 점유자가 타인의 소유권을 배척하고 점유할 의사를 갖고 있지 아니하였던 것이라고 볼만한 사정이 증명된 경우에도 그 추정은 깨어진다. 그러므로 점유자가 점유개시 당시에 소유권 취득의 원인이 될 수 있는 법률행위 기타 법률요건이 없이 그와 같은 사실을 잘 알면서 타인 소유의 부동산을

무단점유한 것임이 증명되었다면 특별한 사정이 없는 한 점유자는 타인의 소유권을 배척하고 점유할 의사를 갖고 있지 않다고 보아야 한다. 이로써 소유의 의사가 있는 점유라는 추정은 깨어진다.
[2] 부동산 실권리자명의 등기에 관한 법률 제4조 제1항은 "명의신탁약정은 무효로 한다.", 제2항은 "명의신탁약정에 따른 등기로 이루어진 부동산에 관한 물권변동은 무효로 한다. 다만 부동산에 관한 물권을 취득하기 위한 계약에서 명의수탁자가 어느 한쪽 당사자가 되고 상대방 당사자는 명의신탁약정이 있다는 사실을 알지 못한 경우에는 그러하지 아니하다."라고 규정한다. 따라서 명의신탁자와 명의수탁자가 명의신탁약정을 맺고 그에 따라 명의수탁자가 당사자가 되어 소유자와 부동산 매매계약을 체결하는 계약명의신탁에서, 부동산의 소유자가 명의신탁약정을 알면서 매매계약을 체결하고 명의수탁자 앞으로 부동산의 소유권이전등기를 마쳤다면 명의수탁자 명의의 소유권이전등기는 무효가 되고 부동산의 소유권은 소유자에게 그대로 남아 있게 되므로 소유자와 매매계약관계가 없는 명의신탁자는 소유자를 상대로 소유권이전등기청구를 할 수 없다. 부동산의 소유자가 명의신탁약정을 알지 못한 채 매매계약을 체결하고 명의수탁자 앞으로 부동산의 소유권이전등기를 마쳤다면 명의신탁약정이 무효라도 소유권이전등기는 유효하고 명의수탁자는 완전한 소유권을 취득하게 된다. [3] 계약명의신탁에서 명의신탁자는 부동산의 소유자가 명의신탁약정을 알았는지 여부와 관계없이 부동산의 소유권을 갖지 못할 뿐만 아니라 매매계약의 당사자도 아니어서 소유자를 상대로 소유권이전등기청구를 할 수 없고, 이는 명의신탁자도 잘 알고 있다고 보아야 한다. 명의신탁자가 명의신탁약정에 따라 부동산을 점유한다면 명의신탁자에게 점유할 다른 권원이 인정되는 등의 특별한 사정이 없는 한 명의신탁자는 소유권 취득의 원인이 되는 법률요건이 없이 그와 같은 사실을 잘 알면서 타인의 부동산을 점유한 것이다. 이러한 명의신탁자는 타인의 소유권을 배척하고 점유할 의사를 가지지 않았다고 할 것이므로 소유의 의사로 점유한다는 추정은 깨어진다(대법원 2022. 5. 12. 선고 2019다249428 판결).

ㄹ. [O] 부동산을 소유의 의사로 점유하고 있던 자가 사망하고 그 점유를 상속인 중 일부만이 승계하여 점유를 계속한 때에는 다른 특별한 사정이 없는 한 <u>그 점유를 승계한 상속인들이 그 부동산 전체를 소유의 의사로 점유한 것으로 보아야 할 것이고 그 점유가 계속되어 민법 제245조 제1항의 기간이 만료되면 그들은 등기를 함으로써 그 부동산의 소유권을 취득하게 된다.</u> [이유] 소론의 당원 판례(1962. 2. 15. 선고 4294민상794 판결; 1968. 4. 30. 선고 67다2862 판결; 1982. 11. 23. 선고 80다2825 판결; 1982. 12. 28. 선고 81다454 판결)는 당원 1983. 7. 12. 선고 82다708,709, 82다카1792,1793 전원합의체판결 이전의 것으로서 취득시효의 요건이 되는 자주점유의 내용인 소유의 의사는 점유의 권원의 성질에 의하여 결정하거나 또는 점유자의 소유자에게 소유의 의사가 있다는 것을 표시한 경우에 한하여 인정할 수 있고(1962. 2. 15. 선고 4294민상794 판결 ; 1982. 11. 23. 선고 80다2825 판결), 각 <u>공유자는 공유물 전부에 대하여 지분의 비율로 사용, 수익할 권리가 있으므로 공유자의 한사람이 공유토지 전부를 점유하여도 다른 공유자의 지분비율 범위내에서는 타주점유이고 다른 공유자에게 그의 지분비율의 범위내에 대하여는 소유의사 있음을 표시하였다거나 다른 권원에 의하여 다시 소유의 의사로 점유를 시작하였다는 사실의 입증이 없는 한 그의 자주점유를 인정할 수 없고</u>(1968. 4. 30. 선고 67다2862 판결), 원·피고(당해 사건의 원·피고임. 이하 같다)의 토지가 공유로 합동 환지된 경우 원고가 피고에 대하여 피고의 공유지분 부분에 대하여 소유의 의사가 있음을 표시하였다는 주장, 입증이 없는 한 그 권원의 성질상 피고의 소유지분까지 원고가 자주점유한 것으로 볼 수 없고(1982. 11. 23. 선고 80다2825 판결), 부동산의 공유자는 공유자의 협의가 없는 한 그 공유물의 일부라 하더라도 자의로 이를 배타적으로 사용, 수익할 수 없으므로 공동상속재산은 공유자의 한사람인 피고의 배타적 사용이 공유지분 과반수의 결의에 의한 것이 아닌 한 부적합한 것(1982. 12. 28. 선고 81다454 판결)이라는 것이지 이 사건에 있어서와 같이 <u>부동산을 소유의 의사로 점유하고 있던 자가 사망하고 그 점유를 상속인 중 일부만이 승계하여 점유를 계속한 때에도 상속인들 전부가 점유를 한 것이고 그 점유를 승계한 상속들만이 그 부동산 전체를 소유의 의사로 점유한 것이 아니라</u>

고 설시한 것이 아니다. 따라서 위 판례들은 재심대상판결과는 사실관계나 판시사항을 달리하는 것으로서 이 사건에 적절한 것이 아니라고 할 것이다. 그러므로 재심대상판결에서 부동산을 소유의 의사로 점유하고 있던 자가 사망하고 그 점유를 상속인 중 일부만이 승계하여 점유를 계속한 때에는 다른 특별한 사정이 없는 한 그 점유를 승계한 상속인들이 그 부동산 전체를 소유의 의사로 점유한 것으로 보아야 할 것이고 그 점유가 계속되어 민법 제245조 제1항 기간이 만료되면 그들은 등기를 함으로써 그 부동산의 소유권을 취득하게 된다고 판단한 것이 당원의 종전판례를 변경한 것이라 할 수 없고 따라서 재심대상판결 법원이 법률에 의하여 구성되지 아니한 때에 해당하여 민사소송법 제451조 제1항 제1호 소정의 재심사유가 있다는 소론의 주장은 받아들일 수 없다(대법원 1990. 2. 13. 선고 89재다카89 판결).

ㅁ. [O] 상대방으로부터 점유를 위법하게 침탈당한 점유자가 상대방으로부터 점유를 탈환하였을 경우(이른바 '점유의 상호침탈'), 상대방의 점유회수청구가 받아들여지더라도 점유자가 상대방의 점유침탈을 문제 삼아 점유회수청구권을 행사함으로써 다시 자신의 점유를 회복할 수 있다면 상대방의 점유회수청구를 인정하는 것이 무용할 수 있다. 따라서 이러한 경우 <u>점유자의 점유탈환행위가 민법 제209조 제2항의 자력구제에 해당하지 않는다고 하더라도 특별한 사정이 없는 한 상대방은 자신의 점유가 침탈당하였음을 이유로 점유자를 상대로 민법 제204조 제1항에 따른 점유의 회수를 청구할 수 없다고 보는 것이 타당하다</u>(대법원 2023. 8. 18. 선고 2022다269675 판결).

정답 ④

049 / 점유자와 회복자의 관계 /

다음 사례에 관한 설명 중 옳지 않은 것을 모두 고른 것은? (다툼이 있는 경우에는 판례에 의함)

〈사례〉

甲은 그 소유의 X토지 지상에 볼링장을 건축한 후 乙로부터 금원을 차용하고 乙에게 X토지와 볼링장에 관한 근저당권을 설정하여 주었다. 甲은 경기의 악화로 볼링장을 폐업하고 볼링장 건물을 잠가 둔 다음 그 열쇠를 사촌동생 A에게 맡겨 두고 장기 해외여행을 떠났다. A는 자신이 甲인 것처럼 행세하면서 관련 서류를 위조하여 그러한 사정에 관하여 선의, 무과실인 丙에게 X토지와 볼링장을 대금 6억 원에 매도하였다. 丙은 매매대금 중 3억 원을 지급한 후 X토지와 볼링장을 인도받아 1년 동안 볼링장을 경영하면서 유익비 3,000만 원을 지출하였고, 이로 인하여 볼링장 건물의 가치가 위 지출액만큼 증가하여 현재까지 유지되고 있다. 해외여행에서 돌아온 甲은 위 매매계약이 무효라고 주장하면서 丙에게 X토지와 볼링장의 인도 및 그 사용으로 인한 부당이득의 반환을 요구하였다. 그러는 동안 乙이 X토지와 볼링장 건물에 관하여 근저당권 실행을 위한 경매를 신청하여 현재 경매절차가 진행 중이다.

ㄱ. 丙은 위 유익비를 상환받을 때까지 甲의 인도 요구를 거부할 수 있으나, 위 유익비 지출 이전에 설정된 乙의 근저당권에 기한 경매절차에서 X토지와 볼링장 건물을 매수한 B의 인도 요구에 대해서는 거부할 수 없다.

ㄴ. 만일 乙이 경매신청을 취하한 후 甲이 丁에게 X토지와 볼링장을 매도하여 丁이 그 소유권을 취득하였다면, 丙은 丁에게 볼링장에 관하여 지출한 유익비의 상환을 구할 수 있다.

ㄷ. 위 ㄴ.의 경우에 丙이 丁에게 볼링장에 관하여 지출한 유익비의 상환을 구할 수 있다고 한다면, 丙의 지출금액은 丙이 실제 지출한 금액을 의미한다.

ㄹ. 丙이 자신이 X토지와 볼링장 건물의 적법한 매수인이라고 믿었고 믿을만한 근거가 있다면, 丙은 甲에게 그 사용대가를 반환할 필요가 없다.

ㅁ. 만일 丙이 악의의 점유자인 경우, 볼링장 영업이 전체적으로 적자였다면, 丙은 甲에게 X토지와 볼링장 건물의 사용으로 인한 대가를 부당이득으로 반환할 의무가 없다.

① ㄱ, ㄴ ② ㄷ, ㄹ ③ ㄹ, ㅁ
④ ㄴ, ㅁ ⑤ ㄱ, ㅁ

해설

ㄱ. [X] 부동산 경매절차에서의 매수인은 민사집행법 제91조 제5항에 따라 유치권자에게 그 유치권으로 담보하는 채권을 변제할 책임이 있는 것이 원칙이나, 채무자 소유의 건물 등 부동산에 경매개시결정의 기입등기가 경료되어 압류의 효력이 발생한 후에 채무자가 위 부동산에 관한 공사대금 채권자에게 그 점유를 이전함으로써 그로 하여금 유치권을 취득하게 한 경우, 그와 같은 점유의 이전은 목적물의 교환가치를 감소시킬 우려가 있는 처분행위에 해당하여 민사집행법 제92조 제1항, 제83조 제4항에 따른 압류의 처분금지효에 저촉되므로 점유자로서는 위 유치권을 내세워 그 부동산에 관한 경매절차의 매수인에게 대항할 수 없다. 그러나 이러한 법리는 경매로 인한 압류의 효력이 발생하기 전에 유치권을 취득한 경우에는 적용되지 아니하고, 유치권 취득시기가 근저당권설정 후라거나 유치권 취득 전에 설정된 근저당권에 기하여 경매절차가 개시되었다고 하여 달리 볼 것은 아니다(대법원 2009. 1. 15. 선고 2008다70763 판결).

ㄴ. [O] 민법 제203조 제2항에 의한 점유자의 회복자에 대한 유익비상환청구권은 점유자가 계약관계 등 적법하게 점유할 권리를 가지지 않아 소유자의 소유물반환청구에 응하여야 할 의무가 있는 경우에 성립되는 것으로서, 이 경우 점유자는 그 비용을 지출할 당시의 소유자가 누구이었는지 관계없이 점유회복 당시의 소유자 즉 회복자에 대하여 비용상환청구권을 행사할 수 있는 것이나, 점유자가 유익비를 지출할 당시 계약관계 등 적법한 점유의 권원을 가진 경우에 그 지출비용의 상환에 관하여는 그 계약관계를 규율하는 법조항이나 법리 등이 적용되는 것이어서, 점유자는 그 계약관계 등의 상대방에 대하여 해당 법조항이나 법리에 따른 비용상환청구권을 행사할 수 있을 뿐 계약관계 등의 상대방이 아닌 점유회복 당시의 소유자에 대하여 민법 제203조 제2항에 따른 지출비용의 상환을 구할 수는 없다(대법원 2003. 7. 25. 선고 2001다64752 판결). **[보충해설]** 丙은 적법한 계약관계, 즉 적법한 점유 권원을 가지지 못한 상태에서 유익비를 지출한 것이므로 회복 당시의 소유자에 대하여 유익비의 상환을 청구할 수 있다.

ㄷ. [O] 민법 제203조 제2항에서 정한 점유자의 지출금액은 점유자가 실제 지출한 금액을 의미한다. 비용을 지출한 것은 명백하나 유익비를 지출한 때부터 오랜 시간이 지나 자료가 없어졌다는 이유로 실제 지출한 금액에 대한 증명이 불가능하여 가치 증가에 드는 비용을 추정하는 방법으로 지출금액을 인정해야 하는 경우 실제 비용을 지출한 날을 기준시점으로 하여 가치 증가에 드는 금액을

산정한 다음 그 금액에 대하여 물가상승률을 반영하는 등의 방법으로 현가한 금액을 지출금액으로 인정해야 한다(대법원 2018. 3. 27. 선고 2015다3914 판결).

ㄹ. [O] 선의의 점유자는 제201조 제1항을 근거로 과실(사용이익)을 수취할 수 있기 때문이다. **[관련판례]** [1] 민법 제201조 제1항은 "선의의 점유자는 점유물의 과실을 취득한다."라고 규정하고 있는바, 여기서 선의의 점유자라 함은 과실수취권을 포함하는 권원이 있다고 오신한 점유자를 말하고, 다만 그와 같은 오신을 함에는 오신할 만한 정당한 근거가 있어야 한다. [2] 민법 제197조에 의하여 점유자는 선의로 점유한 것으로 추정되고, 권원 없는 점유였음이 밝혀졌다고 하여 곧 그 동안의 점유에 대한 선의의 추정이 깨어졌다고 볼 것은 아니다(대법원 2000. 03. 10. 선고 99다63350 판결).

ㅁ. [X] 부동산을 점유·사용함으로써 받은 이익은 특별한 사정이 없는 한 임료 상당액이라 할 것이므로, 매수인이 부동산을 인도받아 그 용도대로 사용한 경우, 매수인은 임료 상당의 이익을 받았다고 할 것이고, 가사 그 부동산을 사용하여 영위한 영업이 전체적으로 적자였다고 하더라도 사용으로 인한 이익 자체를 부정할 수는 없다(대법원 1997. 12. 9. 선고 96다47586 판결).

정답 ⑤

제2절 • 소유권

• 제1관 • 취득시효

050 / 취득시효 /

乙은 甲 명의로 등기되어 있는 A 토지를 1974. 5. 1.부터 점유하여 2015년 5월 현재에 이르고 있는데, 乙이 그 점유를 개시하게 된 원인은 밝혀지지 아니하였다. 이상의 사실관계에 대한 다음의 설명 중 옳은 것을 모두 고른 것은? (다툼이 있는 경우에는 판례에 의함)

> ㄱ. 乙이 취득시효 완성으로 인한 소유권이전등기를 마치지 아니하여 아직 소유권을 취득하지 못하였다면, 甲은 A 토지를 점유하고 있는 乙에 대하여 그 점유로 인한 부당이득반환청구를 할 수 있다.
>
> ㄴ. 甲이 제3자 丙에게 A 토지를 매도하고 1999. 7. 1. 소유권이전등기를 하여 주었는데, A 토지가 丁에게 매도되었다가 2005년 3월경 甲에게 다시 매도되어 현재 甲 명의로 등기되어 있으면, 乙은 甲에게 취득시효완성으로 인한 소유권이전등기청구를 할 수 있다.
>
> ㄷ. 甲이 제3자 丙에게 A 토지를 매도하여 1994. 7. 1. 소유권이전등기를 하여 준 경우, 丙은 시효기간만료 후에 이전등기를 받은 자이므로, 乙은 丙을 상대로 취득시효완성으로 인한 소유권이전등기청구를 할 수 없다.
>
> ㄹ. 乙의 취득시효완성 주장을 염려한 甲이 2005. 3. 1. 동생 丙에게 명의를 신탁하여 A 토지에 관하여 소유권이전등기를 하여 준 경우, 乙은 甲을 대위하여 丙을 상대로 丙 명의 등기의 말소를 청구하고, 甲을 상대로 자기(乙)에게 이전등기 할 것을 청구할 수 있다.

ㅁ. A 토지와 인접한 곳에 거주하고 있는 甲이, 乙로부터 시효취득을 원인으로 한 소유권이전등기를 구하는 소장 부본을 받은 다음 A 토지를 丙에게 매도하여 소유권이전등기를 넘겨줌으로써 乙에 대한 취득시효완성을 원인으로 한 소유권이전등기의무가 이행불능에 빠진 경우, 甲은 이로 인하여 乙이 입은 손해를 배상할 책임이 있다.

① ㄱ, ㄴ, ㄷ   ② ㄱ, ㄷ, ㅁ   ③ ㄴ, ㄷ, ㄹ
④ ㄴ, ㄷ, ㅁ   ⑤ ㄴ, ㄹ, ㅁ

해설

ㄱ. [✕] 부동산에 대한 취득시효가 완성되면 점유자는 소유명의자에 대하여 취득시효 완성을 원인으로 한 소유권이전등기절차의 이행을 청구할 수 있고 소유명의자는 이에 응할 의무가 있으므로 <u>점유자가 그 명의로 소유권이전등기를 경료하지 아니하여 아직 소유권을 취득하지 못하였다고 하더라도 소유명의자는 점유자에 대하여 점유로 인한 부당이득반환청구를 할 수 없다</u>(대법원 1993. 5. 25. 선고 92다51280 판결).

ㄴ. [○] 부동산에 대한 점유취득시효가 완성된 후 이를 등기하지 않고 있는 사이에 그 부동산에 관하여 제3자 명의의 소유권이전등기가 경료되어 점유자가 그 제3자에게 시효취득으로 대항할 수 없게 된 경우에도 점유자가 취득시효 당시의 소유자에 대한 시효취득으로 인한 소유권이전등기청구권을 상실하게 되는 것이 아니라 단지 그 소유자의 점유자에 대한 소유권이전등기의무가 이행불능으로 된 것에 불과하므로, 그 후 어떠한 사유로 취득시효 완성 당시의 소유자에게로 소유권이 회복되면 그 소유자에게 시효취득의 효과를 주장할 수 있으나, 취득시효 완성 후에 원 소유자가 일시 상실하였던 소유권을 회복한 것이 아니라 그 <u>상속인이 소유권이전등기를 마쳤을 뿐인 경우에는 그 상속인의 등기가 실질적으로 상속재산의 협의분할과 동일시할 수 있는 등의 특별한 사정이 없는 한 그 상속인은 점유자에 대한 관계에서 종전 소유자와 같은 지위에 있는 자로 볼 수 없고, 취득시효 완성 후의 새로운 이해관계인으로 보아야 하므로 그에 대하여는 취득시효 완성으로 대항할 수 없다</u>(대법원 1999. 2. 12. 선고 98다40688 판결).

ㄷ. [✕] 부동산에 대한 점유취득시효가 완성된 후 취득시효 완성을 원인으로 한 소유권이전등기를 하지 않고 있는 사이에 그 부동산에 관하여 제3자 명의의 소유권이전등기가 경료된 경우라 하더라도 당초의 점유자가 계속 점유하고 있고 <u>소유자가 변동된 시점을 기산점으로 삼아도 다시 취득시효의 점유기간이 경과한 경우에는 점유자로서는 제3자 앞으로의 소유권 변동시를 새로운 점유취득시효의 기산점으로 삼아 2차의 취득시효의 완성을 주장할 수 있다</u>(대법원 2009. 7. 16. 선고 2007다15172 전원합의체 판결).

ㄹ. [○] 부동산에 관한 점유취득시효 기간이 경과하였다고 하더라도 그 점유자가 자신의 명의로 등기하지 아니하고 있는 사이에 먼저 제3자 명의로 소유권이전등기가 경료되어 버리면 특별한 사정이 없는 한 그 제3자에 대하여는 시효취득을 주장할 수 없으나 그 <u>제3자가 취득시효기간만료 당시의 등기명의인으로부터 신탁 또는 명의신탁 받은 경우라면 종전 등기명의인으로서는 언제든지 이를 해지하고 소유권이전등기를 청구할 수 있고 점유시효취득자로서는 종전 등기명의인을 대위하여 이러한 권리를 행사할 수 있으므로</u> 그러한 제3자가 소유자로서의 권리를 행사하는 경우 점유자로서는 취득시효완성을 이유로 이를 저지할 수 있다(대법원 1995. 9. 5. 선고 95다24586 판결).

ㅁ. [O] 부동산에 관한 점유취득시효가 완성된 후에 그 취득시효를 주장하거나 이로 인한 소유권이전등기청구를 하기 이전에는 그 등기명의인 부동산 소유자로서는 특별한 사정이 없는 한 그 시효취득 사실을 알 수 없는 것이므로 이를 제3자에게 처분하였다 하더라도 그로 인한 손해배상책임을 부담하지 않는 것이나, 등기명의인 부동산 소유자가 그 부동산의 인근에 거주하는 등으로 그 부동산의 점유·사용관계를 잘 알고 있고, 시효취득을 주장하는 권리자가 등기명의인을 상대로 취득시효완성을 원인으로 한 소유권이전등기 청구소송을 제기하여 등기명의인이 그 소장 부본을 송달받은 경우에는 등기명의인이 그 부동산의 취득시효완성 사실을 알았거나 알 수 있었다고 봄이 상당하므로, 그 이후 등기명의인이 그 부동산을 제3자에게 매도하거나 근저당권을 설정하는 등 처분하여 취득시효완성을 원인으로 한 소유권이전등기의무가 이행불능에 빠졌다면 그러한 등기명의인의 처분행위는 시효취득자에 대한 소유권이전등기의무를 면탈하기 위하여 한 것으로서 위법하고, 부동산을 처분한 등기명의인은 이로 인하여 시효취득자가 입은 손해를 배상할 책임이 있다(대법원 1999. 9. 3. 선고 99다20926 판결).

정답 ⑤

051 / 취득시효 /

1994. 8. 1. 甲은 자기 소유가 아닌 A토지에 관하여 채권자 乙에게 양도담보권을 설정해주었다. 2015. 8. 19. 현재까지 甲은 소유의 의사로 평온, 공연하게 A토지를 점유하여 왔다. 이상의 사실관계에 대한 다음 설명 중 틀린 것을 모두 고른 것은? (다툼이 있는 경우 판례에 의함)

> ㄱ. 부동산 점유취득시효는 원시취득에 해당하므로 특별한 사정이 없는 한 소유권에 가하여진 각종의 제한에 의하여 영향을 받지 아니하는 완전한 내용의 소유권을 취득한다.
>
> ㄴ. 甲은 乙을 상대로 점유취득시효를 원인으로 하여 담보 목적으로 경료된 乙명의의 소유권이전등기의 말소를 구하거나 같은 효과가 있는 甲명의로의 소유권이전등기를 구할 수 있다.
>
> ㄷ. 만약 乙의 甲에 대한 피담보채권이 시효로 소멸하였다면 甲은 乙에게 이를 주장하여 담보 목적으로 경료된 소유권이전등기의 말소를 구할 수 있다.
>
> ㄹ. 만약 사안과 달리 양도담보권을 설정한 바 없는 甲이 집합건물의 공용부분을 20년간 소유의 의사로 평온, 공연하게 점유하였다면 취득시효에 의한 소유권을 취득할 수 있다.
>
> ㅁ. 부동산에 관하여 적법·유효한 등기를 하여 소유권을 취득한 사람이 당해 부동산을 점유하는 경우에는 특별한 사정이 없는 한 사실상태를 권리관계로 높여 보호할 필요가 없고, 부동산의 소유명의자는 부동산에 대한 소유권을 적법하게 보유하는 것으로 추정되어 소유권에 대한 증명의 곤란을 구제할 필요 역시 없으므로, 그러한 점유는 취득시효의 기초가 되는 점유라고 할 수 없다.

① ㄱ, ㄴ, ㅁ　　② ㄱ, ㄷ　　③ ㄴ, ㄷ
④ ㄴ, ㄹ　　⑤ ㄷ, ㄹ, ㅁ

해설

ㄱ. [O] ㄴ. [X] ㄷ. [O] 부동산점유취득시효는 원시취득에 해당하므로 특별한 사정이 없는 한 원소유자의 소유권에 가하여진 각종 제한에 의하여 영향을 받지 아니하는 완전한 내용의 소유권을 취득하는 것이지만, 진정한 권리자가 아니었던 채무자 또는 물상보증인이 채권담보의 목적으로 채권자에게 부동산에 관하여 저당권설정등기를 경료해 준 후 그 부동산을 시효취득하는 경우에는, 채무자 또는 물상보증인은 피담보채권의 변제의무 내지 책임이 있는 사람으로서 이미 저당권의 존재를 용인하고 점유하여 온 것이므로, 저당목적물의 시효취득으로 저당권자의 권리는 소멸하지 않는다. 이러한 법리는 부동산 양도담보의 경우에도 마찬가지이므로, 양도담보권설정자가 양도담보부동산을 20년간 소유의 의사로 평온, 공연하게 점유하였다고 하더라도, 양도담보권자를 상대로 피담보채권의 시효소멸을 주장하면서 담보 목적으로 경료된 소유권이전등기의 말소를 구하는 것은 별론으로 하고, 점유취득시효를 원인으로 하여 담보 목적으로 경료된 소유권이전등기의 말소를 구할 수 없고, 이와 같은 효과가 있는 양도담보권설정자 명의로의 소유권이전등기를 구할 수도 없다 (대법원 2015. 02. 26. 선고 2014다21649 판결).

ㄹ. [X] 집합건물의 소유 및 관리에 관한 법률(이하 '집합건물법'이라 한다) 제1조, 제2조 제1호 및 제3호는 1동의 건물 중 구조상 구분된 수개의 부분이 독립된 건물로서 사용될 수 있을 때에는 그 각 부분을 집합건물법이 정하는 바에 따라 각각 소유권의 목적으로 할 수 있고, 그 각 부분을 목적으로 하는 소유권을 구분소유권으로, 구분소유권의 목적인 각 건물 부분을 전유부분으로 규정하고 있으므로, 공용부분은 전유부분으로 변경되지 않는 한 구분소유권의 목적이 될 수 없다. 집합건물의 공용부분은 구분소유자 전원의 공유에 속하나(집합건물법 제10조 제1항), 그 공유는 민법상의 공유와는 달리 건물의 구분소유라고 하는 공동의 목적을 위하여 인정되는 것으로 집합건물법 제13조는 공용부분에 대한 공유자의 지분은 그가 가지는 전유부분의 처분에 따를 뿐 전유부분과 분리하여 처분할 수 없도록 규정하고 있다. 또한 공용부분을 전유부분으로 변경하기 위하여는 집합건물법 제15조에 따른 구분소유자들의 집회결의와 그 공용부분의 변경으로 특별한 영향을 받게 되는 구분소유자의 승낙을 얻어야 한다. 그런데 공용부분에 대하여 취득시효의 완성을 인정하여 그 부분에 대한 소유권 취득을 인정한다면 전유부분과 분리하여 공용부분의 처분을 허용하고 일정 기간의 점유로 인하여 공용부분이 전유부분으로 변경되는 결과가 되어 집합건물법의 취지에 어긋나게 된다. 따라서 집합건물의 공용부분은 취득시효에 의한 소유권 취득의 대상이 될 수 없다고 봄이 타당하다(대법원 2013. 12. 12. 선고 2011다78200 판결).

ㅁ. [O] ★ [사례형·기록형] 부동산에 관한 소유권이전의 원인행위가 사해행위로 인정되어 취소되더라도, 사해행위취소의 효과는 채권자와 수익자 사이에서 상대적으로 생길 뿐이다. 따라서 사해행위가 취소되더라도 부동산은 여전히 수익자의 소유이고, 다만 채권자에 대한 관계에서 채무자의 책임재산으로 환원되어 강제집행을 당할 수 있는 부담을 지고 있는 데 지나지 않는다. 그러므로 수익자의 등기부취득시효가 인정되려면, 자기 소유 부동산에 대한 취득시효가 인정될 수 있다는 것이 전제되어야 한다. 그러나 부동산에 관하여 적법·유효한 등기를 하여 소유권을 취득한 사람이 당해 부동산을 점유하는 경우에는 특별한 사정이 없는 한 사실상태를 권리관계로 높여 보호할 필요가 없고, 부동산의 소유명의자는 부동산에 대한 소유권을 적법하게 보유하는 것으로 추정되어 소유권에 대한 증명의 곤란을 구제할 필요 역시 없으므로, 그러한 점유는 취득시효의 기초가 되는 점유라고 할 수 없다(대법원 2016. 11. 25. 선고 2013다206313 판결). [관련판례] 부동산에 대한 취득시효 제도의 존재이유는 부동산을 점유하는 상태가 오랫동안 계속된 경우 권리자로서 외형을 지닌 사실상태를 존중하여 이를 진실한 권리관계로 높여 보호함으로써 법질서의 안정을 도모하고, 장기간 지속된 사실 상태는 진실한 권리관계와 일치될 개연성이 높다는 사실을 고려하여 권리관계에 관한 분쟁이 생긴 경우 점유자의 증명곤란을 구제하려는 데에 있다. 부동산에 관하여 적법·유효한 등

기를 하고 소유권을 취득한 사람이 자기 소유의 부동산을 점유하는 경우 특별한 사정이 없는 한 그러한 점유는 취득시효의 기초가 되는 점유라고 할 수 없다. 이러한 경우에는 사실 상태를 권리관계로 높여 보호할 필요가 없고, 부동산의 소유명의자는 부동산에 대한 소유권을 적법하게 보유하는 것으로 추정되어 소유권에 대한 증명의 곤란을 구제할 필요도 없기 때문이다. 그러나 소유권에 기초하여 부동산을 점유하는 사람이더라도 그 등기를 하고 있지 않아 자신의 소유권을 증명하기 어렵거나 소유권을 제3자에게 대항할 수 없는 등으로 점유의 사실 상태를 권리관계로 높여 보호하고 증명곤란을 구제할 필요가 있는 예외적인 경우에는, 자기 소유 부동산에 대한 점유도 취득시효를 인정하기 위해 기초가 되는 점유로 볼 수 있다(대법원 2022. 7. 28. 선고 2017다204629 판결).

정답 ④

• 제2관 • **첨부**

052 / 부합 /
부합에 관한 다음 설명 중 틀린 것을 모두 고른 것은? (다툼이 있으면 판례에 의함)

ㄱ. 乙이 건물 소유를 목적으로 甲 소유의 토지를 임차한 후 건물을 축조하였는데, 본래 지상 5층 건물로 설계된 건물의 지상 1층 콘크리트 골조 및 기둥, 천장공사가 완료되고 내부의 벽체가 완성된 상태에서 甲의 채권자 丙의 강제경매신청으로 법원이 토지와 건축 중인 건물을 일괄매각한 경우, 위 건축 중인 건물은 토지에 부합되지 않았지만 매수인(경락인)은 그 소유권을 취득한다.

ㄴ. 토지 위에 식재된 입목은 토지의 구성부분으로 토지의 일부일 뿐 독립한 물건으로 볼 수 없으므로 특별한 사정이 없는 한 토지에 부합하고, 토지의 소유자는 식재된 입목의 소유권을 취득한다. 토지 위에 식재된 입목을 그 토지와 독립하여 거래의 객체로 하기 위해서는 '입목에 관한 법률'에 따라 입목을 등기하거나 명인방법을 갖추어야 한다.

ㄷ. 타인 소유의 토지에 수목을 식재할 당시 토지의 소유권자로부터 그에 관한 명시적 또는 묵시적 승낙·동의·허락 등을 받았다면, 이는 민법 제256조에서 부동산에의 부합의 예외사유로 정한 '권원'에 해당한다고 볼 수 있으므로, 해당 수목은 토지에 부합하지 않고 식재한 자에게 그 소유권이 귀속된다.

ㄹ. 타인의 농지를 권원 없이 경작한 경우 그 농작물은 경작자의 소유에 귀속되는데, 두 사람이 서로 자기에게 경작권이 있다며 동일한 농지를 공동으로 권원 없이 경작한 경우, 먼저 명인방법을 갖춘 사람이 그 농작물의 소유권을 취득한다.

ㅁ. 건물 신축의 공사가 진행되다가 독립한 건물로서의 요건을 갖추지 못한 단계에서 중지된 것을 제3자가 이어받아 계속 진행함으로써 별개의 부동산인 건물로 성립되어 소유권을 원시취득한 경우에 애초의 신축 중 건물에 대한 소유권을 상실한 사람은 민법 제261조, 제257조, 제259조를 준용하여 건물의 원시취득자에 대하여 부당이득 관련 규정에 기하여 소유권의 상실에 관한 보상을 청구할 수 있다.

① ㄱ, ㄴ   ② ㄴ, ㄷ   ③ ㄷ, ㄹ
④ ㄹ, ㅁ   ⑤ ㄱ, ㄹ

해설

ㄱ. [✗] 독립된 부동산으로서의 건물이라고 하기 위하여는 최소한의 기둥과 지붕 그리고 주벽이 이루어지면 된다고 할 것인바, 이 사건 공작물은 위 경락 당시 지하 1, 2층 및 지상 1층까지의 콘크리트 골조 및 기둥, 천장(슬라브)공사가 완료되어 있고, 지상 1층의 전면(남쪽)에서 보아 좌측(서쪽) 벽과 뒷면(북쪽) 벽 그리고 내부 엘리베이터 벽체가 완성된 사실을 인정할 수 있으므로, 이 사건 공작물은 최소한의 지붕과 기둥 그리고 주벽이 이루어졌다고 할 것이어서 미완성 상태의 독립된 건물(원래 지상 7층 건물로 설계되어 있으나, 지상 1층만으로도 구분소유권의 대상이 될 수 있는 구조임이 분명하다)로서의 요건을 갖추었다고 할 것이다(대법원 2001. 01. 16. 선고 2000다51872 판결). 저당권은 법률에 특별한 규정이 있거나 설정행위에 다른 약정이 있는 경우를 제외하고 그 저당 부동산에 부합된 물건과 종물 이외에까지 그 효력이 미치는 것이 아니므로, 토지에 대한 경매절차에서 그 지상 건물을 토지의 부합물 내지 종물로 보아 경매법원에서 저당 토지와 함께 경매를 진행하고 경락허가를 하였다고 하여 그 건물의 소유권에 변동이 초래될 수 없다(대법원 1997. 09. 26. 선고 97다10314 판결). **[지문정리]** 저당권에 의한 경매로 인하여 매수인(경락인)이 소유권을 취득하는 지 여부는 경매목적물에 포함되었는지를 기준으로 하는 것이 아니라 객관적으로 부합물 또는 종물에 해당하는지를 기준으로 판단한다. 따라서 객관적으로 부합물 또는 종물이 아니면 경매목적물에 포함되었다고 하더라도 매수인(경락인)이 소유권을 취득할 수 없다.

ㄴ. [〇] [1] 부동산의 소유자는 그 부동산에 부합한 물건의 소유권을 취득하지만, 타인의 권원에 의하여 부속된 것은 그러하지 아니하다(민법 제256조). 토지 위에 식재된 입목은 토지의 구성부분으로 토지의 일부일 뿐 독립한 물건으로 볼 수 없으므로 특별한 사정이 없는 한 토지에 부합하고, 토지의 소유자는 식재된 입목의 소유권을 취득한다. [2] 토지 위에 식재된 입목을 그 토지와 독립하여 거래의 객체로 하기 위해서는 '입목에 관한 법률'에 따라 입목을 등기하거나 명인방법을 갖추어야 한다. 물권변동에 관한 성립요건주의를 채택하고 있는 민법에서 명인방법은 부동산의 등기 또는 동산의 인도와 같이 입목에 대하여 물권변동의 성립요건 또는 효력발생요건에 해당하므로 식재된 입목에 대하여 명인방법을 실시해야 그 토지와 독립하여 소유권을 취득한다. 이는 토지와 분리하여 입목을 처분하는 경우뿐만 아니라, 입목의 소유권을 유보한 채 입목이 식재된 토지의 소유권을 이전하는 경우에도 마찬가지이다(대법원 2021. 8. 19. 선고 2020다266375 판결).

ㄷ. [〇] 민법 제256조에서 부동산에의 부합의 예외사유로 규정한 '권원'은 지상권, 전세권, 임차권 등과 같이 타인의 부동산에 자기의 동산을 부속시켜서 그 부동산을 이용할 수 있는 권리를 뜻한다. 따라서 타인 소유의 토지에 수목을 식재할 당시 토지의 소유권자로부터 그에 관한 명시적 또는 묵시적 승낙·동의·허락 등을 받았다면, 이는 민법 제256조에서 부동산에의 부합의 예외사유로 정한 '권원'에 해당한다고 볼 수 있으므로, 해당 수목은 토지에 부합하지 않고 식재한 자에게 그 소유권이 귀속된다(대법원 2023. 11. 16. 선고 2023도11885 판결).

ㄹ. [✗] 타인의 농지를 가사 권원없이 경작을 하였다 하여도 그 경작으로 인한 입도는 그 경작자의 소유에 귀속되고 피차 자기에게 경작권이 있다 하여 동일한 농지를 서로 경작함으로써 결국 동일한 농지를 공동경작을 한 경우에는 그 입도에 대한 소유권은 위의 공동경작자의 공유에 속한다고 할 것이다(대법원 1967. 07. 11. 선고 67다893 판결).

ㅁ. [O] 건물 신축의 공사가 진행되다가 독립한 부동산인 건물로서의 요건을 아직 갖추지 못한 단계에서 중지된 것을 제3자가 이어받아 계속 진행함으로써 별개의 부동산인 건물로 성립되어 그 소유권을 원시취득한 경우에 그로써 애초의 신축 중 건물에 대한 소유권을 상실한 사람은 민법 제261조, 제257조, 제259조를 준용하여 건물의 원시취득자에 대하여 부당이득 관련 규정에 기하여 그 소유권의 상실에 관한 보상을 청구할 수 있다(대법원 2010. 02. 25. 선고 2009다83933 판결).

정답 ⑤

053 / 부합 /

건축자재판매업자인 甲은 철강제품을 공사업자인 乙에게 소유권을 유보한 채 판매하였다. 乙은 도급인 丙과 건물 신축에 관한 도급계약을 체결하였고 신축건물의 소유권은 丙에게 귀속시키기로 약정하였다. 乙은 甲으로부터 매수한 철강제품을 丙의 건물을 건축하는 데 사용하였다. 이상의 사실관계에 대한 다음의 설명 중 옳은 것을 모두 고른 것은? (다툼이 있으면 판례에 의함)

ㄱ. 丙은 선악을 불문하고 부합의 법리에 따라 철강제품의 소유권을 취득한다.

ㄴ. 丙은 선악을 불문하고 甲의 보상청구를 거부할 수 있다.

ㄷ. 건축중의 건물이 반드시 토지와 별개의 독립한 부동산으로서의 건물의 요건을 갖추어야만 부합에 의한 건축자재의 소유권 소멸 및 취득이라는 법률효과가 丙에게 발생하는 것은 아니다.

ㄹ. 丙이 甲의 소유권유보 사실을 알지 못한 데 무과실이라는 점은 추정되므로 과실에 대한 입증책임은 甲에게 있다.

ㅁ. 특별한 사정이 없는 한, 丙이 소유권유보부 약정의 존재 여부를 조사·확인하지 아니하였다면 그 존재를 알지 못한 것에 대한 무과실이 인정될 수 없다.

① ㄱ, ㄴ   ② ㄱ, ㄷ   ③ ㄴ, ㄷ
④ ㄷ, ㄹ   ⑤ ㄹ, ㅁ

[해설]

ㄱ. [O] 부동산의 소유자는 그 부동산에 부합한 물건의 소유권을 취득한다. 그러나 타인의 권원에 의하여 부속된 것은 그러하지 아니하다(제256조). 丙이 건물의 소유자이므로 제256조에 의해 철강제품의 소유권을 취득한다.

ㄴ. [X] 민법 제261조에서 첨부로 법률규정에 의한 소유권 취득(민법 제256조 내지 제260조)이 인정된 경우에 "손해를 받은 자는 부당이득에 관한 규정에 의하여 보상을 청구할 수 있다"라고 규정하고 있는바, 이러한 보상청구가 인정되기 위해서는 민법 제261조 자체의 요건만이 아니라, 부당이득 법리에 따른 판단에 의하여 부당이득의 요건이 모두 충족되었음이 인정되어야 한다. 매도인에게 소

유권이 유보된 자재가 제3자와 매수인 사이에 이루어진 도급계약의 이행으로 제3자 소유 건물의 건축에 사용되어 부합된 경우 보상청구를 거부할 법률상 원인이 있다고 할 수 없지만, <u>제3자가 도급계약에 의하여 제공된 자재의 소유권이 유보된 사실에 관하여 과실 없이 알지 못한 경우라면 선의취득의 경우와 마찬가지로 제3자가 그 자재의 귀속으로 인한 이익을 보유할 수 있는 법률상 원인이 있다고 봄이 상당하므로, 매도인으로서는 그에 관한 보상청구를 할 수 없다</u>(대법원 2009. 09. 24. 선고 2009다15602 판결).

ㄷ. [O] 건물의 신축 과정에서 건축자재 등의 동산이 결합되어 토지나 건물의 일부를 구성함으로써 그 동산을 훼손하거나 과다한 비용을 지출하지 않고서는 분리할 수 없을 정도로 토지나 건물에 부착·합체되거나 그 물리적 구조, 용도와 기능면에서 토지나 건물과는 독립한 경제적 효용을 가지고 거래상 별개의 소유권의 객체가 될 수 없는 정도에 이른 때에는 그 동산이 토지나 건물에 부합된 것으로 보아야 한다. 원심은 이 사건 공장건물이 토지와 별개의 독립한 부동산으로서의 건물의 요건을 갖춘 시점에 비로소 이 사건 공장건물의 건축공사에 사용된 건축자재의 부합에 의한 소유권의 득실변경이 이루어진다는 전제 아래, 이 사건 공장건물의 축조방식, 공정의 진행 정도, 공사대금의 약정 및 지급 현황 등 그 판시와 같은 여러 사정을 종합하여 이 사건 공장건물이 2007. 2. 12. 이전에 이미 사회통념상 독립한 부동산으로서의 건물의 요건을 갖추었고 그에 따라 이 사건 철강제품도 2007. 2. 12. 이전에 이 사건 공장건물에 부합되었다고 판단하였다. 원심판결 이유를 앞서 본 법리와 적법하게 채택된 증거들에 비추어 살펴보면, <u>건축중의 건물이 반드시 토지와 별개의 독립한 부동산으로서의 건물의 요건을 갖추어야만 부합에 의한 건축자재의 소유권 소멸 및 취득이라는 법률효과가 발생하는 것은 아니라는 점</u>에서 원심의 이 부분 이유설시에 다소 적절하지 아니한 측면이 있으나, 이 사건 공장건물이 독립한 부동산으로서의 건물의 요건을 갖춘 시기를 위와 같이 인정하고 적어도 그 시점에는 부합으로 인하여 <u>원고의 이 사건 철강제품에 대한 소유권이 소멸하고 피고가 그 소유권을 취득하였다는</u> 취지로 판단한 결론 자체는 수긍할 수 있고, 거기에 상고이유로 주장하는 바와 같이 독립한 부동산으로서의 건물의 요건 등에 관한 법리를 오해하는 등으로 판결에 영향을 미친 위법이 없다(대법원 2012. 11. 29. 선고 2010다8624 판결).

ㄹ. [×] ㅁ. [×] 건물 건축공사의 도급인이 공사에 사용되어 건물에 부합된 건축자재의 소유권이 원래 수급인 이외의 제3자에게 유보되어 있었다는 사정을 과실 없이 알지 못한 때에는 선의취득의 경우와 마찬가지로 도급인이 그 자재에 관한 이익을 보유할 법률상의 원인이 있다고 봄이 상당하므로 민법 제261조에 의한 보상청구에 응할 의무가 없다. 이 때 위 사정을 알지 못한 도급인의 무과실 여부는 당해 공사계약의 체결 경위와 내용, 도급인과 수급인 및 하수급인의 관계, 공정의 진행 정도 및 공사대금의 지급 현황, 일반적인 거래 관행 등을 종합하여 판단하여야 하며, <u>그 무과실에 대한 증명책임은 도급인이 진다</u>. 다만, 도급인이 건축공사에 사용되는 건축자재에 관하여 소유권유보약정이 부가되어 있는지를 조사·확인하는 일반적인 거래 관행이 정립되어 있지 않다면, 달리 <u>도급인으로 하여금 그 소유권유보약정의 존재를 의심하게 하는 객관적 정황이 존재하지 아니하는 이상, 도급인이 그 소유권유보약정의 존재 여부를 조사·확인하지 아니하였다는 사실만으로 그 존재를 알지 못한 것에 대한 무과실이 부정되어야 한다고 보기는 어렵다</u>(대법원 2012. 11. 29. 선고 2010다8624 판결).

정답 ②

• 제3관 • 소유권에 기한 물권적 청구권

054 /소유권에 기한 물권적 청구권/
甲소유 토지에 乙 명의로 소유권보존등기가 경료 되었고, 이후 丙 명의의 소유권이전등기가 경료 되었다. 甲은 乙을 상대로 등기말소를 구하는 소를 제기하여 乙에게 원인무효인 등기의 말소등기절차를 이행할 의무가 발생하였다. 한편 丙 명의의 소유권이전등기는 등기부취득시효 완성을 이유로 유효하다는 취지의 판결이 확정되었다. 이상의 사실관계에 대한 다음 설명 중 틀린 것은? (다툼이 있으면 판례에 의함)

① 甲은 乙의 말소등기절차 이행의무가 이행불능이 되었다는 이유로 전보배상을 청구할 수 없다.
② 丙의 등기부취득시효 완성으로 인해 甲은 소유권을 상실한다.
③ 甲은 乙에게 소유권상실에 따른 불법행위로 인한 손해배상청구를 할 수 있다.
④ 사안과 달리 만약 甲이 제3자에게 소유물의 처분권한을 수여한 경우에는 제3자의 처분이 실제로 유효하게 행하여지지 아니한 상태인 동안에는 甲은 乙을 상대로 방해배제청구권을 행사할 수 있다.
⑤ 사안과 달리 만약 甲이 소유권에 기한 물권적 방해배제청구로서 乙을 상대로 소유권등기의 말소를 구하는 소송 중 그 소송물에 대하여 화해권고결정이 확정되면 청구권의 법적 성질이 채권적 청구권으로 바뀐다.

해설

① [O] ② [O] ③ [O] ★ [사례형 · 기록형] [1] 소유자가 자신의 소유권에 기하여 실체관계에 부합하지 아니하는 등기의 명의인을 상대로 그 등기말소나 진정명의회복 등을 청구하는 경우에, 그 권리는 물권적 청구권으로서의 방해배제청구권(민법 제214조)의 성질을 가진다. 그러므로 <u>소유자가 그 후에 소유권을 상실함으로써 이제 등기말소 등을 청구할 수 없게 되었다면, 이를 위와 같은 청구권의 실현이 객관적으로 불능이 되었다고 파악하여 등기말소 등 의무자에 대하여 그 권리의 이행불능을 이유로 민법 제390조상의 손해배상청구권을 가진다고 말할 수 없다.</u> 위 법규정에서 정하는 채무불이행을 이유로 하는 손해배상청구권은 계약 또는 법률에 기하여 이미 성립하여 있는 채권관계에서 본래의 채권이 동일성을 유지하면서 그 내용이 확장되거나 변경된 것으로서 발생한다. 그러나 위와 같은 등기말소청구권 등의 물권적 청구권은 그 권리자인 소유자가 소유권을 상실하면 이제 그 발생의 기반이 아예 없게 되어 더 이상 그 존재 자체가 인정되지 아니하는 것이다. 이러한 법리는 선행소송에서 소유권보존등기의 말소등기청구가 확정되었다고 하더라도 그 청구권의 법적 성질이 채권적 청구권으로 바뀌지 아니하므로 마찬가지이다. [2] 국가 명의로 소유권보존등기가 경료된 토지의 일부 지분에 관하여 갑 등 명의의 소유권이전등기가 경료되었는데, 을이 등기말소를 구하는 소를 제기하여 국가는 을에게 원인무효인 등기의 말소등기절차를 이행할 의무가 있고 갑 등 명의의 소유권이전등기는 등기부취득시효 완성을 이유로 유효하다는 취지의 판결이 확정되자, 을이 국가를 상대로 손해배상을 구한 사안에서, <u>갑 등의 등기부취득시효 완성으로 토지에 관한 소유권을 상실한 을이 불법행위를 이유로 소유권 상실로 인한 손해배상을 청구할 수 있음은 별론으로 하고,</u> 애초 국가의 등기말소의무 이행불능으로 인한 채무불이행책임을 논할 여지는 없고, 또한 토지의 소유권

상실로 인한 손해배상을 구하는 을의 청구에 대하여 당사자가 주장하지 아니한 소유권보존등기 말소등기절차 이행의무의 이행불능으로 인한 손해배상책임을 인정할 수 없음에도, 이와 달리 손해배상책임을 인정한 원심판결에 법리오해와 처분권주의 위반의 위법이 있다고 한 사례(대법원 2012. 5. 17. 선고 2010다28604 전원합의체 판결). **[보충]** 어느 부동산이 법령에 의하여 국가의 소유로 되었음을 이유로 보존등기를 촉탁하는 담당공무원은 등기의 대상이 되는 부동산에 관하여 법령이 정한 국유화 사유가 존재하는지 여부를 확인할 주의의무가 있다. 다만 보존등기의 근거가 되는 국유화 사유가 결과적으로 인정되지 않아서 그 부동산에 관한 등기 행위가 위법하게 되었다고 하더라도 그것만으로 곧바로 담당공무원에게 과실이 있다고 할 수는 없고, 동일한 업무를 담당하는 평균적 공무원이 갖추어야 할 통상의 주의만 기울였으면 그 부동산에 관하여 법령이 정한 국유화 사유가 존재하지 않는다는 것을 알 수 있었음에도 이를 간과한 채 보존등기를 마친 경우에 과실을 인정할 수 있다. 그리고 이에 대한 증명책임은 불법행위로 인한 손해배상을 구하는 원고에게 있다(대법원 2014. 10. 15. 선고 2012다100395 판결). → 이 판결은 위 전원합의체 판결이 파기하여 다시 진행된 항소심 판결에 대한 재상고심 판결이다. **[관련최신판례]** 적법한 원인 없이 타인 소유 부동산에 관하여 소유권보존등기를 마친 무권리자가 그 부동산을 제3자에게 매도하고 소유권이전등기를 마쳐주었다고 하더라도, 그러한 소유권보존등기와 소유권이전등기는 실체관계에 부합한다는 등의 특별한 사정이 없는 한 모두 무효이다. 따라서 이 경우 원소유자가 소유권을 상실하지 아니하고, 또 무권리자가 제3자와 체결한 매매계약의 효력이 원소유자에게 미치는 것도 아니므로, 무권리자가 받은 매매대금이 부당이득에 해당하여 이를 원소유자에게 반환하여야 한다고 볼 수는 없다. 무권리자로부터 부동산을 매수한 제3자나 그 후행 등기 명의인이 과실 없이 점유를 개시한 후 소유권이전등기가 말소되지 않은 상태에서 소유의 의사로 평온, 공연하게 선의로 점유를 계속하여 10년이 경과한 때에는 민법 제245조 제2항에 따라 바로 그 부동산에 대한 소유권을 취득하고, 이때 원소유자는 소급하여 소유권을 상실함으로써 손해를 입게 된다. 그러나 이는 민법 제245조 제2항에 따른 물권변동의 효과일 뿐 무권리자와 제3자가 체결한 매매계약의 효력과는 직접 관계가 없으므로, 무권리자가 제3자와의 매매계약에 따라 대금을 받음으로써 이익을 얻었다고 하더라도 이로 인하여 원소유자에게 손해를 가한 것이라고 볼 수도 없다. **[이유]** 가. 이 사건 모토지는 망 소외 1이 일제강점기인 1917. 10. 15. 사정받은 토지인데, 이후 지적공부가 멸실되었다가 1977. 3. 5. 소유자가 기재되지 않은 채로 임야대장이 복구되었다. 나. 피고(註; 대한민국)는 1986. 12. 19. 이 사건 모토지에 관하여 소유권보존등기를 마친 후 1997. 12. 1. 소외 2에게 이를 5,499만 원에 매도하고 1998. 1. 5. 소유권이전등기를 마쳐주었다. 이후 이 사건 모토지는 분할, 등록변경, 지목변경 등의 절차를 거쳐 이 사건 각 토지가 되었다. 다. 망 소외 1의 상속인들인 원고들은 2017. 4. 21. 피고와 소외 2를 상대로 이 사건 각 토지에 관하여 소유권보존등기와 소유권이전등기의 말소를 구하는 등의 소를 제기하였다(이하 '선행소송'이라고 한다). 라. 선행소송 제1심법원은 2017. 12. 8. 원고들의 피고에 대한 소유권보존등기말소청구는 인용하되 소외 2에 대한 소유권이전등기말소청구는 민법 제245조 제2항에 따른 등기부취득시효가 완성되었음을 이유로 기각하는 판결을 선고하였고, 위 판결은 2018. 1. 4. 그대로 확정되었다. 마. 원고들은 2018. 1. 15. 다시금 피고를 상대로 이 사건 소를 제기하면서 국가배상청구를 하였으나 2019. 1. 24. 제1심에서 패소하였고, 이에 항소하면서 2019. 3. 22. 추가로 부당이득반환을 청구하였다(대법원 2022. 12. 29. 선고 2019다272275 판결).

④ **[O]** 소유권은 물건을 배타적으로 지배하는 권리로서 대세적 효력이 있으므로, 그에 관한 법률관계는 이해관계인들이 이를 쉽사리 인식할 수 있도록 명확하게 정하여져야 한다. 그런데 소유자에게 소유권의 핵심적 내용에 속하는 처분권능이 없다고 하면(민법 제211조 참조), 이는 결국 민법이 알지 못하는 새로운 유형의 소유권 내지 물권을 창출하는 것으로서, 객체에 대한 전면적 지배권인 소유권을 핵심으로 하여 구축되어 있고 또한 물권의 존재 및 내용에 관하여 일정한 공시수단을 요구하

는 물권법의 체계를 현저히 교란하게 된다. 따라서 소유자가 제3자에 대하여 목적물의 소유권을 이전하기로 하는 매매·증여·교환 기타의 채권계약을 체결하는 것만에 의하여서는 자신의 소유권에 어떠한 물권적 제한을 받지 아니하여서, 그는 다른 특별한 사정이 없는 한 자신의 소유물을 여전히 유효하게 달리 처분할 수 있고, 또한 소유권에 기하여 소유물에 대한 방해 등을 배제할 수 있는 민법 제213조, 제214조의 물권적 청구권을 가진다. 나아가 소유자는 제3자에게 그 물건을 제3자의 소유물로 처분할 수 있는 권한을 유효하게 수여할 수 있다고 할 것인데, 그와 같은 이른바 '처분수권'의 경우에도 그 수권에 기하여 행하여진 제3자의 처분행위(부동산의 경우에 처분행위가 유효하게 성립하려면 단지 양도 기타의 처분을 한다는 의사표시만으로는 부족하고, 처분의 상대방 앞으로 그 권리 취득에 관한 등기가 있어야 한다. 민법 제186조 참조)가 대세적으로 효력을 가지게 되고 그로 말미암아 소유자가 소유권을 상실하거나 제한받게 될 수는 있다고 하더라도, <u>그러한 제3자의 처분이 실제로 유효하게 행하여지지 아니하고 있는 동안에는 소유자는 처분수권이 제3자에게 행하여졌다는 것만으로 그가 원래 가지는 처분권능에 제한을 받지 아니한다. 따라서 그는, 처분권한을 수여받은 제3자와의 관계에서 처분수권의 원인이 된 채권적 계약관계 등에 기하여 채권적인 책임을 져야 하는 것을 별론으로 하고, 자신의 소유물을 여전히 유효하게 처분할 수 있고, 또한 소유권에 기하여 소유물에 대한 방해 등을 배제할 수 있는 민법 제213조, 제214조의 물권적 청구권을 가진다</u>(대법원 2014. 03. 13. 선고 2009다105215 판결).

⑤ [✗] 소유권에 기한 물권적 방해배제청구로서 소유권등기의 말소를 구하는 소송이나 진정명의 회복을 원인으로 한 소유권이전등기절차의 이행을 구하는 소송 중에 그 소송물에 대하여 화해권고결정이 확정되면 상대방은 여전히 물권적인 방해배제의무를 지는 것이고, <u>화해권고결정에 창설적 효력이 있다고 하여 그 청구권의 법적 성질이 채권적 청구권으로 바뀌지 아니한다</u>(대법원 2012. 05. 10. 선고 2010다2558 판결).

정답 ⑤

055 / 소유권에 기한 물권적 청구권 /

다음 각 사례에 관한 설명 중 옳은 것을 모두 고른 것은? (각 사례는 별개이며, 다툼이 있는 경우에는 판례에 의함)

〈사례 1〉

甲은 A 토지를 소유하고 있다. 그런데 乙이 A 토지에 연접해 있는 자기 소유의 B 토지에 건물을 지으면서 B 토지를 굴착하는 작업을 하고 있다. B 토지는 乙이 丙으로부터 매입한 토지인데, 丙이 쓰레기를 매립하여 조성하였다는 사실이 밝혀졌다.

ㄱ. 甲이 A 토지를 丁에게 매도하고 소유권이전등기를 마쳐주었으나 아직 인도하지 않은 경우라도 甲은 乙에게 소유권에 기한 방해배제청구권을 행사할 수 없다.

ㄴ. 乙은 丙에게 소유권에 기한 방해배제청구권을 행사하여 쓰레기의 제거를 청구할 수 있다.

ㄷ. 乙은 도저히 건물을 지을 수 없다고 판단하여 戊에게 토지를 매도하였다면, 戊는 丙에게 폐기물처리비용 상당의 손해배상을 청구할 수 있다.

⟨사례 2⟩

甲 소유로 사정(査定)받은 미등기 토지에 관해 乙이 관계서류를 위조하여 자기 명의로 소유권보존등기를 한 후, 乙을 소유자로 믿은 丙에게 매도하고 소유권이전등기를 해 주었다. 그 후 丙은 위 토지 위에 건물을 신축하였다.

ㄹ. 만약 甲과 乙 사이의 소송에서 乙 명의의 소유권보존등기가 관계서류의 위조에 의하여 마쳐진 사실이 밝혀지지 아니한 경우, 甲이 사정받은 사실이 인정되더라도 乙은 등기의 추정력에 의하여 진정한 소유자로 추정된다.

ㅁ. 위 미등기 토지가 종중의 소유인데 사정 당시 甲 명의로 신탁하여 사정받은 것이라고 인정하기 위하여는, 사정 당시 어느 정도의 유기적 조직을 가진 종중이 존재하였을 것과 사정 이전에 그 토지가 종중의 소유로 된 과정이나 내용이 증명되거나, 또는 여러 정황에 미루어 사정 이전부터 종중 소유로 인정할 수밖에 없는 많은 간접자료가 있을 때에 한하여 이를 인정할 수 있을 뿐이다.

① ㄱ, ㄴ, ㄷ   ② ㄱ, ㄷ, ㅁ   ③ ㄴ, ㄷ, ㄹ
④ ㄴ, ㄷ, ㅁ   ⑤ ㄷ, ㄹ, ㅁ

해설

ㄱ. [O] 소유권에 기한 물상청구권을 소유권과 분리하여 이를 소유권 없는 전소유자에게 유보하여 행사시킬 수는 없는 것이므로 소유권을 상실한 전소유자는 제3자인 불법점유자에 대하여 소유권에 기한 물권적 청구권에 의한 방해배제를 구할 수 없다(대법원 1980. 9. 9. 선고 80다7 판결).

ㄴ. [×] ★ [사례형·기록형] [1] 소유권에 기한 방해배제청구권에 있어서 '방해'라 함은 현재에도 지속되고 있는 침해를 의미하고, 법익 침해가 과거에 일어나서 이미 종결된 경우에 해당하는 '손해'의 개념과는 다르다 할 것이어서, 소유권에 기한 방해배제청구권은 방해결과의 제거를 내용으로 하는 것이 되어서는 아니 되며(이는 손해배상의 영역에 해당한다 할 것이다) 현재 계속되고 있는 방해의 원인을 제거하는 것을 내용으로 한다. [2] 쓰레기 매립으로 조성한 토지에 소유권자가 매립에 동의하지 않은 쓰레기가 매립되어 있다 하더라도 이는 과거의 위법한 매립공사로 인하여 생긴 결과로서 소유권자가 입은 손해에 해당한다 할 것일 뿐, 그 쓰레기가 현재 소유권에 대하여 별도의 침해를 지속하고 있다고 볼 수 없다는 이유로 소유권에 기한 방해배제청구권을 행사할 수 없다고 한 사례(대법원 2003. 3. 28. 선고 2003다5917 판결).

ㄷ. [O] 헌법 제35조 제1항, 구 환경정책기본법, 구 토양환경보전법 및 구 폐기물관리법의 취지와 아울러 토양오염원인자의 피해배상의무 및 오염토양 정화의무, 폐기물 처리의무 등에 관한 관련 규정들과 법리에 비추어 보면, 토지의 소유자라 하더라도 토양오염물질을 토양에 누출·유출하거나 투기·방치함으로써 토양오염을 유발하였음에도 오염토양을 정화하지 않은 상태에서 오염토양이 포함된 토지를 거래에 제공함으로써 유통되게 하거나, 토지에 폐기물을 불법으로 매립하였음에도 처리하지 않은 상태에서 토지를 거래에 제공하는 등으로 유통되게 하였다면, 다른 특별한 사정이 없는 한 이는 거래의 상대방 및 토지를 전전 취득한 현재의 토지 소유자에 대한 위법행위로서 불법행위가 성립할 수 있다. 그리고 토지를 매수한 현재의 토지 소유자가 오염토양 또는 폐기물이 매립되어 있는 지하까지 토지를 개발·사용하게 된 경우 등과 같이 자신의 토지소유권을 완전하게 행

사하기 위하여 오염토양 정화비용이나 폐기물 처리비용을 지출하였거나 지출해야만 하는 상황에 이르렀다거나 구 토양환경보전법에 의하여 관할 행정관청으로부터 조치명령 등을 받음에 따라 마찬가지의 상황에 이르렀다면 위법행위로 인하여 오염토양 정화비용 또는 폐기물 처리비용의 지출이라는 손해의 결과가 현실적으로 발생하였으므로, <u>토양오염을 유발하거나 폐기물을 매립한 종전 토지 소유자는 오염토양 정화비용 또는 폐기물 처리비용 상당의 손해에 대하여 불법행위자로서 손해배상책임을 진다</u>(대법원 2016. 5. 19. 선고 2009다66549 전원합의체 판결).

ㄹ. [×] <u>토지에 관한 소유권보존등기의 추정력은 그 토지를 사정받은 사람이 따로 있음이 밝혀진 경우에는 깨어지고 등기명의인이 구체적으로 그 승계취득 사실을 주장·입증하지 못하는 한 그 등기는 원인무효이다</u>(대법원 2005. 5. 26. 선고 2002다43417 판결).

ㅁ. [○] <u>어떤 토지가 종중의 소유인데 사정 당시 종원 또는 타인 명의로 신탁하여 사정받은 것이라고 인정하기 위하여는, 사정 당시 어느 정도의 유기적 조직을 가진 종중이 존재하였을 것과 사정 이전에 그 토지가 종중의 소유로 된 과정이나 내용이 증명되거나, 또는 여러 정황에 미루어 사정 이전부터 종중 소유로 인정할 수밖에 없는 많은 간접자료가 있을 때에 한하여 이를 인정할 수 있을 뿐</u>이고, 그와 같은 자료들이 충분히 증명되지 아니하고 오히려 반대되는 사실의 자료가 많을 때에는 이를 인정하여서는 아니 된다고 할 것이며, 그 간접자료가 될 만한 정황으로서는, 사정명의인과 종중과의 관계, 사정명의인이 여러 사람인 경우에는 그들 상호간의 관계, 한 사람인 경우에는 그 한 사람 명의로 사정받게 된 연유, 종중 소유의 다른 토지가 있는 경우에는 그에 대한 사정 또는 등기관계, 사정된 토지의 규모 및 시조를 중심으로 한 종중 분묘의 설치 상태, 분묘수호와 봉제사의 실태, 토지의 관리 상태, 토지에 대한 수익이나 보상금의 수령 및 지출 관계, 제세공과금의 납부 관계, 등기필증의 소지 관계, 그 밖의 모든 사정을 종합적으로 검토하여야 한다(대법원 2002. 07. 26. 선고 2001다76731 판결).

정답 ②

056 / 물권적 청구권 /

물권적 청구권에 대한 다음 설명 중 틀린 것은? (다툼이 있으면 판례에 의함)

① 소유자가 반환을 청구하는 경우에 점유자가 물건을 점유할 권리가 있는 때에는 반환을 거부할 수 있다. 반환을 거부할 수 있는 권리에는 임차권, 임치, 도급 등과 같이 점유를 수반하는 채권도 포함되고, 소유자에 대하여 이러한 채권을 갖는 자가 소유자의 승낙이나 소유자와의 약정 등에 기초하여 제3자에게 점유할 권리를 수여할 수 있는 경우에는 그로부터 점유 내지 보관을 위탁받거나 그 밖에 점유할 권리를 취득한 제3자는 특별한 사정이 없는 한 자신에게도 점유할 권리가 있음을 들어 소유자의 소유물반환청구를 거부할 수 있다.

② 건물 소유자가 건물의 소유를 통하여 타인 소유의 토지를 점유하고 있다고 하더라도 토지 소유자로서는 건물의 철거와 대지 부분의 인도를 청구할 수 있을 뿐, 자기 소유의 건물을 점유하고 있는 사람에 대하여 건물에서 퇴거할 것을 청구할 수 없다. 이러한 법리는 건물이 공유관계에 있는 경우에 건물의 공유자에 대해서도 마찬가지로 적용된다.

③ 토지 소유자가 그 소유 토지 위에 채무자 소유 건물 철거청구권을 보전하기 위하여 건물에 대한 처분금지가처분으로 마쳐진 가처분등기는, 건물에 관한 압류 또는 근저당권설정등기 이후

에 마쳐졌더라도 말소되지 않은 채 남아 있지만, 이는 위 가처분이 건물 자체에 대한 어떠한 권리를 보전하기 위한 것이 아니기 때문이다. 위와 같이 압류나 근저당권설정등기 이후에 마쳐진 위 가처분등기가 경매절차 매각대금 지급 후에도 말소되지 않은 채 남아 있다고 해서 채무자가 여전히 그 건물을 처분할 수 있는 지위에 있다고 볼 수는 없다.

④ 甲이 자신의 토지 위에 구조물을 설치한 행위가 인근 건물 소유자 乙에 대한 권리남용으로 볼 수 있다면 乙은 甲에게 민법 제214조에 기하여 구조물의 철거를 구할 수 있고, 위 조항에 근거하여 방해배제 비용 또는 방해예방 비용을 청구할 수도 있다.

⑤ 국가지정문화재로 지정된 구역에서 현상을 변경하거나 보존에 영향을 미칠 우려가 있는 행위 등이 제한된다는 사정만으로 건물 소유자가 정당한 권원 없이 부지인 타인 소유의 토지를 점유·사용하는 것이 허용된다고 볼 수 없다.

해설

① [O] [1] 소유자는 그 소유에 속한 물건을 점유한 자에 대하여 반환을 청구할 수 있다. 그러나 점유자가 그 물건을 점유할 권리가 있는 때에는 반환을 거부할 수 있다(민법 제213조). 여기서 반환을 거부할 수 있는 권리에는 임차권, 임치, 도급 등과 같이 점유를 수반하는 채권도 포함되고, 소유자에 대하여 이러한 채권을 갖는 자가 소유자의 승낙이나 소유자와의 약정 등에 기초하여 제3자에게 점유할 권리를 수여할 수 있는 경우에는 그로부터 점유 내지 보관을 위탁받거나 그 밖에 점유할 권리를 취득한 제3자는 특별한 사정이 없는 한 자신에게도 점유할 권리가 있음을 들어 소유자의 소유물반환청구를 거부할 수 있다. [2] 원고 회사의 대표이사인 甲이 乙에게 원고 회사 소유의 이 사건 자동차를 인도하였는데, 그 당시 '이 사건 이후부터 자동차는 소유자의 점유물이 아닌 채권자의 점유물로 간주하고, 매매, 양도, 기타 어떠한 행위에 대해서도 절대 간섭하지 않는다. 자동차 입고 및 운행을 허락하면서 자동차 내부 귀중품은 일절 없으며 오늘 이후부터는 어느 누구든지 운행하여도 무방하다'는 내용이 담긴 자동차포기각서를 작성하여 함께 교부하였고, 곧이어 乙도 같은 무렵에 이 사건 자동차를 위 자동차포기각서와 함께 피고에게 인도함으로써 그 뒤로 피고가 이 사건 자동차를 운행하면서 사용·수익하게 된 사안에서, 乙이 취득한 채권적 권리는 그것이 그대로 유지·존속하는 한 원고 회사가 주장하는 소유물반환청구권에 대항할 수 있는 점유권원에 해당하고, 나아가 이러한 권리가 1차적으로 귀속된 乙에 대해서는 물론이고 乙과의 별도 약정에 기하여 이 사건 자동차를 점유·사용하게 된 피고에 대해서도 원고 회사는 소유권에 기한 물권적 청구권을 행사하거나 부당이득반환청구를 할 수 없다는 취지로 원심판결을 파기환송한 사례(대법원 2020. 5. 28. 선고 2020다211085 판결).

② [O] 건물 소유자가 건물의 소유를 통하여 타인 소유의 토지를 점유하고 있다고 하더라도 토지 소유자로서는 건물의 철거와 대지 부분의 인도를 청구할 수 있을 뿐, 자기 소유의 건물을 점유하고 있는 사람에 대하여 건물에서 퇴거할 것을 청구할 수 없다. 이러한 법리는 건물이 공유관계에 있는 경우에 건물의 공유자에 대해서도 마찬가지로 적용된다. 그 이유는 다음과 같다. ① 모든 공유자는 공유물 전부를 지분의 비율로 사용·수익할 수 있다(민법 제263조). 공유자가 공유물에 대하여 가지는 공유지분권은 소유권의 분량적 일부이지만 하나의 독립된 소유권과 같은 성질을 가지므로, 공유자는 소유권의 권능에 속하는 사용·수익권을 갖는다. 설령 공유자 중 1인이 공유물을 독점적으로 점유하여 사용·수익하고 있더라도, 공유자 아닌 제3자가 공유물을 무단으로 점유하는 것과는 다르다. 따라서 공유자가 건물을 점유하는 것은 그 소유 지분과 관계없이 자기 소유의 건물에 대한 점유로 보아야 하고, 소유 지분을 넘는 부분을 관념적으로 분리하여 그 부분을 타인의 점유라고

볼 수 없다. ② 토지 소유자는 토지 소유권에 기한 방해배제청구권의 행사로써 그 지상 건물의 철거와 해당 토지의 인도를 구할 수 있을 뿐이고 건물의 점유 자체를 회복하거나 건물에 관한 공유자의 사용관계를 정할 권한이 없다. 토지 소유자로 하여금 그 지상 건물 공유자를 상대로 퇴거 청구를 할 수 있도록 허용한다면 토지 소유자가 건물의 점유 자체를 회복하도록 하거나 해당 건물에 관한 공유자의 사용관계를 임의로 정하게 하는 결과를 가져오게 된다. ③ 소유 지분의 범위에서 철거를 명하는 확정판결을 받은 공유자가 계속하여 건물을 점유하는 것은 토지 소유자가 건물 전체의 철거를 명하는 확정판결을 받지 못하여 철거집행이 불가능한 상황에 따른 반사적 효과에 지나지 않는다. 토지 소유자로서는 건물 전체에 대하여 철거에 관한 집행권원을 확보하여 곧바로 집행에 들어가거나 철거집행 전까지 토지 점유에 관한 부당이득반환 등을 청구하는 방법으로 권리구제를 받을 수 있다(대법원 2022. 6. 30. 선고 2021다276256 판결).

③ [O] 부동산처분금지가처분은 부동산에 대한 채무자의 소유권이전, 저당권, 전세권, 임차권의 설정 그 밖의 일체의 처분행위를 금지하는 가처분으로서, 자기 소유 토지 위에 채무자 소유 건물에 대한 철거청구권, 즉 방해배제청구권의 보전을 위해서도 할 수 있다. 채무자 소유 건물에 대한 철거청구권을 피보전권리로 한 가처분에도 불구하고 채무자가 건물을 처분하였을 때에는 이를 채권자에게 대항할 수 없으므로 채권자에 대한 관계에 있어서 채무자가 여전히 그 건물을 처분할 수 있는 지위에 있다고 볼 수 있다. 처분행위가 가처분에 저촉되는지 여부는 그 처분행위에 따른 등기와 가처분등기의 선후에 따라 정해진다. 그런데 가등기는 본등기 순위보전의 효력이 있기 때문에, 가처분등기보다 먼저 마쳐진 가등기에 의하여 본등기가 마쳐진 경우에는 그 본등기가 설사 가처분등기 후에 마쳐졌더라도 채권자에게 대항할 수 있다. 또한 근저당권이 소멸되는 경매절차에서 부동산이 매각된 경우에는 근저당권설정등기와 가처분등기의 선후에 따라 채무자가 채권자에게 대항할 수 있는지 여부가 정해진다. 따라서 가처분등기보다 먼저 설정등기가 마쳐진 근저당권이 소멸되는 경매절차에서의 매각으로 채무자가 건물 소유권을 상실한 경우에는 채권자로서도 가처분 효력을 내세워 채무자가 여전히 그 건물을 처분할 수 있는 지위에 있다고 주장할 수 없다. 한편 경매절차에서 매각대금이 지급되면 법원사무관 등은 매수인 앞으로 소유권을 이전하는 등기와 함께 매수인이 인수하지 아니한 부동산의 부담에 관한 기입을 말소하는 등기 등도 촉탁하여야 하는데(민사집행법 제144조 제1항), 이때 토지 소유자가 그 소유 토지 위에 채무자 소유 건물 철거청구권을 보전하기 위하여 건물에 대한 처분금지가처분으로 마쳐진 가처분등기는, 건물에 관한 압류 또는 근저당권설정등기 이후에 마쳐졌더라도 말소되지 않은 채 남아 있지만, 이는 위 가처분이 건물 자체에 대한 어떠한 권리를 보전하기 위한 것이 아니기 때문이다. 위와 같이 압류나 근저당권설정등기 이후에 마쳐진 위 가처분등기가 경매절차 매각대금 지급 후에도 말소되지 않은 채 남아 있다고 해서 채무자가 여전히 그 건물을 처분할 수 있는 지위에 있다고 볼 수는 없다(대법원 2022. 3. 31. 선고 2017다9121 판결).

④ [×] ★ [사례형·기록형] 토지 소유자가 자신 소유의 토지 위에 공작물을 설치한 행위가 인근 건물의 소유자에 대한 관계에서 권리남용에 해당하고, 그로 인하여 인근 건물 소유자의 건물 사용수익이 실질적으로 침해되는 결과를 초래하였다면, 인근 건물 소유자는 건물 소유권에 기한 방해제거청구권을 행사하여 토지 소유자를 상대로 공작물의 철거를 구할 수 있다(대법원 2014. 10. 30. 선고 2014다42967 판결). 민법 제214조의 규정에 의하면, 소유자는 소유권을 방해하는 자에 대하여 그 방해제거 행위를 청구할 수 있고, 소유권을 방해할 염려가 있는 행위를 하는 자에 대하여 그 방해예방 행위를 청구하거나 소유권을 방해할 염려가 있는 행위로 인하여 발생하리라고 예상되는 손해의 배상에 대한 담보를 지급할 것을 청구할 수 있으나, 소유자가 침해자에 대하여 방해제거 행위 또는 방해예방 행위를 하는 데 드는 비용을 청구할 수 있는 권리는 위 규정에 포함되어 있지 않으므로, 소유자가 민법 제214조에 기하여 방해배제 비용 또는 방해예방 비용을 청구할 수는 없다(대법원 2014. 11. 27. 선고 2014다52612 판결).

⑤ **[O]** [1] 문화재보호법은 국가지정문화재에 대하여 허가와 신고 사항, 일정한 조치와 그에 따른 손실보상 등을 정하고 있을 뿐이고, 건물 소유자가 부지인 토지를 사용할 권한이 있는지 여부나 토지 소유자의 손실을 보상하는 일반적인 규정을 두고 있지 않다. 이러한 문화재보호법의 입법 취지, 규정 내용과 체계 등을 종합하면, <u>국가지정문화재로 지정된 구역에서 현상을 변경하거나 보존에 영향을 미칠 우려가 있는 행위 등이 제한된다는 사정만으로 건물 소유자가 정당한 권원 없이 부지인 토지를 점유·사용하는 것이 허용된다고 볼 수 없다.</u> 건물 소유자는 부지인 토지를 점유·사용할 수 있는 권원이 있음을 주장·증명하지 못하는 경우 토지의 차임에 해당하는 이익을 얻고 토지 소유자에게 같은 금액의 손해를 입혔다고 볼 수 있어 토지 소유자에게 부당이득반환의무를 부담한다. [2] <u>토지 소유자의 배타적 사용·수익권 행사 제한의 법리는 토지가 도로, 수도시설의 매설 부지 등 일반 공중을 위한 용도로 제공된 경우에 적용되고, 토지가 건물의 부지 등 지상 건물의 소유자들만을 위한 용도로 제공된 경우에는 적용되지 않는다.</u> **[이유]** 일정한 구역이 국가지정문화재로 지정되었다고 하더라도 건물 소유자에게 부지를 무상으로 점유할 수 있는 법률상 권원이 부여된다고 보기 어렵다. 국가지정문화재 지정으로 건물 부지인 토지 소유자가 토지를 사용하거나 관리할 때 문화재보호법 등 관련 규정에 따라 일정한 제한을 받게 된다고 하더라도 아무런 손해를 입지 않았다고 볼 수 없다(대법원 2021. 2. 25. 선고 2018다278320 판결).

정답 ④

• 제4관 • 공동소유

057 /공유물의 분할/
공유물의 분할에 대한 설명으로 옳지 않은 것은? (다툼이 있는 경우 판례에 의함)

① 공유물을 공유자 중의 1인의 단독소유로 하되 현물을 소유하게 되는 공유자로 하여금 다른 공유자에 대하여 그 지분의 적정하고도 합리적인 가격을 배상시키는 방법에 의한 분할도 현물분할의 하나로 허용된다. 이때 그 가격배상의 기준이 되는 '지분가격'이란 공유물분할 시점의 객관적인 교환가치에 해당하는 시장가격 또는 매수가격을 의미한다.

② 공유 지분 과반수 소유자의 공유물인도청구는 민법 제265조의 규정에 따라 공유물의 관리를 위하여 구하는 것으로서 그 상대방인 타 공유자는 민법 제263조의 공유물의 사용수익권으로 이를 거부할 수 없다.

③ 여러 사람이 공유하는 물건을 현물분할하는 경우에는 분할청구자의 지분한도 안에서 현물분할을 하고 분할을 원하지 않는 나머지 공유자는 공유로 남는 방법도 허용된다. 따라서 분할청구자가 상대방들을 공유로 남기는 방식의 현물분할을 청구하고 있다면, 상대방들이 그들 사이만의 공유관계의 유지를 원하고 있지 아니한 경우라도 상대방들을 공유로 남기는 방식으로 현물분할을 할 수 있다.

④ 가처분채권자가 가처분채무자의 공유지분에 관하여 처분금지가처분등기를 마친 후에 가처분채무자가 나머지 공유자와 사이에 경매를 통한 공유물분할을 내용으로 하는 화해권고결정을

받아 이를 확정시켰다면, 특별한 사정이 없는 한 이는 처분금지가처분에서 금하는 처분행위에 해당한다.

⑤ 공유물분할을 위한 경매도 강제경매나 담보권 실행을 위한 경매와 마찬가지로 목적부동산 위의 부담을 소멸시키는 것을 법정매각조건으로 하여 실시된다고 봄이 상당하다.

> 해 설

① [O] 공유물분할의 소는 형성의 소로서 공유자 상호 간의 지분의 교환 또는 매매를 통하여 공유의 객체를 단독 소유권의 대상으로 하여 그 객체에 대한 공유관계를 해소하는 것을 말하므로, 법원은 공유물분할을 청구하는 자가 구하는 방법에 구애받지 아니하고 자유로운 재량에 따라 공유관계나 그 객체인 물건의 제반 상황에 따라 공유자의 지분비율에 따른 합리적인 분할을 하면 된다. 따라서 여러 사람이 공유하는 물건을 분할하는 경우 원칙적으로는 각 공유자가 취득하는 토지의 면적이 그 공유지분의 비율과 같도록 하여야 할 것이나, 반드시 그런 방법으로만 분할하여야 하는 것은 아니고, 분할 대상이 된 공유물의 형상이나 위치, 그 이용 상황이나 경제적 가치가 균등하지 아니할 때에는 이와 같은 여러 사정을 고려하여 경제적 가치가 지분비율에 상응되도록 분할하는 것도 허용되며, 일정한 요건이 갖추어진 경우에는 <u>공유자 상호 간에 금전으로 경제적 가치의 과부족을 조정하여 분할을 하는 것도 현물분할의 한 방법으로 허용된다</u>. 나아가 공유관계의 발생원인과 공유지분의 비율 및 분할된 경우의 경제적 가치, 분할 방법에 관한 공유자의 희망 등의 여러 사정을 종합적으로 고려하여 당해 공유물을 특정한 자에게 취득시키는 것이 상당하다고 인정되고, 다른 공유자에게는 그 지분의 가격을 취득시키는 것이 공유자 간의 실질적인 공평을 해치지 않는다고 인정되는 특별한 사정이 있는 때에는 공유물을 공유자 중의 1인의 단독소유 또는 수인의 공유로 하되 현물을 소유하게 되는 공유자로 하여금 다른 공유자에 대하여 그 지분의 적정하고도 합리적인 가격을 배상시키는 방법에 의한 분할도 현물분할의 하나로 허용된다. 이때 그 <u>가격배상의 기준이 되는 '지분가격'이란 공유물분할 시점의 객관적인 교환가치에 해당하는 시장가격 또는 매수가격을 의미하는 것으로, 그 적정한 산정을 위해서는 분할 시점에 가까운 사실심 변론종결일을 기준으로 변론과정에 나타난 관련 자료를 토대로 최대한 객관적·합리적으로 평가하여야 하므로, 객관적 시장가격 또는 매수가격에 해당하는 시가의 변동이라는 사정을 일절 고려하지 않은 채 그러한 사정이 제대로 반영되지 아니한 감정평가액에만 의존하여서는 아니 된다</u>(대법원 2022. 9. 7. 선고 2022다244805 판결).

② [O] 공유자 사이에 공유물을 사용·수익할 구체적인 방법을 정하는 것은 공유물의 관리에 관한 사항으로서 공유자의 지분의 과반수로써 결정하여야 할 것이고, 과반수 지분의 공유자는 다른 공유자와 사이에 미리 공유물의 관리방법에 관한 협의가 없었다 하더라도 공유물의 관리에 관한 사항을 단독으로 결정할 수 있으므로, 과반수 지분의 공유자가 그 공유물의 특정 부분을 배타적으로 사용·수익하기로 정하는 것은 공유물의 관리방법으로서 적법하다. 또한 <u>공유 지분 과반수 소유자의 공유물인도청구는 민법 제265조의 규정에 따라 공유물의 관리를 위하여 구하는 것으로서 그 상대방인 타 공유자는 민법 제263조의 공유물의 사용수익권으로 이를 거부할 수 없다</u>(대법원 2022. 11. 17. 선고 2022다253243 판결).

③ [X] 공유물의 분할은 공유자 간에 협의가 이루어지는 경우에는 방법을 임의로 선택할 수 있으나 협의가 이루어지지 아니하여 재판에 의하여 공유물을 분할하는 경우에는 법원은 현물로 분할하는 것이 원칙이고, 현물로 분할할 수 없거나 현물로 분할을 하게 되면 현저히 가액이 감손될 염려가 있는 때에 비로소 물건의 경매를 명하여 대금분할을 할 수 있는 것이므로, 위와 같은 사정이 없는 한 법원은 각 공유자의 지분비율에 따라 공유물을 현물 그대로 수개의 물건으로 분할하고 분할된 물건에 대하여 각 공유자의 단독소유권을 인정하는 판결을 하여야 한다. 그리고 분할의 방법은 당

사자가 구하는 방법에 구애받지 아니하고 법원의 재량에 따라 공유관계나 객체인 물건의 제반 상황에 따라 공유자의 지분비율에 따른 합리적인 분할을 하면 되는데, 여러 사람이 공유하는 물건을 현물분할하는 경우에는 분할청구자의 지분한도 안에서 현물분할을 하고 분할을 원하지 않는 나머지 공유자는 공유로 남는 방법도 허용된다. 그러나 <u>분할청구자가 상대방들을 공유로 남기는 방식의 현물분할을 청구하고 있다고 하여, 상대방들이 그들 사이만의 공유관계의 유지를 원하고 있지 아니한데도 상대방들을 여전히 공유로 남기는 방식으로 현물분할을 하여서는 아니 된다</u>(대법원 2015. 3. 26. 선고 2014다233428 판결).

④ [O] 부동산에 관하여 처분금지가처분의 등기가 마쳐진 후에 가처분채권자가 본안소송에서 승소판결을 받아 확정되거나 가처분채무자와 공동으로 가처분의 근거가 되는 실체적 법률관계에 기하여 소유권이전등기 또는 소유권이전등기말소등기를 경료한 경우에는 가처분채권자는 피보전권리의 한도에서 가처분 위반의 처분행위의 효력을 부정할 수 있다. 한편 공유물을 경매에 붙여 매각대금을 분배할 것을 명하는 판결은 경매를 조건으로 하는 특수한 형성판결로서 공유자 전원에 대하여 획일적으로 공유관계의 해소를 목적으로 하는 것인바, <u>가처분채권자가 가처분채무자의 공유 지분에 관하여 처분금지가처분등기를 마친 후에 가처분채무자가 나머지 공유자와 사이에 위와 같이 경매를 통한 공유물분할을 내용으로 하는 화해권고결정을 받아 이를 확정시켰다면, 다른 특별한 사정이 없는 한 이는 처분금지가처분에서 금하는 처분행위에 해당한다</u>(대법원 2017. 5. 31. 선고 2017다216981 판결).

⑤ [O] 구 민사소송법(2002. 1. 26. 법률 제6626호로 전부 개정되기 전의 것)은 제608조 제2항에서 "저당권 및 존속기간의 정함이 없거나 제611조의 등기 후 6월 이내에 그 기간이 만료되는 전세권은 경락으로 인하여 소멸한다."고 함과 아울러, 제728조에서 이를 담보권의 실행을 위한 경매절차에도 준용하도록 함으로써 <u>경매의 대부분을 차지하는 강제경매와 담보권 실행을 위한 경매에서는 소멸주의를 원칙으로 하고 있다</u>. 공유물분할을 위한 경매에서 인수주의를 취할 경우 구 민사소송법이 목적부동산 위의 부담에 관하여 그 존부 및 내용을 조사·확정하거나 인수되는 부담의 범위를 제한하는 규정을 두고 있지 않을뿐더러 목적부동산 위의 부담이 담보하는 채무를 매수인이 인수하도록 하는 규정도 두고 있지 않아 매수인 및 피담보채무의 채무자나 물상보증인이 매우 불안정한 지위에 있게 되며, 목적부동산 중 일부 공유지분에 관하여만 부담이 있는 때에는 매수인으로 하여금 그 부담을 인수하도록 하면서도 그러한 사정을 고려하지 않은 채 공유자들에게 매각대금을 공유지분 비율로 분배한다면 이는 형평에 반하는 결과가 될 뿐 아니라 공유물분할소송에서나 경매절차에서 공유지분 외의 합리적인 분배비율을 정하기도 어려우므로, 공유물분할을 위한 경매 등의 이른바 형식적 경매가 강제경매 또는 담보권의 실행을 위한 경매와 중복되는 경우에 관하여 규정하고 있는 구 민사소송법 제734조 제2항 및 제3항을 감안하더라도, <u>공유물분할을 위한 경매도 강제경매나 담보권 실행을 위한 경매와 마찬가지로 목적부동산 위의 부담을 소멸시키는 것을 법정매각조건으로 하여 실시된다고 봄이 상당하다. 다만, 집행법원은 필요한 경우 위와 같은 법정매각조건과는 달리 목적부동산 위의 부담을 소멸시키지 않고 매수인으로 하여금 인수하도록 할 수 있으나, 이 때에는 매각조건 변경결정을 하여 이를 고지하여야 한다</u>(대법원 2009. 10. 29. 선고 2006다37908 판결).

정답 ③

058 / 공유물의 관리행위와 보존행위 /
공유에 관한 설명 중 옳은 것을 모두 고른 것은? (다툼이 있는 경우에는 판례에 의함)

> ㄱ. 면적이 900㎡인 토지를 甲, 乙, 丙이 균등한 지분으로 공유하고 있는데, 甲이 그 중 특정 부분 300㎡를 다른 공유자와 협의 없이 점유하여 배타적으로 사용하고 있는 경우, 乙과 丙은 甲에게 그 점유 부분에 관하여 자기 지분에 상응하는 부당이득의 반환을 청구할 수 있다.
> ㄴ. 집합건물의 구분소유자가 집합건물법의 관련 규정에 따라 관리단집회 결의나 다른 구분소유자의 동의 없이 공용부분의 전부 또는 일부를 독점적으로 점유·사용하고 있는 경우 다른 구분소유자는 공용부분의 보존행위로서 그 인도를 청구할 수는 없다.
> ㄷ. 공유물의 변경은 공유물을 그 자체의 경제적 용도에 따라 활용하는 이용행위나 공유물의 사용가치 내지 교환가치를 증대시키는 개량행위를 넘어서 공유물에 사실상의 물리적 변화를 가하여 공유물 이용관계에 중대한 변화를 가져오는 것을 말한다. 따라서 대지 공유자 중 일부가 대지에 적법하게 건축된 건물을 소유하고 있는데 그 건물을 철거하게 하는 행위는 특별한 사정이 없는 한 공유물인 대지의 변경에 해당하지 않는다.
> ㄹ. 공유물에 관한 원인무효의 등기에 대하여 모든 공유자가 항상 공유물의 보존행위로서 말소를 구할 수 있는 것이 아니고, 원인무효의 등기로 인하여 자신의 지분이 침해된 공유자에 한하여 공유물의 보존행위로서 그 등기의 말소를 구할 수 있을 뿐이므로, 원인무효의 등기가 특정 공유자의 지분에만 한정하여 마쳐진 경우에는 그로 인하여 지분을 침해받게 된 특정 공유자를 제외한 나머지 공유자들은 공유물의 보존행위로서 위 등기의 말소를 구할 수는 없다.
> ㅁ. 부동산 공유자의 공유지분 포기의 의사표시가 다른 공유자에게 도달하면 이로써 곧바로 공유지분 포기에 따른 물권변동의 효력이 발생하게 된다.

① ㄱ, ㄴ, ㄹ ② ㄱ, ㄷ, ㄹ ③ ㄴ, ㄷ, ㅁ
④ ㄴ, ㄹ, ㅁ ⑤ ㄷ, ㄹ, ㅁ

[해설]

ㄱ. [O] 토지의 공유자는 각자의 지분 비율에 따라 토지 전체를 사용·수익할 수 있지만, 그 구체적인 사용·수익 방법에 관하여 공유자들 사이에 지분 과반수의 합의가 없는 이상, 1인이 특정 부분을 배타적으로 점유·사용할 수 없는 것이므로, 공유자 중의 일부가 특정 부분을 배타적으로 점유·사용하고 있다면, 그들은 비록 그 특정 부분의 면적이 자신들의 지분 비율에 상당하는 면적 범위 내라고 할지라도, 다른 공유자들 중 지분은 있으나 사용·수익은 전혀 하지 않고 있는 자에 대하여는 그 자의 지분에 상응하는 부당이득을 하고 있다고 보아야 할 것인바, 이는 모든 공유자는 공유물 전부를 지분의 비율로 사용·수익할 권리가 있기 때문이다(대법원 2001. 12. 11. 선고 2000다13948 판결).

ㄴ. [O] 공유물의 소수지분권자가 다른 공유자와 협의 없이 공유물의 전부 또는 일부를 독점적으로 점유·사용하고 있는 경우 다른 소수지분권자는 공유물의 보존행위로서 그 인도를 청구할 수는

없고, 다만 자신의 지분권에 기초하여 공유물에 대한 방해 상태를 제거하거나 공동 점유를 방해하는 행위의 금지 등을 청구할 수 있다. 이러한 법리는 집합건물의 소유 및 관리에 관한 법률(이하 '집합건물법'이라 한다)에 따라 구분소유자 전원 또는 일부의 공유에 속하고(제10조 제1항), 공유자가 그 용도에 따라 사용할 수 있는 집합건물의 공용부분(제11조)에도 마찬가지로 적용된다. 따라서 집합건물의 구분소유자가 집합건물법의 관련 규정에 따라 관리단집회 결의나 다른 구분소유자의 동의 없이 공용부분의 전부 또는 일부를 독점적으로 점유·사용하고 있는 경우 다른 구분소유자는 공용부분의 보존행위로서 그 인도를 청구할 수는 없고, 특별한 사정이 없는 한 자신의 지분권에 기초하여 공용부분에 대한 방해 상태를 제거하거나 공동 점유를 방해하는 행위의 금지 등을 청구할 수 있다(대법원 2020. 10. 15. 선고 2019다245822 판결).

ㄷ. [×] [1] 집합건물의 소유 및 관리에 관한 법률 제20조에 따라 분리처분이 금지되는 대지사용권이란 구분소유자가 전유부분을 소유하기 위하여 건물의 대지에 대하여 가지는 권리로서, 구분소유의 성립을 전제로 한다. 1동 건물의 구분소유자들이 당초 건물을 분양받을 당시 대지 공유지분 비율대로 그 건물 대지를 공유함으로써 집합건물법상 대지사용권을 가지는 경우에는 별도 규약이 존재하는 등 특별한 사정이 없는 한 구분소유자들이 그 대지에 대하여 가지는 공유지분 비율과 상관없이 대지 전부를 용도에 따라 사용할 수 있는 적법한 권원이 있다. 그러나 그 대지에 관하여 구분소유자 외의 다른 공유자가 있는 경우에는 공유물에 관한 민법의 일반 법리에 따라 대지를 사용·수익·관리할 수 있다고 보아야 한다. 따라서 1필의 대지 위에 집합건물과 일반건물이 공존하고 있고, 집합건물 구분소유자들에게는 집합건물법상 대지사용권이 있는 반면 일반건물 소유자들에게는 대지에 대한 민법상 공유지분이 있는 경우, 집합건물 구분소유자들과 일반건물 소유자들 사이의 대지 이용관계에는 공유물에 관한 민법의 일반 법리가 적용되어야 한다. [2] 공유물의 변경은 공유물을 그 자체의 경제적 용도에 따라 활용하는 이용행위나 공유물의 사용가치 내지 교환가치를 증대시키는 개량행위를 넘어서 공유물에 사실상의 물리적 변화를 가하여 공유자들의 공유물 이용관계에 중대한 변화를 가져오는 것을 말한다. 공유물의 변경은 공유자 지분의 과반수로써 결정하는 공유물의 관리(민법 제265조 본문)와 달리 공유자 전원의 동의가 있어야 할 수 있다(민법 제264조). 어떤 행위가 공유물의 변경에 해당하는지는 그 행위가 공유물의 외관이나 용도에 본질적이거나 현저한 변화를 가져오는지, 공유물에 대한 사용·수익 방법에 중대한 영향을 미치는지, 그 행위로 발생하는 비용이 얼마나 큰지, 공유자 전원이 그 비용을 분담하는 것이 적정한지, 그 행위의 목적이 정당한지, 그 행위로 영향을 받게 되는 소수 지분권자를 보호할 필요성이 있는지 등 여러 사정을 종합적으로 고려할 때 공유자 전원의 의사 일치가 요구되는 정도로 중대한 행위인가의 관점에서 판단하여야 한다. 한편 대지 공유자 중 일부가 대지에 적법하게 건축된 건물을 소유하고 있는데 그 건물을 철거하게 하는 행위는 특별한 사정이 없는 한 공유물인 대지의 변경에 해당한다(대법원 2024. 10. 31. 선고 2024다202317 판결).

ㄹ. [○] ★ [사례형] 부동산의 공유자의 1인은 당해 부동산에 관하여 제3자 명의로 원인무효의 소유권이전등기가 마쳐져 있는 경우 공유물에 관한 보존행위로서 제3자에 대하여 그 등기 전부의 말소를 구할 수 있으나, 공유자가 다른 공유자의 지분권을 대외적으로 주장하는 것을 공유물의 멸실·훼손을 방지하고 공유물의 현상을 유지하는 사실적·법률적 행위인 공유물의 보존행위에 속한다고 할 수는 없으므로, 자신의 소유지분 범위를 초과하는 부분에 관하여 마쳐진 등기에 대하여 공유물에 관한 보존행위로서 무효라고 주장하면서 말소를 구할 수는 없다. 결국 공유물에 관한 원인무효의 등기에 대하여 모든 공유자가 항상 공유물의 보존행위로서 말소를 구할 수 있는 것은 아니고, 원인무효의 등기로 인하여 자신의 지분이 침해된 공유자에 한하여 공유물의 보존행위로서 그 등기의 말소를 구할 수 있을 뿐이므로, 원인무효의 등기가 특정 공유자의 지분에만 한정하여 마쳐진 경우에는 그로 인하여 지분을 침해받게 된 특정 공유자를 제외한 나머지 공유자들은 공유물의 보존행위로서 위 등기의 말소를 구할 수는 없다(대법원 2023. 12. 7. 선고 2023다273206 판결).

ㅁ. [×] 민법 제267조는 "공유자가 그 지분을 포기하거나 상속인 없이 사망한 때에는 그 지분은 다른 공유자에게 각 지분의 비율로 귀속한다."라고 규정하고 있다. 여기서 공유지분의 포기는 법률행위로서 상대방 있는 단독행위에 해당하므로, 부동산 공유자의 공유지분 포기의 의사표시가 다른 공유자에게 도달하더라도 이로써 곧바로 공유지분 포기에 따른 물권변동의 효력이 발생하는 것은 아니고, 다른 공유자는 자신에게 귀속될 공유지분에 관하여 소유권이전등기청구권을 취득하며, 이후 민법 제186조에 의하여 등기를 하여야 공유지분 포기에 따른 물권변동의 효력이 발생한다. 그리고 부동산 공유자의 공유지분 포기에 따른 등기는 해당 지분에 관하여 다른 공유자 앞으로 소유권이전등기를 하는 형태가 되어야 한다(대법원 2016. 10. 27. 선고 2015다52978 판결).

정답 ①

059 /합유와 총유/
다음 설명 중 옳은 것을 모두 고른 것은? (다툼이 있으면 판례에 의함)

ㄱ. 甲, 乙, 丙 3인이 전원주택 택지분양사업을 동업하기로 하고 A로부터 조합체로서 토지를 매수하였는데, 그 소유권이전등기를 경료하기 전에 甲이 사망하였고, 丁이 甲의 유일한 상속인이다. 이 경우 乙과 丙은 원칙적으로 丁과 공동으로 A를 상대로 소유권이전등기절차의 이행을 구하여야 한다.

ㄴ. 甲과 乙이 부동산을 합유하다가 甲이 사망하면, 乙의 단독소유가 된다. 또한 합유물에 관하여 경료된 원인 무효의 소유권이전등기의 말소를 구하는 소송은 합유물에 관한 보존행위로서 합유자 각자가 할 수 있다.

ㄷ. 매수인들이 상호 출자하여 공동사업을 경영할 것을 목적으로 하는 조합이 조합재산으로서 부동산의 소유권을 취득하였다면 당연히 그 조합체의 합유물이 되고, 다만 그 조합체가 합유등기를 하지 않고 그 대신 조합원 1인의 명의로 소유권이전등기를 하였다 하더라도 이는 조합원들 상호간의 합의에 따른 것으로 유효하고,「부동산 실권리자명의 등기에 관한 법률」에 위반되는 명의신탁등기로 볼 수는 없다.

ㄹ. 토지매수인이 그 토지에 사후 자신의 분묘를 설치하게 한 경우에는 자신을 공동 선조로 하는 종중의 총유재산으로 하여 자손들로 하여금 영구 보존하게 할 의사였다고 봄이 우리의 전통적 사고에 부합한다. 그러나 이러한 법리가 토지매수인이 현행 부동산등기법이 시행된 이후에 토지를 매수하여 소유권이전등기를 마쳤다가 생존 중에 자녀에게 소유권이전등기를 해 준 경우에까지 적용될 수는 없다.

ㅁ. 민법상 조합인 공동수급체가 경쟁입찰에 참가하였다가 다른 경쟁업체가 낙찰자로 선정된 경우, 그 공동수급체의 구성원 중 1인이 그 낙찰자 선정이 무효임을 주장하며 무효확인의 소를 제기하는 것은 합유재산에 대한 처분행위에 해당한다.

① ㄱ, ㄴ   ② ㄴ, ㄷ   ③ ㄴ, ㄹ
④ ㄷ, ㄹ   ⑤ ㄹ, ㅁ

해 설

ㄱ. [×] 甲, 乙, 丙 3인은 조합이고 甲의 사망으로 조합원의 지위는 상속되지 않는 것이 원칙이다. **[관련 판례]** 조합에 있어서 조합원의 1인이 사망한 때에는 민법 제717조에 의하여 그 조합관계로부터 당연히 탈퇴하고 특히 조합계약에서 사망한 조합원의 지위를 그 상속인이 승계하기로 약정한 바 없다면 사망한 조합원의 지위는 상속인에게 승계되지 아니한다(대법원 1987. 06. 23. 선고 86다카2951 판결).

ㄴ. [○] 부동산의 합유자 중 일부가 사망한 경우 합유자 사이에 특별한 약정이 없는 한 사망한 합유자의 상속인은 합유자로서의 지위를 승계하는 것이 아니므로 해당 부동산은 잔존 합유자가 2인 이상일 경우에는 잔존 합유자의 합유로 귀속되고 잔존 합유자가 1인인 경우에는 잔존 합유자의 단독소유로 귀속된다(대법원 1994. 02. 25. 선고 93다39225 판결). 합유물에 관하여 경료된 원인 무효의 소유권이전등기의 말소를 구하는 소송은 합유물에 관한 보존행위로서 합유자 각자가 할 수 있다(대법원 1997. 09. 09. 선고 96다16896 판결).

ㄷ. [×] [1] 민법 제271조 제1항은 "법률의 규정 또는 계약에 의하여 수인이 조합체로서 물건을 소유하는 때에는 합유로 한다. 합유자의 권리는 합유물 전부에 미친다."고 규정하고(이는 물권법상의 규정으로서 강행규정이고, 따라서 조합체의 구성원인 조합원들이 공유하는 경우에는 조합체로서 물건을 소유하는 것으로 볼 수 없다.), 민법 제704조는 "조합원의 출자 기타 조합재산은 조합원의 합유로 한다."고 규정하고 있으므로, 동업을 목적으로 한 조합이 조합체로서 또는 조합재산으로서 부동산의 소유권을 취득하였다면, 민법 제271조 제1항의 규정에 의하여 당연히 그 조합체의 합유물이 되고(이는 민법 제187조에 규정된 '법률의 규정에 의한 물권의 취득'과는 아무 관계가 없다. 따라서 조합체가 부동산을 법률행위에 의하여 취득한 경우에는 물론 소유권이전등기를 요한다.), 다만, 그 조합체가 합유등기를 하지 아니하고 그 대신 조합원들 명의로 각 지분에 관하여 공유등기를 하였다면, 이는 그 조합체가 조합원들에게 각 지분에 관하여 명의신탁한 것으로 보아야 한다. [2] 동업 목적의 조합체가 부동산을 조합재산으로 취득하였으나 합유등기가 아닌 조합원들 명의로 공유등기를 하였다면 그 공유등기는 조합체가 조합원들에게 각 지분에 관하여 명의신탁한 것에 불과하므로 부동산실권리자명의등기에관한법률 제4조 제2항 본문이 적용되어 명의수탁자인 조합원들 명의의 소유권이전등기는 무효이어서 그 부동산 지분은 조합원들의 소유가 아니기 때문에 이를 일반채권자들의 공동담보에 공하여지는 책임재산이라고 볼 수 없고, 따라서 조합원들 중 1인이 조합에서 탈퇴하면서 나머지 조합원들에게 그 지분에 관한 소유권이전등기를 경료하여 주었다 하더라도 그로써 채무자인 그 해당 조합원의 책임재산에 감소를 초래한 것이라고 할 수 없으므로, 이를 들어 일반채권자를 해하는 사해행위라고 볼 수는 없으며, 그에게 사해의 의사가 있다고 볼 수도 없다고 한 사례(대법원 2002. 6. 14. 선고 2000다30622 판결).

ㄹ. [○] 토지 매수인이 그 토지에 사후 자신의 분묘를 설치하게 한 경우에는, 후손 중의 1인이 개인의 자금으로 분묘지를 단독 매수하여 조상의 분묘를 설치한 경우와는 달리, 장손에게 단독 상속시켜 후에 용이하게 처분할 수 있게 하기보다는 오히려 자신을 공동 선조로 하는 종중의 총유 재산으로 하여 자손들로 하여금 영구 보존하게 할 의사였다고 봄이 우리의 전통적 사고에 부합한다. 그러나 이러한 법리가 토지 매수인이 현행 부동산등기법이 시행된 이후에 토지를 매수하여 소유권이전등기를 마쳤다가 생존 중에 자녀에게 소유권이전등기를 해 준 경우에까지 적용될 수는 없다(대법원 2008. 10. 23. 선고 2008다43693 판결).

ㅁ. [×] 합유재산의 보존행위는 합유재산의 멸실·훼손을 방지하고 그 현상을 유지하기 위하여 하는 사실적·법률적 행위로서 이러한 합유재산의 보존행위를 각 합유자 단독으로 할 수 있도록 한 취지는 그 보존행위가 긴급을 요하는 경우가 많고 다른 합유자에게도 이익이 되는 것이 보통이기 때문이다. 민법상 조합인 공동수급체가 경쟁입찰에 참가하였다가 다른 경쟁업체가 낙찰자로 선정된 경우, 그 공동수급체의 구성원 중 1인이 그 낙찰자 선정이 무효임을 주장하며 무효확인의 소를 제

기하는 것은 그 공동수급체가 경쟁입찰과 관련하여 갖는 법적 지위 내지 법률상 보호받는 이익이 침해될 우려가 있어 그 현상을 유지하기 위하여 하는 소송행위이므로 이는 합유재산의 보존행위에 해당한다(대법원 2013. 11. 28. 선고 2011다80449 판결).

정답 ③

060 / 구분소유적 공유관계 /

甲, 乙, 丙은 A토지의 특정부분을 각 증여받았으나 편의상 A토지 전체에 관하여 甲, 乙, 丙의 공유로 소유권이전등기를 마쳤다. 이에 대한 다음의 설명 중 옳은 것을 모두 고른 것은? (다툼이 있으면 판례에 의함)

> ㄱ. 甲, 乙, 丙 사이에 구분소유적 공유관계가 성립하고 甲은 乙, 丙에 대하여 공유물의 분할을 청구할 수 있다.
>
> ㄴ. 甲, 乙, 丙은 자신의 특정 구분부분을 단독으로 처분하고 그에 대한 공유지분 등기를 자유로이 이전할 수는 없다.
>
> ㄷ. 甲이 丁에게 특정 구분부분을 양도하고 丁 명의로 공유지분등기를 경료한 경우, 乙과 丙은 丁과 구분소유적 공유관계를 유지하게 된다.
>
> ㄹ. 구분소유적 공유관계가 경매에 의하여 제3자에게 승계되기 위해서는 집행법원이 공유지분이 아닌 특정 구분소유 목적물에 대한 평가를 하게 하고 그에 따라 최저경매가격을 정한 후 경매를 실시하여야 한다.
>
> ㅁ. 甲이 자기 지분을 제3자인 丁에게 양도한 후 그 부분이 독립한 B토지로 분할되고, 丁이 B토지에 관하여 단독 명의로 소유권이전등기를 경료받은 경우, 丁과의 관계에서 구분소유적 공유관계는 해소된다.

① ㄱ, ㄴ, ㄷ   ② ㄱ, ㄷ, ㄹ   ③ ㄴ, ㄷ, ㄹ
④ ㄴ, ㄷ, ㅁ   ⑤ ㄷ, ㄹ, ㅁ

해설

ㄱ. [×] ★ [기록형] 원고와 소외 갑이 부동산의 특정부분을 각 증여받아 공동명의로 등기를 마쳤다면 원고와 위 갑은 소유하는 특정부분에 대하여 서로 공유지분등기명의를 신탁한 관계에 있을 뿐이므로 자기소유부분에 대하여 지분의 명의신탁해지를 원인으로 한 지분이전등기를 청구함은 모르되 공유물의 분할청구를 할 수는 없다(대법원 1985. 9. 24. 선고 85다카451 판결). [청구취지] 피고는 원고로부터 별지 목록 기재 대지 중 별지 도면 표시 1, 2, 5, 6, 1의 각 점을 차례로 잇는 선내 ㈎부분 100㎡ 중 1/2지분에 관하여 2021. 8. 22. 명의신탁 해지를 원인으로 한 이전등기절차를 이행받음과 동시에, 원고에게 같은 목록 기재 대지 중 같은 도면 표시 2, 3, 4, 5, 2의 각 점을 차례로 잇는 선내 ㈏부분 100㎡ 중 1/2지분에 관하여 2021. 8. 22. 명의신탁 해지를 원인으로 한 이전등기절차를 이행하라.

ㄴ. [✗] 토지의 각 특정 부분을 구분하여 소유하면서 상호명의신탁으로 공유등기를 거친 경우 그 토지가 분할되면 분할된 각 토지에 종전토지의 공유등기가 전사되어 상호명의신탁관계가 그대로 존속되고, 구분소유적 공유관계에 있어서 각 공유자 상호간에는 각자의 특정 구분부분을 자유롭게 처분함에 서로 동의하고 있다고 볼 수 있으므로, 공유자 각자는 자신의 특정 구분부분을 단독으로 처분하고 이에 해당하는 공유지분등기를 자유로이 이전할 수 있다(대법원 2009. 10. 15. 선고 2007다83632 판결).

ㄷ. [○] ㄹ. [○] 1필지의 토지의 위치와 면적을 특정하여 2인 이상이 구분소유하기로 하는 약정을 하고 그 구분소유자의 공유로 등기하는 이른바 구분소유적 공유관계에 있어서, 각 구분소유적 공유자가 자신의 권리를 타인에게 처분하는 경우 중에는 구분소유의 목적인 특정 부분을 처분하면서 등기부상의 공유지분을 그 특정 부분에 대한 표상으로서 이전하는 경우와 등기부의 기재대로 1필지 전체에 대한 진정한 공유지분으로서 처분하는 경우가 있을 수 있고, 이 중 전자의 경우에는 그 제3자에 대하여 구분소유적 공유관계가 승계되나, 후자의 경우에는 제3자가 그 부동산 전체에 대한 공유지분을 취득하고 구분소유적 공유관계는 소멸한다. 이는 경매에서도 마찬가지이므로, 전자에 해당하기 위하여는 집행법원이 공유지분이 아닌 특정 구분소유 목적물에 대한 평가를 하게 하고 그에 따라 최저경매가격을 정한 후 경매를 실시하여야 하며, 그러한 사정이 없는 경우에는 1필지에 관한 공유자의 지분에 대한 경매목적물은 원칙적으로 1필지 전체에 대한 공유지분이라고 봄이 상당하다(대법원 2008. 2. 15. 선고 2006다68810 판결).

ㅁ. [○] 내부적으로는 토지의 특정 부분을 소유하나 등기부상으로는 공유지분을 가지는 이른바 구분소유적 공유관계에서 구분공유자 중 1인이 소유하는 부분이 후에 독립한 필지로 분할되고 그 구분공유자가 그 필지에 관하여 단독 명의로 소유권이전등기를 경료받았다면, 그 소유권이전등기는 실체관계에 부합하는 것으로서 유효하고, 그 구분공유자는 당해 토지에 대한 단독소유권을 적법하게 취득하게 되어, 결국 당해 구분공유자에 관한 한 이제 구분소유적 공유관계는 해소된다. 따라서 그 구분공유자이었던 사람이 위와 같이 분할되지 아니한 나머지 토지에 관하여 여전히 등기부상 공유지분을 가진다고 하여도, 그 공유지분등기는 명의인이 아무런 권리를 가지지 아니하는 목적물에 관한 것으로서 효력이 없게 되고, 명의인은 대외적으로도 위의 나머지 토지에 대하여 공유지분권을 가진다고 할 수 없으며, 종전의 다른 구분공유자는 자신의 소유권 또는 공유지분권에 기하여 위와 같이 효력 없는 공유지분등기의 말소 기타 정정을 청구할 수 있다. 이상은 구분소유적 공유관계에서 구분공유자 중 1인이 자신이 소유하는 부분을 제3자에게 양도하였는데 후에 그 부분이 독립한 필지로 분할되고 위 양수인이 그 필지에 관하여 단독 명의로 소유권이전등기를 경료받은 경우에도 다를 바 없다(대법원 2009. 12. 24. 선고 2008다71858 판결).

정답 ⑤

• 제5관 • **명의신탁**

061 /계약명의신탁/

2015년 8월경 甲은 乙 소유의 A 토지를 매수하되 친구인 丙의 명의로 매수하기로 하고, 이에 따라 丙은 乙과 사이에 A 토지에 관하여 그 명의로 매매계약을 체결한 후 소유권이전등기를 마쳤다. 그리고 그 부동산은 甲이 임차인인 것처럼 丙과 통모하여 甲이 점유·사용하고 있다. 이에 대한 다음의 설명 중 옳은 것을 모두 고른 것은? (다툼이 있는 경우 판례에 의함)

> ㄱ. 甲이 사실상 A 토지의 매수인이라는 사실을 乙이 알았는지와 무관하게, 甲은 丙에게 부당이득반환으로서 소유권이전등기절차의 이행을 구할 권리가 없다.
>
> ㄴ. 乙과 丙 사이의 계약과 丙 명의의 소유권이전등기의 효력은 매매계약을 체결할 당시 매도인 乙의 인식을 기준으로 판단해야 하고, 매도인 乙이 계약 체결 당시에 선의이었다면, 그 이후에 명의신탁약정 사실을 알게 되었다고 하더라도 위 계약과 등기의 효력에는 영향이 없다.
>
> ㄷ. A 토지에 관한 등기가 명의신탁으로 무효인 사실이 밝혀진 후에 甲이 매매계약의 매수인으로 되는 것에 대하여 乙이 동의하였다면, 甲은 乙에 대하여 별도의 양도약정을 원인으로 소유권이전등기청구를 할 수 있다.
>
> ㄹ. 甲과 丙 사이에 甲의 요구에 따라 부동산의 소유 명의를 이전하기로 하는 등의 약정을 하였다고 하더라도 이는 부동산실명법에 의하여 무효인 명의신탁약정을 전제로 명의신탁 부동산 자체 또는 처분대금의 반환을 구하는 범주에 속하는 것이어서 역시 무효라고 보아야 한다.
>
> ㅁ. 만약 사안과 달리, 甲과 丙의 명의신탁약정이 부동산 실권리자명의 등기에 관한 법률 시행 전에 이루어졌고 그에 따라 丙이 소유명의를 취득한 경우 丙은 甲에게 부당이득으로 부동산을 반환할 의무를 진다. 이러한 경우에 甲이 부동산을 점유·사용하고 있으므로 甲의 丙에 대한 부당이득반환청구권에 기한 등기청구권의 소멸시효는 진행되지 않는다.

① ㄱ, ㄴ, ㄷ ② ㄴ, ㄷ, ㄹ ③ ㄱ, ㄴ, ㄷ, ㄹ
④ ㄱ, ㄷ, ㅁ ⑤ ㄴ, ㄹ, ㅁ

[해설]

ㄱ. [O] 계약명의신탁에서 매도인이 선의인 경우 수탁자 명의의 물권변동은 유효하다(부동산 실권리자명의 등기에 관한 법률 제4조 제2항 단서). 이 경우에 부동산실명법 시행 이후의 명의신탁이므로, 신탁자는 수탁자에게 매수대금에 대한 부당이득을 청구할 수 있을 뿐, 소유권이전등기를 청구할 수는 없다. 또한 계약명의신탁에서 매도인이 악의인 경우 수탁자 명의의 물권변동은 무효이므로 명의수탁자는 부동산의 소유권을 취득할 수 없다. 따라서 명의수탁자는 실제로 부당이득을 한 것이 없으므로, 신탁자는 수탁자에게 부당이득의 반환을 청구할 수 없다.

ㄴ. [O] 부동산 실권리자명의 등기에 관한 법률 제4조 제2항 단서는 부동산 거래의 상대방을 보호하기 위한 것으로 상대방이 명의신탁약정이 있다는 사실을 알지 못한 채 물권을 취득하기 위한 계약을 체결한 경우 그 계약과 그에 따른 등기를 유효라고 한 것이다. 명의신탁자와 명의수탁자가 계약명의신탁약정을 맺고 명의수탁자가 당사자가 되어 매도인과 부동산에 관한 매매계약을 체결하는 경우 그 계약과 등기의 효력은 <u>매매계약을 체결할 당시 매도인의 인식을 기준으로 판단해야 하고, 매도인이 계약 체결 이후에 명의신탁약정 사실을 알게 되었다고 하더라도 위 계약과 등기의 효력에는 영향이 없다.</u> 매도인이 계약 체결 이후 명의신탁약정 사실을 알게 되었다는 우연한 사정으로 인해서 위와 같이 유효하게 성립한 매매계약이 소급적으로 무효로 된다고 볼 근거가 없다. 만일 매도인이 계약 체결 이후 명의신탁약정 사실을 알게 되었다는 사정을 들어 매매계약의 효력을 다툴 수 있도록 한다면 매도인의 선택에 따라서 매매계약의 효력이 좌우되는 부당한 결과를 가져올 것이다(대법원 2018. 4. 10. 선고 2017다257715 판결).

ㄷ. [O] 어떤 사람이 타인을 통하여 부동산을 매수함에 있어 매수인 명의 및 소유권이전등기 명의를 타인 명의로 하기로 약정하였고 매도인도 그 사실을 알고 있어서 그 약정이 부동산실권리자명의등기에관한법률 제4조의 규정에 의하여 무효로 되고 이에 따라 매매계약도 무효로 되는 경우에, 매매계약상의 매수인의 지위가 당연히 명의신탁자에게 귀속되는 것은 아니지만, <u>그 무효사실이 밝혀진 후에 계약상대방인 매도인이 계약명의자인 명의수탁자 대신 명의신탁자가 그 계약의 매수인으로 되는 것에 대하여 동의 내지 승낙을 함으로써 부동산을 명의신탁자에게 양도할 의사를 표시하였다면, 명의신탁약정이 무효로 됨으로써 매수인의 지위를 상실한 명의수탁자의 의사에 관계없이 매도인과 명의신탁자 사이에는 종전의 매매계약과 같은 내용의 양도약정이 따로 체결된 것으로 봄이 상당하고, 따라서 이 경우 명의신탁자는 당초의 매수인이 아니라고 하더라도 매도인에 대하여 별도의 양도약정을 원인으로 하는 소유권이전등기청구를 할 수 있다</u>(대법원 2003. 9. 5. 선고 2001다32120 판결).

ㄹ. [O] 부동산 실권리자명의 등기에 관한 법률(이하 '부동산실명법'이라 한다) 시행 이후 부동산을 매수하면서 매수대금의 실질적 부담자와 명의인 간에 명의신탁관계가 성립한 경우, 그들 사이에 <u>매수대금의 실질적 부담자의 요구에 따라 부동산의 소유 명의를 이전하기로 하는 등의 약정을 하였다고 하더라도, 이는 부동산실명법에 의하여 무효인 명의신탁약정을 전제로 명의신탁 부동산 자체 또는 처분대금의 반환을 구하는 범주에 속하는 것이어서 역시 무효라고 보아야 한다.</u> 나아가 명의신탁자와 명의수탁자가 위와 같이 무효인 명의신탁약정을 함과 아울러 그 약정을 전제로 하여 이에 기한 명의신탁자의 명의수탁자에 대한 소유권이전등기청구권을 확보하기 위하여 명의신탁 부동산에 명의신탁자 명의의 가등기를 마치고 향후 명의신탁자가 요구하는 경우 본등기를 마쳐 주기로 약정하였더라도, 이러한 약정 또한 부동산실명법에 의하여 무효인 명의신탁약정을 전제로 한 것이어서 무효이고, 위 약정에 의하여 마쳐진 가등기는 원인무효이다(대법원 2015. 02. 26. 선고 2014다63315 판결).

ㅁ. [×] [1] 부동산 실권리자명의 등기에 관한 법률 시행 전에 명의수탁자가 명의신탁 약정에 따라 <u>부동산에 관한 소유명의를 취득한 경우</u> 위 법률의 시행 후 같은 법 제11조의 유예기간이 경과하기 전까지 명의신탁자는 언제라도 명의신탁 약정을 해지하고 당해 부동산에 관한 소유권을 취득할 수 있었던 것으로, 실명화 등의 조치 없이 위 유예기간이 경과함으로써 같은 법 제12조 제1항, 제4조에 의해 명의신탁 약정은 무효로 되는 한편, 명의수탁자가 당해 부동산에 관한 완전한 소유권을 취득하게 된다 할 것인데, 같은 법 제3조 및 제4조가 명의신탁자에게 소유권이 귀속되는 것을 막는 취지의 규정은 아니므로 <u>명의수탁자는 명의신탁자에게 자신이 취득한 당해 부동산을 부당이득으로 반환할 의무가 있다</u> 할 것인바, 이와 같은 경위로 명의신탁자가 당해 부동산의 회복을 위해 명의수탁자에 대해 가지는 소유권이전등기청구권은 그 성질상 법률의 규정에 의한 부당이득반환청구권으로서 민법 제162조 제1항에 따라 10년의 기간이 경과함으로써 시효로 소멸한다. [2] 명의신

탁계약 및 그에 기한 등기를 무효로 하고 그 위반행위에 대하여 형사처벌까지 규정한 부동산 실권리자명의 등기에 관한 법률의 시행에 따라 그 권리를 상실하게 된 위 법률 시행 이전의 명의신탁자가 그 대신에 부당이득의 법리에 따라 법률상 취득하게 된 명의신탁 부동산에 대한 부당이득반환청구권의 경우, 무효로 된 명의신탁 약정에 기하여 처음부터 <u>명의신탁자가 그 부동산의 점유 및 사용 등 권리를 행사하고 있다 하여 위 부당이득반환청구권 자체의 실질적 행사가 있다고 볼 수 없을 뿐만 아니라, 명의신탁자가 그 부동산을 점유·사용하여 온 경우에는 명의신탁자의 명의수탁자에 대한 부당이득반환청구권에 기한 등기청구권의 소멸시효가 진행되지 않는다고 보아야 한다면, 이는 명의신탁자가 부동산 실권리자명의 등기에 관한 법률의 유예기간 및 시효기간 경과 후 여전히 실명전환을 하지 않아 위 법률을 위반한 경우임에도 그 권리를 보호하여 주는 결과로 되어 부동산 거래의 실정 및 부동산 실권리자명의 등기에 관한 법률 등 관련 법률의 취지에도 맞지 않는다</u>(대법원 2009. 07. 09. 선고 2009다23313 판결).

정답 ③

062 /명의신탁 일반론/
명의신탁에 관한 다음 설명 중 틀린 것을 모두 고른 것은? (다툼이 있으면 판례에 의함)

> ㄱ. 명의수탁자가 양자간 명의신탁에 따라 명의신탁자로부터 소유권이전등기를 넘겨받은 부동산을 임의로 처분한 행위가 판례의 변경으로 인하여 형사상 횡령죄로 처벌되지 않으므로, 명의신탁자는 명의수탁자를 상대로 민법상 불법행위에 기한 손해배상을 청구할 수도 없다.
>
> ㄴ. 조합원들이 공동사업을 위하여 매수한 부동산에 관하여 합유등기를 하지 않고 조합원 중 1인 명의로 소유권이전등기를 한 경우 조합체가 조합원에게 명의신탁한 것으로 보아야 한다. 조합체가 조합원에게 명의신탁한 부동산의 소유권은 물권변동이 무효인 경우 매도인에게, 유효인 경우 명의수탁자에게 귀속된다. 이 경우 조합재산은 소유권이전등기청구권 또는 부당이득반환채권이고, 신탁부동산 자체는 조합재산이 될 수 없다.
>
> ㄷ. 甲이 乙에게서 丙 주식회사 주식을 매수한 후 乙에게 명의신탁 하였는데, 丙 회사 주식이 제3자에게 매도된 후 甲이 명의신탁을 해지한 경우에 乙이 甲에게 교부한 주식보관증에 乙이 보관하는 주권이 특정되어 있지 아니한 경우라도, 乙의 甲에 대한 주식반환의무는 특정물채무에 해당하므로, 乙 보유 주식이 제3자에게 매도되어 乙이 이를 보유하고 있지 않다는 사정만으로도 乙의 주식반환의무가 이행불능이 되었다고 할 수 있다.
>
> ㄹ. 과세관청이 3자간 등기명의신탁에 따라 해당 부동산의 공부상 소유자가 된 명의수탁자에게 재산세 부과처분을 하고 이에 따라 명의수탁자가 재산세를 납부하였더라도, 명의수탁자가 명의신탁자 또는 그 상속인을 상대로 재산세 상당의 금액에 대한 부당이득반환청구권을 가진다고 보기는 어렵다.

ㅁ. 조합과 조합원이 명의신탁약정을 맺고 그에 따라 조합원이 조합의 공동사업에 필요한 부동산을 매수하는 계약명의신탁 사안에서, 상대방 당사자가 명의신탁약정 사실을 알지 못한 상태에서 조합원의 매매계약 및 조합원 명의의 등기가 이루어짐으로써 부동산 소유권이 조합원에게 귀속되었더라도 조합원은 특별한 사정이 없는 한 조합업무 집행에 관하여 부동산에 지출한 필요비의 상환을 조합에 청구할 수 있다.

① ㄱ, ㄴ ② ㄱ, ㄷ ③ ㄴ, ㄷ
④ ㄷ, ㄹ ⑤ ㄹ, ㅁ

해 설

ㄱ. [✗] 명의수탁자가 양자간 명의신탁에 따라 명의신탁자로부터 소유권이전등기를 넘겨받은 부동산을 임의로 처분한 행위가 형사상 횡령죄로 처벌되지 않더라도, 위 행위는 명의신탁자의 소유권을 침해하는 행위로서 형사상 횡령죄의 성립 여부와 관계없이 민법상 불법행위에 해당하여 명의수탁자는 명의신탁자에게 손해배상책임을 부담한다. 그 이유는 다음과 같다. (1) 대법원은 2021. 2. 18. 선고 2016도18761 전원합의체 판결을 통해 「부동산 실권리자명의 등기에 관한 법률」(이하 '부동산실명법'이라 한다)을 위반하여 명의신탁자가 그 소유인 부동산 등기명의를 명의수탁자에게 이전하는 양자간 명의신탁의 경우 명의수탁자와 명의신탁자 간의 관계는 형법상 보호할 만한 가치 있는 신임에 의한 관계가 아니고, 명의수탁자가 명의신탁자에 대한 관계에서 '타인의 재물을 보관하는 자'의 지위에 있다고 볼 수도 없으므로 명의수탁자가 신탁받은 부동산을 임의로 처분하여도 명의신탁자에 대한 관계에서 횡령죄가 성립하지 않는다고 하여 종전 대법원 판례를 변경하였다. (2) 민사책임과 형사책임은 지도이념 및 증명책임의 부담과 그 증명의 정도 등에서 서로 다른 원리가 적용된다. 불법행위에 따른 형사책임은 사회의 법질서를 위반한 행위에 대한 책임을 묻는 것으로서 행위자에 대한 공적인 제재(형벌)를 그 내용으로 함에 비하여, 민사책임은 타인의 법익을 침해한 데 대하여 행위자의 개인적 책임을 묻는 것으로서 피해자에게 발생된 손해의 전보를 그 내용으로 하고 손해배상제도는 손해의 공평·타당한 부담을 그 지도원리로 하는 것이므로, 형사상 범죄를 구성하지 않는 침해행위라고 하더라도 그것이 민사상 불법행위를 구성하는지 여부는 형사책임과 별개의 관점에서 검토되어야 한다. (3) 부동산실명법은 명의신탁약정(제4조 제1항)과 명의신탁약정에 따른 등기로 이루어진 부동산에 관한 물권변동(제4조 제2항 본문)은 무효라고 명시하고 있다. 명의신탁약정에 따라 명의수탁자 앞으로 등기를 하더라도 부동산에 관한 물권변동의 효력이 발생하지 않는다. 그 결과 부동산 소유권은 그 등기와 상관없이 명의신탁자에게 그대로 남아있게 되고, 명의신탁자는 부동산 소유자로서 소유물방해배제청구권에 기초하여 명의수탁자를 상대로 그 등기의 말소를 청구할 수 있다. 그런데 부동산실명법 제4조 제3항에서는 명의신탁약정과 그에 따른 물권변동의 무효는 "제3자에게 대항하지 못한다."라고 정하고 있다. 이에 따라 명의신탁자는 명의수탁자가 제3자에게 부동산을 임의로 처분한 경우 제3자에게 자신의 소유권을 주장하여 그 소유권이전등기의 말소를 구할 수 없고, 명의수탁자로부터 부동산을 양수한 제3자는 그 소유권을 유효하게 취득하게 된다. 그렇다면 명의신탁 받은 부동산을 명의신탁자의 동의 없이 제3자에게 임의로 처분한 명의수탁자는 명의신탁자의 소유권을 침해하는 위법행위를 한 것이고 이로 인하여 명의신탁자에게 손해가 발생하였으므로, 명의수탁자의 행위는 민법 제750조에 따른 불법행위책임의 성립요건을 충족한다. (4) 대법원 2016도18761 전원합의체 판결은 횡령죄의 본질이 신임관계에 기초하여 위탁된 타인의 물건을 위법하게 영득하는 데 있고 명의신탁자와 명의수탁자의 관계는 형법상 보호

할 만한 가치 있는 신임관계가 아니므로 명의수탁자의 임의처분행위에 대하여 횡령죄를 인정할 수 없다는 취지를 밝힌 것이지 명의신탁관계에서 신탁자의 소유권을 보호할 수 없다는 취지로 볼 수는 없다. 따라서 <u>명의수탁자의 임의처분행위로 인하여 명의신탁자의 소유권이 침해된 이상 형법상 횡령죄의 성립 여부와 관계없이 명의수탁자는 명의신탁자에 대하여 민사상 불법행위책임을 부담한다고 봄이 타당하다</u>(대법원 2021. 6. 3. 선고 2016다34007 판결).

ㄴ. [O] [1] 부동산 실권리자명의 등기에 관한 법률 제4조에 따르면 부동산에 관한 명의신탁약정과 그에 따른 부동산 물권변동은 무효이고, 다만 부동산에 관한 물권을 취득하기 위한 계약에서 명의수탁자가 어느 한쪽 당사자가 되고 상대방 당사자는 명의신탁약정이 있다는 사실을 알지 못한 경우 명의수탁자는 부동산의 완전한 소유권을 취득하되 명의신탁자에 대하여 부당이득반환의무를 부담하게 될 뿐이다. [2] 조합원들이 공동사업을 위하여 매수한 부동산에 관하여 합유등기를 하지 않고 조합원 중 1인 명의로 소유권이전등기를 한 경우 조합체가 조합원에게 명의신탁한 것으로 보아야 한다. <u>조합체가 조합원에게 명의신탁한 부동산의 소유권은 물권변동이 무효인 경우 매도인에게, 유효인 경우 명의수탁자에게 귀속된다. 이 경우 조합재산은 소유권이전등기청구권 또는 부당이득반환채권이고, 신탁부동산 자체는 조합재산이 될 수 없다</u>(대법원 2019. 6. 13. 선고 2017다246180 판결).

ㄷ. [X] 갑이 을에게서 병 주식회사 주식을 매수한 후 을에게 명의신탁하였는데, 병 회사 주식이 제3자에게 매도된 후 갑이 명의신탁을 해지한 사안에서, 주식은 주주가 출자자로서 회사에 대하여 가지는 지분으로서 동일 회사의 동일 종류 주식 상호 간에는 개성이 중요하지 아니한 점, 을이 갑에게 교부한 주식보관증에 을이 보관하는 주권이 특정되어 있지 아니한 점을 고려하여 보면, <u>을의 갑에 대한 주식반환의무는 특정물채무가 아니라 종류채무에 해당하므로, 을 보유 주식이 제3자에게 매도되어 을이 이를 보유하고 있지 않다는 사정만으로는 을의 주식반환의무가 이행불능이 되었다고 할 수 없는데도</u>, 이와 달리 본 원심판결에 법리오해의 잘못이 있다고 한 사례(대법원 2015. 02. 26. 선고 2014다37040 판결).

ㄹ. [O] [1] 지방세법 제107조 제1항에 따라 재산세 납세의무를 부담하는 '재산을 사실상 소유하고 있는 자'는 공부상 소유자로 등재된 여부를 불문하고 당해 토지나 재산에 대한 실질적인 소유권을 가진 자를 의미한다. 명의신탁자가 소유자로부터 부동산을 양수하면서 명의수탁자와 사이에 명의신탁약정을 하여 소유자로부터 바로 명의수탁자 명의로 해당 부동산의 소유권이전등기를 하는 3자간 등기명의신탁의 경우 명의신탁자의 매수인 지위는 일반 매매계약에서 매수인 지위와 근본적으로 다르지 않으므로, <u>명의신탁자가 부동산에 관한 매매계약을 체결하고 매매대금을 모두 지급하였다면 재산세 과세기준일 당시 그 부동산에 관한 소유권이전등기를 마치기 전이라도 해당 부동산에 대한 실질적인 소유권을 가진 자로서 특별한 사정이 없는 한 그 재산세를 납부할 의무가 있다.</u> [2] <u>과세관청이 3자간 등기명의신탁에 따라 해당 부동산의 공부상 소유자가 된 명의수탁자에게 재산세 부과처분을 하고 이에 따라 명의수탁자가 재산세를 납부하였더라도 명의수탁자가 명의신탁자 또는 그 상속인을 상대로 재산세 상당의 금액에 대한 부당이득반환청구권을 가진다고 보기는 어렵다.</u> 그 상세한 이유는 다음과 같다. ① 명의수탁자가 재산세를 납부하게 된 것은 명의수탁자가 해당 부동산에 관한 공부상 소유자로 등재되어 있어 명의수탁자에게 재산세가 부과되었기 때문이고, 명의수탁자가 자신에게 부과된 재산세를 납부하였다고 하여 명의신탁자가 재산세 납부의무를 면하는 이득을 얻게 되었다고 보기 어렵다. 명의신탁자는 여전히 해당 부동산에 대한 재산세 납부의무를 부담한다. ② <u>명의수탁자에 대한 재산세 부과처분은 특별한 사정이 없는 한 위법한 것으로 취소되지 않은 이상 유효한 처분이고, 과세관청이 명의수탁자에게 재산세를 부과하여 명의수탁자가 이를 납부한 것을 두고 민법 제741조에서 정한 '법률상 원인없이' 명의신탁자가 이익을 얻었거나 명의수탁자에게 손해가 발생한 경우라고 보기는 어렵다.</u> ③ 명의수탁자는 항고소송으로 자신

에게 부과된 재산세 부과처분의 위법을 주장하거나 관련 부동산의 소유권에 관한 판결이 확정됨을 안 날부터 일정 기간 이내에 지방세기본법 제50조 제2항 제1호의 후발적 사유에 의한 경정청구를 하는 등의 방법으로 납부한 재산세를 환급받을 수 있다. 따라서 명의수탁자가 위법한 재산세 부과처분을 다툴 수 없어(다투지 않아) 재산세 납부로 인한 손해가 발생하고 이를 회복할 수 없게 되었더라도 이러한 손해는 과세처분에 대한 불복기간이나 경정청구기간의 도과 등으로 인한 것이라고 볼 수 있다. 설령 과세관청이 명의신탁자에게 해당 부동산에 대한 재산세 부과처분을 하지 않게 됨으로써 결과적으로 명의신탁자가 재산세를 납부하지 않게 되는 이익을 얻게 되더라도 이것은 사실상 이익이나 반사적 이익에 불과할 뿐이다. 명의수탁자가 납부한 재산세의 반환이나 명의신탁자의 사실상 이익 발생의 문제는 명의수탁자와 과세관청, 과세관청과 명의신탁자 각각의 관계에서 해결되어야 할 문제이다. 명의수탁자와 과세관청 사이에서 해결되어야 할 문제에 대하여 명의수탁자에게 또 다른 구제수단을 부여하여야 할 필요성을 인정하기는 어렵다. ④ 명의수탁자의 명의신탁자에 대한 부당이득반환청구권을 인정하게 되면, 과세처분의 취소 여부에 따라 복잡한 문제가 발생할 수 있다. 명의수탁자가 명의신탁 부동산에 대한 재산세를 납부함으로써 명의신탁자에 대한 부당이득반환청구권을 가지게 된다고 볼 경우 이러한 사정이 명의수탁자가 과세관청을 상대로 과세처분의 취소를 구하는 항고소송을 진행하거나 후발적 사유에 의한 경정청구를 하는 것에 장애가 되지 않는다. 그렇다면 명의수탁자는 이중의 구제가 가능하게 된다(대법원 2020. 9. 3. 선고 2018다283773 판결).

ㅁ. [O] 조합의 통상사무는 각 조합원 또는 각 업무집행자가 단독으로 집행할 수 있고(민법 제706조 제3항), 조합업무를 집행하는 조합원이 그 집행에 관하여 필요비를 지출한 때에는 그 비용의 상환을 조합에 청구할 수 있다(민법 제707조, 688조 제1항). 여기에서 필요비는 조합업무를 집행하는 조합원이 선량한 관리자의 주의를 가지고 조합에 필요하다고 판단하여 지출한 비용을 의미한다. 이때 조합의 비용상환채무는 특별한 사정이 없는 한 조합채무에 해당한다. 조합과 조합원이 명의신탁약정을 맺고 그에 따라 조합원이 조합의 공동사업에 필요한 부동산을 매수하는 계약명의신탁 사안에서, 상대방 당사자가 명의신탁약정 사실을 알지 못한 상태에서 조합원의 매매계약 및 조합원 명의의 등기가 이루어짐으로써 부동산 소유권이 조합원에게 귀속되었더라도(부동산실명법 제4조 제2항 단서 참조) 조합원은 특별한 사정이 없는 한 조합업무 집행에 관하여 부동산에 지출한 필요비의 상환을 조합에 청구할 수 있다(대법원 2025. 6. 26. 선고 2025다205399 판결). → 대법원은 ① 피고가 자신의 비용으로 부동산에 관한 대출이자와 재산세를 변제한 행위는 조합계약의 목적 달성을 위한 일상적·반복적 사무로서 통상사무에 해당하므로 조합원인 피고는 특별한 사정이 없는 한 단독으로 집행할 수 있고, 부동산에 관한 대출이자와 재산세의 변제가 조합의 목적 달성과 밀접한 관련이 있는 점 등을 고려하면 피고가 변제로 지출한 비용은 조합원인 피고가 선량한 관리자의 주의를 가지고 조합에 필요하다고 판단하여 지출한 비용으로서 필요비에 해당하며, ② 부동산실명법 제4조 제2항 단서에 따라 소유권이 피고에게 귀속되었더라도 그 외의 조합 관련 법률관계는 조합계약 또는 조합에 관한 민법 규정에 따라 규율되므로, 조합관계 종료 시 존재하는 적극재산에서 소극재산인 위 비용상환채무액을 공제하여 분배대상 잔여재산액을 산출하여야 한다고 보아, 이와 달리 판단한 원심을 파기·환송함

정답 ②

063 / 명의신탁 /

다음 중 명의신탁에 관한 설명으로 틀린 것은? (다툼이 있는 경우에는 판례에 의함)

① 명의신탁관계의 성립에 명의수탁자 앞으로의 새로운 소유권이전등기가 행하여지는 것이 반드시 필요한 것은 아니므로, 명의신탁자와 명의수탁자 사이에 명의신탁약정을 종료하기로 하고 제3자와 명의수탁자 사이에 새로운 명의신탁약정을 함으로써 애초의 명의신탁 부동산에 관하여 제3자와 명의수탁자 사이에 명의신탁관계가 성립할 수 있다.

② 명의수탁자가 3자간 등기명의신탁에 따라 매도인으로부터 소유권이전등기를 넘겨받은 부동산을 자기 마음대로 처분한 행위가 형사상 횡령죄로 처벌되지 않더라도, 이는 명의신탁자의 채권인 소유권이전등기청구권을 침해하는 행위로써 민법 제750조에 따라 불법행위에 해당하여 명의수탁자는 명의신탁자에게 손해배상책임을 질 수 있다.

③ 부동산실권리자명의등기에관한법률에 의하면, 명의신탁자는 1년의 기간 이내에 실명등기를 하여야 한다고 규정하고 있으므로, 유예기간이 경과한 후에는 명의신탁약정의 무효로 말미암아 명의신탁자는 명의수탁자에 대하여 명의신탁약정의 해지로 인한 소유권이전등기청구권을 갖지 아니하고, 명의수탁자에 대한 소유권이전등기청구권을 보전하기 위하여 가등기를 경료하여 두었다고 하더라도 그 가등기 또한 원인무효로서 말소되어야 한다. 따라서 수탁자는 소유권에 기한 물권적 청구권으로서 신탁자의 상속인 명의의 가등기에 대한 말소등기청구권을 행사할 수 있다.

④ 총유재산에 관한 소유권이전등기청구의 소는 그 원인이 명의신탁해지이고 명의수탁자가 법인이 아닌 사단의 일부 구성원이며, 또한 구성원총회의 결의에 의하여 명의신탁해지를 한 경우라고 하더라도 이는 단순히 총유재산을 보존하는 행위라고 할 수는 없고, 채권(내부적 소유권)의 물권화를 실현시키는 행위라는 점에서 처분행위가 된다.

⑤ 아파트의 수분양자가 타인과 대내적으로는 자신이 수분양권을 계속 보유하기로 하되 수분양자 명의만을 타인 명의로 하는 내용의 명의신탁약정을 맺으면서 수분양자로서의 지위를 포괄적으로 이전하는 내용의 계약인수약정을 체결하고 이에 대하여 명의신탁약정의 존재를 모르는 분양자가 동의 내지 승낙을 한 경우, 이는 계약명의신탁 관계에서 명의수탁자가 명의신탁약정의 존재를 모르는 분양자와 분양계약을 체결한 경우와 동일하다.

[해설]

① [O] [1] 명의신탁관계의 성립에 명의수탁자 앞으로의 새로운 소유권이전등기가 행하여지는 것이 반드시 필요한 것은 아니므로, 명의신탁자와 명의수탁자 사이에 명의신탁약정을 종료하기로 하고 제3자와 명의수탁자 사이에 새로운 명의신탁약정을 함으로써 애초의 명의신탁 부동산에 관하여 제3자와 명의수탁자 사이에 명의신탁관계가 성립할 수 있고, 이러한 경우 제3자는 새로운 명의신탁관계가 성립한 때로부터 명의신탁자로서 부동산 실권리자명의 등기에 관한 법률 제5조 제1항 제1호에 의한 과징금 부과의 대상이 될 수 있다. [2] 명의신탁약정에 의하여 자신의 부동산을 대표이사인 갑 명의로 이전등기한 A 회사가, 역시 대표이사가 갑인 B 회사와 '사업포괄양도·양수계약'을 체결하였고, 그 후 B 회사는 토지의 매매잔대금을 지급하는 등 그 부동산의 실질적인 소유자로 행세한

경우, 위 양도·양수계약의 체결로써 명의신탁 부동산에 관하여 A 회사와 갑 사이의 명의신탁약정은 종료되고 B 회사와 갑 사이에 새로운 명의신탁관계가 성립된 것으로 볼 여지가 있다고 한 사례 (대법원 2010. 3. 11. 선고 2009두18622 판결).

② [O] 명의수탁자가 3자간 등기명의신탁에 따라 매도인으로부터 소유권이전등기를 넘겨받은 부동산을 자기 마음대로 처분한 행위가 형사상 횡령죄로 처벌되지 않더라도, 이는 명의신탁자의 채권인 소유권이전등기청구권을 침해하는 행위로써 민법 제750조에 따라 불법행위에 해당하여 명의수탁자는 명의신탁자에게 손해배상책임을 질 수 있다. 그 이유는 다음과 같다. ① 명의신탁자가 매수한 부동산에 관하여 부동산 실권리자명의 등기에 관한 법률(이하 '부동산실명법'이라 한다)을 위반하여 명의수탁자와 맺은 명의신탁약정에 따라 매도인에게서 바로 명의수탁자 앞으로 소유권이전등기를 마친 이른바 3자간 등기명의신탁을 한 경우에 명의수탁자가 부동산을 임의로 처분한 것이 횡령죄가 되는지 문제 된다. 대법원은 2016. 5. 19. 선고 2014도6992 전원합의체 판결을 통해 종전 판례를 변경하여 위와 같은 경우 명의신탁자는 부동산 소유자가 아니고 명의신탁자와 명의수탁자 사이에 위탁신임관계를 인정할 수도 없어 명의수탁자가 명의신탁자의 재물을 보관하는 자라고 할 수 없으므로, 명의수탁자가 신탁 부동산을 임의로 처분해도 명의신탁자에 대한 관계에서 횡령죄가 성립하지 않는다고 판결하였다. ② 민사책임과 형사책임은 지도이념, 증명책임의 부담과 그 증명의 정도 등에서 서로 다른 원리가 적용된다. 위법행위에 대한 형사책임은 사회의 법질서를 위반한 행위에 대한 책임을 묻는 것으로서 행위자에 대한 공적인 제재인 형벌을 그 내용으로 하는 데 반하여, 민사책임은 다른 사람의 법익을 침해한 데 대하여 행위자의 개인적 책임을 묻는 것으로서 피해자에게 발생한 손해의 전보를 그 내용으로 하고 손해배상제도는 손해의 공평·타당한 부담을 그 지도원리로 한다. 따라서 형사상 범죄를 구성하지 않는 침해행위라고 하더라도 그것이 민사상 불법행위를 구성하는지는 형사책임과 별개의 관점에서 검토해야 한다. ③ 3자간 등기명의신탁에서 명의수탁자의 임의처분 등을 원인으로 제3자 앞으로 소유권이전등기가 된 경우, 특별한 사정이 없는 한 제3자는 유효하게 소유권을 취득한다(부동산실명법 제4조 제3항). 그 결과 매도인의 명의신탁자에 대한 소유권이전등기의무는 이행불능이 되어 명의신탁자로서는 부동산 소유권을 이전받을 수 없게 된다. 명의수탁자가 명의신탁자의 채권인 소유권이전등기청구권을 침해한다는 사정을 알면서도 명의신탁 받은 부동산을 자기 마음대로 처분하였다면 이는 사회통념상 사회질서나 경제질서를 위반하는 위법한 행위로서 특별한 사정이 없는 한 제3자의 채권침해에 따른 불법행위책임이 성립한다. ④ 대법원 2014도6992 전원합의체 판결은 횡령죄의 본질이 신임관계에 기초하여 위탁된 타인의 물건을 위법하게 영득하는 데 있고 명의신탁자와 명의수탁자의 관계는 형법상 보호할 만한 가치 있는 신임관계가 아니므로 명의수탁자의 임의처분행위에 대하여 횡령죄를 인정할 수 없다고 한 것이지 명의신탁관계에서 명의신탁자의 소유권이전등기청구권을 보호할 수 없다는 취지는 아니다. 따라서 명의수탁자의 임의처분으로 명의신탁자의 채권이 침해된 이상 형법상 횡령죄의 성립 여부와 관계없이 명의수탁자는 명의신탁자에 대하여 민사상 불법행위책임을 부담한다고 봄이 타당하다(대법원 2022. 6. 9. 선고 2020다208997 판결).

③ [X] [1] 부동산실권리자명의등기에관한법률 제4조, 제11조, 제12조 등에 의하면, 법 시행 전에 명의신탁약정에 의하여 부동산에 관한 물권을 명의수탁자의 명의로 등기하거나 하도록 한 명의신탁자는 법 시행일로부터 1년의 기간 이내에 실명등기를 하여야 하고, 그 기간 이내에 실명등기 또는 매각처분 등을 하지 아니하면 그 이후에는 명의신탁약정은 무효가 되고, 명의신탁약정에 따라 행하여진 등기에 의한 부동산의 물권변동도 무효가 된다고 규정하고 있으므로, 위 유예기간이 경과한 후에는 명의신탁약정의 무효로 말미암아 명의신탁자 또는 그 상속인은 명의수탁자에 대하여 명의신탁약정의 해지로 인한 소유권이전등기청구권을 갖지 아니하고, 명의수탁자에 대한 소유권이전등기청구권을 보전하기 위하여 가등기를 경료하여 두었다고 하더라도 그 가등기 또한 원인무효로서

말소되어야 한다. [2] 신탁자와의 명의신탁약정에 의하여 경료된 수탁자 명의의 소유권이전등기는 부동산실권리자명의등기에관한법률의 유예기간이 경과한 후에는 원인무효로서 말소되어야 하므로, 수탁자의 상속인으로서는 수탁된 토지에 대한 소유권자임을 주장할 수 없고, 소유권에 기한 물권적 청구권으로서 신탁자의 상속인 명의의 가등기에 대한 말소등기청구권을 행사할 수도 없다. [이유] 피고의 남편이었던 소외 1은 자신의 수입으로 토지를 매수하여 아버지인 망 소외 2의 명의로 명의신탁에 의한 소유권이전등기를 하여 두었는데, 소외 1이 1988. 6. 4. 사망한 후 소외 2는 1989. 1. 20. 소외 1의 처인 피고에게 소유명의를 이전하려다가 양도소득세 등의 문제로 소유권이전청구권가등기만을 하고 장차 본등기를 이전하기로 합의하여 피고에게 가등기를 경료하여 주었다. 부동산실권리자명의등기에관한법률(이하 법이라 한다) 제4조, 제11조, 제12조 등에 의하면, 법 시행 전에 명의신탁약정에 의하여 부동산에 관한 물권을 명의수탁자의 명의로 등기하거나 하도록 한 명의신탁자는 법 시행일로부터 1년의 기간 이내에 실명등기를 하여야 하고, 그 기간 이내에 실명등기 또는 매각처분 등을 하지 아니하면 그 이후에는 명의신탁약정은 무효가 되고, 명의신탁약정에 따라 행하여진 등기에 의한 부동산의 물권변동도 무효가 된다고 규정하고 있으므로, 유예기간이 경과한 후에는 명의신탁약정의 무효로 말미암아 명의신탁자 또는 상속인은 명의수탁자에 대하여 명의신탁약정의 해지로 인한 소유권이전등기청구권을 갖지 아니하고, 명의수탁자에 대한 소유권이전등기청구권을 보전하기 위하여 가등기를 경료하여 두었더라도 가등기 또한 원인무효로서 말소되어야 할 것이다. 다만 소외 1과의 명의신탁약정에 의하여 경료된 소외 2 명의의 소유권이전등기 또한 법의 유예기간이 경과한 1996. 7. 1. 이후에는 원인무효로서 말소되어야 할 운명에 있으므로, 소외 2의 상속인인 원고들로서는 토지에 대한 소유권자임을 주장할 수 없고, 소유권에 기한 물권적 청구권으로서 피고 명의의 가등기에 대한 말소등기청구권을 행사할 수도 없다(대법원 1998. 12. 11. 선고 98다43250 판결).

④ [O] 총유재산에 관한 소유권이전등기청구의 소는 그 원인이 명의신탁해지이고 명의수탁자가 법인이 아닌 사단의 일부 구성원이며, 또한 구성원총회의 결의에 의하여 명의신탁해지를 한 경우라고 하더라도 이는 단순히 총유재산을 보존하는 행위라고 할 수는 없고, 채권(내부적 소유권)의 물권화를 실현시키는 행위라는 점에서 처분행위라 할 것이다(대법원 1994. 5. 24. 선고 92다50232 판결).

⑤ [O] 아파트의 수분양자가 타인과 대내적으로는 자신이 수분양권을 계속 보유하기로 하되 수분양자 명의만을 타인의 명의로 하는 내용의 명의신탁약정을 맺으면서 분양계약의 수분양자로서의 지위를 포괄적으로 이전하는 내용의 계약인수약정을 체결하고 이에 대하여 명의신탁약정의 존재를 모르는 분양자가 동의 내지 승낙을 한 경우, 이는 계약명의신탁 관계에서 명의수탁자가 당초 명의신탁약정의 존재를 모르는 분양자와 분양계약을 체결한 경우와 다를 바 없으므로, 분양계약인수약정은 유효하다(대법원 2015. 12. 23. 선고 2012다202932 판결).

정답 ③

064 / 명의신탁 /
다음 중 명의신탁에 관한 설명으로 틀린 것은? (다툼이 있는 경우에는 판례에 의함)

① 부동산 실권리자명의 등기에 관한 법률 제4조 제3항에 따르면 명의수탁자가 신탁부동산을 임의로 처분하거나 강제수용이나 공공용지 협의취득 등을 원인으로 제3취득자 명의로 이전등기가 마쳐진 경우, 특별한 사정이 없는 한 제3취득자는 유효하게 소유권을 취득한다. 그리고 이 경우 명의신탁관계는 당사자의 의사표시 등을 기다릴 필요 없이 당연히 종료되었다.

② 3자간 등기명의신탁에서 명의수탁자가 부동산에 관하여 제3자에게 근저당권을 설정한 경우 명의수탁자는 근저당권의 피담보채무액 상당의 이익을 얻었고 그로 인하여 명의신탁자에게 그에 상응하는 손해를 입혔으므로, 명의수탁자는 명의신탁자에게 이를 부당이득으로 반환할 의무를 부담한다.

③ 부동산 실권리자명의 등기에 관한 법률이 시행되기 전에 명의신탁자와 명의수탁자가 명의신탁 약정을 맺고 이에 따라 명의수탁자가 당사자가 되어 명의신탁 약정이 있다는 사실을 알지 못하는 소유자와 부동산에 관한 매매계약을 체결한 후 그 매매계약에 기하여 당해 부동산의 소유권이전등기를 자신의 명의로 마치는 한편, 장차 위 부동산의 처분대가를 명의신탁자에게 지급하기로 하는 정산약정을 한 경우, 그러한 약정 이후에 부동산실명법이 시행되었다거나 그 부동산의 처분이 부동산실명법 시행 이후에 이루어졌다고 하더라도 그러한 사정만으로 위 정산약정까지 당연히 무효로 된다고 볼 수 없다.

④ 부동산 실권리자명의 등기에 관한 법률 제4조 제3항의 '제3자'는 명의신탁약정의 당사자 및 포괄승계인 이외의 자로서 명의수탁자가 물권자임을 기초로 그와 사이에 직접 새로운 이해관계를 맺은 사람으로서 소유권이나 저당권 등 물권을 취득한 자뿐만 아니라 압류 또는 가압류 채권자도 포함하고 그의 선의·악의를 묻지 않는다. 이러한 법리는 특별한 사정이 없는 한 명의신탁약정에 따라 형성된 외관을 토대로 다시 명의신탁이 이루어지는 등 연속된 명의신탁관계에서 최후의 명의수탁자가 물권자임을 기초로 그와 사이에 직접 새로운 이해관계를 맺은 사람에게도 적용된다.

⑤ 명의신탁약정이 3자간 등기명의신탁인지 아니면 계약명의신탁인지의 구별은 계약당사자가 누구인가를 확정하는 문제로 귀결되는데, 계약명의자가 명의수탁자로 되어 있다면 계약명의자인 명의수탁자가 아니라 명의신탁자에게 계약에 따른 법률효과를 직접 귀속시킬 의도로 계약을 체결한 사정이 인정되더라도 명의수탁자가 계약당사자이고, 이 경우의 명의신탁관계는 계약명의신탁으로 보아야 한다.

[해설]

① [O] [1] 부동산 실권리자명의 등기에 관한 법률 제4조 제3항에 따르면 명의수탁자가 신탁부동산을 임의로 처분하거나 강제수용이나 공공용지 협의취득 등을 원인으로 제3취득자 명의로 이전등기가 마쳐진 경우, 특별한 사정이 없는 한 제3취득자는 유효하게 소유권을 취득한다. 그리고 <u>이 경우 명의신탁관계는 당사자의 의사표시 등을 기다릴 필요 없이 당연히 종료되었다</u>고 볼 것이지, 주택재개발정비사업으로 인해 분양받게 될 대지 또는 건축시설물에 대해서도 명의신탁관계가 그대로 존속한

다고 볼 수 없다. [2] 명의신탁관계는 반드시 신탁자와 수탁자 사이의 명시적 계약에 의하여만 성립하는 것이 아니라 묵시적 합의에 의하여도 성립할 수 있으나, 명시적인 계약이나 묵시적 합의가 인정되지 않는데도 명의신탁약정이 있었던 것으로 단정하거나 간주할 수는 없다(대법원 2021. 7. 8. 선고 2021다209225 판결).

② [O] ㈎ 3자간 등기명의신탁에서 명의수탁자의 임의처분 또는 강제수용이나 공공용지 협의취득 등(이러한 소유명의 이전의 원인관계를 통틀어 이하에서는 '명의수탁자의 처분행위 등'이라 한다)을 원인으로 제3자 명의로 소유권이전등기가 마쳐진 경우, 특별한 사정이 없는 한 제3자는 유효하게 소유권을 취득한다[부동산 실권리자명의 등기에 관한 법률(이하 '부동산실명법'이라 한다) 제4조 제3항]. 그 결과 매도인의 명의신탁자에 대한 소유권이전등기의무는 이행불능이 되어 명의신탁자로서는 부동산의 소유권을 이전받을 수 없게 되는 한편, 명의수탁자는 부동산의 처분대금이나 보상금 등을 취득하게 된다. 판례는, 명의수탁자가 그러한 처분대금이나 보상금 등의 이익을 명의신탁자에게 부당이득으로 반환할 의무를 부담한다고 보고 있다. 이러한 판례는 타당하므로 그대로 유지되어야 한다. ㈏ 명의수탁자가 부동산에 관하여 제3자에게 근저당권을 설정하여 준 경우에도 부동산의 소유권이 제3자에게 이전된 경우와 마찬가지로 보아야 한다. 명의수탁자가 제3자에게 부동산에 관하여 근저당권을 설정하여 준 경우에 제3자는 부동산실명법 제4조 제3항에 따라 유효하게 근저당권을 취득한다. 이 경우 매도인의 부동산에 관한 소유권이전등기의무가 이행불능된 것은 아니므로, 명의신탁자는 여전히 매도인을 대위하여 명의수탁자의 부동산에 관한 진정명의회복을 원인으로 한 소유권이전등기 등을 통하여 매도인으로부터 소유권을 이전받을 수 있지만, 그 소유권은 명의수탁자가 설정한 근저당권이 유효하게 남아 있는 상태의 것이다. 명의수탁자는 제3자에게 근저당권을 설정하여 줌으로써 피담보채무액 상당의 이익을 얻었고, 명의신탁자는 매도인을 매개로 하더라도 피담보채무액만큼의 교환가치가 제한된 소유권만을 취득할 수밖에 없는 손해를 입은 한편, 매도인은 명의신탁자로부터 매매대금을 수령하여 매매계약의 목적을 달성하였으면서도 근저당권이 설정된 상태의 소유권을 이전하는 것에 대하여 손해배상책임을 부담하지 않으므로 실질적인 손실을 입지 않는다. 따라서 3자간 등기명의신탁에서 명의수탁자가 부동산에 관하여 제3자에게 근저당권을 설정한 경우 명의수탁자는 근저당권의 피담보채무액 상당의 이익을 얻었고 그로 인하여 명의신탁자에게 그에 상응하는 손해를 입혔으므로, 명의수탁자는 명의신탁자에게 이를 부당이득으로 반환할 의무를 부담한다(대법원 2021. 9. 9. 선고 2018다284233 전원합의체 판결).

③ [O] 부동산 실권리자명의 등기에 관한 법률(이하 '부동산실명법'이라 한다)이 시행되기 전에 명의신탁자와 명의수탁자가 명의신탁 약정을 맺고 이에 따라 명의수탁자가 당사자가 되어 명의신탁 약정이 있다는 사실을 알지 못하는 소유자와 부동산에 관한 매매계약을 체결한 후 그 매매계약에 기하여 당해 부동산의 소유권이전등기를 자신의 명의로 마치는 한편, 장차 위 부동산의 처분대가를 명의신탁자에게 지급하기로 하는 정산약정을 한 경우, 그러한 약정 이후에 부동산실명법이 시행되었다거나 그 부동산의 처분이 부동산실명법 시행 이후에 이루어졌다고 하더라도 그러한 사정만으로 위 정산약정까지 당연히 무효로 된다고 볼 수 없다. 그 이유는 다음과 같다. 위와 같은 정산약정 당시에는 부동산실명법이 시행되기 전으로서 부동산에 관한 명의신탁 약정이 허용되었고, 명의신탁의 당사자들 사이에 명의신탁자가 이른바 내부적 소유권을 가진다고 보았다. 이에 따라 장차 명의신탁자 앞으로 목적 부동산에 관한 소유권등기를 이전하거나 그 부동산의 처분대가를 명의신탁자에게 지급하는 것 등을 내용으로 하는 약정도 유효하였다. 부동산실명법 시행 전에 명의수탁자가 명의신탁 약정에 따라 부동산에 관한 소유명의를 취득한 경우에 부동산실명법 시행 후 같은 법 제11조의 유예기간이 경과하기 전까지 명의신탁자는 언제라도 명의신탁 약정을 해지하고 해당 부동산에 관한 소유권을 취득할 수 있었던 것으로, 실명화 등의 조치 없이 위 유예기간이 경과함으로써 같은 법 제12조 제1항, 제4조에 의해 명의신탁 약정은 무효로 되는 한편, 명의수탁자가 해당 부동산에

관한 완전한 소유권을 취득하게 된다. 그런데 부동산실명법 제3조 및 제4조가 명의신탁자에게 소유권이 귀속되는 것을 막는 취지의 규정은 아니므로 명의수탁자는 명의신탁자에게 자신이 취득한 해당 부동산을 부당이득으로 반환할 의무가 있다. 이와 같은 경위로 명의신탁자가 해당 부동산의 회복을 위해 명의수탁자에 대해 가지는 소유권이전등기청구권은 그 성질상 법률의 규정에 의한 부당이득반환청구권이다. 만일 명의수탁자가 신탁부동산을 처분하였다면, 앞서 본 바와 같은 처분대가에 관한 정산약정이 없는 경우라도 명의수탁자는 민법 제747조 제1항에 의하여 명의신탁자에게 그 부동산의 가액을 반환할 의무를 부담한다. 부동산실명법 시행 전에 명의수탁자가 신탁부동산의 처분대가를 명의신탁자에게 지급하기로 하는 정산약정을 한 경우 그러한 약정에 따른 법적 효과는 위와 같이 법률에 의하여 이미 명의신탁자에게 인정되는 권리의 범위 내에 속하는 것이라고 볼 수 있다. 따라서 위 약정이 애초부터 신탁부동산의 소유권을 취득할 수 없는 명의신탁자를 위하여 사후에 보완하는 방책에 해당한다거나 무효인 명의신탁 약정이 유효함을 전제로 명의신탁 부동산 자체 또는 그 처분대금의 반환을 구하는 범주에 든다고 보기 어렵다. 달리 위 정산약정 이후에 부동산실명법이 시행되었다거나 신탁부동산의 처분이 부동산실명법 시행 이후에 이루어졌다는 것만으로 그 유효성을 부인할 것은 아니다(대법원 2021. 7. 21. 선고 2019다266751 판결). **[비교판례]** 신탁자와 수탁자가 명의신탁약정을 맺고, 그에 따라 수탁자가 당사자가 되어 명의신탁약정의 존재 사실을 알지 못하는 소유자와 부동산에 관한 매매계약을 체결한 계약명의신탁에서 신탁자와 수탁자 간의 명의신탁약정이 부동산 실권리자명의 등기에 관한 법률이 정한 유예기간의 경과로 무효가 되었다면, 특별한 사정이 없는 한 신탁자와 수탁자 간에 명의신탁약정과 함께 이루어진 부동산 매입의 위임약정 역시 무효로 되고, 이 경우 신탁자와 수탁자 사이에 신탁자의 요구에 따라 부동산의 소유 명의를 이전하기로 한 약정도 명의신탁약정이 유효함을 전제로 명의신탁 부동산 자체의 반환을 구하는 범주에 속하는 것에 해당하여 역시 무효가 된다(대법원 2015. 9. 10. 선고 2013다55300 판결). **[보충]** 별도 약정이 금전 지급을 하는 것인지, 부동산 자체를 이전하는 것인지에 따라 판례의 결론이 다르다는 점에 유의해야 한다.

④ [O] ★ **[사례형·기록형]** 부동산 실권리자명의 등기에 관한 법률 제4조 제3항에 의하면 명의신탁약정 및 이에 따른 등기로 이루어진 부동산에 관한 물권변동의 무효는 제3자에게 대항하지 못한다. 여기서 '제3자'는 명의신탁약정의 당사자 및 포괄승계인 이외의 자로서 명의수탁자가 물권자임을 기초로 그와 사이에 직접 새로운 이해관계를 맺은 사람으로서 소유권이나 저당권 등 물권을 취득한 자뿐만 아니라 압류 또는 가압류채권자도 포함하고 그의 선의·악의를 묻지 않는다. 이러한 법리는 특별한 사정이 없는 한 명의신탁약정에 따라 형성된 외관을 토대로 다시 명의신탁이 이루어지는 등 연속된 명의신탁관계에서 최후의 명의수탁자가 물권자임을 기초로 그와 사이에 직접 새로운 이해관계를 맺은 사람에게도 적용된다. **[이유]** 피고 농협은 제1명의신탁약정의 명의수탁자인 소외인과 제1근저당권설정계약에 이어 대물변제약정을 맺은 피고 2가 피고 1과 체결한 제2명의신탁약정에 따라 피고 1이 소외인으로부터 이어받은 소유권등기를 바탕으로 피고 1이 물권자임을 기초로 피고 1로부터 직접 근저당권을 설정받은 자로서 부동산실명법 제4조 제3항에서 말하는 '제3자'에 해당하여, 제1명의신탁약정의 명의신탁자인 원고에게 제2근저당권설정등기의 유효를 주장할 수 있다고 보아야 한다. 이는 특별한 사정이 없는 한 제1명의신탁약정이 원고에 대한 관계에서 무효라는 사정 및 제2명의신탁약정이 피고 2에 대한 관계에서 무효라는 사정만으로 영향을 받지 않는다(대법원 2021. 11. 11. 선고 2019다272725 판결).

⑤ [X] ★★★ **[사례형·기록형]** [1] 명의신탁약정이 3자간 등기명의신탁인지 아니면 계약명의신탁인지의 구별은 계약당사자가 누구인가를 확정하는 문제로 귀결되는데, 계약명의자가 명의수탁자로 되어 있다 하더라도 계약당사자를 명의신탁자로 볼 수 있다면 이는 3자간 등기명의신탁이 된다. 따라서 계약명의자인 명의수탁자가 아니라 명의신탁자에게 계약에 따른 법률효과를 직접 귀속시킬

의도로 계약을 체결한 사정이 인정된다면 명의신탁자가 계약당사자이고, 이 경우의 명의신탁관계는 3자간 등기명의신탁으로 보아야 한다. [2] 갑이 부동산을 매수하면서 아내 명의로 매매계약서를 작성하고, 계약금과 중도금을 매도인에게 지급하였는데, 이후 갑이 아들인 을로 매수인 명의를 변경하여 동일한 내용의 매매계약서를 다시 작성한 다음, 위 부동산에 관하여 을 명의로 소유권이전등기를 마친 사안에서, 을이 매매계약서 작성 및 소유권이전등기가 마쳐질 무렵 미국에 거주하고 있었고, 부동산의 매수과정에 관여하지 않았으며 매수대금도 따로 부담하지 않은 점, 을 스스로도 '갑 부부가 위 부동산을 을에게 사주었다거나 증여해주었다.'라고 주장하고 있을 뿐이지 을이 매매계약 당사자로서 관여한 내용을 밝히지 않고 있는 점 등에 비추어, 갑이 매매계약 당사자로서 부동산을 매수하면서 등기명의만 을 앞으로 하였고, 매도인도 계약에 따른 법률효과는 갑에게 직접 귀속시킬 의도로 계약을 체결한 사정이 인정되므로, 매매계약의 당사자는 갑으로 보아야 하고, 갑과 을 사이의 명의신탁약정은 3자간 등기명의신탁인데도, 매매계약 당사자가 을이라고 단정하여 계약명의신탁에 해당한다고 본 원심판단에 법리오해의 잘못이 있다고 한 사례(대법원 2022. 4. 28. 선고 2019다300422 판결).

정답 ⑤

CHAPTER 03 | 용익물권

제1절 • 지상권

065 /제336조의 법정지상권/

甲이 대지와 건물을 소유하면서 대지에 저당권을 설정하였는데 그 저당권에 기초한 경매절차에 의해 乙이 대지의 소유권을 취득하였다. 그 후 丙은 甲으로부터 건물을 매수하고, 丁은 乙으로부터 대지를 매수하여 각각 소유권이전등기를 마쳤다. 다음 설명 중 옳은 것을 모두 고른 것은? (다툼이 있으면 판례에 의함)

> ㄱ. 丙은 법정지상권의 등기 없이도 대지 소유자인 丁에게 법정지상권을 주장할 수 있다.
> ㄴ. 丁은 丙에게 건물의 철거를 구할 수 있다.
> ㄷ. 지료의 정함이 없는 상태에서 甲 또는 丙이 丁에게 지료를 지급하지 아니한 채 2년을 경과하였다고 하여도 丁은 지상권소멸청구를 할 수 없다.
> ㄹ. 만약 사안과 달리 대지가 甲을 비롯한 공유자들의 공유에 속하였고 甲이 지분 과반수의 동의를 얻어 건물을 건축한 후 대지와 건물의 소유자가 달라진 경우 관습법상 법정지상권은 성립하지 않는다.
> ㅁ. 위 ㄹ.의 경우에서 甲이 대지에 대한 자기 지분에 관하여 저당권을 설정하였고 그 저당권에 기한 경매에서 제3자가 지분을 취득한 경우라면 甲은 제366조의 법정지상권을 취득한다.

① ㄱ, ㄴ ② ㄱ, ㄷ ③ ㄴ, ㄷ
④ ㄷ, ㄹ ⑤ ㄷ, ㅁ

[해설]

ㄱ. [✕] 甲은 제366조에 의해 법정지상권을 등기없이도 취득한다(제187조 본문). 그러나 법정지상권을 처분함에는 등기를 요한다(동조 단서). 따라서 丙은 법정지상권에 대한 등기를 경료받지 않는 한 제366조 법정지상권을 취득할 수 없다. [관련판례] 관습상 법정지상권이 붙은 건물의 소유자가 건물을 제3자에게 처분한 경우에는 법정지상권에 관한 등기를 경료하지 아니한 자로서는 건물의 소유권을 취득한 사실만 가지고는 법정지상권을 취득하였다고 할 수 없어 대지소유자에게 지상권을 주장할 수 없고 그 법정지상권은 여전히 당초의 법정지상권자에게 유보되어 있다고 보아야 한다(대법원 1995. 4. 11. 선고 94다39925 판결).

ㄴ. [✕] 법정지상권을 가진 건물소유자로부터 건물을 양수하면서 법정지상권까지 양도받기로 한 자는 채권자대위의 법리에 따라 전건물소유자 및 대지소유자에 대하여 차례로 지상권의 설정등기 및 이전등기절차이행을 구할 수 있다 할 것이므로 이러한 법정지상권을 취득할 지위에 있는 자에 대하

여 대지소유자가 소유권에 기하여 건물철거를 구함은 지상권의 부담을 용인하고 그 설정등기절차를 이행할 의무있는 자가 그 권리자를 상대로 한 청구라 할 것이어서 신의성실의 원칙상 허용될 수 없다(대법원 1985. 04. 09. 선고 84다카1131 전원합의체판결).

ㄷ. [O] 민법 제366조 단서의 규정에 의하여 법정지상권의 경우 그 지료는 당사자의 협의나 법원에 의하여 결정하도록 되어 있는데, 당사자 사이에 지료에 관한 협의가 있었다거나 법원에 의하여 지료가 결정되었다는 아무런 입증이 없고 법정지상권에 관한 지료가 결정된 바 없다면, 법정지상권자가 지료를 지급하지 않았다고 하더라도 지료 지급을 지체한 것으로는 볼 수 없으므로 법정지상권자가 2년 이상의 지료를 지급하지 아니하였음을 이유로 하는 토지소유자의 지상권 소멸청구는 이유가 없다(대법원 1996. 04. 26. 선고 95다52864 판결).

ㄹ. [O] ㅁ. [X] 토지공유자의 한 사람이 다른 공유자의 지분 과반수의 동의를 얻어 건물을 건축한 후 토지와 건물의 소유자가 달라진 경우 토지에 관하여 관습법상의 법정지상권이 성립되는 것으로 보게 되면 이는 토지공유자의 1인으로 하여금 자신의 지분을 제외한 다른 공유자의 지분에 대하여서까지 지상권설정의 처분행위를 허용하는 셈이 되어 부당하다. 그리고 이러한 법리는 민법 제366조의 법정지상권의 경우에도 마찬가지로 적용되고, 나아가 토지와 건물 모두가 각각 공유에 속한 경우에 토지에 관한 공유자 일부의 지분만을 목적으로 하는 근저당권이 설정되었다가 경매로 인하여 그 지분을 제3자가 취득하게 된 경우에도 마찬가지로 적용된다(대법원 2014. 9. 4. 선고 2011다73038 판결).

정답 ④

066 /제366조 법정지상권과 관습법상 법정지상권/

乙은 甲으로부터 X토지와 그 지상의 미등기의 Y건물을 모두 매수하였다. X토지에 관하여는 乙명의로 소유권이전등기가 경료되었으나 Y건물은 미등기인 관계로 소유권이전등기를 경료받지 못하였다. 그 후 乙은 X 토지에 대해 丙에게 저당권을 설정하였고 그 저당권의 실행으로 丁이 X 토지의 소유권을 취득하였다. 다음의 설명 중 틀린 것을 모두 고른 것은? (다툼이 있으면 판례에 의함)

> ㄱ. 乙은 제366조의 법정지상권을 취득한다.
>
> ㄴ. 甲에서 乙로 소유권이 이전될 때 甲은 관습상의 법정지상권을 취득하므로, 乙은 甲이 취득한 관습상 법정지상권을 이전받을 수 있다.
>
> ㄷ. 만약 사안과 달리, 乙이 丙에게 저당권을 설정할 당시 X토지가 나대지 상태였고 그 후 乙이 Y건물을 건축하였다면 임의경매에 의한 매각 당시 대지와 지상건물이 동일인의 소유에 속하였으므로 제366조 법정지상권은 성립할 수 없어도 관습상의 법정지상권은 성립할 수 있다.
>
> ㄹ. 위 ㄷ.의 경우, 乙이 저당권자 丙의 동의를 얻어 Y건물을 건축하였다면 乙은 관습법상의 법정지상권은 취득할 수 없어도 제366조의 법정지상권을 취득할 수 있다.

① ㄱ, ㄴ, ㄷ   ② ㄱ, ㄴ, ㄹ   ③ ㄱ, ㄷ, ㄹ
④ ㄴ, ㄷ, ㄹ   ⑤ ㄱ, ㄴ, ㄷ, ㄹ

해설

ㄱ. [✕] ㄴ. [✕] [1] 민법 제366조의 법정지상권은 저당권 설정 당시에 동일인의 소유에 속하는 토지와 건물이 저당권의 실행에 의한 경매로 인하여 각기 다른 사람의 소유에 속하게 된 경우에 건물의 소유를 위하여 인정되는 것이므로, 미등기건물을 그 대지와 함께 매수한 사람이 그 대지에 관하여만 소유권이전등기를 넘겨받고 건물에 대하여는 그 등기를 이전 받지 못하고 있다가, 대지에 대하여 저당권을 설정하고 그 저당권의 실행으로 대지가 경매되어 다른 사람의 소유로 된 경우에는, 그 저당권의 설정 당시에 이미 대지와 건물이 각각 다른 사람의 소유에 속하고 있었으므로 법정지상권이 성립될 여지가 없다. [2] 관습상의 법정지상권은 동일인의 소유이던 토지와 그 지상건물이 매매 기타 원인으로 인하여 각각 소유자를 달리하게 되었으나 그 건물을 철거한다는 등의 특약이 없으면 건물 소유자로 하여금 토지를 계속 사용하게 하려는 것이 당사자의 의사라고 보아 인정되는 것이므로 토지의 점유·사용에 관하여 당사자 사이에 약정이 있는 것으로 볼 수 있거나 토지 소유자가 건물의 처분권까지 함께 취득한 경우에는 관습상의 법정지상권을 인정할 까닭이 없다 할 것이어서, 미등기건물을 그 대지와 함께 매도하였다면 비록 매수인에게 그 대지에 관하여만 소유권이전등기가 경료되고 건물에 관하여는 등기가 경료되지 아니하여 형식적으로 대지와 건물이 그 소유 명의자를 달리하게 되었다 하더라도 매도인에게 관습상의 법정지상권을 인정할 이유가 없다 (대법원 2002. 06. 20. 선고 2002다9660 전원합의체 판결).

ㄷ. [✕] 민법 제366조의 법정지상권은 저당권설정 당시부터 저당권의 목적되는 토지 위에 건물이 존재할 경우에 한하여 인정되며 건물 없는 토지에 대하여 저당권이 설정된 후 저당권설정자가 그 위에 건물을 건축하였다가 임의경매절차에서 경매로 인하여 대지와 그 지상건물이 소유자를 달리하였을 경우에는 위 법조 소정의 법정지상권이 인정되지 아니할 뿐만 아니라 관습상의 법정지상권도 인정되지 아니한다(대법원 1993. 6. 25. 선고 92다20330 판결).

ㄹ. [✕] 민법 제366조의 법정지상권은 저당권 설정 당시부터 저당권의 목적되는 토지 위에 건물이 존재할 경우에 한하여 인정되며, 토지에 관하여 저당권이 설정될 당시 그 지상에 토지소유자에 의한 건물의 건축이 개시되기 이전이었다면, 건물이 없는 토지에 관하여 저당권이 설정될 당시 근저당권자가 토지소유자에 의한 건물의 건축에 동의하였다고 하더라도 그러한 사정은 주관적 사항이고 공시할 수도 없는 것이어서 토지를 낙찰받는 제3자로서는 알 수 없는 것이므로 그와 같은 사정을 들어 법정지상권의 성립을 인정한다면 토지 소유권을 취득하려는 제3자의 법적 안정성을 해하는 등 법률관계가 매우 불명확하게 되므로 법정지상권이 성립되지 않는다(대법원 2003. 09. 05. 선고 2003다26051 판결).

정답 ⑤

067 / 지상권과 분묘기지권 /
지상권과 분묘기지권에 관한 판례의 입장으로 틀린 것은?

① 지상권갱신청구권의 행사는 지상권의 존속기간 만료 후 지체 없이 하여야 한다. 따라서 지상권의 존속기간 만료 후 지체 없이 행사하지 아니하여 지상권갱신청구권이 소멸한 경우에는, 지상권자의 적법한 갱신청구권의 행사와 지상권설정자의 갱신 거절을 요건으로 하는 지상물매수청구권은 발생하지 않는다.

② 분묘의 기지인 토지가 분묘의 수호·관리권자 아닌 다른 사람의 소유인 경우에 토지 소유자가 분묘 수호·관리권자에 대하여 분묘의 설치를 승낙한 때에는 분묘기지권을 설정한 것으로 보아야 한다. 승낙에 의하여 성립하는 분묘기지권의 경우 성립 당시 토지 소유자와 분묘의 수호·관리자가 지료 지급의무의 존부나 범위 등에 관하여 약정을 하였다면 약정의 효력은 분묘 기지의 승계인에 대하여도 미친다.

③ 가설건축물은 일시 사용을 위해 건축되는 구조물로서 설치 당시부터 일정한 존치기간이 지난 후 철거가 예정되어 있어 일반적으로 토지에 정착되어 있다고 볼 수 없다. 따라서 가설건축물은 특별한 사정이 없는 한 독립된 부동산으로서 건물의 요건을 갖추지 못하여 법정지상권이 성립하지 않는다.

④ 분묘기지권의 존속기간에 관하여는 민법의 지상권에 관한 규정에 따를 것이 아니라, 당사자 사이에 약정이 있는 등 특별한 사정이 있으면 그에 따를 것이며, 그런 사정이 없는 경우에는 권리자가 분묘의 수호와 봉사를 계속하는 한 그 분묘가 존속하고 있는 동안은 분묘기지권은 존속한다.

⑤ 지료에 관하여 지료액 또는 지급시기 등의 약정은 등기하여야만 그 뒤에 토지소유권 또는 지상권을 양수한 사람 등 제3자에게 대항할 수 있다. 그러나 지상권자가 종전 소유자와 지료를 늘리지 않는다는 특약을 맺은 경우 이를 등기한 경우에도 새로운 소유자에게 대항할 수 없다.

해설

① [O] 민법 제283조 제2항에서 정한 지상물매수청구권은 지상권이 존속기간의 만료로 인하여 소멸하는 때에 지상권자에게 갱신청구권이 있어 갱신청구를 하였으나 지상권설정자가 계약갱신을 원하지 아니할 때 비로소 행사할 수 있는 권리이다. 한편 지상권갱신청구권의 행사는 지상권의 존속기간 만료 후 지체 없이 하여야 한다. 따라서 지상권의 존속기간 만료 후 지체 없이 행사하지 아니하여 지상권갱신청구권이 소멸한 경우에는, 지상권자의 적법한 갱신청구권의 행사와 지상권설정자의 갱신 거절을 요건으로 하는 지상물매수청구권은 발생하지 않는다(대법원 2023. 4. 27. 선고 2022다306642 판결).

② [O] 분묘의 기지인 토지가 분묘의 수호·관리권자 아닌 다른 사람의 소유인 경우에 그 토지 소유자가 분묘 수호·관리권자에 대하여 분묘의 설치를 승낙한 때에는 그 분묘의 기지에 관하여 분묘기지권을 설정한 것으로 보아야 한다. 이와 같이 승낙에 의하여 성립하는 분묘기지권의 경우 성립 당시 토지 소유자와 분묘의 수호·관리자가 지료 지급의무의 존부나 범위 등에 관하여 약정을 하였다면 그 약정의 효력은 분묘 기지의 승계인에 대하여도 미친다(대법원 2021. 9. 16. 선고 2017다271834 판결).

③ [O] ★ 민법 제366조의 법정지상권은 저당권 설정 당시 동일인의 소유에 속하던 토지와 건물이 경매로 인하여 양자의 소유자가 다르게 된 때에 건물의 소유자를 위하여 발생하는 것으로서, 법정

지상권이 성립하려면 경매절차에서 매수인이 매각대금을 다 낸 때까지 해당 건물이 독립된 부동산으로서 건물의 요건을 갖추고 있어야 한다. 독립된 부동산으로서 건물은 토지에 정착되어 있어야 하는데(민법 제99조 제1항), 가설건축물은 일시 사용을 위해 건축되는 구조물로서 설치 당시부터 일정한 존치기간이 지난 후 철거가 예정되어 있어 일반적으로 토지에 정착되어 있다고 볼 수 없다. 민법상 건물에 대한 법정지상권의 최단 존속기간은 견고한 건물이 30년, 그 밖의 건물이 15년인 데 비하여, 건축법령상 가설건축물의 존치기간은 통상 3년 이내로 정해져 있다. 따라서 가설건축물은 특별한 사정이 없는 한 독립된 부동산으로서 건물의 요건을 갖추지 못하여 법정지상권이 성립하지 않는다(대법원 2021. 10. 28. 선고 2020다224821 판결).

④ [O] 분묘수호를 위한 유사지상권(분묘기지권)의 존속기간에 관하여는 민법의 지상권에 관한 규정에 따를 것이 아니라, 당사자 사이에 약정이 있는 등 특별한 사정이 있으면 그에 따를 것이며, 그런 사정이 없는 경우에는 권리자가 분묘의 수호와 봉사를 계속하는 한 그 분묘가 존속하고 있는 동안은 분묘기지권은 존속한다고 해석함이 상당하다(대법원 1982. 1. 26. 선고 81다1220 판결).

⑤ [×] 민법 제286조는 "지료가 토지에 관한 조세 기타 부담의 증감이나 지가의 변동으로 인하여 상당하지 아니하게 된 때에는 당사자는 그 증감을 청구할 수 있다."라고 규정한다. 한편 지료에 관하여 지료액 또는 그 지급시기 등의 약정은 이를 등기하여야만 그 뒤에 토지소유권 또는 지상권을 양수한 사람 등 제3자에게 대항할 수 있고, 지상권자가 종전 소유자와 지료를 늘리지 않는다는 특약을 맺은 경우 이를 가지고 새로운 소유자에게 대항하기 위해서는 그 등기를 하고 있어야 한다(대법원 2024. 11. 14. 선고 2024다268997 판결).

정답 ⑤

제2절 • 전세권

068 / 전세권 소멸의 법률관계 /

甲은 자기 소유 건물에 대해 乙에게 존속기간을 2015. 6. 30.까지로 한 전세권을 설정해주었다. 丙은 乙의 전세권 위에 저당권을 취득하였다. 다음 설명 중 옳은 것을 모두 고른 것은? (다툼이 있으면 판례에 의함)

ㄱ. 특별한 사정이 없는 한 2015. 8. 21. 현재 丙은 乙의 채무불이행을 이유로 전세권 자체에 대해 저당권을 실행할 수 있다.

ㄴ. 2015. 8. 21. 현재 丙은 乙의 전세금반환채권을 압류하여 전세금반환채권으로부터 우선변제 받을 수 있다.

ㄷ. 甲은 전세금반환청구권에 대한 丙을 비롯한 제3자의 압류 등이 없는 경우 전세금을 乙에게 지급하여야 한다.

ㄹ. 乙이 전세목적물을 반환한 경우 甲은 등기말소에 필요한 서류를 반환받지 못하였다고 하여 전세금의 반환을 거절할 수 없다.

ㅁ. 만약 甲이 2015. 1. 1.부터 2015. 5. 31.까지 사이에 乙에 대해 '갱신거절의 통지나 조건을 변경하지 않으면 갱신하지 아니한다'는 뜻을 통지하지 않았다면 2015. 8. 21. 현재 乙의 전세권은 유지된다.

① ㄱ, ㄴ, ㄷ   ② ㄱ, ㄷ, ㅁ   ③ ㄴ, ㄷ, ㄹ
④ ㄴ, ㄷ, ㅁ   ⑤ ㄷ, ㄹ, ㅁ

해설

ㄱ. [×] 전세권이 기간만료로 종료된 경우 전세권은 전세권설정등기의 말소등기 없이도 당연히 소멸하고, 저당권의 목적물인 전세권이 소멸하면 저당권도 당연히 소멸하는 것이므로 전세권을 목적으로 한 저당권자는 전세권의 목적물인 부동산의 소유자에게 더 이상 저당권을 주장할 수 없다(대법원 1999. 09. 17. 선고 98다31301 판결).

ㄴ. [○] 전세권의 존속기간이 만료하면 전세권의 용익물권적 권능이 소멸하기 때문에 그 전세권에 대한 저당권자는 더 이상 전세권 자체에 대하여 저당권을 실행할 수 없게 되고, 이러한 경우에는 민법 제370조, 제342조, 민사집행법 제273조에 의하여 저당권의 목적물인 전세권에 갈음하여 존속하는 것으로 볼 수 있는 전세금반환채권에 대하여 추심명령 또는 전부명령을 받거나, 제3자가 전세금반환채권에 대하여 실시한 강제집행절차에서 배당요구를 하는 등의 방법으로 자신의 권리를 행사할 수 있고, 민법 제370조, 제342조 단서가 저당권자는 물상대위권을 행사하기 위하여 저당권설정자가 받을 금전 기타 물건의 지급 또는 인도 전에 압류하여야 한다고 규정한 것은 물상대위의 목적인 채권의 특정성을 유지하여 그 효력을 보전함과 동시에 제3자에게 불측의 손해를 입히지 않으려는 데 그 목적이 있으므로, 적법한 기간 내에 적법한 방법으로 물상대위권을 행사한 저당권자는 전세권자에 대한 일반채권자보다 우선변제를 받을 수 있다(대법원 2008. 3. 13. 선고 2006다29372 판결).

ㄷ. [○] 전세권에 대하여 저당권이 설정된 경우 그 저당권의 목적물은 물권인 전세권 자체이지 전세금반환채권은 그 목적물이 아니고, 전세권의 존속기간이 만료되면 전세권은 소멸하므로 더 이상 전세권 자체에 대하여 저당권을 실행할 수 없게 되고, 이러한 경우에는 민법 제370조, 제342조 및 민사소송법 제733조에 의하여 저당권의 목적물인 전세권에 갈음하여 존속하는 것으로 볼 수 있는 전세금반환채권에 대하여 압류 및 추심명령 또는 전부명령을 받거나 제3자가 전세금반환채권에 대하여 실시한 강제집행절차에서 배당요구를 하는 등의 방법으로 자신의 권리를 행사하여 비로소 전세권설정자에 대해 전세금의 지급을 구할 수 있게 된다는 점, 원래 동시이행항변권은 공평의 관념과 신의칙에 입각하여 각 당사자가 부담하는 채무가 서로 대가적 의미를 가지고 관련되어 있을 때 그 이행에 있어서 견련관계를 인정하여 당사자 일방은 상대방이 채무를 이행하거나 이행의 제공을 하지 아니한 채 당사자 일방의 채무의 이행을 청구할 때에는 자기의 채무이행을 거절할 수 있도록 하는 제도인 점, 전세권을 목적물로 하는 저당권의 설정은 전세권의 목적물 소유자의 의사와는 상관없이 전세권자의 동의만 있으면 가능한 것이고, 원래 전세권에 있어 전세권설정자가 부담하는 전세금반환의무는 전세금반환채권에 대한 제3자의 압류 등이 없는 한 전세권자에 대해 전세금을 지급함으로써 그 의무이행을 다할 뿐이라는 점에 비추어 볼 때, 전세권저당권이 설정된 경우에도 전세권이 기간만료로 소멸되면 전세권설정자는 전세금반환채권에 대한 제3자의 압류 등이 없는 한 전세권자에 대하여만 전세금반환의무를 부담한다고 보아야 한다(대법원 1999. 9. 17. 선고 98다31301 판결).

ㄹ. [✗] 전세권설정자는 전세권이 소멸한 경우 전세권자로부터 그 목적물의 인도 및 전세권설정등기의 말소등기에 필요한 서류의 교부를 받는 동시에 전세금을 반환할 의무가 있을 뿐이므로, 전세권자가 그 목적물을 인도하였다고 하더라도 전세권설정등기의 말소등기에 필요한 서류를 교부하거나 그 이행의 제공을 하지 아니하는 이상, 전세권설정자는 전세금의 반환을 거부할 수 있고, 이 경우 다른 특별한 사정이 없는 한 그가 전세금에 대한 이자 상당액의 이득을 법률상 원인 없이 얻는다고 볼 수 없다(대법원 2002. 2. 5. 선고 2001다62091 판결). **[지문정리]** 전세권이 소멸한 때에는 전세권설정자는 전세권자로부터 그 목적물의 인도 및 전세권설정등기의 말소등기에 필요한 서류의 교부를 받는 동시에 전세금을 반환하여야 한다(제317조). 즉 전세권이 소멸된 경우에 각 당사자의 반환의무는 동시이행의 관계에 있다.

ㅁ. [O] 건물의 전세권설정자가 전세권의 존속기간 만료 전 6월부터 1월까지 사이에 전세권자에 대하여 갱신거절의 통지 또는 조건을 변경하지 아니하면 갱신하지 아니한다는 뜻의 통지를 하지 아니한 경우에는 그 기간이 만료된 때에 전전세권과 동일한 조건으로 다시 전세권을 설정한 것으로 본다. 이 경우 전세권의 존속기간은 그 정함이 없는 것으로 본다(제312조 제4항). **[관련판례]** 전세권의 법정갱신(민법 제312조 제4항)은 법률의 규정에 의한 부동산에 관한 물권의 변동이므로 전세권 갱신에 관한 등기를 필요로 하지 아니하고 전세권자는 그 등기 없이도 전세권설정자나 그 목적물을 취득한 제3자에 대하여 그 권리를 주장할 수 있다(대법원 1989. 7. 11. 선고 88다카21029 판결).

정답 ④

069 /전세권/

전세권에 관한 다음 설명 중 옳은 것은? (다툼이 있으면 판례에 의함)

① 최선순위 전세권자의 채권자가 채권자대위권이나 추심권한에 기하여 전세권에 대한 배당요구를 할 때에는 채권자대위권 행사의 요건을 갖추었다거나 전세금반환채권에 대하여 압류 및 추심명령을 받았다는 점을 입증하면 되고, 아울러 전세권이 존속기간의 만료 등으로 종료하였다는 점에 관한 소명자료를 배당요구의 종기까지 제출할 필요는 없다.

② 임대차계약에 따른 임대차보증금반환채권을 담보할 목적으로 유효한 전세권설정등기가 마쳐진 경우에는 전세권저당권자가 저당권 설정 당시 그 전세권설정등기가 임대차보증금반환채권을 담보할 목적으로 마쳐진 것임을 알고 있었더라도, 제3채무자인 전세권설정자는 전세권저당권자에게 그 전세권설정계약이 임대차계약과 양립할 수 없는 범위에서 무효임을 주장할 수 없으므로, 그 임대차계약에 따른 연체차임 등의 공제 주장으로 대항할 수 없다.

③ 전세권설정자가 전세목적물의 소유권을 양도한 경우 전세권 소멸 후 전세권자는 양도인에 대하여 전세금의 반환을 청구할 수 있다. 한편 전세권 존속기간이 시작되기 전에 마친 전세권설정등기는 특별한 사정이 없는 한 유효한 것으로 추정되지 않는다.

④ 건물의 일부에 전세권이 설정된 경우, 전세권의 목적이 된 부분이 구조상 또는 이용상 독립성이 없어서 독립한 소유권의 객체로 분할할 수 없기 때문에 전세권의 목적이 된 부분만의 경매신청이 불가능하다면, 전세권자는 건물 전부에 대한 경매를 신청할 수 있다.

⑤ 채권담보 목적으로 전세권을 설정하고 그 설정과 동시에 목적물을 인도하지 아니한 경우에도 장차 목적물의 사용·수익을 완전히 배제한 것이 아니라면 전세권은 유효하고, 전세금의 지급이 반드시 현실적으로 수수될 것을 요하는 것도 아니다.

[해 설]

① [×] 민사집행법 제91조 제3항은 "전세권은 저당권·압류채권·가압류채권에 대항할 수 없는 경우에는 매각으로 소멸된다."라고 규정하고, 같은 조 제4항은 "제3항의 경우 외의 전세권은 매수인이 인수한다. 다만 전세권자가 배당요구를 하면 매각으로 소멸된다."라고 규정하고 있는데, 이는 저당권 등에 대항할 수 없는 전세권과 달리, <u>최선순위의 전세권은 존속기간에 상관없이 오로지 전세권자의 배당요구에 의하여만 소멸하고, 전세권자가 배당요구를 하지 않는 한 매수인에게 인수된다</u>는 취지이다. 따라서 최선순위의 전세권은 전세권자 스스로 배당요구를 하여야만 매각으로 소멸함이 원칙이다. 그러나 전세권이 존속기간의 만료나 합의해지 등으로 종료하면 전세권의 용익물권적 권능은 소멸하고 단지 전세금반환채권을 담보하는 담보물권적 권능의 범위 내에서 전세금의 반환 시까지 전세권설정등기의 효력이 존속하므로, <u>전세권이 존속기간의 만료 등으로 종료한 경우라면 최선순위 전세권자의 채권자는 전세권이 설정된 부동산에 대한 경매절차에서 채권자대위권에 기하거나 전세금반환채권에 대하여 압류 및 추심명령을 받은 다음 추심권한에 기하여 자기 이름으로 전세권에 대한 배당요구를 할 수 있다.</u> 다만 경매의 매각절차에서 집행법원은 원래 전세권의 존속기간 만료 여부 등을 직접 조사하지는 아니하는 점, 또 건물에 대한 전세권이 법정갱신된 경우에는 등기된 존속기간의 경과 여부만 보고 실제 존속기간의 만료 여부를 판단할 수는 없는 점 및 민사집행규칙 제48조 제2항은 "배당요구서에는 배당요구의 자격을 소명하는 서면을 붙여야 한다."라고 규정하고 있는 점 등에 비추어 보면, <u>최선순위 전세권자의 채권자가 채권자대위권이나 추심권한에 기하여 전세권에 대한 배당요구를 할 때에는 채권자대위권 행사의 요건을 갖추었다거나 전세금반환채권에 대하여 압류 및 추심명령을 받았다는 점과 아울러 전세권이 존속기간의 만료 등으로 종료하였다는 점에 관한 소명자료를 배당요구의 종기까지 제출하여야 한다</u>(대법원 2015. 11. 17. 선고 2014다10694 판결).

② [×] ★★ [1] 전세권이 용익물권적 성격과 담보물권적 성격을 모두 갖추고 있고, 목적물의 인도는 전세권의 성립요건이 아닌 점 등에 비추어 볼 때, <u>당사자가 주로 채권담보의 목적으로 전세권을 설정하였고, 그 설정과 동시에 목적물을 인도하지 아니한 경우라 하더라도, 장차 전세권자가 목적물을 사용·수익하는 것을 완전히 배제하는 것이 아니라면 그 전세권의 효력을 부인할 수는 없다.</u> 전세금의 지급은 전세권 성립의 요소가 되는 것이지만 그렇다고 하여 전세금의 지급이 반드시 현실적으로 수수되어야만 하는 것은 아니고 기존의 채권으로 전세금 지급을 대신할 수도 있다. [2] 임대차계약에 따른 임대차보증금반환채권을 담보할 목적으로 임대인과 임차인 사이의 합의에 따라 임차인 명의로 전세권설정등기를 마친 경우, 그 전세금의 지급은 이미 지급한 임대차보증금으로 대신한 것이고, 장차 전세권자가 목적물을 사용·수익하는 것을 완전히 배제하는 것도 아니므로, 그 전세권설정등기는 유효하다. 이때 임대인과 임차인이 그와 같은 전세권설정등기를 마치기 위하여 전세권설정계약을 체결하여도, 임대차보증금은 임대차계약이 종료된 후 임차인이 목적물을 인도할 때까지 발생하는 차임 및 기타 임차인의 채무를 담보하는 것이므로, 임대인과 임차인이 위와 같이 임대차보증금반환채권을 담보할 목적으로 전세권을 설정하기 위하여 전세권설정계약을 체결하였다면, 임대차보증금에서 연체차임 등을 공제하고 남은 돈을 전세금으로 하는 것이 임대인과 임차인의 합치된 의사라고 볼 수 있다. 그러나 그 전세권설정계약은 외관상으로는 그 내용에 차임지급 약정이 존재하지 않고 이에 따라 전세금이 연체차임으로 공제되지 않는 등 임대인과 임차인의 진의와 일치하

지 않는 부분이 존재한다. 따라서 그러한 전세권설정계약은 위와 같이 임대차계약과 양립할 수 없는 범위에서 통정허위표시에 해당하여 무효라고 봄이 타당하다. 다만 그러한 전세권설정계약에 의하여 형성된 법률관계에 기초하여 새로이 법률상 이해관계를 가지게 된 제3자에 대하여는 그 제3자가 그와 같은 사정을 알고 있었던 경우에만 그 무효를 주장할 수 있다. [3] 전세권을 목적으로 한 저당권이 설정된 경우, 전세권의 존속기간이 만료되면 전세권의 용익물권적 권능이 소멸하기 때문에 더 이상 전세권 자체에 대하여 저당권을 실행할 수 없게 되고, 저당권자는 저당권의 목적물인 전세권에 갈음하여 존속하는 것으로 볼 수 있는 전세금반환채권에 대하여 압류 및 추심명령 또는 전부명령을 받거나 제3자가 전세금반환채권에 대하여 실시한 강제집행절차에서 배당요구를 하는 등의 방법으로 물상대위권을 행사하여 전세금의 지급을 구하여야 한다. 전세권저당권자가 물상대위권을 행사하여 전세금반환채권에 대하여 압류 및 추심명령 또는 전부명령을 받고 이에 기하여 추심금 또는 전부금을 청구하는 경우 제3채무자인 전세권설정자는 일반적 채권집행의 법리에 따라 압류 및 추심명령 또는 전부명령이 송달된 때를 기준으로 하여 그 이전에 채무자와 사이에 발생한 모든 항변사유로 압류채권자에게 대항할 수 있다. 다만 임대차계약에 따른 임대차보증금반환채권을 담보할 목적으로 유효한 전세권설정등기가 마쳐진 경우에는 전세권저당권자가 저당권 설정 당시 그 전세권설정등기가 임대차보증금반환채권을 담보할 목적으로 마쳐진 것임을 알고 있었다면, 제3채무자인 전세권설정자는 전세권저당권자에게 그 전세권설정계약이 임대차계약과 양립할 수 없는 범위에서 무효임을 주장할 수 있으므로, 그 임대차계약에 따른 연체차임 등의 공제 주장으로 대항할 수 있다(대법원 2021. 12. 30. 선고 2018다268538 판결). **[판결요지 [1] 관련판례]** 민법 제185조는 "물권은 법률 또는 관습법에 의하는 외에는 임의로 창설하지 못한다."라고 정하여 물권법정주의를 선언하고 있다. 물권법의 강행법규성에 따라 법률과 관습법이 인정하지 않는 새로운 종류나 내용의 물권을 창설하는 것은 허용되지 않는다. 전세권자는 전세금을 지급하고 타인의 부동산을 점유하여 그 부동산의 용도에 좇아 사용·수익하며, 그 부동산 전부에 대하여 후순위권리자 기타 채권자보다 전세금의 우선변제를 받을 권리가 있다(민법 제303조 제1항). 전세권설정계약의 당사자가 주로 채권담보 목적으로 전세권을 설정하고 설정과 동시에 목적물을 인도하지 않는다고 하더라도 장차 전세권자가 목적물을 사용·수익하는 것을 배제하지 않는다면, 전세권의 효력을 부인할 수는 없다. 그러나 전세권 설정의 동기와 경위, 전세권 설정으로 달성하려는 목적, 채권의 발생 원인과 목적물의 관계, 전세권자의 사용·수익 여부와 그 가능성, 당사자의 진정한 의사 등에 비추어 전세권설정계약의 당사자가 전세권의 핵심인 사용·수익 권능을 배제하고 채권담보만을 위해 전세권을 설정하였다면, 법률이 정하지 않은 새로운 내용의 전세권을 창설하는 것으로서 물권법정주의에 반하여 허용되지 않고 이러한 전세권설정등기는 무효라고 보아야 한다(대법원 2021. 12. 30. 선고 2018다40235 판결).

③ [×] 전세권이 성립한 후 목적물의 소유권이 이전되는 경우에 있어서 전세권 관계가 전세권자와 전세권설정자인 종전 소유자와 사이에 계속 존속되는 것인지 아니면 전세권자와 목적물의 소유권을 취득한 신 소유자와 사이에 동일한 내용으로 존속되는지에 관하여 민법에 명시적인 규정은 없으나, 전세목적물의 소유권이 이전된 경우 민법이 전세권 관계로부터 생기는 상환청구, 소멸청구, 갱신청구, 전세금증감청구, 원상회복, 매수청구 등의 법률관계의 당사자로 규정하고 있는 전세권설정자 또는 소유자는 모두 목적물의 소유권을 취득한 신 소유자로 새길 수밖에 없다고 할 것이므로, 전세권은 전세권자와 목적물의 소유권을 취득한 신 소유자 사이에서 계속 동일한 내용으로 존속하게 된다고 보아야 할 것이고, 따라서 목적물의 신 소유자는 구 소유자와 전세권자 사이에 성립한 전세권의 내용에 따른 권리의무의 직접적인 당사자가 되어 전세권이 소멸하는 때에 전세권자에 대하여 전세권설정자의 지위에서 전세금반환의무를 부담하게 되고, 구 소유자는 전세권설정자의 지위를 상실하여 전세금반환의무를 면하게 된다고 보아야 하고, 전세권이 전세금 채권을 담보하는 담보물권적 성질을 가지고 있다고 하여도 전세권은 전세금이 존재하지 않으면 독립하여 존재할 수 없는 용익물권으로서 전세금은 전세권과 분리될 수 없는 요소이므로 전세권 관계로 생기는 위와 같은

법률관계가 신 소유자에게 이전되었다고 보는 이상, 전세금 채권 관계만이 따로 분리되어 전 소유자와 사이에 남아 있다고 할 수는 없을 것이고, 당연히 신 소유자에게 이전되었다고 보는 것이 옳다(대법원 2000. 6. 9. 선고 99다15122 판결). 전세권자는 전세금을 지급하고 타인의 부동산을 점유하여 그 부동산의 용도에 좇아 사용·수익하며, 그 부동산 전부에 대하여 후순위권리자 기타 채권자보다 전세금의 우선변제를 받을 권리가 있다(민법 제303조 제1항). 이처럼 전세권이 용익물권적인 성격과 담보물권적인 성격을 모두 갖추고 있는 점에 비추어 <u>전세권 존속기간이 시작되기 전에 마친 전세권설정등기도 특별한 사정이 없는 한 유효한 것으로 추정된다.</u> 한편 부동산등기법 제4조 제1항은 "같은 부동산에 관하여 등기한 권리의 순위는 법률에 다른 규정이 없으면 등기한 순서에 따른다."라고 정하고 있으므로, <u>전세권은 등기부상 기록된 전세권설정등기의 존속기간과 상관없이 등기된 순서에 따라 순위가 정해진다</u>(대법원 2018. 1. 25. 자 2017마1093 결정).

④ [×] 건물의 일부에 대하여 전세권이 설정되어 있는 경우 그 전세권자는 민법 제303조 제1항의 규정에 의하여 그 건물 전부에 대하여 후순위권리자 기타 채권자보다 전세금의 우선변제를 받을 권리가 있고, 민법 제318조의 규정에 의하여 전세권설정자가 전세금의 반환을 지체한 때에는 전세권의 목적물의 경매를 청구할 수 있는 것이나, <u>전세권의 목적물이 아닌 나머지 건물부분에 대하여는 우선변제권은 별론으로 하고 경매신청권은 없으므로, 위와 같은 경우 전세권자는 전세권의 목적이 된 부분을 초과하여 건물 전부의 경매를 청구할 수 없다고 할 것이고, 그 전세권의 목적이 된 부분이 구조상 또는 이용상 독립성이 없어 독립한 소유권의 객체로 분할할 수 없고 따라서 그 부분만의 경매신청이 불가능하다고 하여 달리 볼 것은 아니다</u>(대법원 2001. 7. 2. 자 2001마212 결정).

⑤ [○] [1] 전세권이 용익물권적 성격과 담보물권적 성격을 겸비하고 있다는 점 및 목적물의 인도는 전세권의 성립요건이 아닌 점 등에 비추어 볼 때, 당사자가 주로 <u>채권담보의 목적으로 전세권을 설정하였고, 그 설정과 동시에 목적물을 인도하지 아니한 경우라 하더라도, 장차 전세권자가 목적물을 사용·수익하는 것을 완전히 배제하는 것이 아니라면, 그 전세권의 효력을 부인할 수는 없다.</u> [2] 전세금의 지급은 전세권 성립의 요소가 되는 것이지만 그렇다고 하여 <u>전세금의 지급이 반드시 현실적으로 수수되어야만 하는 것은 아니고 기존의 채권으로 전세금의 지급에 갈음할 수도 있다</u>(대법원 1995. 02. 10. 선고 94다18508 판결).

정답 ⑤

070 / 전세금반환청구권 /

甲은 자기 소유 건물에 대해 乙에게 전세권을 설정하여 주었고 丙은 乙의 전세권 위에 저당권을 취득하였다. 그 후 乙의 전세권은 존속기간 만료로 소멸하였다. 다음의 설명 중 옳은 것은? (다툼이 있으면 판례에 의함)

> ㄱ. 丙이 물상대위권을 행사한 경우, 甲의 乙에 대한 채권과 전세금반환채권이 상계적상에 있다는 사정만으로 甲은 丙에게 상계로 대항할 수 없다.
>
> ㄴ. 丙의 저당권 설정 전에 甲이 반대채권을 가지고 있었고 그 변제기가 丙의 전세금반환채권 변제기와 동시에 또는 그보다 먼저 도래하는 경우라면 甲은 丙에게 상계로 대항할 수 있다.

ㄷ. 만약 甲과 乙이 실제로는 전세권설정계약이 없으면서도 임대차계약에 기한 임차보증금 반환채권을 담보할 목적으로 전세권설정등기를 경료한 것이라면 이런 사정을 모르는 丙에게 전세권의 무효를 주장할 수 없다.

ㄹ. 전세금반환채권에 대해 丙이 압류 및 추심명령을 받아 그 명령이 甲에게 송달되면 甲은 乙에 대한 전세권과 무관한 대여금 채권으로 丙이 압류・추심한 전세금반환채권과 상계할 수 없다.

① ㄱ, ㄴ, ㄷ   ② ㄷ, ㄹ   ③ ㄴ, ㄷ, ㄹ
④ ㄱ, ㄴ   ⑤ ㄱ, ㄴ, ㄷ, ㄹ

해설

ㄱ. [O] ㄴ. [O] 전세권을 목적으로 한 저당권이 설정된 경우, 전세권의 존속기간이 만료되면 전세권의 용익물권적 권능이 소멸하기 때문에 더 이상 전세권 자체에 대하여 저당권을 실행할 수 없게 되고, 저당권자는 저당권의 목적물인 전세권에 갈음하여 존속하는 것으로 볼 수 있는 전세금반환채권에 대하여 압류 및 추심명령 또는 전부명령을 받거나 제3자가 전세금반환채권에 대하여 실시한 강제집행절차에서 배당요구를 하는 등의 방법으로 물상대위권을 행사하여 전세금의 지급을 구하여야 한다. 전세권저당권자가 위와 같은 방법으로 전세금반환채권에 대하여 물상대위권을 행사한 경우, 종전 저당권의 효력은 물상대위의 목적이 된 전세금반환채권에 존속하여 저당권자가 전세금반환채권으로부터 다른 일반채권자보다 우선변제를 받을 권리가 있으므로, 설령 <u>전세금반환채권이 압류된 때에 전세권설정자가 전세권자에 대하여 반대채권을 가지고 있고 반대채권과 전세금반환채권이 상계적상에 있다고 하더라도 그러한 사정만으로 전세권설정자가 전세권저당권자에게 상계로써 대항할 수는 없다. 그러나 전세금반환채권은 전세권이 성립하였을 때부터 이미 발생이 예정되어 있다고 볼 수 있으므로, 전세권저당권이 설정된 때에 이미 전세권설정자가 전세권자에 대하여 반대채권을 가지고 있고 반대채권의 변제기가 장래 발생할 전세금반환채권의 변제기와 동시에 또는 그보다 먼저 도래하는 경우와 같이 전세권설정자에게 합리적 기대 이익을 인정할 수 있는 경우에는 특별한 사정이 없는 한 전세권설정자는 반대채권을 자동채권으로 하여 전세금반환채권과 상계함으로써 전세권저당권자에게 대항할 수 있다</u>(대법원 2014. 10. 27. 선고 2013다91672 판결).

ㄷ. [O] <u>실제로는 전세권설정계약이 없으면서도 임대차계약에 기한 임차보증금 반환채권을 담보할 목적으로 임차인과 임대인 사이의 합의에 따라 임차인 명의로 전세권설정등기를 경료한 후 그 전세권에 대하여 근저당권이 설정된 경우, 설령 위 전세권설정계약만 놓고 보아 그것이 통정허위표시에 해당하여 무효라 하더라도 이로써 위 전세권설정계약에 의하여 형성된 법률관계를 토대로 별개의 법률원인에 의하여 새로운 법률상 이해관계를 갖게 된 근저당권자에 대하여는 그와 같은 사정을 알고 있었던 경우에만 그 무효를 주장할 수 있다</u>(대법원 2008. 03. 13. 선고 2006다29372 판결).

ㄹ. [O] 전세금은 그 성격에 비추어 민법 제315조에 정한 전세권설정자의 전세권자에 대한 손해배상채권 외 다른 채권까지 담보한다고 볼 수 없으므로, <u>전세권설정자가 전세권자에 대하여 위 손해배상채권 외 다른 채권을 가지고 있더라도 다른 특별한 사정이 없는 한 이를 가지고 전세금반환채권에 대하여 물상대위권을 행사한 전세권저당권자에게 상계 등으로 대항할 수 없다</u>(대법원 2008. 03. 13. 선고 2006다29372 판결).

정답 ⑤

CHAPTER 04 담보물권

제1절 • 유치권

071 /유치권 일반론/
유치권에 관한 다음 설명 중 옳은 것을 모두 고른 것은? (다툼이 있으면 판례에 의함)

> ㄱ. 채무자는 상당한 담보를 제공하고 유치권의 소멸을 청구할 수 있다(민법 제327조). 이에 따라 채무자나 소유자가 제공하는 담보가 상당한지는 담보 가치가 채권 담보로서 상당한지, 유치물에 의한 담보력을 저하시키지 않는지를 종합하여 판단해야 한다. 따라서 유치물 가액이 피담보채권액보다 많을 경우에는 유치물 가액에 해당하는 담보를 제공하면 된다.
>
> ㄴ. 유치권의 목적물과 견련관계가 인정되지 않는 채권을 피담보채권으로 하는 유치권을 인정한다면 물권법정주의에 반하여 허용되지 않으므로, 건물의 객관적 가치 증가와 무관한 비용지출로서 유치권 목적물과의 견련관계가 인정되지 않는 부분까지 법정담보물권인 유치권의 피담보채권이 된다고 볼 수 없다.
>
> ㄷ. 유치권을 포기하는 특약은 유효하지만, 유치권을 사후에 포기한 경우에는 사전에 포기하는 경우와 달리 곧바로 유치권이 소멸하는 것은 아니다.
>
> ㄹ. 하나의 채권을 피담보채권으로 하여 여러 필지의 토지에 대하여 유치권을 취득한 유치권자가 그중 일부 필지의 토지에 대하여 선량한 관리자의 주의의무를 위반하였다면 특별한 사정이 없는 한 위반행위가 있었던 필지의 토지에 대하여만 유치권 소멸청구가 가능하다.
>
> ㅁ. 구분건물이 물리적으로 완성되기 전에 분양계약 등을 통하여 장래 신축되는 건물을 구분건물로 하겠다는 구분의사를 표시함으로써 구분행위를 한 다음 구분건물이 객관적 · 물리적으로 완성되면 그 시점에서 구분소유가 성립하지만, 이후 소유권자가 분양계약을 전부 해지하고 1동 건물의 전체를 1개의 건물로 소유권보존등기를 마쳤다면 구분소유권은 소멸한다. 이러한 법리는 구분폐지가 있기 전에 개개의 구분건물에 대하여 유치권이 성립한 경우에도 동일하다.
>
> ㅂ. 유치권자로부터 목적물의 점유를 승계한 승계인은 전점유자를 대위하여 유치권을 주장할 수 없다.

① ㄱ, ㄴ, ㄷ ② ㄱ, ㄴ, ㄹ ③ ㄴ, ㄷ, ㄹ, ㅁ
④ ㄷ, ㅁ, ㅂ ⑤ ㄴ, ㄹ, ㅁ, ㅂ

해설

ㄱ. [X] 채무자는 상당한 담보를 제공하고 유치권의 소멸을 청구할 수 있다(민법 제327조). 유치권 소멸 청구는 민법 제327조에 규정된 채무자뿐만 아니라 유치물의 소유자도 할 수 있다. 민법 제327조에 따라 채무자나 소유자가 제공하는 담보가 상당한지는 담보 가치가 채권 담보로서 상당한지, 유치물에 의한 담보력을 저하시키지 않는지를 종합하여 판단해야 한다. 따라서 유치물 가액이 피담보채권액보다 많을 경우에는 피담보채권액에 해당하는 담보를 제공하면 되고, 유치물 가액이 피담보채권액보다 적을 경우에는 유치물 가액에 해당하는 담보를 제공하면 된다(대법원 2021. 7. 29. 선고 2019다216077 판결).

ㄴ. [O] [1] 유치권은 점유하는 물건으로써 유치권자의 피담보채권에 대한 우선적 만족을 확보하여 주는 법정담보물권이다. 민법 제320조 제1항은 "타인의 물건 또는 유가증권을 점유한 자는 그 물건이나 유가증권에 관하여 생긴 채권이 변제기에 있는 경우에는 변제를 받을 때까지 그 물건 또는 유가증권을 유치할 권리가 있다."라고 규정하고 있으므로, 유치권의 피담보채권은 '그 물건에 관하여 생긴 채권'이어야 한다. 민법 제185조는 "물권은 법률 또는 관습법에 의하는 외에는 임의로 창설하지 못한다."라고 정하여 물권법정주의를 선언하고 있다. 물권법의 강행법규성에 따라 법률과 관습법이 인정하지 않는 새로운 종류나 내용의 물권을 창설하는 것은 허용되지 않는다. [2] 인접한 구분건물 사이에 설치된 경계벽이 제거됨으로써 각 구분건물이 구분건물로서의 구조상 및 이용상 독립성을 상실하게 되었다고 하더라도, 각 구분건물의 위치와 면적 등을 특정할 수 있고 사회통념상 그것이 구분건물로서의 복원을 전제로 한 일시적인 것일 뿐만 아니라 복원이 용이한 것이라면, 각 구분건물이 구분건물로서의 실체를 상실한다고 쉽게 단정할 수는 없고, 아직도 그 등기는 구분건물을 표상하는 등기로서 유효하다고 해석해야 한다. [3] 갑 주식회사가 구분등기가 마쳐진 4개 호실 중 1개 호실을 임차하면서 임대인과 '임대차계약이 종료된 경우에 임대인은 임차인에게 임차인이 위 부동산에 관하여 뷔페 영업을 위하여 투입한 총공사비의 70%를 반환한다.'는 내용의 공사비 반환 약정을 하였고, 갑 회사는 4개 호실을 전부 점유하면서 각 호실을 구분하던 칸막이를 철거하는 등의 공사를 한 다음 점유 부분 전부를 뷔페 영업을 위한 공간으로 사용하였는데, 4개 호실이 경매절차에서 일괄매각되자 갑 회사가 위 약정에 따른 유익비상환채권을 피담보채권으로 하는 유치권의 존재 확인을 구한 사안에서, 임대차계약 및 공사비 반환 약정의 진정성에 의문스러운 부분이 있을 뿐만 아니라, 유치권의 목적물과 견련관계가 인정되지 않는 채권을 피담보채권으로 하는 유치권을 인정한다면 법률이 정하지 않은 새로운 내용의 유치권을 창설하는 것으로서 물권법정주의에 반하여 허용되지 않는데, 갑 회사가 공사에 지출하였다고 주장하는 비용에는 각 호실의 개량을 위하여 지출되어 물건의 가치를 객관적으로 증가시키는 비용과 갑 회사의 주관적 이익이나 특정한 영업을 위한 목적으로 지출된 비용이 구분되어 있지 않으므로, 공사비 반환 약정을 근거로, 민법상 유익비에 해당하지 않는, 즉 건물의 객관적 가치 증가와 무관한 비용지출로서 유치권 목적물과의 견련관계가 인정되지 않는 부분까지 법정담보물권인 유치권의 피담보채권이 된다고 볼 수 없으며, 한편 각 호실의 칸막이가 철거되어 구조상·이용상 독립성을 상실하기는 하였으나 현재도 건축물대장에 첨부된 건축물현황도 등으로 위치와 면적 등을 쉽게 특정할 수 있고, 기존 칸막이 철거는 점유 부분을 뷔페 영업에 사용하기 위한 일시적인 방편에 불과하여 언제든지 원상태로 복원할 수 있을 뿐만 아니라 복원에 과다한 비용이 들 것으로 보이지 않는데도, 갑 회사가 지출하였다고 주장하는 총공사비에 따라 산정한 금액을 유치권의 피담보채권으로 인정한 다음 갑 회사가 각 호실 전체에 대하여 유치권을 주장할 수 있다고 본 원심판단에 법리오해의 잘못이 있다고 한 사례(대법원 2023. 4. 27. 선고 2022다273018 판결).

ㄷ. [X] 유치권은 법정담보물권이기는 하나 채권자의 이익보호를 위한 채권담보의 수단에 불과하므로 이를 포기하는 특약은 유효하고, 유치권을 사전에 포기한 경우 다른 법정요건이 모두 충족되더라

도 유치권이 발생하지 않는 것과 마찬가지로 유치권을 사후에 포기한 경우 곧바로 유치권은 소멸한다. 그리고 유치권 포기로 인한 유치권의 소멸은 유치권 포기의 의사표시의 상대방뿐 아니라 그 이외의 사람도 주장할 수 있다(대법원 2016. 5. 12. 선고 2014다52087 판결).

ㄹ. [O] ★★ [1] 민법 제321조는 "유치권자는 채권 전부의 변제를 받을 때까지 유치물 전부에 대하여 그 권리를 행사할 수 있다."라고 정하므로, 유치물은 그 각 부분으로써 피담보채권의 전부를 담보하고, 이와 같은 유치권의 불가분성은 그 목적물이 분할 가능하거나 수 개의 물건인 경우에도 적용되며, 상법 제58조의 상사유치권에도 적용된다. [2] 민법 제324조는 '유치권자에게 유치물에 대한 선량한 관리자의 주의의무를 부여하고, 유치권자가 이를 위반하여 채무자의 승낙 없이 유치물을 사용, 대여, 담보 제공한 경우에 채무자는 유치권의 소멸을 청구할 수 있다.'고 정한다. 하나의 채권을 피담보채권으로 하여 여러 필지의 토지에 대하여 유치권을 취득한 유치권자가 그중 일부 필지의 토지에 대하여 선량한 관리자의 주의의무를 위반하였다면 특별한 사정이 없는 한 위반행위가 있었던 필지의 토지에 대하여만 유치권 소멸청구가 가능하다고 해석하는 것이 타당하다. 구체적인 이유는 다음과 같다. ① 여러 필지의 토지에 대하여 유치권이 성립할 경우 유치권의 불가분성으로 인하여 각 필지의 토지는 다른 필지의 토지와 관계없이 피담보채권의 전부를 담보한다. 이때 일부 필지 토지에 대한 점유를 상실하여도 나머지 필지 토지에 대하여 피담보채권의 담보를 위한 유치권이 존속한다. 같은 취지에서 일부 필지 토지에 대한 유치권자의 선량한 관리자의 주의의무 위반을 이유로 유치권 소멸청구가 있는 경우에도 그 위반 필지 토지에 대하여만 소멸청구가 허용된다고 해석함이 타당하다. ② 민법 제321조에서 '유치권의 불가분성'을 정한 취지는 담보물권인 유치권의 효력을 강화하여 유치권자의 이익을 위한 것으로서 이를 근거로 오히려 유치권자에게 불이익하게 선량한 관리자의 주의의무 위반이 문제 되지 않는 유치물에 대한 유치권까지 소멸한다고 해석하는 것은 상당하지 않다. ③ 유치권은 점유하는 물건으로써 유치권자의 피담보채권에 대한 우선적 만족을 확보하여 주는 법정담보물권이다(민법 제320조 제1항, 상법 제58조). 한편 민법 제324조에서 정한 유치권 소멸청구는 유치권자의 선량한 관리자의 주의의무 위반에 대한 제재로서 채무자 또는 유치물의 소유자를 보호하기 위한 규정이다. 유치권자가 선량한 관리자의 주의의무를 위반한 정도에 비례하여 유치권소멸의 효과를 인정하는 것이 유치권자와 채무자 또는 소유자 사이의 이익 균형을 고려한 합리적인 해석이다(대법원 2022. 6. 16. 선고 2018다301350 판결).

ㅁ. [O] 1동 건물의 구분된 각 부분이 구조상·이용상 독립성을 가지는 경우 각 부분을 구분건물로 할지 1동 전체를 1개의 건물로 할지는 소유자의 의사에 의하여 자유롭게 결정할 수 있는 점에 비추어 보면, 구분건물이 물리적으로 완성되기 전에 분양계약 등을 통하여 장래 신축되는 건물을 구분건물로 하겠다는 구분의사를 표시함으로써 구분행위를 한 다음 1동의 건물 및 구분행위에 상응하는 구분건물이 객관적·물리적으로 완성되면 그 시점에서 구분소유가 성립하지만, 이후 소유권자가 분양계약을 전부 해지하고 1동 건물의 전체를 1개의 건물로 소유권보존등기를 마쳤다면 이는 구분폐지행위를 한 것으로서 구분소유권은 소멸한다. 그리고 이러한 법리는 구분폐지가 있기 전에 개개의 구분건물에 대하여 유치권이 성립한 경우라 하여 달리 볼 것은 아니다(대법원 2016. 01. 14. 선고 2013다219142 판결).

ㅂ. [O] 비록 건물에 대한 점유를 승계한 사실이 있다 하더라도 전점유자를 대위하여 유치권을 주장할 수는 없는 것이다. [이유] 소외인 이대휘가 이 사건 건물에 관하여 공사금 채권이 있어 이대휘가 이 건물을 점유하고 있다면 이대휘에게는 위 공사금 채권을 위하여 이 건물에 대한 유치권이 인정될 것이다. 그러나 피고들이 이대휘로부터 그 점유를 승계한 사실이 있다고 하여 피고들이 이대휘를 대위하여 유치권을 주장할 수는 없다. 왜냐하면 피대위자인 이대휘는 그 점유를 상실하면서 곧 유치권을 상실한 것이기 때문이다(대법원 1972. 5. 30. 선고 72다548 판결).

정답 ⑤

072 / 비용상환청구권과 유치권 /

甲 자동차 렌트회사로부터 자동차를 임차한 고객 A는 번호판과 자동차등록증을 위조하여 乙에게 그 자동차를 매도하였다. 한편 乙은 자동차 정비 및 수리를 정비업자 丙에게 의뢰하였고 정비업자 丙은 수리를 마치고 자동차를 보관 중이다. 다음 설명 중 옳은 것은? (다툼이 있으면 판례에 의함)

① 甲이 丙에 대하여 위 자동차의 반환을 청구한다면 丙은 수리대금을 지급받을 때까지 자동차의 인도를 거절할 수 있을 뿐만 아니라, 「민법」 제203조에 따라 甲에게 직접 수리대금의 지급을 청구할 수 있다.

② 甲이 수리대금 채권액에 상당하는 담보를 제공하더라도 그 담보가 자동차의 가액에 이르지 아니한 때에는 丙에게 자동차에 대한 유치권의 소멸을 청구할 수 없다.

③ 丙이 자신의 수리대금 채권의 변제를 받기 위하여 위 자동차를 경매할 수 있는 권리는 없다.

④ 丙이 유치권에 기하여 위의 자동차를 경매하는 경우, 집행법원이 별도의 매각조건변경결정을 하지 않는 한 자동차 위에 설정된 저당권 등은 소멸한다.

⑤ 만약 丙이 위 자동차에 관한 강제경매절차에서 수리대금 채권에 기하여 유치권을 주장하다가 경매절차에서의 매수인인 제3자로부터 다시 丙이 위 자동차를 매수한 경우 丙의 유치권은 소멸하지 않는 것이 원칙이다.

해설

① [×] 丙은 수리대금을 피담보채권으로 한 유치권을 주장하여 인도를 거절할 수 있다. 그러나 甲에게 직접 수리대금의 지급을 청구할 수는 없다. [관련판례] 유효한 도급계약에 기하여 수급인이 도급인으로부터 제3자 소유 물건의 점유를 이전받아 이를 수리한 결과 그 물건의 가치가 증가한 경우, 도급인이 그 물건을 간접점유하면서 궁극적으로 자신의 계산으로 비용지출과정을 관리한 것이므로, 도급인만이 소유자에 대한 관계에 있어서 민법 제203조에 의한 비용상환청구권을 행사할 수 있는 비용지출자라고 할 것이고, 수급인은 그러한 비용지출자에 해당하지 않는다고 보아야 한다(대법원 2002. 8. 23. 선고 99다66564 판결). [관련조문] 매수인은 유치권자에게 그 유치권으로 담보하는 채권을 변제할 책임이 있다(민사집행법 제91조 제5항). [관련판례] 민사소송법 제728조에 의하여 담보권의 실행을 위한 경매절차에 준용되는 같은 법 제608조 제3항은 경락인은 유치권자에게 그 유치권으로 담보하는 채권을 변제할 책임이 있다고 규정하고 있는바, 여기에서 '변제할 책임이 있다'는 의미는 부동산상의 부담을 승계한다는 취지로서 인적 채무까지 인수한다는 취지는 아니므로, 유치권자는 경락인에 대하여 그 피담보채권의 변제가 있을 때까지 유치목적물인 부동산의 인도를 거절할 수 있을 뿐이고 그 피담보채권의 변제를 청구할 수는 없다(대법원 1996. 8. 23. 선고 95다8713 판결).

② [×] 민법 제327조에 의하여 제공하는 담보가 상당한가의 여부는 그 담보의 가치가 채권의 담보로서 상당한가, 태양에 있어 유치물에 의하였던 담보력을 저하시키지는 아니한가 하는 점을 종합하여 판단하여야 할 것인바, 유치물의 가격이 채권액에 비하여 과다한 경우에는 채권액 상당의 가치가 있는 담보를 제공하면 족하다고 할 것이고, 한편 당해 유치물에 관하여 이해관계를 가지고 있는 자인 채무자나 유치물의 소유자는 상당한 담보가 제공되어 있는 이상 유치권 소멸 청구의 의사표시를 할 수 있다(대법원 2001. 12. 11. 선고 2001다59866 판결).

③ [✕] 유치권자는 채권의 변제를 받기 위하여 유치물을 경매할 수 있다(제322조 제1항). [지문정리] 유치권자는 경매신청권은 있으나, 우선변제권은 없다.

④ [O] 민사집행법 제91조 제2항, 제3항, 제268조는 경매의 대부분을 차지하는 강제경매와 담보권 실행을 위한 경매에서 소멸주의를 원칙으로 하고 있을 뿐만 아니라 이를 전제로 하여 배당요구의 종기결정이나 채권신고의 최고, 배당요구, 배당절차 등에 관하여 상세히 규정하고 있는 점, 민법 제322조 제1항에 "유치권자는 채권의 변제를 받기 위하여 유치물을 경매할 수 있다."고 규정하고 있는데, 유치권에 의한 경매에도 채권자와 채무자의 존재를 전제로 하고 채권의 실현·만족을 위한 경매를 상정하고 있는 점, 반면에 인수주의를 취할 경우 필요하다고 보이는 목적부동산 위의 부담의 존부 및 내용을 조사·확정하는 절차에 대하여 아무런 규정이 없고 인수되는 부담의 범위를 제한하는 규정도 두지 않아, 유치권에 의한 경매를 인수주의를 원칙으로 진행하면 매수인의 법적 지위가 매우 불안정한 상태에 놓이게 되는 점, 인수되는 부담의 범위를 어떻게 설정하느냐에 따라 인수주의를 취하는 것이 오히려 유치권자에게 불리해질 수 있는 점 등을 함께 고려하면, 유치권에 의한 경매도 강제경매나 담보권 실행을 위한 경매와 마찬가지로 목적부동산 위의 부담을 소멸시키는 것을 법정매각조건으로 하여 실시되고 우선채권자뿐만 아니라 일반채권자의 배당요구도 허용되며, 유치권자는 일반채권자와 동일한 순위로 배당을 받을 수 있다고 보아야 한다. 다만 집행법원은 부동산 위의 이해관계를 살펴 위와 같은 법정매각조건과는 달리 매각조건 변경결정을 통하여 목적부동산 위의 부담을 소멸시키지 않고 매수인으로 하여금 인수하도록 정할 수 있다(대법원 2011. 06. 15. 자 2010마1059 결정).

⑤ [✕] 유치권자 丙이 경락인으로부터 소유권을 취득하는 경우 유치권은 혼동으로 소멸한다. [관련판례1] 어떠한 물건에 대한 소유권과 다른 물권이 동일한 사람에게 귀속한 경우 그 제한물권은 혼동에 의하여 소멸하는 것이 원칙이지만, 본인 또는 제3자의 이익을 위하여 그 제한물권을 존속시킬 필요가 있다고 인정되는 경우에는 민법 제191조 제1항 단서의 해석에 의하여 혼동으로 소멸하지 않는다고 보아야 할 것이다. 원심이 적법하게 확정한 바와 같이, 이 사건 부동산에 관하여 소외 한국주택은행이 1994. 4. 21. 선순위 근저당권을 취득한 후 원고가 1995. 6. 1. 후순위 근저당권을 취득하였고, 이어서 피고 경인실업 주식회사가 1995. 6. 30.에, 피고 윤진옥이 1995. 11. 22.에 차례로 이 사건 부동산에 대한 가압류등기를 경료한 다음, 1995. 12. 30.에 이르러 원고가 이 사건 부동산을 매수하여 소유권을 취득한 경우에 있어서, 원고의 후순위 근저당권이 혼동으로 소멸하게 된다면, 피고들은 이로 인하여 부당한 이득을 얻게 되는 반면 원고는 손해를 보게 되는 불합리한 결과가 되므로, 위의 법리에 따라 원고의 근저당권은 그 이후의 소유권 취득에도 불구하고 혼동으로 소멸하지 아니한다고 할 것이다(대법원 1998. 7. 10. 선고 98다18643 판결). [관련판례2] 유치권은 타물권인 점에 비추어 볼 때 수급인의 재료와 노력으로 건축되었고 독립한 건물에 해당되는 기성부분은 수급인의 소유라 할 것이므로 수급인은 공사대금을 지급받을 때까지 이에 대하여 유치권을 가질 수 없다(대법원 1993. 3. 26. 선고 91다14116 판결).

정답 ④

073 / 유치권의 효력/

甲은 乙과 乙의 다세대 주택인 건물에 대한 공사대금 5억 원의 보수공사 계약을 체결하고 공사를 완료하였다. 甲은 공사대금을 전혀 지급받지 못하였고 건물의 1층 부분을 점유하고 건물의 용도에 부합하게 사용하고 있다. 그 후 丙이 강제경매로 위 건물을 취득하였다. 다음 설명 중 옳은 것은? (다툼이 있으면 판례에 의함)

> ㄱ. 甲은 다세대주택 전체에 대한 경매절차가 진행되는 경우 매각대금 중 1층 부분에 해당하는 금액에 한하여 다른 채권자보다 우선하여 변제받을 권리가 있다.
>
> ㄴ. 甲의 점유 전에 丁이 1억 원을 최고액으로 하는 근저당권을 설정한 경우, 甲이 경매절차에서 유치권의 피담보채권을 5억 원으로 신고하였더라도, 丁은 甲을 상대로 유치권 전부의 부존재 확인을 구할 법률상 이익은 없다.
>
> ㄷ. 丙이 甲을 상대로 소유권에 기하여 1층 부분의 인도를 구하는 이행의 소를 제기하였는데, 甲이 유치권의 항변을 하는 경우에는 丙의 청구는 전부 기각된다.
>
> ㄹ. 丙이 甲의 점유를 침탈한 후 건물을 丁에게 임대한 경우 甲이 점유를 상실한 이상, 점유회수의 소를 제기하여 점유를 회복하지 않는 한 유치권은 소멸한다.
>
> ㅁ. 甲과 乙은 미리 유치권의 발생을 막는 특약을 할 수 있고 이러한 특약은 유효하다. 유치권 배제 특약에 따른 효력은 특약의 상대방뿐 아니라 그 밖의 사람도 주장할 수 있다.
>
> ㅂ. 丙은 甲에게 1층 부분에 관한 차임 상당의 부당이득반환을 청구할 수 있다.

① ㄱ, ㄴ, ㄷ   ② ㄴ, ㄷ, ㄹ   ③ ㄷ, ㄹ, ㅁ
④ ㄷ, ㄹ, ㅂ   ⑤ ㄹ, ㅁ, ㅂ

[해설]

ㄱ. [X] 유치권자는 우선변제권이 없어 경매로 인한 배당절차에서 우선변제를 받을 수가 없다.

ㄴ. [X] 민사집행법 제268조에 의하여 담보권의 실행을 위한 경매절차에 준용되는 같은 법 제91조 제5항에 의하면 유치권자는 경락인에 대하여 피담보채권의 변제를 청구할 수는 없지만 자신의 피담보채권이 변제될 때까지 유치목적물인 부동산의 인도를 거절할 수 있어 경매절차의 입찰인들은 낙찰 후 유치권자로부터 경매목적물을 쉽게 인도받을 수 없다는 점을 고려하여 입찰하게 되고 그에 따라 경매목적 부동산이 그만큼 낮은 가격에 낙찰될 우려가 있다. 이와 같이 <u>저가낙찰로 인해 경매를 신청한 근저당권자의 배당액이 줄어들거나 경매목적물 가액과 비교하여 거액의 유치권 신고로 매각 자체가 불가능하게 될 위험은 경매절차에서 근저당권자의 법률상 지위를 불안정하게 하는 것이므로 위 불안을 제거하는 근저당권자의 이익을 단순한 사실상·경제상의 이익이라고 볼 수는 없다.</u> 따라서 근저당권자는 유치권 신고를 한 사람을 상대로 유치권 전부의 부존재뿐만 아니라 경매절차에서 유치권을 내세워 대항할 수 있는 범위를 초과하는 유치권의 부존재 확인을 구할 법률상 이익이 있고, 심리 결과 유치권 신고를 한 사람이 유치권의 피담보채권으로 주장하는 금액의 일부만이 경매절차에서 유치권으로 대항할 수 있는 것으로 인정되는 경우에는 법원은 특별한 사정이 없는 한 그 유치권 부분에 대하여 일부패소의 판결을 하여야 한다(대법원 2016. 3. 10. 선고 2013다99409 판결).

ㄷ. [×] 유치권 항변이나 동시이행의 항변권이 인정되는 경우에는 상환이행판결을 받게 된다. **[관련판례]** 물건의 인도를 청구하는 소송에서 피고의 유치권 항변이 인용되는 경우에는 물건에 관하여 생긴 채권의 변제와 상환으로 물건의 인도를 명하여야 한다(대법원 2011. 12. 13. 선고 2009다5162 판결).

ㄹ. [O] 갑 주식회사가 건물신축 공사대금 일부를 지급받지 못하자 건물을 점유하면서 유치권을 행사해 왔는데, 그 후 을이 경매절차에서 건물 중 일부 상가를 매수하여 소유권이전등기를 마친 다음 갑 회사의 점유를 침탈하여 병에게 임대한 사안에서, 을의 점유침탈로 갑 회사가 점유를 상실한 이상 유치권은 소멸하고, 갑 회사가 점유회수의 소를 제기하여 승소판결을 받아 점유를 회복하면 점유를 상실하지 않았던 것으로 되어 유치권이 되살아나지만, 위와 같은 방법으로 점유를 회복하기 전에는 유치권이 되살아나는 것이 아님에도, 갑 회사가 상가에 대한 점유를 회복하였는지를 심리하지 아니한 채 점유회수의 소를 제기하여 점유를 회복할 수 있다는 사정만으로 갑 회사의 유치권이 소멸하지 않았다고 본 원심판결에 점유상실로 인한 유치권 소멸에 관한 법리오해의 위법이 있다고 한 사례(대법원 2012. 02. 09. 선고 2011다72189 판결).

ㅁ. [O] [1] 제한물권은 이해관계인의 이익을 부당하게 침해하지 않는 한 자유로이 포기할 수 있는 것이 원칙이다. 유치권은 채권자의 이익을 보호하기 위한 법정담보물권으로서, 당사자는 미리 유치권의 발생을 막는 특약을 할 수 있고 이러한 특약은 유효하다. 유치권 배제 특약이 있는 경우 다른 법정요건이 모두 충족되더라도 유치권은 발생하지 않는데, 특약에 따른 효력은 특약의 상대방뿐 아니라 그 밖의 사람도 주장할 수 있다. [2] 조건은 법률행위의 효력 발생 또는 소멸을 장래의 불확실한 사실의 발생 여부에 의존케 하는 법률행위의 부관으로서, 법률행위에서 효과의사와 일체적인 내용을 이루는 의사표시 그 자체라고 볼 수 있다. 유치권 배제 특약에도 조건을 붙일 수 있는데, 조건을 붙이고자 하는 의사가 있는지는 의사표시에 관한 법리에 따라 판단하여야 한다(대법원 2018. 1. 24. 선고 2016다234043 판결).

ㅂ. [O] 민법 제324조에 의하면, 유치권자는 선량한 관리자의 주의로 유치물을 점유하여야 하고, 소유자의 승낙 없이 유치물을 보존에 필요한 범위를 넘어 사용하거나 대여 또는 담보제공을 할 수 없으며, 소유자는 유치권자가 위 의무를 위반한 때에는 유치권의 소멸을 청구할 수 있다고 할 것인바, 공사대금채권에 기하여 유치권을 행사하는 자가 스스로 유치물인 주택에 거주하며 사용하는 것은 특별한 사정이 없는 한 유치물인 주택의 보존에 도움이 되는 행위로서 유치물의 보존에 필요한 사용에 해당한다고 할 것이다. 그리고 유치권자가 유치물의 보존에 필요한 사용을 한 경우에도 특별한 사정이 없는 한 차임에 상당한 이득을 소유자에게 반환할 의무가 있다(대법원 2009. 09. 24. 선고 2009다40684 판결). 유치권은 점유하는 물건으로써 유치권자의 피담보채권에 대한 우선적 만족을 확보하여 주는 법정담보물권이다(민법 제320조 제1항, 상법 제58조). 한편 유치권자가 민법 제324조 제2항을 위반하여 유치물 소유자의 승낙 없이 유치물을 임대한 경우 유치물의 소유자는 이를 이유로 민법 제324조 제3항에 의하여 유치권의 소멸을 청구할 수 있다. 민법 제324조에서 정한 유치권소멸청구는 유치권자의 선량한 관리자의 주의의무 위반에 대한 제재로서 채무자 또는 유치물의 소유자를 보호하기 위한 규정이므로, 특별한 사정이 없는 한 민법 제324조 제2항을 위반한 임대행위가 있은 뒤에 유치물의 소유권을 취득한 제3자도 유치권소멸청구를 할 수 있다(대법원 2023. 8. 31. 선고 2019다295278 판결).

정답 ⑤

074 /유치권의 성립요건과 효과/

甲 교회 목사 乙이 소속 교단을 탈퇴하기로 결의하고 독립교회인 丙 교회를 설립한 후 종전 교회건물을 丙 교회가 점유·사용하고 있었다. 丙 교회는 교회건물의 증축 등을 위해 필요비와 유익비를 지출하였다. 다음 설명 중 틀린 것을 모두 고른 것은? (다툼이 있으면 판례에 의함)

> ㄱ. 丙 교회의 유치권은 甲 교회로부터 점유물 반환을 청구 받은 때에 성립한다.
>
> ㄴ. 甲 교회가 비용지출자인 丙 교회가 아니라 乙 개인에게 교회 출입금지 및 甲 교회의 사용 방해 금지 등을 청구하였다는 것만으로는 丙 교회의 유치권이 성립하지는 않는다.
>
> ㄷ. 만일 丙 교회의 유치권이 성립된 경우에, 교회건물이 경매되는 경매절차에서 丙 교회의 유치권이 주장되었으나 교회건물이 매각되었다면, 경매로 소유권을 상실한 교회건물의 소유자는 丙 교회를 상대로 유치권의 부존재 확인을 구할 법률상 이익이 없다.
>
> ㄹ. 교회건물은 丙 교회가 준총유하는 것이므로 乙이 교인총회의 결의 없이 점유·사용하였다면 乙은 甲 교회에 대해 丙 교회의 유치권을 주장하여 대항할 수 없다.
>
> ㅁ. 甲 교회가 乙을 상대로 교회건물 등에 대한 출입금지를 구하였는데 乙이 丙 교회의 유치권을 들어 대항하는 경우, 법원은 丙 교회가 비용을 지급받는 것과 상환으로 甲 교회의 청구를 인용할 수 있다.

① ㄱ, ㄴ   ② ㄴ, ㄷ   ③ ㄹ, ㅁ
④ ㄴ, ㄹ, ㅁ   ⑤ ㄱ, ㄹ, ㅁ

해설

ㄱ. [O] 점유자가 점유물을 보존하거나 개량하기 위하여 지출한 필요비나 유익비에 관하여 민법 제203조 제1항, 제2항은 '점유자가 점유물을 반환할 때'에 상환을 청구할 수 있도록 규정하고 있으므로, 그 상환청구권은 점유자가 회복자에게서 점유물 반환을 청구받은 때에 비로소 이를 행사할 수 있는 상태가 되고 이행기가 도래한다(대법원 2011. 12. 13. 선고 2009다5162 판결). [지문정리] 유치권은 피담보채권이 '변제기에 있는 경우'에 성립한다(제320조 제1항). 즉 피담보채권의 변제기 도래가 유치권의 실행요건이 아니라 유치권의 성립요건이 된다.

ㄴ. [×] 갑 교회 목사 을이 교인총회에서 소속 교단을 탈퇴하기로 결의하고 독립교회인 병 교회를 설립한 후 종전 교회건물을 병 교회가 점유·사용하고 있었는데, 갑 교회가 을을 비롯한 병 교회 목사와 장로들을 상대로 교회건물 등에 대한 출입금지 등을 구한 사안에서, 병 교회가 교회건물 등의 증축 등에 지출한 필요비와 유익비 상환청구권을 담보하는 유치권이 성립하려면, 교회건물 등의 점유 주체인 병 교회가 점유 반환을 청구받음으로써 상환청구권의 변제기가 도래한 것으로 인정되어야 하는데, 갑 교회가 교회건물 등에 대한 출입금지 등을 구하는 상대방인 을 등은 병 교회 목사, 장로 등으로서 병 교회가 고유 목적인 예배 등 일상적인 활동을 하는 데 중심적인 역할을 하는 구성원들이고 특히 을은 병 교회 대표자 지위에 있다는 점을 감안하면, 을 등에게 교회 출입금지 및 갑 교회의 사용 방해 금지 등을 청구하는 것은 형식은 피고들 개인에 대한 청구이지만 실질은 병 교회에 교회건물 등의 반환을 청구하는 것과 다르지 않으므로, 갑 교회가 소를 제기하여 을 등에게

교회건물 등에 대한 출입금지 등을 청구함으로써 병 교회가 점유자로서 가지는 필요비와 유익비 상환청구권도 이행기가 도래하였다고 한 사례(대법원 2011. 12. 13. 선고 2009다5162 판결).

ㄷ. [O] [1] 근저당권자에게 담보목적물에 관하여 각 유치권의 부존재 확인을 구할 법률상 이익이 있다고 보는 것은 경매절차에서 유치권이 주장됨으로써 낮은 가격에 입찰이 이루어져 근저당권자의 배당액이 줄어들 위험이 있다는 데에 근거가 있고, 이는 소유자가 그 소유의 부동산에 관한 경매절차에서 유치권의 부존재 확인을 구하는 경우에도 마찬가지이다. 위와 같이 경매절차에서 유치권이 주장되었으나 소유부동산 또는 담보목적물이 매각되어 그 소유권이 이전되어 소유권을 상실하거나 근저당권이 소멸하였다면, 소유자와 근저당권자는 유치권의 부존재 확인을 구할 법률상 이익이 없다. [2] 경매절차에서 유치권이 주장되지 아니한 경우에는, 담보목적물이 매각되어 그 소유권이 이전됨으로써 근저당권이 소멸하였더라도 채권자는 유치권의 존재를 알지 못한 매수인으로부터 민법 제575조, 제578조 제1항, 제2항에 의한 담보책임을 추급당할 우려가 있고, 위와 같은 위험은 채권자의 법률상 지위를 불안정하게 하는 것이므로, 채권자인 근저당권자로서는 위 불안을 제거하기 위하여 유치권 부존재 확인을 구할 법률상 이익이 있다. 반면 채무자가 아닌 소유자는 위 각 규정에 의한 담보책임을 부담하지 아니하므로, 유치권의 부존재 확인을 구할 법률상 이익이 없다(대법원 2020. 1. 16. 선고 2019다247385 판결). [모순판례] 민법 제578조 제1항의 채무자에는 임의경매에 있어서의 물상보증인도 포함되는 것이므로 경락인이 그에 대하여 적법하게 계약해제권을 행사했을 때에는 물상보증인은 경락인에 대하여 원상회복의 의무를 진다(대법원 1988. 4. 12. 선고 87다카2641 판결).

ㄹ. [×] 갑 교회 목사 을이 교인총회에서 소속 교단을 탈퇴하기로 결의하고 독립교회인 병 교회를 설립한 후 종전 교회건물을 병 교회가 점유·사용하고 있었는데, 갑 교회가 을을 비롯한 병 교회 목사와 장로들을 상대로 교회건물 등에 대한 출입금지 등을 구한 사안에서, 을 등이 병 교회 구성원으로서 내부 규약 등에 정하여진 데 따라 준총유에 속하는 유치권의 유치물을 사용하는 것은, 법인이 아닌 사단의 구성원으로서 자신의 정당한 권능을 행사하는 것일 뿐만 아니라 유치물의 보존에 필요한 사용으로 허용되고, 이러한 사용에는 총유물의 관리·처분과 달리 사원총회의 결의를 요하지 않으므로, 필요비와 유익비 상환청구권에 기초한 병 교회 유치권을 근거로 을 등이 갑 교회 청구에 대항할 수 있다고 한 사례(대법원 2011. 12. 13. 선고 2009다5162 판결).

ㅁ. [×] [1] 물건의 인도를 청구하는 소송에서 피고의 유치권 항변이 인용되는 경우에는 물건에 관하여 생긴 채권의 변제와 상환으로 물건의 인도를 명하여야 한다. [2] 갑 교회 목사 을이 교인총회에서 소속 교단을 탈퇴하기로 결의하고 독립교회인 병 교회를 설립한 후 종전 교회건물을 병 교회가 점유·사용하고 있었는데, 갑 교회가 을을 비롯한 병 교회 목사와 장로들을 상대로 교회건물 등에 대한 출입금지 등을 구한 사안에서, 교회건물 등의 점유자로서 민법 제203조 제1항, 제2항에 의하여 필요비와 유익비의 상환을 받을 수 있는 권리자는 병 교회이므로, 구성원 일부에 지나지 않는 을 등을 상대로 교회건물 등에 대한 출입금지 등을 구하는 경우에 소송당사자도 아닌 병 교회가 위 비용을 지급받는 것과 상환으로 을 등에 대한 갑 교회 청구를 인용할 수는 없으므로, 원심이 을 등의 유치권 주장을 받아들이면서도 상환이행 판결을 하지 아니한 것이 위법하다고 볼 수 없다고 한 사례(대법원 2011. 12. 13. 선고 2009다5162 판결)

정답 ④

제2절 • 질권

075 /질권/
질권에 관한 다음 설명 중 틀린 것은? (다툼이 있으면 판례에 의함)

① 민법 제347조는 채권을 질권의 목적으로 하는 경우에 채권증서가 있는 때에는 질권의 설정은 그 증서를 질권자에게 교부함으로써 효력이 생긴다고 규정하고 있는바, 임대차계약서는 여기서 말하는 채권증서에 해당한다.

② 질권자가 질권 해지의 사실을 통지하였다면 선의의 제3채무자는 질권설정자에게 대항할 수 있는 사유로 질권자에게 대항할 수 있다.

③ 질권의 목적인 채권에 대하여 질권설정자의 일반채권자의 신청으로 압류·전부명령이 내려진 경우에도 그 명령이 송달된 날보다 먼저 질권자가 확정일자 있는 문서에 의해 민법 제349조 제1항에서 정한 대항요건을 갖추었다면, 전부채권자는 질권이 설정된 채권을 이전받을 뿐이고 제3채무자는 전부채권자에게 변제했음을 들어 질권자에게 대항할 수 없다.

④ 질권설정자의 채무자에 대한 근저당권부채권 범위를 초과하여 질권자의 질권설정자에 대한 피담보채권 범위 내에서 질권자에게 배당금이 직접 지급됨으로써 질권자가 피담보채권의 만족을 얻은 경우, 실체법적으로 볼 때 배당을 통하여 법률상 원인 없이 이득을 얻은 사람은 근저당권부채권이라는 법률상 원인의 범위를 초과하여 질권자에게 배당금이 지급되게 함으로써 자신의 질권자에 대한 피담보채무가 소멸하는 이익을 얻은 질권설정자이다.

⑤ 채권의 지연손해금을 별도로 등기부에 기재하지 않았더라도 근저당권부 질권의 피담보채권의 범위가 등기부에 기재된 약정이자에 한정된다고 볼 수 없다.

해설

① [✗] 민법 제347조는 채권을 질권의 목적으로 하는 경우에 채권증서가 있는 때에는 질권의 설정은 그 증서를 질권자에게 교부함으로써 효력이 생긴다고 규정하고 있다. 여기에서 말하는 '채권증서'는 채권의 존재를 증명하기 위하여 채권자에게 제공된 문서로서 특정한 이름이나 형식을 따라야 하는 것은 아니지만, 장차 변제 등으로 채권이 소멸하는 경우에는 민법 제475조에 따라 채무자가 채권자에게 그 반환을 청구할 수 있는 것이어야 한다. 이에 비추어 임대차계약서와 같이 계약 당사자 쌍방의 권리의무관계의 내용을 정한 서면은 그 계약에 의한 권리의 존속을 표상하기 위한 것이라고 할 수는 없으므로 위 채권증서에 해당하지 않는다(대법원 2013. 8. 22. 선고 2013다32574 판결).

② [○] ★ [사례형·기록형] [1] 제3채무자가 질권설정 사실을 승낙한 후 질권설정계약이 합의해지된 경우 질권설정자가 해지를 이유로 제3채무자에게 원래의 채권으로 대항하려면 질권자가 제3채무자에게 해지 사실을 통지하여야 하고, 만일 질권자가 제3채무자에게 질권설정계약의 해지 사실을 통지하였다면, 설사 아직 해지가 되지 아니하였다고 하더라도 선의인 제3채무자는 질권설정자에게 대항할 수 있는 사유로 질권자에게 대항할 수 있다고 봄이 타당하다. 그리고 위와 같은 해지 통지가 있었다면 해지 사실은 추정되고, 그렇다면 해지 통지를 믿은 제3채무자의 선의 또한 추정된다고 볼 것이어서 제3채무자가 악의라는 점은 선의를 다투는 질권자가 증명할 책임이 있다. 그리고 위와

같은 해지 사실의 통지는 질권자가 질권설정계약이 해제되었다는 사실을 제3채무자에게 알리는 이른바 관념의 통지로서, 통지는 제3채무자에게 도달됨으로써 효력이 발생하고, 통지에 특별한 방식이 필요하지는 않다. [2] 제3채무자인 갑 은행이 을 주식회사와 병 주식회사 사이의 예금채권에 대한 질권설정을 승낙하였는데, 질권자인 을 회사가 갑 은행 지점에 모사전송의 방법으로 질권해제통지서를 전송하였고 갑 은행 직원이 질권해제통지서를 받은 직후 질권설정자인 병 회사에 예금채권을 변제한 사안에서, 질권해제통지서에 통지의 상대방이 기재되어 있지 않았더라도 문서의 형식이나 기재 내용, 수신처 등에 비추어 통지의 상대방은 갑 은행이라고 볼 수밖에 없고, 을 회사가 질권해제통지서를 모사전송의 방법으로 갑 은행에 전송함으로써 질권설정계약 해지의 통지는 갑 은행에 도달하여 효력이 발생하였다고 할 것이므로, 아직 을 회사와 병 회사 사이에 합의해지가 되지 아니한 경우에도 선의인 갑 은행으로서는 병 회사에 대한 변제를 을 회사에도 유효하다고 주장할 수 있다고 한 사례(대법원 2014. 4. 10. 선고 2013다76192 판결).

③ [O] 질권설정자가 민법 제349조 제1항에 따라 제3채무자에게 질권이 설정된 사실을 통지하거나 제3채무자가 이를 승낙한 때에는 제3채무자가 질권자의 동의 없이 질권의 목적인 채무를 변제하더라도 질권자에게 대항할 수 없고, 질권자는 여전히 제3채무자에게 직접 채무의 변제를 청구할 수 있다. 질권의 목적인 채권에 대하여 질권설정자의 일반채권자의 신청으로 압류·전부명령이 내려진 경우에도 그 명령이 송달된 날보다 먼저 질권자가 확정일자 있는 문서에 의해 민법 제349조 제1항에서 정한 대항요건을 갖추었다면, 전부채권자는 질권이 설정된 채권을 이전받을 뿐이고 제3채무자는 전부채권자에게 변제했음을 들어 질권자에게 대항할 수 없다(대법원 2022. 3. 31. 선고 2018다21326 판결).

④ [O] [1] 금전채권의 질권자가 민법 제353조 제1항, 제2항에 의하여 자기채권의 범위 내에서 직접청구권을 행사하는 경우 질권자는 질권설정자의 대리인과 같은 지위에서 입질채권을 추심하여 자기채권의 변제에 충당하고 그 한도에서 질권설정자에 의한 변제가 있었던 것으로 보므로, 위 범위 내에서는 제3채무자의 질권자에 대한 금전지급으로써 제3채무자의 질권설정자에 대한 급부가 이루어질 뿐만 아니라 질권설정자의 질권자에 대한 급부도 이루어진다고 보아야 한다. 이러한 법리는 근저당권부채권의 질권자가 부동산 임의경매절차에서 집행법원으로부터 배당금을 직접 수령하는 경우에도 적용된다. [2] 경매목적물의 매각대금이 잘못 배당되어 배당받을 권리 있는 채권자가 배당받을 몫을 받지 못하고 그로 인해 권리 없는 다른 채권자가 그 몫을 배당받은 경우에는, 배당금을 수령한 다른 채권자는 배당받을 수 있었던 채권자의 권리를 침해하여 이득을 얻은 것이 된다. 위와 같이 배당금을 수령한 다른 채권자는 그 이득을 보유할 정당한 권원이 없는 이상 이를 부당이득으로 반환할 의무가 있다. 이때 부당이득반환의무를 부담하는 '배당금을 수령한 다른 채권자'는 실체법적으로 볼 때 배당을 통하여 법률상 원인 없이 이득을 얻은 사람을 의미하고, 그가 부동산 임의경매절차에서 현실적으로 배당금을 수령한 사람과 언제나 일치하여야 하는 것은 아니다. [3] 질권설정자의 채무자에 대한 근저당권부채권 범위를 초과하여 질권자의 질권설정자에 대한 피담보채권 범위 내에서 질권자에게 배당금이 직접 지급됨으로써 질권자가 피담보채권의 만족을 얻은 경우, 실체법적으로 볼 때 배당을 통하여 법률상 원인 없이 이득을 얻은 사람은 피담보채권이라는 법률상 원인에 기하여 배당금을 수령한 질권자가 아니라 근저당권부채권이라는 법률상 원인의 범위를 초과하여 질권자에게 배당금이 지급되게 함으로써 자신의 질권자에 대한 피담보채무가 소멸하는 이익을 얻은 질권설정자이다(대법원 2024. 4. 12. 선고 2023다315155 판결).

⑤ [O] ★ [사례형] [1] 민법 제335조의 규정에 의하여 권리질권에 준용되는 민법 제334조 전문은 '질권은 원본, 이자, 위약금, 질권실행의 비용, 질물보존의 비용 및 채무불이행 또는 질물의 하자로 인한 손해배상의 채권을 담보한다.'고 정하고 있다. 부동산등기법 제76조 제1항은 등기관이 민법 제348조에 따라 저당권부 채권에 대한 질권의 등기를 할 때에는 부동산등기법 제48조에서 규정한

사항 외에 '채권액 또는 채권최고액, 채무자의 성명 또는 명칭과 주소 또는 사무소 소재지, 변제기와 이자의 약정이 있는 경우에는 그 내용'을 기록하여야 한다고 정하고 있어 채권의 지연손해금을 등기사항으로 정하고 있지 않다. 이러한 사정에 비추어 보면, 채권의 지연손해금을 별도로 등기부에 기재하지 않았더라도 근저당권부 질권의 피담보채권의 범위가 등기부에 기재된 약정이자에 한정된다고 볼 수 없다. [2] 채무자를 위하여 변제한 자는 변제와 동시에 채권자의 승낙을 얻어 채권자를 대위할 수 있다(민법 제480조 제1항). 제3자가 채무자를 위하여 채무를 변제함으로써 채무자에 대하여 구상권을 취득하는 경우, 그 구상권의 범위 내에서 종래 채권자가 가지고 있던 채권과 그 담보에 관한 권리는 동일성을 유지한 채 법률상 당연히 변제자에게 이전한다. [3] 근저당권자인 甲 주식회사가 乙 주식회사와 제1 대출 약정을 체결하면서 乙 회사에 근저당권부 질권을 설정해 주었고, 그 후 丙 주식회사가 甲 회사 등과 제2 대출 약정을 체결하면서, 甲 회사를 대신하여 乙 회사에 제1 대출 약정 채무 잔액을 대위변제하고 乙 회사로부터 근저당권부 질권을 이전받았는데, 근저당권의 목적 부동산이 임의경매절차에서 매각되어 丙 회사가 근저당권부 질권자로서 배당받게 되자, 후순위 근저당권부 질권자인 丁 등이 丙 회사를 상대로 배당이의의 소를 제기한 사안에서, 丙 회사는 甲 회사를 위하여 제1 대출 약정 채무 잔액을 乙 회사에 대위변제함으로써 채무자 甲 회사에 대하여 구상권을 취득하였고, 그 범위에서 종래 乙 회사가 가지고 있던 제1 대출 약정 채권과 담보에 관한 권리가 동일성을 유지한 채 법률상 당연히 丙 회사에 이전하므로, 丙 회사가 이전받은 근저당권부 질권의 피담보채권은 대위변제자의 변제에 의하여 소멸하는 제1 대출 약정 채권이고, 丙 회사의 구상금 채권을 초과하여 근저당권부 질권이 甲 회사의 丙 회사에 대한 채무인 제2 대출 약정 채권을 담보한다고 볼 근거가 없는데도, 이와 달리 본 원심판결에 법리오해 등의 잘못이 있다고 한 사례(대법원 2023. 1. 12. 선고 2020다296840 판결).

정답 ①

076 / 권리질권 /

甲은 공장 기계에 관하여 乙 보험회사와 화재보험 계약을 체결하였다. 甲은 자신의 丙 은행에 대한 대출금채무를 담보하기 위해 자신의 乙 보험회사에 대한 보험금청구권으로 丙 은행에게 질권을 설정해주었고 乙 보험회사도 이를 승낙하였다. 이후 甲의 공장에 화재가 발생하여 기계가 전부 소훼되었다. 그 후 丙 은행은 乙 보험회사로부터 보험금을 직접 받았다. 이상의 사실관계에 대한 다음의 설명 중 틀린 것은? (다툼이 있으면 판례에 의함)

① 甲이 기계 가격에 대해 허위의 자료를 제출하여 乙 보험회사의 보험약관에 따라 乙 보험회사에 대한 보험금청구권을 상실하였다면 乙 보험회사는 丙 은행에게 부당이득반환을 청구할 수 있다.

② 丙 은행이 지급받은 보험금이 丙 은행의 甲에 대한 대출금을 초과하는 경우 乙 보험회사는 丙 은행에 대해 초과 지급 부분에 관하여 부당이득반환을 구할 수 있다.

③ 만약, 丙 은행이 자신의 甲에 대한 대출금 채권액을 초과하여 乙 보험회사로부터 지급 받은 금액을 곧바로 甲에게 반환한 경우에 乙 보험회사는 丙 은행에게 부당이득반환을 청구할 수 없다.

④ 만약 甲의 보험금청구권의 변제기가 丙 은행의 대출금반환채권의 변제기보다 먼저 도래하는 경우 丙 은행은 乙 보험회사에 대하여 보험금의 공탁을 청구할 수 있다.

⑤ 만약 甲의 다른 채권자 丁이 보험금청구권을 가압류하였고 그 결정이 乙 보험회사에 송달되기 전에 乙 보험회사가 丙 은행에게 확정일자 있는 증서에 의해 질권 설정을 승낙하였다면, 丁은 丙에 대하여 가압류로 대항할 수 없다.

해 설

① [×] ★ [사례형·기록형] 금전채권의 질권자가 민법 제353조 제1항, 제2항에 의하여 자기채권의 범위 내에서 직접청구권을 행사하는 경우 질권자는 질권설정자의 대리인과 같은 지위에서 입질채권을 추심하여 자기채권의 변제에 충당하고 그 한도에서 질권설정자에 의한 변제가 있었던 것으로 보므로, 위 범위 내에서는 제3채무자의 질권자에 대한 금전지급으로써 제3채무자의 질권설정자에 대한 급부가 이루어질 뿐만 아니라 질권설정자의 질권자에 대한 급부도 이루어진다. 이러한 경우 입질채권의 발생원인인 계약관계에 무효 등의 흠이 있어 입질채권이 부존재한다고 하더라도 제3채무자는 특별한 사정이 없는 한 상대방 계약당사자인 질권설정자에 대하여 부당이득반환을 구할 수 있을 뿐이고 질권자를 상대로 직접 부당이득반환을 구할 수 없다. 이와 달리 제3채무자가 질권자를 상대로 직접 부당이득반환청구를 할 수 있다고 보면 자기 책임하에 체결된 계약에 따른 위험을 제3자인 질권자에게 전가하는 것이 되어 계약법의 원리에 반하는 결과를 초래할 뿐만 아니라 질권자가 질권설정자에 대하여 가지는 항변권 등을 침해하게 되어 부당하기 때문이다(대법원 2015. 5. 29. 선고 2012다92258 판결).

② [○] ③ [○] ★ [사례형·기록형] 질권자가 제3채무자로부터 자기채권을 초과하여 금전을 지급받은 경우 초과 지급 부분에 관하여는 제3채무자의 질권설정자에 대한 급부와 질권설정자의 질권자에 대한 급부가 있다고 볼 수 없으므로, 제3채무자는 특별한 사정이 없는 한 질권자를 상대로 초과 지급 부분에 관하여 부당이득반환을 구할 수 있지만, 부당이득반환청구의 상대방이 되는 수익자는 실질적으로 그 이익이 귀속된 주체이어야 하는데, 질권자가 초과 지급 부분을 질권설정자에게 그대로 반환한 경우에는 초과 지급 부분에 관하여 질권설정자가 실질적 이익을 받은 것이지 질권자로서는 실질적 이익이 없다고 할 것이므로, 제3채무자는 질권자를 상대로 초과 지급 부분에 관하여 부당이득반환을 구할 수 없다(대법원 2015. 5. 29. 선고 2012다92258 판결). [판례평석] A는 그 소유 윤전기와 공장 건물에 대해 甲손해보험회사와 화재보험계약을 체결하고, 장래의 보험금청구권에 대해 B은행 앞으로 대출금채권의 담보로 채권최고액 1,500,000,000원인 질권을 설정해 주고 甲은 이를 승낙하였다. 그 후 화재가 나 윤전기와 공장건물이 소실되었는데, A의 대표이사와 직원 등이 윤전기의 가격이 부풀려진 허위의 손해사정자료를 甲에게 제출하여, 甲은 이를 근거로 보험금을 1,741,111,144원으로 결정하고, 그 중 채권최고액 1,500,000,000원은 B은행에게, 나머지 241,111,144원은 A에게 각 지급하였다. B은행은 위 1,500,000,000원 중 피담보채권액 1,075,000,000원은 A에 대한 대출금채권의 변제에 충당하고 나머지 425,000,000원은 곧바로 A에게 반환하였다. 그런데 甲의 보험약관에는 허위의 손해사정자료를 제출한 경우 A는 보험금청구권을 상실하는 것으로 규정되어 있었고, 甲은 이에 기초하여 B은행을 상대로 1,500,000,000원에 대한 부당이득의 반환을 구한 것이다. 이에 대해 대법원은 甲이 B은행에 1,500,000,000원을 지급한 것은 甲의 A에 대한 보험금 지급과 A의 B은행에 대한 대출금채무의 변제가 함께 이루어진 것이 되는데, 전자의 보험금지급이 무효라고 하더라도 그것이 후자에까지 영향을 미쳐 甲이 직접 B은행에 대해 부당이득의 반환을 구할 수는 없다고 하였다. 다만, 채권최고액에서 피담보채권액을 공제한 425,000,000원에 대해서

는 부당이득이 성립할 수 있지만, B은행이 이를 A에게 반환한 이상 이득을 본 것도 없어 이 부분에 대한 부당이득도 성립하지 않는 것으로 보았다(김준호, 민법강의(제22판), 903면).

④ [O] 채권의 목적물이 금전인 때에는 질권자는 자기채권의 한도에서 직접 청구할 수 있다(제353조 제2항). 전항의 채권의 변제기가 질권자의 채권의 변제기보다 먼저 도래한 때에는 질권자는 제3채무자에 대하여 그 변제금액의 공탁을 청구할 수 있다. 이 경우에 질권은 그 공탁금에 존재한다(동조 제3항).

⑤ [O] 지명채권에 대한 가압류의 효력은 제3채무자에게 채권가압류 재판정본이 송달됨으로써 발생한다(민사집행법 제296조 제1항·제227조 제3항). 한편 지명채권을 목적으로 한 질권의 설정은 설정자가 제450조의 규정에 의하여 제3채무자에게 질권 설정의 사실을 통지하거나 제3채무자가 이를 승낙함이 아니면 이로써 제3채무자 기타 제3자에게 대항하지 못한다(민법 제349조 제1항). 따라서 가압류결정이 乙 보험회사에게 송달되기 전에 乙 보험회사가 甲의 丙 은행에 질권을 설정해 주는 것에 대하여 확정일자 있는 서면에 의해 승낙을 하였다면 가압류권자 丁은 질권자 丙 은행에게 대항할 수 없다.

정답 ①

077 / 질권 /

질권에 관한 다음 설명 중 옳은 것은? (다툼이 있으면 판례에 의함)

① 주식을 질권의 목적으로 하는 때에는 주권을 질권자에게 교부하여야 하므로 주권발행 전의 주식에 대하여 질권을 설정하는 것은 불가능하다.

② 질권의 목적인 채권의 양도행위는 질권자의 이익을 해하는 변경에 해당하므로 질권자의 동의를 요한다.

③ 질권설정자가 질권자의 동의 없이 질권의 목적이 된 권리를 소멸하게 하는 행위를 하였다면 무효이므로 질권자 아닌 제3자도 그 무효를 주장할 수 있다.

④ 채무자가 질권의 설정에 대하여 이의를 보류하지 아니하고 승낙을 하였더라도 질권자가 악의 또는 중과실인 경우, 채무자는 승낙 당시까지 질권설정자에 대하여 생긴 사유로 질권자에게 대항할 수 있다.

⑤ 질권설정자가 질권의 목적인 채권의 변제를 받았다면 질권자에 대한 관계에서 타인의 사무를 처리하는 자로서 임무에 위배하는 행위를 하여 질권자에게 손해를 가하거나 손해 발생의 위험을 초래하였다고 할 수 있다. 또한 저당권으로 담보한 채권을 질권의 목적으로 한 때에는 채권양도의 요건만을 갖추면 담보물권의 부종성으로 인해 질권의 효력이 저당권에도 미친다.

해설

① [×] 주권발행 전의 주식에 대한 양도도 인정되고, 주권발행 전 주식의 담보제공을 금하는 법률규정도 없으므로 주권발행 전 주식에 대한 질권설정도 가능하다고 할 것이지만, 상법 제338조 제1항은 주식을 질권의 목적으로 하는 때에는 주권을 교부하여야 한다고 규정하고 있으나, 이는 주권이

발행된 주식의 경우에 해당하는 규정이라고 해석함이 상당하므로, 주권발행 전의 주식 입질에 관하여는 상법 제338조 제1항의 규정이 아니라 권리질권설정의 일반원칙인 민법 제346조로 돌아가 그 권리의 양도방법에 의하여 질권을 설정할 수 있다고 보아야 한다(대법원 2000. 08. 16. 자 99그1 결정).

② [X] 질권의 목적인 채권의 양도행위는 민법 제352조 소정의 질권자의 이익을 해하는 변경에 해당되지 않으므로 질권자의 동의를 요하지 아니한다(대법원 2005. 12. 22. 선고 2003다55059 판결). **[보충해설]** 질권은 물권이어서 그 채권의 양수인에게도 질권으로 대항할 수 있기 때문이다.

③ [X] 민법 제352조가 질권설정자는 질권자의 동의 없이 질권의 목적된 권리를 소멸하게 하거나 질권자의 이익을 해하는 변경을 할 수 없다고 규정한 것은 질권자가 질권의 목적인 채권의 교환가치에 대하여 가지는 배타적 지배권능을 보호하기 위한 것이므로, 질권설정자와 제3채무자가 질권의 목적된 권리를 소멸하게 하는 행위를 하였다고 하더라도 이는 질권자에 대한 관계에 있어 무효일 뿐이어서 특별한 사정이 없는 한 질권자 아닌 제3자가 그 무효의 주장을 할 수는 없다(대법원 1997. 11. 11. 선고 97다35375 판결).

④ [O] 민법 제451조 제1항이 이의를 보류하지 않은 승낙에 대하여 항변사유를 제한한 취지는 이의를 보류하지 않은 승낙이 이루어진 경우 양수인은 양수한 채권에 아무런 항변권도 부착되지 아니한 것으로 신뢰하는 것이 보통이므로 채무자의 '승낙'이라는 사실에 공신력을 주어 양수인의 신뢰를 보호하고 채권양도나 질권설정과 같은 거래의 안전을 꾀하기 위한 규정이라 할 것이므로, 채권의 양도나 질권의 설정에 대하여 이의를 보류하지 아니하고 승낙을 하였더라도 양수인 또는 질권자가 악의 또는 중과실의 경우에 해당하는 한 채무자의 승낙 당시까지 양도인 또는 질권설정자에 대하여 생긴 사유로써도 양수인 또는 질권자에게 대항할 수 있다(대법원 2002. 03. 29. 선고 2000다13887 판결).

⑤ [X] 타인에 대한 채무의 담보로 제3채무자에 대한 채권에 대하여 권리질권을 설정한 경우 질권설정자는 질권자의 동의 없이 질권의 목적된 권리를 소멸하게 하거나 질권자의 이익을 해하는 변경을 할 수 없다(민법 제352조). 또한 질권설정자가 제3채무자에게 질권설정의 사실을 통지하거나 제3채무자가 이를 승낙한 때에는 제3채무자가 질권자의 동의 없이 질권의 목적인 채무를 변제하더라도 이로써 질권자에게 대항할 수 없고, 질권자는 여전히 제3채무자에 대하여 직접 채무의 변제를 청구하거나 변제할 금액의 공탁을 청구할 수 있다(민법 제353조 제2항, 제3항). 그러므로 이러한 경우 질권설정자가 질권의 목적인 채권의 변제를 받았다고 하여 질권자에 대한 관계에서 타인의 사무를 처리하는 자로서 임무에 위배하는 행위를 하여 질권자에게 손해를 가하거나 손해 발생의 위험을 초래하였다고 할 수 없고, 배임죄가 성립하지도 않는다(대법원 2016. 04. 29. 선고 2015도5665 판결). 한편 저당권으로 담보한 채권을 질권의 목적으로 한 때에는 그 저당권등기에 질권의 부기등기를 하여야 그 효력이 저당권에 미친다(제348조).

정답 ④

제3절 • 저당권

078 /저당권의 효력과 부종성/
甲은 乙과 丙으로부터 금원을 차용하고 자기 소유 부동산에 관하여 乙에게 1번 저당권 丙에게 2번 저당권을 설정하여 주었다. 다음의 설명 중 옳은 것을 모두 고른 것은? (다툼이 있으면 판례에 의함)

> ㄱ. 乙 명의의 저당권설정등기가 원인 없이 말소된 경우에 乙의 저당권은 소멸한다.
> ㄴ. 乙 명의의 저당권설정등기가 원인 없이 말소된 후 丙의 경매신청에 따라 경매가 진행되어 매각허가결정이 확정되고 매수인이 매각대금을 완납하였더라도, 원칙적으로 원인 없이 말소된 저당권은 소멸되지 않는다.
> ㄷ. 乙 명의의 저당권설정등기가 원인 없이 말소되고 그 회복등기 전에 丙의 경매신청으로 경매절차가 개시되고 매각대금 전부가 丙에게 배당된 경우, 乙은 丙에 대하여 부당이득 반환을 청구할 수 있다.
> ㄹ. 만약 甲과 乙의 합의로 채권자 乙이 아닌 제3자의 명의로 저당권을 설정하기로 하였다면 이는 부종성의 관점에서 언제나 무효이다.
> ㅁ. 실제 채무자 아닌 자를 채무자로 한 저당권설정등기는 부종성에 비추어 원인 무효의 등기이다. 그러나 저당권설정자와 저당권자 사이에 피담보채무와 그 채무자 등을 지정함에 관한 의사의 합치가 있는 경우 저당권설정등기는 유효하다. 이 경우 저당권의 피담보채무는 등기부상 등재된 채무자의 채무가 아닌 실제 채무자의 채무로 보아야 한다.

① ㄱ, ㄷ, ㅁ　　② ㄴ, ㄹ　　③ ㄴ, ㅁ
④ ㄷ, ㄹ, ㅁ　　⑤ ㄷ, ㅁ

[해설]

ㄱ. [✕] ㄴ. [✕] 부동산에 관하여 근저당권설정등기가 마쳐졌다가 등기가 위조된 관계서류에 기하여 아무런 원인 없이 말소되었다는 사정만으로는 곧바로 근저당권이 소멸하는 것은 아니지만, 부동산이 경매절차에서 매각되면 매각부동산에 존재하였던 저당권은 당연히 소멸하는 것이므로(민사집행법 제91조 제2항, 제268조 참조) 근저당권설정등기가 원인 없이 말소된 이후에 근저당목적물인 부동산에 관하여 다른 근저당권자 등 권리자의 신청에 따라 경매절차가 진행되어 매각허가결정이 확정되고 매수인이 매각대금을 완납하였다면, 원인 없이 말소된 근저당권도 소멸한다. 따라서 원인 없이 말소된 근저당권설정등기의 회복등기절차 이행과 회복등기에 대한 승낙의 의사표시를 구하는 소송 도중에 근저당목적물인 부동산에 관하여 경매절차가 진행되어 매각허가결정이 확정되고 매수인이 매각대금을 완납하였다면 매각부동산에 설정된 근저당권은 당연히 소멸하므로, 더 이상 원인 없이 말소된 근저당권설정등기의 회복등기절차 이행이나 회복등기에 대한 승낙의 의사표시를 구할 법률상 이익이 없게 된다(대법원 2014. 12. 11. 선고 2013다28025 판결). **[비교판례1]** [1] 채무자와 수익자 사이의 근저당권 설정계약이 사해행위인 이상 그로 인한 근저당권설정등기가 경락으로 인하여 말소되었다고 하더라도 수익자로 하여금 근저당권자로서의 배당을 받도록 하는 것은 민법 제406조 제1항의 취지에 반하므로 수익자에게 그와 같은 부당한 이득을 보유시키지 않기 위하여 그

근저당권설정등기로 인하여 해를 입게 되는 채권자는 근저당권설정계약의 취소를 구할 이익이 있다. [2] 수익자가 경매절차에서 채무자와의 사해행위로 취득한 근저당권에 기하여 배당에 참가하여 배당표는 확정되었으나 채권자의 배당금 지급금지가처분으로 인하여 배당금을 현실적으로 지급받지 못한 경우 채권자취소권의 행사에 따른 원상회복의 방법은 수익자에게 바로 배당금의 지급을 명할 것이 아니라 수익자가 취득한 배당금지급청구권을 채무자에게 반환하는 방법으로 이루어져야 하고 이는 결국 배당금지급채권의 양도와 그 채권양도의 통지를 배당금지급채권의 채무자에게 하여 줄 것을 청구하는 형태가 될 것이다(대법원 1997. 10. 10. 선고 97다8687 판결). **[비교판례2]** 채무자가 선순위 근저당권이 설정되어 있는 상태에서 그 부동산을 제3자에게 양도한 후 선순위 근저당권설정계약을 해지하고 근저당권설정등기를 말소한 경우에, 비록 근저당권설정계약이 이미 해지되었지만 그것이 사해행위에 해당하는지에 따라 후행 양도계약 당시 당해 부동산의 잔존가치가 피담보채무액을 초과하는지 여부가 달라지고 그 결과 후행 양도계약에 대한 사해행위취소청구가 받아들여지는지 여부 및 반환범위가 달라지는 때에는 이미 해지된 근저당권설정계약이라 하더라도 그에 대한 사해행위취소청구를 할 수 있는 권리보호의 이익이 있다고 보아야 한다. 이는 근저당권설정계약이 양도계약보다 나중에 해지된 경우뿐 아니라 근저당권설정계약의 해지를 원인으로 한 근저당권설정등기의 말소등기와 양도계약을 원인으로 한 소유권이전등기가 같은 날 접수되어 함께 처리되고 그 원인일자가 동일한 경우에도 마찬가지이다(대법원 2013. 5. 9. 선고 2011다75232 판결).

ㄷ. [O] 등기는 물권의 효력발생요건이고 존속요건은 아니어서 등기가 원인 없이 말소된 경우에는 그 물권의 효력에 아무런 영향이 없고, 그 회복등기가 마쳐지기 전이라도 말소된 등기의 등기명의인은 적법한 권리자로 추정되므로, 근저당권설정등기가 위법하게 말소되어 아직 회복등기를 경료하지 못한 연유로 그 부동산에 대한 경매절차의 배당기일에서 피담보채권액에 해당하는 금액을 배당받지 못한 근저당권자는 배당기일에 출석하여 이의를 하고 배당이의의 소를 제기하여 구제를 받을 수 있고, 가사 배당기일에 출석하지 않음으로써 배당표가 확정되었다고 하더라도, 확정된 배당표에 의하여 배당을 실시하는 것은 실체법상의 권리를 확정하는 것이 아니기 때문에 위 경매절차에서 실제로 배당받은 자에 대하여 부당이득반환 청구로서 그 배당금의 한도 내에서 그 근저당권설정등기가 말소되지 아니하였더라면 배당받았을 금액의 지급을 구할 수 있다(대법원 2002. 10. 22. 선고 2000다59678 판결).

ㄹ. [X] 채권과 그를 담보하는 저당권은 담보물권의 부수성에 의하여 원칙적으로 그 주체를 달리할 수 없으나, 채권담보를 위하여 저당권을 설정하는 경우 제3자 명의로 저당권등기를 하는 데 대하여 채권자와 채무자 및 제3자 사이에 합의가 있었고, 나아가 제3자에게 그 채권이 실질적으로 귀속되었다고 볼 수 있는 특별한 사정이 있는 경우에는 제3자 명의의 저당권등기도 유효하다(대법원 1995. 09. 26. 선고 94다33583 판결).

ㅁ. [O] 근저당권 설정계약상의 채무자 아닌 제3자를 채무자로 하여 된 근저당권 설정등기는 채무자를 달리 한 것이므로 근저당권의 부종성에 비추어 원인 없는 무효의 등기이다(대법원 1981. 9. 8. 선고 80다1468 판결). 근저당권에 의하여 담보되는 피담보채무의 내용과 범위는 근저당권설정자와 근저당권자간의 계약, 즉 근저당권설정계약에 의하여 정하여지는 것으로서, 근저당권설정계약 당시 근저당권설정자와 근저당권자 사이에 그 근저당권에 의하여 담보되는 피담보채무와 그 채무자 등을 지정함에 관한 의사가 합치된 경우에는 비록 이로써 지정된 실제 채무자와 근저당권설정계약서상이나 등기부상의 채무자가 다르다고 하더라도 그 근저당권설정계약에 기해 경료된 근저당권설정등기는 유효하고, 그 근저당권의 피담보채무는 근저당권설정계약이나 등기부상 등재된 채무자의 채무가 아닌 실제 채무자의 그것으로 보아야 한다(대법원 2010. 6. 24. 선고 2010다17840 판결).

정답 ⑤

079 / 저당권의 효력 /
저당권에 관한 다음 설명 중 옳은 것을 모두 고른 것은? (다툼이 있으면 판례에 의함)

ㄱ. 공동저당의 목적부동산 중 먼저 경매된 부동산의 후순위저당권자가 다른 부동산에 공동저당의 대위등기를 하지 아니하고 있는 사이에 선순위저당권자 등에 의해 그 부동산에 관한 저당권등기가 말소된 경우라도, 그 상태에서 그 부동산에 관하여 소유권이나 저당권 등 새로 이해관계를 취득한 제3취득자에 대하여 후순위저당권자가 민법 제368조 제2항에 따른 대위를 주장할 수 있다.

ㄴ. 공동저당권과 동순위로 배당받는 채권이 있는 경우 동시배당을 하는 때 민법 제368조 제1항에 따른 채권의 분담은, 먼저 공동저당권과 동순위로 배당받을 채권자가 존재하는 부동산의 매각대금에서 경매비용과 선순위채권을 공제한 잔여금액을 공동저당권의 피담보채권액과 동순위채권액에 비례하여 안분한 다음, 공동저당권의 피담보채권에 안분된 금액을 경매대가로 삼아 다른 부동산들과 사이에서 각 경매대가에 안분하여 채권의 분담을 정하는 방법으로 이루어진다.

ㄷ. 후순위 근저당권자는 민법 제364조에 기하여 선순위근저당권의 피담보채무를 변제하고 그 소멸을 청구할 수 있다.

ㄹ. 저당권자가 물상대위권을 행사하여 채권압류 및 추심명령 또는 전부명령을 신청하면서 청구채권 중 이자·지연손해금 등 부대채권의 범위를 신청일 무렵까지의 확정금액으로 기재한 경우, 신청 취지와 원인 및 집행 실무 등에 비추어 저당권자가 부대채권에 관하여는 신청일까지의 액수만 배당받겠다는 의사를 명확하게 표시하였다고 볼 수 있는 등의 특별한 사정이 없는 한, 배당절차에서는 채권계산서를 제출하였는지 여부에 관계없이 배당기일까지의 부대채권을 포함하여 원래 우선변제권을 행사할 수 있는 범위에서 우선배당을 받을 수 있다.

ㅁ. 공동근저당의 목적 부동산 중 일부에 대한 경매절차에서, 공동근저당권자가 선순위근저당권자로서의 자신의 채권 전액을 청구하였다면, 선순위근저당권자가 경매대가로부터 우선하여 변제받고, 후순위근저당권자는 잔액으로부터 변제를 받는 것이며, 이는 선순위근저당권자와 후순위근저당권자가 동일인이라고 하여 달라지는 것은 아니다.

ㅂ. 공동근저당권자가 공동담보의 목적 부동산 중 일부에 대한 환가대금 등으로부터 다른 권리자에 우선하여 피담보채권의 일부에 대하여 배당받은 경우에, 공동담보의 나머지 목적 부동산에 대하여 공동근저당권자로서 행사할 수 있는 우선변제권의 범위는 피담보채권의 확정 여부와 상관없이 최초의 채권최고액에서 우선변제 받은 금액을 공제한 나머지 채권최고액으로 제한된다.

① ㄱ, ㄴ, ㄷ, ㄹ ② ㄴ, ㄹ, ㅁ, ㅂ ③ ㄴ, ㄷ, ㅁ, ㅂ
④ ㄴ, ㄷ, ㄹ, ㅂ ⑤ ㄱ, ㄹ, ㅁ, ㅂ

해설

ㄱ. [×] 민법 제482조 제2항 제1호, 제5호는 변제자대위의 효과로 채권자가 가지고 있던 채권 및 그 담보에 관한 권리가 법률상 당연히 변제자에게 이전하는 경우에도, 변제로 인하여 저당권 등이 소멸한 것으로 믿고 목적부동산을 취득한 제3취득자를 불측의 손해로부터 보호하기 위하여 미리 저당권 등에 대위의 부기등기를 하지 아니하면 제3취득자에 대하여 채권자를 대위하지 못하도록 정하고 있다. 이에 따라 자기의 재산을 타인의 채무의 담보로 제공한 물상보증인이 수인일 때 그중 일부의 물상보증인이 채무를 변제한 뒤 다른 물상보증인 소유 부동산에 설정된 근저당권설정등기에 관하여 대위의 부기등기를 하여 두지 아니하고 있는 동안에 제3취득자가 위 부동산을 취득하였다면, 대위변제한 물상보증인은 제3취득자에 대하여 채권자를 대위할 수 없다. 그런데 이와 같이 <u>법률상 당연히 이전되는 저당권과 관련하여 그 후에 해당 부동산에 대하여 권리를 취득한 제3취득자를 보호할 필요성은 후순위저당권자의 대위의 경우에도 마찬가지로 존재한다</u>. 그리고 후순위저당권자의 대위의 경우에도 부동산등기법 제80조에서 정한 공동저당의 대위등기를 통하여 제3취득자에게 공시할 수 있으므로, 변제자대위와 마찬가지로 일정한 경우에 대위등기를 선행하도록 요구한다고 하더라도 후순위저당권자에게 크게 불리하지 아니하다. 더욱이 변제자대위의 경우에는 저당권뿐 아니라 채권까지 이전됨에 비하여 후순위저당권자의 대위의 경우에는 채권이 이전되지 아니한다는 점까지 고려하면, 후순위저당권자를 변제자보다 항상 더 보호하여야 할 필요성이 있다고 보기는 어렵다. 한편 후순위저당권자의 대위에 의하여 선순위저당권자가 가지고 있던 다른 부동산에 관한 저당권이 후순위저당권자에게 이전된 후에 아직 저당권이 말소되지 아니하고 부동산등기부에 존속하는 경우라면, 비록 공동저당의 대위등기를 하지 아니하더라도 제3취득자로서는 저당권이 유효하게 존재함을 알거나 적어도 저당권이 공동저당권으로서 공시되어 있는 상태에서 이를 알면서 해당 부동산을 취득할 것이므로 저당권의 이전과 관련하여 제3취득자를 보호할 필요성은 적다. 이러한 사정들을 종합하여 보면, <u>먼저 경매된 부동산의 후순위저당권자가 다른 부동산에 공동저당의 대위등기를 하지 아니하고 있는 사이에 선순위저당권자 등에 의해 그 부동산에 관한 저당권등기가 말소되고, 그와 같이 저당권등기가 말소되어 등기부상 저당권의 존재를 확인할 수 없는 상태에서 그 부동산에 관하여 소유권이나 저당권 등 새로 이해관계를 취득한 사람에 대해서는, 후순위저당권자가 민법 제368조 제2항에 의한 대위를 주장할 수 없다</u>(대법원 2015. 03. 20. 선고 2012다99341 판결).

ㄴ. [O] 민법 제368조 제1항은 "동일한 채권의 담보로 수개의 부동산에 저당권을 설정한 경우에 그 부동산의 경매대가를 동시에 배당하는 때에는 각 부동산의 경매대가에 비례하여 그 채권의 분담을 정한다."라고 규정하고 있다. 이는 공동저당권 목적 부동산의 전체 환가대금을 동시에 배당하는 이른바 동시배당의 경우에 공동저당권자의 실행선택권과 우선변제권을 침해하지 아니하는 범위 내에서 각 부동산의 책임을 안분함으로써 각 부동산의 소유자와 후순위 저당권자 그 밖의 채권자의 이해관계를 조절하는 데에 그 취지가 있다. 여기에서 '각 부동산의 경매대가'란 일반적으로 매각대금에서 당해 부동산이 부담할 경매비용과 선순위채권을 공제한 잔액을 말하지만, <u>공동저당권 설정등기 전에 가압류등기가 마쳐진 경우처럼 공동저당권과 동순위로 배당받는 채권이 있는 경우에는 매각대금에서 당해 부동산이 부담할 경매비용과 선순위채권뿐만 아니라 동순위채권에 안분되어야 할 금액까지 공제한 잔액을 말한다고 봄이 타당하다</u>. 당해 부동산에서 동순위채권에 안분되는 금액은 공동저당권의 우선변제권이 미치지 아니하여 담보가치에서 제외되고 이는 선순위채권의 경우와 다를 바 없기 때문이다. 따라서 <u>공동저당권과 동순위로 배당받는 채권이 있는 경우 동시배당을 하는 때 민법 제368조 제1항에 따른 채권의 분담은, 먼저 공동저당권과 동순위로 배당받을 채권자가 존재하는 부동산의 매각대금에서 경매비용과 선순위채권을 공제한 잔여금액을 공동저당권의 피담보채권액과 동순위채권액에 비례하여 안분한 다음, 공동저당권의 피담보채권에</u>

안분된 금액을 경매대가로 삼아 다른 부동산들과 사이에서 각 경매대가에 안분하여 채권의 분담을 정하는 방법으로 이루어진다. 이는 공동근저당의 경우에도 마찬가지이다(대법원 2024. 6. 13. 선고 2020다258893 판결).

ㄷ. [×] ★★ 민법 제364조는 "저당부동산에 대하여 소유권, 지상권 또는 전세권을 취득한 제3자는 저당권자에게 그 부동산으로 담보된 채권을 변제하고 저당권의 소멸을 청구할 수 있다."고 규정하고 있다. 그러므로 근저당부동산에 대하여 민법 제364조의 규정에 의한 권리를 취득한 제3자는 피담보채무가 확정된 이후에 채권최고액의 범위 내에서 그 확정된 피담보채무를 변제하고 근저당권의 소멸을 청구할 수 있으나, 근저당부동산에 대하여 후순위근저당권을 취득한 자는 민법 제364조에서 정한 권리를 행사할 수 있는 제3취득자에 해당하지 아니하므로 이러한 후순위근저당권자가 선순위근저당권의 피담보채무가 확정된 이후에 그 확정된 피담보채무를 변제한 것은 민법 제469조의 규정에 의한 이해관계 있는 제3자의 변제로서 유효한 것인지 따져볼 수는 있을지언정 민법 제364조의 규정에 따라 선순위근저당권의 소멸을 청구할 수 있는 사유로는 삼을 수 없다(대법원 2006. 01. 26. 선고 2005다17341 판결). **[보충해설]** 아래의 [관련판례]에 의하면, 물상보증인 소유 부동산의 후순위저당권자는 변제할 정당한 이익이 없다. 그러나 채무자 소유 부동산의 후순위저당권자는 변제할 정당한 이익이 있다. 물상보증인 소유 부동산의 후순위저당권자는 물상보증인의 주채무자에 대한 구상권에 기한 변제자대위권에 대하여 물상대위를 할 수 있기 때문이고, 채무자 소유 부동산의 후순위저당권자는 채무자가 구상권 및 변제자대위권을 행사할 수 없어서 이에 대하여 물상대위를 할 수 없기 때문이다. **[관련판례1]** [1] 민법 제469조 제2항은 이해관계 없는 제3자는 채무자의 의사에 반하여 변제하지 못한다고 규정하고 민법 제481조는 변제할 정당한 이익이 있는 자는 변제로 당연히 채권자를 대위한다고 규정하고 있는바 위 조항에서 말하는 이해관계 내지 변제할 정당한 이익이 있는 자는 변제를 하지 않으면 채권자로부터 집행을 받게 되거나 또는 채무자에 대한 자기의 권리를 잃게 되는 지위에 있기 때문에 변제함으로써 당연히 대위의 보호를 받아야 할 법률상 이익을 가지는 자를 말하고 단지 사실상의 이해관계를 가진 자는 제외된다. [2] 공동저당의 목적인 물상보증인 소유의 부동산에 후순위 저당권이 설정되어 있는 경우 물상보증인 소유의 부동산에 대하여 먼저 경매가 이루어져 그 경매대금의 교부에 의하여 선순위 공동저당권자가 변제를 받은 때에는 물상보증인은 채무자에 대하여 구상권을 취득함과 동시에 민법 제481조, 제482조의 규정에 의한 변제자대위에 의하여 채무자 소유의 부동산에 대한 선순위 저당권을 대위취득하고 그 물상보증인 소유의 부동산의 후순위 저당권자는 위 선순위 저당권에 대하여 물상대위를 할 수 있다. 그러므로 그 선순위 저당권설정등기는 말소등기가 경료될 것이 아니라 위 물상보증인 앞으로 대위에 의한 저당권이전의 부기등기가 경료되어야 할 성질의 것이며 따라서 아직 경매되지 아니한 공동저당물의 소유자로서는 위 선순위 저당권자에 대한 피담보채무가 소멸하였다는 사정만으로는 그 말소등기를 청구할 수 없다고 보아야 한다. 그리고 위 후순위 저당권자는 자신의 채권을 보전하기 위하여 물상보증인을 대위하여 선순위 저당권자에게 그 부기등기를 할 것을 청구할 수 있다. [3] 공동저당의 목적인 물상보증인 소유의 부동산에 후순위로 소유권이전청구권 가등기가 설정되어 있는데 그 부동산에 대하여 먼저 경매가 실행되어 공동저당권자가 매각대금 전액을 배당받고 채무의 일부가 남은 사안에서 위 가등기권리자는 채무자의 의사에 반하여 그 채무 잔액을 대위변제하거나 변제공탁할 수 있는 이해관계 있는 제3자 또는 변제할 정당한 이익이 있는 자에 해당하지 않는다고 본 사례. **[이유]** 원심결정에 의하면 서부새마을금고는 신청외 1에 대한 채권을 담보하기 위하여 신청외 1 소유의 부동산과 신청외 2 소유의 부동산에 관하여 공동근저당권설정등기를 마쳤고 재항고인은 위 각 부동산 중 신청외 2 소유 부동산에 관하여 위 공동근저당권설정등기보다 후순위로 신청외 2에 대한 채권을 담보하기 위하여 소유권이전청구권가등기를 마친 사실, 신청외 2 소유의 부동산이 먼저 임의경매절차에 의하여 매각되었고 그 매각대금은 서부새마을금고에게 전액 배당됨으로써 서부새마을금고가 신청외 1에 대하여 가지는 채권은 33,450,000원이

남은 사실, 재항고인은 신청외 1 소유의 부동산에 대하여 경매신청을 하기 위하여 신청외 1의 서부새마을금고에 대한 채무 잔액을 대위 변제하려고 하였으나 서부새마을금고는 신청외 1의 동의가 없다는 이유로 수령을 거절하였고, 이에 재항고인이 서부새마을금고를 피공탁자로 하여 위 채무잔액을 변제공탁하려고 하였으나 창원지방법원 진주지원 공탁공무원은 '이해관계 있는 제3자는 채무자의 의사에 반하여 변제공탁할 수 있지만 재항고인은 이해관계 있는 제3자가 아니라고 판단된다'는 이유로 변제공탁을 수리하지 아니한 사실을 알 수 있다. 앞서 본 법리에 위와 같은 사실을 비추어 보면 위 신청외 2는 신청외 1 소유의 부동산에 대한 서부새마을금고의 선순위근저당권을 대위취득하고 재항고인은 위 선순위근저당권에 대하여 물상대위함으로써 우선하여 변제를 받을 수 있다고 할 것이고 재항고인이 신청외 1 소유의 부동산에 대하여 직접 경매신청을 하기 위하여 위 채무잔액을 변제하려고 한다는 취지의 주장은 채권자로부터 집행을 받게되거나 또는 채무자에 대한 자기의 권리를 잃게되는 지위에 있기 때문이 아닌 사실상의 이해관계에 지나지 않는다고 할 것이다. 따라서 재항고인은 신청외 1의 서부새마을금고에 대한 채무 잔액 변제에 있어서 이해관계 있는 제3자 내지 변제할 정당한 이익이 있는 자에 해당한다고 볼 수 없다(대법원 2009. 5. 28. 자 2008마109 결정). **[관련판례2]** 채무자 소유의 부동산에 대한 후순위 저당권자에게는 자신의 담보권을 보전하기 위하여 채무자의 선순위 저당권자에 대한 채무를 변제할 정당한 이익이 인정되고, 한편 민법 제482조 제1항은 변제할 정당한 이익이 있는 자가 채무자를 위하여 채권을 대위변제한 경우에는 대위변제자는 자기의 권리에 기하여 구상할 수 있는 범위에서 채권자의 채권 및 담보에 관한 권리를 행사할 수 있다고 규정하고 있으므로 갑을 주채무자로 하고, 을을 연대보증인으로 한 채무를 담보하기 위하여 갑과 을의 공동소유인 부동산 전부에 관하여 선순위의 저당권이 설정된 후 갑 소유의 지분에 대하여서만 후순위 저당권을 취득한 자가 자신의 담보권을 보전하기 위하여 선순위 저당권자에게 당해 피담보채무를 변제한 경우에는 종전의 채권자인 선순위 저당권자의 채권 및 그 담보는 모두 대위변제를 한 후순위 저당권자에게 이전되고, 따라서 선순위 저당권자는 대위변제자인 후순위 저당권자에게 갑과 을의 공동소유인 부동산 전체에 대하여 대위변제로 인한 저당권이전의 부기등기를 마쳐주어야 할 의무가 있다(대법원 2002. 12. 6. 선고 2001다2846 판결).

ㄹ. [O] [1] 민법 제370조, 제342조에 따라 저당권자가 물상대위권을 행사하기 위해서는 민사집행법 제273조에 의하여 담보권의 존재를 증명하는 서류를 집행법원에 제출하여 채권압류 및 추심명령 또는 전부명령을 신청하거나, 민사집행법 제247조에 의하여 배당요구를 하는 방법으로 하여야 하고, 이는 늦어도 민사집행법 제247조 제1항 각호 소정의 배당요구의 종기까지 하여야 한다. 이와 같이 물상대위권자의 권리행사 방법과 시한을 제한하는 취지는 물상대위의 목적인 채권의 특정성을 유지하여 그 효력을 보전함과 동시에 제3자에게 불측의 손해를 입히지 않으려는 것이다. [2] 저당권자가 물상대위권을 행사하여 채권압류 및 추심명령 또는 전부명령(이하 '채권압류명령 등'이라 한다)을 신청하면서 그 청구채권 중 이자·지연손해금 등 부대채권(이하 '부대채권'이라 한다)의 범위를 신청일 무렵까지의 확정금액으로 기재한 경우, 그 신청 취지와 원인 및 집행 실무 등에 비추어 저당권자가 부대채권에 관하여는 신청일까지의 액수만 배당받겠다는 의사를 명확하게 표시하였다고 볼 수 있는 등의 특별한 사정이 없는 한, 그 배당절차에서는 채권계산서를 제출하였는지 여부에 관계없이 배당기일까지의 부대채권을 포함하여 원래 우선변제권을 행사할 수 있는 범위에서 우선배당을 받을 수 있다고 봄이 타당하다. 그 이유는 아래와 같다. ① 금전채권에 대하여 채권압류명령 등이 신청된 경우 제3채무자는 순전히 타의에 의하여 다른 사람들 사이의 법률분쟁에 편입된 것이므로, 제3채무자가 압류된 채권이나 범위를 파악할 때 과도한 부담을 가지지 않도록 보호할 필요가 있다. 이에 현행 민사집행 실무에서는 금전채권에 대한 압류명령신청서에 기재하여야 하는 청구채권 중 부대채권의 범위를 신청일까지의 확정금액으로 기재하도록 요구하고 있다. 이러한 실무는 법령상 근거가 있는 것은 아니나, 제3채무자가 압류 범위를 파악하는 데 과도한 부담을 가지지

지 않도록 압류채권자에게 협조를 구하는 한도에서 합리적인 측면이 있다. ② 그러나 본래 저당권자는 물상대위권을 행사할 때 청구채권인 저당권의 피담보채권 중 부대채권의 범위를 원금의 지급일까지로 하는 채권압류명령 등을 신청할 수 있다. 따라서 물상대위권을 행사하는 저당권자가 민사집행 실무에서 요구하는 바에 따라 부대채권의 범위를 신청일 무렵까지의 확정금액으로 기재한 것은 다른 특별한 사정이 없는 한, 위와 같이 제3채무자를 배려하기 위한 것일 뿐 나머지 부대채권에 관한 우선변제권을 확정적으로 포기하려는 의사에 기한 것이라고 추단할 수 없다. ③ 게다가 제3채무자의 공탁(민사집행법 제248조) 등의 이유로 배당절차가 개시된 경우에는 제3채무자의 보호가 처음부터 문제 되지 않으므로, 물상대위권을 행사하는 저당권자는 원래 배당절차에서 우선변제권을 행사할 수 있는 범위에서 우선배당을 받고자 하는 것이 통상적인 의사라고 볼 수 있다(대법원 2022. 8. 11. 선고 2017다256668 판결). **[관련판례]** 근저당권은 계속되는 거래관계로부터 발생하고 소멸하는 불특정 다수의 장래 채권을 결산기에 계산하여 잔존하는 채무를 일정한 한도액의 범위 내에서 담보하는 저당권이어서 그 거래가 종료하기까지 채권은 계속적으로 증감 변동하나, 근저당권자가 피담보채무의 불이행을 이유로 스스로 담보권의 실행을 위한 경매를 신청한 때에는 그 때까지 발생되어 있는 채권으로 피담보채권액이 확정된다. 한편 담보권 실행을 위한 임의경매절차에서 근저당권자가 경매신청서에 청구채권으로 원금 외에 이자, 지연손해금 등의 부대채권을 개괄적으로나마 표시하였다가 나중에 채권계산서에 의하여 그 부대채권의 구체적인 금액을 특정하는 것은 경매신청서에 개괄적으로 기재하였던 청구금액의 산출 근거와 범위를 밝히는 것이므로 허용되나, 피담보채권이 확정된 이후에 비로소 발생하는 원금채권은 더 이상 근저당권에 의하여 담보될 수 없으므로, 근저당권자가 경매를 신청하면서 경매신청서의 청구금액 등에 장래 발생될 것으로 예상되는 원금채권을 기재하였거나 그 구체적인 금액을 밝혔다는 사정만으로 경매 신청 당시에 발생하지 않은 장래의 원금채권까지 피담보채권액에 추가될 수 없을 뿐만 아니라 경매절차상 청구금액이 그와 같이 확장될 수 있는 것도 아니다(대법원 2023. 6. 29. 선고 2022다300248 판결). → 근저당권설정자가 담보목적물(공장부지, 건물 및 기계기구)을 제대로 관리하지 않자 근저당권자는 근저당권설정계약에 따라 근저당권설정자를 대신하여 담보목적물을 점유·관리하기 위해 경비용역업체에게 경비용역 도급을 주면서 임의경매를 신청하고 그 후 근저당권 등 권리 일체를 양수받은 원고도 추가적으로 경비용역비를 지출하였음. 원고는 임의경매절차에서 위 경비용역비 상당을 배당받지 못하자 후순위로 배당받은 피고를 상대로 부당이득 반환을 구함. 대법원은, 근저당권설정계약 등에 따라 원고가 지출한 경비용역비가 근저당권의 피담보채무에 포함될 수는 있더라도, 근저당권자가 임의경매를 신청하여 그 피담보채무가 확정된 이상 그 이후 발생된 경비용역비 채권은 이자, 지연손해금 채권과 같은 부대채권이 아닌 장래의 원금채권에 해당하여 경매절차에서 추가하여 확장할 수 없고 달리 근저당권 실행비용 등에도 해당하지 않아 우선하여 변제받을 수 없다고 보아, 원고가 위 경비용역비를 우선변제받을 권리가 있음을 전제로 피고에 대한 부당이득반환 청구를 인용한 원심판결을 일부 파기·환송함. **[관련판례]** 담보권 실행을 위한 경매절차에서 신청채권자가 경매신청서에 피담보채권의 일부만을 청구금액으로 하여 경매를 신청하였을 경우에는 다른 특별한 사정이 없는 한 신청채권자의 청구금액은 그 기재된 채권액을 한도로 확정되고 그 후 신청채권자가 채권계산서에 청구금액을 확장하여 제출하는 등의 방법으로 청구금액을 확장할 수 없다. 그러나 경매신청서에 청구채권으로 원금 외에 이자, 지연손해금 등의 부대채권을 개괄적으로나마 표시하였다가 나중에 채권계산서에 의하여 그 부대채권의 구체적인 금액을 특정하는 것은 경매신청서에 개괄적으로 기재하였던 청구금액의 산출 근거와 범위를 밝히는 것이므로 허용된다. 또한 신청채권자가 경매신청서에 청구채권 중 이자, 지연손해금 등의 부대채권을 확정액으로 표시한 경우에는 나중에 배당요구 종기까지 채권계산서를 제출하는 등으로 부대채권을 증액하여 청구금액을 확장하는 것은 허용된다(대법원 2022. 8. 11. 선고 2017다225619 판결).

ㅁ. [O] 공동근저당의 목적 부동산 중 일부에 대한 경매절차에서, 공동근저당권자가 선순위근저당권자로서의 자신의 채권 전액을 청구하였다면, 민법 제370조, 제333조, 제368조 제1항 전문의 규정에 따라 선순위근저당권자가 경매대가로부터 우선하여 변제받고, 후순위근저당권자는 잔액으로부터 변제를 받는 것이며, <u>이는 선순위근저당권자와 후순위근저당권자가 동일인이라고 하여 달라지는 것은 아니다</u>(대법원 2018. 7. 11. 선고 2017다292756 판결).

ㅂ. [O] 공동저당권의 목적인 수 개의 부동산이 동시에 경매된 경우에 공동저당권자로서는 어느 부동산의 경매대가로부터 배당받든 우선변제권이 충족되기만 하면 되지만, 각 부동산의 소유자나 후순위 저당권자 그 밖의 채권자는 어느 부동산의 경매대가가 공동저당권자에게 배당되는지에 관하여 중대한 이해관계를 가진다. 민법 제368조 제1항은 공동저당권 목적 부동산의 전체 환가대금을 동시에 배당하는 이른바 동시배당의 경우에 공동저당권자의 실행선택권과 우선변제권을 침해하지 아니하는 범위 내에서 각 부동산의 책임을 안분함으로써 각 부동산의 소유자와 후순위 저당권자 그 밖의 채권자의 이해관계를 조절하고, 나아가 같은 조 제2항은 대위제도를 규정하여 공동저당권의 목적 부동산 중 일부의 경매대가를 먼저 배당하는 이른바 이시배당의 경우에도 최종적인 배당의 결과가 동시배당의 경우와 같게 함으로써 공동저당권자의 실행선택권 행사로 인하여 불이익을 입은 후순위 저당권자를 보호하는 데에 그 취지가 있다. <u>민법 제368조는 공동근저당권의 경우에도 적용되고, 공동근저당권자가 스스로 근저당권을 실행한 경우는 물론이며 타인에 의하여 개시된 경매·공매 절차, 수용 절차 또는 회생 절차 등</u>(이하 '경매 등의 환가절차'라 한다)<u>에서 환가대금 등으로부터 다른 권리자에 우선하여 피담보채권의 일부에 대하여 배당받은 경우에도 적용된다. 공동근저당권이 설정된 목적 부동산에 대하여 동시배당이 이루어지는 경우에 공동근저당권자는 채권최고액 범위 내에서 피담보채권을 민법 제368조 제1항에 따라 부동산별로 나누어 각 환가대금에 비례한 액수로 배당받으며, 공동근저당권의 각 목적 부동산에 대하여 채권최고액만큼 반복하여, 이른바 누적적으로 배당받지 아니한다. 그렇다면 공동근저당권이 설정된 목적 부동산에 대하여 이시배당이 이루어지는 경우에도 동시배당의 경우와 마찬가지로 공동근저당권자가 공동근저당권 목적 부동산의 각 환가대금으로부터 채권최고액만큼 반복하여 배당받을 수는 없다고 해석하는 것이 민법 제368조 제1항 및 제2항의 취지에 부합한다. 그러므로 공동근저당권자가 스스로 근저당권을 실행하거나 타인에 의하여 개시된 경매 등의 환가절차를 통하여 공동담보의 목적 부동산 중 일부에 대한 환가대금 등으로부터 다른 권리자에 우선하여 피담보채권의 일부에 대하여 배당받은 경우에, 그와 같이 우선변제받은 금액에 관하여는 공동담보의 나머지 목적 부동산에 대한 경매 등의 환가절차에서 다시 공동근저당권자로서 우선변제권을 행사할 수 없다고 보아야 하며, 공동담보의 나머지 목적 부동산에 대하여 공동근저당권자로서 행사할 수 있는 우선변제권의 범위는 피담보채권의 확정 여부와 상관없이 최초의 채권최고액에서 위와 같이 우선변제받은 금액을 공제한 나머지 채권최고액으로 제한된다고 해석함이 타당하다. 그리고 이러한 법리는 채권최고액을 넘는 피담보채권이 원금이 아니라 이자·지연손해금인 경우에도 마찬가지로 적용된다</u>(대법원 2017. 12. 21. 선고 2013다16992 전원합의체 판결). **[관련판례1]** 공동근저당권자가 스스로 근저당권을 실행하거나 타인에 의하여 개시된 경매 등의 환가절차를 통하여 공동담보의 목적 부동산 중 일부에 대한 환가대금 등으로부터 다른 권리자에 우선하여 피담보채권의 일부를 배당받은 경우, 그와 같이 <u>우선변제받은 금액에 관하여는 공동담보의 나머지 목적 부동산에 대한 경매 등의 환가절차에서 다시 공동근저당권자로서 우선변제권을 행사할 수 없다. 이러한 법리는 채무자 소유 부동산과 물상보증인 소유 부동산에 공동근저당권이 설정된 후 공동담보의 목적 부동산 중 채무자 소유 부동산을 임의환가하여 청산하는 경우, 즉 공동담보의 목적 부동산 중 채무자 소유 부동산을 제3자에게 매각하여 그 대가로 피담보채권의 일부를 변제하는 경우에도 적용되어, 공동근저당권자는 그와 같이 변제받은 금액에 관하여는 더 이상 물상보증인 소유 부동산에 대한 경매 등의 환가절차에서 우선변제권을 행사할

수 없다. 만일 위와 달리 공동근저당권자가 임의환가 방식을 통해 채무자 소유 부동산의 대가로부터 피담보채권의 일부를 변제받았음에도, 이후 공동근저당권의 다른 목적 부동산인 물상보증인 소유 부동산에 대한 경매 등의 환가절차에서 우선변제권을 행사할 수 있다고 보게 되면, 채무자 소유 부동산의 담보력을 기대하고 자기의 부동산을 담보로 제공한 물상보증인의 기대이익을 박탈하게 되는 것일 뿐만 아니라, 공동근저당권자가 담보 목적물로부터 변제받는 방법으로 임의환가 방식을 선택하였다는 이유만으로 물상보증인의 책임 범위가 달라지게 되어 형평에 어긋나기 때문이다(대법원 2018. 7. 11. 선고 2017다292756 판결). **[관련판례2]** [1] 당사자 사이에 하나의 기본계약에서 발생하는 동일한 채권을 담보하기 위하여 여러 개의 부동산에 근저당권을 설정하면서 각각의 근저당권 채권최고액을 합한 금액을 우선변제받기 위하여 공동근저당권의 형식이 아닌 개별 근저당권의 형식을 취한 경우, 이러한 근저당권은 민법 제368조가 적용되는 공동근저당권이 아니라 피담보채권을 누적적으로 담보하는 근저당권에 해당한다. 이와 같은 누적적 근저당권은 공동근저당권과 달리 담보의 범위가 중첩되지 않으므로, 누적적 근저당권을 설정받은 채권자는 여러 개의 근저당권을 동시에 실행할 수도 있고, 여러 개의 근저당권 중 어느 것이라도 먼저 실행하여 그 채권최고액의 범위에서 피담보채권의 전부나 일부를 우선변제받은 다음 피담보채권이 소멸할 때까지 나머지 근저당권을 실행하여 그 근저당권의 채권최고액 범위에서 반복하여 우선변제를 받을 수 있다. [2] 채권자가 하나의 기본계약에서 발생하는 동일한 채권을 담보하기 위하여 채무자 소유의 부동산과 물상보증인 소유의 부동산에 누적적 근저당권을 설정받았는데 물상보증인 소유의 부동산이 먼저 경매되어 매각대금에서 채권자가 변제를 받은 경우, 물상보증인은 채무자에 대하여 구상권을 취득함과 동시에 민법 제481조, 제482조에 따라 종래 채권자가 가지고 있던 채권 및 담보에 관한 권리를 행사할 수 있다. 이때 물상보증인은 변제자대위에 의하여 종래 채권자가 보유하던 채무자 소유 부동산에 관한 근저당권을 대위취득하여 행사할 수 있다고 보아야 한다(대법원 2020. 4. 9. 선고 2014다51756 판결).

정답 ②

080 / 가압류의 효력 - 상대적 무효설 /

A는 X토지를 매수하여 소유권이전등기를 적법하게 마쳤다. 그 후 A의 채권자인 B는 2015. 3. 2. 1천만 원을 피보전채권으로 하여 X토지에 대하여 법원에 가압류 신청을 하여 가압류를 경료받았다. 그 이후에 A는 2015. 4. 6. C로부터 5천만 원을 차용하면서 X토지에 대하여 C 명의의 저당권을 설정해 주었다. 이상의 '공통된 사실관계'에 대한 다음의 각 〈사례〉 중에서 ( )에 들어갈 내용으로 옳은 것은? (각 사례의 사실관계는 별개이고, 다툼이 있는 경우에는 판례에 의함)

〈사례 I〉

C는 A가 5천만 원을 변제하지 않자 X토지에 대하여 저당권에 기한 경매를 신청하였다. 이 경매절차에서 A에 대하여 4천만 원의 집행권원이 있는 채권을 가진 D는 적법하게 배당요구를 하였다. 그 후 X토지의 매각대금은 8천만 원으로 결정되었다. 이러한 경우에 B, C, D는 위 매각대금으로부터 B는 (가)원, C는 (나)원, D는 (다)원을 각각 배당받게 된다.

〈사례 II〉

A가 서류를 위조하여 X토지에 설정된 C의 저당권을 불법으로 말소하였다. 그 후 A는 이러한 사실을 과실 없이 알지 못하는 E에게 X토지를 매도하고 소유권이전등기를 마쳐주었다. C의 저당권이 말소된 상태에서 E에게 확정판결에 따른 4천만 원의 채권을 가지는 F가 X토지에 대하여 강제경매를 신청하였고, 그 경매절차가 진행되어 X토지가 8천만 원에 매각되었다. 그 후 C는 자신의 저당권이 불법으로 말소되었다는 사실을 증명하여 적법하게 배당요구를 하였다. 이러한 경우에 B, C, F는 위 매각대금으로부터 B는 (라)원, C는 (마)원, F는 (바)원을 각각 배당받게 된다.

① 가 : 1천만 원, 나 : 4천만 원, 다 : 2천만 원, 라 : 8백만 원, 마 : 5천만 원, 바 : 없음
② 가 : 8백만 원, 나 : 5천만 원, 다 : 2천 2백만 원, 라 : 1천만 원, 마 : 5천만 원, 바 : 2천만 원
③ 가 : 8백만 원, 나 : 5천만 원, 다 : 없음, 라 : 1천만 원, 마 : 없음, 바 : 2천만 원
④ 가 : 1천만 원, 나 : 5천만 원, 다 : 2천만 원, 라 : 1천만 원, 마 : 없음, 바 : 4천만 원
⑤ 가 : 8백만 원, 나 : 4천만 원, 다 : 2천 2백만 원, 라 : 8백만 원, 마 : 4천만 원, 바 : 2천 2백만 원

해설

※ 안분후 흡수설에 대한 쟁점이 2017년 모의시험 사례형에 출제되었다. 따라서 안분후 흡수설의 쟁점과 개별상대효설의 쟁점을 사례형으로도 대비해야 한다.

〈사례 I〉[판례] [1] 부동산에 대하여 가압류등기가 먼저 되고 나서 근저당권설정등기가 마쳐진 경우에 그 근저당권등기는 가압류에 의한 처분금지의 효력 때문에 그 집행보전의 목적을 달성하는 데 필요한 범위 안에서 가압류채권자에 대한 관계에서만 상대적으로 무효이다. [2] [1]항의 경우 가압류채권자와 근저당권자 및 근저당권설정등기 후 강제경매신청을 한 압류채권자 사이의 배당관계에 있어서, 근저당권자는 선순위 가압류채권자에 대하여는 우선변제권을 주장할 수 없으므로 1차로 채권액에 따른 안분비례에 의하여 평등배당을 받은 다음, 후순위 경매신청압류채권자에 대하여는 우선변제권이 인정되므로 경매신청압류채권자가 받을 배당액으로부터 자기의 채권액을 만족시킬 때까지 이를 흡수하여 배당받을 수 있다(대법원 1994. 11. 29. 자 94마417 결정). [1] 주택임대차보호법 제3조의2 제1항은 대항요건(주택인도와 주민등록전입신고)과 임대차계약증서상의 확정일자를 갖춘 주택임차인은 후순위권리자 기타 일반채권자보다 우선하여 보증금을 변제받을 권리가 있음을 규정하고 있는바, 이는 임대차계약증서에 확정일자를 갖춘 경우에는 부동산 담보권에 유사한 권리를 인정한다는 취지이므로, 부동산 담보권자보다 선순위의 가압류채권자가 있는 경우에 그 담보권자가 선순위의 가압류채권자와 채권액에 비례한 평등배당을 받을 수 있는 것과 마찬가지로 위 규정에 의하여 우선변제권을 갖게 되는 임차보증금채권자도 선순위의 가압류채권자와는 평등배당의 관계에 있게 된다. [2] 가압류채권자가 주택임차인보다 선순위인지 여부는, 주택임대차보호법 제3조의2의 법문상 임차인이 확정일자 부여에 의하여 비로소 우선변제권을 가지는 것으로 규정하고 있음에 비추어, 임대차계약증서상의 확정일자 부여일을 기준으로 삼는 것으로 해석함이 타당하므로, 대항요건을 미리 갖추었다고 하더라도 확정일자를 부여받은 날짜가 가압류일자보다 늦은 경우에는 가압류채권자가 선순위라고 볼 수밖에 없다(대법원 1992. 10. 13. 선고 92다30597 판결). 가등기담보권자는 그 담보가등기가 경료된 부동산에 대하여 경매 등이 개시된 경우에 다른 채권자보다 자기 채권에 대하여 우선변제를 받을 권리가 있다고 할 것이고 이 경우 그 순위에 관하여는 그 담보가등기권리를 저당권으로 보고 그 담보가등기가 경료된 때에 저당권설정등기가 행해진

것으로 보게 되므로, 가등기담보권에 대하여 선순위 및 후순위 가압류채권이 있는 경우 부동산의 경매에 의한 매득금 중 경매비용을 제외한 나머지 금원을 배당함에 있어 가등기담보권자는 선순위 가압류채권에 대하여는 우선변제권을 주장할 수 없어 그 피담보채권과 선순위 및 후순위 가압류채권에 대하여 1차로 채권액에 따른 안분비례에 의하여 평등배당을 하되, 담보가등기권자는 위 후순위 가압류채권에 대하여는 우선변제권이 인정되어 그 채권으로부터 받을 배당액으로부터 자기의 채권액을 만족시킬 때까지 이를 흡수하여 변제받을 수 있으며 선순위와 후순위 가압류채권이 동일인의 권리라 하여 그 귀결이 달라지는 것이 아니다(대법원 1992. 3. 27. 선고 91다44407 판결).

[판례해설] 이러한 입장을 '안분후 흡수설'이라고 한다. X토지에 대한 권리자 사이의 관계를 보면 B=D, B=C, C〉D의 관계가 된다. 따라서 각 채권액에 비례하여 8천만 원을 안분을 하면 B : 8백만 원, C : 4천만 원, D : 3천2백만 원이 안분배당이 된다. 그 후 B는 가압류권자이므로 흡수할 수 없고, C는 저당권자이므로 D로부터 자신의 채권액을 만족시킬 수 있을 때까지 흡수를 한다. 따라서 C는 D로부터 D에게 안분된 3천2백만 원 중에서 C의 부족액 1천만 원을 흡수하게 된다. 그 결과 "가 : 8백만 원, 나 : 5천만 원, 다 : 2천2백만 원"의 금액으로 배당이 된다.

〈사례Ⅱ〉 **[판례]** 등기는 물권의 효력발생요건이고 존속 요건은 아니어서 등기가 원인 없이 말소된 경우에는 그 물권의 효력에 아무런 영향이 없고, 그 회복등기가 마쳐지기 전이라도 말소된 등기의 등기명의인은 적법한 권리자로 추정되므로, 근저당권설정등기가 위법하게 말소되어 아직 회복등기를 경료하지 못한 연유로 그 부동산에 대한 경매절차의 배당기일에서 피담보채권액에 해당하는 금액을 배당받지 못한 근저당권자는 배당기일에 출석하여 이의를 하고 배당이의의 소를 제기하여 구제를 받을 수 있고, 가사 배당기일에 출석하지 않음으로써 배당표가 확정되었다고 하더라도, 확정된 배당표에 의하여 배당을 실시하는 것은 실체법상의 권리를 확정하는 것이 아니기 때문에 위 경매절차에서 실제로 배당받은 자에 대하여 부당이득반환 청구로서 그 배당금의 한도 내에서 그 근저당권설정등기가 말소되지 아니하였더라면 배당받았을 금액의 지급을 구할 수 있다(대법원 2002. 10. 22. 선고 2000다59678 판결).

[판례] 부동산에 대한 가압류집행 후 가압류목적물의 소유권이 제3자에게 이전된 경우 가압류채권자는 집행권원을 얻어 제3취득자가 아닌 가압류채무자를 집행채무자로 하여 그 가압류를 본압류로 이전하는 강제집행을 실행할 수 있으나, 이 경우 그 강제집행은 가압류의 처분금지적 효력이 미치는 객관적 범위인 가압류결정 당시의 청구금액의 한도 안에서만 집행채무자인 가압류채무자의 책임재산에 대한 강제집행절차라 할 것이고, 나머지 부분은 제3취득자의 재산에 대한 매각절차라 할 것이므로, 제3취득자에 대한 채권자는 그 매각절차에서 제3취득자의 재산 매각대금 부분으로부터 배당을 받을 수 있다(대법원 2005. 7. 29. 선고 2003다40637 판결). [1] 가압류의 처분금지적 효력에 따라 가압류집행 후 가압류채무자의 가압류목적물에 대한 처분행위는 가압류채권자와의 관계에서는 그 효력이 없으므로 가압류 집행 후 가압류목적물의 소유권이 제3자에게 이전된 경우 가압류채권자는 집행권원을 얻어 제3취득자가 아닌 가압류채무자를 집행채무자로 하여 그 가압류를 본압류로 전이하는 강제집행을 실행할 수 있고, 이 경우 그 강제집행은 가압류의 처분금지적 효력이 미치는 객관적 범위인 가압류결정 당시의 청구금액의 한도 안에서는 집행채무자인 가압류채무자의 책임재산에 대한 강제집행절차이므로 제3취득자에 대한 채권자는 당해 가압류목적물의 매각대금 중 가압류의 처분금지적 효력이 미치는 범위의 금액에 대하여는 배당에 참가할 수 없다. [2] 가압류 집행 후 가압류목적물의 소유권이 제3자에게 이전된 경우 가압류채권자는 집행권원을 얻어 제3취득자가 아닌 가압류채무자를 집행채무자로 하여 그 가압류를 본압류로 전이하는 강제집행을 실행할 수 있으나, 이 경우 그 강제집행은 가압류의 처분금지적 효력이 미치는 객관적 범위인 가압류결정 당시의 청구금액의 한도 안에서만 집행채무자인 가압류채무자의 책임재산에 대한 강제집행절차라 할 것이고, 가압류결정 당시의 청구금액이 채권의 원금만을 기재한 것으로서 가압류채권자가 가압류채무자에 대하여 원금 채권 이외에 이자와 소송비용채권을 가지고 있다 하더라도 가압류결정 당시의 청구금액을 넘어서는 이자와 소송비용채권에 관하여는 가압류의 처분금지적 효력이

미치는 것이 아니므로, 가압류채권자는 가압류목적물의 매각대금에서 가압류결정 당시의 청구금액을 넘어서는 이자와 소송비용채권을 배당받을 수 없다(대법원 1998. 11. 10. 선고 98다43441 판결).

[판례해설] 이러한 입장을 '개별상대효설'이라고 한다. 즉 가압류에 위반한 처분행위라도 처분행위 당사자 사이에서는 유효하고, 단지 이를 가압류채권자 또는 가압류에 기초한 집행절차에 참가하는 일정 범위의 채권자에 대하여 주장할 수 없다는 견해인 '상대적 효력설'이 통설과 판례의 입장이다. '상대적 효력설'에 따르면 채무자와 제3취득자 사이의 거래행위가 있은 후에 가압류가 취소 또는 해제되거나, 피보전권리가 변제 등으로 소멸하거나, 가압류가 무효인 것으로 판명된 경우에는 채무자와 제3취득자 사이의 거래행위는 완전히 유효하게 된다. 또한 가압류에 위반한 채무자의 처분행위에 대하여 무효를 주장할 수 있는 자의 범위에 대하여 채무자의 처분행위가 있기 전에 가압류나 압류를 하거나 담보권을 설정하는 등 집행행위를 한 채권자들에 대해서만 무효가 되고 그들 중 담보물권자는 후순위채권자보다 우선한다. 한편 C는 자신의 저당권이 불법으로 말소되었다는 사실을 증명하여 적법하게 배당요구를 하였으므로 회복등기를 마치기 전이라고 적법하게 배당을 받을 수 있다. B와 C는 〈사례Ⅰ〉에서 검토한 것처럼 채권액에 비례하여 안분배당을 받는다. 따라서 매각대금 8천만 원은 B가 1천만 원, C가 5천만 원을 배당받고, 나머지 2천만 원을 E의 채권자인 F가 배당을 받게 된다. 그러므로 "라 : 1천만 원, 마 : 5천만 원, 바 : 2천만 원"의 금액으로 배당이 된다.

정답 ②

081 / 물상보증인과 제3취득자 /

물상보증인과 제3취득자에 대한 설명 중 틀린 것은? (다툼이 있는 경우 판례에 의함)

① 물상보증인이 근저당권의 채무자의 피담보채무만을 면책적으로 인수하고 이를 원인으로 하여 근저당권 변경의 부기등기를 경료한 경우, 특별한 사정이 없는 한 그 변경등기는 당초 채무자가 근저당권자에 대하여 부담하고 있던 것으로서 물상보증인이 인수한 채무만을 그 대상으로 하는 것이지, 그 후 채무를 인수한 물상보증인이 다른 원인으로 근저당권자에 대하여 부담하게 된 새로운 채무까지 담보하는 것으로 볼 수는 없다.

② 민법 제367조에 의한 우선상환은 제3취득자가 경매절차에서 배당받는 방법으로 민법 제203조 제1항, 제2항에서 규정한 비용에 관하여 경매절차의 매각대금에서 우선변제받을 수 있다는 것이지 이를 근거로 제3취득자가 직접 저당권설정자, 저당권자 또는 경매절차 매수인 등에 대하여 비용상환을 청구할 수 있는 권리가 인정될 수 없다. 따라서 제3취득자는 민법 제367조에 의한 비용상환청구권을 피담보채권으로 주장하면서 유치권을 행사할 수 없다.

③ 물상보증인이 근저당권자의 채권에 대하여 다투고 있을 경우, 근저당권자가 물상보증인을 상대로 제기한 확인의 소는 확인의 이익이 있어 적법하다.

④ 채권자가 물상보증인에 대하여 그 피담보채권의 실행으로 경매를 신청하여 경매법원이 경매개시결정을 하고 채무자에게 그 결정이 송달되거나 또는 경매기일이 통지되었다 하더라도 시효의 이익을 받는 채무자에게는 당해 피담보채권의 소멸시효 중단의 효과가 미치지 않는다. 이 경우 채무자에게 피담보채권의 소멸시효 중단의 효과가 발생하려면 교부송달의 방법 외에 우편송달이나 공시송달에 의한 송달도 가능하다.

⑤ 공동저당에 제공된 채무자 소유의 부동산과 물상보증인 소유의 부동산 가운데 물상보증인 소유의 부동산이 먼저 경매되어 선순위공동저당권자가 변제를 받은 때에는 물상보증인은 변제자대위에 의하여 채무자 소유의 부동산에 대한 선순위공동저당권을 대위취득한다. 물상보증인 소유의 부동산에 대한 후순위저당권자는 물상보증인이 대위취득한 채무자 소유의 부동산에 대한 선순위공동저당권에 대하여 물상대위를 할 수 있다. 이 경우에 채무자는 물상보증인에 대한 반대채권이 있더라도 특별한 사정이 없는 한 물상보증인의 구상금 채권과 상계함으로써 물상보증인 소유의 부동산에 대한 후순위저당권자에게 대항할 수 없다.

[해설]

① [O] 물상보증인이 근저당권의 채무자의 계약상의 지위를 인수한 것이 아니라, 다만 그 채무만을 면책적으로 인수하고 이를 원인으로 하여 근저당권 변경의 부기등기가 경료된 경우, 특별한 사정이 없는 한 그 변경등기는 당초 채무자가 근저당권자에 대하여 부담하고 있던 것으로서 물상보증인이 인수한 채무만을 그 대상으로 하는 것이지, 그 후 채무를 인수한 물상보증인이 다른 원인으로 근저당권자에 대하여 부담하게 된 새로운 채무까지 담보하는 것으로 볼 수는 없다(대법원 2002. 11. 26. 선고 2001다73022 판결).

② [O] 민법 제367조는 저당물의 제3취득자가 그 부동산의 보존, 개량을 위하여 필요비 또는 유익비를 지출한 때에는 제203조 제1항, 제2항의 규정에 의하여 저당물의 경매대가에서 우선상환을 받을 수 있다고 규정하고 있다. 이는 저당권이 설정되어 있는 부동산의 제3취득자가 저당부동산에 관하여 지출한 필요비, 유익비는 부동산 가치의 유지·증가를 위하여 지출된 일종의 공익비용이므로 저당부동산의 환가대금에서 부담하여야 할 성질의 비용이고 더욱이 제3취득자는 경매의 결과 그 권리를 상실하게 되므로 특별히 경매로 인한 매각대금에서 우선적으로 상환을 받도록 한 것이다. 저당부동산의 소유권을 취득한 자도 민법 제367조의 제3취득자에 해당한다. 제3취득자가 민법 제367조에 의하여 우선상환을 받으려면 저당부동산의 경매절차에서 배당요구의 종기까지 배당요구를 하여야 한다(민사집행법 제268조, 제88조). 위와 같이 민법 제367조에 의한 우선상환은 제3취득자가 경매절차에서 배당받는 방법으로 민법 제203조 제1항, 제2항에서 규정한 비용에 관하여 경매절차의 매각대금에서 우선변제받을 수 있다는 것이지 이를 근거로 제3취득자가 직접 저당권설정자, 저당권자 또는 경매절차 매수인 등에 대하여 비용상환을 청구할 수 있는 권리가 인정될 수 없다. 따라서 제3취득자는 민법 제367조에 의한 비용상환청구권을 피담보채권으로 주장하면서 유치권을 행사할 수 없다(대법원 2023. 7. 13. 선고 2022다265093 판결).

③ [O] ★ [사례형·기록형] 근저당권자가 근저당권의 피담보채무의 확정을 위하여 스스로 물상보증인을 상대로 확인의 소를 제기하는 것이 부적법하다고 볼 것은 아니며, 물상보증인이 근저당권자의 채권에 대하여 다투고 있을 경우 그 분쟁을 종국적으로 종식시키는 유일한 방법은 근저당권의 피담보채권의 존부에 관한 확인의 소라고 할 것이므로, 근저당권자가 물상보증인을 상대로 제기한 확인의 소는 확인의 이익이 있어 적법하다(대법원 2004. 3. 25. 선고 2002다20742 판결).

④ [X] [1] 채권자가 연대보증인 겸 물상보증인 소유의 담보부동산에 대하여 임의경매의 신청을 하여 경매개시결정에 따른 압류의 효력이 생겼다면 채권자는 그 압류의 사실을 통지하지 아니하더라도 연대보증인 겸 물상보증인에 대하여 시효의 중단을 주장할 수 있다. [2] 시효의 중단은 시효중단행위에 관여한 당사자 및 그 승계인 사이에 효력이 있는 것이므로 위 [1]항과 같은 경우에도 연대보증인 겸 물상보증인은 보증채무의 부종성에 따라 주채무가 시효로 소멸되었음을 주장할 수는 있는 것으로서, 주채무자에 대한 시효중단의 사유가 없는 이상 연대보증인 겸 물상보증인에 대한 시효중단

의 사유가 있다 하여 주채무까지 시효중단되었다고 할 수는 없다. [3] 경매절차에서 이해관계인인 주채무자에게 경매개시결정이 송달되었다면 주채무자는 민법 제176조에 의하여 당해 피담보채권의 소멸시효중단의 효과를 받는다고 할 것이나, 민법 제176조의 규정에 따라 압류사실이 통지된 것으로 볼 수 있기 위하여는 압류사실을 주채무자가 알 수 있도록 경매개시결정이나 경매기일통지서가 교부송달의 방법으로 주채무자에게 송달되어야만 하는 것이지, 이것이 우편송달(발송송달)이나 공시송달의 방법에 의하여 채무자에게 송달됨으로써 채무자가 압류사실을 알 수 없었던 경우까지도 압류사실이 채무자에게 통지되었다고 볼 수 있는 것은 아니다(대법원 1994. 1. 11. 선고 93다21477 판결).

⑤ [O] ★ [사례형·기록형] 공동저당에 제공된 채무자 소유의 부동산과 물상보증인 소유의 부동산 가운데 물상보증인 소유의 부동산이 먼저 경매되어 매각대금에서 선순위공동저당권자가 변제를 받은 때에는 물상보증인은 채무자에 대하여 구상권을 취득함과 동시에 변제자대위에 의하여 채무자 소유의 부동산에 대한 선순위공동저당권을 대위취득한다. 물상보증인 소유의 부동산에 대한 후순위저당권자는 물상보증인이 대위취득한 채무자 소유의 부동산에 대한 선순위공동저당권에 대하여 물상대위를 할 수 있다. 이 경우에 채무자는 물상보증인에 대한 반대채권이 있더라도 특별한 사정이 없는 한 물상보증인의 구상금 채권과 상계함으로써 물상보증인 소유의 부동산에 대한 후순위저당권자에게 대항할 수 없다. 채무자는 선순위공동저당권자가 물상보증인 소유의 부동산에 대해 먼저 경매를 신청한 경우에 비로소 상계할 것을 기대할 수 있는데, 이처럼 우연한 사정에 의하여 좌우되는 상계에 대한 기대가 물상보증인 소유의 부동산에 대한 후순위저당권자가 가지는 법적 지위에 우선할 수 없다(대법원 2017. 4. 26. 선고 2014다221777 판결).

정답 ④

082 / 물상보증인 /

물상보증에 대한 다음 설명 중 틀린 것은? (다툼이 있는 경우 판례에 의함)

① 물상보증인의 채무자에 대한 구상권은 그들 사이의 물상보증 위탁계약의 법적 성질과 관계없이 민법에 의하여 인정된 별개의 독립한 권리이고, 그 소멸시효에 있어서는 민법상 일반채권에 관한 규정이 적용된다.

② 공동저당이 설정된 복수의 부동산이 같은 물상보증인의 소유에 속하고 하나의 부동산에 후순위저당권이 설정되어 있는 경우에, 그 부동산의 대가만이 배당되는 때에는 후순위저당권자는 선순위 공동저당권자가 공동저당이 설정된 다른 부동산으로부터 변제를 받을 수 있었던 금액에 이르기까지 선순위 공동저당권자를 대위하여 저당권을 행사할 수 있다. 이 경우 공동저당이 설정된 부동산이 제3자에게 양도되어 소유자가 다르게 되더라도 부동산의 소유자는 부동산의 가액에 비례해서만 변제자대위를 할 수 있으므로 후순위저당권자의 지위는 영향을 받지 않는다.

③ 채무자 소유의 부동산과 물상보증인 소유의 부동산에 공동저당이 설정되고 채무자 소유의 부동산에 후순위저당권이 설정된 경우에, 선순위 공동저당권자가 물상보증인이 소유한 부동산의 대가만을 배당받는 등 물상보증인으로부터 먼저 채권을 변제받은 때에는 물상보증인은 채무자에 대하여 구상권을 취득함과 동시에 민법 제481조, 제482조에 따른 변제자대위에 의하여 채무자 소유의 부동산에 대한 선순위 공동저당권을 취득한다.

④ 같은 물상보증인이 소유하는 복수의 부동산에 공동저당이 설정되고 그중 한 부동산에 후순위저당권이 설정된 다음에 그 부동산이 채무자에게 양도됨으로써 채무자 소유의 부동산과 물상보증인 소유의 부동산에 대해 공동저당이 설정된 상태에 있게 된 경우에는 물상보증인의 변제자대위는 후순위저당권자의 지위에 영향을 주지 않는 범위에서 성립한다고 보아야 한다. 그러나 이러한 법리는 물상보증인으로부터 부동산을 양수한 제3취득자가 변제자대위를 하는 경우에는 적용될 수 없다.

⑤ 법정대위자 상호 간의 관계에 관하여 민법 제482조 제2항 제5호가 보증인과 물상보증인 사이에 우열을 인정하지 않고 양자를 동등하게 취급하여 그에 따라 변제자대위를 제한하거나 같은 항 제4호가 물상보증인 상호 간에 그 재산의 가액에 따라 변제자대위의 범위를 제한하거나 민법의 해석상 공동보증인 상호 간의 변제자대위가 구상권의 범위에 따라 제한된다고 보는 것은 변제자대위의 순환을 방지하여 혼란을 피하고 채무자의 무자력 위험을 보증인과 물상보증인 등 법정대위자 어느 일방이 종국적으로 부담하지 않도록 함으로써 당사자 사이의 공평을 도모하고자 하는 데 그 취지가 있다.

해 설

① [O] 물상보증은 채무자 아닌 사람이 채무자를 위하여 담보물권을 설정하는 행위이고 채무자를 대신해서 채무를 이행하는 사무의 처리를 위탁받는 것이 아니므로, 물상보증인이 변제 등에 의하여 채무자를 면책시키는 것은 위임사무의 처리가 아니고 법적 의미에서는 의무 없이 채무자를 위하여 사무를 관리한 것에 유사하다. 따라서 <u>물상보증인의 채무자에 대한 구상권은 그들 사이의 물상보증 위탁계약의 법적 성질과 관계없이 민법에 의하여 인정된 별개의 독립한 권리이고, 그 소멸시효에 있어서는 민법상 일반채권에 관한 규정이 적용된다</u>(대법원 2001. 4. 24. 선고 2001다6237 판결).

② [O] ③ [O] ④ [×] ★★ [1] 공동저당이 설정된 복수의 부동산이 같은 물상보증인의 소유에 속하고 그중 하나의 부동산에 후순위저당권이 설정되어 있는 경우에, 그 부동산의 대가만이 배당되는 때에는 후순위저당권자는 민법 제368조 제2항에 따라 선순위 공동저당권자가 같은 조 제1항에 따라 공동저당이 설정된 다른 부동산으로부터 변제를 받을 수 있었던 금액에 이르기까지 선순위 공동저당권자를 대위하여 그 부동산에 대한 저당권을 행사할 수 있다. 이 경우 공동저당이 설정된 부동산이 제3자에게 양도되어 그 소유자가 다르게 되더라도 민법 제482조 제2항 제3호, 제4호에 따라 <u>각 부동산의 소유자는 그 부동산의 가액에 비례해서만 변제자대위를 할 수 있으므로 후순위저당권자의 지위는 영향을 받지 않는다.</u> [2] 채무자 소유의 부동산과 물상보증인 소유의 부동산에 공동저당이 설정되고 그중 채무자 소유의 부동산에 후순위저당권이 설정된 경우에, 선순위 공동저당권자가 물상보증인이 소유한 부동산의 대가만을 배당받는 등 물상보증인으로부터 먼저 채권을 변제받은 때에는 물상보증인은 채무자에 대하여 구상권을 취득함과 동시에 민법 제481조, 제482조에 따른 변제자대위에 의하여 채무자 소유의 부동산에 대한 선순위 공동저당권을 취득한다. [3] 같은 물상보증인이 소유하는 복수의 부동산에 공동저당이 설정되고 그중 한 부동산에 후순위저당권이 설정된 다음에 그 부동산이 채무자에게 양도됨으로써 채무자 소유의 부동산과 물상보증인 소유의 부동산에 대해 공동저당이 설정된 상태에 있게 된 경우에는 물상보증인의 변제자대위는 후순위저당권자의 지위에 영향을 주지 않는 범위에서 성립한다고 보아야 하고, 이는 물상보증인으로부터 부동산을 양수한 제3취득자가 변제자대위를 하는 경우에도 마찬가지이다. 이 경우 물상보증인이 자신이 변제한 채권 전부에 대해 변제자대위를 할 수 있다고 본다면, 후순위저당권자는 저당부동산이 채무자에게 이전되었다는 우연한 사정으로 대위를 할 수 있는 지위를 박탈당하는 반면, 물상보증인

또는 그로부터 부동산을 양수한 제3취득자는 뜻하지 않은 이득을 얻게 되어 부당하다. <u>같은 물상보증인이 소유하는 복수의 부동산에 공동저당이 설정된 경우 그 부동산 중 일부에 대한 후순위저당권자는 선순위 공동저당권자가 공동저당이 설정된 부동산의 가액에 비례하여 배당받는 것을 전제로 부동산의 담보가치가 남아있다고 기대하여 저당권을 설정받는 것이 일반적이고, 이러한 기대를 보호하는 것이 민법 제368조의 취지에 부합한다.</u> [이유] 위와 같은 법리는 공동저당이 설정된 복수의 부동산에 선순위 공동근저당권이 설정되고 그 후 일부 부동산에 후순위 전세권이 설정된 경우에도 마찬가지로 적용된다(대법원 2021. 12. 16. 선고 2021다247258 판결).

⑤ [O] 민법 제482조 제2항 제4호, 제5호가 물상보증인 상호 간에는 재산의 가액에 비례하여 부담 부분을 정하도록 하면서, 보증인과 물상보증인 상호 간에는 보증인의 총재산의 가액이나 자력 여부, 물상보증인이 담보로 제공한 재산의 가액 등을 고려하지 않고 형식적으로 인원수에 비례하여 평등하게 대위비율을 결정하도록 규정한 것은, 인적 무한책임을 부담하는 보증인과 물적 유한책임을 부담하는 물상보증인 사이에는 보증인 상호 간이나 물상보증인 상호 간과 같이 상호 이해 조정을 위한 합리적인 기준을 정하는 것이 곤란하고, 당사자 간의 특약이 있다는 등의 특별한 사정이 없는 한 오히려 인원수에 따라 대위비율을 정하는 것이 공평하고 법률관계를 간명하게 처리할 수 있어 합리적이며 그것이 대위자의 통상의 의사 내지 기대에 부합하기 때문이다. 그리고 이와 같이 법정대위자 상호 간의 관계에 관하여 민법 제482조 제2항 제5호가 보증인과 물상보증인 사이에 우열을 인정하지 않고 양자를 동등하게 취급하여 그에 따라 변제자대위를 제한하거나 같은 항 제4호가 물상보증인 상호 간에 그 재산의 가액에 따라 변제자대위의 범위를 제한하거나 민법의 해석상 공동보증인 상호 간의 변제자대위가 구상권의 범위에 따라 제한된다고 보는 것은 변제자대위의 순환을 방지하여 혼란을 피하고 채무자의 무자력 위험을 보증인과 물상보증인 등 법정대위자 어느 일방이 종국적으로 부담하지 않도록 함으로써 당사자 사이의 공평을 도모하고자 하는 데 그 취지가 있다. 이러한 취지에 비추어 볼 때, 채무자가 아닌 제3자인 위탁자가 채권자를 우선수익자로 정하여 부동산담보신탁을 한 경우에 채권자가 가지는 우선수익권이 민법 제481조, 제482조 제1항에 의하여 보증채무를 이행한 보증인이 법정대위할 수 있는 '담보에 관한 권리'에 해당한다고 하더라도, 먼저 보증채무를 이행한 보증인이 채권자의 우선수익권에 대하여 아무런 제한 없이 보증채무를 이행한 전액에 대하여 변제자대위를 할 수 있다고 볼 수는 없으며, 다른 기준이나 별도의 약정 등 특별한 사정이 없는 이상, 채권자의 우선수익권에 대한 보증인의 변제자대위도 인원수에 비례하여 채권자를 대위할 수 있다고 보는 것이 대위자 상호 간의 합리적이고 통상적인 기대에도 부합한다고 할 것이므로, 채권자의 우선수익권에 대한 보증인의 변제자대위도 보증인과 물상보증인 상호 간의 관계와 마찬가지로 그 인원수에 비례하여 채권자를 대위하는 제한을 받는다고 해석함이 타당하다(대법원 2022. 5. 12. 선고 2017다278187 판결).

정답 ④

083 /근저당권/
근저당권에 관한 다음 설명 중 옳은 것을 모두 고른 것은? (다툼이 있는 경우 판례에 의함)

ㄱ. 근저당권자의 경매신청 등의 사유로 인하여 근저당권의 피담보채권이 확정되었을 경우, 확정 이후에 새로운 거래관계에서 발생한 원본채권은 그 근저당권에 의하여 담보되지 아니하지만, 확정 전에 발생한 원본채권에 관하여 확정 후에 발생하는 이자나 지연손해금채권은 채권최고액의 범위 내에서 근저당권에 의하여 여전히 담보되는 것이다.

ㄴ. 근저당권의 존속기간이나 그 결산기를 정하지 아니한 경우, 그 피담보채무의 확정방법에 관한 별다른 약정이 없다면, 근저당권설정자는 근저당권자를 상대로 언제든지 해지의 의사표시를 함으로써 피담보채무를 확정시킬 수 있지만, 근저당부동산의 소유권을 취득한 제3취득자는 이러한 계약의 해지에 관한 권한을 원용할 수 없다.

ㄷ. 근저당권은 그 설정계약에서 약정한 확정시기에 있어서의 채권을 담보하는 것이며, 그 피담보채권의 확정시기는 당사자 사이의 약정에 의하여 연장될 수 있다. 한편 피담보채권의 확정시기에 대하여 약정이 없는 경우에, 후순위 근저당권자가 담보권을 실행하기 위하여 경매를 신청하였다면, 선순위 근저당권의 피담보채권은 매수인이 매각대금을 완납한 때에 확정이 된다.

ㄹ. 근저당권이 설정된 뒤 채무자 또는 근저당권설정자에 대하여 회생절차개시결정이 내려진 경우 근저당권의 피담보채무는 특별한 사정이 없는 한 회생절차개시결정을 기준으로 확정된다.

ㅁ. 변제할 정당한 이익이 있는 甲이 근저당권의 피담보채무 확정 전에 그 채무의 일부를 대위변제한 다음 근저당권에 의하여 담보되는 피담보채무가 확정되면, 그 피담보채무액이 그 근저당권의 채권최고액을 초과하지 않는 한 그 근저당권 내지 그 실행으로 인한 매각대금에 대한 권리 중 그 피담보채무액을 담보하고 남는 부분은 변제한 가액의 범위 내에서 甲 명의로 저당권의 일부이전의 부기등기가 마쳐지는 것과 관계없이 대위변제자인 甲에게 당연히 이전된다.

ㅂ. 물상보증인이 근저당권의 실행으로 타인의 채무를 담보하기 위하여 제공한 부동산의 소유권을 잃은 경우, 물상보증인이 채무자에게 구상할 수 있는 범위는 특별한 사정이 없는 한 매수인이 매각대금을 다 낸 때의 부동산 시가가 아니라, 매각대금을 기준으로 한다.

ㅅ. 피담보채권이 소멸되어 무효인 근저당권에 기초하여 임의경매절차가 개시되고 매수인이 해당 부동산의 매각대금을 지급하였다면, 그 경매절차의 매수인은 부동산의 소유권을 취득할 수 있다.

ㅇ. 근저당권을 설정한 후에 근저당설정자와 근저당권자의 합의로 채무의 범위 또는 채무자를 추가하거나 교체하는 등으로 피담보채무를 변경할 수 있다. 이러한 경우 위와 같이 변경된 채무가 근저당권에 의하여 담보된다. 다만 피담보채무의 범위 또는 채무자를 변경할 때 이해관계인의 승낙을 받을 필요가 있다.

① ㄱ, ㄷ, ㄹ, ㅁ   ② ㄴ, ㄷ, ㅁ, ㅇ   ③ ㄷ, ㄹ, ㅁ, ㅂ
④ ㄷ, ㄹ, ㅂ, ㅇ   ⑤ ㄹ, ㅁ, ㅂ, ㅅ

해설

ㄱ. [O] 근저당권자의 경매신청 등의 사유로 인하여 근저당권의 피담보채권이 확정되었을 경우, 확정 이후에 새로운 거래관계에서 발생한 원본채권은 그 근저당권에 의하여 담보되지 아니하지만, 확정 전에 발생한 원본채권에 관하여 확정 후에 발생하는 이자나 지연손해금 채권은 채권최고액의 범위 내에서 근저당권에 의하여 여전히 담보되는 것이다(대법원 2007. 4. 26. 선고 2005다38300 판결).

ㄴ. [X] 근저당권이라 함은 그 담보할 채권의 최고액만을 정하고 채무의 확정을 장래에 유보하여 설정하는 저당권을 말하고, 이 경우 그 피담보채무가 확정될 때까지의 채무의 소멸 또는 이전은 근저당권에 영향을 미치지 아니하므로, 근저당부동산에 대하여 소유권을 취득한 제3자는 피담보채무가 확정된 이후에 그 확정된 피담보채무를 채권최고액의 범위 내에서 변제하고 근저당권의 소멸을 청구할 수 있다고 할 것인바, 피담보채무는 근저당권설정계약에서 근저당권의 존속기간을 정하거나 근저당권으로 담보되는 기본적인 거래계약에서 결산기를 정한 경우에는 원칙적으로 존속기간이나 결산기가 도래한 때에 확정되지만, 이 경우에도 근저당권에 의하여 담보되는 채권이 전부 소멸하고 채무자가 채권자로부터 새로이 금원을 차용하는 등 거래를 계속할 의사가 없는 경우에는, 그 존속기간 또는 결산기가 경과하기 전이라 하더라도 근저당권설정자는 계약을 해제하고 근저당권설정등기의 말소를 구할 수 있고, 존속기간이나 결산기의 정함이 없는 때에는 근저당권설정자가 근저당권자를 상대로 언제든지 해지의 의사표시를 함으로써 피담보채무를 확정시킬 수 있으며, 이러한 계약의 해제 또는 해지에 관한 권한은 근저당부동산의 소유권을 취득한 제3자도 원용할 수 있다고 할 것이다(대법원 2001. 11. 9. 선고 2001다47528 판결).

ㄷ. [O] 근저당에 있어서는 그 피담보채권은 근저당권 설정계약에서 약정한 확정시기에 있어서의 채권을 담보하는 것이며 또 그 확정시기는 당사자간 약정에 의하여 연장할 수 있다(대법원 1961. 12. 14. 선고 4293민상893 판결). 당해 근저당권자는 저당부동산에 대하여 경매신청을 하지 아니하였는데 다른 채권자가 저당부동산에 대하여 경매신청을 한 경우 민사소송법 제608조 제2항, 제728조의 규정에 따라 경매신청을 하지 아니한 근저당권자의 근저당권도 경락으로 인하여 소멸하므로, 다른 채권자가 경매를 신청하여 경매절차가 개시된 때로부터 경락으로 인하여 당해 근저당권이 소멸하게 되기까지의 어느 시점에서인가는 당해 근저당권의 피담보채권도 확정된다고 하지 아니할 수 없는데, 그 중 어느 시기에 당해 근저당권의 피담보채권이 확정되는가 하는 점에 관하여 우리 민법은 아무런 규정을 두고 있지 아니한바, 부동산 경매절차에서 경매신청기입등기 이전에 등기되어 있는 근저당권은 경락으로 인하여 소멸되는 대신에 그 근저당권자는 민사소송법 제605조가 정하는 배당요구를 하지 아니하더라도 당연히 그 순위에 따라 배당을 받을 수 있고, 이러한 까닭으로 선순위 근저당권이 설정되어 있는 부동산에 대하여 근저당권을 취득하는 거래를 하려는 사람들은 선순위 근저당권의 채권최고액 만큼의 담보가치는 이미 선순위 근저당권자에 의하여 파악되어 있는 것으로 인정하고 거래를 하는 것이 보통이므로, 담보권 실행을 위한 경매절차가 개시되었음을 선순위 근저당권자가 안 때 이후의 어떤 시점에 선순위 근저당권의 피담보채무액이 증가하더라도 그와 같이 증가한 피담보채무액이 선순위 근저당권의 채권최고액 한도 안에 있다면 경매를 신청한 후순위 근저당권자가 예측하지 못한 손해를 입게 된다고 볼 수 없는 반면, 선순위 근저당권자는 자신이 경매신청을 하지 아니하였으면서도 경락으로 인하여 근저당권을 상실하게 되는 처지에 있으므로 거래의 안전을 해치지 아니하는 한도 안에서 선순위 근저당권자가 파악한 담보가치를 최대한 활용할 수 있도록 함이 타당하다는 관점에서 보면, 후순위 근저당권자가 경매를 신청한 경우 선순위

근저당권의 피담보채권은 그 근저당권이 소멸하는 시기, 즉 경락인이 경락대금을 완납한 때에 확정된다고 보아야 한다(대법원 1999. 9. 21. 선고 99다26085 판결).

ㄹ. [O] 근저당권이 설정된 뒤 채무자 또는 근저당권설정자에 대하여 회생절차개시결정이 내려진 경우 근저당권의 피담보채무는 특별한 사정이 없는 한 회생절차개시결정을 기준으로 확정되므로, 확정 이후에 발생한 새로운 거래관계에서 발생한 원본채권이 근저당권에 의하여 담보될 여지는 없다(대법원 2021. 1. 28. 선고 2018다286994 판결).

ㅁ. [O] 변제할 정당한 이익이 있는 자가 채무자를 위하여 채권의 일부를 대위변제할 경우에 대위변제자는 변제한 가액의 범위 내에서 종래 채권자가 가지고 있던 채권 및 담보에 관한 권리를 법률상 당연히 취득하게 되는 것이므로, 채권자가 부동산에 대하여 근저당권을 가지고 있는 경우에는, 채권자는 대위변제자에게 일부 대위변제에 따른 저당권의 일부 이전의 부기등기를 경료해 주어야 할 의무가 있다 할 것이나, 이 경우에도 채권자는 일부 변제자에 대하여 우선변제권을 가지고 있다 할 것이고, 근저당권이라고 함은 계속적인 거래관계로부터 발생하고 소멸하는 불특정다수의 장래 채권을 결산기에 계산하여 잔존하는 채무를 일정한 한도액의 범위 내에서 담보하는 저당권이어서, 거래가 종료하기까지 채권은 계속적으로 증감변동하는 것이므로, 근저당 거래관계가 계속중인 경우 즉, 근저당권의 피담보채권이 확정되기 전에 그 채권의 일부를 양도하거나 대위변제한 경우 근저당권이 양수인이나 대위변제자에게 이전할 여지는 없다 할 것이나, 그 근저당권에 의하여 담보되는 피담보채권이 확정되게 되면, 그 피담보채권액이 그 근저당권의 채권최고액을 초과하지 않는 한 그 근저당권 내지 그 실행으로 인한 경락대금에 대한 권리 중 그 피담보채권액을 담보하고 남는 부분은 저당권의 일부이전의 부기등기의 경료 여부와 관계없이 대위변제자에게 법률상 당연히 이전된다(대법원 2002. 7. 26. 선고 2001다53929 판결).

ㅂ. [X] 물상보증은 채무자 아닌 사람이 채무자를 위하여 담보물권을 설정하는 행위이고 물상보증인은 담보물로 물적 유한책임만을 부담할 뿐 채권자에 대하여 채무를 부담하지 않는다. 보증인은 '변제 기타의 출재로 주채무를 소멸하게 한 때' 주채무자에 대한 구상권이 있는 반면(민법 제441조 제1항, 제444조 제1항, 제2항), 물상보증인은 '그 채무를 변제'한 경우 외에 '담보권의 실행으로 인하여 담보물의 소유권을 잃은 때'에도 채무자에 대한 구상권이 있다(민법 제341조). 물상보증인이 담보권의 실행으로 타인의 채무를 담보하기 위하여 제공한 부동산의 소유권을 잃은 경우 물상보증인이 채무자에게 구상할 수 있는 범위는 특별한 사정이 없는 한 담보권의 실행으로 부동산의 소유권을 잃게 된 때, 즉 매수인이 매각대금을 다 낸 때의 부동산 시가를 기준으로 하여야 하고, 매각대금을 기준으로 할 것이 아니다. 경매절차에서 유찰 등의 사유로 소유권 상실 당시의 시가에 비하여 낮은 가격으로 매각되는 경우가 있는데, 이 경우 소유권 상실로 인한 부동산 시가와 매각대금의 차액에 해당하는 손해는 채무자가 채무를 변제하지 못한 데 따른 담보권의 실행으로 물상보증인에게 발생한 손해이므로, 이를 채무자에게 구상할 수 있어야 하기 때문이다(대법원 2018. 4. 10. 선고 2017다283028 판결).

ㅅ. [X] 임의경매의 정당성은 실체적으로 유효한 담보권의 존재에 근거하므로, 담보권에 실체적 하자가 있다면 그에 기초한 경매는 원칙적으로 무효이다. 특히 채권자가 경매를 신청할 당시 실행하고자 하는 담보권이 이미 소멸하였다면, 그 경매개시결정은 아무런 처분권한이 없는 자가 국가에 처분권을 부여한 데에 따라 이루어진 것으로서 위법하다. 그러므로 피담보채권이 소멸되어 무효인 근저당권에 기초하여 임의경매절차가 개시되고 매수인이 해당 부동산의 매각대금을 지급하였더라도, 그 경매절차는 무효이므로 매수인은 부동산의 소유권을 취득할 수 없다. 이와 같이 경매가 무효인 경우 매수인은 경매채권자 등 배당금을 수령한 자를 상대로 그가 배당받은 금액에 대하여 부당이득반환을 청구할 수 있다(대법원 2023. 7. 27. 선고 2023다228107 판결). → 임의경매의 공신력이 없는 사안이다.

ㅇ. [×] 근저당권은 피담보채무의 최고액만을 정하고 채무의 확정을 장래에 보류하여 설정하는 저당권이다(민법 제357조 제1항 본문 참조). 근저당권을 설정한 후에 근저당설정자와 근저당권자의 합의로 채무의 범위 또는 채무자를 추가하거나 교체하는 등으로 피담보채무를 변경할 수 있다. 이러한 경우 위와 같이 변경된 채무가 근저당권에 의하여 담보된다. 후순위저당권자 등 이해관계인은 근저당권의 채권최고액에 해당하는 담보가치가 근저당권에 의하여 이미 파악되어 있는 것을 알고 이해관계를 맺었기 때문에 이러한 변경으로 예측하지 못한 손해를 입었다고 볼 수 없으므로, 피담보채무의 범위 또는 채무자를 변경할 때 이해관계인의 승낙을 받을 필요가 없다. 또한 등기사항의 변경이 있다면 변경등기를 해야 하지만, 등기사항에 속하지 않는 사항은 당사자의 합의만으로 변경의 효력이 발생한다(대법원 2021. 12. 16. 선고 2021다255648 판결).

정답 ①

084 /공동저당/

甲은 乙에게 6,000만 원을 대여하고 그 담보로 A토지와 B토지에 공동저당으로 각 1번 저당권을 설정 받았고, 丙은 乙에게 3,000만 원을 대여하고 그 담보로 A토지에 2번 저당권을 설정 받았으며, 丁은 乙에게 2,000만 원을 대여하고 그 담보로 B토지에 2번 저당권을 설정 받았는데, 그 후 乙은 A토지 위에 C건물을 신축하였다 (A토지, B토지, C건물이 각 경매될 경우 실제로 배당할 수 있는 금액은, A토지의 경우 8,000만 원, B토지의 경우 4,000만 원, C건물의 경우 4,000만 원이라 가정한다. 이자 및 지연손해금은 고려하지 않음). 이 사례에 관한 설명 중 옳은 것을 모두 고른 것은? (다툼이 있는 경우에는 판례에 의함)

> ㄱ. A토지와 B토지, C건물이 모두 乙의 소유일 경우, 동시에 경매되어 배당되는 때 甲은 A토지의 매각대금으로부터 3,000만 원, B토지의 매각대금으로부터 1,500만원, C건물의 매각대금으로부터 1,500만원을 각 배당받는다.
>
> ㄴ. A토지와 B토지가 乙의 소유이고 동시에 경매되어 배당되는 경우, 甲은 A토지의 매각대금으로부터 4,000만원, B토지의 매각대금으로부터 2,000만원을 각 배당받는다.
>
> ㄷ. A토지와 B토지가 乙의 소유이고 A토지가 먼저 경매된 경우, 甲은 그 매각대금으로부터 6,000만원 전액을 배당받고, 丙은 잔액 2,000만원을 배당받으며, 후에 B토지가 경매되면 丙이 甲의 1번 저당권을 대위 행사하여 1,000만원을 배당받고, 丁은 그 잔액에서 2,000만원을 배당받는다.
>
> ㄹ. A토지와 B토지가 모두 乙의 소유일 때 B토지가 먼저 경매된 경우, 甲은 그 매각대금 4,000만원 전액을 배당받고, 그 후에 A토지가 경매되면 甲은 그 나머지 2,000만원을 배당받고, 丁은 甲의 저당권을 대위 행사하여 2,000만원을 배당받고, 丙은 그 잔액에서 3,000만원을 배당받는다.

ㅁ. A 토지는 乙 소유이고 B 토지는 물상보증인 戊의 소유인 경우, A 토지가 먼저 경매되면 丙은 A 토지의 경매대가에서 2,000만 원을 배당받고, 그 후 B 토지의 경매대가에서 1,000만 원을 배당받는다.

ㅂ. A 토지는 乙 소유이고 B 토지는 물상보증인 戊의 소유인 경우, B 토지가 먼저 경매되면 丁은 A 토지의 경매대가에서 2,000만 원을 배당받는다.

ㅅ. A 토지는 물상보증인 己의 소유이고 B 토지는 물상보증인 戊의 소유인 경우, A 토지가 먼저 경매된 경우 B 토지의 경매대가에서 丙은 1,000만 원을, 己는 1,000만 원을 각각 배당받는다.

① ㄱ, ㄴ, ㄷ, ㄹ ② ㄱ, ㄴ, ㄷ, ㅁ ③ ㄹ, ㅁ, ㅂ, ㅅ
④ ㄴ, ㅁ, ㅂ, ㅅ ⑤ ㄴ, ㄷ, ㄹ, ㅂ, ㅅ

[해설]

ㄱ. [×] ㄴ. [○] 乙이 저당권을 설정하고 C 건물을 지은 경우이므로 C 건물에 대해서는 일괄경매청구는 가능하나, 甲은 C 건물에 대하여는 저당권을 설정 받지 않았기 때문에 우선변제를 받을 수 없다. 따라서 A토지와 B토지, C건물이 모두 乙의 소유일 경우, 동시에 경매되어 배당되는 때 甲은 A토지의 매각대금으로부터 4천만 원, B토지의 매각대금으로부터 2천만 원을 각각 배당받는다.
[관련조문] 동일한 채권의 담보로 수개의 부동산에 저당권을 설정한 경우에 그 부동산의 경매 대가를 동시에 배당하는 때에는 각 부동산의 경매대가에 비례하여 그 채권의 분담을 정한다(제368조 제1항).

ㄷ. [○] 공동저당 중 일부 부동산만을 먼저 경매하여 그 대가를 배당하는 때에는 공동저당권자는 그 대가로부터 채권 전부의 변제를 받을 수 있으므로(제368조 제2항 본문), 甲은 A토지의 매각대금으로부터 6,000만원을 변제받을 수 있고, 2,000만원은 후순위저당권자 丙이 변제 받는다. 다만 이 경우 동시배당의 경우와 비교할 때 후순위저당권자가 불이익하므로, 민법은 그 경매된 부동산의 후순위저당권자가 다른 부동산에서 선순위 저당권자(공동저당권자)가 변제받을 수 있었던 금액의 한도 내에서 선순위 저당권자를 대위하여 그 저당권을 실행할 수 있다고 규정하므로(제368조 제2항 후문), 후순위저당권자 丙은 甲이 B토지에 대하여 가지는 저당권을 1,000만원의 범위에서 대위 행사할 수 있다. 그 후에 B토지의 매각대금 잔액 3,000만원 중 丁이 2,000만원을 배당받는다.

ㄹ. [○] B토지의 매각대금 4,000만원에 대해 甲이 4,000만원을 받는다. 그리고 2,000만원의 채권이 남은 甲이 A토지의 매각대금 8,000만원 중 2,000만원을 변제 받고 丁은 그 후 甲이 동시배당 시 A토지에서 우선변제 받을 수 있었던 4,000만원 중 남은 2,000만원에 대해 자신의 채권 2,000만원을 변제를 받고, 나머지 매각대금 4,000만원에 대해 丙이 자신의 피담보채권액 3,000만원을 변제받는다.

ㅁ. [×] 채권자가 물상보증인 소유 토지와 공동담보로 주채무자 소유 토지에 1번 근저당권을 취득한 후 이와 별도로 주채무자 소유 토지에 2번 근저당권을 취득한 사안에서, 먼저 주채무자의 토지에 대하여 피담보채무의 불이행을 이유로 근저당권이 실행되어 경매대금에서 1번 근저당권의 피담보채권액을 넘는 금액이 배당된 경우에는, 변제자 대위의 법리에 비추어 볼 때 민법 제368조 제2항은 적용되지 않으므로 후순위(2번) 저당권자인 채권자는 물상보증인 소유 토지에 대하여 자신의 1번 근저당권을 대위행사할 수 없고, 따라서 물상보증인의 근저당권설정등기는 그 피담보채무의

소멸로 인하여 말소되어야 한다(대법원 1996. 03. 08. 선고 95다36596 판결). **[보충해설]** A 부동산의 경매대가 중 甲이 6,000만원을 배당받고 丙이 2,000만원을 배당받는다. 물상보증인 戊 소유의 부동산에 대하여는 후순위저당권자 대위의 법리가 적용되지 않으므로 B토지에 관한 甲의 저당권은 말소되고 B토지의 경락대금은 丁에게 2,000만원 배당되고 B토지의 소유인 물상보증인 戊가 나머지 2,000만원을 취득한다.

ㅂ. **[O]** 공동저당의 목적인 채무자 소유 부동산과 물상보증인 소유 부동산에 각각 채권자를 달리하는 후순위저당권이 설정되어 있는 경우, 물상보증인 소유 부동산에 먼저 경매가 이루어져 경매대금의 교부에 의하여 1번 저당권자가 변제를 받은 때에는 물상보증인은 채무자에 대하여 구상권을 취득함과 동시에 민법 제481조, 제482조의 규정에 의한 변제자대위에 의하여 채무자 소유 부동산에 대한 1번 저당권을 취득하고, 이러한 경우 물상보증인 소유 부동산에 대한 후순위저당권자는 물상보증인에게 이전한 1번저당권으로부터 우선하여 변제를 받을 수 있으며, 자기 소유 부동산이 먼저 경매되어 1번 저당권자에게 대위변제를 한 물상보증인은 1번 저당권을 대위취득하고, 물상보증인 소유 부동산의 후순위저당권자는 1번 저당권에 대하여 물상대위를 할 수 있다(대법원 2011. 08. 18. 선고 2011다30666 판결). **[보충해설]** B 부동산의 경매대금에서 甲이 4,000만 원 전액을 배당받고 戊는 변제자대위에 의해 자기 출연금액 4,000만 원 범위에서 A 토지의 1번 저당권을 대위 취득한다. 그 후 A 부동산의 경매대가에서 甲은 잔존하는 피담보채권 2,000만 원을 배당받고 丁은 戊가 대위 취득한 A 토지의 1번 저당권에 대해 물상대위를 하여 2,000만 원을 배당받는다. 그 후 戊는 나머지 2,000만 원을 배당받게 된다. 그리고 나머지 2,000만 원은 丙이 배당받게 된다.

ㅅ. **[O]** 공동저당의 목적인 채무자 소유의 부동산과 물상보증인 소유의 부동산에 각각 채권자를 달리하는 후순위 저당권이 설정되어 있는 경우, 물상보증인 소유의 부동산에 대하여 먼저 경매가 이루어져 그 경매대금의 교부에 의하여 1번 저당권자가 변제를 받은 때에는 물상보증인은 채무자에 대하여 구상권을 취득함과 동시에 민법 제481조, 제482조의 규정에 의한 변제자대위에 의하여 채무자 소유의 부동산에 대한 1번 저당권을 취득하고, 이러한 경우 물상보증인 소유의 부동산에 대한 후순위저당권자는 물상보증인에게 이전한 1번 저당권으로 우선하여 변제를 받을 수 있으며, 이러한 법리는 수인의 물상보증인이 제공한 부동산 중 일부에 대하여 경매가 실행된 경우에도 마찬가지로 적용되어야 하므로(이 경우 물상보증인들 사이의 변제자대위의 관계는 민법 제482조 제2항 제4호, 제3호에 의하여 규율될 것이다.), 자기 소유의 부동산이 먼저 경매되어 1번 저당권자에게 대위변제를 한 물상보증인은 다른 물상보증인의 부동산에 대한 1번 저당권을 대위취득하고, 그 물상보증인 소유 부동산의 후순위 저당권자는 1번 저당권에 대하여 물상대위를 할 수 있으므로 물상보증인이 대위취득한 선순위 저당권설정등기에 대하여는 말소등기가 경료될 것이 아니라 물상보증인 앞으로 대위에 의한 저당권이전의 부기등기가 경료되어야 하고, 아직 경매되지 아니한 공동저당물의 소유자로서는 1번 저당권자에 대한 피담보채무가 소멸하였다는 사정만으로 말소등기를 청구할 수 없다(대법원 2001. 06. 01. 선고 2001다21854 판결). **[보충해설]** 己는 B 토지에 대해 물상보증인 간의 변제자대위 법리(제482조 제2항 제4호, 제3호)에 따라 2,000만 원의 범위에서 B 토지의 1번 저당권을 대위취득한다. A의 경매로 丙는 자신의 피담보채권 3,000만 원 중 2,000만 원만을 배당받았으므로 나머지 1,000만 원에 관하여 己가 2,000만원 범위서 대위 취득한 B 토지 1번 저당권에 대하여 물상대위로 우선변제 받게 된다. 그 후 己는 1,000만원을 배당받게 된다. 참고로 B 토지가 채무자 乙의 소유인 경우와의 차이는 己의 변제자대위의 범위에서 발생한다. B 토지가 채무자 乙의 소유라면 己는 1번 저당권 전부, 즉 4,000만 원 범위에서 저당권을 대위 취득한다. 따라서 丙이 물상대위로 1,000만 원을 우선변제 받고 己가 3,000만 원을 배당받게 된다.

정답 ⑤

제4절 • 비전형담보물권

085 /가등기담보/
가등기담보에 관한 다음 설명 중 틀린 것은? (다툼이 있으면 판례에 의함)

① 담보목적의 가등기권자가 청산절차를 거치기 전에 그 부동산에 관한 강제경매 등의 신청이 행해진 경우 담보가등기권자는 그 가등기에 기한 본등기를 청구할 수 없다.

② 가등기담보권자가 담보권 실행을 통하여 우선변제 받게 되는 이자나 지연배상금 등 피담보채권의 범위는 통지 당시를 기준으로 확정된다. 또한 가등기담보 등에 관한 법률 제3조, 제4조를 위반하여 담보가등기에 기한 본등기가 이루어진 경우에는 본등기는 무효이고, 설령 본등기가 가등기권리자와 채무자 사이에 이루어진 특약에 따라 이루어졌더라도 만일 특약이 채무자에게 불리한 것으로 무효라면 본등기는 여전히 무효일 뿐이다.

③ 가등기담보 채권자가 가등기담보 채권을 실행하기 이전에 그의 계약상의 권리를 보전하기 위하여 가등기담보 채무자의 제3자에 대한 선순위 가등기의 피담보채무를 대위변제하여 구상권이 발생하였다면, 특별한 사정이 없는 한 이 구상권도 가등기담보 계약에 의하여 담보된다.

④ 가등기담보 등에 관한 법률(이하 '가등기담보법'이라고 한다) 제11조 단서에 정한 제척기간이 경과함으로써 채무자 등의 말소청구권이 소멸하고 이로써 채권자가 담보목적부동산의 소유권을 확정적으로 취득한 때에는 채권자는 가등기담보법 제4조에 따라 산정한 청산금을 채무자 등에게 지급할 의무가 없으므로, 채무자 등은 채권자에게 그 지급을 청구할 수 없다.

⑤ 가등기담보권 실행통지의 상대방은 채무자와 목적부동산의 물상보증인 및 가등기담보 후에 소유권을 취득한 제3자이다. 그리고 통지의 상대방이 수인이면 그들 모두에게 실행의 통지를 하여야 하고, 일부에 대하여 통지가 누락되면 통지로서의 효력이 발생하지 않는다.

[해설]

① [O] 가등기담보 등에 관한 법률(이하 '가등기담보법'이라 한다) 제3조, 제4조의 각 규정에 의하면 담보가등기의 경우 청산금의 평가액을 채무자 등에게 통지한 후 채무자에게 정당한 청산금을 지급하거나 지급할 청산금이 없는 경우에는 채무자가 그 청산의 통지를 받은 날로부터 2월의 청산기간이 경과하여야 하는 청산절차를 거친 후에야 그 가등기에 기한 본등기를 청구할 수 있는데, 위 각 규정을 위반하여 담보가등기에 기한 본등기가 이루어진 경우에는 그 본등기는 무효이고, 다만 가등기권리자가 이러한 청산절차를 거치면 위 무효인 본등기는 실체적 법률관계에 부합하는 유효한 등기가 될 수 있을 뿐이다. 그리고 가등기담보법 제13조, 제14조, 제15조에 의하면, 이러한 청산절차를 거치기 전에 강제경매 등의 신청이 행하여진 경우 담보가등기권자는 그 가등기에 기한 본등기를 청구할 수 없고, 그 가등기가 부동산의 매각에 의하여 소멸하되 다른 채권자보다 자기 채권을 우선변제 받을 권리가 있을 뿐이다(대법원 2010. 11. 09. 자 2010마1322 결정).

② [O] [1] 가등기담보 등에 관한 법률 제3조, 제4조에 의하면 가등기담보권자가 담보계약에 따른 담보권을 실행하여 담보목적부동산의 소유권을 취득하기 위해서는 채권의 변제기 후에 청산금의 평가액을 채무자 등에게 통지하여야 한다. 여기서 말하는 청산금의 평가액은 통지 당시의 담보목적부동산

의 가액에서 그 당시의 피담보채권액(원본, 이자, 위약금, 지연배상금, 실행비용)을 뺀 금액을 의미하므로, 가등기담보권자가 담보권 실행을 통하여 우선변제받게 되는 이자나 지연배상금 등 피담보채권의 범위는 통지 당시를 기준으로 확정된다. 채권자는 주관적으로 평가한 청산금의 평가액을 통지하면 족하고, 채권자가 주관적으로 평가한 청산금의 액수가 정당하게 평가된 청산금의 액수에 미치지 못하더라도 담보권 실행의 통지로서의 효력에는 아무런 영향이 없다. [2] 가등기담보 등에 관한 법률 제3조, 제4조를 위반하여 담보가등기에 기한 본등기가 이루어진 경우에는 본등기는 무효이고, 설령 본등기가 가등기권리자와 채무자 사이에 이루어진 특약에 따라 이루어졌더라도 만일 특약이 채무자에게 불리한 것으로 무효라면 본등기는 여전히 무효일 뿐이다(대법원 2016. 06. 23. 선고 2015다13171 판결).

③ [O] 가등기담보 채권자가 가등기담보권을 실행하기 이전에 그의 계약상의 권리를 보전하기 위하여 가등기담보 채무자의 제3자에 대한 선순위 가등기담보채무를 대위변제하여 구상권이 발생하였다면 특별한 사정이 없는 한 이 구상권도 가등기담보계약에 의하여 담보된다고 보는 것이 상당하다(대법원 2002. 6. 11. 선고 99다41657 판결).

④ [X] [1] 가등기담보 등에 관한 법률(이하 '가등기담보법'이라고 한다) 제11조 본문은 같은 법 제2조 제2호에서 정한 채무자 등(이하 '채무자 등'이라고 한다)은 청산금채권을 변제받을 때까지 그 피담보채무액(반환할 때까지의 이자와 손해금을 포함한다)을 채권자에게 지급하고 그 채권담보의 목적으로 마친 소유권이전등기의 말소를 청구할 수 있다고 하면서도, 같은 조 단서 전단에서 그 채무의 변제기가 지난 때부터 10년이 지난 경우에는 그러하지 아니하다고 규정하고 있다. 따라서 채무자 등이 가등기담보법 제11조 본문에 따라 채권담보의 목적으로 마친 소유권이전등기의 말소를 구하기 위해서는 그때까지의 이자와 손해금을 포함한 피담보채무액을 전부 지급함으로써 그 요건을 갖추어야 한다. 그리고 가등기담보법 제11조 단서에 정한 10년의 기간은 제척기간이고, 제척기간은 그 기간의 경과 자체만으로 권리 소멸의 효과가 발생하므로, 가등기담보법 제11조 본문에 정한 채무자 등의 말소청구권은 위 제척기간의 경과로 확정적으로 소멸한다. [2] 가등기담보 등에 관한 법률(이하 '가등기담보법'이라고 한다)은 가등기담보계약 등의 법률관계를 명확히 하여 채무자를 보호하고 채권자 및 후순위권리자 등 이해관계인과의 법률관계를 합리적으로 조정하는 데 그 입법 취지가 있다. 이를 위하여 가등기담보법은 제3조, 제4조 등에서 채권자가 가등기담보계약에 따른 담보권을 실행하여 담보목적부동산의 소유권을 취득하려면 반드시 청산절차를 거치도록 규정하고 있다. 이러한 가등기담보법의 입법 취지 및 가등기담보법 제3조, 제4조의 각 규정 내용에 비추어 볼 때, 가등기담보법 제11조 단서에 정한 제척기간이 경과함으로써 채무자 등의 말소청구권이 소멸하고 이로써 채권자가 담보목적부동산의 소유권을 확정적으로 취득한 때에는 채권자는 가등기담보법 제4조에 따라 산정한 청산금을 채무자 등에게 지급할 의무가 있고, 채무자 등은 채권자에게 그 지급을 청구할 수 있다(대법원 2018. 6. 15. 선고 2018다215947 판결).

⑤ [O] 가등기담보 등에 관한 법률에 의하면, 가등기담보권자가 담보권실행을 위하여 담보 목적 부동산의 소유권을 취득하기 위하여는 그 채권의 변제기 후에 소정의 청산금 평가액 또는 청산금이 없다고 하는 뜻을 채무자 등에게 통지하여야 하고(제3조 제1항), 이 때의 채무자 등에는 채무자와 물상보증인뿐만 아니라 담보가등기 후 소유권을 취득한 제3취득자가 포함되는 것이므로(제2조 제2호), 위 통지는 이들 모두에게 하여야 하는 것으로서 채무자 등의 전부 또는 일부에 대하여 위 통지를 하지 않으면 청산기간이 진행할 수 없게 되고, 따라서 가등기담보권자는 그 후 적절한 청산금을 지급하거나 실제 지급할 청산금이 없다고 하더라도 가등기에 기한 본등기를 청구할 수 없으며, 설령 편법으로 본등기를 마쳤다고 하더라도 그 소유권을 취득할 수 없다(대법원 2002. 4. 23. 선고 2001다81856 판결).

정 답 ④

086 /가등기담보/

가등기담보에 관한 다음 설명 중 틀린 것은? (다툼이 있으면 판례에 의함)

① 가등기담보권 실행에 착수하여 채무자 등에게 통지한 청산금의 액수가 객관적인 청산금의 평가액에 미치지 못한다고 하더라도, 담보권실행 통지로서의 효력이나 청산기간의 진행에는 아무런 영향이 없고, 채권자는 자신이 통지한 청산금의 금액에 대하여 다툴 수 없다.

② 가등기담보법의 규정을 위반하여 무효인 본등기가 마쳐진 후 가등기에 기한 본등기를 이행한다는 내용의 화해권고결정이 확정되었다고 하더라도, 그러한 화해권고결정의 내용이 가등기담보법 제3조, 제4조가 정한 청산절차를 갈음하는 것으로 채무자 등에게 불리하지 않다고 볼만한 특별한 사정이 없는 한, 위와 같이 확정된 화해권고결정이 있다는 사정만으로는 무효인 본등기가 실체관계에 부합하는 유효한 등기라고 주장할 수 없다.

③ 가등기담보법의 청산절차를 위반하여 이루어진 담보가등기에 기한 본등기가 무효라도 선의의 제3자가 본등기에 터 잡아 소유권이전등기를 마치는 등으로 담보목적부동산의 소유권을 취득하면, 채무자 등은 더 이상 채권자를 상대로 본등기의 말소를 청구할 수 없다. 이 경우 반사적 효과로서 무효인 채권자 명의의 본등기는 등기를 마친 시점으로 소급하여 확정적으로 유효하게 되고, 이에 따라 담보목적부동산에 관한 채권자의 가등기담보권은 소멸하며, 청산절차를 거치지 않아 무효였던 채권자의 본등기에 터 잡아 이루어진 등기 역시 소급하여 유효하게 된다.

④ 귀속정산에 의한 가등기담보권 실행도 담보로 파악한 교환가치만큼을 채권자에게 이전한다는 점에서 경매에 의한 실행과 본질이 같으므로, 청산금에서 공제할 수 있는 가등기담보권 실행비용은 경매절차의 집행비용에 상응하는 것이어야 한다. 그러므로 가등기담보권자는 귀속정산 과정에서 담보목적물의 교환가치를 파악하기 위하여 쓴 감정평가비용과 청산의 결과로서 본등기를 마치기 위해 지출한 절차비용과 취득세 등은 스스로 부담해야 한다.

⑤ 건물에 대한 양도담보가 가등기담보 등에 관한 법률의 적용 대상이 되는 경우에는 양도담보권자가 청산절차 등을 거쳐 담보목적 부동산의 소유권을 취득하기 전까지 특별한 사정이 없는 한 양도담보 설정자가 건물의 소유자로서 이를 현실적으로 점유하면서 사용·수익하고 있다고 볼 수 있으므로 채권자가 건물에 대한 양도담보권을 취득했다고 해서 그 대지 소유자에게 부당이득반환의무를 부담하는 것은 아니다.

[해설]

① [O] 채권자가 가등기담보 등에 관한 법률(이하 '가등기담보법'이라 한다)에 의한 가등기담보권을 실행하여 그 담보목적 부동산의 소유권을 취득하기 위하여 채무자 등에게 하는 담보권 실행의 통지에는 채권자가 주관적으로 평가한 통지 당시의 목적 부동산의 가액과 피담보채권액을 명시함으로써 청산금의 평가액을 채무자 등에게 통지하면 족하며, 채권자가 이와 같이 주관적으로 평가한 청산금의 액수가 정당하게 평가된 청산금의 액수에 미치지 못한다고 하더라도 담보권 실행의 통지로서의 효력이나 청산기간의 진행에는 아무런 영향이 없고 청산기간이 경과한 후에는 그 가등기에 기한 본등기를 청구할 수 있다(대법원 2008. 04. 11. 선고 2005다36618 판결). [관련조문] 채권자는 제3조 제1항에 따라 그가 통지한 청산금의 금액에 관하여 다툴 수 없다(가등기담보 등에 관한 법률 제9조).

② [O] 가등기담보 등에 관한 법률(이하 '가등기담보법'이라고 한다) 제3조, 제4조의 각 규정에 비추어 볼 때, 위 각 규정을 위반하여 담보가등기에 기한 본등기가 이루어진 경우 본등기는 무효라고 할 것이고, 다만 가등기권리자가 가등기담보법 제3조, 제4조에 정한 절차에 따라 청산금의 평가액을 채무자 등에게 통지한 후 채무자에게 정당한 청산금을 지급하거나 지급할 청산금이 없는 경우에는 채무자가 통지를 받은 날부터 2개월의 청산기간이 지나야 위 무효인 본등기는 실체적 법률관계에 부합하는 유효한 등기가 될 수 있을 뿐이다. 그러므로 가등기담보법의 규정을 위반하여 무효인 본등기가 마쳐진 후 가등기에 기한 본등기를 이행한다는 내용의 화해권고결정이 확정되었다고 하더라도, 그러한 화해권고결정의 내용이 가등기담보법 제3조, 제4조가 정한 청산절차를 갈음하는 것으로 채무자 등에게 불리하지 않다고 볼 만한 특별한 사정이 없는 한, 위와 같이 확정된 화해권고결정이 있다는 사정만으로는 무효인 본등기가 실체관계에 부합하는 유효한 등기라고 주장할 수 없다. 나아가 그러한 화해권고결정에 기하여 다시 본등기를 마친다고 하더라도 본등기는 가등기담보법의 위 각 규정을 위반하여 이루어진 것이어서 여전히 무효라고 할 것이다(대법원 2017. 8. 18. 선고 2016다30296 판결).

③ [O] [1] 가등기담보 등에 관한 법률(이하 '가등기담보법'이라고 한다) 제3조, 제4조를 위반하여 적법한 청산절차를 거치지 아니한 채 담보가등기에 기한 본등기가 이루어진 경우 그 본등기는 무효이다. 이때 가등기담보법 제2조 제2호에서 정한 채무자 등은 청산금채권을 변제받을 때까지는 여전히 가등기담보계약의 존속을 주장하여 그때까지의 이자와 손해금을 포함한 피담보채무액 전부를 변제하고 무효인 위 본등기의 말소를 청구할 수 있다(제11조 본문). 그러나 선의의 제3자가 소유권을 취득한 경우에는 그러하지 아니하다(제11조 단서 후문). 여기서 '선의의 제3자'라 함은 채권자가 적법한 청산절차를 거치지 않고 담보목적부동산에 관하여 본등기를 마쳤다는 사실을 모르고 그 본등기에 터 잡아 소유권이전등기를 마친 자를 뜻한다. 제3자가 악의라는 사실에 관한 주장·증명책임은 무효를 주장하는 사람에게 있다. [2] 가등기담보 등에 관한 법률(이하 '가등기담보법'이라고 한다) 제3조, 제4조의 청산절차를 위반하여 이루어진 담보가등기에 기한 본등기가 무효라고 하더라도 선의의 제3자가 그 본등기에 터 잡아 소유권이전등기를 마치는 등으로 담보목적부동산의 소유권을 취득하면, 가등기담보법 제2조 제2호에서 정한 채무자 등(이하 '채무자 등'이라고 한다)은 더 이상 가등기담보법 제11조 본문에 따라 채권자를 상대로 그 본등기의 말소를 청구할 수 없게 된다. 이 경우 그 반사적 효과로서 무효인 채권자 명의의 본등기는 그 등기를 마친 시점으로 소급하여 확정적으로 유효하게 되고, 이에 따라 담보목적부동산에 관한 채권자의 가등기담보권은 소멸하며, 청산절차를 거치지 않아 무효였던 채권자의 위 본등기에 터 잡아 이루어진 등기 역시 소급하여 유효하게 된다고 보아야 한다. 다만 이 경우에도 채무자 등과 채권자 사이의 청산금 지급을 둘러싼 채권·채무 관계까지 모두 소멸하는 것은 아니고, 채무자 등은 채권자에게 청산금의 지급을 청구할 수 있다. 이러한 법리는 경매의 법적 성질이 사법상 매매인 점에 비추어 보면 무효인 본등기가 마쳐진 담보목적부동산에 관하여 진행된 경매절차에서 경락인이 본등기가 무효인 사실을 알지 못한 채 담보목적부동산을 매수한 경우에도 마찬가지로 적용된다(대법원 2021. 10. 28. 선고 2016다248325 판결). **[보충] 제11조 (채무자등의 말소청구권)** 채무자등은 청산금채권을 변제받을 때까지 그 채무액(반환할 때까지의 이자와 손해금을 포함한다)을 채권자에게 지급하고 그 채권담보의 목적으로 마친 소유권이전등기의 말소를 청구할 수 있다. 다만, 그 채무의 변제기가 지난 때부터 10년이 지나거나 선의의 제삼자가 소유권을 취득한 경우에는 그러하지 아니하다. → 법조문에는 담보목적의 소유권이전등기만 규정되어 있지만, 담보가등기의 경우에도 적용된다는 것이 통설이다. 이 판결은 제11조가 가등기담보권자가 청산절차를 거치지 않고 본등기를 한 경우에도 적용된다고 명시적으로 판시한 최초의 판결이라는 점에서 중요한 판결이다.

④ [×] 담보권의 실행이란 목적물의 교환가치로부터 채무를 변제받음으로써 채권의 만족을 실현하는 것이다. 담보목적물을 매각해 현금화하여 채무의 변제를 받는 것이 담보권의 전형적인 실행방법이고,

담보권의 성격이나 합의에 따라 담보물 가액에서 피담보채권액 등을 빼고 남은 금액을 채무자에게 지급함으로써 담보물의 소유권을 넘겨받는 방식도 가능하다. 채권자가 어떤 방법을 선택하든지 목적물의 교환가치를 파악하여 피담보채권의 만족을 도모하는 것이 담보권 실행의 본질이고, 담보물의 소유권 변동은 그에 뒤따른 결과일 뿐이다. 채권자가 담보권 실행을 위해 경매를 신청한 경우에 그 경매를 직접 목적으로 하여 지출된 돈으로서 경매절차의 준비 또는 실시를 위하여 필요한 비용이어야 집행비용(민사집행법 제275조, 제53조 제1항)으로서 배당재단에서 우선적으로 변상된다. 매각에 따라 소유권을 취득한 매수인은 소유권이전등기를 넘겨받기 위해 지출한 비용과 취득세 등을 자기가 부담해야 한다. 이는 경매를 신청한 채권자가 매수인이 된 경우에도 마찬가지이다. 귀속정산에 의한 가등기담보권 실행도 민사집행법에 따라 담보물을 매각하지 않을 뿐 담보로 파악한 교환가치만큼을 채권자에게 이전한다는 점에서 경매에 의한 실행과 본질이 같으므로, 청산금에서 공제할 수 있는 가등기담보권 실행비용은 경매절차의 집행비용에 상응하는 것이어야 한다. 그러므로 가등기담보권자는 귀속정산 과정에서 담보목적물의 교환가치를 파악하기 위하여 쓴 감정평가비용 등을 실행비용으로서 청산금에서 공제할 수 있을 뿐, 청산의 결과로서 본등기를 마치기 위해 지출한 절차비용과 취득세 등은 스스로 부담해야 한다(대법원 2022. 4. 14. 선고 2017다266177 판결).

⑤ [O] ★★ [1] 가등기담보 등에 관한 법률(이하 '가등기담보법'이라 한다) 제1조는 '이 법은 차용물의 반환에 관하여 차주가 차용물을 갈음하여 다른 재산권을 이전할 것을 예약할 때 그 재산의 예약 당시가액이 차용액과 이에 붙인 이자를 합산한 액수를 초과하는 경우에 이에 따른 담보계약과 그 담보의 목적으로 마친 가등기 또는 소유권이전등기의 효력을 정함을 목적으로 한다.'고 정하고 있고, 제3조 제2항은 '채권자가 담보계약에 따른 담보권을 실행하여 그 담보목적 부동산의 소유권을 취득하기 위하여는 그 채권의 변제기 후에 제4조의 청산금의 평가액을 채무자 등에게 통지하고, 그 통지가 채무자 등에게 도달한 날부터 2개월이 지나야 한다. 이 경우 청산금이 없다고 인정되는 경우에는 그 뜻을 통지하여야 한다.'고 정하고 있으며, 제4조 제2항은 '채권자는 담보부동산에 관하여 이미 소유권이전등기가 경료된 경우에는 청산기간 경과 후 청산금을 채무자 등에게 지급한 때에 목적부동산의 소유권을 취득한다.'고 정하고 있다. 이러한 규정에 따르면 가등기담보법이 적용되는 경우에는 채권자가 담보목적 부동산에 관하여 소유자로 등기되어 있다고 하더라도 청산절차 등 법에 정한 요건을 충족해야만 비로소 담보목적 부동산의 소유권을 취득할 수 있다. [2] 채무를 담보하기 위하여 채무자가 자기의 비용과 노력으로 신축하는 건물의 신축허가 명의를 채권자 명의로 한 경우 이는 완성될 건물을 양도담보로 제공하기로 하는 담보권 설정의 합의가 있다고 볼 수 있다. 이때 완성된 건물의 소유권은 이를 건축한 채무자가 원시적으로 취득하고, 채권자가 그 명의로 소유권보존등기를 함으로써 건물에 대한 양도담보가 설정된 것으로 보아야 한다. 이러한 양도담보가 가등기담보 등에 관한 법률의 적용 대상이 되는 경우에는 양도담보권자가 청산절차 등을 거쳐 담보목적 부동산의 소유권을 취득하기 전까지 특별한 사정이 없는 한 양도담보 설정자가 건물의 소유자로서 이를 현실적으로 점유하면서 사용·수익하고 있다고 볼 수 있으므로 채권자가 건물에 대한 양도담보권을 취득했다고 해서 그 대지 소유자에게 부당이득반환의무를 부담하는 것은 아니다(대법원 2022. 4. 14. 선고 2021다263519 판결).

정답 ④

087 / 가등기담보와 동산양도담보 /
가등기담보와 동산양도담보에 관한 다음 설명 중 옳은 것은? (다툼이 있는 경우 판례에 의함)

① 돈사에서 대량으로 사육되는 돼지를 집합물에 대한 양도담보의 목적물로 삼은 경우, 제3자가 선의취득의 요건을 갖추지 못한 채 양도담보의 목적물인 돼지를 양수하였다면, 그 양도담보권의 효력은 양도담보의 목적물인 돼지가 낳은 새끼돼지 뿐 만 아니라 그 제3자가 별도의 자금을 투입하여 새로 반입한 돼지에도 미친다.

② 양도담보설정계약이 기계기구 또는 영업설비 등 내구연수가 장기간이고 가공 과정이나 유통 과정 중에 있지 아니한 여러 개의 동산을 목적으로 하고 있으며, 담보목적물마다 명칭, 성능, 규격, 제작자, 제작번호 등으로 특정하고 있는 경우에는, 원칙적으로 일단의 증감 변동하는 동산을 하나의 물건으로 보아 이를 목적물로 한 이른바 유동집합동산 양도담보로 보아야 한다.

③ 양도담보 설정자가 채권을 담보하기 위하여 그 소유의 동산을 채권자에게 양도한 경우 담보목적물을 누가 사용·수익할 수 있는지는 당사자의 합의로 정할 수 있지만, 반대의 특약이 없는 한 양도담보권자가 동산에 대한 사용·수익권을 가진다.

④ 점유개정을 통해 동산의 양도담보권을 취득한 경우, 양도담보설정자가 동산의 점유를 상실하면 양도담보권자의 권리도 소멸한다.

⑤ 채무자가 자신이 소유하는 담보목적 부동산에 관하여 채권자와 임대차계약을 체결하고 채권자에게 차임을 지급하거나 채무자가 자신과 임대차계약을 체결하고 있는 임차인으로 하여금 채권자에게 차임을 지급하도록 하여 채권자가 차임을 수령하였다면, 채권자와 채무자 사이에 위 차임을 피담보채무의 변제와는 무관한 별개의 것으로 취급하기로 약정하였거나 달리 차임이 피담보채무의 변제에 충당되었다고 보기 어려운 특별한 사정이 없는 한 위 차임은 피담보채무의 변제에 충당된 것으로 보아야 한다.

[해설]

① [X] [1] 돈사에서 대량으로 사육되는 돼지를 집합물에 대한 양도담보의 목적물로 삼은 경우, 그 돼지는 번식, 사망, 판매, 구입 등의 요인에 의하여 증감 변동하기 마련이므로 양도담보권자가 그 때마다 별도의 양도담보권설정계약을 맺거나 점유개정의 표시를 하지 않더라도 하나의 집합물로서 동일성을 잃지 아니한 채 양도담보권의 효력은 항상 현재의 집합물 위에 미치게 되고, <u>양도담보설정자로부터 위 목적물을 양수한 자가 이를 선의취득하지 못하였다면 위 양도담보권의 부담을 그대로 인수하게 된다</u>는 원심의 판단을 수긍한 사례. [2] 돈사에서 대량으로 사육되는 돼지를 집합물에 대한 양도담보의 목적물로 삼은 경우, 위 <u>양도담보권의 효력은 양도담보설정자로부터 이를 양수한 양수인이 당초 양수한 돈사 내에 있던 돼지들 및 통상적인 양돈방식에 따라 그 돼지들을 사육·관리하면서 돼지를 출하하여 얻은 수익으로 새로 구입하거나 그 돼지와 교환한 돼지 또는 그 돼지로부터 출산시켜 얻은 새끼돼지에 한하여 미치는 것이지 양수인이 별도의 자금을 투입하여 반입한 돼지에까지는 미치지 않는다</u>고 한 사례. [3] 유동집합물에 대한 양도담보계약의 목적물을 선의취득하지 못한 양수인이 그 양도담보의 효력이 미치는 목적물에다 자기 소유인 동종의 물건을 섞어 관리함으로써 당초의 양도담보의 효력이 미치는 목적물의 범위를 불명확하게 한 경우에는 양수인으로 하여금 그 양도담보의 효력이 미치지 아니하는 물건의 존재와 범위를 입증하도록 하는 것이 공평의 원칙에 부합한다(대법원 2004. 11. 12. 선고 2004다22858 판결).

② [×] 여러 개의 동산을 일괄하여 양도담보의 목적으로 하는 양도담보설정계약을 체결하면서 향후 일정 장소에 편입되는 동산에 대해서도 양도담보의 효력을 받는 것으로 약정한 경우에, 이를 특정된 동산들을 목적물로 한 양도담보로 볼 것인지, 일단의 증감 변동하는 동산을 하나의 물건으로 보아 이를 목적물로 한 이른바 유동집합동산 양도담보로 볼 것인지는 양도담보설정계약의 해석의 문제이다. 양도담보설정계약이 기계기구 또는 영업설비 등 내구연수가 장기간이고 가공 과정이나 유통 과정 중에 있지 아니한 여러 개의 동산을 목적으로 하고 있으며, 담보목적물마다 명칭, 성능, 규격, 제작자, 제작번호 등으로 특정하고 있는 경우에는, 원칙적으로 특정된 동산들을 일괄하여 양도담보의 목적물로 한 계약이라고 보아야 하므로 향후 편입되는 동산을 양도담보 목적으로 하기 위해서는 편입 시점에 제3자가 그 동산을 다른 동산과 구별할 수 있을 정도로 구체적으로 특정되어야 한다(대법원 2016. 04. 02. 선고 2015다221286 판결).

③ [×] ★ [사례형·기록형] [1] 양도담보 설정자가 채권을 담보하기 위하여 그 소유의 동산을 채권자에게 양도한 경우 담보목적물을 누가 사용·수익할 수 있는지는 당사자의 합의로 정할 수 있지만 반대의 특약이 없는 한 양도담보 설정자가 동산에 대한 사용·수익권을 가진다. 따라서 그 동산이 일정한 토지 위에 설치되어 있어 토지의 점유·사용이 문제된 경우에는 특별한 사정이 없는 한 양도담보 설정자가 토지를 점유·사용하고 있는 것으로 보아야 한다. [2] 갑이 을 등이 소유하고 있던 토지에 수조식 육상종묘배양시설을 설치한 후 병과 동업약정을 체결하여 치어양식판매업체를 공동으로 운영하다가 분쟁으로 동업관계가 종료되었고, 관련 소송에서 '병은 갑으로부터 조정에서 정한 돈을 모두 지급받을 때까지 양도담보 형식으로 시설물의 소유권을 보유하고, 갑은 그 기간 동안 시설물을 점유·관리·수익한다'는 내용의 조정이 성립하였는데, 정이 위 토지에 관한 소유권이전등기를 마친 후 병을 상대로 토지 차임 상당의 부당이득반환을 구한 사안에서, 조정을 통해서 갑이 자신의 채무를 담보하기 위해서 시설물을 병에게 양도하면서 양도담보 기간 동안 시설물에 대한 사용·수익권을 갖고 있었던 이상, 양도담보 설정자인 갑이 시설물이 설치된 토지를 점유·사용하고 있다고 보아야 하고, 채권자인 병이 토지를 점유·사용하고 있다고 볼 수 없는데도, 병이 조정 성립 이후에도 시설물의 소유자로서 부지로 사용되는 토지를 점유·사용하고 있음을 전제로 병에게 차임 상당의 부당이득반환의무가 있다고 본 원심판단에 법리오해 등의 잘못이 있다고 한 사례 (대법원 2018. 5. 30. 선고 2018다201429 판결).

④ [×] 동산에 대하여 점유개정의 방법으로 양도담보를 일단 설정한 후에는 양도담보권자나 양도담보 설정자가 그 동산에 대한 점유를 상실하였다고 하더라도 그 양도담보의 효력에는 아무런 영향이 없다 할 것이고, 양도담보권 실행을 위한 환가절차에 있어서는 환가로 인한 매득금에서 환가비용을 공제한 잔액 전부를 양도담보권자의 채권변제에 우선 충당하여야 하고 양도담보설정자의 다른 채권자들은 양도담보권자에 대한 관계에 있어서 안분배당을 요구할 수 없다(대법원 2000. 06. 23. 선고 99다65066 판결).

⑤ [O] ★ [사례형·기록형] [1] 가등기담보 등에 관한 법률(이하 '가등기담보법'이라고 한다) 제3조는 채권자가 담보계약에 의한 담보권을 실행하여 그 담보목적 부동산의 소유권을 취득하기 위해서는 그 채권의 변제기 후에 같은 법 제4조의 청산금의 평가액을 채무자 등에게 통지하여야 하고, 이 통지에는 통지 당시 부동산의 평가액과 민법 제360조에 규정된 채권액을 밝혀야 하며, 그 통지를 받은 날부터 2월의 청산기간이 지나야 한다고 규정하고 있다. 가등기담보법 제4조는 채권자는 위 통지 당시 부동산의 가액에서 피담보채권의 가액을 공제한 청산금을 지급하여야 하고, 부동산에 관하여 이미 소유권이전등기를 마친 경우에는 청산기간이 지난 후 청산금을 채무자 등에게 지급한 때에 부동산의 소유권을 취득하고, 담보가등기를 마친 경우에는 청산기간이 지나야 그 가등기에 따른 본등기를 청구할 수 있으며, 이에 반하는 특약으로서 채무자 등에게 불리한 것은 효력이 없다고 규정하고 있다. 위 규정들은 강행법규에 해당하여 이를 위반하여 담보가등기에 기한 본등기가 이루

어진 경우 본등기는 무효라고 할 것이고, 설령 그와 같은 본등기가 가등기권리자와 채무자 사이에 이루어진 특약에 의하여 이루어졌다고 할지라도 만일 특약이 채무자에게 불리한 것으로서 무효라고 한다면 본등기는 여전히 무효일 뿐, 이른바 약한 의미의 양도담보로서 담보의 목적 내에서는 유효하다고 할 것이 아니다. 다만 가등기권리자가 가등기담보법 제3조, 제4조에 정한 절차에 따라 청산금의 평가액을 채무자 등에게 통지한 후 채무자에게 정당한 청산금을 지급하거나 지급할 청산금이 없는 경우에는 채무자가 통지를 받은 날부터 2월의 청산기간이 지나면 <u>위와 같이 무효인 본등기는 실체적 법률관계에 부합하는 유효한 등기로 될 수 있을 뿐이다.</u> [2] 담보가등기에 기하여 마쳐진 본등기가 무효인 경우, 담보목적 부동산에 대한 소유권은 담보가등기 설정자인 채무자 등에게 있고 소유권의 권능 중 하나인 사용수익권도 당연히 담보가등기 설정자가 보유한다. 따라서 <u>채무자가 자신이 소유하는 담보목적 부동산에 관하여 채권자와 임대차계약을 체결하고 채권자에게 차임을 지급하거나 채무자가 자신과 임대차계약을 체결하고 있는 임차인으로 하여금 채권자에게 차임을 지급하도록 하여 채권자가 차임을 수령하였다면, 채권자와 채무자 사이에 위 차임을 피담보채무의 변제와는 무관한 별개의 것으로 취급하기로 약정하였거나 달리 차임이 피담보채무의 변제에 충당되었다고 보기 어려운 특별한 사정이 없는 한 위 차임은 피담보채무의 변제에 충당된 것으로 보아야 한다</u>(대법원 2019. 6. 13. 선고 2018다300661 판결).

정답 ⑤

088 / 비전형담보물권 /

비전형담보에 관한 다음 설명 중 틀린 것은? (다툼이 있는 경우 판례에 의함)

① 가등기담보 등에 관한 법률 제16조 제1항의 가등기권리자에 대한 채권신고 최고는 민사집행절차상 최고에 해당하는데, 그 방법에 관하여 가등기담보법 등에서 특별한 규정을 두고 있지 않다. 따라서 가등기권리자에 대한 채권신고 최고는 상당하다고 인정되는 방법으로 할 수 있다.

② 동산 양도담보권자가 물상대위권 행사로 양도담보 설정자의 화재보험금청구권에 대하여 압류 및 추심명령을 얻어 추심권을 행사하는 경우, 특별한 사정이 없는 한 제3채무자인 보험회사는 양도담보 설정 후 취득한 양도담보 설정자에 대한 별개의 채권을 가지고 상계로써 양도담보권자에게 대항할 수 있다.

③ 동산의 양도담보권자가 강제집행을 수락하는 공정증서에 기하여 담보목적물을 압류하고 강제경매를 실시하는 경우, 환가로 인한 매득금에서 환가비용을 공제한 잔액은 양도담보권자의 채권변제에 전액 충당함이 당연하고 양도담보권자와 압류경합자인 다른 채권자 사이에서 각 채권액에 따라 안분비례로 배당할 것이 아니다.

④ 담보가등기권리자가 담보목적부동산의 경매를 청구하는 방법을 선택하여 그 경매절차가 진행 중인 때에는 특별한 사정이 없는 한 가등기담보법 제3조에 따른 담보권을 실행할 수 없으므로 그 가등기에 따른 본등기를 청구할 수 없다.

⑤ 동산·채권 등의 담보에 관한 법률에 따라 동산담보권이 설정된 유체동산에 대하여 다른 채권자의 신청에 의한 강제집행절차가 진행되는 경우, 민사집행법 제148조 제4호를 유추적용하여

집행관의 압류 전에 등기된 동산담보권을 가진 채권자는 배당요구를 하지 않아도 당연히 배당에 참가할 수 있다.

해 설

① [O] 가등기담보 등에 관한 법률 제16조는 소유권 이전에 관한 가등기가 되어 있는 부동산에 대한 경매 등의 개시결정이 있는 경우 법원은 가등기권리자에 대하여 그 가등기가 담보가등기인 때에는 그 내용 및 채권의 존부·원인 및 수액을, 담보가등기가 아닌 경우에는 그 내용을 법원에 신고할 것을 상당한 기간을 정하여 최고하여야 하고(제1항), 압류등기 전에 경료된 담보가등기권리가 매각에 의하여 소멸되는 때에는 제1항의 채권신고를 한 경우에 한하여 그 채권자는 매각대금의 배당 또는 변제금의 교부를 받을 수 있다고 규정하고 있으므로(제2항), 제2항에 해당하는 담보가등기권리자가 집행법원이 정한 기간 안에 채권신고를 하지 아니하면 매각대금 배당을 받을 권리를 상실한다. 민사집행규칙 제8조 제1항은 민사집행절차에서 최고와 통지는 특별한 규정이 없으면 상당하다고 인정되는 방법으로 할 수 있다고 규정하고 있다. <u>가등기담보법 제16조 제1항의 가등기권리자에 대한 채권신고 최고는 민사집행절차상 최고에 해당하는데, 그 방법에 관하여 가등기담보법 등에서 특별한 규정을 두고 있지 않다. 따라서 가등기권리자에 대한 채권신고 최고는 상당하다고 인정되는 방법으로 할 수 있다고 보아야 한다</u>(대법원 2025. 3. 27. 선고 2024다291102 판결). → 채권자 甲의 신청으로 채무자 乙 소유의 부동산에 대한 강제경매절차가 개시되어 집행법원이 위 부동산에 마쳐진 가등기권리자 丙의 등기상 주소지로 가등기가 담보가등기에 해당하는 경우 배당요구 종기까지 채권신고를 하라는 취지의 최고서를 등기우편으로 발송하였는데, 가등기 후 이사하여 최고서를 송달받지 못한 丙이 배당요구 종기가 지난 후 자신의 가등기가 담보가등기에 해당한다며 채권신고를 하여 배당을 받자, 배당을 전혀 받지 못한 甲이 배당이의 소를 제기한 사안에서, <u>丙이 변경된 주소를 등기하지 않아 집행법원이 부득이 최고서를 丙의 등기부상 주소지로 등기우편에 의해 발송한 것은 민사집행절차상 최고로서 상당하다고 인정되는 방법 중 하나에 해당하여 적법하고, 담보가등기권리자임을 주장하는 丙이 집행법원이 정한 채권신고기간 안에 신고를 하지 아니한 이상 丙은 강제경매절차에서 배당받을 자격을 상실하였다고 봄이 옳은데도,</u> 丙의 채권신고가 적법하여 丙에게 배당받을 자격이 있다고 본 원심판단에 법리오해의 잘못이 있다고 한 사례.

② [X] 동산 양도담보권자는 양도담보 목적물이 소실되어 양도담보 설정자가 보험회사에 대하여 화재보험계약에 따른 보험금청구권을 취득한 경우 담보물 가치의 변형물인 화재보험금청구권에 대하여 양도담보권에 기한 물상대위권을 행사할 수 있는데, <u>동산 양도담보권자가 물상대위권 행사로 양도담보 설정자의 화재보험금청구권에 대하여 압류 및 추심명령을 얻어 추심권을 행사하는 경우 특별한 사정이 없는 한 제3채무자인 보험회사는 〈양도담보 설정〉 후 취득한 양도담보 설정자에 대한 별개의 채권을 가지고 상계로써 양도담보권자에게 대항할 수 없다. 그리고 이는 보험금청구권과 본질이 동일한 공제금청구권에 대하여 물상대위권을 행사하는 경우에도 마찬가지이다</u>(대법원 2014. 09. 25. 선고 2012다58609 판결).

③ [O] [1] 동산을 목적으로 하는 양도담보설정계약을 체결함과 동시에 채무불이행시 강제집행을 수락하는 공정증서를 작성한 경우, 양도담보설정자가 그 피담보채무를 불이행한 때에는 양도담보권자는 양도담보권을 실행하여 담보목적물인 동산을 환가함에 있어서 집행증서에 기하지 아니하고 <u>양도담보의 약정 내용에 따라 이를 사적으로 타에 처분하거나 스스로 취득한 후 정산하는 방법</u>으로 환가할 수도 있지만, <u>집행증서에 기하여 담보목적물을 압류하고 강제경매를 실시하는 방법</u>으로 환가할 수도 있다. [2] 동산의 양도담보권자가 강제집행을 수락하는 공정증서에 기하여 담보목적물을 압류하고 강제경매를 실시하는 경우, 그와 같은 방법에 의한 경매절차는 <u>형식상은 강제경매절차에</u>

따르지만 그 실질은 일반 채권자의 강제집행절차가 아니라 동산양도담보권 실행을 위한 환가절차로서 그 압류절차에 압류를 경합한 양도담보설정자의 다른 채권자는 양도담보권자에 대한 관계에서는 압류경합권자나 배당요구권자로 인정될 수 없고, 따라서 환가로 인한 매득금에서 환가비용을 공제한 잔액은 양도담보권자의 채권변제에 전액 충당함이 당연하고 양도담보권자와 압류경합자인 다른 채권자 사이에서 각 채권액에 따라 안분비례로 배당할 것이 아니다(대법원 1999. 9. 7. 선고 98다47283 판결). → 유체동산에 대한 강제집행의 경우에는 부동산에 대한 강제집행의 경우와 달리 우선변제청구권이 있는 채권자만 배당요구를 할 수 있기 때문이다. [관련조문] 민사집행법 제88조 (배당요구) ① 집행력 있는 정본을 가진 채권자, 경매개시결정이 등기된 뒤에 가압류를 한 채권자, 민법·상법, 그 밖의 법률에 의하여 우선변제청구권이 있는 채권자는 배당요구를 할 수 있다. ② 배당요구에 따라 매수인이 인수하여야 할 부담이 바뀌는 경우 배당요구를 한 채권자는 배당요구의 종기가 지난 뒤에 이를 철회하지 못한다. 민사집행법 제217조 (우선권자의 배당요구) 민법·상법, 그 밖의 법률에 따라 우선변제청구권이 있는 채권자는 매각대금의 배당을 요구할 수 있다. → 따라서 유체동산에 대한 강제집행의 경우에 우선변제청구권이 없는 일반채권자는 집행력 있는 정본의 유무를 불문하고 배당요구를 할 수 없고, 집행력 있는 정본이 있는 경우에는 집행신청을 하여 이중압류를 함으로써 집행에 참가할 수 있다. [비교판례] 저당권에 기한 물상대위권을 갖는 채권자가 동시에 집행권원을 가지고 있으면서 집행권원에 의한 강제집행의 방법을 선택하여 채권의 압류 및 전부명령을 얻은 경우에는 비록 그가 물상대위권을 갖는 실체법상의 우선권자라 하더라도 원래 일반 집행권원에 의한 강제집행절차와 담보권의 실행절차와는 그 개시요건이 다를 뿐만 아니라 다수의 이해관계인이 관여하는 집행절차의 안정과 평등배당을 기대한 다른 일반 채권자의 신뢰를 보호할 필요가 있는 점에 비추어 압류가 경합된 상태에서 발부된 전부명령은 무효로 볼 수 밖에 없다(대법원 1990. 12. 26. 선고 90다카24816 판결).

④ [O] 가등기담보 등에 관한 법률(이하 '가등기담보법'이라 한다) 제12조 제1항 전문은 "담보가등기권리자는 그 선택에 따라 제3조에 따른 담보권을 실행하거나 담보목적부동산의 경매를 청구할 수 있다."라고 규정하고, 제13조 전문은 "담보가등기를 마친 부동산에 대하여 강제경매 등이 개시된 경우에 담보가등기권리자는 다른 채권자보다 자기채권을 우선변제 받을 권리가 있다."라고 규정하며, 제14조는 "담보가등기를 마친 부동산에 대하여 강제경매 등의 개시 결정이 있는 경우에 그 경매의 신청이 청산금을 지급하기 전에 행하여진 경우(청산금이 없는 경우에는 청산기간이 지나기 전)에는 담보가등기권리자는 그 가등기에 따른 본등기를 청구할 수 없다."라고 규정하고 있다. 이러한 가등기담보법 규정의 문언 형식과 내용 및 체계에 더하여 담보목적부동산에 대한 경매절차가 개시된 경우 그 경매절차에 참가할 수 있을 것이라는 후순위권리자 등의 기대를 보호할 필요가 있는 점 등을 고려하면, 담보가등기권리자가 담보목적부동산의 경매를 청구하는 방법을 선택하여 그 경매절차가 진행 중인 때에는 특별한 사정이 없는 한 가등기담보법 제3조에 따른 담보권을 실행할 수 없으므로 그 가등기에 따른 본등기를 청구할 수 없다고 봄이 타당하다(대법원 2022. 11. 30. 선고 2017다232167 판결).

⑤ [O] 동산·채권 등의 담보에 관한 법률(이하 '동산채권담보법'이라 한다)에 따라 동산을 담보로 제공하기로 하는 담보약정을 하고 담보등기를 마치면 동산담보권이 성립한다(제7조). 동산담보권자는 담보목적물에 대하여 다른 채권자보다 자기채권을 우선변제받을 권리가 있다(제8조). 등기를 통해 공시되는 동산담보권을 창설한 동산채권담보법의 입법 취지, 부동산 집행절차에서 등기된 담보권자를 당연히 배당받을 채권자로 정하는 민사집행법 제148조 제4호의 취지, 동산담보권자와 경매채권자 사이의 이익형량 등을 고려하면, 동산담보권이 설정된 유체동산에 대하여 다른 채권자의 신청에 의한 강제집행절차가 진행되는 경우 민사집행법 제148조 제4호를 유추적용하여 집행관의 압류 전에 등기된 동산담보권을 가진 채권자는 배당요구를 하지 않아도 당연히 배당에 참가할 수 있다고 보아야 한다(대법원 2022. 3. 31. 선고 2017다263901 판결). 민사집행법 제148조 (배당받을 채권자의 범위)

제147조 제1항에 규정한 금액을 배당받을 채권자는 다음 각호에 규정된 사람으로 한다. 1. 배당요구의 종기까지 경매신청을 한 압류채권자 2. 배당요구의 종기까지 배당요구를 한 채권자 3. 첫 경매개시결정등기전에 등기된 가압류채권자 4. 저당권·전세권, 그 밖의 우선변제청구권으로서 첫 경매개시결정등기전에 등기되었고 매각으로 소멸하는 것을 가진 채권자

정답 ②

제3편

채권총론

제1장 **채권의 목적**
제2장 **채권의 효력**
제3장 **다수당사자의 채권관계**
제4장 **채권양도와 채무인수**
제5장 **채권의 소멸**

CHAPTER 01 채권의 목적

089 /채권 일반론/

채권에 관한 다음 설명 중 옳은 것을 모두 고른 것은? (다툼이 있으면 판례에 의함)

ㄱ. 이자제한법의 최고이자율 제한에 관한 규정은 계약을 위반한 사람을 제재하고 계약의 이행을 간접적으로 강제하기 위하여 정한 위약벌의 경우에도 적용될 수 있다.

ㄴ. 부제소합의에 따라 소구하지 않기로 한 채무는 자연채무이고, 당사자의 합의로 강제집행하지 않기로 한 채무는 책임 없는 채무에 해당한다. 또한 상속을 한정승인 한 경우, 상속된 채무는 책임이 제한된 채무에 해당하고, 파산절차에서 면책을 받은 채무는 자연채무가 된다.

ㄷ. 금전채무에 관하여 채무자가 채권자를 상대로 채무부존재확인소송을 제기하였을 뿐 이에 대한 채권자의 이행소송이 없는 경우에는, 사실심의 심리 결과 채무의 존재가 일부 인정되어 이에 대한 확인판결을 선고하더라도 지연손해금 산정에 대하여 소송촉진 등에 관한 특례법 제3조의 법정이율을 적용할 수 없다.

ㄹ. 특정물의 매매에서 그 목적물이 인도되지 아니하였으면 매수인이 대금지급을 지체하여도 매도인은 인도가 이루어지기 이전에 발생한 목적물의 관리보존비의 상환을 구할 수 없다.

ㅁ. 해상운송인의 요청에 따라 운송인이 부담하는 운송업무의 일부를 그의 보조자로서 수행하는 선박대리점은 운송계약상 운송인의 이행보조자라고 할 수 없다.

ㅂ. 제한종류채권에서 채무자가 이행에 필요한 행위를 하지 아니하거나 지정권자로 된 채무자가 이행할 물건을 지정하지 아니하여 급부목적물이 특정되지 아니하는 경우에는 채권의 기한이 도래한 후 채권자가 상당한 기간을 정하여 지정권이 있는 채무자에게 지정을 최고하여도 채무자가 이행할 물건을 지정하지 않으면 지정권이 채권자에게 이전한다.

① ㄱ, ㄴ
② ㄴ, ㄷ, ㄹ
③ ㄷ, ㄹ, ㅁ
④ ㄱ, ㄷ, ㄹ, ㅂ
⑤ ㄴ, ㄷ, ㄹ, ㅂ

[해설]

ㄱ. [✕] 위약금은 민법 제398조 제4항에 의하여 손해배상액의 예정으로 추정되므로, 위약금이 위약벌로 해석되기 위해서는 특별한 사정이 주장·증명되어야 한다. 한편 구 이자제한법 제2조 제1항은 "금전대차에 관한 계약상의 최고이자율은 연 30%를 초과하지 아니하는 범위 안에서 대통령령으로 정한다."라고 정하고 있고, 같은 조 제2항은 "제1항에 따른 최고이자율은 약정한 때의 이자율을 말한다."라고 규정하고 있으며, 같은 조 제3항은 "계약상의 이자로서 제1항에서 정한 최고이자율을 초과하는 부분은 무효로 한다."라고 규정하고 있으므로, 이자제한법의 최고이자율 제한에 관한 규

정은 금전대차에 관한 계약상의 이자에 관하여 적용될 뿐, 계약을 위반한 사람을 제재하고 계약의 이행을 간접적으로 강제하기 위하여 정한 위약벌의 경우에는 적용될 수 없다(대법원 2017. 11. 29. 선고 2016다259769 판결). **[보충] 이자제한법 제2조 제1항의 최고이자율에 관한 규정** 이자제한법 제2조 제1항에 따른 금전대차에 관한 계약상의 최고이자율은 연 20퍼센트로 한다. **부칙 제1조 (시행일)** 이 영은 공포 후 3개월이 경과한 날부터 시행한다. **제2조 (적용례)** 이 영은 이 영 시행 이후 계약을 체결하거나 갱신하는 분부터 적용한다[시행 2021. 7. 7.]. **소송촉진 등에 관한 특례법 제3조 제1항 본문의 법정이율에 관한 규정** 「소송촉진 등에 관한 특례법」 제3조 제1항 본문에서 "대통령령으로 정하는 이율"이란 연 100분의 12를 말한다.

ㄴ. **[O]** 부제소 합의에 의해 소구가 불가능한 채무는 자연채무이다. 그리고 부집행 특약이 있는 채무는 책임 없는 채무이다. **[관련판례1]** 상속의 한정승인은 채무의 존재를 한정하는 것이 아니라 단순히 그 책임의 범위를 한정하는 것에 불과하기 때문에, 상속의 한정승인이 인정되는 경우에도 상속채무가 존재하는 것으로 인정되는 이상, 법원으로서는 상속재산이 없거나 그 상속재산이 상속채무의 변제에 부족하다고 하더라도 상속채무 전부에 대한 이행판결을 선고하여야 하고, 다만, 그 채무가 상속인의 고유재산에 대해서는 강제집행을 할 수 없는 성질을 가지고 있으므로, 집행력을 제한하기 위하여 이행판결의 주문에 상속재산의 한도에서만 집행할 수 있다는 취지를 명시하여야 한다(대법원 2003. 11. 14. 선고 2003다30968 판결). **[관련판례2]** 회사정리법 제241조는 정리계획의 인가가 있는 때에는 계획의 규정 또는 같은 법의 규정에 의하여 인정된 권리를 제외하고 회사는 모든 정리채권과 정리담보권에 관하여 그 책임을 면한다고 규정하고 있는바, 여기서 말하는 면책이라 함은 채무 자체는 존속하지만 회사에 대하여 이행을 강제할 수 없다는 의미라고 봄이 상당하다(대법원 2001. 7. 24. 선고 2001다3122 판결).

ㄷ. **[O]** 「소송촉진 등에 관한 특례법」(이하 '소송촉진법'이라 한다) 제3조는 금전채권자의 소 제기 후에도 상당한 이유 없이 채무를 이행하지 아니하는 채무자에게 지연이자에 관하여 불이익을 가함으로써 채무불이행상태의 유지 및 소송의 불필요한 지연을 막고자 하는 것을 그 중요한 취지로 한다. 또한 소송촉진법 제3조의 문언상으로도 "금전채무의 전부 또는 일부의 이행을 명하는 판결을 선고할 경우"에 금전채무 불이행으로 인한 손해배상액 산정의 기준이 되는 법정이율에 관하여 정하고 있다(또한 같은 조 제2항도 "채무자에게 그 이행의무가 있음을 선언하는 사실심 판결이 선고"되는 것을 전제로 하여 규정한다). 따라서 금전채무에 관하여 채무자가 채권자를 상대로 채무부존재확인소송을 제기하였을 뿐 이에 대한 채권자의 이행소송이 없는 경우에는, 사실심의 심리 결과 채무의 존재가 일부 인정되어 이에 대한 확인판결을 선고하더라도 이는 금전채무의 전부 또는 일부의 이행을 명하는 판결을 선고한 것은 아니므로, 이 경우 지연손해금 산정에 대하여 소송촉진법 제3조의 법정이율을 적용할 수 없다(대법원 2021. 6. 3. 선고 2018다276768 판결).

ㄹ. **[O]** 특정물의 매매에 있어서 그 목적물이 매수인에게 인도되지 아니하였으면 매수인이 대금지급을 지체하여도 매도인은 매수인에게 동 인도가 이루어지기 이전의 기간 동안의 목적물의 관리보존비의 상환이나 매매대금의 이자상당액의 손해배상청구를 할 수 없다(대법원 1981. 5. 26. 선고 80다211 판결). **[보충해설]** 제587조에 의하여 목적물에 대한 사용이익과 대금에 대한 이자가 등가성이 있다는 의미의 판결이다.

ㅁ. **[X]** 선박대리점은 해상운송사업을 영위하는 자를 위하여 그 사업에 속하는 거래의 대리를 업무로 하는 자로서 운송인과의 계약에 따라 화물의 교부와 관련한 일체의 업무를 수행한다. 따라서 해상운송인의 요청에 따라 운송인이 부담하는 운송업무의 일부를 그의 보조자로서 수행하는 선박대리점은 운송계약상 운송인의 이행보조자라고 할 수 있다(대법원 2019. 4. 11. 선고 2016다276719 판결).

ㅂ. **[O]** 제한종류채권에 있어 급부목적물의 특정은 원칙적으로 종류채권의 급부목적물의 특정에 관하여 민법 제375조 제2항이 적용되므로 채무자가 이행에 필요한 행위를 완료하거나 채권자의 동의를

얻어 이행할 물건을 지정한 때에는 그 물건이 채권의 목적물이 되는 것이나, 당사자 사이에 지정권의 부여 및 지정의 방법에 관한 합의가 없고 채무자가 이행에 필요한 행위를 하지 아니하거나 지정권자로 된 채무자가 이행할 물건을 지정하지 아니하는 경우에는 <u>선택채권의 선택권 이전에 관한 민법 제381조를 준용하여 채권의 기한이 도래한 후 채권자가 상당한 기간을 정하여 지정권이 있는 채무자에게 그 지정을 최고하여도 채무자가 이행할 물건을 지정하지 아니하면 지정권이 채권자에게 이전한다</u>(대법원 2003. 3. 28. 선고 2000다24856 판결). **[관련판례]** 토지소유자가 1필 또는 수필의 토지 중 일정 면적의 소유권을 상대방에게 양도하기로 하는 계약을 체결한 경우, <u>상대방이 토지소유자에 대하여 구체적으로 어떠한 내용의 권리를 가지는지는 원칙적으로 당해 계약의 해석문제로 귀착되는 것이지만, 위치와 형상이 중요시되는 토지의 특성 등을 감안하여 볼 때 특별한 사정이 없는 한 위치가 특정된 일정 면적의 토지 소유권을 양도받을 수 있는 권리를 가지는 것으로 보아야 하고, 따라서 위와 같은 계약에서 양도받을 토지 위치가 확정되지 아니하였다면 상대방이 토지소유자에게 가지는 채권은 민법 제380조에서 정한 선택채권에 해당하는 것으로 보아야 한다</u>(대법원 2011. 06. 30. 선고 2010다16090 판결).

정답 ⑤

090 /채권의 목적/

다음 설명 중 옳지 않은 것은? (다툼이 있으면 판례에 의함)

① 동산의 소유권유보부 매매에서 목적물이 매수인에게 인도되었더라도 매도인은 대금이 모두 지급될 때까지 매수인뿐만 아니라 제3자에 대하여도 유보된 목적물의 소유권을 주장할 수 있다는 법리는 그 매매계약의 목적물이 종류물인 경우에도 다를 바 없다.

② 임대차계약이 종료된 후 보증금을 반환받지 못한 임차인은 임대인에게 동시이행의 항변권을 행사하면서 목적물의 반환을 거절할 수 있으나, 그 경우에도 임대인이 수령지체에 빠진 것이 아니라면 임차인은 목적물을 반환할 때까지 선량한 관리자의 주의로 이를 보존할 의무가 있다.

③ 수임인이 위임사무를 처리함에 있어 받은 물건으로서 위임인에게 인도할 목적물은 그것이 대체물이더라도 당사자 간에는 특정된 물건과 같은 것으로 보아야 한다.

④ 민법은 금전채무 불이행으로 인한 손해배상에 대하여 채무불이행 사실만으로 지연이자만큼의 손해발생을 의제하고 있으나, 소송에서 채권자가 손해발생의 주장조차 하지 않은 경우에는 지연이자만큼의 손해는 인용될 수 없다.

⑤ 금전을 이전받는 상대방이 이전받은 금전의 원금 전액 반환을 보장하는 약정을 하지 않았다면 이는 금전소비대차계약이라고 할 수 없어 이자제한법이 적용될 여지가 없다. 따라서 금전을 지급한 당사자와 상대방 사이에 이전받은 금전의 원금 전액 반환과 아울러 추가로 상대방의 사업 성공이나 이익의 발생 등과 같은 조건충족에 결부시키지 않은 일정한 금전의 지급을 약정 내용 자체에서 확정적으로 보장하였더라도, 이러한 약정은 이자제한법이 적용될 가능성이 높지 않다.

해 설

① [O] 동산의 매매계약을 체결하면서, 매도인이 대금을 모두 지급받기 전에 목적물을 매수인에게 인도하지만 대금이 모두 지급될 때까지는 목적물의 소유권은 매도인에게 유보되며 대금이 모두 지급된 때에 그 소유권이 매수인에게 이전된다는 내용의 이른바 소유권유보의 특약을 한 경우, 목적물의 소유권을 이전한다는 당사자 사이의 물권적 합의는 매매계약을 체결하고 목적물을 인도한 때 이미 성립하지만 대금이 모두 지급되는 것을 정지조건으로 하므로, 목적물이 매수인에게 인도되었다고 하더라도 특별한 사정이 없는 한 매도인은 대금이 모두 지급될 때까지 매수인뿐만 아니라 제3자에 대하여도 유보된 목적물의 소유권을 주장할 수 있으며, 이와 같은 법리는 소유권유보의 특약을 한 매매계약이 매수인의 목적물 판매를 예정하고 있고, 그 매매계약에서 소유권유보의 특약을 제3자에 대하여 공시한 바 없고, 또한 그 매매계약이 종류물을 목적물로 하고 있다 하더라도 다를 바 없다(대법원 1999. 09. 07. 선고 99다30534 판결).

② [O] 임대차 종료 후 임차인의 임차목적물 명도의무와 임대인의 연체차임 기타 명도시까지 발생한 손해배상금 등을 공제하고 남은 임대보증금반환 채무와는 동시이행의 관계에 있는 것이어서 임차인은 이를 지급받을 때까지 동시이행의 항변권에 기하여 목적물을 유치하면서 명도를 거절할 권리가 있는 것이나, 임차인은 임차목적물을 명도할 때까지는 선량한 관리자의 주의로 이를 보존할 의무가 있어, 이러한 주의의무를 위반하여 임대목적물이 멸실, 훼손된 경우에는 그에 대한 손해를 배상할 채무가 발생하며, 임대목적물이 멸실, 훼손된 경우 임차인이 그 책임을 면하려면 그 임차건물의 보존에 관하여 선량한 관리자의 주의의무를 다하였음을 입증하여야 할 것이다(대법원 1991. 10. 25. 선고 91다22605 판결).

③ [O] 수임인이 위임사무를 처리함에 있어 받은 물건으로 위임인에게 인도한 목적물은 그것이 대체물이더라도 당사자간에 있어서는 특정된 물건과 같은 것으로 보아야 한다(대법원 1962. 12. 16. 선고 67다1525 판결).

④ [O] 금전채무 불이행에 관한 특칙을 규정한 민법 제397조는 그 이행지체가 있으면 지연이자 부분만큼의 손해가 있는 것으로 의제하려는 데에 그 취지가 있는 것이므로 지연이자를 청구하는 채권자는 그 만큼의 손해가 있었다는 것을 증명할 필요가 없는 것이나, 그렇다고 하더라도 채권자가 금전채무의 불이행을 원인으로 손해배상을 구할 때에 지연이자 상당의 손해가 발생하였다는 취지의 주장은 하여야 하는 것이지 주장조차 하지 아니하여 그 손해를 청구하고 있다고 볼 수 없는 경우까지 지연이자 부분만큼의 손해를 인용해 줄 수는 없는 것이다(대법원 2000. 2. 11. 선고 99다49644 판결).
[보충해설] 입증은 할 필요가 없지만 처분권주의의 원칙상 주장은 해야 한다.

⑤ [X] 이자제한법은 이자의 적정한 최고한도를 정함으로써 국민경제생활의 안정과 경제정의를 실현하기 위하여 제2조에서 "금전대차에 관한 계약상의 최고이자율은 연 25%를 초과하지 아니하는 범위 안에서 대통령령으로 정한다(제1항). 계약상의 이자로서 제1항에서 정한 최고이자율을 초과하는 부분은 무효로 한다(제3항)."라고 규정한다. 나아가 "예금, 할인금, 수수료, 공제금, 체당금, 그 밖의 명칭에도 불구하고 금전의 대차와 관련하여 채권자가 받은 것은 이를 이자로 본다(제4조 제1항)."라는 규정과 "제2조 제1항에서 정한 최고이자율을 초과하여 이자를 받은 자는 1년 이하의 징역 또는 1천만 원 이하의 벌금에 처한다(제8조 제1항)."라는 규정을 두고 있다. 이처럼 이자제한법은 금전소비대차계약에 관하여 규율하면서 최고이자율을 넘는 이자나 금전대차와 관련한 대가 지급약정의 효력을 인정하지 않고 이를 초과하여 이자를 받은 자를 형사처벌하고 있다. 민법 제598조는 "소비대차는 당사자 일방이 금전 기타 대체물의 소유권을 상대방에게 이전할 것을 약정하고 상대방은 그와 같은 종류, 품질 및 수량으로 반환할 것을 약정함으로써 그 효력이 생긴다."라고 규정하는바, 금전을 이전받는 상대방이 이전받은 금전의 원금 전액 반환을 보장하는 약정을 하지 않았다면 이는

금전소비대차계약이라고 할 수 없어 이자제한법이 적용될 여지가 없다. 이자제한법의 적용을 받는 금전소비대차계약인지 여부는 원칙적으로 당사자 사이의 계약 해석의 문제로, 금전을 지급한 당사자와 상대방 사이의 관계, 금전을 지급하게 된 경위, 금전 지급에 대하여 상대방이 제공하기로 약정한 이익의 성질과 제공 방법, 통상적인 거래관념 등을 종합적으로 고려하여야 하는데, 금전을 지급한 당사자와 상대방 사이에 이전받은 금전의 원금 전액 반환과 아울러 추가로 상대방의 사업 성공이나 이익의 발생 등과 같은 조건충족에 결부시키지 않은 일정한 금전의 지급을 약정 내용 자체에서 확정적으로 보장하였다면, 이러한 약정은 금전소비대차계약으로서 이자제한법이 적용될 가능성이 높다(대법원 2024. 11. 14. 선고 2023다272289 판결).

정 답 ⑤

CHAPTER 02 채권의 효력

제1절 • 채무불이행과 손해배상

091 / 이행지체 /
이행지체에 관한 다음 설명 중 옳은 것을 모두 고른 것은? (다툼이 있으면 판례에 의함)

> ㄱ. 보증채무의 이행지체로 인한 지연손해금은 보증한도액과는 별도이며, 주채무에 관하여 약정된 연체이율이 보증채무에도 당연히 적용된다.
>
> ㄴ. 금전채무에 관하여 이행지체에 대비한 지연손해금 비율을 따로 약정한 경우에 이는 손해배상액의 예정으로서 감액의 대상이 된다. 손해배상 예정액을 감액하기 위한 요건인 '부당성'은 일반 사회관념에 비추어 예정액의 지급이 경제적 약자의 지위에 있는 채무자에게 부당한 압박을 가하여 공정성을 잃는 결과를 초래하는 경우에 인정된다. 특히 금전채무의 불이행에 대하여 손해배상액을 예정한 경우에는 통상적인 연체금리도 고려하여야 한다.
>
> ㄷ. 부동산 매수인이 선이행 의무 있는 중도금을 지급하지 않고 있던 중에 잔대금 지급과 동시이행관계에 있는 매도인의 소유권이전등기서류의 교부가 되지 않은 상태에서 잔대금 지급기일이 도과되었다면, 매수인은 특별한 사정이 없는 한 그 도과된 때부터의 중도금 지급에 대한 이행지체 책임은 지지 않는다.
>
> ㄹ. 기한을 정하지 않은 채무에 정지조건이 있는 경우, 정지조건이 객관적으로 성취되고 그 후에 채권자가 이행을 청구하면 바로 지체책임이 발생한다. 그러나 이러한 경우에도 청구금액이 확정되지 아니하였다면 채무자가 지체책임을 면할 수 있다.
>
> ㅁ. 쌍무계약의 당사자 일방이 동시이행관계에 있는 자신의 채무를 일시적으로 이행제공 하였다가 이를 중지하였다면, 이행제공이 계속되지 아니하는 기간 동안에는 상대방의 의무가 이행지체 상태에 빠졌다고 할 수 없다.

① ㄱ, ㄴ, ㄷ ② ㄱ, ㄹ, ㅁ ③ ㄴ, ㄷ, ㅁ
④ ㄱ, ㄴ, ㄷ, ㅁ ⑤ ㄴ, ㄷ, ㄹ, ㅁ

[해설]

ㄱ. [×] 보증채무는 주채무와는 별개의 채무이기 때문에 보증채무 자체의 이행지체로 인한 지연손해금은 보증한도액과는 별도인바, 이 경우 보증채무의 연체이율에 관하여 특별한 약정이 있으면 그에 따르고 특별한 약정이 없으면 거래행위의 성질에 따라 상법 또는 민법에서 정한 법정이율에 따르는 것이지, 주채무에 관하여 약정된 연체이율이 당연히 여기에 적용되는 것은 아니다(대법원 2014. 3. 13. 선고 2013다205693 판결). 보증서의 보증금액은 보증인이 보증책임을 지게 될 주채무에 관한 한도액을 정한 것으로서 한도액에는 주채무자의 채권자에 대한 원금과 이자 및 지연손해금이 모두 포함되고 합계액이 보증의 한도액을 초과할 수 없지만, 보증채무는 주채무와는 별개의 채무

이기 때문에 보증채무 자체의 이행지체로 인한 지연손해금은 보증의 한도액과는 별도로 부담하여야 하고, 이때 보증채무의 연체이율에 관하여 특별한 약정이 없는 경우라면 거래행위의 성질에 따라 상법 또는 민법에서 정한 법정이율에 따라야 한다. 그리고 선급금 반환사유가 발생하였을 경우 선급금 잔액에 대하여 선급금 지급 시부터 이자를 가산하여 반환할지는 주계약 당사자 사이의 약정에 따라야 한다(대법원 2016. 01. 28. 선고 2013다74110 판결).

ㄴ. [O] [1] 민법 제398조 제2항은 손해배상의 예정액이 부당히 과다한 경우에는 법원이 이를 적당히 감액할 수 있다고 규정하고 있고, 금전채무의 불이행에 관하여 적용을 배제하지 않고 있다. 또한 이자제한법 제6조는 법원은 당사자가 금전을 목적으로 한 채무의 불이행에 관하여 예정한 배상액을 부당하다고 인정한 때에는 상당한 액까지 이를 감액할 수 있다고 규정하고 있다. 따라서 금전채무에 관하여 이행지체에 대비한 지연손해금 비율을 따로 약정한 경우에 이는 손해배상액의 예정으로서 감액의 대상이 된다. [2] 손해배상 예정액을 감액하기 위한 요건인 '부당성'은 채권자와 채무자의 지위, 계약의 목적과 내용, 손해배상액을 예정한 동기, 채무액에 대한 예정액의 비율, 예상손해액의 크기, 당시의 거래관행 등 모든 사정을 참작하여 일반 사회관념에 비추어 예정액의 지급이 경제적 약자의 지위에 있는 채무자에게 부당한 압박을 가하여 공정성을 잃는 결과를 초래하는 경우에 인정된다. 특히 금전채무의 불이행에 대하여 손해배상액을 예정한 경우에는 위에서 든 고려요소 이외에 통상적인 연체금리도 고려하여야 한다. 이와 같이 손해배상의 예정액이 부당한지 여부나 그에 대한 적당한 감액의 범위를 판단하는 기준 시점은 법원이 구체적으로 판단을 하는 때, 즉 사실심의 변론종결 당시이다. 이때 감액사유에 대한 사실인정이나 비율을 정하는 것은 형평의 원칙에 비추어 현저히 불합리하다고 인정되지 않는 한 사실심의 전권에 속하는 사항이다(대법원 2017. 7. 11. 선고 2016다52265 판결).

ㄷ. [O] 매수인이 선이행의무 있는 중도금을 지급하지 않았다 하더라도 계약이 해제되지 않은 상태에서 잔대금 지급기일이 도래하여 그 때까지 중도금과 잔대금이 지급되지 아니하고 잔대금과 동시이행관계에 있는 매도인의 소유권이전등기 소요서류가 제공된 바 없이 그 기일이 도과하였다면, 특별한 사정이 없는 한 매수인의 중도금 및 잔대금의 지급과 매도인의 소유권이전등기 소요서류의 제공은 동시이행관계에 있다 할 것이어서 그 때부터는 매수인은 중도금을 지급하지 아니한 데 대한 이행지체의 책임을 지지 아니한다(대법원 1998. 3. 13. 선고 97다54604 판결). 매매계약에서 대가적 의미가 있는 매도인의 소유권이전의무와 매수인의 대금지급의무는 다른 약정이 없는 한 동시이행의 관계에 있다. 설령 어느 의무가 선이행의무라고 하더라도 이행기가 지난 때에는 이행기가 지난 후에도 여전히 선이행하기로 약정하는 등의 특별한 사정이 없는 한 그 의무를 포함하여 매도인과 매수인 쌍방의 의무는 동시이행관계에 놓이게 된다(대법원 2021. 7. 29. 선고 2017다3222 판결). [관련판례] ★ [사례형·기록형] 매수인이 선이행하여야 할 중도금 지급을 하지 아니한 채 잔대금지급일을 경과한 경우에는 매수인의 중도금 및 이에 대한 〈지급일 다음날〉부터 〈잔대금지급일〉까지의 지연손해금과 잔대금의 지급채무는 매도인의 소유권이전등기의무와 특별한 사정이 없는 한 동시이행관계에 있다(대법원 1991. 3. 27. 선고 90다19930 판결).

ㄹ. [X] 기한을 정하지 않은 채무에 정지조건이 있는 경우, 정지조건이 객관적으로 성취되고 그 후에 채권자가 이행을 청구하면 바로 지체책임이 발생한다. 조건과 기한은 하나의 법률행위에 독립적으로 작용하는 부관이므로, '조건의 성취'는 '기한이 없는 채무에서 이행기의 도래'와는 별개의 문제이기 때문이다. 그리고 청구금액이 확정되지 아니하였다는 이유만으로 채무자가 지체책임을 면할 수는 없다. 청구권은 이미 발생하였고 가액이 아직 확정되지 아니한 것일 뿐이므로, 지연손해금 발생의 전제가 되는 원본 채권이 부존재한다고 말할 수는 없기 때문이다. 불법행위로 인한 손해배상채무의 경우 불법행위가 발생한 시점에는 손해배상액을 확정할 수 없는 경우가 대부분이지만, 그 발생 시점부터 지체책임이 성립하는 점에 비추어도 그러하다(대법원 2018. 7. 20. 선고 2015다207044 판결).

ㅁ. [O] 쌍무계약의 당사자 일방이 먼저 한번 현실의 제공을 하고 상대방을 수령지체에 빠지게 하였다 하더라도 그 이행의 제공이 계속되지 않는 경우는 과거에 이행의 제공이 있었다는 사실만으로 상대방이 가지는 동시이행의 항변권이 소멸하는 것은 아니므로, <u>일시적으로 당사자 일방의 의무의 이행제공이 있었으나 곧 그 이행의 제공이 중지되어 더 이상 그 제공이 계속되지 아니하는 기간 동안에는 상대방의 의무가 이행지체 상태에 빠졌다고 할 수는 없다</u>고 할 것이고, 따라서 그 이행의 제공이 중지된 이후에 상대방의 의무가 이행지체 되었음을 전제로 하는 손해배상청구도 할 수 없다 (대법원 1999. 7. 9. 선고 98다13754 판결). **[지문정리]** 판례는 상대방의 동시이행의 항변권을 소멸시키기 위한 제공의 정도와 관련하여 계속적 제공설의 입장이다.

정답 ③

092 / 채무불이행과 채권자지체 /

채무불이행과 채권자지체에 관한 설명 중 옳은 것을 모두 고른 것은? (다툼이 있으면 판례에 의함)

> ㄱ. 피보증인이 불법행위로 사용자에게 손해를 입힌 경우, 신원보증인은 피보증인의 불법행위로 인한 손해발생과 동시에 신원보증채무에 대한 지체책임을 진다.
>
> ㄴ. 매도인이 소유권이전등기에 필요한 서류를 갖추었는지 여부를 묻지 않고 매수인의 지급기일 도과사실 자체만으로 계약을 실효시키기로 특약을 하였다거나, 매수인이 수회에 걸친 채무불이행에 대하여 책임을 느끼고 잔금 지급기일의 연기를 요청하면서 새로운 약정기일까지는 반드시 계약을 이행할 것을 확약하고 불이행 시에는 매매계약이 자동적으로 해제되는 것을 감수하겠다는 내용의 약정을 하였다고 볼 특별한 사정이 있다면, 매수인이 잔금 지급기일까지 잔금을 지급하지 않음으로써 매매계약은 자동적으로 실효된다.
>
> ㄷ. 이행기의 정함이 없는 채권을 양수한 채권양수인이 채무자를 상대로 이행을 구하는 소를 제기하고 소송 계속 중 채무자에 대한 채권양도 통지가 이루어진 경우 채무자는 소제기시부터 이행지체 책임을 진다.
>
> ㄹ. 금전채무의 이행지체로 인하여 발생하는 지연이자는 단기소멸시효에 관한 민법 제163조 제1호가 규정한 '1년 이내의 기간으로 정한 채권'에 해당하여 3년의 단기소멸시효의 대상이 된다.
>
> ㅁ. 채권자지체의 성립에 채권자의 귀책사유는 요구되지 않는다. 또한 채권자지체가 성립하는 경우 그 효과로서 원칙적으로 채권자에게 민법 규정에 따른 일정한 책임이 인정되는 것 외에, 채무자가 채권자에 대하여 일반적인 채무불이행책임과 마찬가지로 손해배상이나 계약 해제를 주장할 수는 없다.

ㅂ. 지연손해금은 금전채무의 이행지체에 따른 손해배상으로서 기한이 없는 채무에 해당하므로, 확정된 지연손해금에 대하여 채권자가 이행청구를 하면 채무자는 그에 대한 지체책임을 부담하게 된다. 판결에 의해 권리의 실체적인 내용이 바뀌는 것은 아니므로, 이행판결이 확정된 지연손해금의 경우에도 채권자의 이행청구에 의해 지체책임이 생긴다.

① ㄱ, ㄴ, ㄷ   ② ㄷ, ㄹ, ㅁ   ③ ㄱ, ㄷ, ㅁ
④ ㄴ, ㅁ, ㅂ   ⑤ ㄴ, ㄹ, ㅂ

해설

ㄱ. [✗] 신원보증인의 채무는 피보증인의 불법행위로 인한 손해배상채무 그 자체가 아니고 신원보증계약에 기하여 발생한 채무로서 이행기의 정함이 없는 채무이므로 채권자로부터 이행청구를 받지 않으면 지체의 책임이 생기지 않는다(대법원 2009. 11. 26. 선고 2009다59671 판결).

ㄴ. [○] 부동산 매매계약에서 매수인이 잔대금 지급기일까지 그 대금을 지급하지 못하면 계약이 자동적으로 해제된다는 취지의 약정이 있더라도 매도인이 이행의 제공을 하여 매수인을 이행지체에 빠뜨리지 않는 한 지급기일의 도과사실만으로는 매매계약이 자동해제된 것으로 볼 수 없다. 다만 매도인이 소유권이전등기에 필요한 서류를 갖추었는지 여부를 묻지 않고 매수인의 지급기일 도과사실 자체만으로 계약을 실효시키기로 특약을 하였다거나, 매수인이 수회에 걸친 채무불이행에 대하여 책임을 느끼고 잔금 지급기일의 연기를 요청하면서 새로운 약정기일까지는 반드시 계약을 이행할 것을 확약하고 불이행 시에는 매매계약이 자동적으로 해제되는 것을 감수하겠다는 내용의 약정을 하였다고 볼 특별한 사정이 있다면, 매수인이 잔금 지급기일까지 잔금을 지급하지 않음으로써 그 매매계약은 자동적으로 실효된다(대법원 2022. 11. 30. 선고 2022다255614 판결).

ㄷ. [✗] 채무에 이행기의 정함이 없는 경우에는 채무자가 이행의 청구를 받은 다음 날부터 이행지체의 책임을 지는 것이나, 한편 지명채권이 양도된 경우 채무자에 대한 대항요건이 갖추어질 때까지 채권양수인은 채무자에게 대항할 수 없으므로, 이행기의 정함이 없는 채권을 양수한 채권양수인이 채무자를 상대로 그 이행을 구하는 소를 제기하고 소송 계속 중 채무자에 대한 채권양도통지가 이루어진 경우에는 특별한 사정이 없는 한 채무자는 채권양도통지가 도달된 다음 날부터 이행지체의 책임을 진다(대법원 2014. 04. 10. 선고 2012다29557 판결).

ㄹ. [✗] 변제기 이후에 지급하는 지연이자는 금전채무의 이행을 지체함으로 인한 손해배상금이지 이자가 아니고 또 민법 제163조 제1호 소정의 1년 이내의 기간으로 정한 채권도 아니므로 단기소멸시효의 대상이 되는 것도 아니다(대법원 1989. 2. 28. 선고 88다카2114 판결). **[보충해설]** 따라서 민법상 법률관계이면 10년의, 상법상 법률관계이면 5년의 소멸시효의 대상이 된다.

ㅁ. [○] 민법 제400조는 채권자지체에 관하여 "채권자가 이행을 받을 수 없거나 받지 아니한 때에는 이행의 제공 있는 때로부터 지체책임이 있다."라고 정하고 있다. 채무의 내용인 급부가 실현되기 위하여 채권자의 수령 그 밖의 협력행위가 필요한 경우에, 채무자가 채무의 내용에 따른 이행제공을 하였는데도 채권자가 수령 그 밖의 협력을 할 수 없거나 하지 않아 급부가 실현되지 않는 상태에 놓이면 채권자지체가 성립한다. 채권자지체의 성립에 채권자의 귀책사유는 요구되지 않는다. 민법은 채권자지체의 효과로서 채권자지체 중에는 채무자는 고의 또는 중대한 과실이 없으면 불이행으로 인한 모든 책임이 없고(제401조), 이자 있는 채권이라도 채무자는 이자를 지급할 의무가 없으며(제402조), 채권자지체로 인하여 그 목적물의 보관 또는 변제의 비용이 증가된 때에는 그 증가

액은 채권자가 부담하는 것으로 정한다(제403조). 나아가 채권자의 수령지체 중에 당사자 쌍방의 책임 없는 사유로 채무를 이행할 수 없게 된 때에는 채무자는 상대방의 이행을 청구할 수 있다(제538조 제1항). 이와 같은 규정 내용과 체계에 비추어 보면, 채권자지체가 성립하는 경우 그 효과로서 원칙적으로 채권자에게 민법 규정에 따른 일정한 책임이 인정되는 것 외에, 채무자가 채권자에 대하여 일반적인 채무불이행책임과 마찬가지로 손해배상이나 계약 해제를 주장할 수는 없다. 그러나 계약 당사자가 명시적·묵시적으로 채권자에게 급부를 수령할 의무 또는 채무자의 급부 이행에 협력할 의무가 있다고 약정한 경우, 또는 구체적 사안에서 신의칙상 채권자에게 위와 같은 수령의무나 협력의무가 있다고 볼 특별한 사정이 있다고 인정되는 경우에는 그러한 의무 위반에 대한 책임이 발생할 수 있다. 그중 신의칙상 채권자에게 급부를 수령할 의무나 급부 이행에 협력할 의무가 있다고 볼 특별한 사정이 있는지는 추상적·일반적으로 판단할 것이 아니라 구체적 사안에서 계약의 목적과 내용, 급부의 성질, 거래 관행, 객관적·외부적으로 표명된 계약 당사자의 의사, 계약 체결의 경위와 이행 상황, 급부의 이행 과정에서 채권자의 수령이나 협력이 차지하는 비중 등을 종합적으로 고려해서 개별적으로 판단해야 한다. 이와 같이 채권자에게 계약상 의무로서 수령의무나 협력의무가 인정되는 경우, 그 수령의무나 협력의무가 이행되지 않으면 계약 목적을 달성할 수 없거나 채무자에게 계약의 유지를 더 이상 기대할 수 없다고 볼 수 있는 때에는 채무자는 수령의무나 협력의무 위반을 이유로 계약을 해제할 수 있다(대법원 2021. 10. 28. 선고 2019다293036 판결).

ㅂ. [O] [1] 지연손해금은 금전채무의 이행지체에 따른 손해배상으로서 기한이 없는 채무에 해당하므로, 확정된 지연손해금에 대하여 채권자가 이행청구를 하면 채무자는 그에 대한 지체책임을 부담하게 된다. 판결에 의해 권리의 실체적인 내용이 바뀌는 것은 아니므로, 이행판결이 확정된 지연손해금의 경우에도 채권자의 이행청구에 의해 지체책임이 생긴다. [2] 소송촉진 등에 관한 특례법(이하 '소송촉진법'이라고 한다) 제3조의 입법 취지는, 금전채무의 이행을 구하는 소가 제기되었는데도 정당한 이유 없이 이행하지 않는 채무자에게 가중된 법정이율에 따른 지연손해금을 물림으로써 채무불이행 상태가 계속되거나 소송이 불필요하게 지연되는 것을 막고자 하는 데 있다. 소송촉진법 제3조의 문언을 보아도, '금전채무의 이행을 명하는 판결을 선고할 경우'에 '그 금전채무의 이행을 구하는 소장이 송달된 다음 날부터 지체책임에 관하여 가중된 법정이율을 적용하되, '그 이행의무가 있음을 선언하는 사실심 판결이 선고되기 전까지 채무자가 그 이행의무에 관하여 항쟁하는 것이 타당한 범위'에서 위 법정이율을 적용하지 않을 수 있다고 되어 있으므로, 금전채무 원본의 이행청구가 소송물일 때 그 이행을 명하면서 동시에 그에 덧붙는 지연손해금에 관하여 적용되는 규정임을 알 수 있다. 그러므로 지연손해금 발생의 원인이 된 원본에 관하여 이행판결을 선고하지 않는 경우에는 소송촉진법 제3조에 따른 법정이율을 적용할 수 없다. [이유] 앞서 본 사실관계를 위와 같은 법리에 비추어 보면, 원고가 이 사건 양수금 원본에 대하여는 소를 취하하고 그에 대한 지연손해금만 청구하는 이상 소송촉진법 제3조에 따른 법정이율을 적용할 수 없으므로, 이 사건 양수금에 대하여 연 12%의 법정이율을 적용해야 한다는 원고의 상고이유는 받아들일 수 없다. 그러므로 원심판결을 파기하되, 이 사건은 이 법원이 직접 재판하기에 충분하므로 민사소송법 제437조에 의하여 자판하기로 한다. 피고는 원고에게 이 사건 양수금에 대하여 그 채무의 이행을 청구하는 지급명령신청서가 송달된 다음 날인 2020. 6. 5.부터[원고는 2020. 6. 4.부터 지연손해금을 구하나, '채무이행의 기한이 없는 경우 채무자는 이행청구를 받은 때부터 지체책임이 있다.'는 민법 제387조 제2항의 법문은 청구를 받은 날 안에 이행하면 된다는 뜻으로 풀이해야 하므로, 그 다음 날부터 지체책임이 생긴다] 다 갚는 날까지 민법에 정한 연 5%의 비율로 계산한 지연손해금을 지급할 의무가 있다(대법원 2022. 3. 11. 선고 2021다232331 판결).

정답 ④

093 / 불법행위에 기한 손해배상청구권의 이행지체 /

甲은 1975년 공무원인 경찰 수사관들에 의해 불법구금 및 고문을 당하여 간첩혐의에 대한 허위의 자백으로 유죄판결을 받고 형 집행을 당하였다. 甲은 2008년 국가를 상대로 위자료 배상을 청구하고 있다. 다음의 설명 중 옳지 않은 것은? (다툼이 있으면 판례에 의함)

① 甲이 국가를 상대로 위자료지급청구를 할 수 없는 객관적인 장애사유가 있었고, 甲을 보호할 필요성은 심대한 반면 국가의 이행거절을 인정하는 것은 현저히 부당하고 불공평하다면 국가의 소멸시효 완성항변은 신의성실의 원칙에 반하는 권리남용으로서 허용될 수 없다.

② 불법행위로 인한 손해배상채무와 위자료배상채무는 원칙적으로 별도의 이행 최고가 없더라도 채무의 성립과 동시에 지연손해금이 발생한다.

③ 위자료배상채무의 경우 불법행위 시와 변론종결 시 사이에 장기간의 세월이 경과하여 통화가치 등에 상당한 변동이 생겼다고 하더라도, 불법행위가 없었다면 피해자가 그 법익을 계속하여 온전히 향유할 수 있었다는 점에서 공평의 관념에 비추어 불법행위 시부터 지연손해금이 발생한다.

④ 만약 이 사건에서 불법행위 위자료배상채무의 지연손해금이 사실심 변론종결 당일부터 발생한다고 본다면, 불법행위 시로부터 변론종결 시까지 장기간 동안 배상이 지연되었다는 사정을 참작하여 위자료 원금을 적절히 증액할 수 있다.

⑤ 위 사안과 달리, 일반적인 불법행위 손해배상청구에 있어서 불법행위 시와 손해발생 시 사이에 시간적 간격이 있는 경우, 불법행위로 인한 손해배상청구권의 지연손해금은 손해발생 시점을 기산일로 하여 발생한다.

[해설]

① [O] 경찰 수사관들이 갑을 불법구금 상태에서 고문하여 간첩혐의에 대한 허위자백을 받아내는 등의 방법으로 증거를 조작함으로써 갑이 구속 기소되어 유죄판결을 받고 그 형집행을 당하도록 하였으므로, 그 소속 공무원들의 불법행위로 인하여 갑과 그 가족이 입은 일체의 비재산적 손해에 대하여 국가배상법에 따른 위자료배상책임을 인정하면서, 갑이 국가를 상대로 위자료지급청구를 할 수 없는 객관적인 장애사유가 있었고, 피해자인 갑을 보호할 필요성은 심대한 반면 국가의 이행거절을 인정하는 것은 현저히 부당하고 불공평하므로 국가의 소멸시효 완성항변은 신의성실의 원칙에 반하는 권리남용으로서 허용될 수 없다고 한 원심판단을 수긍한 사례(대법원 2011. 1. 13. 선고 2009다103950 판결).

② [O] ③ [X] 불법행위가 없었더라면 피해자가 그 손해를 입은 법익을 계속해서 온전히 향유할 수 있었다는 점에서 불법행위로 인한 손해배상채무에 대하여는 원칙적으로 별도의 이행 최고가 없더라도 공평의 관념에 비추어 그 채무성립과 동시에 지연손해금이 발생한다고 보아야 한다. 그런데 위자료를 산정할 때에는 사실심 변론종결 당시까지 발생한 일체의 사정이 그 참작대상이 될 뿐만 아니라, 위자료 산정의 기준이 되는 국민소득수준이나 통화가치 등도 변론종결 시의 것을 반영해야만 하는바, 불법행위가 행하여진 시기와 가까운 무렵에 통화가치 등의 별다른 변동이 없는 상태에서 위자료 액수가 결정된 경우에는 위와 같이 그 채무가 성립한 불법행위 시로부터 지연손해금이 발생한다고 보더라도 특별히 문제될 것은 없으나, 불법행위 시와 변론종결 시 사이에 장기간의 세월이 경과되어 위자료를 산정함에 있어 반드시 참작해야 할 변론종결 시의 통화가치 등에 불법행위

시와 비교하여 상당한 변동이 생긴 때에도 덮어놓고 불법행위 시로부터 지연손해금이 발생한다고 보는 경우에는 현저한 과잉배상의 문제가 제기된다. 왜냐하면, 이때에는 위와 같이 변동된 통화가치 등을 추가로 참작하여 위자료의 수액을 재산정해야 하는데, 이러한 사정은 불법행위가 행하여진 무렵의 위자료 산정의 기초되는 기존의 제반 사정과는 명백히 구별되는 것이고, 변론종결의 시점에 서야 전적으로 새롭게 고려되는 사정으로서 어찌 보면 변론종결 시에 비로소 발생한 사정이라고도 할 수 있어, 이처럼 위자료 산정의 기준되는 통화가치 등의 요인이 변론종결 시에 변동된 사정을 참작하여 위자료가 증액된 부분에 대하여 불법행위 시로부터 지연손해금을 붙일 수 있는 근거는 전혀 없다고 할 것이기 때문이다. 따라서 이처럼 <u>불법행위 시와 변론종결 시 사이에 장기간의 세월이 경과됨으로써 위자료를 산정함에 있어 반드시 참작해야 할 변론종결 시의 통화가치 등에 불법행위 시와 비교하여 상당한 변동이 생긴 때에는, 예외적으로라도 불법행위로 인한 위자료배상채무의 지연손해금은 그 위자료 산정의 기준시인 사실심 변론종결 당일로부터 발생한다고 보아야만 한다</u>(대법원 2011. 1. 13. 선고 2009다103950 판결). **[관련판례]** [1] 불법행위로 인한 손해배상채무는 손해발생과 동시에 이행기에 있는 것으로, 공평의 관념상 별도의 이행최고가 없더라도 불법행위 당시부터 지연손해금이 발생하는 것이 원칙이고, 불법행위 시점과 손해발생 시점 사이에 시간적 간격이 있는 경우에는 불법행위로 인한 손해배상채권의 지연손해금은 손해발생 시점을 기산일로 하여 발생한다. 이때 현실적으로 손해가 발생하여 불법행위로 인한 손해배상채권이 성립하게 되는 시점은 사회통념에 비추어 객관적이고 합리적으로 판단하여야 한다. [2] 피해자가 불법행위로 상해를 입고 장래의 불특정한 시점에 그로 인한 손해가 구체적으로 발현되었지만 불법행위 당시부터 이미 예정된 소극적·적극적 손해의 경우, 불법행위로 상해를 입었을 때 불법행위가 완성되어 손해배상채권이 성립하고 이행기까지 도래하는 것으로 볼 수 있으므로, 장래 구체적으로 발현되는 소극적·적극적 손해에 대하여는 불법행위 시가 현가산정의 기준시기가 되고, 이때부터 장래의 손해발현 시점까지 중간이자를 공제한 금액에 대해 다시 불법행위 시부터 지연손해금을 부가하여 산정하는 것이 원칙으로, 이는 불법행위로 인한 장래의 손해의 현가액 등 산정은 과잉배상이나 과소배상을 방지하고 정당한 배상액을 정하기 위한 손해액의 조정이 필요하기 때문이다. 같은 이유로, <u>불법행위 시 이후로서 사실심 변론종결일 이전의 어느 시점을 기준으로 그 이후 발생할 손해를 그 시점으로부터 장래 각 손해발생 시점까지 중간이자를 공제하는 방법으로 현가를 산정하되 그에 맞추어 지연손해금도 그 기준시점 이후부터 구하는 것은 그것이 위와 같은 본래의 방법을 벗어나거나 이에 모순·저촉되는 것이 아닌 한 허용되고</u>, 반면 <u>불법행위 시 이후로서 사실심 변론종결일 이전의 어느 시점을 기준으로 하여 현가를 산정하면서도 지연손해금은 그 기준시점 이전부터 명하는 것은 중간이자를 덜 공제하거나 지연손해금을 더 많이 인용하는 과잉배상이 되어 허용되지 않는다.</u> 호프만식 계산법에 따라 중간이자 공제기간이 414개월을 초과하여 월 단위 수치표상 단리연금현가율이 240을 넘는 경우, 이를 그대로 적용하여 현가를 산정하면 현가로 받게 되는 금액의 이자가 매월 입게 되는 손해액보다 많게 되어 피해자가 과잉배상을 받게 되는 결과가 되므로, 이를 막기 위하여 그 수치표상 단리연금현가율이 얼마인지를 불문하고 모두 240을 적용하는 것도 같은 취지이다. [3] 불법행위로 상해를 입었지만 후유증 등으로 인하여 불법행위 당시에는 전혀 예상할 수 없었던 후발손해가 새로이 발생한 경우와 같이, 사회통념상 후발손해가 판명된 때에 현실적으로 손해가 발생한 것으로 볼 수 있는 경우에는 후발손해 판명 시점에 불법행위로 인한 손해배상채권이 성립하고, 지연손해금 역시 그때부터 발생한다고 봄이 상당하다. 이 경우 <u>후발손해가 판명된 때가 불법행위 시이자 그로부터 장래의 구체적인 소극적·적극적 손해에 대한 중간이자를 공제하는 현가산정의 원칙적인 기준시기가 된다고 보아야 하고, 그보다 앞선 시점이 현가산정의 기준시기나 지연손해금의 기산일이 될 수는 없다</u>(대법원 2022. 6. 16. 선고 2017다289538 판결).

④ [O] 불법행위로 인한 위자료배상채무의 지연손해금이 그 위자료 산정의 기준시인 사실심 변론종결 당일로부터 발생한다고 보아야만 하는 예외적인 경우에는 논리상 변론종결시 이전에는 지연손해금을 붙일 수 없는 결과, <u>위자료채무가 성립한 불법행위 시로부터 지연손해금을 붙이는 원칙적인 경우와는 달리, 불법행위 시로부터 변론종결 시까지 상당한 장기간 동안 배상이 지연됨에도 그 기간에 대한 지연손해금이 전혀 가산되지 않게 된다는 사정까지 참작하여 변론종결 시의 위자료 원금을 산정함에 있어 이를 적절히 증액할 여지가 있을 수 있다</u>(대법원 2011. 1. 13. 선고 2009다103950 판결).
[관련판례] 불법행위로 입은 정신적 고통에 대한 위자료 액수에 관하여는 사실심법원이 제반 사정을 참작하여 그 직권에 속하는 재량에 의하여 이를 확정할 수 있다. 불법행위 시와 변론종결 시 사이에 장기간의 세월이 지나 위자료를 산정할 때 반드시 참작해야 할 변론종결 시의 통화가치 등에 불법행위 시와 비교하여 상당한 변동이 생긴 때에는 예외적으로 불법행위로 인한 위자료 배상채무의 지연손해금은 그 위자료 산정의 기준시인 사실심 변론종결일로부터 발생한다고 보아야 하고, 이처럼 불법행위로 인한 위자료 배상채무의 지연손해금이 사실심 변론종결일부터 발생한다고 보아야 하는 예외적인 경우에는 불법행위 시부터 지연손해금이 가산되는 원칙적인 경우보다 배상이 지연된 사정을 적절히 참작하여 사실심 변론종결 시의 위자료 원금을 산정할 필요가 있다. 한편 제1심 판결에서 위와 같이 배상이 지연된 사정을 참작하여 제1심 변론종결일을 기준으로 위자료를 산정하였는데 항소심이 항소심 변론종결일을 기준으로 새로이 위자료를 산정하지 않고 제1심판결의 위자료 액수를 그대로 유지한 경우 위자료 배상채무의 지연손해금은 위자료 산정의 기준일인 제1심 변론종결일부터 발생한다(대법원 2022. 9. 29. 선고 2018다224408 판결).

⑤ [O] 불법행위로 인한 손해배상채무의 지연손해금의 기산일은 불법행위 성립일임이 원칙이고, 불법행위에 있어 위법행위 시점과 손해발생 시점 사이에 시간적 간격이 있는 경우에는 손해발생 시점이 기산일이 된다고 할 것이다(대법원 2012. 02. 23. 선고 2010다97426 판결). **[판례해설]** 일반적으로 불법행위에 기한 손해배상청구권의 경우에는 손해가 발생해야 불법행위책임이 성립하므로, 불법행위 시에 곧바로 손해가 발생하지 않은 경우에는 손해발생 시점부터 지연손해금이 발생한다.

정답 ③

094 / 이행불능 /

이행불능에 관한 다음 설명 중 옳은 것을 모두 고른 것은? (다툼이 있으면 판례에 의함)

> ㄱ. 채무의 이행이 불능이라는 것은 사회생활에 있어서의 경험법칙 또는 거래상의 관념에 비추어 볼 때 채권자가 채무자의 이행의 실현을 기대할 수 없는 경우를 말한다. 그런데 계약은 내용대로 지켜져야 하는 것이 원칙이므로, 채권자가 굳이 채무의 본래 내용대로의 이행을 구하고 있는 경우에는 쉽사리 채무의 이행이 불능으로 되었다고 보아서는 아니 된다.
>
> ㄴ. 대상청구권이 성립하기 위해서는 급부가 후발적으로 불능이 되어야 하며 그 후발적 불능은 채무자의 귀책사유로 인한 것이어야 한다. 또한 매매의 목적물이 화재로 소실됨으로써 채무자인 매도인의 매매목적물에 대한 인도의무가 이행불능이 되었다면, 채권자인 매수인은 화재사고로 매도인이 지급받게 되는 화재보험금, 화재공제금에 대하여 대상청구권을 행사할 수 없다.

ㄷ. 매도인의 소유권이전등기의무가 이행불능이 되어 매수인이 이를 이유로 매매계약을 해제하기 위해서는 이와 동시이행 관계에 있는 매수인의 잔대금지급의무에 관하여 적어도 구두의 제공은 하여야 한다.

ㄹ. 매도인 甲이 X부동산을 매수인 乙에게 매도한 후 X부동산에 관하여 丙 앞으로 채무담보를 위한 소유권이전등기를 경료해 준 경우, 甲의 변제자력에 관계없이 甲의 乙에 대한 소유권이전등기의무는 이행불능이 된다.

ㅁ. 매수인의 귀책사유에 의하여 매도인의 매매목적물에 관한 소유권이전의무가 이행불능이 된 경우, 매수인은 그 이행불능을 이유로 계약을 해제할 수는 있다.

ㅂ. 부동산 매수인이 매매목적물에 설정된 근저당권의 피담보채무에 관하여 그 이행을 인수한 경우 매수인이 그 변제를 게을리 하여 근저당권이 실행됨으로써 매도인이 매매목적물에 관한 소유권을 상실하였다면, 특별한 사정이 없는 한 이는 매수인에게 책임 있는 사유로 인하여 소유권이전등기의무가 이행불능으로 된 경우에 해당한다.

ㅅ. 쌍무계약에 있어 당사자 일방이 부담하는 채무의 일부만이 채무자의 책임 있는 사유로 이행할 수 없게 된 때에는, 그 이행이 불가능한 부분을 제외한 나머지 부분만의 이행으로는 계약의 목적을 달성할 수 없다면 채권자로서는 이행이 가능한 부분만의 급부를 청구할 수는 없다.

① ㄱ, ㄷ, ㅂ　　② ㄱ, ㅂ, ㅅ　　③ ㄴ, ㄹ, ㅂ
④ ㄴ, ㅁ, ㅅ　　⑤ ㄹ, ㅁ, ㅅ

[해설]

ㄱ. [O] 채무의 이행이 불능이라는 것은 단순히 절대적·물리적으로 불능인 경우가 아니라 사회생활에 있어서의 경험법칙 또는 거래상의 관념에 비추어 볼 때 채권자가 채무자의 이행의 실현을 기대할 수 없는 경우를 말한다(대법원 2014. 06. 12. 선고 2013다75892 판결). 채무의 이행불능이란 단순히 절대적·물리적으로 불능인 경우가 아니라, 사회생활의 경험법칙 또는 거래상의 관념에 비추어 채권자가 채무자의 이행 실현을 기대할 수 없는 경우를 말한다. 이와 같이 사회통념상 이행불능이라고 보기 위해서는 이행의 실현을 기대할 수 없는 객관적 사정이 충분히 인정되어야 하고, 특히 계약은 어디까지나 내용대로 지켜져야 하는 것이 원칙이므로, 채권자가 굳이 채무의 본래 내용대로의 이행을 구하고 있는 경우에는 쉽사리 채무의 이행이 불능으로 되었다고 보아서는 아니 된다(대법원 2016. 5. 12. 선고 2016다200729 판결).

ㄴ. [X] [1] 매도인에게 매매목적토지가 수용됨으로써 그 보상금을 수령하였음을 이유로 그 금원의 지급을 구하는 청구를, 위 토지에 대한 소유권이전등기의무의 이행불능을 발생케 한 원인인 토지수용으로 인하여 위 토지의 대상인 보상금을 취득하였음을 이유로 그 보상금의 지급을 구하는 것으로서 이른바 대상청구권을 행사하는 취지라고 볼 수 있다고 한 사례. [2] 우리 민법에는 이행불능의 효과로서 채권자의 전보배상청구권과 계약해제권 외에 별도로 대상청구권을 규정하고 있지 않으나 해석상 대상청구권을 부정할 이유가 없다(대법원 1992. 5. 12. 선고 92다4581 판결). [1] 매매의 목적물이 화재로 소실됨으로써 채무자인 매도인의 매매목적물에 대한 인도의무가 이행불능이 되

었다면, 채권자인 매수인은 화재사고로 매도인이 지급받게 되는 화재보험금, 화재공제금에 대하여 대상청구권을 행사할 수 있다. [2] 손해보험은 본래 보험사고로 인하여 생길 피보험자의 재산상 손해의 보상을 목적으로 하는 것으로(상법 제665조), 보험자가 보상할 손해액은 당사자 간에 다른 약정이 없는 이상 손해가 발생한 때와 곳의 가액에 의하여 산정하고(상법 제676조 제1항), 이 점은 손해공제의 경우도 마찬가지이므로, 매매의 목적물이 화재로 소실됨으로써 매도인이 지급받게 되는 화재보험금, 화재공제금에 대하여 매수인의 대상청구권이 인정되는 이상, 매수인은 특별한 사정이 없는 한 목적물에 대하여 지급되는 화재보험금, 화재공제금 전부에 대하여 대상청구권을 행사할 수 있고, 인도의무의 이행불능 당시 매수인이 지급하였거나 지급하기로 약정한 매매대금 상당액의 한도 내로 범위가 제한된다고 할 수 없다(대법원 2016. 10. 27. 선고 2013다7769 판결). [지문정리] 대상청구권의 경우에 급부의 후발적 불능에 대한 채무자의 귀책사유를 요건으로 하지 않는다.

ㄷ. [X] 매도인의 매매계약상의 소유권이전등기의무가 이행불능이 되어 이를 이유로 매매계약을 해제함에 있어서는 상대방의 잔대금지급의무가 매도인의 소유권이전등기의무와 동시이행관계에 있다고 하더라도 그 이행의 제공을 필요로 하는 것이 아니다(대법원 2003. 01. 24. 선고 2000다22850 판결).

ㄹ. [X] 부동산소유권이전등기 의무자가 그 부동산에 관하여 제3자 앞으로 비록 채무담보를 위하여 소유권이전등기를 경료하였다고 할지라도 그 의무자가 채무를 변제할 자력이 없는 경우에는 특단의 사정이 없는 한 그 소유권이전등기의무는 이행불능이 된다(대법원 1991. 07. 26. 선고 91다8104 판결).

ㅁ. [X] 이행불능을 이유로 계약을 해제하기 위해서는 그 이행불능이 채무자의 귀책사유에 의한 경우여야만 한다 할 것이므로(민법 제546조), 매도인의 매매목적물에 관한 소유권이전의무가 이행불능이 되었다고 할지라도, 그 이행불능이 매수인의 귀책사유에 의한 경우에는 매수인은 그 이행불능을 이유로 계약을 해제할 수 없다(대법원 2002. 4. 26. 선고 2000다50497 판결).

ㅂ. [O] 부동산 매수인이 매매목적물에 설정된 근저당권의 피담보채무에 관하여 그 이행을 인수한 경우, 채권자에 대한 관계에서는 매도인이 여전히 채무를 부담한다고 하더라도, 매도인과 매수인 사이에서는 매수인에게 위 피담보채무를 변제할 책임이 있으므로, 매수인이 그 변제를 게을리하여 근저당권이 실행됨으로써 매도인이 매매목적물에 관한 소유권을 상실하였다면, 특별한 사정이 없는 한, 이는 매수인에게 책임 있는 사유로 인하여 소유권이전등기의무가 이행불능으로 된 경우에 해당하고, 거기에 매도인의 과실이 있다고 할 수는 없다(대법원 2008. 08. 21. 선고 2007다8464 판결).

ㅅ. [O] 쌍무계약에 있어 당사자 일방이 부담하는 채무의 일부만이 채무자의 책임 있는 사유로 이행할 수 없게 된 때에는, 그 이행이 불가능한 부분을 제외한 나머지 부분만의 이행으로는 계약의 목적을 달성할 수 없다면 채무의 이행은 전부가 불능이라고 보아야 할 것이므로, 채권자로서는 채무자에 대하여 계약 전부를 해제하거나 또는 채무 전부의 이행에 갈음하는 전보배상을 청구할 수 있을 뿐이지 이행이 가능한 부분만의 급부를 청구할 수는 없다(대법원 1995. 07. 25. 선고 95다5929 판결).

정답 ②

095 / 대상청구권 /

甲은 자신의 A토지를 2018. 3. 3. 乙에게 1억 원에 매도하기로 하고, 乙로부터 계약금과 중도금으로 8천만 원을 지급받았으며, 잔금은 2018. 5. 3. 소유권이전등기에 필요한 서류를 교부함과 동시에 지급받기로 약정하였다. 그런데 2018. 4. 3. 甲의 귀책사유 없이 공익사업을 시행하는 지방자치단체에 의해 A토지가 수용되었다. 이에 관한 설명 중 옳지 않은 것은? (다툼이 있는 경우에는 판례에 의함)

> ㄱ. 乙이 보상금에 대하여 대상청구권을 행사하는 경우에 乙은 甲에 대하여 매매잔대금을 지급할 의무가 있다.
>
> ㄴ. 乙이 어떤 사유로 직접 자신의 명의로 대상청구의 목적이 되는 보상금을 지급받았다면, 甲은 乙이 수령한 보상금에 대하여 부당이득반환청구를 할 수는 없다.
>
> ㄷ. 乙은 보상금에 대한 대상청구권을 행사하지 않고 甲에 대하여 계약금과 중도금의 반환을 청구할 수 있다.
>
> ㄹ. 乙은 대상청구권의 행사로 甲이 지급받는 보상금의 반환을 청구할 수 있으므로, 보상금이 공탁된 경우 乙은 甲을 상대로 공탁된 보상금의 수령권자가 자신이라는 확인을 구할 수 있다.
>
> ㅁ. A토지 수용 사유의 특수성과 법규의 미비 등으로 상당한 기간이 지난 뒤에 甲이 보상금을 청구할 수 있는 절차가 마련된 경우라면, 乙의 대상청구권의 소멸시효는 위 절차가 마련된 시점부터 진행한다.
>
> ㅂ. 만약 사안과 달리 乙이 점유취득시효의 완성으로 甲에 대해 소유권이전등기청구권을 취득한 경우, 乙이 보상금의 반환을 청구하기 위해서는 수용되기 전에 乙이 甲에 대하여 등기청구권을 행사하는 등 권리를 주장하였어야 한다.
>
> ㅅ. 위 ㅂ의 경우 乙은 甲에게 이행불능을 이유로 손해배상을 청구할 수 있다.

① ㄱ, ㅅ   ② ㄴ, ㅁ   ③ ㄷ, ㅂ
④ ㄹ, ㅁ   ⑤ ㄹ, ㅅ

해설

ㄱ. [O] 쌍무계약의 당사자 일방이 상대방의 급부가 이행불능이 된 사정의 결과로 상대방이 취득한 대상에 대하여 급부청구권을 행사할 수 있다고 하더라도, 그 당사자 일방이 대상청구권을 행사하려면 상대방에 대하여 반대급부를 이행할 의무가 있는바, 이 경우 당사자 일방의 반대급부도 그 전부가 이행불능이 되거나 그 일부가 이행불능이 되고 나머지 잔부의 이행만으로는 상대방의 계약 목적을 달성할 수 없는 등 상대방에게 아무런 이익이 되지 않는다고 인정되는 때에는, 상대방이 당사자 일방의 대상청구를 거부하는 것이 신의칙에 반한다고 볼 만한 특별한 사정이 없는 한, 당사자 일방은 상대방에 대하여 대상청구권을 행사할 수 없다(대법원 1996. 6. 25. 선고 95다6601 판결).

ㄴ. [O] 채무자가 수령하게 되는 보상금이나 그 청구권에 대하여 채권자가 대상청구권을 가지는 경우에도 채권자는 채무자에 대하여 그가 지급받은 보상금의 반환을 청구하거나 채무자로부터 보상청구권을 양도받아 보상금을 지급받아야 할 것이나, <u>어떤 사유로 채권자가 직접 자신의 명의로 대상청구의 대상이 되는 보상금을 지급받았다고 하더라도 이로써 채무자에 대한 관계에서 바로 부당이득이 되는 것은 아니라고 보아야 할 것이다</u>(대법원 2002. 2. 8. 선고 99다23901 판결).

ㄷ. [O] 채무자의 귀책사유 없는 후발적 불능의 경우에 채권자는 반대급부를 이행하고 대상을 청구할 수도 있고, 위험부담을 주장하여 이미 이행한 것을 부당이득으로 반환청구 할 수도 있다(제537조). 다만 양자를 동시에 주장할 수는 없다.

ㄹ. [X] 취득시효가 완성된 토지가 수용됨으로써 취득시효 완성을 원인으로 하는 소유권이전등기 의무가 이행불능이 된 경우에는 그 소유권이전등기청구권자가 대상청구권의 행사로서 그 토지의 소유자가 토지의 대가로서 지급받은 수용보상금의 반환을 청구할 수 있다고 하더라도, <u>시효취득자가 직접 토지의 소유자를 상대로 공탁된 토지수용보상금의 수령권자가 자신이라는 확인을 구할 수는 없다</u>(대법원 1995. 7. 28. 선고 95다2074 판결).

ㅁ. [O] 대상청구권은 특별한 사정이 없는 한 매매 목적물의 수용 또는 국유화로 인하여 매도인의 소유권이전등기의무가 이행불능 되었을 때 매수인이 그 권리를 행사할 수 있다고 보아야 할 것이고 따라서 그 때부터 소멸시효가 진행하는 것이 원칙이라 할 것이나, <u>국유화가 된 사유의 특수성과 법규의 미비 등으로 그 보상금의 지급을 구할 수 있는 방법이나 절차가 없다가 상당한 기간이 지난 뒤에야 보상금청구의 방법과 절차가 마련된 경우라면, 대상청구권자로서는 그 보상금청구의 방법이 마련되기 전에는 대상청구권을 행사하는 것이 불가능하였던 것이고, 따라서 이러한 경우에는 보상금을 청구할 수 있는 방법이 마련된 시점부터 대상청구권에 대한 소멸시효가 진행하는 것으로 봄이 상당할 것인바</u>, 이는 대상청구권자가 보상금을 청구할 길이 없는 상태에서 추상적인 대상청구권이 발생하였다는 사유만으로 소멸시효가 진행한다고 해석하는 것은 대상청구권자에게 너무 가혹하여 사회정의와 형평의 이념에 반할 뿐만 아니라 소멸시효제도의 존재이유에 부합된다고 볼 수 없기 때문이다(대법원 2002. 2. 8. 선고 99다23901 판결).

ㅂ. [O] 민법상 이행불능의 효과로서 채권자의 전보배상청구권과 계약해제권 외에 별도로 대상청구권을 규정하고 있지는 않으나 해석상 대상청구권을 부정할 이유는 없는 것이지만, 점유로 인한 부동산 소유권 취득기간 만료를 원인으로 한 등기청구권이 이행불능으로 되었다고 하여 대상청구권을 행사하기 위하여는, <u>그 이행불능 전에 등기명의자에 대하여 점유로 인한 부동산 소유권 취득기간이 만료되었음을 이유로 그 권리를 주장하였거나 그 취득기간 만료를 원인으로 한 등기청구권을 행사하였어야 하고, 그 이행불능 전에 그와 같은 권리의 주장이나 행사에 이르지 않았다면 대상청구권을 행사할 수 없다고 봄이 공평의 관념에 부합한다</u>(대법원 1996. 12. 10. 선고 94다43825 판결).

ㅅ. [X] 부동산 점유자에게 시효취득으로 인한 소유권이전등기청구권이 있다고 하더라도 이로 인하여 부동산 소유자와 시효취득자 사이에 <u>계약상의 채권·채무관계가 성립하는 것은 아니므로, 그 부동산을 처분한 소유자에게 채무불이행 책임을 물을 수 없다</u>(대법원 1995. 07. 11. 선고 94다4509 판결).

정답 ⑤

096 /손해배상/

손해배상에 관한 다음 설명 중 옳은 것을 모두 고른 것은? (다툼이 있으면 판례에 의함)

ㄱ. 불법행위로 인해 건물이 훼손되어 수리가 불가능한 경우 원칙적으로 건물의 시가 외에 건물의 철거비용은 손해배상의 범위에 포함되지 않는다.

ㄴ. 민법 제398조 제2항에 의한 손해배상 예정액의 감액과 관련하여, 손해배상액 예정이 없더라도 채무자가 당연히 지급의무를 부담하여 채권자가 받을 수 있던 금액보다 적은 금액으로 감액하는 것은 손해배상액 예정에 관한 약정 자체를 전면 부인하는 것과 같은 결과가 되기 때문에 감액의 한계를 벗어나는 것이다.

ㄷ. 부동산 매도인이 매수인으로부터 매매대금을 약정된 기일에 지급받지 못한 결과 제3자로부터 부동산을 매수하고 그 잔대금을 지급하지 못하여 그 계약금을 몰수당하는 손해를 입었다면, 특별한 사정이 없는 한, 이로 인한 손해는 통상손해로서 손해배상의 대상이 된다. 또한 토지에 대한 부당한 가압류의 집행으로 그 지상에 건물을 신축하는 내용의 공사도급계약이 해제되었다면, 특별한 사정이 없는 한, 이로 인한 손해는 통상손해로서 손해배상의 대상이 된다.

ㄹ. 손해배상액을 예정한 경우 다른 특약이 없는 한 채무불이행으로 발생할 수 있는 모든 손해가 예정액에 포함된다. 따라서 그 계약과 관련하여 손해배상액을 예정한 채무불이행과 별도의 행위를 원인으로 손해가 발생하여 불법행위 또는 부당이득이 성립한 경우에도 그 손해는 예정액에서 제외되지 않는다.

ㅁ. 하나의 계약에 채무불이행으로 인한 손해의 배상에 관하여 손해배상예정에 관한 조항이 따로 있다거나 실손해의 배상을 전제로 하는 조항이 있고 그와 별도로 위약금 조항을 두고 있어서 그 위약금 조항을 손해배상액의 예정으로 해석하게 되면 이중배상이 이루어지는 등의 사정이 있을 때에는 그 위약금은 위약벌로 보아야 한다.

① ㄱ, ㄴ, ㅁ   ② ㄱ, ㄹ, ㅁ   ③ ㄱ, ㄴ, ㄷ
④ ㄷ, ㄹ, ㅁ   ⑤ ㄴ, ㄷ, ㄹ

해설

ㄱ. [O] 불법행위로 인하여 건물이 훼손된 경우 그 손해는 수리가 가능하다면 그 수리비, 수리가 불가능하다면 그 교환가치(시가)가 통상의 손해이고, 사용 및 수리가 불가능한 경우 통상 불법행위로 인한 손해배상액의 기준이 되는 건물의 시가에는 건물의 철거비용은 포함되지 않는다(대법원 1995. 7. 28. 선고 94다19129 판결).

ㄴ. [O] [1] 민법 제398조 제2항은 손해배상의 예정액이 부당히 과다한 경우에는 법원이 적당히 감액할 수 있다고 정하고 있다. 손해배상액의 예정은 채무불이행의 경우에 채무자가 지급하여야 할 손해배상액을 미리 정해두는 것으로서, 손해의 발생사실과 손해액에 대한 증명곤란을 배제하고 분쟁을 사전에 방지하여 법률관계를 간이하게 해결함과 함께 채무자에게 심리적으로 경고를 함으로써 채무이행을 확보하려는 데에 그 기능이나 목적이 있다. [2] 민법 제398조 제2항에 의한 손해배상

예정액의 감액은 국가가 당사자 사이의 실질적 불평등을 제거하고 공정성을 보장하기 위하여 계약의 체결 또는 그 내용에 간섭하는 사적 자치의 원칙에 대한 제한의 한 가지 형태이다. 여기에서 '부당히 과다한 경우'는 손해가 없다거나 손해액이 예정액보다 적다는 것만으로는 부족하고, 계약자의 경제적 지위, 계약의 목적, 손해배상액 예정의 경위 및 거래관행 기타 제반 사정을 고려하여 그와 같은 예정액의 지급이 경제적 약자의 지위에 있는 채무자에게 부당한 압박을 가하여 공정성을 잃는 결과를 초래한다고 인정되는 경우를 뜻한다. 기록상 실제의 손해액 또는 예상 손해액을 알 수 있는 경우에는 이를 그 예정액과 대비하여 볼 필요가 있고, 단지 예정액 자체가 크다든가 계약 체결 시부터 계약 해제 시까지의 시간적 간격이 짧다든가 하는 사유만으로는 손해배상 예정액을 부당히 과다하다고 하여 감액하기에 부족하다. 손해배상액 예정이 없더라도 채무자가 당연히 지급의무를 부담하여 채권자가 받을 수 있던 금액보다 적은 금액으로 감액하는 것은 손해배상액 예정에 관한 약정 자체를 전면 부인하는 것과 같은 결과가 되기 때문에 감액의 한계를 벗어나는 것이다. [3] 법원은 손해배상 예정액이 부당히 과다한지를 판단할 때 사실심의 변론종결 당시를 기준으로 그 사이에 발생한 사정을 종합적으로 고려하여야 한다. 감액사유에 대한 사실인정이나 그 비율을 정하는 것은 원칙적으로 사실심의 전권에 속하는 사항이지만, 그것이 형평의 원칙에 비추어 현저히 불합리하다고 인정되는 경우에는 위법한 것으로서 허용되지 않는다(대법원 2023. 8. 18. 선고 2022다227619 판결).

ㄷ. [X] 매도인이 매수인으로부터 매매대금을 약정된 기일에 지급받지 못한 결과 제3자로부터 부동산을 매수하고 그 잔대금을 지급하지 못하여 그 계약금을 몰수당함으로써 손해를 입었다고 하더라도 이는 특별한 사정으로 인한 손해이므로 매수인이 이를 알았거나 알 수 있었던 경우에만 그 손해를 배상할 책임이 있다(대법원 1991. 10. 11. 선고 91다25369 판결). 가압류나 가처분 등 보전처분은 법원의 재판에 의하여 집행되는 것이기는 하나, 그 실체상 청구권이 있는지 여부는 본안소송에 맡기고 단지 소명에 의하여 채권자의 책임 아래 하는 것이므로, 그 집행 후에 집행채권자가 본안소송에서 패소 확정되었다면 그 보전처분의 집행으로 인하여 채무자가 입은 손해에 대하여는 특별한 반증이 없는 한 집행채권자에게 고의 또는 과실이 있다고 추정되고, 따라서 그 부당한 집행으로 인한 손해에 대하여 이를 배상할 책임이 있다고 할 것이나, 토지에 대한 부당한 가압류의 집행으로 그 지상에 건물을 신축하는 내용의 공사도급계약이 해제됨으로 인한 손해는 특별손해이므로, 가압류채권자가 토지에 대한 가압류집행이 그 지상 건물 공사도급계약의 해제사유가 된다는 특별한 사정을 알았거나 알 수 있었을 때에 한하여 배상의 책임이 있다(대법원 2008. 6. 26. 선고 2006다84874 판결).

ㄹ. [X] 계약 당시 일방의 책임으로 계약이 해지되면 계약이행보증금이 상대방에게 귀속된다고 정한 경우 계약이행보증금은 위약금으로서 민법 제398조 제4항에 따라 손해배상액의 예정으로 추정된다. 손해배상액을 예정한 경우 다른 특약이 없는 한 채무불이행으로 발생할 수 있는 모든 손해가 예정액에 포함된다. 그 계약과 관련하여 손해배상액을 예정한 채무불이행과 별도의 행위를 원인으로 손해가 발생하여 불법행위 또는 부당이득이 성립한 경우 그 손해는 예정액에서 제외되지만, 계약 당시 채무불이행으로 인한 손해로 예정한 것이라면 특별한 사정이 없는 한 손해를 발생시킨 원인행위의 법적 성격과 상관없이 그 손해는 예정액에 포함되므로 예정액과 별도로 배상 또는 반환을 청구할 수 없다(대법원 2018. 12. 27. 선고 2016다274270 판결).

ㅁ. [O] [1] 당사자 사이에 채무불이행이 있으면 위약금을 지급하기로 약정한 경우 그 위약금 약정이 손해배상액의 예정인지 위약벌인지는, 계약서 등 처분문서의 내용과 계약의 체결 경위, 당사자가 위약금을 약정한 주된 목적 등을 종합하여 구체적인 사건에서 개별적으로 판단해야 할 의사해석의 문제이다. 위약금은 민법 제398조 제4항에 따라 손해배상액의 예정으로 추정되지만, 당사자 사이의 위약금 약정이 채무불이행으로 인한 손해의 배상이나 전보를 위한 것이라고 보기 어려운 특별한 사정, 특히 하나의 계약에 채무불이행으로 인한 손해의 배상에 관하여 손해배상예정에 관한 조

항이 따로 있다거나 실손해의 배상을 전제로 하는 조항이 있고 그와 별도로 위약금 조항을 두고 있어서 그 위약금 조항을 손해배상액의 예정으로 해석하게 되면 이중배상이 이루어지는 등의 사정이 있을 때에는 그 위약금은 위약벌로 보아야 한다. [2] 위약벌의 약정은 채무의 이행을 확보하기 위하여 정하는 것으로서 손해배상액의 예정과 그 내용이 다르므로 손해배상액의 예정에 관한 민법 제398조 제2항을 유추적용하여 그 액을 감액할 수 없다. 위와 같은 현재의 판례는 타당하고 그 법리에 따라 거래계의 현실이 정착되었다고 할 수 있으므로 그대로 유지되어야 한다. 구체적인 이유는 다음과 같다. (가) 민법 제398조 제4항은 "위약금의 약정은 손해배상액의 예정으로 추정한다."라고 정하고 있다. 이는 손해배상액의 예정 외에 그와 구별되는 다른 위약금의 약정이 존재함을 전제로 하는 것이다. 그리고 같은 조 제2항은 "손해배상의 예정액이 부당히 과다한 경우에는 법원은 적당히 감액할 수 있다."라고 정하고 있으므로, 민법은 위약금의 약정 중 손해배상액의 예정에 대해서만 법관의 재량에 의한 감액을 인정하고 있다고 보아야 한다. (나) 손해배상액의 예정은 채무불이행의 경우에 채무자가 지급하여야 할 손해배상액을 미리 정해두는 것으로서, 손해의 발생사실과 손해액에 대한 증명곤란을 배제하고 분쟁을 사전에 방지하여 법률관계를 간이하게 해결함과 함께 채무자에게 심리적으로 경고를 함으로써 채무이행을 확보하려는 데에 그 기능이나 목적이 있는 반면, 위약벌은 채무의 이행을 확보하기 위해서 정해지는 것으로서 손해배상액의 예정과는 그 기능이 본질적으로 다르다. 위약벌은 손해배상과는 무관하므로 위약벌 약정에 해당한다면 위약벌과 별도로 채무불이행으로 인하여 실제 발생한 손해에 대하여 배상을 청구할 수 있다고 해석된다. (다) 위약벌 약정은 손해배상과 관계없이 의무 위반에 대한 제재벌로서 위반자가 그 상대방에게 지급하기로 자율적으로 약정한 것이므로 사적 자치의 원칙에 따라 계약당사자의 의사가 최대한 존중되어야 하고, 이에 대한 법원의 개입을 쉽게 허용할 것은 아니다. (라) 민법 제398조 제2항은 손해배상액의 예정 외에 그와 구별되는 다른 위약금 약정이 존재함을 전제로 하면서도 손해배상액의 예정에 대해서만 법관의 재량에 의한 감액을 인정하고 있는바, 이는 입법자의 결단으로 볼 수 있으므로 위약벌에 대하여 같은 취지의 규정이 없다고 하여 법률의 흠결이 있다고 할 수 없다. 설사 이를 법률의 흠결로 보더라도 위약벌의 독자적 기능과 사적 자치의 원칙, 대법원이 위약벌로 정한 금액이 공정하지 않은 경우 계약의 전부 또는 일부 무효 법리에 따라 위약벌을 통제하는 법리를 확립하여 공평을 기하고 있는 점 등에 비추어 보면, 위약벌 약정이 손해배상액의 예정과 일부 유사한 점이 있다고 하여 위약벌에 민법 제398조 제2항을 유추적용하지 않으면 과다한 위약벌에 대한 현실적인 법적 분쟁을 해결할 수 없다거나 사회적 정의관념에 현저히 반하게 되는 결과가 초래된다고 볼 수 없어, 유추적용이 정당하다고 평가하기 어렵다(대법원 2022. 7. 21. 선고 2018다248855 전원합의체 판결).

정답 ①

097 /손해배상/
손해배상에 관한 설명 중 옳은 것을 모두 고른 것은? (다툼이 있으면 판례에 의함)

ㄱ. 채무자가 특별한 사정의 존재를 알았거나 알 수 있었으면 특별손해의 배상책임이 인정되며, 특별한 사정으로 인한 손해 액수에 대해서까지 알았거나 알 수 있어야 하는 것은 아니다.

ㄴ. 훼손 당시 그 건물이 이미 내용연수가 다 된 낡은 건물이어서 원상으로 회복시키는 데 소요되는 수리비가 건물의 교환가치를 초과하는 경우에는 형평의 원칙상 그 손해액은 그 건물의 교환가치 범위 내로 제한되어야 할 것이고, 이 때 수리로 인하여 훼손 전보다 건물의 교환가치가 증가하는 경우에도 그 수리비에서 교환가치 증가분을 손해배상액에서 공제하지 않는다.

ㄷ. 원고는 채권압류 및 추심명령을 신청할 당시 정산금 채권 원금과 이에 대하여 2004. 2. 13.부터 2016. 7. 26.까지 발생한 지연손해금을 합산하여 압류 및 추심할 채권으로 특정하였고, 위 채권 전부를 피고에게 청구하는 추심금의 원금으로 삼아 소를 제기하였다. 이 경우에 이 사건 채권압류 및 추심명령의 대상이 된 채권 전부에 대하여 지연손해금이 발생한다.

ㄹ. 판결이 확정된 채권자가 시효중단을 위한 신소를 제기하면서 확정판결에 따른 원금과 함께 원금에 대한 확정 지연손해금 및 이에 대한 지연손해금을 청구하는 경우, 확정 지연손해금에 대한 지연손해금채권은 채권자가 신소로써 확정 지연손해금을 청구함에 따라 비로소 발생하는 채권으로서 전소의 소송물인 원금채권이나 확정 지연손해금채권과는 별개의 소송물이므로, 채무자는 확정 지연손해금에 대하여도 이행청구를 받은 다음 날부터 지연손해금을 별도로 지급하여야 하되 그 이율은 신소에 적용되는 법률이 정한 이율을 적용하여야 한다.

ㅁ. 채무불이행으로 채권자가 제3자에 대해 채무를 부담하게 된 경우 채권자가 채무자에게 제3자에 대한 채무액과 같은 금액을 손해배상금으로 청구하기 위해서는 채무의 부담이 현실적·확정적이어서 실제로 변제해야 할 성질의 것이어야 한다.

① ㄱ, ㄴ, ㄷ ② ㄱ, ㄷ, ㄹ, ㅁ ③ ㄴ, ㄷ, ㄹ, ㅁ
④ ㄱ, ㄷ, ㄹ ⑤ ㄴ, ㄹ, ㅁ

[해설]

ㄱ. [O] 채무불이행자 또는 불법행위자는 특별한 사정의 존재를 알았거나 알 수 있었으면 그러한 특별 사정으로 인한 손해를 배상하여야 할 의무가 있는 것이고, 그러한 특별한 사정에 의하여 발생한 손해의 액수까지 알았거나 알 수 있었어야 하는 것은 아니다(대법원 1994. 11. 11. 선고 94다22446 판결).

ㄴ. [×] 불법행위 등으로 인하여 건물이 훼손된 경우, 수리가 가능하다면 그 수리비가 통상의 손해이며, 훼손 당시 그 건물이 이미 내용연수가 다 된 낡은 건물이어서 원상으로 회복시키는 데 소요되

는 수리비가 건물의 교환가치를 초과하는 경우에는 형평의 원칙상 그 손해액은 그 건물의 교환가치 범위 내로 제한되어야 할 것이고, 또한 수리로 인하여 훼손 전보다 건물의 교환가치가 증가하는 경우에는 그 수리비에서 교환가치 증가분을 공제한 금액이 그 손해이다(대법원 2004. 02. 27. 선고 2002다39456 판결).

ㄷ. [O] ★ [사례형·기록형] 금전채무의 지연손해금채무는 금전채무의 이행지체로 인한 손해배상채무로서 이행기의 정함이 없는 채무에 해당하므로, 채무자는 확정된 지연손해금채무에 대하여 채권자로부터 이행청구를 받은 때부터 지체책임을 부담하게 된다. [이유] 원고들은 채권압류 및 추심명령을 신청할 당시 정산금 채권 원금과 이에 대하여 2004. 2. 13.부터 2016. 7. 26.까지 발생한 지연손해금을 합산하여 압류 및 추심할 채권으로 특정하였고, 위 채권 전부를 피고 1 등에게 청구하는 추심금의 원금으로 삼아 이 사건 소를 제기하였다. 이러한 사정을 위에서 본 법리에 비추어 살펴보면, 채권압류 및 추심명령 신청 당시 압류 및 추심할 채권으로 표시된 정산금 채권의 지연손해금 부분은 확정된 지연손해금채무로 볼 수 있으므로 피고 1 등은 원고들로부터 추심금에 대한 이행청구를 받은 때부터 지체책임을 부담하게 된다. 같은 취지에서 이 사건 채권압류 및 추심명령의 대상이 된 채권 전부에 대하여 이 사건 소장 송달일 다음 날부터 지연손해금이 발생한다고 판단한 원심판결은 정당하다(대법원 2021. 5. 7. 선고 2018다259213 판결).

ㄹ. [O] ★ 금전채무의 지연손해금채무는 금전채무의 이행지체로 인한 손해배상채무로서 이행기의 정함이 없는 채무에 해당하므로, 채무자는 확정된 지연손해금채무에 대하여 채권자로부터 이행청구를 받은 때부터 지체책임을 부담하게 된다. 한편 원금채권과 금전채무불이행의 경우에 발생하는 지연손해금채권은 별개의 소송물이다. 따라서 판결이 확정된 채권자가 시효중단을 위한 신소를 제기하면서 확정판결에 따른 원금과 함께 원금에 대한 확정 지연손해금 및 이에 대한 지연손해금을 청구하는 경우, 확정 지연손해금에 대한 지연손해금채권은 채권자가 신소로써 확정 지연손해금을 청구함에 따라 비로소 발생하는 채권으로서 전소의 소송물인 원금채권이나 확정 지연손해금채권과는 별개의 소송물이므로, 채무자는 확정 지연손해금에 대하여도 이행청구를 받은 다음 날부터 지연손해금을 별도로 지급하여야 하되 그 이율은 신소에 적용되는 법률이 정한 이율을 적용하여야 한다(대법원 2022. 4. 14. 선고 2020다268760 판결).

ㅁ. [O] [1] 소멸시효는 권리를 행사할 수 있는 때부터 진행한다(민법 제166조 제1항). 채무불이행으로 인한 손해배상청구권은 현실적으로 손해가 발생한 때에 성립한다. 채무불이행으로 채권자가 제3자에 대해 채무를 부담하게 된 경우 채권자가 채무자에게 제3자에 대한 채무액과 같은 금액을 손해배상금으로 청구하기 위해서는 채무의 부담이 현실적·확정적이어서 실제로 변제해야 할 성질의 것이어야 한다. 그와 같은 채무의 부담이 현실적·확정적이어서 손해가 현실적으로 발생하였다고 볼 것인지는 사회통념에 비추어 객관적이고 합리적으로 판단해야 한다. [3] 갑 소유의 부동산에 채무자 갑, 근저당권자 을 축산업협동조합으로 하는 근저당권설정등기가 마쳐진 상태에서, 병이 정에게 위 부동산을 매도하는 내용의 매매계약을 체결하면서 위 근저당권이 담보하는 대출금채무를 정이 승계하는 대신 중도금의 전부나 일부로 대체하기로 하였고, 그 후 병이 갑과 체결한 약정에 따라 위 부동산에 관하여 자기 앞으로 소유권이전등기를 한 다음 정 앞으로 매매계약에 따른 소유권이전등기를 하였는데, 정이 대출금채무에 대한 인수의무를 이행하지 않아 갑이 대출금 이자 등을 지급하는 손해를 입게 되자, 갑이 정을 상대로 병을 대위하여 채권자대위에 따른 손해배상청구를 하여 병의 손해배상채권의 소멸시효 기산점이 문제된 사안에서, 정이 중도금 지급기일에 인수의무를 이행하지 않았다는 사정만으로 곧바로 병에게 손해가 현실적으로 발생하였다고 볼 수는 없고, 갑이 이자 등을 지급한 때 병에 대하여 채무불이행에 따른 손해배상청구권을 갖게 되며, 그 때 병에게 정의 이행인수계약 불이행에 따른 손해가 현실적으로 발생하였다고 볼 수 있으므로, 병에게 손해가 현실적으로 발생한 시점을 심리하여 소멸시효가 완성되었는지 판단하였어야 하는데

도, 이에 관한 심리 없이 중도금 지급기일부터 소멸시효가 진행하여 이미 소멸시효가 완성되었다고 본 원심판단에 소멸시효 기산점 등에 관한 법리오해 등의 잘못이 있다고 한 사례(대법원 2021. 11. 25. 선고 2020다294516 판결).

정답 ②

098 / 손해배상액의 예정 /

甲은 乙로부터 토지를 1억 원에 매수하기로 하였다. 매매계약에 따르면, 甲은 乙에게 계약금 1,000만 원, 1차 중도금 2,000만 원, 2차 중도금 2,000만 원, 잔금 5,000만 원을 지급하기로 하였고, 이에 따라 甲은 계약 당일 乙에게 계약금 1,000만 원을 교부하였다. 또한 위 매매계약서에는 "당사자 일방이 채무를 불이행할 경우 계약금을 교부한 자는 그것을 몰취 당하고 계약금을 교부받은 자는 그 배액을 상환한다."라는 조항(계약서 제5항)도 포함되어 있었다. 다음 기술 중 옳지 않은 것을 모두 고른 것은? (다툼이 있는 경우에는 판례에 의함)

ㄱ. 계약서 제5항은 위약금 약정으로서 손해배상액의 예정으로 추정되므로, 다른 특약이 없는 한 甲의 채무불이행으로 乙이 위약금 이상의 손해를 입었더라도 초과손해는 배상을 구할 수 없다.

ㄴ. 계약서 제5항과 같은 내용의 약정이 존재하지 않는다면, 계약이 당사자 일방의 귀책사유로 인하여 해제되었다고 하더라도 상대방은 그 계약불이행으로 인한 실제 손해만을 배상받을 수 있을 뿐 계약금 상당액이 위약금으로 상대방에게 당연히 귀속되는 것은 아니다.

ㄷ. 만약 법원이 계약서 제5항의 금액이 부당히 과다하다는 이유로 감액한 경우, 그 감액부분에 해당하는 부분은 처음부터 무효이다.

ㄹ. 계약서 제5항의 약정은 甲과 乙의 매매계약과 관련된 불법행위로 인한 손해배상액까지 예정한 것이라고 볼 수 있다. 또한 계약서 제5항의 약정에도 불구하고, 다른 특약이 없는 한 乙은 甲의 채무불이행으로 인한 특별손해를 따로 청구할 수 있다.

ㅁ. 계약당사자가 채무불이행으로 인한 전보배상에 관하여 손해배상액을 예정한 경우에 채권자가 채무불이행을 이유로 계약을 해제하거나 해지하면 원칙적으로 손해배상액의 예정은 실효된다.

ㅂ. 계약서 제5항의 약정이 부당히 과다하다고 하여 감액하는 경우, 그 감경에 앞서 채권자의 과실 등을 들어 따로 과실상계를 적용하여 감경할 필요는 없다.

ㅅ. 손해배상액이 예정되어 있는 경우 채권자는 채무불이행 사실만 증명하면 예정배상액을 청구할 수 있으므로 계약서 제5항의 약정에 채무자의 귀책사유를 묻지 아니한다는 내용이 포함되어 있지 않더라도 乙은 자신의 귀책사유가 없음을 증명함으로써 손해배상의 예정액의 지급을 면할 수 없다.

① ㄱ, ㄹ, ㅁ   ② ㄴ, ㄹ, ㅁ   ③ ㄷ, ㅂ, ㅅ
④ ㄹ, ㅁ, ㅅ   ⑤ ㅁ, ㅂ, ㅅ

해설

ㄱ. [O] 매매당사자가 계약금으로 수수한 금액에 관하여 매수인이 위약하면 이를 무효로 하고 매도인이 위약하면 그 배액을 상환하기로 하는 뜻의 약정을 한 경우에 있어서 그 위약금의 약정은 민법 제398조 제4항이 정한 손해배상의 예정으로 추정되는 것이고 또 이와 같은 약정이 있는 경우에는 채무자에게 채무불이행이 있으면 채권자는 실제손해액을 증명할 필요없이 그 예정액을 청구할 수 있는 반면에 실제손해액이 예정액을 초과하더라도 그 초과액을 청구할 수 없다(대법원 1990. 2. 13. 자 89다카26250 결정).

ㄴ. [O] 유상계약을 체결함에 있어서 계약금이 수수된 경우 계약금은 해약금의 성질을 가지고 있어서 이를 위약금으로 하기로 하는 특약이 없는 이상 계약이 당사자 일방의 귀책사유로 인하여 해제되었다 하더라도 상대방은 계약불이행으로 입은 실제 손해만을 배상받을 수 있을 뿐 계약금이 위약금으로서 상대방에게 당연히 귀속된다고 할 수 없다(대법원 1992. 11. 27. 선고 92다23209 판결).

ㄷ. [O] 법원이 손해배상의 예정액이 부당하게 과다하다고 하여 감액을 한 경우 손해배상액의 예정에 관한 약정 중 감액부분에 해당하는 부분은 처음부터 무효라고 할 것이다(대법원 1991. 7. 9. 선고 91다11490 판결).

ㄹ. [X] 계약 당시 당사자 사이에 손해배상액을 예정하는 내용의 약정이 있는 경우에는 그것은 계약상의 채무불이행으로 인한 손해액에 관한 것이고 이를 그 계약과 관련된 불법행위상의 손해까지 예정한 것이라고는 볼 수 없다(대법원 1999. 1. 15. 선고 98다48033 판결). 계약 당시 손해배상액을 예정한 경우에는 다른 특약이 없는 한 채무불이행으로 인하여 입은 통상손해는 물론 특별손해까지도 예정액에 포함되고 채권자의 손해가 예정액을 초과한다 하더라도 초과부분을 따로 청구할 수 없다(대법원 1993. 4. 23. 선고 92다41719 판결).

ㅁ. [X] 민법 제398조 제1항·제3항, 제551조의 문언·내용과 계약당사자의 일반적인 의사 등을 고려하면, 계약당사자가 채무불이행으로 인한 전보배상에 관하여 손해배상액을 예정한 경우에 채권자가 채무불이행을 이유로 계약을 해제하거나 해지하더라도 원칙적으로 손해배상액의 예정은 실효되지 않고, 전보배상에 관하여 특별한 사정이 없는 한 손해배상액의 예정에 따라 배상액을 정해야 한다. 다만 위와 같은 손해배상액의 예정이 계약의 유지를 전제로 정해진 약정이라는 등의 사정이 있는 경우에 채무불이행을 이유로 계약을 해제하거나 해지하면 손해배상액의 예정도 실효될 수 있다. 이때 손해배상액의 예정이 실효된다고 볼 특별한 사정이 있는지는 약정 내용, 약정이 이루어지게 된 동기와 경위, 당사자가 이로써 달성하려는 목적, 거래의 관행 등을 종합적으로 고려하여 당사자의 의사를 합리적으로 해석하여 판단해야 한다(대법원 2022. 4. 14. 선고 2019다292736 판결).

ㅂ. [O] 지체상금이 손해배상의 예정으로 인정되어 이를 감액함에 있어서는 채무자가 계약을 위반한 경위 등 제반사정이 참작되므로 손해배상액의 감경에 앞서 채권자의 과실 등을 들어 따로 감경할 필요는 없다(대법원 2002. 01. 25. 선고 99다57126 판결).

ㅅ. [X] 채무불이행으로 인한 손해배상액이 예정되어 있는 경우에는 채권자는 채무불이행 사실만 증명하면 손해의 발생 및 그 액을 증명하지 아니하고 예정배상액을 청구할 수 있고, 채무자는 채권자와 채무불이행에 있어 채무자의 귀책사유를 묻지 아니한다는 약정을 하지 아니한 이상 자신의 귀책사유가 없음을 주장·입증함으로써 예정배상액의 지급책임을 면할 수 있다. 그리고 채무자의 귀책사유를 묻지 아니한다는 약정의 존재 여부는 근본적으로 당사자 사이의 의사해석의 문제로서,

당사자 사이의 약정 내용과 그 약정이 이루어지게 된 동기 및 경위, 당사자가 그 약정에 의하여 달성하려고 하는 목적과 진정한 의사, 거래의 관행 등을 종합적으로 고찰하여 합리적으로 해석하여야 하지만, 당사자의 통상의 의사는 채무자의 귀책사유로 인한 채무불이행에 대해서만 손해배상액을 예정한 것으로 봄이 상당하므로, 채무자의 귀책사유를 묻지 않기로 하는 약정의 존재는 엄격하게 제한하여 인정하여야 한다(대법원 2007. 12. 27. 선고 2006다9408 판결).

정답 ④

099 /과실상계·손익상계/
과실상계와 손익상계에 관한 설명 중 옳은 것을 모두 고른 것은? (다툼이 있으면 판례에 의함)

> ㄱ. 의료과실로 인한 손해배상액을 산정함에 있어서 피해자 측의 귀책사유와 무관한 피해자의 체질적 소인 또는 질병의 위험도 등도 손해배상액의 감액사유로 참작할 수 있다.
> ㄴ. 사용자가 피용자의 고의에 의한 불법행위로 인하여 사용자책임을 부담하는 경우, 피해자에게 그 손해의 발생과 확대에 기여한 과실이 있다 하더라도 사용자책임의 범위를 정함에 있어서 이러한 피해자의 과실을 고려하여 그 책임을 제한할 수는 없다.
> ㄷ. 사용자의 고용의무 불이행을 이유로 고용의무를 이행하였다면 받을 수 있었던 임금 상당액을 손해배상으로 청구하는 경우, 근로자가 사용자에게 제공하였어야 할 근로를 다른 직장에 제공함으로써 얻은 이익이 사용자의 고용의무 불이행과 사이에 상당인과관계가 인정된다면, 이러한 이익은 고용의무 불이행으로 인한 손해배상액을 산정할 때 공제되어야 한다.
> ㄹ. 법원이 어느 정도로 채권자의 과실을 참작하느냐는 법원의 재량사항이므로 법원이 채권자의 과실을 인정하더라도 이를 참작하지 않을 수 있다.
> ㅁ. 과실상계의 비율은 사실심의 전권사항이므로 법원은 특별한 사정이 없는 경우에도 가해자의 책임을 전부 면제하는 판결을 할 수 있다.
> ㅂ. 채무자로 하여금 채무불이행으로 인한 이익을 최종적으로 보유하게 하는 것이 공평의 이념이나 신의칙에 반하는 결과를 초래하는 경우에는 채권자의 과실에 터 잡은 채무자의 과실상계 주장을 허용하여서는 안 된다.
> ㅅ. 채권자가 해제의 원인이 된 채무불이행에 관하여 원인의 일부를 제공했다고 하여도 해제로 인한 원상회복청구권은 과실상계에 준하여 그 권리의 내용이 제한될 수는 없다.

① ㄱ, ㄷ, ㄹ, ㅂ
② ㄱ, ㄷ, ㅂ, ㅅ
③ ㄴ, ㄹ, ㅁ
④ ㄷ, ㅁ, ㅂ, ㅅ
⑤ ㄴ, ㄹ, ㅂ, ㅅ

해설

ㄱ. [O] 가해행위와 피해자측의 요인이 경합하여 손해가 발생하거나 확대된 경우에는 피해자측의 요인이 체질적인 소인 또는 질병의 위험도와 같이 피해자측의 귀책사유와 무관한 것이라고 할지라도, 그 질환의 태양·정도 등에 비추어 가해자에게 손해의 전부를 배상하게 하는 것이 공평의 이념에 반하는 경우에는, 법원은 손해배상액을 정하면서 과실상계의 법리를 유추적용하여 그 손해의 발생 또는 확대에 기여한 피해자측의 요인을 참작할 수 있다(대법원 2005. 6. 24. 선고 2005다16713 판결).

ㄴ. [X] 사용자가 피용자의 과실에 의한 불법행위로 인한 사용자책임을 부담하는 경우와 마찬가지로 피용자의 고의에 의한 불법행위로 인하여 사용자책임을 부담하는 경우에도 피해자에게 그 손해의 발생과 확대에 기여한 과실이 있다면 사용자책임의 범위를 정함에 있어서 이러한 피해자의 과실을 고려하여 그 책임을 제한할 수 있다(대법원 2002. 12. 26. 선고 2000다56952 판결). **[비교판례]** 민법 제756조에 의한 사용자의 손해배상책임은 피용자의 배상책임에 대한 대체적 책임이고, 같은 조 제1항에서 사용자가 피용자의 선임 및 그 사무감독에 상당한 주의를 한 때 또는 상당한 주의를 하여도 손해가 있을 경우에는 책임을 면할 수 있도록 규정함으로써 사용자책임에서 사용자의 과실은 직접의 가해행위가 아닌 피용자의 선임·감독에 관련된 것으로 해석되는 점에 비추어 볼 때, 피용자의 고의의 불법행위로 인하여 사용자책임이 성립하는 경우에 민법 제496조의 적용을 배제하여야 할 이유가 없으므로 사용자책임이 성립하는 경우 사용자는 자신의 고의의 불법행위가 아니라는 이유로 민법 제496조의 적용을 면할 수는 없다(대법원 2006. 10. 26. 선고 2004다63019 판결).

ㄷ. [O] 채무불이행이나 불법행위 등으로 손해를 입은 채권자 또는 피해자 등이 동일한 원인에 의하여 이익을 얻은 경우에는 공평의 관념상 그 이익은 손해배상액을 산정할 때 공제되어야 한다. 이와 같이 손해배상액을 산정할 때 손익상계가 허용되기 위해서는 손해배상책임의 원인이 되는 행위로 인하여 피해자가 새로운 이득을 얻었고, 그 이득과 손해배상책임의 원인인 행위 사이에 상당인과관계가 있어야 한다. 사용자의 고용의무 불이행을 이유로 고용의무를 이행하였다면 받을 수 있었던 임금 상당액을 손해배상으로 청구하는 경우, 근로자가 사용자에게 제공하였어야 할 근로를 다른 직장에 제공함으로써 얻은 이익이 사용자의 고용의무 불이행과 사이에 상당인과관계가 인정된다면, 이러한 이익은 고용의무 불이행으로 인한 손해배상액을 산정할 때 공제되어야 한다. 한편 사용자의 고용의무 불이행을 이유로 손해배상을 구하는 경우와 같이 근로관계가 일단 해소되어 유효하게 존속하지 않는 경우라면 근로기준법 제46조가 정한 휴업수당에 관한 규정을 적용할 수 없다(대법원 2020. 11. 26. 선고 2016다13437 판결).

ㄹ. [X] 과실상계에 있어서 피해자의 과실참작의 비율을 정하는 일은 법원의 자유재량에 달린 것이긴 하나 과실의 정도를 비교교량함에 있어서 지나치게 피해자에게 유리하거나 또는 불리하게 판단하는 것은 재량의 범위를 벗어난 처사로서 위법하다고 볼 수밖에 없다(대법원 1984. 07. 10. 선고 84다카440 판결). 민법상의 과실상계제도는 채권자가 신의칙상 요구되는 주의를 다하지 아니한 경우 공평의 원칙에 따라 손해의 발생에 관한 채권자의 그와 같은 부주의를 참작하게 하려는 것이므로 단순한 부주의라도 그로 말미암아 손해가 발생하거나 확대된 원인을 이루었다면 피해자에게 과실이 있는 것으로 보아 과실상계를 할 수 있고, 피해자에게 과실이 인정되면 법원은 손해배상의 책임 및 그 금액을 정함에 있어서 이를 참작하여야 하며, 배상의무자가 피해자의 과실에 관하여 주장하지 않는 경우에도 소송자료에 의하여 과실이 인정되는 경우에는 이를 법원이 직권으로 심리·판단하여야 한다(대법원 1996. 10. 25. 선고 96다30113 판결).

ㅁ. [X] 과실상계 또는 책임제한에 관한 사실인정이나 비율을 정하는 것이 사실심의 전권사항이라고 하더라도, 그것이 형평의 원칙에 비추어 불합리하여서는 아니 되며, 특히 가해자의 손해배상책임을 면제하는 것은 실질적으로 가해자의 손해배상책임을 부정하는 것과 다름이 없으므로, 불법행위

로 인한 피해자의 손해가 실질적으로 전부 회복되었다거나 손해를 전적으로 피해자에게 부담시키는 것이 합리적이라고 볼 수 있는 등의 특별한 사정이 없는 한 가해자의 책임을 함부로 면제하여서는 아니 된다(대법원 2014. 11. 27. 선고 2011다68357 판결).

ㅂ. [O] 민법 제396조는 채무불이행에 관하여 채권자에게 과실이 있는 때에는 법원은 손해배상의 책임 및 그 금액을 정함에 이를 참작하여야 한다고 규정하고 있으므로, 채무자가 채권자에 대하여 채무불이행으로 인한 손해배상책임을 지는 경우 채권자에게도 채무불이행에 관한 과실이 있다면 특별한 사정이 없는 한 법원으로서는 채무자의 손해배상책임의 범위를 정할 때 이를 참작하여야 하지만, 예외적으로 고의에 의한 채무불이행으로서 채무자가 계약 체결 당시 채권자가 계약 내용의 중요 부분에 관하여 착오에 빠진 사실을 알면서도 이를 이용하거나 이에 적극 편승하여 계약을 체결하고 그 결과 채무자가 부당한 이익을 취득하게 되는 경우 등과 같이 채무자로 하여금 채무불이행으로 인한 이익을 최종적으로 보유하게 하는 것이 공평의 이념이나 신의칙에 반하는 결과를 초래하는 경우에는 채권자의 과실에 터 잡은 채무자의 과실상계 주장을 허용하여서는 안 된다(대법원 2014. 07. 24. 선고 2010다58315 판결).

ㅅ. [O] [1] 과실상계는 본래 채무불이행 또는 불법행위로 인한 손해배상책임에 대하여 인정되는 것이고, 매매계약이 해제되어 소급적으로 효력을 잃은 결과 매매당사자에게 당해 계약에 기한 급부가 없었던 것과 동일한 재산상태를 회복시키기 위한 원상회복의무의 이행으로서 이미 지급한 매매대금 기타의 급부의 반환을 구하는 경우에는 적용되지 아니한다. [2] 계약의 해제로 인한 원상회복청구권에 대하여 해제자가 해제의 원인이 된 채무불이행에 관하여 '원인'의 일부를 제공하였다는 등의 사유를 내세워 신의칙 또는 공평의 원칙에 기하여 일반적으로 손해배상에 있어서의 과실상계에 준하여 권리의 내용이 제한될 수 있다고 하는 것은 허용되어서는 아니 된다(대법원 2014. 03. 13. 선고 2013다34143 판결).

정답 ②

제2절 • 책임재산의 보전

• 제1관 • 채권자대위권

100 / 채권자대위권의 행사에 의한 법률관계 /

甲은 乙에 대하여 1억 원의 금전채권을 가지고 있고 乙은 丙에 대해 1억 원의 금전채권을 가지고 있다. 甲은 乙에 대한 채권을 보전하기 위해 乙을 대위하여 丙에 대해 금전지급을 청구하는 소를 제기하였다. 다음의 설명 중 옳은 것을 모두 고른 것은? (다툼이 있으면 판례에 의함)

ㄱ. 甲이 乙에게 대위권행사의 통지를 한 후에도 丙이 乙의 처분행위에 의하지 않고 취득한 항변권이 있으면 丙은 乙에게 대항할 수 있다. 따라서 丙은 乙에 대한 변제로서 甲에게 대항할 수 있다.

ㄴ. 甲이 乙의 권리를 대위행사하기 위해서는 甲의 채권이 丙에게까지 대항할 수 있는 것이어야 한다.

ㄷ. 甲이 乙을 상대로 이행의 소를 제기하여 승소의 확정판결을 받은 경우라면, 丙은 그 피보전권리의 존재를 다툴 수 없다.

ㄹ. 甲의 乙에 대한 채권이 존재하는지 여부와 관련하여, 법원에 현출된 소송자료를 통하여 피보전채권의 존부에 관하여 의심할 만한 사정이 발견되면 법원으로서는 직권으로 추가적인 심리·조사를 통해 그 존재여부를 확인하여야 할 의무가 있다.

ㅁ. 甲의 채권이 발생하기 전부터 乙이 丙에 대하여 채권을 가지고 있었던 때에는 甲은 乙의 丙에 대한 금전채권을 대위 행사할 수 없다.

ㅂ. 甲은 乙의 권리를 대위행사 하는 것이므로, 丙으로 하여금 乙에게 금전지급을 이행하도록 청구하여야 하고 직접 자신에게 이행하도록 청구할 수는 없다.

ㅅ. 甲의 乙에 대한 채권이 변제기가 도래하지 아니한 경우에는 자기의 채권을 보전하기 위하여 甲은 법원의 허가를 받아 乙의 丙에 대한 채권을 대위행사 할 수 있다.

① ㄱ, ㄴ, ㄹ, ㅂ　　② ㄱ, ㄷ, ㄹ, ㅅ　　③ ㄴ, ㄹ, ㅂ, ㅅ
④ ㄷ, ㅁ, ㅂ　　　　⑤ ㄷ, ㅁ, ㅅ

해설

ㄱ. [O] 채권자가 채무자를 대위하여 채무자의 제3채무자에 대한 권리를 행사하고 채무자에게 통지를 하거나 채무자가 채권자의 대위권 행사사실을 안 후에는 채무자는 그 권리에 대한 처분권을 상실하여 그 권리의 양도나 포기 등 처분행위를 할 수 없고 채무자의 처분행위에 기하여 취득한 권리로서는 채권자에게 대항할 수 없으나, 채무자의 변제수령은 처분행위라 할 수 없고 같은 이치에서 채무자가 그 명의로 소유권이전등기를 경료하는 것 역시 처분행위라고 할 수 없으므로 소유권이전등기청구권의 대위행사 후에도 채무자는 그 명의로 소유권이전등기를 경료하는 데 아무런 지장이 없다(대법원 1991. 4. 12. 선고 90다9407 판결). **[보충설명]** 채무자의 변제수령은 민법 제405조 제2항에 의하여 금지되는 처분행위에 포함되지 않는다는 의미이다. **[비교]** 금전채권을 압류할 때에는 법원은 제3채무자에게 채무자에 대한 지급을 금지하고 채무자에게 채권의 처분과 영수를 금지하여야 한다(민사집행법 제227조 제1항).

ㄴ. [X] ㄷ. [O] 민법 제404조에서 규정하고 있는 채권자대위권은 채권자가 채무자에 대한 자기의 채권을 보전하기 위하여 필요한 경우에 채무자의 제3자에 대한 권리를 대위행사 할 수 있는 권리를 말하는 것으로서, 이 때 보전되는 채권은 보전의 필요성이 인정되고 이행기가 도래한 것이면 족하고, 그 채권의 발생원인이 어떠하든 대위권을 행사함에는 아무런 방해가 되지 아니하며, 또한 채무자에 대한 채권이 제3채무자에게까지 대항할 수 있는 것임을 요하는 것도 아니라고 할 것이므로, 채권자대위권을 재판상 행사하는 경우에 있어서도 채권자인 원고는 그 채권의 존재사실 및 보전의 필요성, 기한의 도래 등을 입증하면 족한 것이지, 채권의 발생원인사실 또는 그 채권이 제3채무자인 피고에게 대항할 수 있는 채권이라는 사실까지 입증할 필요는 없으며, 따라서 채권자가 채무자를 상대로 하여 그 보전되는 청구권에 기한 이행청구의 소를 제기하여 승소판결이 확정되면 제3채무자는 그 청구권의 존재를 다툴 수 없다(대법원 2000. 6. 9. 선고 98다18155 판결).

ㄹ. [O] 채권자대위소송에서 대위에 의하여 보전될 채권자의 채무자에 대한 권리(피보전채권)가 존재하는지 여부는 소송요건으로서 <u>법원의 직권조사사항이므로, 법원으로서는 그 판단의 기초자료인 사실과 증거를 직권으로 탐지할 의무까지는 없다 하더라도, 법원에 현출된 모든 소송자료를 통하여 살펴보아 피보전채권의 존부에 관하여 의심할 만한 사정이 발견되면 직권으로 추가적인 심리·조사를 통하여 그 존재 여부를 확인하여야 할 의무가 있다</u>(대법원 2009. 04. 23. 선고 2009다3234 판결).

ㅁ. [X] 채권자대위권을 행사하기 위하여 채권자의 채권이 채무자의 제3채무자에 대한 권리보다 먼저 성립하여야 하는 것은 아니다. **[지문정리]** 채권자취소권을 행사하기 위하여 원칙적으로 채권자의 채권이 사해행위 이전에 발생한 것이어야 한다. 그러나 채권자대위권의 경우에는 채권자의 채권이 채무자의 제3채무자에 대한 권리보다 먼저 성립할 필요는 없다.

ㅂ. [X] 집행채무자의 채권자가 그 집행채권자를 상대로 <u>부당이득금 반환채권을 대위행사하는 경우 집행채무자에게 그 반환의무를 이행하도록 청구할 수도 있지만, 직접 대위채권자에게 이행하도록 청구할 수도 있다고 보아야 하는데, 이와 같이 채권자대위권을 행사하는 채권자에게 변제수령의 권한을 인정하더라도 그것이 채권자 평등의 원칙에 어긋난다거나 제3채무자를 이중 변제의 위험에 빠뜨리게 하는 것이라고 할 수 없다</u>(대법원 2005. 04. 15. 선고 2004다70024 판결).

ㅅ. [O] 채권자는 그 채권의 기한이 도래하기 전에는 법원의 허가 없이 전항의 권리를 행사하지 못한다. <u>그러나 보전행위는 그러하지 아니하다</u>(제404조 제2항).

정답 ②

101 / 채무자의 무자력 /

채권보전의 필요성에 관한 다음 설명 중 옳은 것을 모두 고른 것은? (다툼이 있으면 판례에 의함)

> ㄱ. 채무자의 무자력 여부를 판단할 때 제3자 명의로 소유권이전청구권 보전의 가등기가 마쳐진 부동산은 원칙적으로 적극재산에서 제외하여야 한다.
>
> ㄴ. 채권자가 자신의 금전채권을 보전하기 위하여 채무자를 대위하여 부동산에 관한 공유물분할청구권을 행사하는 것은, 책임재산의 보전과 직접적인 관련이 있어 채권의 현실적 이행을 유효·적절하게 확보하기 위하여 필요하다고 볼 수 있고 채무자의 자유로운 재산관리행위에 대한 부당한 간섭이 되지 않으므로 보전의 필요성을 인정할 수 있다.
>
> ㄷ. 수임인이 가지는 민법 제688조 제2항의 대변제청구권도 금전채권이므로 이 채권을 보전하기 위하여 채무자인 위임인의 채권을 대위행사하는 경우에는 채무자의 무자력을 요건으로 한다.
>
> ㄹ. 甲이 乙에 대해 명의신탁 해지를 원인으로 한 소유권이전등기청구권의 불능에 따른 손해배상청구권을 보전하기 위하여 乙이 제3채무자에 대하여 가지는 명의신탁 부동산의 원상회복 불능으로 인한 가액배상청구권을 대위행사하기 위해서는 乙의 무자력을 요건으로 하지 않는다.

① ㄱ, ㄷ　　　　　　　② ㄱ, ㄹ　　　　　　　③ ㄴ, ㄷ, ㄹ
④ ㄴ, ㄷ　　　　　　　⑤ ㄷ, ㄹ

해설

ㄱ. [O] 채권자가 채무자를 대위함에 있어 대위에 의하여 보전될 채권자의 채무자에 대한 권리가 금전채권인 경우에는 그 보전의 필요성 즉, 채무자가 무자력인 때에만 채권자가 채무자를 대위하여 채무자의 제3채무자에 대한 권리를 행사할 수 있는바, 채권자대위의 요건으로서의 무자력이란 채무자의 변제자력이 없음을 뜻하고 특히 임의 변제를 기대할 수 없는 경우에는 강제집행을 통한 변제가 고려되어야 하므로, 소극재산이든 적극재산이든 위와 같은 목적에 부합할 수 있는 재산인지 여부가 변제자력 유무 판단의 중요한 고려요소가 되어야 한다. 따라서 채무자의 적극재산인 부동산에 이미 제3자 명의로 소유권이전청구권보전의 가등기가 마쳐져 있는 경우에는 강제집행을 통한 변제가 사실상 불가능하므로, 그 가등기가 가등기담보 등에 관한 법률에 정한 담보가등기로서 강제집행을 통한 매각이 가능하다는 등의 특별한 사정이 없는 한, 위 부동산은 실질적으로 재산적 가치가 없어 적극재산을 산정할 때 제외하여야 한다(대법원 2009. 2. 26. 선고 2008다76556 판결).

ㄴ. [×] ★ [사례형·기록형] [1] 채권자는 자기의 채권을 보전하기 위하여, 일신에 전속한 권리가 아닌 한 채무자의 권리를 행사할 수 있다(민법 제404조 제1항). 공유물분할청구권은 공유관계에서 수반되는 형성권으로서 공유자의 일반재산을 구성하는 재산권의 일종이다. 공유물분할청구권의 행사가 오로지 공유자의 자유로운 의사에 맡겨져 있어 공유자 본인만 행사할 수 있는 권리라고 볼 수는 없다. 따라서 공유물분할청구권도 채권자대위권의 목적이 될 수 있다. [2] 권리의 행사 여부는 그 권리자가 자유로운 의사에 따라 결정하는 것이 원칙이다. 채무자가 스스로 권리를 행사하지 않는데도 채권자가 채무자를 대위하여 채무자의 권리를 행사할 수 있으려면 그러한 채무자의 권리를 행사함으로써 채권자의 권리를 보전해야 할 필요성이 있어야 한다. 여기에서 보전의 필요성은 채권자가 보전하려는 권리의 내용, 채권자가 보전하려는 권리가 금전채권인 경우 채무자의 자력 유무, 채권자가 보전하려는 권리와 대위하여 행사하려는 권리의 관련성 등을 종합적으로 고려하여 채권자가 채무자의 권리를 대위하여 행사하지 않으면 자기 채권의 완전한 만족을 얻을 수 없게 될 위험이 있어 채무자의 권리를 대위하여 행사하는 것이 자기 채권의 현실적 이행을 유효·적절하게 확보하기 위하여 필요한지 여부를 기준으로 판단하여야 하고, 채권자대위권의 행사가 채무자의 자유로운 재산관리행위에 대한 부당한 간섭이 되는 등 특별한 사정이 있는 경우에는 보전의 필요성을 인정할 수 없다. [3] 채권자가 자신의 금전채권을 보전하기 위하여 채무자를 대위하여 부동산에 관한 공유물분할청구권을 행사하는 것은, 책임재산의 보전과 직접적인 관련이 없어 채권의 현실적 이행을 유효·적절하게 확보하기 위하여 필요하다고 보기 어렵고 채무자의 자유로운 재산관리행위에 대한 부당한 간섭이 되므로 보전의 필요성을 인정할 수 없다. 또한 특정 분할 방법을 전제하고 있지 않는 공유물분할청구권의 성격 등에 비추어 볼 때 그 대위행사를 허용하면 여러 법적 문제들이 발생한다. 따라서 극히 예외적인 경우가 아니라면 금전채권자는 부동산에 관한 공유물분할청구권을 대위행사할 수 없다고 보아야 한다. 이는 채무자의 공유지분이 다른 공유자들의 공유지분과 함께 근저당권을 공동으로 담보하고 있고, 근저당권의 피담보채권이 채무자의 공유지분 가치를 초과하여 채무자의 공유지분만을 경매하면 남을 가망이 없어 민사집행법 제102조에 따라 경매절차가 취소될 수밖에 없는 반면, 공유물분할의 방법으로 공유부동산 전부를 경매하면 민법 제368조 제1항에 따라 각 공유지분의 경매대가에 비례해서 공동근저당권의 피담보채권을 분담하게 되어 채무자의 공유지분 경매대가에서 근저당권의 피담보채권 분담액을 변제하고 남을 가망이 있는 경우에도 마찬가지이다(대법원 2020. 5. 21. 선고 2018다879 전원합의체 판결). **[관련조문] 민사집행법 제102조**

(남을 가망이 없을 경우의 경매취소) ① 법원은 최저매각가격으로 압류채권자의 채권에 우선하는 부동산의 모든 부담과 절차비용을 변제하면 남을 것이 없겠다고 인정한 때에는 압류채권자에게 이를 통지하여야 한다. ② 압류채권자가 제1항의 통지를 받은 날부터 1주 이내에 제1항의 부담과 비용을 변제하고 남을 만한 가격을 정하여 그 가격에 맞는 매수신고가 없을 때에는 자기가 그 가격으로 매수하겠다고 신청하면서 충분한 보증을 제공하지 아니하면, 법원은 경매절차를 취소하여야 한다. ③ 제2항의 취소 결정에 대하여는 즉시항고를 할 수 있다.

ㄷ. [✕] 수임인이 가지는 민법 제688조 제2항 전단 소정의 대변제청구권은 통상의 금전채권과는 다른 목적을 갖는 것이므로, 수임인이 이 대변제청구권을 보전하기 위하여 채무자인 위임인의 채권을 대위행사하는 경우에는 채무자의 무자력을 요건으로 하지 아니한다(대법원 2002. 1. 25. 선고 2001다52506 판결).

ㄹ. [O] 채권자는 채무자에 대한 채권을 보전하기 위하여 채무자를 대위해서 채무자의 권리를 행사할 수 있는바, 채권자가 보전하려는 권리와 대위하여 행사하려는 채무자의 권리가 밀접하게 관련되어 있고, 채권자가 채무자의 권리를 대위하여 행사하지 않으면 자기 채권의 완전한 만족을 얻을 수 없게 될 위험이 있어 채무자의 권리를 대위하여 행사하는 것이 자기 채권의 현실적 이행을 유효·적절하게 확보하기 위하여 필요한 경우에는 채권자대위권의 행사가 채무자의 자유로운 재산관리행위에 대한 부당한 간섭이 된다는 등의 특별한 사정이 없는 한 채권자는 채무자의 권리를 대위하여 행사할 수 있어야 한다. [이유] 대상청구권의 경우에 급부의 후발적 불능에 대한 채무자의 귀책사유를 요건으로 하지 않는다. 원심은 원고 1이 소외 3의 피고에 대한 가액배상청구권을 대위행사함에 있어서 소외 3의 무자력 요건에 관한 입증이 없으므로 이 부분에 대한 원고들의 청구는 기각되어야 한다는 주장에 대해, 이 사건에 있어서 피보전채권이나 피대위채권이 모두 소유권이전등기의무의 이행불능으로 인한 가액배상의 금전채권으로 귀착될 성질의 것이기는 하나, 피보전채권인 원고의 소외 3에 대한 채권은 명의신탁해지를 원인으로 한 소유권이전등기청구권이 변형된 것이고, 피대위채권인 소외 3의 피고에 대한 채권 역시 명의신탁된 이 사건 부동산 중 그 상속지분에 관한 원상회복이 불가능함으로 인하여 가액배상청구권으로 변형된 것으로서 양 채권이 그 발생원인에 있어 직접적인 관련성이 있는 이상, 원고 1이 피고에 대하여 위 가액배상청구권을 대위행사함에 있어서 일반 금전채권의 경우와 같이 피대위자인 소외 3이 무자력임을 그 요건으로 하여야 한다고 볼 수 없다고 하여 이를 배척하였다. 원심의 판단은 대체로 앞서 본 법리에 따른 것으로서 정당하고, 거기에 상고이유의 주장과 같이 판결 결과에 영향을 미친 법리오해의 위법이 있다고 할 수 없다(대법원 2006. 1. 27. 선고 2005다39013 판결).

정답 ②

102 / 채권자대위권 행사의 효과 /

甲은 자신의 A토지를 乙에게 매도하였으나 乙이 계약금과 중도금만 지급하고 잔금을 지급하지 않아 아직 乙 명의로 소유권이전등기가 경료되지 않았다. 그 후 乙은 丙에게 A토지를 매도하고 丙으로부터 매매대금 전액을 지급받았다. 이에 관한 설명 중 옳지 않은 것은? (다툼이 있으면 판례에 의함)

① 乙이 甲에 대해 A토지에 관한 처분금지가처분을 신청할 수 있는 경우, 丙은 乙에 대한 소유권이전등기청구권을 보전하기 위해 乙을 대위하여 위 가처분을 신청할 수 있다.

② 丙이 乙을 대위하여 甲에게 소유권이전등기청구권을 행사하고 그 사실을 乙에게 통지한 후에는 甲과 乙이 매매계약을 합의 해제하여 A토지에 대한 소유권이전등기청구권을 소멸시켜도 이로써 丙에게 대항하지 못한다.

③ 丙의 채권자대위권 행사 통지 후 乙의 채무불이행을 이유로 甲이 매매계약을 해제한 경우 甲은 계약해제로 丙에게 대항할 수 있다.

④ 丙이 乙을 대위하여 甲에게 소유권이전등기를 청구하는 경우, 甲은 丙에 대하여 乙의 甲에 대한 잔금채무의 이행과 동시에 이행하겠다는 항변을 할 수 있다.

⑤ 乙이 등기를 경료하지 않고 있는 사이에 甲이 제3자 丁과 그 부동산에 관한 소유권이전등기절차를 이행하기로 하는 제소전 화해를 하여 丁 앞으로 소유권이전등기가 경료된 경우에는 그 화해조서가 당연무효이거나 준재심절차에 의하여 취소되지 않는 한, 乙이 甲을 대위하여 제3자 丁 명의의 소유권이전등기가 원인무효임을 이유로 말소를 구하는 것은 부적법한 것이지만, 丁 명의의 소유권이전등기에 기하여 경료된 다른 등기의 말소를 구하는 것은 적법하다.

[해설]

① [O] 미등기매수인 丙은 자신의 매도인 乙에 대한 등기청구권을 보전하기 위하여 乙의 매도인 甲에 대한 등기청구권에 기한 가처분신청권을 대위행사할 수 있다. **[참고판례]** 부동산의 전득자(채권자)가 양수인 겸 전매인(채무자)에 대한 소유권이전등기청구권을 보전하기 위하여 양수인을 대위하여 양도인(제3채무자)을 상대로 처분금지가처분을 한 경우 그 피보전권리는 양수인의 양도인에 대한 소유권이전등기청구권일 뿐, 전득자의 양수인에 대한 소유권이전등기청구권까지 포함되는 것은 아니고, 그 가처분결정에서 제3자에 대한 처분을 금지하였다 하여도 그 제3자 중에는 양수인은 포함되지 아니하므로 그 가처분 후에 양수인이 양도인으로부터 넘겨받은 소유권이전등기는 위 가처분의 효력에 위배되지 아니하여 유효하다(대법원 1991. 04. 12. 선고 90다9407 판결).

② [O] 채권자대위권의 행사에 있어서 채무자가 채권자대위권을 행사한 점을 알게 된 이후에는 채무자가 그 권리를 처분하여도 이로써 채권자에게 대항할 수 없으므로, 채권자가 채무자를 대위하여 제3채무자의 부동산에 대한 처분금지가처분을 신청하여 처분금지가처분 결정을 받은 경우, 이는 그 부동산에 관한 소유권이전등기청구권을 보전하기 위한 것이므로 피보전권리인 소유권이전등기청구권을 행사한 것과 같이 볼 수 있어, 채무자가 그러한 채권자대위권의 행사 사실을 알게 된 이후에 그 부동산에 대한 매매계약을 합의해제함으로써 채권자대위권의 객체인 그 부동산의 소유권이전등기청구권을 소멸시켰다 하더라도 이로써 채권자에게 대항할 수 없다(대법원 1996. 04. 12. 선고 95다54167 판결).

③ [O] 민법 제405조 제2항은 '채무자가 채권자대위권행사의 통지를 받은 후에는 그 권리를 처분하여도 이로써 채권자에게 대항하지 못한다'고 규정하고 있다. 위 조항의 취지는 채권자가 채무자에게 대위권 행사사실을 통지하거나 채무자가 채권자의 대위권 행사사실을 안 후에 채무자에게 대위의 목적인 권리의 양도나 포기 등 처분행위를 허용할 경우 채권자에 의한 대위권행사를 방해하는 것이 되므로 이를 금지하는 데에 있다. 그런데 채무자의 채무불이행 사실 자체만으로는 권리변동의 효력이 발생하지 않아 이를 채무자가 제3채무자에 대하여 가지는 채권을 소멸시키는 적극적인 행위로 파악할 수 없는 점, 더구나 법정해제는 채무자의 객관적 채무불이행에 대한 제3채무자의 정당한 법적 대응인 점, 채권이 압류·가압류된 경우에도 압류 또는 가압류된 채권의 발생원인이 된 기본계약의 해제가 인정되는 것과 균형을 이룰 필요가 있는 점 등을 고려할 때 채무자가 자신의 채무불이행을 이유로 매매계약이 해제되도록 한 것을 두고 민법 제405조 제2항에서 말하는 '처분'에 해당한다고 할 수 없다. 따라서 채무자가 채권자대위권행사의 통지를 받은 후에 채무를 불이행함으로써 통지 전에 체결된 약정에 따라 매매계약이 자동적으로 해제되거나, 채권자대위권행사의 통지를 받은 후에 채무자의 채무불이행을 이유로 제3채무자가 매매계약을 해제한 경우 제3채무자는 계약해제로써 대위권을 행사하는 채권자에게 대항할 수 있다. 다만 형식적으로는 채무자의 채무불이행을 이유로 한 계약해제인 것처럼 보이지만 실질적으로는 채무자와 제3채무자 사이의 합의에 따라 계약을 해제한 것으로 볼 수 있거나, 채무자와 제3채무자가 단지 대위채권자에게 대항할 수 있도록 채무자의 채무불이행을 이유로 하는 계약해제인 것처럼 외관을 갖춘 것이라는 등의 특별한 사정이 있는 경우에는 채무자가 피대위채권을 처분한 것으로 보아 제3채무자는 계약해제로써 대위권을 행사하는 채권자에게 대항할 수 없다(대법원 2012. 5. 17. 선고 2011다87235 전원합의체 판결).

④ [O] 제3채무자는 채무자에 대해 가지는 모든 항변사유로서 채권자대위권을 행사하는 채권자에게 대항할 수 있다. 채권자대위권의 행사로 인하여 제3채무자의 지위가 열악하게 될 수는 없기 때문이다.
[관련판례] 채권자대위권은 채무자의 제3채무자에 대한 권리를 행사하는 것이므로, 제3채무자는 채무자에 대해 가지는 모든 항변사유로 채권자에게 대항할 수 있으나, 채권자는 채무자 자신이 주장할 수 있는 사유의 범위 내에서 주장할 수 있을 뿐 자기와 제3채무자 사이의 독자적인 사정에 기한 사유를 주장할 수는 없다(대법원 2009. 5. 28. 선고 2009다4787 판결).

⑤ [X] 부동산 소유 명의자에 대하여 소유권이전등기청구권 또는 소유권이전등기말소등기청구권을 가지는 자가 아직 그 등기를 경료하지 않고 있는 사이에 위 부동산 소유 명의자가 제3자와 그 부동산에 관한 소유권이전등기절차를 이행하기로 하는 제소전화해를 하고 그 화해조서에 의하여 위 제3자 앞으로 소유권이전등기가 경료된 경우에는 그 화해조서가 당연무효이거나 준재심절차에 의하여 취소되지 않는 한 종전의 소유 명의자에 대하여 위 등기청구권을 가지는 자가 이를 보전하기 위하여 그를 대위하여 위 제3자 명의의 위 소유권이전등기가 원인무효임을 이유로 말소를 구하는 것은 화해조서의 기판력에 저촉되어 부적법하고, 나아가 위 제3자 명의의 위 소유권이전등기에 기하여 경료된 다른 등기의 말소를 구하는 것도 마찬가지로 부적법하다(대법원 2000. 7. 6. 선고 2000다11584 판결). **[보충설명]** 乙이 甲을 대위하여 丁을 상대로 말소를 구하는 것은 모순관계에 해당한다. 또한 丁 명의의 소유권이전등기에 기하여 등기를 경료받은 자는 변론종결 뒤의 승계인에 해당한다. 따라서 乙이 甲을 대위하여 丁 또는 그 이후의 등기명의자를 상대로 말소를 구하는 소를 제기하면 그 소는 기판력에 저촉된다.

정답 ⑤

103 / 채권자대위권의 요건 /

채권자대위권에 관한 다음 설명 중 옳은 것을 모두 고른 것은? (다툼이 있으면 판례에 의함)

> ㄱ. 채무자가 제3채무자에게 채권의 양도를 구할 수 있는 권리를 가지고 있고, 채권자가 채무자의 위 권리를 대위행사하는 경우에는 직접 채권자 자신에게 채권양도절차를 이행하도록 청구할 수 있다.
>
> ㄴ. 국토의 계획 및 이용에 관한 법률상 허가구역에 있는 토지의 거래계약은 토지거래허가를 받기 전에는 채권적 효력도 발생하지 않지만, 매수인이 매도인에 대하여 가지는 토지거래허가 신청절차의 협력의무 이행청구권은 채권자대위권의 피보전채권이 될 수 있다.
>
> ㄷ. 甲은 그 소유의 X 토지를 乙에게 매도하였는데 乙이 소유권이전등기를 하지 않은 상태에서 丙과 丁이 공동으로 乙로부터 X 토지를 매수하였다. 이 경우 乙이 甲에게 소유권이전등기청구를 하지 않고 있다면, 丙 또는 丁은 보존행위로서 乙을 대위하여 甲에 대하여 X 토지 전체에 관하여 乙에게 소유권이전등기절차를 이행할 것을 청구할 수 있다.
>
> ㄹ. 甲은 乙의 丙에 대한 점유취득시효를 원인으로 한 소유권이전등기청구권 중 일부 지분을 상속받았다고 주장하면서 丙의 丁에 대한 소유권이전등기의 말소등기청구권을 대위하여 전부 말소를 청구한 경우, 甲의 상속지분을 넘는 부분에 관하여는 보전의 필요성이 없다.
>
> ㅁ. 비법인사단 甲은 자신의 총유재산에 관한 권리를 행사하지 않고 있다. 甲의 채권자 乙은 자신의 채권을 보전하기 위하여 甲을 대위하여 총유재산에 관한 권리를 대위행사하려 한다. 이 때 甲의 사원총회의 결의 등 비법인사단의 내부적인 의사결정절차를 거칠 필요가 없다.

① ㄱ, ㄴ, ㄷ ② ㄱ, ㄹ, ㅂ ③ ㄴ, ㄷ, ㅂ
④ ㄴ, ㄹ, ㅁ ⑤ ㄷ, ㄹ, ㅁ

[해설]

ㄱ. [X] ★ [사례형·기록형] 채권자대위권은 채권자의 고유권리이기는 하지만 채무자가 제3채무자에 대하여 가지고 있는 권리를 대위행사하는 것이므로, 채권자가 대위권을 행사한 경우에 제3채무자에 대하여 채무자에게 일정한 급부행위를 하라고 청구하는 것이 원칙이다. 다만 금전의 지급이나 물건의 인도 등과 같이 급부의 수령이 필요한 경우나 말소등기절차의 이행을 구하는 경우 등에는 채권자에게도 급부의 수령권한이 있을 뿐만 아니라, 채권자에게 행한 급부행위의 효과가 채무자에게 귀속되므로 예외적으로 채권자가 제3채무자에 대하여 직접 자신에게 급부행위를 하도록 청구할 수 있는 것이다. 그러나 채무자가 제3채무자에게 채권의 양도를 구할 수 있는 권리를 가지고 있고, 채권자가 채무자의 위 권리를 대위행사하는 경우에는 채권자의 직접 청구를 인정할 예외적인 사유가 없으므로, 원칙으로 돌아가 채권자는 제3채무자에 대하여 채무자에게 채권양도절차를 이행하도록 청구하여야 하고, 직접 자신에게 채권양도절차를 이행하도록 청구할 수 없다. 제3채무자에 대하여 채무자에게 채권을 양도하는 절차를 이행하도록 하면 그 채권이 바로 채무자에게 귀속하게 되어 별도로 급부의 수령이 필요하지 않을 뿐만 아니라, 만약 제3채무자가 직접 채권자에게 채권을 양도하는 절

차를 이행하도록 하면 그 채권은 채권자에게 이전된다고 볼 수밖에 없어 대위행사의 효과가 채무자가 아닌 채권자에게 귀속하게 되기 때문이다(대법원 2024. 3. 12. 선고 2023다301682 판결).

ㄴ. [O] 국토의 계획 및 이용에 관한 법률상의 허가구역에 있는 토지의 거래계약이 토지거래허가를 전제로 체결된 경우에는 유동적 무효의 상태에 있고 거래계약의 채권적 효력도 전혀 발생하지 않으므로 권리의 이전 또는 설정에 관한 어떠한 내용의 이행청구도 할 수 없지만, 계약을 체결한 당사자 사이에서는 계약이 효력 있는 것으로 완성될 수 있도록 서로 협력할 의무가 있으므로, 계약의 쌍방 당사자는 공동으로 관할 관청의 허가를 신청할 의무가 있다. 그 결과 경우에 따라서는 매수인이 토지거래허가 신청절차의 협력의무 이행청구권을 보전하기 위하여 매도인의 권리를 대위하여 행사하는 것도 허용된다고 할 수 있지만, 보전의 필요성이 인정되어야 한다. 그리고 이 경우에 보전의 필요성을 판단할 때에는, 위와 같은 협력의무 이행청구권의 특수한 법적 성격과 아울러 매도인의 권리 미행사가 협력의무의 현실적 이행에 뚜렷한 장애가 되는지, 매도인이 권리를 행사하지 않는 사유는 무엇인지, 오히려 매수인의 협력의무 이행청구권의 행사가 조건 등의 장애 사유 때문에 장기간 지연되었는지 및 그 지연에 매수인에게 귀책사유가 없는지, 그리고 매도인의 권리 행사를 강제하는 것이 매도인의 재산권행사에 커다란 불이익을 가져오거나 자유로운 재산관리행위에 대한 부당한 간섭이 될 수 있는지 등 해당 사안에서의 구체적인 여러 사정을 종합적으로 고려하여야 한다(대법원 2013. 5. 23. 선고 2010다50014 판결).

ㄷ. [X] 부동산을 공동매수한 채권자가 채무자에 대한 소유권이전등기청구권을 피보전채권으로 하여 제3채무자를 상대로 채무자의 제3채무자에 대한 소유권이전등기청구권을 대위행사하는 소송을 제기한 사안에서, 위 채권자는 공동매수인 중 1인에 불과하므로 그의 매수지분 범위 내에서만 채무자의 제3채무자에 대한 소유권이전등기청구권을 대위 행사할 수 있고, 그 지분을 초과하는 부분에 관하여는 채무자를 대위할 보전의 필요성이 없다고 한 사례(대법원 2010. 11. 11. 선고 2010다43597 판결).

ㄹ. [O] [1] 채무자 소유의 부동산을 시효취득한 채권자의 공동상속인이 채무자에 대한 소유권이전등기청구권을 피보전채권으로 하여 제3채무자를 상대로 채무자의 제3채무자에 대한 소유권이전등기의 말소등기청구권을 대위행사하는 경우, 공동상속인은 자신의 지분 범위 내에서만 채무자의 제3채무자에 대한 소유권이전등기의 말소등기청구권을 대위행사할 수 있고, 지분을 초과하는 부분에 관하여는 채무자를 대위할 보전의 필요성이 없다. [2] 갑이 을의 병에 대한 점유취득시효를 원인으로 한 소유권이전등기청구권 중 일부 지분을 상속받았다고 주장하면서 정을 상대로 병의 정에 대한 소유권이전등기의 말소등기청구권을 대위하여 전부 말소를 구한 사안에서, 갑의 상속지분을 넘는 부분에 관하여는 보전의 필요성이 없다는 점을 지적하거나 갑이 주장한 상속지분이 증거에 의하여 인정되는 상속지분과 일치하지 아니함에도 아무런 석명을 하지 아니한 채 갑이 주장하는 지분을 초과하는 부분에 관하여 보전의 필요성이 없다는 이유로 소를 각하한 원심판결에 석명의무를 다하지 아니하여 심리를 제대로 하지 않은 잘못이 있다고 한 사례(대법원 2014. 10. 27. 선고 2013다25217 판결).

ㅁ. [O] 비법인사단이 총유재산에 관한 소를 제기할 때에는 정관에 다른 정함이 있는 등의 특별한 사정이 없는 한 사원총회의 결의를 거쳐야 하지만, 이는 비법인사단의 대표자가 비법인사단 명의로 총유재산에 관한 소를 제기하는 경우에 비법인사단의 의사결정과 특별수권을 위하여 필요한 내부적인 절차이다. 채권자대위권은 채무자가 스스로 자기의 권리를 행사하지 아니하는 때에 채권자가 채무자에 대한 채권을 보전하기 위하여 채무자의 의사와는 상관없이 채무자의 권리를 대위하여 행사할 수 있는 권리로서 그 권리행사에 채무자의 동의를 필요로 하는 것은 아니므로, 비법인사단이 총유재산에 관한 권리를 행사하지 아니하고 있어 비법인사단의 채권자가 채권자대위권에 기하여 비법인사단의 총유재산에 관한 권리를 대위행사하는 경우에는 사원총회의 결의 등 비법인사단의 내부적인 의사결정절차를 거칠 필요가 없다(대법원 2014. 9. 25. 선고 2014다211336 판결).

정답 ④

104 / 채권자대위권 /

채권자대위권에 관한 다음 설명 중 옳은 것을 모두 고른 것은? (다툼이 있으면 판례에 의함)

ㄱ. 甲 소유 토지를 乙이 20년간 소유의 의사로 평온·공연하게 점유하여 점유취득시효가 완성된 후에, 소유권이전등기를 마치지 않은 상태에서 乙이 丙에게 그 토지를 매도하였다. 이 경우 丙은 乙의 점유취득시효 완성의 이익을 승계하게 되고 乙은 소유권이전등기청구권을 상실하게 되므로 丙이 乙을 대위하여 甲에게 소유권이전등기청구를 하는 것은 부적법하다.

ㄴ. 계약의 청약이나 승낙은 채권자대위권의 목적이 될 수 없다. 이는 특정채권의 보전을 위하여 채권자대위권을 행사하는 경우에도 마찬가지이다.

ㄷ. 실체법상 권리뿐만 아니라 소송법상 권리도 채권자대위권의 목적이 될 수 있으므로 재심의 소 제기는 채권자대위권의 객체가 될 수 있다.

ㄹ. 조합에서의 탈퇴는 공동사업 경영을 목적으로 하는 조합계약의 특성상 조합목적의 수행에 지장을 초래하게 되므로 조합원의 조합에 대한 탈퇴권은 채권자대위가 허용되지 않는다.

ㅁ. 채권자가 채권자대위소송을 제기한 경우, 채권자의 채무자에 대한 권리의 발생원인이 된 법률행위가 무효라거나 위 권리가 변제 등으로 소멸하였다는 등의 사실을 주장하여 채권자의 채무자에 대한 권리가 인정되는지 여부를 다투는 것은 가능하다.

ㅂ. 甲은 자기 토지 위에 있는 乙 소유의 건물에 대한 건물철거청구권을 가지고 있다. 甲은 토지 소유권에 근거하여 乙 소유 건물에 대한 임차인 丙을 상대로 직접 퇴거를 청구할 수 있으므로 건물철거청구권을 보전하기 위해 그 건물의 임대인 乙을 대위하여, 乙로부터 건물을 임차한 丙을 상대로 임대차계약해지권 및 건물인도청구권을 행사할 수 없다.

① ㄱ, ㄹ   ② ㄴ, ㅁ   ③ ㄱ, ㄹ, ㅁ
④ ㄴ, ㄷ, ㅂ   ⑤ ㄴ, ㅁ, ㅂ

해 설

ㄱ. [✗] [1] 원래 취득시효제도는 일정한 기간 점유를 계속한 자를 보호하여 그에게 실체법상의 권리를 부여하는 제도이므로, 부동산을 20년 간 소유의 의사로 평온·공연하게 점유한 자는 민법 제245조 제1항에 의하여 점유부동산에 관하여 소유자에 대한 소유권이전등기청구권을 취득하게 되며, 점유자가 취득시효기간의 만료로 일단 소유권이전등기청구권을 취득한 이상, 그 후 점유를 상실하였다고 하더라도 이를 시효이익의 포기로 볼 수 있는 경우가 아닌 한, 이미 취득한 소유권이전등기청구권은 소멸되지 아니한다. [2] 전 점유자의 점유를 승계한 자는 그 점유 자체와 하자만을 승계하는 것이지 그 점유로 인한 법률효과까지 승계하는 것은 아니므로 부동산을 취득시효기간 만료 당시의 점유자로부터 양수하여 점유를 승계한 현 점유자는 자신의 전 점유자에 대한 소유권이전등기청구권을 보전하기 위하여 전 점유자의 소유자에 대한 소유권이전등기청구권을 대위행사할 수 있을 뿐, 전 점유자의 취득시효 완성의 효과를 주장하여 직접 자기에게 소유권이전등기를 청구할 권원은 없다(대법원 1995. 03. 28. 선고 93다47745 전원합의체 판결).

ㄴ. [O] 민법 제404조 제1항은 "채권자는 자기의 채권을 보전하기 위하여 채무자의 권리를 행사할 수 있다. 그러나 일신에 전속한 권리는 그러하지 아니하다."고 하여 이른바 행사상의 일신전속권은 채권자대위권의 목적이 될 수 없다고 규정하고 있다. 이에 비추어 볼 때, 계약의 청약이나 승낙과 같이 비록 행사상의 일신전속권은 아니지만 이를 행사하면 그로써 새로운 권리의무관계가 발생하는 등으로 권리자 본인이 그로 인한 법률관계 형성의 결정 권한을 가지도록 할 필요가 있는 경우에는, 채무자에게 이미 그 권리행사의 확정적 의사가 있다고 인정되는 등 특별한 사정이 없는 한, 그 권리는 채권자대위권의 목적이 될 수 없다고 봄이 상당하다. 그리고 이는 일반채권자의 책임재산의 보전을 위한 경우뿐만 아니라 특정채권의 보전이나 실현을 위하여 채권자대위권을 행사하고자 하는 경우에 있어서도 마찬가지라고 할 것이다(대법원 2012. 3. 29. 선고 2011다100527 판결).

ㄷ. [X] 채권을 보전하기 위하여 대위행사가 필요한 경우는 실체법상 권리뿐만 아니라 소송법상 권리에 대하여서도 대위가 허용되나, 채무자와 제3채무자 사이의 소송이 계속된 이후의 소송수행과 관련한 개개의 소송상 행위는 그 권리의 행사를 소송당사자인 채무자의 의사에 맡기는 것이 타당하므로 채권자대위가 허용될 수 없다. 같은 취지에서 볼 때 상소의 제기와 마찬가지로 종전 재심대상 판결에 대하여 불복하여 종전 소송절차의 재개, 속행 및 재심판을 구하는 재심의 소 제기는 채권자대위권의 목적이 될 수 없다(대법원 2012. 12. 27. 선고 2012다75239 판결).

ㄹ. [X] 민법상 조합원은 조합의 존속기간이 정해져 있는 경우 등을 제외하고는 원칙적으로 언제든지 조합에서 탈퇴할 수 있고(민법 제716조 참조), 조합원이 탈퇴하면 그 당시의 조합재산상태에 따라 다른 조합원과 사이에 지분의 계산을 하여 지분환급청구권을 가지게 되는바(민법 제719조 참조), 조합원이 조합을 탈퇴할 권리는 그 성질상 조합계약의 해지권으로서 그의 일반재산을 구성하는 재산권의 일종이라 할 것이고 채권자대위가 허용되지 않는 일신전속적 권리라고는 할 수 없다. 따라서 채무자의 재산인 조합원 지분을 압류한 채권자는, 당해 채무자가 속한 조합에 존속기간이 정하여져 있다거나 기타 채무자 본인의 조합탈퇴가 허용되지 아니하는 것과 같은 특별한 사유가 있지 않은 한, 채권자대위권에 의하여 채무자의 조합 탈퇴의 의사표시를 대위행사할 수 있다 할 것이고, 일반적으로 조합원이 조합을 탈퇴하면 조합목적의 수행에 지장을 초래할 것이라는 사정만으로는 이를 불허할 사유가 되지 아니한다(대법원 2007. 11. 30. 자 2005마1130 결정).

ㅁ. [O] 채권자가 채권자대위소송을 제기한 경우, 제3채무자는 채무자가 채권자에 대하여 가지는 항변권이나 형성권 등과 같이 권리자에 의한 행사를 필요로 하는 사유를 들어 채권자의 채무자에 대한 권리가 인정되는지 여부를 다툴 수 없지만, 채권자의 채무자에 대한 권리의 발생원인이 된 법률행위가 무효라거나 위 권리가 변제 등으로 소멸하였다는 등의 사실을 주장하여 채권자의 채무자에 대한 권리가 인정되는지 여부를 다투는 것은 가능하고, 이 경우 법원은 제3채무자의 주장을 고려하여 채권자의 채무자에 대한 권리가 인정되는지 여부에 관하여 직권으로 심리·판단하여야 한다(대법원 2015. 9. 10. 선고 2013다55300 판결).

ㅂ. [X] ★ [사례형·기록형] [1] 채권자는 채무자에 대한 채권을 보전하기 위하여 채무자를 대위해서 채무자의 권리를 행사할 수 있는바, 채권자가 보전하려는 권리와 대위하여 행사하려는 채무자의 권리가 밀접하게 관련되어 있고 채권자가 채무자의 권리를 대위하여 행사하지 않으면 자기 채권의 완전한 만족을 얻을 수 없게 될 위험이 있어 채무자의 권리를 대위하여 행사하는 것이 자기 채권의 현실적 이행을 유효·적절하게 확보하기 위하여 필요한 경우에는 채권자대위권의 행사가 채무자의 자유로운 재산관리행위에 대한 부당한 간섭이 된다는 등의 특별한 사정이 없는 한 채권자는 채무자의 권리를 대위하여 행사할 수 있어야 하고, 피보전채권이 특정채권이라 하여 반드시 순차매도 또는 임대차에 있어 소유권이전등기청구권이나 인도청구권 등의 보전을 위한 경우에만 한하여 채권자대위권이 인정되는 것은 아니며, 물권적 청구권에 대하여도 채권자대위권에 관한 민법 제404조의 규정과 위와 같은 법리가 적용될 수 있다. [2] 임대인의 임대차계약 해지권은 오로지 임대

인의 의사에 행사의 자유가 맡겨져 있는 행사상의 일신전속권에 해당하는 것으로 볼 수 없다. [3] 채권자대위권을 행사함에 있어 채권자가 채무자를 상대로 그 보전되는 청구권에 기한 이행청구의 소를 제기하여 승소판결을 선고받고 그 판결이 확정되면 제3채무자는 그 청구권의 존재를 다툴 수 없다. [4] 토지 소유권에 근거하여 그 토지상 건물의 임차인들을 상대로 건물에서의 퇴거를 청구할 수 있었더라도 퇴거청구와 건물의 임대인을 대위하여 임차인들에게 임대차계약의 해지를 통고하고 건물의 인도를 구하는 청구는 그 요건과 효과를 달리하는 것이므로, 위와 같은 퇴거청구를 할 수 있었다는 사정이 채권자대위권의 행사요건인 채권보전의 필요성을 부정할 사유가 될 수 없다고 한 사례(대법원 2007. 5. 10. 선고 2006다82700 판결).

정답 ②

105 / 피보전권리와 피대위권리 /
채권자대위권에 관한 다음 설명 중 틀린 것을 모두 고른 것은? (다툼이 있으면 판례에 의함)

> ㄱ. 미등기인 X 토지에 대한 甲의 취득시효가 완성된 후 제3자 丙이 그 X 토지에 대해 원인무효의 소유권보존등기를 경료한 경우, 그 X 토지의 진정한 소유자가 성명불상자라 하여도 甲은 그를 대위하여 丙에게 등기말소를 청구할 수 있다.
>
> ㄴ. 채권자가 채무자를 상대로 하여 피보전채권에 대한 이행청구의 소를 제기하여 승소판결을 선고받고 판결이 확정되면 제3채무자는 피보전채권의 존재를 다툴 수 없으나, 피보전채권의 취득이 소송행위를 하게 하는 것을 주목적으로 이루어진 것으로서 무효인 경우에는 그 존재를 다툴 수 있다.
>
> ㄷ. 임대인에 대항할 수 없는 임차권의 양수인이라도 임대인의 권한을 대위하여 임대차 목적물인 점포의 인도를 구할 수 있다.
>
> ㄹ. 법정지상권을 가진 건물소유자로부터 건물을 양수하면서 법정지상권까지 양도받기로 하였더라도 채권자대위의 법리에 따라 전 건물소유자 및 대지소유자에 대하여 지상권설정등기 및 이전등기절차의 이행을 구할 수는 없다.
>
> ㅁ. 상대방 배우자가 무자력인 경우, 배우자의 일방은 협의 또는 심판에 의하여 이혼으로 인한 재산분할청구권의 구체적 내용이 형성되기 전이라 할지라도 상대방 배우자에 대한 재산분할청구권을 피보전채권으로 하여 채권자대위권을 행사할 수 있다.

① ㄱ, ㄴ, ㄷ ② ㄴ, ㄷ, ㅁ ③ ㄴ, ㄹ
④ ㄷ, ㄹ, ㅁ ⑤ ㄷ, ㅁ

해설

ㄱ. [○] 채권자대위권 행사의 요건인 '채무자가 스스로 그 권리를 행사하지 않을 것'이라 함은 채무자의 제3채무자에 대한 권리가 존재하고 채무자가 그 권리를 행사할 수 있는 상태에 있으나 스스로

ㄱ. 그 권리를 행사하고 있지 아니하는 것을 의미하고, 여기서 권리를 행사할 수 있는 상태에 있다는 뜻은 권리 행사를 할 수 없게 하는 법률적 장애가 없어야 한다는 뜻이며 채무자 자신에 관한 현실적인 장애까지 없어야 한다는 뜻은 아니고 채무자가 그 권리를 행사하지 않는 이유를 묻지 아니하므로 미등기 토지에 대한 시효취득자가 제3자 명의의 소유권보존등기가 원인무효 하여 그 등기의 말소를 구하는 경우에 있어 채무자인 진정한 소유자가 성명불상자라 하여도 그가 위 등기의 말소를 구하는 데 어떤 법률적 장애가 있다고 할 수는 없어 그 채권자대위권 행사에 어떤 법률적 장애가 될 수 없다(대법원 1992. 2. 25. 선고 91다9312 판결).

ㄴ. [O] 채권자대위권을 행사함에 있어서 채권자가 채무자를 상대로 하여 그 보전되는 청구권에 기한 이행청구의 소를 제기하여 승소판결을 선고받고 그 판결이 확정되면 제3채무자는 그 청구권의 존재를 다툴 수 없다고 보는 것이 원칙이나, 그 청구권의 취득이 소송행위를 하게 하는 것을 주목적으로 이루어진 것으로서 신탁법 제6조가 유추적용되어 무효인 경우 등에는 제3채무자는 그 존재를 다툴 수 있다고 보아야 할 것이다(대법원 2015. 9. 24. 선고 2014다74919 판결).

ㄷ. [X] 임대인의 동의 없는 임차권의 양도는 당사자 사이에서는 유효하다 하더라도 다른 특약이 없는 한 임대인에게는 대항할 수 없는 것이고 임대인에 대항할 수 없는 임차권의 양수인으로서는 임대인의 권한을 대위행사할 수 없다(대법원 1985. 02. 08. 선고 84다카188 판결).

ㄹ. [X] 법정지상권자가 건물을 제3자에게 양도하는 경우에는 특별한 사정이 없는 한 건물과 함께 법정지상권도 양도하기로 하는 채권적 계약이 있었다고 할 것이며, 양수인은 양도인을 순차 대위하여 토지소유자 및 건물의 전소유자에 대하여 법정지상권의 설정등기 및 이전등기절차이행을 구할 수 있고, 토지소유자는 건물소유자에 대하여 법정지상권의 부담을 용인하고 그 설정등기절차를 이행할 의무가 있다 할 것이므로, 법정지상권이 붙은 건물의 양수인은 법정지상권에 대한 등기를 하지 않았다 하더라도 토지소유자에 대한 관계에서 적법하게 토지를 점유사용하고 있는 자라 할 것이고, 따라서 건물을 양도한 자라고 하더라도 지상권갱신청구권이 있고 건물의 양수인은 법정지상권자인 양도인의 갱신청구권을 대위행사할 수 있다고 보아야 할 것이다(대법원 1995. 4. 11. 선고 94다39925 판결).

ㅁ. [X] 이혼으로 인한 재산분할청구권은 이혼을 한 당사자의 일방이 다른 일방에 대하여 재산분할을 청구할 수 있는 권리로서 청구인의 재산에 영향을 미치지만, 순전한 재산법적 행위와 같이 볼 수는 없다. 오히려 이혼을 한 경우 당사자는 배우자, 자녀 등과의 관계 등을 종합적으로 고려하여 재산분할청구권 행사 여부를 결정하게 되고, 법원은 청산적 요소뿐만 아니라 이혼 후의 부양적 요소, 정신적 손해(위자료)를 배상하기 위한 급부로서의 성질 등도 고려하여 재산을 분할하게 된다. 또한 재산분할청구권은 협의 또는 심판에 의하여 구체적 내용이 형성되기까지는 그 범위 및 내용이 불명확·불확정하기 때문에 구체적으로 권리가 발생하였다고 할 수 없어 채무자의 책임재산에 해당한다고 보기 어렵고, 채권자의 입장에서는 채무자의 재산분할청구권 불행사가 그의 기대를 저버리는 측면이 있다고 하더라도 채무자의 재산을 현재의 상태보다 악화시키지 아니한다. 이러한 사정을 종합하면, 이혼으로 인한 재산분할청구권은 그 행사 여부가 청구인의 인격적 이익을 위하여 그의 자유로운 의사결정에 전적으로 맡겨진 권리로서 행사상의 일신전속성을 가지므로, 채권자대위권의 목적이 될 수 없고 파산재단에도 속하지 않는다고 보아야 한다(대법원 2022. 7. 28. 자 2022스613 결정).

정답 ④

106 / 채권자대위소송 /

채권자대위소송에 관한 다음 설명 중 옳지 않은 것을 모두 고른 것은? (다툼이 있으면 판례에 의함)

> ㄱ. 조세채권자인 국가는 납세의무자가 조세채무를 변제할 충분한 자력을 가지고 있지 아니함에도 불구하고 제3자에 대한 권리를 실현하지 아니하는 경우 채권자대위권 행사를 통하여 납세의무자의 일반재산을 확보·보전할 필요성이 있다. 그러나 국세기본법의 규정, 채권자대위 소송의 목적과 근거, 효과 등에 비추어 보면, 국가는 조세채권의 보전을 위하여 납세의무자의 제3자에 대한 채권을 대위하여 행사할 수 없다.
>
> ㄴ. 채권자대위소송의 소제기 시에는 채무자의 무자력이 인정되었으나 소송계속 중 채무자의 책임재산이 증가되어 자력이 충분해진 경우, 법원은 원고의 소에 대하여 소각하 판결을 선고하여야 한다.
>
> ㄷ. 채권자대위소송이 제기되고 대위채권자가 채무자에게 대위권 행사사실을 통지하거나 채무자가 이를 알게 된 이후에는 민사집행법 제229조 제5항이 유추적용되어 피대위채권에 대한 전부명령은 우선권 있는 채권에 기초한 것이라는 등의 특별한 사정이 있는 경우에도 무효가 된다.
>
> ㄹ. 채권자대위소송에서 제3채무자로 하여금 직접 대위채권자에게 금전의 지급을 명하는 판결이 확정되더라도, 대위의 목적인 권리, 즉 채무자의 제3채무자에 대한 피대위채권이 판결의 집행채권으로서 존재하는 것이고 대위채권자는 채무자를 대위하여 피대위채권에 대한 변제를 수령하게 될 뿐 자신의 채권에 대한 변제로서 수령하게 되는 것이 아니므로, 피대위채권이 변제 등으로 소멸하기 전이라면 채무자의 다른 채권자는 이에 대하여 압류 또는 가압류, 처분금지가처분을 할 수 있다.
>
> ㅁ. 甲은 乙이 반대하는 경우에도 채권자대위권을 행사할 수 있으나, 乙이 丙에 대한 소를 제기하는 등 채권을 행사하였다면 그 방법이 부적절할 경우에도 甲은 乙의 丙에 대한 금전채권을 대위하여 행사할 수 없다.

① ㄱ, ㄷ ② ㄴ, ㄹ ③ ㄱ, ㄷ, ㄹ
④ ㄴ, ㄹ, ㅁ ⑤ ㄷ, ㅁ

해설

ㄱ. [×] 조세채권자인 국가는 납세의무자가 조세채무를 변제할 충분한 자력을 가지고 있지 아니함에도 불구하고 제3자에 대한 권리를 실현하지 아니하는 경우 채권자대위권 행사를 통하여 납세의무자의 일반재산을 확보·보전할 필요성이 있다. 국세기본법 제28조 제1항은 조세채권의 소멸시효 중단사유로 납세고지, 독촉 또는 납부최고, 교부청구, 압류를 규정하면서 그와는 별도로 제28조 제3항 제5호에서 '민법 제404조에 따른 채권자대위 소송을 제기하여 그 소송이 진행 중인 기간'에는 소멸시효가 진행되지 않는 것으로 규정하고 있다. 국가가 채권자대위 소송의 요건을 갖추어 납

세의무자의 제3자에 대한 채권을 대위하여 행사하는 것은 납세의무 없는 제3자에게 조세채무를 부담하게 하거나 이를 보증하게 하는 것이 아닐 뿐만 아니라, 그로 인하여 조세채권의 성립이나 행사의 범위가 임의로 확대되는 것도 아니다. 한편 국세징수법 제41조 제2항은 '세무서장이 채권압류의 통지를 한 때에는 체납액을 한도로 하여 체납자인 채권자를 대위한다'고 규정하고 있으나, 위 규정에 의한 압류금 지급청구소송은 채권자대위 소송과는 근거와 요건이 서로 다르다. 위와 같은 국세기본법의 규정, 채권자대위 소송의 목적과 근거, 효과 등에 비추어 보면, <u>국가는 조세채권의 보전을 위하여 납세의무자의 제3자에 대한 채권을 대위하여 행사할 수 있다</u>(대법원 2019. 4. 11. 선고 2017다269862 판결).

ㄴ. [O] 채권자대위권의 행사로서 채권자가 <u>채권을 보전하기에 필요한 여부는 변론종결당시를 표준으로 판단되어야 할 것이다</u>(대법원 1976. 07. 13. 선고 75다1086 판결).

ㄷ. [×] [1] 채권자가 자기의 금전채권을 보전하기 위하여 채무자의 금전채권을 대위행사하는 경우 제3채무자로 하여금 채무자에게 지급의무를 이행하도록 청구할 수도 있지만, 직접 대위채권자 자신에게 이행하도록 청구할 수도 있다. 그런데 채권자대위소송에서 제3채무자로 하여금 직접 대위채권자에게 금전의 지급을 명하는 판결이 확정되더라도, 대위의 목적인 권리, 즉 채무자의 제3채무자에 대한 피대위채권이 판결의 집행채권으로서 존재하고 대위채권자는 채무자를 대위하여 피대위채권에 대한 변제를 수령하게 될 뿐 자신의 채권에 대한 변제로서 수령하게 되는 것이 아니므로, 피대위채권이 변제 등으로 소멸하기 전이라면 채무자의 다른 채권자는 이를 압류·가압류할 수 있다. [2] 채권자대위소송이 제기되고 대위채권자가 채무자에게 대위권 행사사실을 통지하거나 채무자가 이를 알게 되면 민법 제405조 제2항에 따라 채무자는 피대위채권을 양도하거나 포기하는 등 채권자의 대위권 행사를 방해하는 처분행위를 할 수 없게 되고 이러한 효력은 제3채무자에게도 그대로 미치는데, 그럼에도 그 이후 대위채권자와 평등한 지위를 가지는 채무자의 다른 채권자가 피대위채권에 대하여 전부명령을 받는 것도 가능하다고 하면, 채권자대위소송의 제기가 채권자의 적법한 권리행사방법 중 하나이고 채무자에게 속한 채권을 추심한다는 점에서 추심소송과 공통점도 있음에도 그것이 무익한 절차에 불과하게 될 뿐만 아니라, 대위채권자가 압류·가압류나 배당요구의 방법을 통하여 채권배당절차에 참여할 기회조차 가지지 못하게 한 채 전부명령을 받은 채권자가 대위채권자를 배제하고 전속적인 만족을 얻는 결과가 되어, 채권자대위권의 실질적 효과를 확보하고자 하는 민법 제405조 제2항의 취지에 반하게 된다. 따라서 <u>채권자대위소송이 제기되고 대위채권자가 채무자에게 대위권 행사사실을 통지하거나 채무자가 이를 알게 된 이후에는 민사집행법 제229조 제5항이 유추적용되어 피대위채권에 대한 전부명령은, 우선권 있는 채권에 기초한 것이라는 등의 특별한 사정이 없는 한, 무효이다.</u> [3] 자기의 금전채권을 보전하기 위하여 채무자의 금전채권을 대위행사하는 대위채권자는 제3채무자로 하여금 직접 대위채권자 자신에게 지급의무를 이행하도록 청구할 수 있고 제3채무자로부터 변제를 수령할 수도 있으나, 이로 인하여 채무자의 제3채무자에 대한 피대위채권이 대위채권자에게 이전되거나 귀속되는 것이 아니므로, <u>대위채권자의 제3채무자에 대한 추심권능 내지 변제수령권능은 자체로서 독립적으로 처분하여 환가할 수 있는 것이 아니어서 압류할 수 없는 성질의 것이고, 따라서 추심권능 내지 변제수령권능에 대한 압류명령 등은 무효이다.</u> 그리고 채권자대위소송에서 제3채무자로 하여금 직접 대위채권자에게 금전의 지급을 명하는 판결이 확정되더라도 판결에 기초하여 금전을 지급받는 것 역시 대위채권자의 제3채무자에 대한 추심권능 내지 변제수령권능에 속하므로, <u>채권자대위소송에서 확정된 판결에 따라 대위채권자가 제3채무자로부터 지급받을 채권에 대한 압류명령 등도 무효이다</u>(대법원 2016. 8. 29. 선고 2015다236547 판결). **[관련조문] 민사집행법 제229조 (금전채권의 현금화방법)** ① 압류한 금전채권에 대하여 압류채권자는 추심명령이나 전부명령을 신청할 수 있다. ② 추심명령이 있는 때에는 압류채권자는 대위절차 없이 압류채권을 추심할 수 있다. ③ 전부명령이 있는 때에는

압류된 채권은 지급에 갈음하여 압류채권자에게 이전된다. ④ 추심명령에 대하여는 제227조 제2항 및 제3항의 규정을, 전부명령에 대하여는 제227조 제2항의 규정을 각각 준용한다. ⑤ <u>전부명령이 제3채무자에게 송달될 때까지 그 금전채권에 관하여 다른 채권자가 압류·가압류 또는 배당요구를 한 경우에는 전부명령은 효력을 가지지 아니한다.</u> ⑥ 제1항의 신청에 관한 재판에 대하여는 즉시항고를 할 수 있다. ⑦ 전부명령은 확정되어야 효력을 가진다. ⑧ 전부명령이 있은 뒤에 제49조 제2호 또는 제4호의 서류를 제출한 것을 이유로 전부명령에 대한 즉시항고가 제기된 경우에는 항고법원은 다른 이유로 전부명령을 취소하는 경우를 제외하고는 항고에 관한 재판을 정지하여야 한다.

ㄹ. [O] [1] 집행법원은 강제집행의 개시나 속행에 있어서 집행장애사유에 대하여 직권으로 존부를 조사하여야 하고, 집행개시 전부터 사유가 있는 경우에는 집행의 신청을 각하 또는 기각하여야 하며, 만일 집행장애사유가 존재함에도 간과하고 강제집행을 개시한 다음 이를 발견한 때에는 이미 한 집행절차를 직권으로 취소하여야 한다. [2] <u>집행채권자의 채권자가 집행권원에 표시된 집행채권을 압류 또는 가압류, 처분금지가처분을 한 경우</u>에는 압류 등의 효력으로 집행채권자의 추심, 양도 등의 처분행위와 채무자의 변제가 금지되고 이에 위반되는 행위는 집행채권자의 채권자에게 대항할 수 없게 되므로 집행기관은 압류 등이 해제되지 않는 한 집행할 수 없으니 <u>이는 집행장애사유에 해당한다.</u> 다만 채권압류명령은 비록 강제집행절차에 나아간 것이기는 하나 채권추심명령이나 채권전부명령과는 달리 집행채권의 현금화나 만족적 단계에 이르지 아니하는 보전적 처분으로서 집행채권을 압류한 채권자를 해하는 것이 아니기 때문에 집행채권에 대한 압류의 효력에 반하는 것은 아니므로, <u>집행채권에 대한 압류는 집행채권자가 채무자를 상대로 한 채권압류명령에는 집행장애사유가 될 수 없다.</u> [3] 채권자가 자기의 금전채권을 보전하기 위하여 채무자의 금전채권을 대위행사하는 경우 제3채무자로 하여금 채무자에게 지급의무를 이행하도록 청구할 수도 있지만, 직접 대위채권자 자신에게 이행하도록 청구할 수도 있는데, <u>채권자대위소송에서 제3채무자로 하여금 직접 대위채권자에게 금전의 지급을 명하는 판결이 확정되더라도, 대위의 목적인 권리, 즉 채무자의 제3채무자에 대한 피대위채권이 판결의 집행채권으로서 존재하는 것이고 대위채권자는 채무자를 대위하여 피대위채권에 대한 변제를 수령하게 될 뿐 자신의 채권에 대한 변제로서 수령하게 되는 것이 아니므로, 피대위채권이 변제 등으로 소멸하기 전이라면 채무자의 다른 채권자는 이에 대하여 압류 또는 가압류, 처분금지가처분을 할 수 있다.</u> 그리고 이러한 경우에는 집행채권자의 채권자가 집행권원에 표시된 집행채권을 압류 또는 가압류, 처분금지가처분을 한 경우에 관한 법리가 그대로 적용된다(대법원 2016. 9. 28. 선고 2016다205915 판결).

ㅁ. [O] 채권자대위권의 행사는 채무자가 그 행사를 반대하는 경우에도 가능하다(대법원 1963. 11. 21. 선고 63다634 판결). 채권자대위권은 채무자가 제3채무자에 대한 권리를 행사하지 아니하는 경우에 한하여 채권자가 자기의 채권을 보전하기 위하여 행사할 수 있는 것이어서 채권자가 대위권을 행사할 당시는 <u>이미 채무자가 권리를 재판상 행사하였을 때에는 설사 패소의 본안판결을 받았더라도 채권자는 채무자를 대위하여 채무자의 권리를 행사할 당사자적격이 없다</u>(대법원 1992. 11. 10. 선고 92다30016 판결).

정답 ①

107 / 보전의 필요성 /
채권자대위권에 대한 다음 설명 중 옳지 않은 것은? (다툼이 있으면 판례에 의함)

① 채권자인 보험자가 금전채권인 부당이득반환채권을 보전하기 위하여 채무자인 피보험자를 대위하여 제3채무자인 요양기관을 상대로 진료비 상당의 부당이득반환채권을 행사하는 형태의 채권자대위소송에서 채무자가 자력이 있는 경우라도 보전의 필요성이 인정된다.

② 채무자 회생 및 파산에 관한 법률 제566조 본문은 "면책을 받은 채무자는 파산절차에 의한 배당을 제외하고는 파산채권자에 대한 채무의 전부에 관하여 그 책임이 면제된다."라고 규정하고, 다만 단서에서 들고 있는 일정한 채무의 경우에만 책임이 면제되지 아니한다는 예외규정을 두고 있으므로, 채무자가 파산절차에서 면책결정을 받은 때에는 파산채권을 피보전채권으로 하여 채권자대위권을 행사하는 것은 그 채권이 위 법률 제566조 단서의 예외사유에 해당하지 않는 한 허용되지 않는다.

③ 토지거래허가 신청절차 협력의무 이행청구권도 채권자대위권의 피대위권리가 될 수 있지만, 채권보전의 필요성을 판단함에 있어서 협력의무 이행청구권이 조건 등의 장애 사유로 장기간 지연되었는지 그 지연에 매수인의 귀책사유가 있었는지 여부를 종합적으로 고려하여야 한다.

④ 특정물에 관한 채권자는 채권을 보전하기 위하여 채무자의 제3채무자에 대한 그 특정물에 관한 권리만을 대위행사 할 수 있다.

⑤ 채권자대위소송에서 피보전채권이 부존재할 경우 당사자적격을 상실하고, 이와 같은 당사자적격의 존부는 소송요건으로서 법원의 직권조사사항이기는 하나, 법원은 원고가 피보전채권으로 주장하지 아니한 권리에 대하여서까지 피보전채권이 될 수 있는지 여부를 판단할 필요는 없다.

해설

① [X] [1] 채권자는 자기의 채권을 보전하기 위하여 일신에 전속한 권리가 아닌 한 채무자의 권리를 행사할 수 있다(민법 제404조 제1항). 권리의 행사 여부는 권리자가 자유로운 의사에 따라 결정하는 것이 원칙이다. 채무자가 스스로 권리를 행사하지 않는데도 채권자가 채무자를 대위하여 채무자의 권리를 행사할 수 있으려면 그러한 채무자의 권리를 행사함으로써 채권자의 권리를 보전해야 할 필요성이 있어야 한다. 여기에서 보전의 필요성은 채권자가 보전하려는 권리의 내용, 채권자가 보전하려는 권리가 금전채권인 경우 채무자의 자력 유무, 채권자가 보전하려는 채권과 대위하여 행사하려는 권리의 관련성 등을 종합적으로 고려하여 채권자가 채무자의 권리를 대위하여 행사하지 않으면 자기 채권의 완전한 만족을 얻을 수 없게 될 위험이 있어 채무자의 권리를 대위하여 행사하는 것이 자기 채권의 현실적 이행을 유효·적절하게 확보하기 위하여 필요한지를 기준으로 판단하여야 하고, 채권자대위권의 행사가 채무자의 자유로운 재산관리행위에 대한 부당한 간섭이 되는 등 특별한 사정이 있는 경우에는 보전의 필요성을 인정할 수 없다. 위 법리에 따르면, 보전의 필요성이 인정되기 위하여는 우선 적극적 요건으로서 채권자가 채권자대위권을 행사하지 않으면 피보전채권의 완전한 만족을 얻을 수 없게 될 위험의 존재가 인정되어야 하고, 나아가 채권자대위권을 행사하는 것이 그러한 위험을 제거하여 피보전채권의 현실적 이행을 유효·적절하게 확보하여 주어야 하며, 다음으로 소극적 요건으로서 채권자대위권의 행사가 채무자의 자유로운 재산관리행위에 대한 부당한 간섭이 된다는 사정이 없어야 한다. 이러한 적극적 요건과 소극적 요건은 채권자가 보전하려는 권리의

내용, 보전하려는 권리가 금전채권인 경우 채무자의 자력 유무, 피보전채권과 채권자가 대위행사하는 채무자의 권리와의 관련성 등을 종합적으로 고려하여 인정 여부를 판단하여야 한다. [2] 피보험자가 임의 비급여 진료행위에 따라 요양기관에 진료비를 지급한 다음 실손의료보험계약상의 보험자에게 청구하여 진료비와 관련한 보험금을 지급받았는데, 진료행위가 위법한 임의 비급여 진료행위로서 무효인 동시에 보험자와 피보험자가 체결한 실손의료보험계약상 진료행위가 보험금 지급사유에 해당하지 아니하여 보험자가 피보험자에 대하여 보험금 상당의 부당이득반환채권을 갖게 된 경우, <u>채권자인 보험자가 금전채권인 부당이득반환채권을 보전하기 위하여 채무자인 피보험자를 대위하여 제3채무자인 요양기관을 상대로 진료비 상당의 부당이득반환채권을 행사하는 형태의 채권자대위소송에서 채무자가 자력이 있는 때에는 보전의 필요성이 인정된다고 볼 수 없다.</u> 구체적인 이유는 다음과 같다. (가) 채무자인 피보험자가 자력이 있는 경우라면, 특별한 사정이 없는 한 채권자인 보험자가 채무자의 요양기관에 대한 부당이득반환채권을 대위하여 행사하지 않으면 자신의 채무에 대한 부당이득반환채권의 완전한 만족을 얻을 수 없게 될 위험이 있다고 할 수 없다. 나아가 피보전채권인 보험자의 피보험자에 대한 부당이득반환채권과 대위채권인 피보험자의 요양기관에 대한 부당이득반환채권 사이에는 피보전채권의 실현 또는 만족을 위하여 대위권리의 행사가 긴밀하게 필요하다는 등의 밀접한 관련성을 인정할 수도 없다. 만약 채무자인 피보험자의 자력이 있는데도 보전의 필요성을 인정한다면, 이는 채권자인 보험자에게 사실상의 담보를 취득하게 하는 특권을 부여하고, 법적 근거 없이 직접청구권을 인정하는 위험을 야기하며, 다른 채권자보다 우선하여 보험자의 채권 만족이 실현되어 채권자평등주의에 기반한 민사집행법 체계와 조화를 이루지 못할 우려가 있다. (나) 보험자가 요양기관의 위법한 임의 비급여 진료행위가 무효라는 이유로 자력이 있는 피보험자의 요양기관에 대한 권리를 대위하여 행사하는 것은 피보험자의 자유로운 재산관리행위에 대한 부당한 간섭이 될 수 있다(대법원 2022. 8. 25. 선고 2019다229202 전원합의체 판결).

② [O] 채권자대위권은 채권자가 자기의 채권을 보전하기 위하여 채무자의 권리를 행사할 수 있는 권리로서 채무자에 대하여 채권을 행사할 수 있음이 전제되어야 할 것인바, 채무자 회생 및 파산에 관한 법률 제566조 본문은 "면책을 받은 채무자는 파산절차에 의한 배당을 제외하고는 파산채권자에 대한 채무의 전부에 관하여 그 책임이 면제된다."라고 규정하고 있고, 다만 그 단서에서 들고 있는 일정한 채무의 경우에만 책임이 면제되지 아니한다는 예외규정을 두고 있으므로, <u>채무자가 파산절차에서 면책결정을 받은 때에는 파산채권을 피보전채권으로 하여 채권자대위권을 행사하는 것은 그 채권이 위 법률 제566조 단서의 예외사유에 해당하지 않는 한 허용되지 않는다</u>(대법원 2022. 9. 7. 선고 2022다230165 판결).

③ [O] 국토의 계획 및 이용에 관한 법률상의 허가구역에 있는 토지의 거래계약이 토지거래허가를 전제로 체결된 경우에는 유동적 무효의 상태에 있고 거래계약의 채권적 효력도 전혀 발생하지 않으므로 권리의 이전 또는 설정에 관한 어떠한 내용의 이행청구도 할 수 없지만, 계약을 체결한 당사자 사이에서는 계약이 효력 있는 것으로 완성될 수 있도록 서로 협력할 의무가 있으므로, 계약의 쌍방 당사자는 공동으로 관할 관청의 허가를 신청할 의무가 있다. 그 결과 경우에 따라서는 <u>매수인이 토지거래허가 신청절차의 협력의무 이행청구권을 보전하기 위하여 매도인의 권리를 대위하여 행사하는 것도 허용된다고 할 수 있지만, 보전의 필요성이 인정되어야 한다.</u> 그리고 이 경우에 보전의 필요성을 판단할 때에는, 위와 같은 협력의무 이행청구권의 특수한 법적 성격과 아울러 <u>매도인의 권리 미행사가 협력의무의 현실적 이행에 뚜렷한 장애가 되는지, 매도인이 권리를 행사하지 않는 사유는 무엇인지, 오히려 매수인의 협력의무 이행청구권의 행사가 조건 등의 장애 사유 때문에 장기간 지연되었는지 및 그 지연에 매수인에게 귀책사유가 없는지, 그리고 매도인의 권리 행사를 강제하는 것이 매도인의 재산권행사에 커다란 불이익을 가져오거나 자유로운 재산관리행위에 대한 부당한 간섭이 될 수 있는지 등 해당 사안에서의 구체적인 여러 사정을 종합적으로 고려하여야 한다</u>(대법원 2013. 05. 23. 선고 2010다50014 판결).

④ [○] 채권자대위권은 채무자의 채권을 대위행사함으로써 채권자의 채권이 보전되는 관계가 존재하는 경우에 한하여 이를 행사할 수 있으므로 특정물에 관한 채권자는 채권을 보전하기 위하여 채무자의 제3채무자에 대한 그 특정물에 관한 권리만을 대위행사할 수 있다(대법원 1993. 04. 23. 선고 93다289 판결). [사실관계] A가 B에게 여관의 소유권을 이전하고 B는 A에게 상가의 소유권을 이전하기로 하였으며 그 후 B는 C에게 B가 취득할 여관을 매도하였는데 A가 B와의 교환계약을 해제한 후 C가 채권자대위권으로써 B의 A에 대한 상가소유권이전등기의 말소를 구하는 것이 적법한 지가 문제되었다. C의 피보전채권은 여관의 소유권이전등기청구권인데 B의 A에 대한 상가소유권이전등기의 말소등기청구권을 대위행사하더라도 그의 피보전채권인 여관소유권이전등기청구권이 보전될 수 없기 때문에 이런 채권자대위권의 행사는 부적법하다고 하였다.

⑤ [○] 채권자대위소송에서 대위에 의하여 보전될 채권자의 채무자에 대한 권리(피보전채권)가 부존재할 경우 당사자적격을 상실하고, 이와 같은 당사자적격의 존부는 소송요건으로서 법원의 직권조사사항이기는 하나, 그 피보전채권에 대한 주장·증명책임이 채권자대위권을 행사하려는 자에게 있으므로, 사실심 법원은 원고가 피보전채권으로 주장하지 아니한 권리에 대하여서까지 피보전채권이 될 수 있는지 여부를 판단할 필요가 없다. 그러나 당사자가 부주의 또는 오해로 인하여 명백히 간과한 법률상의 사항이 있거나 당사자의 주장이 법률상의 관점에서 보아 불명료 또는 불완전하거나 모순이 있는 경우, 법원은 적극적으로 석명권을 행사하여 당사자에게 의견진술의 기회를 부여하여야 하고, 만일 이를 게을리한 채 당사자가 전혀 예상하지 못하였던 법률적 관점에 기한 재판으로 당사자 일방에게 불의의 타격을 가하였다면 석명 또는 지적의무를 다하지 아니하여 심리를 제대로 하지 아니한 것으로서 위법하다(대법원 2014. 10. 27. 선고 2013다25217 판결).

정답 ①

108 / 피대위채권 /

채권자대위권에 대한 다음의 설명 중 옳지 않은 것을 모두 고른 것은? (다툼이 있으면 판례에 의함)

> ㄱ. 甲 종중이 乙에게 적법하게 명의신탁 한 토지에 대하여 丙이 원인무효의 등기를 경료한 경우, 甲 종중은 명의신탁의 해지 없이도 乙의 丙에 대한 소유권이전등기 말소등기청구권을 대위행사 할 수 있다.
>
> ㄴ. 「부동산 실권리자명의 등기에 관한 법률」 시행 후에 이루어진 이른바 3자간 등기명의신탁에 의하여 명의수탁자 명의로 소유권이전등기가 경료된 경우, 명의신탁자는 매도인을 대위하여 명의수탁자에게 소유권이전등기의 말소를 구할 수 있다.
>
> ㄷ. 채무자의 일반채권자는 채무자에 대하여 다른 채권자가 가지는 채권의 소멸시효 완성으로 직접적인 이익을 받는 자가 아니므로 독자적으로 소멸시효를 원용할 수 없다. 따라서 선순위 가등기담보권자의 피담보채권의 소멸시효가 완성되었다고 하여도 후순위 채권자는 채무자를 대위하여 그 피담보채권의 소멸시효 완성을 주장할 수 없다.

> ㄹ. 소송을 수행하기 위한 소송절차상의 개개의 권리는 채권자대위권의 목적이 될 수 없으므로 가압류·가처분결정에 대한 본안의 제소명령을 신청할 수 있는 권리나 제소기간의 도과에 의한 가압류·가처분의 취소를 신청할 수 있는 권리 또는 사정변경에 따른 가압류·가처분의 취소를 신청할 수 있는 권리는 채권자대위권의 목적이 될 수 없다.
> ㅁ. 부동산명의신탁이 유효한 경우, 명의신탁자는 신탁부동산을 불법점유하는 제3자에 대하여 수탁자를 대위하여 임료상당의 부당이득반환을 청구할 수 있다.
> ㅂ. 채권자대위소송의 제기로 인한 피대위채권의 소멸시효 중단의 효과는 채무자에게 미친다.
> ㅅ. 채권자대위소송 계속 중 대위채권자가 피대위채권을 양수하여 양수금청구로 소를 변경한 경우, 교환적 변경으로서 채권자대위권에 기한 구 청구는 취하된 것으로 보아야 하므로 당초 채권자대위소송으로 인한 시효중단의 효력은 소멸한다.

① ㄱ, ㄴ, ㅁ, ㅅ　　② ㄱ, ㄷ, ㄹ, ㅂ　　③ ㄴ, ㄹ, ㅂ, ㅅ
④ ㄷ, ㄹ, ㅁ, ㅅ　　⑤ ㄹ, ㅁ, ㅂ, ㅅ

해설

ㄱ. [O] 명의신탁자는 수탁자에 대하여 신탁계약상의 채권이 있으므로 명의신탁의 해지 없이도 그 채권을 보전하기 위하여 수탁자가 가지고 있는 원인무효로 인한 소유권이전등기 말소절차이행청구권을 대위행사 할 수 있다(대법원 1993. 05. 11. 선고 92다52870 판결).

ㄴ. [O] 명의신탁자가 소유자로부터 부동산을 양도받으면서 명의수탁자와 사이에 명의신탁약정을 하여 소유자로부터 바로 명의수탁자 명의로 소유권이전등기를 하는 이른바 3자간 등기명의신탁에 있어서, 명의수탁자가 부동산실권리자명의등기에관한법률에서 정한 유예기간 경과 후에 자의로 명의신탁자에게 바로 소유권이전등기를 경료해 준 경우, 같은 법에서 정한 유예기간의 경과로 기존 명의신탁약정과 그에 의한 명의수탁자 명의의 등기가 모두 무효로 되고, 명의신탁자는 명의신탁약정의 당사자로서 같은 법 제4조 제3항의 제3자에 해당하지 아니하므로 명의신탁자 명의의 소유권이전등기도 무효가 된다 할 것이지만, 한편 같은 법은 매도인과 명의신탁자 사이의 매매계약의 효력을 부정하는 규정을 두고 있지 아니하여 유예기간 경과 후로도 매도인과 명의신탁자 사이의 매매계약은 여전히 유효하므로, 명의신탁자는 매도인에 대하여 매매계약에 기한 소유권이전등기를 청구할 수 있고, 그 소유권이전등기청구권을 보전하기 위하여 매도인을 대위하여 명의수탁자에게 무효인 그 명의 등기의 말소를 구할 수도 있으므로, 명의수탁자가 명의신탁자 앞으로 바로 경료해 준 소유권이전등기는 결국 실체관계에 부합하는 등기로서 유효하다(대법원 2004. 06. 25. 선고 2004다6764 판결).

ㄷ. [X] 소멸시효가 완성된 경우 이를 주장할 수 있는 사람은 시효로 인하여 채무가 소멸되는 결과 직접적인 이익을 받는 사람에 한정되므로, 채무자에 대한 일반 채권자는 자기의 채권을 보전하기 위하여 필요한 한도 내에서 채무자를 대위하여 소멸시효 주장을 할 수 있을 뿐 채권자의 지위에서 독자적으로 소멸시효의 주장을 할 수 없다(대법원 1997. 12. 26. 선고 97다22676 판결). 소멸시효는 이에 의하여 직접 이익을 받는 채무자는 물론이고 그 채무자에 대한 채권자도 자기의 채권을 보전하기 위하여 필요한 경우에는 이를 원용할 수 있으나 채무자에 대하여 무슨 채권이 있는 것도 아닌 자는 소멸시효주장을 대위 원용할 수 없다(대법원 1991. 03. 27. 선고 90다17552 판결).

ㄹ. [×] 민사집행법 제301조에 의하여 가처분절차에도 준용되는 같은 법 제287조 제1항에 따라 가압류·가처분결정에 대한 본안의 제소명령을 신청할 수 있는 권리나 같은 조 제2항 및 제3항에 따라 제소기간의 도과에 의한 가압류·가처분의 취소를 신청할 수 있는 권리 또는 같은 법 제288조 제1항에 따라 사정변경에 따른 가압류·가처분의 취소를 신청할 수 있는 권리는 가압류·가처분신청에 기한 소송을 수행하기 위한 소송절차상의 개개의 권리가 아니라 가압류·가처분신청에 기한 소송절차와는 별개의 독립된 소송절차를 개시하게 하는 권리라고 할 것이므로, 이는 채권자대위권의 목적이 될 수 있는 권리라고 봄이 상당하다(대법원 2011. 09. 21. 자 2011마1258 결정).

ㅁ. [×] ★ [사례형·기록형] 부동산의 명의신탁자는 제3자에 대하여 직접 그 소유권 및 이에 따른 점유사용권을 주장할 수 없고, 제3자가 법률상 원인 없이 점유함으로 인한 임료 상당의 부당이득반환청구권은 수탁자를 대위하여서도 주장할 수 없다(대법원 1991. 10. 22. 선고 91다17207 판결). **[판례평석]** 위 판결은 명의신탁자가 명의신탁 계약에 기해 직접 사용·수익하고 있는지 아니면 수탁자가 사용·수익하고 있는지를 구분하지 않고 있다. 그러나 명의신탁자는 제3자에 대하여 소유권이 없으므로 소유권에 기해서는 부당이득반환청구권을 행사할 수 없다는 것은 타당한 것이고 명의수탁자가 부당이득반환청구권을 행사할 수 있다고 하더라도 채권자대위권으로써 보전할 피보전채권이 무엇인지가 불명확하고(그것이 없는 경우가 일반적이다), 설령 있다고 하더라도 그것이 금전채권일 때에는 수탁자의 무자력이 있어야 할 것이므로 이를 배척한 것도 결과적으로는 정당하다(지원림·제철웅, 민법연습(제3판), 88면).

ㅂ. [○] 채권자대위권 행사의 효과는 채무자에게 귀속되는 것이므로 채권자대위소송의 제기로 인한 소멸시효 중단의 효과 역시 채무자에게 생긴다(대법원 2011. 10. 13. 선고 2010다80930 판결). **[판례해설]** 채권자대위권의 행사로 인하여 피대위권리를 행사한 것이기 때문이다.

ㅅ. [×] 원고가 채권자대위권에 기해 청구를 하다가 당해 피대위채권 자체를 양수하여 양수금청구로 소를 변경한 사안에서, 이는 청구원인의 교환적 변경으로서 채권자대위권에 기한 구 청구는 취하된 것으로 보아야 하나, 그 채권자대위소송의 소송물은 채무자의 제3채무자에 대한 계약금반환청구권인데 위 양수금청구는 원고가 위 계약금반환청구권 자체를 양수하였다는 것이어서 양 청구는 동일한 소송물에 관한 권리의무의 특정승계가 있을 뿐 그 소송물은 동일한 점, 시효중단의 효력은 특정승계인에게도 미치는 점, 계속 중인 소송에 소송목적인 권리 또는 의무의 전부나 일부를 승계한 특정승계인이 소송참가하거나 소송인수한 경우에는 소송이 법원에 처음 계속된 때에 소급하여 시효중단의 효력이 생기는 점, 원고는 위 계약금반환채권을 채권자대위권에 기해 행사하다 다시 이를 양수받아 직접 행사한 것이어서 위 계약금반환채권과 관련하여 원고를 '권리 위에 잠자는 자'로 볼 수 없는 점 등에 비추어 볼 때, 당초의 채권자대위소송으로 인한 시효중단의 효력이 소멸하지 않는다고 본 사례(대법원 2010. 6. 24. 선고 2010다17284 판결).

정답 ④

109 / 말소등기청구권의 대위행사 /

甲은 乙로부터 X토지를 매수하고 매매대금을 모두 지급하였으나 소유권이전등기를 하지 않고 있었다. 그런데 乙의 친구 丁은 대리권 없이 乙을 대리하여 X토지를 丙에게 매도하고 丙 앞으로 소유권이전등기를 마쳐 주었다. 甲은 乙을 대위하여 丙을 상대로 소유권이전등기 말소를 청구하는 소송을 제기하였다. 다음 설명 중 옳지 않은 것을 모두 고른 것은? (다툼이 있으면 판례에 의함)

> ㄱ. 甲이 위와 같은 소송을 제기하기 위해 乙의 동의를 받을 필요는 없다.
>
> ㄴ. 甲이 소송을 진행하면서 이를 乙에게 통지하지 않았지만 乙이 그 사실을 알고 있었다면, 이후 乙이 丁의 무권대리행위를 추인하여 乙과 丙 사이의 매매계약이 소급적으로 유효가 되더라도 甲에 대하여는 그 효과를 주장할 수 없다.
>
> ㄷ. 만약, 사안과 같은 특정채권을 보전하기 위한 경우가 아닌 금전채권을 보전하기 위한 경우라면 대위채권자가 직접 금전을 수령할 경우 채권자평등의 원칙에 반할 우려가 있으므로, 일반 금전채권 보전을 위한 채권자대위권 행사의 경우에 대위채권자의 변제수령권한을 인정할 수 없다.
>
> ㄹ. 甲은 乙을 대위하여 丙을 상대로 소유권이전등기 말소를 청구하면서 그 말소절차를 직접 자기에게 이행할 것을 청구할 수 있다.
>
> ㅁ. 사안과 달리, 乙과 丙 사이의 매매계약이 乙의 배임행위로 이루어져 반사회적 법률행위에 해당하는 경우, 불법원인급여의 반환을 금지하는 제746조에 따라 乙의 丙에 대한 소유권이전등기 말소등기청구권을 인정할 수 없으므로 법원은 甲의 채권자대위소송에 대해 기각 판결을 하여야 한다.

① ㄱ, ㄷ   ② ㄴ, ㄹ   ③ ㄴ, ㅁ
④ ㄷ, ㅁ   ⑤ ㄱ, ㄴ

해설

ㄱ. [O] 채권자대위권은 채무자가 스스로 자기의 권리를 행사하지 아니하는 때에 채권자가 채무자에 대한 채권을 보전하기 위하여 <u>채무자의 의사와는 상관없이 채무자의 권리를 대위하여 행사할 수 있는 권리로서 그 권리행사에 채무자의 동의를 필요로 하는 것은 아니므로</u>, 비법인사단이 총유재산에 관한 권리를 행사하지 아니하고 있어 비법인사단의 채권자가 채권자대위권에 기하여 비법인사단의 총유재산에 관한 권리를 대위행사하는 경우에는 사원총회의 결의 등 비법인사단의 내부적인 의사결정절차를 거칠 필요가 없다(대법원 2014. 9. 25. 선고 2014다211336 판결).

ㄴ. [O] ★ [사례형·기록형] 민법 제405조에 의하여 채무자는 그의 권리에 관한 채권자의 대위권행사 <u>사실을 안 때에는 채권자로부터의 통지가 없는 경우에도 그 권리처분을 가지고 채권자에게 대항하지 못하고 채권자가 부동산 소유권이전등기의 말소등기청구권을 대위행사하는 경우에 채무자는 위 소유권이전등기의 원인된 매매계약을 이미 추인하였다 하여 민법 제405조 제2항에 의하여 그 추인의 유효를 주장할 수 없다</u>(대법원 1975. 12. 23. 선고 73다1086 판결).

ㄷ. [×] 집행채무자의 채권자가 그 집행채권자를 상대로 부당이득금 반환채권을 대위행사하는 경우 집행채무자에게 그 반환의무를 이행하도록 청구할 수도 있지만, 직접 대위채권자에게 이행하도록 청구할 수도 있다고 보아야 하는데, 이와 같이 <u>채권자대위권을 행사하는 채권자에게 변제수령의 권한을 인정하더라도 그것이 채권자 평등의 원칙에 어긋난다거나 제3채무자를 이중 변제의 위험에 빠뜨리게 하는 것이라고 할 수 없다</u>(대법원 2005. 4. 15. 선고 2004다70024 판결).

ㄹ. [O] 채권자대위권을 행사함에 있어서 채권자가 제3채무자에 대하여 자기에게 직접 급부를 요구하여도 상관없는 것이고 자기에게 급부를 요구하여도 어차피 그 효과는 채무자에게 귀속되는 것이므로, 채권자대위권을 행사하여 채권자가 제3채무자에게 그 명의의 소유권보존등기나 소유권이전등기의 말소절차를 직접 자기에게 이행할 것을 청구하여 승소하였다고 하여도 그 효과는 원래의 소유자인 채무자에게 귀속되는 것이니, 법원이 채권자대위권을 행사하는 채권자에게 직접 말소등기 절차를 이행할 것을 명하였다고 하여 무슨 위법이 있다고 할 수 없다(대법원 1996. 2. 9. 선고 95다27998 판결).

ㅁ. [×] 소외인으로부터 피고에게 소유권이전등기가 경료된 것이 원고에 대한 배임행위로서 반사회적 법률행위에 의한 것이라면 원고는 소외인을 대위하여 피고앞으로 경료된 등기의 말소를 구할 수 있다(대법원 1980. 5. 27. 선고 80다565 판결).

정답 ④

• 제2관 • **채권자취소권**

110 / 채권자취소권의 행사와 가액반환 /

다음 사례에 관한 설명 중 옳은 것을 모두 고른 것은? (비용, 이자 또는 지연손해금은 고려하지 말고, 다툼이 있으면 판례에 의함)

〈사례〉

甲은 2014. 7. 1. A에게 3억 원을 대여하였고, 이와 별도로 乙도 같은 날 A에게 2억 원을 대여하였다. A는 2014. 8. 1. B에게 자신의 유일한 재산인 X부동산을 증여하고 같은 날 그 소유권이전등기를 마쳐 주었는데, 위 증여 당시 X부동산에는 丙의 A에 대한 3억 원의 대여금채권을 담보하기 위하여 丙 앞으로 채권최고액 3억 원인 근저당권이 설정되어 있었다. B는 2015. 8. 6. 丙에게 3억 원을 변제하고 위 근저당권을 말소하였다. 이러한 사정을 알게 된 甲은 2015. 8. 28. B를 상대로 A·B 사이의 위 증여계약의 취소와 가액배상을 구하는 소를 제기하였다. 소송 과정에서 위 증여계약은 사해행위라고 인정되었고, X부동산의 시가는 위 증여계약 당시부터 현재까지 5억 원으로 유지되고 있음이 밝혀졌다.

ㄱ. B가 사해행위취소에 따른 원상회복으로 甲에게 반환하여야 할 가액배상액은 2억 원이다.

ㄴ. B는 위 대여금채무를 대위변제함으로써 취득한 A에 대한 구상금채권으로 가액반환의무와 상계할 수 있다.

> ㄷ. 甲이 위 소에서 승소확정판결을 받고 그에 기하여 재산이나 가액의 회복을 마친 경우에는 그 범위 내에서 乙은 B에 대하여 별도로 사해행위취소 및 가액배상을 구할 수 없다.
>
> ㄹ. 甲이 위 소에서 승소확정판결을 받고 가액반환을 받은 경우라도 甲에게 우선변제권이 있는 것은 아니므로, 乙은 직접 甲을 상대로 자신의 채권액에 안분한 금액의 지급을 구할 수 있다.
>
> ㅁ. 만일, 甲의 피보전채권의 액수나 범위가 구체적으로 확정되지 않은 경우라도 피보전채권이 사해행위 이전에 성립되어 있는 이상, 채권자취소권의 피보전채권이 된다.

① ㄱ, ㄴ, ㅁ ② ㄱ, ㄷ, ㅁ ③ ㄴ, ㄷ
④ ㄴ, ㄹ ⑤ ㄷ, ㄹ, ㅁ

해설

ㄱ. [O] 근저당권이 설정되어 있는 부동산에 관하여 사해행위가 이루어진 후 근저당권이 말소되어 그 부동산의 가액에서 근저당권 피담보채무액을 공제한 나머지 금액의 한도에서 사해행위를 취소하고 가액의 배상을 명하는 경우 그 가액의 산정은 사실심 변론종결시를 기준으로 하여야 하고, 기존의 근저당권이 말소된 후 사해행위에 의하여 그 부동산에 관한 권리를 취득한 전득자에 대하여도 사실심 변론종결시의 부동산 가액에서 말소된 근저당권 피담보채무액을 공제한 금액의 한도에서 그가 취득한 이익에 대한 가액 배상을 명할 수 있다(대법원 2001. 9. 4. 선고 2000다66416 판결).

ㄴ. [X] 채권자취소권은 채권의 공동담보인 채무자의 책임재산을 보전하기 위하여 채무자와 수익자 사이의 사해행위를 취소하고 채무자의 일반재산으로부터 일탈된 재산을 모든 채권자를 위하여 수익자 또는 전득자로부터 환원시키는 제도로서, 수익자로 하여금 자기의 채무자에 대한 반대채권으로써 상계를 허용하는 것은 사해행위에 의하여 이익을 받은 수익자를 보호하고 다른 채권자의 이익을 무시하는 결과가 되어 위 제도의 취지에 반하므로, 수익자가 채권자취소에 따른 원상회복으로서 가액배상을 할 때에 채무자에 대한 채권자라는 이유로 채무자에 대하여 가지는 자기의 채권과의 상계를 주장할 수는 없다(대법원 2001. 06. 01. 선고 99다63183 판결).

ㄷ. [O] 채권자취소권의 요건을 갖춘 각 채권자는 고유의 권리로서 채무자의 재산처분 행위를 취소하고 그 원상회복을 구할 수 있는 것이므로 여러 명의 채권자가 동시에 또는 시기를 달리하여 사해행위취소 및 원상회복청구의 소를 제기한 경우 이들 소가 중복제소에 해당하지 아니할 뿐만 아니라, 어느 한 채권자가 동일한 사해행위에 관하여 사해행위취소 및 원상회복청구를 하여 승소판결을 받아 그 판결이 확정되었다는 것만으로는 그 후에 제기된 다른 채권자의 동일한 청구가 권리보호의 이익이 없게 되는 것은 아니고, 그에 기하여 재산이나 가액의 회복을 마친 경우에 비로소 다른 채권자의 사해행위취소 및 원상회복청구는 그와 중첩되는 범위 내에서 권리보호의 이익이 없게 된다(대법원 2005. 11. 25. 선고 2005다51457 판결).

ㄹ. [X] 사해행위의 취소와 원상회복은 모든 채권자의 이익을 위하여 그 효력이 있으므로(민법 제407조), 채권자취소권의 행사로 채무자에게 회복된 재산에 대하여 취소채권자가 우선변제권을 가지는 것이 아니라 다른 채권자도 총채권액 중 자기의 채권에 해당하는 안분액을 변제받을 수 있는 것이지만, 이는 채권의 공동담보로 회복된 채무자의 책임재산으로부터 민사집행법 등의 법률상 절차를 거쳐 다른 채권자도 안분액을 지급받을 수 있다는 것을 의미하는 것일 뿐, 다른 채권자가 이러한

법률상 절차를 거치지 아니하고 취소채권자를 상대로 하여 안분액의 지급을 직접 구할 수 있는 권리를 취득한다거나, 취소채권자에게 인도받은 재산 또는 가액배상금에 대한 분배의무가 인정된다고 볼 수는 없다. 가액배상금을 수령한 취소채권자가 이러한 분배의무를 부담하지 아니함으로 인하여 사실상 우선변제를 받는 불공평한 결과를 초래하는 경우가 생기더라도, 이러한 불공평은 채무자에 대한 파산절차 등 도산절차를 통하여 시정하거나 가액배상금의 분배절차에 관한 별도의 법률 규정을 마련하여 개선하는 것은 별론으로 하고, 현행 채권자취소 관련 규정의 해석상으로는 불가피하다(대법원 2008. 6. 12. 선고 2007다37837 판결).

ㅁ. [O] 채권자취소권 행사는 채무 이행을 구하는 것이 아니라 총채권자를 위하여 채무자의 자력 감소를 방지하고, 일탈된 채무자의 책임재산을 회수하여 채권의 실효성을 확보하는 데 목적이 있으므로, 피보전채권이 사해행위 이전에 성립되어 있는 이상 액수나 범위가 구체적으로 확정되지 않은 경우라고 하더라도 채권자취소권의 피보전채권이 된다(대법원 2018. 6. 28. 선고 2016다1045 판결).

정답 ②

111 / 사해행위 /
채권자취소권에 관한 다음 설명 중 옳은 것을 모두 고른 것은? (다툼이 있으면 판례에 의함)

> ㄱ. 근저당권의 피담보채권액과 채권최고액이 모두 부동산 가격을 초과하는 때라도 채무자가 근저당권이 설정된 부동산을 처분하면서 매매대금으로 그 부동산에 대해서 다른 채권자에 우선하여 변제를 받을 수 있는 지위에 있는 근저당권자의 피담보채권액 중 일부를 변제하고 근저당권을 말소한 경우라면 특별한 사정이 없는 한 부동산 처분행위를 사해행위로 볼 수 있다.
>
> ㄴ. 甲이 乙과의 금전거래로 인한 채무를 담보하기 위해 乙에게 채무를 변제하지 못하는 것을 정지조건으로 丙에 대해 가지는 채권을 양도하였다. 그 후 甲이 파산한 후 乙과의 채권양도 사실을 丙에게 통지한 경우, 甲과 乙이 체결한 채권양도 계약이 사해행위에 해당하는지는 甲이 파산하여 정지조건이 성취된 시점을 기준으로 판단한다.
>
> ㄷ. 피보전채권의 이행기가 도래하지 않았어도 채권자취소권을 행사할 수 있고, 정지조건부 채권이 사해행위 당시에 정지조건이 성취되지 않은 경우에도 이를 피보전권리로 하여 채권자취소권을 행사할 수 있다.
>
> ㄹ. 부동산에 대하여 채권전액에 대한 가압류등기가 이루어진 후에 채무자가 자신의 채무에 관하여 근저당권설정등기를 마친 경우, 선순위 가압류채권자는 채무자의 근저당권설정행위로 인하여 아무런 불이익을 입지 않으므로 채권자취소권을 행사할 수 없다.
>
> ㅁ. 채권자가 자기 채권의 보전을 위하여 가압류를 한 바 있는 부동산을 채무자가 제3자가 부담하는 채무의 담보로 제공하여 물상보증을 한 경우, 선순위 가압류채권자는 근저당권자와 평등배당 받을 수 있기 때문에 아무런 불이익을 입지 않으므로 채권자취소권을 행사할 수 없다.

ㅂ. 채무자 소유의 부동산과 물상보증인 소유의 부동산에 관하여 공동저당권이 설정되어 있는 경우, 위 채무자 소유의 부동산이 일반채권자들의 공동담보에 제공되는 부분은 피담보채권액을 공제한 나머지 부분이라 할 것인데, 이때 공제하는 피담보채권액은 공동저당권의 피담보채권액 전액이다.

① ㄱ, ㄷ, ㅁ   ② ㄱ, ㄹ, ㅂ   ③ ㄴ, ㄹ, ㅂ
④ ㄷ, ㄹ, ㅁ   ⑤ ㄷ, ㄹ, ㅂ

해설

ㄱ. [✗] 채무자가 양도한 부동산에 제3자의 채무를 담보하기 위한 근저당권이 설정되어 있는 경우 그 부동산에서 일반 채권자들의 공동담보로 되는 책임재산은 채권최고액을 한도로 실제 부담하고 있는 피담보채권액을 뺀 나머지 부분이다. 따라서 근저당권의 피담보채권액과 채권최고액이 모두 부동산 가격을 초과하는 때에는 일반 채권자들의 공동담보로 되는 책임재산이 없으므로 부동산의 양도가 사해행위에 해당하지 않는다. 채무자가 근저당권이 설정된 부동산을 처분하면서 매매대금으로 그 부동산에 대해서 다른 채권자에 우선하여 변제를 받을 수 있는 지위에 있는 근저당권자의 피담보채권액 중 일부를 변제하고 근저당권을 말소한 경우라면 특별한 사정이 없는 한 부동산 처분행위를 사해행위로 볼 수 없다. [이유] 이 사건 매매계약 당시 이 사건 부동산에 설정된 근저당권의 피담보채권액과 채권최고액이 모두 이 사건 부동산의 가격을 초과하고 있고, 물상보증인인 소외인이 이 사건 부동산을 처분하면서 그 매매대금으로 이 사건 부동산에 관하여 우선변제권이 있는 근저당권자인 한국외환은행의 피담보채무를 변제하였으므로, 이 사건 매매계약은 사해행위에 해당하지 않는다고 볼 여지가 있다(대법원 2018. 4. 24. 선고 2017다287891 판결).

ㄴ. [✗] 어느 시점에서 사해행위에 해당하는 법률행위가 있었는가를 따질 때에는 당사자 사이의 이해관계에 미치는 중대한 영향을 고려하여 신중하게 이를 판정하여야 하고, 채무자의 재산처분행위가 사해행위가 되는지는 처분행위 당시를 기준으로 판단하여야 하며, 설령 재산처분행위가 정지조건부인 경우라 하더라도 특별한 사정이 없는 한 마찬가지이다(대법원 2013. 6. 28. 선고 2013다8564 판결).
[보충해설] 甲과 乙이 정지조건부 채권양도계약을 체결한 시점을 기준으로 판단한다.

ㄷ. [O] 채권자취소권 행사는 채무 이행을 구하는 것이 아니라 총채권자를 위하여 이행기에 채무 이행을 위태롭게 하는 채무자의 자력 감소를 방지하는 데 목적이 있는 점과 민법이 제148조, 제149조에서 조건부권리의 보호에 관한 규정을 두고 있는 점을 종합해 볼 때, 취소채권자의 채권이 정지조건부채권이라 하더라도 장래에 정지조건이 성취되기 어려울 것으로 보이는 등 특별한 사정이 없는 한, 이를 피보전채권으로 하여 채권자취소권을 행사할 수 있다(대법원 2011. 12. 08. 선고 2011다55542 판결). 또한 사해행위 당시 피보전채권이 성립하여 있었다면 채권자대위권과 달리 이행기 도래 여부는 문제되지 않는다.

ㄹ. [O] 부동산에 대하여 가압류등기가 먼저 되고 나서 근저당권설정등기가 마쳐진 경우에 경매절차의 배당관계에서 근저당권자는 선순위 가압류채권자에 대하여는 우선변제권을 주장할 수 없으므로 그 가압류채권자는 근저당권자와 일반 채권자의 자격에서 평등배당을 받을 수 있고, 따라서 가압류채권자는 채무자의 근저당권설정행위로 인하여 아무런 불이익을 입지 않으므로 채권자취소권을 행사할 수 없다. 그러나 채권자의 실제 채권액이 가압류 채권금액보다 많은 경우 그 초과하는 부분에 관하여는 가압류의 효력이 미치지 아니하여 그 범위 내에서는 채무자의 처분행위가 채권자

들의 공동담보를 감소시키는 사해행위가 되므로 그 부분 채권을 피보전채권으로 삼아 채권자취소권을 행사할 수 있다(대법원 2008. 02. 28. 선고 2007다77446 판결).

ㅁ. [×] 채권자가 이미 자기 채권의 보전을 위하여 가압류를 한 바 있는 부동산을 채무자가 제3자가 부담하는 채무의 담보로 제공하여 근저당권을 설정하여 줌으로써 물상보증을 한 경우에는 일반채권자들이 만족을 얻는 물적 기초가 되는 책임재산이 새로이 감소된다. 따라서 비록 당해 부동산의 환가대금으로부터는 가압류채권자가 위와 같이 근저당권을 설정받은 근저당권자와 평등하게 배당을 받을 수 있다고 하더라도, 일반적으로 그 배당으로부터 가압류채권의 충분한 만족을 얻는다는 보장이 없고 가압류채권자는 여전히 다른 책임재산을 공취할 권리를 가지는 이상, 원래 위 가압류채권을 포함한 일반채권들의 만족을 담보하는 책임재산 전체를 놓고 보면 위와 같은 물상보증으로 책임재산이 부족하게 되거나 그 상태가 악화되는 경우에는 역시 가압류채권자도 자기 채권의 충분한 만족을 얻지 못하게 되는 불이익을 받는다. 그러므로 위와 같은 가압류채권자라고 하여도 채무자의 물상보증으로 인한 근저당권 설정행위에 대하여 채권자취소권을 행사할 수 있다. [이유] 상고이유에서 들고 있는 대법원 2008. 2. 28. 선고 2007다77446 판결은 채무자가 자신의 수익자에 대한 채무를 담보하기 위하여 근저당권을 설정한 사안에 관한 것으로서, 채무자가 물상보증으로 근저당권을 설정한 이 사건에 적용하기에 적절하지 아니하다(대법원 2010. 1. 28. 선고 2009다90047 판결). [관련판례] 채무자가 아무 채무도 없이 다른 사람을 위해 자신의 부동산에 관하여 근저당권을 설정함으로써 물상보증인이 되는 행위는 그 부동산의 담보가치만큼 채무자의 총재산에 감소를 가져오는 것이므로, 그 근저당권이 채권자의 가압류와 동순위의 효력밖에 없다 하여도, 그 자체로 다른 채권자를 해하는 행위가 된다(대법원 2010. 6. 24. 선고 2010다20617 판결). [관련판례] 채무자가 제3자의 채무를 담보하기 위하여 자신의 부동산에 근저당권을 설정함으로써 물상보증인이 되는 행위는 부동산의 담보가치만큼 채무자의 일반 채권자들을 위한 책임재산에 감소를 가져오는 것이므로, 물상담보로 제공된 부동산의 가액에서 다른 채권자가 가지는 피담보채권액을 채권최고액의 범위 내에서 공제한 잔액만을 채무자의 적극재산으로 평가하여야 하고, 그로 인하여 채무자의 책임재산이 부족하게 되거나 상태가 심화되었다면 사해행위가 성립한다(대법원 2015. 6. 11. 선고 2014다237192 판결).

ㅂ. [O] 사해행위취소의 소에서 채무자가 수익자에게 양도한 목적물에 저당권이 설정되어 있는 경우라면 그 목적물 중에서 일반채권자들의 공동담보에 제공되는 책임재산은 피담보채권액을 공제한 나머지 부분만이라고 할 것이고 그 피담보채권액이 목적물의 가액을 초과할 때는 당해 목적물의 양도는 사해행위에 해당한다고 할 수 없다. 그런데 수 개의 부동산에 공동저당권이 설정되어 있는 경우 책임재산을 산정함에 있어 각 부동산이 부담하는 피담보채권액은 특별한 사정이 없는 한 민법 제368조의 규정 취지에 비추어 공동저당권의 목적으로 된 각 부동산의 가액에 비례하여 공동저당권의 피담보채권액을 안분한 금액이라고 보아야 한다. 그러나 그 수 개의 부동산 중 일부는 채무자의 소유이고 다른 일부는 물상보증인의 소유인 경우에는, 물상보증인이 민법 제481조, 제482조의 규정에 따른 변제자대위에 의하여 채무자 소유의 부동산에 대하여 저당권을 행사할 수 있는 지위에 있는 점 등을 고려할 때, 그 물상보증인이 채무자에 대하여 구상권을 행사할 수 없는 특별한 사정이 없는 한 채무자 소유의 부동산에 관한 피담보채권액은 공동저당권의 피담보채권액 전액으로 봄이 상당하다. 이러한 법리는 하나의 공유부동산 중 일부 지분이 채무자의 소유이고, 다른 일부 지분이 물상보증인의 소유인 경우에도 마찬가지로 적용된다(대법원 2013. 7. 18. 선고 2012다5643 전원합의체 판결).

정답 ⑤

112 / 원상회복의 방법 /
채권자취소권에서의 원상회복에 관한 다음 설명 중 옳지 않은 것은? (다툼이 있으면 판례에 의함)

① 임차인이 공유자 전원으로부터 상가건물을 임차하고 상가건물임대차보호법 제3조 제1항에서 정한 대항요건을 갖추어 임차보증금에 관하여 우선변제를 받을 수 있는 권리를 가진 경우에, 상가건물의 공유자 중 1인인 채무자가 처분한 지분 중에 일반채권자들의 공동담보에 제공되는 책임재산은 우선변제권이 있는 임차보증금 반환채권 전액을 공제한 나머지 부분이다.

② 수익자가 사해행위취소 소송의 확정판결에 따른 원상회복으로 대체물 인도의무를 이행하지 않았다는 이유만으로 취소채권자가 수익자를 상대로 민법 제395조에 따라 이행지체로 인한 전보배상을 구할 수는 없다. 다만 수익자의 대체물 인도의무에 대한 강제집행이 불가능하거나 현저히 곤란하다고 평가할 수 있는 경우에는 전보배상을 구할 수 있다.

③ 채권자가 배당기일에 출석하여 수익자의 배당 부분에 대하여 이의를 하였다면 그 채권자는 사해행위취소의 소를 제기함과 아울러 원상회복의 방법으로 배당이의의 소를 제기할 수 있다.

④ 저당권이 설정되어 있는 목적물에 관하여 소유권이전등기청구권보전을 위한 가등기가 사해행위로서 이루어지고, 그 가등기 후에 저당권이 말소되었다면, 원물반환이 아니라 가액배상의 방법으로 원상회복이 이루어져야 한다.

⑤ 사해행위로 부동산이 양도된 후 그 부동산에 제3자가 저당권을 취득한 경우, 채권자는 가액반환을 구할 수 있다고 할 것이나 스스로 위험이나 불이익을 감수하면서 원물반환을 구하는 것까지 허용되지 않는 것은 아니다.

[해설]

① [O] [1] 사해행위를 이유로 채권자취소권이나 부인권을 행사하는 경우 행위를 하지 않았다면 있었을 책임재산을 회복하도록 하여야 하고, 그보다 더 많은 책임재산을 회복하는 결과를 초래하는 것은 허용되지 않는다. 따라서 일반채권자들의 공동담보에 제공되지 않은 책임재산은 취소나 부인의 범위에서 제외되어야 한다. 채무자가 제3자에게 저당권이 설정되어 있는 재산을 양도한 경우, 양도한 재산 중에서 일반채권자들의 공동담보에 제공되는 책임재산은 저당권의 피담보채권액을 공제한 나머지 부분이다. 채권자취소나 부인권행사의 대상인 행위는 이와 같이 산정된 일반채권자들을 위한 책임재산의 범위 내에서 성립하므로, 피담보채권액이 양도한 재산의 가액을 초과할 때에는 재산의 양도가 채권자취소나 부인권행사의 대상이 되지 않는다. 채무자 소유인 여러 부동산에 공동저당권이 설정되어 있는 경우 책임재산을 산정할 때 각 부동산이 부담하는 피담보채권액은 특별한 사정이 없는 한 민법 제368조의 규정 취지에 비추어 공동저당권의 목적으로 된 각 부동산의 가액에 비례하여 공동저당권의 피담보채권액을 안분한 금액이라고 보아야 한다. 공동채무자들이 하나의 부동산을 공동소유하면서 전체 부동산에 저당권을 설정한 경우에도 특별한 사정이 없는 한 위 법리가 적용된다. [2] 건물의 공유자가 공동으로 건물을 임대하고 임차보증금을 수령한 경우 특별한 사정이 없는 한 그 임대는 각자 공유지분을 임대한 것이 아니라 임대목적물을 다수의 당사자로서 공동으로 임대한 것이고 임차보증금 반환채무는 성질상 불가분채무에 해당한다. 임차인이 공유자 전원으로부터 상가건물을 임차하고 상가건물 임대차보호법 제3조 제1항에서 정한 대항요건을 갖추어 임차보증금에 관하여 우선변제를 받을 수 있는 권리를 가진 경우에, 상가건물의 공유자 중 1인인

채무자가 처분한 지분 중에 일반채권자들의 공동담보에 제공되는 책임재산은 우선변제권이 있는 임차보증금 반환채권 전액을 공제한 나머지 부분이다(대법원 2017. 5. 30. 선고 2017다205073 판결).

② [O] 민법 제395조에 따르면, 채무자가 채무의 이행을 지체한 경우에 채권자가 상당한 기간을 정하여 이행을 최고하여도 그 기간 내에 이행하지 않은 경우 채권자는 이행에 갈음한 손해배상청구를 할 수 있다. 이는 대체물 인도의무를 이행하지 않는 경우에도 마찬가지이다. 그러나 수익자가 사해행위취소 소송의 확정판결에 따른 원상회복으로 대체물 인도의무를 이행하지 않았다는 이유만으로 취소채권자가 수익자를 상대로 민법 제395조에 따라 이행지체로 인한 전보배상을 구할 수는 없다. 다만 수익자의 대체물 인도의무에 대한 강제집행이 불가능하거나 현저히 곤란하다고 평가할 수 있는 경우에는 전보배상을 구할 수 있다. 이유는 다음과 같다. ① 사해행위취소에 따른 원상회복은 원칙적으로 취소채권자가 아닌 채무자에게 이루어지고, 이러한 취소와 원상회복은 모든 채권자의 이익을 위하여 그 효력이 있다(민법 제407조). 그러므로 수익자의 원상회복의무 불이행이 취소채권자에게 가지는 의미는 일반적인 채무불이행이 채권자에게 가지는 의미와 같지 않다. 또한 본래의 채무 이행은 민법 제395조에 따라 이행에 갈음하여 이루어지는 전보배상과 규범적으로 동등하게 평가될 수 있으나, 사해행위취소에 따른 채무자에 대한 원물반환의무의 이행과 민법 제395조에 따른 취소채권자에 대한 전보배상이 언제나 규범적으로 동등하게 평가될 수 있는 것은 아니다. 이러한 특수성은 사해행위취소에 따른 원상회복과 관련하여 민법 제395조가 적용될 수 있는지를 판단하는 국면에 반영될 필요가 있다. ② 민법 제406조 제1항에 따라 채권자의 사해행위취소 및 원상회복청구가 인정되면, 수익자는 원상회복으로서 사해행위의 목적물을 채무자에게 반환할 의무를 지게 되고, 사해행위 목적물의 가액배상은 원물반환이 불가능하거나 현저히 곤란한 경우에 한하여만 허용된다. 한편 사해행위취소에 따른 원상회복의무 불이행을 이유로 한 민법 제395조에 따른 전보배상청구는 민법 제406조 제1항에 따른 원상회복청구의 일환으로 이루어지는 가액배상청구와 소송물을 달리하기는 하나, 본래 채무자에게 이루어져야 할 원물반환에 갈음하여 취소채권자에게 금전을 지급하라는 내용의 청구라는 점, 이러한 청구를 쉽게 허용할 경우 원물반환 원칙이나 채권자평등 원칙이 약화될 우려가 있다는 점에서는 가액배상청구와 공통된다. 그러므로 이러한 전보배상청구는 가액배상과 마찬가지로 일정한 요건 아래에서만 제한적으로 허용될 필요가 있다. ③ 채무자가 일정한 수량의 대체물을 인도할 의무를 부담하는 경우 채권자는 그 의무에 대한 강제집행이 불능일 때 그에 갈음하여 금전의 지급을 구할 수 있고, 이러한 대체물 인도의무의 집행불능을 이유로 그에 갈음한 금전의 지급을 구하는 청구의 성질은 이행지체로 인한 전보배상을 구하는 것이다. 이러한 법리는 사해행위취소 소송에서 확정된 대체물 인도의무의 강제집행이 불가능하거나 현저히 곤란하다고 평가할 수 있는 경우에도 적용될 수 있다. ④ 취소채권자가 원물반환에 갈음하여 금전을 지급받을 경우 사실상 우선변제를 받게 되는 결과가 초래될 수는 있으나, 이는 이미 가액배상과 관련하여 현행 채권자취소 관련 규정의 해석상 불가피하게 발생하는 결과이고, 전보배상의 제한적 허용으로 인하여 새롭게 창출되는 결과는 아니다. 또한 사해행위가 취소된 경우 사해행위로 인하여 이익을 얻은 수익자는 그 이익을 채무자의 책임재산으로 환원하여야 한다는 요청은, 원상회복은 원칙적으로 원물반환의 형태로 이루어져야 한다는 요청보다 상위에 있다. 그러므로 대체물을 보유하고 있지는 않으나 이를 조달하여 인도하는 것은 가능하다는 이유로 가액배상이 아닌 원물반환을 명하는 확정판결을 받은 수익자가 대체물 인도의무를 이행하지 않고, 강제집행을 하는 것도 불가능하거나 현저히 곤란하다는 특별한 사정이 있다면, 수익자에게 사해행위로 인한 이익을 그대로 보유하게 하기보다는 전보배상의 형태로 그 이익을 반환하게 하는 것이 더 바람직하다(대법원 2024. 2. 15. 선고 2019다238640 판결). [관련판례] 채권자의 사해행위취소 및 원상회복청구가 인정되면, 수익자는 원상회복으로서 사해행위의 목적물을 채무자에게 반환할 의무를 진다. 만일 원물반환이 불가능하거나 현저히 곤란한 경우에는 원상회복의무 이행으로서 사해행위 목적물의 가액 상당을 배상하여야 하

는데, 여기서 원물반환이 불가능하거나 현저히 곤란한 경우는 원물반환이 단순히 절대적, 물리적으로 불가능한 경우가 아니라 사회생활상 경험법칙 또는 거래 관념에 비추어 채권자가 수익자나 전득자로부터 이행의 실현을 기대할 수 없는 경우를 말한다. 따라서 사해행위로 부동산 소유권이 이전된 후 그 부동산에 관하여 제3자가 저당권이나 지상권 등의 권리를 취득한 경우에는 수익자가 부동산을 저당권 등의 제한이 없는 상태로 회복하여 채무자에게 이전하여 줄 수 있다는 등의 특별한 사정이 없는 한 채권자는 수익자를 상대로 원물반환 대신 가액 상당의 배상을 구할 수 있지만, 그렇다고 하여 채권자가 스스로 위험이나 불이익을 감수하면서 원물반환을 구하는 것까지 허용되지 않는 것은 아니다. 채권자는 원상회복 방법으로 가액배상 대신 수익자 명의 등기의 말소를 구하거나 수익자를 상대로 채무자 앞으로 직접 소유권이전등기절차를 이행할 것을 구할 수도 있다. 이 경우 <u>원상회복청구권은 사실심 변론종결 당시 채권자의 선택에 따라 원물반환과 가액배상 중 어느 하나로 확정된다. 채권자가 일단 사해행위취소 및 원상회복으로서 수익자 명의 등기의 말소를 청구하여 승소판결이 확정되었다면, 어떠한 사유로 수익자 명의 등기를 말소하는 것이 불가능하게 되었다고 하더라도 다시 수익자를 상대로 원상회복청구권을 행사하여 가액배상을 청구하거나 원물반환으로서 채무자 앞으로 직접 소유권이전등기절차를 이행할 것을 청구할 수는 없으므로, 그러한 청구는 권리보호의 이익이 없어 허용되지 않는다</u>(대법원 2018. 12. 28. 선고 2017다265815 판결).

③ [O] <u>근저당권설정계약을 사해행위로 취소하는 경우 경매절차가 진행되어 타인이 소유권을 취득하고 근저당권설정등기가 말소되었다면 원물반환이 불가능하므로 가액배상의 방법으로 원상회복을 명한다. 이때 이미 배당이 종료되어 수익자가 배당금을 수령한 경우에는 수익자로 하여금 배당금을 반환하도록 명하고, 배당표가 확정되었으나 채권자의 배당금지급금지가처분으로 인하여 수익자가 배당금을 현실적으로 지급받지 못한 경우에는 배당금지급채권의 양도와 그 채권양도의 통지를 명한다. 만약 채권자가 배당기일에 출석하여 수익자의 배당 부분에 대하여 이의를 하였다면 그 채권자는 사해행위취소의 소를 제기함과 아울러 원상회복의 방법으로 배당이의의 소를 제기할 수 있다</u>(대법원 2018. 4. 10. 선고 2016다272311 판결).

④ [X] <u>소유권이전등기청구권보전을 위한 가등기가 사해행위로서 이루어진 경우 그 매매예약을 취소하고 원상회복으로서 가등기를 말소하면 족한 것이고, 가등기 후에 저당권이 말소되었다거나 그 피담보채무가 일부 변제된 점 또는 그 가등기가 사실상 담보가등기라는 점 등은 그와 같은 원상회복의 방법에 아무런 영향을 주지 않는다</u>(대법원 2003. 7. 11. 선고 2003다19435 판결). **[지문정리]** 가등기가 사해행위로 이루어졌으므로 원물반환으로서 가등기를 말소하면 된다. 이는 저당권이 설정된 부동산이 사해행위로 양도된 후 저당권이 말소된 경우 가액반환하여야 한다는 점과 비교된다.

⑤ [O] 채권자의 사해행위취소 및 원상회복청구가 인정되면, 수익자는 원상회복으로서 사해행위의 목적물을 채무자에게 반환할 의무를 지게 되고, 만일 원물반환이 불가능하거나 현저히 곤란한 경우에는 원상회복의무의 이행으로서 사해행위 목적물의 가액 상당을 배상하여야 하는바, 여기에서 원물반환이 불가능하거나 현저히 곤란한 경우라 함은 원물반환이 단순히 절대적, 물리적으로 불능인 경우가 아니라 사회생활상의 경험법칙 또는 거래상의 관념에 비추어 그 이행의 실현을 기대할 수 없는 경우를 말하는 것이므로, <u>사해행위 후 그 목적물에 관하여 제3자가 저당권이나 지상권 등의 권리를 취득한 경우에는 수익자가 목적물을 저당권 등의 제한이 없는 상태로 회복하여 이전하여 줄 수 있다는 등의 특별한 사정이 없는 한 채권자는 수익자를 상대로 원물반환 대신 그 가액 상당의 배상을 구할 수도 있다고 할 것이나, 그렇다고 하여 채권자가 스스로 위험이나 불이익을 감수하면서 원물반환을 구하는 것까지 허용되지 아니하는 것으로 볼 것은 아니고, 그 경우 채권자는 원상회복 방법으로 가액배상 대신 수익자 명의의 등기의 말소를 구하거나 수익자를 상대로 채무자 앞으로 직접 소유권이전등기절차를 이행할 것을 구할 수 있다</u>(대법원 2001. 2. 9. 선고 2000다57139 판결).

정답 ④

113 / 채권자취소소송 /

채무초과 상태인 乙은 자신의 유일한 재산인 X 토지를 채권자 丙에게 대물변제로 양도하였고, 丙은 다시 X 토지를 丁에게 양도하였다. 乙의 다른 채권자 甲은 乙의 대물변제행위가 사해행위임을 주장하여 취소하려고 한다. 다음의 설명 중 옳은 것을 모두 고른 것은? (다툼이 있으면 판례에 의함)

ㄱ. 甲이 丙을 상대로 사해행위의 취소를 구하는 소를 제기하여 乙과 丙 사이의 법률행위를 취소하는 내용의 판결이 확정된 경우, 甲은 丁을 상대로 별개의 채권자취소의 소를 제기하지 않더라도 위 판결의 효력으로써 丁에 대하여 원상회복을 청구할 수 있다.

ㄴ. 甲이 丁을 상대로 제척기간 내에 사해행위취소를 청구하였다면 원상회복청구는 그 기간이 지난 뒤에도 할 수 있다.

ㄷ. 丁을 상대로 한 채권자취소소송에서 丁의 악의 판단에서는 丁이 전득행위 당시 乙과 丙 사이의 법률행위 사해성을 인식하였는지의 여부뿐만 아니라, 丙이 乙과 丙 사이의 사해성을 인식하였는지 여부도 고려하여야 한다.

ㄹ. 乙의 대물변제행위는 원칙적으로 사해행위가 될 수 있다.

ㅁ. 丙이 우선변제권이 있는 채권자라면 특별한 사정이 없는 한 사해행위가 되지 않는다.

ㅂ. 외국의 법률에 의하여 권리를 취득한 채권자 甲이 우리나라에서 채권자취소권을 행사하는 경우와 같이 외국적 요소가 있는 채권자취소권의 행사에서 가장 밀접한 관련이 있는 국가의 법은 취소대상인 사해행위에 적용되는 국가의 법이다.

① ㄱ, ㄴ, ㅁ
② ㄱ, ㄷ, ㅂ
③ ㄴ, ㄷ, ㄹ, ㅂ
④ ㄱ, ㄷ, ㄹ, ㅁ
⑤ ㄴ, ㄹ, ㅁ, ㅂ

[해설]

ㄱ. [X] 채권자가 전득자를 상대로 민법 제406조 제1항에 의한 채권자취소권을 행사하기 위해서는, 같은 조 제2항에서 정한 기간 안에 채무자와 수익자 사이의 사해행위의 취소를 소송상 공격방법의 주장이 아닌 법원에 소를 제기하는 방법으로 청구하여야 하는 것이고, 비록 채권자가 수익자를 상대로 사해행위의 취소를 구하는 소를 이미 제기하여 채무자와 수익자 사이의 법률행위를 취소하는 내용의 판결을 선고받아 확정되었더라도 그 판결의 효력은 그 소송의 피고가 아닌 전득자에게는 미칠 수 없는 것이므로, 채권자가 그 소송과는 별도로 전득자에 대하여 채권자취소권을 행사하여 원상회복을 구하기 위해서는 위에서 본 법리에 따라 민법 제406조 제2항에서 정한 기간 안에 전득자에 대한 관계에 있어서 채무자와 수익자 사이의 사해행위를 취소하는 청구를 하지 않으면 아니 된다(대법원 2005. 6. 9. 선고 2004다17535 판결).

ㄴ. [O] [1] 채권자가 민법 제406조 제1항에 따라 사해행위의 취소와 원상회복을 청구하는 경우 사해행위의 취소만을 먼저 청구한 다음 원상회복을 나중에 청구할 수 있다. [2] 채권자가 민법 제406조 제1항에 따라 사해행위의 취소와 원상회복을 청구하는 경우 사해행위 취소 청구가 민법 제406조 제2항에 정하여진 기간 안에 제기되었다면 원상회복의 청구는 그 기간이 지난 뒤에도 할 수 있다 (대법원 2001. 09. 04. 선고 2001다14108 판결).

ㄷ. [×] 채권자가 사해행위 취소와 함께 수익자 또는 전득자로부터 책임재산의 회복을 구하는 사해행위취소의 소를 제기한 경우 취소의 효과는 채권자와 수익자 또는 전득자 사이의 관계에서만 생긴다. 그리고 채권자가 사해행위 취소로써 전득자를 상대로 채무자와 수익자 사이의 법률행위 취소를 구하는 경우, 전득자의 악의는 전득행위 당시 취소를 구하는 법률행위가 채권자를 해한다는 사실, 즉 사해행위의 객관적 요건을 구비하였다는 것에 대한 인식을 의미하므로, <u>전득자의 악의 판단에서는 전득자가 전득행위 당시 채무자와 수익자 사이의 법률행위의 사해성을 인식하였는지만이 문제가 될 뿐이고, 수익자가 채무자와 수익자 사이 법률행위의 사해성을 인식하였는지는 원칙적으로 문제가 되지 않는다</u>(대법원 2012. 8. 17. 선고 2010다87672 판결). **[관련판례]** 사해행위취소소송에서 수익자의 선의 여부는 채무자와 수익자의 관계, 채무자와 수익자 사이의 처분행위의 내용과 그에 이르게 된 경위 또는 동기, 처분행위의 거래조건이 정상적이고 이를 의심할 만한 특별한 사정이 없으며 정상적인 거래관계임을 뒷받침할 만한 객관적인 자료가 있는지 여부, 처분행위 이후의 정황 등 여러 사정을 종합적으로 고려하여 논리칙·경험칙에 비추어 합리적으로 판단하여야 한다. 또한 <u>사해행위취소소송에서는 수익자의 선의 여부만이 문제 되고 수익자의 선의에 과실이 있는지 여부는 묻지 않는다</u>. 이와 같은 법리는 사해행위취소소송과 실질을 같이하는 채무자 회생 및 파산에 관한 법률 제391조 제1호에서 정한 고의부인의 행사에 관하여도 마찬가지로 적용될 수 있다(대법원 2023. 9. 21. 선고 2023다234553 판결).

ㄹ. [○] 채무초과의 상태에 있는 채무자가 적극재산을 채권자 중 일부에게 대물변제조로 양도하는 행위는 채무자가 특정 채권자에게 채무 본지에 따른 변제를 하는 경우와는 달리 원칙적으로 <u>다른 채권자들에 대한 관계에서 사해행위가 될 수 있으나</u>, 이러한 경우에도 사해성의 일반적인 판단 기준에 비추어 그 행위가 궁극적으로 일반채권자를 해하는 행위로 볼 수 없는 경우에는 사해행위의 성립이 부정될 수 있다(대법원 2010. 09. 30. 선고 2007다2718 판결).

ㅁ. [○] 채무자의 재산이 채무의 전부를 변제하기에 부족한 경우에 채무자가 그의 유일한 재산을 어느 특정 채권자에게 대물변제로 제공하는 행위는 다른 특별한 사정이 없는 한 다른 채권자들에 대한 관계에서 사해행위가 되지만, 채권자들의 공동담보가 되는 채무자의 총재산에 대하여 다른 채권자에 우선하여 변제를 받을 수 있는 권리를 가지는 채권자는 처음부터 채무자의 재산에 대한 환가절차에서 다른 채권자에 우선하여 배당을 받을 수 있는 지위에 있으므로, <u>그와 같은 우선변제권 있는 채권자에 대한 대물변제의 제공행위는 특별한 사정이 없는 한 다른 채권자들의 이익을 해한다고 볼 수 없어 사해행위가 되지 않는다</u>. **[이유]** 원심이 동남교통이 채무초과의 상태에서 그의 유일한 재산인 이 사건 승합자동차를 동남교통 근로자들에게 대물변제로 제공하였다고 하더라도 우선변제권 있는 임금 등 채권자인 위 근로자들에 대한 대물변제의 제공행위가 사해행위에 해당하지 않는다고 판단한 것은 정당하다(대법원 2008. 2. 14. 선고 2006다33357 판결). **[비교판례]** 채무초과의 상태에 있는 채무자가 근로자들에 대한 임금채무 등의 지급을 면하고자 채무자의 유일한 재산인 선박을 채권자 중 1인에게 매도하였는데 매도당시 그 선박에 설정되어 있는 근저당권들의 피담보채권액의 합계가 선박의 시가를 초과하고 있는 사안에서 위 선박의 양도행위가 임금채권 등 근저당권에 우선하는 채권을 가진 자에 대하여는 사해행위에 해당한다고 판단한 원심판결을 채권자취소권에 관한 법리오해를 이유로 파기한 사례 **[이유]** 채권자취소권은 채무자가 일반채권자의 공동담보가 되는 채무자의 총재산을 감소하게 하는 법률행위를 한 경우에 그 감소행위의 효력을 부인하여 채무자의 재산을 원상으로 회복함으로써 채권의 공동담보를 유지·보전하게 하기 위하여 채권자에게 부여된 권리인 점과 민법 제407조가 채권자취소와 원상회복은 모든 채권자의 이익을 위하여 효력이 있다고 규정하고 있는 점 등에 비추어 보면 <u>위와 같은 법리는 채권자들 중에 그 채무자에 대하여 임금채권 등 경매 등의 환가절차에서 저당권에 의하여 담보되는 채권보다 우선하여 배당을 받을 수 있는 채권자가 있는 경우에도 마찬가지라고 할 것이고 피담보채권액이 그 재산의 가액을 초과하는 재산의 양도행위가 저당권의 피담보채권보다 우선하여 배당받을 수 있는 채권자에 대한 관계에 있어서만 사해행위가 된다고 할 수도 없다</u>(대법원 2006. 4. 13. 선고 2005다70090 판결).

ㅂ. [O] 채권에 관한 법률관계에 외국적 요소가 있을 경우에, 당사자가 준거법을 선택한 바가 없고, 국제사법에도 당해 법률관계에 적용할 준거법을 정하는 기준에 관한 직접적 규정이 없는 경우에는 법률관계와 가장 밀접한 관련이 있는 국가의 법에 의하여야 한다(국제사법 제26조 등). 외국의 법률에 의하여 권리를 취득한 채권자가 우리나라에서 채권자취소권을 행사할 경우의 준거법에 관해서도 국제사법은 달리 정한 바가 없다. 그러므로 이때에도 법률관계와 가장 밀접한 관련이 있는 국가의 법이 준거법이 되어야 하는데, 채권자취소권의 행사에서 피보전권리는 단지 권리행사의 근거가 될 뿐이고 취소 및 원상회복의 대상이 되는 것은 사해행위이며, 사해행위 취소가 인정되면 채무자와 법률행위를 한 수익자 및 이를 기초로 다시 법률관계를 맺은 전득자 등이 가장 직접적으로 이해관계를 가지게 되므로 거래의 안전과 제3자의 신뢰를 보호할 필요도 있다. 이러한 요소 등을 감안하면, 외국적 요소가 있는 채권자취소권의 행사에서 가장 밀접한 관련이 있는 국가의 법은 취소대상인 사해행위에 적용되는 국가의 법이다(대법원 2016. 12. 29. 선고 2013므4133 판결).

정답 ⑤

114 / 채권자취소권 /
채권자취소권에 관한 다음 설명 중 옳지 않은 것은? (다툼이 있으면 판례에 의함)

① 채권자의 X 채권이 사해행위의 피보전채권이 될 수 있다고 하더라도, X 채권의 양수인은 X 채권을 피보전채권으로 하여 X 채권을 양수받기 전에 이루어진 채무자와 수익자 사이의 법률행위를 사해행위로서 취소할 수 없다. 그러나 사해행위가 있은 후 채권자가 취소원인을 알면서 피보전채권을 양도하고 양수인이 그 채권을 보전하기 위하여 채권자취소권을 행사하는 경우에는, 채권의 양수인이 취소원인을 안 날을 기준으로 제척기간 도과 여부를 판단하여야 한다.

② 채권자가 수익자와 전득자를 공동피고로 삼아 채권자취소의 소를 제기하면서 청구취지로 '채무자와 수익자 사이의 사해행위취소 청구'를 구하는 취지임을 명시한 경우, 전득자에 대한 관계에서 채무자와 수익자 사이의 사해행위를 취소하면서 채권자취소권을 행사한 것으로 보아야 한다.

③ 사해행위취소 판결로 주식의 증여계약이 취소되고 채무자 명의로 원상회복된 주식이 강제경매절차에서 매각되어 매각대금이 모두 채권자에게 배당되었다면, 주식의 소유권이 유상으로 이전됨으로써 성립하는 증권거래세 납세의무를 부담하는 증권거래세법에 따른 주권의 양도자는 수익자 또는 전득자가 아닌 채무자로 보아야 한다.

④ 공유지분에 관하여 담보가등기를 설정하였다가 공유물분할로 단독소유가 된 부동산에 전사된 담보가등기에 관하여 사해행위를 이유로 채권자취소권을 행사할 경우에는 특별한 사정이 없는 한 공유지분에 대한 담보가등기 설정 당시를 기준으로 사해행위에 해당하는지를 판단하여야 한다.

⑤ 공유물인 주택에 주택임대차보호법에 따라 임차보증금을 우선적으로 변제받을 권리를 가진 임차인이 있고 주택의 공유자들이 불가분채무인 임차보증금 반환의무를 부담하는 경우, 공유자 중 1인인 채무자가 처분한 지분 중에서 일반채권자들의 공동담보에 제공되는 책임재산은 우선변제권이 있는 임차보증금 반환채권 전액을 공제한 나머지 부분이다.

[해설]

① [×] 사해행위라고 볼 수 있는 행위가 행하여지기 전에 발생한 채권은 원칙적으로 채권자취소권에 의하여 보호될 수 있는 채권이 될 수 있고, 채권자의 채권이 사해행위 이전에 성립한 이상 사해행위 이후에 양도되었다고 하더라도 양수인은 채권자취소권을 행사할 수 있으며, 채권 양수일에 채권자취소권의 피보전채권이 새로이 발생되었다고 할 수 없다(대법원 2012. 2. 9. 선고 2011다77146 판결). 채권자취소권의 행사에서 그 제척기간의 기산점인 '채권자가 취소원인을 안 날'은 채권자가 채권자취소권의 요건을 안 날, 즉 채무자가 채권자를 해함을 알면서 사해행위를 하였다는 사실을 알게 된 날을 말한다. 이때 채권자가 취소원인을 알았다고 하기 위해서는 단순히 채무자가 재산의 처분행위를 하였다는 사실을 아는 것만으로는 부족하며, 구체적인 사해행위의 존재를 알고 나아가 채무자에게 사해의 의사가 있었다는 사실까지 알 것을 요한다. 사해행위의 객관적 사실을 알았다고 하여 취소원인을 알았다고 추정할 수는 없고, 그 제척기간의 도과에 관한 증명책임은 사해행위취소소송의 상대방에게 있다. 그리고 사해행위가 있은 후 채권자가 취소원인을 알면서 피보전채권을 양도하고 양수인이 그 채권을 보전하기 위하여 채권자취소권을 행사하는 경우에는, 채권의 양도인이 취소원인을 안 날을 기준으로 제척기간 도과 여부를 판단하여야 한다(대법원 2018. 4. 10. 선고 2016다272311 판결).

② [O] [1] 채권자가 수익자와 전득자를 공동피고로 삼아 채권자취소의 소를 제기하면서 청구취지로 '채무자와 수익자 사이의 사해행위취소 청구'를 구하는 취지임을 명시한 경우 전득자에 대한 관계에서 채무자와 수익자 사이의 사해행위를 취소하면서 채권자취소권을 행사한 것으로 보아야 한다. 사해행위 취소를 구하는 취지를 수익자에 대한 청구취지와 전득자에 대한 청구취지로 분리하여 각각 기재하지 않았다고 하더라도 취소를 구하는 취지가 수익자에 대한 청구에 한정된 것이라고 볼 수는 없다. [2] 채권자 갑이 채무자 을 주식회사, 수익자 병, 전득자 정, 전득자 무 주식회사를 상대로 사해행위취소의 소를 제기하면서, 청구취지로 '을 회사와 병, 병과 정 사이의 각 매매계약, 정과 무 회사 사이의 신탁계약을 취소하고, 이에 따라 이루어진 1, 2, 3차 소유권이전등기의 말소등기절차를 이행하라.'고 청구하였고, 그 후 주소보정명령 불이행으로 병에 대한 소장각하명령이 내려져 확정되었는데, 제1심에서 정과 무 회사에 대한 사해행위취소 청구 부분이 각하되자, 갑이 항소한 후 항소심에서 '을 회사와 병 사이의 매매계약을 취소하고, 정과 무 회사는 각각 2, 3차 소유권이전등기의 말소등기절차를 이행하라.'고 항소취지를 변경한 사안에서, 위 소 제기의 내용에 비추어 보면, 소장 기재 청구취지에 전득자들인 정과 무 회사에 대한 관계에서 채무자인 을 회사와 수익자인 병 사이의 매매계약 취소를 구하는 청구가 포함되어 있다고 보아야 하고, 병에 대한 소장이 각하되었다고 이를 달리 볼 수 없으며, 위 항소취지 변경은 종전 청구취지 범위에서 을 회사와 병 사이의 매매계약 취소를 구하는 부분을 유지하고 나머지 계약들의 취소를 구하는 부분을 취하한 것으로 볼 수 있고, 항소심에서 청구취지를 변경한 때에 비로소 정과 무 회사를 상대로 을 회사와 병 사이의 매매계약 취소를 구하는 소를 제기하였다고 보기 어려운데, 이와 달리 보아 갑의 정과 무 회사에 대한 소 중 을 회사와 병 사이의 매매계약 취소를 구하는 부분은 제척기간을 지나 제기된 것으로 부적법하다고 판단한 원심판결에 사해행위 취소소송의 제척기간 기산일에 관한 법리오해 등의 잘못이 있다고 한 사례(대법원 2021. 2. 4. 선고 2018다271909 판결).

③ [O] 증권거래세는 주권의 유상 양도라는 사실 자체를 포착하여 이익의 발생 여부와 관계없이 주권의 양도자를 담세자로 하여 과세되는 유통세이다. 채권자취소권은 채무자의 사해행위를 취소하고 채무자의 책임재산에서 벗어난 재산을 회복하여 채권자가 강제집행을 할 수 있도록 하는 것을 본질로 하는 권리로서, 채권자취소권의 행사로 사해행위가 취소되고 채무자 명의로 원상회복된 재산은 채권자와 수익자 또는 전득자에게 채무자의 책임재산으로 취급된다. 이와 같은 채권자취소권의 본질과 효력, 증권거래세의 특질과 관련 규정의 문언과 내용 등을 종합하면, 사해행위취소 판결로 주

식의 증여계약이 취소되고 채무자 명의로 원상회복된 주식이 강제경매절차에서 매각되어 매각대금이 모두 채권자에게 배당되었다면, 주식의 소유권이 유상으로 이전됨으로써 성립하는 증권거래세 납세의무를 부담하는 증권거래세법 제3조 제3호에 따른 주권의 양도자는 수익자 또는 전득자가 아닌 채무자로 보아야 한다. 이유는 다음과 같다. ① 사해행위취소 판결로 채무자 명의로 원상회복된 재산에 대한 강제경매절차에서 매각대금이 채권자에게 배당되면, 채무자의 채무 변제에 충당되어 채무가 소멸한다. 이러한 재산의 매각대금으로 채무자의 채무가 변제된다는 점에서는 사해행위취소의 효과가 채무자에게도 미친다고 볼 수 있다. ② 증권거래세는 주권의 유상 양도라는 사실 자체를 과세대상으로 하는 행위세이고, 주권이 증권시장 밖에서 증권회사를 통하지 않고 양도되는 경우 주권의 양도자가 담세자이자 납세의무자가 된다. 사해행위취소에 따라 채무자 소유명의로 원상회복된 주식이 강제경매절차에서 매각되는 경우 주권의 양도행위 자체에서 드러나는 주권의 양도자는 소유명의자인 채무자이다. ③ 사해행위취소로 채권자의 강제집행을 위해 채무자 명의 책임재산으로 회복되는 것일 뿐 채무자가 그 재산에 대한 권리를 직접 취득하는 것은 아니라고 하더라도, 원상회복에 이은 강제경매절차에서 채무자 소유명의 주식이 매각되었다는 거래의 외관과 매각대금이 채무자의 채무 변제에 충당되어 채무 소멸의 효력이 발생하였다는 거래의 법률효과가 채무자 소유 주식이 강제경매절차에서 매각된 거래와 일치하는 만큼, 과세관청도 이러한 주권의 유상 양도라는 증권거래세 과세대상에 대해 주권의 양도자를 채무자로 보아 과세권을 행사해야 한다(대법원 2020. 10. 29. 선고 2017두52979 판결).

④ [O] [1] 공유물분할은 형식적으로는 공유자 상호 간의 지분의 교환 또는 매매이나 실질적으로는 공유물에 분산되어 있는 지분을 분할로 인하여 취득하는 특정 부분에 집중시켜 소유형태를 변경한 것에 불과하다. 그러므로 공유지분에 관하여 담보가등기를 설정하였다가 공유물분할로 단독소유가 된 부동산에 전사된 담보가등기에 관하여 사해행위를 이유로 채권자취소권을 행사할 경우에는 특별한 사정이 없는 한 공유지분에 대한 담보가등기 설정 당시를 기준으로 사해행위에 해당하는지를 판단하여야 한다. [2] 공유물분할 이후 당초 공유지분에 담보가등기를 설정한 공유자의 단독소유로 귀속된 부동산에 종전의 담보가등기를 대체하는 새로운 담보가등기를 설정하고 다른 공유자의 소유로 분할된 부동산에 전사된 담보가등기는 모두 말소한 경우에 담보권설정자에 대한 채권자가 채권자취소권을 행사할 때에는 공유물분할 자체가 불공정하게 이루어져 사해행위에 해당한다는 등 특별한 사정이 없는 한 공유물분할이 되어 단독소유로 된 부동산에 설정된 담보가등기 설정계약의 취소와 담보가등기의 말소를 구하는 방법으로 할 수 있다(대법원 2016. 05. 27. 선고 2014다230894 판결).

⑤ [O] 사해행위를 이유로 채권자취소권을 행사하는 경우 행위를 하지 않았다면 있었을 책임재산을 회복하도록 하여야 하고, 그보다 더 많은 책임재산을 회복하는 결과를 초래하는 것은 허용되지 않는다. 따라서 일반채권자들의 공동담보에 제공되지 않은 책임재산은 취소의 범위에서 제외되어야 한다. 공유물인 주택에 주택임대차보호법에 따라 임차보증금을 우선적으로 변제받을 권리를 가진 임차인이 있고 그 주택의 공유자들이 불가분채무인 임차보증금 반환의무를 부담하는 경우, 공유자 중 1인인 채무자가 처분한 지분 중에서 일반채권자들의 공동담보에 제공되는 책임재산은 우선변제권이 있는 임차보증금 반환채권 전액을 공제한 나머지 부분이다. 이러한 법리는 전세목적물의 소유권 중 일부 지분이 이전되어 전세목적물의 공유자들이 불가분채무인 전세금 반환의무를 부담하게 된 이후 그 공유자 중 1인이 자신의 지분을 처분함으로써 사해행위가 문제 되는 경우에도 마찬가지로 적용된다(대법원 2025. 4. 15. 선고 2024다312566 판결).

정답 ①

115 /재산분할 및 상속재산 분할협의의 취소/

채무초과상태에 있는 甲은 처 乙과 이혼하면서 재산분할 명목으로 자기의 유일한 재산인 아파트에 관한 소유권이전등기를 乙 앞으로 경료하여 주었다. 한편 甲은 공동상속인들과 상속재산의 분할협의를 하면서 상속재산에 관한 권리를 포기하기로 하였다. 이러한 경우 甲의 채권자 丙의 구제책에 관한 다음 설명 중 옳지 않은 것은? (다툼이 있으면 판례에 의함)

① 丙은 위 아파트에 관한 소유권이전행위를 사해행위로 취소하고 원상회복을 구하기 위해서는 乙을 피고로 하여야 하고, 그 범위는 재산분할이 상당한 정도를 벗어나 과다하다고 인정되는 경우 그 과다한 부분에 한정된다.

② 재산분할이 상당한 정도를 벗어나 과대하다는 점은 丙이 입증하여야 한다.

③ 甲이 상속재산에 관한 권리를 포기함으로써 공동담보가 감소되었다면 丙은 상속재산 분할협의를 甲의 구체적 상속분에 미달하는 부분에 한정하여 취소할 수 있다. 이 경우에 甲의 구체적 상속분이 법정상속분과 다르다는 사정은 채무자인 甲이 주장·입증하여야 한다.

④ 만일, 사안과 달리 甲이 유증 받을 권리를 포기하였다면, 丙은 이에 대하여 채권자취소권을 행사할 수 있다.

⑤ 만일, 사안과 달리 甲이 상속재산분할협의를 통해 상속재산 중 부동산에 관하여는 자신의 상속분을 포기하고 대신 현금을 지급받기로 하였다면 특별한 사정이 없는 한 丙에 대하여 사해행위가 된다.

해 설

① [O] ② [O] 이혼에 따른 재산분할은 혼인 중 쌍방의 협력으로 형성된 공동재산의 청산이라는 성격에 상대방에 대한 부양적 성격이 가미된 제도임에 비추어, 이미 채무초과 상태에 있는 채무자가 이혼을 하면서 배우자에게 재산분할로 일정한 재산을 양도함으로써 결과적으로 일반 채권자에 대한 공동담보를 감소시키는 결과로 되어도, 그 재산분할이 민법 제839조의2 제2항의 규정 취지에 따른 상당한 정도를 벗어나는 과대한 것이라고 인정할 만한 특별한 사정이 없는 한, 사해행위로서 취소되어야 할 것은 아니고, 다만 상당한 정도를 벗어나는 초과부분에 대하여는 적법한 재산분할이라고 할 수 없기 때문에 이는 사해행위에 해당하여 취소의 대상으로 될 수 있을 것이나, 이 경우에도 취소되는 범위는 그 상당한 정도를 초과하는 부분에 한정하여야 하고, 위와 같이 상당한 정도를 벗어나는 과대한 재산분할이라고 볼 만한 특별한 사정이 있다는 점에 관한 입증책임은 채권자에게 있다(대법원 2000. 09. 29. 선고 2000다25569 판결).

③ [O] [1] 상속재산의 분할협의는 상속이 개시되어 공동상속인 사이에 잠정적 공유가 된 상속재산에 대하여 그 전부 또는 일부를 각 상속인의 단독소유로 하거나 새로운 공유관계로 이행시킴으로써 상속재산의 귀속을 확정시키는 것으로 그 성질상 재산권을 목적으로 하는 법률행위이므로 사해행위취소권 행사의 대상이 될 수 있다. [2] 채무초과 상태에 있는 채무자가 상속재산의 분할협의를 하면서 상속재산에 관한 권리를 포기함으로써 결과적으로 일반 채권자에 대한 공동담보가 감소되었다 하더라도, 그 재산분할결과가 채무자의 구체적 상속분에 상당하는 정도에 미달하는 과소한 것이라고 인정되지 않는 한 사해행위로서 취소되어야 할 것은 아니고, 구체적 상속분에 상당하는 정도에 미달하는 과소한 경우에도 사해행위로서 취소되는 범위는 그 미달하는 부분에 한정하여야

한다. [이유] 이 때 지정상속분이나 기여분, 특별수익 등의 존부 등 <u>구체적 상속분이 법정상속분과 다르다는 사정은 채무자가 주장·입증하여야 할 것이다</u>(대법원 2001. 2. 9. 선고 2000다51797 판결).
[관련판례] 종합소득세를 체납한 甲이 모친의 사망으로 부동산을 상속받게 되었는데, <u>상속인들이 위 부동산을 모두 부친 소유로 하는 상속재산 분할협의를 하였고</u>, 이에 국가가 甲의 부친을 상대로 위 분할협의가 사해행위에 해당한다며 사해행위취소를 구한 사안에서, 조세채무를 부담하고 있는 채무자 甲이 위 분할협의를 하면서 사실상 유일한 재산이라고 볼 수 있는 위 부동산에 관한 상속지분을 포기함으로써 국가를 비롯한 일반 채권자에 대한 공동담보가 감소되었으므로, 위 분할협의는 사해행위에 해당하고 <u>위 분할협의가 사실상 상속포기와 같은 결과를 가져온다고 하여 사해행위에 해당하지 않는다고 볼 수 없는데도</u>, 이와 달리 본 원심판단에 법리오해의 잘못이 있다고 한 사례(대법원 2024. 5. 30. 선고 2024다208315 판결). 채무자가 자기의 유일한 재산인 부동산을 매각하여 소비하기 쉬운 금전으로 바꾸거나 타인에게 무상으로 이전하여 주는 행위는 특별한 사정이 없는 한 채권자에 대하여 사해행위가 되는 것이므로 <u>이미 채무초과 상태에 있는 채무자가 상속재산의 분할협의를 하면서 자신의〈상속분에 관한 권리를 포기〉함으로써 일반 채권자에 대한 공동담보가 감소한 경우에도 원칙적으로 채권자에 대한 사해행위에 해당한다</u>(대법원 2007. 7. 26. 선고 2007다29119 판결).

④ [×] 유증을 받을 자는 유언자의 사망 후에 언제든지 유증을 승인 또는 포기할 수 있고, 그 효력은 유언자가 사망한 때에 소급하여 발생하므로(민법 제1074조), 채무초과 상태에 있는 채무자라도 자유롭게 유증을 받을 것을 포기할 수 있다. 또한 채무자의 유증 포기가 직접적으로 채무자의 일반재산을 감소시켜 채무자의 재산을 유증 이전의 상태보다 악화시킨다고 볼 수도 없다. 따라서 <u>유증을 받을 자가 이를 포기하는 것은 사해행위 취소의 대상이 되지 않는다고 보는 것이 옳다</u>(대법원 2019. 1. 17. 선고 2018다260855 판결).

⑤ [O] 상속재산의 분할협의는 상속이 개시되어 공동상속인 사이에 잠정적 공유가 된 상속재산에 대하여 그 전부 또는 일부를 각 상속인의 단독소유로 하거나 새로운 공유관계로 이행시킴으로써 상속재산의 귀속을 확정시키는 것으로 그 성질상 재산권을 목적으로 하는 법률행위이므로 사해행위취소권 행사의 대상이 될 수 있고, 한편 채무자가 자기의 유일한 재산인 부동산을 매각하여 소비하기 쉬운 금전으로 바꾸거나 타인에게 무상으로 이전하여 주는 행위는 특별한 사정이 없는 한 채권자에 대하여 사해행위가 되는 것이므로, <u>이미 채무초과 상태에 있는 채무자가 상속재산의 분할협의를 하면서 유일한 상속재산인 부동산에 관하여는 자신의 상속분을 포기하고 대신 소비하기 쉬운 현금을 지급받기로 하였다면, 이러한 행위는 실질적으로 채무자가 자기의 유일한 재산인 부동산을 매각하여 소비하기 쉬운 금전으로 바꾸는 것과 다르지 아니하여 특별한 사정이 없는 한 채권자에 대하여 사해행위가 된다고 할 것이며, 이와 같은 금전의 성격에 비추어 상속재산 중에 위 부동산 외에 현금이 다소 있다 하여도 마찬가지로 보아야 할 것이다</u>(대법원 2008. 03. 13. 선고 2007다73765 판결).

정답 ④

116 /사해행위와 원상회복/
채권자취소권에 대한 다음 설명 중 옳지 않은 것을 모두 고른 것은? (다툼이 있으면 판례에 의함)

ㄱ. 채무자가 유일한 재산인 그 소유의 부동산에 관한 매매예약에 따른 예약완결권이 제척기간 경과가 임박하여 소멸할 예정인 상태에서 제척기간을 연장하기 위하여 새로 매매예약을 하는 행위는 채무자가 부담하지 않아도 될 채무를 새롭게 부담하게 되는 결과가 되므로 채권자취소권의 대상인 사해행위가 될 수 있다.

ㄴ. 사해행위 이전에 임대차계약이 체결되었고 임차인에게 임차보증금에 대해 우선변제권이 있다면, 부동산 가액 중 임차보증금에 해당하는 부분이 일반 채권자의 공동담보에 제공되었다고 볼 수 없으므로 수익자가 반환할 부동산 가액에서 우선변제권 있는 임차보증금 반환채권액을 공제하여야 한다. 그러나 부동산에 관한 사해행위 이후에 채무자가 부동산을 임대한 경우에는 그 임차보증금을 가액반환의 범위에서 공제할 이유가 없다.

ㄷ. 채권자가 채무자를 상대로 그 채무의 이행을 구하는 소를 제기하여 승소판결이 확정되었다 하더라도 그 판결의 기판력이 수익자에게 미치는 것은 아니므로, 채권자가 수익자를 상대로 하여 제기한 채권자취소소송에서 수익자는 위 승소판결에서 확정된 채권자의 채권의 존부나 범위에 관하여 다툴 수 있다.

ㄹ. 채권자가 사해행위의 취소 및 원상회복을 구함에 대하여 법원이 원상회복으로 원물반환이 아닌 가액배상을 명하고자 할 경우, 청구취지의 변경 없이 곧바로 가액배상을 명하는 것은 처분권주의에 반하지 않는다.

ㅁ. 민법 제666조에서 정한 수급인의 저당권설정청구권은 공사대금채권을 담보하기 위하여 인정되는 채권적 청구권으로서 공사대금채권에 부수하여 인정되는 권리이므로, 공사대금채권이 양도되는 경우 저당권설정청구권도 이에 수반하여 함께 이전된다고 봄이 타당하다. 따라서 신축건물의 수급인으로부터 공사대금채권을 양수받은 자의 저당권설정청구에 의하여 신축건물의 도급인이 그 건물에 저당권을 설정하는 행위는 원칙적으로 사해행위에 해당한다.

① ㄱ, ㄷ ② ㄴ, ㄹ ③ ㄷ, ㄹ
④ ㄷ, ㅁ ⑤ ㄹ, ㅁ

해설

ㄱ. [O] 민법 제564조가 정하고 있는 매매예약에서 예약자의 상대방이 매매예약 완결의 의사표시를 하여 매매의 효력을 생기게 하는 권리, 즉 매매예약의 완결권은 일종의 형성권으로서 당사자 사이에 행사기간을 약정한 때에는 그 기간 내에, 약정이 없는 때에는 예약이 성립한 때부터 10년 내에 이를 행사하여야 하고, 그 기간이 지난 때에는 예약완결권은 제척기간의 경과로 소멸한다. 채무자가 유일한 재산인 그 소유의 부동산에 관한 매매예약에 따른 예약완결권이 제척기간 경과가 임박하여 소멸할 예정인 상태에서 제척기간을 연장하기 위하여 새로 매매예약을 하는 행위는 채무자

부담하지 않아도 될 채무를 새롭게 부담하게 되는 결과가 되므로 채권자취소권의 대상인 사해행위가 될 수 있다(대법원 2018. 11. 29. 선고 2017다247190 판결).

ㄴ. [O] [1] 채권자취소의 소는 채권자가 취소원인을 안 날로부터 1년 내에 제기하여야 한다(민법 제406조 제2항). 이는 납세자가 국세의 징수를 피하기 위하여 사해행위를 한 경우에도 마찬가지이다(국세징수법 제30조). 여기에서 취소원인을 안다는 것은 단순히 채무자의 법률행위가 있었다는 사실을 아는 것만으로는 부족하고, 그 법률행위가 채권자를 불리하게 하는 행위라는 것, 즉 그 행위에 의하여 채권의 공동담보에 부족이 생기거나 이미 부족상태에 있는 공동담보가 한층 더 부족하게 되어 채권을 완전하게 만족시킬 수 없게 된다는 것까지 알아야 한다. [2] 부동산에 관한 법률행위가 사해행위에 해당하는 경우에는 채무자의 책임재산을 보전하기 위하여 사해행위를 취소하고 원상회복을 명하여야 한다. 수익자는 채무자로부터 받은 재산을 반환하는 것이 원칙이지만, 그 반환이 불가능하거나 곤란한 사정이 있는 때에는 그 가액을 반환하여야 한다. 사해행위를 취소하여 부동산 자체의 회복을 명하게 되면 당초 일반 채권자들의 공동담보로 되어 있지 않던 부분까지 회복을 명하는 것이 되어 공평에 반하는 결과가 되는 경우에는 그 부동산의 가액에서 공동담보로 되어 있지 않던 부분의 가액을 뺀 나머지 금액 한도에서 가액반환을 명할 수 있다. [3] 저당권이 설정되어 있는 부동산에 관하여 사해행위 후 변제 등으로 저당권설정등기가 말소되어 사해행위 취소와 함께 가액반환을 명하는 경우, 부동산 가액에서 저당권의 피담보채권액을 공제한 한도에서 가액반환을 하여야 한다. 그런데 그 부동산에 위와 같은 저당권 이외에 우선변제권 있는 임차인이 있는 경우에는 임대차계약의 체결시기 등에 따라 임차보증금 공제 여부가 달라질 수 있다. 가령 사해행위 이전에 임대차계약이 체결되었고 임차인에게 임차보증금에 대해 우선변제권이 있다면, 부동산 가액 중 임차보증금에 해당하는 부분이 일반 채권자의 공동담보에 제공되었다고 볼 수 없으므로 수익자가 반환할 부동산 가액에서 우선변제권 있는 임차보증금 반환채권액을 공제하여야 한다. 그러나 부동산에 관한 사해행위 이후에 비로소 채무자가 부동산을 임대한 경우에는 그 임차보증금을 가액반환의 범위에서 공제할 이유가 없다. 이러한 경우에는 부동산 가액 중 임차보증금에 해당하는 부분도 일반 채권자의 공동담보에 제공되어 있음이 분명하기 때문이다(대법원 2018. 9. 13. 선고 2018다215756 판결).

ㄷ. [×] [1] 채권자가 채권자취소권을 행사할 때에는 원칙적으로 자신의 채권액을 초과하여 취소권을 행사할 수 없고, 이 때 채권자의 채권액에는 사해행위 이후 사실심 변론종결시까지 발생한 이자나 지연손해금이 포함된다. [2] 채권자가 채무자를 상대로 그 채무의 이행을 구하는 소를 제기하여 승소판결이 확정되면 채권자취소소송의 상대방인 수익자나 전득자는 그와 같이 확정된 채권자의 채권의 존부나 범위에 관하여 다툴 수 없다(대법원 2003. 7. 11. 선고 2003다19572 판결).

ㄹ. [O] 사해행위를 전부 취소하고 원상회복을 구하는 채권자의 주장 속에는 사해행위를 일부 취소하고 가액의 배상을 구하는 취지도 포함되어 있으므로, 채권자가 원상회복만을 구하는 경우에도 법원은 가액의 배상을 명할 수 있다. [이유] 원심이, 성이춘이 이 사건 부동산을 피고 정경순에게 증여한 후인 1996. 8. 16. 이 사건 부동산에 이미 설정되어 있던 채무자 성이춘, 근저당권자 김형수, 채권최고액 2억 2천만 원과 1억 2천만 원으로 된 각 근저당권설정등기가 모두 말소된 사실을 인정한 다음, 위와 같은 법리에 따라 피고들에 대하여 가액의 배상을 명한 것은 옳고, 거기에 상고이유의 주장과 같은 채권자취소권이나 처분권주의에 관한 법리오해 등의 잘못이 없다. 따라서 이 부분 원고와 피고들의 상고이유도 모두 받아들일 수 없다(대법원 2001. 09. 04. 선고 2000다66416 판결).
[관련판례] 공동저당권이 설정된 수 개의 부동산에 관한 일괄 매매행위가 사해행위에 해당함을 이유로 그 매매계약의 전부 취소 및 그 원상회복으로서 각 소유권이전등기의 말소를 구하다가 사해행위 이후 저당권이 소멸된 사정을 감안하여 법률상 이러한 경우 원상회복이 허용되는 범위 내의

가액배상을 구하는 것으로 청구취지를 변경하면서 그에 맞추어 사해행위취소의 청구취지를 변경한 데에 불과한 경우에는 하나의 매매계약으로서의 당해 사해행위의 취소를 구하는 소 제기의 효과는 그대로 유지되고 있다고 봄이 상당하다 할 것이므로 비록 취소소송의 제척기간이 경과한 후에 당초의 청구취지변경이 잘못 되었음을 이유로 다시 위 매매계약의 전부취소 및 소유권이전등기의 말소를 구하는 것으로 청구취지를 변경한다 해도 최초 소 제기시에 발생한 제척기간 준수의 효과에는 영향이 없다고 한 사례(대법원 2005. 5. 27. 선고 2004다67806 판결).

ㅁ. [×] ★ [사례형] [1] 민법 제666조는 "부동산공사의 수급인은 보수에 관한 채권을 담보하기 위하여 그 부동산을 목적으로 한 저당권의 설정을 청구할 수 있다."라고 규정하고 있는바, 이는 부동산공사에서 그 목적물이 보통 수급인의 자재와 노력으로 완성되는 점을 감안하여 그 목적물의 소유권이 원시적으로 도급인에게 귀속되는 경우 수급인에게 목적물에 대한 저당권설정청구권을 부여함으로써 수급인이 사실상 목적물로부터 공사대금을 우선적으로 변제받을 수 있도록 하는 데 그 취지가 있고, 이러한 수급인의 지위가 목적물에 대하여 유치권을 행사하는 지위보다 더 강화되는 것은 아니어서 도급인의 일반 채권자들에게 부당하게 불리해지는 것도 아닌 점 등에 비추어, 신축건물의 도급인이 민법 제666조가 정한 수급인의 저당권설정청구권의 행사에 따라 공사대금채무의 담보로 그 건물에 저당권을 설정하는 행위는 특별한 사정이 없는 한 사해행위에 해당하지 아니한다. [2] 민법 제666조에서 정한 수급인의 저당권설정청구권은 공사대금채권을 담보하기 위하여 인정되는 채권적 청구권으로서 공사대금채권에 부수하여 인정되는 권리이므로, 당사자 사이에 공사대금채권만을 양도하고 저당권설정청구권은 이와 함께 양도하지 않기로 약정하였다는 등의 특별한 사정이 없는 한, 공사대금채권이 양도되는 경우 저당권설정청구권도 이에 수반하여 함께 이전된다고 봄이 타당하다. 따라서 신축건물의 수급인으로부터 공사대금채권을 양수받은 자의 저당권설정청구에 의하여 신축건물의 도급인이 그 건물에 저당권을 설정하는 행위 역시 다른 특별한 사정이 없는 한 사해행위에 해당하지 아니한다(대법원 2018. 11. 29. 선고 2015다19827 판결).

정답 ④

117 /사해행위/
사해행위에 관한 다음 설명 중 틀린 것을 모두 고른 것은? (다툼이 있으면 판례에 의함)

ㄱ. 예금보험공사 등이 채무자에 대한 채권을 피보전채권으로 하여 채무자의 법률행위를 대상으로 채권자취소권을 행사하는 경우, 제척기간의 기산점과 관련하여 예금보험공사 등이 취소원인을 알았는지는 특별한 사정이 없는 한 피보전채권의 추심 및 보전 등에 관한 업무를 담당하는 직원의 인식을 기준으로 판단하여야 하므로, 담당직원이 채무자의 재산처분행위 사실뿐만 아니라 구체적인 사해행위의 존재와 채무자에게 사해의 의사가 있었다는 사실까지 인식하였다면 이로써 예금보험공사 등도 그 시점에 취소원인을 알았다고 볼 수 있다.

ㄴ. 채무자가 제3자로부터 자금을 차용하여 부동산을 매수하고 해당 부동산을 차용금채무에 대한 담보로 제공하거나, 채무자가 제3자로부터 부동산을 매수하여 매매대금을 지급하기 전에 소유권이전등기를 마치고 해당 부동산을 매매대금채무에 대한 담보로 제공한 경우

와 같이 기존 채권자들의 공동담보가 감소되었다고 볼 수 없는 경우라도 담보제공행위는 사해행위가 될 수 있다.

ㄷ. 국가가 조세채권을 피보전채권으로 하여 체납자의 법률행위를 대상으로 채권자취소권을 행사할 때에, 제척기간의 기산점과 관련하여 국가가 취소원인을 알았는지는 특별한 사정이 없는 한 체납자의 재산 처분에 관한 등기·등록 업무를 담당하는 공무원의 인식을 기준으로 판단하여야 하고, 조세채권의 추심 및 보전 등에 관한 업무를 담당하는 세무공무원의 인식을 기준으로 판단하여서는 아니 된다.

ㄹ. 채무자가 유일한 재산인 부동산에 관하여 가등기의 효력이 소멸한 상태에서 새로 매매계약을 체결하고 말소되어야 할 가등기를 기초로 하여 본등기를 한 행위는 가등기의 원인인 법률행위와 별개로 일반채권자의 공동담보를 감소시키는 것으로 특별한 사정이 없는 한 채권자취소권의 대상인 사해행위이고, 이때 본등기의 원인인 새로운 매매계약을 기준으로 사해행위 여부나 제척기간의 준수 여부를 판단해야 한다.

① ㄴ, ㄷ
② ㄱ, ㄴ, ㄷ
③ ㄴ, ㄷ, ㄹ
④ ㄷ, ㄹ
⑤ ㄱ, ㄷ

해설

ㄱ. [O] 채권자취소권의 행사에서 제척기간의 기산점인 '채권자가 취소원인을 안 날'은 채권자가 채권자취소권의 요건을 안 날, 즉 채무자가 채권자를 해함을 알면서 사해행위를 하였다는 사실을 알게 된 날을 말한다. 이때 채권자가 취소원인을 알았다고 하기 위해서는 단순히 채무자가 재산의 처분행위를 하였다는 사실을 아는 것만으로는 부족하며, 구체적인 사해행위의 존재를 알고 나아가 채무자에게 사해의 의사가 있었다는 사실까지 알 것을 요한다. 한편 예금보험공사 등이 채무자에 대한 채권을 피보전채권으로 하여 채무자의 법률행위를 대상으로 채권자취소권을 행사하는 경우, 제척기간의 기산점과 관련하여 예금보험공사 등이 취소원인을 알았는지는 특별한 사정이 없는 한 피보전채권의 추심 및 보전 등에 관한 업무를 담당하는 직원의 인식을 기준으로 판단하여야 하므로, 담당직원이 채무자의 재산 처분행위 사실뿐만 아니라 구체적인 사해행위의 존재와 채무자에게 사해의 의사가 있었다는 사실까지 인식하였다면 이로써 예금보험공사 등도 그 시점에 취소원인을 알았다고 볼 수 있다. 이러한 법리는 예금보험공사가 파산관재인으로서 대리인을 선임하였다 하더라도 피보전채권의 추심 및 보전에 관하여 직접 조사하여 법적조치를 지시하는 경우에는 마찬가지로 적용된다(대법원 2018. 7. 20. 선고 2018다222747 판결).

ㄴ. [X] 채무초과 상태에 있는 채무자가 그 소유의 부동산을 채권자 중의 어느 한 사람에게 채권담보로 제공하는 행위는 특별한 사정이 없는 한 다른 채권자들에 대한 관계에서 사해행위에 해당한다. 그러나 채무자의 재산처분행위가 사해행위가 되려면 그 행위로 채무자의 총재산이 감소되어 채권의 공동담보가 부족한 상태를 유발 또는 심화시켜야 하는 것이므로, 채무자가 제3자로부터 자금을 차용하여 부동산을 매수하고 해당 부동산을 차용금채무에 대한 담보로 제공하거나, 채무자가 제3자로부터 부동산을 매수하여 매매대금을 지급하기 전에 소유권이전등기를 마치고 해당 부동산을 매매대금채무에 대한 담보로 제공한 경우와 같이 기존 채권자들의 공동담보가 감소되었다고 볼 수 없는 경우에는 담보제공행위를 사해행위라고 할 수 없다. 나아가 위와 같은 부동산매수행위와 담보제공행위가 한꺼번에 이루어지지 않고 단기간 내에 순차로 이루어졌다고 하더라도 다른 특별한

사정이 없는 한 일련의 행위 전후를 통하여 기존 채권자들의 공동담보에 증감이 있었다고 평가할 것도 아니므로, 담보제공행위만을 분리하여 사해행위에 해당한다고 할 수 없다(대법원 2018. 12. 28. 선고 2018다272261 판결).

ㄷ. [×] 채권자취소권의 행사에서 제척기간의 기산점인 채권자가 '취소원인을 안 날'이라고 함은 채무자가 채권자를 해함을 알면서 사해행위를 하였다는 사실을 알게 된 날을 의미한다. 이는 단순히 채무자가 재산의 처분행위를 한 사실을 아는 것만으로는 부족하고, 구체적인 사해행위의 존재를 알고 나아가 채무자에게 사해의 의사가 있었다는 사실까지 알아야 한다. 그런데 국가가 조세채권을 피보전채권으로 하여 체납자의 법률행위를 대상으로 채권자취소권을 행사할 때에, 제척기간의 기산점과 관련하여 국가가 취소원인을 알았는지는 특별한 사정이 없는 한 조세채권의 추심 및 보전 등에 관한 업무를 담당하는 세무공무원의 인식을 기준으로 판단하여야 하고, 체납자의 재산 처분에 관한 등기·등록 업무를 담당하는 다른 공무원의 인식을 기준으로 판단하여서는 아니 된다. 따라서 위와 같은 세무공무원이 체납자의 재산 처분행위 사실뿐만 아니라 구체적인 사해행위의 존재와 체납자에게 사해의 의사가 있었다는 사실까지 인식할 때 이로써 국가도 그 시점에 취소원인을 알았다고 볼 수 있다(대법원 2017. 6. 15. 선고 2015다247707 판결).

ㄹ. [O] [1] 가등기에 기하여 본등기가 마쳐진 경우 가등기의 원인인 법률행위와 본등기의 원인인 법률행위가 다르지 않다면 사해행위 요건의 구비 여부는 가등기의 원인인 법률행위를 기준으로 하여 판단해야 한다. 그러나 가등기와 본등기의 원인인 법률행위가 다르다면 사해행위 요건의 구비 여부는 본등기의 원인인 법률행위를 기준으로 판단해야 하고 제척기간의 기산일도 본등기의 원인인 법률행위가 사해행위임을 안 때라고 보아야 한다. [2] 채무자가 유일한 재산인 부동산에 관하여 가등기의 효력이 소멸한 상태에서 새로 매매계약을 체결하고 말소되어야 할 가등기를 기초로 하여 본등기를 한 행위는 가등기의 원인인 법률행위와 별개로 일반채권자의 공동담보를 감소시키는 것으로 특별한 사정이 없는 한 채권자취소권의 대상인 사해행위이고, 이때 본등기의 원인인 새로운 매매계약을 기준으로 사해행위 여부나 제척기간의 준수 여부를 판단해야 한다(대법원 2021. 9. 30. 선고 2019다266409 판결).

정답 ①

118 / 사해행위 /

사해행위에 관한 다음 설명 중 옳은 것을 모두 고른 것은? (다툼이 있으면 판례에 의함)

> ㄱ. 채무자가 자기의 유일한 재산인 부동산을 매각하여 소비하기 쉬운 금전으로 바꾸는 경우, 매각 목적이 채무를 변제하거나 변제자력을 얻기 위한 것이고 대금이 부당한 염가가 아니며 실제 이를 채권자에 대한 변제에 사용하거나 변제자력을 유지하고 있는 때에는 채무자가 일부 채권자와 통모하여 다른 채권자를 해칠 의사를 가지고 변제를 하는 등의 특별한 사정이 없는 한, 사해행위에 해당한다고 볼 수 없다.
>
> ㄴ. 취소채권자가 채무자 소유의 부동산에 관하여 근저당권을 설정하였는데 사해행위 당시 채무자에 대하여 근로기준법, 근로자퇴직급여보장법에 따라 최우선변제권을 갖는 임금채권이 이미 성립되어 있고, 임금채권자가 우선변제권 있는 임금채권에 기하여 취소채권

자의 담보물에 관하여 압류나 가압류 등기를 마치는 등 가까운 장래에 우선변제권을 행사하리라는 점에 대한 고도의 개연성이 있으며, 실제로 가까운 장래에 임금채권자가 그 담보물에 관하여 우선변제권을 행사하여 그 개연성이 현실화된 경우에는, 사해행위 당시 담보물로부터 우선변제를 받을 수 없는 일반채권이 발생할 고도의 개연성이 가까운 장래에 현실화된 것이므로 그 일반채권도 채권자취소권을 행사할 수 있는 피보전채권이 될 수 있다.

ㄷ. 추징금 재판은 민사집행법에서 정한 집행절차 또는 국세징수법에 따른 국세체납처분의 예에 따라 집행할 수 있고(형사소송법 제477조 제3항, 제4항), 추징금 납부의무자가 납부를 피하기 위하여 한 재산의 처분 기타 재산권을 목적으로 한 법률행위에 대하여는 사해행위취소 및 원상회복청구를 할 수 있는데(국세징수법 제25조), 이와 같은 국세징수법 제25조에 의한 사해행위취소의 소도 민법 제406조 제2항에서 정한 제소기간 내에 제기되어야 한다.

ㄹ. 자금난으로 사업을 계속 추진하기 어려운 상황에 처한 채무자가 자금을 융통하여 사업을 계속 추진하는 것이 채무 변제력을 갖게 되는 최선의 방법이라고 생각하고 자금을 융통하기 위하여 부득이 특정 채권자에게 담보를 제공하고 그로부터 신규자금을 추가로 융통받았다면 채무자의 담보권 설정행위는 사해행위에 해당하지 않을 수 있다. 그러나 이러한 경우에도 채무자에게 사업의 갱생이나 계속 추진의 의도가 있더라도 신규자금의 융통 없이 단지 기존채무의 이행을 유예받기 위하여 자신의 채권자 중 한 사람에게 담보를 제공하는 행위는 다른 특별한 사정이 없는 한 다른 채권자들에 대한 관계에서는 사해행위에 해당한다.

ㅁ. 사해행위로 주장되는 토지나 건물의 양도 자체에 대한 양도소득세와 지방소득세 채무는 사해행위로 주장되는 행위 당시의 채무초과상태를 판단할 때 소극재산으로 고려할 수는 없다.

① ㄴ, ㄷ, ㄹ ② ㄱ, ㄴ, ㄷ, ㄹ ③ ㄴ, ㄷ, ㅁ
④ ㄷ, ㄹ, ㅁ ⑤ ㄱ, ㄴ, ㄷ, ㄹ, ㅁ

해 설

ㄱ. [O] 채무자가 자기의 유일한 재산인 부동산을 매각하여 소비하기 쉬운 금전으로 바꾸는 경우, 매각 목적이 채무를 변제하거나 변제자력을 얻기 위한 것이고 대금이 부당한 염가가 아니며 실제 이를 채권자에 대한 변제에 사용하거나 변제자력을 유지하고 있는 때에는 채무자가 일부 채권자와 통모하여 다른 채권자를 해칠 의사를 가지고 변제를 하는 등의 특별한 사정이 없는 한, 사해행위에 해당한다고 볼 수 없다. 이러한 법리는 유일한 재산으로서 영업재산과 영업권이 유기적으로 결합된 일체로서 영업을 양도하는 경우에도 마찬가지로 적용된다(대법원 2021. 10. 28. 선고 2018다223023 판결).

ㄴ. [O] [1] 주채무자 또는 제3자 소유의 부동산에 관하여 채권자 앞으로 근저당권이 설정되어 있고, 부동산의 가액 및 채권최고액이 당해 채무액을 초과하여 채무 전액에 대하여 채권자에게 우선변제권이 확보되어 있다면 그 범위 내에서는 채무자의 재산처분 행위가 채권자를 해하지 아니하므로,

채무자가 비록 재산을 처분하는 법률행위를 하더라도 채권자에 대하여 사해행위가 성립하지 않고, 채무액이 부동산의 가액 및 채권최고액을 초과하는 경우에는 '그 담보물로부터 우선변제받을 금액'을 공제한 나머지 채권액에 대하여만 채권자취소권이 인정된다. 이때 취소채권자가 '담보물로부터 우선변제받을 금액'은 사해행위 당시를 기준으로 담보물의 가액에서 취소채권자에 앞서는 선순위 담보물권자가 변제받을 금액을 먼저 공제한 다음 산정하여야 한다. [2] 채권자취소권에 의하여 보호될 수 있는 채권은 원칙적으로 사해행위라고 볼 수 있는 행위가 행하여지기 전에 발생된 것임을 요하지만, 사해행위 당시에 이미 채권 성립의 기초가 되는 법률관계가 발생되어 있고, 가까운 장래에 그 법률관계에 기하여 채권이 성립되리라는 점에 대한 고도의 개연성이 있으며, 실제로 가까운 장래에 그 개연성이 현실화되어 채권이 성립된 경우에는, 그 채권도 채권자취소권의 피보전채권이 될 수 있다. 이러한 법리는 물적 담보권자가 채권자취소권을 행사할 수 있는 피보전채권의 범위를 정하는 경우에도 마찬가지로 적용된다. 이에 따라 취소채권자가 채무자 소유의 부동산에 관하여 근저당권을 설정하였는데 사해행위 당시 채무자에 대하여 근로기준법 제38조 제2항 제1호, 제1항, 근로자퇴직급여 보장법 제12조 제2항, 제1항에 따라 최우선변제권을 갖는 임금채권이 이미 성립되어 있고, 임금채권자가 우선변제권 있는 임금채권에 기하여 취소채권자의 담보물에 관하여 압류나 가압류 등기를 마치는 등 가까운 장래에 우선변제권을 행사하리라는 점에 대한 고도의 개연성이 있으며, 실제로 가까운 장래에 임금채권자가 그 담보물에 관하여 우선변제권을 행사하여 그 개연성이 현실화된 경우에는, 사해행위 당시 담보물로부터 우선변제를 받을 수 없는 일반채권이 발생할 고도의 개연성이 가까운 장래에 현실화된 것이므로 그 일반채권도 채권자취소권을 행사할 수 있는 피보전채권이 될 수 있다. 이러한 경우 취소채권자가 '담보물로부터 우선변제받을 금액'은 사해행위 당시를 기준으로 담보물의 가액에서 우선변제권 있는 임금채권액을 먼저 공제한 다음 산정하여야 하고, 취소채권자는 그 채권액에서 위와 같이 산정된 '담보물로부터 우선변제받을 금액'을 공제한 나머지 채권액에 대하여만 채권자취소권이 인정된다(대법원 2021. 11. 25. 선고 2016다263355 판결).

ㄷ. [O] 추징금 재판은 민사집행법에서 정한 집행절차 또는 국세징수법에 따른 국세체납처분의 예에 따라 집행할 수 있고(형사소송법 제477조 제3항, 제4항), 추징금 납부의무자가 납부를 피하기 위하여 한 재산의 처분 기타 재산권을 목적으로 한 법률행위에 대하여는 사해행위취소 및 원상회복청구를 할 수 있는데(국세징수법 제25조), 이와 같은 국세징수법 제25조에 의한 사해행위취소의 소도 민법 제406조 제2항에서 정한 제소기간 내에 제기되어야 한다. 민법 제406조 제2항에서 정한 채권자가 '취소원인을 안 날'이란 단순히 채무자의 법률행위가 있었다는 사실을 아는 것만으로는 부족하고, 그 법률행위가 채권자를 불리하게 하는 행위라는 것, 즉 그 행위에 의하여 채권의 공동담보에 부족이 생기거나 이미 부족상태에 있는 공동담보가 한층 더 부족하게 되어 채권을 완전하게 만족시킬 수 없게 된다는 것까지 알아야 한다. 채무자가 유일한 재산인 부동산을 처분하였다는 사실을 채권자가 알았다면 특별한 사정이 없는 한 채무자의 사해의사도 채권자가 알았다고 봄이 타당하다. 채무자의 법률행위가 통정허위표시인 경우에도 채권자취소권의 대상이 됨은 마찬가지이다. 위와 같은 법리는, 사해행위 당시에 이미 채권 성립의 기초가 되는 법률관계가 발생되어 있고, 가까운 장래에 그 법률관계에 터 잡아 채권이 성립되리라는 점에 대한 고도의 개연성이 있으며, 실제로 가까운 장래에 그 개연성이 현실화되어 채권이 성립되는 등 예외적으로 그 채권을 채권자취소권의 피보전채권으로 인정하는 경우에도 동일하게 적용된다. 따라서 그 단기 제척기간의 기산일 역시 채권자취소권의 피보전채권이 성립하는 시점과 관계없이 '채권자가 취소원인을 안 날'이라고 보아야 하고, 이는 채권자취소권의 피보전채권이 피고인에 대하여 추징을 명한 형사판결이 확정됨으로써 비로소 현실적으로 성립하게 되는 경우에도 마찬가지이다(대법원 2022. 5. 26. 선고 2021다288020 판결).

ㄹ. [O] [1] 채무자의 재산이 채무의 전부를 변제하기에 부족한 경우에 채무자가 그의 재산을 어느 특정 채권자에게 대물변제나 담보조로 제공하였다면 특별한 사정이 없는 한 이는 곧 다른 채권자의 이익을 해하는 것으로서 다른 채권자들에 대한 관계에서 사해행위가 되는 것이고, 위와 같이 대물변제나 담보조로 제공된 재산이 채무자의 유일한 재산이 아니라거나 그 가치가 채권액에 미달한다고 하여도 마찬가지이다. [2] 자금난으로 사업을 계속 추진하기 어려운 상황에 처한 채무자가 자금을 융통하여 사업을 계속 추진하는 것이 채무 변제력을 갖게 되는 최선의 방법이라고 생각하고 자금을 융통하기 위하여 부득이 특정 채권자에게 담보를 제공하고 그로부터 신규자금을 추가로 융통받았다면 채무자의 담보권 설정행위는 사해행위에 해당하지 않을 수 있다. 그러나 <u>이러한 경우에도 채무자에게 사업의 갱생이나 계속 추진의 의도가 있더라도 신규자금의 융통 없이 단지 기존채무의 이행을 유예받기 위하여 자신의 채권자 중 한 사람에게 담보를 제공하는 행위는 다른 특별한 사정이 없는 한 다른 채권자들에 대한 관계에서는 사해행위에 해당한다</u>(대법원 2022. 1. 14. 선고 2018다295103 판결).

ㅁ. [O] [1] 민법 제406조의 채권자취소권의 대상인 '사해행위'란 채무자가 적극재산을 감소시키거나 소극재산을 증가시킴으로써 채무초과상태에 이르거나 이미 채무초과상태에 있는 것을 심화시킴으로써 채권자를 해치는 행위를 말한다. 채무초과상태를 판단할 때 소극재산은 원칙적으로 사해행위가 있기 전에 발생되어야 하지만, 사해행위 당시 이미 채무 성립의 기초가 되는 법률관계가 성립되어 있고 가까운 장래에 그 법률관계에 기초하여 채무가 성립되리라는 고도의 개연성이 있으며 실제로 가까운 장래에 그 개연성이 현실화되어 채무가 성립되었다면, 그 채무도 채무자의 소극재산에 포함된다. 여기에서 <u>채무 성립의 기초가 되는 법률관계에는 당사자 사이의 약정에 의한 법률관계에 한정되지 않고 채무 성립의 개연성이 있는 준법률관계나 사실관계 등도 포함된다. 따라서 당사자 사이에 채권 발생을 목적으로 하는 계약의 교섭이 상당히 진행되어 계약체결의 개연성이 고도로 높아진 단계도 여기에 포함될 수 있다.</u> [2] 토지나 건물의 양도에 따른 양도소득세와 지방소득세는 과세표준이 되는 금액이 발생한 달, 즉 양도로 양도차익이 발생한 토지나 건물의 양도일이 속하는 달의 말일에 소득세를 납부할 의무가 성립한다. 여기에서 양도는 대가적 수입을 수반하는 유상양도를 가리키고 소득세법 제98조, 같은 법 시행령 제162조에 따르면 양도시기는 대금을 청산하기 전에 소유권이전등기를 하는 경우 등 예외적인 경우를 제외하고는 대금이 모두 지급된 날을 가리킨다. 사해행위로 주장되는 토지나 건물의 양도 자체에 대한 양도소득세와 지방소득세 채무는 통상적으로 토지나 건물의 양도에 대한 대금이 모두 지급된 이후에 비로소 성립하므로 사해행위로 주장하는 행위 당시에는 아직 발생하지 않는다. 양도소득세와 지방소득세 채무 성립의 기초가 되는 법률관계가 사해행위로 주장되는 행위 당시 이미 성립되었다거나 이에 기초하여 이러한 채무가 성립할 고도의 개연성이 있다고 볼 수도 없다. 토지나 건물에 관하여 소득세법에 따른 양도가 이루어지지 않았을 때에는 양도소득세와 지방소득세 채무 성립의 기초가 되는 법률관계가 존재한다고 보기 어렵고, 토지나 건물의 양도에 관한 계약 등의 교섭이 진행되는 경우라 하더라도 이는 양도소득세와 지방소득세 채무를 성립시키기 위한 교섭이라고 볼 수 없어서 채무 성립의 개연성 있는 준법률관계나 사실관계 등에 해당한다고 볼 수 없다. 따라서 <u>사해행위로 주장되는 토지나 건물의 양도 자체에 대한 양도소득세와 지방소득세 채무는 사해행위로 주장되는 행위 당시의 채무초과상태를 판단할 때 소극재산으로 고려할 수는 없다</u>(대법원 2022. 7. 14. 선고 2019다281156 판결).

정답 ⑤

119 /채권자취소권/
채권자취소권에 대한 다음 설명 중 옳지 않은 것은? (다툼이 있으면 판례에 의함)

① 출연자와 예금주인 명의인 사이의 예금주 명의신탁계약이 사해행위에 해당하여 취소되는 경우 취소에 따른 원상회복은 수탁자인 명의인이 금융회사에 대한 예금채권을 출연자에게 양도하고 아울러 금융회사에 대하여 양도통지를 하도록 명하는 방법으로 이루어져야 한다.

② 채권자가 일단 사해행위취소 및 원상회복으로서 수익자 명의 등기의 말소를 청구하여 승소판결이 확정되었다면, 어떠한 사유로 수익자 명의 등기를 말소하는 것이 불가능하게 되었다고 하더라도 다시 수익자를 상대로 원상회복청구권을 행사하여 가액배상을 청구하거나 원물반환으로서 채무자 앞으로 직접 소유권이전등기절차를 이행할 것을 청구할 수는 없으므로, 그러한 청구는 권리보호의 이익이 없어 허용되지 않는다.

③ 채무자의 책임재산이 원상회복되어 채권자가 채권의 만족을 얻음으로써 채무자의 다른 공동채무자도 자신의 채무가 소멸하는 이익을 얻은 경우에 공동채무자가 수익자나 전득자에게 직접 부당이득반환채무를 부담하는 것은 아니다.

④ 채권자가 채무자에 대한 피보전채권에 관하여 패소판결이 확정되어 채권자가 채무자에게 이를 행사할 수 없다면 이를 보전하기 위한 사해행위취소소송은 기각될 것이다.

⑤ 사해행위취소의 소에서 수익자가 원상회복으로서 채권자취소권을 행사하는 채권자에게 가액배상을 할 경우, 수익자가 채권자취소권을 행사하는 채권자에 대해 가지는 별개의 다른 채권을 집행하기 위하여 그에 대한 집행권원을 가지고 채권자의 수익자에 대한 가액배상채권을 압류하고 전부명령을 받는 것은 허용되지 않는다.

[해설]

① [O] [사례형·기록형] 사해행위의 취소에 따른 원상회복은 원칙적으로 목적물 자체의 반환으로 해야 하고, 그것이 불가능하거나 현저히 곤란한 경우에 한하여 예외적으로 가액반환으로 해야 한다. 원물반환이 불가능하거나 현저히 곤란한 경우란 원물반환이 단순히 절대적·물리적으로 불가능한 경우만을 뜻하는 것이 아니라 사회생활상 경험법칙이나 거래 관념에 비추어 채권자가 수익자나 전득자로부터 이행의 실현을 기대할 수 없는 경우도 포함한다. 출연자와 예금주인 명의인 사이의 예금주 명의신탁계약이 사해행위에 해당하여 취소되는 경우 취소에 따른 원상회복은 수탁자인 명의인이 금융회사에 대한 예금채권을 출연자에게 양도하고 아울러 금융회사에 대하여 양도통지를 하도록 명하는 방법으로 이루어져야 한다. 예금계좌에서 예금이 인출되어 사용된 경우에는 위와 같은 원상회복이 불가능하므로 가액반환만이 문제 되는데, 신탁자와 수탁자 중 누가 예금을 인출·사용하였는지에 따라 결론이 달라진다. 신탁자가 수탁자의 통장과 인장, 접근매체 등을 교부받아 사용하는 등 사실상 수탁자의 계좌를 지배·관리하고 있을 때에는 신탁자가 통상 예금을 인출·사용한 것이라고 볼 수 있다. 그러나 신탁자가 사실상 수탁자의 계좌를 지배·관리하고 있음이 명확하지 않은 경우에는 신탁자가 명의인의 예금계좌에서 예금을 인출하거나 이체하여 사용했다는 점을 수탁자가 증명하지 못하면 수탁자가 예금을 인출·사용한 것으로 보아야 한다. 예금을 인출·이체하는 데 명의인 본인 확인이나 본인 인증 등을 거쳐야 한다는 점에 비추어 일반적으로는 명의인이 예금을 사용했다고 보는 것이 보다 자연스럽기 때문이다(대법원 2018. 12. 27. 선고 2017다290057 판결).

② [O] 채권자의 사해행위취소 및 원상회복청구가 인정되면, 수익자는 원상회복으로서 사해행위의 목적물을 채무자에게 반환할 의무를 진다. 만일 원물반환이 불가능하거나 현저히 곤란한 경우에는 원상회복의무 이행으로서 사해행위 목적물의 가액 상당을 배상하여야 하는데, 여기서 원물반환이 불가능하거나 현저히 곤란한 경우는 원물반환이 단순히 절대적, 물리적으로 불가능한 경우가 아니라 사회생활상 경험법칙 또는 거래 관념에 비추어 채권자가 수익자나 전득자로부터 이행의 실현을 기대할 수 없는 경우를 말한다. 따라서 사해행위로 부동산 소유권이 이전된 후 그 부동산에 관하여 제3자가 저당권이나 지상권 등의 권리를 취득한 경우에는 수익자가 부동산을 저당권 등의 제한이 없는 상태로 회복하여 채무자에게 이전하여 줄 수 있다는 등의 특별한 사정이 없는 한 채권자는 수익자를 상대로 원물반환 대신 가액 상당의 배상을 구할 수 있지만, 그렇다고 하여 채권자가 스스로 위험이나 불이익을 감수하면서 원물반환을 구하는 것까지 허용되지 않는 것은 아니다. 채권자는 원상회복 방법으로 가액배상 대신 수익자 명의 등기의 말소를 구하거나 수익자를 상대로 채무자 앞으로 직접 소유권이전등기절차를 이행할 것을 구할 수도 있다. 이 경우 원상회복청구권은 사실심 변론종결 당시 채권자의 선택에 따라 원물반환과 가액배상 중 어느 하나로 확정된다. 채권자가 일단 사해행위취소 및 원상회복으로서 수익자 명의 등기의 말소를 청구하여 승소판결이 확정되었다면, 어떠한 사유로 수익자 명의 등기를 말소하는 것이 불가능하게 되었다고 하더라도 다시 수익자를 상대로 원상회복청구권을 행사하여 가액배상을 청구하거나 원물반환으로서 채무자 앞으로 직접 소유권이전등기절차를 이행할 것을 청구할 수는 없으므로, 그러한 청구는 권리보호의 이익이 없어 허용되지 않는다(대법원 2018. 12. 28. 선고 2017다265815 판결).

③ [O] 채무자의 법률행위가 사해행위에 해당하여 취소를 이유로 원상회복이 이루어지는 경우, 특별한 사정이 없는 한 채무자는 수익자 또는 전득자에게 부당이득반환채무를 부담한다. 채무자의 책임재산이 위와 같이 원상회복되어 그로부터 채권자가 채권의 만족을 얻음으로써 채무자의 다른 공동채무자도 자신의 채무가 소멸하는 이익을 얻을 수 있다. 이러한 경우에 공동채무의 법적 성격이나 내용에 따라 채무자와 다른 공동채무자 사이에 구상관계가 성립하는 것은 별론으로 하고 공동채무자가 수익자나 전득자에게 직접 부당이득반환채무를 부담하는 것은 아니다. 따라서 채무자의 공동채무자가 수익자나 전득자의 가액배상의무를 대위변제한 경우에도 특별한 사정이 없는 한 수익자나 전득자에게 구상할 수 있다(대법원 2017. 9. 26. 선고 2015다38910 판결).

④ [O] 채권자취소권을 행사하려면 채무자에 대하여 채권을 행사할 수 있음이 전제되어야 할 것인데, 채권자의 채무자에 대한 소유권이전등기청구소송이나 손해배상청구소송이 패소확정 되어 행사할 수 없게 되었다면 소유권이전등기청구권이나 손해배상청구권을 행사하기 위하여 채무자의 제3자에 대한 소유권이전등기의 말소를 구하는 사해행위취소청구도 인용될 수 없다(대법원 1993. 2. 12. 선고 92다25151 판결). **[지문정리]** 채권자대위권은 제3자의 소송담당이므로 채무자의 권리를 행사하기 위한 요건으로서 피보전채권의 존재가 필요하고 따라서 이것이 소송요건에 해당하여 그 부존재시에는 소를 각하한다. 그러나 채권자취소권은 채무자의 권리를 대신 행사하는 것이 아니라 취소채권자 자신의 권리를 행사하는 것이므로 피보전채권이 인정되지 않는 경우 기각하는 것이 타당하다.

⑤ [X] [1] 사해행위취소의 소에서 수익자가 원상회복으로서 채권자취소권을 행사하는 채권자에게 가액배상을 할 경우, 수익자 자신이 사해행위취소소송의 채무자에 대한 채권자라는 이유로 채무자에 대하여 가지는 자기의 채권과 상계하거나 채무자에게 가액배상금 명목의 돈을 지급하였다는 점을 들어 채권자취소권을 행사하는 채권자에 대해 이를 가액배상에서 공제할 것을 주장할 수 없다. 그러나 수익자가 채권자취소권을 행사하는 채권자에 대해 가지는 별개의 다른 채권을 집행하기 위하여 그에 대한 집행권원을 가지고 채권자의 수익자에 대한 가액배상채권을 압류하고 전부명령을 받는 것은 허용된다. 이는 수익자의 채무자에 대한 채권을 기초로 한 상계나 임의적인 공제와는 내용과 성질이 다르다. 또한 채권자가 채무자의 제3채무자에 대한 채권을 압류하는 경우 제3채무자가

채권자 자신인 경우에도 이를 압류하는 것이 금지되지 않으므로 단지 채권자와 제3채무자가 같다고 하여 채권압류 및 전부명령이 위법하다고 볼 수 없다. [2] 상계가 금지되는 채권이라고 하더라도 압류금지채권에 해당하지 않는 한 강제집행에 의한 전부명령의 대상이 될 수 있다(대법원 2017. 8. 21. 자 2017마499 결정).

정답 ⑤

120 /채권자취소소송/
다음 사례에 관한 설명 중 옳지 않은 것을 모두 고른 것은? (다툼이 있으면 판례에 의함)

〈사례〉

① 2012. 8. 1. 乙은 甲으로부터 2억 원을 빌렸다.
② 2012. 8. 2. 乙은 丁으로부터 2억 원을 빌리면서 자신 소유의 유일한 재산인 X부동산에 채권최고액 2억 5,000만 원인 근저당권을 설정하여 주었다.
③ 2013. 8. 1. 乙은 친동생 丙에게 X부동산을 당시 시가인 4억 원에 매도하고 같은 날 소유권이전등기까지 마쳐주었다.
④ 2013. 8. 31. 丙은 乙의 丁에 대한 채무 원리금 2억 2,000만 원을 전액 변제하고 丁 명의의 근저당권설정등기를 말소하였다.
⑤ 2013. 9. 30. 甲은 乙이 X부동산을 매도함으로써 무자력이 된 사실을 인지하였다.
⑥ 2014. 8. 27. 甲은 법원에 사해행위취소 및 원상회복청구의 소를 제기하였다.
⑦ 2015. 8. 27. 甲이 제기한 소송의 변론이 종결되었고, 그 당시 X부동산의 시가는 3억 5,000만 원이다.

ㄱ. 수익자의 선의 여부는 채무자와 수익자의 관계, 채무자와 수익자 사이의 처분행위의 내용과 그에 이르게 된 경위 또는 동기, 처분행위의 거래조건이 정상적이고 이를 의심할 만한 특별한 사정이 없으며 정상적인 거래관계임을 뒷받침할 만한 객관적인 자료가 있는지 여부 등을 고려하여 합리적으로 판단하여야 하고, 그 처분행위 이후의 정황은 고려의 대상이 되지 않는다.

ㄴ. 甲이 제기한 위 소송이 종결되기 전에 乙의 다른 채권자 C가 사해행위취소 및 원상회복청구의 소를 제기하는 경우 이는 중복된 소제기에 해당하지 않는다.

ㄷ. 甲이 제기한 소송에서 법원이 가액반환을 명하는 경우, 그 범위는 X부동산의 매도가격 4억 원에서 말소된 근저당권의 채권최고액 2억 5,000만 원을 공제한 1억 5,000만 원이 된다.

ㄹ. 만약 乙의 채권자 B가 청구채권액을 2,000만 원으로 하여 2013. 2. 1. X부동산을 가압류하였는데 丙이 2013. 9. 1. B에게 2,000만 원을 변제하고 위 가압류를 해제한 경우, 법원이 가액배상을 명한다면 위 변제액을 공제하여 배상액을 산정하여야 한다.

ㅁ. 만약 甲의 채권자인 A가 2013. 7. 1. 乙의 사해행위를 알았고 2014. 9. 20. 甲의 채권자취소권을 대위 행사하여 소를 제기하였다면, 그 소는 제소기간 내에 제기된 적법한 것이다.

① ㄱ, ㄴ, ㄷ
② ㄱ, ㄴ, ㅁ
③ ㄱ, ㄷ, ㄹ
④ ㄴ, ㄹ, ㅁ
⑤ ㄷ, ㄹ, ㅁ

[해설]

ㄱ. [×] 사해행위취소소송에서 수익자의 선의 여부는 채무자와 수익자의 관계, 채무자와 수익자 사이의 처분행위의 내용과 그에 이르게 된 경위 또는 동기, 그 처분행위의 거래조건이 정상적이고 이를 의심할 만한 특별한 사정이 없으며 정상적인 거래관계임을 뒷받침할 만한 객관적인 자료가 있는지 여부, <u>그 처분행위 이후의 정황 등 여러 사정을 종합적으로 고려하여 합리적으로 판단하여야 한다</u>(대법원 2016. 01. 28. 선고 2014다220132 판결).

ㄴ. [○] 채권자취소권의 요건을 갖춘 각 채권자는 고유의 권리로서 채무자의 재산처분 행위를 취소하고 그 원상회복을 구할 수 있는 것이므로 <u>여러 명의 채권자가 동시에 또는 시기를 달리하여 사해행위취소 및 원상회복청구의 소를 제기한 경우 이들 소가 중복제소에 해당하지 아니할 뿐만 아니라, 어느 한 채권자가 동일한 사해행위에 관하여 사해행위취소 및 원상회복청구를 하여 승소판결을 받아 그 판결이 확정되었다는 것만으로는 그 후에 제기된 다른 채권자의 동일한 청구가 권리보호의 이익이 없게 되는 것은 아니다.</u> 그러나 확정된 판결에 기하여 재산이나 가액의 회복을 마친 경우에는 다른 채권자의 사해행위취소 및 원상회복청구는 그와 중첩되는 범위 내에서 권리보호의 이익이 없게 된다(대법원 2014. 08. 20. 선고 2014다28114 판결).

ㄷ. [×] 근저당권이 설정되어 있는 부동산에 관하여 사해행위가 이루어진 후 근저당권이 말소되어 그 부동산의 가액에서 근저당권 피담보채무액을 공제한 나머지 금액의 한도에서 사해행위를 취소하고 가액의 배상을 명하는 경우 그 가액의 산정은 사실심 변론종결시를 기준으로 하여야 하고, 기존의 근저당권이 말소된 후 사해행위에 의하여 그 부동산에 관한 권리를 취득한 전득자에 대하여도 <u>사실심 변론종결시의 부동산 가액에서 말소된 근저당권 피담보채무액을 공제한 금액의 한도에서 그가 취득한 이익에 대한 가액 배상을 명할 수 있다</u>(대법원 2001. 09. 04. 선고 2000다66416 판결). [**보충해설**] X 부동산의 사실심 변론종결 당시 시가인 3억 5,000만 원에서 근저당권 피담보채무액인 2억 2,000만 원을 공제한 1억 3,000만 원의 한도에서 가액배상을 명할 수 있다.

ㄹ. [×] 사해행위 당시 어느 부동산이 가압류되어 있다는 사정은 채권자 평등의 원칙상 채권자의 공동담보로서 그 부동산의 가치에 아무런 영향을 미치지 아니하므로, 가압류가 된 여부나 그 청구채권액의 다과에 관계없이 그 부동산 전부에 대하여 사해행위가 성립하고, 따라서 <u>사해행위 후 수익자 또는 전득자가 그 가압류 청구채권을 변제하거나 채권액 상당을 해방공탁하여 가압류를 해제시키거나 또는 그 집행을 취소시켰다 하더라도, 법원이 사해행위를 취소하면서 원상회복으로 원물반환 대신 가액배상을 명하여야 하거나, 다른 사정으로 가액배상을 명하는 경우에도 그 변제액을 공제할 것은 아니다</u>(대법원 2003. 02. 11. 선고 2002다37474 판결). [**보충해설**] 가압류권자는 일반채권자이고, 채권자평등주의에 따라서 우선변제권이 없기 때문이다.

ㅁ. [○] 민법 제404조 소정의 채권자대위권은 채권자가 자신의 채권을 보전하기 위하여 채무자의 권리를 자신의 이름으로 행사할 수 있는 권리라 할 것이므로, <u>채권자가 채무자의 채권자취소권을 대</u>

위행사하는 경우, 제소기간은 대위의 목적으로 되는 권리의 채권자인 채무자를 기준으로 하여 그 준수 여부를 가려야 할 것이고, 따라서 채권자취소권을 대위행사하는 채권자가 취소원인을 안 지 1년이 지났다 하더라도 채무자가 취소원인을 안 날로부터 1년, 법률행위가 있은 날로부터 5년 내라면 채권자취소의 소를 제기할 수 있다(대법원 2001. 12. 27. 선고 2000다73049 판결).

정답 ③

121 / 채권자취소권 /
채권자취소권에 대한 다음 설명 중 옳지 않은 것은? (다툼이 있으면 판례에 의함)

① 채무자가 여러 채권자 중 일부에게만 채무의 이행과 관련하여 그 채무의 본래 목적이 아닌 다른 채권 기타 적극재산을 양도함으로써 채무초과상태를 유발 또는 심화시킨 경우, 채무자가 일반채권자 일부에 대한 특정 채무의 이행과 관련하여 그보다 적은 가액의 다른 채권 기타 적극재산을 양도함에 따라 채무초과상태가 유발되었는지 여부를 판단하기 위한 채무자의 책임재산을 산정함에 있어 양도된 재산을 적극재산에서 제외하였다면, 특별한 사정이 없는 한 위 특정 채무 중 양도된 재산과 같은 금액에 해당하는 부분도 소극재산에서 제외하여야 한다.

② 계속적인 물품공급계약에서 대상이 되는 물품의 구체적인 수량, 거래단가, 거래시기 등에 관하여까지 구체적으로 미리 정하고 있다거나, 일정한 한도에서 공급자가 외상으로 물품을 공급할 의무를 규정하고 있지 않은 이상, 계속적 물품공급계약 그 자체에 기하여 거래당사자의 채권이 바로 성립하지는 아니하며, 주문자가 상대방에게 구체적으로 물품의 공급을 의뢰하고 그에 따라 상대방이 물품을 공급하는 별개의 법률관계가 성립하여야만 채권이 성립한다.

③ 국민건강보험법에 따라 설립된 공법인인 국민건강보험공단이 채무자에 대한 채권을 피보전채권으로 하여 채무자의 법률행위를 대상으로 채권자취소권을 행사하는 경우, 제척기간의 기산점과 관련하여 국민건강보험공단이 취소원인을 알았는지는 특별한 사정이 없는 한 피보전채권의 추심 및 보전 등에 관한 업무를 담당하는 직원의 인식을 기준으로 판단하여야 한다.

④ 사해행위 이후 그 부동산에 관하여 제3자가 저당권을 취득한 경우에는, 그 피담보채권액은 사해행위 당시 일반 채권자들의 공동담보였던 부분에 속하므로 채권자취소권의 행사에 따른 원상회복의 범위에서 이를 공제할 수 없고, 이를 포함한 전부가 가액배상 등 원상회복의 범위에 포함된다 할 것인데, 이는 채무자의 부동산에 관하여 증여 등 사해행위로 수익자에게 그 소유권이 이전된 후 경매의 실행으로 배당절차가 진행된 경우에도 마찬가지이다.

⑤ 여러 개의 사해행위취소소송에서 각 가액배상을 명하는 판결이 선고되어 확정된 경우, 각 채권자의 피보전채권액을 합한 금액이 사해행위 목적물의 가액에서 일반채권자들의 공동담보로 되어 있지 않은 부분을 공제한 잔액(이하 '공동담보가액'이라 한다)을 초과하는 경우에 각 사해행위취소 판결에서 산정한 공동담보가액의 액수가 서로 달라 수익자에게 이중지급의 위험이 발생하는지를 판단하는 기준이 되는 공동담보가액은, 특별한 사정이 없는 한 소액(少額)에 해당하는 금액이라고 보아야 한다.

해설

① [O] [1] 채무자의 재산처분행위가 사해행위가 되기 위해서는 그 행위로 말미암아 채무자의 총재산의 감소가 초래되어 채권의 공동담보에 부족이 생기게 되어야 하는 것, 즉 채무자의 소극재산이 적극재산보다 많아져야 하는 것인바, 채무자가 재산처분행위를 할 당시 적극재산을 산정함에 있어서는 다른 특별한 사정이 없는 한 실질적으로 재산적 가치가 없어 채권의 공동담보로서의 역할을 할 수 없는 재산은 이를 제외하여야 하고, 재산이 채권인 경우에는 그것이 용이하게 변제를 받을 수 있는 확실성이 있는 것인지 여부를 합리적으로 판정하여 그것이 긍정되는 경우에 한하여 적극재산에 포함시켜야 한다. 나아가, 채무자의 재산처분행위가 사해행위에 해당함을 주장하면서 그 취소를 구하는 채권자는 채무자의 재산처분행위로 인하여 무자력 또는 채무초과상태가 초래되었다는 사실에 관한 주장·증명책임을 부담하므로, 어떠한 채권의 존부 및 범위에 관한 증명이 있는 경우에는, 그 채권이 용이하게 변제를 받을 수 있는 확실성이 없는 등 실질적으로 재산적 가치가 없어 채권의 공동담보로서의 역할을 할 수 없는 재산에 해당한다는 점에 대한 주장·증명책임 역시 취소채권자가 부담한다. [2] 채무자가 여러 채권자 중 일부에게만 채무의 이행과 관련하여 그 채무의 본래 목적이 아닌 다른 채권 기타 적극재산을 양도함으로써 채무초과상태를 유발 또는 심화시킨 경우, 채무자의 총재산에는 변동이 없지만 일반채권자를 위한 공동담보가 되는 책임재산을 감소시키는 결과가 초래되므로, 그와 같은 적극재산의 양도 행위는 채무자가 특정 채권자에게 채무 본지에 따른 변제를 하는 경우와 달리 원칙적으로 다른 채권자들에 대한 관계에서는 사해행위가 될 수 있고, 예외적으로 사해성의 일반적인 판단 기준에 비추어 그 행위가 궁극적으로 일반채권자를 해하는 행위로 볼 수 없는 경우에는 사해행위의 성립이 부정될 수 있다. 이때 채무자가 일반채권자 일부에 대한 특정 채무의 이행과 관련하여 그보다 적은 가액의 다른 채권 기타 적극재산을 양도함에 따라 채무초과상태가 유발되었는지 여부를 판단하기 위한 채무자의 책임재산을 산정함에 있어 양도된 재산을 적극재산에서 제외하였다면, 특별한 사정이 없는 한 위 특정 채무 중 양도된 재산과 같은 금액에 해당하는 부분도 소극재산에서 제외하여야 할 것이다. [이유] 피고보조참가인은 소외 1 회사·소외 2 회사에 대한 채권을 담보하기 위하여 소외 2 회사로부터 이 사건 각 부동산에 관하여 1순위로 채권최고액 15억 원의 이 사건 근저당권을 설정받았다. 피고는 피고보조참가인에 대한 약정금 채권 20억 8,000만 원의 변제 명목으로 이 사건 근저당권을 이전받았다는 취지로 일관되게 주장하였고, 피고보조참가인도 같은 취지로 주장하였다. 즉, 이 사건 계약양도 계약은 피고보조참가인이 기존 채권자 중 피고에게만 위 채무의 이행과 관련하여 그 채무의 본래 목적이 아닌 이 사건 근저당권을 양도한 것으로 볼 수 있으므로, 위와 같은 양도 행위를 채무자가 특정 채권자에게 채무 본지에 따른 변제를 하는 경우와 동일하게 취급할 수는 없지만, 이 사건 계약양도 계약 당시 피고보조참가인이 채무초과상태에 있지 아니한 이상, 이로써 피고보조참가인의 채무초과상태가 유발되었어야만 사해행위에 해당한다고 볼 수 있다. 그런데 피고보조참가인이 피고에 대한 20억 8,000만 원 채무의 이행과 관련하여 그보다 적은 가액의 이 사건 근저당권(채권최고액 15억 원)을 양도하였으므로, 피고보조참가인의 책임재산을 산정함에 있어 이 사건 근저당권의 채권최고액에 상당하는 금액을 적극재산에서 제외하였다면, 적어도 피고보조참가인의 피고에 대한 채무 중 같은 금액에 해당하는 부분 역시 소극재산에서 제외하였어야 한다. 그런데 원심은, 피고보조참가인의 적극재산에서 이 사건 근저당권의 채권최고액 상당을 제외하면서도 소극재산에서는 이를 전혀 고려하지 않은 채 피고에 대한 20억 8,000만 원의 채무를 그대로 피고보조참가인의 소극재산으로 인정하였는바, 이는 적법한 책임재산의 산정방법으로 볼 수 없다(대법원 2023. 10. 18. 선고 2023다237804 판결).

② [O] [1] 채권자취소권에 의하여 보호될 수 있는 채권은 원칙적으로 사해행위라고 볼 수 있는 행위가 행하여지기 전에 발생된 것임을 요하지만, 사해행위 당시에 이미 채권 성립의 기초가 되는 법률관계가 발생되어 있고, 가까운 장래에 그 법률관계에 터 잡아 채권이 성립되리라는 점에 대한 고도

의 개연성이 있으며, 실제로 가까운 장래에 개연성이 현실화되어 채권이 성립된 경우에는, 그 채권도 채권자취소권의 피보전채권이 될 수 있다. [2] 계속적인 물품공급계약에서 대상이 되는 물품의 구체적인 수량, 거래단가, 거래시기 등에 관하여까지 구체적으로 미리 정하고 있다거나, 일정한 한도에서 공급자가 외상으로 물품을 공급할 의무를 규정하고 있지 않은 이상, 계속적 물품공급계약 그 자체에 기하여 거래당사자의 채권이 바로 성립하지는 아니하며, 주문자가 상대방에게 구체적으로 물품의 공급을 의뢰하고 그에 따라 상대방이 물품을 공급하는 별개의 법률관계가 성립하여야만 채권이 성립한다. 따라서 특별한 사정이 없는 한 사해행위 당시 계속적인 물품거래관계가 존재하였다는 사정만으로 채권 성립의 기초가 되는 법률관계가 발생하여 있었다고 할 수 없다(대법원 2023. 3. 16. 선고 2022다272046 판결).

③ [O] [1] 채권자취소권의 행사에서 제척기간의 기산점인 '채권자가 취소원인을 안 날'은 채권자가 채권자취소권의 요건을 안 날, 즉 채무자가 채권자를 해함을 알면서 사해행위를 하였다는 사실을 알게 된 날을 말한다. 이때 채권자가 취소원인을 알았다고 하기 위해서는 단순히 채무자가 재산의 처분행위를 하였다는 사실을 아는 것만으로는 부족하며, 구체적인 사해행위의 존재를 알고 나아가 채무자에게 사해의사가 있었다는 사실까지 알 것을 요한다. 사해행위의 객관적 사실을 알았다고 하여 취소원인을 알았다고 추정할 수는 없고, 제척기간의 도과에 관한 증명책임은 사해행위취소소송의 상대방에게 있다. [2] 국민건강보험법에 따라 설립된 공법인인 국민건강보험공단이 채무자에 대한 채권을 피보전채권으로 하여 채무자의 법률행위를 대상으로 채권자취소권을 행사하는 경우, 제척기간의 기산점과 관련하여 국민건강보험공단이 취소원인을 알았는지는 피보전채권의 추심 및 보전 등에 관한 업무를 담당하는 직원의 인식을 기준으로 판단하므로, 담당직원이 채무자의 재산처분행위 사실뿐만 아니라 구체적인 사해행위의 존재와 채무자에게 사해의 의사가 있었다는 사실까지 인식하였다면 국민건강보험공단도 그 시점에 취소원인을 알았다고 볼 수 있다(대법원 2023. 4. 13. 선고 2021다309231 판결).

④ [O] [1] 저당권이 설정된 부동산이 사해행위로 증여되었다가 그 저당권의 실행 등으로 말미암아 수증자인 수익자에게 돌아갈 배당금청구권이 있음에도 배당금지급금지가처분 등으로 인하여 현실적으로 지급되지 못한 경우, 채권자취소권의 행사에 따른 원상회복의 방법은 수익자가 취득한 배당금청구권을 채무자에게 반환하는 방법으로 이루어져야 하고, 이는 배당금채권의 양도와 그 채권양도의 통지를 배당금채권의 채무자에게 할 것을 명하는 형태가 된다. [2] 채권자취소권의 행사에 따른 가액배상은 사해행위 당시 채무자의 일반 채권자들의 공동담보로 되어 있어 사해행위가 성립하는 범위 내의 부동산 가액 전부의 배상을 명하는 것으로, 저당권이 설정된 부동산에 관하여 사해행위가 이루어진 경우 부동산의 가액에서 그 저당권의 피담보채권액을 공제한 잔액의 범위 내에서만 사해행위가 성립하므로, 사실심 변론종결 시 기준의 부동산 가액에서 저당권의 피담보채권액을 공제한 잔액의 한도에서 사해행위를 취소하고 가액의 배상을 구할 수 있다. 따라서 사해행위 이후 그 부동산에 관하여 제3자가 저당권을 취득한 경우에는, 그 피담보채권액은 사해행위 당시 일반 채권자들의 공동담보였던 부분에 속하므로 채권자취소권의 행사에 따른 원상회복의 범위에서 이를 공제할 수 없고, 이를 포함한 전부가 가액배상 등 원상회복의 범위에 포함된다 할 것인데, 이는 채무자의 부동산에 관하여 증여 등 사해행위로 수익자에게 그 소유권이 이전된 후 경매의 실행으로 배당절차가 진행된 경우에도 마찬가지로, 그 부동산 가액 중 수익자의 채권자가 배당절차에 참여하여 취득한 배당액 상당은 사해행위 당시 채무자의 일반 채권자들의 공동담보였으므로 가액배상 등 원상회복의 범위에서 공제하여 산정할 것은 아니고, 수익자의 채권자가 채무자의 일반채권자에 해당하는 지위를 겸하고 있다고 하여 달리 볼 것도 아니다(대법원 2023. 6. 29. 선고 2022다244928 판결). → 채무자 및 그 배우자인 피고가 이 사건 아파트 중 각 1/2 지분을 소유한 상태에서 근저당권이 설정되었고, 채무자가 피고에게 자기 소유 지분을 증여한 후 근저당권 등의 실행에 따라 수익자 및 피고

등에게 배당이 이루어지자, 채무자의 채권자인 원고가 증여계약이 사해행위에 해당함을 이유로 사해행위취소 및 원상회복을 구함. 원심은, 이 사건 아파트의 가액의 1/2에서 당해세(1순위) 및 근저당권자(2순위)에 대한 배당액의 각 1/2을 공제한 후 피고(수익자)의 채권자 A에 대한 배당액(3순위)까지 전부 공제한 나머지 액수의 범위에서만 원상회복청구를 인용하였음. 대법원은, A에 대한 배당액이 이 사건 아파트 중 피고 소유 지분과 관련된 것일 뿐 아니라 이 사건 증여계약 체결 당시 채무자의 일반 채권자들에 대한 공동담보에 포함되므로 원상회복의 범위에서 제외되지 않는다고 보아, 원심의 판단에 사해행위취소에 따른 원상회복의 범위에 대한 법리를 오해함으로써 판결에 영향을 미친 잘못이 있다는 이유로 원심판결을 파기·환송함.

⑤ [×] [1] 채권자취소권의 요건을 갖춘 각 채권자는 고유의 권리로서 채무자의 재산처분 행위를 취소하고 원상회복을 구할 수 있다. 그러므로 여러 채권자가 동시에 또는 시기를 달리하여 사해행위취소 및 원상회복청구의 소를 제기한 경우, 어느 한 채권자가 동일한 사해행위에 관하여 사해행위취소 및 원상회복청구를 하여 승소판결을 받아 그 판결이 확정되었다는 것만으로는 그 후에 제기된 다른 채권자의 동일한 청구가 권리보호의 이익이 없게 되는 것은 아니고, 그에 기하여 재산이나 가액의 회복을 마친 경우에 비로소 다른 채권자의 사해행위취소 및 원상회복청구가 그와 중첩되는 범위 내에서 권리보호의 이익이 없게 된다. 따라서 여러 채권자가 사해행위취소 및 원상회복청구의 소를 제기하여 여러 개의 소송이 계속 중인 경우에는 각 소송에서 채권자의 청구에 따라 사해행위의 취소 및 원상회복을 명하는 판결을 선고하여야 하고, 수익자가 가액배상을 하여야 할 경우에도 수익자가 반환하여야 할 가액 범위 내에서 각 채권자의 피보전채권액 전액의 반환을 명하여야 한다. [2] 여러 개의 사해행위취소소송에서 각 가액배상을 명하는 판결이 선고되어 확정된 경우, 각 채권자의 피보전채권액을 합한 금액이 사해행위 목적물의 가액에서 일반채권자들의 공동담보로 되어 있지 않은 부분을 공제한 잔액(이하 '공동담보가액'이라 한다)을 초과한다면 수익자가 채권자들에게 반환하여야 할 가액은 공동담보가액이 될 것인데, 그럼에도 수익자는 공동담보가액을 초과하여 반환하게 되는 범위 내에서 이중으로 가액을 반환하게 될 위험에 처할 수 있다. 이때 각 사해행위취소 판결에서 산정한 공동담보가액의 액수가 서로 달라 수익자에게 이중지급의 위험이 발생하는지를 판단하는 기준이 되는 공동담보가액은, 그중 다액(多額)의 공동담보가액이 이를 산정한 사해행위취소소송의 사실심 변론종결 당시의 객관적인 사실관계와 명백히 다르고 해당 소송에서의 공동담보가액의 산정 경위 등에 비추어 그 가액을 그대로 인정하는 것이 심히 부당하다고 보이는 등의 특별한 사정이 없는 한 그 다액에 해당하는 금액이라고 보는 것이 채권자취소권의 취지 및 채권자취소소송에서 변론주의 원칙 등에 부합한다. 따라서 수익자가 어느 채권자에게 자신이 배상할 가액의 일부 또는 전부를 반환한 때에는 다른 채권자에 대하여 각 사해행위취소 판결에서 가장 다액으로 산정된 공동담보가액에서 자신이 반환한 가액을 공제한 금액을 초과하는 범위에서 청구이의의 방법으로 집행권원의 집행력의 배제를 구할 수 있을 뿐이다(대법원 2022. 8. 11. 선고 2018다202774 판결).

정답 ⑤

CHAPTER 03 다수당사자의 채권관계

제1절 • 불가분채권관계

122 /분할채권과 불가분채권/
다음의 설명 중 옳은 것을 모두 고른 것은? (다툼이 있으면 판례에 의함)

> ㄱ. 다수당사자가 함께 채무자가 되는 경우 특별한 의사표시가 없으면 그 다수의 채무자는 분할채무를 부담하는 것이 원칙이지만, 그 급부의 성질, 거래관행, 당사자들의 의사, 거래경위 등에 비추어 다수의 채무자가 불가분적인 채무를 부담하기로 한 것으로 보아야 하는 경우도 있다.
>
> ㄴ. 공동불법행위자들 중의 1인이 채무 전부를 변제한 경우 나머지 공동불법행위자들이 부담하는 구상채무는 불가분채무이다.
>
> ㄷ. 임대인 지위를 공동으로 승계한 공동임대인들의 임차보증금 반환채무는 성질상 불가분채무이고, 이는 임대목적물의 소유권 중 일부 지분을 이전받은 새로운 공유자가 임대인 지위를 승계하여 기존 임대인과 함께 임차보증금 반환의무를 부담하게 되는 경우에도 마찬가지이다.
>
> ㄹ. 수인이 공동으로 법률상 원인 없이 타인의 재산을 점유 사용한 경우 부담하게 되는 부당이득반환채무는 분할채무이다.
>
> ㅁ. 어떤 물건에 대하여 직접점유자와 간접점유자가 있는 경우, 그에 대한 점유·사용으로 인한 부당이득의 반환의무는 분할채무이다.
>
> ㅂ. 타인 소유 대지위에 권원 없이 건축된 건물을 상속한 공동상속인들의 건물철거의무는 성질상 불가분채무이므로 각자 그 지분의 한도 내에서 건물 전체에 대한 철거의무를 진다.
>
> ㅅ. 수인이 공동소유자로서 1개의 부동산을 매도하는 계약을 맺고 계약금을 수령하였는데 그 계약이 무효로 되어 계약금을 반환하는 경우, 매수인은 매도인 중 1인에 대하여 그 계약금 전액의 반환을 청구할 수 없다.
>
> ㅇ. 수인의 채권자에게 금전채권이 불가분적으로 귀속되는 경우에, 불가분채권자들 중 1인을 집행채무자로 한 압류 및 전부명령이 이루어지면 그 불가분채권자의 채권은 전부채권자에게 이전되지만, 그 압류 및 전부명령은 집행채무자가 아닌 다른 불가분채권자에게 효력이 없으므로, 다른 불가분채권자의 채권의 귀속에 변경이 생기는 것은 아니다.

① ㄱ, ㄷ, ㅂ, ㅅ, ㅇ ② ㄱ, ㄹ, ㅂ, ㅅ, ㅇ ③ ㄴ, ㄷ, ㅂ, ㅇ
④ ㄴ, ㄷ, ㄹ, ㅁ ⑤ ㄷ, ㄹ, ㅁ, ㅅ

[해설]

ㄱ. [O] 민법상 다수당사자가 함께 채무자가 되는 경우 특별한 의사표시가 없으면 그 다수의 채무자는 분할채무를 부담하는 것이 원칙이기는 하지만, 당사자들의 의사표시에 의해 채권관계가 발생할 경우 그 급부의 성질·거래의 관행·당사자들의 의사·당사자들의 관계·거래경위 등에 비추어 복수의 채무자가 불가분적인 채무를 부담하기로 한 것으로 해석함이 상당한 경우도 있으므로, 법원으로서는 다수당사자가 계약에 의해 함께 채무자가 되는 구체적 사건의 해석에 있어서 위와 같은 사정을 잘 살펴서 그 다수의 채무자가 분할하여 채무를 부담하기로 한 것인지 혹은 불가분적인 채무로서 채무전액에 대하여 중첩적으로 책임을 지기로 한 것인지를 구별하여야 할 것이며, 또 조합을 구성하는 다수의 사람들이 그들의 공동사업을 위하여 거래상대방과 계약을 체결할 경우에도 그 조합원들은 원칙적으로는 민법 제712조에 따라 그 지분의 비율에 따라 상대방에게 그 계약에 따른 책임을 부담하여야 하는 것이지만, 구체적인 사건에 있어서는 그 거래관계에서 부담하게 되는 급부의 성질이나 거래경위 등 위에서 본 바와 같은 사정 여하에 따라 조합원들이 상대방에 대해 불가분적으로 채무전액에 대하여 책임을 부담하기로 한 것으로 해석함이 상당한 경우도 있다(대법원 2014. 08. 20. 선고 2014다26521 판결).

ㄴ. [X] 공동불법행위자는 채권자에 대한 관계에서는 부진정연대책임을 지되, 공동불법행위자들 내부관계에서는 일정한 부담 부분이 있고, 이 부담 부분은 공동불법행위자의 과실의 정도에 따라 정하여지는 것으로서 공동불법행위자 중 1인이 자기의 부담 부분 이상을 변제하여 공동의 면책을 얻게 하였을 때에는 다른 공동불법행위자에게 그 부담 부분의 비율에 따라 구상권을 행사할 수 있고, 공동불법행위자 중 1인에 대하여 구상의무를 부담하는 다른 공동불법행위자가 수인인 경우에는 특별한 사정이 없는 이상 그들의 구상권자에 대한 채무는 이를 부진정연대채무로 보아야 할 근거는 없으며, 오히려 다수 당사자 사이의 분할채무의 원칙이 적용되어 각자의 부담 부분에 따른 분할채무로 봄이 상당하다(대법원 2002. 9. 27. 선고 2002다15917 판결).

ㄷ. [O] 건물의 공유자가 공동으로 건물을 임대하고 임차보증금을 수령한 경우 특별한 사정이 없는 한 그 임대는 각자 공유지분을 임대한 것이 아니라 임대목적물을 다수 당사자로서 공동으로 임대한 것이고 그 임차보증금 반환채무는 성질상 불가분채무에 해당한다. 임대인 지위를 공동으로 승계한 공동임대인들의 임차보증금 반환채무 역시 성질상 불가분채무이고, 이는 임대목적물의 소유권 중 일부 지분을 이전받은 새로운 공유자가 임대인 지위를 승계하여 기존 임대인과 함께 임차보증금 반환의무를 부담하게 되는 경우에도 마찬가지이다(대법원 2025. 4. 15. 선고 2024다312566 판결).

ㄹ. [X] 여러 사람이 공동으로 법률상 원인 없이 타인의 재산을 사용한 경우의 부당이득반환채무는 특별한 사정이 없는 한 불가분적 이득의 반환으로서 불가분채무이고, 불가분채무는 각 채무자가 채무 전부를 이행할 의무가 있으며, 1인의 채무이행으로 다른 채무자도 그 의무를 면하게 된다(대법원 2001. 12. 11. 선고 2000다13948 판결).

ㅁ. [X] 어떤 물건에 대하여 직접점유자와 간접점유자가 있는 경우, 그에 대한 점유·사용으로 인한 부당이득의 반환의무는 동일한 경제적 목적을 가진 채무로서 서로 중첩되는 부분에 관하여는 일방의 채무가 변제 등으로 소멸하면 타방의 채무도 소멸하는 이른바 부진정연대채무의 관계에 있다(대법원 2012. 09. 27. 선고 2011다76747 판결).

ㅂ. [O] 공동상속인들의 건물철거의무는 그 성질상 불가분채무라고 할 것이고 각자 그 지분의 한도 내에서 건물 전체에 대한 철거의무를 지는 것이다(대법원 1980. 06. 24. 선고 80다756 판결). **[청구취지]** 피고 甲, 乙은 각 2분의1 지분에 관하여 별지목록 기재 2 건물을 철거하고, 별지 목록 기재 1 토지를 인도하라.

ㅅ. [O] 채권자나 채무자가 여러 사람인 경우에 특별한 의사표시가 없으면 각 채권자 또는 각 채무자는 균등한 비율로 권리가 있고 의무를 부담한다고 할 것이므로, 피고를 포함한 4인의 매도인이 원

고를 포함한 4인의 매수인에게 임야를 매도하기로 하는 계약을 체결한 경우 매매계약의 무효를 원인으로 부당이득으로서 계약금의 반환을 구하는 채권은 특별한 사정이 없으면 불가분채권채무 관계가 될 수 없으므로 매도인 중의 1인에 불과한 피고가 매수인 중의 1인에 불과한 원고에게 위 계약금 전액을 반환할 의무가 있다고 할 수 없다(대법원 1993. 8. 14. 선고 91다41316 판결).

ㅇ. [O] 수인의 채권자에게 금전채권이 불가분적으로 귀속되는 경우에, 불가분채권자들 중 1인을 집행 채무자로 한 압류 및 전부명령이 이루어지면 그 불가분채권자의 채권은 전부채권자에게 이전되지만, 그 압류 및 전부명령은 집행채무자가 아닌 다른 불가분채권자에게 효력이 없으므로, 다른 불가분채권자의 채권의 귀속에 변경이 생기는 것은 아니다. 따라서 다른 불가분채권자는 모든 채권자를 위하여 채무자에게 불가분채권 전부의 이행을 청구할 수 있고, 채무자는 모든 채권자를 위하여 다른 불가분채권자에게 전부를 이행할 수 있다. 이러한 법리는 불가분채권의 목적이 금전채권인 경우 그 일부에 대하여만 압류 및 전부명령이 이루어진 경우에도 마찬가지이다(대법원 2023. 3. 30. 선고 2021다264253 판결).

정답 ①

제2절 • 연대채무

123 /연대채무자 1인에 대한 사유의 효력/

乙과 丙은 甲으로부터 9,000만 원을 차용하면서 연대하여 이를 변제하기로 甲과 약정하였다. 그들의 부담부분은 乙이 2/3, 丙이 1/3로 정해져 있었는데, 甲도 이를 알고 있었다. 이에 관한 설명 중 옳지 않은 것을 모두 고른 것은? (다툼이 있으면 판례에 의함)

ㄱ. 乙이 甲의 위 채권과 상계할 수 있는 9,000만 원의 반대채권을 가지고 있음에도 이를 상계하지 않는 경우, 丙이 이 채권을 자동채권으로 상계하면 甲에 대한 乙과 丙의 연대채무는 전부 소멸한다.

ㄴ. 乙이 甲의 단독상속인으로 위 9,000만 원의 채권을 상속받은 경우에는 丙은 乙에게 3,000만 원의 채무를 부담하게 된다.

ㄷ. 甲이 乙에 대하여 9,000만 원의 이행을 최고한 후 6개월 이내에 甲이 丙의 재산에 대하여 가압류를 하였다면 甲의 丙에 대한 채권의 소멸시효는 甲이 乙에게 이행을 최고한 때에 중단된다.

ㄹ. 丙이 甲으로부터 연대의 면제를 받은 경우, 乙은 6,000만 원, 丙은 3,000만 원의 채무를 부담한다.

ㅁ. 乙이 甲의 채권과 상계할 수 있는 8,000만 원의 반대채권을 가지고 있었는데 丙이 乙에게 사전통지를 하지 않고 甲에게 9,000만 원을 변제한 다음 乙에 대하여 구상권을 행사한 경우, 乙은 6,000만 원의 한도에서 甲에 대하여 상계할 수 있었음을 이유로 그 이행을 거절할 수 있다.

ㅂ. 乙이 甲으로부터 채무의 면제를 받은 경우, 丙은 3,000만 원에 대해서만 채무를 부담한다.

① ㄱ, ㄷ　　　　　　② ㄱ, ㄹ　　　　　　③ ㄴ, ㄹ
④ ㄷ, ㅁ　　　　　　⑤ ㄹ, ㅂ

해설

ㄱ. [×] 상계할 채권이 있는 연대채무자가 상계하지 아니한 때에는 그 채무자의 부담부분에 한하여 다른 연대채무자가 상계할 수 있다(제418조 제2항). 따라서 乙의 부담부분은 6,000만 원이므로, 丙의 상계로 연대채무는 6,000만 원이 소멸한다.

ㄴ. [○] 어느 연대채무자와 채권자간에 혼동이 있는 때에는 그 채무자의 부담부분에 한하여 다른 연대채무자도 의무를 면한다(제420조). 따라서 乙의 부담부분인 6,000만 원이 혼동으로 소멸하므로, 丙은 乙에게 3,000만 원을 부담하게 된다.

ㄷ. [○] 채권자가 연대채무자 1인에게 최고한 경우, 연대채무자에 대한 이행청구는 다른 연대채무자에게도 효력이 있고(제416조), 6개월 내에 그 다른 연대채무자의 재산에 대하여 가압류를 하였다면 그 다른 연대채무자에 대한 채권도 이행청구로 인하여 소멸시효가 중단된다(제174조).

ㄹ. [×] 연대의 면제는 상대적 효력만이 있다. 따라서 乙은 9천만 원, 丙은 3천만 원의 채무를 부담한다.

ㅁ. [○] 어느 연대채무자가 다른 연대채무자에게 통지하지 아니하고 변제 기타 자기의 출재로 공동면책이 된 경우에 다른 연대채무자가 채권자에게 대항할 수 있는 사유가 있었을 때에는 그 부담부분에 한하여 이 사유로 면책행위를 한 연대채무자에게 대항할 수 있고 그 대항사유가 상계인 때에는 상계로 소멸할 채권은 그 연대채무자에게 이전된다(제426조 제1항).

ㅂ. [○] 어느 연대채무자에 대한 채무면제는 그 채무자의 부담부분에 한하여 다른 연대채무자의 이익을 위하여 효력이 있다(제419조). 따라서 乙의 부담부분은 6,000만 원이므로, 丙의 채무는 3,000만 원이 남게 된다.

정답 ②

124 /연대채무자의 내부관계/

연대채무에 관한 다음 설명 중 옳지 않은 것을 모두 고른 것은? (다툼이 있으면 판례에 의함)

ㄱ. 수인의 연대채무자 중 한 사람 소유의 부동산에 대하여 경매개시결정에 의해 그 부동산이 압류된 경우, 별다른 조치를 취하지 않더라도 다른 연대채무자들에 대한 시효의 진행도 중단된다.

ㄴ. 甲, 乙, 丙 세 사람은 A에 대하여 9,000만 원의 연대채무를 부담하고 있다. A가 甲에 대해 연대의 면제를 하였고, 그 후 丙이 무자력이 된 경우, 甲과 乙이 최종적으로 변제할 금액은 각각 3,000만 원과 4,500만 원이다.

ㄷ. 연대채무자 중 1인이 채무 일부를 면제받는 경우에 그 연대채무자가 지급해야 할 잔존채무액이 부담부분을 초과하는 경우에는 그 연대채무자의 부담부분이 감소한 것은 아니

므로 다른 연대채무자의 채무에도 영향을 주지 않아 다른 연대채무자는 채무 전액을 부담하여야 한다.

ㄹ. 연대채무자 중의 한 사람이 공동면책을 이유로 다른 연대채무자에게 구상권을 행사하려면 자기의 부담부분을 넘은 변제를 하였을 것을 그 요건으로 한다.

ㅁ. 변제 기타 자기의 출재로 일부 공동면책되게 한 연대채무자는 역시 변제 기타 자기의 출재로 일부 공동면책되게 한 다른 연대채무자를 상대로 하여서도 자신의 공동면책액 중 다른 연대채무자의 분담비율에 해당하는 금액이 다른 연대채무자의 공동면책액 중 자신의 분담비율에 해당하는 금액을 초과한다면 그 범위에서 여전히 구성권을 행사할 수 있다.

① ㄱ, ㄹ
② ㄱ, ㅁ
③ ㄴ, ㄷ
④ ㄷ, ㄹ
⑤ ㄹ, ㅁ

해설

ㄱ. [✗] [1] 채권자의 신청에 의한 경매개시결정에 따라 연대채무자 1인의 소유 부동산이 압류된 경우, 이로써 위 채무자에 대한 채권의 소멸시효는 중단되지만, 압류에 의한 시효중단의 효력은 다른 연대채무자에게 미치지 아니하므로, 경매개시결정에 의한 시효중단의 효력을 다른 연대채무자에 대하여 주장할 수 없다. [2] 채권자가 연대채무자 1인의 소유 부동산에 대하여 경매신청을 한 경우, 이는 최고로서의 효력을 가지고 있고, 연대채무자에 대한 이행청구는 다른 연대채무자에게도 효력이 있으므로, 채권자가 6월내에 다른 연대채무자를 상대로 재판상 청구를 하였다면 그 다른 연대채무자에 대한 채권의 소멸시효는 중단되지만, 이로 인하여 중단된 시효는 위 경매절차가 종료된 때가 아니라 재판이 확정된 때로부터 새로 진행된다(대법원 2001. 8. 21. 선고 2001다22840 판결).

ㄴ. [O] 연대채무자의 부담부분은 균등한 것으로 추정한다(제424조). 연대채무자 중 자력이 없는 자가 있는 경우 그 부담부분은 다른 연대채무자들이 그 부담부분에 비례하여 분담한다(제427조 제1항 본문). 그리고 무자력 채무자의 부담부분을 분담할 다른 채무자가 채권자로부터 연대의 면제를 받은 때에는 그 채무자의 분담할 부분은 채권자의 부담으로 한다(제427조 제2항). [보충해설] 甲, 乙, 丙의 부담부분은 3,000만 원이 된다. 丙이 무자력이 되면 원칙적으로 甲, 乙은 丙의 부담부분 3,000만 원을 각각 1,500만 원씩 분담한다. 그러나 甲이 A로부터 연대의 면제를 받았으므로 甲이 분담할 1,500만 원은 A가 부담한다. 따라서 甲과 乙이 최종적으로 변제할 금액은 3,000만 원과 4,500만 원이 된다.

ㄷ. [O] ★ [사례형] 민법 제419조는 "어느 연대채무자에 대한 채무면제는 그 채무자의 부담부분에 한하여 다른 연대채무자의 이익을 위하여 효력이 있다."라고 정하여 면제의 절대적 효력을 인정한다. 이는 당사자들 사이에 구상의 순환을 피하여 구상에 관한 법률관계를 간략히 하려는 데 취지가 있는바, 채권자가 연대채무자 중 1인에 대하여 채무를 일부 면제하는 경우에도 그와 같은 취지는 존중되어야 한다. 따라서 연대채무자 중 1인에 대한 채무의 일부 면제에 상대적 효력만 있다고 볼 특별한 사정이 없는 한 일부 면제의 경우에도 면제된 부담부분에 한하여 면제의 절대적 효력이 인정된다고 보아야 한다. 구체적으로 연대채무자 중 1인이 채무 일부를 면제받는 경우에 그 연대채무자가 지급해야 할 잔존 채무액이 부담부분을 초과하는 경우에는 그 연대채무자의 부담부분이 감소

한 것은 아니므로 다른 연대채무자의 채무에도 영향을 주지 않아 다른 연대채무자는 채무 전액을 부담하여야 한다. 반대로 일부 면제에 의한 피면제자의 잔존 채무액이 부담부분보다 적은 경우에는 차액(부담부분 – 잔존 채무액)만큼 피면제자의 부담부분이 감소하였으므로, 차액의 범위에서 면제의 절대적 효력이 발생하여 다른 연대채무자의 채무도 차액만큼 감소한다(대법원 2019. 8. 14. 선고 2019다216435 판결).

ㄹ. [×] ㅁ. [○] 연대보증인들 사이의 내부관계에서는 연대보증인 각자가 자신의 분담금액을 한도로 일부 보증을 한 것과 같이 볼 수 있어서 그 분담금액 범위 내의 출재에 관한 구상관계는 주채무자만을 상대로 해결할 것을 예정하고 있는 반면, 연대채무자들 사이에서는 연대채무자 각자가 행한 모든 출재에 관하여 다른 연대채무자의 공동부담을 기대하는 것이 보통이다. 그리하여 민법은 연대보증인 중의 한 사람이 공동면책을 이유로 다른 연대보증인에게 구상권을 행사하려면 '자기의 부담부분을 넘은' 변제를 하였을 것을 그 요건으로 규정하였으나(제448조 제2항), 연대채무자 중의 한 사람이 공동면책을 이유로 다른 연대채무자에게 구상권을 행사하는 데 있어서는 그러한 제한 없이 '부담부분'에 대하여 구상권을 행사할 수 있는 것으로 규정하고 있다(제425조 제1항). 따라서 연대채무자 사이의 구상권행사에 있어서 '부담부분'이란 연대채무자가 그 내부관계에서 출재를 분담하기로 한 비율을 말한다고 봄이 타당하다. 그 결과 변제 기타 자기의 출재로 일부 공동면책되게 한 연대채무자는 역시 변제 기타 자기의 출재로 일부 공동면책되게 한 다른 연대채무자를 상대로 하여서도 자신의 공동면책액 중 다른 연대채무자의 분담비율에 해당하는 금액이 다른 연대채무자의 공동면책액 중 자신의 분담비율에 해당하는 금액을 초과한다면 그 범위에서 여전히 구상권을 행사할 수 있다고 보아야 한다(대법원 2013. 11. 14. 선고 2013다46023 판결). **[지문정리]** 甲·乙·丙이 丁에 대하여 3천만 원의 연대채무를 부담하고 있고, 내부적 부담부분은 균등한 경우에, 甲이 1,200만 원, 乙이 1,800만 원을 각각 丁에게 변제하였다면, 乙은 甲에 대해서도 200만 원(甲에 대한 구상채권액 600만 원과 甲에 대해 부담하는 구상채무액 400만 원의 차액)을 구상할 수 있다.

정답 ①

125 / 부진정연대채무 /

부진정연대채무에 관한 다음 설명 중 옳은 것을 모두 고른 것은? (다툼이 있으면 판례에 의함)

ㄱ. 공동불법행위자의 관계는 아니지만 서로 별개의 원인으로 발생한 독립된 채무가 동일한 경제적 목적을 가지고 있고 서로 중첩되는 부분에 관하여 한쪽의 채무가 변제 등으로 소멸하면 다른 쪽의 채무도 소멸하는 관계에 있기 때문에 부진정연대채무 관계가 인정되는 경우 과실상계를 할 때 반드시 채권자의 과실을 채무자 전원에 대하여 전체적으로 평가하여야 하는 것은 아니다.

ㄴ. 미등기건물을 양수하여 사실상의 처분권을 보유하게 됨으로써 양수인이 건물 부지 역시 점유하고 있다고 볼 수 있는 경우에는 미등기건물에 관한 사실상의 처분권자도 건물 부지의 점유·사용에 따른 부당이득반환의무를 부담한다. 이러한 경우 미등기건물의 원시취득자와 사실상의 처분권자가 토지 소유자에 대하여 부담하는 부당이득반환의무는 부진정연대채무 관계에 있다.

ㄷ. 부진정연대채무자 사이에 일정한 책임부담부분이 인정되는 경우 제3자가 부진정연대채무자 중 1인을 위하여 변제한 때에는 제3자는 다른 부진정연대채무자에 대하여 면책범위 내에서 책임부담 부분 비율에 한하여 구상권을 행사할 수 있다.

ㄹ. 부진정연대채무자 중 1인이 채권자로부터 손해배상채무의 일부를 면제받았으나 후에 다른 부진정연대채무자가 손해배상 전액을 변제한 후 그들 내부관계의 부담부분에 따라 일부 면제를 받은 부진정연대채무자에게 구상권을 행사할 수 있다.

ㅁ. 부진정연대채무자 중 1인이 사전 또는 사후 통지를 하지 않고 변제를 하여 공동면책이 되었다면 구상권이 제한된다.

ㅂ. 구상권자인 공동불법행위자측에 과실이 없는 경우, 다른 공동불법행위자 수인의 구상의무는 분할채무이다.

ㅅ. 공동불법행위자 중 1인이 자기의 부담부분 이상을 변제하여 공동의 면책을 얻게 하였을 때, 피해자의 다른 불법행위자에 대한 손해배상청구권이 시효소멸한 후에도 다른 불법행위자의 부담부분의 비율에 따라 구상권을 행사할 수 있다.

① ㄱ, ㄷ, ㄹ, ㅂ ② ㄴ, ㄷ, ㄹ, ㅁ ③ ㄱ, ㄴ, ㄷ, ㄹ, ㅅ
④ ㄷ, ㅁ, ㅂ, ㅅ ⑤ ㄴ, ㄹ, ㅁ, ㅂ, ㅅ

[해설]

ㄱ. [O] 공동불법행위책임은 가해자 각 개인의 행위에 대하여 개별적으로 그로 인한 손해를 구하는 것이 아니라 그 가해자들이 공동으로 가한 불법행위에 대하여 그 책임을 추궁하는 것으로, 법원이 피해자의 과실을 들어 과실상계를 함에 있어서는 피해자의 공동불법행위자 각인에 대한 과실비율이 서로 다르더라도 피해자의 과실을 공동불법행위자 각인에 대한 과실로 개별적으로 평가하지 않고 그들 전원에 대한 과실로 전체적으로 평가하는 것이 원칙이다. 그런데 공동불법행위자의 관계는 아니지만 서로 별개의 원인으로 발생한 독립된 채무가 동일한 경제적 목적을 가지고 있고 서로 중첩되는 부분에 관하여 한쪽의 채무가 변제 등으로 소멸하면 다른 쪽의 채무도 소멸하는 관계에 있기 때문에 부진정연대채무 관계가 인정되는 경우가 있다. 이러한 경우까지 과실상계를 할 때 반드시 채권자의 과실을 채무자 전원에 대하여 전체적으로 평가하여야 하는 것은 아니다. 그리고 손해배상사건에서 과실상계나 손해부담의 공평을 기하기 위한 책임제한에 관한 사실인정이나 그 비율을 정하는 것은 그것이 형평의 원칙에 비추어 현저하게 불합리하다고 인정되지 않는 한 사실심의 전권사항에 속한다(대법원 2022. 7. 28. 선고 2017다16747 판결).

ㄴ. [O] ★ [사례형·기록형] 사회통념상 건물은 그 부지를 떠나서는 존재할 수 없으므로 건물의 부지가 된 토지는 그 건물의 소유자가 점유하는 것으로 볼 것이고, 이 경우 건물의 소유자가 현실적으로 건물이나 그 부지를 점거하고 있지 아니하고 있더라도 건물의 소유를 위하여 그 부지를 점유한다고 보아야 한다. 타인 소유의 토지 위에 권원 없이 건물을 소유하는 자는 그 자체로써 건물 부지가 된 토지를 점유하고 있는 것이므로 특별한 사정이 없는 한 법률상 원인 없이 타인의 재산으로 인하여 토지의 차임에 상당하는 이익을 얻고 이로 인하여 타인에게 동액 상당의 손해를 주고 있다고 할 것이고, 이는 건물 소유자가 미등기건물의 원시취득자이고 그 건물에 관하여 사실상의 처분

권을 보유하게 된 양수인이 따로 존재하는 경우에도 다르지 아니하므로, 미등기건물의 원시취득자는 토지 소유자에 대하여 부당이득반환의무를 진다. 한편 미등기건물을 양수하여 건물에 관한 사실상의 처분권을 보유하게 됨으로써 그 양수인이 건물 부지 역시 아울러 점유하고 있다고 볼 수 있는 경우에는 미등기건물에 관한 사실상의 처분권자도 건물 부지의 점유·사용에 따른 부당이득반환의무를 부담한다. 이러한 경우 미등기건물의 원시취득자와 사실상의 처분권자가 토지 소유자에 대하여 부담하는 부당이득반환의무는 동일한 경제적 목적을 가진 채무로서 부진정연대채무 관계에 있다고 볼 것이다(대법원 2022. 9. 29. 선고 2018다243133 판결).

ㄷ. [O] 부진정연대채무 관계는 서로 별개의 원인으로 발생한 독립된 채무라 하더라도 동일한 경제적 목적을 가지고 있고 서로 중첩되는 부분에 관하여 일방의 채무가 변제 등으로 소멸할 경우 타방의 채무도 소멸하는 관계에 있으면 성립할 수 있고, 반드시 양 채무의 발생원인, 채무의 액수 등이 서로 동일할 것을 요한다고 할 수는 없다. 한편, 채무의 변제는 원칙적으로 채무자뿐만 아니라 제3자도 할 수 있는바, 제3자가 상호 부담부분이 인정되는 부진정연대채무 관계에 있는 채무자 중 1인을 위하여 채무를 변제한 경우 그와 중첩되는 다른 채무자의 채무도 소멸하게 되므로, 제3자는 그 다른 채무자에 대하여 그의 부담부분에 한하여 구상권을 취득할 수 있고, 그와 같은 제3자의 변제는 이행보조자 내지 이행대행자에 의하여 이루어질 수도 있다(대법원 2009. 08. 20. 선고 2007다7959 판결).

ㄹ. [O] 피해자가 공동불법행위자 중 1인에 대하여 한 채무면제 또는 합의의 효력은 다른 공동불법행위자에게는 미치지 아니하므로, 피해자가 공동불법행위자 중 갑으로부터 손해배상의 일부를 변제받고 나머지 손해배상채권은 모두 포기하기로 하는 합의를 하였으나 그 사실을 모르는 공동불법행위자 을이 손해배상금 및 위자료 명목으로 금원을 지급한 경우, 을이 갑의 변제 사실을 확인해 보지 않았다고 하여 그 지급이 위법 또는 무효라고 할 수는 없는 것으로서, 을은 공동면책된 위 금원 중 갑의 부담 비율에 해당하는 구상권을 자동채권으로 하여 갑의 을에 대한 구상채권과 대등액에서 상계할 것을 주장할 수 있다(대법원 1997. 10. 10. 선고 97다28391 판결).

ㅁ. [X] 민법 제426조가 연대채무에 있어서의 변제에 관하여 채무자 상호간에 통지의무를 인정하고 있는 취지는, 연대채무에 있어서는 채무자들 상호간에 공동목적을 위한 주관적인 연관관계가 있고 이와 같은 주관적인 연관관계의 발생 근거가 된 대내적 관계에 터잡아 채무자 상호간에 출연분담에 관한 관련관계가 있게 되므로, 구상관계에 있어서도 상호 밀접한 주관적인 관련관계를 인정하고 변제에 관하여 상호 통지의무를 인정함으로써 과실 없는 변제자를 보다 보호하려는 데 있으므로, 이와 같이 출연분담에 관한 주관적인 밀접한 연관관계가 없고 단지 채권만족이라는 목적만을 공통으로 하고 있는 부진정 연대채무에 있어서는 그 변제에 관하여 채무자 상호간에 통지의무 관계를 인정할 수 없고, 변제로 인한 공동면책이 있는 경우에 있어서는 채무자 상호간에 어떤 대내적인 특별관계에서 또는 형평의 관점에서 손해를 분담하는 관계가 있게 되는데 불과하다고 할 것이므로, 부진정 연대채무에 해당하는 공동불법행위로 인한 손해배상채무에 있어서도 채무자 상호간에 구상요건으로서의 통지에 관한 민법의 위 규정을 유추 적용할 수는 없다(대법원 1998. 6. 26. 선고 98다5777 판결).

ㅂ. [X] 공동불법행위자 중 1인에 대하여 구상의무를 부담하는 다른 공동불법행위자가 수인인 경우에는 특별한 사정이 없는 이상 그들의 구상권자에 대한 채무는 각자의 부담 부분에 따른 분할채무로 봄이 상당하지만, 구상권자인 공동불법행위자측에 과실이 없는 경우, 즉 내부적인 부담 부분이 전혀 없는 경우에는 이와 달리 그에 대한 수인의 구상의무 사이의 관계를 부진정연대관계로 봄이 상당하다(대법원 2005. 10. 13. 선고 2003다24147 판결).

ㅅ. [O] [1] 공동불법행위자는 채권자에 대한 관계에서는 연대책임(부진정연대채무)을 지되, 공동불법행위자들 내부관계에서는 일정한 부담 부분이 있고, 이 부담 부분은 공동불법행위자의 과실의 정도에 따라 정하여지는 것으로서 <u>공동불법행위자 중 1인이 자기의 부담 부분 이상을 변제하여 공동의 면책을 얻게 하였을 때에는 다른 공동불법행위자에게 그 부담 부분의 비율에 따라 구상권을 행사할 수 있다.</u> [2] 공동불법행위자 중 1인이 다른 공동불법행위자에 대하여 구상권을 행사하기 위하여는 자기의 부담 부분 이상을 변제하여 공동의 면책을 얻었음을 주장·입증하여야 하며, 위와 같은 법리는 피해자의 다른 공동불법행위자에 대한 손해배상청구권이 <u>시효소멸한 후에 구상권을 행사하는 경우라고 하여 달리 볼 것이 아니다</u>(대법원 1997. 12. 12. 선고 96다50896 판결).

정답 ③

제3절 • 보증채무

126 /보증채무/

보증채무에 대한 다음 설명 중 옳은 것을 모두 고른 것은? (다툼이 있으면 판례에 의함)

ㄱ. 수탁보증인의 사후구상권이 발생하기 위해서 수탁보증인이 반드시 주채무의 변제기가 도래한 후에 변제 등의 면책행위를 할 것이 요구되지 않는다. 오히려 당사자의 특별한 의사표시가 없으면 변제기 전이라도 채무자는 변제할 수 있으므로, 수탁보증인도 변제기 전에 변제할 수 있다. 다만 주채무의 변제기가 도래할 때까지 사후구상권을 행사할 수 없을 뿐이다.

ㄴ. 甲에 대한 A와 B의 부진정연대채무에 대하여 C가 A를 연대보증한 경우, B는 위 채무를 전부 변제하더라도 C에게 구상권을 행사할 수 없다.

ㄷ. 자기의 부담부분을 초과한 변제를 함으로써 초과 변제액에 대하여 다른 연대보증인을 상대로 구상권을 행사할 수 있는 연대보증인인지 여부는 당해 변제 시를 기준으로 판단하되, 구체적으로는 우선 그때까지 발생·증가하였던 주채무의 총액에 분담비율을 적용하여 당해 연대보증인의 부담부분 총액을 산출하고 그 전에 감소한 그의 부담부분이 있다면 이를 위 부담부분 총액에서 공제하는 방법으로 당해 연대보증인의 부담부분을 확정한 다음 당해 변제액이 위 확정된 부담부분을 초과하는지 여부에 따라 판단하여야 한다.

ㄹ. 보증채무의 부종성을 부정하여야 할 특별한 사정이 있는 경우에는 예외적으로 보증인은 주채무의 시효소멸을 이유로 보증채무의 소멸을 주장할 수 없으나, 특별한 사정을 인정하여 보증채무의 부종성을 부정하려면 보증인이 주채무의 시효소멸에도 불구하고 보증채무를 이행하겠다는 의사를 표시하거나 채권자와 그러한 내용의 약정을 하였어야 한다.

ㅁ. 보증인 보호를 위한 특별법(보증인보호법)은 보증기간의 약정이 없는 때에는 그 기간을 3년으로 본다(제7조 제1항). 보증인보호법 제7조 제1항에서 정한 '보증기간'은 특별한 사

정이 없는 한 보증채무의 존속기간이라고 해석함이 타당하고, 보증인이 보증책임을 부담하는 주채무의 발생기간을 의미한다고 볼 수 없다.

ㅂ. 수탁보증인이 주채무자의 담보제공청구에 응하여 구상금액에 상당한 담보를 특정하여 제공할 의사를 표시한다면 법원은 주채무자가 수탁보증인으로부터 그 특정한 담보를 제공받음과 동시에 사전구상의무를 이행하여야 한다고 판결하여야 하지만, 수탁보증인이 주채무자의 담보제공청구를 거절하거나 구상금액에 상당한 담보를 제공하려는 의사를 표시하지 않는다면 법원은 수탁보증인의 사전구상금 청구를 기각하는 판결을 하여야 한다.

ㅅ. 계속적 채권관계에서 발생하는 주계약상의 불확정 채무에 대하여 보증한 경우 그 보증채무는 통상적으로 주계약상의 채무가 확정된 때에 이와 함께 확정된다. 따라서 채권자와 주채무자 사이에서 주계약상의 거래기간이 연장되었으나 보증인과 사이에서 보증기간이 연장되지 아니하는 등의 사정으로 보증계약 관계가 먼저 종료된 경우라도 그 종료로 보증채무가 확정되는 것은 아니므로, 보증인은 그 당시의 주계약상의 채무에 대하여만이 아니라, 그 후의 채무에 대하여도 보증책임을 부담한다.

① ㄱ, ㄴ, ㄷ, ㄹ, ㅂ   ② ㄴ, ㄷ, ㄹ, ㅂ   ③ ㄱ, ㄷ, ㅂ, ㅅ
④ ㄹ, ㅁ, ㅂ, ㅅ   ⑤ ㄷ, ㄹ, ㅁ, ㅂ, ㅅ

[해설]

ㄱ. [O] [1] 주채무자의 부탁으로 보증인이 된 자가 과실 없이 변제 기타의 출재로 주채무를 소멸하게 한 때에는 주채무자에 대하여 구상권이 있다(민법 제441조). 이는 주채무자의 부탁으로 물상보증인이 된 경우에도 마찬가지이다(민법 제341조, 제370조). 이러한 수탁보증인의 사후구상권이 발생하기 위해서는 수탁보증인이 변제 기타 출재로 주채무를 소멸하게 하여야 하는데, 이때 수탁보증인이 반드시 주채무의 변제기가 도래한 후에 변제 등의 면책행위를 할 것이 요구되지 않는다. 오히려 당사자의 특별한 의사표시가 없으면 변제기 전이라도 채무자는 변제할 수 있으므로(민법 제468조), 주채무에 관하여 이해관계 있는 제3자인 수탁보증인도 변제기 전에 변제할 수 있다고 보아야 한다(민법 제469조 참조). 다만 그 경우 수탁보증인으로서는 주채무의 변제기가 도래할 때까지 주채무자에 대하여 사후구상권을 행사할 수 없을 뿐이다. 또한 수탁보증인의 출재에 과실이 없어야 하는데 만약 출재에 과실이 존재한다면 그와 인과관계가 있는 범위에서는 구상권이 발생하지 않는다. [2] 보증인이 주채무자에게 통지하지 아니하고 변제 기타 자기의 출재로 주채무를 소멸하게 한 경우에 주채무자가 채권자에게 대항할 수 있는 사유가 있었을 때에는 이 사유로 보증인에게 대항할 수 있다(민법 제445조 제1항). 이때 구체적인 대항의 효과는 주채무자가 채권자에게 갖는 대항사유에 따라 결정된다. [이유] 수탁물상보증인에 해당하는 원고가 주채무인 이 사건 나머지 대출금 채무의 이행기 전에 주채무자인 피고에게 아무런 통지 없이 채권자에게 나머지 대출금 채무를 모두 변제하였더라도, 다른 약정이 있는 등 특별한 사정이 없는 한 그것만으로는 '과실 있는 변제'에 해당한다고 단정하기 어렵다. 다만 이는 민법 제445조 제1항에 따라 피고가 원고에 대하여 이행기 전까지의 구상권 행사에 대항할 수 있는 사유에 해당할 여지는 있다. 나아가 원고의 이행기 전 주채무 변제가 '과실 있는 변제'에 해당한다고 하더라도, 원고는 과실과 인과관계가 있는 범위에서 피고에 대하여 구상할 수 없을 뿐이고, 원고의 피고에 대한 구상권 자체가 아예 발생하지 않는다고 보기는 어렵다(대법원 2024. 10. 25. 선고 2024다252305 판결).

ㄴ. [O] 수인의 불법행위로 인한 손해배상책임은 부진정연대채무이나 그 구상권 행사에 있어서는 성질상 연대채무에 관한 규정이 준용된다고 할 것인데 그 구상권에 관하여 규정한 민법 제425조 제1항의 규정에 의한 구상권 행사의 상대방은 공동면책이 된 다른 연대채무자에 한하는 것이며 다른 연대채무자가 그 채권자에게 부담하는 채무를 연대보증한 연대보증인은 그 연대채무자와 연대하여 채권자에게 채무를 변제할 책임을 지는데 불과하고 채무를 변제한 연대채무자에게까지 그 연대보증한 연대채무자의 부담부분에 관한 채무를 변제할 책임을 부담하는 것은 아니라고 할 것이다(대법원 1991. 10. 22. 선고 90다20244 판결). [보충] 변제자대위에 의한 청구는 가능할 것이다.

ㄷ. [O] 수인의 보증인이 있는 경우에는 그 사이에 분별의 이익이 있는 것이 원칙이지만, 그 수인이 연대보증인일 때에는 각자가 별개의 법률행위로 보증인이 되었고 또한 보증인 상호 간에 연대의 특약(보증연대)이 없었더라도 채권자에 대하여는 분별의 이익을 갖지 못하고 각자의 채무의 전액을 변제하여야 하나, 연대보증인들 상호 간의 내부관계에서는 주채무에 대하여 출재를 분담하는 일정한 금액을 의미하는 부담부분이 있고, 그 부담부분의 비율, 즉 분담비율에 관하여는 그들 사이에 특약이 있으면 당연히 그에 따르되 그 특약이 없는 한 각자 평등한 비율로 부담을 지게 된다. 그러므로 연대보증인 가운데 한 사람이 자기의 부담부분을 초과하여 변제하였을 때에는 다른 연대보증인에 대하여 구상을 할 수 있는데, 다만 다른 연대보증인 가운데 이미 자기의 부담부분을 변제한 사람에 대하여는 구상을 할 수 없으므로 그를 제외하고 아직 자기의 부담부분을 변제하지 아니한 사람에 대하여만 구상권을 행사하여야 한다. 또한 연대보증인 가운데 한 사람이 자기의 부담부분을 초과하여 변제하여 다른 연대보증인에 대하여 구상을 하는 경우의 부담부분은 수인의 연대보증이 성립할 당시 주채무액에 분담비율을 적용하여 산출된 금액으로 일단 정하여지지만, 그 후 주채무자의 변제 등으로 주채무가 소멸하면 부종성에 따라 각 연대보증인의 부담부분이 그 소멸액만큼 분담비율에 따라 감소하고 또한 연대보증인의 변제가 있으면 당해 연대보증인의 부담부분이 그 변제액만큼 감소하게 된다. 그러므로 자기의 부담부분을 초과한 변제를 함으로써 그 초과 변제액에 대하여 다른 연대보증인을 상대로 구상권을 행사할 수 있는 연대보증인인지 여부는 당해 변제 시를 기준으로 판단하되, 구체적으로는 우선 그때까지 발생·증가하였던 주채무의 총액에 분담비율을 적용하여 당해 연대보증인의 부담부분 총액을 산출하고 그 전에 앞서 본 바와 같은 사유 등으로 감소한 그의 부담부분이 있다면 이를 위 부담부분 총액에서 공제하는 방법으로 당해 연대보증인의 부담부분을 확정한 다음 당해 변제액이 위 확정된 부담부분을 초과하는지 여부에 따라 판단하여야 한다. 한편 이미 자기의 부담부분을 변제함으로써 위와 같은 구상권 행사의 대상에서 제외되는 다른 연대보증인지 여부도 원칙적으로 구상의 기초가 되는 변제 당시에 위와 같은 방법에 의하여 확정되는 그 연대보증인의 부담부분을 기준으로 판단하여야 한다(대법원 2024. 10. 25. 선고 2024다232066 판결).

ㄹ. [O] 보증채무에 대한 소멸시효가 중단되는 등의 사유로 완성되지 아니하였다고 하더라도 주채무에 대한 소멸시효가 완성된 경우에는 시효완성의 사실로 주채무가 소멸되므로 보증채무의 부종성에 따라 보증채무 역시 당연히 소멸되는 것이 원칙이다. 다만 보증채무의 부종성을 부정하여야 할 특별한 사정이 있는 경우에는 예외적으로 보증인은 주채무의 시효소멸을 이유로 보증채무의 소멸을 주장할 수 없으나, 특별한 사정을 인정하여 보증채무의 본질적인 속성에 해당하는 부종성을 부정하려면 보증인이 주채무의 시효소멸에도 불구하고 보증채무를 이행하겠다는 의사를 표시하거나 채권자와 그러한 내용의 약정을 하였어야 하고, 단지 보증인이 주채무의 시효소멸에 원인을 제공하였다는 것만으로는 보증채무의 부종성을 부정할 수 없다(대법원 2018. 5. 15. 선고 2016다211620 판결).

ㅁ. [X] 보증인 보호를 위한 특별법(이하 '보증인보호법'이라 한다)은 보증에 관하여 민법에 대한 특례를 규정함으로써 아무런 대가 없이 호의로 이루어지는 보증인의 경제적·정신적 피해를 방지하고, 금전채무에 대한 합리적인 보증계약의 관행을 확립함으로써 신용사회 정착에 이바지함을 목적으로

한다(제1조). 보증계약을 체결할 때에는 보증채무 최고액을 서면으로 특정해야 하고(제4조, 제6조), 보증기간의 약정이 없는 때에는 그 기간을 3년으로 보고(제7조 제1항), 보증기간은 갱신할 수 있되 보증기간의 약정이 없는 때에는 계약체결 시의 보증기간을 그 기간으로 본다(제7조 제2항). 이러한 규정들의 내용과 체계, 입법 목적 등에 비추어 보면, 보증인보호법 제7조 제1항의 취지는 보증채무의 범위를 특정하여 보증인을 보호하는 것이다. 따라서 이 규정에서 정한 '보증기간'은 특별한 사정이 없는 한 보증인이 보증책임을 부담하는 주채무의 발생기간이라고 해석함이 타당하고, 보증채무의 존속기간을 의미한다고 볼 수 없다(대법원 2020. 7. 23. 선고 2018다42231 판결).

ㅂ. [O] 민법 제443조 전단은 '전조의 규정에 의하여 주채무자가 보증인에게 배상하는 경우에 주채무자는 자기에게 담보를 제공할 것을 보증인에게 청구할 수 있다.'고 정한다. 따라서 주채무자는 수탁보증인이 민법 제442조에 정한 바에 따라 주채무자에게 사전구상의무 이행을 구하면 민법 제443조 전단을 근거로 수탁보증인에게 담보의 제공을 구할 수 있고, 그러한 담보제공이 있을 때까지 사전구상의무 이행을 거절할 수 있다. 만약 수탁보증인이 주채무자의 담보제공청구에 응하여 구상금액에 상당한 담보를 특정하여 제공할 의사를 표시한다면 법원은 주채무자가 수탁보증인으로부터 그 특정한 담보를 제공받음과 동시에 사전구상의무를 이행하여야 한다고 판결하여야 하지만, 수탁보증인이 주채무자의 담보제공청구를 거절하거나 구상금액에 상당한 담보를 제공하려는 의사를 표시하지 않는다면 법원은 수탁보증인의 사전구상금 청구를 기각하는 판결을 하여야 한다(대법원 2023. 2. 2. 선고 2020다283578 판결).

ㅅ. [X] 계속적 채권관계에서 발생하는 주계약상의 불확정 채무에 대하여 보증한 경우 그 보증채무는 통상적으로 주계약상의 채무가 확정된 때에 이와 함께 확정된다. 그러나 채권자와 주채무자 사이에서 주계약상의 거래기간이 연장되었으나 보증인과 사이에서 보증기간이 연장되지 아니하는 등의 사정으로 보증계약 관계가 먼저 종료된 때에는 그 종료로 보증채무가 확정되므로, 보증인은 그 당시의 주계약상의 채무에 대하여 보증책임을 지고, 그 후의 채무에 대하여는 보증책임을 지지 아니한다(대법원 2021. 1. 28. 선고 2019다207141 판결).

정답 ①

127 / 연대보증 /

乙의 甲에 대한 1,000만 원의 금전채무에 대하여 丙과 丁이 연대보증인이 된 경우(丙과 丁 사이에 특약은 없는 것으로 한다)에 관한 설명으로 옳은 것은? (다툼이 있으면 판례에 의함)

> ㄱ. 수인의 보증인이 있는 경우에는 그 사이에 분별의 이익이 있는 것이 원칙이므로 그 수인이 연대보증인인 경우에도 각자가 별개의 법률행위로 보증인이 되었고 또한 보증인 상호간에 연대의 특약이 없다면 채권자에 대하여 분별의 이익을 갖게 된다.
>
> ㄴ. 자기의 부담부분을 초과한 변제를 함으로써 그 초과 변제액에 대하여 다른 연대보증인을 상대로 구상권을 행사할 수 있는 연대보증인인지 여부는 당해 변제시를 기준으로 판단하고, 이미 자기의 부담부분을 변제함으로써 구상권 행사의 대상에서 제외되는 다른 연대보증인인지 여부도 원칙적으로 구상의 기초가 되는 변제 당시를 기준으로 판단한다.

ㄷ. 丙이 1,000만원을 甲에게 변제한 경우, 丙은 乙에 대하여 구상할 수 있지만 丁에 대하여는 구상할 수 없다. 한편 제3자 戊의 출재로 乙의 甲에 대한 주채무가 소멸하면 연대보증채무도 소멸하므로, 戊는 丙에 대하여 부당이득반환을 청구할 수 있다.

ㄹ. 연대보증인이 주채무자의 채무 중 일정 범위에 대하여 보증을 한 경우에 주채무자가 일부변제를 하면, 특별한 사정이 없는 한 일부변제금은 주채무자의 채무 전부를 대상으로 변제충당의 일반원칙에 따라 충당되고, 연대보증인은 변제충당 후 남은 주채무자의 채무 중 보증한 범위 내의 것에 대하여 보증책임을 부담한다.

ㅁ. 乙의 甲에 대한 채무가 시효로 소멸한 때에는 丙도 그 시효소멸을 원용할 수 있으며, 만약 乙이 시효의 이익을 포기하더라도 丙에게는 그 효력이 미치지 않는다.

① ㄱ, ㄴ, ㄹ ② ㄱ, ㄴ, ㄷ ③ ㄴ, ㄹ, ㅁ
④ ㄴ, ㄷ, ㅁ ⑤ ㄷ, ㄹ, ㅁ

해설

ㄱ. [×] ㄴ. [○] [1] 수인의 보증인이 있는 경우에는 그 사이에 분별의 이익이 있는 것이 원칙이지만, 그 수인이 연대보증인일 때에는 각자가 별개의 법률행위로 보증인이 되었고 또한 보증인 상호간에 연대의 특약(보증연대)이 없었더라도 채권자에 대하여는 분별의 이익을 갖지 못하고 각자의 채무의 전액을 변제하여야 하나, 연대보증인들 상호간의 내부관계에서는 주채무에 대하여 출재를 분담하는 일정한 금액을 의미하는 부담부분이 있고, 그 부담부분의 비율, 즉 분담비율에 관하여는 그들 사이에 특약이 있으면 당연히 그에 따르되 그 특약이 없는 한 각자 평등한 비율로 부담을 지게 된다. 그러므로 연대보증인 가운데 한 사람이 자기의 부담부분을 초과하여 변제하였을 때에는 다른 연대보증인에 대하여 구상을 할 수 있는데, 다만 다른 연대보증인 가운데 이미 자기의 부담부분을 변제한 사람에 대하여는 구상을 할 수 없으므로 그를 제외하고 아직 자기의 부담부분을 변제하지 아니한 사람에 대하여만 구상권을 행사하여야 한다. [2] 연대보증인 가운데 한 사람이 자기의 부담부분을 초과하여 변제하여 다른 연대보증인에 대하여 구상을 하는 경우의 부담부분은 수인의 연대보증이 성립할 당시 주채무액에 분담비율을 적용하여 산출된 금액으로 일단 정하여지지만, 그 후 주채무자의 변제 등으로 주채무가 소멸하면 부종성에 따라 각 연대보증인의 부담부분이 그 소멸액만큼 분담비율에 따라 감소하고 또한 연대보증인의 변제가 있으면 당해 연대보증인의 부담부분이 그 변제액만큼 감소하게 된다. 그러므로 자기의 부담부분을 초과한 변제를 함으로써 그 초과 변제액에 대하여 다른 연대보증인을 상대로 구상권을 행사할 수 있는 연대보증인지 여부는 당해 변제시를 기준으로 판단하되, 구체적으로는 우선 그때까지 발생·증가하였던 주채무의 총액에 분담비율을 적용하여 당해 연대보증인의 부담부분 총액을 산출하고 그 전에 앞서 본 바와 같은 사유 등으로 감소한 그의 부담부분이 있다면 이를 위 부담부분 총액에서 공제하는 방법으로 당해 연대보증인의 부담부분을 확정한 다음 당해 변제액이 위 확정된 부담부분을 초과하는지 여부에 따라 판단하여야 한다. 한편, 이미 자기의 부담부분을 변제함으로써 위와 같은 구상권 행사의 대상에서 제외되는 다른 연대보증인지 여부도 원칙적으로 구상의 기초가 되는 변제 당시에 위와 같은 방법에 의하여 확정되는 그 연대보증인의 부담부분을 기준으로 판단하여야 한다(대법원 2009. 06. 25. 선고 2007다70155 판결).

ㄷ. [×] 연대보증인에게는 분별의 이익이 없으므로 丙은 대외적으로 전액을 변제해야 한다. 그리고 수인의 연대보증인 사이에는 연대채무자 사이의 구상권 규정에 의하여 구상할 수 있다(제448조 제2항).

따라서 1,000만 원을 변제한 丙은 다른 연대보증인 丁에게 그의 부담부분 500만 원과 변제한 날 이후의 법정이자 및 피할 수 없는 비용 기타 손해배상을 청구할 수 있다(제425조). [판례] 주채무가 제3자의 변제에 의하여 소멸한 경우에는 주채무의 소멸로 인하여 보증채무도 소멸하므로(연대보증의 경우도 보증인은 채무자와 연대하여 채무를 이행할 책임이 있어 보증채무의 보충성이 인정되지 아니하는 것에 불과하고, 보증이라고 하는 성질에는 다름이 없으므로 주채무가 제3자의 변제에 의하여 소멸하는 경우에는 연대보증채무도 소멸되는 것은 마찬가지이다.), 민법 제480조 내지 제481조 소정의 변제자대위가 성립하지 아니하는 한 제3자는 보증인에 대하여 부당이득반환청구 등의 어떠한 청구도 할 수 없게 되며, 또한 부당이득이라 함은 타인의 재산 또는 노무로 인하여 이익을 얻고 이로 인하여 타인에게 손해를 가한 경우에 성립하는 것인바, 제3자의 출재로 인하여 주채무가 소멸되면 제3자로서는 주채무자에 대하여 자신의 출재에 대한 구상권을 행사할 수 있어 그에게 손해가 있다고 보기도 어려우므로 제3자의 연대보증인에 대한 부당이득반환청구는 받아들일 수 없다(대법원 1996. 9. 20. 선고 96다22655 판결).

ㄹ. [O] 연대보증인이 주채무자의 채무 중 일정 범위에 대하여 보증을 한 경우에 주채무자가 일부변제를 하면, 특별한 사정이 없는 한 일부변제금은 주채무자의 채무 전부를 대상으로 변제충당의 일반원칙에 따라 충당되고, 연대보증인은 변제충당 후 남은 주채무자의 채무 중 보증한 범위 내의 것에 대하여 보증책임을 부담한다(대법원 2016. 8. 25. 선고 2016다2840 판결).

ㅁ. [O] 주채무가 시효로 소멸한 때에는 보증인도 그 시효소멸을 원용할 수 있으며, 주채무자가 시효의 이익을 포기하더라도 보증인에게는 그 효력이 없다(대법원 1991. 01. 29. 선고 89다카1114 판결).

정답 ③

128 /계속적 보증/

계속적 보증에 관한 다음 설명 중 옳지 않은 것을 모두 고른 것은? (다툼이 있으면 판례에 의함)

> ㄱ. 보증기간과 보증한도액의 정함이 없는 계속적 보증계약의 경우, 보증인이 사망하면 상속인은 보증인의 지위를 상속하지 않고 이미 발생한 보증채무만을 상속한다.
>
> ㄴ. 회사의 이사로서 회사의 확정채무에 대하여 보증을 한 자가 이사직을 사직한 경우, 사정변경을 이유로 보증계약을 해지할 수 없다.
>
> ㄷ. 회사의 이사로서 부득이 회사의 채무에 대해 보증기간을 정한 계속적 보증계약을 한 자가 이사직을 사직한 경우라도, 특별한 사정이 없는 한 보증기간 만료 전에는 사정변경에 의한 보증계약 해지권이 인정되지 않는다.
>
> ㄹ. 특정채무를 보증하는 경우에도 신의칙을 근거로 보증책임을 제한하는 것이 예외적으로 허용될 수 있다.
>
> ㅁ. 채권자와 주채무자가 한정근보증계약 체결 이후 새로운 기본거래계약을 체결하거나 기존 기본거래계약의 기한을 갱신하고 그 거래 한도금액을 증액하는 약정을 하였다면, 그것이 당초 정한 기본거래의 종류에 속하고 그로 인한 채무가 근보증 결산기 이전에 발생한 것

> 으로서 근보증한도액을 넘지 않는다고 하더라도, 별도의 약정이 있다는 등의 특별한 사정이 없는 한 새로운 기본거래계약 체결 등에 관하여 보증인의 동의를 받거나 보증인에게 통지하여야만 피보증채무의 범위에 속하게 되는 것이다.

① ㄱ, ㄷ   ② ㄱ, ㄹ   ③ ㄴ, ㄹ
④ ㄷ, ㅁ   ⑤ ㄹ, ㅁ

해설

ㄱ. [O] 보증한도액이 정해진 계속적 보증계약의 경우 보증인이 사망하였다 하더라도 보증계약이 당연히 종료되는 것은 아니고 특별한 사정이 없는 한 상속인들이 보증인의 지위를 승계한다고 보아야 할 것이나, 보증기간과 보증한도액의 정함이 없는 계속적 보증계약의 경우에는 보증인이 사망하면 보증인의 지위가 상속인에게 상속된다고 할 수 없고 다만, 기왕에 발생된 보증채무만이 상속된다(대법원 2001. 06. 12. 선고 2000다47187 판결).

ㄴ. [O] 보증인이 회사의 이사라는 지위에 있었고 은행대출규정상 어쩔 수 없이 회사의 채무에 대하여 연대보증을 하였다는 이유로 그 보증인의 책임을 보증인이 이사로 재직 중에 있을 때 생긴 채무만으로 제한할 수 있는 경우는 포괄근보증이나 한정근보증과 같이 채무액이 불확정이고 계속적인 거래로 인한 채무에 대하여 보증한 경우에 한하고, 회사의 이사로 재직하면서 보증 당시 이미 그 채무가 특정되어 있는 확정채무에 대하여는 보증을 한 후 이사직을 사임하였다 하더라도 사정변경을 이유로 보증계약을 해지할 수 있다거나 그 책임이 제한되는 것은 아니다(대법원 1999. 01. 15. 선고 98다46082 판결).

ㄷ. [X] 회사의 임원이나 직원의 지위에 있기 때문에 회사의 요구로 부득이 회사와 제3자 사이의 계속적 거래로 인한 회사의 채무에 대하여 보증인이 된 자가 그 후 회사로부터 퇴사하여 임원이나 직원의 지위를 떠난 때에는 보증계약성립 당시의 사정에 현저한 변경이 생긴 경우에 해당하므로 사정변경을 이유로 보증계약을 해지할 수 있다고 보아야 하며, 위 계속적 보증계약에서 보증기간을 정하였다고 하더라도 그것이 특히 퇴사 후에도 보증채무를 부담키로 특약한 취지라고 인정되지 않는 한 위와 같은 해지권의 발생에 영향이 없다(대법원 1990. 02. 27. 선고 89다카1381 판결).

ㄹ. [O] 채권자와 채무자 사이에 계속적인 거래관계에서 발생하는 불확정한 채무를 보증하는 이른바 계속적 보증의 경우뿐만 아니라 특정채무를 보증하는 일반보증의 경우에 있어서도, 채권자의 권리행사가 신의칙에 비추어 용납할 수 없는 성질의 것일 때에는 보증인의 책임을 제한하는 것이 예외적으로 허용될 수 있을 것이나, 일단 유효하게 성립된 보증계약에 따른 책임을 신의칙과 같은 일반원칙에 의하여 제한하는 것은 자칫 잘못하면 사적 자치의 원칙이나 법적 안정성에 대한 중대한 위협이 될 수 있으므로 신중을 기하여 극히 예외적으로 인정하여야 한다(대법원 2004. 01. 27. 선고 2003다45410 판결).

ㅁ. [X] [1] 근보증은 채권자와 주채무자 사이의 특정한 계속적 거래계약뿐 아니라 그밖에 일정한 종류의 거래로부터 발생하는 채무 또는 특정한 원인에 기하여 계속적으로 발생하는 채무에 대하여도 할 수 있다. 또한 근보증의 대상인 주채무는 근보증계약을 체결할 당시에 이미 발생되어 있거나 구체적으로 내용이 특정되어 있을 필요는 없고, 장래의 채무, 조건부 채무는 물론 장래 증감·변동이 예정된 불특정의 채무라도 이를 특정할 수 있는 기준이 정해져 있으면 된다. 이와 같이 근보증은 그 보증대상인 주채무의 확정을 장래 근보증관계가 종료될 시점으로 유보하여 두는 것이므로,

그 종료 시점에 이르러 비로소 보증인이 부담할 피보증채무가 구체적으로 확정된다. 한편 위와 같은 근보증의 특질에 비추어 볼 때, 근보증계약이 특정 기본거래계약에 기하여 발생하는 채무만을 보증하기로 한 것이 아니라, <u>기본거래의 종류만을 정하고 그 종류에 속하는 현재 또는 장래의 기본거래계약에 기하여 근보증 결산기 이전에 발생하는 채무를 보증한도액 범위 내에서 보증하기로 하는 이른바 '한정근보증계약'인 경우, 미리 정한 기본거래의 종류에 의하여 장래 체결될 기본거래계약 또는 그에 기하여 발생하는 보증대상인 채무를 특정할 수 있다면 비록 주채무 발생의 원인이 되는 기본거래계약이 한정근보증계약보다 먼저 체결되어 있지 아니하더라도 그 근보증계약의 성립이나 효력에는 아무런 영향이 없다. [2] 한정근보증계약은 거기에 정한 기본거래의 종류에 속하는 기본거래계약이 별도로 체결되는 것을 예정하고 있으므로, 채권자와 주채무자가 한정근보증계약 체결 이후 새로운 기본거래계약을 체결하거나 기존 기본거래계약의 기한을 갱신하고 그 거래한도금액을 증액하는 약정을 하였다고 하더라도, 그것이 당초 정한 기본거래의 종류에 속하고 그로 인한 채무가 근보증 결산기 이전에 발생한 것으로서 근보증한도액을 넘지 않는다면, 이는 모두 한정근보증의 피보증채무 범위에 속한다고 보아야 하고, 별도의 약정이 있다는 등의 특별한 사정이 없는 한 새로운 기본거래계약 체결 등에 관하여 보증인의 동의를 받거나 보증인에게 통지하여야만 피보증채무의 범위에 속하게 되는 것은 아니다</u>(대법원 2013. 11. 14. 선고 2011다29987 판결).

정답 ④

129 /공동보증/

乙의 甲에 대한 1,200만 원의 채무에 대하여 丙, 丁, 戊 3인이 각각 연대보증을 하였다. 이후 戊가 1,200만 원 전액을 변제한 후에 乙로부터 600만 원을 지급받아 구상채권의 변제에 충당하였다. 판례에 의할 경우에 戊가 乙, 丙, 丁을 상대로 구상할 수 있는 금액은 얼마인가?

① 乙 : 1,200만 원 丙 : 0원   丁 : 0원
② 乙 : 600만 원   丙 : 400만 원 丁 : 400만 원
③ 乙 : 600만 원   丙 : 300만 원 丁 : 300만 원
④ 乙 : 400만 원   丙 : 400만 원 丁 : 400만 원
⑤ 乙 : 200만 원   丙 : 200만 원 丁 : 200만 원

해 설

[관련판례] 공동연대보증인 중 1인이 채무 전액을 대위변제한 후 주채무자로부터 구상금의 일부를 변제받은 경우, <u>대위변제를 한 연대보증인은 자기의 부담 부분에 관하여는 다른 연대보증인들로부터는 구상을 받을 수 없고 오로지 주채무자로부터만 구상을 받아야 하므로 주채무자의 변제액을 자기의 부담 부분에 상응하는 주채무자의 구상채무에 먼저 충당할 정당한 이익이 있는 점,</u> 대위변제를 한 연대보증인이 다른 연대보증인들에 대하여 각자의 부담 부분을 한도로 갖는 구상권은 주채무자의 무자력 위험을 감수하고 먼저 대위변제를 한 연대보증인의 구상권 실현을 확보하고 공동연대보증인들 간의 공평을 기하기 위하여 민법 제448조 제2항에 의하여 인정된 권리이므로, 다른 연대보증인들로서는 주채무자

의 무자력시 주채무자에 대한 재구상권 행사가 곤란해질 위험이 있다는 사정을 내세워 대위변제를 한 연대보증인에 대한 구상채무의 감면을 주장하거나 이행을 거절할 수 없는 점 등을 고려하면, <u>주채무자의 구상금 일부 변제는 특별한 사정이 없는 한 대위변제를 한 연대보증인의 부담 부분에 상응하는 주채무자의 구상채무를 먼저 감소시키고 이 부분 구상채무가 전부 소멸되기 전까지는 다른 연대보증인들이 부담하는 구상채무의 범위에는 아무런 영향을 미치지 않는다고 보아야 한다. 그러나 주채무자의 구상금 일부 변제 금액이 대위변제를 한 연대보증인의 부담 부분을 넘는 경우에는 그 넘는 변제 금액은 주채무자의 구상채무를 감소시킴과 동시에 다른 연대보증인들의 구상채무도 각자의 부담비율에 상응하여 감소시킨다</u>(대법원 2010. 9. 30. 선고 2009다46873 판결).

[보충해설] 戊는 주채무자인 乙에 대하여는 1,200만 원 전액을 구상할 수 있다. 한편 <u>공동보증인 간의 부담비율은 특별한 사정이 없는 한 균등</u>하므로 戊는 연대보증인인 丙, 丁에 대하여 각자의 부담 부분인 각 400만 원을 구상할 수 있다. 戊는 자기의 부담 부분에 관하여는 오로지 주채무자 乙로부터만 구상받아야 하므로 주채무자인 乙이 지급한 600만 원 중 戊의 부담 부분인 400만 원에 상응하는 부분은 乙의 구상채무만을 감소시킬 뿐 丙과 丁의 구상채무를 감소시키지 못한다. 그리고 戊의 부담 부분을 넘는 나머지 변제 금액 200만 원에 한하여 丙, 丁의 구상채무 중 각 100만 원을 감소시킨다. 따라서 戊는 乙에 대하여 600만 원을, 丙, 丁에 대하여는 각 300만 원을 구상할 수 있다.

정답 ③

CHAPTER 04 채권양도와 채무인수

제1절 • 채권양도

130 /채권양도와 양도금지특약/

2017. 2. 1. 甲은 乙에게 1억 원을 변제기 2018. 1. 31.로 정하여 대여하였다. 甲과 乙은 대여금 채권의 양도를 금지하는 특약을 하였다. 그럼에도 불구하고 甲은 2017. 8. 1. 그 대여금 채권을 丙에게 양도하였고, 甲은 2017. 8. 2. 乙에게 채권양도를 통지하였다. 다음 설명 중 옳지 않은 것을 모두 고른 것은? (다툼이 있으면 판례에 의함)

> ㄱ. 민법 제449조 제2항에서 채권양도금지 특약은 선의의 제3자에게 대항할 수 없다고만 규정하고 있으나 丙이 양도금지특약의 존재를 알지 못하였고 그 알지 못함에 중과실이 있는 경우에는 악의의 양수인과 같이 취급한다.
>
> ㄴ. 丙은 스스로 양도금지특약 사실에 관하여 자신의 선의 및 무중과실을 증명하여야 대여금 채권을 취득할 수 있다.
>
> ㄷ. 만약 양도금지특약에 관하여 선의·중무과실의 丙이 다시 丁에게 대여금채권을 양도한다면, 丁은 선의·악의를 불문하고 유효하게 채권을 취득한다. 그리고 丙이 양도금지특약에 관하여 악의라고 하더라도 丁이 선의·무중과실이라면 유효하게 채권을 취득한다.
>
> ㄹ. 만약 채권양도 이전에 甲의 채권자 A가 대여금채권을 압류하였다면, 甲과 丙의 채권양도는 A를 제외한 甲의 다른 채권자 등에 대한 관계에서는 유효하다.
>
> ㅁ. 만약 乙이 대여금채권의 양도를 승낙한다면 이의를 유보한 채 할 수 있지만, 조건을 붙여서 승낙할 수는 없다.

① ㄱ, ㄷ   ② ㄴ, ㅁ   ③ ㄴ, ㄷ
④ ㄷ, ㄹ   ⑤ ㄹ, ㅁ

해설

ㄱ. [O] 민법 제449조 제2항이 채권양도 금지의 특약은 선의의 제3자에게 대항할 수 없다고만 규정하고 있어서 그 문언상 제3자의 과실의 유무를 문제 삼고 있지는 아니하지만, 제3자의 중대한 과실은 악의와 같이 취급되어야 하므로, 양도금지 특약의 존재를 알지 못하고 채권을 양수한 경우에 있어서 그 알지 못함에 중대한 과실이 있는 때에는 악의의 양수인과 같이 양도에 의한 채권을 취득할 수 없다고 해석하는 것이 상당하다(대법원 1996. 06. 28. 선고 96다18281 판결). [관련판례] ⑺ 채권은 양도할 수 있다. 그러나 채권의 성질이 양도를 허용하지 아니하는 때에는 그러하지 아니하다(민법 제449조 제1항). 그리고 채권은 당사자가 반대의 의사를 표시한 경우에는 양도하지 못한다. 그러나 그 의사표시로써 선의의 제3자에게 대항하지 못한다(민법 제449조 제2항). 이처럼 당사자가 양도를 반대하는 의사를 표시(이하 '양도금지특약'이라고 한다)한 경우 채권은 양도성을 상실한다. 양도금지특약을

위반하여 채권을 제3자에게 양도한 경우에 채권양수인이 양도금지특약이 있음을 알았거나 중대한 과실로 알지 못하였다면 채권 이전의 효과가 생기지 아니한다. 반대로 양수인이 중대한 과실 없이 양도금지특약의 존재를 알지 못하였다면 채권양도는 유효하게 되어 채무자는 양수인에게 양도금지특약을 가지고 채무 이행을 거절할 수 없다. 채권양수인의 악의 내지 중과실은 양도금지특약으로 양수인에게 대항하려는 자가 주장·증명하여야 한다. (나) 양도금지특약을 위반하여 이루어진 채권양도는 원칙적으로 효력이 없다는 것이 통설이고, 이와 견해를 같이하는 상당수의 대법원판결이 선고되어 재판실무가 안정적으로 운영되고 있다. 이러한 판례의 법리는 다음과 같은 이유에서 그대로 유지되어야 한다. ① 민법 제449조 제2항 본문이 당사자가 양도를 반대하는 의사를 표시한 경우 채권을 양도하지 못한다고 규정한 것은 양도금지특약을 위반한 채권양도의 효력을 부정하는 의미라고 해석하여야 한다. 법조문에서 '양도하지 못한다'고 명시적으로 규정하고 있음에도 이를 '양도할 수 있다'고 해석할 수는 없다. 나아가 민법 제449조 제2항 단서는 본문에 의하여 양도금지특약을 위반하여 이루어진 채권양도가 무효로 됨을 전제로 하는 규정이다. 따라서 양도금지특약을 위반한 채권양도는 당연히 무효이지만 거래의 안전을 보호하기 위하여 선의의 제3자에게 무효를 주장할 수 없다는 의미로 위 단서규정을 해석함이 문언 및 본문과의 관계에서 자연스럽다. ② 이처럼 해석하는 것이 지명채권의 본질과 특성을 보다 잘 반영할 수 있다. ③ 물권에 관하여는 물권법정주의에 따라 법이 규정하는 바에 의하여 물권의 종류와 내용이 정해지는 반면(민법 제185조), 채권관계에서는 사적 자치와 계약자유의 원칙이 적용되어 계약당사자는 원칙적으로 합의에 따라 계약 내용을 자유롭게 결정할 수 있다. 따라서 채권자와 채무자가 그들 사이에 발생한 채권의 양도를 금지하는 특약을 하였다면 이는 채권의 내용을 형성할 뿐만 아니라 그 속성을 이루는 것이어서 존중되어야 한다. ④ 계약당사자가 그들 사이에 발생한 채권을 양도하지 않기로 약정하는 것은 계약자유의 원칙상 당연히 허용되는 것인데, 민법에서 별도의 규정까지 두어 양도금지특약에 관하여 규율하는 것은 이러한 특약의 효력이 당사자 사이뿐만 아니라 제3자에게까지 미치도록 하는 데 그 취지가 있다고 보아야 한다. ⑤ 채권은 이전되더라도 본래 계약에서 정한 내용을 그대로 유지함이 원칙이고 양도금지특약도 이러한 계약의 내용 중 하나에 속하므로, 원칙적으로 채무자는 지명채권의 양수인을 비롯하여 누구에게도 양도금지특약이 있음을 주장할 수 있다고 보아야 하고, 민법 제449조 제2항 본문은 명문으로 이를 다시 확인한 규정이라 볼 수 있다. ⑥ 양도금지특약이 있는 경우 채권의 양도성이 상실되어 원칙적으로 채권양도가 일어나지 않는다고 보는 것이 악의의 양수인과의 관계에서 법률관계를 보다 간명하게 처리하는 길이기도 하다. ⑦ 양도금지특약이 있는 채권에 대한 압류나 전부가 허용되는 것은 양도금지특약의 법적 성질과 상관없이 민사집행법에서 압류금지재산을 열거적으로 규정한 데에 따른 반사적 결과에 불과하다. 나아가 양수인이 악의라고 하더라도 전득자가 선의인 경우 채권을 유효하게 취득한다는 기존 판례의 입장은 채권의 양도성을 제한하려는 당사자의 의사보다는 거래의 안전을 도모하려는 민법 제449조 제2항 단서의 취지를 중시하여 제3자의 범위를 넓힌 것으로 받아들여야 한다. ⑧ 채권의 재산적 성격과 양도성을 제고하는 것이 국제적 흐름이라 하더라도 이는 대부분 제한적 범위 내에서 해석이 아닌 법규정을 통해 달성되고 있음에 유의하여야 한다. 그러므로 문언상 양도금지특약을 위반한 채권양도의 효력이 부인된다는 의미가 도출되는 민법 제449조 제2항에도 불구하고, 양도금지특약을 위반한 채권양도를 원칙적으로 유효하다고 보는 새로운 해석을 도입하는 데에는 신중할 필요가 있다(대법원 2019. 12. 19. 선고 2016다24284 전원합의체 판결).

ㄴ. [×] ㄷ. [○] ★ [사례형·기록형] 당사자의 의사표시에 의한 채권양도금지 특약은 제3자가 악의인 경우는 물론 제3자가 채권양도금지 특약을 알지 못한 데에 중대한 과실이 있는 경우에도 채권양도금지 특약으로써 대항할 수 있고, 제3자의 악의 내지 중과실은 채권양도금지 특약으로 양수인에게 대항하려는 자가 이를 주장·증명하여야 한다. 그리고 민법 제449조 제2항 단서는 채권양도금지

특약으로써 대항할 수 없는 자를 '선의의 제3자'라고만 규정하고 있어 채권자로부터 직접 양수한 자만을 가리키는 것으로 해석할 이유는 없으므로, 악의의 양수인으로부터 다시 선의로 양수한 전득자도 위 조항에서의 선의의 제3자에 해당한다. 또한 선의의 양수인을 보호하고자 하는 위 조항의 입법 취지에 비추어 볼 때, 이러한 선의의 양수인으로부터 다시 채권을 양수한 전득자는 선의·악의를 불문하고 채권을 유효하게 취득한다(대법원 2015. 04. 09. 선고 2012다118020 판결).

ㄹ. [O] 채권에 대한 압류의 처분금지의 효력은 절대적인 것이 아니고, 이에 저촉되는 채무자의 처분행위가 있어도 압류의 효력이 미치는 범위에서 압류채권자에게 대항할 수 없는 상대적 효력을 가지는 데 그치므로, 압류 후에 피압류채권이 제3자에게 양도된 경우 채권양도는 압류채무자의 다른 채권자 등에 대한 관계에서는 유효하다. 그리고 채권양도 행위가 사해행위로 인정되어 취소 판결이 확정된 경우에도 취소의 효과는 사해행위 이전에 이미 채권을 압류한 다른 채권자에게는 미치지 아니한다(대법원 2015. 05. 14. 선고 2014다12072 판결).

ㅁ. [X] 지명채권 양도의 채무자에 대한 대항요건은 채무자에 대한 채권양도의 통지 또는 채무자의 승낙인데, 채권양도 통지가 채무자에 대하여 이루어져야 하는 것과는 달리 채무자의 승낙은 양도인 또는 양수인 모두가 상대방이 될 수 있다. 한편 지명채권 양도의 대항요건인 채무자의 승낙은 채권양도 사실을 채무자가 승인하는 의사를 표명하는 채무자의 행위라고 할 수 있는데, 채무자는 채권양도를 승낙하면서 조건을 붙여서 할 수 있다(대법원 2011. 06. 30. 선고 2011다8614 판결).

정답 ②

131 / 채권양도 /

甲은 2017. 8. 1. 乙과 X 토지를 1억 원에 매도하는 내용의 매매계약을 체결하면서, 소유권이전의무와 대금지급의무는 2017. 8. 31. 각 이행하기로 하되, 매매대금 1억 원에 대하여는 甲이 X 토지에 야적된 산업폐기물을 전부 수거하는 것을 조건으로 지급하기로 약정하였다. 그 후 甲은 2017. 8. 10. 丙에게 乙에 대한 1억 원의 매매대금채권을, 乙은 2017. 8. 15. 丁에게 甲에 대한 소유권이전등기청구권을 각 양도하였다. 다음 설명 중 옳은 것을 모두 고른 것은? (다툼이 있으면 판례에 의함)

> ㄱ. 甲이 丙에게 매매대금채권을 양도하기 전에 戊가 위 매매대금채권을 가압류한 경우에도 채권양도의 효력이 발생하고, 丙은 가압류에 의해 권리가 제한된 상태의 채권을 취득한다.
>
> ㄴ. 만약 丙이 가압류된 채권을 양수받은 후 매매대금채권을 가압류한 戊가 본안소송에서 승소하는 등으로 집행권원을 취득하면 丙에 대한 채권양도는 무효가 된다.
>
> ㄷ. 乙이 甲과 丙 사이의 채권양도계약을 관하여 아무런 이의를 유보하지 아니하고 승낙의 의사표시를 하였다면, 丙이 수거조건의 존재를 알지 못한 데에 중대한 과실이 있다고 하더라도 乙은 위 조건으로 丙에게 대항하지 못한다.
>
> ㄹ. 乙이 甲에게 소유권이전등기청구권의 양도 사실을 통지하였다면, 丁은 이행기가 도래할 때에 甲에게 X 토지에 대한 소유권이전등기를 청구할 수 있다.

ㅁ. 만약 채권양도금지특약이 있는 甲의 매매대금채권이 전부명령에 의하여 丙에게 이전되었고, 丙이 甲과 乙 사이의 양도금지특약이 존재한다는 사실을 잘 알고 있는 근에게 채권을 양도하였다면, 乙은 채권양도금지 특약을 근거로 근에게 채권양도의 무효를 주장할 수 있다.

① ㄱ, ㄴ ② ㄱ, ㄷ ③ ㄴ, ㄹ
④ ㄷ, ㅁ ⑤ ㄹ, ㅁ

해설

ㄱ. [O] 일반적으로 채권에 대한 가압류가 있더라도 이는 가압류채무자가 제3채무자로부터 현실로 급부를 추심하는 것만을 금지하는 것이므로 가압류채무자는 제3채무자를 상대로 이행을 구하는 소송을 제기할 수 있고, 법원은 가압류가 되어 있음을 이유로 배척할 수 없는 것이며, 채권양도는 구 채권자인 양도인과 신 채권자인 양수인 사이에 채권을 동일성을 유지하면서 전자로부터 후자에게로 이전시킬 것을 목적으로 하는 계약을 말한다 할 것이고, <u>채권양도에 의하여 채권은 동일성을 잃지 않고 양도인으로부터 양수인에게 이전된다 할 것이며, 가압류된 채권도 양도하는 데 아무런 제한이 없으나, 가압류된 채권을 양수받은 양수인은 가압류에 의하여 권리가 제한된 상태의 채권을 양수받는다</u>(대법원 2000. 04. 11. 선고 99다23888 판결).

ㄴ. [O] 채권가압류의 처분금지의 효력은 본안소송에서 가압류채권자가 승소하여 집행권원을 얻는 등으로 피보전권리의 존재가 확정되는 것을 조건으로 하여 발생하는 것이므로 <u>채권가압류결정의 채권자가 본안소송에서 승소하는 등으로 집행권원을 취득하는 경우에는 가압류에 의하여 권리가 제한된 상태의 채권을 양수받는 양수인에 대한 채권양도는 무효가 된다</u>(대법원 2002. 04. 26. 선고 2001다59033 판결).

ㄷ. [×] 채권양도에 있어서 채무자가 양도인에게 이의를 보류하지 아니하고 승낙을 하였다는 사정이 없거나 또는 <u>이의를 보류하지 아니하고 승낙을 하였더라도 양수인이 악의 또는 중과실의 경우에 해당하는 한, 채무자의 승낙 당시까지 양도인에 대하여 생긴 사유로써 양수인에게 대항할 수 있다</u>고 할 것인데, 승낙 당시 이미 상계를 할 수 있는 원인이 있었던 경우에는 아직 상계적상에 있지 아니하였다 하더라도 그 후에 상계적상이 생기면 채무자는 양수인에 대하여 상계로 대항할 수 있다 (대법원 1999. 8. 20. 선고 99다18039 판결).

ㄹ. [×] 부동산의 매매로 인한 소유권이전등기청구권은 물권의 이전을 목적으로 하는 매매의 효과로서 매도인이 부담하는 재산권이전의무의 한 내용을 이루는 것이고, 매도인이 물권행위의 성립요건을 갖추도록 의무를 부담하는 경우에 발생하는 채권적 청구권으로 <u>그 이행과정에 신뢰관계가 따르므로, 소유권이전등기청구권을 매수인으로부터 양도받은 양수인은 매도인이 그 양도에 대하여 동의하지 않고 있다면 매도인에 대하여 채권양도를 원인으로 하여 소유권이전등기절차의 이행을 청구할 수 없고, 따라서 매매로 인한 소유권이전등기청구권은 특별한 사정이 없는 이상 그 권리의 성질상 양도가 제한되고 그 양도에 채무자의 승낙이나 동의를 요한다고 할 것이므로 통상의 채권양도와 달리 양도인의 채무자에 대한 통지만으로는 채무자에 대한 대항력이 생기지 않으며 반드시 채무자의 동의나 승낙을 받아야 대항력이 생긴다</u>(대법원 2001. 10. 9. 선고 2000다51216 판결).
[비교판례] 부동산매매계약에서 매도인과 매수인은 서로 동시이행관계에 있는 일정한 의무를 부담하므로 이행과정에 신뢰관계가 따른다. 특히 매도인으로서는 매매대금 지급을 위한 매수인의 자력, 신용 등 매수인이 누구인지에 따라 계약유지 여부를 달리 생각할 여지가 있다. 이러한 이유로

매매로 인한 소유권이전등기청구권의 양도는 특별한 사정이 없는 이상 양도가 제한되고 양도에 채무자의 승낙이나 동의를 요한다고 할 것이므로 통상의 채권양도와 달리 양도인의 채무자에 대한 통지만으로는 채무자에 대한 대항력이 생기지 않으며 반드시 채무자의 동의나 승낙을 받아야 대항력이 생긴다. 그러나 <u>취득시효완성으로 인한 소유권이전등기청구권은 채권자와 채무자 사이에 아무런 계약관계나 신뢰관계가 없고, 그에 따라 채권자가 채무자에게 반대급부로 부담하여야 하는 의무도 없다. 따라서 취득시효완성으로 인한 소유권이전등기청구권의 양도의 경우에는 매매로 인한 소유권이전등기청구권에 관한 양도제한의 법리가 적용되지 않는다</u>(대법원 2018. 7. 12. 선고 2015다36167 판결).

ㅁ. [×] 당사자 사이에 <u>양도금지의 특약이 있는</u> 채권이더라도 전부명령에 의하여 전부되는 데에는 지장이 없고, 양도금지의 특약이 있는 사실에 관하여 <u>집행채권자가 선의인가 악의인가는 전부명령의 효력에 영향을 미치지 못하는 것인바</u>, 이와 같이 양도금지특약부 채권에 대한 전부명령이 유효한 이상, <u>그 전부채권자로부터 다시 그 채권을 양수한 자가 그 특약의 존재를 알았거나 중대한 과실로 알지 못하였다고 하더라도 채무자는 위 특약을 근거로 삼아 채권양도의 무효를 주장할 수 없다</u>(대법원 2003. 12. 11. 선고 2001다3771 판결).

정답 ①

132 / 채권양도의 제3자에 대한 대항력 /

2017. 3. 1. 甲은 乙에게 1억 원을 대여한 후 2017. 6. 1. 丙에게 위 대여금 채권 전부를 양도하였다. 甲은 乙에게 내용증명우편으로 채권양도통지를 하여 그 통지가 2017. 6. 5. 乙에게 도달하였다. 다음 설명 중 옳지 않은 것을 모두 고른 것은? (다툼이 있으면 판례에 의함)

ㄱ. 甲이 2017. 5. 15. 대여금채권을 丁에게 양도하고 2017. 6. 2. 乙에게 전화로 채권양도통지를 한 경우, 乙은 丁에 대하여 변제의무를 진다.

ㄴ. 甲의 채권자 A가 2017. 5. 30. 대여금채권 전부에 대해 압류명령을 받았고 그 결정이 2017. 6. 7. 乙에게 도달했다면 丙은 대여금채권을 양수받았다는 사실로 A에게 대항할 수 없다.

ㄷ. 甲의 채권자 A의 대여금채권 압류 결정의 통지가 2017. 6. 5.에 있었던 경우, 丙에 대한 채권양도 통지의 도달과의 선후관계에 대하여 달리 입증이 없으면 동시에 도달된 것으로 추정한다.

ㄹ. 위 ㄷ.의 경우 압류 결정의 통지와 내용증명우편으로 한 채권양도 통지가 동시에 이루어진 것으로 인정되는 경우, 丙은 채권양수금 전액을 청구하여 변제받을 수 있다.

ㅁ. 위 ㄹ.의 경우 丙이 양수금채권 전액을 변제받더라도 채권자 사이에서는 서로 우선변제권을 주장할 수 없으므로 A와 내부적으로 정산할 의무는 없다.

ㅂ. 위 ㄹ.과 같이 송달이 동시에 이루어진 경우, A와 丙은 완전한 대항력을 갖는 채권자가 되므로 乙은 채권자를 알 수 없다는 이유로 변제공탁을 할 수 없다.

① ㄱ, ㄴ, ㄹ　　　　② ㄱ, ㄹ, ㅂ　　　　③ ㄴ, ㄷ, ㄹ
④ ㄱ, ㄴ, ㅁ, ㅂ　　　⑤ ㄴ, ㄷ, ㅁ, ㅂ

해설

ㄱ. [✕] 이중의 채권양도가 있는 경우에 확정일자 있는 증서에 의한 통지를 한 채권양수인만이 채권양수에 의한 적법한 채권자가 된다 할 것이고 채무자는 위의 채권자에게만 채무변제의 의무가 있으며 그 결과 확정일자 있는 증서에 의하지 아니한 채무자의 승낙 있는 채권양도에 있어서의 채권양수인에 대하여는 채무변제의 의무가 없게 되는 것이다(대법원 1972. 01. 31. 선고 71다2697 판결).

ㄴ. [✕] 채권이 이중으로 양도된 경우의 양수인 상호간의 우열은 통지 또는 승낙에 붙여진 확정일자의 선후에 의하여 결정할 것이 아니라, 채권양도에 대한 채무자의 인식, 즉 확정일자 있는 양도통지가 채무자에게 도달한 일시 또는 확정일자 있는 승낙의 일시의 선후에 의하여 결정하여야 할 것이고, 이러한 법리는 채권양수인과 동일 채권에 대하여 가압류명령을 집행한 자 사이의 우열을 결정하는 경우에 있어서도 마찬가지이므로, 확정일자 있는 채권양도 통지와 가압류결정 정본의 제3채무자(채권양도의 경우는 채무자)에 대한 도달의 선후에 의하여 그 우열을 결정하여야 한다(대법원 1994. 04. 26. 선고 93다24223 전원합의체 판결).

ㄷ. [〇] 채권양도 통지와 채권가압류결정 정본이 같은 날 도달되었는데 그 선후관계에 대하여 달리 입증이 없으면 동시에 도달된 것으로 추정한다(대법원 1994. 04. 26. 선고 93다24223 전원합의체 판결).

ㄹ. [〇] ㅁ. [✕] 채권양도 통지, 가압류 또는 압류명령 등이 제3채무자에 동시에 송달되어 그들 상호간에 우열이 없는 경우에도 그 채권양수인, 가압류 또는 압류채권자는 모두 제3채무자에 대하여 완전한 대항력을 갖추었다고 할 것이므로, 그 전액에 대하여 채권양수금, 압류전부금 또는 추심금의 이행청구를 하고 적법하게 이를 변제받을 수 있고, 제3채무자로서는 이들 중 누구에게라도 그 채무 전액을 변제하면 다른 채권자에 대한 관계에서도 유효하게 면책되는 것이며, 만약 양수채권액과 가압류 또는 압류된 채권액의 합계액이 제3채무자에 대한 채권액을 초과할 때에는 그들 상호간에는 법률상의 지위가 대등하므로 공평의 원칙상 각 채권액에 안분하여 이를 내부적으로 다시 정산할 의무가 있다(대법원 1994. 04. 26. 선고 93다24223 전원합의체 판결).

ㅂ. [✕] 채권양도의 통지와 가압류 또는 압류명령이 제3채무자에게 동시에 송달되었다고 인정되어 채무자가 채권양수인 및 추심명령이나 전부명령을 얻은 가압류 또는 압류채권자 중 한 사람이 제기한 급부소송에서 전액 패소한 이후에도 다른 채권자가 그 송달의 선후에 관하여 다시 문제를 제기하는 경우 기판력의 이론상 제3채무자는 이중지급의 위험이 있을 수 있으므로, 동시에 송달된 경우에도 제3채무자는 송달의 선후가 불명한 경우에 준하여 채권자를 알 수 없다는 이유로 변제공탁을 함으로써 법률관계의 불안으로부터 벗어날 수 있다(대법원 1994. 04. 26. 선고 93다24223 전원합의체 판결).

정답 ④

133 /채권양도와 채무인수/
채권양도와 채무인수에 대한 다음 설명 중 옳지 않은 것은? (다툼이 있으면 판례에 의함)

① 동산·채권 등의 담보에 관한 법률에 의한 채권담보권자가 채권양수인보다 우선하고 담보권 설정의 통지가 제3채무자에게 도달하였는데도, 그 통지보다 채권양도의 통지가 먼저 도달하였다는 등의 이유로 제3채무자가 채권양수인에게 채무를 변제한 경우에 채권담보권자가 무권한자인 채권양수인의 변제수령을 추인하였다면, 추인에 의하여 제3채무자의 채권양수인에 대한 변제는 유효하게 되는 한편 채권담보권자는 채권양수인에게 부당이득으로서 변제받은 것의 반환을 청구할 수 있다.

② 소유권이전등기청구권을 매수인으로부터 양도받은 양수인이 소유권이전청구권 가등기 이전의 부기등기를 마치고 가등기에 기한 본등기까지 마쳤으나 당초의 소유자 겸 매도인이 양도에 대하여 동의하거나 승낙하지 않고 있다면 양수인은 매도인과 아무런 법률관계가 없어 매도인에 대하여 소유권이전등기절차의 이행을 청구하는 등의 권리행사를 할 수 없으므로, 가등기 이전의 부기등기 및 가등기에 기한 본등기는 이에 부합하는 양수인과 매도인 간의 적법·유효한 실체관계가 존재하지 아니하여 원인무효의 등기가 된다.

③ 지명채권의 양도는 특별한 사정이 없는 한 채권자와 양수인 사이의 계약에 의하여 이루어지는데, 채무자에 대한 통지 또는 채무자의 승낙이 없으면 채무자 기타 제3자에게 대항할 수 없으므로, 양수인은 대항요건을 구비하기 위해 채권자에게 채권양도통지절차의 이행을 청구할 수 있다.

④ 계약인수는 개별 채권·채무의 이전을 목적으로 하는 것이 아니라 다수의 채권·채무를 포함한 계약당사자로서의 지위의 포괄적 이전을 목적으로 하는 것으로서 계약당사자 3인의 관여에 의해 비로소 효력을 발생하는 반면, 개별 채권의 양도는 채권양도인과 양수인 2인만의 관여로 성립하고 효력을 발생하는 등 양자가 법적인 성질과 요건을 달리하므로, 채무자 보호를 위해 개별 채권양도에서 요구되는 대항요건은 계약인수에서는 별도로 요구되지 않는다.

⑤ 양도금지의 특약에 위반해서 채권을 제3자에게 양도한 경우 악의 또는 중과실의 채권양수인에 대하여는 채권 이전의 효과가 생기지 않으므로, 그 후 채무자가 그 양도에 대하여 승낙을 하더라도 채권양도행위가 유효로 되는 것은 아니다. 따라서 양도금지 특약이 붙은 채권이 양도된 경우에 채무자는 민법 제487조 후단의 채권자 불확지를 원인으로 하여 변제공탁을 할 수 없다.

해설

① [O] [1] 동산·채권 등의 담보에 관한 법률(이하 '동산채권담보법'이라 한다)에 의한 채권담보권자가 담보등기를 마친 후에서야 동일한 채권에 관한 채권양도가 이루어지고 확정일자 있는 증서에 의한 채권양도의 통지가 제3채무자에게 도달하였으나, 동산채권담보법 제35조 제2항에 따른 담보권설정의 통지는 제3채무자에게 도달하지 않은 상태에서는, 제3채무자에 대한 관계에서 채권양수인만이 대항요건을 갖추었으므로 제3채무자로서는 채권양수인에게 유효하게 채무를 변제할 수 있고 이로써 채권담보권자에 대하여도 면책된다. 다만 채권양수인은 채권담보권자에 대한 관계에서는 후

순위로서, 채권담보권자의 우선변제적 지위를 침해하여 이익을 받은 것이 되므로, 채권담보권자는 채권양수인에게 부당이득으로서 변제받은 것의 반환을 청구할 수 있다. 그러나 그 후 동산채권담보법 제35조 제2항에 따른 담보권설정의 통지가 제3채무자에게 도달한 경우에는, 그 통지가 채권양도의 통지보다 늦게 제3채무자에게 도달하였더라도, 채권양수인에게 우선하는 채권담보권자가 제3채무자에 대한 대항요건까지 갖추었으므로 제3채무자로서는 채권담보권자에게 채무를 변제하여야 하고, 채권양수인에게 변제하였다면 특별한 사정이 없는 한 이로써 채권담보권자에게 대항할 수 없다. [2] 민법 제472조는 불필요한 연쇄적 부당이득반환의 법률관계가 형성되는 것을 피하기 위하여 변제받을 권한 없는 자에 대한 변제의 경우에도 채권자가 이익을 받은 한도에서 효력이 있다고 규정하고 있는데, 여기에서 말하는 '채권자가 이익을 받은' 경우에는 변제의 수령자가 진정한 채권자에게 채무자의 변제로 받은 급부를 전달한 경우는 물론이고, 그렇지 않더라도 무권한자의 변제수령을 채권자가 사후에 추인한 때와 같이 무권한자의 변제수령을 채권자의 이익으로 돌릴 만한 실질적 관련성이 인정되는 경우도 포함된다. 그리고 무권한자의 변제수령을 채권자가 추인한 경우에 채권자는 무권한자에게 부당이득으로서 변제받은 것의 반환을 청구할 수 있다. [3] 동산·채권 등의 담보에 관한 법률에 의한 채권담보권자가 채권양수인보다 우선하고 담보권설정의 통지가 제3채무자에게 도달하였는데도, 그 통지보다 채권양도의 통지가 먼저 도달하였다는 등의 이유로 제3채무자가 채권양수인에게 채무를 변제한 경우에 채권담보권자가 무권한자인 채권양수인의 변제수령을 추인하였다면, 추인에 의하여 제3채무자의 채권양수인에 대한 변제는 유효하게 되는 한편 채권담보권자는 채권양수인에게 부당이득으로서 변제받은 것의 반환을 청구할 수 있다(대법원 2016. 7. 14. 선고 2015다71856 판결). [관련조문] 동산·채권 등의 담보에 관한 법률 제35조 (담보등기의 효력) ① 약정에 따른 채권담보권의 득실변경은 담보등기부에 등기한 때에 지명채권의 채무자(이하 "제3채무자"라 한다) 외의 제3자에게 대항할 수 있다. ② 담보권자 또는 담보권설정자(채권담보권 양도의 경우에는 그 양도인 또는 양수인을 말한다)는 제3채무자에게 제52조의 등기사항증명서를 건네주는 방법으로 그 사실을 통지하거나 제3채무자가 이를 승낙하지 아니하면 제3채무자에게 대항하지 못한다. ③ 동일한 채권에 관하여 담보등기부의 등기와 「민법」 제349조 또는 제450조 제2항에 따른 통지 또는 승낙이 있는 경우에 담보권자 또는 담보의 목적인 채권의 양수인은 법률에 다른 규정이 없으면 제3채무자 외의 제3자에게 등기와 그 통지의 도달 또는 승낙의 선후에 따라 그 권리를 주장할 수 있다. ④ 제2항의 통지, 승낙에 관하여는 「민법」 제451조 및 제452조를 준용한다.

② [O] 채권은 양도할 수 있다. 그러나 채권의 성질이 양도를 허용하지 아니하는 때에는 그러하지 아니하다(민법 제449조 제1항). 부동산의 매매로 인한 소유권이전등기청구권은 특별한 사정이 없는 이상 그 권리의 성질상 양도가 제한되고 그 양도에 채무자의 승낙이나 동의를 요하므로, 채무자의 승낙이나 동의가 없는 채권양도는 원칙적으로 효력이 없다. 따라서 통상의 채권양도와 달리 양도인의 채무자에 대한 통지만으로는 채무자에 대한 대항력이 생기지 않으며 반드시 채무자의 동의나 승낙을 받아야 대항력이 생긴다. 한편 등기가 실체관계에 부합한다고 하는 것은 그 등기절차에 어떤 하자가 있다고 하더라도 진실한 권리관계와 합치하는 것, 즉 소유권이전에서 등기이전절차만이 위법하고 그 외의 다른 법률행위는 적법·유효한 상태로 소유권이전등기청구권을 가지고 있는 경우를 말한다. 따라서 소유권이전등기청구권을 매수인으로부터 양도받은 양수인이 소유권이전청구권 가등기 이전의 부기등기를 마치고 가등기에 기한 본등기까지 마쳤으나 당초의 소유자 겸 매도인이 그 양도에 대하여 동의하거나 승낙하지 않고 있다면 양수인은 매도인과 아무런 법률관계가 없어 매도인에 대하여 소유권이전등기절차의 이행을 청구하는 등의 권리행사를 할 수 없으므로, 그 가등기 이전의 부기등기 및 가등기에 기한 본등기는 이에 부합하는 양수인과 매도인 간의 적법·유효한 실체관계가 존재하지 아니하여 원인무효의 등기가 된다(대법원 2025. 4. 24. 선고 2024다248290 판결).

③ [O] 지명채권의 양도는 특별한 사정이 없는 한 채권자와 양수인 사이의 계약에 의하여 이루어지는데, 채무자에 대한 통지 또는 채무자의 승낙이 없으면 채무자 기타 제3자에게 대항할 수 없다(민법 제450조 제1항). 한편 위 통지나 승낙이 확정일자 있는 증서에 의한 것이 아니면 채무자 이외의 제3자에게 대항하지 못하므로(민법 제450조 제2항), 양수인은 대항요건을 구비하기 위해 채권자에게 채권양도통지절차의 이행을 청구할 수 있다(대법원 2022. 10. 27. 선고 2017다243143 판결). [청구취지] 피고는 소외 김갑동[주소 : 서울 서초구 송이로35길 35(서초동)]에게, 별지 목록 기재 채권을 2023. 12. 25. 원고에게 양도하였다는 취지의 통지를 하라. → 채권양도 계약을 하였음에도 양도인이 채권양도 통지를 하지 아니하는 경우 위와 같은 확정판결을 받아 판결문을 제3채무자에게 송달함으로써 대항요건을 갖출 수 있다. 다만 위의 기재례는 양도인이 채권양도의 의사표시는 하였지만 양수인이 대항요건을 구비하지 못한 경우이고, 부당이득반환으로 채권의 양도를 구하는 경우와 같이 양도인이 채권양도의 의사표시조차 하지 아니하는 때에는 '피고는 별지 목록 기재 채권에 관하여, 원고에게 채권양도의 의사표시를 하고, 소외 김갑동에게 그 취지의 통지를 하라.'는 청구를 하여야 한다. 한편 판결에서 피고에게 명한 의사의 진술이 원고 또는 공동 피고에 대하여 행할 것이 아니라 이 경우와 같이 제3자에 대하여 행할 것인 때에는 판결확정에 의하여 간주된 의사의 진술이 제3자에게 도달되지 아니하는 한 원고가 목적을 달성할 수 없으므로, 판결확정 후 원고가 판결을 제3자에게 송부 또는 제시하여야 한다.

④ [O] 계약당사자로서 지위 승계를 목적으로 하는 계약인수는 계약으로부터 발생하는 채권·채무의 이전 외에 계약관계로부터 생기는 해제권 등 포괄적 권리의무의 양도를 포함하는 것으로서, 계약인수가 적법하게 이루어지면 양도인은 계약관계에서 탈퇴하게 되고, 계약인수 후에는 양도인의 면책을 유보하였다는 등 특별한 사정이 없는 한 잔류당사자와 양도인 사이에는 계약관계가 존재하지 않게 되며 그에 따른 채권채무관계도 소멸하지만, 이러한 계약인수는 양도인과 양수인 및 잔류당사자의 합의에 의한 삼면계약으로 이루어지는 것이 통상적이며 관계당사자 3인 중 2인의 합의가 선행된 경우에는 나머지 당사자가 이를 동의 내지 승낙하여야 그 효력이 생긴다. 이러한 계약인수가 이루어지면 계약관계에서 이미 발생한 채권·채무도 이를 인수 대상에서 배제하기로 하는 특약이 있는 등 특별한 사정이 없는 한 인수인에게 이전된다. 계약인수는 개별 채권·채무의 이전을 목적으로 하는 것이 아니라 다수의 채권·채무를 포함한 계약당사자로서의 지위의 포괄적 이전을 목적으로 하는 것으로서 계약당사자 3인의 관여에 의해 비로소 효력을 발생하는 반면, 개별 채권의 양도는 채권양도인과 양수인 2인만의 관여로 성립하고 효력을 발생하는 등 양자가 법적인 성질과 요건을 달리하므로, 채무자 보호를 위해 개별 채권양도에서 요구되는 대항요건은 계약인수에서는 별도로 요구되지 않는다. 그리고 이러한 법리는 상법상 영업양도에 수반된 계약인수에 대해서도 마찬가지로 적용된다(대법원 2020. 12. 10. 선고 2020다245958 판결).

⑤ [×] 당사자의 양도금지의 의사표시로써 채권은 양도성을 상실하며 양도금지의 특약에 위반해서 채권을 제3자에게 양도한 경우에 악의 또는 중과실의 채권양수인에 대하여는 채권 이전의 효과가 생기지 아니하나, 악의 또는 중과실로 채권양수를 받은 후 채무자가 그 양도에 대하여 승낙을 한 때에는 채무자의 사후승낙에 의하여 무효인 채권양도행위가 추인되어 유효하게 되며 이 경우 다른 약정이 없는 한 소급효가 인정되지 않고 양도의 효과는 승낙시부터 발생한다. 이른바 집합채권의 양도가 양도금지특약을 위반하여 무효인 경우 채무자는 일부 개별 채권을 특정하여 추인하는 것이 가능하다(대법원 2009. 10. 29. 선고 2009다47685 판결). 채권양도금지특약에 반하여 채권양도가 이루어진 경우, 그 양수인이 양도금지특약이 있음을 알았거나 중대한 과실로 알지 못하였던 경우에는 채권양도는 효력이 없게 되고, 반대로 양수인이 중대한 과실 없이 양도금지특약의 존재를 알지 못하였다면 채권양도는 유효하게 되어 채무자로서는 양수인에게 양도금지특약을 가지고 그 채무이행을 거절할 수 없게 되어 양수인의 선의, 악의 등에 따라 양수채권의 채권자가 결정되는바, 이와 같이 양

도금지의 특약이 붙은 채권이 양도된 경우에 양수인의 악의 또는 중과실에 관한 입증책임은 채무자가 부담하지만, 그러한 경우에도 채무자로서는 양수인의 선의 등의 여부를 알 수 없어 과연 채권이 적법하게 양도된 것인지에 관하여 의문이 제기될 여지가 충분히 있으므로 특별한 사정이 없는 한 민법 제487조 후단의 채권자 불확지를 원인으로 하여 변제공탁을 할 수 있다(대법원 2000. 12. 22. 선고 2000다55904 판결).

정답 ⑤

134 /채권양도 · 전부명령 · 추심명령/
채권양도 · 전부명령 · 추심명령에 대한 다음의 설명으로 틀린 것은? (다툼이 있는 경우에는 판례에 의함)

① 압류된 금전채권에 대한 전부명령이 절차상 적법하게 발부되어 확정되었다고 하더라도 전부명령이 제3채무자에게 송달될 때에 피압류채권이 존재하지 않으면 전부명령도 무효이므로, 피압류채권이 전부채권자에게 이전되거나 집행채권이 변제되어 소멸하는 효과는 발생할 수 없다.

② 동일한 채권에 대하여 두 개 이상의 채권압류 및 전부명령이 발령되어 제3채무자에게 동시에 송달된 경우에, 전부명령이 채권압류가 경합된 상태에서 발령된 것으로서 무효인지의 여부는 각 채권압류명령의 압류액을 합한 금액이 피압류채권액을 초과하는지를 기준으로 판단한다. 이 경우에 무효를 판단함에 있어 압류액에는 채권양도의 대상이 된 금액을 합산하여 피압류채권액과 비교해야 하고, 피압류채권액에서는 채권양도의 대상이 된 금액 부분을 공제하고 나머지 부분만을 압류액의 합계와 비교해야 한다.

③ 장래의 불확정채권에 대하여 압류가 중복된 상태에서 전부명령이 있는 경우 압류의 경합으로 인하여 전부명령이 무효가 되는지의 여부는 전부명령이 제3채무자에게 송달된 당시의 계약상의 피압류채권액을 기준으로 판단하여야 한다.

④ 임차보증금을 피전부채권으로 하여 전부명령이 있을 경우에 보증금반환채권은 임대인의 채권이 발생하는 것을 해제조건으로 하는 것이므로 임대인의 채권을 공제한 잔액에 관하여서만 전부명령이 유효하다.

⑤ 임대보증금이 수수된 임대차계약에서 차임채권에 관하여 압류 및 추심명령이 있었다 하더라도, 당해 임대차계약이 종료되어 목적물이 반환될 때에는 그 때까지 추심되지 아니한 채 잔존하는 차임채권 상당액도 임대보증금에서 당연히 공제된다.

해설

① [O] [1] 채무자가 압류 또는 가압류의 대상인 채권을 양도하고 확정일자 있는 통지 등에 의한 채권양도의 대항요건을 갖추었다면, 그 후 채무자의 다른 채권자가 그 양도된 채권에 대하여 압류 또는 가압류를 하더라도 그 압류 또는 가압류 당시에 피압류채권은 이미 존재하지 않는 것과 같아 압류

또는 가압류로서의 효력이 없고, 그에 기한 추심명령 또한 무효이므로, 그 다른 채권자는 압류 등에 따른 집행절차에 참여할 수 없다. 또한 압류된 금전채권에 대한 전부명령이 절차상 적법하게 발부되어 확정되었다고 하더라도 전부명령이 제3채무자에게 송달될 때에 피압류채권이 존재하지 않으면 전부명령도 무효이므로, 피압류채권이 전부채권자에게 이전되거나 집행채권이 변제되어 소멸하는 효과는 발생할 수 없다. [2] 채권자가 사해행위의 취소와 함께 수익자 또는 전득자로부터 책임재산의 회복을 명하는 사해행위취소의 판결을 받은 경우 그 취소의 효과는 채권자와 수익자 또는 전득자 사이에만 미치므로, 수익자 또는 전득자가 채권자에 대하여 사해행위의 취소로 인한 원상회복 의무를 부담하게 될 뿐, 채무자와 사이에서 그 취소로 인한 법률관계가 형성되거나 취소의 효력이 소급하여 채무자의 책임재산으로 회복되는 것은 아니다. 따라서 채권압류명령 등 당시 피압류채권이 이미 제3자에 대한 대항요건을 갖추어 양도되어 그 명령이 효력이 없는 것이 되었다면, 그 후의 사해행위취소소송에서 위 채권양도계약이 취소되어 채권이 원채권자에게 복귀하였다고 하더라도 이미 무효로 된 채권압류명령 등이 다시 유효로 되는 것은 아니다(대법원 2022. 12. 1. 선고 2022다247521 판결).

② [×] [1] 동일한 채권에 대하여 두 개 이상의 채권압류 및 전부명령이 발령되어 제3채무자에게 동시에 송달된 경우 당해 전부명령이 채권압류가 경합된 상태에서 발령된 것으로서 무효인지의 여부는 그 각 채권압류명령의 압류액을 합한 금액이 피압류채권액을 초과하는지를 기준으로 판단하여야 하므로 전자가 후자를 초과하는 경우에는 당해 전부명령은 모두 채권의 압류가 경합된 상태에서 발령된 것으로서 무효로 될 것이지만 그렇지 않은 경우에는 채권의 압류가 경합된 경우에 해당하지 아니하여 당해 전부명령은 모두 유효하게 된다고 할 것이며, 그 때 동일한 채권에 관하여 확정일자 있는 채권양도통지가 그 각 채권압류 및 전부명령 정본과 함께 제3채무자에게 동시에 송달되어 채권양수인과 전부채권자들 상호간에 우열이 없게 되는 경우에도 마찬가지라고 할 것이다. [2] 동일한 채권에 관하여 확정일자 있는 채권양도통지와 두 개 이상의 채권압류 및 전부명령 정본이 동시에 송달된 경우 채권의 양도는 채권에 대한 압류명령과는 그 성질이 다르므로 당해 전부명령이 채권의 압류가 경합된 상태에서 발령된 것으로서 무효인지의 여부를 판단함에 있어 압류액에 채권양도의 대상이 된 금액을 합산하여 피압류채권액과 비교하거나 피압류채권액에서 채권양도의 대상이 된 금액 부분을 공제하고 나머지 부분만을 압류액의 합계와 비교할 것은 아니다(대법원 2002. 07. 26. 선고 2001다68839 판결). **[지문정리]** A는 B에 대하여 1억원의 채권을 가지고 있다. A가 이 채권 중에서 5천만 원을 甲에게 채권양도를 하였다. 乙은 3천만 원을 피보전채권으로 하여 위 1억 원의 채권에 대하여 압류·전부명령을 받았다. 丙은 5천 만 원을 피보전채권으로 하여 위 1억 원의 채권에 대하여 압류·전부명령을 받았다. 확정일자 있는 채권양도의 통지서와, 乙과 丙의 압류·전부명령서가 모두 적법하게 동시에 B에게 도달되었다. 이 경우에 乙과 丙의 압류·전부명령은 모두 적법하다.

③ [O] [1] 전부명령이 확정되면 피압류채권은 제3채무자에게 송달된 때에 소급하여 집행채권의 범위 안에서 당연히 전부채권자에게 이전하고 동시에 집행채권 소멸의 효력이 발생한다. [2] 장래의 불확정채권에 대하여 압류가 중복된 상태에서 전부명령이 있는 경우 그 압류의 경합으로 인하여 전부명령이 무효가 되는지의 여부는 나중에 확정된 피압류채권액을 기준으로 판단할 것이 아니라 전부명령이 제3채무자에게 송달된 당시의 계약상의 피압류채권액을 기준으로 판단하여야 한다. [3] 장래의 불확정채권에 대하여 수개의 전부명령이 존재하고, 그 후 확정된 피압류채권액이 각 전부금액의 합계액에 미달하는 경우에도 각 전부명령이 그 송달 당시 압류의 경합이 없어 유효한 이상 각 전부채권자는 확정된 피압류채권액의 범위 안에서 자신의 전부금액 전액의 지급을 제3채무자에 대하여 구할 수 있고, 제3채무자로서는 전부채권자 중 누구에게라도 그 채무를 변제하면 다른 채권자에 대한 관계에서도 유효하게 면책되며, 한편 제3채무자는 이중지급의 위험이 있을 수 있으므로 민법 제487조 후단을 유추적용하여 채권자를 알 수 없다는 이유로 변제공탁을 함으로써 법률관계의 불안으로부터 벗어날 수 있다(대법원 1998. 8. 21. 선고 98다15439 판결).

④ [O] [1] 건물임대차에 있어서의 임차보증금은 임대차존속중의 임료뿐만 아니라 건물명도의무이행에 이르기까지 발생한 손해배상채권 등 임대차계약에 의하여 임대인이 임차인에 대하여 갖는 일체의 채권을 담보하는 것으로서 임대차종료후에 임대인에게 명도할 때 체불임료 등 모든 피담보채무를 공제한 잔액이 있을 것을 조건으로 하여 그 잔액에 관한 임차인의 보증금반환청구권이 발생한다. [2] 임차보증금을 피전부채권으로 하여 전부명령이 있을 경우에도 제3채무자인 임대인은 임차인에게 대항할 수 있는 사유로서 전부채권자에게 대항할 수 있는 것이어서 <u>건물임대차보증금의 반환채권에 대한 전부명령의 효력이 그 송달에 의하여 발생한다고 하여도 위 보증금반환채권은 임대인의 채권이 발생하는 것을 해제조건으로 하는 것이므로 임대인의 채권을 공제한 잔액에 관하여서만 전부명령이 유효하다</u>(대법원 1988. 1. 19. 선고 87다카1315 판결).

⑤ [O] 부동산 임대차에 있어서 수수된 보증금은 차임채무, 목적물의 멸실·훼손 등으로 인한 손해배상채무 등 임대차에 따른 임차인의 모든 채무를 담보하는 것으로서 그 피담보채무 상당액은 임대차관계의 종료 후 목적물이 반환될 때에 특별한 사정이 없는 한 별도의 의사표시 없이 보증금에서 당연히 공제되는 것이므로, <u>임대보증금이 수수된 임대차계약에서 차임채권에 관하여 압류 및 추심명령이 있었다 하더라도, 당해 임대차계약이 종료되어 목적물이 반환될 때에는 그 때까지 추심되지 아니한 채 잔존하는 차임채권 상당액도 임대보증금에서 당연히 공제된다</u>(대법원 2004. 12. 23. 선고 2004다56554 판결). [관련판례] 금전채권에 대한 압류 및 추심명령이 있는 경우, 이는 강제집행절차에서 추심채권자에게 채무자의 제3채무자에 대한 채권을 추심할 권능만을 부여하는 것이므로, 이로 인하여 채무자가 제3채무자에 대하여 가지는 채권이 추심채권자에게 이전되거나 귀속되는 것은 아니므로, <u>추심채무자로서는 제3채무자에 대하여 피압류채권에 기하여 그 동시이행을 구하는 항변권을 상실하지 않는다.</u> [이유] 원고가 반환하여야 할 잔존 보증금의 범위를 그 임대차보증금인 1,600만 원에서 연체차임 등 금 1,245만 원 및 공과금 326,380원을 공제한 금 3,223,620원으로 확정하고, 피고에게 원고로부터 위 금원을 지급받음과 상환으로 이 사건 부동산의 명도를 명한 원심의 조치는 위 법리에 따른 것으로 정당하다(대법원 2001. 3. 9. 선고 2000다73490 판결).

정답 ②

135 / 채권양도 /
채권양도에 관한 다음 설명 중 옳지 않은 것을 모두 고른 것은? (다툼이 있으면 판례에 의함)

> ㄱ. 채무자의 수익자에 대한 채권양도가 사해행위로 취소되는 경우, 수익자가 제3채무자에게서 아직 채권을 추심하지 아니한 때에는, 채권자는 사해행위취소에 따른 원상회복으로서 수익자가 제3채무자에게 채권양도가 취소되었다는 취지의 통지를 하도록 청구할 수 없다.
>
> ㄴ. 채무자의 채권양도인에 대한 자동채권이 발생하는 기초가 되는 원인이 양도 전에 이미 성립하여 존재하고 그 자동채권이 수동채권인 양도채권과 동시이행의 관계에 있는 경우에는, 양도통지가 채무자에게 도달하여 채권양도의 대항요건이 갖추어진 후에 자동채권이 발생하였다고 하더라도 채무자는 동시이행의 항변권을 주장할 수 있고, 따라서 그 채권에 의한 상계로 양수인에게 대항할 수 있다.

ㄷ. 보증금이 수수된 임대차계약에서 차임채권이 양도되었다고 하더라도, 임차인은 그 임대차계약이 종료되어 목적물을 반환할 때까지 연체한 차임 상당액을 보증금에서 공제할 것을 주장할 수 있다.

ㄹ. 채권자 甲이 채무자 乙에 대한 채권을 丙에게 양도하고, 확정일자 없는 양도의 통지를 받은 乙이 丙에게 변제를 한 후, 다시 甲이 丁에게 동일한 채권을 양도하고 乙에게 확정일자 있는 통지를 한 경우, 丁은 乙에게 변제를 청구할 수 있다.

ㅁ. 채무자가 양도되는 채권의 성립이나 소멸에 영향을 미치는 사정에 관하여 양수인에게 알려야 할 신의칙상 주의의무가 있다고 볼 만한 특별한 사정이 없는 한 채무자가 그러한 사정을 알지 아니하였다고 하여 불법행위가 성립한다고 볼 수 없다.

ㅂ. 저당권부 채권이 양도되고 채무자에게 확정일자 있는 채권양도의 통지가 이루어진 경우, 부종성에 의해 저당권 이전의 부기등기가 이루어지지 않더라도 저당권은 양수인에게 이전한다.

① ㄱ, ㄷ, ㅁ ② ㄱ, ㄹ, ㅂ ③ ㄴ, ㄹ, ㅁ
④ ㄴ, ㄹ, ㅂ ⑤ ㄹ, ㅁ, ㅂ

해설

ㄱ. [×] 채무자의 수익자에 대한 채권양도가 사해행위로 취소되는 경우, 수익자가 제3채무자에게서 아직 채권을 추심하지 아니한 때에는, 채권자는 사해행위취소에 따른 원상회복으로서 수익자가 제3채무자에게 채권양도가 취소되었다는 취지의 통지를 하도록 청구할 수 있다. 그런데 사해행위의 취소는 채권자와 수익자의 관계에서 상대적으로 채무자와 수익자 사이의 법률행위를 무효로 하는 데에 그치고, 채무자와 수익자 사이의 법률관계에는 영향을 미치지 아니한다. 따라서 채무자의 수익자에 대한 채권양도가 사해행위로 취소되고, 그에 따른 원상회복으로서 제3채무자에게 채권양도가 취소되었다는 취지의 통지가 이루어지더라도, 채권자와 수익자의 관계에서 채권이 채무자의 책임재산으로 취급될 뿐, 채무자가 직접 채권을 취득하여 권리자로 되는 것은 아니므로, 채권자는 채무자를 대위하여 제3채무자에게 채권에 관한 지급을 청구할 수 없다(대법원 2015. 11. 17. 선고 2012다2743 판결).

ㄴ. [O] 채권양도에 의하여 채권은 그 동일성을 유지하면서 양수인에게 이전되고, 채무자는 양도통지를 받은 때까지 양도인에 대하여 생긴 사유로써 양수인에게 대항할 수 있다(민법 제451조 제2항). 따라서 채무자의 채권양도인에 대한 자동채권이 발생하는 기초가 되는 원인이 양도 전에 이미 성립하여 존재하고 자동채권이 수동채권인 양도채권과 동시이행의 관계에 있는 경우에는, 양도통지가 채무자에게 도달하여 채권양도의 대항요건이 갖추어진 후에 자동채권이 발생하였다고 하더라도 채무자는 동시이행의 항변권을 주장할 수 있고, 따라서 그 채권에 의한 상계로 양수인에게 대항할 수 있다(대법원 2015. 04. 09. 선고 2014다80945 판결).

ㄷ. [O] 부동산 임대차에서 수수된 보증금은 차임채무, 목적물의 멸실·훼손 등으로 인한 손해배상채무 등 임대차에 따른 임차인의 모든 채무를 담보하는 것으로서 피담보채무 상당액은 임대차관계의 종료 후 목적물이 반환될 때에 특별한 사정이 없는 한 별도의 의사표시 없이 보증금에서 당연히 공제되므로, 보증금이 수수된 임대차계약에서 차임채권이 양도되었다고 하더라도, 임차인은 임대

차계약이 종료되어 목적물을 반환할 때까지 연체한 차임 상당액을 보증금에서 공제할 것을 주장할 수 있다(대법원 2015. 03. 26. 선고 2013다77225 판결).

ㄹ. [×] 민법 제450조 제2항 소정의 지명채권양도의 제3자에 대한 대항요건은 양도된 채권이 존속하는 동안에 그 채권에 관하여 양수인의 지위와 양립할 수 없는 법률상의 지위를 취득한 제3자가 있는 경우에 적용되는 것이므로, 양도된 채권이 이미 변제 등으로 소멸한 경우에는 그 후에 그 채권에 관한 채권압류 및 추심명령이 송달되더라도 그 채권압류 및 추심명령은 존재하지 아니하는 채권에 대한 것으로서 무효이고, 위와 같은 대항요건의 문제는 발생될 여지가 없다(대법원 2003. 10. 24. 선고 2003다37426 판결).

ㅁ. [O] 채무자가 채권양도에 대하여 이의를 보류하지 아니하는 승낙을 하였더라도 양도인에게 대항할 수 있는 사유로서 양수인에게 대항하지 못할 뿐이고(민법 제451조), 채권의 내용이나 양수인의 권리 확보에 위험을 초래할 만한 사정을 조사, 확인할 책임은 원칙적으로 양수인 자신에게 있으므로, 채무자는 양수인이 대상 채권의 내용이나 원인이 되는 법률관계에 대하여 잘 알고 있음을 전제로 채권양도를 승낙할지를 결정하면 되고 양수인이 채권의 내용 등을 실제와 다르게 인식하고 있는지까지 확인하여 위험을 경고할 의무는 없다. 따라서 채무자가 양도되는 채권의 성립이나 소멸에 영향을 미치는 사정에 관하여 양수인에게 알려야 할 신의칙상 주의의무가 있다고 볼 만한 특별한 사정이 없는 한 채무자가 그러한 사정을 알지 아니하였다고 하여 불법행위가 성립한다고 볼 수 없다(대법원 2015. 12. 24. 선고 2014다49241 판결).

ㅂ. [×] 저당권은 피담보채권과 분리하여 양도하지 못하는 것이어서 저당권부 채권의 양도는 언제나 저당권의 양도와 채권양도가 결합되어 행해지므로 저당권부 채권의 양도는 민법 제186조의 부동산물권변동에 관한 규정과 민법 제449조 내지 제452조의 채권양도에 관한 규정에 의해 규율되므로 저당권의 양도에 있어서도 물권변동의 일반원칙에 따라 저당권을 이전할 것을 목적으로 하는 물권적 합의와 등기가 있어야 저당권이 이전된다고 할 것이나, 이 때의 물권적 합의는 저당권의 양도·양수받는 당사자 사이에 있으면 족하고 그 외에 그 채무자나 물상보증인 사이에까지 있어야 하는 것은 아니라 할 것이고, 단지 채무자에게 채권양도의 통지나 이에 대한 채무자의 승낙이 있으면 채권양도를 가지고 채무자에게 대항할 수 있게 되는 것이다(대법원 2005. 6. 10. 선고 2002다15412 판결).

정답 ②

제2절 • 채무인수

136 /채무인수와 이행인수/

甲은 공장시설을 확충하기 위하여 2015. 6. 10. 乙 소유의 토지를 20억 원에 매수하기로 하는 계약을 체결하였다. 당시 甲과 乙은 위 대금지급과 관련하여 계약금 2억 원은 계약 당일, 중도금 5억 원은 2015. 7. 10. 지급하고, 잔금 8억 원은 2015. 8. 10. 소유권이전등기 관련 서류의 교부와 동시에 지급하기로 하는 한편, 乙이 위 토지에 대하여 설정된 근저당권자 丙에 대하여 부담하고 있는 5억 원의 채무를 甲이 인수하는 대신 이를 매매대금에서 공제하기로 하였다. 그런데 甲은 乙에게 계약 당일 계약금을 지급한 이외에는 현재까지 나머지 매매대금을 지급하지 않고 있다. 다음 설명 중 옳지 않은 것을 모두 고른 것은? (다툼이 있으면 판례에 의함)

ㄱ. 甲이 토지에 설정된 저당권의 피담보채무를 인수하면서 그 채무액을 매매대금에서 공제하기로 한 약정은 특별한 사정이 없는 한 매도인을 면책시키는 채무인수로 보아야 한다.

ㄴ. 특별한 사정이 없는 한, 甲은 이미 지급한 계약금 2억 원을 포함하여 총 15억 원을 乙에게 지급함으로써 잔금지급의무를 다한 것이 된다.

ㄷ. 甲이 인수한 위 5억 원의 채무를 乙이 대신 변제하였다면, 특별한 사정이 없는 한, 이로 인한 甲의 乙에 대한 구상채무는 乙의 소유권이전등기의무와 동시이행관계에 있다.

ㄹ. 甲이 변제를 게을리 함으로써 丙이 위 토지에 관한 근저당권의 실행으로 경매절차가 개시되자 乙이 경매절차의 진행을 막기 위하여 5억 원을 변제하였다면, 乙은 이러한 사유를 들어 매매계약을 해제할 수 있다.

ㅁ. 甲이 乙의 채무를 면책적으로 인수하기로 乙과 약정하였더라도 丙의 명시적인 승낙없이, 단순히 丙이 甲에게 5억 원의 지급을 청구하였다는 사정만으로 면책적 채무인수를 인정할 수 없다.

① ㄱ, ㄷ   ② ㄱ, ㅁ   ③ ㄴ, ㄹ
④ ㄴ, ㅁ   ⑤ ㄷ, ㄹ

[해 설]

ㄱ. [X] 부동산의 매수인이 매매 목적물에 관한 임대차보증금 반환채무 등을 인수하는 한편, 그 채무액을 매매대금에서 공제하기로 약정한 경우, <u>그 인수는 특별한 사정이 없는 이상 매도인을 면책시키는 면책적 채무인수가 아니라 이행인수로 보아야 하고, 면책적 채무인수로 보기 위하여는 이에 대한 채권자 즉, 임차인의 승낙이 있어야 한다</u>(대법원 2001. 04. 27. 선고 2000다69026 판결).

ㄴ. [O] 부동산의 매수인이 매매목적물에 관한 근저당권의 피담보채무를 인수하는 한편, 그 채무액을 매매대금에서 공제하기로 약정한 경우, <u>다른 특별한 약정이 없는 이상 이는 매도인을 면책시키는

채무인수가 아니라 이행인수로 보아야 하고, 매수인이 위 채무를 현실적으로 변제할 의무를 부담한다고 해석할 수 없으며, 특별한 사정이 없는 한 매수인은 매매대금에서 그 채무액을 공제한 나머지를 지급함으로써 잔금지급의무를 다하였다고 할 것이다(대법원 2004. 07. 09. 선고 2004다13083 판결).

ㄷ. [O] 부동산매매계약과 함께 이행인수계약이 이루어진 경우, 매수인이 인수한 채무는 매매대금지급채무에 갈음한 것으로서 매도인이 매수인의 인수채무불이행으로 말미암아 또는 임의로 인수채무를 대신 변제하였다면, 그로 인한 손해배상채무 또는 구상채무는 인수채무의 변형으로서 매매대금지급채무에 갈음한 것의 변형이므로 매수인의 손해배상채무 또는 구상채무와 매도인의 소유권이전등기의무는 대가적 의미가 있어 이행상 견련관계에 있다고 인정되고, 따라서 양자는 동시이행의 관계에 있다고 해석함이 공평의 관념 및 신의칙에 합당하다(대법원 2004. 7. 9. 선고 2004다13083 판결).

ㄹ. [O] 매매목적물에 관한 근저당권의 피담보채무를 인수한 매수인이 인수채무의 일부인 근저당권의 피담보채무의 변제를 게을리함으로써 매매목적물에 관하여 근저당권의 실행으로 임의경매절차가 개시되고 매도인이 경매절차의 진행을 막기 위하여 피담보채무를 변제하였다면, 매도인은 채무인수인에 대하여 손해배상채권을 취득하는 이외에 이 사유를 들어 매매계약을 해제할 수 있다(대법원 2004. 07. 09. 선고 2004다13083 판결).

ㅁ. [×] 채무자와 인수인 사이의 계약에 의한 채무인수에 대하여 채권자는 명시적인 방법뿐만 아니라 묵시적인 방법으로도 승낙을 할 수 있는 것인데, 채권자가 직접 채무인수인에 대하여 인수채무금의 지급을 청구하였다면 그 지급청구로써 묵시적으로 채무인수를 승낙한 것으로 보아야 한다(대법원 1989. 11. 14. 선고 88다카29962 판결).

정답 ②

137 / 채무인수 · 이행인수 · 계약인수 /
다음 설명 중 옳지 않은 것을 모두 고른 것은? (다툼이 있으면 판례에 의함)

> ㄱ. 민사집행법 제31조 제1항에서 "집행문은 판결에 표시된 채권자의 승계인을 위하여 내어 주거나 판결에 표시된 채무자의 승계인에 대한 집행을 위하여 내어 줄 수 있다."라고 규정하고 있는데, 채무자의 채무를 소멸시켜 당사자인 채무자의 지위를 승계하는 면책적 채무인수는 위 조항에서 말하는 승계인에 해당하지 않는다.
>
> ㄴ. 이행인수의 경우에 채권자는 직접 인수인에게 채무를 이행할 것을 청구할 수 없으나, 채무자는 인수인에 대하여 채권자에게 이행할 것을 청구할 수 있다. 이러한 채무자의 인수인에 대한 청구권은 그 성질상 재산권의 일종으로서 일신전속적 권리라고 할 수는 없으므로, 채권자는 채권자대위권에 의하여 채무자의 인수인에 대한 청구권을 대위행사 할 수 있다.
>
> ㄷ. 상사시효의 적용을 받는 채무를 면책적으로 인수한 경우, 그 채무인수행위가 상행위나 보조적 상행위에 해당하지 않더라도 인수채무의 소멸시효는 여전히 상사시효의 적용을 받는다.

ㄹ. 채무자의 친구가 채무자의 어려운 사정을 헤아려 채무인수계약을 체결하고 채권자의 승낙을 받았으나, 그 뒤 인수계약을 취소하고자 한다면 인수계약을 취소하겠다는 뜻을 채무자와 채권자에게 통지를 하면 이로써 채권자와의 관계에서도 채무인수 계약에 대한 취소의 효력이 발생한다.

① ㄱ, ㄷ   ② ㄴ, ㄹ   ③ ㄱ, ㄴ
④ ㄴ, ㄷ   ⑤ ㄱ, ㄹ

해설

ㄱ. [✕] 민사집행법 제31조 제1항에서 "집행문은 판결에 표시된 채권자의 승계인을 위하여 내어 주거나 판결에 표시된 채무자의 승계인에 대한 집행을 위하여 내어 줄 수 있다."라고 규정하고 있는데, 중첩적 채무인수는 당사자의 채무는 그대로 존속하며 이와 별개의 채무를 부담하는 것에 불과하므로 새로 채무의 이행을 소구하는 것은 별론으로 하고 판결에 표시된 채무자에 대한 판결의 기판력 및 집행력의 범위를 채무자 이외의 자에게 확장하여 승계집행문을 부여할 수는 없으나, 채무자의 채무를 소멸시켜 당사자인 채무자의 지위를 승계하는 이른바 면책적 채무인수는 위 조항에서 말하는 승계인에 해당한다(대법원 2016. 05. 27. 선고 2015다21967 판결). [지문정리] 면책적 채무인수인은 변론종결 뒤의 승계인에 해당하나, 중첩적 채무인수인은 변론종결 뒤의 승계인에 해당하지 않는다. 따라서 채권자는 중첩적 채무인수인에 대하여 별소를 제기하여야 한다.

ㄴ. [○] 이행인수는 인수인이 채무자에 대하여 그 채무를 이행할 것을 약정하는 채무자와 인수인 간의 계약으로서, 인수인은 채무자와 사이에 채권자에게 채무를 이행할 의무를 부담하는 데 그치고 직접 채권자에 대하여 채무를 부담하는 것이 아니므로 채권자는 직접 인수인에게 채무를 이행할 것을 청구할 수 없으나, 채무자는 인수인이 그 채무를 이행하지 아니하는 경우 인수인에 대하여 채권자에게 이행할 것을 청구할 수 있고, 그에 관한 승소의 판결을 받은 때에는 금전채권의 집행에 관한 규정을 준용하여 강제집행을 할 수도 있다. 이러한 채무자의 인수인에 대한 청구권은 그 성질상 재산권의 일종으로서 일신전속적 권리라고 할 수는 없으므로, 채권자는 채권자대위권에 의하여 채무자의 인수인에 대한 청구권을 대위행사 할 수 있다(대법원 2009. 06. 11. 선고 2008다75072 판결).

ㄷ. [○] 면책적 채무인수라 함은 채무의 동일성을 유지하면서 이를 종래의 채무자로부터 제3자인 인수인에게 이전하는 것을 목적으로 하는 계약으로서, 채무인수로 인하여 인수인은 종래의 채무자와 지위를 교체하여 새로이 당사자로서 채무관계에 들어서서 종래의 채무자와 동일한 채무를 부담하고 동시에 종래의 채무자는 채무관계에서 탈퇴하여 면책되는 것일 뿐이므로, 인수채무가 원래 5년의 상사시효의 적용을 받던 채무라면 그 후 면책적 채무인수에 따라 그 채무자의 지위가 인수인으로 교체되었다고 하더라도 그 소멸시효의 기간은 여전히 5년의 상사시효의 적용을 받는다 할 것이고, 이는 채무인수행위가 상행위나 보조적 상행위에 해당하지 아니한다고 하여 달리 볼 것이 아니다 (대법원 1999. 7. 9. 선고 99다12376 판결).

ㄹ. [✕] 채무자와 제3자와 채무인수계약을 채권자가 승낙한 바 있다면 그 뒤 채무인수인이 위 채무인수계약을 적법하게 취소하려면 채권자의 승낙이 있다든가 채권자가 위 인도계약을 승낙할 때에 채무인수인의 취소권유보를 승낙하였다든가의 특수한 사정이 있어야 한다(대법원 1962. 05. 17. 선고 62다161 판결).

정답 ⑤

138 /채권양도·채무인수·계약인수·이행인수/
다음 설명 중 옳은 것을 모두 고른 것은? (다툼이 있으면 판례에 의함)

> ㄱ. 물상보증인이 면책적 채무인수에 동의한 경우, 그가 제공한 담보는 기존의 채무뿐만 아니라 인수인과 채권자 사이에 새롭게 발생하는 채무까지 담보한다.
>
> ㄴ. 지명채권 양수인이 '양도되는 채권의 채무자'여서 양도된 채권이 민법 제507조 본문에 따라 혼동에 의하여 소멸한 경우에는 후에 채권에 관한 압류 또는 가압류결정이 제3채무자에게 송달되더라도 채권압류 또는 가압류결정은 존재하지 아니하는 채권에 대한 것으로서 무효이고, 압류 또는 가압류채권자는 민법 제450조 제2항에서 정한 제3자에 해당하지 아니한다.
>
> ㄷ. 계약인수 후에는 양도인의 면책을 유보하였다는 등 특별한 사정이 없는 한 잔류당사자와 양도인 사이에는 계약관계가 존재하지 않게 되며 그에 따른 채권채무관계도 소멸하지만, 이러한 계약인수는 양도인과 양수인 및 잔류당사자의 합의에 의한 삼면계약으로 이루어지는 것이 통상적이며, 관계당사자 3인 중 2인의 합의가 선행된 경우에는 나머지 당사자가 이를 동의 내지 승낙하여야 그 효력이 생긴다.
>
> ㄹ. 이행인수계약의 불이행으로 인한 손해배상의 범위는 원칙적으로 채무자가 채무의 내용에 따른 이행을 하지 않음으로써 생긴 통상의 손해를 한도로 한다. 매수인이 인수하기로 한 근저당권의 피담보채무를 변제하지 않아 원리금이 늘어났다면 그 원리금이 매수인의 이행인수계약 불이행으로 인한 통상의 손해액이 된다.
>
> ㅁ. 계약인수는 계약당사자 및 인수인의 3면 합의에 의하여 계약당사자 중 일방이 당사자로서의 지위를 포괄적으로 제3자에게 이전하여 계약관계에서 탈퇴하고 제3자가 그 지위를 승계하는 것을 목적으로 하는 계약으로서 3면 계약으로 이루어지는 것이 보통이나 관계당사자 중 2인이 합의하고 나머지 당사자가 이를 동의 내지 승낙하는 방법으로도 가능하고, 나머지 당사자의 동의 내지 승낙이 반드시 명시적 의사표시에 의하여야 하는 것은 아니며 묵시적 의사표시에 의하여서도 가능하다.

① ㄱ, ㄴ, ㄷ   ② ㄴ, ㄹ, ㅁ   ③ ㄴ, ㄷ, ㄹ, ㅁ
④ ㄴ, ㄷ, ㄹ   ⑤ ㄱ, ㄷ, ㄹ

해설

ㄱ. [✕] 민법 제459조 단서는 보증인이나 제3자가 채무인수에 동의한 경우에는 전 채무자의 채무에 대한 보증이나 제3자가 제공한 담보는 채무인수로 인하여 소멸하지 아니하는 것으로 규정하고 있는바, 위 조항에 규정된 채무인수에 대한 동의는 인수인을 위하여 새로운 담보를 설정하도록 하는 의사표시를 의미하는 것이 아니라 기존의 담보를 인수인을 위하여 계속시키는데 대한 의사표시를 의미하는 것이므로, 물상보증인이 채무인수에 동의함으로써 소멸하지 아니하는 담보는 당연히 기존의 담보와 동일한 내용을 갖는 것이다(대법원 1996. 10. 11. 선고 96다27476 판결).

ㄴ. [O] [1] 채권양도는 양도인과 양수인 사이에 채권을 동일성을 유지하면서 전자로부터 후자에게로 이전시킬 것을 목적으로 하는 계약을 말한다. 채권양도에 의하여 채권은 동일성을 잃지 않고 양도인으로부터 양수인에게 이전되는데, 이는 채권양도의 대항요건을 갖추지 못하였다고 하더라도 마찬가지이다. 이와 같은 채권의 귀속주체 변경의 효과는 원칙적으로 채권양도에 따른 처분행위 시 발생하는바, 지명채권 양수인이 '양도되는 채권의 채무자'인 경우에는 채권양도에 따른 처분행위 시 채권과 채무가 동일한 주체에 귀속한 때에 해당하므로 민법 제507조 본문에 따라 채권이 혼동에 의하여 소멸한다. [2] 민법 제450조 제2항에서 정한 지명채권양도의 제3자에 대한 대항요건은 양도된 채권이 존속하는 동안에 그 채권에 관하여 양수인의 지위와 양립할 수 없는 법률상의 지위를 취득한 제3자가 있는 경우에 적용된다. 따라서 지명채권 양수인이 '양도되는 채권의 채무자'여서 양도된 채권이 민법 제507조 본문에 따라 혼동에 의하여 소멸한 경우에는 후에 채권에 관한 압류 또는 가압류결정이 제3채무자에게 송달되더라도 채권압류 또는 가압류결정은 존재하지 아니하는 채권에 대한 것으로서 무효이고, 압류 또는 가압류채권자는 민법 제450조 제2항에서 정한 제3자에 해당하지 아니한다(대법원 2022. 1. 13. 선고 2019다272855 판결).

ㄷ. [O] [1] 민법 제454조는 제3자가 채무자와 계약으로 채무를 인수하여 채무자의 채무를 면하게 하는 면책적 채무인수의 경우에 채권자 승낙이 있어야 채권자에 대하여 효력이 생긴다고 규정하고 있으므로, 채권자의 승낙이 없는 경우에는 채무자와 인수인 사이에서 면책적 채무인수 약정을 하더라도 이행인수 등으로서 효력밖에 갖지 못하며 채무자는 채무를 면하지 못한다. 그리고 계약당사자로서 지위 승계를 목적으로 하는 계약인수는 계약으로부터 발생하는 채권·채무 이전 외에 계약관계로부터 생기는 해제권 등 포괄적 권리의무의 양도를 포함하는 것으로서, 계약인수가 적법하게 이루어지면 양도인은 계약관계에서 탈퇴하게 되고, 계약인수 후에는 양도인의 면책을 유보하였다는 등 특별한 사정이 없는 한 잔류당사자와 양도인 사이에는 계약관계가 존재하지 않게 되며 그에 따른 채권채무관계도 소멸하지만, 이러한 계약인수는 양도인과 양수인 및 잔류당사자의 합의에 의한 삼면계약으로 이루어지는 것이 통상적이며 관계당사자 3인 중 2인의 합의가 선행된 경우에는 나머지 당사자가 이를 동의 내지 승낙하여야 그 효력이 생긴다. [2] 계약에서 채무자가 변경될 경우에 채권자의 승낙을 얻도록 함으로써 채권자가 불이익을 입지 않도록 하려는 민법 제454조의 규정과 계약인수의 해석론에 비추어 보면, 통상 변제자력이 더 풍부한 지방자치단체가 계약관계에서 발생된 채무에 관하여 채권자의 승낙을 받지 않고 일방적으로 조례 제정을 통하여 지방공사에 면책적으로 인수시킬 수 있다고 보는 것은 부당하고, 지방자치단체에 대하여 민법 제454조의 적용을 배제할 만한 합리적인 이유를 찾을 수 없다. [3] 시영아파트를 건축·분양한 지방자치단체가 조례를 제정하여 지방공사를 설립한 후 분양계약에 관한 사무 내지는 분양계약 당사자의 지위를 포괄하여 인수시켰는데, 수분양자들이 지방자치단체를 상대로 아파트에 관한 하자담보책임을 구한 사안에서, 지방자치단체가 조례 규정에 기초하여 지방공사에 분양계약에 관한 사무 내지는 분양계약 당사자의 지위를 포괄하여 인수시키고 하자담보책임을 비롯한 분양자의 권리의무를 승계시켰더라도 채권자인 수분양자들의 승낙 없이는 하자담보책임을 면할 수 없는데도, 수분양자들의 승낙 여부를 따져보지도 않은 채 조례 규정에만 근거하여 지방자치단체가 분양자의 지위에서 벗어났다고 본 원심판결에 면책적 채무인수 내지는 계약인수 및 조례 규정의 해석에 관한 법리오해 등 위법이 있다고 한 사례(대법원 2012. 5. 24. 선고 2009다88303 판결).

ㄹ. [O] 부동산의 매수인이 매매목적물에 관한 근저당권의 피담보채무를 인수하고 그 채무액을 매매대금에서 공제하기로 약정한 경우, 특별한 사정이 없는 한 매도인을 면책시키는 채무인수가 아니라 이행인수로 보아야 한다. 이행인수계약의 불이행으로 인한 손해배상의 범위는 원칙적으로 채무자가 채무의 내용에 따른 이행을 하지 않음으로써 생긴 통상의 손해를 한도로 한다. 매수인이 인수하기로 한 근저당권의 피담보채무를 변제하지 않아 원리금이 늘어났다면 그 원리금이 매수인의 이행인수계약 불이행으로 인한 통상의 손해액이 된다(대법원 2021. 11. 25. 선고 2020다294516 판결).

ㅁ. [O] 계약당사자로서의 지위 승계를 목적으로 하는 계약인수는 계약당사자 및 인수인의 3면 합의에 의하여 계약당사자 중 일방이 당사자로서의 지위를 포괄적으로 제3자에게 이전하여 계약관계에서 탈퇴하고 제3자가 그 지위를 승계하는 것을 목적으로 하는 계약으로서 3면 계약으로 이루어지는 것이 보통이나 관계 당사자 중 2인이 합의하고 나머지 당사자가 이를 동의 내지 승낙하는 방법으로도 가능하고, 나머지 당사자의 동의 내지 승낙이 반드시 명시적 의사표시에 의하여야 하는 것은 아니며 묵시적 의사표시에 의하여서도 가능하다. 이러한 계약인수 여부가 다투어지는 경우에는, 그것이 계약 주체의 변동을 초래하는 등 당사자 사이의 법률상 지위에 중대한 영향을 미치는 법률행위인 점을 고려하여, 계약의 성질, 당사자의 거래 동기와 경위, 거래 형식 및 내용, 당사자가 그 거래행위에 의하여 달성하려는 목적, 거래관행 등에 비추어 신중하게 판단하여야 할 것이다 (대법원 2023. 3. 30. 선고 2022다296165 판결).

정답 ③

CHAPTER 05 채권의 소멸

제1절 • 변제

139 /이해관계 있는 제3자의 변제/

변제할 법률상 이해관계 있는 제3자에 관한 다음 설명 중 옳지 않은 것을 모두 고른 것은? (다툼이 있으면 판례에 의함)

> ㄱ. 甲의 乙에 대한 대여금채무를 보증한 丙은 甲의 의사에 반하더라도 乙에게 대여금채무를 변제할 수 있다.
>
> ㄴ. 丙에게 가등기담보로 제공된 채무자 乙 소유의 부동산을 甲이 시효취득 하였으나 아직 소유권이전등기는 마치지 못하고 있던 중, 丙이 「가등기담보 등에 관한 법률」에 따른 청산절차를 거치지 아니하고 가등기에 기하여 본등기를 마친 경우 甲이 乙의 채무를 변제하는 데 법률상 이해관계가 있거나 변제할 정당한 이익이 있다.
>
> ㄷ. 甲과 주택건설사업을 같이 하고 있는 동업자 乙이 채무관계로 수사기관에서 장기간 조사를 받음으로 인하여 주택건설사업에 지장을 받을 우려가 있자, 甲이 乙의 채무를 대신 변제한 경우 甲이 乙의 채무를 변제하는 데 법률상 이해관계가 있거나 변제할 정당한 이익이 있다.
>
> ㄹ. 甲은 乙로부터 신축 건물을 매수하면서 소유권이전등기를 마치기 전까지 그 건물을 임차하여 사용하기로 약정하였으나 그 건물의 건축공사 수급인 丙이 乙로부터 공사대금 일부를 지급받지 못하였다는 이유로 甲의 입주를 저지하자, 甲이 乙에게 지급할 매매대금 일부를 丙에게 공사대금채무의 일부 변제조로 지급하고 입주한 경우 甲이 乙의 채무를 변제하는 데 법률상 이해관계가 있거나 변제할 정당한 이익이 있다.
>
> ㅁ. 甲이 乙로부터 돈을 차용하고 자기 소유의 부동산을 양도담보로 제공하여 乙에게 소유권이전등기를 마쳐주었는데, 다시 乙이 甲으로부터 수령해야 할 위 대여원리금과 등기비용에 해당하는 돈을 丙으로부터 차용하고 위 부동산에 丙 명의의 소유권이전등기를 마쳐준 경우 甲이 乙의 채무를 변제하는 데 법률상 이해관계가 있거나 변제할 정당한 이익이 있다.

① ㄱ, ㄷ ② ㄴ, ㅁ ③ ㄷ
④ ㄴ, ㄹ ⑤ ㄱ, ㅁ

해 설

ㄱ. [O] 민법 제469조 제2항은 이해관계 없는 제3자는 채무자의 의사에 반하여 변제하지 못한다고 규정하고, 민법 제481조는 변제할 정당한 이익이 있는 자는 변제로 당연히 채권자를 대위한다고 규정하고 있는바, 위 조항에서 말하는 '이해관계' 내지 '변제할 정당한 이익'이 있는 자는 변제를

하지 않으면 채권자로부터 집행을 받게 되거나 또는 채무자에 대한 자기의 권리를 잃게 되는 지위에 있기 때문에 변제함으로써 당연히 대위의 보호를 받아야 할 법률상 이익을 가지는 자를 말하고, 단지 사실상의 이해관계를 가진 자는 제외된다(대법원 2009. 05. 28. 자 2008마109 결정).

ㄴ. [O] [1] 이해관계 있는 제3자는 채무자의 의사에 반하여 변제할 수 있고, 여기서의 이해관계 있는 제3자란 법률상 이해관계 있는 제3자를 말한다. [2] 채무담보 목적의 가등기가 경료되어 있는 부동산을 시효취득하여 소유권이전등기청구권을 취득한 자가 그 등기를 경료하지 못하던 중에 채권자가 청산절차를 거치지 아니하고 위 가등기에 기하여 본등기를 경료하였다면 그는 부동산 소유자에 대한 소유권이전등기청구권을 보전하기 위하여 위 소유자를 대위하여 그의 채권자에게 위 채무를 변제할 법률상의 권한이 있어 이해관계 있는 제3자에 해당한다(대법원 1991. 07. 12. 선고 90다17774 판결).

ㄷ. [×] 대위변제는 변제할 정당한 이익이 있는 자가 변제하는 경우에 한하여 법률상 당연히 채권자를 대위하게 되는 것이고(민법 제481조), 여기에서 변제할 정당한 이익이 있는 자란 변제를 하지 않으면 채권자로부터 집행을 받게 되거나 또는 채무자에 대한 자기의 권리를 잃게 되는 지위에 있기 때문에 변제함으로써 당연히 대위의 보호를 받아야 할 법률상의 이익을 가지는 자를 가리키는 것이지 채무자와 연립주택건설 사업을 같이 하고 있어 채무자가 수사기관에서 조사를 받음으로 인하여 연립주택건설사업에 지장을 받을 우려가 있는 사실상의 이해관계를 가지는 자는 여기에 포함된다고 할 수 없다(대법원 1990. 04. 10. 선고 89다카24834 판결).

ㄹ. [O] 건물을 신축한 자가 건물을 매도함과 동시에 소유권이전등기 전까지 그 건물을 매수인에게 임대하기로 하였는데 그 건물의 건축공사수급인이 공사금 일부를 지급받지 못하였다는 이유로 건물의 매수인 겸 임차인의 입주를 저지하자 건물의 매수인 겸 임차인이 매도인에게 지급할 매매대금의 일부를 건축공사수급인에게 공사금채무 변제조로 지급한 경우, 건물의 매수인 겸 임차인은 그 권리실현에 장애가 되는 위 수급인의 건물에 대한 유치권 등의 권리를 소멸시키기 위하여 매도인의 공사금채무를 대신 변제할 법률상 이해관계 있는 제3자이자 변제할 정당한 이익이 있는 자라고 볼 것이므로 위 변제는 공사금채무의 범위 내에서는 매도인의 의사에 반하여도 효력이 있다(대법원 1993. 10. 12. 선고 93다9903 판결).

ㅁ. [O] 원고가 소외인으로부터 금전을 차용하고 자기소유의 부동산을 양도담보로 제공하였는데 다시 위 소외인이 원고로부터 수령해야 할 원리금과 등기비용을 피고로부터 차용하고 위 부동산을 피고에게 소유권이전등기를 한 경우 원고는 소외인의 피고에 대한 채무를 변제함에 있어 정당한 이익을 갖는 자에 해당된다(대법원 1980. 04. 22. 선고 79다1980 판결).

정답 ③

140 / 대위변제의 법률관계 /

甲은 乙에 대하여 6천 만 원의 대여금채무를 부담하고 있다. 丙과 丁은 위 대여금채무를 보증하였다. 위 대여금채무를 담보하기 위해 丁은 자기 소유의 X 토지(시가 6천만 원)에 저당권을 설정하였고 戊 역시 자기 소유의 Y 토지(시가 4천만 원)에 저당권을 설정하여 주었다. 다음 설명 중 옳은 것을 모두 고른 것은? (각 지문은 독립적이고, 비용 및 이자는 고려하지 않음. 다툼이 있으면 판례에 의함)

> ㄱ. 丁이 3,000만 원을 변제한 후, X 토지가 경매되어 매각대금 중 배당가능금액이 5,000만 원이 된 경우 丁은 2,500만 원을 배당받을 수 있다.
>
> ㄴ. 丁이 대여금채무 전액을 변제한 경우, 변제자대위의 법리에 의해 丁은 乙을 대위하여 戊에게 1,200만 원을 청구할 수 있다.
>
> ㄷ. 丁이 대출금채무의 일부를 대위변제하고 戊에 대하여 乙의 권리를 대위행사하기 위해서는, 적어도 대위관계에서 丁이 분담해야 할 부담부분인 2,000만 원을 넘는 금액을 乙에게 변제하여야 한다.
>
> ㄹ. 위 ㄷ.에서 대위관계에서의 부담부분을 넘는 변제인지 여부를 판단할 때, 당초 성립한 주채무가 아니라 변제나 면제 등으로 감소하거나 이자·지연손해금으로 인해 증가한 채무, 즉 대위변제 당시를 기준으로 하여 대위변제자의 부담부분을 초과하는 것인지 여부를 판단한다.
>
> ㅁ. 위 사안과 달리 丁은 물상보증인이고 戊는 채무자로부터 담보부동산을 취득한 제3자라고 전제할 경우에, 丁이 채무를 변제하거나 담보권의 실행으로 소유권을 잃은 때에는 戊에 대하여 구상권의 범위 내에서 출재한 전액에 관하여 채권자를 대위할 수 있는 반면, 戊는 채무를 변제하거나 담보권의 실행으로 소유권을 잃더라도 丁에 대하여 채권자를 대위할 수 없다.

① ㄱ, ㄴ   ② ㄱ, ㄷ   ③ ㄴ, ㄷ
④ ㄴ, ㄹ, ㅁ   ⑤ ㄷ, ㄹ, ㅁ

[해 설]

ㄱ. [✗] 변제할 정당한 이익이 있는 자가 채무자를 위하여 근저당권의 피담보채무의 일부를 대위변제한 경우에 대위변제자는 피담보채무의 일부대위변제를 원인으로 한 근저당권 일부이전의 부기등기의 경료 여부와 관계없이 변제한 가액의 범위 내에서 종래 채권자가 가지고 있던 채권 및 담보에 관한 권리를 법률상 당연히 취득하게 되는 것이나 이 때에도 채권자는 대위변제자에 대하여 우선변제권을 가진다고 할 것인바, 이 경우에 채권자의 우선변제권은 피담보채권액을 한도로 특별한 사정이 없는 한 자기가 보유하고 있는 잔존 채권액 전액에 미친다고 할 것이고, 이러한 법리는 채권자와 후순위권리자 사이에서도 마찬가지라 할 것이므로 근저당권의 실행으로 인한 배당절차에서도 채권자는 특별한 사정이 없는 한 자기가 보유하고 있는 잔존 채권액 및 피담보채권액의 한도에서 후순위권리자에 우선해서 배당받을 수 있다(대법원 2004. 06. 25. 선고 2001다2426 판결). [보충해설] 채권자 乙이 잔존 채권액 3,000만 원을 우선해서 배당받고 丁이 나머지 2,000만 원을 배당받게 된다.

ㄴ. [X] 민법 제482조 제2항 제4호, 제5호가 물상보증인 상호간에는 재산의 가액에 비례하여 부담부분을 정하도록 하면서, 보증인과 물상보증인 상호간에는 보증인의 총 재산의 가액이나 자력 여부, 물상보증인이 담보로 제공한 재산의 가액 등을 일체 고려하지 아니한 채 형식적으로 인원수에 비례하여 평등하게 대위비율을 결정하도록 규정한 것은, 인적 무한책임을 부담하는 보증인과 물적 유한책임을 부담하는 물상보증인 사이에는 보증인 상호간이나 물상보증인 상호간과 같이 상호 이해조정을 위한 합리적인 기준을 정하는 것이 곤란하고, 당사자 간의 특약이 있다는 등의 특별한 사정이 없는 한 오히려 인원수에 따라 대위비율을 정하는 것이 공평하고 법률관계를 간명하게 처리할 수 있어 합리적이며 그것이 대위자의 통상의 의사 내지 기대에 부합하기 때문이다. 이러한 규정 취지는 동일한 채무에 대하여 보증인 또는 물상보증인이 여럿 있고, 이 중에서 보증인과 물상보증인의 지위를 겸하는 자가 포함되어 있는 경우에도 동일하게 참작되어야 하므로, 위와 같은 경우 민법 제482조 제2항 제4호, 제5호 전문에 의한 대위비율은 보증인과 물상보증인의 지위를 겸하는 자도 1인으로 보아 산정함이 상당하다(대법원 2010. 06. 10. 선고 2007다61113 판결). [보충해설] 丁은 보증인과 물상보증인의 지위를 겸하고 있으므로 제482조 제2항 제4호, 제5호에 따라 변제자대위의 대위비율을 정함에 있어서 1인으로 산정하여야 한다. 그런데 판례는 1인으로 산정함에 있어 '보증인'으로 취급하는바 사안의 경우 물상보증인 戊 1인과 수인의 보증인 사이의 대위권이 문제된다. 따라서 丁이 戊에게 변제자대위권을 행사할 경우 그 범위는 제482조 제2항 제5호 전문에 의해 인원수에 비례한 2,000만 원(6,000만 원 × 1/3)이 된다.

ㄷ. [O] 민법 제482조 제2항 제5호는 동일한 채무에 대하여 인적 무한책임을 지는 보증인과 물적 유한책임을 지는 물상보증인이 여럿 있고 그 중 어느 1인이 먼저 대위변제를 하거나 경매를 통한 채무상환을 함으로써 다른 자에 대하여 채권자의 권리를 대위하게 되는 경우, 먼저 대위변제 등을 한 자가 부당하게 이익을 얻거나 대위가 계속 반복되는 것을 방지하고 대위관계를 공평하게 처리하기 위하여 대위자들 상호간의 대위의 순서와 분담비율을 규정하고 있는바, 위 규정에 의하면, 여러 보증인과 물상보증인 사이에서는 그 중 어느 1인에 의하여 주채무 전액이 상환되었을 것을 전제로 하여 그 주채무 전액에 민법 제482조 제2항 제5호에서 정한 대위비율을 곱하여 산정한 금액이 각자가 대위관계에서 분담하여야 할 부담부분이다. 그런데 여러 보증인 또는 물상보증인 중 어느 1인이 위와 같은 방식으로 산정되는 자신의 부담 부분에 미달하는 대위변제 등을 한 경우 그 대위변제액 또는 경매에 의한 채무상환액에 위 규정에서 정한 대위비율을 곱하여 산출된 금액만큼 곧바로 다른 자를 상대로 채권자의 권리를 대위할 수 있도록 한다면, 먼저 대위변제 등을 한 자가 부당하게 이익을 얻거나 대위자들 상호간에 대위가 계속 반복되게 되고 대위관계를 공평하게 처리할 수도 없게 되므로, 민법 제482조 제2항 제5호의 규정 취지에 반하는 결과가 생기게 된다. 따라서 보증인과 물상보증인이 여럿 있는 경우 어느 누구라도 위와 같은 방식으로 산정한 각자의 부담부분을 넘는 대위변제 등을 하지 않으면 다른 보증인과 물상보증인을 상대로 채권자의 권리를 대위할 수 없다(대법원 2010. 06. 10. 선고 2007다61113 판결)

ㄹ. [O] 여러 보증인과 물상보증인 사이에서 민법 제482조 제2항 제5호에 의하여 대위관계에서의 부담 부분을 정하는 경우, 당초 성립한 주채무가 주채무자의 변제나 채무 면제 등으로 감소하거나 이자·지연손해금이 증가하는 때에는 그 당시 현존하고 있는 보증인이나 물상보증인의 부담 부분도 원칙적으로 그에 상응하여 감소하거나 증가하게 되므로, 보증인이나 물상보증인이 대위변제 등을 할 당시에 이미 주채무자의 변제나 채무면제 등으로 주채무가 감소하거나 이자·지연손해금이 증가한 사정이 있다면, 이를 반드시 참작하여 그 대위변제 등 당시를 기준으로 하여 당해 보증인이나 물상보증인의 대위변제액 등이 그의 부담 부분을 초과하는 것인지 여부를 판단하여야 한다(대법원 2010. 06. 10. 선고 2007다61113 판결).

ㅁ. [O] 민법 제481조는 "변제할 정당한 이익이 있는 자는 변제로 당연히 채권자를 대위한다."라고 규정하고, 민법 제482조 제1항은 "전2조의 규정에 의하여 채권자를 대위한 자는 자기의 권리에 의

하여 구상할 수 있는 범위에서 채권 및 그 담보에 관한 권리를 행사할 수 있다."라고 규정하며, 같은 조 제2항은 "전항의 권리행사는 다음 각 호의 규정에 의하여야 한다."라고 규정하고 있으나, 그중 물상보증인과 제3취득자 사이의 변제자대위에 관하여는 명확한 규정이 없다. 그런데 보증인과 제3취득자 사이의 변제자대위에 관하여 민법 제482조 제2항 제1호는 "보증인은 미리 전세권이나 저당권의 등기에 그 대위를 부기하지 아니하면 전세물이나 저당물에 권리를 취득한 제3자에 대하여 채권자를 대위하지 못한다."라고 규정하고, 같은 항 제2호는 "제3취득자는 보증인에 대하여 채권자를 대위하지 못한다."라고 규정하고 있다. 한편 민법 제370조, 제341조에 의하면 물상보증인이 채무를 변제하거나 담보권의 실행으로 소유권을 잃은 때에는 '보증채무'에 관한 규정에 의하여 채무자에 대한 구상권을 가지고, 민법 제482조 제2항 제5호에 따르면 물상보증인과 보증인 상호 간에는 그 인원수에 비례하여 채권자를 대위하게 되어 있을 뿐 이들 사이의 우열은 인정하고 있지 아니하다. 위와 같은 규정 내용을 종합하여 보면, <u>물상보증인이 채무를 변제하거나 담보권의 실행으로 소유권을 잃은 때에는 보증채무를 이행한 보증인과 마찬가지로 채무자로부터 담보부동산을 취득한 제3자에 대하여 구상권의 범위 내에서 출재한 전액에 관하여 채권자를 대위할 수 있는 반면, 채무자로부터 담보부동산을 취득한 제3자는 채무를 변제하거나 담보권의 실행으로 소유권을 잃더라도 물상보증인에 대하여 채권자를 대위할 수 없다고 보아야 한다.</u> 만일 물상보증인의 지위를 보증인과 다르게 보아서 물상보증인과 채무자로부터 담보부동산을 취득한 제3자 상호 간에는 각 부동산의 가액에 비례하여 채권자를 대위할 수 있다고 한다면, 본래 채무자에 대하여 출재한 전액에 관하여 대위할 수 있었던 물상보증인은 채무자가 담보부동산의 소유권을 제3자에게 이전하였다는 우연한 사정으로 이제는 각 부동산의 가액에 비례하여서만 대위하게 되는 반면, 당초 채무 전액에 대한 담보권의 부담을 각오하고 채무자로부터 담보부동산을 취득한 제3자는 그 범위에서 뜻하지 않은 이득을 얻게 되어 부당하다(대법원 2014. 12. 18. 선고 2011다50233 전원합의체 판결).

정답 ⑤

141 / 대위변제의 법률관계 /

甲이 乙에 대하여 부담하는 3억 원의 대여금채무를 담보하기 위해 자기 소유의 X 부동산에 제1순위 저당권을 설정해주었고, 丙은 연대보증인이 되었다. 각 당사자들의 법률관계에 관한 다음 설명 중 옳지 않은 것을 모두 고른 것은? (각 지문은 독립적이고, 다툼이 있으면 판례에 의함)

ㄱ. 丙이 보증채무를 모두 변제한 후, X 부동산에 대한 대위의 부기등기를 하여야 X 부동산에 대한 乙의 권리를 취득할 수 있다.

ㄴ. 丙이 보증채무를 이행한 후, X 부동산의 소유권을 취득한 丁에 대하여 乙의 권리를 대위 행사하기 위해서는 X 부동산의 저당권등기에 미리 대위의 부기등기를 하여야 한다.

ㄷ. 丙이 보증채무를 이행한 후 X 부동산에 관하여 대위의 부기등기를 경료하기 전에 丁이 2순위 저당권을 취득한 경우, 경매절차에서 丙은 대위의 부기등기 없이도 丁에 우선하여 배당받을 수 있다.

ㄹ. 만약 X 부동산의 제3취득자 丁이 위 대여금채무를 변제한 경우, 丁은 丙에 대하여 乙의 권리를 행사할 수 있다.

ㅁ. 만약 乙의 저당권이 근저당권이라면, 丙이 채무를 일부 변제하였다 하더라도 그 피담보채무가 확정되기 전에는 丙의 근저당권에 대하여 乙을 대위할 수 없다.

① ㄱ, ㄹ   ② ㄱ, ㅁ   ③ ㄴ, ㄷ
④ ㄷ, ㄹ   ⑤ ㄹ, ㅁ

해설

ㄱ. [✗] 변제할 정당한 이익이 있는 자가 채무자를 위하여 근저당권의 피담보채무의 일부를 대위변제한 경우에는 대위변제자는 근저당권의 일부이전의 부기등기의 경료 여부에 관계없이 변제한 가액의 범위 내에서 종래 채권자가 가지고 있던 채권 및 담보에 관한 권리를 법률상 당연히 취득하게 되는 것이고, 대위할 범위에 관하여 종래 채권자가 이미 배당요구를 하였거나 배당요구 없이도 당연히 배당받을 수 있었던 경우에는 대위변제자는 따로 배당요구를 하지 않아도 배당을 받을 수 있다(대법원 2006. 2. 10. 선고 2004다2762 판결).

ㄴ. [O] 보증인은 미리 전세권이나 저당권의 등기에 그 대위를 부기하지 아니하면 전세물이나 저당물에 권리를 취득한 제3자에 대하여 채권자를 대위하지 못한다(제482조 제2항 제1호). **[관련판례]** 타인의 채무를 변제하고 채권자를 대위하는 대위자 상호간의 관계를 규정한 민법 제482조 제2항 제5호 단서에서 대위의 부기등기에 관한 제1호의 규정을 준용하도록 규정한 취지는 자기의 재산을 타인의 채무의 담보로 제공한 물상보증인이 수인일 때 그중 일부의 물상보증인이 채무의 변제로 다른 물상보증인에 대하여 채권자를 대위하게 될 경우에 미리 대위의 부기등기를 하여 두지 아니하면 채무를 변제한 뒤에 그 저당물을 취득한 제3취득자에 대하여 채권자를 대위할 수 없도록 하려는 것이라고 해석되므로 자신들 소유의 부동산을 채무자의 채무의 담보로 제공한 물상보증인들이 채무를 변제한 뒤 다른 물상보증인 소유부동산에 설정된 근저당권설정등기에 관하여 대위의 부기등기를 하여 두지 아니하고 있는 동안에 제3취득자가 위 부동산을 취득하였다면, 대위변제한 물상보증인들은 제3취득자에 대하여 채권자를 대위할 수 없다(대법원 1990. 11. 9. 선고 90다카10305 판결).

ㄷ. [O] [1] 민법 제482조 제2항 제1호와 제2호에서 보증인에게 대위권을 인정하면서도 제3취득자는 보증인에 대하여 채권자를 대위할 수 없다고 규정한 까닭은, 제3취득자는 등기부상 담보권의 부담이 있음을 알고 권리를 취득한 자로서 그 담보권의 실행으로 인하여 예기치 못한 손해를 입을 염려가 없고, 또한 저당부동산에 대하여 소유권, 지상권 또는 전세권을 취득한 제3자는 저당권자에게 그 부동산으로 담보된 채권을 변제하고 저당권의 소멸을 청구할 수 있으며(민법 제364조), 저당물의 제3취득자가 그 부동산의 보존, 개량을 위하여 필요비 또는 유익비를 지출한 때에는 저당물의 경매대가에서 우선상환을 받을 수 있도록(민법 제367조) 하는 등 그 이익을 보호하는 규정도 마련되어 있으므로, 변제자대위와 관련해서는 제3취득자보다는 보증인을 보호할 필요가 있기 때문이다. 그러나 저당부동산에 대하여 후순위 근저당권을 취득한 제3자는 민법 제364조에서 정한 저당권소멸청구권을 행사할 수 있는 제3취득자에 해당하지 아니하고, 달리 선순위 근저당권의 실행으로부터 그의 이익을 보호하는 규정이 없으므로 변제자대위와 관련해서 후순위 근저당권자보다 보증인을 더 보호할 이유가 없으며, 나아가 선순위 근저당권의 피담보채무에 대하여 직접 보증책임을 지는 보증인과 달리 선순위 근저당권의 피담보채무에 대한 직접 변제책임을 지지 않는 후순위 근저당권자는 보증인에 대하여 채권자를 대위할 수 있다고 봄이 타당하므로, 민법 제482조 제2항 제2호의 제3취득자에 후순위 근저당권자는 포함되지 아니한다. [2] 민법 제482조 제2항 제2호의 제3취득자에 후순위 근저당권자가 포함되지 않음에도 같은 항 제1호의 제3자에는 후순위 근저당권자가 포

함된다고 하면, 후순위 근저당권자는 보증인에 대하여 항상 채권자를 대위할 수 있지만 보증인은 후순위 근저당권자에 대하여 채권자를 대위하기 위해서는 미리 대위의 부기등기를 하여야만 하므로 보증인보다 후순위 근저당권자를 더 보호하는 결과가 되는데, 이러한 결과는 법정대위자인 보증인과 후순위 근저당권자 간의 이해관계를 공평하고 합리적으로 조절하기 위한 민법 제482조 제2항 제1호와 제2호의 입법 취지에 부합하지 않을뿐더러 후순위 근저당권자는 통상 자신의 이익을 위하여 선순위 근저당권의 담보가치를 초과하는 담보가치만을 파악하여 담보권을 취득한 자에 불과하므로 변제자대위와 관련해서 후순위 근저당권자를 보증인보다 더 보호할 이유도 없다. 이러한 사정들과 민법 제482조 제2항 제1호와 제2호가 상호작용하에 법정대위자 중 보증인과 제3취득자의 이해관계를 조절하는 규정인 점 등을 종합하여 보면, <u>보증인은 미리 저당권의 등기에 그 대위를 부기하지 않고서도 저당물에 후순위 근저당권을 취득한 제3자에 대하여 채권자를 대위할 수 있다고 할 것이므로 민법 제482조 제2항 제1호의 제3자에 후순위 근저당권자는 포함되지 않는다</u>(대법원 2013. 2. 15. 선고 2012다48855 판결).

ㄹ. [✗] 제3취득자는 보증인에 대하여 채권자를 대위하지 못한다(제482조 제2항 제2호).

ㅁ. [○] 변제할 정당한 이익이 있는 자가 채무자를 위하여 채권의 일부를 대위변제할 경우에 대위변제자는 변제한 가액의 범위 내에서 종래 채권자가 가지고 있던 채권 및 담보에 관한 권리를 법률상 당연히 취득하게 되는 것이므로, 채권자가 부동산에 대하여 근저당권을 가지고 있는 경우에는, 채권자는 대위변제자에게 일부 대위변제에 따른 저당권의 일부 이전의 부기등기를 경료해 주어야 할 의무가 있다 할 것이나, 이 경우에도 채권자는 일부 변제자에 대하여 우선변제권을 가지고 있다 할 것이고, 근저당권이라고 함은 계속적인 거래관계로부터 발생하고 소멸하는 불특정다수의 장래 채권을 결산기에 계산하여 잔존하는 채무를 일정한 한도액의 범위 내에서 담보하는 저당권이어서, 거래가 종료하기까지 채권은 계속적으로 증감변동하는 것이므로, 근저당 거래관계가 계속중인 경우 즉, 근저당권의 피담보채권이 확정되기 전에 그 채권의 일부를 양도하거나 대위변제한 경우 근저당권이 양수인이나 대위변제자에게 이전할 여지는 없다 할 것이나, 그 근저당권에 의하여 담보되는 피담보채권이 확정되게 되면, 그 피담보채권액이 그 근저당권의 채권최고액을 초과하지 않는 한 그 근저당권 내지 그 실행으로 인한 경락대금에 대한 권리 중 그 피담보채권액을 담보하고 남는 부분은 저당권의 일부이전의 부기등기의 경료 여부와 관계없이 대위변제자에게 법률상 당연히 이전된다(대법원 2002. 7. 26. 선고 2001다53929 판결).

정답 ①

142 / 변제충당 /

변제충당에 관한 다음 설명 중 옳은 것을 모두 고른 것은? (다툼이 있으면 판례에 의함)

ㄱ. 가집행선고로 인한 강제집행을 면하기 위하여 채무자가 채권자에게 금원을 지급하였으나 그 가지급금의 액수가 채무자가 채권자에게 지급하여야 할 정당한 금원인 원본 및 지연손해금 합계액에 미치지 못하였다면, 그 가지급금으로는 특별한 사정이 없는 한, 민법 소정의 변제충당의 법리에 따라 채무자가 채권자에게 지급하여야 할 정당한 금원에 관하여 지연손해금, 원본의 순서로 변제에 충당되어야 한다.

ㄴ. 변제자가 주채무자인 경우, 보증인이 있는 채무가 보증인이 없는 채무보다 변제이익이 더 많다. 또한 변제자가 주채무자인 경우, 제3자가 발행한 약속어음이 담보로 교부된 채무와 그러한 담보가 제공되지 않은 채무 사이에는 전자가 후자보다 변제이익이 더 많다.

ㄷ. 비용, 이자, 원본에 대한 변제충당에 있어서는 당사자의 일방적인 지정에 대하여 상대방이 지체 없이 이의를 제기하지 아니함으로써 묵시적인 합의가 되었다고 보이는 경우에도 그 법정충당의 순서와는 달리 충당의 순서를 인정할 수 없다.

ㄹ. 담보권 실행을 위한 경매에서 배당된 배당금이 담보권자가 가지는 여러 개의 피담보채권 전부를 소멸시키기에 부족한 경우에는 지정변제충당이나 합의에 따른 변제충당은 허용될 수 없고, 법정변제충당의 방법에 따라 충당하여야 한다.

ㅁ. 채무자가 특정 채무의 변제로서 급부하였다고 주장함에 대하여, 채권자가 이를 수령한 사실을 인정하면서도 다른 채무의 변제에 충당하였다고 주장하는 경우에는 채권자는 다른 채권이 존재한다는 사실과 다른 채권에 변제충당하기로 하는 합의나 지정 또는 그 채권이 법정충당의 우선순위에 있었다는 사실을 주장·증명하여야 한다.

① ㄱ, ㄹ   ② ㄴ, ㄷ, ㅁ   ③ ㄴ, ㅁ
④ ㄱ, ㄷ   ⑤ ㄱ, ㄹ, ㅁ

해설

ㄱ. [O] 가집행선고로 인한 강제집행을 면하기 위하여 채무자가 채권자에게 금원을 지급하였으나 그 가지급금의 액수가 채무자가 채권자에게 지급하여야 할 정당한 금원(최종적으로 확정된 금원)인 원본 및 지연손해금 합계액에 미치지 못하였다면, 그 가지급금으로는 특별한 사정이 없는 한, 민법 소정의 변제충당의 법리에 따라 채무자가 채권자에게 지급하여야 할 정당한 금원에 관하여 지연손해금, 원본의 순서로 변제에 충당되어야 한다. 이러한 법리는 가집행의 근거가 된 판결의 소송물이 복수의 금전청구가 객관적으로 병합된 것인 경우에도 마찬가지로 적용된다(대법원 2024. 10. 31. 선고 2024다257812 판결).

ㄴ. [X] 변제자가 주채무자인 경우에 보증인이 있는 채무와 보증인이 없는 채무사이에 있어서 전자가 후자에 비하여 변제이익이 더 많다고 볼 근거는 전혀 없어 양자는 변제이익의 점에 있어 차이가 없다(대법원 1985. 3. 12. 선고 84다카2093 판결). 주채무자가 변제자인 경우에는, 담보로 제3자가 발행 또는 배서한 약속어음이 교부된 채무와 다른 채무 사이에 변제이익의 점에서 차이가 없다고 보아야 할 것이나, 담보로 주채무자 자신이 발행 또는 배서한 어음이 교부된 채무는 다른 채무보다 변제이익이 많은 것으로 보아야 한다(대법원 1999. 8. 24. 선고 99다22281 판결).

ㄷ. [X] 비용, 이자, 원본에 대한 변제충당에 있어서는 민법 제479조에 그 충당 순서가 법정되어 있고 지정 변제충당에 관한 같은 법 제476조는 준용되지 않으므로 당사자 사이에 특별한 합의가 없는 한 비용, 이자, 원본의 순서로 충당하여야 할 것이고, 채무자는 물론 채권자라고 할지라도 위 법정순서와 다르게 일방적으로 충당의 순서를 지정할 수는 없다고 할 것이지만, 당사자의 일방적인 지정에 대하여 상대방이 지체없이 이의를 제기하지 아니함으로써 묵시적인 합의가 되었다고 보여지는 경우에는 그 법정충당의 순서와는 달리 충당의 순서를 인정할 수 있는 것이다(대법원 2002. 5.

10. 선고 2002다12871 판결). **[관련판례]** 비용, 이자, 원본에 대한 변제충당에 관해서는 민법 제479조에 충당 순서가 법정되어 있고 지정변제충당에 관한 민법 제476조는 준용되지 않으므로 당사자가 법정 순서와 다르게 일방적으로 충당 순서를 지정할 수 없다. 민법 제479조에 따라 변제충당을 할 때 지연손해금은 이자와 같이 보아 원본보다 먼저 충당된다. 당사자 사이에 명시적·묵시적 합의가 있다면 법정변제충당의 순서와 달리 인정할 수 있지만 이러한 합의가 있는지는 이를 주장하는 자가 증명할 책임이 있다(대법원 2020. 1. 30. 선고 2018다204787 판결).

ㄹ. [O] 담보권 실행을 위한 경매에서 배당된 배당금이 담보권자가 가지는 수개의 피담보채권 전부를 소멸시키기에 부족한 경우에는 민법 제476조에 의한 지정변제충당은 허용될 수 없고, 채권자와 채무자 사이에 변제충당에 관한 합의가 있었다고 하여 그 합의에 따른 변제충당도 허용될 수 없으며, 획일적으로 가장 공평타당한 충당방법인 민법 제477조 및 제479조의 규정에 의한 법정변제충당의 방법에 따라 충당하여야 하는 것이고, 이러한 법정변제충당은 이자 혹은 지연손해금과 원본 간에는 이자 혹은 지연손해금과 원본의 순으로 이루어지고, 원본 상호간에는 그 이행기의 도래 여부와 도래 시기, 그리고 이율의 고저와 같은 변제이익의 다과에 따라 순차적으로 이루어지나, 다만 그 이행이나 변제이익의 다과에 있어 아무런 차등이 없을 경우에는 각 원본 채무액에 비례하여 안분하게 되는 것이다(대법원 2000. 12. 8. 선고 2000다51339 판결).

ㅁ. [O] [1] 변제에 관한 증명책임은 채무자에게 있다. 채무자는 채권자에게 급부한 점 및 그 급부가 특정 채무의 변제로서 이루어졌다는 점을 증명해야 한다. 급부가 특정 채무의 변제로서 이루어졌는지는 급부와 채무의 구체적 내용, 당사자의 의사, 급부 당시의 상황 등 여러 사정을 고려하여 판단한다. 채무자가 객관적으로 특정 채무의 내용에 적합한 급부를 하였다면 특별한 사정이 없는 한 급부가 그 채무의 변제로서 이루어졌다는 점이 인정된다. [2] 채권자에게 여러 채무를 부담하는 채무자의 급부가 동시에 여러 채무의 내용에 적합하나 그 채무 전부를 소멸시키기에 부족한 경우에는 변제충당이 문제 된다. 채무자가 그중 특정 채무의 변제로서 급부하였다고 주장함에 대하여, 채권자가 이를 수령한 사실을 인정하면서도 다른 채무의 변제에 충당하였다고 주장하는 경우에는 채권자는 그 다른 채권이 존재한다는 사실과 그 다른 채권에 변제충당하기로 하는 합의나 지정 또는 그 채권이 법정충당의 우선순위에 있었다는 사실을 주장·증명하여야 한다(대법원 2024. 10. 8. 선고 2024다258921 판결).

정답 ⑤

143 / 변제충당 /

변제충당에 관한 설명 중 옳은 것을 모두 고른 것은? (다툼이 있으면 판례에 의함)

ㄱ. 변제자와 변제받는 자 사이에 변제충당에 관한 민법 제476조 내지 제479조의 규정과 다른 약정이 있다면 약정에 따라 변제충당의 효력이 발생하고, 위 규정과 다른 약정이 없는 경우에 민법 제476조의 지정변제충당에 따라 변제충당의 효력이 발생하고 보충적으로 민법 제477조의 법정변제충당의 순서에 따라 변제충당의 효력이 발생한다. 이때 민법 제477조의 법정변제충당의 순서는 채무자의 변제제공 당시가 아니라 변제기의 도래 당시를 기준으로 정하여야 한다.

ㄴ. 채권자와 채무자가 채권자가 적당하다고 인정하는 순서와 방법에 의하여 변제충당하기로 약정하였다면, 채권자가 위 약정에 기하여 스스로 적당하다고 인정하는 순서와 방법에 좇아 변제충당을 한 이상 그 충당의 효력이 있다.

ㄷ. 동일한 채권자와 채무자 사이에 다수의 채권이 존재하는 경우 채무자가 변제를 충당하여야 할 채무를 지정하지 않고 모든 채무를 변제하기에 부족한 금액을 변제한 때에는 특별한 사정이 없는 한 그 변제는 모든 채무에 대한 승인으로서 소멸시효를 중단하는 효력을 가진다.

ㄹ. 안분비례에 의한 법정변제충당과는 달리, 법정변제충당에 의하여 부여되는 법률효과 이상으로 자신에게 유리한 변제충당의 지정, 당사자 사이의 변제충당의 합의가 있다거나 또는 당해 채무가 법정변제충당에 있어 우선순위에 있어서 당해 채무에 전액 변제충당되었다고 주장하는 자는 그 사실을 주장·증명할 책임을 부담한다.

① ㄱ, ㄴ, ㄹ
② ㄴ, ㄷ
③ ㄴ, ㄹ
④ ㄱ, ㄴ, ㄷ
⑤ ㄴ, ㄷ, ㄹ

해설

ㄱ. [X] 변제충당에 관한 민법 제476조 내지 제479조는 임의규정이므로 변제자와 변제받는 자 사이에 위 규정과 다른 약정이 있다면 약정에 따라 변제충당의 효력이 발생하고, 위 규정과 다른 약정이 없는 경우에 변제의 제공이 채무 전부를 소멸하게 하지 못하는 때에는 민법 제476조의 지정변제충당에 따라 변제충당의 효력이 발생하고 보충적으로 민법 제477조의 법정변제충당의 순서에 따라 변제충당의 효력이 발생한다. 이때 민법 제477조의 법정변제충당의 순서는 채무자의 변제제공 당시를 기준으로 정하여야 한다(대법원 2015. 11. 26. 선고 2014다71712 판결).

ㄴ. [O] [1] 변제충당에 관한 민법 제476조 내지 제479조의 규정은 임의규정이므로 변제자인 채무자와 변제수령자인 채권자는 약정에 의하여 이를 배제하고 제공된 급부를 어느 채무에 어떤 방법으로 충당할 것인가를 결정할 수 있고, 이는 민법 제499조에 의하여 위 규정이 준용되는 상계의 경우에도 마찬가지이다. [2] 변제충당지정은 상대방에 대한 의사표시로써 하여야 하는 것이기는 하나, 채권자와 채무자 사이에 미리 변제충당에 관한 약정이 있고, 약정내용이 변제가 채권자에 대한 모든 채무를 소멸시키기에 부족한 때에는 채권자가 적당하다고 인정하는 순서와 방법에 의하여 충당하기로 한 것이라면, 변제수령권자인 채권자가 약정에 터 잡아 스스로 적당하다고 인정하는 순서와 방법에 좇아 변제충당을 한 이상 변제자에 대한 의사표시와 관계없이 충당의 효력이 있다. 그리고 이러한 법리는 민법 제499조에 의하여 변제충당에 관한 규정이 준용되는 상계의 경우에도 마찬가지로 적용된다(대법원 2015. 6. 11. 선고 2012다10386 판결). [비교판례] 변제충당에 관한 약정이 채무자가 채권자에게 담보로 제공한 출자증권의 처분대금을 채권자가 적당하다고 인정하는 순서와 방법에 따라 충당하기로 한다고만 되어 있어 채권자가 자의적으로 변제충당을 할 수 있도록 하는 내용이고 달리 충당의 순서와 방법의 기준이나 충당에 대한 채무자의 이의에 관한 정함이 없으므로 무효라고 본 사례(대법원 2002. 7. 12. 선고 99다68652 판결).

ㄷ. [○] 동일한 채권자와 채무자 사이에 다수의 채권이 존재하는 경우 채무자가 변제를 충당하여야 할 채무를 지정하지 않고 모든 채무를 변제하기에 부족한 금액을 변제한 때에는 특별한 사정이 없는 한 그 변제는 모든 채무에 대한 승인으로서 소멸시효를 중단하는 효력을 가진다. 채무자는 자신이 계약당사자로 있는 다수의 계약에 기초를 둔 채무들이 존재한다는 사실을 인식하고 있는 것이 통상적이므로, 변제 시에 충당할 채무를 지정하지 않고 변제를 하였으면 특별한 사정이 없는 한 다수의 채무 전부에 대하여 그 존재를 알고 있다는 것을 표시했다고 볼 수 있기 때문이다(대법원 2021. 9. 30. 선고 2021다239745 판결).

ㄹ. [○] 채무자가 동일한 채권자에 대하여 같은 종류를 목적으로 한 수 개의 채무를 부담한 경우에 변제의 제공에 있어서 당사자가 변제에 충당할 채무를 지정하지 아니한 때에는 민법 제477조의 규정에 따라 법정변제충당되는 것이고 특히 민법 제477조 제4호에 의하면 법정변제충당의 순위가 동일한 경우에는 각 채무액에 안분비례하여 각 채무의 변제에 충당되는 것이므로, 위 안분비례에 의한 법정변제충당과는 달리, 그 법정변제충당에 의하여 부여되는 법률효과 이상으로 자신에게 유리한 변제충당의 지정, 당사자 사이의 변제충당의 합의가 있다거나 또는 당해 채무가 법정변제충당에 있어 우선순위에 있어서 당해 채무에 전액 변제충당되었다고 주장하는 자는 그 사실을 주장·증명할 책임을 부담하고, 이 경우 위 사실을 주장하는 자가 변제충당의 지정 또는 변제충당의 합의가 있었다거나 당해 채무가 법정변제충당에 있어 우선순위에 있어서 당해 채무에 전액 변제되었다는 점에 관하여 증명을 다하지 못하였다면 당연히 각 채무액에 안분비례하여 법정충당이 행하여지는 것이다(대법원 2021. 10. 28. 선고 2021다247937 판결).

정답 ⑤

144 /변제/

변제에 관한 다음 설명 중 틀린 것은? (다툼이 있으면 판례에 의함)

① 법정대위를 할 자는 채권자가 고의나 과실로 담보를 상실하게 하거나 감소하게 한 때에는 원칙적으로 민법 제485조에 따라 면책을 주장할 수 있을 뿐이지만, 채권자가 제3자에 대하여 자신의 담보권을 성실하게 보존·행사하여야 할 의무를 부담하는 특별한 사정이 인정되는 경우에는 채권자의 담보권의 포기 행위가 불법행위에 해당할 수 있다.

② 대물변제는 본래 채무의 이행에 갈음하여 다른 급여를 현실적으로 하는 때에 성립하는 계약이므로, 다른 급여가 부동산의 소유권이전인 경우 등기를 완료하면 대물변제가 성립되어 기존채무가 소멸한다. 한편 대물변제도 유상계약이므로 목적물에 하자가 있을 경우 매도인의 담보책임에 관한 민법 조항이 준용된다.

③ 채권자와 채무자 모두가 기한의 이익을 갖는 이자부 금전소비대차계약 등에 있어서, 채무자가 변제기로 인한 기한의 이익을 포기하고 변제기 전에 변제하는 경우 변제기까지의 약정이자 등 채권자의 손해를 배상하여야 하고, 이러한 약정이자 등 손해액을 함께 제공하지 않으면 채무의 내용에 따른 변제제공이라고 볼 수 없으므로, 채권자는 수령을 거절할 수 있다.

④ 기한의 이익과 그 포기에 관한 민법 제153조 제2항, 변제기 전의 변제에 관한 민법 제468조의 규정들은 임의규정으로서 당사자가 그와 다른 약정을 할 수 있다. 그러나 은행여신거래에서 당사자는 계약 내용에 편입된 약관에서 정한 바에 따라 위 민법 규정들과 다른 약정을 할 수 없다.

⑤ 제3자가 유효하게 채무자가 부담하는 채무를 변제한 경우에 채무자와 계약관계가 있으면 그에 따라 구상권을 취득하고, 그러한 계약관계가 없으면 특별한 사정이 없는 한 민법 제734조 제1항에서 정한 사무관리가 성립하여 민법 제739조에 정한 사무관리비용의 상환청구권에 따라 구상권을 취득한다.

[해설]

① [O] [1] 민법 제485조는 "제481조의 규정에 의하여 대위할 자가 있는 경우에 채권자의 고의나 과실로 담보가 상실되거나 감소된 때에는 대위할 자는 그 상실 또는 감소로 인하여 상환을 받을 수 없는 한도에서 그 책임을 면한다."라고 정한다. 이는 보증인 등 법정대위를 할 자가 있는 경우에 채권자에게 담보보존의무를 부담시킴으로써 대위할 자의 구상권과 대위에 대한 기대권을 보호하려는 것이다. 법정대위를 할 자는 채권자가 고의나 과실로 담보를 상실하게 하거나 감소하게 한 때에는 원칙적으로 민법 제485조에 따라 면책을 주장할 수 있을 뿐이지만, 채권자가 제3자에 대하여 자신의 담보권을 성실하게 보존·행사하여야 할 의무를 부담하는 특별한 사정이 인정되는 경우에는 채권자의 담보권의 포기 행위가 불법행위에 해당할 수 있다. [2] 甲과 乙이 각 1/2 지분을 소유하고 있는 토지에 관하여 乙이 丙으로부터 대출받으면서 丙을 근저당권자로, 채무자를 乙로 하는 근저당권을 설정하였는데, 위 토지 중 甲 지분에만 경매절차가 개시되어 제3자가 매각대금을 완납하자, 丙은 乙 지분에 관한 근저당권설정등기를 말소해주었고, 이후 개시된 배당절차에서 丙에게 신고채권액 전부를 배당하는 것으로 배당표가 작성된 사안에서, 위 배당절차에서 채권자인 丙에게 배당이 이루어지면 민법 제481조, 제482조의 규정에 따라 위 토지 중 채무자인 乙 지분에 관한 丙 명의의 근저당권에 대하여 甲의 변제자대위가 당연히 이루어질 것으로 예상되던 상황이었으므로, 물상보증인인 甲의 지분에 관하여 담보권이 실행될 가능성이 단순히 예상되는 수준을 넘어 실제로 현실화됨으로써 甲은 배당절차를 통하여 변제가 이루어졌을 때에 준하는 변제자대위에 관한 정당한 기대를 가지게 되었고, 채권자인 丙이 甲에 대하여 자신의 담보권을 성실하게 보존·행사하여야 할 의무를 부담함에도 곧 변제자대위의 대상이 될 채무자에 대한 근저당권설정등기를 말소하여 줌으로써 저당권을 포기한 행위는 변제자대위에 의하여 취득한 권리의 침해에 준하는 물상보증인의 변제자대위에 대한 정당한 기대를 침해하는 행위로서 민법 제750조에 정한 불법행위에 해당한다고 한 사례(대법원 2022. 12. 29. 선고 2017다261882 판결).

② [O] [1] 대물변제는 본래 채무의 이행에 갈음하여 다른 급여를 현실적으로 하는 때에 성립하는 계약이므로, 다른 급여가 부동산의 소유권이전인 경우 등기를 완료하면 대물변제가 성립되어 기존채무가 소멸한다. 한편 대물변제도 유상계약이므로 목적물에 하자가 있을 경우 매도인의 담보책임에 관한 민법 조항이 준용된다. [2] 甲 주식회사가 다세대주택 신축공사의 전기공사를 乙 합자회사에 하도급 주면서 공사대금을 다세대주택 구분건물로 대물변제하기로 약정하고, 이후 乙 회사가 구분건물에 관하여 소유권이전등기를 넘겨받은 사안에서, 乙 회사가 당초의 약정대로 하도급 공사대금에 대한 대물변제를 원인으로 구분건물에 관하여 소유권이전등기를 마친 이상 甲 회사는 본래 채무에 갈음하여 이행하기로 한 다른 급여를 현실적으로 한 것으로 보아야 하고, 구분건물이 아직 사용승인을 받지 않았으며 대지지분에 제한물권이 설정되어 있다는 사정은 대물변제 목적물의 하자로서 담보책임을 물을 수 있는 사유가 될 뿐이므로 乙 회사가 약정한 목적물에 관하여 대물변제를 원인으

로 소유권이전등기를 넘겨받았는데도, 대물변제가 이행되었다는 甲 회사의 항변을 배척한 원심판단에 법리오해의 잘못이 있다고 한 사례(대법원 2023. 2. 2. 선고 2022다276789 판결).

③ [○] ④ [×] [1] 기한의 이익은 포기할 수 있으나, 상대방의 이익을 해하지 못한다(민법 제153조 제2항). 변제기 전이라도 채무자는 변제할 수 있으나, 상대방의 손해는 배상하여야 한다(민법 제468조). 채무의 변제는 제3자도 할 수 있으나(민법 제469조 제1항 본문), 그 경우에도 급부행위는 채무내용에 좇은 것이어야 한다(민법 제460조). 채권자와 채무자 모두가 기한의 이익을 갖는 이자부 금전소비대차계약 등에 있어서, 채무자가 변제기로 인한 기한의 이익을 포기하고 변제기 전에 변제하는 경우 변제기까지의 약정이자 등 채권자의 손해를 배상하여야 하고, 이러한 약정이자 등 손해액을 함께 제공하지 않으면 채무의 내용에 따른 변제제공이라고 볼 수 없으므로, 채권자는 수령을 거절할 수 있다. 이는 제3자가 변제하는 경우에도 마찬가지이다. [2] 기한의 이익과 그 포기에 관한 민법 제153조 제2항, 변제기 전의 변제에 관한 민법 제468조의 규정들은 임의규정으로서 당사자가 그와 다른 약정을 할 수 있다. 은행여신거래에 있어서 당사자는 계약 내용에 편입된 약관에서 정한 바에 따라 위 민법 규정들과 다른 약정을 할 수도 있다(대법원 2023. 4. 13. 선고 2021다305338 판결).

⑤ [○] [1] 채무의 변제는 제3자도 할 수 있다. 그러나 채무의 성질 또는 당사자의 의사표시로 제3자의 변제를 허용하지 아니하는 때에는 그러하지 아니하다(민법 제469조 제1항). 이해관계 없는 제3자는 채무자의 의사에 반하여 변제하지 못한다(같은 조 제2항). 제3자가 유효하게 채무자가 부담하는 채무를 변제한 경우에 채무자와 계약관계가 있으면 그에 따라 구상권을 취득하고, 그러한 계약관계가 없으면 특별한 사정이 없는 한 민법 제734조 제1항에서 정한 사무관리가 성립하여 민법 제739조에 정한 사무관리비용의 상환청구권에 따라 구상권을 취득한다. [2] 채무자를 위하여 채무를 변제한 자는 채무자에 대한 구상권을 취득할 수 있는데, 구상권은 변제자가 민법 제480조 제1항에 따라 가지는 변제자대위권과 원본, 변제기, 이자, 지연손해금 유무 등에서 그 내용이 다른 별개의 권리이다(대법원 2022. 3. 17. 선고 2021다276539 판결).

정답 ④

145 /제3자의 변제·변제충당·변제자대위/
변제에 관한 다음 설명 중 옳은 내용을 모두 고른 것은? (다툼이 있으면 판례에 의함)

ㄱ. 민법 제472조는 변제받을 권한 없는 자에 대한 변제의 경우에도 그로 인하여 채권자가 이익을 받은 한도에서 효력이 있다고 정하고 있다. 그런데 변제수령자가 변제로 받은 급부를 가지고 자신이나 제3자의 채권자에 대한 채무를 변제함으로써 채권자의 기존 채권을 소멸시킨 경우에는 채권자에게 실질적인 이익이 생겼다고 할 수 없으므로, 민법 제472조에 의한 변제의 효력을 인정할 수 없다.

ㄴ. 채무자 소유 부동산과 물상보증인 소유 부동산에 공동근저당권을 설정한 채권자가 공동담보 중 채무자 소유 부동산에 대한 담보 일부를 포기하거나 순위를 불리하게 변경하여 담보를 상실하게 하거나 감소하게 한 경우라도, 공동근저당권자는 공동담보 목적물인 물상보증인 소유 부동산에 관한 경매절차에서, 물상보증인 소유 부동산의 후순위 근저당권자에 우선하여 배당받을 수 있다.

ㄷ. 동일 당사자 사이에 수 개의 채권관계가 성립되어 있는 경우 채무자가 특정채무를 지정하여 변제를 한 때에는 그 특정채무에 대한 변제의 효과가 인정된다. 이때 그 변제액수가 지정한 특정채무의 액수를 초과하더라도, 당사자 사이에 다른 채권의 변제에 충당하거나 공제의 대상으로 삼기로 하는 합의가 있는 등 특별한 사정이 없는 한 초과액수가 다른 채권의 변제에 당연 충당된다거나 공제의 대상이 된다고 볼 수는 없다.

ㄹ. 보증인이 채무를 변제한 후 저당권 등의 등기에 관하여 대위의 부기등기를 하지 않고 있는 동안 제3취득자가 목적부동산에 대하여 권리를 취득한 경우 보증인은 제3취득자에 대하여 채권자를 대위할 수 있다. 그러나 제3취득자가 목적부동산에 대하여 권리를 취득한 후 채무를 변제한 보증인은 대위의 부기등기를 하지 않고서는 대위할 수 없다.

ㅁ. 부진정연대채무자 중 1인을 위하여 보증인이 된 자가 채무를 이행한 경우 다른 부진정연대채무자에 대하여도 직접 구상권을 취득하게 되고, 그 구상권을 확보하기 위하여 채권자를 대위하여 채권자의 다른 부진정연대채무자에 대한 채권 및 담보에 관한 권리를 구상권의 범위 내에서 행사할 수 있다.

ㅂ. 채무자를 위하여 변제한 자는 변제와 동시에 채권자의 승낙을 얻어 채권자를 대위할 수 있다. 제3자가 채무자를 위하여 채무를 변제함으로써 채무자에 대하여 구상권을 취득하는 경우, 구상권의 범위 내에서 종래 채권자가 가지고 있던 채권과 담보에 관한 권리는 동일성을 유지한 채 법률상 당연히 변제자에게 이전한다. 이때 대위할 범위에 관하여 종래 채권자가 배당요구 없이도 당연히 배당받을 수 있었던 경우에는 대위변제자는 따로 배당요구를 하지 않아도 배당을 받을 수 있다.

① ㄱ, ㄴ, ㅁ ② ㄴ, ㄷ, ㄹ, ㅁ ③ ㄱ, ㄷ, ㅁ, ㅂ
④ ㄷ, ㄹ, ㅁ ⑤ ㄴ, ㄷ, ㅁ, ㅂ

해설

ㄱ. [O] ★ [사례형·기록형] 민법 제472조는 불필요한 연쇄적 부당이득반환의 법률관계가 형성되는 것을 피하기 위하여 변제받을 권한 없는 자에 대한 변제의 경우에도 그로 인하여 채권자가 이익을 받은 한도에서 효력이 있다고 정하고 있다. 여기에서 '채권자가 이익을 받은' 경우란 변제수령자가 채권자에게 변제로 받은 급부를 전달한 경우는 물론이고, 변제수령자가 변제로 받은 급부를 가지고 채권자의 자신에 대한 채무의 변제에 충당하거나 채권자의 제3자에 대한 채무를 대신 변제함으로써 채권자의 기존 채무를 소멸시키는 등 채권자에게 실질적인 이익이 생긴 경우를 포함한다. 그러나 변제수령자가 변제로 받은 급부를 가지고 자신이나 제3자의 채권자에 대한 채무를 변제함으로써 채권자의 기존 채권을 소멸시킨 경우에는 채권자에게 실질적인 이익이 생겼다고 할 수 없으므로 민법 제472조에 의한 변제의 효력을 인정할 수 없다(대법원 2021. 3. 11. 선고 2017다278729 판결).

ㄴ. [×] 물상보증인의 변제자대위에 대한 기대권은 민법 제485조에 의하여 보호되어, 채권자가 고의나 과실로 담보를 상실하게 하거나 감소하게 한 때에는, 특별한 사정이 없는 한 물상보증인은 그 상실 또는 감소로 인하여 상환을 받을 수 없는 한도에서 면책 주장을 할 수 있다. 채권자가 물적 담보인 담보물권을 포기하거나 순위를 불리하게 변경하는 것은 담보의 상실 또는 감소행위에 해당

한다. 따라서 채무자 소유 부동산과 물상보증인 소유 부동산에 공동근저당권을 설정한 채권자가 공동담보 중 채무자 소유 부동산에 대한 담보 일부를 포기하거나 순위를 불리하게 변경하여 담보를 상실하게 하거나 감소하게 한 경우, 물상보증인은 그로 인하여 상환받을 수 없는 한도에서 책임을 면한다. 그리고 이 경우 공동근저당권자는 나머지 공동담보 목적물인 물상보증인 소유 부동산에 관한 경매절차에서, 물상보증인이 위와 같이 담보 상실 내지 감소로 인한 면책을 주장할 수 있는 한도에서는, 물상보증인 소유 부동산의 후순위 근저당권자에 우선하여 배당받을 수 없다(대법원 2018. 7. 11. 선고 2017다292756 판결).

ㄷ. [O] [1] 동일 당사자 사이에 수 개의 채권관계가 성립되어 있는 경우 채무자가 특정채무를 지정하여 변제를 한 때에는 그 특정채무에 대한 변제의 효과가 인정된다. 이때 그 변제액수가 지정한 특정채무의 액수를 초과하더라도, 초과액수 상당의 채권이 부당이득관계에 따라 다른 채권에 대한 상계의 자동채권이 될 수 있음은 별론으로 하고, 당사자 사이에 다른 채권의 변제에 충당하거나 공제의 대상으로 삼기로 하는 합의가 있는 등 특별한 사정이 없는 한 초과액수가 다른 채권의 변제에 당연 충당된다거나 공제의 대상이 된다고 볼 수는 없다. [2] 갑과 을이 공동소유하는 갑 운전의 가해차량이 중앙선 침범으로 병 운전의 피해차량을 충격하는 교통사고가 발생하여 병이 인적, 물적 손해를 입고 피해차량 동승자 정이 인적 손해를 입자, 피해차량의 자동차보험자인 무 보험회사가 병과 정에게 그들이 입은 손해에 관한 보험금을 지급하였고, 그 후 가해차량의 책임보험사인 기 보험회사가 무 회사에 병과 정의 손해에 관한 책임보험금으로 지급하였는데, 기 회사가 무 회사에 지급한 병의 물적 손해에 관한 책임보험금과 무 회사가 갑과 을을 상대로 제기한 종전 소송에서 병의 물적 손해에 관한 구상채권으로 확정된 이행권고결정상의 금액이 무 회사가 보험자대위로 취득하는 정의 인적 손해에 관한 구상채권에서 공제되어야 하는지 문제 된 사안에서, 무 회사는 보험자대위에 따라 정의 손해에 관하여 보험금 상당의 구상채권을 취득하였고, 이후 기 회사로부터 그 구상채권 중 일부를 변제받았으므로 갑과 을에 대하여 나머지 금액의 지급을 구할 수 있고, 기 회사가 무 회사에 지급한 병의 손해에 관한 책임보험금과 무 회사가 갑과 을을 상대로 제기한 종전 소송에서 병의 손해에 관한 구상채권으로 확정된 이행권고결정상의 금액은 모두 병의 물적 손해에 관한 것이므로, 그 금액은 병의 물적 손해에 관한 구상채권의 변제에 충당되거나 공제의 대상이 될 수 있을 뿐, 특별한 사정이 없는 한 다른 채권인 정의 인적 손해에 관한 구상채권의 변제에 당연 충당된다거나 공제의 대상이 될 수 없다고 한 사례(대법원 2021. 1. 14. 선고 2020다261776 판결).

ㄹ. [X] 민법 제480조, 제481조에 따라 채권자를 대위한 자는 자기의 권리에 의하여 구상할 수 있는 범위에서 채권과 그 담보에 관한 권리를 행사할 수 있다(민법 제482조 제1항). 보증인과 제3취득자 사이의 변제자대위에 관하여 민법 제482조 제2항 제1호는 "보증인은 미리 전세권이나 저당권의 등기에 그 대위를 부기하지 아니하면 전세물이나 저당물에 권리를 취득한 제3자에 대하여 채권자를 대위하지 못한다."라고 정하고 있다. 이 규정은 보증인의 변제로 저당권 등이 소멸한 것으로 믿고 목적부동산에 대하여 권리를 취득한 제3취득자를 예측하지 못한 손해로부터 보호하기 위한 것이다. 따라서 보증인이 채무를 변제한 후 저당권 등의 등기에 관하여 대위의 부기등기를 하지 않고 있는 동안 제3취득자가 목적부동산에 대하여 권리를 취득한 경우 보증인은 제3취득자에 대하여 채권자를 대위할 수 없다. 그러나 제3취득자가 목적부동산에 대하여 권리를 취득한 후 채무를 변제한 보증인은 대위의 부기등기를 하지 않고도 대위할 수 있다고 보아야 한다. 보증인이 변제하기 전 목적부동산에 대하여 권리를 취득한 제3자는 등기부상 저당권 등의 존재를 알고 권리를 취득하였으므로 나중에 보증인이 대위하더라도 예측하지 못한 손해를 입을 염려가 없다(대법원 2020. 10. 15. 선고 2019다222041 판결).

ㅁ. [O] 민법 제481조, 제482조에서 규정하고 있는 변제자대위는 제3자 또는 공동채무자의 한 사람이 채무자 또는 다른 공동채무자에 대하여 가지는 구상권의 실현을 목적으로 하는 제도이다. 이때 대위에 의한 원채권 및 담보권 행사의 범위는 구상권의 범위로 한정되는데 이는 위와 같은 제도적

취지를 반영한 것이다. 따라서 어느 부진정연대채무자를 위하여 보증인이 된 자가 채무를 이행한 경우에는 다른 부진정연대채무자에 대하여도 직접 구상권을 취득하게 되고, 그와 같은 구상권을 확보하기 위하여 채권자를 대위하여 채권자의 다른 부진정연대채무자에 대한 채권 및 그 담보에 관한 권리를 구상권의 범위 내에서 행사할 수 있다(대법원 2010. 05. 27. 선고 2009다85861 판결).

ㅂ. [O] [1] 채무자를 위하여 변제한 자는 변제와 동시에 채권자의 승낙을 얻어 채권자를 대위할 수 있다(민법 제480조 제1항). 제3자가 채무자를 위하여 채무를 변제함으로써 채무자에 대하여 구상권을 취득하는 경우, 그 구상권의 범위 내에서 종래 채권자가 가지고 있던 채권과 그 담보에 관한 권리는 동일성을 유지한 채 법률상 당연히 변제자에게 이전한다. 이때 대위할 범위에 관하여 종래 채권자가 배당요구 없이도 당연히 배당받을 수 있었던 경우에는 대위변제자는 따로 배당요구를 하지 않아도 배당을 받을 수 있다. [2] 갑 주식회사가 대여금채무를 담보하기 위하여 채권자 을 앞으로 마쳐준 갑 회사 소유의 임야에 관한 소유권이전청구권가등기(이하 '담보가등기'라 한다)에 기해 을이 가등기담보 등에 관한 법률에서 정한 청산절차를 거치지 않은 채 본등기를 마쳤고, 그 후 병 주식회사가 갑 회사와 체결한 대위변제약정에 따라 을의 승낙을 얻어 위 담보가등기의 피담보채무를 대위변제하였는데, 갑 회사와 을 및 정 주식회사가 체결한 약정에 따라 정 회사 앞으로 위 임야에 관한 소유권이전등기가 마쳐진 후 설정된 무 주식회사 명의의 근저당권에 기해 임의경매절차가 개시되자, 병 회사가 경매법원에 '담보가등기권리자 권리신고서'를 제출한 사안에서, 병 회사가 대위변제를 할 당시 담보가등기에 기한 본등기는 원인무효의 등기였고 담보가등기는 유효한 등기로 남아 있었으므로, 갑 회사에 대하여 구상권을 취득한 병 회사는 담보가등기와 그 피담보채권인 을의 갑 회사에 대한 대여금채권을 법률상 당연히 이전받았는데, 담보가등기가 위 경매절차의 경매개시결정 전에 등기가 되어 있었고, 가등기담보 등에 관한 법률 제16조 제1항에 따라 경매법원이 채권신고를 최고하기 전에 병 회사가 담보가등기권리자라고 주장하며 그 채권을 신고하였으므로, 병 회사는 부동산 매각으로 소멸하는 담보가등기를 가진 채권자로서 경매절차의 배당요구 종기 전에 배당요구를 하였는지와 관계없이 위 임야의 매각대금에서 배당받을 수 있다고 판단한 원심판결에 법리오해 등의 잘못이 없다고 한 사례. [3] 채무자를 위하여 채무를 변제한 자는 채무자에 대한 구상권을 취득할 수 있는데, 구상권은 변제자가 민법 제480조 제1항에 따라 가지는 변제자대위권과 원본, 변제기, 이자, 지연손해금 유무 등에서 그 내용이 다른 별개의 권리이다. 민법 제482조 제1항은 변제자대위의 경우 변제자는 자기의 권리에 의하여 구상할 수 있는 범위에서 채권과 그 담보에 관한 권리를 행사할 수 있다고 정하고 있다. 변제자대위는 채무를 변제함으로써 채무자에 대하여 갖게 된 구상권의 효력을 확보하기 위한 제도이므로 대위에 의한 원채권과 담보권의 행사 범위는 구상권의 범위로 한정된다(대법원 2021. 2. 25. 선고 2016다232597 판결).

정답 ③

146 /일부대위 및 법정대위자의 면책/

채권자 甲은 乙에 대하여 1,000만 원의 대여금채권을 가지고 있고, 이를 담보하기 위하여 채무자 乙 소유의 X 부동산에 저당권을 설정하였다. 丙은 대여금 채권을 보증하였다. X 부동산의 경매로 인한 매각대금은 800만 원이다. 다음 설명 중 옳은 것을 모두 고른 것은? (다툼이 있으면 판례에 의함)

> ㄱ. 丙이 400만 원을, 또 다른 보증인 丁은 600만 원을 甲에게 변제하고 저당권 일부이전의 부기등기를 각 경료한 경우, 丁의 배당금액은 600만 원이다.
>
> ㄴ. 丙이 400만 원을 변제하면서 甲과 丙 사이에 나머지 600만 원에 대해서는 채권자 甲이 丙보다 우선 회수한다는 특약을 하고 후에 丁이 600만 원을 甲에게 변제한 경우, 丙의 배당금액은 200만 원이다.
>
> ㄷ. 甲의 과실로 인하여 X 부동산에 대한 저당권을 상실하였다면 丙은 그 상실로 인하여 상환받을 수 없는 한도에서 그 책임을 면한다. 그러나 甲과 丙사이에 담보보존의무를 면제하는 약정을 하였다면 丙은 면책을 주장할 수 없다.
>
> ㄹ. 위 ㄷ.의 경우 丙의 면책액 산정은 실제 경매가 이루어진 시점이 아니라, 甲이 저당권을 상실한 시점을 기준으로 판단하여야 한다.
>
> ㅁ. 甲이 저당권을 행사하지 않거나 포기하는 경우 丙의 법정대위자로서의 기대를 침해하는 것이므로, 丙은 제485조의 면책을 주장하는 외에 甲에게 불법행위 책임을 물을 수 있다.

① ㄱ, ㄴ ② ㄱ, ㄷ ③ ㄴ, ㅁ
④ ㄷ, ㄹ ⑤ ㄹ, ㅁ

[해설]

ㄱ. [×] 채권의 일부에 대하여 대위변제가 있는 때에는 대위자는 민법 제483조 제1항에 의하여 그 변제한 가액에 비례하여 채권자의 권리를 행사할 수 있으므로, 수인이 시기를 달리하여 채권의 일부씩을 대위변제하고 근저당권 일부이전의 부기등기를 각 경료한 경우 그들은 각 일부대위자로서 그 변제한 가액에 비례하여 근저당권을 준공유하고 있다고 보아야 하고, 그 근저당권을 실행하여 배당함에 있어서는 다른 특별한 사정이 없는 한 각 변제채권액에 비례하여 안분배당 하여야 한다(대법원 2001. 01. 19. 선고 2000다37319 판결). [보충해설] 丙과 丁은 4 : 6의 비율로 배당받게 되므로 丁은 480만 원을 배당받게 된다.

ㄴ. [×] 대여금 채권의 잔액을 대위변제한 자가 채권자로부터 근저당권의 일부를 양도받아 채권자를 대위하게 된 경우, 채권자의 채무자에 대한 담보권 외에 일부 대위변제자에 대한 우선변제특약에 따른 권리까지 당연히 대위하거나 이전받는다고 볼 수는 없다(대법원 2001. 1. 19. 선고 2000다37319 판결). [보충해설] 甲과 丙 사이의 우선변제특약에도 불구하고 丙과 丁은 변제 금액에 비례하여 배당받게 된다. 따라서 丙의 배당금액은 320만 원이다.

ㄷ. [○] 제481조의 규정에 의하여 대위할 자가 있는 경우에 채권자의 고의 또는 과실로 담보가 상실되거나 감소된 때에는 대위할 자는 그 상실 또는 감소로 인하여 상환을 받을 수 없는 한도에서 그

책임을 면한다(제485조). **[보충판례]** 민법 제485조의 면책규정은 법정대위권자로 하여금 구상의 실을 거둘 수 있도록 하기 위하여 채권자에게 담보의 보존을 간접적으로 강제하는 취지의 규정으로서 그 규정목적이 오로지 법정대위권자의 이익보호에 있으므로 그 성질상 임의규정으로 보아야 할 것이고 따라서 법정대위권자로서는 채권자와의 특약으로서 위 규정에 의한 면책이익을 포기하거나 면책의 사유와 범위를 제한 내지 축소할 수 있다(대법원 1987. 04. 14. 선고 86다카520 판결).

ㄹ. [O] [1] 채권자의 고의나 과실로 담보가 상실 또는 감소한 경우 민법 제485조에 의하여 법정대위자가 면책되는지 여부 및 면책되는 범위는 담보가 상실 또는 감소한 시점을 표준시점으로 하여 판단하여야 한다. [2] 채권자의 과실로 근저당권이 말소되고 그에 따라 보증인이 민법 제485조에 따른 면책 주장을 한 사안에서, 원심이 보증인의 면책 여부를 근저당권이 말소된 시점을 기준으로 판단하지 아니하고, 그 후 실제 경매가 진행된 결과 저가로 매각되어 설사 근저당권이 말소되지 않았더라도 매각대금으로는 보증인이 채권자의 근저당권을 대위하여 배당을 받을 수 없게 되었다는 사정을 들어 보증인의 면책 주장을 배척한 것을 파기한 사례(대법원 2008. 12. 11. 선고 2007다66590 판결).

ㅁ. [×] 채권자가 자신의 채권이나 담보권을 행사할 것인지 여부는 채권자가 자유롭게 선택할 수 있는 영역에 속하는 것이므로, 채권자가 제3자에 대하여 자신의 채권이나 담보권을 성실하게 행사하여야 할 의무를 부담하는 특단의 사정이 없는 한 채권자가 자신의 채권이나 담보권을 행사하지 않거나 포기하였다고 하여 이를 불법행위에 해당한다고 할 수는 없는 것이고, 대위변제의 정당한 이익을 갖는 자가 채권자의 담보상실 또는 감소 행위를 들어 민법 제485조 소정의 면책을 주장할 수 있음은 별론으로 하더라도 대위변제의 정당한 이익을 갖는 자가 있다는 사정만으로 채권자가 자신의 채권이나 담보권을 성실히 행사하여야 할 의무를 부담한다고 할 수는 없다(대법원 2005. 11. 25. 선고 2004다66834 판결).

정답 ④

제2절 • 상계

147 /상계/

상계에 관한 다음 설명 중 옳은 것을 모두 고른 것은? (다툼이 있으면 판례에 의함)

> ㄱ. 여러 개의 자동채권이 있고 수동채권의 원리금이 자동채권의 원리금합계에 미치지 못하는 경우에는 우선 수동채권의 채권자가 상계의 대상이 되는 수동채권을 지정할 수 있고, 다음으로 수동채권의 채무자가 이를 지정할 수 있으며, 양 당사자가 모두 지정하지 아니한 때에는 법정변제충당의 방법으로 상계충당이 이루어진다.
>
> ㄴ. 공제는 복수 채권·채무의 상호 정산을 내용으로 하는 채권소멸 원인이라는 점에서 상계와 유사하다. 그러나 공제는 상계 금지나 제한과 무관하게 제3자에 우선하여 채권의 실질적 만족을 얻게 한다는 점에서 상계보다 강한 담보적 효력을 가진다.
>
> ㄷ. 상계를 주장하면 그것이 받아들여지든 아니하든 상계하자고 대항한 액수에 대하여 기판력이 생기므로, 상계의 항변이 이유 있고 일견하여 자동채권의 수액이 수동채권의 수액

을 초과한 것이 명백해 보이는 경우라도, 상계적상의 시점 이전에 수동채권의 변제기가 이미 도래하여 지체가 발생한 상태라고 인정된다면, 법원으로서는 상계에 의하여 소멸되는 채권의 금액을 일일이 계산하여, 최소한 상계적상의 시점 및 수동채권의 지연손해금 기산일과 이율 등을 구체적으로 특정해 줌으로써 자동채권에 대하여 어느 범위에서 상계의 기판력이 미치는지 판결 이유 자체로 당사자가 분명하게 알 수 있을 정도까지 밝혀 주어야 한다.

ㄹ. 수취인의 계좌에 착오로 입금된 금원 상당의 예금채권이 이미 제3자에 의하여 압류되었다는 특별한 사정이 있어 수취은행이 수취인에 대한 대출채권 등을 자동채권으로 하여 수취인의 그 예금채권과 상계하는 것이 허용되더라도 이는 피압류채권액의 범위 내에서만 가능하고, 그 범위를 벗어나는 상계는 신의칙에 반하거나 권리를 남용하는 것으로서 허용되지 않는다.

ㅁ. 상계의 소급효는 양 채권 및 이에 관한 이자나 지연손해금 등을 정산하는 기준시기를 소급하는 것일 뿐이고 특별한 사정이 없는 한 상계의 의사표시 전에 이미 발생한 사실을 복멸시키지는 아니한다.

ㅂ. 쌍방이 서로 같은 종류를 목적으로 한 채무를 부담한 경우 쌍방 채무의 이행기가 도래한 때에는 각 채무자는 대등액에 관하여 상계할 수 있다고 규정한 민법 제492조 제1항에서 정한 '채무의 이행기가 도래한 때'는 채권자가 채무자에게 이행의 청구를 할 수 있는 시기가 도래하였음을 의미한다.

① ㄱ, ㄴ, ㄷ, ㅁ   ② ㄱ, ㄴ, ㄷ, ㄹ   ③ ㄴ, ㄷ, ㄹ, ㅂ
④ ㄷ, ㄹ, ㅁ, ㅂ   ⑤ ㄴ, ㄹ, ㅁ, ㅂ

[해설]

ㄱ. [✗] 상계의 경우에도 민법 제499조에 의하여 민법 제476조, 제477조에 규정된 변제충당의 법리가 준용된다. 따라서 여러 개의 자동채권이 있고 수동채권의 원리금이 자동채권의 원리금 합계에 미치지 못하는 경우에는 우선 자동채권의 채권자가 상계의 대상이 되는 자동채권을 지정할 수 있고, 다음으로 자동채권의 채무자가 이를 지정할 수 있으며, 양 당사자가 모두 지정하지 아니한 때에는 법정변제충당의 방법으로 상계충당이 이루어지게 된다(대법원 2011. 08. 25. 선고 2011다24814 판결).

ㄴ. [O] 공제는 복수 채권·채무의 상호 정산을 내용으로 하는 채권소멸 원인이라는 점에서 상계와 유사하다. 그러나 공제에는 원칙적으로 상계적상, 상계 금지나 제한, 상계의 기판력 등 상계에 관한 법률 규정이 적용되지 않는다는 점, 부동산임대차관계 등 특정 법률관계에서는 일정한 사유가 발생하면 원칙적으로 공제의 의사표시 없이도 당연히 공제가 이루어진다고 보는 점 등에서 공제는 상계와 구별된다. 또한 공제는 상계 금지나 제한과 무관하게 제3자에 우선하여 채권의 실질적 만족을 얻게 한다는 점에서 상계보다 강한 담보적 효력을 가진다. 한편 계약자유의 원칙에 따라 당사자는 강행규정에 반하지 않는 한 공제나 상계에 관한 약정을 할 수 있으므로, 공제나 상계적상 요건을 어떻게 설정할 것인지, 공제 기준시점이나 상계적상 시점을 언제로 할 것인지, 공제나 상계의 의사표시가 별도로 필요한지 등을 자유롭게 정하여 당사자 사이에 그 효력을 발생시킬 수 있다.

또한 공제와 상계 중 무엇에 관한 약정인지는 약정의 문언과 체계, 약정의 경위와 목적, 채권들의 상호관계, 제3자의 이해관계 등을 종합적으로 고려하여 합리적으로 해석하여야 한다(대법원 2024. 8. 1. 선고 2024다227699 판결).

ㄷ. [×] 상계의 의사표시가 있는 경우, 채무는 상계적상 시에 소급하여 대등액에서 소멸한 것으로 보게 되므로, 상계에 의한 양 채권의 차액 계산 또는 상계충당은 상계적상의 시점을 기준으로 하게 된다. 따라서 그 시점 이전에 수동채권의 변제기가 이미 도래하여 지체가 발생한 경우에는 상계적상 시점까지의 수동채권의 지연손해금을 계산한 다음 자동채권으로 그 지연손해금을 먼저 소각하고 잔액을 가지고 원본을 소각하여야 한다. 그리고 상계를 주장하면 그것이 받아들여지든 아니하든 상계하자고 대항한 액수에 대하여 기판력이 생기므로(민사소송법 제216조 제2항), <u>상계의 항변이 이유 있고 일견하여 자동채권의 수액이 수동채권의 수액을 초과한 것이 명백해 보이는 경우라도, 상계적상의 시점 이전에 수동채권의 변제기가 이미 도래하여 지체가 발생한 상태라고 인정된다면, 법원으로서는 상계에 의하여 소멸되는 채권의 금액을 일일이 계산할 것까지는 없다고 하더라도, 최소한 상계적상의 시점 및 수동채권의 지연손해금 기산일과 이율 등을 구체적으로 특정해 줌으로써 자동채권에 대하여 어느 범위에서 상계의 기판력이 미치는지 판결 이유 자체로 당사자가 분명하게 알 수 있을 정도까지는 밝혀 주어야 한다</u>(대법원 2013. 11. 14. 선고 2013다46023 판결).

ㄹ. [O] 송금의뢰인이 착오송금임을 이유로 거래은행을 통하여 혹은 수취은행에 직접 송금액의 반환을 요청하고, 수취인도 송금의뢰인의 착오송금에 의하여 수취인의 계좌에 금원이 입금된 사실을 인정하여 수취은행에 그 반환을 승낙하고 있는 경우, 수취은행이 수취인에 대한 대출채권 등을 자동채권으로 하여 수취인의 계좌에 착오로 입금된 금원 상당의 예금채권과 상계하는 것은 수취은행이 선의인 상태에서 수취인의 예금채권을 담보로 대출을 하여 그 자동채권을 취득한 것이라거나 그 예금채권이 이미 제3자에 의하여 압류되었다는 등의 특별한 사정이 없는 한, 공공성을 지닌 자금이체시스템의 운영자가 그 이용자인 송금의뢰인의 실수를 기화로 그의 희생하에 당초 기대하지 않았던 채권회수의 이익을 취하는 행위로서 상계제도의 목적이나 기능을 일탈하고 법적으로 보호받을 만한 가치가 없으므로, 송금의뢰인에 대한 관계에서 신의칙에 반하거나 상계에 관한 권리를 남용하는 것이다. <u>수취인의 계좌에 착오로 입금된 금원 상당의 예금채권이 이미 제3자에 의하여 압류되었다는 특별한 사정이 있어 수취은행이 수취인에 대한 대출채권 등을 자동채권으로 하여 수취인의 그 예금채권과 상계하는 것이 허용되더라도 이는 피압류채권액의 범위 내에서만 가능하고, 그 범위를 벗어나는 상계는 신의칙에 반하거나 권리를 남용하는 것으로서 허용되지 않는다</u>(대법원 2022. 7. 14. 선고 2020다212958 판결).

ㅁ. [O] 상계의 의사표시에 의하여 각 채무는 상계할 수 있는 때에 대등액에 관하여 소멸한 것으로 보게 되지만(민법 제493조 제2항), 위와 같은 <u>상계의 소급효는 양 채권 및 이에 관한 이자나 지연손해금 등을 정산하는 기준시기를 소급하는 것일 뿐이고 특별한 사정이 없는 한 상계의 의사표시 전에 이미 발생한 사실을 복멸시키지는 아니한다.</u> [이유] 피고가 이 사건 점포 3, 4층에 대한 점유를 중단하고 원고에게 이를 인도한 다음인 제1심판결 선고 후에 제1 임대차계약에 관한 미지급 연체차임 등 채권을 제2 임대차계약의 나머지 보증금 반환채권과 상계하는 의사표시가 이루어져 위 나머지 보증금 반환채권이 소멸된다 하더라도, 그 상계의 의사표시에 의하여 양 채권을 정산하는 기준시기가 상계적상이 있었던 때로 소급하여 그 대등액에 관하여 정산되는 것일 뿐, <u>그 상계의 의사표시 전까지 있었던 위 나머지 보증금 반환채권과 이 사건 점포 3, 4층에 대한 위 피고의 인도의무 사이의 동시이행관계가 상계적상이 있었던 위 시기로 소급하여 소멸되고 이로 인하여 위 피고의 인도의무가 소급하여 이행지체에 빠지게 된다고 할 수 없다.</u> 따라서 달리 원심이 인정한 제1심판결 선고 후의 상계 의사표시에 앞서 제2 임대차계약의 종료 시에 원고가 상계의 의사표시를 하는 등으로 제2 임대차계약에 관한 나머지 임대차보증금의 반환의무를 소멸시켰음을 알 수 있는

자료가 없는 이 사건에서, 원심이 인정한 위 상계 의사표시에 의하여 원고의 위 나머지 임대차보증금 반환의무가 소멸하였다고 하여 이 사건 점포 3, 4층에 대한 위 피고의 점유가 제2 임대차계약 종료 시에 소급하여 불법점유로 된다고 할 수는 없다. 그럼에도 이와 달리 제1 임대차계약에 기한 위 피고의 채무를 제2 임대차계약의 보증금에서 당연히 공제할 수 있다거나 상계의 소급효에 의하여 동시이행 관계 내지는 점유의 권원이 소급하여 상실된다는 그릇된 전제에서 이 사건 점포 3, 4층에 대한 피고들의 점유가 불법점유에 해당한다고 판단한 원심판결에는, 임대인이 반환할 임대차보증금에서 공제되는 채무의 범위 및 상계의 소급효 등에 관한 법리를 오해하여 판결에 영향을 미친 위법이 있다(대법원 2015. 10. 29. 선고 2015다32585 판결). ○ [1] 임대차계약 종료로 발생한 임차인의 목적물 반환의무와 임차인의 부속물매수청구권 행사로 발생한 임대인의 부속물 매매대금 지급의무는 동시이행관계에 있으므로, 임대인이 부속물 매매대금 지급의무를 이행하거나 적법하게 이행제공을 하는 등으로 임차인의 동시이행항변권을 상실시키지 않은 이상, 임차인이 적법한 부속물매수청구권 행사 후에 목적물을 계속 점유하는 것을 불법점유라고 할 수 없고 임차인은 이에 대한 손해배상의무를 지지 않는다. [2] 상계의 의사표시에 의하여 각 채무는 상계할 수 있는 때에 대등액에 관하여 소멸한 것으로 보게 되지만(민법 제493조 제2항), 이러한 상계의 소급효는 양 채권 및 이에 관한 이자나 지연손해금 등을 정산하는 기준시기를 소급하는 것일 뿐이고 특별한 사정이 없는 한 상계의 의사표시 전에 이미 발생한 사실을 복멸시키지는 아니한다. [3] 甲 시설관리공단이 乙 주식회사를 상대로 임대차계약이 종료 후에도 임대목적물인 건물 부분을 불법점유하고 있다며 건물 부분의 인도와 함께 임대차계약에서 월 차임의 1.3배로 정한 손해배상 예정액의 지급을 구하자, 乙 회사가 준비서면의 송달로 부속물매수청구권을 행사한다는 의사표시를 하고, 甲 공단도 준비서면의 송달로 乙 회사의 불법점유로 인한 甲 공단의 손해배상채권을 자동채권으로 하여 乙 회사의 부속물 매매대금 채권과 대등액에서 상계한다는 의사표시를 한 사안에서, 乙 회사가 준비서면 송달로 부속물매수청구권을 행사하여 甲 공단과 乙 회사 사이에 부속물에 관한 매매계약이 체결되었고, 이에 따라 甲 공단이 乙 회사에 대해 부속물 매매대금 지급의무를 부담하게 되었으므로, 甲 공단이 부속물 매매대금 지급의무를 이행하거나 적법하게 이행의 제공을 하는 등으로 동시이행항변권을 상실시키지 않는 한 乙 회사가 부속물매수청구권 행사 후 건물 부분을 계속 점유하는 것을 불법점유라고 할 수 없고, 乙 회사의 부속물매수청구권 행사 후에 甲 공단이 乙 회사의 부속물 매매대금 채권을 乙 회사의 불법점유로 인한 甲 공단의 손해배상채권과 상계하는 의사를 표시하여 乙 회사의 부속물 매매대금 채권이 소멸된다고 하더라도, 양 채권을 정산하는 기준시기가 상계적상이 있었던 때인 부속물 매매대금 채권 발생 시점으로 소급하는 것일 뿐, 상계의 의사표시 이전까지 존재하였던 甲 공단의 부속물 매매대금 지급의무와 乙 회사의 건물 부분 인도의무 사이의 동시이행관계가 상계적상이 있었던 시기로 소급하여 소멸되고 이로 인해 乙 회사의 건물 부분 인도의무가 그때부터 이행지체에 빠지게 된다거나 건물 부분에 대한 乙 회사의 점유가 소급하여 불법점유가 된다고 할 수 없는데도, 상계의 소급효에 의해 동시이행관계 내지 점유권원이 소급하여 상실됨을 전제로 하여 乙 회사의 부속물매수청구권 행사 의사가 표시된 준비서면이 甲 공단에 송달된 날부터 甲 공단의 상계의 의사가 표시된 준비서면이 乙 회사에 송달된 날까지 乙 회사의 건물 부분에 대한 점유를 불법점유로 보아 乙 회사는 甲 공단에 위 기간 동안 월 차임 상당의 부당이득을 초과하여 임대차계약에서 정한 월 차임의 1.3배 상당의 손해배상 예정액을 지급할 의무가 있다고 본 원심판단에 법리오해의 잘못이 있다고 한 사례(대법원 2025. 5. 15. 선고 2024다317332 판결).

ㅂ. [○] [1] 쌍방이 서로 같은 종류를 목적으로 한 채무를 부담한 경우 쌍방 채무의 이행기가 도래한 때에는 각 채무자는 대등액에 관하여 상계할 수 있다(민법 제492조 제1항). 민법 제492조 제1항에서 정한 '채무의 이행기가 도래한 때'는 채권자가 채무자에게 이행의 청구를 할 수 있는 시기가 도래하였음을 의미하고 채무자가 이행지체에 빠지는 시기를 말하는 것이 아니다. [2] 상계의 의사표시는

각 채무가 상계할 수 있는 때에 대등액에 관하여 소멸한 것으로 본다(민법 제493조 제2항). 상계의 의사표시가 있는 경우 채무는 상계적상 시에 소급하여 대등액에 관하여 소멸하게 되므로, 상계에 따른 양 채권의 차액 계산 또는 상계 충당은 상계적상의 시점을 기준으로 한다. 따라서 <u>그 시점 이전에 수동채권에 대하여 이자나 지연손해금이 발생한 경우 상계적상 시점까지 수동채권의 이자나 지연손해금을 계산한 다음 자동채권으로써 먼저 수동채권의 이자나 지연손해금을 소각하고 잔액을 가지고 원본을 소각하여야 한다.</u> [3] 갑이 을의 병에 대한 토지 매매대금 반환채권에 대하여 채권압류 및 전부명령을 받은 후 병을 상대로 전부금 등의 지급을 구하자, 병이 을에 대한 사용이익 반환채권 등을 자동채권으로 하여 상계항변을 한 사안에서, 수동채권인 매매대금 반환채권은 매매계약이 해제된 날 발생하였고 병의 자동채권은 매매계약 해제 무렵부터 차례로 발생하였는데, 각각의 자동채권이 발생한 때 양 채권은 모두 이행기에 이르러 상계적상에 있으므로, <u>자동채권으로 상계적상일을 기준으로 발생한 수동채권의 이자나 지연손해금을 소멸시키고, 잔액이 있으면 원금을 소멸시켜야 하고, 수동채권의 원금이 일부 소멸되면 그 부분에 대해서는 상계적상일 다음 날부터 민법 제548조 제2항에서 정한 이자가 발생하지 않고, 남은 원금에 대해서만 이자가 발생하는데도</u>, 상계적상일을 기준으로 수동채권인 매매대금 반환채권의 원금이 소멸되는지 여부를 심리하지 않은 채 매매대금 반환채권의 원리금에서 자동채권의 합계액을 빼는 방식으로 상계한 원심판결에 법리오해 등의 잘못이 있다고 한 사례(대법원 2021. 5. 7. 선고 2018다25946 판결).

정답 ⑤

148 / 상계 /

상계에 관한 다음 설명 중 옳은 것을 모두 고른 것은? (다툼이 있으면 판례에 의함)

> ㄱ. 유치권이 인정되는 아파트를 경락·취득한 자가 유치권자에 대한 임료 상당의 부당이득 반환채권을 자동채권으로 하여 유치권자의 종전 소유자에 대한 유익비상환채권과 상계하는 것은 허용되지 않는다.
>
> ㄴ. 집행력 있는 판결 정본을 가진 채권자가 우선변제권을 주장하며 담보권에 기하여 배당요구를 한 경우, 채무자는 담보권에 대한 배당에 이의한 후 제기한 배당이의의 소에서 상계를 주장할 수 있다.
>
> ㄷ. 채권자가 주채무자에 대하여 상계적상에 있는 자동채권을 상계하지 않았다고 하여 이를 이유로 보증채무자가 보증한 채무의 이행을 거부할 수 없으며 보증채무자의 책임이 면책되는 것도 아니다.
>
> ㄹ. 상대방의 기망행위로 소비대차계약을 체결한 자가 불법행위로 인한 손해배상청구를 하지 아니하고 계약상 채권에 따른 대여금 및 이자 등의 지급을 구하는 경우에 민법 제496조가 유추적용될 수 있다.
>
> ㅁ. 법률의 규정 등 특별한 사정이 없는 한 자동채권으로 될 수 있는 채권은 상계자가 상대방에 대하여 가지는 채권이어야 하고 제3자가 상대방에 대하여 가지는 채권으로는 상계할 수 없다.

ㅂ. 채권양수인이 양수채권을 자동채권으로 하여 그 채무자가 채권양수인에 대해 가지고 있던 기존 채권과 상계한 경우, 채권양수인은 채권양도의 대항요건이 갖추어진 때 비로소 자동채권을 행사할 수 있으므로 채권양도 전에 이미 양 채권의 변제기가 도래하였다고 하더라도 상계의 효력은 변제기로 소급하는 것이 아니라 채권양도의 대항요건이 갖추어진 시점으로 소급한다.

① ㄱ, ㄴ, ㄷ, ㅁ, ㅂ ② ㄱ, ㄷ, ㄹ, ㅁ ③ ㄴ, ㄷ, ㄹ, ㅂ
④ ㄴ, ㄷ, ㄹ, ㅁ ⑤ ㄷ, ㄹ, ㅁ, ㅂ

해설

ㄱ. [O] ★ [사례형·기록형] [1] 상계는 당사자 쌍방이 서로 같은 종류를 목적으로 한 채무를 부담한 경우에 서로 같은 종류의 급부를 현실로 이행하는 대신 어느 일방 당사자의 의사표시로 그 대등액에 관하여 채권과 채무를 동시에 소멸시키는 것이고, 이러한 상계제도의 취지는 서로 대립하는 두 당사자 사이의 채권·채무를 간이한 방법으로 원활하고 공평하게 처리하려는 데 있으므로, <u>수동채권으로 될 수 있는 채권은 상대방이 상계자에 대하여 가지는 채권이어야 하고, 상대방이 제3자에 대하여 가지는 채권과는 상계할 수 없다고 보아야 한다.</u> 그렇지 않고 만약 상대방이 제3자에 대하여 가지는 채권을 수동채권으로 하여 상계할 수 있다고 한다면, 이는 상계의 당사자가 아닌 상대방과 제3자 사이의 채권채무관계에서 상대방이 제3자에게서 채무의 본지에 따른 현실급부를 받을 이익을 침해하게 될 뿐 아니라, 상대방의 채권자들 사이에서 상계자만 독점적인 만족을 얻게 되는 불합리한 결과를 초래하게 되므로, 상계의 담보적 기능과 관련하여 법적으로 보호받을 수 있는 당사자의 합리적 기대가 이러한 경우에까지 미친다고 볼 수는 없다. [2] <u>유치권이 인정되는 아파트를 경락·취득한 자가 아파트 일부를 점유·사용하고 있는 유치권자에 대한 임료 상당의 부당이득금 반환채권을 자동채권으로 하고 유치권자의 종전 소유자에 대한 유익비상환채권을 수동채권으로 하여 상계의 의사표시를 한 사안에서, 상대방이 제3자에 대하여 가지는 채권을 수동채권으로 하여 상계할 수 없음에도,</u> 그러한 상계가 허용됨을 전제로 위 상계의 의사표시로 부당이득금 반환채권과 유익비상환채권이 대등액의 범위 내에서 소멸하였다고 본 원심판결에 법리오해의 위법이 있다고 한 사례(대법원 2011. 04. 28. 선고 2010다101394 판결). [비교판례] [1] 민법 제418조 제2항을 적용하기 위하여는 채권자에 대하여 채권을 가지고 있는 연대채무자가 이를 가지고 자신의 채권자에 대한 채무와 상계할 수 있음이 전제가 되어야 하고 또 위 조항에 의하여 다른 연대채무자가 상계권을 행사하는 경우에도 그 상계의 수동채권은 여전히 원래의 상계권자인 연대채무자의 채무이며(다만 위 채무가 소멸하면 그 효과로서 상계권을 행사하는 다른 연대채무자의 채무도 같이 소멸하는 것일 뿐이다) 실제로 상계권을 행사하는 다른 연대채무자의 채권자에 대한 채무가 직접 상계의 수동채권이 되는 것은 아니다. [2] 부진정연대채무에 있어서 부진정연대채무자 1인이 한 상계가 다른 부진정연대채무자에 대한 관계에 있어서도 공동면책의 효력 내지 절대적 효력이 있는 것인지는 별론으로 하더라도 <u>부진정연대채무자 사이에는 고유의 의미에 있어서의 부담부분이 존재하지 아니하므로 위와 같은 고유의 의미의 부담부분의 존재를 전제로 하는 〈민법 제418조 제2항〉은 부진정연대채무에는 적용되지 아니하는 것으로 봄이 상당하고 따라서 부진정연대채무에 있어서는 한 부진정연대채무자가 채권자에 대하여 상계할 채권을 가지고 있음에도 상계를 하지 않고 있다 하더라도 다른 부진정연대채무자가 그 채권을 가지고 상계를 할 수는 없는 것으로 보아야 한다</u>(대법원 1994. 5. 27. 선고 93다21521 판결).

ㄴ. [O] 집행력 있는 판결 정본을 가진 채권자가 우선변제권을 주장하며 담보권에 기하여 배당요구를 한 경우 여기서 배당의 기초가 되는 것은 담보권이지 집행력 있는 판결 정본이 아니므로, 채무자로서는 담보권에 대한 배당에 이의한 후 제기한 배당이의의 소에서 담보권에 기한 우선변제권이 미치는 피담보채권의 존부 및 범위 등을 다투기 위하여 상계를 주장할 수 있고, 이 경우 채무자의 상계에 의하여 소멸하는 것은 피담보채권 자체이지 집행력 있는 판결 정본의 집행력이 아님이 명백하므로, 이러한 상계를 주장하기 위하여 집행력 있는 판결 정본의 집행력을 배제하기 위하여 필요한 청구이의의 소를 제기할 필요는 없다. 한편 상계의 의사표시가 있는 경우 각 채무가 상계할 수 있는 때에 소급하여 대등액에 관하여 소멸한 것으로 보게 되고, 여기서 각 채무가 상계할 수 있는 때란 양 채권이 모두 변제기가 도래한 경우와 수동채권의 변제기가 도래하지 아니하였다고 하더라도 기한의 이익을 포기할 수 있는 경우를 포함한다. 따라서 채권자의 배당요구 기초가 된 담보권의 피담보채권에 대하여 채무자가 상계를 한 경우에도 위와 같은 상계적상 시기에 소급적으로 대등액에 관하여 소멸하고, 이는 피담보채권에 관하여 채무자에게 채무의 이행을 명하는 확정판결이 있다고 하여 달라지지 아니한다(대법원 2011. 07. 28. 선고 2010다70018 판결).

ㄷ. [O] 상계는 단독행위로서 상계를 할지는 채권자의 의사에 따른 것이고 상계적상에 있는 자동채권이 있다고 하여 반드시 상계를 해야 할 것은 아니다. 채권자가 주채무자에 대하여 상계적상에 있는 자동채권을 상계하지 않았다고 하여 이를 이유로 보증채무자가 보증한 채무의 이행을 거부할 수 없으며 나아가 보증채무자의 책임이 면책되는 것도 아니다(대법원 2018. 9. 13. 선고 2015다209347 판결).

ㄹ. [X] [1] 민사법의 실정법 조항의 문리해석 또는 논리해석만으로는 현실적인 법적 분쟁을 해결할 수 없거나 사회적 정의관념에 현저히 반하게 되는 결과가 초래되는 경우에는 법원이 실정법의 입법정신을 살려 법적 분쟁을 합리적으로 해결하고 정의관념에 적합한 결과를 도출할 수 있도록 유추적용을 할 수 있다. 법률의 유추적용은 법률의 흠결을 보충하는 것으로 법적 규율이 없는 사안에 대하여 그와 유사한 사안에 관한 법규범을 적용하는 것이다. 이러한 유추를 위해서는 법적 규율이 없는 사안과 법적 규율이 있는 사안 사이에 공통점 또는 유사점이 있어야 한다. 그러나 이것만으로 유추적용을 긍정할 수는 없다. 법규범의 체계, 입법 의도와 목적 등에 비추어 유추적용이 정당하다고 평가되는 경우에 비로소 유추적용을 인정할 수 있다. [2] 민법 제496조는 "채무가 고의의 불법행위로 인한 것인 때에는 그 채무자는 상계로 채권자에게 대항하지 못한다."라고 정하고 있다. 이는 보복적 불법행위의 가능성을 줄이고 불법행위의 피해자는 현실적으로 변제받도록 하는 한편, 상계 금지라는 불이익을 부과하여 고의의 불법행위자를 제재함으로써 장차 그러한 불법행위를 억지하기 위한 것으로서, 불법행위의 피해자는 보호하고 가해자는 제재한다는 사회적 정의관념이 상계 제도에 반영된 규정이다. 이 규정은 고의의 불법행위로 인한 손해배상채권을 수동채권으로 한 상계에 관한 것이므로 그 외의 채권을 수동채권으로 한 상계에는 적용되지 않는다. 다만 고의의 불법행위가 동시에 채무불이행을 구성함으로써 하나의 행위에 기초하여 두 개의 손해배상채권이 발생하여 경합하는 경우나 고의의 불법행위가 동시에 부당이득 원인을 구성함으로써 하나의 원인에 기초하여 두 개의 청구권이 발생하여 경합하는 경우 등 상계 금지의 취지에 비추어 볼 때 수동채권이 실질적으로 고의의 불법행위로 인한 채권과 마찬가지라고 평가할 수 있는 때에는 민법 제496조가 유추적용될 수 있다. [3] 상대방의 기망행위로 소비대차계약을 체결한 자가 불법행위로 인한 손해배상청구를 하지 아니하고 계약상 채권에 따른 대여금 및 이자 등의 지급을 구하는 경우에는 민법 제496조가 유추적용될 수 없다고 보아야 한다. 계약상 채권은 상대방의 기망행위가 아니라 쌍방 사이의 계약에 기초하여 발생하는 권리이고, 그 급부의 이행으로 지향하는 경제적 이익이 불법행위로 인한 손해배상채권과 동일하여 양자가 경합하는 관계에 있다고 보기도 어려우며, 달리 민법 제496조가 정한 상계 금지의 취지에 비추어 계약상 채권이 실질적으로 고의의 불법행위로 인한 채권과 마찬가지라고 평가할 만한 사정도 없기 때문이다(대법원 2024. 8. 1. 선고 2024다204696 판결).

ㅁ. [O] [1] 상계는 당사자 쌍방이 서로 같은 종류를 목적으로 한 채무를 부담한 경우에 서로 같은 종류의 급부를 현실로 이행하는 대신 어느 일방 당사자의 의사표시로 그 대등액에 관하여 채권과 채무를 동시에 소멸시키는 것이고, 이러한 상계제도의 취지는 서로 대립하는 두 당사자 사이의 채권·채무를 간이한 방법으로 원활하고 공평하게 처리하려는 데 있으므로, <u>법률의 규정 등 특별한 사정이 없는 한 자동채권으로 될 수 있는 채권은 상계자가 상대방에 대하여 가지는 채권이어야 하고 제3자가 상대방에 대하여 가지는 채권으로는 상계할 수 없다.</u> [2] 국세징수법에 의한 채권압류의 경우 압류채권자는 체납자에 대신하여 추심권을 취득할 뿐이고, 이로 인하여 채무자가 제3채무자에 대하여 가지는 채권이 압류채권자에게 이전되거나 귀속되는 것은 아니다. 따라서 압류채권자가 채무자의 제3채무자에 대한 채권을 압류한 경우 그 채권은 압류채권자가 제3채무자에 대하여 가지는 채권이 아니므로, <u>압류채권자는 이를 자동채권으로 하여 제3채무자의 압류채권자에 대한 채권과 상계할 수 없고, 이는 피압류채권에 대하여 이중압류, 배분요구 등이 없다고 하더라도 달리 볼 것은 아니다</u>(대법원 2022. 12. 16. 선고 2022다218271 판결).

ㅂ. [O] ★ [사례형·기록형] 민법 제493조 제2항은 "상계의 의사표시는 각 채무가 상계할 수 있는 때에 대등액에 관하여 소멸한 것으로 본다."라고 정하고 있으므로 상계의 효력은 상계적상 시로 소급하여 발생한다. 상계적상은 자동채권과 수동채권이 상호 대립하는 때에 비로소 생긴다. 채권양수인이 양수채권을 자동채권으로 하여 그 채무자가 채권양수인에 대해 가지고 있던 기존 채권과 상계한 경우, <u>채권양수인은 채권양도의 대항요건이 갖추어진 때 비로소 자동채권을 행사할 수 있으므로 채권양도 전에 이미 양 채권의 변제기가 도래하였다고 하더라도 상계의 효력은 변제기로 소급하는 것이 아니라 채권양도의 대항요건이 갖추어진 시점으로 소급한다</u>(대법원 2022. 6. 30. 선고 2022다200089 판결).

정답 ①

제3절 • 기타소멸사유

149 / 채권의 소멸 /
채권의 소멸에 관한 설명 중 옳은 것을 모두 고른 것은? (다툼이 있으면 판례에 의함)

ㄱ. 부적법한 변제공탁으로 변제의 효력이 발생하지 않았더라도, 피공탁자는 이를 수락하여 공탁물 출급청구를 하는 대신 공탁자에 대한 다른 채권에 기하여 공탁자의 공탁물 회수청구권에 대하여 압류 및 추심명령을 받아 그 집행으로 공탁물을 회수할 수 있다.

ㄴ. 채무자가 채권자의 승낙을 얻어 본래의 채무이행에 갈음하여 부동산으로 대물변제를 하였으나 본래의 채무가 존재하지 않았던 것으로 밝혀진 경우, 당사자의 특별한 의사표시가 없는 한 부동산 소유권이전의 효력은 발생하지 않는다.

ㄷ. 변제공탁은 제3자를 위한 계약의 성질을 가지므로, 채권자의 수익의 의사표시가 있는 때에 공탁의 효력이 생긴다. 또한 수인의 공탁자가 공동으로 하나의 공탁금액을 기재한 경우에 공탁자들 내부의 실질적인 분담금액이 다르다면 공탁자들이 균등한 비율로 공탁한 것으로 볼 수 없다.

ㄹ. 채무자가 누가 진정한 채권자인지를 알 수 없어 상대적 불확지의 변제공탁을 하여 피공탁자 중 1인이 다른 피공탁자들을 상대로 자기에게 공탁금출급청구권이 있다는 확인을 구한 경우에, 피공탁자들 사이에서 누가 진정한 채권자로서 공탁금출급청구권을 가지는지는 피공탁자들과 공탁자인 채무자 사이의 법률관계에서 누가 본래의 채권을 행사할 수 있는 진정한 채권자인지를 기준으로 판단하여야 한다.

ㅁ. 소송비용상환청구권은 소송에서 패소하였다는 사실을 요건으로 소송상 발생하는 권리이므로 상계의 수동채권이 될 수 없다.

ㅂ. 민법상 조합으로부터 부동산을 매수하여 잔대금채무를 지고 있는 자가 조합원 중 1인에 대하여 채권을 가지고 있는 경우, 그 채권과 잔대금채무를 서로 대등액에서 상계할 수 없다.

ㅅ. 채무 전액이 아닌 일부에 대한 공탁은 특별한 사정이 있는 경우를 제외하고는 채권자가 이를 수락하지 않는 한 그 공탁 부분에 관하여서도 채무소멸의 효과가 발생하지 않는다. 다만, 채무자가 채무액 일부만 변제공탁을 하였으나 그 후 부족분을 추가로 공탁하였다면 그때부터는 모든 채무액에 대하여 유효한 공탁을 한 것으로 볼 수 있다.

① ㄱ, ㄴ, ㄷ, ㄹ, ㅂ ② ㄱ, ㄴ, ㄹ, ㅂ, ㅅ ③ ㄴ, ㄷ, ㅁ, ㅅ
④ ㄴ, ㅁ, ㅂ, ㅅ ⑤ ㄷ, ㄹ, ㅁ, ㅂ

[해설]

ㄱ. [O] 변제공탁이 적법한 경우에는 채권자가 공탁물 출급청구를 하였는지 여부와는 관계없이 공탁을 한 때에 변제의 효력이 발생하나, 피공탁자를 포함한 제3자가 공탁자에 대하여 가지는 별도 채권의 집행권원으로써 공탁자의 공탁물 회수청구권에 대하여 압류 및 추심명령을 받아 그 집행으로 공탁물을 회수한 경우 채권소멸의 효력은 소급하여 없어진다. 나아가 부적법한 변제공탁으로 변제의 효력이 발생하지 않았다고 하더라도, 피공탁자는 이를 수락하여 공탁물 출급청구를 하는 대신 공탁자에 대한 다른 채권에 기하여 공탁자의 공탁물 회수청구권에 대하여 압류 및 추심명령을 받아 그 집행으로 공탁물을 회수할 수 있다. 한편 공탁물 출급청구권과 공탁물 회수청구권은 서로 독립한 별개의 청구권이므로 설령 공탁물 출급청구권에 대한 압류 등이 있었다고 하더라도 이는 공탁물 회수청구권에 대하여 아무런 영향을 미치지 않는다(대법원 2020. 5. 22. 자 2018마5697 결정).

ㄴ. [O] 채무자가 채권자의 승낙을 얻어 본래의 채무이행에 갈음하여 부동산으로 대물변제를 하였으나 본래의 채무가 존재하지 않았던 경우에는, 당사자가 특별한 의사표시를 하지 않은 한 대물변제는 무효로서 부동산의 소유권이 이전되는 효과가 발생하지 않는다(대법원 1991. 11. 12. 선고 91다9503 판결).

ㄷ. [X] 변제공탁은 공탁공무원의 수탁처분과 공탁물보관자의 공탁물수령으로 그 효력이 발생하여 채무소멸의 효과를 가져오는 것이고 채권자에 대한 공탁통지나 채권자의 수익의 의사표시가 있는 때에 공탁의 효력이 생기는 것이 아니다(대법원 1972. 5. 15. 자 72마401 결정). 공탁자가 공탁한 내용은 공탁의 기재에 의하여 형식적으로 결정되므로 수인의 공탁자가 공탁하면서 각자의 공탁금액을 나누어 기재하지 않고 공동으로 하나의 공탁금액을 기재한 경우에 공탁자들은 균등한 비율로 공탁한 것으로 보아야 하고, 공탁자들 내부의 실질적인 분담금액이 다르다고 하더라도 이는 공탁자들 내

부 사이에 별도로 해결하여야 할 문제이다. 이러한 법리는 강제집행정지의 담보를 위하여 공동 명의로 공탁한 경우 담보취소에 따른 공탁금회수청구권의 귀속과 비율에 관하여도 마찬가지로 적용된다. 따라서 제3자가 다른 공동공탁자의 공탁금회수청구권에 대하여 압류 및 추심명령을 한 경우에 압류 및 추심명령은 공탁자 간 균등한 비율에 의한 공탁금액의 한도 내에서 효력이 있고, 공동공탁자들 중 실제로 담보공탁금을 전액 출연한 공탁자가 있다 하더라도 이는 공동공탁자들 사이의 내부관계에서만 주장할 수 있는 사유에 불과하여 담보공탁금을 전액 출연한 공탁자는 압류채권자에 대하여 자금 부담의 실질관계를 이유로 대항할 수 없다(대법원 2015. 9. 10. 선고 2014다29971 판결).

ㄹ. [O] 채무자가 과실 없이 채권자를 알 수 없는 경우에는 변제의 목적물을 공탁하면 채무를 면하고(민법 제487조 후단), 채권자는 공탁소에 대하여 공탁금출급청구권을 가지게 된다. 이때 피공탁자가 된 채권자가 가지는 공탁금출급청구권은 채무자에 대한 본래의 채권을 갈음하는 권리이므로, 그 귀속 주체와 권리 범위는 본래의 채권이 성립한 법률관계에 따라 정해진다. 따라서 채무자가 누가 진정한 채권자인지를 알 수 없어 상대적 불확지의 변제공탁을 하여 피공탁자 중 1인이 다른 피공탁자들을 상대로 자기에게 공탁금출급청구권이 있다는 확인을 구한 경우에, 피공탁자들 사이에서 누가 진정한 채권자로서 공탁금출급청구권을 가지는지는 피공탁자들과 공탁자인 채무자 사이의 법률관계에서 누가 본래의 채권을 행사할 수 있는 진정한 채권자인지를 기준으로 판단하여야 한다(대법원 2017. 5. 17. 선고 2016다270049 판결).

ㅁ. [X] 소송비용상환청구권은 소송에서 패소하였다는 사실을 요건으로 소송상 발생하는 실체적 권리이기는 하나 그 성질은 사법상의 청구권이며 상계의 수동채권으로 될 수 있다(대법원 1994. 5. 13. 선고 94다9856 판결).

ㅂ. [O] 조합에 대한 채무자는 그 채무와 조합원에 대한 채권으로 상계할 수는 없는 것이므로(민법 제715조), 조합으로부터 부동산을 매수하여 잔대금 채무를 지고 있는 자가 조합원 중의 1인에 대하여 개인 채권을 가지고 있다고 하더라도 그 채권과 조합과의 매매계약으로 인한 잔대금 채무를 서로 대등액에서 상계할 수는 없다(대법원 1998. 3. 13. 선고 97다6919 판결).

ㅅ. [O] 채무자가 채무액 일부만 변제공탁을 하였으나 그 후 부족분을 추가로 공탁하였다면 그때부터는 모든 채무액에 대하여 유효한 공탁을 한 것으로 볼 수 있다(대법원 2022. 5. 26. 선고 2020다239366 판결). 변제공탁이 유효하려면 채무 전부에 대한 변제의 제공 및 채무 전액에 대한 공탁이 있어야 하고, 채무 전액이 아닌 일부에 대한 공탁은 일부의 제공이 유효한 제공이라고 볼 수 있거나 변제자의 공탁금액이 채무의 총액에 비하여 아주 근소하게 부족하여 해당 변제공탁을 신의칙상 유효한 것이라고 볼 수 있는 등의 특별한 사정이 있는 경우를 제외하고는 채권자가 이를 수락하지 않는 한 그 공탁 부분에 관하여서도 채무소멸의 효과가 발생하지 않는다(대법원 2022. 11. 30. 선고 2017다232167 판결). [비교조문] 어음법 제39조 (상환증권성 및 일부지급) ① 환어음의 지급인은 지급을 할 때에 소지인에게 그 어음에 영수(領受)를 증명하는 뜻을 적어서 교부할 것을 청구할 수 있다. ② 소지인은 일부지급을 거절하지 못한다. ③ 일부지급의 경우 지급인은 소지인에게 그 지급 사실을 어음에 적고 영수증을 교부할 것을 청구할 수 있다. 수표법 제34조 (상환증권성 및 일부지급) ① 수표의 지급인은 지급을 할 때에 소지인에게 그 수표에 영수(領受)를 증명하는 뜻을 적어서 교부할 것을 청구할 수 있다. ② 소지인은 일부지급을 거절하지 못한다. ③ 일부지급의 경우 지급인은 소지인에게 그 지급 사실을 수표에 적고 영수증을 교부할 것을 청구할 수 있다.

정답 ②

제4편

채권각론

제1장 **계약총론**

제2장 **계약각론**

제3장 **법정채권관계**

CHAPTER 01 계약총론

제1절 • 계약의 성립

150 /계약교섭의 중도파기/

계약교섭의 부당한 중도파기에 대한 설명 중 틀린 것을 모두 고른 것은? (다툼이 있는 경우 판례에 의함)

> ㉠ 어느 일방이 교섭단계에서 계약이 확실하게 체결되리라는 정당한 기대 내지 신뢰를 부여하여 상대방이 그 신뢰에 따라 행동하였음에도 상당한 이유 없이 계약의 체결을 거부하여 손해를 입힌 경우에는 채무불이행을 구성한다는 것이 판례이다.
>
> ㉡ 침해행위와 피해법익의 유형에 따라서는 계약교섭의 파기로 인한 불법행위가 인격적 법익을 침해함으로써 상대방에게 정신적 고통을 초래하였다고 인정되는 경우라면 그러한 정신적 고통에 대한 손해에 대하여는 별도로 손해배상을 청구할 수 있다.
>
> ㉢ 계약교섭의 부당한 중도파기가 위법한 것으로 인정된 경우에는 아직 계약체결에 관한 확고한 신뢰가 부여되기 이전 상태에서 경쟁 입찰에 참가하기 위하여 지출한 제안서, 견적서 작성비용 등도 신뢰손해에 해당하여 손해배상 범위에 포함된다.
>
> ㉣ 계약교섭의 부당한 중도파기가 위법한 것으로 인정되는 경우에 계약교섭 단계에서 이행의 착수가 상대방의 적극적인 요구에 따른 것이고, 바로 위와 같은 이행에 들인 비용의 지급에 관하여 이미 계약교섭이 진행되고 있었다는 등의 특별한 사정이 있는 경우에는 당사자 중 일방이 계약의 성립을 기대하고 이행을 위하여 지출한 비용도 손해배상범위에 포함된다.
>
> ㉤ 계약교섭의 부당한 중도파기로 인한 손해는 일방이 신의에 반하여 상당한 이유 없이 계약교섭을 파기함으로써 계약체결을 신뢰한 상대방이 입게 된 상당인과관계 있는 손해로서 계약이 유효하게 체결된다고 믿었던 것에 의하여 입었던 손해 즉 신뢰손해에 한정된다.

① ㉠, ㉡ ② ㉠, ㉢ ③ ㉡, ㉢
④ ㉣, ㉤ ⑤ ㉢, ㉤

해 설

㉠ [X] ㉡ [O] ㉢ [X] ㉤ [O] [1] 계약이 성립하기 위하여는 당사자의 서로 대립하는 수개의 의사표시의 객관적 합치가 필요하고 객관적 합치가 있다고 하기 위하여는 당사자의 의사표시에 나타나 있는 사항에 관하여는 모두 일치하고 있어야 하는 한편, 계약 내용의 '중요한 점' 및 계약의 객관적 요소는 아니더라도 특히 당사자가 그것에 중대한 의의를 두고 계약성립의 요건으로 할 의사를 표시

한 때에는 이에 관하여 합치가 있어야 계약이 적법·유효하게 성립한다. [2] 계약이 성립하기 위한 법률요건인 청약은 그에 응하는 승낙만 있으면 곧 계약이 성립하는 구체적, 확정적 의사표시여야 하므로, 청약은 계약의 내용을 결정할 수 있을 정도의 사항을 포함시키는 것이 필요하다. [3] <u>어느 일방이 교섭단계에서 계약이 확실하게 체결되리라는 정당한 기대 내지 신뢰를 부여하여 상대방이 그 신뢰에 따라 행동하였음에도 상당한 이유 없이 계약의 체결을 거부하여 손해를 입혔다면 이는 신의성실의 원칙에 비추어 볼 때 계약자유원칙의 한계를 넘는 위법한 행위로서 불법행위를 구성한다.</u> [4] 계약교섭의 부당한 중도파기가 불법행위를 구성하는 경우 그러한 불법행위로 인한 손해는 일방이 신의에 반하여 상당한 이유 없이 계약교섭을 파기함으로써 계약체결을 신뢰한 상대방이 입게 된 상당인과관계 있는 손해로서 <u>계약이 유효하게 체결된다고 믿었던 것에 의하여 입었던 손해 즉 신뢰손해에 한정된다고 할 것이고,</u> 이러한 신뢰손해란 예컨대, 그 계약의 성립을 기대하고 지출한 계약준비비용과 같이 그러한 신뢰가 없었더라면 통상 지출하지 아니하였을 비용상당의 손해라고 할 것이며, 아직 계약체결에 관한 확고한 신뢰가 부여되기 이전 상태에서 계약교섭의 당사자가 계약체결이 좌절되더라도 어쩔 수 없다고 생각하고 지출한 비용, 예컨대 경쟁입찰에 참가하기 위하여 지출한 제안서, 견적서 작성비용 등은 여기에 포함되지 아니한다. [5] <u>침해행위와 피해법익의 유형에 따라서는 계약교섭의 파기로 인한 불법행위가 인격적 법익을 침해함으로써 상대방에게 정신적 고통을 초래하였다고 인정되는 경우라면 그러한 정신적 고통에 대한 손해에 대하여는 별도로 배상을 구할 수 있다</u>(대법원 2003. 4. 11. 선고 2001다53059 판결).

㉣ [O] [1] 어느 일방이 교섭단계에서 계약이 확실하게 체결되리라는 정당한 기대 내지 신뢰를 부여하여 상대방이 그 신뢰에 따라 행동하였음에도 상당한 이유 없이 계약의 체결을 거부하여 손해를 입혔다면 이는 신의성실의 원칙에 비추어 볼 때 계약자유원칙의 한계를 넘는 위법한 행위로서 불법행위를 구성한다. [2] <u>계약교섭의 부당한 중도파기가 불법행위를 구성하는 경우, 상대방에게 배상책임을 지는 것은 계약체결을 신뢰한 상대방이 입게 된 상당인과관계 있는 손해이고, 한편 계약교섭단계에서는 아직 계약이 성립된 것이 아니므로 당사자 중 일방이 계약의 이행행위를 준비하거나 이를 착수하는 것은 이례적이라고 할 것이므로 설령 이행에 착수하였다고 하더라도 이는 자기의 위험 판단과 책임에 의한 것이라고 평가할 수 있지만 만일 이행의 착수가 상대방의 적극적인 요구에 따른 것이고, 바로 위와 같은 이행에 들인 비용의 지급에 관하여 이미 계약교섭이 진행되고 있었다는 등의 특별한 사정이 있는 경우에는 당사자 중 일방이 계약의 성립을 기대하고 이행을 위하여 지출한 비용 상당의 손해가 상당인과관계 있는 손해에 해당한다</u>(대법원 2004. 5. 28. 선고 2002다32301 판결).

[관련판례] [1] 계약 체결을 위한 교섭 과정에서 어느 일방이 보호가치 있는 기대나 신뢰를 가지게 된 경우에, 그러한 기대나 신뢰를 보호하고 배려해야 할 의무를 부담하게 된 상대방이 오히려 상당한 이유 없이 이를 침해하여 손해를 입혔다면, 신의성실의 원칙에 비추어 볼 때 계약 체결의 준비 단계에서 협력관계에 있었던 당사자 사이의 신뢰관계를 해치는 위법한 행위로서 불법행위를 구성할 수 있다. [2] 계약 교섭 단계에서는 아직 계약이 성립된 것이 아니므로 당사자 중 일방이 계약의 이행행위를 준비하거나 이를 착수하는 것은 이례적인 일로서, 설령 이행에 착수하였다고 하더라도 이는 자기의 위험 판단과 책임에 따른 것이라고 평가할 수 있다. 그러나 <u>만일 이행의 착수가 상대방의 적극적인 요구에 따른 것이고 바로 위와 같은 이행에 들인 비용의 지급에 관하여 이미 계약 교섭이 진행되고 있었다는 등의 특별한 사정이 있다면, 당사자 중 일방이 계약의 성립을 기대하고 이행을 위하여 지출하였거나 지출할 것이 확실한 비용은 계약체결을 신뢰하여 발생한 손해로서 계약 교섭의 부당파기로 인한 손해배상의 범위에 해당할 수 있다</u>(대법원 2022. 7. 14. 선고 2021다216773 판결).

정답 ②

151 /계약체결상의 과실책임/

계약체결상의 과실 책임에 대한 설명으로 틀린 것을 모두 고른 것은? (다툼이 있는 경우에는 판례에 의함)

> ㄱ. 민법 규정상 계약체결상의 과실책임이란 원시적 급부불능과 계약체결을 위한 준비단계 또는 계약의 성립단계에서 당사자 일방이 책임 있는 사유로 인하여 상대방에게 손해를 준 경우에 상대방에 대하여 부담하는 손해배상책임을 말한다.
>
> ㄴ. 甲대학은 사무직원의 공채공고를 내고 필기시험 등을 통해 乙 이외에 5인을 최종합격자로 결정하고 乙에게 합격통지를 하였는데, 1년 이상 발령을 미루다가 학교재정상 채용할 수 없다는 통지를 하였다. 이러한 경우에 乙은 甲을 상대로 불법행위에 기한 손해배상을 청구할 수 있다.
>
> ㄷ. 계약이 의사의 불합치로 성립하지 아니한 경우 그로 인하여 손해를 입은 당사자는 상대방이 계약이 성립되지 아니할 수 있다는 것을 알았거나 알 수 있었음을 이유로 민법 제535조를 유추 적용하여 계약체결상의 과실로 인한 손해배상청구를 할 수 있다.
>
> ㄹ. 공사금 지급에 갈음하는 임야사용권을 부여하기로 약정한 경우, 그 약정이 원시적 이행불능으로서 계약이 무효라면 상대방은 계약체결에 있어서의 과실을 이유로 하는 신뢰이익의 손해배상을 구할 수는 있어도 이행에 대신하는 전보배상을 구할 수는 없다.
>
> ㅁ. 계약 당시에 이미 채무의 이행이 불가능했다면 특별한 사정이 없는 한 채권자가 이행을 구하는 것은 허용되지 않고, 이미 이행한 급부는 법률상 원인 없는 급부가 되어 부당이득의 법리에 따라 반환청구를 할 수는 없고, 민법 제535조에서 정한 계약체결상의 과실책임을 추궁하는 등으로 권리를 구제받을 수 있을 뿐이다.

① ㄱ, ㄷ　　② ㄱ, ㄷ, ㅁ　　③ ㄴ, ㄷ
④ ㄴ, ㄷ, ㄹ　　⑤ ㄴ, ㄷ, ㅁ

[해설]

ㄱ. [×] 민법은 계약의 목적이 원시적, 객관적, 전부불능인 경우만을 계약체결상의 과실책임으로 규정하고 있다(제535조).

ㄴ. [○] 학교법인이 원고를 사무직원 채용시험의 최종합격자로 결정하고 그 통지와 아울러 '1989.5.10.자로 발령하겠으니 제반 구비서류를 5.8.까지 제출하여 달라.'는 통지를 하여 원고로 하여금 위 통지에 따라 제반 구비서류를 제출하게 한 후, 원고의 발령을 지체하고 여러 번 발령을 미루었으며, 그 때문에 원고는 위 학교법인이 1990.5.28. 원고를 직원으로 채용할 수 없다고 통지할 때까지 임용만 기다리면서 다른 일에 종사하지 못한 경우 이러한 결과가 발생한 원인이 위 학교법인이 자신이 경영하는 대학의 재정 형편, 적정한 직원의 수, 1990년도 입학정원의 증감 여부 등 여러 사정을 참작하여 채용할 직원의 수를 헤아리고 그에 따라 적정한 수의 합격자 발표와 직원채용통지를 하여야 하는데도 이를 게을리 하였기 때문이라면 위 학교법인은 불법행위자로서 원고가 위 최종합격자 통지와 계속된 발령 약속을 신뢰하여 직원으로 채용되기를 기대하면서 다른 취직의 기회를 포기함으로써 입은 손해를 배상할 책임이 있다(대법원 1993. 09. 10. 선고 92다42897 판결).

ㄷ. [×] 계약이 의사의 불합치로 성립하지 아니한 경우 그로 인하여 손해를 입은 당사자가 상대방에게 부당이득반환청구 또는 불법행위로 인한 손해배상청구를 할 수 있는지는 별론으로 하고, 상대방이 계약이 성립되지 아니할 수 있다는 것을 알았거나 알 수 있었음을 이유로 민법 제535조를 유추적용하여 계약체결상의 과실로 인한 손해배상청구를 할 수는 없다(대법원 2017. 11. 14. 선고 2015다10929 판결).

ㄹ. [○] 당사자 일방의 채무가 원시적 이행불능이면 계약은 무효이므로 상대방은 계약체결에 있어서의 과실을 이유로 하는 신뢰이익 손해배상을 구할 수 있을지언정 이행에 대신하는 전보배상을 구할 수는 없고 또 후발적 이행불능의 경우에 이행에 대신하는 전보배상은 이행불능이 된 시기의 손해액이다. [이유] 피고가 공사비의 지급에 갈음하여 임야의 사용권을 부여키로 약정한 것이 그 임야가 소외 나라의 소유여서 그 사용권부여가 원시적으로 이행불능이라면 이 사건 확장공사계약은 유효하게 성립할 수 없다 할 것이니 그 계약체결에 있어서의 과실을 이유로 하는 신뢰이익의 손해배상을 구할 수 있을지언정 그 계약이 유효하게 성립되었던 것을 전제로 그 계약의 이행불능을 이유로 이행에 대신하는 전보배상을 구할 수 없다(대법원 1975. 2. 10. 선고 74다584 판결).

ㅁ. [×] [1] 쌍무계약에서 계약 체결 후에 당사자 쌍방의 귀책사유 없이 채무의 이행이 불가능하게 된 경우 채무자는 급부의무를 면함과 더불어 반대급부도 청구하지 못하므로, 쌍방 급부가 없었던 경우에는 계약관계는 소멸하고, 이미 이행한 급부는 법률상 원인 없는 급부가 되어 부당이득의 법리에 따라 반환청구할 수 있다. 한편 계약 당시에 이미 채무의 이행이 불가능했다면 특별한 사정이 없는 한 채권자가 이행을 구하는 것은 허용되지 않고, 이미 이행한 급부는 법률상 원인 없는 급부가 되어 부당이득의 법리에 따라 반환청구할 수 있으며, 나아가 민법 제535조에서 정한 계약체결상의 과실책임을 추궁하는 등으로 권리를 구제받을 수 있다. 채무의 이행이 불가능하다는 것은 절대적·물리적으로 불가능한 경우만이 아니라 사회생활상 경험칙이나 거래상의 관념에 비추어 볼 때 채권자가 채무자의 이행의 실현을 기대할 수 없는 경우도 포함한다. 이는 채무를 이행하는 행위가 법률로 금지되어 그 행위의 실현이 법률상 불가능한 경우에도 마찬가지이다. [2] 법령에 따라 토지분할에 행정관청의 분할허가를 받아야 하는 토지 중 일부를 특정하여 매매계약이 체결되었으나, 그 부분의 면적이 법령상 분할허가가 제한되는 토지분할 제한면적에 해당하여 분할이 불가능하다면, 매도인이 그 부분을 분할하여 소유권이전등기절차를 이행할 수 없으므로, 특별한 사정이 없는 한 매도인의 소유권이전등기의무는 이행이 불가능하다고 보아야 한다(대법원 2017. 10. 12. 선고 2016다9643 판결).

정답 ②

제2절 • 계약의 효력

152 /쌍무계약/
쌍무계약에 관한 판례의 태도와 부합하는 것(○)과 부합하지 않는 것(×)을 바르게 표시한 것은?

ㄱ. 동시이행의 관계에 있는 쌍무계약에 상대방의 채무불이행을 이유로 계약을 해제하려고 하는 자는 자기 채무의 이행을 제공하여야 하고, 그 채무를 이행함에 있어 상대방의 행위를 필요로 할 때에는 언제든지 현실로 이행을 할 수 있는 준비를 완료하고 그 뜻을 상대방에게 통지하여 수령을 최고하여야만 상대방으로 하여금 이행지체에 빠지게 할 수 있는 것이며 단순히 이행의 준비태세를 갖추고 있는 것만으로는 안 된다.

ㄴ. 쌍무계약에 있어서 이행거절의 의사표시가 적법하게 철회된 경우, 상대방은 자기 채무의 이행을 제공하고 상당한 기간을 정하여 이행을 최고한 후가 아니면 채무불이행을 이유로 계약을 해제할 수 없다.

ㄷ. 쌍무계약에서 상대 당사자가 일방 당사자의 채무 이행에 대한 수령을 거절하는 의사를 명백히 표시하고 그 의사를 뒤집을 가능성이 보이지 아니하는 경우에는 일방 당사자는 위 채무를 이행하거나 그 이행을 제공하지 아니하더라도 채무불이행의 책임을 면하며, 동시이행의 항변권은 상실되어 상대 당사자에 대한 자신의 채권을 행사할 수 있다.

ㄹ. 동시이행의 항변권은 당사자 쌍방이 부담하는 각 채무가 고유의 대가관계에 있는 쌍무계약상 채무가 아니더라도 구체적 계약관계에서 당사자 쌍방이 부담하는 채무 사이에 대가적인 의미가 있어 이행상 견련관계를 인정하여야 할 사정이 있는 경우에는 이를 인정해야 한다. 이는 민법 제536조 제1항뿐만 아니라 같은 조 제2항에서 정한 '불안의 항변권'의 경우에도 마찬가지로 적용된다.

ㅁ. 갑과 을이 오피스텔을 임차하는 계약을 체결하면서 특약사항으로 갑이 을에게 바닥 난방공사를 해주기로 정하였는데, 갑이 을에게 바닥 난방공사의 위법성과 공사의 어려움 등을 강조하며 다른 대안을 제시하였다. 이 경우에 "을이 최종적으로 다른 대안을 채택하지 않을 경우에도 바닥 난방공사를 거부하겠다는 의사"를 갑이 을에게 직접 표현한 부분을 찾기 어려운 경우라면 갑에게 명백한 이행거절의사가 인정되지 않는다고 볼 여지가 있다. 따라서 을이 갑에게 "최종적으로 바닥 공사는 카펫과 전기패널 아니면 공사 안 되는 거죠?"라고 확인 문자를 보냈는데, 확인 문자에 대하여 갑이 즉시 답변을 하지 않았다는 것만으로 갑에게 바닥 난방공사 이행에 관한 거절의사가 분명하게 인정된다고 할 수 없다.

① ㄱ(○), ㄴ(×), ㄷ(○), ㄹ(○), ㅁ(○)
② ㄱ(×), ㄴ(○), ㄷ(○), ㄹ(○), ㅁ(×)
③ ㄱ(○), ㄴ(×), ㄷ(×), ㄹ(×), ㅁ(○)

④ ㄱ(×), ㄴ(×), ㄷ(×), ㄹ(×), ㅁ(×)
⑤ ㄱ(○), ㄴ(○), ㄷ(○), ㄹ(○), ㅁ(○)

해 설

ㄱ. [○] 동시이행의 관계에 있는 쌍무계약에 있어서 상대방의 채무불이행을 이유로 계약을 해제하려고 하는 자는 동시이행관계에 있는 자기 채무의 이행을 제공하여야 하고, 그 채무를 이행함에 있어 상대방의 행위를 필요로 할 때에는 언제든지 현실로 이행을 할 수 있는 준비를 완료하고 그 뜻을 상대방에게 통지하여 그 수령을 최고하여야만 상대방으로 하여금 이행지체에 빠지게 할 수 있는 것이며 단순히 이행의 준비태세를 갖추고 있는 것만으로는 안 된다(대법원 1992. 7. 24. 선고 91다38723 판결).

ㄴ. [○] 쌍무계약에 있어서 계약당사자의 일방은 상대방이 채무를 이행하지 아니할 의사를 명백히 표시한 경우에는 최고나 자기 채무의 이행제공 없이 그 계약을 적법하게 해제할 수 있으나 그 이행거절의 의사표시가 적법하게 철회된 경우 상대방으로서는 자기 채무의 이행을 제공하고 상당한 기간을 정하여 이행을 최고한 후가 아니면 채무불이행을 이유로 계약을 해제할 수 없다(대법원 2003. 2. 26. 선고 2000다40995 판결).

ㄷ. [○] 쌍무계약에서 발생되는 쌍방 당사자의 채무는 서로 동시이행의 관계에 있다고 할 것이지만, 일방 당사자의 자기 채무에 관한 이행의 제공을 엄격하게 요구하면 오히려 불성실한 상대 당사자에게 구실을 주는 것이 될 수도 있으므로 일방 당사자가 하여야 할 제공의 정도는 그 시기와 구체적인 상황에 따라 신의성실의 원칙에 어긋나지 않게 합리적으로 정하여야 하고, 상대 당사자가 일방 당사자의 채무 이행에 대한 수령을 거절하는 의사를 명백히 표시하고 그 의사를 뒤집을 가능성이 보이지 아니하는 경우에는 일방 당사자는 위 채무를 이행하거나 그 이행을 제공하지 아니하더라도 채무불이행의 책임을 면하며, 동시이행의 항변권은 상실되어 상대 당사자에 대한 자신의 채권을 행사할 수 있다고 해석함이 상당하다(대법원 2012. 10. 25. 선고 2010다89050 판결).

ㄹ. [○] [1] 동시이행의 항변권은 당사자 쌍방이 부담하는 각 채무가 고유의 대가관계에 있는 쌍무계약상 채무가 아니더라도 구체적 계약관계에서 당사자 쌍방이 부담하는 채무 사이에 대가적인 의미가 있어 이행상 견련관계를 인정하여야 할 사정이 있는 경우에는 이를 인정해야 한다. 이러한 법리는 민법 제536조 제1항뿐만 아니라 같은 조 제2항에서 정한 이른바 '불안의 항변권'의 경우에도 마찬가지로 적용된다. [2] 민법 제536조 제2항에서 정한 '선이행의무를 지고 있는 당사자가 상대방의 이행이 곤란할 현저한 사유가 있는 때에 자기의 채무이행을 거절할 수 있는 경우'란 선이행채무를 지고 있는 당사자가 계약 성립 후 상대방의 신용불안이나 재산상태 악화 등과 같은 사정으로 상대방의 이행을 받을 수 없는 사정변경이 생기고 이로 말미암아 당초의 계약 내용에 따른 선이행의무를 이행하게 하는 것이 공평과 신의칙에 반하게 되는 경우를 가리킨다. 상대방의 채무가 아직 이행기에 이르지 않았지만 이행기에 이행될 것인지 여부가 현저히 불확실하게 된 경우에는 선이행채무를 지고 있는 당사자에게 상대방의 이행이 확실하게 될 때까지 선이행의무의 이행을 거절할 수 있다(대법원 2022. 5. 13. 선고 2019다215791 판결).

ㅁ. [○] ★ 민법 제390조는 '채무불이행과 손해배상'이라는 제목으로 "채무자가 채무의 내용에 좇은 이행을 하지 아니한 때에는 채권자는 손해배상을 청구할 수 있다. 그러나 채무자의 고의나 과실없이 이행할 수 없게 된 때에는 그러하지 아니하다."라고 정하여 채무불이행에 관한 일반조항주의를 채택하고 있다. 민법 제544조는 '이행지체와 해제'라는 제목으로 "당사자 일방이 그 채무를 이행하지 아니하는 때에는 상대방은 상당한 기간을 정하여 그 이행을 최고하고 그 기간 내에 이행하지 아니한 때에는 계약을 해제할 수 있다. 그러나 채무자가 미리 이행하지 아니할 의사를 표시한 경우

에는 최고를 요하지 아니한다."라고 정하고 있다. 채무자가 채무의 이행을 지체하고 있는 상태에서 이행거절의사를 표시한 경우에는 채권자는 그 이행을 최고하지 않고 계약을 해제할 수 있음은 분명하다. 여기에서 나아가 계약상 채무자가 계약을 이행하지 않을 의사를 명백히 표시한 경우에는 채권자는 이행기 전이라도 이행의 최고 없이 채무자의 이행거절을 이유로 계약을 해제하거나 채무자를 상대로 손해배상을 청구할 수 있다. 이때 채무자가 계약을 이행하지 않을 의사를 명백히 표시하였는지는 계약 이행에 관한 당사자의 행동과 계약 전후의 구체적인 사정 등을 종합적으로 살펴서 판단하여야 한다. 위와 같은 이행거절로 인한 계약해제의 경우에는 채권자의 최고도 필요하지 않고 동시이행관계에 있는 자기 채무의 이행제공도 필요하지 않아, 이행지체를 이유로 한 계약해제와 비교할 때 계약해제의 요건이 완화되어 있으므로, 이행거절의사가 명백하고 종국적인 것으로 볼 수 있어야 한다. 명시적으로 이행거절의사를 표명하는 경우 외에 계약 당시 또는 그 후의 여러 사정을 종합하여 묵시적 이행거절의사를 인정하기 위해서는 그 거절의사가 정황상 분명하게 인정되어야 한다. [2] 갑과 을이 오피스텔을 임차하는 계약을 체결하면서 특약사항으로 갑이 을에게 바닥 난방공사를 해주기로 정하였는데, 갑이 바닥 난방공사 대신 카펫이나 전기패널 등 다른 방식으로 난방을 할 것을 제안하자, 을이 갑에게 "최종적으로 바닥 공사는 카펫과 전기패널 아니면 공사 안 되는 거죠?"라고 확인 문자를 보낸 후에 곧바로 계약해제를 통보한 사안에서, 갑이 을에게 바닥 난방공사의 위법성과 공사의 어려움 등을 강조하며 다른 대안을 제시하고 있기는 하지만 을이 최종적으로 다른 대안을 채택하지 않을 경우에도 바닥 난방공사를 거부하겠다는 의사를 직접 표현한 부분은 찾기 어려운 점, 갑이 을에게 바닥 난방공사를 대신할 다른 대안을 채택할 것을 설득하였다거나 을이 보낸 확인 문자에 대하여 갑이 즉시 답변을 하지 않았다는 것만으로 갑에게 바닥 난방공사 이행에 관한 거절의사가 분명하게 인정된다고 할 수 없는 점 등을 종합하면, 갑에게 명백한 이행거절의사가 인정되지 않는다고 볼 여지가 있는데도, 이와 달리 본 원심판결에 법리오해 등의 잘못이 있다고 한 사례(대법원 2021. 7. 22. 선고 2020다248124 전원합의체 판결).

정답 ⑤

153 /동시이행의 항변권/
동시이행의 항변권에 관한 설명 중 옳지 않은 것을 모두 고른 것은? (다툼이 있으면 판례에 의함)

ㄱ. 동시이행항변권의 포기는 묵시적 의사표시뿐만 아니라 명시적 의사표시로도 불가능하다.

ㄴ. 임차인의 임차목적물 반환의무와 임대인의 권리금 회수 방해로 인한 손해배상의무는 동일한 법률요건이 아닌 별개의 원인에 기하여 발생한 것일 뿐 아니라 공평의 관점에서 보더라도 그 사이에 이행상 견련관계를 인정하기 어렵다.

ㄷ. 동시이행판결의 채무자로서는 그 집행력의 배제를 구하는 청구이의의 소에서 채권자가 반대의무의 이행 또는 이행제공을 하지 않았다는 주장을 청구이의의 사유로 내세울 수 없다.

ㄹ. 토지의 매도인이 매수인을 상대로 대금지급청구소송을 제기하자 매수인이 매도인으로부터 위 토지의 소유권을 이전받을 때까지 대금을 지급할 수 없다는 취지의 적법한 항변을

하였다면, 법원은 상환이행의 판결을 하여야 하고, 위 판결에 기한 강제집행에 있어서 매도인의 소유권이전의무의 이행 또는 이행의 제공은 집행개시의 요건에 해당한다.

ㅁ. 甲이 乙에게 토지를 매도하면서, 甲이 2017. 8. 20. 토지의 소유권을 이전하고 乙이 2017. 9. 20. 그 대금을 지급하기로 약정하였는데, 乙에게 부도가 발생하여 대금지급이행기가 도래하여도 乙이 그 대금을 지급할 것인지 여부가 불투명하게 되었다면, 甲은 乙의 대금지급이 확실하여질 때까지 자신의 소유권이전의무의 이행을 거절할 수 있으나, 甲이 乙에게 이행거절의 의사를 밝히지 않는 이상 이행지체책임을 부담한다.

ㅂ. 근저당권 실행을 위한 경매가 무효로 되어 근저당권자가 채무자를 대위하여 매수인에 대한 소유권이전등기 말소청구권을 행사하는 경우, 매수인이 부담하는 소유권이전등기 말소의무는 근저당권자의 배당금 반환의무와 동시이행의 관계에 있다.

① ㄱ, ㄷ, ㄹ   ② ㄱ, ㅁ, ㅂ   ③ ㄴ, ㄹ, ㅂ
④ ㄷ, ㄹ, ㅁ   ⑤ ㄹ, ㅁ, ㅂ

해설

ㄱ. [✗] [1] 부동산 매매계약에서 특별한 사정이 없는 한 매수인의 잔대금 지급의무와 매도인의 소유권이전등기서류 교부의무는 동시이행관계에 있다. 동시이행항변권의 포기는 명시적 의사표시뿐만 아니라 묵시적 의사표시로 이루어지는 것도 가능하지만, 묵시적 의사표시의 해석을 통한 동시이행항변권 포기의 인정은 엄격하고 신중하게 이루어져야 한다. 한편 매수인이 대금을 약정기일까지 납부하지 아니할 경우 그 체납액에 대하여 연체료를 가산하여 지급하기로 하는 연체료 약정은 이행지체에 대한 손해배상의 예정으로서 지체책임이 발생할 때 비로소 그 지급의무가 발생한다. [2] 쌍무계약에서 일방 당사자의 자기 채무에 관한 이행의 제공을 엄격하게 요구하면 오히려 불성실한 상대 당사자에게 구실을 주는 것이 될 수도 있으므로 일방 당사자가 하여야 할 제공의 정도는 그 시기와 구체적인 상황에 따라 신의성실의 원칙에 어긋나지 않게 합리적으로 정하여야 하고, 따라서 매수인이 잔대금의 지급준비가 되어 있지 아니하여 소유권이전등기서류를 수령할 준비를 안 한 경우에는 매도인으로서도 그에 상응한 이행의 준비를 하면 족하다(대법원 2025. 6. 26. 선고 2025다209893 판결).

ㄴ. [O] [1] 동시이행의 항변권은 공평의 관념과 신의칙에 입각하여 각 당사자가 부담하는 채무가 서로 대가적 의미를 가지고 관련되어 있을 때 그 이행에 견련관계를 인정하여 당사자 일방은 상대방이 채무를 이행하거나 이행의 제공을 하지 아니한 채 당사자 일방의 채무의 이행을 청구할 때에는 자기의 채무 이행을 거절할 수 있도록 하는 제도이다. 이러한 제도의 취지에서 볼 때 당사자가 부담하는 각 채무가 쌍무계약에서 고유의 대가관계에 있는 채무가 아니더라도, 양 채무가 동일한 법률요건으로부터 생겨서 대가적 의미가 있거나 공평의 관점에서 보아 견련적으로 이행시킴이 마땅한 경우에는 동시이행의 항변권을 인정할 수 있다. [2] 임차인의 임차목적물 반환의무는 임대차계약의 종료에 의하여 발생하나, 임대인의 권리금 회수 방해로 인한 손해배상의무는 상가건물 임대차보호법에서 정한 권리금 회수기회 보호의무 위반을 원인으로 하고 있으므로 양 채무는 동일한 법률요건이 아닌 별개의 원인에 기하여 발생한 것일 뿐 아니라 공평의 관점에서 보더라도 그 사이에 이행상 견련관계를 인정하기 어렵다(대법원 2019. 7. 10. 선고 2018다242727 판결).

ㄷ. [O] 집행권원인 동시이행판결의 반대의무 이행 또는 이행제공은 집행개시의 요건으로서 집행개시와 관련된 집행에 관한 이의신청 절차에서 주장·심리되어야 할 사항이지, 집행권원에 표시되어 있는 청구권에 관하여 생긴 이의를 내세워 그 집행권원이 가지는 집행력의 배제를 구하는 청구이의의 소에서 심리되어야 할 사항은 아니다. 따라서 동시이행판결의 채무자로서는 그 집행력의 배제를 구하는 청구이의의 소에서 채권자가 반대의무의 이행 또는 이행제공을 하지 않았다는 주장을 청구이의의 사유로 내세울 수 없다(대법원 2024. 6. 13. 선고 2024다231391 판결).

ㄹ. [O] **민사집행법 제41조 (집행개시의 요건)** ① 반대의무의 이행과 동시에 집행할 수 있다는 것을 내용으로 하는 집행권원의 집행은 채권자가 반대의무의 이행 또는 이행의 제공을 하였다는 것을 증명하여야만 개시할 수 있다. **[비교조문1] 주택임대차보호법 제3조의2 (보증금의 회수)** ① 임차인(제3조 제2항 및 제3항의 법인을 포함한다. 이하 같다)이 임차주택에 대하여 보증금반환청구소송의 확정판결이나 그 밖에 이에 준하는 집행권원에 따라서 경매를 신청하는 경우에는 집행개시요건에 관한「민사집행법」제41조에도 불구하고 반대의무의 이행이나 이행의 제공을 집행개시의 요건으로 하지 아니한다. ③ 임차인은 임차주택을 양수인에게 인도하지 아니하면 제2항에 따른 보증금을 받을 수 없다. **[비교조문2] 상가건물임대차보호법 제5조 (보증금의 회수)** ① 임차인이 임차건물에 대하여 보증금반환청구소송의 확정판결, 그 밖에 이에 준하는 집행권원에 의하여 경매를 신청하는 경우에는「민사집행법」제41조에도 불구하고 반대의무의 이행이나 이행의 제공을 집행개시의 요건으로 하지 아니한다. ③ 임차인은 임차건물을 양수인에게 인도하지 아니하면 제2항에 따른 보증금을 받을 수 없다. **[관련판례]** 동시이행판결의 반대의무 이행 또는 이행제공은 집행개시의 요건으로서 채권자가 이를 증명하는 방법에는 제한이 없으나, 반대의무의 내용이 특정되지 아니하여 반대의무의 이행 또는 이행제공을 증명할 수 없는 경우에는 강제집행을 할 수 없게 되어 결국 채권자는 강제집행을 위해 동일한 청구의 소를 다시 제기하여야 하므로, 동시이행판결을 하는 법원으로서는 반대의무의 내용을 명확하게 특정하여야 하고 자칫 이를 가볍게 여겨 강제집행에 지장이 생김으로써 무익한 절차의 반복을 하게 하는 것은 아닌지 여부 등을 확인할 필요가 있다(대법원 2021. 7. 8. 선고 2020다290804 판결).

ㅁ. [×] [1] 쌍무계약의 당사자 일방이 계약상 선이행의무를 부담하고 있는데 그와 대가관계에 있는 상대방의 채무가 아직 이행기에 이르지 아니하였지만 이행기의 이행이 현저히 불투명하게 된 경우에는 민법 제536조 제2항 및 신의칙에 의하여 그 당사자에게 반대급부의 이행이 확실하여질 때까지 선이행의무의 이행을 거절할 수 있다고 보아야 한다. [2] 대가적 채무 간에 이행거절의 권능을 가지는 경우에는 비록 이행거절 의사를 구체적으로 밝히지 아니하였다고 할지라도 이행거절 권능의 존재 자체로 이행지체책임은 발생하지 않는다(대법원 1997. 7. 25. 선고 97다5541 판결).

ㅂ. [×] ★ **[사례형·기록형]** 근저당권 실행을 위한 경매가 무효로 되어 채권자(=근저당권자)가 채무자를 대위하여 낙찰자에 대한 소유권이전등기 말소청구권을 행사하는 경우, 낙찰자가 부담하는 소유권이전등기 말소의무는 채무자에 대한 것인 반면, 낙찰자의 배당금 반환청구권은 실제 배당금을 수령한 채권자(=근저당권자)에 대한 채권인바, 채권자(=근저당권자)가 낙찰자에 대하여 부담하는 배당금 반환채무와 낙찰자가 채무자에 대하여 부담하는 소유권이전등기 말소의무는 서로 이행의 상대방을 달리하는 것으로서, 채권자(=근저당권자)의 배당금 반환채무가 동시이행의 항변권이 부착된 채 채무자로부터 승계된 채무도 아니므로, 위 두 채무는 동시에 이행되어야 할 관계에 있지 아니하다(대법원 2006. 9. 22. 선고 2006다24049 판결).

정답 ②

154 /동시이행의 항변권/
다음의 설명 중 옳은 것을 모두 고른 것은? (다툼이 있으면 판례에 의함)

> ㄱ. 도급인이 수급인에 대한 하자보수청구권 등에 기하여 수급인의 공사잔대금 채권 전부에 대하여 동시이행의 항변을 한 때에는, 수급인은 도급인에 대하여 하자보수의무 등에 관한 이행의 제공을 하지 아니한 이상 공사잔대금 채권에 기한 유치권을 행사할 수 없다.
> ㄴ. A 건물을 甲으로부터 임차한 乙의 임대차보증금반환채권이 丙에게 전부된 경우, 임대차계약 해지 이후에 甲이 丙에게 임대차보증금반환채무를 이행제공하거나 현실적으로 이행하지 아니하였다면, 乙의 A 건물에 대한 점유는 불법점유가 아니다.
> ㄷ. 甲이 乙의 부동산을 매수하는 계약을 체결하면서 부가가치세도 甲이 부담하기로 하였으나 부가가치세의 지급시기와 방법 등에 관하여 특별한 약정을 하지 아니한 경우, 甲의 부가가치세 지급의무는 乙의 소유권이전등기의무와 대가적 의미를 갖는 채무가 아니어서 동시이행의 관계에 있지 아니하다.
> ㄹ. 토지구획정리사업법에 의하면, 토지구획정리사업의 환지계획에서 학교용지로 지정된 토지는 환지처분의 공고 다음 날에 토지를 관리할 국가 등에 귀속되어 국가 등이 소유권을 원시취득하고, 다만 국가 등은 토지구획정리사업의 시행자(이하 '사업시행자'라 한다)에게 학교용지의 취득에 대한 대가를 지급하여야 한다. 따라서 사업시행자로서는 학교용지에 대한 소유권을 원시취득하는 국가 등에 학교용지를 인도할 의무가 있고, 국가 등은 사업시행자에 그 대가인 학교용지 대금을 지급할 의무가 있는데, 사업시행자의 학교용지 인도의무와 국가 등의 학교용지대금 지급의무는 동시이행관계에 있다.
> ㅁ. 민법 제536조 제2항의 불안의 항변권을 발생시키는 사유에 관하여 신용불안이나 재산상태 악화와 같이 채권자 측에 발생한 객관적·일반적 사정만이 이에 해당한다고 제한적으로 해석할 이유는 없다.
> ㅂ. 쌍무계약에서 쌍방의 채무가 동시이행관계에 있는 경우 일방 채무의 이행기가 도래하더라도 상대방 채무의 이행제공이 있을 때까지는 그 채무를 이행하지 않아도 지체책임을 지지 않고, 다만 이는 지체책임의 면책을 주장하는 자가 상대방의 이행청구에 대하여 동시이행의 항변권을 재판상 또는 재판 외에서 행사하여야만 발생한다.

① ㄱ, ㄷ, ㄹ ② ㄴ, ㄹ, ㅂ ③ ㄱ, ㄴ, ㄹ, ㅁ
④ ㄴ, ㄷ, ㅁ, ㅂ ⑤ ㄷ, ㄹ, ㅁ, ㅂ

해설

ㄱ. [O] 수급인의 공사대금채권이 도급인의 하자보수청구권 내지 하자보수에 갈음한 손해배상채권 등과 동시이행의 관계에 있는 점 및 피담보채권의 변제기 도래를 유치권의 성립요건으로 규정한 취지 등에 비추어 보면, 건물신축 도급계약에서 수급인이 공사를 완성하였더라도, 신축된 건물에 하자가 있고 그 하자 및 손해에 상응하는 금액이 공사잔대금액 이상이어서, 도급인이 수급인에 대한

하자보수청구권 내지 하자보수에 갈음한 손해배상채권 등에 기하여 <u>수급인의 공사잔대금 채권 전부에 대하여 동시이행의 항변을 한 때에는</u>, 공사잔대금 채권의 변제기가 도래하지 아니한 경우와 마찬가지로 수급인은 도급인에 대하여 하자보수의무나 하자보수에 갈음한 손해배상의무 등에 관<u>한 이행의 제공을 하지 아니한 이상 공사잔대금 채권에 기한 유치권을 행사할 수 없다고 보아야한다</u>(대법원 2014. 01. 16. 선고 2013다30653 판결).

ㄴ. [O] <u>임차인의 임차보증금반환청구채권이 전부된 경우에도 채권의 동일성은 그대로 유지되는 것이어서 동시이행관계도 당연히 그대로 존속한다고 해석할 것</u>이므로 임대차계약이 해지된 후에 임대인이 잔존임차보증금반환청구채권을 전부받은 자에게 그 채무를 현실적으로 이행하였거나 그 채무이행을 제공하였음에도 불구하고 임차인이 목적물을 명도하지 않음으로써 임차목적물반환채무가 이행지체에 빠지는 등의 사유로 동시이행의 항변권을 상실하게 되었다는 점에 관하여 임대인이 주장・입증을 하지 않은 이상 임차인의 목적물에 대한 점유는 동시이행의 항변권에 기한 것이어서 <u>불법점유라고 볼 수 없다</u>(대법원 2002. 7. 26. 선고 2001다68839 판결).

ㄷ. [X] [1] 동시이행의 항변권은 공평의 관념과 신의칙에 입각하여 각 당사자가 부담하는 채무가 서로 대가적 의미를 가지고 관련되어 있을 때 그 이행에 있어서 견련관계를 인정하여 당사자 일방은 상대방이 채무를 이행하거나 이행의 제공을 하지 아니한 채 당사자 일방의 채무의 이행을 청구할 때에는 자기의 채무 이행을 거절할 수 있도록 하는 제도인바, 이러한 제도의 취지에서 볼 때 당사자가 부담하는 각 채무가 쌍무계약에 있어 고유의 대가관계가 있는 채무가 아니라고 하더라도 구체적인 계약관계에서 각 당사자가 부담하는 채무에 관한 약정 내용에 따라 그것이 대가적 의미가 있어 이행상의 견련관계를 인정하여야 할 사정이 있는 경우에는 동시이행의 항변권을 인정할 수 있는 것이다. [2] <u>부동산 매매계약에 있어 매수인이 부가가치세를 부담하기로 약정한 경우, 부가가치세를 매매대금과 별도로 지급하기로 했다는 등의 특별한 사정이 없는 한 부가가치세를 포함한 매매대금 전부와 부동산의 소유권이전등기의무가 동시이행의 관계에 있다고 봄이 상당하다</u>(대법원 2006. 2. 24. 선고 2005다58656 판결).

ㄹ. [O] [1] 동시이행의 항변권은 공평의 관념과 신의칙에 입각하여 각 당사자가 부담하는 채무가 서로 대가적 의미를 가지고 관련되어 있을 때 그 이행에 있어서 견련관계를 인정하여 당사자 일방은 상대방이 채무를 이행하거나 이행의 제공을 하지 아니한 채 당사자 일방의 채무의 이행을 청구할 때에는 자기의 채무 이행을 거절할 수 있도록 하는 제도이다. 이러한 제도의 취지에서 볼 때 <u>당사자가 부담하는 각 채무가 쌍무계약에서 고유의 대가관계에 있는 채무가 아니더라도, 양 채무가 동일한 법률요건으로부터 생겨서 대가적 의미가 있거나 공평의 관점에서 보아 견련적으로 이행시킴이 마땅한 경우에는 동시이행의 항변권을 인정할 수 있다</u>. [2] 구 토지구획정리사업법(2000. 1. 28. 법률 제6252호로 폐지, 이하 '법'이라 한다) 제2조 제1항 제1호, 제2호, 제63조 각 규정의 내용 등에 의하면, 토지구획정리사업의 환지계획에서 초등학교 및 중고등학교 교육에 필요한 학교용지로 지정된 토지는 환지처분의 공고 다음 날에 법 제63조 본문에 따라 토지를 관리할 국가 또는 지방자치단체(이하 '국가 등'이라 한다)에 귀속되어 국가 등이 소유권을 원시취득하고, 다만 국가 등은 법 제63조 단서에 따라 토지구획정리사업의 시행자(이하 '사업시행자'라 한다)에게 학교용지의 취득에 대한 대가를 지급하여야 한다. 따라서 사업시행자로서는 학교용지에 대한 소유권을 원시취득하는 국가 등에 학교용지를 인도할 의무가 있고, 국가 등은 사업시행자에 그 대가인 학교용지 대금을 지급할 의무가 있는데, 위와 같은 <u>사업시행자의 학교용지 인도의무와 국가 등의 학교용지대금 지급의무는 법 제63조 규정에 의해 인정되는 것으로서 상호 대가적 관계에 있거나 동일한 법률요건으로부터 생겨 공평의 관점에서 보아 견련적으로 이행되어야 함이 마땅한 경우로서 동시이행관계에 있다고 봄이 타당하다</u>(대법원 2018. 7. 24. 선고 2017다291593 판결).

ㅁ. [O] [1] 민법 제536조 제2항은 쌍무계약의 당사자 일방이 상대방에게 먼저 이행을 하여야 하는 의무를 지고 있는 경우에도 "상대방의 이행이 곤란할 현저한 사유가 있는 때"에는 동시이행의항변권을 가진다고 하여, 이른바 '불안의 항변권'을 규정한다. 여기서 '상대방의 이행이 곤란할 현저한 사유'란 선이행채무를 지게 된 채무자가 계약 성립 후 채권자의 신용불안이나 재산상태의 악화 등의 사정으로 반대급부를 이행받을 수 없는 사정변경이 생기고 이로 인하여 당초의 계약내용에 따른 선이행의무를 이행하게 하는 것이 공평과 신의칙에 반하게 되는 경우를 말하고, 이와 같은 사유가 있는지 여부는 당사자 쌍방의 사정을 종합하여 판단되어야 한다. [2] 민법 제536조 제2항의 이른바 불안의 항변권을 발생시키는 사유에 관하여 신용불안이나 재산상태 악화와 같이 채권자측에 발생한 객관적·일반적 사정만이 이에 해당한다고 제한적으로 해석할 이유는 없다. 특히 상당한 기간에 걸쳐 공사를 수행하는 도급계약에서 일정 기간마다 이미 행하여진 공사부분에 대하여 기성공사금 등의 이름으로 그 대가를 지급하기로 약정되어 있는 경우에는, 수급인의 일회적인 급부가 통상 선이행되어야 하는 일반적인 도급계약에서와는 달리 위와 같은 공사대금의 축차적인 지급이 수급인의 장래의 원만한 이행을 보장하는 것으로 전제된 측면도 있다고 할 것이어서, 도급인이 계약 체결 후에 위와 같은 약정을 위반하여 정당한 이유 없이 기성공사금을 지급하지 아니하고 이로 인하여 수급인이 공사를 계속해서 진행하더라도 그 공사내용에 따르는 공사금의 상당 부분을 약정대로 지급받을 것을 합리적으로 기대할 수 없게 되어서 수급인으로 하여금 당초의 계약내용에 따른 선이행의무의 이행을 요구하는 것이 공평에 반하게 되었다면, 비록 도급인에게 신용불안 등과 같은 사정이 없다고 하여도 수급인은 민법 제536조 제2항에 의하여 계속공사의무의 이행을 거절할 수 있다고 할 것이다(대법원 2012. 3. 29. 선고 2011다93025 판결).

ㅂ. [X] 쌍무계약에서 쌍방의 채무가 동시이행관계에 있는 경우 일방 채무의 이행기가 도래하더라도 상대방 채무의 이행제공이 있을 때까지는 그 채무를 이행하지 않아도 지체책임을 지지 않는 것이고, 이는 지체책임의 면책을 주장하는 자가 상대방의 이행청구에 대하여 동시이행의 항변권을 재판상 또는 재판 외에서 행사하여야만 발생하는 것은 아니다. 한편 매매계약이 해제된 경우에 당사자 쌍방의 원상회복의무는 동시이행의 관계에 있고, 이때 계약의 해제로 인하여 당사자가 상대방에 대하여 원상회복의무와 손해배상의무를 부담하는 경우에는 당사자가 부담하는 원상회복의무뿐만 아니라 손해배상의무도 함께 동시이행관계에 있다(대법원 2024. 2. 29. 선고 2023다289720 판결).

정답 ③

155 /동시이행의 항변권/
다음 설명 중 옳은 것을 모두 고른 것은? (다툼이 있으면 판례에 의함)

> ㄱ. 기존의 원인채권과 어음채권이 병존하는 경우 채권자가 원인채권만을 행사하여 대여금의 상환을 구하고 있다면, 채무자는 원칙적으로 어음과 상환으로 지급하겠다고 하는 항변으로 채권자에게 대항할 수 없다.
>
> ㄴ. 부동산에 관한 매매계약을 체결한 후 매수인 앞으로 소유권이전등기를 마치기 전에 매수인으로부터 그 부동산을 다시 매수한 제3자의 처분금지가처분신청으로 매매 목적 부동산에 관하여 가처분등기가 이루어진 상태에서 매도인과 매수인 사이의 매매계약이 해제된 경우, 가처분등기의 말소와 매도인의 대금반환의무는 동시이행의 관계에 있다.

ㄷ. 당사자 사이에 구분소유적 공유관계가 해소되는 경우 일방의 지분에 근저당권설정등기가 경료되었다면 쌍방의 지분소유권이전등기의무와 아울러 그러한 근저당권설정등기의 말소의무 또한 동시이행의 관계에 있다.

ㄹ. 금전채권의 채무자가 채권자에게 담보를 제공한 경우 특별한 사정이 없는 한 채권자는 채무자로부터 채무를 모두 변제받은 다음 담보를 반환하면 될 뿐 채무자의 변제의무와 채권자의 담보 반환의무가 동시이행관계에 있다고 볼 수 없다. 따라서 채권자가 채무자로부터 제공받은 담보를 반환하기 전에도 특별한 사정이 없는 한 채무자는 이행지체 책임을 진다.

ㅁ. 부동산매매계약에서 매도인의 소유권이전등기절차 이행의무와 매수인의 매매잔대금 지급의무가 동시이행관계에 있는 한 쌍방이 이행을 제공하지 않는 상태에서는 이행지체로 되는 일이 없을 것인바, 매도인이 매수인을 이행지체로 되게 하기 위하여는 소유권이전등기에 필요한 서류 등을 현실적으로 제공하여야 하므로, 서류 등을 준비하여 두고 매수인에게 그 뜻을 통지하고 수령하여 갈 것을 최고하는 것으로는 충분하지 않다.

ㅂ. 수급인이 완성한 목적물에 하자가 있어 도급인이 하자보수에 갈음하여 손해배상을 청구하는 경우, 도급인은 그 이행제공이 있을 때까지 보수 전부의 이행을 거절할 수 있으며, 그 보수액이 손해배상액을 초과하더라도 마찬가지이다.

① ㄱ, ㄷ   ② ㄴ, ㄹ   ③ ㄷ, ㄹ
④ ㄴ, ㄹ, ㅁ   ⑤ ㄷ, ㄹ, ㅁ, ㅂ

해설

ㄱ. [×] ★ [사례형·기록형] 기존의 원인채권과 어음채권이 병존하는 경우에 채권자가 원인채권을 행사함에 있어서 채무자는 원칙적으로 어음과 상환으로 지급하겠다고 하는 항변으로 채권자에게 대항할 수 있다. 그러나 채무자가 어음의 반환이 없음을 이유로 원인채무의 변제를 거절할 수 있는 것은 채무자로 하여금 무조건적인 원인채무의 이행으로 인한 이중지급의 위험을 면하게 하려는 데 그 목적이 있고, 기존의 원인채권에 터잡은 이행청구권과 상대방의 어음반환청구권 사이에 민법 제536조에 정하는 쌍무계약상의 채권채무관계나 그와 유사한 대가관계가 있기 때문은 아니다. 따라서 어음상 권리가 시효완성으로 소멸하여 채무자에게 이중지급의 위험이 없고 채무자가 다른 어음상 채무자에 대하여 권리를 행사할 수도 없는 경우에는 채권자의 원인채권 행사에 대하여 채무자에게 어음상환의 동시이행항변을 인정할 필요가 없으므로 결국 채무자의 동시이행항변권은 부인된다(대법원 2010. 07. 29. 선고 2009다69692 판결).

ㄴ. [×] 부동산에 관한 매매계약을 체결한 후 매수인 앞으로 소유권이전등기를 마치기 전에 매수인으로부터 그 부동산을 다시 매수한 제3자의 처분금지가처분신청으로 매매목적부동산에 관하여 가처분등기가 이루어진 상태에서 매도인과 매수인 사이의 매매계약이 해제된 경우, 매도인만이 가처분이의 등을 신청할 수 있을 뿐 매수인은 가처분의 당사자가 아니어서 가처분이의 등에 의하여 가처분등기를 말소할 수 있는 법률상의 지위에 있지 않고, 제3자가 한 가처분을 매도인의 매수인에 대한 소유권이전등기의무의 일부이행으로 평가할 수 없어 그 가처분등기를 말소하는 것이 매매계약 해제에 따른 매수인의 원상회복의무에 포함된다고 보기도 어려우므로, 위와 같은 가처분등기의 말

소와 매도인의 대금반환의무는 동시이행의 관계에 있다고 할 수 없다(대법원 2009. 07. 09. 선고 2009다18526 판결). **[보충해설]** 이 경우에 매도인은 별도로 사정변경에 의한 가처분 취소(민사집행법 제307조 제1항)를 신청하여야 한다.

ㄷ. [O] 구분소유적 공유관계가 해소되는 경우 공유지분권자 상호간의 지분이전등기의무는 그 이행상 견련관계에 있다고 봄이 공평의 관념 및 신의칙에 부합하고, 또한 각 공유지분권자는 특별한 사정이 없는 한 제한이나 부담이 없는 완전한 지분소유권이전등기의무를 지므로, <u>구분소유권 공유관계를 표상하는 공유지분에 근저당권설정등기 또는 압류, 가압류등기가 경료되어 있는 경우에는 그 공유지분권자로서는 그러한 각 등기도 말소하여 완전한 지분소유권이전등기를 해 주어야 한다. 따라서 구분소유적 공유관계가 해소되는 경우 쌍방의 지분소유권이전등기의무와 아울러 그러한 근저당권설정등기 등의 말소의무 또한 동시이행의 관계에 있다.</u> 그리고 구분소유적 공유관계에서 어느 일방이 그 명의신탁을 해지하고 지분소유권이전등기를 구함에 대하여 상대방이 자기에 대한 지분소유권이전등기 절차의 이행이 동시에 이행되어야 한다고 항변하는 경우, 그 동시이행의 항변에는 특별한 사정이 없는 한 명의신탁 해지의 의사표시가 포함되어 있다고 보아야 한다(대법원 2008. 6. 26. 선고 2004다32992 판결).

ㄹ. [O] 당사자 쌍방의 채무가 동시이행관계에 있는 경우 일방 채무의 이행기가 도래하더라도 상대방 채무의 이행제공이 있을 때까지는 채무를 이행하지 않아도 이행지체의 책임을 지지 않는다. <u>금전채권의 채무자가 채권자에게 담보를 제공한 경우 특별한 사정이 없는 한 채권자는 채무자로부터 채무를 모두 변제받은 다음 담보를 반환하면 될 뿐 채무자의 변제의무와 채권자의 담보 반환의무가 동시이행관계에 있다고 볼 수 없다. 따라서 채권자가 채무자로부터 제공받은 담보를 반환하기 전에도 특별한 사정이 없는 한 채무자는 이행지체 책임을 진다</u>(대법원 2019. 10. 31. 선고 2019다247651 판결).

ㅁ. [X] 쌍무계약에 있어서 당사자의 채무에 관하여 이행의 제공을 엄격하게 요구하면 불성실한 상대 당사자에게 구실을 주게 될 수도 있으므로 당사자가 하여야 할 제공의 정도는 그 시기와 구체적인 상황에 따라 신의성실의 원칙에 어긋나지 않게 합리적으로 정하여야 하는 것이며, 부동산매매계약에서 매도인의 소유권이전등기절차 이행의무와 매수인의 매매잔대금 지급의무가 동시이행관계에 있는 한 쌍방이 이행을 제공하지 않는 상태에서는 이행지체로 되는 일이 없을 것인바, <u>매도인이 매수인을 이행지체로 되게 하기 위하여는 소유권이전등기에 필요한 서류 등을 현실적으로 제공하거나 그렇지 않더라도 그 서류 등을 준비하여 두고 매수인에게 그 뜻을 통지하고 수령하여 갈 것을 최고하면 된다</u>(대법원 2021. 10. 28. 선고 2020다278354 판결).

ㅂ. [X] 도급인이 하자의 보수에 갈음하여 손해배상을 청구한 경우 도급인은 그 손해배상의 제공을 받을 때까지 손해배상액에 상당하는 보수액의 지급만을 거절할 수 있는 것이고 그 나머지 보수액의 지급은 이를 거절할 수 없는 것이라고 보아야 할 것이므로 <u>도급인의 손해배상채권과 동시이행관계에 있는 수급인의 공사금채권은 공사잔대금채권 중 위 손해배상채권액과 동액의 금원뿐이고 그 나머지 공사잔대금채권은 위 손해배상채권과 동시이행관계에 있다고 할 수 없다</u>(대법원 1990. 05. 22. 선고 90다카230 판결). **[비교판례]** 부동산매매계약에서 발생하는 매도인의 소유권이전등기의무와 매수인의 매매잔대금지급의무는 동시이행관계에 있고, 동시이행의 항변권은 상대방의 채무이행이 있기까지 자신의 채무이행을 거절할 수 있는 권리이므로, <u>매수인이 매도인을 상대로 매매목적 부동산 중 일부에 대해서만 소유권이전등기의무의 이행을 구하고 있는 경우에도 매도인은 특별한 사정이 없는 한 그 매매잔대금 전부에 대하여 동시이행의 항변권을 행사할 수 있다고 할 것이다</u>(대법원 2006. 2. 23. 선고 2005다53187 판결).

정답 ③

156 / 위험부담 /

甲은 2019. 7. 1. 자신의 A 별장을 팔기로 乙과 계약을 체결하면서, 2019. 9. 1. 대금 수수와 동시에 소유권이전등기에 필요한 서류를 교부하기로 합의하였다. 다음 설명 중 옳지 않은 것을 모두 고른 것은? (각 지문은 독립적이고, 다툼이 있으면 판례에 의함)

> ㄱ. 2019. 6. 20. 甲의 과실 없이 인근 야산의 산불로 A 별장이 소실된 경우, 그 사실에 대해 선의·무과실인 乙은 그 사실을 알 수 있었던 甲에 대하여 손해배상을 청구할 수 있다.
>
> ㄴ. 2019. 8. 1. 甲의 실화로 A 별장이 소실된 경우, 乙은 甲에 대한 최고 없이 계약을 해제할 수 있다.
>
> ㄷ. 2019. 9. 1. 甲은 등기이전에 필요한 서류를 지참하고 약속장소에 도착하였으나 乙이 정당한 사유 없이 약속장소에 나타나지 않았고, 그 다음날 甲의 과실 없이 인근 야산의 산불로 A 별장이 소실된 경우, 甲은 乙에게 대금지급을 청구할 수 있다.
>
> ㄹ. 2019. 8. 10. 甲의 과실 없이 인근 야산의 산불로 A 별장이 소실된 경우, 甲은 乙에게 대금지급을 청구할 수 없다.
>
> ㅁ. 2019. 8. 20. 甲에게 평소 앙심을 품고 있던 丙이 매매사실을 알고 A 별장을 고의로 소실시켰더라도 乙은 丙에게 손해배상을 청구할 수 없다.
>
> ㅂ. 2019. 8. 25. 乙은 매매대금을 지급할 수 없다는 취지의 확고한 이행거절 의사를 甲에게 표시하였다. 이에 甲 역시 소유권이전등기에 필요한 서류의 준비 및 수령의 최고 등 의무 이행에 필요한 행위를 하지 않고 있었다. 2019. 9. 3. A 별장이 甲과 乙의 과실 없이 소실되었다면 甲은 乙에게 대금지급을 청구할 수 있다.

① ㄱ, ㅂ   ② ㄴ, ㅁ   ③ ㄷ, ㄹ
④ ㄹ, ㅂ   ⑤ ㅁ, ㅂ

[해설]

ㄱ. [O] **제535조 (계약체결상의 과실)** ① 목적이 불능한 계약을 체결할 때에 그 불능을 알았거나 알수 있었을 자는 상대방이 그 계약의 유효를 믿었음으로 인하여 받은 손해를 배상하여야 한다. 그러나 그 배상액은 계약이 유효함으로 인하여 생길 이익액을 넘지 못한다. ② 전항의 규정은 상대방이 그 불능을 알았거나 알 수 있었을 경우에는 적용하지 아니한다. [보충해설] 계약체결일 이전에 목적물이 소실된 것이므로 제535조가 적용되는 사안이다. 제535조는 원시적·객관적·전부불능인 경우에 적용된다.

ㄴ. [O] **제546조 (이행불능과 해제)** 채무자의 책임있는 사유로 이행이 불능하게 된 때에는 채권자는 계약을 해제할 수 있다.

ㄷ. [O] **제401조 (채권자지체와 채무자의 책임)** 채권자지체 중에는 채무자는 고의 또는 중대한 과실이 없으면 불이행으로 인한 모든 책임이 없다. **제538조 (채권자귀책사유로 인한 이행불능)** ① 쌍무계약의 당사자 일방의 채무가 채권자의 책임있는 사유로 이행할 수 없게 된 때에는 채무자는 상대방의

이행을 청구할 수 있다. 채권자의 수령지체 중에 당사자 쌍방의 책임없는 사유로 이행할 수 없게 된 때에도 같다. [보충해설] 甲의 이행제공으로 乙은 동시이행의 항변권을 상실하였으므로 채권자지체에 빠지게 되었다. 乙의 채권자지체 중 甲의 과실 없이 A 별장이 소실되었으므로 甲은 乙에게 대금지급을 청구할 수 있다.

ㄹ. [O] **제537조 (채무자위험부담주의)** 쌍무계약의 당사자 일방의 채무가 당사자쌍방의 책임없는 사유로 이행할 수 없게 된 때에는 채무자는 상대방의 이행을 청구하지 못한다. [관련판례] ○ 민법 제537조는 채무자위험부담주의를 채택하고 있는바, 쌍무계약에서 당사자 쌍방의 귀책사유 없이 채무가 이행불능된 경우 채무자는 급부의무를 면함과 더불어 반대급부도 청구하지 못하므로, 쌍방 급부가 없었던 경우에는 계약관계는 소멸하고 이미 이행한 급부는 법률상 원인 없는 급부가 되어 부당이득의 법리에 따라 반환청구할 수 있다(대법원 2009. 5. 28. 선고 2008다98655 판결). ○ 쌍무계약에서 당사자 일방이 부담하는 채무가 채무자의 귀책사유로 이행할 수 없는 경우에는 채무불이행책임을 지지만, 당사자 쌍방의 귀책사유 없이 이행할 수 없는 경우에는 위험부담에 관한 민법 제537조가 적용되고 채권자의 귀책사유로 이행할 수 없는 경우 등에는 민법 제538조가 적용된다. 따라서 쌍무계약에서 당사자 쌍방의 귀책사유 없이 채무를 이행할 수 없게 된 경우 채무자는 민법 제537조에 따라 자신의 채무를 이행할 의무를 면함과 더불어 상대방의 이행도 청구하지 못한다. 쌍방 채무의 이행이 없었던 경우에는 계약상 의무의 이행을 청구하지 못하고 이미 이행한 급부는 법률상 원인 없는 급부가 되어 부당이득 법리에 따라 그 반환을 청구할 수 있다(대법원 2021. 5. 27. 선고 2017다254228 판결). ○ [1] 임대인은 민법 제623조에 따라 임차인이 목적물을 사용·수익할 수 있는 상태로 목적물을 임차인에게 인도하여야 하고, 임대차 기간 중 그러한 상태를 유지시킬 의무를 부담한다. 어떠한 상태가 사용·수익에 적합한 상태인지는 임대차 목적물의 통상적인 사용방법을 중심으로 하되, 단순히 물리적인 사용·수익 가능성뿐만 아니라, 임대차의 목적과 유형, 거래관행, 계약의 내용을 통해 드러난 당사자의 의사 등을 종합적으로 고려하여 판단해야 한다. [2] 쌍무계약에서 당사자 쌍방의 귀책사유 없이 채무를 이행할 수 없게 된 경우 채무자는 민법 제537조에 따라 자신의 채무를 이행할 의무를 면함과 더불어 상대방의 이행도 청구하지 못한다. 쌍방 채무의 이행이 없었던 경우에는 계약상 의무의 이행을 청구하지 못하고, 이미 이행한 급부는 법률상 원인 없는 급부가 되어 부당이득 법리에 따라 반환을 청구할 수 있다. 채무의 이행이 불가능하다는 것은 절대적·물리적으로 불가능한 경우만이 아니라 사회생활상 경험칙이나 거래상의 관념에 비추어 볼 때 채권자가 채무자의 이행의 실현을 기대할 수 없는 경우도 포함한다. 기간을 정한 부동산의 임대차계약 등 채권·채무의 내용을 이루는 급부가 일정 기간 계속하여 행하여지는 이른바 계속적 계약에서 어떠한 사유로 일정 기간 동안 채무 이행이 불가능하게 된 경우, 계약의 목적과 유형, 급부의 내용 및 특성, 이행의 형태와 방법 등에 따라 채권자가 채무자의 이행의 실현을 기대할 수 없다면, 해당 기간의 급부불능을 일시적인 것이 아니라 종국적인 것이라고 평가할 수 있다. 이때 해당 기간의 급부불능이 종국적 이행불능에 해당하는 이상 계약의 존속 여부는 민법 제537조의 적용 여부에 영향을 미치지 않는다. [3] 갑 주식회사 등이 김포국제공항 및 김해국제공항의 국제선 청사 내 매장에 관하여 임대차 목적물의 용도를 '면세점'으로 정하여 한국공항공사와 임대차계약을 체결하였는데, 코로나바이러스감염증-19의 감염이 확산되자 국토교통부가 국제선을 인천국제공항으로 일원화하는 조치를 발표함에 따라 김포국제공항 및 김해국제공항의 국제선 청사가 폐쇄되어 면세점 운영이 중단되었고, 그 후 갑 회사 등이 한국공항공사를 상대로 면세점 운영이 중단되었던 기간 동안 지급한 차임 상당의 부당이득반환을 구한 사안에서, 임대차계약의 목적이 면세점 영업으로 지정되어 있고, 갑 회사 등이 면세점 영업 외에 임대차 목적물을 사용하는 것은 허용되지 않은 점, 임대차 목적물의 사용·수익에 대한 대가가 면세점 운영에 따른 매출과 관련되어 있는 점, 한국공항공사는 임대인으로서 단순히 면세점 영업을 위한 물리적 공간을 제공

하는 데에서 나아가 면세점 운영에도 관여한 점 등에 비추어 한국공항공사는 갑 회사 등이 임대차 목적물을 면세점 용도로 사용·수익할 수 있는 상태로 유지시켜 줄 의무가 있는데, 갑 회사 등이 임대차 목적물을 물리적으로 점유·사용하는 것이 가능하였다고 하더라도, 국제선 청사의 폐쇄로 임대차계약에 따른 사용 목적인 면세점 영업이 원천적으로 불가능하게 된 이상 한국공항공사가 목적물을 사용·수익 가능한 상태로 제공할 의무는 사회통념상 이행불능이라고 평가할 수 있는 점, 이는 국토교통부의 국제선 청사 일원화 조치에 따라 김포국제공항 및 김해국제공항의 국제선 청사가 폐쇄되었기 때문이므로 당사자 쌍방의 책임 없는 사유라고 할 것인 점, 면세점 용도로 사용·수익할 수 없는 상황이 발생한 것은 갑 회사 등이 급부의 이행이 실현되리라 기대할 수 없는 경우에 해당하고, 급부불능이 일정한 기간에 한정된 것이라도 해당 기간에는 종국적 이행불능이라고 평가할 수 있는 점, 이는 이행불능으로 인하여 임대차계약이 종료되지 않았다고 하여 달리 볼 수 없고, 종국적으로 이행불능이라고 평가하기 위하여 반드시 임대차계약의 종료나 임대차계약관계의 소멸이 전제되어야 하는 것은 아닌 점 등을 종합하면 국토교통부의 국제선 운항 중단 조치로 김포국제공항 및 김해국제공항의 국제선 청사가 폐쇄됨에 따라 면세점 운영이 중단되었던 기간 동안 한국공항공사가 임대차 목적물을 면세점 용도로 사용·수익할 수 있는 상태로 유지시킬 의무는 쌍방의 책임 없는 사유로 이행할 수 없게 되었으므로, 민법 제537조에 따라 한국공항공사는 갑 회사 등에 대하여 위 기간에 대한 차임을 청구하지 못하고, 이미 지급한 차임은 부당이득으로서 반환해야 하는데도, 이와 달리 본 원심판단에 법리오해의 잘못이 있다고 한 사례(대법원 2025. 5. 1. 선고 2024다293580 판결).

ㅁ. [×] 일반적으로 채권에 대하여는 배타적 효력이 부인되고 채권자 상호간 및 채권자와 제3자 사이에 자유경쟁이 허용되는 것이어서 제3자에 의하여 채권이 침해되었다는 사실만으로 바로 불법행위로 되지는 않는 것이지만, 거래에 있어서의 자유경쟁의 원칙은 법질서가 허용하는 범위 내에서의 공정하고 건전한 경쟁을 전제로 하는 것이므로, 제3자가 채권자를 해한다는 사정을 알면서도 법규에 위반하거나 선량한 풍속 또는 사회질서에 위반하는 등 위법한 행위를 함으로써 채권자의 이익을 침해하였다면 이로써 불법행위가 성립한다고 하지 않을 수 없고, 여기에서 채권침해의 위법성은 침해되는 채권의 내용, "침해행위의 태양, 침해자의 고의 내지 해의의 유무 등을 참작하여 구체적, 개별적으로 판단하되, 거래자유 보장의 필요성, 경제·사회정책적 요인을 포함한 공공의 이익, 당사자 사이의 이익균형 등을 종합적으로 고려하여야 한다(대법원 2003. 3. 14. 선고 2000다32437 판결).

ㅂ. [×] ★★ [사례형·기록형] 민법 제400조 소정의 채권자지체가 성립하기 위해서는 민법 제460조 소정의 채무자의 변제 제공이 있어야 하고, 변제 제공은 원칙적으로 현실 제공으로 하여야 하며 다만 채권자가 미리 변제받기를 거절하거나 채무의 이행에 채권자의 행위를 요하는 경우에는 구두의 제공으로 하더라도 무방하고, 채권자가 변제를 받지 아니할 의사가 확고한 경우(이른바, 채권자의 영구적 불수령)에는 구두의 제공을 한다는 것조차 무의미하므로 그러한 경우에는 구두의 제공조차 필요 없다고 할 것이지만, 그러한 구두의 제공조차 필요 없는 경우라고 하더라도, 이는 그로써 채무자가 채무불이행책임을 면한다는 것에 불과하고, 민법 제538조 제1항 제2문 소정의 '채권자의 수령지체 중에 당사자 쌍방의 책임 없는 사유로 이행할 수 없게 된 때'에 해당하기 위해서는 현실 제공이나 구두제공이 필요하다(다만, 그 제공의 정도는 그 시기와 구체적인 상황에 따라 신의성실의 원칙에 어긋나지 않게 합리적으로 정하여야 한다)(대법원 2004. 03. 12. 선고 2001다79013 판결). [보충해설] 甲은 구두 제공조차 하지 않았으므로 채무자위험부담주의의 원칙(제537조)에 따라 乙에게 대금지급을 청구할 수 없다. [관련판례] 변제는 채무내용에 좇은 현실제공으로 이를 해야 한다. 그러나 채권자가 미리 변제받기를 거절하거나 채무의 이행에 채권자의 행위를 요하는 경우에는 변제준비의 완료를 통지하고 그 수령을 최고하면 된다(민법 제460조). 변제의 제공은 그 때부터 채무불이행의 책임을 면하게 한다(민법 제461조). 채권자가 채무자의 채무 이행에 대한 수령을 거절하는 의사를 명백히 표시하

고 그 의사를 뒤집을 가능성이 보이지 않는 경우 채무자는 채무를 이행하거나 그 이행을 제공하지 않더라도 채무불이행 책임을 면하지만, 그렇지 않은 경우 채무자는 채무내용에 좇은 이행을 제공해야 채무불이행 책임을 면한다(대법원 2021. 5. 27. 선고 2018다252014 판결).

정답 ⑤

157 / 제3자를 위한 계약 /

甲은 乙에게 자신의 토지를 2억 원에 매도하는 매매계약을 체결하면서, 甲이 丙에 대한 채무 1억 원이 있으므로 乙이 丙에게 매매대금 중에서 1억 원을 직접 지급하기로 하였다. 다음 설명 중 옳은 것을 모두 고른 것은? (다툼이 있으면 판례에 의함)

> ㄱ. 甲의 채무불이행으로 乙이 매매계약을 해제한 경우, 乙은 이미 지급한 대금의 반환을 丙에게 청구할 수 없다.
> ㄴ. 甲과 丙 사이의 법률관계가 존재하지 않거나 효력을 상실하였다면 乙은 丙에게 항변권을 행사할 수 있다.
> ㄷ. 매매계약 당시 甲과 乙이 丙의 권리를 변경·소멸시킬 수 있음을 미리 유보하였다면, 丙이 이미 수익의 의사표시를 하였어도 甲과 乙이 丙의 권리를 변경·소멸시킬 수 있다.
> ㄹ. 乙의 채무불이행으로 甲이 매매계약을 해제한 경우, 수익의 의사표시를 한 丙은 乙에게 자기가 입은 손해배상을 청구할 수 있다.
> ㅁ. 만약 甲과 乙의 계약 당시 丙이 설립 중인 법인이었다면 甲과 乙의 계약은 무효이다.

① ㄱ, ㄷ, ㅁ ② ㄱ, ㄷ, ㄹ ③ ㄴ, ㄷ, ㄹ
④ ㄴ, ㄷ, ㅁ ⑤ ㄷ, ㄹ, ㅁ

해설

ㄱ. [O] 제3자를 위한 계약관계에서 낙약자와 요약자 사이의 법률관계(이른바 기본관계)를 이루는 계약이 무효이거나 해제된 경우 그 계약관계의 청산은 계약의 당사자인 낙약자와 요약자 사이에 이루어져야 하므로, 특별한 사정이 없는 한 낙약자가 이미 제3자에게 급부한 것이 있더라도 낙약자는 계약해제 등에 기한 원상회복 또는 부당이득을 원인으로 제3자를 상대로 그 반환을 구할 수 없다(대법원 2010. 08. 19. 선고 2010다31860 판결).

ㄴ. [×] 제3자를 위한 계약의 체결 원인이 된 요약자와 제3자(수익자) 사이의 법률관계(이른바 대가관계)의 효력은 제3자를 위한 계약 자체는 물론 그에 기한 요약자와 낙약자 사이의 법률관계(이른바 기본관계)의 성립이나 효력에 영향을 미치지 아니하므로 낙약자는 요약자와 수익자 사이의 법률관계에 기한 항변으로 수익자에게 대항하지 못하고, 요약자도 대가관계의 부존재나 효력의 상실을 이유로 자신이 기본관계에 기하여 낙약자에게 부담하는 채무의 이행을 거부할 수 없다(대법원 2003. 12. 11. 선고 2003다49771 판결).

ㄷ. [O] 제3자를 위한 계약에 있어서, 제3자가 민법 제539조 제2항에 따라 수익의 의사표시를 함으로써 제3자에게 권리가 확정적으로 귀속된 경우에는, 요약자와 낙약자의 합의에 의하여 제3자의 권리를 변경·소멸시킬 수 있음을 미리 유보하였거나, 제3자의 동의가 있는 경우가 아니면 계약의 당사자인 요약자와 낙약자는 제3자의 권리를 변경·소멸시키지 못하고, 만일 계약의 당사자가 제3자의 권리를 임의로 변경·소멸시키는 행위를 한 경우 이는 제3자에 대하여 효력이 없다(대법원 2002. 01. 25. 선고 2001다30285 판결).

ㄹ. [O] 제3자를 위한 계약에 있어서 수익의 의사표시를 한 수익자는 낙약자에게 직접 그 이행을 청구할 수 있을 뿐만 아니라 요약자가 계약을 해제한 경우에는 낙약자에게 자기가 입은 손해의 배상을 청구할 수 있는 것이므로, 수익자가 완성된 목적물의 하자로 인하여 손해를 입었다면 수급인은 그 손해를 배상할 의무가 있다(대법원 1994. 08. 12. 선고 92다41559 판결).

ㅁ. [X] 재단법인의 설립준비중 제3자가 그 설립자에 대하여 장차 설립될 동 법인에 설립을 조건으로 하고 동 법인에 무상으로 재산출연할 것을 약정하였다던가 동 법인을 수익자로 하는 제3자를 위한 재산출연에 관한 계약을 하였을 경우에는 그 각 재산이 동 법인의 기부행위에 기재되지 아니하였다 할지라도 동 법인은 전자에 있어서는 그 설립과 동시에 당연히 후자에 있어서는 설립 후의 수익의 의사표시에 의하여 동 재산상의 권리를 취득하게 된다(대법원 1960. 07. 21. 선고 4292민상773 판결).

정답 ②

158 /제3자를 위한 계약/

제3자를 위한 계약에 관한 설명 중 옳은 것을 모두 고른 것은? (다툼이 있는 경우 판례에 의함)

> ㉠ 조달청장이 '조달사업에 관한 법률'에 따라 수요기관으로부터 계약 체결을 요청받아 그에 따라 체결하는 계약은 국가가 당사자가 되고 수요기관은 수익자에 해당하는 '제3자를 위한 계약'에 해당한다.
> ㉡ 계약의 당사자가 제3자에 대하여 가지는 채권에 관하여 그 채무를 면제하기로 하는 약정은 제3자를 위한 계약에 준하는 것으로서 유효하다.
> ㉢ 제3자를 위한 계약의 수익자라 하더라도 계약당사자가 아니므로 계약해제권은 행사할 수 없으나, 일단 계약이 해제된 이상 계약이행에 밀접한 이해관계인으로서 해제를 원인으로 한 원상회복청구권은 행사할 수 있다고 보아야 한다.
> ㉣ 제3자를 위한 계약에 있어서 낙약자의 제3자에 대한 급부의 내용에는 제한이 없기 때문에, 낙약자가 제3자에 대하여 가지는 청구권을 행사하지 않도록 하는 것도 급부에 해당한다.

① ㉠, ㉣   ② ㉠, ㉢, ㉣   ③ ㉠, ㉡, ㉣
④ ㉡, ㉢, ㉣   ⑤ ㉡, ㉣

해 설

㉠ [O] 조달청장이 '조달사업에 관한 법률'에 따라 수요기관으로부터 계약 체결을 요청받아 그에 따라 체결하는 계약(이하 '요청조달계약'이라 한다)은 국가가 당사자가 되고 수요기관은 수익자에 해당하는 '제3자를 위한 계약'에 해당한다. 요청조달계약에서 수요기관은 계약당사자는 아니더라도 계약에 따른 수익을 얻는 지위에 있는 반면, 조달청장은 수요기관으로부터 수수료를 지급받고 요청받은 계약 업무를 이행하는 지위에 있다(대법원 2022. 3. 31. 선고 2017다247145 판결).

㉡ [O] 제3자를 위한 계약이 성립하기 위하여는 일반적으로 그 계약의 당사자가 아닌 제3자로 하여금 직접 권리를 취득하게 하는 조항이 있어야 할 것이지만, 계약의 당사자가 제3자에 대하여 가진 채권에 관하여 그 채무를 면제하는 계약도 제3자를 위한 계약에 준하는 것으로서 유효하다(대법원 2004. 9. 3. 선고 2002다37405 판결).

㉢ [X] 제3자를 위한 계약의 당사자가 아닌 수익자는 계약의 해제권이나 해제를 원인으로 한 원상회복청구권이 있다고 볼 수 없다(대법원 1994. 8. 12. 선고 92다41559 판결).

㉣ [O] 제3자를 위한 계약에 있어서 낙약자의 제3자에 대한 급부의 내용에는 제한이 없어 낙약자가 제3자에 대하여 가지는 청구권을 행사하지 않도록 하는 것도 급부에 해당하고, 이 경우 제3자는 낙약자의 청구에 대해 청구권불행사의 합의(부제소특약)가 있었다는 항변권을 행사할 수 있다(대법원 2006. 1. 12. 선고 2004다46922 판결).

정답 ③

159 /제3자를 위한 계약/

제3자를 위한 계약에 관한 설명 중 옳은 것은? (다툼이 있는 경우 판례에 의함)

① 낙약자는 요약자와 수익자 사이의 법률관계에 기한 항변으로 수익자에게 대항할 수 없으나, 요약자는 자신과 수익자와의 관계인 대가관계의 부존재나 효력의 상실을 이유로 자신의 기본관계에 기하여 낙약자에게 부담하는 채무의 이행을 거부할 수 있다.

② 어음발행인인 甲과 지급은행인 乙 사이에 체결되는 '어음소지인이 어음금지급청구소송에서 승소하고 판결확정증명 또는 확정판결과 동일한 효력이 있는 것으로 지급은행이 인정하는 증서를 제출한 경우 등에는 지급은행이 어음소지인에게 사고신고담보금을 지급한다.'는 내용의 사고신고담보금의 처리에 관한 약정은 제3자를 위한 계약에 해당한다.

③ 낙약자가 요약자의 이행청구에 응하지 아니하는 경우라도 특별한 사정이 없는 한 요약자는 낙약자에 대하여 제3자에게 급부를 이행할 것을 소로써 구할 이익이 없다.

④ 노인복지시설을 운영하는 법인과 입소계약을 체결하는 입소자가 자신이 사망한 경우의 반환금 수취인을 자신 이외의 자로 지정하여 둔 경우, 그 의미는 입소자의 사망으로 입소보증금 반환청구권이 발생한 때의 수익자를 '반환금 수취인'으로 특정한 것이라고 해석되어 위 계약은 제3자를 위한 계약이 된다. 이 경우에 반환금은 계약의 효력에 따라 당연히 생기는 것이므로, '반환금 수취인'의 고유재산이 아니라 상속재산이 된다.

⑤ 제3자를 위한 계약에서는 낙약자와 요약자 사이의 법률관계(기본관계)에 기초하여 수익자가 요약자와 원인관계(대가관계)를 맺음으로써 해제 전에 새로운 이해관계를 갖고 그에 따라 등기, 인도 등을 마쳐 권리를 취득하였더라도, 수익자는 민법 제548조 제1항 단서에서 말하는 계약해제의 소급효가 제한되는 제3자에 해당하지 않는다.

해설

① [✕] 제3자를 위한 계약의 체결 원인이 된 요약자와 제3자(수익자) 사이의 법률관계(이른바 대가관계)의 효력은 제3자를 위한 계약 자체는 물론 그에 기한 요약자와 낙약자 사이의 법률관계(이른바 기본관계)의 성립이나 효력에 영향을 미치지 아니하므로 낙약자는 요약자와 수익자 사이의 법률관계에 기한 항변으로 수익자에게 대항하지 못하고, 요약자도 대가관계의 부존재나 효력의 상실을 이유로 자신이 기본관계에 기하여 낙약자에게 부담하는 채무의 이행을 거부할 수 없다(대법원 2003. 12. 11. 선고 2003다49771 판결).

② [O] 약속어음의 채무자가 어음의 도난·분실 등의 이유로 지급은행에 사고신고와 함께 어음금의 지급정지를 의뢰하면서 예탁하는 사고신고담보금은 사고신고 내용의 진실성과 어음발행인의 자력을 담보로 하여 부도제재회피를 위한 사고신고의 남용을 방지함과 아울러 어음소지인의 어음상 권리가 확인되는 경우에는 당해 어음채권의 지급을 담보하려는 데 제도의 취지가 있다. 이 경우 어음발행인과 지급은행 사이에 체결되는 '어음소지인이 어음금지급청구소송에서 승소하고 판결확정증명 또는 확정판결과 동일한 효력이 있는 것으로 지급은행이 인정하는 증서를 제출한 경우 등에는 지급은행이 어음소지인에게 사고신고담보금을 지급한다'는 내용의 사고신고담보금의 처리에 관한 약정은 제3자를 위한 계약에 해당한다(대법원 2017. 2. 3. 선고 2016다41425 판결).

③ [✕] 이행의 소는 원칙적으로 원고가 이행청구권의 존재를 주장하는 것으로서 권리보호의 이익이 인정되고, 이행판결을 받아도 집행이 사실상 불가능하거나 현저히 곤란하다는 사정만으로 그 이익이 부정되는 것은 아니다. 제3자를 위한 계약에서 제3자는 채무자(낙약자)에 대하여 계약의 이익을 받을 의사를 표시한 때에 채무자에게 직접 이행을 청구할 수 있는 권리를 취득하고(민법 제539조), 요약자는 제3자를 위한 계약의 당사자로서 원칙적으로 제3자의 권리와는 별도로 낙약자에 대하여 제3자에게 급부를 이행할 것을 요구할 수 있는 권리를 가진다. 이때 낙약자가 요약자의 이행청구에 응하지 아니하면 특별한 사정이 없는 한 요약자는 낙약자에 대하여 제3자에게 급부를 이행할 것을 소로써 구할 이익이 있다(대법원 2022. 1. 27. 선고 2018다259565 판결).

④ [✕] [1] 계약은 일반적으로 그 효력을 당사자 사이에서만 발생시킬 의사로 체결되지만, 제3자를 위한 계약은 당사자가 자기들 명의로 체결한 계약으로 제3자로 하여금 직접 계약당사자의 일방에 대하여 권리를 취득하게 하는 것을 목적으로 하는 계약이다. 어떤 계약이 제3자를 위한 계약에 해당하는지는 당사자의 의사가 그 계약으로 제3자에게 직접 권리를 취득하게 하려는 것인지에 관한 의사해석의 문제로서, 계약 체결의 목적, 당사자가 한 행위의 성질, 계약으로 당사자 사이 또는 당사자와 제3자 사이에 생기는 이해득실, 거래 관행, 제3자를 위한 계약제도가 갖는 사회적 기능 등을 종합하여 계약당사자의 의사를 합리적으로 해석하여 판단해야 한다. [2] 제3자를 위한 계약에서, 제3자가 민법 제539조 제2항에 따라 수익의 의사표시를 함으로써 제3자에게 권리가 확정적으로 귀속된 경우에는, 요약자와 낙약자의 합의에 의하여 제3자의 권리를 변경·소멸시킬 수 있음을 미리 유보하였거나 제3자의 동의가 있는 경우가 아니면 계약의 당사자인 요약자와 낙약자는 제3자의 권리를 변경·소멸시키지 못하고(민법 제541조), 만일 계약의 당사자가 제3자의 권리를 임의로 변경·소멸시키는 행위를 한 경우 이는 제3자에 대하여 효력이 없다. [3] 갑이 을 사회복지법인과 노인복지시설 입소계약을 체결하면서 입소자의 사망으로 입소계약이 종료하는 경우의 '반환금 수취인'으

로 자신의 장남인 병을 지정하였고, 병이 위 계약서의 '반환금 수취인'란에 기명날인하였는데, 그 후 갑이 사망하여 을 법인이 병에게 반환금을 지급하자, 갑의 다른 자녀들인 정 등이 병을 상대로 부당이득반환을 구한 사안에서, 노인복지시설 입소계약에서 입소자가 자신이 사망한 경우의 반환금 수취인을 자신 이외의 자로 지정하여 둔 경우, 특별한 사정이 없는 한 그 의미는 입소보증금 반환청구권이 일단 입소자에게 귀속되어 상속재산을 형성하였다가 상속인에게 이전된다는 취지라기보다는, 장래에 입소자의 사망으로 입소보증금 반환청구권이 발생한 때의 수익자를 위와 같이 지정된 '반환금 수취인'으로 특정한 것이라고 해석되는데, 갑이 '반환금 수취인'을 병으로 지정하였으므로 위 계약은 갑과 을 법인이 병에게 갑의 사망 후 반환금을 반환하기로 정한 제3자를 위한 계약이고, 병이 '반환금 수취인'으로서 위 계약서에 기명날인을 하여 수익의 의사표시를 하였으므로, 병은 갑의 사망과 동시에 을 법인에 대하여 위 계약에 따른 수익자의 지위에서 반환금의 지급을 구할 수 있는 권리를 취득하고, 이는 계약의 효력에 따라 당연히 생기는 것으로서 상속재산이 아니라 병의 고유재산인데도, 이와 달리 본 원심판단에는 법리오해 등의 잘못이 있다고 한 사례(대법원 2022. 1. 14. 선고 2021다271183 판결).

⑤ [×] ★★★ [1] 제3자를 위한 계약은 통상의 계약이 그 효력을 당사자 사이에서만 발생시킬 의사로 체결되는 것과는 달리 계약 당사자가 자기들 명의로 체결한 계약에 의하여 제3자로 하여금 직접 계약 당사자의 일방에 대하여 권리를 취득하게 하는 것을 목적으로 하는 계약이다. 어떤 계약이 제3자를 위한 계약에 해당하는지 여부는 당사자의 의사가 그 계약에 의하여 제3자에게 직접 권리를 취득하게 하려는 것인지에 관한 의사해석의 문제로서, 이는 계약 체결의 목적, 계약에서의 당사자 행위의 성질, 계약으로 인하여 당사자 사이 또는 당사자와 제3자 사이에 생기는 이해득실, 거래 관행, 제3자를 위한 계약제도가 갖는 사회적 기능 등 제반 사정을 종합하여 계약 당사자의 의사를 합리적으로 해석함으로써 판별할 수 있다. [2] 계약이 적법하게 해제되면 그 효력이 소급적으로 소멸하므로 그 계약상 의무에 기하여 실행된 급부는 원상회복을 위하여 부당이득으로 반환되어야 하고, 그 계약의 이행으로 변동이 되었던 물권은 당연히 그 계약이 없었던 상태로 복귀한다(민법 제548조 제1항 본문). 다만 이와 같은 계약해제의 소급효는 제3자의 권리를 해할 수 없으므로, 계약해제 이전에 계약으로 인하여 생긴 법률효과를 기초로 하여 새로운 권리를 취득한 제3자가 있을 때에는 그 계약해제의 소급효는 제한을 받아 그 제3자의 권리를 해하지 아니하는 한도에서만 생긴다(민법 제548조 제1항 단서). 이때 계약해제의 소급효가 제한되는 제3자는 일반적으로 그 해제된 계약으로부터 생긴 법률효과를 기초로 하여 해제 전에 새로운 이해관계를 가졌을 뿐만 아니라 등기, 인도 등으로 권리를 취득한 사람을 말한다. 나아가 제3자를 위한 계약에서도 낙약자와 요약자 사이의 법률관계(기본관계)에 기초하여 수익자가 요약자와 원인관계(대가관계)를 맺음으로써 해제 전에 새로운 이해관계를 갖고 그에 따라 등기, 인도 등을 마쳐 권리를 취득하였다면, 수익자는 민법 제548조 제1항 단서에서 말하는 계약해제의 소급효가 제한되는 제3자에 해당한다고 봄이 타당하다(대법원 2021. 8. 19. 선고 2018다244976 판결). [비교판례] 제3자를 위한 계약에서의 제3자가 계약해제 시 보호되는 민법 제548조 제1항 단서의 제3자에 해당하지 않음은 물론이나, 그렇다고 당연히 계약해제로 인한 원상회복의무를 부담해야 하는 것은 아니고, 또한 낙약자는 미지급급부에 대해서는 민법 제542조에 따라 계약해제에 따른 항변으로 제3자에게 그 지급을 거절할 수 있는 것이나, 이는 이미 지급한 급부에 대해 계약해제에 따른 원상회복을 구하는 것과는 다른 경우로서 동일한 법리가 적용될 수는 없는 것이다(대법원 2005. 7. 22. 선고 2005다7566 판결). → 비교판례는 [미간행] 판례이고, 그 판결에서도 중요 쟁점이 아니었으므로, 최근 판례와 반대의 판결이유도 있다는 정도로 정리하면 된다.

정답 ②

제3절 • 계약의 해제와 해지

160 / 계약의 해제 /
다음 설명 중 옳은 것을 모두 고른 것은? (다툼이 있으면 판례에 의함)

ㄱ. 계약이 합의해제된 경우, 해제시에 당사자 일방이 상대방에게 손해배상을 하기로 특약하거나 손해배상청구를 유보하는 의사표시를 하는 등 다른 사정이 없는 한, 채무불이행으로 인한 손해배상을 청구할 수 없다.

ㄴ. 당사자가 어떤 의사로 해제권 조항을 둔 것인지는 의사해석의 문제가 된다. 계약에 특유한 해제사유를 명시하여 정해 두고 있고, 해제사유가 당사자 쌍방에 적용될 수 있는 것이 아니라 일방의 채무이행에만 관련된 것이라거나 최고가 무의미한 해제사유가 포함되어 있는 등의 사정이 있는 경우에는 이를 당사자의 진정한 의사를 판단할 때 고려할 필요가 있다.

ㄷ. 중도금의 이행지체를 이유로 계약을 해제하는 경우에도, 반드시 미리 일정 기간을 명시하여 최고하여야 하는 것은 아니기 때문에, 최고한 시점으로부터 상당한 기간이 경과할 때까지 매수인이 중도금을 지급하지 않았다면, 특별한 사정이 없는 한, 매도인은 그 매매계약을 해제할 수 있다.

ㄹ. 부수적 채무를 불이행한 경우에도 민법 제544조에 의하여 채무불이행을 이유로 계약을 해제할 수 있다.

ㅁ. 甲과 乙은 아파트 분양계약을 체결하면서 계약이 해제될 경우 반환할 금전에 관한 지연손해금률을 연 3%로 약정하였다. 乙이 甲과의 분양계약을 해제하고 분양대금의 반환을 청구하면서 이행지체에 따른 지연손해금에 관하여 법정이율의 적용을 주장하는 경우, 법원은 이를 받아들여야 한다.

ㅂ. 매매계약이 합의해제된 경우 매수인에게 이전되었던 소유권은 당연히 매도인에게 복귀하므로, 합의해제에 따른 매도인의 원상회복청구권은 소유권에 기한 물권적 청구권이고 이는 소멸시효의 대상이 되지 않는다.

① ㄱ, ㄴ, ㄷ, ㅂ ② ㄴ, ㄷ, ㅁ, ㅂ ③ ㄱ, ㄴ, ㄹ
④ ㄷ, ㄹ, ㅁ ⑤ ㄴ, ㄷ, ㄹ, ㅁ

[해 설]

ㄱ. [O] 계약이 합의해제된 경우에는 그 해제시에 당사자 일방이 상대방에게 손해배상을 하기로 특약하거나 손해배상청구를 유보하는 의사표시를 하는 등 다른 사정이 없는 한 채무불이행으로 인한 손해배상을 청구할 수 없다(대법원 1989. 4. 25. 선고 86다카1147 판결).

ㄴ. [O] [1] 계약에 특별히 해제권 관련 조항을 둔 경우 이는 법정해제권을 주의적으로 규정한 것이거나 약정해제권을 유보한 것 등 다양한 의미가 있을 수 있다. 약정해제권을 유보한 경우에도 계약 목적 등을 고려하여 특별한 해제사유를 정해 두고자 하는 경우가 있고, 해제절차에 관하여 상당한 기간을 정한 최고 없이 해제할 수 있도록 한 경우 등도 있다. 당사자가 어떤 의사로 해제권 조항을 둔 것인지는 결국 의사해석의 문제로서, 계약체결의 목적, 해제권 조항을 둔 경위, 조항 자체의 문언 등을 종합적으로 고려하여 논리와 경험법칙에 따라 합리적으로 해석하여야 한다. 다만 해제사유로서 계약당사자 일방의 채무불이행이 있으면 상대방은 계약을 해제할 수 있다는 것과 같은 일반적인 내용이 아니라 계약에 특유한 해제사유를 명시하여 정해 두고 있고, 더구나 해제사유가 당사자 쌍방에 적용될 수 있는 것이 아니라 일방의 채무이행에만 관련된 것이라거나 최고가 무의미한 해제사유가 포함되어 있는 등의 사정이 있는 경우에는 이를 당사자의 진정한 의사를 판단할 때 고려할 필요가 있다. [2] 갑 주식회사와 을이 금형 제작에 관한 도급계약을 체결하면서 작성한 도급계약서에 '갑 회사는 을이 계약을 위반하여 기간 내에 제작을 완료할 수 없는 경우에 계약을 해제할 수 있다'는 조항을 두었는데, 을이 납품기한이 지나도록 납품을 하지 못하자 갑 회사가 이행 최고 없이 곧바로 계약해제를 통보한 사안에서, 제반 사정에 비추어 위 조항은 단순히 채무불이행으로 인한 법정해제권을 주의적으로 규정한 것이 아니라 특유한 해제사유를 정하고 해제절차에서도 최고 등 법정해제권 행사의 경우와 달리 정하고자 하는 당사자의 의사가 반영된 것이라고 볼 여지가 있는데도, 갑 회사의 계약해제가 법정해제권의 행사요건을 갖추지 못하여 효력이 없다고 본 원심판단에 법리오해 등의 잘못이 있다고 한 사례. [3] 수급인이 납품기한 내에 납품을 완료하지 못하면 지연된 일수에 비례하여 계약금액에 일정 비율을 적용하여 산정한 지체상금을 도급인에게 지급하기로 약정한 경우, 수급인이 책임질 수 없는 사유로 의무 이행이 지연되었다면 해당 기간만큼은 지체상금의 발생기간에서 공제되어야 한다. 그리고 도급계약의 보수 일부를 선급하기로 하는 특약이 있는 경우, 수급인은 그 제공이 있을 때까지 일의 착수를 거절할 수 있고 이로 말미암아 일의 완성이 지연되더라도 채무불이행책임을 지지 않으므로, 도급인이 수급인에 대하여 약정한 선급금의 지급을 지체하였다는 사정은 일의 완성이 지연된 데 대하여 수급인이 책임질 수 없는 사유에 해당한다. 따라서 도급인이 선급금 지급을 지체한 기간만큼은 수급인이 지급하여야 하는 지체상금의 발생기간에서 공제되어야 한다(대법원 2016. 12. 15. 선고 2014다14429 판결).

ㄷ. [O] 이행지체를 이유로 계약을 해제함에 있어서 그 전제요건인 이행의 최고는 반드시 미리 일정기간을 명시하여 최고하여야 하는 것은 아니며 최고한 때로부터 상당한 기간이 경과하면 해제권이 발생한다고 할 것이고, 매도인이 매수인에게 중도금을 지급하지 아니하였으니 매매계약을 해제하겠다는 통고를 한 때에는 이로써 중도금 지급의 최고가 있었다고 보아야 하며, 그로부터 상당한 기간이 경과하도록 매수인이 중도금을 지급하지 아니하였다면 매도인은 매매계약을 해제할 수 있다 (대법원 1994. 11. 25. 선고 94다35930 판결).

ㄹ. [×] [1] 민법 제544조에 의하여 채무불이행을 이유로 계약을 해제하려면, 당해 채무가 계약의 목적 달성에 있어 필요불가결하고 이를 이행하지 아니하면 계약의 목적이 달성되지 아니하여 채권자가 그 계약을 체결하지 아니하였을 것이라고 여겨질 정도의 주된 채무이어야 하고 그렇지 아니한 부수적 채무를 불이행한 데에 지나지 아니한 경우에는 계약을 해제할 수 없다. 또한 계약상의 의무 가운데 주된 채무와 부수적 채무를 구별함에 있어서는 급부의 독립된 가치와는 관계없이 계약을 체결할 때 표명되었거나 그 당시 상황으로 보아 분명하게 객관적으로 나타난 당사자의 합리적 의사에 의하여 결정하되, 계약의 내용·목적·불이행의 결과 등의 여러 사정을 고려하여야 한다. [2] 甲 주식회사가 乙에게 휴양 콘도미니엄을 분양하는 계약을 체결하면서 인근에 있는 고압선을 지하로 매립하기로 하는 내용의 특약을 하였으나, 甲 회사가 이를 이행하지 못하자, 乙이 甲 회사를 상대로 계약의 주된 의무가 불이행되었다는 이유로 계약의 해제 등을 구한 사안에서, 甲 회사가

乙에게 고압선을 지하로 매립하기로 하는 내용의 특약사항이 수기로 분양계약서에 명시되어 있는 점, 위 계약의 목적물은 구체적인 동호수로 특정되어 있고, 위 계약은 일반적인 콘도미니엄 분양계약과 달리 콘도미니엄의 한 호실의 공유 지분이 아니라 그 전부를 乙이 분양받아 乙 단독 소유로 소유권이전등기가 마쳐졌고, 이와 같은 소유관계에서는 콘도미니엄이라는 점을 고려하더라도 부동산의 사용·수익은 물론 처분에서도 특정된 목적물이 갖는 의미가 결코 가볍지 않은 점, 위 부동산이 휴양 콘도미니엄에 해당하여 관광객의 숙박과 휴양 등의 시설 이용에 제공된다고 하더라도 이로써 당연하게 乙이 위 부동산 이외에 다른 호실을 이용할 수 있는 권리를 갖게 되는 것은 아닌 점 등에 비추어, 甲 회사의 고압선 지중화 의무가 주된 채무가 아니라고 단정하기 어려운데도, 이와 달리 보아 계약 해제를 인정하지 아니한 원심판단에 심리미진 등의 잘못이 있다고 한 사례(대법원 2022. 6. 16. 선고 2022다203804 판결).

ㅁ. [×] [1] 당사자 일방이 계약을 해제한 때에는 각 당사자는 상대방에 대하여 원상회복의무가 있고, 이 경우 반환할 금전에는 받은 날로부터 이자를 가산하여 지급하여야 한다. 여기서 가산되는 이자는 원상회복의 범위에 속하는 것으로서 일종의 부당이득반환의 성질을 가지는 것이고 반환의무의 이행지체로 인한 지연손해금이 아니다. 따라서 당사자 사이에 그 이자에 관하여 특별한 약정이 있으면 그 약정이율이 우선 적용되고 약정이율이 없으면 민사 또는 상사 법정이율이 적용된다. 반면 원상회복의무가 이행지체에 빠진 이후의 기간에 대해서는 부당이득반환의무로서의 이자가 아니라 반환채무에 대한 지연손해금이 발생하게 되므로 거기에는 지연손해금률이 적용되어야 한다. 그 지연손해금률에 관하여도 당사자 사이에 별도의 약정이 있으면 그에 따라야 할 것이고, 설사 그것이 법정이율보다 낮다 하더라도 마찬가지이다. [2] 계약해제 시 반환할 금전에 가산할 이자에 관하여 당사자 사이에 약정이 있는 경우에는 특별한 사정이 없는 한 이행지체로 인한 지연손해금도 그 약정이율에 의하기로 하였다고 보는 것이 당사자의 의사에 부합한다. 다만 그 약정이율이 법정이율보다 낮은 경우에는 약정이율에 의하지 아니하고 법정이율에 의한 지연손해금을 청구할 수 있다고 봄이 타당하다. 계약해제로 인한 원상회복 시 반환할 금전에 받은 날로부터 가산할 이자의 지급의무를 면제하는 약정이 있는 때에도 그 금전반환의무가 이행지체 상태에 빠진 경우에는 법정이율에 의한 지연손해금을 청구할 수 있는 점과 비교해 볼 때 그렇게 보는 것이 논리와 형평의 원리에 맞기 때문이다(대법원 2013. 4. 26. 선고 2011다50509 판결).

ㅂ. [O] 부동산 매매계약이 합의해제되면 매수인에게 이전되었던 소유권은 당연히 매도인에게 복귀하는 것이므로 합의해제에 따른 매도인의 원상회복 청구권은 소유권에 기한 물권적 청구권이라 할 것이고 따라서 이는 소멸시효의 대상이 아니다(대법원 1982. 7. 27. 선고 80다2968 판결).

정답 ①

161 /계약의 해제/

甲이 자신 소유의 X 토지에 관하여 乙과 매매계약을 체결하고, 乙 명의로 소유권이전등기를 마쳐주었다. 乙은 정당한 이유 없이 그 매매대금을 완제하지 않고 있다. 다음의 설명 중 옳지 않은 것을 모두 고른 것은? (다툼이 있으면 판례에 의함)

ㄱ. 甲이 乙의 채무불이행을 이유로 위 매매계약을 해제하였고 그동안 乙이 X 토지를 점유 사용한 경우, 甲은 乙에게 그 토지의 사용이익의 반환을 구할 수 있다.

ㄴ. 甲과 乙은 위 매매계약이 해제될 경우 원상회복의 방법으로 甲에게 소유권이전등기를 하여 주기로 약정하고, 乙 명의의 소유권이전등기 후 위 약정에 따른 청구권 보전을 위한 가등기를 경료한 상태에서 乙이 A에게 위 토지를 매도하고 소유권이전등기를 마쳐주었다. 그 후 甲과 乙 사이의 매매계약이 해제되어 그 가등기에 기한 본등기가 이루어지면 A 명의의 소유권이전등기는 말소되어야 한다.

ㄷ. B가 乙에 대한 대여금채권을 청구채권으로 하여 X 토지를 가압류한 후 위 매매계약이 해제되었더라도 甲은 B에 대하여 해제의 소급효를 주장할 수 있다.

ㄹ. 乙이 丙과 매매예약을 체결하고 X 토지에 丙 명의의 가등기를 마친 경우, 甲은 丙에게 매매계약 해제의 소급효를 주장하지 못한다.

ㅁ. 만약 乙이 甲으로부터 소유권이전등기를 받지 아니한 상태에서 X 토지를 인도받아 그 지상에 단층주택을 신축하였고, 그 주택을 C가 매수하여 점유하고 있다면, 그 후 위 매매계약이 해제되었다 하더라도 甲은 C를 상대로 위 건물의 철거를 청구할 수 없다.

ㅂ. 甲이 매매계약을 해제한 후 해제에 의한 소유권이전등기가 말소되기 전에 乙이 해제 사실을 모르는 D에게 X 토지를 양도하고 소유권이전등기를 마쳐주었다면, D는 제3자로서 보호받을 수 있다.

① ㄱ, ㄷ, ㄹ　　② ㄴ, ㄷ　　③ ㄷ, ㅁ
④ ㄷ, ㅁ, ㅂ　　⑤ ㄹ, ㅁ, ㅂ

해설

ㄱ. [O] 계약 해제로 인하여 계약 당사자가 원상회복의무를 부담함에 있어서 당사자 일방이 목적물을 이용한 경우에는 그 사용에 의한 이익을 상대방에게 반환하여야 하는 것이므로, 양도인은 양수인이 양도 목적물을 인도받은 후 사용하였다 하더라도 양도계약의 해제로 인하여 양수인에게 그 사용에 의한 이익의 반환을 구함은 별론으로 하고, 양도 목적물 등이 양수인에 의하여 사용됨으로 인하여 감가 내지 소모가 되는 요인이 발생하였다 하여도 그것을 훼손으로 볼 수 없는 한 그 감가비 상당은 원상회복의무로서 반환할 성질의 것은 아니다(대법원 2000. 2. 25. 선고 97다30066 판결).

ㄴ. [O] [1] 매매계약 당시 계약당사자 사이에 계약이 해제되면 매수인은 매도인에게 소유권이전등기를 하여 주기로 하는 약정이 있는 경우에는 매도인은 그 약정에 기하여 매수인에 대하여 소유권이전등기절차의 이행을 청구할 수 있다 할 것이고 이 경우의 매도인의 소유권이전등기청구권은 물권

변동을 목적으로 하는 청구권이라 할 것이므로 이러한 청구권은 <u>가등기에 의하여 보전될 수 있는 것이다</u>. [2] 가등기는 본등기의 순위를 보전하는 효력이 있어 후일 가등기에 기한 본등기가 마쳐진 때에는 본등기의 순위가 가등기한때를 소급함으로써 가등기후 본등기 전에 이루어진 중간처분은 실효되는 것이므로 <u>매매계약 해제시 원상회복 방법으로 매도인에게 소유권이전등기를 하기로 하는 약정에 따른 청구권을 보전하기 위한 가등기가 된 경우에도 그 가등기 후 본등기 전에 된 제3자 명의의 소유권이전등기는 후일 가등기에 기한 본등기가 마쳐지면 말소를 면할 수 없다</u> 할 것인바, 위와 같은 가등기의 경료 후에 매매계약 당사자가 아닌 제3자가 취득한 권리는 이미 이루어진 가등기에 의하여 보전된 청구권에 기한 본등기가 마쳐지면 실효될 가능성을 띤 상태에서 취득한 권리라고 할 것이고 그 제3자의 지위는 가등기에 의하여 순위가 보전된 매도인의 권리보다 앞설 수는 없다 할 것이며 또 위와 같이 매매계약 당사자 사이의 약정에 의하여 생긴 매도인의 소유권이전등기청구권은 계약해제의 소급효 그 자체에 의하여 생긴 것이 아니므로 그 등기청구권의 실현과 계약해제의 소급효 제한에 관한 민법 제548조 제1항 단서의 규정과는 직접적으로 관련이 없는 것이다 (대법원 1982. 11. 23. 선고 81다카1110 판결).

ㄷ. [✕] 민법 제548조 제1항 단서에서 말하는 제3자란 일반적으로 해제된 계약으로부터 생긴 법률효과를 기초로 하여 별개의 새로운 권리를 취득한 자를 말하는 것인바, <u>해제된 계약에 의하여 채무자의 책임재산이 된 계약의 목적물을 가압류한 가압류채권자는 그 가압류에 의하여 당해 목적물에 대하여 잠정적으로 그 권리행사만을 제한하는 것이나 종국적으로는 이를 환가하여 그 대금으로 피보전채권의 만족을 얻을 수 있는 권리를 취득하는 것이므로, 그 권리를 보전하기 위하여서는 위 조항 단서에서 말하는 제3자에는 위 가압류채권자도 포함된다고 보아야 한다</u>(대법원 2000. 1. 14. 선고 99다40937 판결).

ㄹ. [○] 민법 제548조 제1항 단서에서 말하는 제3자는 일반적으로 해제된 계약으로부터 생긴 법률효과를 기초로 하여 해제 전에 새로운 이해관계를 가졌을 뿐만 아니라 등기, 인도 등으로 권리를 취득한 사람을 말하는 것인바, <u>매수인과 매매예약을 체결한 후 그에 기한 소유권이전청구권 보전을 위한 가등기를 마친 사람도 위 조항 단서에서 말하는 제3자에 포함된다</u>(대법원 2014. 12. 11. 선고 2013다14569 판결).

ㅁ. [✕] 계약당사자의 일방이 계약을 해제하여도 제3자의 권리를 침해할 수 없지만, 여기에서 그 제3자는 계약의 목적물에 관하여 권리를 취득하고 또 이를 가지고 계약당사자에게 대항할 수 있는 자를 말하므로, <u>토지를 매도하였다가 대금지급을 받지 못하여 그 매매계약을 해제한 경우에 있어 그 토지 위에 신축된 건물의 매수인은 위 계약해제로 권리를 침해당하지 않을 제3자에 해당하지 아니한다</u>(대법원 1991. 5. 28. 선고 90다카16761 판결). **[지문정리]** 매매계약이 해제된 경우에 보호받는 제3자가 되기 위하여는 매매의 목적물 자체에 대하여 이해관계를 맺어야 한다. 따라서 토지에 대한 매매계약이 해제된 경우에 그 토지 위에 신축된 건물의 매수인은 제3자로서 보호받을 수 없다.

ㅂ. [○] 계약당사자의 일방이 계약을 해제하였을 때에는 계약은 소급하여 소멸하여 해약당사자는 각 원상회복의 의무를 지게 되나 이 경우 <u>계약해제로 인한 원상회복등기 등이 이루어지기 이전에 계약의 해제를 주장하는 자와 양립되지 아니하는 법률관계를 가지게 되었고 계약해제사실을 몰랐던 제3자에 대하여는 계약해제를 주장할 수 없다</u>(대법원 1985. 04. 09. 선고 84다카130 판결).

정답 ③

162 / 계약의 해제 /
다음 설명 중 옳은 것을 모두 고른 것은? (다툼이 있으면 판례에 의함)

ㄱ. 주택공급을 신청할 권리와 분리될 수 없는 청약저축의 가입자가 사망하였고 그에게 여러 명의 상속인이 있는 경우에 그 상속인들이 청약저축 예금계약을 해지하려면, 금융기관과 사이에 다른 내용의 특약이 있다는 등의 특별한 사정이 없는 한 상속인들 전원이 해지의 의사표시를 하여야 한다.

ㄴ. 매매계약이 해제된 경우에 매수인이 목적물을 인도받아 사용하였다면 원상회복으로서 사용이익을 반환할 의무를 부담하고, 사용이익은 매수인이 점유·사용한 기간 당해 재산으로부터 통상 수익할 수 있을 것으로 예상되는 이익, 즉 임료 상당액을 매수인이 반환하여야 할 사용이익으로 보아야 한다.

ㄷ. 일방 당사자의 계약위반을 이유로 한 상대방의 계약해제 의사표시에 의하여 계약이 해제되었음에도 상대방이 계약이 존속함을 전제로 계약상 의무의 이행을 구하는 경우, 계약을 위반한 당사자도 당해 계약이 상대방의 해제로 소멸되었음을 들어 그 이행을 거절할 수 있다.

ㄹ. 채무불이행에 따른 해제의 의사표시 당시에 이미 채무불이행의 대상이 되는 본래 채권이 시효가 완성되어 소멸하였다면, 특별한 사정이 없는 한, 채권자는 채무불이행 시점이 본래 채권의 시효 완성 전인지 후인지를 불문하고 그 채무불이행을 이유로 한 해제권 및 이에 기한 원상회복청구권을 행사할 수 없다.

ㅁ. 토지거래허가구역 안의 A 토지를 허가대상이 아닌 B 토지와 교환하는 내용의 계약을 체결한 당사자는, 상대방의 귀책사유로 B 토지에 관한 소유권이전등기의무가 이행불능이 된 경우, 위 계약에 관하여 관할관청의 거래허가를 받기 전이라도 B 토지에 관한 소유권이전등기의무의 이행불능을 이유로 위 계약을 해제하고 그로 인한 손해배상을 청구할 수 있다.

① ㄱ, ㄴ, ㄷ, ㄹ
② ㄱ, ㄷ, ㄹ
③ ㄴ, ㄷ, ㄹ
④ ㄴ, ㄹ, ㅁ
⑤ ㄹ, ㅁ

해설

ㄱ. [O] 청약저축 가입자는 주택공급을 신청할 권리를 가지게 되고, 가입자가 사망하여 공동상속인들이 그 권리를 공동으로 상속하는 경우에는 공동상속인들이 상속지분비율에 따라 피상속인의 권리를 준공유하게 된다. 민법 제547조 제1항은 "당사자의 일방 또는 쌍방이 수인인 경우에는 계약의 해지나 해제는 그 전원으로부터 또는 전원에 대하여 하여야 한다."라고 규정하고 있다. 따라서 <u>주택공급을 신청할 권리와 분리될 수 없는 청약저축의 가입자가 사망하였고 그에게 여러 명의 상속인이 있는 경우에 그 상속인들이 청약저축 예금계약을 해지하려면, 금융기관과 사이에 다른 내용의 특약이 있다는 등의 특별한 사정이 없는 한 상속인들 전원이 해지의 의사표시를 하여야 한다</u>(대법원 2022. 7. 14. 선고 2021다294674 판결).

ㄴ. [O] [1] 민법 제548조 제2항은 계약해제로 인한 원상회복의무의 이행으로서 반환하는 금전에는 받은 날로부터 이자를 가산하여야 한다고 정하였는데, 위 이자의 반환은 원상회복의무의 범위에 속하는 것으로 일종의 부당이득반환의 성질을 가지는 것이지 반환의무의 이행지체로 인한 손해배상은 아니고, 소송촉진 등에 관한 특례법(이하 '소송촉진법'이라 한다) 제3조 제1항은 금전채무의 전부 또는 일부의 이행을 명하는 판결을 선고할 경우에 있어서 금전채무불이행으로 인한 손해배상액 산정의 기준이 되는 법정이율에 관한 특별규정이므로, 위 이자에는 소송촉진법 제3조 제1항에서 정한 이율을 적용할 수 없다. → [보충] 민법상 매매라면 연 5%의, 상법상 매매라면 연 6%의 법정이율이 적용된다. [2] 매매계약이 해제된 경우에 매수인이 목적물을 인도받아 사용하였다면 원상회복으로서 목적물을 반환하는 외에 사용이익을 반환할 의무를 부담하고, 이때 사용이익의 반환의무는 부당이득반환의무에 해당하므로, 특별한 사정이 없는 한 매수인이 점유·사용한 기간 당해 재산으로부터 통상 수익할 수 있을 것으로 예상되는 이익, 즉 임료 상당액을 매수인이 반환하여야 할 사용이익으로 보아야 한다(대법원 2024. 2. 29. 선고 2023다289720 판결).

ㄷ. [O] 계약의 해제권은 일종의 형성권으로서 당사자의 일방에 의한 계약해제의 의사표시가 있으면 그 효과로서 새로운 법률관계가 발생하고 각 당사자는 그에 구속되는 것이므로, 일방 당사자의 계약위반을 이유로 한 상대방의 계약해제 의사표시에 의하여 계약이 해제되었음에도 상대방이 계약이 존속함을 전제로 계약상 의무의 이행을 구하는 경우 계약을 위반한 당사자도 당해 계약이 상대방의 해제로 소멸되었음을 들어 그 이행을 거절할 수 있다(대법원 2001. 6. 29. 선고 2001다21441 판결).

ㄹ. [O] 이행불능 또는 이행지체를 이유로 한 법정해제권은 채무자의 채무불이행에 대한 구제수단으로 인정되는 권리이다. 따라서 채무자가 이행해야 할 본래 채무가 이행불능이라는 이유로 계약을 해제하려면 그 이행불능의 대상이 되는 채무자의 본래 채무가 유효하게 존속하고 있어야 한다. 민법 제167조는 "소멸시효는 그 기산일에 소급하여 효력이 생긴다."라고 정한다. 본래 채권이 시효로 인하여 소멸하였다면 그 채권은 그 기산일에 소급하여 더는 존재하지 않는 것이 되어 채권자는 그 권리의 이행을 구할 수 없는 것이고, 이와 같이 본래 채권이 유효하게 존속하지 않는 이상 본래 채무의 불이행을 이유로 계약을 해제할 수 없다고 보아야 한다. 결국 채무불이행에 따른 해제의 의사표시 당시에 이미 채무불이행의 대상이 되는 본래 채권이 시효가 완성되어 소멸하였다면, 채무자가 소멸시효의 완성을 주장하는 것이 신의성실의 원칙에 반하여 허용될 수 없다는 등의 특별한 사정이 없는 한, 채권자는 채무불이행 시점이 본래 채권의 시효 완성 전인지 후인지를 불문하고 그 채무불이행을 이유로 한 해제권 및 이에 기한 원상회복청구권을 행사할 수 없다(대법원 2022. 9. 29. 선고 2019다204593 판결).

ㅁ. [X] 국토이용관리법상 토지거래허가구역 내에 있는 토지에 관하여 소유권 등 권리를 이전 또는 설정하는 내용의 거래계약은 관할 시장·군수 또는 구청장의 허가를 받아야만 효력이 발생하고 허가를 받기 전에는 물권적 효력은 물론 채권적 효력도 발생하지 아니하여 무효라고 보아야 할 것이므로, 따라서 허가받을 것을 전제로 하는 거래계약은 허가를 받을 때까지는 법률상 미완성의 법률행위로서 소유권 등 권리의 이전 또는 설정에 관한 거래의 효력이 전혀 발생하지 않으나 일단 허가를 받으면 그 계약은 소급하여 유효한 계약이 되고, 이와 달리 불허가가 된 때에 무효로 확정되므로 허가를 받기까지는 유동적 무효의 상태에 있다고 볼 것인바, 허가를 받을 것을 전제로 한 거래계약은 허가받기 전의 상태에서는 거래계약의 채권적 효력도 전혀 발생하지 않으므로 권리의 이전 또는 설정에 관한 어떠한 내용의 이행청구도 할 수 없고, 그러한 거래계약의 당사자로서는 허가받기 전의 상태에서 상대방의 거래계약상 채무불이행을 이유로 거래계약을 해제하거나 그로 인한 손해배상을 청구할 수 없다(토지거래허가구역 내에 있는 토지를 허가대상이 아닌 다른 부동산과 교환하기로 하는 내용의 교환계약이 국토이용관리법상의 토지거래허가를 받아야 하는 거래계약이어서, 당해 계약에 관하여 관할 관청의 토지거래허가를 받지 않은 이상 허가를 받기까지는 유동적 무효의 상태에 있는 것임에도 불구하고,

당해 계약이 유효한 계약임을 전제로 하여, 매수인의 교환대상 건물에 관한 소유권이전등기의무가 이행불능이 되었고 그와 같은 채무불이행이 매수인의 귀책사유에 기한 것이라는 이유로 계약이 매도인에 의하여 적법하게 해제된 것을 이유로, 매수인은 매도인에게 이행불능으로 인한 손해배상책임이 있다고 한 원심판결을 파기한 사례)(대법원 1997. 7. 25. 선고 97다4357 판결).

정답 ①

163 /계약의 해제/
해제에 관한 다음 설명 중 옳은 것을 모두 고른 것은? (다툼이 있으면 판례에 의함)

> ㄱ. 계약의 해제로 인한 원상회복으로서 이미 지급한 매매대금의 반환을 구하는 경우에는 과실상계는 적용되지 않지만, 해제자가 해제의 원인이 된 채무불이행에 관하여 원인의 일부를 제공하였다면 신의칙상 과실상계에 준하여 매매대금 반환 금액의 일부를 제한할 수 있다.
>
> ㄴ. 부동산 가압류채무자(현 소유자)의 전 소유자가 가압류 집행에 앞서 동일한 부동산에 대하여 소유권이전등기의 말소청구권을 보전하기 위한 처분금지가처분등기를 마친 다음 가압류채무자를 상대로 매매계약의 해제를 주장하면서 소유권이전등기 말소소송을 제기한 결과, 승소판결을 받아 확정되기에 이르렀다면, 위 가압류는 말소될 수밖에 없으므로 위 가압류채권자는 민법 제548조 제1항 단서에서 말하는 제3자로 볼 수 없다.
>
> ㄷ. 채권자가 채무자의 급부불이행 사정을 들어 계약을 해제하겠다는 통지를 한 때에는 특별히 그 급부의 수령을 거부하는 취지가 포함되어 있지 아니하는 한 그로써 이행의 최고를 하였다고 볼 수 있으며, 그로부터 상당한 기간이 경과하도록 이행되지 아니하였다면 채권자는 계약을 해제할 수 있다.
>
> ㄹ. 매도인의 소유권이전등기청구권이 처분금지가처분되어 있는 경우 그 가처분의 해제를 조건으로 소유권이전등기절차의 이행을 명받을 수 있는 것이어서, 매도인은 그 가처분을 해제하지 아니하고서는 매도인 명의의 소유권이전등기를 마칠 수 없고, 따라서 매수인 명의의 소유권이전등기도 마쳐 줄 수 없다고 할 것이므로, 매도인이 그 가처분 집행을 해제할 수 없는 무자력의 상태에 있는 점을 고려할 필요 없이 매수인으로서는 매도인의 소유권이전등기의무가 이행불능임을 이유로 매매계약을 해제할 수 있다.
>
> ㅁ. 계약해제 의사표시 당시에 본래 채권이 시효의 완성으로 소멸하였다면 그 해제권 및 이에 근거한 원상회복청구권과 위약금청구권도 행사할 수 없거나 소멸한다.

① ㄱ, ㄴ, ㄹ   ② ㄱ, ㄷ, ㅁ   ③ ㄴ, ㄹ, ㅁ
④ ㄴ, ㄷ, ㅁ   ⑤ ㄴ, ㄷ, ㄹ

[해설]

ㄱ. [X] [1] 과실상계는 본래 채무불이행 또는 불법행위로 인한 손해배상책임에 대하여 인정되는 것이고, 매매계약이 해제되어 소급적으로 효력을 잃은 결과 매매당사자에게 당해 계약에 기한 급부가 없었던 것과 동일한 재산상태를 회복시키기 위한 원상회복의무의 이행으로서 이미 지급한 매매대금 기타의 급부의 반환을 구하는 경우에는 적용되지 아니한다. [2] 계약의 해제로 인한 원상회복청구권에 대하여 해제자가 해제의 원인이 된 채무불이행에 관하여 '원인'의 일부를 제공하였다는 등의 사유를 내세워 신의칙 또는 공평의 원칙에 기하여 일반적으로 손해배상에 있어서의 과실상계에 준하여 권리의 내용이 제한될 수 있다고 하는 것은 허용되어서는 아니 된다(대법원 2014. 03. 13. 선고 2013다34143 판결).

ㄴ. [O] [1] 민법 제548조 제1항 단서에서 말하는 제3자란 일반적으로 그 해제된 계약으로부터 생긴 법률효과를 기초로 하여 해제 전에 새로운 이해관계를 가졌을 뿐 아니라 등기, 인도 등으로 완전한 권리를 취득한 자를 말하는 것인데, 해제된 매매계약에 의하여 채무자의 책임재산이 된 부동산을 가압류 집행한 가압류채권자도 원칙상 위 조항 단서에서 말하는 제3자에 포함된다. [2] 부동산에 대하여 가압류등기가 된 경우에, 그 가압류채무자(현 소유자)의 전 소유자가 위의 가압류 집행에 앞서 같은 부동산에 대하여 소유권이전등기의 말소청구권을 보전하기 위한 처분금지가처분등기를 경료한 다음, 채무자를 상대로 매매계약의 해제를 주장하면서 소유권이전등기 말소소송을 제기한 결과 승소판결을 받아 확정되기에 이르렀다면, 위와 같은 가압류는 결국 말소될 수밖에 없고, 따라서 이러한 경우 가압류채권자는 민법 제548조 제1항 단서에서 말하는 제3자로 볼 수 없으며, 가처분채권자가 받은 본안판결이 전부 승소판결이 아닌 동시이행판결인 경우도 이와 달리 볼 이유가 없다(대법원 2005. 1. 14. 선고 2003다33004 판결).

ㄷ. [O] 당사자 일방이 그 채무를 이행하지 아니하는 때에는 상대방은 상당한 기간을 정하여 그 이행을 최고하고 그 기간 내에 이행하지 아니한 때에는 계약을 해제할 수 있다(민법 제544조 본문). 채무자는 변제의 제공으로 채무불이행의 책임을 면하고 변제의 제공은 채무내용에 좇은 현실제공으로 하여야 하는데(민법 제460조, 제461조), 금전채무의 현실제공은 특별한 사정이 없는 한 채권자가 급부를 즉시 수령할 수 있는 상태에 있어야만 인정될 수 있다. 채권자가 채무자의 급부불이행 사정을 들어 계약을 해제하겠다는 통지를 한 때에는 특별히 그 급부의 수령을 거부하는 취지가 포함되어 있지 아니하는 한 그로써 이행의 최고를 하였다고 볼 수 있으며, 그로부터 상당한 기간이 경과하도록 이행되지 아니하였다면 채권자는 계약을 해제할 수 있다. 다만 동시이행관계에 있는 반대급부의무를 지고 있는 채권자는 채무자의 변제의 제공이 없음을 이유로 계약해제를 하기 위하여는 스스로의 채무의 변제제공을 하여야 한다(대법원 2022. 10. 27. 선고 2022다238053 판결).

ㄹ. [X] [1] 채무의 이행이 불능이라는 것은 단순히 절대적·물리적으로 불능인 경우가 아니라 사회생활에 있어서의 경험법칙 또는 거래상의 관념에 비추어 볼 때 채권자가 채무자의 이행의 실현을 기대할 수 없는 경우를 말하는 것인바, 매매목적물에 대하여 가압류 또는 처분금지가처분 집행이 되어 있다고 하여 매매에 따른 소유권이전등기가 불가능한 것은 아니며, 이러한 법리는 가압류 또는 가처분집행의 대상이 매매목적물 자체가 아니라 매도인이 매매목적물의 원소유자에 대하여 가지는 소유권이전등기청구권 또는 분양권인 경우에도 마찬가지이다. [2] 매도인의 소유권이전등기청구권이 가압류되어 있거나 처분금지가처분이 있는 경우에는 그 가압류 또는 가처분의 해제를 조건으로 하여서만 소유권이전등기절차의 이행을 명받을 수 있는 것이어서, 매도인은 그 가압류 또는 가처분을 해제하지 아니하고서는 매도인 명의의 소유권이전등기를 마칠 수 없고, 따라서 매수인 명의의 소유권이전등기도 경료하여 줄 수 없다고 할 것이므로, 매도인이 그 가압류 또는 가처분 집행을 모두 해제할 수 없는 무자력 상태에 있다고 인정되는 경우에는 매수인이 매도인의 소유권이전등기의무가 이행불능임을 이유로 매매계약을 해제할 수 있다(대법원 2006. 6. 16. 선고 2005다39211 판결).

ㅁ. [O] 계약해제 의사표시 당시에 본래 채권이 시효의 완성으로 소멸하였다면 그 해제권 및 이에 근거한 원상회복청구권과 위약금청구권도 행사할 수 없거나 소멸한다(대법원 2023. 5. 18. 선고 2020다8432 판결).

정답 ④

164 /계약의 해제/
다음 설명 중 옳지 않은 것을 모두 고른 것은? (다툼이 있으면 판례에 의함)

> ㄱ. 계약당사자의 일방이 계약해제에 따른 원상회복 및 손해배상의 범위에 관한 조건을 제시한 경우에, 계약이 합의해제 되기 위하여 그 조건에 관한 합의까지 이루어져야 할 필요는 없다.
>
> ㄴ. 채권자의 이행최고가 본래 이행하여야 할 채무액을 초과하는 경우에도 본래 급부하여야 할 수량과의 차이가 비교적 적거나 채권자가 급부의 수량을 잘못 알고 과다한 최고를 한 것으로서 과다하게 최고한 진의가 본래의 급부를 청구하는 취지라면, 그 최고는 본래 급부하여야 할 수량의 범위 내에서 유효하다.
>
> ㄷ. 원·피고 사이의 계약조항상의 부수적 의무위반을 이유로 한 약정해제권의 행사의 경우에는 법정해제의 경우와는 달리 그 해제의 효과로서 손해배상의 청구는 할 수 없다.
>
> ㄹ. 甲과 乙의 X 토지에 관한 매매계약으로 乙 명의의 소유권이전등기가 마쳐진 후, 乙은 丙에게 X 토지를 매도하고 丙 명의 소유권이전등기를 경료하였다. 이후 甲이 乙과의 매매계약을 적법하게 해제할 경우, 乙은 丙에게 X 토지를 처분할 당시 목적물의 대가 또는 그 시가 상당액과 처분으로 얻은 이익에 대하여 그 이득일부터의 법정이자를 가산한 금액을 甲에게 반환해야 한다.
>
> ㅁ. 채무자가 채무를 이행하지 아니할 의사를 명백히 표시한 경우에 채권자는 이행기 전이라도 이행의 최고 없이 채무자의 이행거절을 이유로 계약을 해제하거나 채무자를 상대로 손해배상을 청구할 수 있지만, 이러한 이행거절이라는 채무불이행이 인정되기 위해서는 채무를 이행하지 아니할 채무자의 명백한 의사표시가 존재하면 되는 것이고, 위법한 것으로 평가되어야 할 필요까지는 없다.

① ㄱ, ㄹ ② ㄱ, ㅁ ③ ㄴ, ㄹ
④ ㄷ, ㅁ ⑤ ㄹ, ㅁ

해설

ㄱ. [×] 계약이 합의해제 되기 위하여는 일반적으로 계약이 성립하는 경우와 마찬가지로 계약의 청약과 승낙이라는 서로 대립하는 의사표시가 합치될 것을 그 요건으로 하는바, 이와 같은 합의가 성립

하기 위하여는 쌍방 당사자의 표시행위에 나타난 의사의 내용이 객관적으로 일치하여야 하므로, 계약당사자의 일방이 계약해제에 따른 원상회복 및 손해배상의 범위에 관한 조건을 제시한 경우 그 조건에 관한 합의까지 이루어져야 합의해제가 성립된다(대법원 1996. 2. 27. 선고 95다43044 판결). [1] 계약의 합의해지는 계속적 채권채무관계에서 당사자가 이미 체결한 계약의 효력을 장래에 향하여 소멸시킬 것을 내용으로 하는 새로운 계약으로서, 이를 인정하기 위해서는 계약이 성립하는 경우와 마찬가지로 기존 계약의 효력을 장래에 향하여 소멸시키기로 하는 내용의 청약과 승낙이라는 서로 대립하는 의사표시가 합치될 것을 요건으로 한다. 계약의 합의해지는 묵시적으로 이루어질 수도 있으나, 계약에 따른 채무의 이행이 시작된 다음에 당사자 쌍방이 계약실현 의사의 결여 또는 포기로 계약을 실현하지 않을 의사가 일치되어야만 한다. 이와 같은 합의가 성립하기 위해서는 쌍방 당사자의 표시행위에 나타난 의사의 내용이 객관적으로 일치하여야 하므로 계약당사자 일방이 계약해지에 관한 조건을 제시한 경우 조건에 관한 합의까지 이루어져야 한다. [2] 당사자 사이에 계약을 종료시킬 의사가 일치되었더라도 계약 종료에 따른 법률관계가 당사자들에게 중요한 관심사가 되고 있는 경우 그러한 법률관계에 관하여 아무런 약정 없이 계약을 종료시키는 합의만 하는 것은 경험칙에 비추어 이례적이고, 이 경우 합의해지가 성립하였다고 보기 어렵다(대법원 2018. 12. 27. 선고 2016다274270 판결). 원고는 2020. 8. 19.자 준비서면 및 2020. 9. 18.자 청구취지 및 청구원인 변경신청서를 통하여 이 사건 버스에 관한 매매계약을 해제하고 원상회복으로서 피고 회사에게 원고가 지급한 매매대금의 반환을 구하고 있다. 이에 반하여 피고 회사는 2020. 5. 13.자 및 2020. 9. 8.자 각 준비서면을 통하여 원고의 이 사건 매매계약 해제 주장을 거부하고 이 사건 버스에 관한 매매계약만이 아닌 이를 포함한 이 사건 계약의 해지를 주장하면서 원상회복으로서 원고에게 미지급 할부금 등의 지급을 구하고 있다. 이 사건 계약을 합의해지하는 경우 청산관계의 문제가 당사자들의 주된 관심사인데 이에 관하여 당사자들 사이에 심하게 다투는 상황에서 이 사건 계약을 종료시키는 합의만 한다는 것은 쉽사리 납득하기 어렵다. 그와 같은 사정에 비추어 보면, 이 사건 계약의 해지에 관한 원고와 피고 회사 사이의 객관적인 의사가 일치하였다고 보기 어렵다(대법원 2021. 5. 7. 선고 2020다300176 판결).

ㄴ. [O] 채권자의 이행최고가 본래 이행하여야 할 채무액을 초과하는 경우에도 본래 급부하여야 할 수량과의 차이가 비교적 적거나 채권자가 급부의 수량을 잘못 알고 과다한 최고를 한 것으로서 과다하게 최고한 진의가 본래의 급부를 청구하는 취지라면, 그 최고는 본래 급부하여야 할 수량의 범위 내에서 유효하다고 할 것이나, 과다한 정도가 현저하고 채권자가 청구한 금액을 제공하지 않으면 그것을 수령하지 않을 것이라는 의사가 분명한 경우에는 그 최고는 부적법하고, 이러한 최고에 터잡은 계약해제는 그 효력이 없다(대법원 1994. 5. 10. 선고 93다47615 판결).

ㄷ. [O] 원·피고 사이의 계약조항상의 부수적 의무위반을 이유로 한 약정해제권의 행사의 경우에는 법정해제의 경우와는 달리 그 해제의 효과로서 손해배상의 청구는 할 수 없다 할 것이다(대법원 1983. 1. 18. 선고 81다89 판결).

ㄹ. [O] 계약이 해제된 경우에 각 당사자는 민법 제548조에 따라 상대방에 대하여 원상회복의 의무를 지며, 원상회복의무로서 반환할 금전에는 그 받은 날부터 이자를 가산하여 지급하여야 한다. 이와 같이 계약해제의 효과로서 원상회복의무를 규정한 민법 제548조는 부당이득에 관한 특별 규정의 성격을 가진 것이므로, 그 이익 반환의 범위는 이익의 현존 여부나 선의, 악의에 불문하고 특단의 사유가 없는 한 받은 이익의 전부이다. 따라서 매도인으로부터 매매 목적물의 소유권을 이전받은 매수인이 매도인의 계약해제 이전에 제3자에게 목적물을 처분하여 계약해제에 따른 원물반환이 불가능하게 된 경우에 매수인은 원상회복의무로서 가액을 반환하여야 하며, 이때에 반환할 금액은 특별한 사정이 없는 한 그 처분 당시의 목적물의 대가 또는 그 시가 상당액과 처분으로 얻은 이익에 대하여 그 이득일부터의 법정이자를 가산한 금액이다(대법원 2013. 12. 12. 선고 2013다14675 판결).

ㅁ. [✗] 채무자가 채무를 이행하지 아니할 의사를 명백히 표시한 경우에 채권자는 신의성실의 원칙상 이행기 전이라도 이행의 최고 없이 채무자의 이행거절을 이유로 계약을 해제하거나 채무자를 상대로 손해배상을 청구할 수 있지만, 이러한 이행거절이라는 채무불이행이 인정되기 위해서는 채무를 이행하지 아니할 채무자의 명백한 의사표시가 위법한 것으로 평가되어야 한다(대법원 2015. 02. 12. 선고 2014다227225 판결).

정답 ②

165 / 계약의 해제 /

계약의 해제에 관한 설명 중 옳은 것을 모두 고른 것은? (다툼이 있으면 판례에 의함)

> ㄱ. 매매계약을 해제하기로 합의한 경우, 특별한 약정이 없다면 매도인이 반환해야 할 금전에 대하여는 지급받은 날부터 이자를 가산하여 지급하여야 한다.
>
> ㄴ. 채무자의 급부불이행 사정을 들어 계약을 해제하겠다는 통지를 한 때에는 특별히 그 급부의 수령을 거부하는 취지가 포함되어 있지 아니하는 한 그로써 이행의 최고가 있었다고 볼 수 있으며, 그로부터 상당한 기간이 경과하도록 이행되지 아니하였다면 채권자는 계약을 해제할 수 있다.
>
> ㄷ. 계약이 합의에 따라 해제되거나 해지된 경우에는 특별한 사정이 없는 한 채무불이행으로 인한 손해배상을 청구할 수 없으나, 상대방에게 손해배상을 하기로 특약하거나 손해배상청구를 유보하는 의사표시가 있으면 특약이나 의사에 따라 손해배상을 하여야 한다.
>
> ㄹ. 구 농지법(1994. 12. 22. 법률 제4817호로 제정되어 1996. 1. 1.부터 시행된 것), 구 농지개혁법(1994. 12. 22. 법률 제4817호 농지법 부칙 제2조 제1호로 폐지) 및 구 농지개혁사업정리에 관한 특별조치법(1994. 12. 22. 법률 제4817호 농지법 부칙 제2조 제2호로 폐지)에 따라 분배되지 않기로 확정되어 원소유자에게 농지의 소유권이 환원되는 경우에는 원인무효인 국가 명의의 소유권이전등기에 근거하여 제3자가 소유권이전등기를 마쳤다고 하더라도 민법 제548조 제1항 단서가 적용 또는 유추적용되지 않는다.

① ㄱ, ㄴ, ㄹ   ② ㄱ, ㄴ, ㄷ, ㄹ   ③ ㄴ, ㄹ
④ ㄷ, ㄹ   ⑤ ㄴ, ㄷ, ㄹ

해설

ㄱ. [✗] 합의해제 또는 해제계약이라 함은 해제권의 유무에 불구하고 계약 당사자 쌍방이 합의에 의하여 기존의 계약의 효력을 소멸시켜 당초부터 계약이 체결되지 않았던 것과 같은 상태로 복귀시킬 것을 내용으로 하는 새로운 계약으로서, <u>그 효력은 그 합의의 내용에 의하여 결정되고 여기에는 해제에 관한 민법 제548조 제2항의 규정은 적용되지 아니하므로, 당사자 사이에 약정이 없는 이상 합의해제로 인하여 반환할 금전에 그 받은 날로부터의 이자를 가하여야 할 의무가 있는 것은 아니다</u>(대법원 1996. 7. 30. 선고 95다16011 판결).

ㄴ. [O] 채무자의 급부불이행 사정을 들어 계약을 해제하겠다는 통지를 한 때에는 특별히 그 급부의 수령을 거부하는 취지가 포함되어 있지 아니하는 한 그로써 이행의 최고가 있었다고 볼 수 있으며, 그로부터 상당한 기간이 경과하도록 이행되지 아니하였다면 채권자는 계약을 해제할 수 있다(대법원 2021. 7. 8. 선고 2020다290804 판결).

ㄷ. [O] [1] 계약이 합의에 따라 해제되거나 해지된 경우에는 상대방에게 손해배상을 하기로 특약하거나 손해배상 청구를 유보하는 의사표시를 하는 등 다른 사정이 없는 한 채무불이행으로 인한 손해배상을 청구할 수 없다. 그와 같은 손해배상의 특약이 있었다거나 손해배상 청구를 유보하였다는 점은 이를 주장하는 당사자가 증명할 책임이 있다. [2] 법률행위의 해석은 당사자가 그 표시행위에 부여한 의미를 명백히 확정하는 것으로서, 당사자가 표시한 문언에서 그 의미가 명확하게 드러나지 않는 경우에는 문언의 내용, 법률행위가 이루어진 동기와 경위, 당사자가 법률행위로 달성하려는 목적과 진정한 의사, 거래의 관행 등을 종합적으로 고려하여 논리와 경험의 법칙, 그리고 사회일반의 상식과 거래의 통념에 따라 합리적으로 해석하여야 한다. 계약을 합의하여 해제하거나 해지하면서 상대방에게 손해배상을 하기로 하는 특약이나 손해배상 청구를 유보하는 의사표시를 하였는지를 판단할 때에도 위와 같은 법률행위 해석에 관한 법리가 적용된다. 위와 같은 특약이나 의사표시가 있었는지는 합의해제·해지 당시를 기준으로 판단하여야 하는데, 원래의 계약에 있는 위약금이나 손해배상에 관한 약정은 그것이 계약 내용이나 당사자의 의사표시 등에 비추어 합의해제·해지의 경우에도 적용된다고 볼 만한 특별한 사정이 없는 한 합의해제·해지의 경우에까지 적용되지는 않는다(대법원 2021. 5. 7. 선고 2017다220416 판결).

ㄹ. [O] 민법 제548조 제1항은 "당사자 일방이 계약을 해제한 때에는 각 당사자는 그 상대방에 대하여 원상회복의 의무가 있다. 그러나 제3자의 권리를 해하지 못한다."라고 규정함으로써 해제된 계약으로부터 생긴 법률효과를 기초로 하여 해제 전에 새로운 이해관계를 가지고 등기 등으로 권리를 취득한 제3자, 계약해제로 인한 원상회복등기 등이 이루어지기 전에 계약당사자와 양립하지 않는 법률관계를 가지게 된 선의의 제3자에 대하여는 계약해제를 주장할 수 없다. 그러나 구 농지법(1994. 12. 22. 법률 제4817호로 제정되어 1996. 1. 1.부터 시행된 것), 구 농지개혁법(1994. 12. 22. 법률 제4817호 농지법 부칙 제2조 제1호로 폐지) 및 구 농지개혁사업정리에 관한 특별조치법(1994. 12. 22. 법률 제4817호 농지법 부칙 제2조 제2호로 폐지)에 따라 분배되지 않기로 확정되어 원소유자에게 농지의 소유권이 환원되는 경우에는 원인무효인 국가 명의의 소유권이전등기에 근거하여 제3자가 소유권이전등기를 마쳤다고 하더라도 민법 제548조 제1항 단서가 적용 또는 유추적용되지 않는다(대법원 2022. 4. 14. 선고 2021다294186 판결).

정답 ⑤

166 /계약의 해제/

甲은 乙에게 X전시장을 2011. 3. 1.부터 2013. 2. 28.까지 임대하였고, 乙은 이를 자동차 전시장으로 사용하고 있었다. 그런데 2012. 12. 21. 甲은 乙과 X전시장을 금 5억 원에 매도하는 계약을 체결하면서 계약금을 지급받고, 2013. 1. 11.에 중도금을, 그리고 2013. 2. 21.에 잔금을 지급하고 잔금지급과 동시에 X전시장의 소유권이전등기에 필요한 서류를 넘겨주기로 하였다. 이에 관한 설명으로 옳은 것은? (다툼이 있는 경우에는 판례에 의함)

① 계약해제로 甲이 乙에게 매매대금을 반환하여야 하는 경우 가산되는 이자는 지연배상금이 아니라 원상회복을 위한 일종의 부당이득반환의 성질을 가지기 때문에 이자에 관하여 甲과 乙의 특약이 있더라도 법정이율이 적용된다.

② 甲이 2013. 1. 11. 중도금을 지급하지 않은 乙에게 그 이행을 최고하였으나 이행이 없이 상당한 기간이 지난 2013. 2. 11.에 계약을 해제한 경우, 甲은 乙에게 계약해제에 따른 원상회복으로 X전시장의 인도와 임료상당의 사용이익의 반환을 청구할 수 있다.

③ 甲이 2013. 2. 11. 중도금의 미지급을 이유로 적법하게 계약을 해제한 경우, 원상회복청구권의 소멸시효는 중도금을 지급하기로 약정한 2013. 1. 11.부터 진행한다.

④ 甲이 乙에 대한 대금채권을 丙에게 양도하고 이 사실을 乙에게 통지한 후 매매 계약이 해제된 경우, 乙은 매매계약의 해제로써 丙에게 대항하지 못한다.

⑤ 甲과 乙이 "매도인이 위약 시에는 계약금의 배액을 배상하고 매수인이 위약 시에는 지급한 계약금을 매도인이 취득하고 계약은 자동적으로 해제된다."고 합의한 때에도, 甲 또는 乙은 최고 또는 통지하지 않으면 해제할 수 없다.

[해설]

① [×] [1] 당사자 일방이 계약을 해제한 때에는 각 당사자는 상대방에 대하여 원상회복의무가 있고, 이 경우 반환할 금전에는 받은 날로부터 이자를 가산하여 지급하여야 한다. 여기서 가산되는 이자는 원상회복의 범위에 속하는 것으로서 일종의 부당이득반환의 성질을 가지는 것이고 반환의무의 이행지체로 인한 지연손해금이 아니다. 따라서 당사자 사이에 그 이자에 관하여 특별한 약정이 있으면 그 약정이율이 우선 적용되고 약정이율이 없으면 민사 또는 상사 법정이율이 적용된다. 반면 원상회복의무가 이행지체에 빠진 이후의 기간에 대해서는 부당이득반환의무로서의 이자가 아니라 반환채무에 대한 지연손해금이 발생하게 되므로 거기에는 지연손해금률이 적용되어야 한다. 그 지연손해금률에 관하여도 당사자 사이에 별도의 약정이 있으면 그에 따라야 할 것이고, 설사 그것이 법정이율보다 낮다 하더라도 마찬가지이다. [2] 계약해제 시 반환할 금전에 가산할 이자에 관하여 당사자 사이에 약정이 있는 경우에는 특별한 사정이 없는 한 이행지체로 인한 지연손해금도 그 약정이율에 의하기로 하였다고 보는 것이 당사자의 의사에 부합한다. 다만 그 약정이율이 법정이율보다 낮은 경우에는 약정이율에 의하지 아니하고 법정이율에 의한 지연손해금을 청구할 수 있다고 봄이 타당하다. 계약해제로 인한 원상회복 시 반환할 금전에 받은 날로부터 가산할 이자의 지급의무를 면제하는 약정이 있는 때에도 그 금전반환의무가 이행지체 상태에 빠진 경우에는 법정이율에 의한 지연손해금을 청구할 수 있는 점과 비교해 볼 때 그렇게 보는 것이 논리와 형평의 원리에 맞기 때문이다(대법원 2013. 4. 26. 선고 2011다50509 판결).

② [×] [1] 매매계약이 해제되면 각 당사자는 그 상대방에 대하여 원상회복의 의무가 있다(민법 제548조 제1항 본문). 따라서 이 경우에 매수인은 매도인에게 목적물을 반환할 의무는 물론이고 그 목적물을 사용하였으면 그 사용이익을 반환할 의무도 부담한다. 그러나 이러한 매수인의 사용이익 반환의무는 매매계약의 해제에 따른 원상회복 의무의 일환으로서 인정되는 것이므로 매도인이 매매계약의 이행으로서 목적물을 매수인에게 인도하여 매수인이 그 목적물을 사용한 경우에 비로소 인정될 수 있다. [2] 임대인 갑이 임차인 을에게 병 부동산을 매도하기로 하였는데, 을이 중도금 지급을 하지 않아 매매계약이 해제된 사안에서, 을이 병 부동산을 점용한 것은 위 매매계약에 앞서 체결된 임대차계약에 기한 것일 뿐 매매계약의 이행으로서 인도받았다고는 볼 수 없으므로, 을이 임대차계약에 기하여 부당이득반환의무를 지는 것은 별론으로 하고 매매계약의 해제에 따른 원상회복으로서 임료상당의 사용이익을 반환할 의무를 진다고는 볼 수 없다고 한 사례(대법원 2011. 6. 30. 선고 2009다30724 판결).

③ [×] 계약의 해제로 인한 원상회복청구권의 소멸시효는 해제시, 즉 원상회복청구권이 발생한 때부터 진행하므로, 이와 달리 계약의 해제로 인한 원상회복청구권의 소멸시효가 해제권 발생시로부터 진행함을 전제로 피고의 소멸시효 항변을 받아들인 원심의 판단에는 계약의 해제로 인한 원상회복청구권의 소멸시효의 기산점에 관한 법리를 오해하여 판결 결과에 영향을 미친 위법이 있다(대법원 2009. 12. 24. 선고 2009다63267 판결).

④ [×] 민법 제548조 제1항 단서에서 규정하고 있는 제3자란 일반적으로 계약이 해제되는 경우 그 해제된 계약으로부터 생긴 법률효과를 기초로 하여 해제 전에 새로운 이해관계를 가졌을 뿐 아니라 등기·인도 등으로 완전한 권리를 취득한 자를 말하고, 계약상의 채권을 양수한 자는 여기서 말하는 제3자에 해당하지 않는다고 할 것인바, 계약이 해제된 경우 계약해제 이전에 해제로 인하여 소멸되는 채권을 양수한 자는 계약해제의 효과에 반하여 자신의 권리를 주장할 수 없음은 물론이고, 나아가 특단의 사정이 없는 한 채무자로부터 이행받은 급부를 원상회복하여야 할 의무가 있다(대법원 2003. 1. 24. 선고 2000다22850 판결).

⑤ [O] 매도인이 위약시에는 계약금의 배액을 배상하고 매수인이 위약시에는 지급한 계약금을 매도인이 취득하고 계약은 자동적으로 해제된다는 조항은 위약 당사자가 상대방에 대하여 계약금을 포기하거나 그 배액을 배상하여 계약을 해제할 수 있다는 해제권 유보조항이라 할 것이고 최고나 통지 없이 해제할 수 있다는 특약이라고 볼 수 없다(대법원 1982. 4. 27. 선고 80다851 판결).

정답 ⑤

CHAPTER 02 계약각론

제1절 • 증여

167 / 증여 /
증여에 관한 다음 설명 중 옳은 것을 모두 고른 것은? (다툼이 있으면 판례에 의함)

ㄱ. 당사자 사이의 약정에 따라 부양의무를 부담하는 증여계약에서 수증자의 부양의무 불이행을 원인으로 하는 증여자의 해제권은 해제원인이 있음을 안 날로부터 6월을 경과한 때 소멸한다.

ㄴ. 사인증여에 관하여는 유증에 관한 규정이 준용되므로, 포괄적 사인증여를 받은 자는 포괄적 유증을 받은 자와 마찬가지로 상속인과 동일한 권리·의무가 있다.

ㄷ. 증여계약이 성립한 당시에 서면이 작성되지 않았더라도, 그 후 위 계약이 존속하는 동안 서면을 작성한 경우에는 그때부터 서면에 의한 증여로서의 효력이 있으므로, 그때부터는 당사자가 임의로 그 계약을 해제할 수 없다. 한편 서면에 의하지 아니한 부동산 증여의 경우, 이를 인도하였더라도 아직 소유권이전등기를 마치지 아니하였으면 증여자는 계약을 해제할 수 있다.

ㄹ. 서면에 의한 증여란 증여계약 당사자 사이에 있어서 증여자가 자기의 재산을 상대방에게 준다는 취지의 증여의사가 문서를 통하여 확실히 알 수 있는 정도로 서면에 나타난 것을 말하는 것으로, 이는 수증자에 대하여 서면으로 표시되어야 한다.

ㅁ. 민법 제556조 제1항 제1호는 '수증자가 증여자에 대하여 증여자 또는 그 배우자나 직계혈족에 대한 범죄행위가 있는 때에는 증여자는 그 증여를 해제할 수 있다.'고 정한다. 여기에서 '범죄행위'는 수증자가 증여자에게 감사의 마음을 가져야 함에도 증여자가 배은망덕하다고 느낄 정도로 신뢰관계를 중대하게 침해하여 수증자에게 증여의 효과를 유지시키는 것이 사회통념상 허용되지 아니할 정도의 범죄를 저지르는 것을 말한다. 따라서 반드시 수증자가 그 범죄행위로 형사처벌을 받아야 한다.

ㅂ. 민법이 타인 권리의 매매를 인정하고 있는 것처럼 타인 권리의 증여도 가능하며, 이 경우 채무자는 권리를 취득하여 채권자에게 이전하여야 하고, 이 같은 사정은 계약 당시부터 예정되어 있으므로, 매매나 증여의 대상인 권리가 타인에게 귀속되어 있다는 이유만으로 채무자의 계약에 따른 이행이 불능이라고 할 수는 없다.

ㅅ. 부담부증여계약에서 증여자의 증여 이행이 완료되지 않았더라도 수증자가 부담의 이행을 완료한 경우에는, 그러한 부담이 의례적·명목적인 것에 그치거나 그 이행에 특별한 노력과 비용이 필요하지 않는 등 실질적으로는 부담 없는 증여가 이루어지는 것과 마찬가지라고 볼 만한 특별한 사정이 없는 한, 각 당사자가 서면에 의하지 않은 증여임을 이유로 증여계약의 전부 또는 일부를 해제할 수는 없다.

① ㄱ, ㄴ, ㄷ, ㄹ　　　　② ㄴ, ㄷ, ㄹ, ㅁ　　　　③ ㄹ, ㅁ, ㅂ, ㅅ
④ ㄱ, ㄷ, ㄹ, ㅅ　　　　⑤ ㄷ, ㄹ, ㅂ, ㅅ

해설

ㄱ. [✗] 민법 제556조 제1항 제2호에 규정되어 있는 '부양의무'라 함은 민법 제974조에 규정되어 있는 직계혈족 및 그 배우자 또는 생계를 같이 하는 친족간의 부양의무를 가리키는 것으로서, 친족간이 아닌 당사자 사이의 약정에 의한 부양의무는 이에 해당하지 아니하여 민법 제556조 제2항이나 민법 제558조가 적용되지 않는다. [이유] 원심은 거시 증거에 의하여, 소외 1은 슬하에 아들 없이 딸만 두고 있어 향후 자신과 자신의 처인 원고 1의 부양과 선조의 제사봉행의 문제로 고민하다가, 그가 76세이던 1981년경 자신의 조카의 아들인 피고에게 자신이 나이가 더 들어 거동이 불편하거든 위 소외 1 부부를 부양하고 선조의 제사봉행을 해 줄 것을 조건으로, 이 사건 토지를 증여하기로 약정하고, 1982. 9. 11.부터 1983. 3. 23.경까지 사이에 피고 앞으로 소유권이전등기를 경료하여 준 사실, 그 후에도 위 소외 1은 이 사건 토지 중 논을 직접 경작하였고 임야를 관리하면서 제세공과금을 납부하여 온 사실, 위 소외 1은 노쇠하여 거동이 불편하게 되었고, 그의 처인 원고 1 역시 노쇠하여 거동이 불편하게 되었을 뿐만 아니라 백내장으로 고생하고 있었는데도, 피고는 위 소외 1 부부를 전혀 돌보지 아니하였고, 선조의 제사봉행도 하지 아니하자, 위 소외 1은 이 사건 소송을 제기하기 2개월 정도 전인 1993. 11.경 피고를 찾아가 그들을 부양하여 주거나 그렇지 않으면 이 사건 토지를 돌려 달라고 요구한 사실, 위 소외 1의 이러한 요구에도 불구하고 피고가 여전히 위 소외 1 부부를 돌보지 아니하자, 위 소외 1은 1994. 1. 11. 이 사건 소송을 제기한 사실을 인정한 다음, 위 인정 사실에 의하면, 위 소외 1은 자신 등의 부양과 선조의 제사봉행을 조건으로 피고에게 이 사건 토지를 증여한 것이어서 위 소외 1의 위와 같은 증여행위는 상대 부담 있는 증여로서 부담부 증여에 해당한다 할 것이고, 부담부 증여에는 민법 제561조에 의하여 쌍무계약에 관한 규정이 준용되므로, 상대방이 부담의 내용인 의무를 이행하지 아니한 경우에는 부담부증여를 해제할 수 있는바, 피고는 위 인정과 같이 위 소외 1의 이행최고를 받고도 위 증여의 조건이 되는 부담을 이행하지 아니하였으므로, 위 부담부 증여계약은 이 사건 소장부본 또는 적어도 청구취지 및 청구원인 변경신청서의 송달로 적법하게 해제되었다고 할 것이므로 피고는 위 증여계약의 해제에 따른 원상회복 의무로 위 소외 1의 상속인들인 원고들에게 이 사건 토지에 관하여 경료된 피고 명의의 소유권이전등기의 말소등기 절차를 이행할 의무가 있다고 판단하고, 이어 판시 피고의 주장에 대하여, 부담부증여에 있어서는 쌍무계약에 관한 규정이 준용되어 부담의무 있는 상대방이 자신의 의무를 이행하지 아니할 때에는 비록 증여계약이 이행되어 있다 하더라도 그 계약을 해제할 수 있고, 민법 제556조 제1항 제2호에 규정되어 있는 '부양의무'라 함은 민법 제974조에 규정되어 있는 직계혈족 및 그 배우자 또는 생계를 같이하는 친족간의 부양의무를 가리키는 것으로서, 이 사건과 같이 위와 같은 친족 간이 아닌 당사자 사이의 약정에 의한 부양의무는 이에 해당하지 아니하여 이 사건 부담부 증여에는 민법 제556조 제2항이나 민법 제558조가 적용되지 않는다면서 피고의 위 주장을 배척하였는바, 원심의 위와 같은 인정 및 판단은 정당하다(대법원 1996. 1. 26. 선고 95다43358 판결).

ㄴ. [✗] [1] 민법 제562조는 사인증여에 관하여는 유증에 관한 규정을 준용하도록 규정하고 있지만, 유증의 방식에 관한 민법 제1065조 내지 제1072조는 그것이 단독행위임을 전제로 하는 것이어서 계약인 사인증여에는 적용되지 아니한다. [2] 민법 제562조가 사인증여에 관하여 유증에 관한 규정을 준용하도록 규정하고 있다고 하여, 이를 근거로 포괄적 유증을 받은 자는 상속인과 동일한 권리 의무가 있다고 규정하고 있는 민법 제1078조가 포괄적 사인증여에도 준용된다고 해석하면 포괄적 사인증여에도 상속과 같은 효과가 발생하게 된다. 그러나 포괄적 사인증여는 낙성·불요식

의 증여계약의 일종이고, 포괄적 유증은 엄격한 방식을 요하는 단독행위이며, 방식을 위배한 포괄적 유증은 대부분 포괄적 사인 증여로 보여질 것인바, 포괄적 사인증여에 민법 제1078조가 준용된다면 양자의 효과는 동일하게 되므로, 결과적으로 포괄적 유증에 엄격한 방식을 요하는 요식행위로 규정한 조항들은 무의미하게 된다. 따라서 민법 제1078조가 포괄적 사인증여에 준용된다고 하는 것은 사인증여의 성질에 반하므로 준용되지 아니한다고 해석함이 상당하다(대법원 1996. 4. 12. 선고 94다37714 판결). [비교판례] 민법 제562조는 사인증여에는 유증에 관한 규정을 준용한다고 정하고 있고, 민법 제1108조 제1항은 유증자는 유증의 효력이 발생하기 전에 언제든지 유언 또는 생전행위로써 유증 전부나 일부를 철회할 수 있다고 정하고 있다. 사인증여는 증여자의 사망으로 인하여 효력이 발생하는 무상행위로 실제적 기능이 유증과 다르지 않으므로, 증여자의 사망 후 재산처분에 관하여 유증과 같이 증여자의 최종적인 의사를 존중할 필요가 있다. 또한 증여자가 사망하지 않아 사인증여의 효력이 발생하기 전임에도 사인증여가 계약이라는 이유만으로 법적 성질상 철회가 인정되지 않는다고 볼 것은 아니다. 이러한 사정을 고려하면 특별한 사정이 없는 한 유증의 철회에 관한 민법 제1108조 제1항은 사인증여에 준용된다고 해석함이 타당하다(대법원 2022. 7. 28. 선고 2017다245330 판결).

ㄷ. [O] 민법 제555조 소정의 증여의 의사가 표시된 서면의 작성시기에 대하여는 법률상 아무런 제한이 없으므로 증여계약이 성립한 당시에는 서면이 작성되지 않았더라도 그 후 계약이 존속하는 동안 서면을 작성한 때에는 그 때부터는 서면에 의한 증여로서 당사자가 임의로 이를 해제할 수 없게 된다(대법원 1989. 5. 9. 선고 88다카2271 판결). 민법 제555조는 '증여의 의사가 서면으로 표시되지 아니한 경우에는 각 당사자는 이를 해제할 수 있다'고 하고, 제558조는 '위 규정에 의한 계약의 해제는 이미 이행한 부분에 대하여는 영향을 미치지 아니한다'고 규정하고 있는바, 부동산 증여의 경우에 이행이 되었다고 함은 그 부동산의 인도만으로써는 부족하고 이에 대한 소유권이전등기절차까지 마친 것을 의미한다(대법원 2012. 06. 14. 선고 2011다56873 판결).

ㄹ. [O] [1] 민법 제555조에서 서면에 의한 증여에 한하여 증여자의 해제권을 제한하고 있는 입법취지는 증여자가 경솔하게 증여하는 것을 방지함과 동시에 증여자의 의사를 명확히 하여 후일에 분쟁이 생기는 것을 피하려는 데 있다 할 것인바, 비록 서면의 문언 자체는 증여계약서로 되어 있지 않더라도 그 서면의 작성에 이르게 된 경위를 아울러 고려할 때 그 서면이 바로 증여의사를 표시한 서면이라고 인정되면 위 서면에 해당하고, 나아가 증여 당시가 아닌 그 이후에 작성된 서면에 대해서도 마찬가지로 볼 수 있다 할 것이나, 이러한 서면에 의한 증여란 증여계약 당사자 사이에 있어서 증여자가 자기의 재산을 상대방에게 준다는 취지의 증여의사가 문서를 통하여 확실히 알 수 있는 정도로 서면에 나타난 것을 말하는 것으로, 이는 수증자에 대하여 서면으로 표시되어야 한다.
[2] 서면에 의하지 아니한 증여의 경우에도 그 이행을 완료한 경우에는 해제로서 수증자에게 대항할 수 없다 할 것인바, 토지에 대한 증여는 증여자의 의사에 기하여 그 소유권이전등기에 필요한 서류가 제공되고 수증자 명의로 소유권이전등기가 경료됨으로써 이행이 완료되는 것이므로, 증여자가 그러한 이행 후 증여계약을 해제하였다고 하더라도 증여계약이나 그에 의한 소유권이전등기의 효력에 영향을 미치지 아니한다 할 것이지만, 이와는 달리 증여자의 의사에 기하지 아니한 원인무효의 등기가 경료된 경우에는 증여계약의 적법한 이행이 있다고 볼 수 없으므로 서면에 의하지 아니한 증여자의 증여계약의 해제에 대해 수증자가 실체관계에 부합한다는 주장으로 대항할 수 없다.
[3] 민법 제555조에서 말하는 증여계약의 해제는 민법 제543조 이하에서 규정한 본래 의미의 해제와는 달리 형성권의 제척기간의 적용을 받지 않는 특수한 철회로서, 10년이 경과한 후에 이루어졌다 하더라도 원칙적으로 적법하다(대법원 2009. 9. 24. 선고 2009다37831 판결).

ㅁ. [X] 민법 제556조 제1항 제1호는 '수증자가 증여자에 대하여 증여자 또는 그 배우자나 직계혈족에 대한 범죄행위가 있는 때에는 증여자는 그 증여를 해제할 수 있다.'고 정한다. 이는 중대한 배은행

위를 한 수증자에 대해서까지 증여자로 하여금 증여계약상의 의무를 이행하게 할 필요가 없다는 윤리적 요청을 법률적으로 고려한 것이다. 여기에서 '범죄행위'는, 수증자가 증여자에게 감사의 마음을 가져야 함에도 불구하고 증여자가 배은망덕하다고 느낄 정도로 둘 사이의 신뢰관계를 중대하게 침해하여 수증자에게 증여의 효과를 그대로 유지시키는 것이 사회통념상 허용되지 아니할 정도의 범죄를 저지르는 것을 말한다. 이때 이러한 범죄행위에 해당하는지는 수증자가 범죄행위에 이르게 된 동기 및 경위, 수증자의 범죄행위로 증여자가 받은 피해의 정도, 침해되는 법익의 유형, 증여자와 수증자의 관계 및 친밀도, 증여행위의 동기와 목적 등을 종합적으로 고려하여 판단하여야 하고, 반드시 수증자가 그 범죄행위로 형사처벌을 받을 필요는 없다(대법원 2022. 3. 11. 선고 2017다207475 판결).

ㅂ. [O] [1] 채무의 이행불능이란 단순히 절대적・물리적으로 불능인 경우가 아니라, 사회생활의 경험법칙 또는 거래상의 관념에 비추어 채권자가 채무자의 이행 실현을 기대할 수 없는 경우를 말한다. 이와 같이 사회통념상 이행불능이라고 보기 위해서는 이행의 실현을 기대할 수 없는 객관적 사정이 충분히 인정되어야 하고, 특히 계약은 어디까지나 내용대로 지켜져야 하는 것이 원칙이므로, 채권자가 굳이 채무의 본래 내용대로의 이행을 구하고 있는 경우에는 쉽사리 채무의 이행이 불능으로 되었다고 보아서는 아니 된다. [2] 민법이 타인의 권리의 매매를 인정하고 있는 것처럼 타인의 권리의 증여도 가능하며, 이 경우 채무자는 권리를 취득하여 채권자에게 이전하여야 하고, 이 같은 사정은 계약 당시부터 예정되어 있으므로, 매매나 증여의 대상인 권리가 타인에게 귀속되어 있다는 이유만으로 채무자의 계약에 따른 이행이 불능이라고 할 수는 없다. 이러한 경우 채무 이행이 확정적으로 불능으로 되었는지는 계약의 체결에 이르게 된 경위와 경과, 채무자와 권리를 보유하고 있는 제3자와의 관계, 채무자가 권리를 취득하는 것이 불가능하다고 단정할 수 있는지 여부, 채무의 이행을 가로막는 법령상 제한의 유무, 채권자가 채무의 이행이 불투명한 상황에서 계약에서 벗어나고자 하는지 아니면 채무의 본래 내용대로의 이행을 구하고 있는지 여부 등의 여러 사정을 종합적으로 고려하여 신중히 판단하여야 한다(대법원 2016. 5. 12. 선고 2016다200729 판결).

ㅅ. [O] 민법 제555조는 "증여의 의사가 서면으로 표시되지 아니한 경우에는 각 당사자는 이를 해제할 수 있다."라고 정하고, 민법 제561조는 "상대부담있는 증여에 대하여는 본절의 규정 외에 쌍무계약에 관한 규정을 적용한다."라고 정한다. 이처럼 부담부증여에도 민법 제3편 제2장 제2절(제554조부터 제562조까지)의 증여에 관한 일반 조항들이 그대로 적용되므로, 증여의 의사가 서면으로 표시되지 않은 경우 각 당사자는 원칙적으로 민법 제555조에 따라 부담부증여계약을 해제할 수 있다. 그러나 부담부증여계약에서 증여자의 증여 이행이 완료되지 않았더라도 수증자가 부담의 이행을 완료한 경우에는, 그러한 부담이 의례적・명목적인 것에 그치거나 그 이행에 특별한 노력과 비용이 필요하지 않는 등 실질적으로는 부담 없는 증여가 이루어지는 것과 마찬가지라고 볼 만한 특별한 사정이 없는 한, 각 당사자가 서면에 의하지 않은 증여임을 이유로 증여계약의 전부 또는 일부를 해제할 수는 없다고 봄이 타당하다. 그 이유는 다음과 같다. ① 부담부증여계약이 체결된 경우 민법 제561조에 따라 쌍무계약에 관한 규정이 준용되고, 민법 제559조 제2항에 따라 증여자는 그 부담의 한도에서 매도인과 같은 담보책임을 진다. 이처럼 민법에서는 부담부증여에 부담 없는 증여와 구별되는 성격이 있음을 고려하여 계약의 이행과 소멸 과정에서 증여자와 수증자의 공평을 특별히 도모하고 있다. ② 민법 제558조는 제555조에 따라 증여계약을 해제하더라도 이미 이행한 부분에 대해서는 영향을 미치지 못한다고 정하고, 부담부증여에서는 이미 이행한 부담 역시 제558조에서의 '이미 이행한 부분'에 포함된다. 따라서 수증자가 부담의 이행을 완료하였음에도 증여자가 증여를 이행하지 않은 상태에서 민법 제555조에 따라 부담부증여계약을 자유롭게 해제할 수 있다고 본다면, 증여자가 아무런 노력 없이 수증자의 부담 이행에 따른 이익을 그대로 보유하는 부당한 결과가 발생할 수 있다. ③ 민법 제555조에서 말하는 해제는 일종의 특수한 철회로서 민법

제543조 이하에서 규정한 본래 의미의 해제와는 다르고, 그 사유가 증여계약 체결 당시 이미 존재했다는 측면에서 수증자의 망은행위 등을 이유로 한 민법 제556조에 따른 해제, 증여자의 재산상태 변경을 이유로 한 민법 제557조에 따른 해제와도 다르다. 따라서 부담부증여에서 수증자의 채무불이행이나 각 당사자의 사정변경이 없고 오히려 수증자가 증여자의 증여 의사를 신뢰하여 계약 본지에 따른 부담 이행을 완료한 상태임에도 증여자가 민법 제555조에 따른 특수한 철회를 통해 손쉽게 계약의 구속력에서 벗어나게 할 경우 법적 안정성을 해치게 된다. ④ 민법 제555조에서 서면에 의하지 아니한 증여를 해제할 수 있도록 정한 것은 증여자가 경솔하게 증여하는 것을 방지함과 동시에 증여자의 의사를 명확하게 하여 후일에 분쟁이 생기는 것을 피하려는 데 있다. 그러나 부담부증여의 경우 부담 없는 증여와 달리 증여자의 재산의 수여뿐만 아니라 수증자의 부담 이행까지 의사표시의 내용이 되므로 증여자가 경솔하게 증여하거나 증여 의사가 불분명할 가능성이 많지 않다. 수증자가 부담의 이행을 완료한 상황이라면 더욱 그러하다(대법원 2022. 9. 29. 선고 2021다299976 판결).

정답 ⑤

제2절 · 매매

168 /계약금/

계약금과 관련된 다음 설명 중 옳은 것을 모두 고른 것은? (다툼이 있으면 판례에 의함)

> ㄱ. 유상계약을 체결함에 있어서 계약금이 수수된 경우 계약금은 해약금의 성질을 가지고 있어서, 이를 위약금으로 하기로 하는 특약이 없는 이상 계약이 당사자 일방의 귀책사유로 인하여 해제되었다 하더라도 상대방은 계약불이행으로 입은 실제 손해만을 배상받을 수 있을 뿐 계약금이 위약금으로서 상대방에게 당연히 귀속되는 것은 아니다.
>
> ㄴ. 매매당사자 사이에 계약금을 위약금으로 삼기로 하는 특약을 한 경우, 제565조의 '다른 약정'에 해당하여 해약금으로서의 성질은 없어지므로 매도인은 배액을 상환하고 계약을 해제할 수 없다.
>
> ㄷ. 부동산 매매계약에서 중도금 또는 잔금 지급기일은 일반적으로 계약금에 의한 해제권의 유보기간의 의미를 가진다고 이해되고 있으므로, 계약에서 정한 매매대금의 이행기가 매도인을 위해서도 기한의 이익을 부여하는 것이라고 볼 수 있다면, 채무자가 이행기 전에 이행에 착수할 수 없는 특별한 사정이 있는 경우에 해당한다고 할 수 있다.
>
> ㄹ. 매수인이 계약금을 지급하되 매도인이 계약을 위반하였을 때에는 배액을 배상받고, 매수인이 계약을 위반하였을 때에는 계약금을 포기하여 반환을 청구하지 않기로 약정하였으나, 매수인이 계약금을 준비하지 못하였던 관계로 일단 계약금을 지급하였다가 되돌려 받아 보관하고 있는 것으로 처리하기로 하여 계약금 상당액의 현금보관증을 작성하여 매도인에게 교부한 경우, 매수인이 계약을 위반하였다면 실제로 계약금을 지급하지 않았다 하더라도 약정한 위약금을 지급할 의무가 있다.

ㅁ. 甲은 乙 소유 X 토지를 매수하면서 '토지 위에 아파트 신축이 불가능할 경우 계약을 해제한다.'는 특약을 하였다. 이후 甲은 위 특약을 내세워 해제통지를 하였고 명시적으로 계약금의 반환을 요구하였다면, 甲이 해약금 약정에 기한 해제권을 행사한 것으로 볼 수 없다.

① ㄱ, ㄷ, ㄹ, ㅁ
② ㄴ, ㄷ, ㄹ, ㅁ
③ ㄱ, ㄴ, ㄷ, ㄹ
④ ㄱ, ㄴ, ㄹ, ㅁ
⑤ ㄱ, ㄴ, ㄷ, ㄹ, ㅁ

해설

ㄱ. [O] 유상계약을 체결함에 있어서 계약금이 수수된 경우 계약금은 해약금의 성질을 가지고 있어서, 이를 위약금으로 하기로 하는 특약이 없는 이상 계약이 당사자 일방의 귀책사유로 인하여 해제되었다 하더라도 상대방은 계약불이행으로 입은 실제 손해만을 배상받을 수 있을 뿐 계약금이 위약금으로서 상대방에게 당연히 귀속되는 것은 아니다(대법원 1996. 06. 14. 선고 95다54693 판결).

ㄴ. [X] 매매당사자 사이에 수수된 계약금에 대하여 매수인이 위약하였을 때에는 이를 무효로 하고 매도인이 위약하였을 때에는 그 배액을 상환할 뜻의 약정이 있는 경우에는 특별한 사정이 없는 한 그 계약금은 민법 제398조 제1항 소정의 손해배상액의 예정의 성질을 가질 뿐 아니라 민법 제565조 소정의 해약금의 성질도 가진 것으로 볼 것이다(대법원 1992. 05. 12. 선고 91다2151 판결). **[지문해설]** 매매계약에서 위약금 약정은 제565조의 '다른 약정'에 해당하지 않는다. 따라서 위약금 약정이 있는 경우에 계약금은 위약금의 성질과 해약금의 성질을 모두 가지게 된다.

ㄷ. [O] [1] 매도인이 민법 제565조에 따라 계약금의 배액을 상환하고 계약을 해제하려면 매수인이 이행에 착수할 때까지 하여야 하는데, 이때 '이행의 착수'는 객관적으로 외부에서 인식할 수 있는 정도로 채무 이행행위의 일부를 하거나 또는 이행을 하기 위하여 필요한 전제행위를 하는 경우를 말하는 것으로, 단순히 이행의 준비를 하는 것으로는 부족하지만, 반드시 계약 내용에 들어맞는 이행의 제공에까지 이르러야 하는 것은 아니다. 또한 민법 제565조가 해제권 행사의 시기를 당사자 일방이 이행에 착수할 때까지로 제한한 것은 당사자 일방이 이미 이행에 착수한 경우 필요한 비용을 지출하였을 것임은 물론 계약이 이행될 것으로 기대하고 있다고 볼 수 있으므로, 이 단계에서 상대방이 계약을 해제함에 따라 입게 될 불측의 손해를 방지하려는 것으로, 이행기의 약정이 있더라도 당사자가 채무의 이행기 전에 착수하지 아니하기로 하는 특약을 하는 등의 특별한 사정이 없는 이상, 이행기 전에 이행에 착수할 수 있다. [2] 부동산 매매계약에서 중도금 또는 잔금 지급기일은 일반적으로 계약금에 의한 해제권의 유보기간의 의미를 가진다고 이해되고 있으므로, 계약에서 정한 매매대금의 이행기가 매도인을 위해서도 기한의 이익을 부여하는 것이라고 볼 수 있다면, 채무자가 이행기 전에 이행에 착수할 수 없는 특별한 사정이 있는 경우에 해당한다고 할 수 있다. 이에 해당하는지 여부는 채무 내용, 이행기가 정하여진 목적, 이행기까지 기간의 장단 및 그에 관한 부수적인 약정의 존재와 내용, 채무 이행행위를 비롯하여 당사자들이 계약 이행과정에서 보인 행위의 태양, 이행기 전 이행행위가 통상적인 계약의 이행에 해당하기보다 상대방의 해제권의 행사를 부당하게 방해하기 위한 것으로 볼 수 있는지, 채권자가 채무자의 이행의 착수에도 불구하고 계약을 해제하는 것이 신의칙에 반한다고 볼 수 있는지 등 여러 가지 사정을 종합하여 구체적으로 판단해야 한다(대법원 2024. 1. 4. 선고 2022다256624 판결). **[관련판례]** 매도인이 민법 제565조에 의하여 계약을 해제한다는 의사표시를 하고 일정한 기한까지 해약금의 수령을 최고하며 기한을 넘기면 공탁하겠다고 통지를 한 이상 중도금 지급기일은 매도인을 위하여서도 기한의 이익

이 있다고 보는 것이 옳고, 따라서 이 경우에는 매수인이 이행기 전에 이행에 착수할 수 없는 특별한 사정이 있는 경우에 해당하여 매수인은 매도인의 의사에 반하여 이행할 수 없다고 보는 것이 옳으며, 매수인이 이행기 전에, 더욱이 매도인이 정한 해약금 수령기 이전에 일방적으로 이행에 착수하였다고 하여도 매도인의 계약해제권 행사에 영향을 미칠 수 없다(대법원 1993. 1. 19. 선고 92다31323 판결).

ㄹ. [O] 매매계약에 있어서 매수인이 계약금을 지급하되 매도인이 계약을 위반하였을 때에는 그 배액을 배상받고, 매수인이 계약을 위반하였을 때에는 계약금을 포기하여 반환을 청구하지 않기로 약정하였으나, 매수인이 당시 계약금을 미처 준비하지 못하였던 관계로 일단 계약금을 지급하였다가 되돌려 받아 보관하고 있는 것으로 처리하기로 하여 계약금 상당액의 현금보관증을 작성하여 매도인에게 교부한 경우, 매도인과 매수인 사이에는 계약금 상당액의 위약금 약정이 있었다고 볼 것이므로, 매수인이 계약을 위반하였다면 실제로 계약금을 지급하지 않았다 하더라도 약정한 위약금을 지급할 의무가 있다(대법원 1999. 10. 26. 선고 99다48160 판결).

ㅁ. [O] 갑이 매매계약상의 특약에 근거하여 매매계약을 해제한다면서 계약금을 반환해달라는 의사를 명백히 표시하고, 그 후에도 계약금반환을 구하는 소를 제기한 사안에서, 갑의 해제통지는 매매계약의 특약에 따른 약정해제권을 행사하는 취지이지, 해약금약정에 기한 해제권 행사로 볼 수는 없다고 한 사례(대법원 2010. 4. 29. 선고 2007다24930 판결).

정답 ①

169 /담보책임/

담보책임에 관한 다음 설명 중 옳은 것을 모두 고른 것은? (다툼이 있으면 판례에 의함)

ㄱ. 매매 목적물인 토지에 폐기물이 매립되어 있고 매수인이 폐기물을 처리하기 위해 비용이 발생한다면 매수인은 그 비용을 민법 제390조에 따라 채무불이행으로 인한 손해배상으로 청구할 수도 있고, 민법 제580조 제1항에 따라 하자담보책임으로 인한 손해배상으로 청구할 수도 있다.

ㄴ. 매매의 목적이 된 권리의 일부가 타인에게 속함으로 인하여 매도인이 그 권리를 취득하여 매수인에게 이전할 수 없게 된 경우, 매도인이 선의의 매수인에게 배상하여야 할 손해액은 원칙적으로 이행이익 상당액이 아니라 그 부분의 매수를 위하여 매수인이 출연한 금액이다.

ㄷ. 임대차계약에 기한 임차권을 목적물로 하는 매매계약에서 매도인이 임대인의 임대차계약상의 의무이행을 담보한다는 약정을 하지 아니하였더라도, 매매계약 당시 임대차 목적물에 이미 설정되어 있던 근저당권이 매매계약 이후에 실행되어 임대차 목적물이 매각됨으로써 임대인의 목적물을 사용·수익하게 할 의무가 이행불능으로 되었다면, 임차권의 매도인에게 민법 제576조(저당권, 전세권의 행사와 매도인의 담보책임)에 따른 담보책임이 있다.

ㄹ. 착오로 인한 취소 제도와 매도인의 하자담보책임 제도는 취지가 서로 다르고, 요건과 효과도 구별된다. 따라서 매매계약 내용의 중요 부분에 착오가 있는 경우 매수인은 매도인의 하자담보책임이 성립하는지와 상관없이 착오를 이유로 매매계약을 취소할 수 있다.

ㅁ. 매매목적물의 하자로 인하여 확대손해가 발생한 경우 매도인에게 그 확대손해에 대한 배상책임을 지우기 위하여는 채무의 내용으로 된 하자 없는 목적물을 인도하지 못한 의무위반사실 외에 그러한 의무위반에 대하여 매도인에게 귀책사유가 있어야 한다.

① ㄱ, ㄹ, ㅁ ② ㄱ, ㄷ, ㅁ ③ ㄴ, ㄷ, ㄹ
④ ㄴ, ㄷ, ㅁ ⑤ ㄴ, ㄹ, ㅁ

해설

ㄱ. [○] [1] 매매의 목적물이 거래통념상 기대되는 객관적 성질이나 성능을 갖추지 못한 경우 또는 당사자가 예정하거나 보증한 성질을 갖추지 못한 경우에 매도인은 민법 제580조에 따라 매수인에게 그 하자로 인한 담보책임을 부담한다. [2] 매매의 목적물에 하자가 있는 경우 매도인의 하자담보책임과 채무불이행책임은 별개의 권원에 의하여 경합적으로 인정된다. 이 경우 특별한 사정이 없는 한 하자를 보수하기 위한 비용은 매도인의 하자담보책임과 채무불이행책임에서 말하는 손해에 해당한다. 따라서 매매 목적물인 토지에 폐기물이 매립되어 있고 매수인이 폐기물을 처리하기 위해 비용이 발생한다면 매수인은 그 비용을 민법 제390조에 따라 채무불이행으로 인한 손해배상으로 청구할 수도 있고, 민법 제580조 제1항에 따라 하자담보책임으로 인한 손해배상으로 청구할 수도 있다(대법원 2021. 4. 8. 선고 2017다202050 판결).

ㄴ. [×] 매매의 목적이 된 권리의 일부가 타인에게 속함으로 인하여 매도인이 그 권리를 취득하여 매수인에게 이전할 수 없게 된 때에는 선의의 매수인은 매도인에게 담보책임을 물어 이로 인한 손해배상을 청구할 수 있는바, 이 경우에 매도인이 매수인에 대하여 배상하여야 할 손해액은 원칙적으로 매도인이 매매의 목적이 된 권리의 일부를 취득하여 매수인에게 이전할 수 없게 된 때의 이행불능이 된 권리의 시가, 즉 이행이익 상당액이라고 할 것이어서, 불법등기에 대한 불법행위책임을 물어 손해배상청구를 할 경우의 손해의 범위와 같이 볼 수 없다(대법원 1993. 1. 19. 선고 92다37727 판결).

ㄷ. [×] 임대차계약에 기한 임차권(임대차보증금반환청구권을 포함한다)을 그 목적물로 한 매매계약이 성립한 경우, 매도인이 임대인의 임대차계약상의 의무이행을 담보한다는 특별한 약정을 하지 아니한 이상, 임차권 매매계약 당시 임대차 목적물에 이미 설정되어 있던 근저당권이 임차권 매매계약 이후에 실행되어 낙찰인이 임대차 목적물의 소유권을 취득함으로써 임대인의 목적물을 사용·수익하게 할 의무가 이행불능으로 되었다거나, 임대인의 무자력으로 인하여 임대차보증금반환의무가 사실상 이행되지 않고 있다고 하더라도, 임차권 매도인에게 민법 제576조에 따른 담보책임이 있다고 할 수 없고, 이러한 법리는 임차권을 교환계약의 목적물로 한 경우에도 마찬가지이다(대법원 2007. 4. 26. 선고 2005다34018 판결).

ㄹ. [○] 민법 제109조 제1항에 의하면 법률행위 내용의 중요 부분에 착오가 있는 경우 착오에 중대한 과실이 없는 표의자는 법률행위를 취소할 수 있고, 민법 제580조 제1항, 제575조 제1항에 의하면 매매의 목적물에 하자가 있는 경우 하자가 있는 사실을 과실 없이 알지 못한 매수인은 매도인에 대하여 하자담보책임을 물어 계약을 해제하거나 손해배상을 청구할 수 있다. 착오로 인한 취소 제도와 매도인의 하자담보책임 제도는 취지가 서로 다르고, 요건과 효과도 구별된다. 따라서 매매계

약 내용의 중요 부분에 착오가 있는 경우 매수인은 매도인의 하자담보책임이 성립하는지와 상관없이 착오를 이유로 매매계약을 취소할 수 있다(대법원 2018. 9. 13. 선고 2015다78703 판결).

ㅁ. [O] 매도인이 매수인에게 공급한 부품이 통상의 품질이나 성능을 갖추고 있는 경우, 나아가 내한성이라는 특수한 품질이나 성능을 갖추고 있지 못하여 하자가 있다고 인정할 수 있기 위하여는, 매수인이 매도인에게 완제품이 사용될 환경을 설명하면서 그 환경에 충분히 견딜 수 있는 내한성 있는 부품의 공급을 요구한 데 대하여, 매도인이 부품이 그러한 품질과 성능을 갖춘 제품이라는 점을 명시적으로나 묵시적으로 보증하고 공급하였다는 사실이 인정되어야만 할 것이고, 특히 매매목적물의 하자로 인하여 확대손해 내지 2차 손해가 발생하였다는 이유로 매도인에게 그 확대손해에 대한 배상책임을 지우기 위하여는 채무의 내용으로 된 하자 없는 목적물을 인도하지 못한 의무위반사실 외에 그러한 의무위반에 대하여 매도인에게 귀책사유가 인정될 수 있어야만 한다(대법원 1997. 5. 7. 선고 96다39455 판결).

정답 ①

170 / 매매와 과실의 귀속 /

甲은 자기 소유의 X 부동산을 乙에게 매도하였다. X 부동산의 인도와 과실수취권에 관한 다음 설명 중 옳은 것을 모두 고른 것은? (다툼이 있으면 판례에 의함)

> ㄱ. 乙의 대금지급의무의 이행기가 지나 乙이 이행지체에 빠졌다면, 甲은 X 부동산을 인도하지 않았다고 하더라도 乙에게 매매대금의 이자 상당액의 손해배상청구를 할 수 있다.
>
> ㄴ. 만일 乙의 대금지급의무와 甲의 근저당권설정등기말소의무가 동시이행관계에 있는 등으로, 乙이 대금 지급을 거절할 정당한 사유가 있는 경우에는 乙이 매매목적물을 미리 인도받았다 하더라도 乙이 매매대금에 대한 이자를 지급할 의무는 없다.
>
> ㄷ. 위 ㄱ.의 경우, 甲은 X 부동산에서 생기는 과실을 수취할 수 있으므로 乙에게 X 부동산의 관리 보존의 비용을 청구할 수 없다.
>
> ㄹ. 甲이 X 부동산을 인도하지 않고 乙도 매매대금을 지급하지 않은 경우라도, 甲의 인도의무가 이행기가 지났다면 乙은 甲에게 인도의무 지연으로 인한 손해배상을 청구할 수 있다.
>
> ㅁ. 乙이 매매대금을 완납한 후에도 甲이 X 부동산을 인도하지 않은 경우, 乙은 甲에게 매매대금을 지급 받은 날부터의 매매대금 이자 상당액의 지급을 청구할 수 있다.
>
> ㅂ. 甲과 乙의 매매계약이 취소된 경우, 甲은 매매대금을 받은 날로부터 법정이자를 붙여 반환하여야 한다. 그러나 甲과 乙의 매매계약이 법정해제로 인해 적법하게 해제된 경우, 乙은 X부동산의 과실을 반환할 필요가 없다.
>
> ㅅ. 甲과 乙의 매매계약이 무효로 되는 때에는 甲이 악의의 수익자인 경우 특별한 사정이 없는 한 甲은 반환할 매매대금에 대하여 민법이 정한 연 5%의 법정이율에 의한 이자를 붙여 반환하여야 한다.

① ㄱ, ㄴ, ㄷ   ② ㄴ, ㄷ, ㅅ   ③ ㄴ, ㄹ, ㅂ
④ ㄷ, ㅁ, ㅅ   ⑤ ㄹ, ㅂ, ㅅ

해설

ㄱ. [✕] 특정물의 매매에 있어서 매수인의 대금지급채무가 이행지체에 빠졌다 하더라도 그 목적물이 매수인에게 인도될 때까지는 매수인은 매매대금의 이자를 지급할 필요가 없는 것이므로, 그 목적물의 인도가 이루어지지 아니하는 한 매도인은 매수인의 대금지급의무 이행의 지체를 이유로 매매대금의 이자 상당액의 손해배상청구를 할 수 없다(대법원 1995. 6. 30. 선고 95다14190 판결).

ㄴ. [O] 민법 제587조는 "매매계약이 있은 후에도 인도하지 아니한 목적물로부터 생긴 과실은 매도인에게 속한다. 매수인은 목적물의 인도를 받은 날로부터 대금의 이자를 지급하여야 한다."라고 규정하고 있다. 그러나 매수인의 대금 지급의무와 매도인의 근저당권설정등기 내지 가압류등기 말소의무가 동시이행관계에 있는 등으로 매수인이 대금 지급을 거절할 정당한 사유가 있는 경우에는 매매목적물을 미리 인도받았다 하더라도 위 민법 규정에 의한 이자를 지급할 의무는 없다고 보아야 한다(대법원 2018. 9. 28. 선고 2016다246800 판결).

ㄷ. [O] 특정물의 매매에 있어서 그 목적물이 매수인에게 인도되지 아니하였으면 매수인이 대금지급을 지체하여도 매도인은 매수인에게 동인도가 이루어지기 이전의 기간 동안의 목적물의 관리보존비의 상환이나 매매대금의 이자상당액의 손해배상청구를 할 수 없다(대법원 1981. 05. 26. 선고 80다211 판결).

ㄹ. [✕] 민법 제587조에 의하면, 매매계약 있은 후에도 인도하지 아니한 목적물로부터 생긴 과실은 매도인에게 속하고, 매수인은 목적물의 인도를 받은 날로부터 대금의 이자를 지급하여야 한다고 규정하고 있는바, 이는 매매당사자 사이의 형평을 꾀하기 위하여 매매목적물이 인도되지 아니하더라도 매수인이 대금을 완제한 때에는 그 시점 이후의 과실은 매수인에게 귀속되지만, 매매목적물이 인도되지 아니하고 또한 매수인이 대금을 완제하지 아니한 때에는 매도인의 이행지체가 있더라도 과실은 매도인에게 귀속되는 것이므로 매수인은 인도의무의 지체로 인한 손해배상금의 지급을 구할 수 없다(대법원 2004. 04. 23. 선고 2004다8210 판결).

ㅁ. [✕] 乙이 X부동산을 인도받은 후부터 과실수취권을 취득하므로(제587조 본문), 甲에게 매매대금의 이자가 아닌 X부동산에 대한 과실(사용이익)의 지급을 청구할 수 있다. **[관련판례]** 특별한 사정이 없는 한 매매계약이 있은 후에도 인도하지 아니한 목적물로부터 생긴 과실은 매도인에게 속하나, 매매목적물의 인도 전이라도 매수인이 매매대금을 완납한 때에는 그 이후의 과실수취권은 매수인에게 귀속된다(대법원 1993. 11. 09. 선고 93다28928 판결).

ㅂ. [✕] 쌍무계약이 취소된 경우 선의의 매수인에게 민법 제201조가 적용되어 과실취득권이 인정되는 이상 선의의 매도인에게도 민법 제587조의 유추적용에 의하여 대금의 운용이익 내지 법정이자의 반환을 부정함이 형평에 맞다(대법원 1993. 05. 14. 선고 92다45025 판결). **[보충해설]** 매매계약이 취소되기 전까지는 선의의 매도인이므로, 그 기간 동안에 발생한 법정이자는 지급하지 않아도 된다. 물론 매매계약이 취소된 경우에는 악의의 수익자가 되므로, 그때부터는 제748조 제2항에 의한 반환의무를 부담하게 된다. **[판례]** 계약 해제로 인하여 계약 당사자가 원상회복의무를 부담함에 있어서 당사자 일방이 목적물을 이용한 경우에는 그 사용에 의한 이익을 상대방에게 반환하여야 하는 것이므로, 양도인은 양수인이 양도 목적물을 인도받은 후 사용하였다 하더라도 양도계약의 해제로 인하여 양수인에게 그 사용에 의한 이익의 반환을 구함은 별론으로 하고, 양도 목적물 등이 양수인에 의하여 사용됨으로 인하여 감가 내지 소모가 되는 요인이 발생하였다 하여도 그것을 훼손으로

볼 수 없는 한 그 감가비 상당은 원상회복의무로서 반환할 성질의 것은 아니다(대법원 2000. 2. 25. 선고 97다30066 판결). 매매계약이 해제된 경우에 매수인이 목적물을 인도받아 사용하였다면 원상회복으로서 그 목적물을 반환하는 외에 그 사용이익을 반환할 의무를 부담하고, 여기에서 사용이익의 반환의무는 부당이득 반환의무에 해당하므로, 특별한 사정이 없는 한 매수인이 점유·사용한 기간 동안 그 재산으로부터 통상 수익할 수 있을 것으로 예상되는 이익, 즉 임료 상당액을 매수인이 반환하여야 할 사용이익으로 보아야 한다(대법원 2021. 7. 8. 선고 2020다290804 판결).

ㅅ. [O] 계약무효의 경우 각 당사자가 상대방에 대하여 부담하는 반환의무는 성질상 부당이득반환의무로서 악의의 수익자는 그 받은 이익에 법정이자를 붙여 반환하여야 하므로(민법 제748조 제2항), 매매계약이 무효로 되는 때에는 매도인이 악의의 수익자인 경우 특별한 사정이 없는 한 매도인은 반환할 매매대금에 대하여 민법이 정한 연 5%의 법정이율에 의한 이자를 붙여 반환하여야 한다. 그리고 위와 같은 법정이자의 지급은 부당이득반환의 성질을 가지는 것이지 반환의무의 이행지체로 인한 손해배상이 아니므로, 매도인의 매매대금 반환의무와 매수인의 소유권이전등기 말소등기절차 이행의무가 동시이행의 관계에 있는지 여부와는 관계가 없다(대법원 2017. 3. 9. 선고 2016다47478 판결).

정답 ②

171 /매매계약/

매매계약에 관한 아래 〈사례〉에 대한 다음 〈설명〉 중 옳지 않은 것을 모두 고른 것은?

〈사례〉

甲은 2019. 3. 1. 그 소유 X토지(당시 이미 甲의 채권자 A의 가압류가 되어 있었음)를 乙에게 1억 원에 매도하는 매매계약을 체결하면서, 계약금은 1천만 원으로 하면서 그중 3백만 원만 당일 지급받았고, 7백만 원은 같은 해 3. 3. 지급받기로 하였다. 그리고 중도금 4천만 원은 같은 해 5. 1.에 지급받으면서 X토지의 등기를 乙에게 이전하기로 하였고, 잔금 5천만 원은 같은 해 8. 1.에 지급받으면서 그 전까지 A의 가압류를 해제하기로 하였다. (아래 각 설명은 상호 독립적임)

〈설명〉

ㄱ. 甲은 2019. 3. 2. 丙으로부터 X토지에 대하여 1억 5천만 원의 매도제의를 받자 위 토지를 丙에게 팔기로 하고, 같은 날 乙에게 6백만 원을 지급하면서 X토지의 매매계약에 대한 해제의 의사표시를 하였다. 甲과 乙사이의 매매계약은 적법하게 해제되었다.

ㄴ. 甲은 乙로부터 약정기일에 계약금의 일부 7백만 원과 중도금 4천만 원을 각 지급받았으나, 甲은 乙에게 그 등기를 이전하지 않았다. 甲은 2019. 6. 1. 丙에게 X토지를 1억 5천만 원에 매도하는 계약을 체결하고, 같은 해 7. 1. 丙에게 X토지의 소유권이전등기를 마쳐 주었다. X토지의 시가는 2019. 6. 1.에는 1억 7천만 원, 2019. 7. 1.에는 1억 6천만 원, 2019. 8. 1.에는 1억 9천만 원에 이르고 있으나, 甲은 2019. 7. 1. 전후로 X토지의 시가가

상승에 대해서 알 수 있는 사정이 없었다. 2019. 8. 1. 현재 乙이 甲에게 구할 수 있는 전보배상액은 1억 7천만 원이다.

ㄷ. 乙은 약정기일에 나머지 계약금 7백만 원을 甲에게 지급하였다. 이후 X토지의 시가상승 조짐이 보이자 甲은 乙에게 매매대금의 증액을 요청하였고, 乙은 甲이 매매계약을 해제할 것을 염려하여 2019. 4. 1. 甲에게 중도금 4천만 원을 계좌이체의 방법으로 지급하였다. 다음날 甲은 지급받은 계약금의 배액인 2천만 원을 乙에게 지급하면서 X토지의 매매계약에 대한 해제의 의사표시를 하였다. 甲과 乙 사이의 매매계약은 해제되지 않는다.

ㄹ. 甲의 또 다른 채권자 B는 甲의 乙에 대한 잔금채권 5천만 원을 2019. 6. 1. 가압류하였고, 이에 기해 같은 해 6. 15. 압류 및 추심명령이 확정되었다. 甲이 약정기일에 중도금을 지급받고 乙에게 소유권을 이전하기는 하였으나, A의 가압류를 말소하지 못해 A가 X토지에 대해 2019. 7. 1. 강제경매를 신청하자 乙은 강제경매의 집행채권액을 2019. 7. 15. 공탁하였다. 2019. 8. 1. B가 乙에 대하여 추심금을 청구하는 경우, 乙은 甲에게 가지는 구상금채권으로 상계를 주장할 수 없다.

① ㄱ, ㄴ, ㄷ, ㄹ   ② ㄱ, ㄹ   ③ ㄱ, ㄴ
④ ㄴ, ㄹ   ⑤ ㄱ, ㄴ, ㄹ

해설

ㄱ. [✕] 매도인이 '계약금 일부만 지급된 경우 지급받은 금원의 배액을 상환하고 매매계약을 해제할 수 있다'고 주장한 사안에서, '실제 교부받은 계약금'의 배액만을 상환하여 매매계약을 해제할 수 있다면 이는 당사자가 일정한 금액을 계약금으로 정한 의사에 반하게 될 뿐 아니라, 교부받은 금원이 소액일 경우에는 사실상 계약을 자유로이 해제할 수 있어 계약의 구속력이 약화되는 결과가 되어 부당하기 때문에, 계약금 일부만 지급된 경우 수령자가 매매계약을 해제할 수 있다고 하더라도 해약금의 기준이 되는 금원은 '실제 교부받은 계약금'이 아니라 '약정 계약금'이라고 봄이 타당하므로, 매도인이 계약금의 일부로서 지급받은 금원의 배액을 상환하는 것으로는 매매계약을 해제할 수 없다(대법원 2015. 4. 23. 선고 2014다231378 판결).

ㄴ. [✕] 매매목적물에 관하여 이중으로 제3자와 매매계약을 체결하였다는 사실만 가지고는 매매계약이 법률상 이행불능이라고 할 수 없고, 채무의 이행이 불능이라는 것은 단순히 절대적, 물리적으로 불능인 경우가 아니라 사회생활에 있어서의 경험법칙 또는 거래상의 관념에 비추어 볼 때 채권자가 채무자의 이행의 실현을 기대할 수 없는 경우를 말한다(대법원 1996. 7. 26. 선고 96다14616 판결). 부동산을 이중매도하고 매도인이 그 중 1인에게 먼저 소유권명의를 이전하여 준 경우에는 특별한 사정이 없는 한 다른 1인에 대한 소유권이전등기의무는 이행불능 상태에 있다 할 것이다(대법원 1965. 7. 27. 선고 65다947 판결). 매매계약의 이행불능으로 인한 전보배상책임의 범위는 이행불능 당시의 매매목적물의 시가에 의하여야 하고 그와 같은 시가 상당액이 곧 통상의 손해라 할 것이고, 그 후 시가의 등귀는 채무자가 알거나 알 수 있었을 경우에 한하여 이를 특별사정으로 인한 손해로 보아 그 배상을 청구할 수 있는 것이므로 이행불능 당시의 시가가 계약 당시의 그것보다 현저하게 앙등되었다 할지라도 그 가격을 이른바 특별사정으로 인한 손해라고 볼 수 없다(대법원 1993. 5. 27. 선고 92다20163 판결). **[지문해설]** 甲은 2019. 7. 1. 丙에게 X토지의 소유권이전등기를 마쳐주었으므

로, 甲의 乙에 대한 소유권이전등기의무는 같은 해 7. 1.에 이행불능이 된다. 따라서 X토지의 시가가 같은 해 7. 1. 에 1억 6천만 원이고, 다만 그 뒤인 같은 해 8. 1.에는 1억 9천 만 원이나, 甲은 같은 해 7. 1. 전후로 X토지의 시가상승에 대해서 알 수 있는 사정이 없었으므로, 같은 해 8. 1. 현재 乙이 甲에게 구할 수 있는 전보배상액은 1억 6천만 원이 된다.

ㄷ. [O] [1] 민법 제565조가 해제권 행사의 시기를 당사자의 일방이 이행에 착수할 때까지로 제한한 것은 당사자의 일방이 이미 이행에 착수한 때에는 그 당사자는 그에 필요한 비용을 지출하였을 것이고, 또 그 당사자는 계약이 이행될 것으로 기대하고 있는데 만일 이러한 단계에서 상대방으로부터 계약이 해제된다면 예측하지 못한 손해를 입게 될 우려가 있으므로 이를 방지하고자 함에 있고, 이행기의 약정이 있는 경우라 하더라도 당사자가 채무의 이행기 전에는 착수하지 아니하기로 하는 특약을 하는 등 특별한 사정이 없는 한 이행기 전에 이행에 착수할 수 있다. [2] 매매계약의 체결 이후 시가 상승이 예상되자 매도인이 구두로 구체적인 금액의 제시 없이 매매대금의 증액 요청을 하였고, 매수인은 이에 대하여 확답하지 않은 상태에서 중도금을 이행기 전에 제공하였는데, 그 이후 매도인이 계약금의 배액을 공탁하여 해제권을 행사한 사안에서, 시가 상승만으로 매매계약의 기초적 사실관계가 변경되었다고 볼 수 없어 '매도인을 당초의 계약에 구속시키는 것이 특히 불공평하다'거나 '매수인에게 계약내용 변경요청의 상당성이 인정된다'고 할 수 없고, 이행기 전의 이행의 착수가 허용되어서는 안 될 만한 불가피한 사정이 있는 것도 아니므로 매도인은 위의 해제권을 행사할 수 없다고 한 원심의 판단을 수긍한 사례(대법원 2006. 2. 10. 선고 2004다11599 판결).

ㄹ. [X] [1] 같은 채권에 관하여 추심명령이 여러 번 발부되더라도 그 사이에는 순위의 우열이 없고, 추심명령을 받아 채권을 추심하는 채권자는 자기채권의 만족을 위하여서 뿐만 아니라 압류가 경합되거나 배당요구가 있는 경우에는 집행법원의 수권에 따라 일종의 추심기관으로서 압류나 배당에 참가한 모든 채권자를 위하여 제3채무자로부터 추심을 하는 것이므로 그 추심권능은 압류된 채권 전액에 미치며, 제3채무자로서도 정당한 추심권자에게 변제하면 그 효력은 위 모든 채권자에게 미치므로 압류된 채권을 경합된 압류채권자 및 또 다른 추심권자의 집행채권액에 안분하여 변제하여야 하는 것도 아니다. [2] 금전채권에 대한 가압류로부터 본압류로 전이하는 압류 및 추심명령이 있는 때에는 제3채무자는 채권이 가압류되기 전에 압류채무자에게 대항할 수 있는 사유로써 압류채권자에게 대항할 수 있으므로, 제3채무자의 압류채무자에 대한 자동채권이 수동채권인 피압류채권과 동시이행의 관계에 있는 경우에는, 그 가압류명령이 제3채무자에게 송달되어 가압류의 효력이 생긴 후에 자동채권이 발생하였다고 하더라도 제3채무자는 동시이행의 항변권을 주장할 수 있고, 따라서 그 상계로써 압류채권자에게 대항할 수 있다. 이 경우에 자동채권 발생의 기초가 되는 원인은 수동채권이 가압류되기 전에 이미 성립하여 존재하고 있었으므로, 그 자동채권은 민법 제498조 소정의 "지급을 금지하는 명령을 받은 제3채무자가 그 후에 취득한 채권"에 해당하지 아니한다. [3] 동시이행의 항변권은 당사자 쌍방이 부담하는 각 채무가 고유의 대가관계에 있는 쌍무계약상의 채무가 아니더라도 구체적 계약관계에서 당사자 쌍방이 부담하는 채무 사이에 대가적인 의미가 있어 이행상 견련관계를 인정하여야 할 사정이 있는 경우에는 이를 인정하여야 한다. [4] 부동산 매수인의 매매잔대금 지급의무와 매도인의 가압류기입등기말소의무가 동시이행관계에 있었는데 위 가압류에 기한 강제경매절차가 진행되자 매수인이 강제경매의 집행채권액과 집행비용을 변제공탁한 경우 매도인은 매수인에 대해 대위변제로 인한 구상채무를 부담하게 되고, 그 구상채무는 가압류기입등기말소의무의 변형으로서 매수인의 매매잔대금 지급의무와 여전히 대가적인 의미가 있어 서로 동시이행관계에 있으므로, 매수인은 매도인의 매매잔대금채권에 대해 가압류로부터 본압류로 전이하는 압류 및 추심명령을 받은 채권자에게 가압류 이후에 발생한 위 구상금채권에 의한 상계로 대항할 수 있다고 한 사례(대법원 2001. 3. 27. 선고 2000다43819 판결). **[지문해설]** 乙의 甲에 대한 구상금은 B의 가압류의 효력이 발생한 2019. 6. 1. 이후인 2019. 7. 15.에 발생하였

다. 그러나 구상금 발생의 원인이 되는 법률관계는 2019. 3. 1.의 계약으로 이미 발생한 것이므로, 乙은 B의 추심금 청구에 대하여 甲에 대한 구상금을 자동채권으로 하여 상계로 대항할 수 있다.

정답 ⑤

제3절 · 소비대차 · 사용대차

172 /소비대차 · 사용대차/
다음 설명 중 옳은 것을 모두 고른 것은? (다툼이 있으면 판례에 의함)

ㄱ. 차용물의 대물반환예약 당시 목적물의 가액이 차용액 및 이자의 합산액을 넘는 경우, 대물변제의 예약은 무효이고, 약한 의미의 양도담보로서의 효력도 인정할 수 없다.
ㄴ. 종중이 종중원에게 종중 소유 토지를 무상으로 사용하도록 하는 사용대차계약이 묵시적으로 성립했다고 볼 수 있는 경우, 유익비상환청구권을 인정하는 것은 신중을 기해야 한다.
ㄷ. 준소비대차계약의 당사자는 반드시 기초가 되는 기존 채무의 당사자이어야 한다. 한편 구채무가 소비대차상의 채무인 경우에도 이를 기초로 준소비대차계약을 하는 것이 가능하지만, 기존 채무가 무효라면 준소비대차 계약도 무효가 된다.
ㄹ. 당사자 일방이 상대방에게 현실로 금전 기타 대체물의 소유권을 이전하였다고 하더라도 상대방이 같은 종류, 품질 및 수량으로 반환할 것을 약정한 경우가 아니라면 이들 사이의 법률행위를 소비대차라 할 수 없다.
ㅁ. 현실적인 자금의 수수 없이 형식적으로만 신규 대출을 하여 기존 채무를 변제하는 경우, 특별한 사정이 없는 한 기존 채무에 대한 보증책임이 새로운 채무에 대한 보증으로 존속된다.

① ㄱ, ㄴ, ㄹ ② ㄱ, ㄴ, ㄷ, ㄹ ③ ㄴ, ㄹ, ㅁ
④ ㄴ, ㄷ, ㅁ ⑤ ㄴ, ㄷ, ㄹ, ㅁ

해설

ㄱ. [✕] 재산권을 이전하기로 한 당사자 간의 약정이 담보목적이 아니라 대물변제의 의사로 한 것이라 하더라도 위 약정을 함에 있어 약정 후 3년 이내에 채무자가 그간의 원리금을 지급하면 채권자는 목적물을 채무자에게 되돌려 주기로 하는 약정도 함께 하였다면, 이는 결국 대물변제의 예약이라고 봄이 상당하며 그 약정 당시의 가액이 원리금을 초과하므로 대물변제의 예약 자체는 무효이고 다만 양도담보로서의 효력만 인정하여야 한다고 한 사례(대법원 1991. 12. 24. 선고 91다11223 판결).
ㄴ. [O] 사용대차에서 차주는 민법 제611조 제2항, 제594조 제2항, 제203조 제2항에 따라 유익비상환을 청구할 수 있다. 그러나 종중이 종중원에게 종중 소유 토지를 무상으로 사용하도록 하는 사용대차계약이 묵시적으로 성립했다고 볼 수 있는 경우 유익비상환청구권을 인정하는 것은 신중을 기해

야 한다. 토지에 대한 장기간의 무상 사용대차계약은 종중과 종중원 관계가 아니라면 찾아보기 힘들 정도로 매우 이례적인 데다가, 토지를 장기간 무상으로 사용하면서 토지 사용이익을 향유한 종중원이 종중을 상대로 유익비상환청구를 하는 것은 형평에 어긋날 수 있기 때문이다. 따라서 <u>이러한 경우에는 사용·수익에 충분한 기간이 지나면 종중의 반환 요청을 받은 종중원이 유익비를 지출하였더라도 그 상환을 청구하지 않고 토지를 그대로 반환한다는 묵시적 약정이 포함되어 있다고 보는 것이 당사자의 진정한 의사에 부합한다</u>(대법원 2018. 3. 27. 선고 2015다3914 판결).

ㄷ. [O] 준소비대차는 소비대차에 의하지 아니하고 금전 기타의 대체물을 지급할 의무가 있는 경우에 당사자가 그 목적물을 소비대차의 목적물로 할 것을 약정함으로써 당사자 사이에 소비대차의 효력이 생기는 것을 말하는 것으로서 기존 채무의 당사자가 그 채무의 목적물을 소비대차의 목적물로 한다는 합의를 할 것을 요건으로 하므로 <u>준소비대차계약의 당사자는 기초가 되는 기존 채무의 당사자이어야 한다</u>(대법원 2002. 12. 06. 선고 2001다2846 판결). 민법 제605조 소정의 준소비대차는 구채무가 소비대차일 경우에도 성립한다(대법원 1994. 05. 13. 선고 94다8440 판결). 준소비대차계약에 있어서 <u>그 기존채무가 무효이면 새로운 채무도 성립되지 않는다</u>(대법원 1962. 01. 18. 선고 4294민상493 판결).

ㄹ. [O] 민법상 소비대차는 당사자 일방이 금전 기타 대체물의 소유권을 상대방에게 이전할 것을 약정하고 상대방은 그와 같은 종류, 품질 및 수량으로 반환할 것을 약정함으로써 효력이 생기는 이른바 낙성계약이므로, <u>차주가 현실로 금전 등을 수수하거나 현실의 수수가 있는 것과 같은 경제적 이익을 취득하여야만 소비대차가 성립하는 것은 아니다. 반대로 당사자 일방이 상대방에게 현실로 금전 기타 대체물의 소유권을 이전하였다고 하더라도 상대방이 같은 종류, 품질 및 수량으로 반환할 것을 약정한 경우가 아니라면 이들 사이의 법률행위를 소비대차라 할 수 없다</u>(대법원 2018. 12. 27. 선고 2015다73098 판결).

ㅁ. [O] <u>현실적인 자금의 수수 없이 형식적으로만 신규 대출을 하여 기존 채무를 변제하는 이른바 대환</u>은 특별한 사정이 없는 한 형식적으로는 별도의 대출에 해당하나 실질적으로는 기존 채무의 변제기 연장에 불과하므로, <u>그 법률적 성질은 기존 채무가 여전히 동일성을 유지한 채 존속하는 준소비대차로 보아야 하고, 이러한 경우 채권자와 보증인 사이에 사전에 신규 대출 형식에 의한 대환을 하는 경우 보증책임을 면하기로 약정하는 등의 특별한 사정이 없는 한 기존 채무에 대한 보증책임이 존속된다</u>(대법원 2012. 02. 23. 선고 2011다76426 판결).

정답 ⑤

173 /소비대차·사용대차/
다음 설명 중 옳은 것을 모두 고른 것은? (다툼이 있으면 판례에 의함)

> ㄱ. 전세금반환 채무의 변제를 위하여 대물변제예약을 하는 경우, 양도하기로 한 부동산의 예약당시 가액이 전세금반환 채무의 원금과 이자를 초과한다면 대물변제예약은 민법 제607조, 제608조를 위반하여 무효이다.
>
> ㄴ. 금전소비대차계약이 성립된 이후에 차주의 신용불안이나 재산상태의 현저한 변경이 생겨 장차 대주의 대여금반환청구권 행사가 위태롭게 되는 등 사정변경이 생기고 이로 인하여 당초의 계약내용에 따른 대여의무를 이행케 하는 것이 공평과 신의칙에 반하게 되는 경우에 대주는 대여의무의 이행을 거절할 수 있다.

ㄷ. 사용대차에서 차주의 권리를 양도받은 자는 그 양도에 관한 대주의 승낙이 없으면 대주에게 대항할 수 없다.

ㄹ. 기존채무에 관하여 가압류가 마쳐진 상태에서 준소비대차계약을 체결한 경우, 가압류채권자는 준소비대차가 자신의 가압류에 반하여 무효임을 전제로 기존채권에 대한 추심을 마친 후, 다시 준소비대차가 유효함을 전제로 신채권에 대한 추심을 주장할 수 없다.

ㅁ. 준소비대차계약의 채무자가 기존 채무의 부존재를 주장하는 이상 채권자로서는 기존 채무의 존재를 증명할 책임이 있다.

① ㄴ, ㄷ, ㄹ, ㅁ　　② ㄱ, ㄴ, ㄷ　　③ ㄴ, ㄹ
④ ㄴ, ㄷ　　⑤ ㄷ, ㄹ, ㅁ

해설

ㄱ. [X] 차용물이 아닌 기존채무 변제를 위한 대물변제예약에는 제607조, 제608조의 적용이 없다. **[관련판례]** 민법 제607조에서 말하는 차용액이라 함은 소비대차계약 또는 준소비대차계약에 의하여 차주가 반환한 의무가 있는 것만을 의미하는 것이고 널리 유상행위에 수반하여 행하여지는 경우까지 포함하는 것은 아니다(대법원 1965. 9. 21. 선고 65다1302 판결).

ㄴ. [O] 민법 제2조 제1항은 신의성실의 원칙에 관하여 "권리의 행사와 의무의 이행은 신의에 좇아 성실히 하여야 한다."라고 정한다. 이 원칙은 법률관계의 당사자가 상대방의 이익을 배려하여 형평에 어긋나거나 신의를 저버리는 내용 또는 방법으로 권리를 행사하거나 의무를 이행해서는 안 된다는 추상적 규범으로서 법질서 전체를 관통하는 일반 원칙으로 작용하고 있다. 한편 민법 제536조 제2항에 정한 '선이행의무를 지고 있는 당사자가 상대방의 이행이 곤란한 현저한 사유가 있는 때에 자기의 채무이행을 거절할 수 있는 경우'란 선이행채무를 지게 된 채권자가 계약 성립 후 채무자의 신용불안이나 재산상태의 악화 등의 사정으로 반대급부를 이행받을 수 없는 사정변경이 생기고 이로 인하여 당초의 계약내용에 따른 선이행의무를 이행케 하는 것이 공평과 신의칙에 반하게 되는 경우를 말하는 것이고, 이와 같은 사유는 당사자 쌍방의 사정을 종합하여 판단하여야 한다. 나아가 민법 제599조는 "대주가 목적물을 차주에게 인도하기 전에 당사자 일방이 파산선고를 받은 때에는 소비대차는 그 효력을 잃는다."라고 정한다. 위 규정의 취지는 소비대차계약의 목적물이 인도되기 전에 당사자의 일방이 파산한 경우에는 당사자 사이의 신뢰관계가 깨어져 당초의 계약관계를 유지하는 것이 타당하지 아니한 사정변경을 반영한 것이다. 위와 같은 규정의 내용과 그 입법 취지에 비추어 보면, 금전소비대차계약이 성립된 이후에 차주의 신용불안이나 재산상태의 현저한 변경이 생겨 장차 대주의 대여금반환청구권 행사가 위태롭게 되는 등 사정변경이 생기고 이로 인하여 당초의 계약내용에 따른 대여의무를 이행케 하는 것이 공평과 신의칙에 반하게 되는 경우에 대주는 대여의무의 이행을 거절할 수 있다고 보아야 한다(대법원 2021. 10. 28. 선고 2017다224302 판결).

ㄷ. [O] 사용대차와 같은 무상계약은 증여와 같이 개인적 관계에 중점을 두는 것이므로 당사자 사이에 특약이 있다는 등의 특별한 사정이 없으면 사용대차의 차주는 대주의 승낙이 없이 제3자에게 차용물을 사용, 수익하게 하지 못한다(민법 제610조 제2항). 차주가 위 규정에 위반한 때에는 대주는 계약을 해지하거나(민법 제610조 제3항) 계약을 해지하지 않고서도 제3자에 대하여 그 목적물의 인도를 청구할 수 있으며, 사용대차에서 차주의 권리를 양도받은 자는 그 양도에 관한 대주의 승낙이 없으면 대주에게 대항할 수 없다(대법원 2021. 2. 4. 선고 2019다202795 판결).

ㄹ. [O] 준소비대차에 관한 법리에 비추어 신채권의 성립은 기존채권의 소멸을 전제로 하는 것으로서, 두 채권이 법적 평가에서 완전히 동일한 채권이라고 할 수는 없다고 하더라도 적어도 같은 당사자와의 관계에서 두 채권이 동시에 양립할 수는 없는바 가압류채권자가 이미 위 준소비대차가 기존채권에 대한 자신의 가압류의 효력에 반하는 것으로 '가압류채권자에 대한 관계에서는 무효'임을 전제로 하여 신채권이 공제되지 않은 기존채권 전액에 대한 추심을 마친 경우, 가압류채권자가 이번에는 위 준소비대차가 채무자와 제3채무자 사이에서는 유효하므로 '가압류채권자에 대한 관계에서도 유효'함을 전제로 하여 신채권에 대한 추심을 주장하는 것은 금반언 내지 신의칙에 반하여 원칙적으로 허용될 수 없다(대법원 2007. 1. 11. 선고 2005다47175 판결).

ㅁ. [O] 준소비대차계약이 성립하려면 당사자 사이에 금전 기타의 대체물의 급부를 목적으로 하는 기존 채무가 존재하여야 하고, 기존 채무가 존재하지 않거나 또는 존재하고 있더라도 그것이 무효가 된 때에는 준소비대차계약은 효력이 없다. 준소비대차계약의 채무자가 기존 채무의 부존재를 주장하는 이상 채권자로서는 기존 채무의 존재를 증명할 책임이 있다(대법원 2024. 4. 25. 선고 2022다254024 판결).

정답 ①

제4절 • 임대차

174 / 임차목적물의 사용·수익 /

임대차 계약에 관한 다음 설명 중 옳지 않은 것은? (다툼이 있으면 판례에 의함)

① 기존 임차인과 새로운 임차인 및 임대인 사이에 임대차계약상의 지위 양도 등 권리·의무의 포괄적 양도에 관한 계약이 확정일자 있는 증서에 의하여 체결되거나, 임대차보증금 반환채권의 양도에 대한 통지·승낙이 확정일자 있는 증서에 의하여 이루어지는 등의 절차를 거치지 아니하는 한, 기존의 임대차계약에 따른 임대차보증금 반환채권에 대하여 채권가압류명령, 채권압류 및 추심명령 등을 받은 채권자 등 임대차보증금 반환채권에 관하여 양수인의 지위와 양립할 수 없는 법률상의 지위를 취득한 제3자에 대하여는 임대차계약상의 지위 양도 등 권리·의무의 포괄적 양도에 포함된 임대차보증금 반환채권의 양도로써 대항할 수 없다.

② 주택 경매절차의 매수인이 권리신고 및 배당요구를 한 주택임차인의 배당순위가 1순위 근저당권자보다 우선한다고 신뢰하여 임차보증금 전액이 매각대금에서 배당되어 임차보증금반환채무를 인수하지 않는다는 전제 아래 매수가격을 정하여 낙찰을 받아 주택에 관한 소유권을 취득하였다면, 주택임차인이 1순위 근저당권자에게 무상거주확인서를 작성해 준 사실이 있어 임차보증금을 배당받지 못하게 되었다고 하더라도, 그러한 사정을 들어 주택의 인도를 구하는 매수인에게 주택임대차보호법상 대항력을 주장하는 것은 신의칙에 위반되어 허용될 수 없다.

③ 임차목적물이 적법하게 전대되었을 경우, 임차인의 차임연체액이 2기의 차임액에 달한다는 이유로 임대인이 임대차계약을 해지할 때에는 그 사유를 전차인에게 통지하지 않더라도 해지로써 전차인에게 대항할 수 있다.

④ 임차인이 임대차기간 중 목적물을 직접 지배함을 전제로 한 임대차 목적물 반환의무 이행불능에 관한 법리는 숙박계약에도 그대로 적용될 수 있다. 따라서 고객이 숙박계약에 따라 객실을 사용·수익하던 중 발생 원인이 밝혀지지 않은 화재로 인하여 객실에 발생한 손해는 특별한 사정이 없는 한 고객의 부담으로 귀속된다.

⑤ 임대인으로서는 임대차보증금 없이도 부동산 임대차계약을 유지할 수 있으므로, 임대차계약이 존속 중이라도 임대차보증금반환채무에 관한 기한의 이익을 포기하고 임차인의 임대차보증금반환채권을 수동채권으로 하여 상계할 수 있고, 임대차 존속 중에 그와 같은 상계의 의사표시를 한 경우에는 임대차보증금반환채무에 관한 기한의 이익을 포기한 것으로 볼 수 있다.

[해설]

① [O] [1] 임대차보증금 반환채권을 양도하는 경우에 확정일자 있는 증서로 이를 채무자에게 통지하거나 채무자가 확정일자 있는 증서로 이를 승낙하지 아니한 이상 양도로써 채무자 이외의 제3자에게 대항할 수 없으며(민법 제450조 참조), 이러한 법리는 임대차계약상의 지위를 양도하는 등 임대차계약상의 권리의무를 포괄적으로 양도하는 경우에 권리의무의 내용을 이루고 있는 임대차보증금 반환채권의 양도 부분에 관하여도 마찬가지로 적용된다. 따라서 위 경우에 기존 임차인과 새로운 임차인 및 임대인 사이에 임대차계약상의 지위 양도 등 권리의무의 포괄적 양도에 관한 계약이 확정일자 있는 증서에 의하여 체결되거나, 임대차보증금 반환채권의 양도에 대한 통지·승낙이 확정일자 있는 증서에 의하여 이루어지는 등의 절차를 거치지 아니하는 한, 기존의 임대차계약에 따른 임대차보증금 반환채권에 대하여 채권가압류명령, 채권압류 및 추심명령 등을 받은 채권자 등 임대차보증금 반환채권에 관하여 양수인의 지위와 양립할 수 없는 법률상의 지위를 취득한 제3자에 대하여는 임대차계약상의 지위 양도 등 권리의무의 포괄적 양도에 포함된 임대차보증금 반환채권의 양도로써 대항할 수 없다. [2] 민법 제450조 제2항이 정하는 지명채권 양도의 제3자에 대한 대항요건은 양도된 채권이 존속하는 동안에 채권에 관하여 양수인의 지위와 양립할 수 없는 법률상의 지위를 취득한 제3자가 있는 경우에 적용되므로, 임대차보증금 반환채권이 양도되거나 임대차보증금 반환채권에 대하여 채권가압류명령, 채권압류 및 추심명령 등(이하 '채권가압류명령 등'이라 한다)이 이루어지기에 앞서 임대차계약의 종료 등을 원인으로 한 변제, 상계, 정산합의 등에 의하여 임대차보증금 반환채권이 이미 소멸하였다면, 채권양도나 채권가압류명령 등은 모두 존재하지 아니하는 채권에 대한 것으로서 효력이 없고, 대항요건의 문제는 발생할 여지가 없다. [3] 임대인이 기존의 임대차계약 후 제3자와 임대차계약을 체결하는 행위를 한 때에도, 실제로는 임차인이 기존의 임대차계약상의 지위를 제3자에게 양도하는 등 임대차계약상의 권리의무를 포괄적으로 양도하거나, 오로지 기존의 임대차보증금 반환채권을 타인에게 귀속시키는 것에 해당하는 경우가 있을 수 있다. 여기서 위 행위가 기존의 임대차계약 관계 및 임대차보증금 반환채권을 완전히 소멸시키고 제3자의 새로운 임대차보증금 반환채권을 발생시키는 것인지, 아니면 기존의 임대차계약상의 권리의무를 포괄적으로 양도하거나 기존의 임대차보증금 반환채권을 양도하는 것인지는, 행위를 이루고 있는 계약 내지 의사의 해석 문제에 해당한다. 따라서 행위가 이루어진 동기와 경위, 당사자가 행위에 의하여 달성하려는 목적과 진정한 의사, 거래의 관행 등을 종합적으로 고려하여 논리와 경험칙에 따라 행위에 담긴 의사를 해석함으로써, 법률관계의 성격 내지 기존의 임대차보증금 반환채권의 소멸 여부에 관하여 합리적으로 판단하여야 하며, 결국 기존의 임차인과 제3자와의 관계, 새로운 임대차계약의 체결 경위 및 기존의 임대차계약과 새로운 임대차계약의 각 내용, 새로운 임대차계약과 기존의 임대차계약의 각 보증금 액수가 같은지 여부 및 같지 않을 경우에는 차액의 반환 내지 지급관계, 새로운 임대차계약을 전후한 부동산의 점유·사용관계, 새로운 임대차계약에 따른 월 차

임의 지급관계 등의 여러 사정을 모두 종합하여 의사를 해석·판단하여야 한다. [4] 갑이 을로부터 아파트를 임차하기로 하는 임대차계약을 체결한 후 임대차계약 기간 중 갑의 처인 병이 을과 위 아파트에 관하여 임대차보증금과 월 차임을 달리하는 임대차계약서를 작성하였는데, 정이 갑을 채무자, 을을 제3채무자로 하여 갑이 을에 대하여 가지는 임대차보증금 반환채권에 관하여 채권가압류결정을 받은 사안에서, 제반 사정에 비추어 갑은 기존 임대차계약상의 임차인 지위를 병에게 양도하는 등 기존 임대차계약상의 권리의무를 포괄적으로 양도하고 이와 아울러 기존 임대차보증금 반환채권을 양도하면서 병의 명의로 을과 임대차계약서를 작성한 것으로 보이므로, 기존 임대차보증금 반환채권에 관한 채권가압류결정에 앞서 을이 반환한 임대차보증금 차액의 범위 내에서는 기존 임대차보증금 반환채권이 소멸되었으나, 나머지 기존 임대차보증금 반환채권에 관하여는 채권가압류결정에 앞서 확정일자 있는 증서에 의하여 임대차계약서가 작성되거나 기존 임대차보증금 반환채권의 양도에 대한 통지·승낙이 있었다는 사정이 없는 한 정에 대하여 기존 임대차보증금 반환채권의 양도 사실을 가지고 대항할 수 없다고 한 사례(대법원 2017. 1. 25. 선고 2014다52933 판결).

② [O] 주택임대차보호법에 따른 주택임차인의 대항력 발생일과 임대차계약서상 확정일자가 모두 당해 주택에 관한 1순위 근저당권 설정일보다 앞서는 경우, 주택임차인은 특별한 사정이 없는 한 대항력뿐 아니라 1순위 근저당권자보다 선순위의 우선변제권도 가지므로, 그 주택에 관하여 개시된 경매절차에서 배당요구종기 이전에 배당요구를 하였다면 1순위 근저당권자보다 우선하는 배당순위를 가진다. 한편 집행법원은 부동산에 관한 경매절차에서 부동산의 표시, 부동산의 점유자와 점유의 권원, 점유할 수 있는 기간, 차임 또는 보증금에 관한 관계인의 진술 등의 사항을 적은 매각물건명세서를 작성한 다음 그 사본을 비치하여 누구든지 볼 수 있도록 하여야 한다(민사집행법 제105조). 이는 경매대상 부동산의 현황과 권리관계를 되도록 정확히 파악하여 일반인에게 공시함으로써 매수희망자가 필요한 정보를 쉽게 얻을 수 있게 하여 예측하지 못한 손해를 입는 것을 방지하기 위한 것이다. 주택임차인이 주택에 관하여 개시된 경매절차에서 임차보증금 액수, 주택인도일, 주민등록일(전입신고일), 임대차계약서상 확정일자 등 대항력 및 우선변제권 관련 사항을 밝히고 권리신고 및 배당요구를 한 경우 그 내용은 매각물건명세서에 기재되어 공시되므로, 매수희망자는 보통 이를 기초로 매각기일에서 신고할 매수가격을 정하게 된다. 따라서 주택 경매절차의 매수인이 권리신고 및 배당요구를 한 주택임차인의 배당순위가 1순위 근저당권자보다 우선한다고 신뢰하여 임차보증금 전액이 매각대금에서 배당되어 임차보증금반환채무를 인수하지 않는다는 전제 아래 매수가격을 정하여 낙찰을 받아 주택에 관한 소유권을 취득하였다면, 설령 주택임차인이 1순위 근저당권자에게 무상거주확인서를 작성해 준 사실이 있어 임차보증금을 배당받지 못하게 되었다고 하더라도, 그러한 사정을 들어 주택의 인도를 구하는 매수인에게 주택임대차보호법상 대항력을 주장하는 것은 신의칙에 위반되어 허용될 수 없다(대법원 2017. 4. 7. 선고 2016다248431 판결).

③ [O] 민법 제638조 제1항, 제2항 및 제635조 제2항에 의하면 임대차계약이 해지 통고로 인하여 종료된 경우에 그 임대물이 적법하게 전대되었을 때에는 임대인은 전차인에 대하여 그 사유를 통지하지 아니하면 해지로써 전차인에게 대항하지 못하고, 전차인이 통지를 받은 때에는 토지, 건물 기타 공작물에 대하여는 임대인이 해지를 통고한 경우에는 6월, 임차인이 해지를 통고한 경우에는 1월, 동산에 대하여는 5일이 경과하면 해지의 효력이 생긴다고 할 것이지만 민법 제640조에 터 잡아 임차인의 차임연체액이 2기의 차임액에 달함에 따라 임대인이 임대차계약을 해지하는 경우에는 전차인에 대하여 그 사유를 통지하지 않더라도 해지로써 전차인에게 대항할 수 있고, 해지의 의사표시가 임차인에게 도달하는 즉시 임대차관계는 해지로 종료된다(대법원 2012. 10. 11. 선고 2012다55860 판결).

④ [X] [1] 임대차 목적물이 화재 등으로 인하여 소멸됨으로써 임차인의 목적물 반환의무가 이행불능이 된 경우에, 임차인은 이행불능이 자기가 책임질 수 없는 사유로 인한 것이라는 증명을 다하지 못하면 목적물 반환의무의 이행불능으로 인한 손해를 배상할 책임을 지고, 그 화재 등의 구체적인

발생 원인이 밝혀지지 아니한 때에도 마찬가지이다. 이러한 법리는 임대차 종료 당시 임대차 목적물 반환의무가 이행불능 상태는 아니지만 반환된 임차 건물이 화재로 인하여 훼손되었음을 이유로 손해배상을 구하는 경우에도 동일하게 적용된다. [2] 숙박업자가 고객과 체결하는 숙박계약은 숙박업자가 고객에게 객실을 제공하여 이를 일시적으로 사용할 수 있도록 하고, 고객은 숙박업자에게 사용에 따른 대가를 지급하는 것을 내용으로 한다는 점에서 임대차계약과 유사하다. 대법원이 숙박계약을 '일종의 일시 사용을 위한 임대차계약'이라고 한 것은 이러한 유사성에 착안한 것이다. 그러나 숙박계약은 통상의 임대차계약과는 다른 여러 가지 요소들도 포함하고 있으므로, 숙박계약에 대한 임대차 관련 법리의 적용 여부와 범위는 이러한 숙박계약의 특수성을 고려하여 개별적으로 판단하여야 한다. 임대인은 임대차계약에 따라 임차인에게 목적물을 인도하여야 한다(민법 제623조). 임차인은 목적물의 점유를 취득하여 이를 사용·수익하면서 선량한 관리자의 주의를 다하여 목적물을 보존하고, 임대차가 종료되면 목적물을 원상에 회복하여 반환하여야 한다(민법 제374조, 제654조, 제615조). 임차인은 목적물을 인도받아 이를 사용·수익하는 동안 목적물을 직접 지배한다고 추단된다. 그러므로 목적물에 화재가 발생한 경우 화재가 임대인의 귀책사유로 인한 것이거나 임대인의 지배영역에서 발생하였다는 등의 사정이 없는 한 화재로 인한 목적물 반환의무의 이행불능으로 인한 손해는 임차인의 부담으로 귀속된다. 숙박업자와 고객의 관계는 통상적인 임대인과 임차인의 관계와는 다르다. 숙박업자는 고객에게 객실을 사용·수익하게 하는 것을 넘어서서 고객이 안전하고 편리하게 숙박할 수 있도록 시설 및 서비스를 제공하고 고객의 안전을 배려할 보호의무를 부담한다. 숙박업자에게는 숙박시설이나 설비를 위생적이고 안전하게 관리할 공법적 의무도 부과된다(공중위생관리법 제4조 제1항 참조). 숙박업자는 고객에게 객실을 제공한 이후에도 필요한 경우 객실에 출입하며 고객의 안전 배려 또는 객실 관리를 위한 조치를 취하기도 한다. 숙박업자가 고객에게 객실을 제공하여 일시적으로 이를 사용·수익하게 하더라도 객실을 비롯한 숙박시설에 대한 점유는 그대로 유지하는 것이 일반적이다. 그러므로 객실을 비롯한 숙박시설은 특별한 사정이 없는 한 숙박기간 중에도 고객이 아닌 숙박업자의 지배 아래 놓여 있다고 보아야 한다. 그렇다면 임차인이 임대차기간 중 목적물을 직접 지배함을 전제로 한 임대차 목적물 반환의무 이행불능에 관한 법리는 이와 전제를 달리하는 숙박계약에 그대로 적용될 수 없다. 고객이 숙박계약에 따라 객실을 사용·수익하던 중 발생 원인이 밝혀지지 않은 화재로 인하여 객실에 발생한 손해는 특별한 사정이 없는 한 숙박업자의 부담으로 귀속된다고 보아야 한다(대법원 2023. 11. 2. 선고 2023다244895 판결).

⑤ [O] 부동산 임대차에서 수수된 임대차보증금은 차임채무, 목적물의 멸실·훼손 등으로 인한 손해배상채무 등 임대차에 따른 임차인의 모든 채무를 담보하는 것이고, 특별한 사정이 없는 한, 임대인의 임대차보증금반환채무는 장래에 실현되거나 도래할 것이 확실한 임대차계약의 종료시점에 이행기에 도달한다. 그리고 임대인으로서는 임대차보증금 없이도 부동산 임대차계약을 유지할 수 있으므로, 임대차계약이 존속 중이라도 임대차보증금반환채무에 관한 기한의 이익을 포기하고 임차인의 임대차보증금반환채권을 수동채권으로 하여 상계할 수 있고, 임대차 존속 중에 그와 같은 상계의 의사표시를 한 경우에는 임대차보증금반환채무에 관한 기한의 이익을 포기한 것으로 볼 수 있다(대법원 2017. 3. 15. 선고 2015다252501 판결).

정답 ④

175 / 임대차종료시의 법률관계 /

甲과 乙은 丙 소유의 토지에 관하여 건물 신축을 목적으로 한 임대차계약을 체결하고, 그 토지 전부를 건물부지로 하여 X건물을 신축한 후, 甲과 乙이 1/2지분씩 공유하는 것으로 하여 소유권보존등기를 마쳤다. 그 후 甲, 乙은 丁과 X건물을 임대차보증금 1억 원, 월 차임 1,000만 원, 임대차기간 2년으로 정하여 음식점 용도로 임대하는 내용의 임대차계약을 체결하였고, 丁은 甲과 乙에게 위 임대차보증금을 지급한 후 X건물을 인도받아 음식점을 운영하였는데, 기간 만료 4개월 전부터 차임을 지급하지 못하였다. 위 임대차기간이 만료되어 丁은 甲과 乙에게 임대차보증금의 반환을 요구하였으나 이를 반환받지 못하자, 기간 만료 당일 행정관청에 음식점에 대한 폐업신고를 하였다. 그날부터 丁은 음식점 영업용품은 그대로 두고 문을 잠근 채, 더 이상 X건물에서 음식점 영업을 하지 않았다. 다음 설명 중 옳은 것을 모두 고른 것은? (「상가건물 임대차보호법」의 적용은 배제하고, 다툼이 있으면 판례에 의함)

> ㄱ. 丁은 임대차기간이 만료된 후에는 X건물을 점유할 권원을 상실하여 甲과 乙에게 불법점유로 인한 차임 상당액의 손해배상의무를 부담한다.
>
> ㄴ. 丁의 연체차임은 X건물이 반환될 때에, 특별한 사정이 없는 한, 별도의 의사표시 없이 임대차보증금에서 당연히 공제된다.
>
> ㄷ. 丁은 영업을 하지 않았더라도 음식점 영업용품을 비치하여 계속 X건물을 점유하고 있었으므로, 甲과 乙에게 기간 만료 다음날부터 X건물을 인도할 때까지 차임 상당액을 부당이득으로 반환하여야 한다.
>
> ㄹ. 甲과 乙이 丁에게 부담하는 임대차보증금반환채무는 특별한 사정이 없는 한 성질상 불가분채무이므로, 丁은 甲을 상대로 위 임대차보증금 1억 원 전부의 반환을 청구할 수 있다.
>
> ㅁ. 甲과 乙이 토지임대차계약에 따른 차임을 연체하여 丙이 적법하게 토지임대차계약을 해지한 경우에도, 甲과 乙은 X건물에 대하여 소유권보존등기를 경료한 이상, 丙에게 X건물의 매수를 청구할 수 있다.
>
> ㅂ. 丙의 적법한 해지통고에 의하여 토지에 대한 임대차계약이 종료된 경우, 丁이 계속 X건물의 점유를 통하여 토지의 사용을 방해하고 있다면, 丁은 丙에게 토지의 차임 상당액에 해당하는 부당이득을 반환할 의무가 있다.

① ㄱ, ㄹ ② ㄴ, ㄹ ③ ㄴ, ㄷ, ㅂ
④ ㄷ, ㄹ, ㅂ ⑤ ㄴ, ㄹ, ㅁ, ㅂ

[해설]

ㄱ. [×] 임대차 종료후 임차인의 임차목적물명도의무와 임대인의 연체차임 기타 손해배상금을 공제하고 남은 임대차보증금반환의무와는 동시이행의 관계에 있으므로 <u>임차인이 동시이행의 항변권에 기하여 임차목적물을 점유하고 사용, 수익한 경우 그 점유는 불법점유라 할 수 없어 그로 인한 손해배상책임은 지지 아니하되, 다만 사용수익으로 인하여 실질적으로 얻은 이익이 있으면 부당이득으로서 반환하여야 한다</u>(대법원 1989. 2. 28. 선고 87다카2114 판결).

ㄴ. [O] 부동산 임대차에 있어서 수수된 보증금은 차임채무, 목적물의 멸실·훼손 등으로 인한 손해배상채무 등 임대차에 따른 임차인의 모든 채무를 담보하는 것으로서 그 피담보채무 상당액은 임대차관계의 종료 후 목적물이 반환될 때에 특별한 사정이 없는 한 별도의 의사표시 없이 보증금에서 당연히 공제되는 것이므로, 임대보증금이 수수된 임대차계약에서 차임채권에 관하여 압류 및 추심명령이 있었다 하더라도, 당해 임대차계약이 종료되어 목적물이 반환될 때에는 그 때까지 추심되지 아니한 채 잔존하는 차임채권 상당액도 임대보증금에서 당연히 공제된다(대법원 2004. 12. 23. 선고 2004다56554 판결).

ㄷ. [X] 법률상의 원인 없이 이득하였음을 이유로 한 부당이득의 반환에 있어 이득이라 함은 실질적인 이익을 의미하므로, 임차인이 임대차계약관계가 소멸된 이후에 임차건물 부분을 계속 점유하기는 하였으나 이를 본래의 임대차계약상의 목적에 따라 사용·수익하지 아니하여 실질적인 이득을 얻은 바 없는 경우에는, 그로 인하여 임대인에게 손해가 발생하였다고 하더라도 임차인의 부당이득반환의무는 성립하지 아니하는 것이고, 이는 임차인의 사정으로 인하여 임차건물 부분을 사용·수익을 하지 못하였거나 임차인이 자신의 시설물을 반출하지 아니하였다고 하더라도 마찬가지이다(대법원 1998. 07. 10. 선고 98다8554 판결).

ㄹ. [O] 건물의 공유자가 공동으로 건물을 임대하고 보증금을 수령한 경우, 특별한 사정이 없는 한 그 임대는 각자 공유지분을 임대한 것이 아니고 임대목적물을 다수의 당사자로서 공동으로 임대한 것이고 그 보증금 반환채무는 성질상 불가분채무에 해당된다고 보아야 할 것이다(대법원 1998. 12. 8. 선고 98다43137 판결). 불가분채무의 경우에 채권자는 1인의 채무자에게 전부의 이행을 청구할 수도 있고, 채무자 전원에게 동시 또는 순차로 이행을 청구할 수도 있다(제411조, 제414조 참조).

ㅁ. [X] 공작물의 소유 등을 목적으로 하는 토지임대차에 있어서 임차인의 채무불이행을 이유로 계약이 해지된 경우에는 임차인은 임대인에 대하여 민법 제283조, 제643조에 의한 매수청구권을 가지지 아니한다(대법원 1990. 1. 23. 선고 88다카7245 판결).

ㅂ. [X] [1] 건물임차인이 건물에 관한 임대차계약이 종료된 이후로 이를 건물임대인에게 반환하지 않고 그대로 계속 점유·사용한 기간 동안 건물의 사용·수익에 따른 차임상당액을 부당이득으로 건물임대인에게 반환할 의무가 있는 경우, 여기서 차임상당액을 산정함에 있어, 통상적으로 건물을 임대하는 경우는 당연히 그 부지부분의 이용을 수반하는 것이고 그 차임 상당액 속에는 건물의 차임 외에도 부지부분의 차임(지대)도 포함되는 것이므로, 건물의 차임은 물론이고 그 부지부분의 차임도 함께 계산하여야 마땅할 것이다. [2] 건물소유자와 건물부지 토지소유자들과의 토지에 관한 임대차계약이 토지임대인측의 해지통고에 의하여 이미 종료됨으로써 건물소유자가 토지에 관한 사용·수익의 권한을 잃게 되었다 하여도 건물소유자는 의연 토지소유자들과의 관계에 있어서는 토지 위에 있는 건물의 소유자인 관계로 전체 부지의 불법점유자라 할 것이고, 따라서 건물부지 부분에 관한 차임상당의 부당이득 전부에 관한 반환의무를 부담하게 되는 것이며, 건물 일부를 점유하고 있는 건물임차인이 그 한도 내에서 토지소유자들에 대하여 부지점유자로서 부당이득반환의무를 진다고 볼 수 없을 것이므로, 건물소유자는 이러한 채무의 부담한도 내에서 건물임차인의 건물불법점유에 상응하는 부지부분의 사용·수익에 따른 임료 상당의 손실이 생긴 것이고, '[1]'항과 같이 건물임대차계약 종료 이후 이를 계속 점유·사용하고 있는 건물임차인은 건물소유자에 대한 관계에 있어서 건물부지의 사용·수익으로 인한 이득이 포함된 건물임료 상당의 부당이득을 하였다고 보아야 할 것이다(대법원 1994. 12. 9. 선고 94다27809 판결).

정답 ②

176 /지상물매수청구권/

甲과 乙은 甲이 乙 소유의 X 토지를 임대차보증금 2억 원, 월 차임 1,000만 원(매월 말 지급), 임대차기간 2010. 9. 1.부터 5년간으로 정하여 임차하면서, 甲은 X 토지상의 창고를 철거하고 그 자리에 Y 건물을 신축하여 식당 영업을 하되 임대차가 종료한 때에는 Y 건물을 철거하여 나대지 상태로 반환하기로 약정하였다. 甲은 5억 원의 공사비를 들여 위 창고를 철거하고 Y 건물을 신축한 다음 식당을 운영해 왔으나 불경기로 영업이 잘되지 아니하여 2015. 1.부터는 차임을 지급하지 못하였다. 이에 관한 다음 설명 중 옳은 것을 모두 고른 것은? (다툼이 있으면 판례에 의함)

ㄱ. 임대차계약 종료 후 Y 건물을 철거하기로 한 약정은 특별한 사정이 없는 한 유효하다.

ㄴ. 민법 제643조 소정의 지상물매수청구권은 건물철거를 막는 공익적 이유에서 인정되는 것이므로 지상물의 소유자가 아닌 경우에도 행사할 수 있다.

ㄷ. 만약 甲이 차임 연체 없이 위 임대차기간이 만료한 다음 乙에 대하여 건물매수청구권을 행사한다면 甲은 乙로부터 그 대금과 임대차보증금 정산금액을 지급받기까지 Y 건물의 인도를 거절할 수 있지만, 이 기간 동안 甲이 Y 건물을 사용한 경우 X 토지에 대한 차임 상당의 부당이득을 반환할 의무가 있다.

ㄹ. 위 ㄷ.의 경우 乙이 甲에게 건물의 대금으로 지급할 금액은 위 공사비 5억 원이 아니라 매수청구권 행사 당시의 Y 건물의 시가 상당액이다.

ㅁ. 甲의 연체차임은 특별한 의사표시가 없더라도 발생 즉시 임대차보증금에서 자동으로 공제되므로, 乙이 甲에게 반환할 임대차보증금의 액수를 산정할 때는 연체차임에 대한 지연손해금을 공제해서는 안 된다.

① ㄱ, ㄴ ② ㄱ, ㄷ ③ ㄴ, ㄹ
④ ㄷ, ㄹ ⑤ ㄹ, ㅁ

[해설]

ㄱ. [×] 토지 임대인과 임차인 사이에 임대차기간만료후 임차인이 지상건물을 철거하여 토지를 인도하고 만약 지상건물을 철거하지 아니할 경우에는 그 소유권을 임대인에게 이전하기로 한 약정은 민법 제643조 소정의 임차인의 지상물매수청구권을 배제키로 하는 약정으로서 임차인에게 불리한 것이므로 민법 제652조의 규정에 의하여 무효이다(대법원 1991. 04. 23. 선고 90다19695 판결).

ㄴ. [×] 민법 제643조 소정의 지상물매수청구권은 지상물의 소유자에 한하여 행사할 수 있다. [이유] 원심이 인정한 바와 같이 위 심상훈이 위 토지에 관한 임대차기간이 만료하기 전인 1990. 11. 26. 이미 위 토지 위에 건립된 이 사건 건물을 피고 성윤호에게 양도하였다면 위 심상훈은 위 건물에 대한 소유자가 아니어서 위 건물에 대한 매수청구권을 행사할 수 없다고 보아야 할 것이다(대법원 1993. 7. 27. 선고 93다6386 판결).

ㄷ. [O] 건물 기타 공작물의 소유를 목적으로 한 대지임대차에 있어서 임차인이 그 지상건물 등에 대하여 민법 제643조 소정의 매수청구권을 행사한 후에 그 임대인인 대지의 소유자로부터 매수대금을 지급받을 때까지 그 지상건물 등의 인도를 거부할 수 있다고 하여도, 지상건물 등의 점유·사용

을 통하여 그 부지를 계속하여 점유·사용하는 한 그로 인한 부당이득으로서 부지의 임료 상당액은 이를 반환할 의무가 있다(대법원 2001. 6. 1. 선고 99다60535 판결).

ㄹ. [O] 민법 제643조 소정의 지상물매수청구권이 행사되면 임대인과 임차인 사이에서는 임차지상의 건물에 대하여 매수청구권 행사 당시의 건물시가를 대금으로 하는 매매계약이 체결된 것과 같은 효과가 발생하는 것이지, 임대인이 기존 건물의 철거비용을 포함하여 임차인이 임차지상의 건물을 신축하기 위하여 지출한 모든 비용을 보상할 의무를 부담하게 되는 것은 아니다(대법원 2002. 11. 13. 선고 2002다46003 판결).

ㅁ. [×] 임대차보증금이 임대인에게 교부되어 있더라도 임대인은 임대차관계가 계속되고 있는 동안에는 임대차보증금에서 연체차임을 충당할 것인지를 자유로이 선택할 수 있으므로, 임대차계약 종료 전에는 연체차임이 공제 등 별도의 의사표시 없이 임대차보증금에서 당연히 공제되는 것은 아니다. 그리고 임대인이 차임채권을 양도하는 등의 사정으로 인하여 차임채권을 가지고 있지 아니한 경우에는 특별한 사정이 없는 한 임대차계약 종료 전에 임대차보증금에서 공제한다는 의사표시를 할 수 있는 권한이 있다고 할 수도 없다(대법원 2013. 2. 28. 선고 2011다49608 판결).

정 답 ④

177 / 지상물매수청구권 /

건물의 소유를 목적으로 하는 토지임차인의 지상물매수청구권에 관한 다음 설명 중 옳지 않은 것은? (다툼이 있으면 판례에 의함)

① 지상물매수청구의 대상이 된 건물의 매수가격에 관하여 당사자 사이에 의사합치가 이루어지지 않았다면, 법원은 여러 사정을 종합적으로 고려하여 인정된 매수청구권 행사 당시의 건물시가를 매매대금으로 하는 매매계약이 성립하였음을 인정할 수 있을 뿐, 그와 같이 인정된 시가를 임의로 증감하여 직권으로 매매대금을 정할 수는 없다.

② 건물이 토지의 임대목적에 반하여 축조되고 임대인이 예상할 수 없을 정도의 고가의 것이라는 특별한 사정이 없는 한, 비록 행정관청의 허가를 받은 적법한 건물이 아니더라도 토지 임차인의 지상물매수청구권의 대상이 될 수 있다. 이 경우에 종전 임차인으로부터 미등기 무허가 건물을 매수하여 점유하고 있는 임차인은 비록 소유자로서의 등기명의가 없어 소유권을 취득하지 못하였다 하더라도 임대인에 대하여 지상물매수청구권을 행사할 수 있다.

③ 토지 소유자가 아닌 제3자가 토지 임대행위를 한 경우에는 제3자가 토지 소유자를 적법하게 대리하거나 토지 소유자가 제3자의 무권대리행위를 추인하는 등으로 임대차계약의 효과가 토지 소유자에게 귀속되었다면 토지 소유자가 임대인으로서 지상물매수청구권의 상대방이 된다. 그러나 제3자가 임대차계약의 당사자로서 토지를 임대하였다면, 토지 소유자가 임대인의 지위를 승계하였다는 등의 특별한 사정이 없는 한 임대인이 아닌 토지 소유자가 직접 지상물매수청구권의 상대방이 될 수는 없다.

④ 근저당권이 설정된 임차인 소유의 건물에 대하여 지상물매수청구권이 인정되는 경우, 건물의 매수가격은 당사자 간의 합의가 없다면 매수청구권 행사 당시 건물의 시가 상당액에서 근저당권의 채권최고액이 아닌 피담보채무액을 공제한 금액이다.

⑤ 토지임차인이 임대차 기간 중 자기 소유의 지상 건물에 관하여 보존등기를 하였다면, 임대차 종료 후 임대인이 토지소유권을 제3자에게 이전한 경우 그 제3자는 지상물매수청구의 상대방이 될 수 있다.

해설

① [O] 건물 소유를 목적으로 한 토지임대차계약의 기간이 만료함에 따라 지상건물 소유자가 임대인에 대하여 민법 제643조에 따른 지상물매수청구권을 행사한 경우에 그 건물의 매수가격은 건물 자체의 가격 외에 건물의 위치, 주변 토지의 여러 사정 등을 종합적으로 고려하여 매수청구권의 행사 당시 건물이 현존하는 대로의 상태에서 평가된 시가를 말한다. 그런데 민법 제643조에서 정한 지상물매수청구권은 이른바 형성권이므로, 그 행사로써 곧바로 임대인과 임차인 사이에 임차 토지 지상의 건물에 관하여 매수청구권 행사 당시의 건물 시가를 대금으로 하는 매매계약이 체결된 것과 같은 효과가 발생한다. 따라서 지상물매수청구의 대상이 된 건물의 매수가격에 관하여 당사자 사이에 의사합치가 이루어지지 않았다면, 법원은 위와 같은 여러 사정을 종합적으로 고려하여 인정된 매수청구권 행사 당시의 건물 시가를 매매대금으로 하는 매매계약이 성립하였음을 인정할 수 있을 뿐, 그와 같이 인정된 시가를 임의로 증감하여 직권으로 매매대금을 정할 수는 없다(대법원 2024. 4. 12. 선고 2023다309020 판결).

② [O] 민법 제643조가 정하는 건물 소유를 목적으로 하는 토지 임대차에 있어서 임차인이 가지는 건물매수청구권은 건물의 소유를 목적으로 하는 토지 임대차계약이 종료되었음에도 그 지상 건물이 현존하는 경우에 임대차계약을 성실하게 지켜온 임차인이 임대인에게 상당한 가액으로 그 지상 건물의 매수를 청구할 수 있는 권리로서 국민경제적 관점에서 지상 건물의 잔존 가치를 보존하고, 토지 소유자의 배타적 소유권 행사로 인하여 희생당하기 쉬운 임차인을 보호하기 위한 제도이므로, 임대차계약 종료시에 경제적 가치가 잔존하고 있는 건물은 그것이 토지의 임대 목적에 반하여 축조되고 임대인이 예상할 수 없을 정도의 고가의 것이라는 등의 특별한 사정이 없는 한, 비록 행정관청의 허가를 받은 적법한 건물이 아니더라도 임차인의 건물매수청구권의 대상이 될 수 있다(대법원 1997. 12. 23. 선고 97다37753 판결). 민법 제643조가 정하는 건물 소유를 목적으로 하는 토지 임대차에서 임차인이 가지는 지상물매수청구권은 건물의 소유를 목적으로 하는 토지 임대차계약이 종료되었음에도 그 지상 건물이 현존하는 경우에 임대차계약을 성실하게 지켜온 임차인이 임대인에게 상당한 가액으로 그 지상 건물의 매수를 청구할 수 있는 권리로서 국민경제적 관점에서 지상 건물의 잔존 가치를 보존하고, 토지 소유자의 배타적 소유권 행사로 인하여 희생당하기 쉬운 임차인을 보호하기 위한 제도이므로, 특별한 사정이 없는 한 행정관청의 허가를 받은 적법한 건물이 아니더라도 임차인의 지상물매수청구권의 대상이 될 수 있다. 그리고 건물을 매수하여 점유하고 있는 사람은 소유자로서의 등기명의가 없다 하더라도 그 권리의 범위 내에서는 그 점유 중인 건물에 대하여 법률상 또는 사실상의 처분권을 가지고 있다. 위와 같은 지상물매수청구권 제도의 목적, 미등기 매수인의 법적 지위 등에 비추어 볼 때, 종전 임차인으로부터 미등기 무허가건물을 매수하여 점유하고 있는 임차인은 특별한 사정이 없는 한 비록 소유자로서의 등기명의가 없어 소유권을 취득하지 못하였다 하더라도 임대인에 대하여 지상물매수청구권을 행사할 수 있는 지위에 있다(대법원 2013. 11. 28. 선고 2013다48364 판결).

③ [O] [1] 건물 등의 소유를 목적으로 하는 토지 임대차에서 임대차 기간이 만료되거나 기간을 정하지 않은 임대차의 해지통고로 임차권이 소멸한 경우에 임차인은 민법 제643조에 따라 임대인에게 상당한 가액으로 건물 등의 매수를 청구할 수 있다. 임차인의 지상물매수청구권은 국민경제적 관점에서 지상 건물의 잔존 가치를 보존하고 토지 소유자의 배타적 소유권 행사로부터 임차인을 보호하기 위한 것으로서, 원칙적으로 임차권 소멸 당시에 토지 소유권을 가진 임대인을 상대로 행사할

수 있다. 임대인이 제3자에게 토지를 양도하는 등으로 토지 소유권이 이전된 경우에는 임대인의 지위가 승계되거나 임차인이 토지 소유자에게 임차권을 대항할 수 있다면 새로운 토지 소유자를 상대로 지상물매수청구권을 행사할 수 있다. 한편 토지 소유자가 아닌 제3자가 토지 임대행위를 한 경우에는 제3자가 토지 소유자를 적법하게 대리하거나 토지 소유자가 제3자의 무권대리행위를 추인하는 등으로 임대차계약의 효과가 토지 소유자에게 귀속되었다면 토지 소유자가 임대인으로서 지상물매수청구권의 상대방이 된다. 그러나 제3자가 임대차계약의 당사자로서 토지를 임대하였다면, 토지 소유자가 임대인의 지위를 승계하였다는 등의 특별한 사정이 없는 한 임대인이 아닌 토지 소유자가 직접 지상물매수청구권의 상대방이 될 수는 없다. [2] 갑의 형인 을 명의로 소유권이전등기를 마친 후 갑의 아버지인 병 명의로 소유권이전청구권 가등기를 마친 토지에 관하여 병이 정에게 기간을 정하지 않고 건물의 소유를 목적으로 토지를 임대하였고, 그 후 토지에 관하여 갑 명의로 소유권이전등기를 마쳤는데, 갑이 정을 상대로 토지에 건립된 정 소유의 건물 등의 철거와 토지 인도를 구하자, 정이 건물 등의 매수를 구한 사안에서, 임대인이 아닌 토지 소유자는 임대인의 지위를 승계하였다는 등의 특별한 사정이 없는 한 임차인의 지상물매수청구권의 상대방이 될 수 없으므로, 갑이 아닌 병으로부터 토지를 임차한 정은 원칙적으로 임대인이 아닌 토지 소유자인 갑을 상대로 지상물매수청구권을 행사할 수 없다고 한 사례(대법원 2017. 4. 26. 선고 2014다72449 판결). 건물의 소유를 목적으로 하는 토지 임차인의 지상물매수청구권 행사의 상대방은 원칙적으로 임차권 소멸 당시의 토지 소유자인 임대인이다. 토지 소유자가 아닌 제3자가 토지를 임대한 경우에 임대인은 특별한 사정이 없는 한 지상물매수청구권의 상대방이 될 수 없다(대법원 2022. 4. 14. 선고 2020다254228 판결).

④ [×] 건물의 소유를 목적으로 한 토지임대차계약의 기간이 만료함에 따라 지상건물 소유자가 임대인에 대하여 행사하는 민법 제643조 소정의 매수청구권은 매수청구의 대상이 되는 건물에 근저당권이 설정되어 있는 경우에도 인정된다. 이 경우에 그 건물의 매수가격은 건물 자체의 가격 외에 건물의 위치, 주변 토지의 여러 사정 등을 종합적으로 고려하여 매수청구권 행사 당시 건물이 현존하는 대로의 상태에서 평가된 시가 상당액을 의미하고, 여기에서 근저당권의 채권최고액이나 피담보채무액을 공제한 금액을 매수가격으로 정할 것은 아니다. 다만, 매수청구권을 행사한 지상건물 소유자가 위와 같은 근저당권을 말소하지 않는 경우 토지소유자는 민법 제588조에 의하여 위 근저당권의 말소등기가 될 때까지 그 채권최고액에 상당한 대금의 지급을 거절할 수 있다(대법원 2008. 05. 29. 선고 2007다4356 판결).

⑤ [○] 갑이 토지를 취득할 당시에는 을과 병 사이에 그 토지에 대한 임대차계약이 존재하지 않고 있었다고 하더라도, 그 이전에 을이 병과의 사이에 건물의 소유를 목적으로 하는 임대차계약을 체결하였다가 그 계약이 종료되어 을이 병에 대하여 그 건물에 관한 매수청구권을 행사할 수 있었을 때에는, 을은 그 토지의 취득자인 갑에 대하여도 매수청구권을 행사할 수 있다. [이유] 건물에 관한 피고들 명의의 소유권보존등기는 원고가 이 사건 토지를 취득하기 전에 경료된 것이므로 위 등기가 이 사건에서 철거를 구하고 있는 건물에 관한 등기이고 피고들이 이 사건 토지의 전 소유자인 소외 회사와 건물의 소유를 목적으로 하는 임대차계약을 체결하여 원고가 이 사건 토지를 취득할 당시 임대차계약이 유효하게 존재하고 있었다면 민법 제622조 제1항에 의하여 원고는 임대차계약의 임대인의 지위를 승계하고 따라서 임대차계약이 종료한 때에 피고들은 건물에 관하여 민법 제643조, 제283조에 의하여 매수청구권을 행사할 수 있는 것이고 또한 원고가 이 사건 토지를 취득할 당시에는 피고들과 소외 회사 사이에 임대차계약이 존재하지 않고 있었다고 하더라도 그 이전에 피고들이 소외 회사와 건물의 소유를 목적으로 하는 임대차계약을 체결하였다가 계약이 종료되어 피고들이 소외 회사에 대하여 건물에 관한 매수청구권을 행사할 수 있었을 때에는 피고들은 이 사건 토지의 취득자인 원고에 대하여도 매수청구권을 행사할 수 있는 것이다(대법원 1996. 6. 14. 선고 96다14517 판결).

정답 ④

178 /임대차/
임대차에 관한 다음 설명 중 틀린 것을 모두 고른 것은? (다툼이 있으면 판례에 의함)

ㄱ. 임대차종료로 인한 임차인의 원상회복의무에는 임차건물 부분에서의 영업허가에 대하여 폐업신고절차를 이행할 의무가 포함된다. 그러나 토지 임대 당시 이미 임차목적물인 토지에 종전 임차인 등이 설치한 공작물이 있는 경우에는 특별한 사정이 없는 한 임차인은 그가 임차하였을 때의 상태로 임차목적물을 반환하면 되고 종전 임차인 등이 설치한 부분까지 원상회복할 의무는 없다.

ㄴ. 사업자등록신청서에 첨부한 임대차계약서와 등록사항현황서에 기재되어 공시된 임대차보증금 및 차임에 따라 환산된 보증금액이 상가건물임대차보호법의 적용대상이 되기 위한 보증금액 한도를 초과하는 경우에는, 실제 임대차계약의 내용에 따라 환산된 보증금액이 기준을 충족하더라도, 임차인은 상가건물임대차보호법에 따른 대항력을 주장할 수 없다.

ㄷ. 임대인이 민법 제628조에 의하여 장래에 대한 차임의 증액을 청구하였을 때에 당사자 사이에 협의가 성립되지 아니하여 법원이 결정해 주는 차임은 증액청구의 의사표시를 한 때에 소급하여 그 효력이 생기는 것이지만, 특별한 사정이 없는 한 증액된 차임에 대하여는 증액청구의 의사표시가 상대방에게 도달한 때가 아니라 법원의 결정 시를 이행기로 보아야 한다.

ㄹ. 임차권양도계약에 수반되어 체결되는 권리금계약은 임차권 양도계약과는 별개의 계약이므로, 위 두 계약의 체결 경위와 계약 내용 등에 비추어 볼 때, 권리금계약이 임차권양도계약과 결합하여 전체가 경제적·사실적으로 일체로 행하여진 것으로서, 어느 하나의 존재 없이는 당사자가 다른 하나를 의욕하지 않았을 것으로 보이는 경우라도 그 계약 전부가 하나의 계약인 것과 같은 불가분의 관계에 있다고 볼 수 없다.

ㅁ. 임대인은 임차인에게 목적물을 인도하여 이를 사용·수익할 수 있도록 할 의무를 부담하고, 임차인은 이에 대하여 차임을 지급할 의무를 부담한다(민법 제618조, 제623조 참조). 이러한 임대인과 임차인의 의무는 특별한 사정이 없는 한 임대차계약이 유효하게 성립하면 발생하는 것이 아니라, 상대방의 의무 이행이나 이행의 제공이 있어야 발생한다.

ㅂ. 임차인이 임대인에게 임차보증금의 일부만을 지급하고 주택임대차보호법 제3조 제1항에서 정한 대항요건과 임대차계약증서상의 확정일자를 갖춘 다음 나머지 보증금을 나중에 지급하였다면 특별한 사정이 없는 한 대항요건과 확정일자를 갖춘 때를 기준으로 임차보증금 전액에 대해서 후순위권리자나 그 밖의 채권자보다 우선하여 변제를 받을 권리를 갖는다고 볼 수 없다.

ㅅ. 임대인의 임차목적물의 사용·수익상태 유지의무는 임대인 자신에게 귀책사유가 있어 하자가 발생한 경우는 물론, 자신에게 귀책사유가 없이 하자가 발생한 경우에도 면해지지 아니한다. 또한 임대인이 하자 발생 사실을 몰랐다거나 임차인이 이를 알거나 알 수 있었다고 하더라도 마찬가지이다.

① ㄱ, ㄷ, ㅂ, ㅅ   ② ㄴ, ㄷ, ㄹ, ㅁ   ③ ㄱ, ㄷ, ㄹ, ㅂ
④ ㄹ, ㅁ, ㅂ, ㅅ   ⑤ ㄷ, ㄹ, ㅁ, ㅂ

해설

ㄱ. [O] 임대차종료로 인한 임차인의 원상회복의무에는 임차인이 사용하고 있던 부동산의 점유를 임대인에게 이전하는 것은 물론 임대인이 임대 당시의 부동산 용도에 맞게 다시 사용할 수 있도록 협력할 의무도 포함한다. 따라서 임대인 또는 그 승낙을 받은 제3자가 임차건물 부분에서 다시 영업허가를 받는 데 방해가 되지 않도록 임차인은 임차건물 부분에서의 영업허가에 대하여 폐업신고 절차를 이행할 의무가 있다(대법원 2008. 10. 09. 선고 2008다34903 판결). 임차인이 임대인에게 임차목적물을 반환하는 때에는 원상회복의무가 있다(민법 제654조, 제615조). 임차인이 임차목적물의 현상을 변경한 때에는 원칙적으로 변경 부분을 철거하는 등으로 임차목적물을 임대 당시의 상태로 사용할 수 있도록 해야 하나, 토지 임대 당시 이미 임차목적물인 토지에 종전 임차인 등이 설치한 가건물 기타 공작물이 있는 경우에는 특별한 사정이 없는 한 임차인은 그가 임차하였을 때의 상태로 임차목적물을 반환하면 되고 종전 임차인 등이 설치한 부분까지 원상회복할 의무는 없다. 위 특별한 사정의 인정은 임대차계약의 체결 경위와 내용, 임대 당시 목적물의 상태, 임차인에 의한 현상 변경 유무 등을 심리하여 구체적·개별적으로 이루어져야 한다(대법원 2023. 11. 2. 선고 2023다249661 판결).

ㄴ. [O] [1] 구 상가건물 임대차보호법(2013. 6. 7. 법률 제11873호로 개정되기 전의 것) 제3조 제1항에서 건물의 인도와 더불어 대항력의 요건으로 규정하고 있는 사업자등록은 거래의 안전을 위하여 임대차의 존재와 내용을 제3자가 명백히 인식할 수 있게 하는 공시방법으로서 마련된 것이므로, 사업자등록이 어떤 임대차를 공시하는 효력이 있는지는 일반 사회통념상 사업자등록을 통해 건물에 관한 임대차의 존재와 내용을 인식할 수 있는가에 따라 판단하여야 한다. [2] 사업자등록신청서에 첨부한 임대차계약서와 등록사항현황서(이하 '등록사항현황서 등'이라 한다)에 기재되어 공시된 임대차보증금 및 차임에 따라 환산된 보증금액이 구 상가건물 임대차보호법(2013. 6. 7. 법률 제11873호로 개정되기 전의 것, 이하 '구 상가임대차법'이라 한다)의 적용대상이 되기 위한 보증금액 한도를 초과하는 경우에는, 실제 임대차계약의 내용에 따라 환산된 보증금액이 기준을 충족하더라도, 임차인은 구 상가임대차법에 따른 대항력을 주장할 수 없다. 이러한 법리는 임대차계약이 변경되거나 갱신되었는데 임차인이 사업자등록정정신고를 하지 아니하여 등록사항현황서 등에 기재되어 공시된 내용과 실제 임대차계약의 내용이 불일치하게 된 경우에도 마찬가지로 적용된다(대법원 2016. 06. 09. 선고 2013다215676 판결).

ㄷ. [X] 임대차계약을 할 때에 임대인이 임대 후 일정 기간이 경과할 때마다 물가상승 등 경제사정의 변경을 이유로 임차인과의 협의에 의하여 차임을 조정할 수 있도록 약정하였다면, 그 취지는 임대인에게 일정 기간이 지날 때마다 물가상승 등을 고려하여 상호 합의에 의하여 차임을 증액할 수 있는 권리를 부여하되 차임 인상요인이 생겼는데도 임차인이 인상을 거부하여 협의가 성립하지 않는 경우에는 법원이 물가상승 등 여러 요인을 고려하여 정한 적정한 액수의 차임에 따르기로 한 것으로 보아야 한다. 한편 임대인이 민법 제628조에 의하여 장래에 대한 차임의 증액을 청구하였을 때에 당사자 사이에 협의가 성립되지 아니하여 법원이 결정해 주는 차임은 증액청구의 의사표시를 한 때에 소급하여 그 효력이 생기는 것이므로, 특별한 사정이 없는 한 증액된 차임에 대하여는 법원 결정 시가 아니라 증액청구의 의사표시가 상대방에게 도달한 때를 이행기로 보아야 한다(대법원 2018. 3. 15. 선고 2015다239508 판결).

ㄹ. [×] [1] 권리금은 상가건물의 영업시설·비품 등 유형물이나 거래처, 신용, 영업상의 노하우(know-how) 혹은 점포 위치에 따른 영업상의 이점 등 무형의 재산적 가치의 양도 또는 일정 기간 동안의 이용대가이다. 임차권양도계약에 수반되어 체결되는 권리금계약은 임차권양도계약과는 별개의 계약이지만 위 두 계약의 체결 경위와 계약 내용 등에 비추어 볼 때, 권리금계약이 임차권양도계약과 결합하여 전체가 경제적·사실적으로 일체로 행하여진 것으로서, 어느 하나의 존재 없이는 당사자가 다른 하나를 의욕하지 않았을 것으로 보이는 경우에는 그 계약 전부가 하나의 계약인 것과 같은 불가분의 관계에 있다고 보아야 한다. [2] 구 공인중개사의 업무 및 부동산 거래신고에 관한 법률(2014. 1. 28. 법률 제12374호 공인중개사법으로 개정되기 전의 것) 제25조 제1항, 제2항, 구 공인중개사의 업무 및 부동산 거래신고에 관한 법률 시행령(2014. 7. 28. 대통령령 제25522호 공인중개사법 시행령으로 개정되기 전의 것) 제21조, 제22조, 구 공인중개사의 업무 및 부동산 거래신고에 관한 법률 시행규칙(2014. 7. 29. 국토교통부령 제115호 공인중개사법 시행규칙으로 개정되기 전의 것) 제16조에 따르면, 중개업자는 중개대상물에 관한 권리를 취득하고자 하는 거래당사자에게 중개가 완성되기 전에 중개대상물의 소유권·전세권·저당권·지상권·임차권 등 권리관계 등을 확인한 후 설명하여야 한다. 공인중개사가 거래당사자에게 교부하는 중개대상물 확인·설명서 서식에는 중개대상물의 권리관계란에 '등기부 기재사항' 이외에 '실제 권리관계 또는 공시되지 아니한 물건의 권리 사항'을 기재하여야 하고, 여기에는 상가건물 임대차보호법(이하 '상가임대차법'이라 한다)에 따른 임대차가 포함된다. 나아가 중개업자가 상가건물에 대한 임차권 양도계약을 중개할 때에는 의뢰인에게 중개대상물인 임차권의 존재와 내용에 관하여 확인·설명할 의무가 있으므로, 상가임대차계약을 중개하는 것에 준해서 임차권의 목적이 된 부동산의 등기부상 권리관계뿐만 아니라 의뢰인이 상가임대차법에서 정한 대항력, 우선변제권 등의 보호를 받을 수 있는 임대차에 해당하는지를 판단하는 데 필요한 상가건물의 권리관계 등에 관한 자료를 확인·설명하여야 할 의무가 있다. 그러므로 중개업자가 고의나 과실로 이러한 의무를 위반하여 의뢰인에게 재산상의 손해를 발생하게 한 때에는 이를 배상할 책임이 있다(대법원 2017. 7. 11. 선고 2016다261175 판결).

ㅁ. [×] 임대인은 임차인에게 목적물을 인도하여 이를 사용·수익할 수 있도록 할 의무를 부담하고, 임차인은 이에 대하여 차임을 지급할 의무를 부담한다(민법 제618조, 제623조 참조). 이러한 임대인과 임차인의 의무는 특별한 사정이 없는 한 임대차계약이 유효하게 성립하면 발생하는 것이고, 상대방의 의무 이행이나 이행의 제공이 있어야 비로소 발생하는 것은 아니다. 그러므로 임차인의 차임 지급의무는 그가 임대인으로부터 목적물을 인도받았는지와 무관하게 임대차계약의 효력으로서 발생한다. 다만 임대인의 위와 같은 의무는 임차인의 차임 지급의무와 서로 대응하는 관계에 있으므로, 임대인이 이러한 의무를 불이행하여 목적물의 사용·수익에 지장이 있으면 임차인은 지장이 있는 한도에서 차임 지급을 거절할 수 있다(대법원 2024. 9. 13. 선고 2024다256116 판결).

ㅂ. [×] [1] 주택에 관하여 임대차계약을 체결한 임차인이 주택의 인도와 주민등록을 마친 때에는 그 다음 날부터 제3자에 대하여 대항력이 생긴다. 이 경우 전입신고를 한 때에 주민등록이 된 것으로 본다(주택임대차보호법 제3조 제1항). 또한 위와 같은 대항요건과 임대차계약증서상의 확정일자를 갖춘 임차인은 민사집행법에 따른 경매를 할 때 임차주택(대지를 포함한다)의 환가대금에서 후순위권리자나 그 밖의 채권자보다 우선하여 보증금을 변제받을 권리가 있다(같은 법 제3조의2 제2항). 여기에서 '주택의 인도'는 임차목적물인 주택에 대한 점유의 이전을 말한다. 이때 점유는 사회통념상 어떤 사람의 사실적 지배에 있다고 할 수 있는 객관적 관계를 가리키는 것으로서, 사실상의 지배가 있다고 하기 위해서는 반드시 물건을 물리적·현실적으로 지배할 필요는 없고, 물건과 사람의 시간적·공간적 관계, 본권관계, 타인의 간섭가능성 등을 고려해서 사회통념에 따라 합목적적으로 판단하여야 한다. 임대주택을 인도하는 경우에는 임대인이 임차인에게 현관이나 대문의 열쇠를 넘겨주었는지, 자동문 비밀번호를 알려주었는지, 이사를 할 수 있는지 등도 고려하여야 한다. [2] 주택임대차보호법은 임차인에게 우선변제권이 인정되기 위하여 대항요건과 임대차계약증서상의 확

정일자를 갖추는 것 외에 계약 당시 임차보증금이 전액 지급되어 있을 것을 요구하지는 않는다. 따라서 임차인이 임대인에게 임차보증금의 일부만을 지급하고 주택임대차보호법 제3조 제1항에서 정한 대항요건과 임대차계약증서상의 확정일자를 갖춘 다음 나머지 보증금을 나중에 지급하였다고 하더라도 특별한 사정이 없는 한 대항요건과 확정일자를 갖춘 때를 기준으로 임차보증금 전액에 대해서 후순위권리자나 그 밖의 채권자보다 우선하여 변제를 받을 권리를 갖는다고 보아야 한다(대법원 2017. 8. 29. 선고 2017다212194 판결).

ㅅ. [O] 임대인은 임차인이 목적물을 사용·수익할 수 있도록 목적물을 임차인에게 인도하여야 한다(민법 제623조 전단). 임차인이 계약에 의하여 정하여진 목적에 따라 사용·수익하는 데 하자가 있는 목적물인 경우 임대인은 하자를 제거한 다음 임차인에게 하자 없는 목적물을 인도할 의무가 있다. 임대인이 임차인에게 그와 같은 하자를 제거하지 아니하고 목적물을 인도하였다면 사후에라도 위 하자를 제거하여 임차인이 목적물을 사용·수익하는 데 아무런 장해가 없도록 해야만 한다. 임대인의 임차목적물의 사용·수익상태 유지의무는 임대인 자신에게 귀책사유가 있어 하자가 발생한 경우는 물론, 자신에게 귀책사유가 없이 하자가 발생한 경우에도 면해지지 아니한다. 또한 임대인이 그와 같은 하자 발생 사실을 몰랐다거나 반대로 임차인이 이를 알거나 알 수 있었다고 하더라도 마찬가지이다(대법원 2021. 4. 29. 선고 2021다202309 판결).

정답 ⑤

179 /주택임대차/

주택임대차에 관한 다음 설명 중 가장 옳지 않은 것은? (다툼이 있으면 판례에 의함)

① 주택임대차보호법 제3조의3에 의한 임차권등기가 경료되어 있을 경우, 임대인의 임대차보증금반환의무는 임차인의 임차권등기 말소의무보다 먼저 이행되어야 한다. 또한 주택임차인이 임차주택에 대하여 보증금반환청구소송의 확정판결 기타 이에 준하는 집행권원에 기하여 경매를 신청하는 경우, 임차목적물을 반환할 필요는 없으나 임차주택을 양수인에게 인도하지 아니하면 환가대금에서 보증금을 수령할 수 없다.

② 주택임대차보호법상 채권양수인이 우선변제권을 행사할 수 있는 주택임차인으로부터 임차보증금반환채권을 양수하였다면 임차권과 분리된 임차보증금반환채권만을 양수한 경우라도 그 채권양수인이 주택임대차보호법상의 우선변제권을 행사할 수 있는 임차인에 해당한다.

③ 민법 제628조의 차임증액청구권은 임대차계약이 존속하고 있음을 전제로 행사하는 권리이므로, 임대인이 전 임대차기간 만료 후 차임증액청구권을 행사하였다는 사정만으로는 임대인이 더 이상 임대차관계를 지속하지 않겠다는 의사에 기하여 민법 제639조 제1항의 이의를 하였다고 보기 어렵다.

④ 주택임대차보호법에 따른 임대차에서 그 기간이 끝난 후 임차인이 보증금을 반환받기 위해 목적물을 점유하고 있는 경우 보증금반환채권에 대한 소멸시효는 진행하지 않는다.

⑤ 임대인이 목적물을 사용·수익하게 할 의무는 임차인의 차임지급의무와 서로 대응하는 관계에 있으므로, 임대인이 이러한 의무를 불이행하여 목적물의 사용·수익에 지장이 있으면 임차

인은 지장이 있는 한도에서 차임의 지급을 거절할 수 있다. 또한 임대인의 필요비상환의무는 특별한 사정이 없는 한 임차인의 차임지급의무와 서로 대응하는 관계에 있으므로, 임차인은 지출한 필요비 금액의 한도에서 차임의 지급을 거절할 수 있다.

> [해설]

① [O] 주택임대차보호법 제3조의3 규정에 의한 임차권등기는 이미 임대차계약이 종료하였음에도 임대인이 그 보증금을 반환하지 않는 상태에서 경료되게 되므로, 이미 사실상 이행지체에 빠진 임대인의 임대차보증금의 반환의무와 그에 대응하는 임차인의 권리를 보전하기 위하여 새로이 경료하는 임차권등기에 대한 임차인의 말소의무를 동시이행관계에 있는 것으로 해석할 것은 아니고, 특히 위 임차권등기는 임차인으로 하여금 기왕의 대항력이나 우선변제권을 유지하도록 해 주는 담보적 기능만을 주목적으로 하는 점 등에 비추어 볼 때, 임대인의 임대차보증금의 반환의무가 임차인의 임차권등기 말소의무보다 먼저 이행되어야 할 의무이다(대법원 2005. 06. 09. 선고 2005다4529 판결). [조문] 임차인이 임차주택에 대하여 보증금반환청구소송의 확정판결이나 그 밖에 이에 준하는 집행권원에 따라서 경매를 신청하는 경우에는 집행개시요건에 관한 「민사집행법」 제41조에도 불구하고 반대의무의 이행이나 이행의 제공을 집행개시의 요건으로 하지 아니한다(주택임대차보호법 제3조의2 제1항). 임차인은 임차주택을 양수인에게 인도하지 아니하면 제2항(임차주택의 환가대금에서 후순위권리자나 그 밖의 채권자보다 우선하여 보증금을 변제받을 권리)에 따른 보증금을 받을 수 없다(동조 제3항). [참고판례] 임차인의 보호를 위한 주택임대차보호법의 취지에 비추어 볼 때 우선변제권이 있는 임차인은 임차주택의 가액으로부터 다른 채권자보다 우선하여 보증금을 변제받음과 동시에 임차목적물을 명도할 수 있는 권리가 있으며, 따라서 주택임대차보호법 제3조의2 제2항에서 임차인은 임차주택을 양수인에게 인도하지 아니하면 경매 또는 공매시 임차주택의 환가대금에서 보증금을 수령할 수 없다고 한 것은 경매 또는 공매절차에서 임차인이 보증금을 수령하기 위하여는 임차주택을 명도한 증명을 하여야 한다는 것을 의미하는 것이고, 임차인의 주택명도의무가 보증금반환의무보다 선이행되어야 하는 것은 아니다(대법원 1994. 2. 22. 선고 93다55241 판결).

② [X] 주택임대차보호법의 입법목적과 주택임차인의 임차보증금반환채권에 우선변제권을 인정한 제도의 취지, 주택임대차보호법상 관련 규정의 문언 내용 등에 비추어 볼 때, 비록 채권양수인이 우선변제권을 행사할 수 있는 주택임차인으로부터 임차보증금반환채권을 양수하였다고 하더라도 임차권과 분리된 임차보증금반환채권만을 양수한 이상 그 채권양수인이 주택임대차보호법상의 우선변제권을 행사할 수 있는 임차인에 해당한다고 볼 수 없다. 따라서 위 채권양수인은 임차주택에 대한 경매절차에서 주택임대차보호법상의 임차보증금 우선변제권자의 지위에서 배당요구를 할 수 없고, 이는 채권양수인이 주택임차인으로부터 다른 채권에 대한 담보 목적으로 임차보증금반환채권을 양수한 경우에도 마찬가지이다. 다만, 이와 같은 경우에도 채권양수인이 일반 금전채권자로서의 요건을 갖추어 배당요구를 할 수 있음은 물론이다(대법원 2010. 05. 27. 선고 2010다10276 판결). [판례로 인한 문제점] 금융기관들이 임차인들에게 임대차보증금을 대출하는 경우에, 이러한 판례의 입장으로 인하여 대출금에 대한 회수가 보장되지 않기 때문에 금융기관들은 대출 시에 높은 금리의 이자를 받을 수밖에 없었다. 따라서 일정한 금융기관에게는 우선변제권을 승계할 수 있도록 하는 조문을 신설하여, 낮은 금리로 임대차보증금을 대출할 수 있도록 하였다. [개정조문1] 주택임대차보호법 제3조의2(보증금의 회수) ⑦ 다음 각 호의 금융기관 등이 제2항, 제3조의3 제5항, 제3조의4 제1항에 따른 우선변제권을 취득한 임차인의 보증금반환채권을 계약으로 양수한 경우에는 양수한 금액의 범위에서 우선변제권을 승계한다. 1. 「은행법」에 따른 은행 2. 「중소기업은행법」에 따른 중소기업은행 3. 「한국산업은행법」에 따른 한국산업은행 4. 「농업협동조합법」에 따른 농협은행 5. 「수산업협동조합법」에 따른 수협은행 6. 「우체국예금·보험에 관한 법률」에 따른 체신관서 7. 「한국주택금융공사법」

에 따른 한국주택금융공사 8. 「보험업법」 제4조 제1항 제2호 라목의 보증보험을 보험종목으로 허가 받은 보험회사 9. 「주택도시기금법」에 따른 주택도시보증공사 10. 그 밖에 제1호부터 제9호까지에 준하는 것으로서 대통령령으로 정하는 기관 ⑧ 제7항에 따라 우선변제권을 승계한 금융기관 등 (이하 "금융기관 등"이라 한다)은 다음 각 호의 어느 하나에 해당하는 경우에는 우선변제권을 행사할 수 없다. 1. 임차인이 제3조 제1항·제2항 또는 제3항의 대항요건을 상실한 경우 2. 제3조의3 제5항에 따른 임차권등기가 말소된 경우 3. 「민법」 제621조에 따른 임대차등기가 말소된 경우 ⑨ 금융기관 등은 우선변제권을 행사하기 위하여 임차인을 대리하거나 대위하여 임대차를 해지할 수 없다. [개정조문2] 상가건물임대차보호법 제5조 (보증금의 회수) ⑦ 다음 각 호의 금융기관 등이 제2항, 제6조 제5항 또는 제7조 제1항에 따른 우선변제권을 취득한 임차인의 보증금반환채권을 계약으로 양수한 경우에는 양수한 금액의 범위에서 우선변제권을 승계한다. 1. 「은행법」에 따른 은행 2. 「중소기업은행법」에 따른 중소기업은행 3. 「한국산업은행법」에 따른 한국산업은행 4. 「농업협동조합법」에 따른 농협은행 5. 「수산업협동조합법」에 따른 수협은행 6. 「우체국예금·보험에 관한 법률」에 따른 체신관서 7. 「보험업법」 제4조 제1항 제2호 라목의 보증보험을 보험종목으로 허가받은 보험회사 8. 그 밖에 제1호부터 제7호까지에 준하는 것으로서 대통령령으로 정하는 기관 ⑧ 제7항에 따라 우선변제권을 승계한 금융기관 등(이하 "금융기관 등"이라 한다)은 다음 각 호의 어느 하나에 해당하는 경우에는 우선변제권을 행사할 수 없다. 1. 임차인이 제3조 제1항의 대항요건을 상실한 경우 2. 제6조 제5항에 따른 임차권등기가 말소된 경우 3. 「민법」 제621조에 따른 임대차등기가 말소된 경우 ⑨ 금융기관 등은 우선변제권을 행사하기 위하여 임차인을 대리하거나 대위하여 임대차를 해지할 수 없다.

③ [O] 민법 제639조 제1항 본문은 "임대차기간이 만료한 후 임차인이 임차물의 사용·수익을 계속하는 경우에 임대인이 상당한 기간 내에 이의를 하지 아니한 때에는 전 임대차와 동일한 조건으로 다시 임대차한 것으로 본다."라고 규정하고 있다. 이때 임대인의 이의는 명시적으로뿐만 아니라 묵시적으로도 할 수 있고, 차임을 증액하지 않으면 임대차관계를 지속하지 않겠다는 것과 같이 조건부로도 할 수 있다. 다만 임차인의 신뢰를 보호하기 위한 위 규정의 취지에 비추어 볼 때, 묵시적 또는 조건부 이의가 있다고 보기 위해서는 더 이상 임대차관계를 지속하지 않겠다는 임대인의 의사를 객관적으로 추단할 만한 사정이 있어야 한다. 한편 민법 제628조의 차임증액청구권은 임대차계약이 존속하고 있음을 전제로 행사하는 권리이므로, 임대인이 전 임대차기간 만료 후 차임증액청구권을 행사하였다는 사정만으로는 임대인이 더 이상 임대차관계를 지속하지 않겠다는 의사에 기하여 민법 제639조 제1항의 이의를 하였다고 보기 어렵다(대법원 2025. 3. 13. 선고 2024다315046 판결).

④ [O] ★ [사례형·기록형] 소멸시효는 권리자가 권리를 행사할 수 있는데도 일정한 기간 권리를 행사하지 않은 경우에 권리의 소멸이라는 법률효과가 발생하는 제도이다. 이것은 시간의 흐름에 따라 법률관계가 점점 불명확해지는 것에 대처하기 위한 제도로서, 일정 기간 계속된 사회질서를 유지하고 시간이 지남에 따라 곤란해지는 증거보전으로부터 채무자를 보호하며 자신의 권리를 행사하지 않는 사람을 법적 보호에서 제외함으로써 법적 안정성을 유지하는 데 중점을 두고 있다. 소멸시효가 완성되기 위해서는 권리의 불행사라는 사실상태가 일정한 기간 동안 계속되어야 한다. 채권을 일정한 기간 행사하지 않으면 소멸시효가 완성하지만(민법 제162조, 제163조, 제164조), 채권을 계속 행사하고 있다고 볼 수 있다면 소멸시효가 진행하지 않는다. 나아가 채권을 행사하는 방법에는 채무자에 대한 직접적인 이행청구 외에도 변제의 수령이나 상계, 소송상 청구 및 항변으로 채권을 주장하는 경우 등 채권이 가지는 다른 여러 가지 권능을 행사하는 것도 포함된다. 따라서 채권을 행사하여 실현하려는 행위를 하거나 이에 준하는 것으로 평가할 수 있는 객관적 행위 모습이 있으면 권리를 행사한다고 보는 것이 소멸시효 제도의 취지에 부합한다. 임대차가 종료함에 따라 발생한 임차인의 목적물반환의무와 임대인의 보증금반환의무는 동시이행관계에 있다. 임차인이 임대차 종료 후 동시이행항변권을 근거로 임차목적물을 계속 점유하는 것은 임대인에 대한 보증금반환채권에

기초한 권능을 행사한 것으로서 보증금을 반환받으려는 계속적인 권리행사의 모습이 분명하게 표시되었다고 볼 수 있다. 따라서 임대차 종료 후 임차인이 보증금을 반환받기 위해 목적물을 점유하는 경우 보증금반환채권에 대한 권리를 행사하는 것으로 보아야 하고, 임차인이 임대인에 대하여 직접적인 이행청구를 하지 않았다고 해서 권리의 불행사라는 상태가 계속되고 있다고 볼 수 없다. 임차인의 보증금반환채권과 동시이행관계에 있는 임대인의 목적물인도청구권은 소유권 등 물권에 기초하는 경우가 많으므로, 임대인이 적극적으로 권리를 행사하는지와 관계없이 권리가 시효로 소멸하는 경우는 거의 발생하지 않는다. 만일 임차인이 임대차 종료 후 보증금을 반환받기 위해 목적물을 점유하여 적극적인 권리행사의 모습이 계속되고 있는데도 보증금반환채권이 시효로 소멸한다고 보면, 임차인은 목적물반환의무를 그대로 부담하면서 임대인에 대한 보증금반환채권만 상실하게 된다. 이는 보증금반환채무를 이행하지 않은 임대인이 목적물에 대한 자신의 권리는 그대로 유지하면서 보증금반환채무만을 면할 수 있게 하는 결과가 되어 부당하다. 나아가 이러한 소멸시효 진행의 예외는 어디까지나 임차인이 임대차 종료 후 목적물을 적법하게 점유하는 기간으로 한정되고, 임차인이 목적물을 점유하지 않거나 동시이행항변권을 상실하여 정당한 점유권원을 갖지 않는 경우에 대해서까지 인정되는 것은 아니다. 따라서 임대차 종료 후 보증금을 반환받기 위해 목적물을 점유하는 임차인의 보증금반환채권에 대하여 소멸시효가 진행하지 않는다고 보더라도 그 채권에 관계되는 당사자 사이의 이익 균형에 반하지 않는다. 주택임대차보호법 제4조 제2항은 "임대차기간이 끝난 경우에도 임차인이 보증금을 반환받을 때까지는 임대차관계가 존속되는 것으로 본다."라고 정하고 있다(2008. 3. 21. 법률 제8923호로 개정되면서 표현이 바뀌었을 뿐 그 내용은 개정 전과 같다). 2001. 12. 29. 법률 제6542호로 제정된 상가건물 임대차보호법도 같은 내용의 규정을 두고 있다(제9조 제2항). 이는 임대차기간이 끝난 후에도 임차인이 보증금을 반환받을 때까지는 임차인의 목적물에 대한 점유를 임대차기간이 끝나기 전과 마찬가지 정도로 강하게 보호함으로써 임차인의 보증금반환채권을 실질적으로 보장하기 위한 것이다. 따라서 임대차기간이 끝난 후 보증금을 반환받지 못한 임차인이 목적물을 점유하는 동안 위 규정에 따라 법정임대차관계가 유지되고 있는데도 임차인의 보증금반환채권은 그대로 시효가 진행하여 소멸할 수 있다고 한다면, 이는 위 규정의 입법 취지를 훼손하는 결과를 가져오게 되어 부당하다. 위와 같은 소멸시효 제도의 존재 이유와 취지, 임대차기간이 끝난 후 보증금반환채권에 관계되는 당사자 사이의 이익형량, 주택임대차보호법 제4조 제2항의 입법 취지 등을 종합하면, 주택임대차보호법에 따른 임대차에서 그 기간이 끝난 후 임차인이 보증금을 반환받기 위해 목적물을 점유하고 있는 경우 보증금반환채권에 대한 소멸시효는 진행하지 않는다고 보아야 한다(대법원 2020. 7. 9. 선고 2016다244224 판결).

⑤ [O] 임대차는 타인의 물건을 빌려 사용·수익하고 그 대가로 차임을 지급하기로 하는 계약이다(민법 제618조). 임대차계약에서 임대인은 목적물을 계약존속 중 사용·수익에 필요한 상태를 유지하게 할 의무를 부담한다(민법 제623조). 임대인이 목적물을 사용·수익하게 할 의무는 임차인의 차임지급의무와 서로 대응하는 관계에 있으므로, 임대인이 이러한 의무를 불이행하여 목적물의 사용·수익에 지장이 있으면 임차인은 지장이 있는 한도에서 차임의 지급을 거절할 수 있다. 임차인이 임차물의 보존에 관한 필요비를 지출한 때에는 임대인에게 상환을 청구할 수 있다(민법 제626조 제1항). 여기에서 '필요비'란 임차인이 임차물의 보존을 위하여 지출한 비용을 말한다. 임대차계약에서 임대인은 목적물을 계약존속 중 사용·수익에 필요한 상태를 유지하게 할 의무를 부담하고, 이러한 의무와 관련한 임차물의 보존을 위한 비용도 임대인이 부담해야 하므로, 임차인이 필요비를 지출하면, 임대인은 이를 상환할 의무가 있다. 임대인의 필요비상환의무는 특별한 사정이 없는 한 임차인의 차임지급의무와 서로 대응하는 관계에 있으므로, 임차인은 지출한 필요비 금액의 한도에서 차임의 지급을 거절할 수 있다(대법원 2019. 11. 14. 선고 2016다227694 판결).

정답 ②

180 /주택·상가 임대차/
주택·상가 임대차에 관한 설명 중 옳지 않은 것을 모두 고른 것은? (다툼이 있으면 판례에 의함)

ㄱ. 특별한 사정이 없는 한, 임대인이 신규 임차인이 되려는 사람과 임대차계약 체결을 위한 협의 과정에서 철거·재건축 계획 및 그 시점을 고지하였다는 사정만으로는 상가건물 임대차보호법 제10조의4 제1항 제4호에서 정한 '권리금 회수 방해행위'에 해당한다.

ㄴ. 상가건물 임대차보호법의 문언과 취지에 비추어 보면, 임대차기간 중 어느 때라도 차임이 3기분에 달하도록 연체된 사실이 있다고 하여 임대인이 임차인의 계약갱신 요구를 거절할 수 있는 것이 아니라, 반드시 임차인이 계약갱신요구권을 행사할 당시에 3기분에 이르는 차임이 연체되어 있어야 임대인이 임차인의 계약갱신 요구를 거절할 수 있다.

ㄷ. 임차인이 주택임대차보호법 제6조의3 제1항 본문에 따라 계약갱신을 요구하였더라도, 임대인으로서는 특별한 사정이 없는 한 같은 법 제6조 제1항 전단에서 정한 기간 내라면 제6조의3 제1항 단서 제8호에 따라 임대인이 목적 주택에 실제 거주하려고 한다는 사유를 들어 임차인의 계약갱신 요구를 거절할 수 있고, 같은 법 제3조 제4항에 의하여 임대인의 지위를 승계한 임차주택의 양수인도 그 주택에 실제 거주하려는 경우 위 갱신거절 기간 내에 위 제8호에 따른 갱신거절 사유를 주장할 수 있다.

ㄹ. 구 상가건물 임대차보호법(2018. 10. 16. 개정되기 전의 것, 이하 '개정 상가임대차법'이라고 한다) 제10조 제2항은 갱신요구권은 최초 임대차기간을 포함하여 전체 임대차기간이 5년을 초과하지 않는 범위에서만 행사할 수 있다고 정하였는데, 개정 상가임대차법 제10조 제2항은 이에 대해 10년을 초과하지 않는 범위에서만 행사할 수 있다고 정하고, 그 부칙 제2조는 "제10조 제2항의 개정규정은 이 법 시행 후 최초로 체결되거나 갱신되는 임대차부터 적용한다."라고 정하고 있다. 개정 상가임대차법 부칙 제2조의 '이 법 시행 후 최초로 체결되거나 갱신되는 임대차'는 개정 상가임대차법이 시행되는 2018. 10. 16. 이후 처음으로 체결된 임대차 또는 2018. 10. 16. 이전에 체결되었지만 2018. 10. 16. 이후 그 이전에 인정되던 계약 갱신 사유에 따라 갱신되는 임대차를 가리킨다.

ㅁ. 외국국적동포가 재외동포법에 따라 마친 국내거소신고와 거소이전신고에 대해서도 주택임대차법 제3조 제1항에서 주택임대차의 대항요건으로 정하는 주민등록과 같은 법적 효과가 인정된다. 또한 재외국민의 국내거소신고는 주택임대차법 제3조 제1항에서 주택임대차의 대항요건으로 정하는 주민등록과 같은 법적 효과가 인정되어야 하고, 이 경우 거소이전신고를 한 때에 전입신고가 된 것으로 보아야 한다.

ㅂ. 임차주택의 양수인에게 대항할 수 있는 임차권자라도 스스로 임대차관계의 승계를 원하지 않을 때에는 승계되는 임대차관계의 구속을 면할 수 있다고 보는 것이 신의성실의 원칙에 부합한다. 따라서 임차목적물에 대한 경매의 현황조사 절차에서 전입신고를 마친 임차인임을 신고하여 매각물건명세서에도 대항력 있는 임차인으로 기재되도록 한 원고가 경매절차 진행 중 스스로 주민등록을 이전하여 대항력을 상실한 후, 종전 임대인인 피고를 상대로 잔여 임대차보증금의 지급을 청구하였다고 하여 신의성실의 원칙에 반하는 행위라고 볼 수는 없다.

ㅅ. 甲은 乙에게 2014. 8. 1. 자신의 주택을 임대하였고 乙은 그날 전입신고를 마쳤다. 丙은 위 주택에 2014. 9. 1. 저당권설정등기를 경료하였다. 2015. 9. 1. 丙의 저당권 실행으로

인한 경매로 丁이 소유자가 되었다면 乙은 丁에게 자신의 임차권으로 대항할 수 있고, 丁은 소유권취득의 원인이 된 계약을 해제함이 없이 甲이나 丙에게 부당이득 반환을 청구할 수 있다.

① ㄱ, ㄴ, ㅁ, ㅂ   ② ㄱ, ㄴ, ㅅ   ③ ㄴ, ㄷ, ㄹ, ㅁ
④ ㄴ, ㄹ, ㅂ, ㅅ   ⑤ ㄷ, ㄹ, ㅁ

해 설

ㄱ. [✕] [1] 상가건물 임대차보호법(이하 '상가임대차법'이라 한다) 제10조의3, 제10조의4의 문언과 내용, 입법 취지 등을 종합하면, 임차인이 구체적인 인적사항을 제시하면서 신규 임차인이 되려는 자를 임대인에게 주선하였음에도 임대인이 상가임대차법 제10조의4 제1항에서 정한 기간에 이러한 신규 임차인이 되려는 자에게 권리금을 요구하는 등 위 제1항 각호의 어느 하나에 해당하는 행위를 함으로써 임차인이 신규 임차인으로부터 권리금을 회수하는 것을 방해한 때에는 임대인은 임차인이 입은 손해를 배상할 책임이 있다. 특히, 임대차계약이 종료될 무렵 신규 임차인의 주선과 관련해서 임대인과 임차인이 보인 언행과 태도, 이를 둘러싼 구체적 사정 등을 종합적으로 살펴볼 때, 임대인이 정당한 사유 없이 임차인이 신규 임차인이 되려는 자를 주선하더라도 그와 임대차계약을 체결하지 않겠다는 의사를 확정적으로 표시한 경우에는 임차인이 실제로 신규 임차인을 주선하지 않았더라도 위와 같은 손해배상책임을 진다. [2] 건물 내구연한 등에 따른 철거·재건축의 필요성이 객관적으로 인정되지 않거나 그 계획·단계가 구체화되지 않았음에도 임대인이 신규 임차인이 되려는 사람에게 짧은 임대 가능기간만 확정적으로 제시·고수하는 경우 또는 임대인이 신규 임차인이 되려는 사람에게 고지한 내용과 모순되는 정황이 드러나는 등의 특별한 사정이 없는 한, 임대인이 신규 임차인이 되려는 사람과 임대차계약 체결을 위한 협의 과정에서 철거·재건축 계획 및 그 시점을 고지하였다는 사정만으로는 상가건물 임대차보호법(이하 '상가임대차법'이라 한다) 제10조의4 제1항 제4호에서 정한 '권리금 회수 방해행위'에 해당한다고 볼 수 없다. 임대차계약의 갱신에 관한 상가임대차법 제10조 제1항과 권리금의 회수에 관한 상가임대차법 제10조의3, 제10조의4의 각 규정의 내용·취지가 같지 아니한 이상, 후자의 규정이 적용되는 임대인의 고지 내용에 상가임대차법 제10조 제1항 제7호 각 목의 요건이 충족되지 않더라도 마찬가지이다(대법원 2022. 8. 11. 선고 2022다202498 판결).

ㄴ. [✕] [1] 상가건물 임대차보호법(이하 '상가임대차법'이라고 한다) 제10조의8은 임대인이 차임연체를 이유로 계약을 해지할 수 있는 요건을 '차임연체액이 3기의 차임액에 달하는 때'라고 규정하였다. 반면 임대인이 임대차기간 만료를 앞두고 임차인의 계약갱신 요구를 거부할 수 있는 사유에 관해서는 '3기의 차임액에 해당하는 금액에 이르도록 차임을 연체한 사실이 있는 경우'라고 문언을 달리하여 규정하고 있다(상가임대차법 제10조 제1항 제1호). 그 취지는, 임대차계약 관계는 당사자 사이의 신뢰를 기초로 하므로, 종전 임대차기간에 차임을 3기분에 달하도록 연체한 사실이 있는 경우에까지 임차인의 일방적 의사에 의하여 계약관계가 연장되는 것을 허용하지 아니한다는 것이다. 위 규정들의 문언과 취지에 비추어 보면, 임대차기간 중 어느 때라도 차임이 3기분에 달하도록 연체된 사실이 있다면 임차인과의 계약관계 연장을 받아들여야 할 만큼의 신뢰가 깨어졌으므로 임대인은 계약갱신 요구를 거절할 수 있고, 반드시 임차인이 계약갱신요구권을 행사할 당시에 3기분에 이르는 차임이 연체되어 있어야 하는 것은 아니다. [2] 임차인이 계약종료 후에도 건물을 계속 사용하고 있고 임대인도 보증금을 반환하지 않은 채 거기에서 향후 임료 상당액을 공제하는

관계라면 부가가치세의 과세대상인 용역의 공급에 해당하므로, 차임에 대한 부가가치세 상당액을 임차인이 부담하기로 하는 약정이 있었다면, 특별한 사정이 없는 한 <u>임대차계약 종료 후의 계속점유를 원인으로 지급되는 차임 상당 부당이득에 대한 부가가치세 상당액도 임차인이 부담하여야 한다</u>(대법원 2021. 5. 13. 선고 2020다255429 판결).

ㄷ. [O] 주택임대차보호법 제6조, 제6조의3 등 관련 규정의 내용과 체계, 입법 취지 등을 종합하여 보면, 임차인이 같은 법 제6조의3 제1항 본문에 따라 계약갱신을 요구하였더라도, 임대인으로서는 특별한 사정이 없는 한 같은 법 제6조 제1항 전단에서 정한 기간 내라면 제6조의3 제1항 단서 제8호에 따라 임대인이 목적 주택에 실제 거주하려고 한다는 사유를 들어 임차인의 계약갱신 요구를 거절할 수 있고, 같은 법 제3조 제4항에 의하여 <u>임대인의 지위를 승계한 임차주택의 양수인도 그 주택에 실제 거주하려는 경우 위 갱신거절 기간 내에 위 제8호에 따른 갱신거절 사유를 주장할 수 있다고 보아야 한다</u>(대법원 2022. 12. 1. 선고 2021다266631 판결). **[관련판례]** [1] 2020. 7. 31. 법률 제17470호 개정으로 신설된 주택임대차보호법 제6조의3 제1항은 "제6조에도 불구하고 임대인은 임차인이 제6조 제1항 전단의 기간 이내에 계약갱신을 요구할 경우 정당한 사유 없이 거절하지 못한다. 다만 다음 각호의 어느 하나에 해당하는 경우에는 그러하지 아니하다."라고 규정하면서 제8호에서 "임대인(임대인의 직계존속·직계비속을 포함한다)이 목적 주택에 실제 거주하려는 경우"를 임차인의 계약갱신 요구를 거절할 수 있는 사유 중 하나로 들고 있다. 이러한 주택임대차보호법 규정의 취지는 <u>임차인의 주거생활 안정을 위하여 임차인에게 계약갱신요구권을 보장하는 동시에 임대인의 재산권을 보호하고 재산권에 대한 과도한 제한을 방지하기 위하여 임대인에게 정당한 사유가 있는 경우 계약갱신을 거절할 수 있도록 함으로써 임차인과 임대인의 이익 사이에 적절한 조화를 도모하고자 함에 있다.</u> [2] 임대인(임대인의 직계존속·직계비속을 포함한다. 이하 같다)이 목적 주택에 실제 거주하려는 경우에 해당한다는 점에 대한 증명책임은 임대인에게 있다. '실제 거주하려는 의사'의 존재는 임대인이 단순히 그러한 의사를 표명하였다는 사정이 있다고 하여 곧바로 인정될 수는 없지만, 임대인의 내심에 있는 장래에 대한 계획이라는 위 거절사유의 특성을 고려할 때 임대인의 의사가 가공된 것이 아니라 진정하다는 것을 통상적으로 수긍할 수 있을 정도의 사정이 인정된다면 그러한 의사의 존재를 추인할 수 있을 것이다. 이는 임대인의 주거 상황, 임대인이나 그의 가족의 직장이나 학교 등 사회적 환경, 임대인이 실제 거주하려는 의사를 가지게 된 경위, 임대차계약 갱신요구 거절 전후 임대인의 사정, 임대인의 실제 거주 의사와 배치·모순되는 언동의 유무, 이러한 언동으로 계약갱신에 대하여 형성된 임차인의 정당한 신뢰가 훼손될 여지가 있는지 여부, 임대인이 기존 주거지에서 목적 주택으로 이사하기 위한 준비의 유무 및 내용 등 여러 사정을 종합하여 판단할 수 있다(대법원 2023. 12. 7. 선고 2022다279795 판결).

ㄹ. [O] [1] 상가건물 임대차보호법(이하 '상가임대차법'이라고 한다)은 제10조 제1항과 제3항의 규정에서 갱신요구권에 관하여 임대인은 임차인이 임대차기간이 만료되기 6개월 전부터 1개월 전까지 사이에 계약갱신을 요구하면 제1항 단서에서 정하는 사유가 없는 한 갱신을 거절하지 못하고, 전 임대차와 같은 조건으로 다시 계약된 것으로 보도록 정하고 있다. 구 상가건물 임대차보호법(2018. 10. 16. 개정되기 전의 것을 말하고, 위 법률로 개정되어 같은 날부터 시행된 상가임대차법을 '개정 상가임대차법'이라고 한다) 제10조 제2항은 갱신요구권은 최초 임대차기간을 포함하여 전체 임대차기간이 5년을 초과하지 않는 범위에서만 행사할 수 있다고 정하였는데, 개정 상가임대차법 제10조 제2항은 이에 대해 10년을 초과하지 않는 범위에서만 행사할 수 있다고 정하고, 그 부칙 제2조는 "제10조 제2항의 개정규정은 이 법 시행 후 최초로 체결되거나 갱신되는 임대차부터 적용한다."라고 정하고 있다. 위 규정들의 문언, 내용과 체계에 비추어 보면, <u>개정 상가임대차법 부칙 제2조의 '이 법 시행 후 최초로 체결되거나 갱신되는 임대차'는 개정 상가임대차법이 시행되는 2018. 10. 16. 이후 처음으로 체결된 임대차 또는 2018. 10. 16. 이전에 체결되었지만 2018. 10. 16. 이후 그 이전에 인정되던 계약 갱신 사유에 따라 갱신되는 임대차를 가리킨다고 보아야 한다.</u> 따라서 개정 법률 시행

후에 개정 전 법률에 따른 의무임대차기간이 경과하여 임대차가 갱신되지 않고 기간만료 등으로 종료된 경우는 이에 포함되지 않는다. [2] 상가건물의 임대인인 甲이 임차인인 乙과의 합의에 따라 총 7년으로 연장된 임대차기간이 만료되기 3개월 전 乙에게 임대차계약을 갱신할 의사가 없음을 통보하자 乙이 임대차계약의 갱신을 요구한 사안에서, 임대차계약 체결 당시 임차인의 갱신요구권이 인정되는 의무임대차기간은 구 상가건물 임대차보호법 제10조 제2항에 따라 5년인데, 乙이 임대차 갱신을 요구한 때에는 이미 의무임대차기간 5년을 경과하였으므로 위 임대차계약은 甲의 적법한 갱신거절 통지로 인하여 2018. 10. 16. 개정된 상가건물 임대차보호법(이하 '개정 상가임대차법'이라고 한다) 시행 이후에 기간만료로 종료되어 갱신되지 않았고, 따라서 위 임대차계약에는 개정 상가임대차법 제10조 제2항이 적용되지 않기 때문에 乙은 임대차계약에 적용되는 의무임대차기간이 10년이라는 이유로 임대차계약의 갱신을 요구할 수 없다고 한 사례(대법원 2020. 11. 5. 선고 2020다241017 판결).

ㅁ. [○] [1] 출입국관리법이 2002. 12. 5. 법률 제6745호로 개정되면서 외국인의 편의를 위해 제88조의2를 신설하였다. 이에 따르면, 법령에 규정된 각종 절차와 거래관계 등에서 외국인등록증과 외국인등록 사실증명으로 주민등록증과 주민등록등본·초본을 갈음하고(제1항), 외국인등록과 체류지 변경신고로 주민등록과 전입신고를 갈음한다(제2항). 따라서 외국인이나 외국국적동포가 출입국관리법에 따라 마친 외국인등록과 체류지 변경신고는 주택임대차보호법(이하 '주택임대차법'이라 한다) 제3조 제1항에서 주택임대차의 대항요건으로 정하는 주민등록과 같은 법적 효과가 인정된다. 이처럼 출입국관리법이 외국인이나 외국국적동포가 외국인등록과 체류지 변경신고를 하면 주민등록법에 따른 주민등록과 전입신고를 한 것으로 간주하는 취지는, 외국인이나 외국국적동포가 주민등록법에 따른 주민등록을 할 수 없는 대신에 외국인등록과 체류지 변경신고를 하면 주민등록을 한 것과 동등한 법적 보호를 해 주고자 하는 데 있다. 이는 특히 주택임대차법에 따라 주택의 인도와 주민등록을 마친 임차인에게 인정되는 대항력 등의 효과를 부여하는 데서 직접적인 실효성을 발휘한다. 한편 재외동포의 출입국과 법적 지위에 관한 법률(이하 '재외동포법'이라 한다)에 따르면, 국내거소신고나 거소이전신고를 한 외국국적동포는 출입국관리법에 따른 외국인등록과 체류지 변경신고를 한 것으로 간주한다(제10조 제4항). 따라서 <u>국내거소신고를 한 외국국적동포에 대해서는 출입국관리법 제88조의2 제2항이 적용되므로, 외국국적동포가 재외동포법에 따라 마친 국내거소신고와 거소이전신고에 대해서도 앞에서 본 외국인등록과 마찬가지로 주택임대차법 제3조 제1항에서 주택임대차의 대항요건으로 정하는 주민등록과 같은 법적 효과가 인정된다.</u> [2] 구 재외동포의 출입국과 법적 지위에 관한 법률(2014. 5. 20. 법률 제12593호로 개정되기 전의 것, 이하 '구 재외동포법'이라 한다) 시행 당시에는 같은 법 제6조에 따른 재외국민의 국내거소신고를 주택임대차보호법(이하 '주택임대차법'이라 한다) 제3조 제1항에서 대항요건으로 정하는 주민등록과 같이 취급할 수 있도록 하는 명시적인 근거조항이 없었다. 또한 재외국민은 외국국적동포가 아니기 때문에 재외동포의 출입국과 법적 지위에 관한 법률 제10조 제4항의 적용대상도 아니다. 위와 같은 재외국민의 국내거소신고에 관한 규정을 출입국관리법 제88조의2 제2항과 비교해 보면, 재외국민의 국내거소신고와 거소이전신고로 주민등록과 전입신고를 갈음할 수 있는지에 관하여 법률의 공백이 있다고 보아야 한다. 구 재외동포법에 출입국관리법 제88조의2 제2항과 같이 재외국민의 국내거소신고와 거소이전신고가 주민등록과 전입신고를 갈음한다는 명문의 규정은 없지만, 출입국관리법 제88조의2 제2항을 유추적용하여 재외국민이 구 재외동포법 제6조에 따라 마친 국내거소신고와 거소이전신고도 외국국적동포의 그것과 마찬가지로 주민등록과 전입신고를 갈음한다고 보아야 한다. 따라서 <u>재외국민의 국내거소신고는 주택임대차법 제3조 제1항에서 주택임대차의 대항요건으로 정하는 주민등록과 같은 법적 효과가 인정되어야 하고, 이 경우 거소이전신고를 한 때에 전입신고가 된 것으로 보아야 한다</u>(대법원 2019. 4. 11. 선고 2015다254507 판결).

ㅂ. [O] [1] 주택임대차보호법 제3조 제4항에 따라 임차주택의 양수인이 임대인의 지위를 승계하는 것은 어디까지나 임차인이 대항력을 갖추고 있는 것을 요건으로 하므로 대항력을 갖추지 못한 임차인의 경우 임차주택이 다른 사람에게 이전되었더라도 임대인이 임차보증금 반환의무를 부담하는 것이 원칙이다. [2] 임차주택의 양수인에게 대항할 수 있는 임차권자라도 스스로 임대차관계의 승계를 원하지 않을 때에는 승계되는 임대차관계의 구속을 면할 수 있다고 보는 것이 공평의 원칙 또는 신의성실의 원칙에 부합한다. 따라서 원고가 이 사건 경매절차에서 현황조사를 마친 후 전출함으로써 대항력을 상실하고 피고에게 남은 임차보증금의 반환을 청구하였다고 하여 이를 두고 신의성실의 원칙에 반하는 행위라고 볼 수는 없다(대법원 2023. 6. 29. 선고 2020다276914 판결). → 임차목적물에 대한 경매의 현황조사 절차에서 전입신고를 마친 임차인임을 신고하여 매각물건명세서에도 대항력 있는 임차인으로 기재되도록 한 원고가 경매절차 진행 중 스스로 주민등록을 이전하여 대항력을 상실한 후, 종전 임대인인 피고를 상대로 잔여 임대차보증금의 지급을 구함. 원심은, 원고가 이 사건 경매절차에서 현황조사를 마친 후 전출함으로써 매각물건명세서에 대항력 있는 임차인이 있다고 기재되도록 하는 등의 외관을 만든 이상, 피고에게 잔여 임차보증금의 지급을 구하는 것은 신의성실의 원칙에 반하여 허용될 수 없다고 판단하여 원고의 청구를 기각함. 대법원은 위와 같은 법리를 설시한 후, 원고의 청구가 신의성실의 원칙에 반하여 허용될 수 없다고 본 원심의 판단에 법리오해의 위법이 있음을 이유로 원심판결을 파기·환송함.

ㅅ. [X] 乙은 주택임대차보호법상 대항력을 취득하므로 저당권자 실행경매의 매수인 丁에게 대항할 수 있다. [관련판례] 주택임대차보호법 제3조의 규정에 의하면 임대차는 그 등기가 없는 경우에도 임차인이 주택의 인도와 주민등록 또는 전입신고를 마친 때에는 대항력이 발생하고 이 경우에 임차주택의 양수인은 임대인의 지위를 승계한 것으로 보도록 되어 있는바, 위 임차주택의 양도에는 강제경매에 의한 경락의 경우도 포함되는 것이므로, 임차인이 당해 경매절차에서 권리신고를 하여 소액보증금의 우선변제를 받는 절차를 취하지 아니하였다고 하여 임차주택의 경락인에게 그 임대차로써 대항할 수 없다거나 임차보증금반환채권을 포기한 것으로 볼 수는 없다(대법원 1992. 7. 14. 선고 92다12827 판결). 한편, 丁은 임대인의 지위를 승계하므로 당연히 보증금반환의무를 부담한다. 따라서 甲이나 丙에게 부당이득 반환을 청구할 수 없다. [관련판례] 경매의 목적물에 대항력 있는 임대차가 존재하는 경우에 경락인이 이를 알지 못한 때에는 경락인은 이로 인하여 계약의 목적을 달성할 수 없는 경우에 한하여 계약을 해제하고 채무자 또는 채무자에게 자력이 없는 때에는 배당을 받은 채권자에게 대금의 전부나 일부의 반환을 구하거나, 계약해제와 함께 또는 그와 별도로 경매목적물에 위와 같은 흠결이 있음을 알고 고지하지 아니한 채무자나 이를 알고 경매를 신청한 채권자에게 손해배상을 청구할 수 있을 뿐, 계약을 해제함이 없이 채무자나 경락대금을 배당받은 채권자들을 상대로 경매목적물상의 대항력 있는 임차인에 대한 임대차보증금에 상당하는 경락대금의 전부나 일부를 부당이득하였다고 하여 바로 그 반환을 구할 수 있는 것은 아니다(대법원 1996. 7. 12. 선고 96다7106 판결). → 제575조 제2항 및 제578조 참조

정답 ②

181 / 주택·상가 임대차 /
주택·상가 임대차에 관한 설명 중 옳지 않은 것은? (다툼이 있으면 판례에 의함)

① 주택의 공동임차인 중 1인이라도 주택임대차보호법 제3조 제1항에서 정한 대항력 요건을 갖추게 되면 그 대항력은 임대차 전체에 미치므로, 임차 건물이 양도되는 경우 특별한 사정이 없는 한 공동임차인에 대한 보증금반환채무 전부가 임대인 지위를 승계한 양수인에게 이전되고 양도인의 채무는 소멸한다.

② 상가건물임대차보호법 제10조의4 제2항 제3호에서 정하는 '임대차 목적물인 상가건물을 1년 6개월 이상 영리목적으로 사용하지 아니한 경우'는 임대인이 임대차 종료 후 임대차 목적물인 상가건물을 1년 6개월 이상 영리목적으로 사용하지 아니하는 경우를 의미하고, 위 조항에 따른 정당한 사유가 있다고 보기 위해서는 임대인이 임대차 종료 시 그러한 사유를 들어 임차인이 주선한 자와 신규 임대차계약 체결을 거절하고, 실제로도 1년 6개월 동안 상가건물을 영리목적으로 사용하지 않아야 한다.

③ 상가건물임대차보호법에서 기간을 정하지 않은 임대차는 1년으로 간주하지만, 대통령령으로 정한 보증금액을 초과하는 임대차는 위 규정이 적용되지 않으므로, 원래 상태 그대로 기간을 정하지 않은 것이 되어 민법의 적용을 받는다. 민법 제635조 제1항, 제2항 제1호에 따라 이러한 임대차는 임대인이 언제든지 해지를 통고할 수 있고 임차인이 통고를 받은 날로부터 6개월이 지남으로써 효력이 생기므로, 임대차기간이 정해져 있음을 전제로 기간 만료 6개월 전부터 1개월 전까지 사이에 행사하도록 규정된 임차인의 계약갱신요구권은 발생할 여지가 없다.

④ 상가의 임차인이 임대차기간 만료 1개월 전부터 만료일 사이에 갱신거절의 통지를 한 경우 해당 임대차계약은 묵시적 갱신이 인정되지 않고 임대차기간의 만료일에 종료한다.

⑤ 주택임대차보호법 제3조의3은 제8항에서 "임차인은 제1항에 따른 임차권등기명령의 신청과 그에 따른 임차권등기와 관련하여 든 비용을 임대인에게 청구할 수 있다."라고 규정하고 있다. 이처럼 주택임대차보호법 제3조의3 제8항은 임차권등기명령 신청비용과 임차권등기비용에 대한 비용상환청구권을 인정하면서도 비용청구의 방법이나 절차에 관한 규정을 두지 않고 있다. 따라서 임차인은 민사소송으로 그 비용을 청구하거나, 상계의 자동채권으로 삼는 등의 방법으로 비용상환청구권을 행사할 수 없다.

해설

① [O] 주택의 공동임차인 중 1인이라도 주택임대차보호법 제3조 제1항에서 정한 대항력 요건을 갖추게 되면 그 대항력은 임대차 전체에 미치므로, 임차 건물이 양도되는 경우 특별한 사정이 없는 한 공동임차인에 대한 보증금반환채무 전부가 임대인 지위를 승계한 양수인에게 이전되고 양도인의 채무는 소멸한다. 이러한 법리는 계약당사자 사이에 공동임차인의 임대차보증금 지분을 별도로 정한 경우에도 마찬가지이다. 공동임차인으로서 임대차계약을 체결한 것은 기본적으로 임대차계약에 따른 권리·의무를 함께하겠다는 것이고, 임대차보증금에 관한 지분을 정하여 그 지분에 따라 임대차보증금을 지급하거나 반환받기로 약정하였다고 하더라도 임대차계약 자체를 지분에 따라 분리하겠다는 것이라고 볼 수는 없다. 공동임차인 중 1인이 취득한 대항력이 임대차 전체에 미친다고 보더

라도 주택임대차보호법에 따른 공시의 목적, 거래관행 등에 비추어 임대차계약을 전제로 법률행위를 하고자 하는 제3자의 권리가 침해된다고 볼 수도 없다(대법원 2021. 10. 28. 선고 2021다238650 판결).

② [O] 구 상가건물 임대차보호법(2018. 10. 16. 법률 제15791호로 개정되기 전의 것, 이하 '구 상가임대차법'이라 한다) 제10조의4의 문언과 체계, 입법 목적과 연혁 등을 종합하면, 구 상가임대차법 제10조의4 제2항 제3호에서 정하는 '임대차 목적물인 상가건물을 1년 6개월 이상 영리목적으로 사용하지 아니한 경우'는 임대인이 임대차 종료 후 임대차 목적물인 상가건물을 1년 6개월 이상 영리목적으로 사용하지 아니하는 경우를 의미하고, 위 조항에 따른 정당한 사유가 있다고 보기 위해서는 임대인이 임대차 종료 시 그러한 사유를 들어 임차인이 주선한 자와 신규 임대차계약 체결을 거절하고, 실제로도 1년 6개월 동안 상가건물을 영리목적으로 사용하지 않아야 한다. 그렇지 않고 임대인이 다른 사유로 신규 임대차계약 체결을 거절한 후 사후적으로 1년 6개월 동안 상가건물을 영리목적으로 사용하지 않았다는 사정만으로는 위 조항에 따른 정당한 사유로 인정할 수 없다(대법원 2021. 11. 25. 선고 2019다285257 판결).

③ [O] 상가건물 임대차보호법(이하 '상가임대차법'이라고 한다)에서 기간을 정하지 않은 임대차는 그 기간을 1년으로 간주하지만(제9조 제1항), 대통령령으로 정한 보증금액을 초과하는 임대차는 위 규정이 적용되지 않으므로(제2조 제1항 단서), 원래의 상태 그대로 기간을 정하지 않은 것이 되어 민법의 적용을 받는다. 민법 제635조 제1항, 제2항 제1호에 따라 이러한 임대차는 임대인이 언제든지 해지를 통고할 수 있고 임차인이 통고를 받은 날로부터 6개월이 지남으로써 효력이 생기므로, 임대차기간이 정해져 있음을 전제로 기간 만료 6개월 전부터 1개월 전까지 사이에 행사하도록 규정된 임차인의 계약갱신요구권(상가임대차법 제10조 제1항)은 발생할 여지가 없다(대법원 2021. 12. 30. 선고 2021다233730 판결).

④ [O] 상가의 임차인이 임대차기간 만료 1개월 전부터 만료일 사이에 갱신거절의 통지를 한 경우 해당 임대차계약은 묵시적 갱신이 인정되지 않고 임대차기간의 만료일에 종료한다고 보아야 한다. 그 이유는 다음과 같다. 가) 기간을 정한 임대차계약은 법률의 특별한 규정이 없는 한 기간이 만료함으로써 종료한다. 민법 제639조는 임대차기간이 만료한 후 임차인이 임차물의 사용, 수익을 계속하는 경우에 임대인이 상당한 기간 안에 이의를 하지 아니하는 때에는 묵시의 갱신을 인정하고 있다. 민법에 의하면 임차인이 임대차기간 만료 전에 갱신거절의 통지를 하는 경우에는 묵시의 갱신이 인정될 여지가 없다. 나) 「상가건물 임대차보호법」(이하 '상가임대차법'이라 한다) 제10조 제1항은 "임대인은 임차인이 임대차기간이 만료되기 6개월 전부터 1개월 전까지 사이에 계약갱신을 요구할 경우 정당한 사유 없이 거절하지 못한다."라고 정하여 임차인의 계약갱신 요구권을 인정할 뿐이고, 임차인이 갱신거절의 통지를 할 수 있는 기간은 제한하지 않았다. 상가임대차법 제10조 제4항은 "임대인이 제1항의 기간 이내에 임차인에게 갱신거절의 통지 또는 조건변경의 통지를 하지 아니한 경우에는 그 기간이 만료된 때에 전 임대차와 동일한 조건으로 다시 임대차한 것으로 본다."라고 정하여 묵시적 갱신을 규정하면서 임대인의 갱신거절 또는 조건변경의 통지기간을 제한하였을 뿐, 주택임대차보호법 제6조 제1항 후문과 달리 상가의 임차인에 대하여는 기간의 제한을 두지 않았다. 상가임대차법에 임차인의 갱신거절 통지기간에 대하여 명시적인 규정이 없는 이상 원칙으로 돌아가 임차인의 갱신거절 통지기간은 제한이 없다고 보아야 한다. 다) 원심이 이 사건 임대차계약의 임대차기간이 만료되기 6개월 전부터 1개월 전까지 사이에 임차인인 원고가 별다른 조치를 취하지 아니한 이상, 이 사건 임대차계약은 기간만료일 전 1개월이 경과하여 묵시적으로 갱신되었다고 판단한 것은 문언해석에 반한다. 또한 상가임대차법 제10조 제1항이 임차인의 갱신거절 통지기간도 한정한 것으로 해석한다면, 위 기간 이후 임대차기간 만료 전에 갱신거절 통지를 한 임차인의 의사에 반하여 상가임대차법 제10조 제4항에 따른 묵시적 갱신을 강제하는 결과가 되고, 이는 상가건물 임차인을 보호함으로써 그 경제생활의 안정을 보장하고자 하는 상가임대차법의 입법 취지에도 반

한다(대법원 2024. 6. 27. 선고 2023다307024 판결). → 상가의 임차인인 원고가 임대차기간 만료 1개월 전부터 만료일 사이에 갱신거절의 통지를 한 뒤 임대인인 피고를 상대로 그에 따른 임대차보증금반환을 청구한 사안임. 원심은, 임대차기간이 만료되기 6개월 전부터 1개월 전까지 사이에 임대인인 피고가 갱신거절의 통지 등을 하지 아니하였고, 임차인인 원고도 별다른 조치를 취하지 아니한 이상, 임대차계약은 기간만료일 전 1개월이 경과하여 묵시적으로 갱신되었으나, 갱신거절의 취지가 기재된 2020. 12. 29. 자 이 사건 통지로 임대차계약은 그로부터 3개월이 지난 2021. 3. 29. 해지되어 종료되었다고 보아, 피고가 원고에게 2021. 3. 29.까지의 차임과 부가세를 공제한 임대차보증금 및 지연손해금을 반환할 의무가 있다고 판단하였다. 대법원 <U>임차인인 원고가 임대차계약의 종료일 전에 갱신거절의 의사를 명확히 하였으므로, 임대차계약은 임대차기간 만료일인 2020. 12. 30. 종료되었다고 보아</U>, 이와 달리 이 사건 임대차계약은 기간만료일 전 1개월이 경과하여 묵시적으로 갱신되었음을 전제로 판단한 원심을 파기·환송함.

⑤ [✗] 주택임대차보호법 제3조의3은 제3항에서 임차권등기명령의 신청에 대한 재판절차와 임차권등기명령의 집행 등에 관하여 민사집행법상 가압류에 관한 절차규정을 일부 준용하는 한편, 제8항에서 "임차인은 제1항에 따른 임차권등기명령의 신청과 그에 따른 임차권등기와 관련하여 든 비용을 임대인에게 청구할 수 있다."라고 규정하고 있다. 이처럼 주택임대차보호법 제3조의3 제8항은 임차권등기명령 신청비용과 임차권등기비용에 대한 비용상환청구권을 인정하면서도 <U>비용청구의 방법이나 절차에 관한 별도의 규정을 두지 않고 있다. 따라서 임차인은 민사소송으로 그 비용을 청구하거나, 상계의 자동채권으로 삼는 등의 방법으로 비용상환청구권을 행사할 수 있다고 봄이 타당하다</U>(대법원 2025. 4. 24. 선고 2024다221455 판결).

정답 ⑤

182 /임대차/

임대차에 관한 설명 중 옳지 않은 것은? (다툼이 있으면 판례에 의함)

① 주택임대차보호법 제3조의2 제7항에서 정한 금융기관이 임차인으로부터 보증금반환채권을 계약으로 양수함으로써 양수한 금액의 범위에서 우선변제권을 승계한 다음 경매절차에서 배당요구를 하여 보증금 중 일부를 배당받은 경우에, 주택임대차의 대항요건이 존속되는 한 임차인은 보증금반환채권을 양수한 금융기관이 보증금 잔액을 반환받을 때까지 임차주택의 양수인을 상대로 임대차관계의 존속을 주장할 수 있다.

② 임대인의 권리금 회수기회 방해로 인한 손해배상책임은 상가임대차법이 요건, 배상범위 및 소멸시효를 특별히 규정한 법정책임이고, 그 손해배상채무는 임대차가 종료한 날에 이행기가 도래하여 그 다음 날부터 지체책임이 발생하는 것으로 보아야 한다.

③ 임차인이 임대인의 동의를 받지 않고 제3자에게 임차권을 양도하거나 전대하는 등의 방법으로 임차물을 사용·수익하게 하더라도, 임대인이 이를 이유로 임대차계약을 해지하거나 그 밖의 다른 사유로 임대차계약이 적법하게 종료되지 않는 한 임대인은 임차인에 대하여 여전히 차임청구권을 가지므로, 임대차계약이 존속하는 한도 내에서는 제3자에게 불법점유를 이유로 한 차임 상당 손해배상청구나 부당이득반환청구를 할 수 없다.

④ 변제충당에 관한 민법 제476조 내지 제479조는 임의규정이지만, 상가임대차법의 규정에 위반된 약정으로서 임차인에게 불리한 것은 효력이 없으므로, 임대인과 임차인이 연체 차임과 관련하여 민법상 변제충당과 다른 약정을 체결하였더라도 그것이 임차인에게 불리한 경우에는 효력을 인정할 수 없고, 이 경우에는 민법상 변제충당의 규정이 적용될 수 없다.

⑤ 당사자들이 자유로운 의사에 따라 임대차기간을 영구로 정한 약정은 이를 무효로 볼 만한 특별한 사정이 없는 한 계약자유의 원칙에 의하여 허용된다.

해 설

① [O] 주택임차인은 주택임대차보호법 제3조 제1항에서 정한 주택의 인도와 주민등록을 구비하면 대항력을 취득하고 대항요건이 존속되는 한 대항력은 계속 유지된다. 한편 주택임대차보호법에 정한 대항력과 우선변제권 두 가지 권리를 겸유하고 있는 임차인이 먼저 우선변제권을 선택하여 임차주택에 대하여 진행되고 있는 경매절차에서 배당요구를 하였으나 보증금 전액을 배당받지 못한 경우 임차인은 여전히 대항요건을 유지함으로써 임대차관계의 존속을 주장할 수 있으므로, 임차인이 대항력을 구비한 후 임차주택을 양수한 자는 그와 같이 존속되는 임대차의 임대인 지위를 당연히 승계한다. 이는 주택임대차보호법 제3조의2 제7항에서 정한 금융기관이 임차인으로부터 보증금반환채권을 계약으로 양수함으로써 양수한 금액의 범위에서 우선변제권을 승계한 다음 경매절차에서 배당요구를 하여 보증금 중 일부를 배당받은 경우에도 마찬가지이다. 따라서 <u>주택임대차의 대항요건이 존속되는 한 임차인은 보증금반환채권을 양수한 금융기관이 보증금 잔액을 반환받을 때까지 임차주택의 양수인을 상대로 임대차관계의 존속을 주장할 수 있다</u>(대법원 2023. 2. 2. 선고 2022다255126 판결).

② [O] 상가건물 임대차보호법(이하 '상가임대차법'이라고 한다)이 보호하고자 하는 권리금의 회수기회란 임대차 종료 당시를 기준으로 하여 임차인이 임대차 목적물인 상가건물에서 영업을 통해 창출한 유·무형의 재산적 가치를 신규임차인으로부터 회수할 수 있는 기회를 의미한다. 이러한 권리금 회수기회를 방해한 임대인이 부담하게 되는 손해배상액은 임대차 종료 당시의 권리금을 넘지 않도록 규정되어 있는 점, 임대인에게 손해배상을 청구할 권리의 소멸시효 기산일 또한 임대차가 종료한 날인 점 등 상가임대차법 규정의 입법 취지, 보호법익, 내용이나 체계를 종합하면, <u>임대인의 권리금 회수기회 방해로 인한 손해배상책임은 상가임대차법이 요건, 배상범위 및 소멸시효를 특별히 규정한 법정책임이고, 그 손해배상채무는 임대차가 종료한 날에 이행기가 도래하여 그 다음 날부터 지체책임이 발생하는 것으로 보아야 한다</u>(대법원 2023. 2. 2. 선고 2022다260586 판결).

③ [O] 임차인이 임대인의 동의를 받지 않고 제3자에게 임차권을 양도하거나 전대하는 등의 방법으로 임차물을 사용·수익하게 하더라도, 임대인이 이를 이유로 임대차계약을 해지하거나 그 밖의 다른 사유로 임대차계약이 적법하게 종료되지 않는 한 임대인은 임차인에 대하여 여전히 차임청구권을 가지므로, <u>임대차계약이 존속하는 한도 내에서는 제3자에게 불법점유를 이유로 한 차임 상당 손해배상청구나 부당이득반환청구를 할 수 없다. 그러나 임대차계약이 종료된 이후에는 임차물을 소유하고 있는 임대인은 제3자를 상대로 위와 같은 손해배상청구나 부당이득반환청구를 할 수 있다</u>(대법원 2023. 3. 30. 선고 2022다296165 판결).

④ [X] 상가건물 임대차보호법(이하 '상가임대차법'이라 한다) 제10조의9는 2020. 9. 29.부터 6개월 동안(이하 '특례기간'이라 한다)의 연체 차임액을 '계약갱신의 거절사유(제10조 제1항 제1호)', '권리금 회수기회의 제외사유(제10조의4 제1항 단서)' 및 '계약 해지사유(제10조의8)'에서 정한 연체 차임액에서 제외하되, 임대인의 연체 차임액에 대한 그 밖의 권리에는 영향을 미치지 아니한다고 규정하였다. 이는 '코로나19' 여파로 국내 소비지출이 위축되고 상가임차인의 매출과 소득이 급감하는 가운데 임대료가 상

가임차인의 영업활동에 큰 부담이 되는 실정임을 고려하여, 특례기간의 차임 연체를 이유로 한 임대인의 계약 해지 등 일부 권리의 행사를 제한함으로써 경제적 위기 상황에서 영업기반 상실의 위험으로부터 임차인을 구제하기 위하여 신설된 임시 특례규정이다. 변제충당에 관한 민법 제476조 내지 제479조는 임의규정이지만, 상가임대차법의 규정에 위반된 약정으로서 임차인에게 불리한 것은 효력이 없으므로(상가임대차법 제15조), 임대인과 임차인이 연체 차임과 관련하여 민법상 변제충당과 다른 약정을 체결하였더라도 그것이 임차인에게 불리한 경우에는 효력을 인정할 수 없고, 이 경우에는 상가임대차법 제10조의9의 규정에 반하지 않는 범위 내에서만 민법상 변제충당 규정이 적용된다. 따라서 임차인의 변제제공이 연체 차임액 전부에 미치지 못할 경우에는 임차인이 지정변제충당(민법 제476조 제1항)을 할 수 있으나, 임대인의 지정변제충당(민법 제476조 제2항)이 상가임대차법 제10조의9에 반하는 경우에는 이를 적용할 수 없고, 임차인의 변제제공 당시를 기준으로 민법 제477조의 법정변제충당의 순서에 따라 변제충당의 효력이 발생할 뿐이다. 결국 임차인의 변제제공이 특례기간을 포함하여 그 전후의 연체 차임액 전부에 미치지 못하는 경우에는, 합의충당이나 임차인의 지정변제충당(민법 제476조 제1항) 등의 특별한 사정이 없는 이상 변제기가 도래하지 않은 차임에 먼저 충당된다고 볼 수 없으므로, 민법 제477조의 법정변제충당이 적용된다. 따라서 변제제공 시점에 이미 이행기가 도래한 연체 차임의 변제에 먼저 충당되고(민법 제477조 제1호), 그중 상가임대차법 제10조의9에 따른 '특례기간의 연체 차임'은 임대인의 계약갱신 거절권·계약 해지권 등의 권리 행사가 제한되어 상대적으로 변제이익이 적은 경우에 해당되므로, 이행기가 도래한 다른 연체 차임보다 후순위로 충당된다(민법 제477조 제2호)(대법원 2023. 4. 13. 선고 2022다309337 판결).

⑤ [O] 구 민법(2016. 1. 6. 법률 제13710호로 삭제되기 전의 것) 제651조에서는 '석조, 석회조, 연와조 또는 이와 유사한 견고한 건물 기타 공작물의 소유를 목적으로 하는 토지임대차 및 식목, 채염을 목적으로 하는 토지임대차'를 제외한 임대차의 존속기간을 20년으로 제한하고 있었으나, 헌법재판소는 2013. 12. 26. 위 조항의 입법취지가 불명확하고, 과잉금지원칙을 위반하여 계약의 자유를 침해한다는 이유로 헌법에 위반된다는 결정을 선고하였다(헌법재판소 2013. 12. 26. 선고 2011헌바234 전원재판부 결정). 결국 민법 제619조에서 처분능력, 권한 없는 자의 단기임대차의 경우에만 임대차기간의 최장기를 제한하고 있을 뿐, 민법상 임대차기간이 영구인 임대차계약의 체결을 불허하는 규정은 없다. 소유자가 소유권의 핵심적 권능에 속하는 사용·수익의 권능을 대세적으로 포기하는 것은 특별한 사정이 없는 한 허용되지 않으나, 특정인에 대한 관계에서 채권적으로 사용·수익권을 포기하는 것까지 금지되는 것은 아니다. 따라서 임대차기간이 영구인 임대차계약을 인정할 실제의 필요성도 있고, 이러한 임대차계약을 인정한다고 하더라도 사정변경에 의한 차임증감청구권이나 계약 해지 등으로 당사자들의 이해관계를 조정할 수 있는 방법이 있을 뿐만 아니라, 임차인에 대한 관계에서만 사용·수익권이 제한되는 외에 임대인의 소유권을 전면적으로 제한하는 것도 아닌 점 등에 비추어 보면, 당사자들이 자유로운 의사에 따라 임대차기간을 영구로 정한 약정은 이를 무효로 볼 만한 특별한 사정이 없는 한 계약자유의 원칙에 의하여 허용된다고 보아야 한다. 특히 영구임대라는 취지는, 임대인이 차임지급 지체 등 임차인의 귀책사유로 인한 채무불이행이 없는 한 임차인이 임대차관계의 유지를 원하는 동안 임대차계약이 존속되도록 이를 보장하여 주는 의미로, 위와 같은 임대차기간의 보장은 임대인에게는 의무가 되나 임차인에게는 권리의 성격을 갖는 것이므로 임차인으로서는 언제라도 그 권리를 포기할 수 있고, 그렇게 되면 임대차계약은 임차인에게 기간의 정함이 없는 임대차가 된다(대법원 2023. 6. 1. 선고 2023다209045 판결).

정답 ④

183 / 임대차 /
임대차에 관한 설명 중 옳지 않은 것은? (다툼이 있으면 판례에 의함)

① 상가건물 임대차보호법이 적용되는 임대차가 기간만료나 당사자의 합의, 해지 등으로 종료된 경우 보증금을 반환받을 때까지 임차 목적물을 계속 점유하면서 사용·수익한 임차인은 종전 임대차계약에서 정한 차임을 지급할 의무를 부담할 뿐이고, 시가에 따른 차임에 상응하는 부당이득금을 지급할 의무를 부담하는 것은 아니다.

② 주택임대차보호법 제3조 제3항에 따라 법인인 임차인이 주택임대차보호법이 정한 임차인에 해당된다고 보려면, 임차인인 법인의 직원인 사람이 법인이 임차한 주택을 인도받고 주민등록을 마쳐야 한다. 여기에서 말하는 '직원'은 법인이 주식회사라면 법인에서 근무하는 사람 중 법인등기사항증명서에 대표이사 또는 사내이사로 등기된 사람을 제외한 사람을 의미한다.

③ 주택의 임차인이 주택임대차보호법 제6조의3 제1항에 따라 임대차계약의 갱신을 요구하면 임대인에게 갱신거절 사유가 존재하지 않는 한 임대인에게 갱신요구가 도달한 때 갱신의 효력이 발생한다. 갱신요구에 따라 임대차계약에 갱신의 효력이 발생한 경우 임차인은 동법 제6조의2 제1항에 따라 언제든지 계약의 해지통지를 할 수 있고, 해지통지 후 3개월이 지나면 그 효력이 발생하며, 다만 이는 계약해지의 통지가 갱신된 임대차계약 기간이 개시되기 전에 임대인에게 도달한 경우에는 적용되지 않는다.

④ 임대인의 임대차보증금 반환 또는 임대차에 따른 임차인의 채무 공제 등으로 임차인이 동시이행항변권을 상실하였는데도 목적물의 반환을 계속 거부하면서 점유하고 있다면, 달리 점유에 관한 적법한 권원이 인정될 수 있는 특별한 사정이 없는 한 임차인이 동시이행항변권의 상실을 알 수 있는 때부터의 점유는 적어도 과실에 의한 점유로서 불법행위를 구성한다.

⑤ 부동산 매수인이 매매목적물에 관한 임대차보증금 반환채무 등을 인수하는 한편 그 채무액을 매매대금에서 공제하기로 약정한 경우, 그 인수는 특별한 사정이 없는 이상 매도인을 면책시키는 면책적 채무인수라고 볼 수 없다.

[해설]

① [O] 상가건물 임대차에서 기간만료나 당사자의 합의 등으로 임대차가 종료된 경우에도 상가건물 임대차보호법(이하 '상가임대차법'이라고 한다) 제9조 제2항에 의하여 임차인은 보증금을 반환받을 때까지 임대차관계가 존속하는 것으로 의제된다. 이는 임대차기간이 끝난 후에도 상가건물의 임차인이 보증금을 반환받을 때까지는 임차인의 목적물에 대한 점유를 임대차기간이 끝나기 전과 마찬가지 정도로 강하게 보호함으로써 임차인의 보증금반환채권을 실질적으로 보장하기 위한 것이다. 따라서 상가임대차법이 적용되는 상가건물의 임차인이 임대차 종료 이후에 보증금을 반환받기 전에 임차 목적물을 점유하고 있다고 하더라도 임차인에게 차임 상당의 부당이득이 성립한다고 할 수 없다. 위와 같은 상가임대차법 제9조 제2항의 입법 취지, 상가건물 임대차 종료 후 의제되는 임대차관계의 법적 성격 등을 종합하면, <u>상가임대차법이 적용되는 임대차가 기간만료나 당사자의 합의, 해지 등으로 종료된 경우 보증금을 반환받을 때까지 임차 목적물을 계속 점유하면서 사용·수익한 임차인은 종전 임대차계약에서 정한 차임을 지급할 의무를 부담할 뿐이고, 시가에 따른 차임에 상응하는 부당이득금을 지급할 의무를 부담하는 것은 아니다</u>(대법원 2023. 11. 9. 선고 2023다257600 판결).

② [O] 주택임대차보호법 제3조 제3항은 중소기업기본법 제2조에 따른 중소기업에 해당하는 법인이 소속 직원의 주거용으로 주택을 임차한 후 그 법인이 선정한 직원이 해당 주택을 인도받고 주민등록을 마쳤을 때에는 그 다음 날부터 제3자에 대하여 효력이 생기고, 임대차가 끝나기 전에 그 직원이 변경된 경우에는 그 법인이 선정한 새로운 직원이 주택을 인도받고 주민등록을 마친 다음 날부터 제3자에 대하여 효력이 생긴다고 정하고 있다. 그리고 주택임대차보호법 제3조의2 제1항은 임차인의 범위에 '제3조 제3항의 법인을 포함한다. 이하 같다.'라고 정하고 있으며, 주택임대차보호법 제6조의3은 계약갱신 요구 등에 관하여 정하고 있다. 주택임대차보호법 제3조 제3항에 따라 법인인 임차인이 주택임대차보호법이 정한 임차인에 해당된다고 보려면, 임차인 법인의 직원인 사람이 법인이 임차한 주택을 인도받고 주민등록을 마쳐야 한다. 여기에서 말하는 '직원'은, 해당 법인이 주식회사라면 그 법인에서 근무하는 사람 중 법인등기사항증명서에 대표이사 또는 사내이사로 등기된 사람을 제외한 사람을 의미한다고 보아야 한다. 다만 위와 같은 범위의 임원을 제외한 직원이 법인이 임차한 해당 주택을 인도받아 주민등록을 마치고 그곳에서 거주하고 있다면 이로써 위 조항에서 정한 대항력을 갖추었다고 보아야 하고, 그 밖에 업무관련성, 임대료의 액수, 지리적 근접성 등 다른 사정을 고려하여 그 요건을 갖추었는지를 판단할 것은 아니다(대법원 2023. 12. 14. 선고 2023다226866 판결).

③ [×] 주택임대차보호법 제6조의3 제1항은 "임대인은 임차인이 제6조 제1항 전단의 기간 이내에 계약갱신을 요구할 경우 정당한 사유 없이 거절하지 못한다."라고 하여 임차인의 계약갱신요구권을 규정하고, 같은 조 제4항은 "제1항에 따라 갱신되는 임대차의 해지에 관하여는 제6조의2를 준용한다."라고 규정한다. 한편 주택임대차보호법 제6조의2 제1항은 "제6조 제1항에 따라 계약이 갱신된 경우 같은 조 제2항에도 불구하고 임차인은 언제든지 임대인에게 계약해지를 통지할 수 있다."라고 규정하고, 제2항은 "제1항에 따른 해지는 임대인이 그 통지를 받은 날부터 3개월이 지나면 그 효력이 발생한다."라고 규정한다. 이러한 주택임대차보호법 규정을 종합하여 보면, 임차인이 주택임대차보호법 제6조의3 제1항에 따라 임대차계약의 갱신을 요구하면 임대인에게 갱신거절 사유가 존재하지 않는 한 임대인에게 갱신요구가 도달한 때 갱신의 효력이 발생한다. 갱신요구에 따라 임대차계약에 갱신의 효력이 발생한 경우 임차인은 제6조의2 제1항에 따라 언제든지 계약의 해지통지를 할 수 있고, 해지통지 후 3개월이 지나면 그 효력이 발생하며, 이는 계약해지의 통지가 갱신된 임대차계약 기간이 개시되기 전에 임대인에게 도달하였더라도 마찬가지이다. [이유] 가. 원고는 피고로부터 이 사건 부동산을 임대차기간 2019. 3. 10.부터 2021. 3. 9.까지 임차하였다. 나. 원고는 피고에게 임대차계약의 갱신을 요구하는 통지를 하였고 이는 2021. 1. 5. 피고에게 도달하였으나, 2021. 1. 28. 다시 '앞선 계약갱신 요구로 임대차계약이 갱신되었으나 갱신된 임대차계약의 해지를 통지하므로 피고가 이 통지를 받은 날부터 3개월이 지나면 임대차계약이 해지된다.'는 통지(이 사건 통지)를 하였다. 이 사건 통지는 2021. 1. 29. 피고에게 도달하였다. 다. 원고는 이 사건 통지가 도달한 후 3개월이 지난 2021. 4. 30. 피고에게 그때까지의 월 차임을 지급하고 이 사건 부동산을 인도하였다. 피고는 임대차계약이 2021. 6. 9. 해지되었음을 전제로 원고에게 2021. 6. 9.까지 발생한 월 차임을 공제한 임대차보증금과 장기수선충당금을 반환하였다. 원고의 갱신요구 통지가 2021. 1. 5. 피고에게 도달함으로써 임대차계약은 갱신되었다. 원고의 갱신된 임대차계약 해지 취지가 기재된 이 사건 통지가 2021. 1. 29. 피고에게 도달하였는바 그로부터 3개월이 지난 2021. 4. 29. 갱신된 임대차계약의 해지 효력이 발생하였다. 이 사건 통지가 갱신된 임대차계약 기간이 개시되기 전에 피고에게 도달하였다고 하여 갱신된 임대차계약 기간이 개시되기를 기다려 그때부터 3개월이 지나야 이 사건 통지에 따른 해지 효력이 발생하는 것은 아니다. 따라서 원심으로서는 임대차계약의 해지효력이 발생한 2021. 4. 29.을 기준으로 미지급 차임 등을 공제하고 남은 임대차보증금 및 장기수선충당금이 있으면 피고가 이를 원고에게 반환하도록 하는 판단을 하였어야 한다(대법원 2024. 1. 11. 선고 2023다258672 판결).

④ [O] 임대차계약이 종료되면 임차인은 목적물을 반환하고 임대인은 연체차임을 공제한 나머지 보증금을 반환해야 한다. 임차인의 목적물반환의무와 임대인의 보증금반환의무는 동시이행관계에 있으므로, 임대인이 임대차보증금의 반환의무를 이행하거나 적법하게 이행제공을 하는 등으로 임차인의 동시이행항변권을 상실시키지 않은 이상, 임대차계약 종료 후 임차인이 목적물을 계속 점유하더라도 그 점유를 불법점유라고 할 수 없고 임차인은 이에 대한 손해배상의무를 지지 않는다. 그러나 그 후 임대인의 임대차보증금 반환 또는 임대차에 따른 임차인의 채무 공제 등으로 임차인이 그러한 동시이행항변권을 상실하였는데도 목적물의 반환을 계속 거부하면서 점유하고 있다면, 달리 점유에 관한 적법한 권원이 인정될 수 있는 특별한 사정이 없는 한 임차인이 동시이행항변권의 상실을 알 수 있는 때부터의 점유는 적어도 과실에 의한 점유로서 불법행위를 구성한다(대법원 2024. 6. 13. 선고 2022다228667 판결).

⑤ [O] 1) 법인은 주택임대차보호법 제3조 제1항이 정하는 대항요건의 하나인 주민등록을 마칠 수 없는 점에 비추어 보면, 주택을 임차한 법인에게는 주택임대차보호법 제3조 제2항, 제3항이 정하는 경우를 제외하고는 주택임대차보호법 제3조가 적용되지 않는다. 그러므로 임차주택의 양수인이 임대인의 지위를 당연히 승계한다는 내용의 주택임대차보호법 제3조 제4항도 주택 임차인이 법인인 경우에는 원칙적으로 적용되지 않는다. 따라서 임대인이 법인을 임차인으로 하는 주택을 양도한 경우에는 임대인의 임대차보증금 반환채무를 양수인이 면책적으로 인수하였다는 등의 특별한 사정이 없는 한 임대인의 법인에 대한 임대차보증금 반환채무는 위 주택 양도에도 불구하고 소멸하지 아니한다. 2) 면책적 채무인수는 병존적 채무인수 또는 이행인수와는 달리 제3자가 채무를 인수함으로써 기존 채무자가 면책되므로, 어떠한 인수의 법적 성격이 문제되는 경우 이를 병존적 채무인수 또는 이행인수가 아니라 면책적 채무인수로 보는 데에는 엄격함과 신중함이 요구된다. 그러므로 부동산 매수인이 매매목적물에 관한 임대차보증금 반환채무 등을 인수하는 한편 그 채무액을 매매대금에서 공제하기로 약정한 경우, 그 인수는 특별한 사정이 없는 이상 매도인을 면책시키는 면책적 채무인수라고 볼 수 없다. 또한 부동산 매도인과 매수인 사이에 임대차보증금 반환채무를 면책적으로 인수하는 약정이 있었더라도 그에 기한 면책적 채무인수의 효력이 발생하려면 채권자인 임차인의 승낙이 있어야 한다(민법 제454조 참조). 이때 임차인의 승낙은 반드시 명시적 의사표시로 하여야 하는 것은 아니고 묵시적 의사표시로도 가능하다. 그러나 임차인이 채무자인 임대인을 면책시키는 것은 그의 채권을 처분하는 행위이므로, 임대보증금 반환채권의 회수가능성 등이 의문시되는 상황이라면 임차인의 어떠한 행위를 임대차보증금 반환채무의 면책적 인수에 대한 묵시적 승낙의 의사표시에 해당한다고 쉽게 단정하여서는 아니 된다(대법원 2024. 6. 13. 선고 2024다215542 판결).

정답 ③

제5절 • 도급

184 /도급계약/

甲의 토지 위에 乙이 건물신축공사를 하고, 공사대금은 2억 원으로 정하였다. 그리고 건축 재료를 乙이 공급하여 공사를 하되, 건축허가는 甲의 명의로 받고 건물을 甲 소유로 하여 甲의 명의로 소유권보존등기를 하기로 하였다. 乙은 기둥, 지붕, 주벽을 갖추었으나 건물을 완성시키지 않은 채 작업을 중단했다. 다음 설명 중 옳지 않은 것을 모두 고른 것은? (다툼이 있으면 판례에 의함)

> ㄱ. 위 건물은 독립된 부동산이 되고, 乙의 재료와 노력으로 이루어졌으나 甲이 원시취득 한다. 한편 위 건물이 연와조로 조성된 경우, 乙은 인도 후 10년간 하자담보책임을 지게 된다.
>
> ㄴ. 甲이 乙의 공사 중단을 이유로 계약을 해제한 경우, 원상회복이 중대한 사회적·경제적 손실을 초래하게 되고 기성 부분이 甲에게 이익이 되어 해제된 때의 상태 그대로 건물을 인도받은 때에는 특별한 사정이 없는 한 乙에게 미완성건물에 대한 보수를 지급하여야 한다.
>
> ㄷ. 위 ㄴ.의 경우 공사를 중단할 때까지 투입한 공사비용은 6,000만 원이고, 건물의 완성을 위해 추가로 투입해야할 비용이 9,000만 원일 경우, 미완성건물에 대한 보수로서 甲이 지급해야할 금액은 6,000만 원이다.
>
> ㄹ. 위 건물의 하자로 인하여 甲이 정신적 고통을 받은 경우, 하자의 보수나 손해배상을 청구할 수는 있으나 위자료의 배상을 청구할 수 있는 경우는 없다.
>
> ㅁ. 위 건물의 하자가 중요하지 않은데 보수에 과다한 비용을 요할 때는 甲은 하자의 보수에 갈음하는 손해 및 하자로 인한 손해배상을 청구할 수 있다.
>
> ㅂ. 건축공사도급계약이 중도해제된 경우 도급인이 지급하여야 할 보수는 특별한 사정이 없는 한 당사자 사이에 약정한 총 공사비에 기성고 비율을 적용한 금액이지 수급인이 실제로 지출한 비용을 기준으로 할 것은 아니다.

① ㄱ, ㄴ, ㅂ   ② ㄴ, ㄷ, ㄹ   ③ ㄴ, ㄹ, ㅂ
④ ㄷ, ㄹ, ㅁ   ⑤ ㄹ, ㅁ, ㅂ

해설

ㄱ. [O] 독립된 부동산으로서의 건물이라고 하기 위하여는 최소한의 기둥과 지붕 그리고 주벽이 이루어지면 된다(대법원 2003. 05. 30. 선고 2002다21592 판결). 일반적으로 자기의 노력과 재료를 들여 건물을 건축한 사람은 그 건물의 소유권을 원시취득하는 것이고, 다만 도급계약에 있어서는 수급인이 자기의 노력과 재료를 들여 건물을 완성하더라도 <u>도급인과 수급인 사이에 도급인 명의로 건축허가를 받아 소유권보존등기를 하기로 하는 등 완성된 건물의 소유권을 도급인에게 귀속시키기로 합의한 것으로 보여질 경우에는 그 건물의 소유권은 도급인에게 원시적으로 귀속된다</u>(대법원 1997. 05. 30. 선고 97다8601 판결). [보충해설] 위 건물은 독립한 부동산이 된다. 그러나 甲과 乙 사이에 건물의 소유권을 甲에게 귀속시키기로 하는 합의가 있으므로 건물은 甲이 원시취득 한다. [조문] 토지, 건물 기타 공작물의 수급인은 목적물 또는 지반공사의 하자에 대하여 인도후 5년간 담보의 책임이

있다. 그러나 목적물이 석조, 석회조, 연와조, 금속 기타 이와 유사한 재료로 구성된 것인 때에는 그 기간을 10년으로 한다(제671조 제1항).

ㄴ. [O] 건축공사도급계약에 있어서는 공사 도중에 계약이 해제되어 미완성 부분이 있는 경우라도 그 공사가 상당한 정도로 진척되어 원상회복이 중대한 사회적·경제적 손실을 초래하게 되고 완성된 부분이 도급인에게 이익이 되는 때에는 도급계약은 미완성 부분에 대해서만 실효되어 수급인은 해제된 상태 그대로 그 건물을 도급인에게 인도하고, 도급인은 그 건물의 기성고 등을 참작하여 인도받은 건물에 대하여 상당한 보수를 지급하여야 할 의무가 있다(대법원 1997. 02. 25. 선고 96다43454 판결).

ㄷ. [×] 건축공사도급계약에 있어서 수급인이 공사를 완성하지 못한 상태로 계약이 해제되어 도급인이 그 기성고에 따라 수급인에게 공사대금을 지급하여야 할 경우 그 공사비 액수는 공사비 지급방법에 관하여 달리 정한 경우 등 다른 특별한 사정이 없는 한 당사자 사이에 약정된 총공사비에 공사를 중단할 당시의 공사기성고 비율을 적용한 금액이고, 기성고 비율은 이미 완성된 부분에 소요된 공사비에다 미시공부분을 완성하는데 소요될 공사비를 합친 전체 공사비 가운데 완성된 부분에 소요된 비용이 차지하는 비율이다(대법원 1989. 4. 25. 선고 86다카1147 판결). **[보충해설]** 甲이 지급해야 할 대금은 8,000만 원이다(2억 원×6,000만 원 / 1억 5000만 원).

ㄹ. [×] 일반적으로 건물신축도급계약에 있어서 수급인이 신축한 건물에 하자가 있는 경우 이로 인하여 도급인이 받은 정신적 고통은 하자가 보수되거나 하자보수에 갈음한 손해배상이 이루어짐으로써 회복된다고 보아야 할 것이므로 도급인이 하자의 보수나 손해배상만으로는 회복될 수 없는 정신적 고통을 입었다는 특별한 사정이 있고 수급인이 이와 같은 사정을 알거나 알 수 있었을 경우에 한하여 정신적 고통에 대한 위자료를 인정할 수 있다(대법원 1993. 11. 9. 선고 93다19115 판결).

ㅁ. [×] 하자가 중요하지 아니하면서 동시에 그 보수에 과다한 비용을 요하는 경우에는 도급인은 하자보수나 하자보수에 갈음하는 손해배상을 청구할 수 없고 그 하자로 인하여 입은 손해의 배상만을 청구할 수 있는데, 이러한 경우 그 하자로 인하여 입은 통상의 손해는 특별한 사정이 없는 한 수급인이 하자 없이 시공하였을 경우의 목적물의 교환가치와 하자가 있는 현재 상태대로의 교환가치와의 차액이고, 한편 하자가 중요한 경우에는 그 보수에 갈음하는 즉 실제로 보수에 필요한 비용이 손해배상에 포함된다(대법원 1998. 3. 13. 선고 95다30345 판결).

ㅂ. [O] 건축공사도급계약이 수급인의 채무불이행을 이유로 해제된 경우에 해제될 당시 공사가 상당한 정도로 진척되어 이를 원상회복하는 것이 중대한 사회적·경제적 손실을 초래하고 완성된 부분이 도급인에게 이익이 되는 경우에 도급계약은 미완성부분에 대하여만 실효되고 수급인은 해제한 상태 그대로 건물을 도급인에게 인도하며, 도급인은 특별한 사정이 없는 한 인도받은 미완성 건물에 대한 보수를 지급하여야 하는 권리의무관계가 성립한다. 건축공사도급계약이 중도해제된 경우 도급인이 지급하여야 할 보수는 특별한 사정이 없는 한 당사자 사이에 약정한 총 공사비에 기성고 비율을 적용한 금액이지 수급인이 실제로 지출한 비용을 기준으로 할 것은 아니다. 기성고 비율은 공사대금 지급의무가 발생한 시점, 즉 수급인이 공사를 중단할 당시를 기준으로 이미 완성된 부분에 들어간 공사비에다 미시공 부분을 완성하는 데 들어갈 공사비를 합친 전체 공사비 가운데 완성된 부분에 들어간 비용이 차지하는 비율을 산정하여 확정하여야 한다. 그러나 공사 기성고 비율과 대금에 관하여 분쟁이 있는 경우에 당사자들이 공사규모, 기성고 등을 참작하여 약정으로 비율과 대금을 정산할 수 있다(대법원 2017. 1. 12. 선고 2014다11574 판결). 수급인이 공사를 완공하지 못한 채 공사도급계약이 해제되어 기성고에 따른 공사비를 정산하여야 할 경우, 기성 부분과 미시공 부분에 실제로 소요되거나 소요될 공사비를 기초로 산출한 기성고 비율을 약정 공사비에 적용하여 그 공사비를 산정하여야 하고, 기성고 비율은 이미 완성된 부분에 소요된 공사비에다가 미시공 부분을 완성하는 데 소요될 공사비를 합친 전체 공사비 가운데 이미 완성된 부분에 소요된 공사비가

차지하는 비율이라고 할 것이고, 만약 공사도급계약에서 설계 및 사양의 변경이 있는 때에는 그 설계 및 사양의 변경에 따라 공사대금이 변경되는 것으로 특약하고, 변경된 설계 및 사양에 따라 공사가 진행되다가 중단되었다면 설계 및 사양의 변경에 따라 변경된 공사대금에 기성고 비율을 적용하는 방법으로 기성고에 따른 공사비를 산정하여야 한다(대법원 2023. 10. 12. 선고 2020다210860 판결).

정답 ④

185 / 도급계약 /

도급계약에 관한 다음 설명 중 옳지 않은 것은? (다툼이 있으면 판례에 의함)

① 민법 제669조는 완성된 목적물의 하자가 도급인이 제공한 재료의 성질 또는 도급인의 지시에 기인한 때에는 수급인의 하자담보책임에 관한 규정이 적용되지 않는다고 정하고 있다. 이 규정은 민법 제390조에 따른 채무불이행책임에도 적용된다. 또한 도급계약에 따라 완성된 목적물에 하자가 있는 경우, 하자보수를 갈음하는 손해배상에 관해서는 민법 제667조 제2항에 따른 하자담보책임만이 성립하고 민법 제390조에 따른 채무불이행책임이 성립하지 않는다.

② 도급계약에서 목적물의 주요구조부분이 약정된 대로 시공되어 사회통념상 일반적으로 요구되는 성능을 갖추었고 당초 예정된 최후의 공정까지 마쳤다면 일이 완성되었다고 보아야 한다. 목적물이 완성되었다면 목적물의 하자는 하자담보책임에 관한 민법 규정에 따라 처리하도록 하는 것이 당사자의 의사와 법률의 취지에 부합하는 해석이다.

③ 건축공사도급계약이 수급인의 채무불이행을 이유로 해제될 당시 공사가 상당한 정도로 진척되어 이를 원상회복하는 것이 중대한 사회적·경제적 손실을 초래하고 완성된 부분이 도급인에게 이익이 된다면, 도급계약은 미완성 부분에 대하여만 실효되어 수급인은 해제한 상태 그대로 건물을 도급인에게 인도하고 도급인은 특별한 사정이 없는 한 인도받은 미완성 건물에 대한 보수를 지급하여야 한다. 이와 같은 경우 도급인이 지급하여야 할 미완성 건물에 대한 보수는 특별한 사정이 없는 한 당사자 사이에 약정한 총공사비에 기성고 비율을 적용한 금액이 되는 것이지, 수급인이 실제로 지출한 비용을 기준으로 할 것은 아니다.

④ 도급인이 수급인의 채무불이행을 이유로 도급계약 해제의 의사표시를 하였으나 실제로는 채무불이행의 요건을 갖추지 못한 것으로 밝혀진 경우, 도급계약의 당사자 사이에 분쟁이 있었다고 하여 그러한 사정만으로 위 의사표시에 민법 제673조에 따른 임의해제의 의사가 포함되어 있다고 볼 수는 없다.

⑤ 도급계약에서 정한 일의 완성 이전에 계약이 해제된 경우 수급인으로서는 도급인에게 보수를 청구할 수 없음이 원칙이다. 다만 당해 도급계약에 따라 수급인이 일부 미완성한 부분이 있더라도 계약해제를 이유로 이를 전부 원상회복하는 것이 신의성실의 원칙 등에 비추어 공평·타당하지 않다고 평가되는 특별한 경우라면 예외적으로 이미 완성된 부분에 대한 수급인의 보수 청구권이 인정될 수 있다.

해 설

① [×] 도급계약에 따라 완성된 목적물에 하자가 있는 경우, 수급인의 하자담보책임과 채무불이행책임은 별개의 권원에 의하여 경합적으로 인정된다. 민법 제669조 본문은 완성된 목적물의 하자가 도급인이 제공한 재료의 성질 또는 도급인의 지시에 기인한 때에는 수급인의 하자담보책임에 관한 규정이 적용되지 않는다고 정하고 있다. 그러나 이 규정은 수급인의 하자담보책임이 아니라 민법 제390조에 따른 채무불이행책임에는 적용되지 않는다(대법원 2020. 1. 30. 선고 2019다268252 판결).
[1] 도급계약에 따라 완성된 목적물에 하자가 있는 경우, 수급인의 하자담보책임과 채무불이행책임은 별개의 권원에 의하여 경합적으로 인정된다. 목적물의 하자를 보수하기 위한 비용은 수급인의 하자담보책임과 채무불이행책임에서 말하는 손해에 해당한다. 따라서 도급인은 하자보수비용을 민법 제667조 제2항에 따라 하자담보책임으로 인한 손해배상으로 청구할 수도 있고, 민법 제390조에 따라 채무불이행으로 인한 손해배상으로 청구할 수도 있다. 하자보수를 갈음하는 손해배상에 관해서는 민법 제667조 제2항에 따른 하자담보책임만이 성립하고 민법 제390조에 따른 채무불이행책임이 성립하지 않는다고 볼 이유가 없다. [2] 갑 주식회사가 잠수함 건조계약에 따라 해군에 인도한 잠수함의 추진전동기에서 이상 소음이 발생하자, 이에 국가(해군)가 갑 회사를 상대로 계약의 불완전이행으로 인한 손해배상을 구한 사안에서, 갑 회사가 해군에 잠수함을 인도한 후 항해훈련 전에는 이상 소음이 발생하였다고 볼 자료가 없는 점, 추진전동기의 하자는 사단법인 한국선급과 국방기술품질원이 고장 원인에 대한 보고서를 작성하여 국방기술품질원장에게 제출함으로써 밝혀진 점 등에 비추어, 국가(해군)의 손해가 현실적으로 발생한 때는 추진전동기에서 이상 소음이 처음 발생한 때 또는 사단법인 한국선급과 국방기술품질원이 추진전동기의 고장 원인에 대한 보고서를 작성하여 제출한 때이고, 그때부터 소멸시효가 진행한다고 한 사례(원고가 잠수함 건조계약에 따라 피고로부터 인도받은 잠수함의 추진전동기에서 이상소음이 발생하자 하자보수비용을 손해배상으로 구한 사건에서, 도급계약에서 완성된 목적물에 하자가 있는 경우 도급인이 하자보수비용을 민법 제667조 제2항에 따른 하자담보책임으로 인한 손해배상책임 외에 민법 제390조에 따라 채무불이행으로 인한 손해배상으로 청구할 수 있다는 이유로, 하자보수보증기간이 지났다는 피고의 주장을 배척하고 손해배상책임을 인정한 원심을 수긍하여 상고 기각한 사례)(대법원 2020. 6. 11. 선고 2020다201156 판결).

② [O] [1] 도급계약에서 목적물의 주요구조부분이 약정된 대로 시공되어 사회통념상 일반적으로 요구되는 성능을 갖추었고 당초 예정된 최후의 공정까지 마쳤다면 일이 완성되었다고 보아야 한다. 목적물이 완성되었다면 목적물의 하자는 하자담보책임에 관한 민법 규정에 따라 처리하도록 하는 것이 당사자의 의사와 법률의 취지에 부합하는 해석이다. 개별 사건에서 예정된 최후의 공정을 마쳤는지는 당사자의 주장에 구애받지 않고 계약의 구체적 내용과 신의성실의 원칙에 비추어 객관적으로 판단해야 한다. [2] 민법 제665조 제1항은 도급계약에서 보수는 완성된 목적물의 인도와 동시에 지급해야 한다고 정하고 있다. 이때 목적물의 인도는 단순한 점유의 이전만을 의미하는 것이 아니라 도급인이 목적물을 검사한 후 목적물이 계약 내용대로 완성되었음을 명시적 또는 묵시적으로 시인하는 것까지 포함하는 의미이다. 도급계약의 당사자들이 '수급인이 공급한 목적물을 도급인이 검사하여 합격하면, 도급인은 수급인에게 보수를 지급한다.'고 정한 경우 도급인의 수급인에 대한 보수지급의무와 동시이행관계에 있는 수급인의 목적물 인도의무를 확인한 것에 불과하고 '검사 합격'은 법률행위의 효력 발생을 좌우하는 조건이 아니라 보수지급시기에 관한 불확정기한이다. 따라서 수급인이 도급계약에서 정한 일을 완성한 다음 검사에 합격한 때 또는 검사 합격이 불가능한 것으로 확정된 때 보수지급청구권의 기한이 도래한다. [3] 식각 장비 시스템(Glass Slimming System)의 제조·설치에 관하여 갑 주식회사가 을 주식회사에 도급하고, 을 회사가 병 주식회사에 하도급을 하면서 제품은 견적서 등에 따라 제작하며, 중도금은 제품 입고 완료 후 14일 이내에, 잔금은 최종 검수 완료·승인 후 다음 달 말 지급하기로 하였으며, 이에 따라 병 회사가 위 장비의 제작을 마치고 갑 회사의 공장에 이를 설치하기 시작하였는데, 을 회사가 병 회사에 견적서에서 정한 것과 다른 부품·수량으로 위 장비가 제작되었다면서 견적서에서 정한 대로 완전한 장비를 납품할 것을

요구한다고 통지하였고, 이에 병 회사가 을 회사에 중도금을 지급할 것과 남은 업무를 마칠 수 있도록 협조해달라고 요청하였으나 을 회사가 이를 거부하고 위 하도급계약의 해제를 통보한 사안에서, 위 장비는 주요구조부분이 약정된 대로 시공되어 사회통념상 일반적으로 요구되는 성능을 갖추었고, 병 회사가 이를 완성하여 설치를 시작하였으나 을 회사의 비협조로 설치를 마치지 못한 것으로서 병 회사로서는 위 하도급계약에서 예정한 최후 공정을 마쳤다고 볼 수 있으므로 견적서에 기재된 제조사·수량과 다른 PVC 플레이트(plate)와 노즐로 제작된 하자는 하자담보책임에 관한 민법 규정에 따라 처리하면 되고, 병 회사는 위 하도급계약이 정한 대로 일을 완성하였으므로 잔금을 청구할 수 있으며, 또한 위 하도급계약에서 '최종 검수 완료·승인 후' 잔금을 지급하기로 정하였는데, 최종 검수의 완료·승인은 잔금 지급의 조건이 아니라 불확정기한이므로 병 회사가 위 하도급계약에서 예정한 최후 공정을 마쳤는데도 을 회사가 최종 검수를 거부하고 해제를 통보함으로써 '최종 검수 완료·승인'이 불가능한 것으로 확정되어 잔금청구권의 이행기도 도래하였으므로, 을 회사가 채권자지체에 빠졌는지 여부나 민법 제538조 제1항의 요건이 충족되었는지 여부와 관계없이 병 회사는 잔금을 청구할 수 있다고 한 사례(대법원 2019. 9. 10. 선고 2017다272486 판결).

③ [O] 건축공사도급계약이 수급인의 채무불이행을 이유로 해제될 당시 공사가 상당한 정도로 진척되어 이를 원상회복하는 것이 중대한 사회적·경제적 손실을 초래하고 완성된 부분이 도급인에게 이익이 된다면, 해당 도급계약은 미완성 부분에 대하여만 실효되어 수급인은 해제한 상태 그대로 건물을 도급인에게 인도하고 도급인은 특별한 사정이 없는 한 인도받은 미완성 건물에 대한 보수를 지급하여야 하는 권리의무관계가 성립한다. 이와 같은 경우 도급인이 지급하여야 할 미완성 건물에 대한 보수는 특별한 사정이 없는 한 당사자 사이에 약정한 총공사비에 기성고 비율을 적용한 금액이 되는 것이지, 수급인이 실제로 지출한 비용을 기준으로 할 것은 아니다. 이때의 기성고 비율은 공사대금 지급의무가 발생한 시점, 즉 수급인이 공사를 중단할 당시를 기준으로 이미 완성된 부분에 들어간 공사비에다 미시공 부분을 완성하는 데 들어갈 공사비를 합친 전체 공사비 가운데 완성된 부분에 들어간 비용이 차지하는 비율을 산정하여 확정하여야 한다. 다만 당사자 사이에 기성고 비율 산정에 관하여 특약이 있는 등 특별한 사정이 인정되는 경우라면 그와 달리 산정할 수 있다(대법원 2019. 12. 19. 선고 2016다24284 전원합의체 판결).

④ [O] 도급인이 수급인의 채무불이행을 이유로 도급계약 해제의 의사표시를 하였으나 실제로는 채무불이행의 요건을 갖추지 못한 것으로 밝혀진 경우, 도급계약의 당사자 사이에 분쟁이 있었다고 하여 그러한 사정만으로 위 의사표시에 민법 제673조에 따른 임의해제의 의사가 포함되어 있다고 볼 수는 없다. 그 이유는 다음과 같다. ① 도급인이 수급인의 채무불이행을 이유로 도급계약을 해제하면 수급인에게 손해배상을 청구할 수 있다. 이에 반하여 민법 제673조에 기하여 도급인이 도급계약을 해제하면 오히려 수급인에게 손해배상을 해주어야 하는 처지가 된다. 도급인으로서는 자신이 손해배상을 받을 수 있다고 생각하였으나 이제는 자신이 손해배상을 하여야 하는 결과가 된다면 이는 도급인의 의사에 반할 뿐 아니라 의사표시의 일반적인 해석의 원칙에도 반한다. ② 수급인의 입장에서 보더라도 채무불이행 사실이 없으므로 도급인의 도급계약 해제의 의사표시가 효력이 없다고 믿고 일을 계속하였는데, 민법 제673조에 따른 해제가 인정되면 그 사이에 진행한 일은 도급계약과 무관한 일을 한 것이 되고 그 사이에 다른 일을 할 수 있는 기회를 놓치는 경우도 있을 수 있어 불측의 손해를 입을 수 있다(대법원 2022. 10. 14. 선고 2022다246757 판결).

⑤ [O] 도급계약에서 수급인의 보수는 완성된 목적물의 인도와 동시에 지급하여야 하고, 인도를 요하지 않는 경우 일을 완성한 후 지체 없이 지급하여야 하며, 도급인은 완성된 목적물의 인도의 제공이나 일의 완성이 있을 때까지 보수 지급을 거절할 수 있으므로, 도급계약에서 정한 일의 완성 이전에 계약이 해제된 경우 수급인으로서는 도급인에게 보수를 청구할 수 없음이 원칙이다. 다만 당해 도급계약에 따라 수급인이 일부 미완성한 부분이 있더라도 계약해제를 이유로 이를 전부 원상회복하는 것이 신의성실의 원칙 등에 비추어 공평·타당하지 않다고 평가되는 특별한 경우라면 예외적으

로 이미 완성된 부분에 대한 수급인의 보수청구권이 인정될 수 있고, 그와 같은 경우에 해당하는지는 도급인과 수급인의 관계, 당해 도급계약의 목적·유형·내용 및 성질, 수급인이 도급계약을 이행함에 있어 도급인의 관여 여부, 수급인이 도급계약에 따라 이행한 결과의 정도 및 그로 인해 도급인이 얻을 수 있는 실질적인 이익의 존부, 계약해제에 따른 원상회복 시 사회적·경제적 손실의 발생 여부 등을 종합적으로 고려하여 판단하여야 한다(대법원 2023. 3. 30. 선고 2022다289174 판결).

정답 ①

제6절 • 임치

186 / 임치 /

임치에 관한 다음 설명 중 옳지 않은 것은? (다툼이 있으면 판례에 의함)

① 특별한 사정이 없는 한 임치물 반환청구권의 소멸시효는 임치계약이 성립하여 임치물이 수치인에게 인도된 때부터 진행하는 것이지, 임치인이 임치계약을 해지한 때부터 진행한다고 볼 수 없다.

② 임치는 금전이나 유가증권 기타 물건의 보관을 목적으로 하는 계약이고, 보관이란 수치인이 목적물의 점유를 취득하여 자기의 지배하에 두면서 멸실·훼손을 방지하고 원상을 유지하는 것을 말한다. 따라서 위임 등의 계약에 수반하여 그에 따른 사무처리 등에 '사용'할 목적으로 금전이나 물건이 교부된 경우에는 '보관'을 주된 목적으로 하는 것이므로, 특별한 사정이 없는 한 해당 금전 등에 관한 임치계약이 별도로 성립한다고 할 수 있다.

③ 은행거래의 경험이 있는 자가 예금채권을 양수한 경우, 특별한 사정이 없는 한 예금채권에 대하여 양도제한의 특약이 있음을 알았다거나, 알지 못한 데에 중대한 과실이 있다고 보아야 한다.

④ 공동명의예금의 인출방법은 공동명의자와 금융기관 사이의 공동명의예금계약의 내용에 따라 결정되는 것이므로, 계약의 내용이 공동명의자 중 1인은 다른 공동명의자의 동의를 받아 단독으로 예금청구를 할 수 있다는 것이면 공동명의자 중 1인은 전원의 동의를 받아 공동명의예금 전액을 청구할 수 있고, 금융기관은 공동명의자들의 내부적 지분을 들어 예금청구를 거절할 수 없다.

⑤ 만기가 정해진 예금계약에 따른 금융기관의 예금 반환채무는 만기가 도래하더라도 임치인이 미리 만기 후 예금수령방법을 지정한 경우와 같은 특별한 사정이 없는 한 임치인의 적법한 지급 청구가 있어야 이행할 수 있으므로, 예금계약의 만기가 도래한 것만으로 금융기관인 수치인이 임치인에 대하여 예금 반환 지연으로 인한 지체책임을 부담한다고 볼 수는 없고, 정당한 권한이 있는 임치인의 지급 청구에도 불구하고 수치인이 예금 반환을 지체한 경우에 지체책임을 물을 수 있다.

해 설

① [○] 임치계약 해지에 따른 임치물 반환청구는 임치계약 성립 시부터 당연히 예정된 것이고, 임치계약에서 임치인은 언제든지 계약을 해지하고 임치물의 반환을 구할 수 있는 것이므로, 특별한 사정이 없는 한 임치물 반환청구권의 소멸시효는 임치계약이 성립하여 임치물이 수치인에게 인도된 때부터 진행하는 것이지, 임치인이 임치계약을 해지한 때부터 진행한다고 볼 수 없다(대법원 2022. 8. 19. 선고 2020다220140 판결).

② [×] 민법 제693조의 임치는 금전이나 유가증권 기타 물건의 보관을 목적으로 하는 계약이고, 여기서 보관이란 수치인이 목적물의 점유를 취득하여 자기의 지배하에 두면서 멸실·훼손을 방지하고 원상을 유지하는 것을 말한다. 따라서 위임 등의 계약에 수반하여 그에 따른 사무처리 등에 '사용'할 목적으로 금전이나 물건이 교부된 경우에는 '보관'을 주된 목적으로 하는 것이 아니므로, 다른 특별한 사정이 없는 한 해당 금전 등에 관한 임치계약이 별도로 성립한다고 할 수 없다(대법원 2025. 5. 15. 선고 2023다258504 판결). → 원고(위임인)는 피고(수임인)에게 토지의 매입업무를 위임하는 위임계약을 체결하고, 토지 매입비용 용도로 1억 원(이 사건 금원)을 지급함. 원고는 이 사건 금원에 관한 임치계약이 위임계약과 별도로 성립했다고 주장하면서, 이 사건 소장부본 송달로써 위임계약 및 임치계약을 해지하고, 이를 원인으로 이 사건 금원의 반환을 청구함. 이에 대해 피고가 임치계약 해지에 따른 임치물반환청구권의 소멸시효는 임치계약이 성립하여 임치물이 수치인에게 인도된 때부터 진행하므로, 이 사건 금원 반환청구권은 이 사건 소 제기 전에 이미 시효로 소멸하였다고 항변한 사안임. 원심은, 이 사건 위임계약과 별도로 이 사건 금원에 관한 임치계약이 성립했다고 보면서도, 원고의 이 사건 금원 반환청구권은 원고가 이 사건 위임계약 및 임치계약을 해지한 후에야 비로소 발생하는 것임을 이유로 피고의 소멸시효 항변을 배척하였음. 대법원은 원고는 당초 피고에게 토지의 매입업무를 위임하면서 토지 매입에 '사용'할 용도로 이 사건 금원을 지급하였을 뿐이고, 이 사건 금원의 '보관'을 주된 목적으로 한 임치계약이 별도로 성립하였다고 보기 어렵다고 보아, 원심이 이 사건 금원에 대한 별도의 임치계약이 성립하였음을 전제로 판단한 것은 잘못이지만, 원고가 이 사건 소장 부본 송달로써 위임계약 해지의 의사표시를 하여 위임계약이 적법하게 해지된 이후 보관금 반환청구권이 발생하였다는 이유로 피고의 소멸시효 항변을 배척한 원심의 결론은 정당하다고 보아, 상고를 기각함.

③ [○] 은행거래에서 발생하는 채권인 예금채권에 관한 법률관계는 일반거래약관에 의하여 규율되어 은행은 일반거래약관인 예금거래기본약관에 각종의 예금채권에 대하여 그 양도를 제한하는 내용의 규정을 둠으로써 예금채권의 양도를 제한하고 있는 사실은 적어도 은행거래의 경험이 있는 자에 대하여는 널리 알려진 사항에 속한다 할 것이므로, 은행거래의 경험이 있는 자가 예금채권을 양수한 경우 특별한 사정이 없는 한 예금채권에 대하여 양도제한의 특약이 있음을 알았다고 할 것이고, 그렇지 않다 하더라도 알지 못한 데에 중대한 과실이 있다고 보아야 한다(대법원 2003. 12. 12. 선고 2003다44370 판결).

④ [○] 공동명의예금의 인출방법은 공동명의자와 금융기관 사이의 공동명의예금계약의 내용에 따라 결정되는 것이고, 계약의 내용이 공동명의자 전원의 인감증명이 날인된 예금청구서에 의하는 한 공동명의자 중 1인이 단독으로 예금청구를 할 수 있다는 것이면 공동명의자 중 1인은 다른 공동명의자의 동의를 받아 단독으로 예금을 청구할 수 있고, 다른 공동명의자와 금융기관을 공동 피고로 하여 다른 공동명의자에 대하여는 단독 예금청구에 관한 동의를, 금융기관에 대하여는 다른 공동명의자에 대한 승소를 전제로 한 예금청구를 소구할 수 있다고 할 것이며, 공동명의자 중 1인이 다른 공동명의자 전원의 동의를 받은 이상 공동명의예금 전액을 청구할 수 있는 것이므로, 금융기관이 공동명의자들 사이의 내부적 지분을 들어 정당한 예금청구를 거절할 수는 없다(대법원 2001. 06. 12. 선고 2000다70989 판결).

⑤ [○] 예금계약은 은행 등 법률이 정하는 금융기관을 수치인으로 하는 금전의 소비임치 계약으로서 수치인은 임치물인 금전 등을 보관하고 그 기간 중 이를 소비할 수 있고 임치인의 청구에 따라 동종 동액의 금전을 반환할 것을 약정함으로써 성립하는 것이므로 <u>소비대차에 관한 민법의 규정이 준용되나 사실상 그 계약의 내용은 약관에 따라 정해진다고 보아야 한다.</u> 또한 만기가 정해진 예금계약에 따른 금융기관의 예금 반환채무는 그 만기가 도래하더라도 임치인이 미리 만기 후 예금 수령방법을 지정한 경우와 같은 특별한 사정이 없는 한 임치인의 적법한 지급 청구가 있어야 비로소 이행할 수 있으므로, <u>예금계약의 만기가 도래한 것만으로 금융기관인 수치인이 임치인에 대하여 예금 반환 지연으로 인한 지체책임을 부담한다고 볼 수는 없고, 정당한 권한이 있는 임치인의 지급 청구에도 불구하고 수치인이 예금 반환을 지체한 경우에 그 지체책임을 물을 수 있다고 보아야 한다</u>(대법원 2023. 6. 29. 선고 2023다218353 판결). → 원고 교회가 피고 은행을 상대로 정기예금 등에 관하여 만기 후 반환지급청구를 한 사안으로, 피고 은행은 이 사건 소가 적법한 대표권이 없는 자에 의해 제기된 것으로 부적법하다고 다툼. 대법원은, <u>원고의 대표자를 지정한 총회가 소집권자인 당회장(담임목사) 등이 적법한 절차를 거쳐 소집한 것으로 보이지는 않으나, 원고의 교인 전원이 참석한 후 회의를 거쳐 안건을 결의하였으므로 교인 전원이 총회 개최에 동의하였다고 볼 수 있어, 그에 따른 의사결정은 유효하다고 보아야 한다</u>고 판단하여 이 부분 원심 판단을 수긍하고, 다만, 앞서 본 법리에 따라 만기일시지급식인 이 사건 예금의 이행기인 만기일 다음날부터의 지체책임을 인정한 원심판결 부분을 일부 파기·환송함.

정답 ②

제7절 • 조합

187 /조합/

甲, 乙, 丙은 각 1억 원씩을 출자하여 'A실업'이라는 이름으로 동업하기로 하는 조합계약을 체결하였다. 이에 관한 설명 중 옳은 것을 모두 고른 것은? (문제에 기재되지 않은 다른 사정은 고려하지 아니하며, 다툼이 있는 경우 판례에 의함)

> ㄱ. A실업이 업무집행조합원을 두지 않은 경우, 甲과 乙이 A실업 명의로 B와 매매계약을 체결한 때에는 丙도 매매계약상의 책임을 부담한다.
>
> ㄴ. 甲이 사망한 경우 甲의 상속인은 특별한 사정이 없는 한 A실업의 조합원이 될 수 없다.
>
> ㄷ. A실업으로부터 부동산을 매수하여 잔대금 채무를 지고 있는 자가 甲에 대하여 개인 채권을 가지고 있다면 그 채권과 조합과의 매매계약으로 인한 잔대금 채무를 상계할 수 있다.
>
> ㄹ. A실업의 업무집행조합원인 甲이 권한을 넘는 행위를 하여 조합자금을 상실한 경우 乙과 丙은 조합관계를 벗어난 개인의 지위에서 甲에 대하여 손해배상을 청구할 수 있다.
>
> ㅁ. 甲이 A실업의 업무집행조합원으로 정해져 있는 경우, 乙이 甲에 대하여 임의탈퇴의 의사표시를 하였다면 별도로 丙에 대하여 같은 의사표시를 하지 않더라도 임의탈퇴의 효과는 발생한다.

ㅂ. A실업의 조합원은 특별한 사정이 없는 한 A실업의 장부 등에 대하여 열람·등사를 청구할 수 있다.

① ㄱ, ㄴ, ㅂ　　② ㄱ, ㅁ, ㅂ　　③ ㄴ, ㄷ, ㅁ
④ ㄴ, ㄷ, ㄹ　　⑤ ㄷ, ㄹ, ㅁ

해설

ㄱ. [O] 업무집행자의 선임에 조합원 전원의 찬성이 있을 것을 요하지 아니하고 업무집행자는 업무집행에 관하여 대리권 있는 것으로 추정하도록 한 민법 제706조, 제709조의 규정 취지에 비추어 볼 때, 업무집행자가 없는 경우에도 조합의 업무집행에 조합원 전원의 동의는 필요하지 않다고 하여야 할 것이고, 한편 조합재산의 처분·변경도 조합의 업무집행의 범위에 포함된다고 할 것이므로, 결국 업무집행자가 없는 경우에는 조합의 통상사무의 범위에 속하지 아니하는 특별사무에 관한 업무집행은 원칙적으로 조합원의 과반수로써 결정하는 것이고, 조합재산의 처분·변경에 관한 행위는 다른 특별한 사정이 없는 한 조합의 특별사무에 해당하는 업무집행이라고 보아야 한다. 다만, 조합의 업무집행 방법에 관한 위와 같은 민법 규정은 임의규정이라고 할 것이므로 당사자 사이의 약정에 의하여 조합의 업무집행에 관하여 조합원 전원의 동의를 요하도록 하는 등 그 내용을 달리 정할 수 있고, 그와 같은 약정이 있는 경우에는 조합의 업무집행은 조합원 전원의 동의가 있는 때에만 유효하다(대법원 1998. 03. 13. 선고 95다30345 판결).

ㄴ. [O] 조합에 있어서 조합원의 1인이 사망한 때에는 민법 제717조에 의하여 그 조합관계로부터 당연히 탈퇴하고 특히 조합계약에서 사망한 조합원의 지위를 그 상속인이 승계하기로 약정한 바 없다면 사망한 조합원의 지위는 상속인에게 승계되지 아니한다(대법원 1987. 06. 23. 선고 86다카2951 판결).

ㄷ. [X] 조합에 대한 채무자는 그 채무와 조합원에 대한 채권으로 상계할 수는 없는 것이므로(민법 제715조), 조합으로부터 부동산을 매수하여 잔대금 채무를 지고 있는 자가 조합원 중의 1인에 대하여 개인 채권을 가지고 있다고 하더라도 그 채권과 조합과의 매매계약으로 인한 잔대금 채무를 서로 대등액에서 상계할 수는 없다(대법원 1998. 3. 13. 선고 97다6919 판결).

ㄹ. [X] 일부 조합원이 동업계약에 따라 동업자금을 출자하였는데 업무집행 조합원이 본연의 임무에 위배되거나 혹은 권한을 넘어선 행위를 자행함으로써 끝내 동업체의 동업 목적을 달성할 수 없게끔 만들고, 조합원이 출자한 동업자금을 모두 허비한 경우에 그로 인하여 손해를 입은 주체는 동업자금을 상실하여 버린 조합, 즉 조합원들로 구성된 동업체라 할 것이고, 이로 인하여 결과적으로 동업자금을 출자한 조합원에게 손해가 발생하였다 하더라도 이는 조합과 무관하게 개인으로서 입은 손해가 아니고, 조합체를 구성하는 조합원의 지위에서 입은 손해에 지나지 아니하는 것이므로, 결국 피해자인 조합원으로서는 조합관계를 벗어난 개인의 지위에서 그 손해의 배상을 구할 수는 없다(대법원 1999. 06. 08. 선고 98다60484 판결).

ㅁ. [X] 민법상 조합에 있어서 조합원은 임의로 탈퇴할 수 있으나(민법 제716조 제1항) 탈퇴는 다른 조합원 전원에 대한 의사표시로 하여야 한다(대법원 1997. 9. 9. 선고 96다16896 판결).

ㅂ. [O] 농어업경영체 육성 및 지원에 관한 법률(이하 '농어업경영체법'이라 한다) 제16조 제8항은 "영농조합법인 및 영어조합법인에 관하여 이 법에서 규정한 사항 외에는 민법 중 조합에 관한 규정을 준용한다."라고 정하고 있다. 농어업경영체법은 영농조합법인 조합원의 업무와 재산상태 검사권에 관하여 별다른 규정을 두고 있지 않으므로 민법 중 조합에 관한 규정을 준용하여야 한다. 민법 제710

조는 '조합원의 업무, 재산상태 검사권'이라는 제목으로 "각 조합원은 언제든지 조합의 업무 및 재산상태를 검사할 수 있다."라고 정하고 있다. 이 규정에 따라 각 조합원은 장부 그 밖의 서류를 열람하여 조합의 업무와 재산의 유무를 검사할 수 있으므로, 조합원의 검사권에는 업무와 재산상태를 검사하기 위하여 필요한 범위에서 장부 그 밖의 서류의 열람·등사를 청구할 권한이 포함된다. 따라서 영농조합법인의 조합원은 특별한 사정이 없는 한 영농조합법인의 장부 등에 대하여 열람·등사를 청구할 수 있다(대법원 2021. 1. 14. 선고 2020다222580 판결).

정답 ①

188 / 조합 /
조합에 관한 다음 설명 중 옳은 것을 모두 고른 것은? (다툼이 있으면 판례에 의함)

ㄱ. 조합채무는 모든 조합원에게 합유적으로 귀속되므로, 조합원 중 1인이 조합채무를 면책시킨 경우 그 조합원은 다른 조합원에 대하여 민법 제425조 제1항에 따라 구상권을 행사할 수 있다. 이러한 구상권은 조합의 해산이나 청산 시에 손실을 부담하는 것과 별개의 문제이므로 반드시 잔여재산분배 절차에서 행사해야 하는 것은 아니다.

ㄴ. 조합원이 부동산 사용권을 존속기한을 정하지 않고 출자하였다가 탈퇴한 경우 특별한 사정이 없는 한 탈퇴 시 조합재산인 부동산 사용권이 소멸한다고 볼 수는 없고, 그러한 사용권은 공동사업을 유지할 수 있도록 일정한 기간 동안 존속한다고 보아야 한다. 이때 탈퇴 조합원이 남은 조합원으로 하여금 부동산을 사용·수익할 수 있도록 할 의무를 이행하지 않음으로써 남은 조합원에게 손해가 발생하였다면 탈퇴 조합원은 그 손해를 배상할 책임이 있다.

ㄷ. 조합관계가 종료된 경우 비록 조합채무의 변제 사무가 완료되지 아니한 사정이 있더라도 채권자가 조합원인 경우에는 동업체 자산을 보유하는 자가 동업체 자산에서 채권자 조합원에 대한 조합채무를 공제하여 분배대상 잔여재산액을 산출한 다음, 다른 조합원들에게 잔여재산 중 각 조합원의 출자가액에 비례한 몫을 반환함과 아울러 채권자 조합원에게 조합채무를 이행함으로써 별도의 청산절차를 거침이 없이 간이한 방법으로 공평한 잔여재산의 분배가 가능하다.

ㄹ. 동업약정 당사자들 모두가 주주가 되지는 않은 동업약정의 경우, 주주가 되지 않은 동업약정 당사자들의 자금이 주식회사에 투자되었더라도 이러한 동업약정의 당사자들이 공동으로 주식회사를 설립하거나 운영한다고 볼 수 없고, 주식회사 주식이나 주식회사 소유의 재산도 동업약정의 재산이 될 수 없다.

ㅁ. 공동수급체의 구성원이 출자의무를 이행하지 않더라도, 공동수급체가 출자의무의 불이행을 이유로 이익분배 자체를 거부할 수도 없고, 구성원에게 지급할 이익분배금에서 출자금이나 연체이자를 당연히 공제할 수도 없다. 다만 구성원에 대한 공동수급체의 출자

금 채권과 공동수급체에 대한 구성원의 이익분배청구권이 상계적상에 있으면 상계할 수 있을 따름이다.

① ㄱ, ㄴ, ㄷ, ㄹ　　　　② ㄴ, ㄷ, ㄹ　　　　③ ㄱ, ㄷ, ㅁ
④ ㄱ, ㄴ, ㄷ, ㄹ, ㅁ　　　⑤ ㄷ, ㄹ, ㅁ

[해설]

ㄱ. [O] 민법 제425조 제1항은 "어느 연대채무자가 변제 기타 자기의 출재로 공동면책이 된 때에는 다른 연대채무자의 부담부분에 대하여 구상권을 행사할 수 있다."라고 정하고 있다. 조합채무는 모든 조합원에게 합유적으로 귀속되므로, 조합원 중 1인이 조합채무를 면책시킨 경우 그 조합원은 다른 조합원에 대하여 민법 제425조 제1항에 따라 구상권을 행사할 수 있다. 이러한 구상권은 조합의 해산이나 청산 시에 손실을 부담하는 것과 별개의 문제이므로 반드시 잔여재산분배 절차에서 행사해야 하는 것은 아니다. [이유] 원심이 '이 사건 사업이 종료되지 않아, 원고가 조합채무를 면책시킨 부분에 대해 다른 조합원을 상대로 구상금 청구를 할 수는 없다.'는 피고의 주장을 배척한 것은 위 법리에 따른 것으로서 정당하다(대법원 2022. 5. 26. 선고 2022다211416 판결).

ㄴ. [O] 조합의 탈퇴란 특정 조합원이 장래에 향하여 조합원으로서의 지위를 벗어나는 것으로서, 이 경우 조합 자체는 나머지 조합원에 의해 동일성을 유지하며 존속하는 것이므로 결국 탈퇴는 잔존 조합원이 동업사업을 계속 유지·존속함을 전제로 한다. 2인으로 구성된 조합에서 한 사람이 탈퇴하면 조합관계는 종료되나 특별한 사정이 없는 한 조합은 해산이나 청산이 되지 않고, 다만 조합원의 합유에 속한 조합재산은 남은 조합원의 단독소유에 속하여 탈퇴 조합원과 남은 조합원 사이에는 탈퇴로 인한 계산을 해야 한다. 이러한 법리는 부동산 사용권을 출자한 경우에도 적용된다. 조합원이 부동산 사용권을 존속기한을 정하지 않고 출자하였다가 탈퇴한 경우 특별한 사정이 없는 한 탈퇴 시 조합재산인 부동산 사용권이 소멸한다고 볼 수는 없고, 그러한 사용권은 공동사업을 유지할 수 있도록 일정한 기간 동안 존속한다고 보아야 한다. 이때 탈퇴 조합원이 남은 조합원으로 하여금 부동산을 사용·수익할 수 있도록 할 의무를 이행하지 않음으로써 남은 조합원에게 손해가 발생하였다면 탈퇴 조합원은 그 손해를 배상할 책임이 있다(대법원 2018. 12. 13. 선고 2015다72385 판결).

ㄷ. [O] [1] 조합관계가 종료된 경우 당사자 사이에 별도의 약정이 없는 이상 청산절차를 밟는 것이 통례이나, 조합의 잔무로서 처리할 일이 없고, 다만 잔여재산의 분배만이 남아 있을 때에는 따로 청산절차를 밟을 필요가 없으며, 잔여재산은 조합원 사이에 별도의 특약이 없는 이상 각 조합원의 출자가액에 비례하여 분배하도록 되어 있으므로, 비록 조합채무의 변제 사무가 완료되지 아니한 사정이 있더라도 채권자가 조합원인 경우에는 동업체 자산을 보유하는 자가 동업체 자산에서 채권자 조합원에 대한 조합채무를 공제하여 분배대상 잔여재산액을 산출한 다음, 다른 조합원들에게 잔여재산 중 각 조합원의 출자가액에 비례한 몫을 반환함과 아울러 채권자 조합원에게 조합채무를 이행함으로써 별도의 청산절차를 거침이 없이 간이한 방법으로 공평한 잔여재산의 분배가 가능하다. [2] 별도로 청산절차를 거치지 않고 간이한 방법에 의하여 잔여재산을 분배하는 것은 2인으로 구성된 조합의 조합원 중 1인을 채무자로 하는 조합채권의 추심 사무가 완료되지 아니하는 등의 경우에도 일정 요건하에 허용될 수 있다. 가령 2인으로 구성된 조합의 조합원 중 1인이 선량한 관리자의 주의의무 위반 또는 불법행위 등으로 인하여 조합에 대하여 손해배상책임을 지게 되고 또한 그로 인하여 조합관계마저 그 목적 달성이 불가능하게 되어 종료되고 달리 조합의 잔여업무가 남아 있지 않은 상황에서 조합재산의 분배라는 청산절차만이 남게 된 경우에, 다른 조합원은 조합

에 손해를 가한 조합원을 상대로 선량한 관리자의 주의의무 위반 또는 불법행위에 따른 손해배상 채권액 중 자신의 출자가액 비율에 의한 몫에 해당하는 돈을 청구하는 형식으로 조합관계의 종료로 인한 잔여재산의 분배를 청구할 수 있다. 나아가 2인으로 구성된 조합의 조합원 중 1인에 대한 조합채권 이외에 다른 동업체 자산이 존재하는 경우에도, 전체 잔여재산의 내역과 그 정당한 분배비율 및 조합원 각자의 현재의 잔여재산 보유내역 등이 정확하게 확정됨으로써 조합원들 사이에서 공평한 잔여재산의 분배가 가능하다면, 동업체 자산을 보유하는 자로서는 채무자 조합원 등에 대한 조합채권을 포함하여 분배대상 잔여재산액을 산출한 다음 잔여재산 중 각 조합원의 출자가액에 비례한 몫을 채무자 조합원을 포함한 다른 조합원들에게 반환함과 아울러, 채무자 조합원으로부터 조합채권을 이행받는 방법으로 별도의 청산절차를 거침이 없이 간이하게 잔여재산을 분배할 수 있다. 이 과정에서 채무자인 조합원과의 관계에서 분배할 잔여재산액과 지급받을 조합채권을 상계하거나 공제하는 것도 조합계약 내지 당사자 간의 별도 약정에서 이를 제한하기로 정하였다는 등의 특별한 사정이 없는 한 허용되고, 2인으로 구성된 조합의 조합원 중 1인으로부터 잔여재산분배청구권을 양수받은 자가 조합채권의 채무자인 경우에도 이와 마찬가지이다(대법원 2019. 7. 25. 선고 2019다205206 판결).

ㄹ. [O] [1] 당사자들이 자금을 출자하여 공동으로 주식회사를 설립하여 운영하고 그에 따르는 비용의 부담과 이익의 분배를 지분 비율에 따라 할 것을 내용으로 하는 동업약정은 주식회사 주식의 매매계약과 주식회사의 공동경영과 이익분배에 관한 주주 사이의 계약이 혼합된 계약의 성격을 가지고, 특별한 사정이 없는 한 공동사업을 위하여 민법상 조합을 결성할 것을 목적으로 한다고 볼 수 없다. 이러한 동업약정은 당사자들의 공동사업을 주식회사의 명의로 하고 대외관계 및 대내관계에서 주식회사의 법리에 따름을 당연한 전제로 하므로, 위와 같은 동업약정에 따라 주식회사가 설립되어 그 실체가 갖추어진 이상, 주식회사의 청산에 관한 상법의 규정에 따라 청산절차가 이루어지지 않는 한 일방 당사자가 잔여재산을 분배받을 수 없다. 이러한 법리는 동업약정에 따라 주식회사가 설립된 후 당사자 일방이 동업관계에서 탈퇴하였다고 주장하며 정산을 구하는 경우에도 그대로 적용된다. [2] 동업약정 당사자들의 공동사업이 주식회사 명의로 운영되고 대내관계 및 대외관계에서 주식회사의 법리에 따르기 위해서는 동업약정 당사자들이 출자한 자금으로 주식회사의 주식을 인수하여 주식회사의 주주가 되는 것이 전제되어야 한다. 당사자 일부는 주식회사 주식을 취득하였지만 다른 일부가 주식을 취득하지 않아 당사자들 모두가 주주가 되지는 않은 동업약정의 경우, 주주가 되지 않은 동업약정 당사자들의 자금이 주식회사에 투자되었다고 하더라도 이러한 동업약정의 당사자들이 공동으로 주식회사를 설립하거나 운영한다고 볼 수 없고, 주식회사 주식이나 주식회사 소유의 재산도 동업약정의 재산이 될 수 없다(대법원 2024. 6. 27. 선고 2022다302022 판결).
[참조조문] 상법 제293조 (발기인의 주식인수) 각 발기인은 서면에 의하여 주식을 인수하여야 한다.

ㅁ. [O] [1] 당사자들이 공동이행방식의 공동수급체를 구성하여 도급인으로부터 공사를 수급받는 경우 공동수급체는 원칙적으로 민법상 조합에 해당한다. 건설공동수급체 구성원은 공동수급체에 출자의무를 지는 반면 공동수급체에 대한 이익분배청구권을 가지는데, 이익분배청구권과 출자의무는 별개의 권리·의무이다. 따라서 공동수급체의 구성원이 출자의무를 이행하지 않더라도, 공동수급체가 출자의무의 불이행을 이유로 이익분배 자체를 거부할 수도 없고, 그 구성원에게 지급할 이익분배금에서 출자금이나 그 연체이자를 당연히 공제할 수도 없다. 다만 구성원에 대한 공동수급체의 출자금 채권과 공동수급체에 대한 구성원의 이익분배청구권이 상계적상에 있으면 상계에 관한 민법 규정에 따라 두 채권을 대등액에서 상계할 수 있을 따름이다. [2] 공동수급체의 구성원들 사이에 '출자의무와 이익분배를 직접 연계시키는 특약'을 하는 것도 계약자유의 원칙상 허용된다. 따라서 구성원들이 출자의무를 먼저 이행한 경우에 한하여 이익분배를 받을 수 있다고 약정하거나 출자의무의 불이행 정도에 따라 이익분배금을 전부 또는 일부 삭감하기로 약정할 수도 있다. 나아

가 금전을 출자하기로 한 구성원이 출자를 지연하는 경우 그 구성원이 지급받을 이익분배금에서 출자금과 그 연체이자를 '공제'하기로 하는 약정을 할 수도 있다. 이러한 약정이 있으면 공동수급체는 그 특약에 따라 출자의무를 불이행한 구성원에 대한 이익분배를 거부하거나 구성원에게 지급할 이익분배금에서 출자금과 그 연체이자를 공제할 수 있다. <u>이러한 '공제'는 특별한 약정이 없는 한 당사자 쌍방의 채권이 서로 상계적상에 있는지 여부와 관계없이 가능하고 별도의 의사표시도 필요하지 않다.</u> 이 점에서 상계적상에 있는 채권을 가진 채권자가 별도로 의사표시를 하여야 하는 상계(민법 제493조 제1항)와는 구별된다. 물론 상계의 경우에도 쌍방의 채무가 상계적상에 이르면 별도의 의사표시 없이도 상계된 것으로 한다는 특약을 할 수 있다. 그러나 공제 약정이 있으면 별도의 의사표시 없이도 당연히 공제되는 것이 원칙이다. [3] 공동수급체의 구성원들 사이에 작성된 공동수급협정서 등 처분문서에 상계적상 여부나 상계의 의사표시와 관계없이 당연히 이익분배금에서 미지급 출자금 등을 공제할 수 있도록 기재하고 있고 그 처분문서의 진정성립이 인정된다면, 특별한 사정이 없는 한 처분문서에 기재되어 있는 문언대로 공제 약정이 있었던 것으로 보아야 한다. [4] 출자의무를 이행하지 않은 구성원에 대하여 회생절차가 개시되었더라도 그 개시 이전에 이익분배금에서 미지급 출자금을 공제하기로 하는 특약을 하였다면 특별한 사정이 없는 한 그에 따른 공제의 법적 효과가 발생함에는 아무런 영향이 없다(대법원 2018. 1. 24. 선고 2015다69990 판결).

정답 ④

189 /조합/
조합에 관한 다음 설명 중 옳지 않은 것을 모두 고른 것은? (다툼이 있으면 판례에 의함)

> ㄱ. 영업권을 갖는 사업체를 동업으로 경영하다가 동업관계에서 탈퇴한 조합원의 사업체에 대한 지분은 당연히 영업권을 포함하여 평가하여야 한다. 따라서 조합원들이 약정으로 지분의 평가방법을 정하면서 영업권을 평가에 포함하지 않기로 정할 수 없다.
>
> ㄴ. 탈퇴한 조합원은 탈퇴 당시의 조합재산을 계산한 결과 조합의 재산상태가 적자가 아닌 경우에 지분을 환급받을 수 있다. 따라서 탈퇴 조합원의 지분을 계산할 때 지분을 계산하는 방법에 관해서 별도 약정이 있다는 등 특별한 사정이 없는 한 지분의 환급의 거부를 주장하는 사람에게 조합재산의 상태를 증명할 책임이 있다.
>
> ㄷ. 조합계약에서는 해산청구를 하거나 탈퇴를 하거나 또는 다른 조합원을 제명할 수 있을 뿐이지 일반계약에서처럼 조합계약을 해제 또는 해지하고 상대방에게 원상회복의 의무를 부담지울 수는 없다. 따라서 조합 당사자 간의 불화·대립으로 인하여 신뢰관계가 깨어지고 특정 조합원의 탈퇴나 제명으로도 조합업무의 원활한 운영을 기대할 수 없게 된 상황에서 특정 조합원이 다른 조합원에게 해지통고를 한 것이라면 이는 조합의 소멸을 동반하는 조합의 해산청구로 볼 수 없다.
>
> ㄹ. 조합의 일부 조합원이 당초 약정한 출자의무를 이행하고 있지 않은 상태에서 조합의 해산사유가 발생하여 해산이 이루어진 경우, 잔여재산의 분배 절차만이 남아 있는 경우라도

조합원 사이에 별도의 약정이 없는 이상, 이행되지 아니한 출자금 채권을 추심하거나 청산절차를 거치지 않았다면 각 조합원은 자신이 실제로 출자한 가액 비율의 범위 내에서 그 출자가액 비율을 초과하여 잔여재산을 보유하고 있는 조합원에 대하여 잔여재산의 분배 절차를 진행할 수는 없다.

① ㄱ, ㄴ, ㄷ, ㄹ　　　② ㄴ, ㄷ, ㄹ　　　③ ㄴ, ㄷ
④ ㄱ, ㄴ, ㄷ　　　⑤ ㄷ, ㄹ

해설

ㄱ. [×] [1] 영업권은 사업체가 동종 기업의 정상 이익률을 초과하는 수익력을 가지는 경우 그 초과수익력을 평가한 것이다. 이와 같은 영업권을 갖는 사업체가 거래의 객체가 되는 경우에는 당연히 그 부분에 대한 대가를 주고받을 것이 예상된다. 따라서 영업권을 갖는 사업체를 동업으로 경영하다가 동업관계에서 탈퇴한 조합원의 사업체에 대한 지분은 당연히 영업권을 포함하여 평가하여야 한다. 조합원들이 약정으로 지분의 평가방법을 정하면서 영업권을 평가에 포함하지 않기로 정할 수 있지만, 그 증명책임은 이를 주장하는 사람에게 있다. [2] 탈퇴한 조합원의 지분 계산에 관한 약정을 서면으로 작성한 경우에 그 서면은 일반적으로 처분문서에 해당한다. 당사자 사이에 약정의 내용과 해석을 둘러싸고 이견이 있어 처분문서에 나타난 당사자의 의사해석이 문제 되는 경우에는 문언의 내용, 그와 같은 약정이 이루어지게 된 동기와 경위, 약정으로 달성하려고 하는 목적과 진정한 의사, 거래의 관행 등을 종합적으로 고찰하여 논리와 경험의 법칙, 그리고 사회일반의 상식과 거래의 통념에 따라 약정의 내용을 합리적으로 해석하여야 한다. 특히 한쪽 당사자가 주장하는 약정의 내용이 상대방에게 권리를 포기하는 것과 같은 중대한 불이익을 부과하는 경우에는 약정의 의미를 엄격하게 해석하여야 한다(대법원 2017. 7. 18. 선고 2016다254740 판결).

ㄴ. [×] 탈퇴한 조합원과 다른 조합원 간의 계산은 탈퇴 당시의 조합재산 상태에 의하여 한다(민법 제719조 제1항). 2인으로 구성된 조합에서 한 사람이 탈퇴하면 조합관계는 종료되나 특별한 사정이 없는 한 조합은 해산이나 청산이 되지 않고, 다만 조합원의 합유에 속한 조합재산은 남은 조합원의 단독소유에 속하여 탈퇴 조합원과 남은 조합원 사이에는 탈퇴로 인한 계산을 해야 한다. 탈퇴한 조합원은 탈퇴 당시의 조합재산을 계산한 결과 조합의 재산상태가 적자가 아닌 경우에 지분을 환급받을 수 있다. 따라서 탈퇴 조합원의 지분을 계산할 때 지분을 계산하는 방법에 관해서 별도 약정이 있다는 등 특별한 사정이 없는 한 지분의 환급을 주장하는 사람에게 조합재산의 상태를 증명할 책임이 있다(대법원 2021. 7. 29. 선고 2019다207851 판결). **[관련판례]** 조합에서 조합원이 탈퇴하는 경우, 탈퇴자와 잔존자 사이의 탈퇴로 인한 계산은 특별한 사정이 없는 한 민법 제719조 제1항, 제2항에 따라 '탈퇴 당시의 조합재산상태'를 기준으로 평가한 조합재산 중 탈퇴자의 지분에 해당하는 금액을 금전으로 반환하여야 하고, 조합원의 지분비율은 조합청산의 경우에 실제 출자한 자산가액의 비율에 의하는 것과는 달리 조합 내부의 손익분배 비율을 기준으로 계산하여야 하는 것이 원칙이다(대법원 2023. 10. 12. 선고 2022다285523 판결).

ㄷ. [×] 동업계약과 같은 조합계약에서는 조합의 해산청구를 하거나 조합으로부터 탈퇴를 하거나 또는 다른 조합원을 제명할 수 있을 뿐이지 일반계약에서처럼 조합계약을 해제 또는 해지하고 상대방에게 그로 인한 원상회복의 의무를 부담지울 수는 없다. 그리고 민법 제716조에 의한 조합의 탈퇴라 함은 특정 조합원이 장래에 향하여 조합원으로서의 지위를 벗어나는 것으로서, 이 경우 조합 자체는 나머지 조합원에 의해 동일성을 유지하며 존속하는 것이므로 결국 탈퇴는 잔존 조합원이

동업사업을 계속 유지·존속함을 전제로 하는 것인 반면, 민법 제720조에 의한 조합의 해산청구는 조합이 소멸하기 위하여 그의 목적인 사업을 수행하기 위한 적극적인 활동을 중지하고, 조합재산을 정리하는 단계에 들어가는 것이다. 따라서 조합 당사자 간의 불화·대립으로 인하여 신뢰관계가 깨어지고 특정 조합원의 탈퇴나 제명으로도 조합업무의 원활한 운영을 기대할 수 없게 된 상황에서 특정 조합원이 다른 조합원에게 해지통고를 한 것이라면 이는 조합의 소멸을 동반하는 조합의 해산청구로 볼 수 있다(대법원 2024. 9. 27. 선고 2024다224645 판결).

ㄹ. [X] 조합의 일부 조합원이 당초 약정한 출자의무를 이행하고 있지 않은 상태에서 조합의 해산사유가 발생하여 해산이 이루어진 경우 그 잔여업무가 남아 있지 않고 다만 잔여재산의 분배 절차만이 남아 있을 때에는 조합원 사이에 별도의 약정이 없는 이상, 그 이행되지 아니한 출자금 채권을 추심하거나 청산절차를 거치지 않고도 각 조합원은 자신이 실제로 출자한 가액 비율의 범위 내에서 그 출자가액 비율을 초과하여 잔여재산을 보유하고 있는 조합원에 대하여 잔여재산의 분배 절차를 진행할 수 있다. 이때 잔여재산은 특별한 사정이 없는 한 각 조합원이 실제로 출자한 가액에 비례하여 이를 분배하여야 할 것인데, 일부 이행되지 아니한 출자금이 있더라도 이를 고려하지 않고 잔여재산의 범위를 확정한 다음 각 조합원이 실제로 출자한 가액에 비례하여 이를 분배함이 타당하다. 그리고 이러한 기준에 따라 잔여재산분배 절차를 진행하는 이상 다른 조합원들은 출자의무를 이행하지 아니한 조합원에게 더 이상 출자의무의 이행을 청구할 수 없다고 보아야 한다(대법원 2022. 2. 17. 선고 2016다278579 판결).

정답 ①

CHAPTER 03 법정채권관계

제1절 • 사무관리

190 / 사무관리 /
사무관리에 관한 다음 설명 중 가장 옳지 않은 것은? (다툼이 있는 경우 판례에 의함)

① 타인의 사무가 국가의 사무인 경우, 원칙적으로 사인이 법령상의 근거 없이 국가의 사무를 수행할 수 없다는 점을 고려하면, 사인이 처리한 국가의 사무가 사인이 국가를 대신하여 처리할 수 있는 성질의 것으로서, 사무 처리의 긴급성 등 국가의 사무에 대한 사인의 개입이 정당화되는 경우에 한하여 사무관리가 성립하고, 사인은 그 범위 내에서 국가에 대하여 국가의 사무를 처리하면서 지출된 필요비 내지 유익비의 상환을 청구할 수 있다고 할 것이다.

② 의무 없이 타인의 사무를 처리한 자는 그 타인에 대하여 민법상 사무관리 규정에 따라 비용상환 등을 청구할 수 있으나, 제3자와의 약정에 따라 타인의 사무를 처리한 경우에는 의무 없이 그 타인의 사무를 처리한 것이 아니므로 이는 원칙적으로 그 타인과의 관계에서는 사무관리가 된다고 볼 수 없다.

③ 직업 또는 영업에 의하여 유상으로 타인을 위하여 일하는 사람이 향후 계약이 체결될 것을 예정하여 그 직업 또는 영업의 범위 내에서 타인을 위한 행위를 하였으나 그 후 계약이 체결되지 아니함에 따라 타인을 위한 사무를 관리한 것으로 인정되는 경우에 상법 제61조는 상인이 그 영업범위 내에서 타인을 위하여 행위를 한 때에는 이에 대하여 상당한 보수를 청구할 수 있다고 규정하고 있어 직업 또는 영업의 일환으로 제공한 용역은 그 자체로 유상행위로서 보수 상당의 가치를 가진다고 할 수 있으므로 그 관리자는 통상의 보수를 받을 것을 기대하고 사무관리를 하는 것으로 보는 것이 일반적인 거래 관념에 부합하고, 그 관리자가 사무관리를 위하여 다른 사람을 고용하였을 경우 지급하는 보수는 사무관리 비용으로 취급되어 본인에게 반환을 구할 수 있는 것과 마찬가지로, 다른 사람을 고용하지 않고 자신이 직접 사무를 처리한 것도 통상의 보수 상당의 재산적 가치를 가지는 관리자의 용역이 제공된 것으로서 사무관리 의사에 기한 자율적 재산희생으로서의 비용이 지출된 것이라 할 수 있으므로 그 통상의 보수에 상응하는 금액을 필요비 내지 유익비로 청구할 수 있다.

④ 사무관리가 성립하기 위하여는 우선 그 사무가 타인의 사무이고 타인을 위하여 사무를 처리하는 의사, 즉 관리의 사실상의 이익을 타인에게 귀속시키려는 의사가 있어야 하며, 나아가 그 사무의 처리가 본인에게 불리하거나 본인의 의사에 반한다는 것이 명백하지 아니할 것을 요하는데, 여기에서 '타인을 위하여 사무를 처리하는 의사'는 관리자 자신의 이익을 위한 의사와 병존할 수 있고, 반드시 외부적으로 표시될 필요가 없으며, 사무를 관리할 당시에 확정되어 있을 필요가 없다.

⑤ 채권자가 자신의 채권을 보전하기 위하여 채무자가 다른 상속인과 공동으로 상속받은 부동산에 관하여 공동상속등기를 대위신청하여 그 등기가 행하여지는 것과 같이 채권자에 의한 채무자 권리의 대위행사의 직접적인 내용이 제3자의 법적 지위를 보전·유지하는 것이 되는 경우에는, 채권자는 자신의 채무자가 아닌 제3자에 대하여는 사무관리에 기하여 그 등기에 소요된 비용의 상환을 청구할 수 없다.

[해설]

① [O] [1] 사무관리가 성립하기 위하여는 우선 사무가 타인의 사무이고 타인을 위하여 사무를 처리하는 의사, 즉 관리의 사실상 이익을 타인에게 귀속시키려는 의사가 있어야 하며, 나아가 사무의 처리가 본인에게 불리하거나 본인의 의사에 반한다는 것이 명백하지 아니할 것을 요한다. 다만 타인의 사무가 국가의 사무인 경우, 원칙적으로 사인이 법령상 근거 없이 국가의 사무를 수행할 수 없다는 점을 고려하면, 사인이 처리한 국가의 사무가 사인이 국가를 대신하여 처리할 수 있는 성질의 것으로서, 사무 처리의 긴급성 등 국가의 사무에 대한 사인의 개입이 정당화되는 경우에 한하여 사무관리가 성립하고, 사인은 그 범위 내에서 국가에 대하여 국가의 사무를 처리하면서 지출된 필요비 내지 유익비의 상환을 청구할 수 있다. [2] 갑 주식회사 소유의 유조선에서 원유가 유출되는 사고가 발생하자 해상 방제업 등을 영위하는 을 주식회사가 피해 방지를 위해 해양경찰의 직접적인 지휘를 받아 방제작업을 보조한 사안에서, 갑 회사의 조치만으로는 원유 유출사고에 따른 해양오염을 방지하기 곤란할 정도로 긴급방제조치가 필요한 상황이었고, 위 방제작업은 을 회사가 국가를 위해 처리할 수 있는 국가의 의무 영역과 이익 영역에 속하는 사무이며, 을 회사가 방제작업을 하면서 해양경찰의 지시·통제를 받았던 점 등에 비추어 을 회사는 국가의 사무를 처리한다는 의사로 방제작업을 한 것으로 볼 수 있으므로, 을 회사는 사무관리에 근거하여 국가에 방제비용을 청구할 수 있다고 본 원심판단을 수긍한 사례(대법원 2014. 12. 11. 선고 2012다15602 판결).

② [O] 의무 없이 타인의 사무를 처리한 자는 그 타인에 대하여 민법상 사무관리 규정에 따라 비용상환 등을 청구할 수 있으나, 제3자와의 약정에 따라 타인의 사무를 처리한 경우에는 의무 없이 타인의 사무를 처리한 것이 아니므로 이는 원칙적으로 그 타인과의 관계에서는 사무관리가 된다고 볼 수 없다(대법원 2013. 9. 26. 선고 2012다43539 판결).

③ [O] [1] 사무관리가 성립하기 위해서는 관리자가 법적인 의무 없이 타인의 사무를 관리해야 하는바, 관리자가 처리한 사무의 내용이 관리자와 제3자 사이에 체결된 계약상의 급부와 그 성질이 동일하다고 하더라도, 관리자가 위 계약상 약정된 급부를 모두 이행한 후 본인과의 사이에 별도의 계약이 체결될 것을 기대하고 사무를 처리하였다면 그 사무는 위 약정된 의무의 범위를 벗어나 이루어진 것으로서 법률상 의무 없이 사무를 처리한 것이며, 이 경우 특별한 사정이 없는 한 그 사무 처리로 인한 사실상의 이익을 본인에게 귀속시키려는 의사, 즉 타인을 위하여 사무를 처리하는 의사가 있다고 봄이 상당하다. [2] 직업 또는 영업에 의하여 유상으로 타인을 위하여 일하는 사람이 향후 계약이 체결될 것을 예정하여 그 직업 또는 영업의 범위 내에서 타인을 위한 행위를 하였으나 그 후 계약이 체결되지 아니함에 따라 타인을 위한 사무를 관리한 것으로 인정되는 경우에 상법 제61조는 상인이 그 영업범위 내에서 타인을 위하여 행위를 한 때에는 이에 대하여 상당한 보수를 청구할 수 있다고 규정하고 있어 직업 또는 영업의 일환으로 제공한 용역은 그 자체로 유상행위로서 보수 상당의 가치를 가진다고 할 수 있으므로 그 관리자는 통상의 보수를 받을 것을 기대하고 사무관리를 하는 것으로 보는 것이 일반적인 거래 관념에 부합하고, 그 관리자가 사무관리를 위하여 다른 사람을 고용하였을 경우 지급하는 보수는 사무관리 비용으로 취급되어 본인에게 반환을 구할 수 있는 것과 마찬가지로, 다른 사람을 고용하지 않고 자신이 직접 사무를 처리한 것도 통상의

보수 상당의 재산적 가치를 가지는 관리자의 용역이 제공된 것으로서 사무관리 의사에 기한 자율적 재산희생으로서의 비용이 지출된 것이라 할 수 있으므로 그 통상의 보수에 상응하는 금액을 필요비 내지 유익비로 청구할 수 있다고 봄이 타당하고, 이 경우 통상의 보수의 수준이 어느 정도인지는 거래관행과 사회통념에 의하여 결정하되, 관리자의 노력의 정도, 사무관리에 의하여 처리한 업무의 내용, 사무관리 본인이 얻은 이익 등을 종합적으로 고려하여 판단하여야 한다(대법원 2010. 1. 14. 선고 2007다55477 판결).

④ [O] ⑤ [X] [1] 사무관리가 성립하기 위하여는 우선 그 사무가 타인의 사무이고 타인을 위하여 사무를 처리하는 의사, 즉 관리의 사실상의 이익을 타인에게 귀속시키려는 의사가 있어야 하며, 나아가 그 사무의 처리가 본인에게 불리하거나 본인의 의사에 반한다는 것이 명백하지 아니할 것을 요한다. 여기에서 '타인을 위하여 사무를 처리하는 의사'는 관리자 자신의 이익을 위한 의사와 병존할 수 있고, 반드시 외부적으로 표시될 필요가 없으며, 사무를 관리할 당시에 확정되어 있을 필요가 없다. [2] 채무자가 다른 상속인과 공동으로 부동산을 상속받은 경우에는 채무자의 상속지분에 관하여서만 상속등기를 하는 것이 허용되지 아니하고 공동상속인 전원에 대하여 상속으로 인한 소유권이전등기를 신청하여야 한다(부동산등기규칙 제52조 제7호, 대위상속등기에 관한 1994. 11. 5.자 등기선례 제4-274호 참조). 그리고 채권자가 자신의 채권을 보전하기 위하여 채무자가 다른 상속인과 공동으로 상속받은 부동산에 관하여 위와 같이 공동상속등기를 대위신청하여 그 등기가 행하여지는 것과 같이 채권자에 의한 채무자 권리의 대위행사의 직접적인 내용이 제3자의 법적 지위를 보전·유지하는 것이 되는 경우에는, 채권자는 자신의 채무자가 아닌 제3자에 대하여도 다른 특별한 사정이 없는 한 사무관리에 기하여 그 등기에 소요된 비용의 상환을 청구할 수 있다고 할 것이다. 이와 같은 경우에 채권자가 채권자대위권에 관한 민법 제404조 제1항에서 정하는 대로 '자기의 채권을 보전하기 위하여' 채무자의 권리를 행사한다는 점은 그것만으로 그 권리 행사의 결과로 행하여지는 위와 같은 공동상속등기에 의한 이익을 공동상속인들에게 귀속시킨다는 채권자의 통상적·일반적 의사를 부인할 만한 사정이 되지 못하는 것이다(대법원 2013. 8. 22. 선고 2013다30882 판결).

정답 ⑤

제2절 • 부당이득

191 /부당이득/
다음 중 부당이득과 관련하여 옳지 않은 것을 모두 고른 것은? (다툼이 있는 경우 판례에 의함)

ㄱ. 집합건물에서 전유부분 면적 비율에 상응하는 적정 대지지분을 가진 구분소유자는 그 대지 전부를 용도에 따라 사용·수익할 수 있는 적법한 권원을 가지므로, 구분소유자 아닌 대지 공유자는 대지 공유지분권에 기초하여 적정 대지지분을 가진 구분소유자를 상대로는 대지의 사용·수익에 따른 부당이득반환을 청구할 수 있다.

ㄴ. 압류금지채권이 금융기관에 개설된 채무자의 계좌에 이체되는 경우 채무자의 신청에 의하여 압류명령을 취소하도록 한 개정 민사집행법 제246조 제2항에 따라 압류명령이 취

소되었다면, 채권자가 집행행위로 취득한 금전을 채무자에게 부당이득으로 반환하여야 한다.

ㄷ. 민법 제744조가 정하는 도의관념에 적합한 비채변제에서 변제가 도의관념에 적합한 것인지는 객관적인 관점에서 급부를 수령자가 보유하는 것이 일반인의 법감정에 부합하는지에 따라 판단하고 이에 대한 증명책임은 급부자에게 있다.

ㄹ. 물건의 소유자가 그 물건에 관한 어떠한 이익을 상대방이 권원 없이 취득하고 있다고 주장하여 그 이익을 부당이득으로 반환청구 하는 경우, 상대방이 얻은 이익의 구체적 내용이 부당이득반환의 대상이 될 만한 것인지를 살펴보아야 하며, 그 경우 그러한 이익의 유무는 상대방이 당해 물건을 점유하는지에 의하여 좌우된다.

ㅁ. 농지임대차가 구 농지법에 위반되어 계약의 효력을 인정받을 수 없다고 하더라도, 사회통념으로 볼 때 헌법 제121조 제2항이 농지 임대의 정당한 목적으로 규정한 농업생산성의 제고 및 농지의 합리적 이용과 전혀 관련성이 없고 구 농지법의 이념에 정면으로 배치되어 반사회성이 현저하다고 볼 수 있는 특별한 사정이 있는 경우가 아니라면, 농지 임대인이 임대차기간 동안 임차인의 권원 없는 점용을 이유로 손해배상을 청구한 데 대하여 임차인이 불법원인급여의 법리를 이유로 반환을 거부할 수는 없다.

① ㄱ, ㄴ, ㄷ, ㅁ ② ㄴ, ㄷ, ㄹ ③ ㄱ, ㄹ, ㅁ
④ ㄴ, ㄷ, ㄹ, ㅁ ⑤ ㄱ, ㄴ, ㄷ, ㄹ

[해설]

ㄱ. [×] 공유자는 공유물 전부를 지분의 비율로 사용·수익할 수 있으므로 공유토지의 일부를 배타적으로 점유하면서 사용·수익하는 공유자는 그가 보유한 공유지분의 비율에 관계없이 다른 공유자에 대하여 부당이득반환의무를 부담한다. 그런데 일반 건물에서 대지를 사용·수익할 권원이 건물의 소유권과 별개로 존재하는 것과는 달리, 집합건물의 경우에는 대지사용권인 대지지분이 구분소유권의 목적인 전유부분에 종속되어 일체화되는 관계에 있으므로, 집합건물 대지의 공유관계에서는 이와 같은 민법상 공유물에 관한 일반 법리가 그대로 적용될 수 없고, 이는 대지 공유자들 중 구분소유자 아닌 사람이 있더라도 마찬가지이다. 집합건물에서 전유부분 면적 비율에 상응하는 적정 대지지분을 가진 구분소유자는 그 대지 전부를 용도에 따라 사용·수익할 수 있는 적법한 권원을 가지므로, 구분소유자 아닌 대지 공유자는 그 대지 공유지분권에 기초하여 적정 대지지분을 가진 구분소유자를 상대로는 대지의 사용·수익에 따른 부당이득반환을 청구할 수 없다. [이유] 이와 달리 구분소유자가 적정 대지지분의 보유 여부를 불문하고 구분소유자 아닌 대지 공유자(또는 그로부터 대지 공유지분을 양수한 구분소유자)에 대하여 민법상 공유물에 관한 일반 법리에 따라 전유부분 면적이 차지하는 비율에 따른 차임 상당의 부당이득반환의무를 부담한다고 판단한 대법원 2001. 12. 11. 선고 2000다13948 판결, 대법원 2011. 7. 14. 선고 2009다76522 판결 등은 이 판결의 견해와 배치되는 범위에서 변경하기로 한다(대법원 2022. 8. 25. 선고 2017다257067 전원합의체 판결). [관련판례] 집합건물의 구분소유자들이 건물의 대지 중 일부 지분만 가지고 있고 구분소유자 아닌 대지공유자가 나머지 지분을 가지고 있는 경우에, 구분소유자 아닌 대지공유자는 대지 공유지분권에 기초하여 구분소유자 중 자신의 전유부분 면적 비율에 상응하는 대지 공유지분(이하 '적정 대지지분'이라

한다)을 가진 구분소유자를 상대로는 대지의 사용·수익에 따른 부당이득반환을 청구할 수 없다. 그러나 적정 대지지분보다 부족한 대지 공유지분(이하 '과소 대지지분'이라 한다)을 가진 구분소유자는, 과소 대지지분이 적정 대지지분에 매우 근소하게 부족하여 그에 대한 부당이득반환청구가 신의성실의 원칙에 반한다고 볼 수 있는 경우, 구분건물의 분양 당시 분양자로부터 과소 대지지분만을 이전받으면서 건물 대지를 무상으로 사용할 수 있는 권한을 부여받았고 이러한 약정이 분양자의 대지지분을 특정승계한 사람에게 승계된 것으로 볼 수 있는 경우, 또는 과소 대지지분에 기하여 전유부분을 계속 소유·사용하는 현재의 사실상태가 장기간 묵인되어 온 경우 등과 같은 특별한 사정이 없는 한, 구분소유자 아닌 대지공유자에 대하여 적정 대지지분에서 부족한 지분의 비율에 해당하는 차임 상당의 부당이득반환의무를 부담한다고 봄이 타당하다(대법원 2023. 9. 14. 선고 2016다12823 판결).

ㄴ. [X] 2011. 4. 5. 법률 제10539호로 개정된 민사집행법(이하 '개정 민사집행법'이라 한다)에서 신설된 제246조 제2항은, 압류금지채권이 금융기관에 개설된 채무자의 계좌에 이체되는 경우 더 이상 압류금지의 효력이 미치지 아니하므로 그 예금에 대한 압류명령은 유효하지만, 원래의 압류금지의 취지는 참작되어야 하므로 채무자의 신청에 의하여 압류명령을 취소하도록 한 것으로서 개정 민사집행법 제246조 제3항과 같은 압류금지채권의 범위변경에 해당하고, 위 조항에 따라 압류명령이 취소되었더라도 압류명령은 장래에 대하여만 효력이 상실될 뿐 이미 완결된 집행행위에는 영향이 없고, 채권자가 집행행위로 취득한 금전을 채무자에게 부당이득으로 반환하여야 하는 것도 아니다(대법원 2014. 7. 10. 선고 2013다25552 판결). [관련조문] 민사집행법 제246조 (압류금지채권) ① 다음 각 호의 채권은 압류하지 못한다. 1. 법령에 규정된 부양료 및 유족부조료 2. 채무자가 구호사업이나 제3자의 도움으로 계속 받는 수입 3. 병사의 급료 4. 급료·연금·봉급·상여금·퇴직연금, 그 밖에 이와 비슷한 성질을 가진 급여채권의 2분의 1에 해당하는 금액. 다만, 그 금액이 국민기초생활 보장법에 의한 최저생계비를 감안하여 대통령령이 정하는 금액에 미치지 못하는 경우 또는 표준적인 가구의 생계비를 감안하여 대통령령이 정하는 금액을 초과하는 경우에는 각각 당해 대통령령이 정하는 금액으로 한다. 5. 퇴직금 그 밖에 이와 비슷한 성질을 가진 급여채권의 2분의 1에 해당하는 금액 6. 「주택임대차보호법」 제8조, 같은 법 시행령의 규정에 따라 우선변제를 받을 수 있는 금액 7. 생명, 상해, 질병, 사고 등을 원인으로 채무자가 지급받는 보장성보험의 보험금(해약환급 및 만기환급금을 포함한다). 다만, 압류금지의 범위는 생계유지, 치료 및 장애 회복에 소요될 것으로 예상되는 비용 등을 고려하여 대통령령으로 정한다. 8. 채무자의 1월간 생계유지에 필요한 예금(적금·부금·예탁금과 우편대체를 포함한다). 다만, 그 금액은 「국민기초생활 보장법」에 따른 최저생계비, 제195조 제3호에서 정한 금액 등을 고려하여 대통령령으로 정한다. ② 법원은 제1항 제1호부터 제7호까지에 규정된 종류의 금원이 금융기관에 개설된 채무자의 계좌에 이체되는 경우 채무자의 신청에 따라 그에 해당하는 부분의 압류명령을 취소하여야 한다. ③ 법원은 당사자가 신청하면 채권자와 채무자의 생활형편, 그 밖의 사정을 고려하여 압류명령의 전부 또는 일부를 취소하거나 제1항의 압류금지채권에 대하여 압류명령을 할 수 있다. ④ 제3항의 경우에는 제196조 제2항 내지 제5항의 규정을 준용한다.

ㄷ. [X] [1] 민법 제741조는 "법률상 원인 없이 타인의 재산 또는 노무로 인하여 이익을 얻고 이로 인하여 타인에게 손해를 가한 자는 그 이익을 반환하여야 한다."라고 정하고 있다. 당사자 일방이 자신의 의사에 따라 일정한 급부를 한 다음 그 급부가 법률상 원인 없음을 이유로 반환을 청구하는 이른바 급부부당이득의 경우 그 급부 자체가 급부수령자의 이익 및 급부자의 손해를 구성한다. [2] 민법 제744조가 정하는 도의관념에 적합한 비채변제에서 변제가 도의관념에 적합한 것인지는 객관적인 관점에서 급부를 수령자가 그대로 보유하는 것이 일반인의 법감정에 부합하는지에 따라 판단하고 이에 대한 증명책임은 급부수령자에게 있으며, 비채변제가 강행법규를 위반한 무효의 약정

또는 상대방의 고의·중과실의 위법행위에 기하여 이루어진 경우에는 그러한 변제행위를 도의관념에 적합한 비채변제라고 속단하여서는 아니 된다(대법원 2024. 10. 8. 선고 2024다257362 판결).

ㄹ. [×] 물건의 소유자가 그 물건에 관한 어떠한 이익을 상대방이 권원 없이 취득하고 있다고 주장하여 그 이익을 부당이득으로 반환청구하는 경우에는, 우선 상대방이 얻는 이익의 구체적인 내용을 따져서 그 취득을 내용으로 하는 권리가 일반적으로 유상으로 부여되는 것이어서 그 이익이 부당이득반환의 대상이 될 만한 것인지를 살펴보아야 하며, 그 경우 그러한 이익의 유무는 상대방이 당해 물건을 점유하는지에 의하여 좌우되지 아니하고 점유 여부는 단지 반환되어야 할 이익의 구체적인 액을 산정함에 있어서 고려될 뿐이다. 그리고 그와 같은 이익이 긍정된다면 나아가 그 이익이 소유자의 손실로 얻어진 것인지, 그리고 상대방에게 민법 제741조에서 정하는 그 이익의 보유에 관한 '법률상 원인'이 있는지, 즉 당해 이익을 보유하는 것을 내용으로 하는 소유자에 대항할 수 있는 권원이 있는지 여부를 살펴야 한다(대법원 2009. 11. 26. 선고 2009다35903 판결).

ㅁ. [○] 민법 제746조는 "불법의 원인으로 인하여 재산을 급여하거나 노무를 제공한 때에는 그 이익의 반환을 청구하지 못한다."라고 하여 불법원인급여에 해당하면 부당이득반환청구를 할 수 없도록 규정하고 있다. 여기서 말하는 '불법'이 있다고 하려면, 급부의 원인이 된 행위가 그 내용이나 성격 또는 목적이나 연유 등으로 볼 때 선량한 풍속 기타 사회질서에 위반될 뿐 아니라 반사회성·반윤리성·반도덕성이 현저하거나, 급부가 강행법규를 위반하여 이루어졌지만 이를 반환하게 하는 것이 오히려 규범 목적에 부합하지 아니하는 경우 등에 해당하여야 한다. 그런데 구 농지법(2015. 1. 20. 법률 제13022호로 개정되기 전의 것, 이하 같다)의 적용 대상인 농지의 임대차는, 대상이 농지라는 특수성이 있지만, 목적물을 사용·수익하게 하고 차임을 지급받기로 하는 약정이라는 점에서는 일반적인 부동산 임대차와 본질적인 차이가 없다. 이는 과거 소작의 경우 지주가 통상적인 토지 임대료 수준을 넘어 경작이익의 상당부분까지 소작료 명목으로 받아가거나 심지어 신분적 예속 관계까지 형성하였던 것과는 현저히 다르다. 즉, 오늘날의 통상적인 농지임대차는 경자유전의 원칙과 농지의 합리적인 이용 등을 위하여 특별한 규제의 대상이 되어 있기는 하지만, 특별한 사정이 없는 한 계약 내용이나 성격 자체로 반윤리성·반도덕성·반사회성이 현저하다고 단정할 수는 없다. 또한 현재 우리나라의 농지 면적과 보유 실태 및 농민 인구의 비율, 비농민이 농지를 소유하게 되는 사유의 다양성, 구 농지법의 적용 대상인 농지에는 전·답과 같은 전형적인 농토뿐 아니라 과수원과 그 부속시설의 부지 등도 포함되고, 그러한 토지는 지목과 달리 이용되는 경우도 적지 않은 사회 실정, 기타 제반 여건을 감안해 보면, 농지임대차계약을 근거로 하여 약정 차임을 청구하는 등 계약 내용의 적극적 실현을 구하는 것은 허용될 수 없다고 할 것이다. 그러나 거기에서 더 나아가 임대차 계약기간 동안 임차인이 당해 농지를 사용·수익함으로써 얻은 토지사용료 상당의 점용이익에 대하여 임대인이 부당이득반환이나 손해배상을 청구하는 것마저 배척하여 임차인으로 하여금 사실상 무상사용을 하는 반사이익을 누릴 수 있도록 하여야만 구 농지법의 규범 목적이 달성된다고 볼 것은 아니다. 따라서 농지임대차가 구 농지법에 위반되어 계약의 효력을 인정받을 수 없다고 하더라도, 임대 목적이 농지로 보전되기 어려운 용도에 제공하기 위한 것으로서 농지로서의 기능을 상실하게 하는 경우라거나 임대인이 자경할 의사가 전혀 없이 오로지 투기의 대상으로 취득한 농지를 투하자본 회수의 일환으로 임대하는 경우 등 사회통념으로 볼 때 헌법 제121조 제2항이 농지 임대의 정당한 목적으로 규정한 농업생산성의 제고 및 농지의 합리적 이용과 전혀 관련성이 없고 구 농지법의 이념에 정면으로 배치되어 반사회성이 현저하다고 볼 수 있는 특별한 사정이 있는 경우가 아니라면, 농지 임대인이 임대차기간 동안 임차인의 권원 없는 점용을 이유로 손해배상을 청구하는 데 대하여 임차인이 불법원인급여의 법리를 이유로 반환을 거부할 수는 없다(대법원 2017. 3. 15. 선고 2013다79887 판결).

정답 ⑤

192 /부당이득/

부당이득에 관한 다음 설명 중 옳은 것은? (다툼이 있으면 판례에 의함)

① 확정판결은 재심의 소 등으로 취소되지 않는 한 소송당사자를 기속하므로 확정판결에 기한 이행으로 받은 급부는 법률상 원인 없는 이익이라고 할 수 없다. 그러나 이는 해당 급부에 대해서만 적용되는 것이므로 그 급부의 대가로서 기존 급부와 동일성을 유지하면서 형태가 변경된 것에 불과한 처분대금 등에 대해서는 적용되지 않는다.

② 농지에 관한 임대차계약이 강행법규인 농지법 제23조에 위반되어 무효가 되는 경우, 임차인이 법률상 권원 없이 농지를 점유·사용함에 따라 얻게 된 이득은 특별한 사정이 없는 한 그 농지의 임료 상당액이고, 이때의 '임료 상당액'은 해당 농지가 다른 용도로 불법으로 전용되어 이용되는 상태임을 전제로 산정하여야 한다.

③ 배당이의의 소의 판결의 효력은 당사자 아닌 배당요구채권자에게도 미치는 것으로, 위 소송에서 승소확정판결에 기하여 배당을 받은 채권자가, 패소확정판결을 받은 자 아닌 다른 배당요구채권자가 배당받을 몫까지 배당받은 결과가 되는 경우, 다른 배당요구채권자는 위 채권자를 상대로 부당이득반환청구를 할 수 없다.

④ 구분소유자 중 일부가 정당한 권원 없이 집합건물의 공용부분을 배타적으로 점유·사용함으로써 이익을 얻고, 그로 인하여 다른 구분소유자들이 해당 공용부분을 사용할 수 없게 되었더라도, 공용부분을 무단점유한 구분소유자는 특별한 사정이 없는 한 해당 공용부분을 점유·사용함으로써 얻은 이익을 부당이득으로 반환할 의무가 없다.

⑤ 무권한자의 변제수령을 채권자가 추인한 경우에 채권자는 무권한자에게 부당이득으로서 변제받은 것의 반환을 청구할 수 있다.

[해설]

① [×] 확정판결은 재심의 소 등으로 취소되지 않는 한 그 소송당사자를 기속하므로 확정판결에 기한 이행으로 받은 급부는 법률상 원인 없는 이익이라고 할 수 없다. 그리고 이는 해당 급부뿐만 아니라 그 급부의 대가로서 기존 급부와 동일성을 유지하면서 형태가 변경된 것에 불과한 처분대금 등에 대해서도 마찬가지이다(대법원 2023. 6. 29. 선고 2021다243812 판결).

② [×] 농지에 관한 임대차계약이 강행법규인 농지법 제23조에 위반되어 무효가 되는 경우, 임차인이 법률상 권원 없이 농지를 점유·사용함에 따라 얻게 된 이득은 특별한 사정이 없는 한 그 농지의 임료 상당액이고, 이때의 '임료 상당액'은 해당 농지가 다른 용도로 불법으로 전용되어 이용되는 상태임을 전제로 산정하여서는 안 됨은 물론, 임대차보증금이 없는 경우를 전제로 객관적으로 산정된 금액을 의미하는 것이 원칙이다. 그러므로 강행법규인 농지법 제23조의 위반을 이유로 임대차계약이 무효가 되는 경우에도 특별한 사정이 있는 경우가 아니라면 임대인이 임차인에 대하여 그 점유·사용에 관한 부당이득의 반환을 구할 수 있지만, 그 약정 차임이 해당 농지가 불법으로 전용되는 상태가 아닌 경우로서, 임대차보증금이 없는 경우임을 전제로 객관적으로 산정된 '임료 상당액'과 사실상 동일하다는 등의 특별한 사정이 없음에도, 곧바로 이를 그 점유·사용에 따른 부당이득 금액으로 추인하는 것은 결과적으로 무효인 농지임대차계약의 내용을 적극적으로 실현하는 것이 되어 강행법규인 농지법 제23조의 규범 목적과 취지를 사실상 잠탈하게 되므로 허용될 수 없다.

[이유] 원심판결 이유 및 기록에 따르면, ① 피고가 이 사건 부동산을 원고로부터 임차하여 컨테이너 등을 설치하여 석재가공업 등을 영위한 이 사건 임대차계약에서 정한 임대차보증금은 3,200만 원, 차임은 월 90만 원인 사실, ② 이 사건 부동산이 '농지'로 이용되는 것을 전제로 임대차보증금이 없는 상태에서의 임료 상당액에 관한 원심의 감정 결과에 따른 월 임료 상당액은 이 사건 임대차계약에서 임대차보증금을 제외한 약정 차임 월 90만 원보다 현저히 적은 사실이 인정된다. 그렇다면 원심으로서는 본소와 반소 중 임대차보증금반환청구 부분에 관하여, 감정촉탁절차를 거쳐 임대차보증금이 없는 농지인 상태를 전제로 객관적으로 산정된 임료 상당액을 기준으로 이 사건 부동산에 관한 피고의 부당이득액을 산정하였어야 함에도, 단지 원고가 이 사건 임대차계약상 임대차보증금 3,200만 원을 감안하지 아니한 채 차임 상당의 부당이득만을 구하는 이상 이 사건 임대차계약에서 정한 약정 차임이 피고에게 불리하다고 볼 수 없다는 이유만을 들어 약정 차임을 기준으로 이를 산정하였는바, 이러한 원심의 판단에는 부당이득금의 산정 방법에 관한 법리를 오해하여 판결에 영향을 미친 잘못이 있다(대법원 2022. 5. 26. 선고 2021다216421 판결).

③ [×] ★ [기록형] 배당이의소송은 대립하는 당사자 사이의 배당액을 둘러싼 분쟁을 그들 사이에서 상대적으로 해결하는 것에 지나지 아니하여 그 판결의 효력은 오직 그 소송의 당사자에게만 미칠 뿐이므로, 어느 채권자가 배당이의소송에서의 승소확정판결에 기하여 경정된 배당표에 따라 배당을 받은 경우에 있어서도, 그 배당이 배당이의소송에서 패소확정판결을 받은 자 아닌 다른 배당요구채권자가 배당받을 몫까지도 배당받은 결과로 된다면 그 다른 배당요구채권자는 위 법리에 의하여 배당이의소송의 승소확정판결에 따라 배당받은 채권자를 상대로 부당이득반환청구를 할 수 있다(대법원 2007. 2. 9. 선고 2006다39546 판결).

④ [×] ㈎ 구분소유자 중 일부가 정당한 권원 없이 집합건물의 복도, 계단 등과 같은 공용부분을 배타적으로 점유·사용함으로써 이익을 얻고, 그로 인하여 다른 구분소유자들이 해당 공용부분을 사용할 수 없게 되었다면, 공용부분을 무단점유한 구분소유자는 특별한 사정이 없는 한 해당 공용부분을 점유·사용함으로써 얻은 이익을 부당이득으로 반환할 의무가 있다. 해당 공용부분이 구조상 이를 별개 용도로 사용하거나 다른 목적으로 임대할 수 있는 대상이 아니더라도, 무단점유로 인하여 다른 구분소유자들이 해당 공용부분을 사용·수익할 권리가 침해되었고 이는 그 자체로 민법 제741조에서 정한 손해로 볼 수 있다. 그 상세한 이유는 다음과 같다. ① 물건의 소유자는 다른 특별한 사정이 없는 한 법률이 정한 바에 따라 그 물건에 관한 모든 이익을 향유할 권리를 가진다. 소유권의 내용으로서 민법 제211조에서 정한 '사용·수익·처분'의 이익이 그 대표적인 예이다. 집합건물의 소유 및 관리에 관한 법률에 따르면, 각 공유자는 전원의 공유에 속하는 공용부분을 그 용도에 따라 사용할 수 있고(제11조), 규약에 달리 정한 바가 없으면 그 지분비율에 따라 공용부분에서 생기는 이익을 취득한다(제17조). ② 구분소유자 중 일부가 정당한 권원 없이 집합건물의 복도, 계단 등과 같은 공용부분을 배타적으로 사용하는 경우 다른 구분소유자들은 해당 공용부분을 사용할 수 없게 되는 불이익을 입게 된다. 즉 다른 구분소유자들의 해당 공용부분에 대한 사용권이 침해되는 것이다. ③ 구분소유자 중 일부가 정당한 권원 없이 공용부분을 배타적으로 점유·사용한 경우 해당 공용부분이 구조상 별개 용도로 사용될 수 있는지 여부나 다른 목적으로 임대할 수 있는 대상인지 여부는 부당이득반환의무의 성립 여부를 좌우하는 요소가 아니다. 정당한 권원 없이 집합건물의 공용부분을 배타적으로 점유하여 사용한 자는 부동산의 점유·사용 그 자체로 부당한 이익을 얻게 된다. 이로 인하여 다른 구분소유자들은 해당 공용부분을 사용할 수 있는 가능성이 원천적으로 봉쇄되는 손해를 입었으므로 이로써 민법 제741조에 따른 부당이득반환의 요건이 충족되었다고 볼 수 있다. 그 외에 해당 공용부분에 대한 별개 용도로의 사용 가능성이나 다른 목적으로 임대할 가능성이 추가적으로 요구된다고 볼 수 없다. ④ 일반적으로 부동산의 무단점유·사용에 대하여 차임 상당액을 부당이득으로 반환해야 한다고 보는 이유는 해당 부동산의 점유·사용으로 인한 이

익을 객관적으로 평가할 때 그 부동산 사용에 관한 권리가 당사자 간의 합의로 설정된다고 가정하였을 경우 약정되었을 대가로 산정하는 것이 합리적이기 때문이지, 해당 부동산이 임대 가능한 부동산일 것을 요건으로 하기 때문이 아니다. 이렇듯 '차임 상당액'은 부동산의 무단점유·사용으로 얻은 부당이득을 금전적으로 평가하는 데 필요한 기준일 뿐이다. ⑤ 공용부분을 정당한 권원 없이 배타적으로 점유·사용한 자가 그로 인한 이익을 누렸는데도, 해당 공용부분이 구조상 별개의 용도로 사용하거나 다른 목적으로 임대할 수 있는 대상이 아니라는 이유로 다른 구분소유자들에게 손해가 없다고 한다면, 이는 공용부분을 배타적으로 사용한 자로 하여금 점유·사용으로 인한 모든 이익을 보유하도록 하는 것으로서 부당이득반환제도의 취지인 공평의 이념에도 반한다. (나) 이러한 법리는 구분소유자가 아닌 제3자가 집합건물의 공용부분을 정당한 권원 없이 배타적으로 점유·사용하는 경우에도 마찬가지로 적용된다(대법원 2020. 5. 21. 선고 2017다220744 전원합의체 판결).

⑤ [O] 민법 제472조는 불필요한 연쇄적 부당이득반환의 법률관계가 형성되는 것을 피하기 위하여 변제받을 권한 없는 자에 대한 변제의 경우에도 채권자가 이익을 받은 한도에서 효력이 있다고 규정하고 있는데, 여기에서 말하는 '채권자가 이익을 받은' 경우에는 변제의 수령자가 진정한 채권자에게 채무자의 변제로 받은 급부를 전달한 경우는 물론이고, 그렇지 않더라도 무권한자의 변제수령을 채권자가 사후에 추인한 때와 같이 무권한자의 변제수령을 채권자의 이익으로 돌릴 만한 실질적 관련성이 인정되는 경우도 포함된다. 그리고 무권한자의 변제수령을 채권자가 추인한 경우에 채권자는 무권한자에게 부당이득으로서 변제받은 것의 반환을 청구할 수 있다(대법원 2016. 07. 14. 선고 2015다71856 판결).

정답 ⑤

193 / 부당이득 /
부당이득에 관한 다음 설명 중 옳은 것을 모두 고른 것은? (다툼이 있으면 판례에 의함)

ㄱ. 물건의 소유자가 물건에 관한 어떠한 이익을 상대방이 권원 없이 취득하고 있다고 주장하여 그 이익을 부당이득으로 반환청구하는 경우 상대방은 그러한 이익을 보유할 권원이 있음을 주장·증명하지 않는 한 소유자에게 이를 부당이득으로 반환할 의무가 있다.

ㄴ. 관리자 甲이 본인 乙에게 사무관리 규정에 의하여 비용상환을 청구할 수 있게 된 경우, 사무관리의 결과 물건의 소유자 丙이 이익을 취득하게 되었다면, 甲은 丙에게 부당이득반환을 청구할 수 있다.

ㄷ. 타인의 토지를 권원 없이 점유하여 나무를 심어 키운 후 이를 처분한 경우, 그 점유자는 특별한 사정이 없는 한 그 토지의 차임 상당액과는 별도로 나무의 처분대금까지 부당이득으로 반환해야 하는 것은 아니다.

ㄹ. 하자 있는 의사표시에 터 잡아 돈을 교부한 경우, 그 의사표시의 취소권이 소멸하였더라도 교부자가 수령자에게 부당이득반환청구권을 행사할 수 있다.

ㅁ. 어업권의 임대차를 금지하는 내용의 수산업법 제33조는 강행법규인바, 위 규정을 위반하여 어업권을 임대한 어업권자는 원칙적으로 임차인을 상대로 임대차약정에 기한 차임의

지급을 청구할 수는 없지만, 임차인이 어장을 점유·사용함으로써 얻은 이익은 부당이득으로 반환을 청구할 수 있다.

① ㄱ, ㄴ, ㅁ   ② ㄱ, ㄷ, ㅁ   ③ ㄴ, ㄷ, ㄹ
④ ㄷ, ㄹ   ⑤ ㄹ, ㅁ

해설

ㄱ. [O] 물건의 소유자가 물건에 관한 어떠한 이익을 상대방이 권원 없이 취득하고 있다고 주장하여 그 이익을 부당이득으로 반환청구하는 경우 상대방은 그러한 이익을 보유할 권원이 있음을 주장·증명하지 않는 한 소유자에게 이를 부당이득으로 반환할 의무가 있다. 이때 해당 토지의 현황이나 지목이 '도로'라는 이유만으로 부당이득의 성립이 부정되지 않으며, 도로로 이용되고 있는 사정을 감안하여 부당이득의 액수를 산정하면 된다(대법원 2020. 10. 29. 선고 2018다228868 판결).

ㄴ. [X] 계약상 급부가 계약 상대방뿐 아니라 제3자에게 이익이 된 경우에 급부를 한 계약당사자는 계약 상대방에 대하여 계약상 반대급부를 청구할 수 있는 이외에 제3자에 대하여 직접 부당이득반환청구를 할 수는 없다고 보아야 하고, 이러한 법리는 급부가 사무관리에 의하여 이루어진 경우에도 마찬가지이다. 따라서 의무 없이 타인을 위하여 사무를 관리한 자는 타인에 대하여 민법상 사무관리 규정에 따라 비용상환 등을 청구할 수 있는 외에 사무관리에 의하여 결과적으로 사실상 이익을 얻은 다른 제3자에 대하여 직접 부당이득반환을 청구할 수는 없다(대법원 2013. 06. 27. 선고 2011다17106 판결).

ㄷ. [O] 일반적으로 타인의 토지를 법률상 권원 없이 점유·사용함으로 인하여 수익자가 얻는 이득은 특별한 사정이 없는 한 그 토지의 임료 상당액이라 할 것이고, 구체적인 점유·사용의 일환으로 수익자가 토지에 나무를 식재한 후 이를 처분하였다고 하더라도 그 처분대금 중에는 수익자의 노력과 비용이 포함되어 있을 뿐만 아니라, 이를 제외한 나머지 대금 상당액이 임료 상당의 부당이득과 서로 별개의 이득이라고 보기는 어렵다고 할 것이므로, 수익자가 임료 상당액과는 별도로 그 처분대금을 부당이득으로 반환해야 하는 것은 아니라고 할 것이다(대법원 2006. 12. 22. 선고 2006다56367 판결).

ㄹ. [X] 원고가 비록 피고들의 강박에 의한 하자 있는 의사표시에 기하여 금원을 교부하였다 할지라도 그 의사표시가 소멸되지 않는 한 피고들의 위 금원보유가 법률상 원인이 없다고 볼 수 없으므로 피고들은 이를 반환할 의무가 없다(대법원 1990. 11. 13. 선고 90다카17153 판결).

ㅁ. [O] [1] 법률상 원인 없이 타인의 재산 또는 노무로 인하여 이익을 얻고 이로 인하여 타인에게 손해를 가한 자는 그 이익을 반환하여야 하고(민법 제741조), 다만 불법의 원인으로 인하여 재산을 급여하거나 노무를 제공한 때에는 그 이익의 반환을 청구하지 못하는 것인바(민법 제746조 본문), 여기서 불법의 원인이라 함은 그 원인되는 행위가 선량한 풍속 기타 사회질서에 위반하는 경우를 말하는 것으로서 법률의 금지에 위반하는 경우라 할지라도 그것이 선량한 풍속 기타 사회질서에 위반하지 않는 경우에는 이에 해당하지 않는다. [2] 구 수산업법(2007. 4. 11. 법률 제8377호로 전부 개정되기 전의 것) 제33조가 어업권의 임대차를 금지하고 있는 취지 등에 비추어 보면, 위 규정에 위반하는 행위가 무효라고 하더라도 그것이 선량한 풍속 기타 사회질서에 반하는 행위라고 볼 수는 없다. 따라서 어업권의 임대차를 내용으로 하는 임대차계약이 구 수산업법 제33조에 위반되어 무효라고 하더라도 그것이 부당이득의 반환이 배제되는 '불법의 원인'에 해당하는 것으로 볼 수는 없으므로,

어업권을 임대한 어업권자로서는 그 임대차계약에 기해 임차인에게 한 급부로 인하여 임차인이 얻은 이익, 즉 임차인이 양식어장(어업권)을 점유·사용함으로써 얻은 이익을 부당이득으로 반환을 구할 수 있다(대법원 2010. 12. 9. 선고 2010다57626 판결).

정답 ②

194 /부당이득/
부당이득에 관한 다음 설명 중 옳지 않은 것을 모두 고른 것은? (다툼이 있으면 판례에 의함)

> ㄱ. 보증인의 변제 당시 주채무가 유효하게 존속하였다면 그 후에 주채무 발생의 원인계약이 해제되었다고 하여도 보증인은 채권자를 상대로 부당이득의 반환을 구할 수 없다.
>
> ㄴ. 부당이득제도는 이득자의 재산상 이득이 법률상 원인을 갖지 못한 경우에 공평·정의의 이념에 근거하여 이득자에게 반환의무를 부담시키는 것이므로, 이득자에게 실질적으로 이득이 귀속된 바 없다면 반환의무를 부담시킬 수 없다.
>
> ㄷ. 고압전선의 소유자가 해당 토지 상공에 관하여 일정한 사용권원을 취득한 경우, 그 양적 범위가 토지소유자의 사용·수익이 제한되는 상공의 범위에 미치지 못한다면, 사용·수익이 제한되는 상공 중 사용권원을 취득하지 못한 부분에 대해서 고압전선의 소유자는 특별한 사정이 없는 한 차임 상당의 부당이득을 토지소유자에게 반환할 의무를 부담하지 않는다.
>
> ㄹ. 당사자 일방이 자신의 의사에 따라 일정한 급부를 한 다음 급부가 법률상 원인 없음을 이유로 반환을 청구하는 급부부당이득의 경우에 법률상 원인이 없다는 점에 대한 증명책임은 부당이득반환을 주장하는 사람에게 있다. 이러한 점은 타인의 재산권 등을 침해하여 이익을 얻었음을 이유로 부당이득반환을 구하는 침해부당이득의 경우에도 동일하다.

① ㄱ, ㄴ, ㄷ   ② ㄱ, ㄷ, ㄹ   ③ ㄴ, ㄷ
④ ㄴ, ㄹ   ⑤ ㄷ, ㄹ

해설

ㄱ. [✕] 보증채무는 주채무와 동일한 내용의 급부를 목적으로 함이 원칙이지만 주채무와는 별개 독립의 채무이고, 한편 보증채무자가 주채무를 소멸시키는 행위는 주채무의 존재를 전제로 하므로, 보증인의 출연행위 당시에는 주채무가 유효하게 존속하고 있었다 하더라도 그 후 주계약이 해제되어 소급적으로 소멸하는 경우에는 보증인은 변제를 수령한 채권자를 상대로 이미 이행한 급부를 부당이득으로 반환청구 할 수 있다(대법원 2004. 12. 24. 선고 2004다20265 판결).

ㄴ. [○] 계약상 채무의 이행으로 당사자가 상대방에게 급부를 행하였는데 계약이 무효이거나 취소되는 등으로 효력을 가지지 못하는 경우에 당사자들은 각기 상대방에 대하여 계약이 없었던 상태의

회복으로 자신이 행한 급부의 반환을 청구할 수 있는데, 이러한 경우의 원상회복의무를 법적으로 뒷받침하는 것이 민법 제741조 이하에서 정하는 부당이득법이 수행하는 핵심적인 기능의 하나이다. 이러한 부당이득제도는 이득자의 재산상 이득이 법률상 원인을 갖지 못한 경우에 공평·정의의 이념에 근거하여 이득자에게 반환의무를 부담시키는 것이므로, 이득자에게 실질적으로 이득이 귀속된 바 없다면 반환의무를 부담시킬 수 없다. [이유] 기록에 의하면, 피고 1은 1차 계약 체결 직후인 2015. 2. 15. 뇌출혈로 쓰러져 의식불명 상태가 되었고 이에 따라 피고 2와 아들인 소외인이 피고 1을 대신하여 2차 계약을 체결한 사실, 원고들은 2차 계약이 체결된 당일 계약금 110,000,000원을 피고 2에게 지급하였고, 위 피고는 위 계약금을 수령하였다는 취지의 영수증을 작성하여 원고들에게 교부한 사실을 알 수 있다. 위와 같은 사실관계를 앞서 본 법리에 비추어 살펴보면, 원고들이 2차 계약 당시 교부한 110,000,000원은 피고 2에게 지급된 것일 뿐 위 돈이 피고 1에게 지급되었다고 볼 수 없고, 달리 의사무능력 상태에 있던 피고 1에게 위 돈이 실질적으로 귀속되었다고 보기도 어렵다. 그럼에도 원심은 이와 달리 피고 1이 위 돈을 이득하였음을 전제로 피고 1에 대한 부당이득반환청구를 인용하였으니, 이러한 원심의 판단에는 부당이득에 관한 법리를 오해하여 판결에 영향을 미친 위법이 있다(대법원 2017. 6. 29. 선고 2017다213838 판결).

ㄷ. [✕] 토지의 상공에 고압전선이 통과하게 됨으로써 토지소유자가 토지 상공의 사용·수익을 제한받게 되는 경우, 특별한 사정이 없는 한 고압전선의 소유자는 토지소유자의 사용·수익이 제한되는 상공 부분에 대한 차임 상당의 부당이득을 얻고 있으므로, 토지소유자는 이에 대한 반환을 구할 수 있다. 이때 토지소유자의 사용·수익이 제한되는 상공의 범위에는 고압전선이 통과하는 부분뿐만 아니라 관계 법령에서 고압전선과 건조물 사이에 일정한 거리를 유지하도록 규정하고 있는 경우 그 거리 내의 부분도 포함된다. 한편 고압전선의 소유자가 해당 토지 상공에 관하여 일정한 사용권원을 취득한 경우, 그 양적 범위가 토지소유자의 사용·수익이 제한되는 상공의 범위에 미치지 못한다면, 사용·수익이 제한되는 상공 중 사용권원을 취득하지 못한 부분에 대해서 고압전선의 소유자는 특별한 사정이 없는 한 차임 상당의 부당이득을 토지소유자에게 반환할 의무를 부담한다(대법원 2022. 11. 30. 선고 2017다257043 판결).

ㄹ. [✕] 민법 제741조는 "법률상 원인 없이 타인의 재산 또는 노무로 인하여 이익을 얻고 이로 인하여 타인에게 손해를 가한 자는 그 이익을 반환하여야 한다."라고 정하고 있다. 당사자 일방이 자신의 의사에 따라 일정한 급부를 한 다음 급부가 법률상 원인 없음을 이유로 반환을 청구하는 이른바 급부부당이득의 경우에는 법률상 원인이 없다는 점에 대한 증명책임은 부당이득반환을 주장하는 사람에게 있다. 이 경우 부당이득의 반환을 구하는 자는 급부행위의 원인이 된 사실의 존재와 함께 그 사유가 무효, 취소, 해제 등으로 소멸되어 법률상 원인이 없게 되었음을 주장·증명하여야 하고, 급부행위의 원인이 될 만한 사유가 처음부터 없었음을 이유로 하는 이른바 착오 송금과 같은 경우에는 착오로 송금하였다는 점 등을 주장·증명하여야 한다. 이는 타인의 재산권 등을 침해하여 이익을 얻었음을 이유로 부당이득반환을 구하는 이른바 침해부당이득의 경우에는 부당이득반환 청구의 상대방이 이익을 보유할 정당한 권원이 있다는 점을 증명할 책임이 있는 것과 구별된다(대법원 2018. 1. 24. 선고 2017다37324 판결).

정답 ②

195 /부당이득/

부당이득에 관한 다음 설명 중 옳은 것은? (다툼이 있으면 판례에 의함)

① 甲의 자녀를 사칭한 성명불상자가 甲에게 전화하여 甲의 휴대전화에 원격조종 프로그램을 설치한 다음, 甲의 은행계좌에서 乙에게 부여된 丙 주식회사의 가상계좌로 100만 원을 이체하였고, 위 돈은 乙의 丙 회사에 대한 신용카드대금으로 결제되었다. 이 경우에 성명불상자로부터 송금을 받은 乙이 위 돈을 사실상 지배할 수 있는 상태에 이르지 못하여 실질적인 이득을 얻지 못하였으므로 乙은 甲에게 부당이득 반환의무를 부담하지 않는다.

② 국가 또는 지방자치단체가 위법하게 사유지에 대한 점유를 개시한 경우, 국가 또는 지방자치단체가 토지보상법에 따라 해당 토지에 대한 수용 또는 사용 절차를 거쳐 손실보상금을 지급할 가능성이 있었다는 사정만으로도 토지 소유자에 대한 부당이득 반환의무가 소멸한다고 볼 수 있다.

③ 채무자가 자신의 채무에 관하여 스스로 또는 이행보조자를 사용하여 법률상 원인 없는 변제를 한 경우에는 채무자, 제3자가 타인의 채무에 관하여 법률상 원인 없는 변제를 한 경우에는 제3자가 각각 변제의 주체로서 급부의 반환을 청구할 수 있다. 변제 주체에 대한 증명책임은 자신이 변제 주체임을 전제로 변제에 법률상 원인이 없다고 주장하며 부당이득 반환청구를 하는 사람에게 있다.

④ 집합건물의 관리단은 집합건물의 공용부분이나 대지를 정당한 권원 없이 점유하는 사람에 대하여 부당이득의 반환에 관한 소송을 할 수 없다.

⑤ 수익자가 취득한 것이 금전상의 이득인 때에는 그 금전은 이를 취득한 자가 소비하였는지 여부를 불문하고 현존하는 것으로 추정되므로, 수익자가 급부자의 지시나 급부자와의 합의에 따라 그 금전을 사용하거나 지출하는 등의 사정만으로는 위 추정은 번복되지 않는다.

[해설]

① [×] 법률상 원인 없이 타인의 재산 또는 노무로 인하여 이익을 얻고 이로 인하여 타인에게 손해를 입힌 자는 그 이익을 반환하여야 한다(민법 제741조). 이러한 부당이득이 성립하기 위한 요건인 '이익'을 얻은 방법에는 제한이 없다. 채무를 면하는 경우와 같이 어떠한 사실의 발생으로 당연히 발생하였을 손실을 보지 않는 것과 같은 재산의 소극적 증가도 이익에 해당한다. [2] 甲의 자녀를 사칭한 성명불상자가 甲에게 전화하여 甲의 휴대전화에 원격조종 프로그램을 설치한 다음, 甲의 은행계좌에서 乙에게 부여된 丙 주식회사의 가상계좌로 100만 원을 이체하였는데, 위 돈은 乙의 丙 회사에 대한 신용카드대금으로 결제되었고, 이에 甲이 성명불상자로부터 송금을 받은 乙을 상대로 부당이득반환을 구한 사안에서, 乙이 자신의 신용카드대금 채무이행과 관련하여 丙 회사 명의의 가상계좌로 송금된 甲의 돈으로 법률상 원인 없이 위 채무를 면하는 이익을 얻었으므로 甲에게 그 이익을 부당이득으로 반환할 의무를 부담하고, 이때 乙이 얻은 이익은 위 돈 자체가 아니라 위 돈이 丙 회사 명의의 가상계좌로 송금되어 자신의 채무를 면하게 된 것이므로, 乙이 위 돈을 사실상 지배하였는지는 乙의 부당이득 반환의무 발생에 영향을 미치는 사정이 아닌데도, 乙이 위 돈을 사실상 지배할 수 있는 상태에 이르지 못하여 실질적인 이득을 얻지 못하였다는 이유로 乙의 부당이득 반환의무를 부정한 원심판결에 소액사건심판법 제3조 제1호에서 정한 '대법원의 판례에 상반되는 판단'을 한 잘못이 있다고 한 사례(대법원 2024. 3. 28. 선고 2023다308911 판결).

② [✕] 국가 또는 지방자치단체가 위법하게 사유지에 대한 점유를 개시한 경우, 국가 또는 지방자치단체가 토지보상법에 따라 해당 토지에 대한 수용 또는 사용 절차를 거쳐 손실보상금을 지급할 가능성이 있었다는 사정만으로 토지 소유자에 대한 부당이득 반환의무가 소멸한다고 볼 수 없다. 국가 또는 지방자치단체로서는 토지보상법에 따른 적법한 수용 또는 사용 절차를 통해 정당한 보상을 함으로써 그 토지에 대한 사용권을 획득한 이후에야 그 범위 내에서 부당이득 반환의무를 면할 뿐이다(대법원 2024. 6. 27. 선고 2023다275530 판결).

③ [O] 변제를 목적으로 하는 급부가 이루어졌으나 그 급부에 법률상 원인이 없는 경우 그 급부는 비채변제에 해당하여 부당이득으로 반환되어야 한다. 이러한 급부부당이득의 반환은 법률상 원인 없는 변제를 한 주체가 청구할 수 있다. 변제는 채무자 외에 제3자도 할 수 있는데(민법 제469조 참조), 이행보조자의 변제는 채무자의 변제로 취급된다(민법 제391조 참조). 채무자가 자신의 채무에 관하여 스스로 또는 이행보조자를 사용하여 법률상 원인 없는 변제를 한 경우에는 채무자, 제3자가 타인의 채무에 관하여 법률상 원인 없는 변제를 한 경우에는 제3자가 각각 변제의 주체로서 그 변제로서 이루어진 급부의 반환을 청구할 수 있다. 이러한 변제 주체에 대한 증명책임은 자신이 변제주체임을 전제로 변제에 법률상 원인이 없다고 주장하며 부당이득 반환청구를 하는 사람에게 있다(대법원 2024. 2. 15. 선고 2023다272883 판결).

④ [✕] 정당한 권원 없는 사람이 집합건물의 공용부분이나 대지를 점유·사용함으로써 이익을 얻고, 구분소유자들이 해당 부분을 사용할 수 없게 되어 부당이득반환을 구하는 법률관계는 구분소유자의 공유지분권에 기초한 것이어서 그에 대한 소송은 1차적으로 구분소유자가 각각 또는 전원의 이름으로 할 수 있다. 한편 관리단은 집합건물에 대하여 구분소유 관계가 성립되면 건물과 그 대지 및 부속시설의 관리에 관한 사업의 시행을 목적으로 당연히 설립된다. 관리단은 건물의 관리 및 사용에 관한 공동이익을 위하여 필요한 구분소유자의 권리와 의무를 선량한 관리자의 주의의무로 행사하거나 이행하여야 하고, 관리인을 대표자로 하여 관리단집회의 결의 또는 규약에서 정하는 바에 따라 공용부분의 관리에 관한 사항에 관련된 재판상 또는 재판 외의 행위를 할 수 있다(집합건물의 소유 및 관리에 관한 법률 제16조, 제23조, 제23조의2, 제25조 참조). 따라서 관리단은 관리단집회의 결의나 규약에서 정한 바에 따라 집합건물의 공용부분이나 대지를 정당한 권원 없이 점유하는 사람에 대하여 부당이득의 반환에 관한 소송을 할 수 있다(대법원 2022. 9. 29. 선고 2021다292425 판결).

⑤ [✕] 법률상 원인 없이 타인의 재산 또는 노무로 인하여 이익을 얻고 이로 인하여 타인에게 손해를 가한 경우 선의의 수익자는 받은 이익이 현존하는 한도에서 반환책임이 있고(민법 제748조 제1항), 부당이득 반환의무자가 악의의 수익자라는 점에 대하여는 이를 주장하는 측에서 증명책임을 진다. 수익자가 취득한 것이 금전상의 이득인 때에는 그 금전은 이를 취득한 자가 소비하였는지 여부를 불문하고 현존하는 것으로 추정되나, 수익자가 급부자의 지시나 급부자와의 합의에 따라 그 금전을 사용하거나 지출하는 등의 사정이 있다면 위 추정은 번복될 수 있다(대법원 2022. 10. 14. 선고 2018다244488 판결).

정답 ③

196 /부당이득 · 불법행위/
부당이득과 불법행위에 관한 다음 설명 중 가장 옳지 않은 것은? (다툼이 있는 경우 판례에 의함)

① 연립주택 신축공사의 수급인이 공사대금의 지급에 갈음하여 이전받기로 한 연립주택의 일부를 소유권이전등기를 경료받지 않은 상태에서 제3자에게 임대한 경우, 소유자인 건축주는 위 제3자에게 소유권에 기한 명도청구나 부당이득반환청구를 할 수 없다.

② 배당받을 권리 있는 채권자가 자신이 배당받을 몫을 받지 못하고 그로 인해 권리 없는 다른 채권자가 그 몫을 배당받은 경우에는 배당이의 여부 또는 배당표의 확정 여부와 관계없이 배당받을 수 있었던 채권자가 배당금을 수령한 다른 채권자를 상대로 부당이득반환 청구를 할 수 있다.

③ 법인의 대표기관이 법인과 계약을 체결한 거래상대방인 제3자에 대하여 자연인으로서 민법 제750조에 기한 불법행위책임을 진다고 보기 위해서는, 대표기관의 행위로 인해 법인에 귀속되는 효과가 대외적으로 제3자에 대한 채무불이행의 결과를 야기한다는 점만으로는 부족하고, 법인의 내부행위를 벗어나 제3자에 대한 관계에서 사회상규에 반하는 위법한 행위라고 인정될 수 있는 정도에 이르러야 한다.

④ 상계계약은 대립하는 채권이 존재하는 것을 전제로 채무를 대등액 또는 대등의 평가액에 관하여 면제시키는 것을 내용으로 하는 계약이다. 한쪽 당사자의 채권이 불성립 또는 무효이어서 면제가 무효가 되면 상대방의 채무면제도 무효가 된다. 이때 상대방의 채권도 불성립 또는 무효이어서 존재하지 않았던 경우라면, 채무자는 채무를 면하는 이익을 얻은 것이 된다.

⑤ 강제집행에 의한 채권의 만족은 변제자의 의사에 기하지 아니하고 행하여지는 것으로서, 비채변제가 성립되지 아니한다.

[해설]

① [O] [1] 토지의 매수인이 아직 소유권이전등기를 경료받지 아니하였다 하여도 매매계약의 이행으로 그 토지를 인도받은 때에는 매매계약의 효력으로서 이를 점유·사용할 권리가 생기게 된 것으로 보아야 하고, 또 매수인으로부터 위 토지를 다시 매수한 자는 위와 같은 토지의 점유사용권을 취득한 것으로 봄이 상당하므로 매도인은 매수인으로부터 다시 위 토지를 매수한 자에 대하여 토지 소유권에 기한 물권적 청구권을 행사하거나 그 점유·사용을 법률상 원인이 없는 이익이라고 하여 부당이득반환청구를 할 수는 없다고 할 것인바, 이러한 법리는 대물변제 약정에 의하여 매매와 같이 부동산의 소유권을 이전받게 되는 자가 이미 당해 부동산을 점유·사용하고 있거나, 그로부터 다시 이를 임차하여 점유·사용하고 있는 경우에도 마찬가지로 적용된다. [2] 연립주택 신축공사의 수급인이 공사대금의 지급에 갈음하여 이전받기로 한 연립주택의 일부를 소유권이전등기를 경료받지 않은 상태에서 제3자에게 임대한 경우, 소유자인 건축주는 위 제3자에게 소유권에 기한 명도청구나 부당이득반환청구를 할 수 없고, 수급인이 건축주의 소유권이전등기의무와 동시이행관계에 있는 금전지급의무를 이행하지 않고 있다 하더라도 마찬가지라고 한 사례(대법원 2001. 12. 11. 선고 2001다45355 판결).

② [O] 대법원은 배당받을 권리 있는 채권자가 자신이 배당받을 몫을 받지 못하고 그로 인해 권리 없는 다른 채권자가 그 몫을 배당받은 경우에는 배당이의 여부 또는 배당표의 확정 여부와 관계없

이 배당받을 수 있었던 채권자가 배당금을 수령한 다른 채권자를 상대로 부당이득반환 청구를 할 수 있다는 입장을 취해 왔다. 이러한 법리의 주된 근거는 배당절차에 참가한 채권자가 배당이의 등을 하지 않아 배당절차가 종료되었더라도 그의 몫을 배당받은 다른 채권자에게 그 이득을 보유할 정당한 권원이 없는 이상 잘못된 배당의 결과를 바로잡을 수 있도록 하는 것이 실체법 질서에 부합한다는 데에 있다. 나아가 위와 같은 부당이득반환 청구를 허용해야 할 현실적 필요성(배당이의의 소의 한계나 채권자취소소송의 가액반환에 따른 문제점 보완), 현행 민사집행법에 따른 배당절차의 제도상 또는 실무상 한계로 인한 문제, 민사집행법 제155조의 내용과 취지, 입법 연혁 등에 비추어 보더라도, 종래 대법원 판례는 법리적으로나 실무적으로 타당하므로 유지되어야 한다(대법원 2019. 7. 18. 선고 2014다206983 전원합의체 판결). **[관련판례]** 배당받을 권리 있는 채권자가 자신이 배당받을 몫을 받지 못하고 그로 말미암아 권리 없는 다른 채권자가 그 몫을 배당받은 경우에는 배당이의 여부 또는 배당표의 확정 여부와 관계없이 배당받을 수 있었던 채권자가 배당금을 수령한 다른 채권자를 상대로 부당이득반환청구를 할 수 있다. 다만 집행력 있는 정본을 가진 채권자 등은 배당요구의 종기까지 배당요구를 한 경우에 한하여 비로소 배당을 받을 수 있고, 적법한 배당요구를 하지 않은 경우에는 매각대금으로부터 배당을 받을 수는 없다. 이러한 채권자가 적법한 배당요구를 하지 않아 배당에서 제외되는 것으로 배당표가 작성되어 배당이 실시되었다면, 그가 적법한 배당요구를 한 경우에 배당받을 수 있었던 금액에 해당하는 돈이 다른 채권자에게 배당되었다고 해서 법률상 원인이 없는 것이라고 할 수 없다(대법원 2020. 10. 15. 선고 2017다216523 판결).

③ [O] 법인이 대표기관을 통하여 법률행위를 한 때에는 대리에 관한 규정이 준용된다(민법 제59조 제2항). 따라서 적법한 대표권을 가진 자와 맺은 법률행위의 효과는 대표자 개인이 아니라 본인인 법인에 귀속하고, 마찬가지로 그러한 법률행위상의 의무를 위반하여 발생한 채무불이행으로 인한 손해배상책임도 대표기관 개인이 아닌 법인만이 책임의 귀속주체가 되는 것이 원칙이다. 또한, 민법 제391조는 법정대리인 또는 이행보조자의 고의·과실을 채무자 자신의 고의·과실로 간주함으로써 채무불이행책임을 채무자 본인에게 귀속시키고 있는데, 법인의 경우도 법률행위에 관하여 대표기관의 고의·과실에 따른 채무불이행책임의 주체는 법인으로 한정된다. 따라서 법인의 적법한 대표권을 가진 자가 하는 법률행위는 성립상 효과뿐만 아니라 위반의 효과인 채무불이행책임까지 법인에 귀속될 뿐이고, 다른 법령에서 정하는 등의 특별한 사정이 없는 한 법인이 당사자인 법률행위에 관하여 대표기관 개인이 손해배상책임을 지려면 민법 제750조에 따른 불법행위책임 등이 별도로 성립하여야 한다. 이때 법인의 대표기관이 법인과 계약을 체결한 거래상대방인 제3자에 대하여 자연인으로서 민법 제750조에 기한 불법행위책임을 진다고 보기 위해서는, 대표기관의 행위로 인해 법인에 귀속되는 효과가 대외적으로 제3자에 대한 채무불이행의 결과를 야기한다는 점만으로는 부족하고, 법인의 내부행위를 벗어나 제3자에 대한 관계에서 사회상규에 반하는 위법한 행위라고 인정될 수 있는 정도에 이르러야 한다. 그와 같은 행위에 해당하는지는 대표기관이 의사결정 및 그에 따른 행위에 이르게 된 경위, 의사결정의 내용과 절차과정, 침해되는 권리의 내용, 침해행위의 태양, 대표기관의 고의 내지 해의의 유무 등을 종합적으로 평가하여 개별적·구체적으로 판단하여야 한다(대법원 2019. 5. 30. 선고 2017다53265 판결).

④ [×] [1] 법률상 원인 없이 타인의 재산 또는 노무로 인하여 이익을 얻고 이로 인하여 타인에게 손해를 입힌 자는 그 이익을 반환하여야 한다(민법 제741조). 이러한 부당이득이 성립하기 위한 요건인 '이익'을 얻은 방법에는 제한이 없다. 가령 채무를 면하는 경우와 같이 어떠한 사실의 발생으로 당연히 발생하였을 손실을 보지 않는 것도 이익에 해당한다. [2] 상계계약은 당사자 사이에 서로 대립하는 채권이 유효하게 존재하는 것을 전제로 서로 채무를 대등액 또는 대등의 평가액에 관하여 면제시키는 것을 내용으로 하는 계약이다. 두 채권의 소멸은 서로 인과관계가 있으므로 한쪽 당사자의 채권이 불성립 또는 무효이어서 그 면제가 무효가 되면 상대방의 채무면제도 당연히 무효가 된다.

이때 상대방의 채권이 유효하게 존재하였던 경우라면, 그 채권은 여전히 존재하는 것이 되므로 채무자는 그 채무를 이행할 의무를 부담한다. 채무자가 이를 이행하지 않았다고 하더라도 그가 법률상 원인 없이 채무를 면하는 이익을 얻었다고 볼 수 없다. 그리고 상대방의 채권도 불성립 또는 무효이어서 존재하지 않았던 경우라면, 채무자는 부존재하는 채무에 관하여 무효인 채무면제를 받은 것에 지나지 않으므로 채무를 이행할 의무도 없고 채무를 면하는 이익을 얻은 것도 아니다(대법원 2017. 12. 5. 선고 2017다225978 판결).

⑤ [O] 강제집행에 의한 채권의 만족은 변제자의 의사에 기하지 아니하고 행하여지는 것으로서 비채변제가 성립되지 아니한다(대법원 2018. 11. 29. 선고 2017다286577 판결).

정답 ④

제3절 • 불법행위

197 / 사용자책임 /

D 주식회사의 직원인 乙은 D가 건설하여 분양하는 상가건물의 분양계약 업무를 보조하는 일을 담당하고 있었다. D는 수분양자들과 분양계약을 체결하는 데 있어 D의 대표이사의 직인이 날인된 분양계약서 양식을 미리 만들어 놓고 여기에 수분양자로 하여금 인적사항을 기재하게 하고 서명 · 날인을 받는 방법으로 분양계약서를 작성하였다. 乙은 상급자인 분양담당 팀장의 주의가 소홀한 틈을 이용하여 그가 보관 중인 분양계약서 양식 1매를 몰래 빼낸 다음, 이를 이용하여 자신이 위 상가건물의 점포 1동을 분양할 권한이 있는 것처럼 甲에게 거짓말을 하여 이에 속은 甲과 분양계약을 체결하고, 그로부터 분양대금조로 1억 원을 교부받아 개인적으로 사용하였다. 甲은 D와 乙을 공동피고로 하여 D에 대하여는 사용자책임, 乙에 대하여는 불법행위를 원인으로 한 손해배상책임을 묻는 소송(이하 "이 사건 소송")을 제기하였다. 법원의 심리 결과 D와 乙의 책임이 모두 인정되고, 甲의 피해자로서의 과실은 40%로 인정되었다. 다음 설명 중 옳지 않은 것을 모두 고른 것은? (지연손해금은 고려하지 않으며, 다툼이 있는 경우 판례에 의함)

ㄱ. D와 乙이 甲에게 배상해야 할 금액은 각 6,000만 원이고, D와 乙의 채무는 부진정연대관계에 있다.

ㄴ. 이 사건 소송 계속 중 甲과 乙 사이에 "乙은 甲에게 현금 5,000만 원을 즉시 지급하고 甲은 乙의 나머지 채무를 면제한다."라는 내용의 합의가 성립된 직후 乙이 위 금액을 모두 지급하였다면 D는 甲에게 1,000만 원을 지급하라는 판결이 선고될 것이다.

ㄷ. 乙이 甲에 대하여 변제기에 도래한 3,000만 원의 대여금 채권을 가지고 있다면 乙은 이 채권을 자동채권으로 하고, 甲의 乙에 대한 위 채권을 수동채권으로 하여 상계를 할 수 있다. 또한 D가 甲에 대하여 변제기가 도래한 3,000만 원의 상거래 채권을 가지고 있다

면 D는 이 채권을 자동채권으로 하고, 甲의 D에 대한 위 채권을 수동채권으로 하여 상계를 할 수 있고, 이와 같이 상계를 하게 되면 乙의 손해배상채무도 위 3,000만 원의 범위 내에서 소멸하게 된다.

ㄹ. 사용자의 보험자가 피해자인 제3자에게 사용자와 피용자의 공동불법행위로 인한 손해배상금을 보험금으로 모두 지급하여 피용자의 보험자가 면책됨으로써 사용자의 보험자가 피용자의 보험자에게 부담하여야 할 부분에 대하여 직접 구상권을 행사하는 경우에, 피용자의 보험자는 사용자의 보험자에 대하여 구상권 제한의 법리를 주장할 수 있다.

ㅁ. D가 甲에게 손해배상을 위하여 4,000만 원을 변제한다면 乙의 甲에 대한 채무는 6,000만 원이 남는다.

① ㄱ, ㄴ, ㄷ
② ㄱ, ㄴ, ㄷ, ㄹ
③ ㄴ, ㄷ, ㄹ
④ ㄴ, ㄷ, ㄹ, ㅁ
⑤ ㄷ, ㄹ, ㅁ

[해설]

ㄱ. [✗] [1] 피해자의 부주의를 이용하여 고의로 불법행위를 저지른 자가 바로 그 피해자의 부주의를 이유로 자신의 책임을 감하여 달라고 주장하는 것은 허용될 수 없으나, 이는 그러한 사유가 있는 자에게 과실상계의 주장을 허용하는 것이 신의칙에 반하기 때문이므로, 중개보조원이 업무상 행위로 거래당사자인 피해자에게 고의로 불법행위를 저지른 경우라 하더라도 중개보조원을 고용하였을 뿐 이러한 불법행위에 가담하지 아니한 중개업자에게 책임을 묻고 있는 피해자에 과실이 있다면, 법원은 과실상계의 법리에 좇아 손해배상책임 및 그 금액을 정하면서 이를 참작하여야 한다. [2] 건물주에게서 임대차계약 체결, 보증금 수령 등 건물 관리 업무 일체를 위임받은 공인중개사 중개보조원이 임대차계약 체결 후 보증금을 건물주에게 지급하지 않고 횡령을 하자 건물주가 공인중개사와 공인중개사협회를 상대로 손해배상을 구한 사안에서, 중개보조원이 수년에 걸쳐 횡령행위를 하면서 장기간 월세도 제대로 입금하지 않고 있는 상황이었음에도 건물주가 임차인에게 계약 내용을 전혀 확인하지 않은 채 중개보조인의 말만 믿고 그에게 계속하여 임대차계약의 진행 일체를 일임하면서 횡령행위를 방치한 사정이 보이고, 그러한 사정은 손해 발생 및 확대에 영향을 주었다고 보아야 하며, 공인중개사나 협회가 건물주의 부주의를 이용하여 고의로 불법행위를 저지른 것으로는 보이지 않으므로, 위 사정을 손해배상책임의 존부와 범위를 심리·판단하면서 참작하였어야 함에도 이를 전혀 참작하지 않은 원심판단에 과실상계 내지 손해배상책임 제한에 관한 법리 오해의 위법이 있다고 한 사례(대법원 2011. 07. 14. 선고 2011다21143 판결). [보충해설] D와 乙은 공동불법행위자이므로 부진정연대의 관계가 된다. 다만 D에 대하여는 과실상계가 적용될 수 있고, 乙에 대하여는 과실상계가 적용될 수 없다. 따라서 D가 甲에게 부담하는 채무액은 6천만 원이 되고, 乙이 甲에게 부담하는 채무액은 1억 원이 된다.

ㄴ. [✗] 부진정연대채무자 상호간에 있어서 채권의 목적을 달성시키는 변제와 같은 사유는 채무자 전원에 대하여 절대적 효력을 발생하지만 그 밖의 사유는 상대적 효력을 발생하는 데에 그치는 것이므로 피해자가 채무자 중의 1인에 대하여 손해배상에 관한 권리를 포기하거나 채무를 면제하는 의사표시를 하였다 하더라도 다른 채무자에 대하여 그 효력이 미친다고 볼 수는 없다 할 것이고, 이러한 법리는 채무자들 사이의 내부관계에 있어 1인이 피해자로부터 합의에 의하여 손해배상채무의 일부를 면제받고도 사후에 면제받은 채무액을 자신의 출재로 변제한 다른 채무자에 대하여 다시

그 부담 부분에 따라 구상의무를 부담하게 된다 하여 달리 볼 것은 아니다(대법원 2006. 01. 27. 선고 2005다19378 판결). **[보충해설]** 즉 면제는 절대적 효력이 없으므로 D에게 효력이 미치지 않는다. 한편 변제는 절대효가 미치는데, 부진정연대채무자의 대외적인 채무액이 다른 상황에서 다액의 채무자가 일부변제를 한 경우에 그 변제가 소액의 채무자에 대하여 미치는 효과에 대하여 과거에 판례는 '과실비율설(안분설)'을 취한 입장과, '외측설'을 취한 입장이 병존하고 있었다. 그러나 최근 전원합의체 판결을 통하여 외측설로 입장을 정리하였다. **[관련판례]** 금액이 다른 채무가 서로 부진정연대 관계에 있을 때 다액채무자가 일부 변제를 하는 경우 그 변제로 인하여 먼저 소멸하는 부분은 당사자의 의사와 채무 전액의 지급을 확실히 확보하려는 부진정연대채무 제도의 취지에 비추어 볼 때 다액채무자가 단독으로 채무를 부담하는 부분으로 보아야 한다. 이러한 법리는 사용자의 손해배상액이 피해자의 과실을 참작하여 과실상계를 한 결과 타인에게 직접 손해를 가한 피용자 자신의 손해배상액과 달라졌는데 다액채무자인 피용자가 손해배상액의 일부를 변제한 경우에 적용되고, 공동불법행위자들의 피해자에 대한 과실비율이 달라 손해배상액이 달라졌는데 다액채무자인 공동불법행위자가 손해배상액의 일부를 변제한 경우에도 적용된다. 또한 중개보조원을 고용한 개업공인중개사의 공인중개사법 제30조 제1항에 따른 손해배상액이 과실상계를 한 결과 거래당사자에게 직접 손해를 가한 중개보조원 자신의 손해배상액과 달라졌는데 다액채무자인 중개보조원이 손해배상액의 일부를 변제한 경우에도 마찬가지이다. 이와 달리 사용자책임 또는 공동불법행위책임이 문제 되는 사안에서 다액채무자가 손해배상액의 일부를 변제하는 경우 소액채무자의 과실비율에 상응하는 만큼 소액채무자와 공동으로 채무를 부담하는 부분에서도 변제된 것으로 보아야 한다고 판시한 대법원 1994. 2. 22. 선고 93다53696 판결, 대법원 1994. 8. 9. 선고 94다10931 판결, 대법원 1995. 3. 10. 선고 94다5731 판결, 대법원 1995. 5. 12. 선고 94다6246 판결, 대법원 1995. 7. 14. 선고 94다19600 판결, 대법원 1998. 7. 24. 선고 97다55706 판결, 대법원 1999. 2. 12. 선고 98다55154 판결, 대법원 2001. 11. 13. 선고 2001다12362 판결, 대법원 2004. 3. 26. 선고 2003다34045 판결, 대법원 2005. 4. 29. 선고 2005다11893 판결, 대법원 2012. 6. 28. 선고 2010다73765 판결, 대법원 2012. 9. 13. 선고 2012다26947 판결 등은 이 판결의 견해에 배치되는 범위 내에서 이를 변경하기로 한다(대법원 2018. 3. 22. 선고 2012다74236 전원합의체 판결). **[보충해설]** 사안의 경우에 '과실비율설(안분설)'에 의하면 乙이 변제한 5천만 원 중에서 D의 과실비율인 60%에 해당하는 3천만 원을 D가 甲에게 변제한 효과가 발생한다. 따라서 법원은 D는 甲에게 3천만 원(6천만 원 - 3천만 원)을 지급하라는 판결을 선고할 것이다. 그러나 '외측설'에 의하면 乙이 변제한 5천만 원은 D가 甲의 전체 손해액인 1억 원에서 5천만 원을 변제한 효과가 발생한다. 즉 D의 甲에 대한 채무는 5천만 원이 남게 된다. 따라서 법원은 D는 甲에게 5천만 원(6천만 원 - 1천만 원)을 지급하라는 판결을 선고할 것이다.

ㄷ. **[×]** 채무가 고의의 불법행위로 인한 것인 때에는 그 채무자는 상계로 채권자에게 대항하지 못한다(제496조). / 민법 제756조에 의한 사용자의 손해배상책임은 피용자의 배상책임에 대한 대체적 책임이고, 같은 조 제1항에서 사용자가 피용자의 선임 및 그 사무감독에 상당한 주의를 한 때 또는 상당한 주의를 하여도 손해가 있을 경우에는 책임을 면할 수 있도록 규정함으로써 사용자책임에서 사용자의 과실은 직접의 가해행위가 아닌 피용자의 선임·감독에 관련된 것으로 해석되는 점에 비추어 볼 때, 피용자의 고의의 불법행위로 인하여 사용자책임이 성립하는 경우에 민법 제496조의 적용을 배제하여야 할 이유가 없으므로 사용자책임이 성립하는 경우 사용자는 자신의 고의의 불법행위가 아니라는 이유로 민법 제496조의 적용을 면할 수는 없다(대법원 2006. 10. 26. 선고 2004다63019 판결).

ㄹ. **[×]** 일반적으로 사용자가 피용자의 업무수행과 관련하여 행하여진 불법행위로 인하여 직접 손해를 입었거나 피해자인 제3자에게 사용자로서의 손해배상책임을 부담한 결과로 손해를 입게 된 경우에 사용자는 사업의 성격과 규모, 시설의 현황, 피용자의 업무내용과 근로조건 및 근무태도, 가해행위의 발생원인과 성격, 가해행위의 예방이나 손실의 분산에 관한 사용자의 배려의 정도, 기타

제반 사정에 비추어 손해의 공평한 분담이라는 견지에서 신의칙상 상당하다고 인정되는 한도 내에서만 피용자에 대하여 손해배상을 청구하거나 구상권을 행사할 수 있고, 이러한 구상권 제한의 법리는 사용자의 보험자가 피용자에 대하여 구상권을 행사하는 경우에도 다를 바 없다. 그러나 <u>사용자의 보험자가 피해자인 제3자에게 사용자와 피용자의 공동불법행위로 인한 손해배상금을 보험금으로 모두 지급하여 피용자의 보험자가 면책됨으로써 사용자의 보험자가 피용자의 보험자에게 부담하여야 할 부분에 대하여 직접 구상권을 행사하는 경우에는, 그와 같은 구상권의 행사는 상법 제724조 제2항에 의한 피해자의 직접청구권을 대위하는 성격을 갖는 것이어서 피용자의 보험자는 사용자의 보험자에 대하여 구상권 제한의 법리를 주장할 수 없다</u>(대법원 2017. 4. 27. 선고 2016다 271226 판결).

ㅁ. [O] <u>부진정연대채무자 중 소액의 채무자가 자신의 채무 중 일부를 변제한 경우, 변제된 금액은 소액 채무자가 다액 채무자와 공동으로 부담하는 부분에 관하여 민법의 변제충당의 일반원칙에 따라 지연손해금, 원본의 순서로 변제에 충당되고 이로써 공동 부담 부분의 채무 중 지연손해금과 일부 원금채무가 변제로 소멸하게 된다. 그리고 부진정연대채무자 상호 간에 있어서 채권의 목적을 달성시키는 변제와 같은 사유는 채무자 전원에 대하여 절대적 효력을 발생하므로, 이로써 다액 채무자의 채무도 지연손해금과 원금이 같은 범위에서 소멸하게 된다</u>(대법원 2024. 3. 12. 선고 2019다 29013 판결).

정답 ②

198 /불법행위/

불법행위에 관한 다음 설명 중 가장 옳지 않은 것은? (다툼이 있는 경우 판례에 의함)

① 근로계약상 보호의무 위반에 따른 근로자의 손해배상청구권은 특별한 사정이 없는 한 10년의 민사 소멸시효기간이 적용된다.

② 불법행위로 건물이 훼손되어 수리가 가능한 경우에는 수리에 소요되는 수리비가 통상의 손해일 것이나, 수리비가 건물의 교환가치를 초과하는 경우에 손해액은 건물의 교환가치 범위 내로 제한되어야 하며, 수리로 인하여 훼손 전보다 건물의 교환가치가 증가하는 경우에는 수리비에서 교환가치 증가분을 공제한 금액이 손해이다.

③ 불법행위로 인한 위자료 배상채무의 지연손해금이 사실심 변론종결일부터 발생한다고 보아야 하는 예외적인 경우에는 불법행위 시부터 지연손해금이 가산되는 원칙적인 경우보다 배상이 지연된 사정을 적절히 참작하여 사실심 변론종결 시의 위자료 원금을 산정할 필요가 있다.

④ 일반적으로 영업용 물건이 손괴된 경우 수리를 위하여 필요한 기간 동안 그 물건에 의한 영업을 할 수 없었던 경우에는 영업을 계속하였더라면 얻을 수 있었던 수익상실은 통상손해에 해당한다. 따라서 위법한 가해행위로 영업용 물건이 손괴된 경우에 가해자가 그것이 영업용 물건으로서 이를 손괴함으로써 그 물건을 이용하여 얻을 수 있었던 영업수익이 상실될 수 있다는 사정을 통상적으로 예견할 수 없었더라도 통상손해에 해당한다.

⑤ 특정 주식의 가격상승 등에 관한 기망으로 이를 매수하게 한 것이 불법행위에 해당하는 경우, 해당 주식이 매수 전후에 정상적인 거래의 대상이었고 기망이 없었다면 이를 매수하지 않았을 것이라고 단정할 수 없다면, 불법행위로 인한 재산상 손해는 주식의 매수대금에서 취득 당시 객관적인 가액 상당을 공제한 차액이라고 볼 수 있다.

해설

① [O] [1] 사용자는 근로계약에 수반되는 신의칙상의 부수적 의무로서 근로자가 노무를 제공하는 과정에서 생명, 신체, 건강을 해치는 일이 없도록 인적·물적 환경을 정비하는 등 필요한 조치를 강구하여야 하는 보호의무를 부담하고, 이러한 보호의무를 위반하여 근로자가 손해를 입었다면 이를 배상할 책임을 진다. [2] 상법 제64조에서 5년의 상사시효를 정하는 것은 대량, 정형, 신속이라는 상거래 관계 특성상 법률관계를 신속하게 해결할 필요성이 있기 때문이다. 사용자가 상인으로서 영업을 위하여 근로자와 체결하는 근로계약이 보조적 상행위에 해당하더라도 사용자가 근로계약에 수반되는 신의칙상의 부수적 의무인 보호의무를 위반하여 근로자에게 손해를 입힘으로써 발생한 근로자의 손해배상청구와 관련된 법률관계는 근로자의 생명, 신체, 건강 침해 등으로 인한 손해의 전보에 관한 것으로서 그 성질상 정형적이고 신속하게 해결할 필요가 있다고 보기 어렵다. 따라서 근로계약상 보호의무 위반에 따른 근로자의 손해배상청구권은 특별한 사정이 없는 한 10년의 민사 소멸시효기간이 적용된다고 봄이 타당하다(대법원 2021. 8. 19. 선고 2018다270876 판결).

② [O] 불법행위로 인하여 물건이 훼손·멸실된 경우 그로 인한 손해는 원칙적으로 훼손·멸실 당시의 수리비나 교환가격을 통상의 손해로 보아야 하되, 건물이 훼손되어 수리가 불가능한 경우에는 그 상태로 사용이 가능하다면 그로 인한 교환가치의 감소분이, 사용이 불가능하다면 그 건물의 교환가치가 통상의 손해일 것이고, 수리가 가능한 경우에는 그 수리에 소요되는 수리비가 통상의 손해일 것이나, 훼손된 건물을 원상으로 회복시키는 데 소요되는 수리비가 건물의 교환가치를 초과하는 경우에는 그 손해액은 형평의 원칙상 그 건물의 교환가치 범위 내로 제한되어야 하며, 한편 수리로 인하여 훼손 전보다 건물의 교환가치가 증가하는 경우에는 그 수리비에서 교환가치 증가분을 공제한 금액이 그 손해이다(대법원 2022. 1. 14. 선고 2021다264819 판결).

③ [O] 불법행위로 입은 정신적 고통에 대한 위자료 액수에 관하여는 사실심법원이 제반 사정을 참작하여 그 직권에 속하는 재량에 의하여 이를 확정할 수 있다. 불법행위 시와 변론종결 시 사이에 장기간의 세월이 지나 위자료를 산정할 때 반드시 참작해야 할 변론종결 시의 통화가치 등에 불법행위 시와 비교하여 상당한 변동이 생긴 때에는 예외적으로 불법행위로 인한 위자료 배상채무의 지연손해금은 그 위자료 산정의 기준시인 사실심 변론종결일로부터 발생한다고 보아야 하고, 이처럼 불법행위로 인한 위자료 배상채무의 지연손해금이 사실심 변론종결일부터 발생한다고 보아야 하는 예외적인 경우에는 불법행위 시부터 지연손해금이 가산되는 원칙적인 경우보다 배상이 지연된 사정을 적절히 참작하여 사실심 변론종결 시의 위자료 원금을 산정할 필요가 있다. 한편 제1심판결에서 위와 같이 배상이 지연된 사정을 참작하여 제1심 변론종결일을 기준으로 위자료를 산정하였는데 항소심이 항소심 변론종결일을 기준으로 새로이 위자료를 산정하지 않고 제1심판결의 위자료 액수를 그대로 유지한 경우 위자료 배상채무의 지연손해금은 위자료 산정의 기준일인 제1심 변론종결일부터 발생한다(대법원 2022. 9. 29. 선고 2018다224408 판결).

④ [×] [1] 불법행위로 인한 손해배상사건에서 피해자에게 손해의 발생이나 확대에 관하여 과실이 있거나 가해자의 책임을 제한할 사유가 있는 경우에는 배상책임의 범위를 정함에 있어서 당연히 이를 참작하여야 하고, 나아가 책임제한의 비율을 정할 때에는 손해의 공평 부담이라는 제도의 취지에

비추어 손해 발생과 관련된 모든 상황이 충분히 고려되어야 하며, 책임제한에 관한 사실인정이나 비율을 정하는 것이 사실심의 전권사항이라고 하더라도 형평의 원칙에 비추어 현저히 불합리하여서는 안 된다. [2] 민법 제763조에 따라 불법행위로 인한 손해배상에 준용되는 민법 제393조 제1항은 "채무불이행으로 인한 손해배상은 통상의 손해를 그 한도로 한다."라고 정하고, 제2항은 "특별한 사정으로 인한 손해는 채무자가 이를 알았거나 알 수 있었을 때에 한하여 배상의 책임이 있다."라고 정하고 있다. 제1항의 통상손해는 특별한 사정이 없는 한 그 종류의 채무불이행이 있으면 사회일반의 거래관념 또는 사회일반의 경험칙에 비추어 통상 발생하는 것으로 생각되는 범위의 손해를 말하고, 제2항의 특별한 사정으로 인한 손해는 당사자들의 개별적, 구체적 사정에 따른 손해를 말한다. [3] 일반적으로 영업용 물건이 손괴된 경우 수리를 위하여 필요한 기간 동안 그 물건에 의한 영업을 할 수 없었던 경우에는 영업을 계속하였더라면 얻을 수 있었던 수익상실은 통상손해에 해당한다. 그러나 위법한 가해행위로 인하여 영업용 물건이 손괴되었더라도 위법행위의 태양, 물건이 사용 및 손괴된 경위 등에 비추어 볼 때 가해자가 그것이 영업용 물건으로서 이를 손괴함으로써 그 물건을 이용하여 얻을 수 있었던 영업수익이 상실될 수 있다는 사정을 통상적으로 예견할 수 없었다면 그러한 경우까지도 위 손해가 통상손해에 해당한다고 보기는 어렵다(대법원 2022. 11. 30. 선고 2016다26662 판결).

⑤ [O] 불법행위로 인한 재산상 손해는 위법한 가해행위로 인하여 발생한 재산상 불이익, 즉 위법행위가 없었더라면 존재하였을 재산상태와 위법행위가 가해진 시점의 재산상태의 차이를 의미하고, 그 손해액은 원칙적으로 불법행위 시를 기준으로 산정하여야 한다. 이는 특정 주식의 가격상승 등에 관한 기망으로 이를 매수하게 한 것이 불법행위에 해당하는 경우에도 마찬가지이므로, 해당 주식이 매수 전후에 정상적인 거래의 대상이었고 기망이 없었다면 이를 매수하지 않았을 것이라고 단정할 수 없다면, 불법행위로 인한 재산상 손해는 주식의 매수대금에서 취득 당시 객관적인 가액 상당을 공제한 차액이라고 볼 수 있다(대법원 2024. 1. 4. 선고 2022다286335 판결).

정답 ④

199 / 특수불법행위 /

특수불법행위에 관한 다음 설명 중 틀린 것은? (다툼이 있는 경우 판례에 의함)

① 부양의무자 등은 피보호자인 정신질환자에 대한 법률상 감독의무를 부담하므로 의무 위반으로 타인에게 손해를 가하는 경우에 이를 배상할 책임이 있다. 이러한 감독의무는 관련 법령의 취지, 신의성실의 원칙, 형평의 원칙 등을 종합적으로 고려하여 합리적으로 제한된 범위에서의 의무가 아니라, 정신질환자의 행동을 전적으로 통제하고 그 행동으로 인한 모든 결과를 방지해야 하는 일반적인 의무라고 해석함이 타당하다.

② 가사상, 영업상 기타 유사한 관계에 의하여 타인의 지시를 받아서 공작물에 대한 사실상의 지배를 하는 자가 있는 경우에 그 타인의 지시를 받는 자는 점유보조자에 불과하므로 공작물 점유자의 책임을 부담하는 자에 해당하지 않는다.

③ 공동불법행위자 중 1인이 공동 면책을 시킨 다른 공동불법행위자로부터 구상금 청구 소송을 당한 경우 그 구상금 채무는 특별한 사정이 없는 한 자신의 부담 부분에 따른 분할채무이다. 따라서 그 소송과 관련하여 지출한 변호사보수나 소송비용상환액은 자신의 권리를 방어하기

위한 것이므로, 구상금 청구 소송을 제기한 원고를 제외한 다른 공동불법행위자들에 대하여 구상을 할 수 없다.

④ 자동차 사고에서 자동차 운행자나 운전자의 운행 중 과실로 인하여 피해를 입은 자가 운행자나 운전자와 신분상 내지 생활관계상 일체를 이루는 관계에 있더라도 그 운행자나 운전자와 피해자 사이에서 운행자나 운전자의 과실은 손해배상채무의 성립 요건이 될 뿐 손해배상책임의 감면 사유가 될 수 없다.

⑤ 부작위에 의한 불법행위가 성립하기 위해서는 작위의무가 있는 자의 부작위가 인정되어야 한다. 작위의무는 법적인 의무이어야 하는데 법령, 법률행위, 선행행위로 인한 경우는 물론이고 신의성실의 원칙이나 사회상규 혹은 조리상 작위의무가 기대되는 경우에도 법적인 작위의무가 인정될 수는 있다.

[해설]

① [✗] 구 정신보건법(2016. 5. 29. 법률 제14224호 정신건강증진 및 정신질환자 복지서비스 지원에 관한 법률로 전부 개정되기 전의 것, 이하 같다) 제3조 제1호는 '정신질환자'란 '정신병(기질적 정신병을 포함한다)·인격장애·알코올 및 약물중독 기타 비정신병적정신장애를 가진 자'라고 정의하고 있고, 제21조 제1항 본문은 "정신질환자의 민법상의 부양의무자 또는 후견인(이하 '부양의무자 등'이라 한다)은 정신질환자의 보호의무자가 된다."라고 정하고 있다. 또한 제22조 제2항은 "보호의무자는 보호하고 있는 정신질환자가 자신 또는 타인을 해치지 아니하도록 유의하여야 한다."라고 정하여 부양의무자 등에게 피보호자인 정신질환자에 대한 감독의무를 부과하고 있다. 정신질환자가 심신상실 중에 타인에게 손해를 가하여 배상의 책임이 없는 경우에는 민법 제755조 제1항에 따라 그를 감독할 법정의무 있는 자가 손해를 배상할 책임이 있다. 정신질환자가 책임능력이 있는 경우에도 그 손해가 감독의무자의 감독의무 위반과 인과관계가 있으면 감독의무자는 일반불법행위자로서 민법 제750조에 따라 손해를 배상할 책임이 있다. 위와 같은 법규정의 문언과 체계 등에 비추어 보면, 부양의무자 등은 피보호자인 정신질환자에 대한 법률상 감독의무를 부담하므로 그 의무 위반으로 타인에게 손해를 가하는 경우에 이를 배상할 책임이 있으나, 이러한 감독의무는 정신질환자의 행동을 전적으로 통제하고 그 행동으로 인한 모든 결과를 방지해야 하는 일반적인 의무가 아니라 구 정신보건법 등 관련 법령의 취지, 신의성실의 원칙, 형평의 원칙 등을 종합적으로 고려하여 합리적으로 제한된 범위에서의 의무라고 해석함이 타당하다. 구체적인 사안에서 부양의무자 등이 피보호자인 정신질환자에 관한 감독의무를 위반하였는지는 정신질환자의 생활이나 심신의 상태 등과 함께 친족 관계와 동거 여부, 일상적인 접촉 정도, 정신질환자의 재산관리 관여 상황 등 정신질환자와의 관계, 정신질환자가 과거에도 타인에게 위해를 가하는 행동을 한 적이 있는지 여부와 그 내용, 정신질환자의 상태에 대응하는 보호와 치료 상황 등 모든 사정을 종합적으로 고려하여, 피보호자인 정신질환자가 타인을 위해할 가능성이 있다는 구체적인 위험을 인지하였는데도 대비를 하지 않은 경우와 같이 부양의무자 등에게 정신질환자의 행위에 관해서 책임을 묻는 것이 타당한 객관적 상황이 인정되는지 여부에 따라 개별적으로 판단해야 한다(대법원 2021. 7. 29. 선고 2018다228486 판결).

② [○] [1] 물건에 대한 점유란 사회관념상 어떤 사람의 사실적 지배에 있다고 보이는 객관적 관계를 말하는 것으로서, 사실상의 지배가 있다고 하기 위하여는 반드시 물건을 물리적, 현실적으로 지배하여야만 하는 것이 아니고, 물건과 사람 사이의 시간적, 공간적 관계와 본권관계, 타인지배의 배제 가능성 등을 고려하여 사회통념에 따라 합목적적으로 판단하여야 한다. 민법 제758조 제1항 소

정의 공작물 점유자란 공작물을 사실상 지배하면서 그 설치 또는 보존상의 하자로 인하여 발생할 수 있는 각종 사고를 방지하기 위하여 공작물을 보수·관리할 권한 및 책임이 있는 자를 말한다. 가사상, 영업상 기타 유사한 관계에 의하여 타인의 지시를 받아서 공작물에 대한 사실상의 지배를 하는 자가 있는 경우에 그 타인의 지시를 받는 자는 민법 제195조에 따른 점유보조자에 불과하므로 민법 제758조 제1항에 의한 공작물 점유자의 책임을 부담하는 자에 해당하지 않는다. [2] 실화책임에 관한 법률(이하 '실화책임법'이라고 한다)은 실화로 인하여 일단 화재가 발생한 경우에는 부근 가옥 기타 물건에 연소함으로써 그 피해가 예상외로 확대되어 실화자의 책임이 과다하게 되는 점을 고려하여 그 책임을 제한함으로써 실화자를 지나치게 가혹한 부담으로부터 구제하고자 하는 데 입법 취지가 있으므로, 실화책임법은 발화점과 불가분의 일체를 이루는 물건의 소실, 즉 직접 화재에는 적용되지 아니하고, 그로부터 연소한 부분에만 적용된다(대법원 2024. 2. 15. 선고 2019다208724 판결).

③ [O] [1] 자신의 부담 부분을 넘어 공동 면책을 시킨 공동불법행위자에 대하여 구상의무를 부담하는 다른 공동불법행위자가 수인인 경우에는 특별한 사정이 없는 이상 구상권자에 대한 다른 공동불법행위자들의 채무는 각자의 부담 부분에 따른 분할채무로 봄이 타당하다. 이때 분할채무 관계에 있는 공동불법행위자들 중 1인이 자신의 부담 부분을 초과하여 구상에 응하였고 그로 인하여 다른 공동불법행위자가 자신의 출연 없이 채무를 면하게 되는 경우, 구상에 응한 공동불법행위자는 다른 공동불법행위자의 부담 부분 내에서 자신의 부담 부분을 초과하여 변제한 금액에 관하여 구상권을 취득한다. [2] 공동불법행위자 중 1인이 피해자로부터 손해배상청구소송을 당하여 그 판결에서 인용된 손해배상금을 지급함으로써 공동 면책된 때에는, 그것이 부당응소라는 등의 특별한 사정이 없는 한 공동 면책된 금액 중 다른 공동불법행위자의 과실비율에 상당하는 금액은 물론이고 그에 대한 공동 면책일 이후의 법정이자 및 피할 수 없는 비용 기타의 손해배상을 구상할 수 있다. 이러한 피할 수 없는 비용 기타의 손해배상에는 소송을 제기당한 공동불법행위자가 피해자에게 지급한 소송비용상환액뿐만 아니라 소송을 수행하는 과정에서 지출한 소송비용도 포함되고, 그가 지출한 변호사보수 중에서 변호사보수의 소송비용 산입에 관한 규칙에 의한 보수기준, 소속 변호사회의 규약, 소송물가액, 사건의 난이도, 소송 진행 과정, 판결 결과 등 여러 가지 사정을 참작하여 합리적으로 판단하여 상당하다고 인정되는 범위 내의 금원은 피할 수 없는 비용 기타의 손해로서 구상할 수 있다. 반면 공동불법행위자가 다른 공동불법행위자와의 공동 면책이 아니라 자신의 권리를 방어하기 위하여 지출한 소송비용은 다른 공동불법행위자에 대하여 구상하는 것이 허용되지 않는다. 공동불법행위자 중 1인이 공동 면책을 시킨 다른 공동불법행위자로부터 구상금 청구 소송을 당한 경우 그 구상금 채무는 특별한 사정이 없는 한 자신의 부담 부분에 따른 분할채무이다. 따라서 그 소송과 관련하여 지출한 변호사보수나 소송비용상환액은 나머지 공동불법행위자들과의 공동 면책이 아니라 자신의 권리를 방어하기 위한 것으로 이들에 대하여 구상을 할 수 없다(대법원 2023. 6. 29. 선고 2022다309474 판결).

④ [O] 자동차손해배상 보장법 제3조는 자기를 위하여 자동차를 운행하는 자가 그 운행으로 다른 사람을 사망하게 하거나 부상하게 한 경우에는 그 손해를 배상할 책임을 진다고 규정하고 있다. 여기서 '자기를 위하여 자동차를 운행하는 자'란 자동차에 대한 운행을 지배하여 그 이익을 향수하는 책임주체로서의 지위에 있는 자를 의미하고, '다른 사람'이란 자기를 위하여 자동차를 운행하는 자 및 당해 자동차의 운전자를 제외한 그 이외의 자를 의미한다. 따라서 자동차 보유자나 사용권자의 배우자나 직계존비속 등의 친족이라도 운행자나 운전자에 해당하지 않는 한 '다른 사람'에 해당한다. 그리고 자동차 운행자나 운전자의 운행 중 과실로 인하여 피해를 입은 자가 운행자나 운전자와 신분상 내지 생활관계상 일체를 이루는 관계에 있더라도 그 운행자나 운전자와 피해자 사이에서 운행자나 운전자의 과실은 손해배상채무의 성립 요건이 될 뿐 손해배상책임의 감면 사유가 될 수 없다(대법원 2021. 3. 25. 선고 2019다208687 판결).

⑤ [O] 부작위에 의한 불법행위가 성립하기 위해서는 작위의무가 있는 자의 부작위가 인정되어야 한다. 여기서 작위의무는 법적인 의무이어야 하는데 그 근거가 법령, 법률행위, 선행행위로 인한 경우는 물론이고 신의성실의 원칙이나 사회상규 혹은 조리상 작위의무가 기대되는 경우에도 법적인 작위의무가 인정될 수는 있다. 다만 신의성실의 원칙이나 사회상규 혹은 조리상 작위의무는 혈연적인 결합관계나 계약관계 등으로 인한 특별한 신뢰관계가 존재하여 상대방의 법익을 보호하고 그에 대한 침해를 방지할 책임이 있다고 인정되거나 혹은 상대방에게 피해를 입힐 수 있는 위험요인을 지배·관리하고 있거나 타인의 행위를 관리·감독할 지위에 있어 개별적·구체적 사정하에서 위험요인이나 타인의 행위로 인한 피해가 생기지 않도록 조치할 책임이 있다고 인정되는 경우 등과 같이 상대방의 법익을 보호하거나 그의 법익에 대한 침해를 방지하여야 할 특별한 지위에 있음이 인정되는 자에 대하여만 인정할 수 있고, 그러한 지위에 있지 아니한 제3자에 대하여 함부로 작위의무를 확대하여 부과할 것은 아니다(대법원 2023. 11. 16. 선고 2022다265994 판결).

정답 ①

제 5 편

친족법

민법선택형진도별모의고사

200 / 가족관계 /

가족관계에 관한 다음 설명 중 옳은 것을 모두 고른 것은? (다툼이 있으면 판례에 의함)

> ㄱ. 인지의 소의 확정판결에 의하여 부와 자 사이에 친자관계가 창설되었더라도 친생자관계부존재확인의 소로써 당사자 사이에 친자관계가 존재하지 않는다고 다툴 수 있다.
>
> ㄴ. 친생자관계존재확인의 소를 통해 진실한 신분관계를 귀속시키는 것이 오히려 자녀의 복리에 현저히 반하게 되는 특별한 사정이 있다면 친생자관계존재확인의 소도 예외적으로 소권남용에 해당하여 허용되지 않을 수 있다.
>
> ㄷ. 자신이 북한에서 유효하게 성립한 혼인관계 중에 출생한 자녀임을 주장하며 부와의 사이에 친생자관계존재확인의 확정판결을 받아 가족관계등록부 정정을 신청하는 경우에는 비록 가족관계등록부 등에 부모의 혼인관계가 기록되어 있지 않아도 북한에서 부모의 혼인관계 성립 여부 또는 이와 관련한 신분관계를 소명하여 가족관계의 등록 등에 관한 법률 제104조에 따른 가정법원의 허가를 받아 정정신청을 함으로써 가족관계등록부를 정정할 수 있다.
>
> ㄹ. 혼인무효 등 가사소송법상 가류 가사소송사건에 해당하는 청구는 성질상 당사자가 임의로 처분할 수 없는 사항에 관한 것이므로, 그에 대한 조정이나 재판상 화해가 성립되더라도 효력이 인정되지 않는다.
>
> ㅁ. 가정법원에 이혼청구 및 재산분할청구를 병합한 소송을 제기한 후, 예비적 청구로 부부 사이의 명의신탁 해지를 원인으로 소유권이전등기절차의 이행을 구하는 경우, 법원은 이를 병합하여 심리할 수 있다.
>
> ㅂ. 양친자 중 일방이 원고로 되어 양친자관계존재확인의 소를 제기하는 경우, 친생자관계존부확인의 소에 준하여 양친자 중 다른 일방을 피고로 하여야 하고, 다른 일방이 사망한 경우에는 검사를 상대로 소를 제기할 수 있다.

① ㄱ, ㄷ, ㄹ ② ㄱ, ㄴ, ㅁ, ㅂ ③ ㄷ, ㅁ, ㅂ
④ ㄴ, ㄷ, ㄹ, ㅂ ⑤ ㄹ, ㅁ, ㅂ

[해설]

ㄱ. [×] 인지청구의 소는 부와 자 사이에 사실상의 친자관계의 존재를 확정하고 법률상의 친자관계를 창설함을 목적으로 하는 소송으로서, 당사자의 증명이 충분하지 못할 때에는 법원이 직권으로 사실조사와 증거조사를 하여야 하고, 친자관계를 증명할 때는 부와 자 사이의 혈액형검사, 유전자검사 등 과학적 증명방법이 유력하게 사용되며, 이러한 증명에 의하여 혈연상 친생자관계가 인정되어 확정판결을 받으면 당사자 사이에 친자관계가 창설된다. 이와 같은 인지청구의 소의 목적, 심리절차와 증명방법 및 법률적 효과 등을 고려할 때, <u>인지의 소의 확정판결에 의하여 일단 부와 자 사이에 친자관계가 창설된 이상, 재심의 소로 다투는 것은 별론으로 하고, 확정판결에 반하여 친생자관계부존재확인의 소로써 당사자 사이에 친자관계가 존재하지 않는다고 다툴 수는 없다</u>(대법원 2015. 6. 11. 선고 2014므8217 판결).

ㄴ. [O] [1] 보조생식 시술을 통하여 임신·출산한 자녀를 타인에게 인도할 것을 내용으로 하는 이른바 대리모계약은 여성의 몸을 도구화하고, 출생한 자녀를 거래의 객체화하며, 임신과 출산 과정에서 형성된 모자간의 정서적 유대관계를 깨뜨려 인간으로서의 존엄성을 침해하므로, 민법 제103조에서 정한 선량한 풍속 기타 사회질서를 위반한 법률행위로서 무효이다. 대리모가 자신이 출산한 아이와 관련하여 친생모로서 가지는 권리 일체를 포기하기로 하는 합의는 대리모계약의 일부 혹은 그 연장선상에서 체결된 것이므로 역시 무효이고, 진실한 친자관계를 부정하고 모로서의 정당한 권리행사를 박탈하는 것이라는 점에서도 그 효력을 인정하기 어렵다. 한편 부자관계는 그 관계 확정을 위한 별도의 요건을 충족하는 경우에만 친자관계가 성립하는 법률적 친자관계이지만, 모자관계는 임신과 출산이라는 사실에 의하여 그 관계가 명확히 결정되는 자연적 친자관계라는 것이 우리 민법이 정하고 있는 바이고, 출산한 모와 자녀 사이에 혈연관계도 존재한다면, 무효인 대리모계약에 의하여 출산이 이루어졌다고 하더라도 자녀를 출산한 대리모를 자녀의 모로 보는 것이 타당하다. [2] 가사소송절차에 준용되는 민사소송법 제1조 제2항은 당사자와 소송관계인은 신의에 따라 성실하게 소송을 수행하여야 한다고 규정하여 가사소송에 있어서도 신의성실의 원칙이 적용됨을 선언하고 있다. 그러므로 이러한 신의칙을 위배한 소권의 행사는 허용되지 아니한다 할 것이나, 법원의 재판을 받을 권리는 헌법상 보장된 기본권에 속하는 이상 실체법상의 권리를 실현하기 위한 소송의 제기에 대하여 이를 신의칙에 반하는 소권의 남용이라고 판단함에 있어서는 신중을 기하여야 한다. 특히 친족법상 친자관계의 존부를 다투는 소송에서는, 친자관계가 신분관계의 기본이 되는 것으로 단순히 친자 상호 간의 관계뿐만 아니라 친족 간의 상속문제 기타 친족관계에 기초한 각종 법률관계에도 영향을 초래할 수 있으므로 진실한 신분관계를 확정하는 것은 그 자체가 법이 의도하고 있는 정당한 행위이다. 따라서 소송의 결과가 위 각종 법률관계에 영향을 미치는 것은 정당한 신분관계의 회복에 당연히 수반되는 것이므로 이를 두고 그 소송의 동기나 목적이 소권남용의 의도에서 비롯된 것으로 단정 지어 비난할 사유가 되지 못하고, 특별한 사정이 없는 한 친생자관계존재확인의 소가 소권의 남용이라는 명목으로 쉽게 배척되어서는 아니 된다. 그러나 자녀의 복리는 친자관계의 성립과 유지에서 가장 우선적으로 고려해야 할 사항이므로, 친생자관계존재확인의 소를 통해 진실한 신분관계를 귀속시키는 것이 오히려 자녀의 복리에 현저히 반하게 되는 특별한 사정이 있다면 친생자관계존재확인의 소도 예외적으로 소권남용에 해당하여 허용되지 않을 수 있다. 여기서 자녀의 복리에 현저히 반하게 되는지는 법률상 친자관계가 진실한 혈연관계와 달라진 경위, 법률상 부모와 자녀가 친생자관계에 준할 정도의 정서적 유대와 실질적 생활관계를 형성·유지해온 기간과 내용, 판결로써 친생자관계의 존재를 확정함에 따라 자녀 및 법률상 부모가 입을 고통이나 불이익, 원고가 친생자관계존재확인의 소에 이른 경위와 동기 및 목적, 친생자관계존재확인의 소가 받아들여지지 않을 경우 원고가 입을 고통이나 불이익, 원고 외에 현저하게 불이익을 받는 자의 유무 등의 사정을 종합적으로 고려하여 신중하게 판단하여야 한다(대법원 2025. 4. 24. 선고 2022므15371 판결).

ㄷ. [O] [1] 가족관계의 등록 등에 관한 법률 제104조는 가정법원의 허가에 의한 가족관계등록부의 정정신청, 제107조는 확정판결에 의한 가족관계등록부의 정정신청에 관하여 각각 규정하고 있다. 가정법원의 허가에 의한 가족관계등록부의 정정은 그 절차의 간이성에 비추어 정정할 사항이 경미한 경우에 허용되는 것이므로 친족법상 또는 상속법상 중대한 영향을 미칠 수 있는 사항에 대하여는 가족관계등록법 제107조에 따라 확정판결에 의하여만 가족관계등록부의 정정신청을 할 수 있다. [2] 자녀의 가족관계등록부에 부의 출생연월일과 본이 기록되지 않은 경우 이를 부의 제적부 기재 내용과 동일하게 기록하는 것은 친족법상 또는 상속법상 중대한 영향을 미칠 수 있는 사항이므로 이는 가족관계의 등록 등에 관한 법률 제107조에 따라 확정판결에 의하여 이루어져야 한다. 혼인 중의 출생자는 친생자관계존재확인의 확정판결을 받아 가족관계등록법 제107조에 따른 등록부 정

정신청을 할 수 있는데, 위 판결에서는 친생자관계의 존부에 대한 판단 외에 부모의 혼인 여부가 주문으로 확정되지는 않으므로 혼인 중의 출생자라는 점은 가족관계등록부 등을 통하여 별도로 인정되어야 한다. [3] 군사분계선 이북지역(이하 '북한'이라 한다)에서 혼인관계가 유효하게 성립하였으나 가족관계등록부에 그 혼인관계가 기록되지 않았다는 사정만으로 그 혼인관계 중에 출생한 자녀가 혼인 외의 출생자가 되는 것은 아니다. 그 이유는 다음과 같다. ① 북한이탈주민의 보호 및 정착 지원에 관한 법률 제19조의2는 가족관계 등록을 창설한 북한이탈주민 중 북한에 배우자를 둔 사람이 그 배우자를 상대로 이혼을 청구하는 경우의 특례를 규정하고 있다. 그리고 남북 주민 사이의 가족관계와 상속 등에 관한 특례법은 정전협정 전에 혼인하여 군사분계선 이남지역(이하 '남한'이라 한다)에 배우자를 둔 사람이 북한에서 다시 혼인을 한 경우 이를 중혼으로 취소하는 것을 제한하거나 일정한 경우 전혼이 소멸한 것으로 보고(제6조), 혼인 중의 자녀로 출생한 북한주민이 남한주민인 부모를 상대로 친생자관계존재확인의 소를 제기하는 기간에 대한 특례를 규정하고 있다(제8조). ② 이처럼 관련 법률은 북한에서 성립한 혼인관계의 효력이 인정될 수 있고 그 혼인관계 중 출생한 자녀도 혼인 중의 자녀가 될 수 있다는 입장에 서서 그에 따른 법률관계를 규율하고 있다. 이는 남북관계 및 이로 인하여 발생하는 남북 주민의 신분관계의 여러 문제점이 가지는 특수성을 고려하여, 가족관계의 등록 등에 관한 법률에 따른 기록이 없다는 이유만을 들어 북한에서 이미 유효하게 이루어진 신분관계의 효력을 부정하지 않겠다는 취지이다. [4] 자신이 군사분계선 이북지역(이하 '북한'이라 한다)에서 유효하게 성립한 혼인관계 중에 출생한 자녀임을 주장하며 부와의 사이에 친생자관계존재확인의 확정판결을 받아 가족관계등록부 정정을 신청하는 경우에는 비록 가족관계등록부 등에 부모의 혼인관계가 기록되어 있지 않아도 북한에서 부모의 혼인관계 성립 여부 또는 이와 관련한 신분관계를 소명하여 가족관계의 등록 등에 관한 법률 제104조에 따른 가정법원의 허가를 받아 정정신청을 함으로써 가족관계등록부를 정정할 수 있다고 보아야 한다. 북한에서 유효하게 성립한 혼인관계가 가족관계등록부에 기록되기 어려운 점, 가사소송법 등에 혼인관계가 유효하게 존속한다거나 특정인이 그 혼인 중에 출생한 자녀임을 확인받을 수 있는 직접적인 쟁송방법이 없는 점, 앞서 살펴본 관련 법률의 취지 등을 고려하면, 위와 같은 경우에도 가정법원의 허가를 받아 가족관계등록부를 정정할 수 있는 법적 가능성을 부여할 필요가 있기 때문이다(대법원 2024. 6. 13. 자 2024스536 결정).

ㄹ. [O] 친생자관계의 존부확인과 같이 현행 가사소송법상의 가류 가사소송사건에 해당하는 청구는 성질상 당사자가 임의로 처분할 수 없는 사항을 대상으로 하는 것으로서 이에 관하여 조정이나 재판상 화해가 성립되더라도 효력이 있을 수 없다(대법원 1999. 10. 8. 선고 98므1698 판결).

ㅁ. [X] [1] 가사소송법 제2조 제1항 소정의 나류 가사소송사건과 마류 가사비송사건은 통상의 민사사건과는 다른 종류의 소송절차에 따르는 것이므로, 원칙적으로 위와 같은 가사사건에 관한 소송에서 통상의 민사사건에 속하는 청구를 병합할 수는 없다. [2] 부부간의 명의신탁해지를 원인으로 한 소유권이전등기청구나 민법 제829조 제2항에 의한 부부재산약정의 목적물이 아닌 부부 공유재산의 분할청구는 모두 통상의 민사사건으로, 그 소송절차를 달리하는 나류 가사소송사건 또는 마류 가사비송사건인 이혼 및 재산분할청구와는 병합할 수 없다(대법원 2006. 01. 13. 선고 2004므1378 판결).

ㅂ. [O] [1] 신분관계 존부의 확정에 관하여 민법이나 가사소송법 등에서 구체적으로 소송유형을 규정하고 있는 예가 많으나(가사소송법 제2조 제1항 가. 가사소송사건의 (1) 가류사건 중 1 내지 6호, (2) 나류사건 중 1 내지 3호, 5 내지 11호가 이에 속한다), 그와 같이 실정법상 소송유형이 규정되어 있는 경우에 한하여 신분관계존부확인에 관한 소송을 제기할 수 있는 것으로 볼 것은 아니며, 소송유형이 따로 규정되어 있지 아니하더라도 법률관계인 신분관계의 존부를 즉시 확정할 이익이 있는 경우라면 일반 소송법의 법리에 따라 그 신분관계존부확인의 소송을 제기할 수 있다. [2] 양친자 중 일방이 원고로 되어 양친자관계존재확인의 소를 제기하는 경우에는 친생자관계존부확인소송의 경우에 준하여

양친자 중 다른 일방을 피고로 하여야 할 것이고, 피고가 되어야 할 다른 일방이 이미 사망한 경우에는 역시 친생자관계존부확인소송의 경우를 유추하여 검사를 상대로 소를 제기할 수 있다. [3] 민법 제864조와 제865조 제2항은 인지청구의 소와 친생자관계존부확인의 소에 관하여 당사자 일방이 사망한 경우에 검사를 상대로 하여 소를 제기할 수 있음을 규정하면서 그 소제기는 사망사실을 안 날로부터 1년(註; 현행법은 2년) 내에 하여야 하는 것으로 출소기간을 정하고 있으므로, 양친자관계존재확인의 소에 있어 위 각 법조의 유추적용에 의하여 검사를 상대로 하는 소제기를 허용하는 경우에도 그 각 법조가 정하는 출소기간의 적용을 받는 것으로 해석함이 타당하다(대법원 1993. 7. 16. 선고 92므372 판결).

정답 ④

201 /혼인과 이혼/
혼인과 이혼에 관한 다음 설명 중 옳은 것을 모두 고른 것은? (다툼이 있으면 판례에 의함)

ㄱ. 이혼소송에서 일방 당사자가 특정한 방법으로 재산분할을 청구하더라도 법원은 이에 구속되지 않고 타당하다고 인정되는 방법에 따라 재산분할을 명할 수 있다. 그러나 쌍방 당사자가 일부 재산에 관하여 분할방법에 관한 합의를 하였고, 그것이 그 일부 재산과 나머지 재산을 적정하게 분할하는 데 지장을 가져오는 것이 아니라면 법원으로서는 이를 최대한 존중하여 재산분할을 명하는 것이 타당하다.

ㄴ. 재산분할청구는 당사자 사이에 협의가 이루어지지 않거나 협의할 수 없는 때 비로소 할 수 있으므로, 이미 이루어진 재산분할에 관한 약정의 이행을 구하는 민사청구와 구별되지 않는다.

ㄷ. 재판상 이혼의 경우에 당사자의 청구가 없다 하더라도 법원은 직권으로 미성년자인 자녀에 대한 친권자 및 양육자를 정하여야 하며, 따라서 법원이 이혼 판결을 선고하면서 미성년자인 자녀에 대한 친권자 및 양육자를 정하지 아니하였다면 재판의 누락이 있다.

ㄹ. 이혼 당시 부부 일방이 아직 공무원으로 재직 중이어서 실제 퇴직급여 등을 수령하지 않았다면, 이혼소송의 사실심 변론종결 시에 이미 잠재적으로 존재하여 경제적 가치의 현실적 평가가 가능한 재산인 퇴직급여 및 퇴직수당 채권은 이에 대하여 상대방 배우자의 협력이 기여한 것으로 인정되더라도 재산분할의 대상에 포함시킬 수 없다.

ㅁ. 법률상의 부부관계를 해소하려는 당사자 간의 합의에 따라 이혼이 성립한 경우 그 이혼에 다른 목적이 있다 하더라도 당사자 간에 이혼의 의사가 없다고 말할 수 없고, 이혼이 가장이혼으로서 무효가 되려면 누구나 납득할 만한 특별한 사정이 인정되어야 한다.

① ㄱ, ㄷ, ㄹ　　② ㄴ, ㄷ, ㅁ　　③ ㄴ, ㄹ, ㅁ
④ ㄱ, ㄷ, ㅁ　　⑤ ㄷ, ㄹ, ㅁ

해설

ㄱ. [O] 일방 당사자가 특정한 방법으로 재산분할을 청구하더라도 법원은 이에 구속되지 않고 타당하다고 인정되는 방법에 따라 재산분할을 명할 수 있다. 그러나 재산분할심판은 재산분할에 관하여 당사자 사이에 협의가 되지 아니하거나 협의할 수 없는 때에 한하여 하는 것이므로(민법 제843조, 제839조의2 제2항), 쌍방 당사자가 일부 재산에 관하여 분할방법에 관한 합의를 하였고, 그것이 그 일부 재산과 나머지 재산을 적정하게 분할하는 데 지장을 가져오는 것이 아니라면 법원으로서는 이를 최대한 존중하여 재산분할을 명하는 것이 타당하다. 그 경우 법원이 아무런 합리적인 이유를 제시하지 아니한 채 그 합의에 반하는 방법으로 재산분할을 하는 것은 재산분할사건이 가사비송사건이고, 그에 관하여 법원의 후견적 입장이 강조된다는 측면을 고려하더라도 정당화되기 어렵다(대법원 2021. 6. 10. 선고 2021므10898 판결).

ㄴ. [X] [1] 이혼 등의 사유로 혼인이 종료되는 경우에 당사자의 일방이 다른 일방에 대하여 재산분할을 청구할 수 있다. 재산분할에 관하여 협의가 되지 않거나 협의할 수 없는 때에는 가정법원은 당사자의 청구에 의하여 당사자 쌍방의 협력으로 이룩한 재산의 액수 기타 사정을 참작하여 분할의 액수와 방법을 정한다(민법 제839조의2 제2항). 가사소송법은 가정법원의 전속관할로 하는 가사소송사건과 가사비송사건을 정하고 있는데, 민법 제839조의2 제2항에 따른 재산분할에 관한 처분을 마류 가사비송사건으로 분류하고 있고(가사소송법 제2조 제1항 제2호 나목), 마류 가사비송사건은 상대방의 보통재판적이 있는 곳의 가정법원이 관할하도록 정하고 있다(가사소송법 제46조). 한편 여러 개의 가사소송사건 또는 가사소송사건과 가사비송사건의 청구의 원인이 동일한 사실관계에 기초하거나 1개의 청구의 당부가 전제가 되는 경우에는 이를 1개의 소로 제기할 수 있고, 이 경우 여러 개의 청구에 관하여 1개의 판결로 재판한다(가사소송법 제14조 제1항, 제4항). 가사사건은 민사사건과 다른 종류의 소송절차에 따른 것이므로, 원칙적으로 가사사건에 관한 소송에서 통상의 민사사건에 속하는 청구를 병합할 수 없다. [2] 재산분할 제도는 이혼 등의 경우에 부부가 혼인 중 공동으로 형성한 재산을 청산·분배하는 것을 주된 목적으로 한다. 그러나 이혼에 따른 재산분할을 할 때에는 혼인 중 형성한 재산의 청산적 요소와 이혼 후의 부양적 요소 외에 정신적 손해(위자료)를 배상하기 위한 급부로서의 성질까지 포함하여 분할할 수 있다. 재산분할은 현물분할, 금전지급에 의한 분할, 경매분할 등 다양한 방법으로 이루어질 수 있고, 분할대상 재산이 현금 또는 예금계좌에 보유하고 있는 금융자산이라면 금전지급에 의한 분할이 이루어질 수밖에 없다. 그런데 재산분할청구는 당사자 사이에 협의가 이루어지지 않거나 협의할 수 없는 때 비로소 할 수 있으므로, 이미 이루어진 재산분할에 관한 약정의 이행을 구하는 민사청구와는 구별된다. 당사자가 재산분할청구 사건에서 금전의 지급을 구하는 청구를 하는 경우 그 청구가 재산분할청구인지 아니면 이와 별개의 민사청구인지 여부는 당해 사건에서의 청구원인과 당사자의 주장 취지, 청구에 대한 법원의 판단 및 이를 전후한 사건의 경과 등을 종합적으로 고려하여 판단하여야 한다. [이유] 원고는 이혼 등 소송에서 재산분할청구를 하면서 그 청구원인으로 이 사건 각 상가에 관한 임대수익 분배약정을 포함하여 주장하였고, 법원도 위 주장을 분할대상 재산 및 가액에 관한 부분에서 판단하였음을 알 수 있을 뿐, 원고가 위 재산분할청구와는 별도로 부당이득반환청구를 병합하여 제기하였다거나, 법원이 원고의 주장을 민사청구로 판단하여 기각하였다고 볼 수 없다. 따라서 이혼 등 소송 확정판결의 기판력이 민사청구인 이 사건 부당이득반환청구에 미친다고 할 수 없다. 그런데도 원심은, 이혼 등 소송 확정판결에서 원고의 이 사건 각 상가에 관한 임대수익 분배약정과 관련한 청구를 민사청구로 판단하였다는 전제하에, 이혼 등 소송 확정판결의 기판력이 이 사건에도 미친다고 보아 원고의 이 사건 각 상가에 관한 임대수익 분배약정과 관련한 청구를 받아들이지 않았다. 이러한 원심판결에는 재산분할청구와 민사청구의 준별 및 확정판결의 기판력 등에 관한 법리를 오해하여 판결에 영향을 미친 잘못이 있다. 이를 지적하는 상고이유 주장은 이유 있다(대법원 2021. 6. 24. 선고 2018다243089 판결). → 원고와 피고 사이에 진행된 선행 이혼, 재산분할 등 소송에서 원고가 이 사건 상가

건물의 임대수익을 8:2로 분배하기로 하는 약정이 있었음을 이유로 재산분할을 청구하였다가 그 주장을 배척하는 판결이 확정되었는데, 다시 원고가 이 사건 상가건물의 임대수익을 8:2 또는 2:1로 분배하기로 하는 약정이 체결되었다고 주장하면서 피고를 상대로 위 약정에 따른 임대수익 정산금을 청구한 사안임. 원심은 선행 이혼, 재산분할 등 확정판결의 기판력이 이 사건에도 미친다고 보아 청구를 기각하였으나, 대법원은 선행 이혼, 재산분할 등 소송에서의 청구가 재산분할심판청구일 뿐 민사청구가 아니라고 판단하여 원심을 파기환송하였음.

ㄷ. [O] 이혼 과정에서 친권자 및 자녀의 양육책임에 관한 사항을 의무적으로 정하도록 한 민법 제837조 제1항, 제2항, 제4항 전문, 제843조, 제909조 제5항의 문언 내용 및 이혼 과정에서 자녀의 복리를 보장하기 위한 위 규정들의 취지와 아울러, 이혼 시 친권자 지정 및 양육에 관한 사항의 결정에 관한 민법 규정의 개정 경위와 변천 과정, 친권과 양육권의 관계 등을 종합하면, <u>재판상 이혼의 경우에 당사자의 청구가 없다 하더라도 법원은 직권으로 미성년자인 자녀에 대한 친권자 및 양육자를 정하여야 하며, 따라서 법원이 이혼 판결을 선고하면서 미성년자인 자녀에 대한 친권자 및 양육자를 정하지 아니하였다면 재판의 누락이 있다</u>(대법원 2015. 6. 23. 선고 2013므2397 판결).

ㄹ. [×] [1] 이혼 당시 부부 일방이 아직 공무원으로 재직 중이어서 실제 퇴직급여 등을 수령하지 않았더라도 이혼소송의 사실심 변론종결 시에 이미 잠재적으로 존재하여 경제적 가치의 현실적 평가가 가능한 재산인 퇴직급여 및 퇴직수당 채권은 이에 대하여 상대방 배우자의 협력이 기여한 것으로 인정되는 한 재산분할의 대상에 포함시킬 수 있으며, 구체적으로는 <u>이혼소송의 사실심 변론종결 시를 기준으로 그 시점에서 퇴직할 경우 수령할 수 있을 것으로 예상되는 퇴직급여 및 퇴직수당 상당액의 채권이 그 대상이 된다.</u> [2] 공무원연금법 제45조 제1항, 제2항에 따르면 혼인기간(배우자의 공무원 재직기간 중 실질적인 혼인관계가 존재하지 않았던 기간을 제외한 기간)이 5년 이상인 사람이 배우자와 이혼하고, 배우자였던 사람이 퇴직연금 또는 조기퇴직연금 수급권자이며, 자신이 65세가 되었을 때에는, 그때부터 그가 생존하는 동안 공무원연금공단에 별도의 청구를 하여 배우자였던 사람의 퇴직연금 또는 조기퇴직연금액 중 위 혼인기간에 해당하는 연금액을 균등하게 나눈 금액을 분할연금으로 받을 수 있다(만일 배우자였던 사람이 퇴직연금 대신 퇴직연금일시금 등을 청구할 경우에는 공무원연금법 제49조에 따라 퇴직연금일시금 등의 분할을 청구하여 지급받을 수도 있다). 나아가 공무원연금법 제46조에서는 '위 균등분할 조항에도 불구하고 민법 제839조의2 또는 제843조에 따라 연금분할이 별도로 결정된 경우에는 그에 따른다'는 취지의 규정을 두고 있다. 따라서 법원은 이혼당사자가 재산분할 청구 시, 공무원연금법이 정한 이혼배우자의 분할연금 청구권, 퇴직연금일시금 등 분할 청구권에 관한 규정에도 불구하고 이혼소송의 사실심 변론종결 시를 기준으로 그 시점에서 퇴직할 경우 수령할 수 있을 것으로 예상되는 퇴직급여(공무원연금법 제28조 제1호에서 정한 퇴직연금, 퇴직연금일시금 등을 말한다) 채권을 재산분할 대상에 포함할지 여부에 관하여서는, 혼인 생활의 과정과 기간, 그 퇴직급여의 형성 및 유지에 대한 양 당사자의 기여 정도, 당사자 쌍방이 혼인 생활 중 협력하여 취득한 다른 적극재산과 소극재산의 존재와 규모, 양 당사자의 의사와 나이 등 여러 사정을 종합적으로 고려하여 결정할 수 있다. 즉 <u>법원은 재산분할 청구 사건에서 위와 같은 사정을 고려하여 예상퇴직급여 채권을 재산분할 대상에 포함하여 재산분할의 액수와 방법을 정할 수도 있고, 재산분할 대상에 포함하지 아니한 채 이혼당사자들이 공무원연금법에서 정한 분할연금 청구권, 퇴직연금일시금 등 분할 청구권에 관한 규정을 따르도록 할 수도 있다.</u> [3] 공무원연금법 제28조 제4호, 제62조에서 정한 퇴직수당(공무원이 1년 이상 재직하고 퇴직하거나 사망한 경우에 지급하는 수당을 말한다)에 관하여서는 이혼배우자의 분할 청구권 규정이 적용되지 아니하므로, <u>이혼배우자의 협력이 기여한 것으로 인정된다면 이혼소송의 사실심 변론종결 시를 기준으로 그 시점에서 퇴직할 경우 수령할 수 있을 것으로 예상되는 퇴직수당 상당액의 채권은 충분히 재산분할의 대상이 될 수 있고, 구체적으로는 위 채권을 보유한 이혼당사자의 적극재산에 포함시켜 다른 재산과 함께 일괄하여 청산하거나 이에 준하는 적절하고 합리적인 방법으로 재산분할을 할 수 있다</u>(대법원 2019. 9. 25. 선고 2017므11917 판결).

ㅁ. [O] 법률상의 부부관계를 해소하려는 당사자 간의 합의에 따라 이혼이 성립한 경우 그 이혼에 다른 목적이 있다 하더라도 당사자 간에 이혼의 의사가 없다고 말할 수 없고, 이혼이 가장이혼으로서 무효가 되려면 누구나 납득할 만한 특별한 사정이 인정되어야 한다. 그리고 이혼에 따른 재산분할은 부부가 혼인 중에 취득한 실질적인 공동재산을 청산·분배하는 것을 주된 목적으로 하는 제도로서 재산의 무상이전으로 볼 수 없으므로 이혼이 가장이혼으로서 무효가 아닌 이상 원칙적으로 증여세 과세대상이 되지 않는다. 다만 민법 제839조의2 제2항의 규정 취지에 반하여 상당하다고 할 수 없을 정도로 과대하고 상속세나 증여세 등 조세를 회피하기 위한 수단에 불과하여 그 실질이 증여라고 평가할 만한 특별한 사정이 있는 경우에는 상당한 부분을 초과하는 부분에 한하여 증여세 과세대상이 될 수 있다(대법원 2017. 9. 12. 선고 2016두58901 판결).

정답 ④

202 / 혼인과 이혼 /

혼인(법률혼·사실혼)과 이혼에 관한 다음 설명 중 틀린 것은? (다툼이 있으면 판례에 의함)

① 부부가 이혼하지 아니하였지만 실질적으로 부부공동생활이 파탄되어 회복할 수 없을 정도의 상태에 이르렀다면, 제3자가 부부의 일방과 성적인 행위를 하더라도 그로 인하여 배우자의 부부공동생활에 관한 권리가 침해되는 손해가 생긴다고 할 수 없으므로 불법행위가 성립한다고 보기 어렵다. 여기서 부부 일방과 부정행위를 할 당시 부부의 공동생활이 실질적으로 파탄되어 회복할 수 없는 정도의 상태에 있었다는 사정은 이를 주장하는 제3자가 증명하여야 한다.

② 사실혼 해소를 원인으로 한 재산분할에서 분할의 대상이 되는 재산과 액수는 사실혼 해소 시점이 명확하지 않기 때문에, 사실혼 해소 이후 재산분할 청구사건의 사실심 변론종결 시를 기준으로 판단해야 한다.

③ 이혼으로 인한 재산분할청구권은 그 행사 여부가 청구인의 인격적 이익을 위하여 그의 자유로운 의사결정에 전적으로 맡겨진 권리로서 행사상의 일신전속성을 가지므로, 채권자대위권의 목적이 될 수 없고 파산재단에도 속하지 않는다고 보아야 한다.

④ 재산분할 대상 채무가 혼인관계 파탄 이후 변론종결일에 이르기까지 감소하였고, 그 감소가 혼인 중 공동으로 형성한 재산관계와 무관하게 부부 중 일방의 노력이나 비용으로 이루어졌다면, 그 감소 부분은 재산분할의 대상으로 삼을 수 없으므로 결국 혼인관계 파탄 시점의 채무가 재산분할의 대상이 된다.

⑤ 이혼으로 혼인관계가 이미 해소되었을 때 무효 확인을 구하는 소는 혼인 전력이 잘못 기재된 가족관계등록부 정정 요구에 필요한 객관적 증빙자료를 확보하기 위해 필요한 것으로서, 가족관계등록부 기재사항과 밀접하게 관련된 현재의 권리 또는 법률상 지위에 대한 위험이나 불안을 제거하기 위한 유효·적절한 수단에 해당할 수 있다. 따라서 혼인관계가 이미 해소된 이후라도 혼인무효의 확인을 구할 이익이 인정된다.

해설

① [O] 제3자가 부부의 일방과 부정행위를 함으로써 혼인의 본질에 해당하는 부부공동생활을 침해하거나 그 유지를 방해하고 그에 대한 배우자로서의 권리를 침해하여 배우자에게 정신적 고통을 가하는 행위는 원칙적으로 불법행위를 구성한다. 그러나 부부가 장기간 별거하는 등의 사유로 실질적으로 부부공동생활이 파탄되어 실체가 더 이상 존재하지 아니하게 되고 객관적으로 회복할 수 없는 정도에 이른 경우에는 혼인의 본질에 해당하는 부부공동생활이 유지되고 있다고 볼 수 없으므로, 비록 부부가 아직 이혼하지 아니하였지만 이처럼 실질적으로 부부공동생활이 파탄되어 회복할 수 없을 정도의 상태에 이르렀다면, 제3자가 부부의 일방과 성적인 행위를 하더라도 이를 두고 부부공동생활을 침해하거나 그 유지를 방해하는 행위라고 할 수 없고 또한 그로 인하여 배우자의 부부공동생활에 관한 권리가 침해되는 손해가 생긴다고 할 수도 없으므로 불법행위가 성립한다고 보기 어렵다. 부부의 일방과 부정행위를 한 제3자가 실질적으로 부부공동생활이 파탄되어 회복할 수 없을 정도의 상태에 이르게 된 원인을 제공한 경우라 하더라도, 배우자 아닌 자와의 성적인 행위가 부부공동생활이 실질적으로 파탄되어 실체가 더 이상 존재하지 아니하거나 객관적으로 회복할 수 없는 정도에 이른 상태에서 이루어졌다면 이를 달리 볼 수는 없다(대법원 2023. 12. 21. 선고 2023다265731 판결). 제3자가 부부의 일방과 부정행위를 함으로써 혼인의 본질에 해당하는 부부공동생활을 침해하거나 유지를 방해하고 그에 대한 배우자로서의 권리를 침해하여 배우자에게 정신적 고통을 가하는 행위는 원칙적으로 불법행위를 구성한다. 그러나 비록 부부가 아직 이혼하지 아니하였지만 실질적으로 부부공동생활이 파탄되어 회복할 수 없을 정도의 상태에 이르렀다면, 제3자가 부부의 일방과 성적인 행위를 하더라도 이를 두고 부부공동생활을 침해하거나 그 유지를 방해하는 행위라고 할 수 없고 또한 그로 인하여 배우자의 부부공동생활에 관한 권리가 침해되는 손해가 생긴다고 할 수도 없으므로 불법행위가 성립한다고 보기 어렵다. 여기서 부부 일방과 부정행위를 할 당시 그 부부의 공동생활이 실질적으로 파탄되어 회복할 수 없는 정도의 상태에 있었다는 사정은 이를 주장하는 제3자가 증명하여야 한다(대법원 2024. 6. 27. 선고 2022므13504 판결).

② [X] [1] 사실혼 해소를 원인으로 한 재산분할에서 분할의 대상이 되는 재산과 액수는 사실혼이 해소된 날을 기준으로 하여 정하여야 한다. 한편 재산분할제도가 혼인관계 해소 시 부부가 혼인 중 공동으로 형성한 재산을 청산·분배하는 것을 주된 목적으로 하는 것으로서, 부부 쌍방의 협력으로 이룩한 적극재산 및 그 형성에 수반하여 부담한 채무 등을 분할하여 각자에게 귀속될 몫을 정하기 위한 것이므로, 사실혼 해소 이후 재산분할 청구사건의 사실심 변론종결 시까지 사이에 혼인 중 공동의 노력으로 형성·유지한 부동산 등에 발생한 외부적, 후발적 사정으로서, 그로 인한 이익이나 손해를 일방에게 귀속시키는 것이 부부 공동재산의 공평한 청산·분배라고 하는 재산분할제도의 목적에 현저히 부합하지 않는 결과를 가져오는 등의 특별한 사정이 있는 경우에는 이를 분할대상 재산의 가액 산정에 참작할 수 있다. [2] 甲과 乙이 사실혼 관계에 있던 중 乙이 건물에 관한 소유권이전등기를 마친 후 이를 소유하였는데, 甲과 乙의 사실혼 관계가 해소되어 甲이 乙을 상대로 사실혼 해소에 따른 재산분할청구 소송을 제기하였고, 위 건물의 가액 산정 기준시점이 문제된 사안에서, 甲과 乙의 사실혼 관계가 해소된 날을 기준으로 재산분할의 대상이 되는 재산과 액수를 산정하여야 하는바, 위 건물의 가액 산정을 위한 감정촉탁을 할 때 사실혼 관계가 해소된 날을 기준으로 시가의 산정을 명하였어야 함에도 '감정일 현재 시가'의 산정만 명하였고, 원심 변론종결일까지 제출된 객관적 자료 중 사실혼 관계가 해소된 날을 기준으로 위 건물의 가액을 추단할 수 있는 자료가 보이지 않는 상황에서, 사실혼 해소 이후 재산분할 청구사건의 사실심 변론종결 시까지 사이에 혼인 중 공동의 노력으로 형성·유지한 부동산 등에 발생한 외부적·후발적 사정으로서, 그로 인한 이익이나 손해를 일방에게 귀속시키는 것이 부부 공동재산의 공평한 청산·분배라고 하는 재산분할제도의 목적에 현저히 부합하지 않는 결과를 가져오는 등의 특별한 사정이 있는

지조차 불분명한 이상, 제출된 자료 중 사실혼 관계가 해소된 시점과 가장 가까운 시점을 기준으로 위 건물의 가액을 산정하였어야 하므로, 적어도 제1심법원의 감정촉탁 결과에 따라 재산분할을 명하였어야 하는데도, 원심 변론종결일에 근접한 시기를 기준으로 한 감정촉탁 결과를 근거로 위 건물의 가액을 산정한 원심판단에 법리오해의 잘못이 있다고 한 사례(대법원 2024. 1. 4. 선고 2022므11027 판결).

③ [O] 이혼으로 인한 재산분할청구권은 이혼을 한 당사자의 일방이 다른 일방에 대하여 재산분할을 청구할 수 있는 권리로서 청구인의 재산에 영향을 미치지만, 순전한 재산법적 행위와 같이 볼 수는 없다. 오히려 이혼을 한 경우 당사자는 배우자, 자녀 등과의 관계 등을 종합적으로 고려하여 재산분할청구권 행사 여부를 결정하게 되고, 법원은 청산적 요소뿐만 아니라 이혼 후의 부양적 요소, 정신적 손해(위자료)를 배상하기 위한 급부로서의 성질 등도 고려하여 재산을 분할하게 된다. 또한 재산분할청구권은 협의 또는 심판에 의하여 구체적 내용이 형성되기까지는 그 범위 및 내용이 불명확·불확정하기 때문에 구체적으로 권리가 발생하였다고 할 수 없어 채무자의 책임재산에 해당한다고 보기 어렵고, 채권자의 입장에서는 채무자의 재산분할청구권 불행사가 그의 기대를 저버리는 측면이 있다고 하더라도 채무자의 재산을 현재의 상태보다 악화시키지 아니한다. 이러한 사정을 종합하면, <u>이혼으로 인한 재산분할청구권은 그 행사 여부가 청구인의 인격적 이익을 위하여 그의 자유로운 의사결정에 전적으로 맡겨진 권리로서 행사상의 일신전속성을 가지므로, 채권자대위권의 목적이 될 수 없고 파산재단에도 속하지 않는다고 보아야 한다</u>(대법원 2023. 9. 21. 선고 2023므10861 판결).

④ [O] 재산분할 제도는 이혼 등의 경우에 부부가 혼인 중 공동으로 형성한 재산을 청산·분배하는 것을 주된 목적으로 한다. 이는 민법이 혼인 중 부부의 어느 일방이 자기 명의로 취득한 재산은 그의 특유재산으로 하는 부부별산제를 취하고 있는 것을 보완하여, 이혼을 할 때는 그 재산의 명의와 상관없이 재산의 형성 및 유지에 기여한 정도 등 실질에 따라 각자의 몫을 분할하여 귀속시키고자 하는 제도이다. 부부가 이혼을 할 때 쌍방의 협력으로 이룩한 적극재산이 있는 경우는 물론 부부 중 일방이 제3자에 대하여 부담한 채무라도 그것이 공동재산의 형성에 수반하여 부담한 것이거나 부부 공동생활관계에서 필요한 비용 등을 조달하는 과정에서 부담한 것이면 재산분할의 대상이 된다. 바꾸어 말하면, 어떤 적극재산이나 채무가 부부 쌍방의 협력이 아니라 부부 중 일방에 의하여 생긴 것으로서 상대방이 그 형성이나 유지 또는 부담과 무관한 경우에는 이를 재산분할의 대상으로 삼을 수 없다. 재판상 이혼에 따른 재산분할에서 분할 대상이 되는 재산과 그 액수는 <u>이혼소송의 사실심 변론종결일을 기준으로 하여 정하는 것이 원칙이다</u>. 그러나 앞서 살펴본 법리에 비추어 보면, 혼인관계가 파탄된 이후 변론종결일 사이에 생긴 재산관계의 변동이 부부 중 일방에 의한 후발적 사정에 의한 것으로서 혼인 중 공동으로 형성한 재산관계와 무관하다는 등의 사정이 있는 경우 그 변동된 재산은 재산분할 대상으로 삼지 않아야 한다. 따라서 <u>재산분할 대상 채무가 혼인관계 파탄 이후 변론종결일에 이르기까지 감소하였고, 그 감소가 혼인 중 공동으로 형성한 재산관계와 무관하게 부부 중 일방의 노력이나 비용으로 이루어졌다면, 그 감소 부분은 재산분할의 대상으로 삼을 수 없으므로 결국 혼인관계 파탄 시점의 채무가 재산분할의 대상이 된다</u>(대법원 2024. 5. 17. 선고 2024므10721 판결).

⑤ [O] 일반적으로 과거의 법률관계는 확인의 소의 대상이 될 수 없지만, 그것이 이해관계인 사이에 현재 또는 잠재적 분쟁의 전제가 되어 과거의 법률관계 자체의 확인을 구하는 것이 관련된 분쟁을 한꺼번에 해결하는 유효·적절한 수단이 될 수 있는 경우에는 예외적으로 확인의 이익이 인정된다. 이혼으로 혼인관계가 이미 해소되었다면 기왕의 혼인관계는 과거의 법률관계가 된다. 그러나 신분관계인 혼인관계는 그것을 전제로 하여 수많은 법률관계가 형성되고 그에 관하여 일일이 효력의 확인을 구하는 절차를 반복하는 것보다 과거의 법률관계인 혼인관계 자체의 무효 확인을 구하는

편이 관련된 분쟁을 한꺼번에 해결하는 유효·적절한 수단일 수 있으므로, 특별한 사정이 없는 한 혼인관계가 이미 해소된 이후라고 하더라도 혼인무효의 확인을 구할 이익이 인정된다고 보아야 한다. 그 상세한 이유는 다음과 같다. 가. 무효인 혼인과 이혼은 법적 효과가 다르다. 무효인 혼인은 처음부터 혼인의 효력이 발생하지 않는다. 따라서 인척이거나 인척이었던 사람과의 혼인금지 규정(민법 제809조 제2항)이나 친족 사이에 발생한 재산범죄에 대하여 형을 면제하는 친족상도례 규정(형법 제328조 제1항 등) 등이 적용되지 않는다. 반면 혼인관계가 이혼으로 해소되었더라도 그 효력은 장래에 대해서만 발생하므로 이혼 전에 혼인을 전제로 발생한 법률관계는 여전히 유효하다. 예를 들어 이혼 전에 부부의 일방이 일상의 가사에 관하여 제3자와 법률행위를 한 경우 다른 일방은 이혼한 이후에도 그 채무에 대하여 연대책임을 부담할 수 있지만(민법 제832조), 혼인무효 판결이 확정되면 기판력은 당사자뿐 아니라 제3자에게도 미치므로(가사소송법 제21조 제1항) 제3자는 다른 일방을 상대로 일상가사채무에 대한 연대책임을 물을 수 없게 된다. 그러므로 이혼 이후에도 혼인관계가 무효임을 확인할 실익이 존재한다. 나. 가사소송법은 부부 중 어느 한쪽이 사망하여 혼인관계가 해소된 경우 혼인관계 무효 확인의 소를 제기하는 방법에 관한 규정을 두고 있다. 즉 가사소송법 제24조에서는 '부부 중 어느 한쪽이 혼인의 무효나 취소 또는 이혼무효의 소를 제기할 때에는 배우자를 상대방으로 한다'(제1항), '제3자가 제1항에 규정된 소를 제기할 때에는 부부를 상대방으로 하고, 부부 중 어느 한쪽이 사망한 경우에는 그 생존자를 상대방으로 한다'(제2항), '제1항과 제2항에 따라 상대방이 될 사람이 사망한 경우에는 검사를 상대방으로 한다'(제3항)고 규정함으로써, 혼인당사자 모두 또는 한쪽이 사망하여 혼인관계가 해소되고 과거의 법률관계가 되었다고 하더라도 그 혼인관계의 무효 확인을 구하는 소를 제기할 수 있음을 전제로 구체적인 방법을 마련하고 있다. 이러한 가사소송법 규정에 비추어 이혼한 이후 제기되는 혼인무효 확인의 소가 과거의 법률관계를 대상으로 한다는 이유로 확인의 이익이 없다고 볼 것은 아니다. 다. 대법원은 협의파양으로 양친자관계가 해소된 이후 제기된 입양무효 확인의 소에서 확인의 이익을 인정하였다. 대법원 1995. 9. 29. 선고 94므1553(본소), 1560(반소) 판결은 '원·피고 간의 입양이 무효임의 확인을 구하는 이 사건 반소청구는 이미 협의파양 신고로 인하여 원·피고 간에 양친자관계가 해소된 이후에 제기된 것이므로 위 협의파양의 무효를 구하는 본소청구가 인용되어 원·피고 간에 양친자관계가 회복되지 아니하는 한 이는 과거의 법률관계에 대한 확인을 구하는 것이라 하겠지만, 위 입양은 원·피고 간의 모든 분쟁의 근원이 되는 것이어서 이의 효력 유무에 대한 판단결과는 당사자 간의 분쟁을 발본적으로 해결하거나 예방하여 주는 효과가 있다 할 것이므로 이를 즉시 확정할 법률상의 이익이 있다'고 판단하였다. 대법원의 위와 같은 판단은 이혼으로 혼인관계가 해소된 이후 제기된 혼인무효 확인의 소에서 확인의 이익을 판단할 때에도 동일하게 적용될 수 있다. 라. 무효인 혼인 전력이 잘못 기재된 가족관계등록부의 정정 요구를 위한 객관적 증빙자료를 확보하기 위해서는 혼인관계 무효 확인의 소를 제기할 필요가 있다. 혼인무효 판결을 받은 당사자는 가족관계등록부의 정정을 요구할 수 있고, 그 방법과 절차는 「가족관계의 등록 등에 관한 법률」제107조 등이 정한 바에 따르게 된다. 즉 혼인무효 판결이 확정되면 당사자는 가족관계등록부 정정신청을 할 수 있는데, 시(구)·읍·면의 장은 '혼인무효사유가 한쪽 당사자나 제3자의 범죄행위로 인한 경우'에는 가족관계등록부를 재작성하고「가족관계등록부의 재작성에 관한 사무처리지침」(가족관계등록예규 제442호) 제2조 제1호, 제3조 제3항], 그 외의 경우에는 무효인 혼인이 기록된 부분에 하나의 선을 긋고 무효인 말소내용과 사유를 기록하는 방법으로 가족관계등록부를 정정하게 된다(「가족관계의 등록 등에 관한 규칙」제66조 제2항). 이러한 절차규정에 비추어 볼 때 이혼으로 혼인관계가 이미 해소되었을 때 그 무효 확인을 구하는 소는 혼인 전력이 잘못 기재된 가족관계등록부 정정 요구에 필요한 객관적 증빙자료를 확보하기 위해 필요한 것으로서, 가족관계등록부 기재사항과 밀접하게 관련된 현재의 권리 또는 법률상 지위에 대한 위험이나 불안을 제거하기 위한 유효·적절한 수단에 해당할 수 있다. 마. 사법작용은 구체적인 법적 분쟁이 발생하여 당사자가 법원을 통한 권리구제를 구하는 경우에 비로소 발동되는 소극적인 국가작용이나, 재판의 청구가 있는 이상 법원은 가능한 한 이를 적극적으로 받아들여 국민의 법률생활과 관련된 분쟁이 실질적으로 해결될 수 있도록 필요한 노력을 다하여야 한다. 가족관계등록부의 잘못된 기재가 단순한 불명예이거나 간접적·사실상의 불이익에 불과하다고 보아 그 기재의 정정에 필요한 자료를 확보하기 위하여 기재 내용의 무효 확인을 구하는 소에서 확인의 이익을 부정한다면, 혼인무효 사유의 존부에 대하여 법원의 판단을 구할 방법을 미리 막아버림으로써 국민이 온전히 권리구제를 받을 수 없게 되는 결과를 가져올 수 있다. 이와 달리 '단순히 여자인 청구인이 혼인하였다가 이혼한 것처럼 호적상 기재되어 있어 불명예스럽다는 사유는 청구인의 현재 법률관계에 영향을 미치는 것이 아니고, 이혼신고로써 해소된 혼인관계의 무효 확인은 과거의 법률관계에 대한 확인이어서 확인의 이익이 없다'고 본 대법원 1984. 2. 28. 선고 82므67 판결 등은 이 판결의 견해에 배치되는 범위에서 이를 변경하기로 한다(대법원 2024. 5. 23. 선고 2020므15896 판결).

정답 ②

203 /이혼에 따른 재산분할/

이혼에 따른 재산분할에 관한 다음 설명 중 옳은 것을 모두 고른 것은? (다툼이 있으면 판례에 의함)

> ㄱ. 민법 제843조, 제839조의2 제3항은 협의상 또는 재판상 이혼 시의 재산분할청구권에 관하여 '이혼한 날부터 2년을 경과한 때에는 소멸한다.'고 정하고 있는데, 위 기간은 제척기간이고, 그 기간 내에 재산분할심판 청구를 하여야 하는 출소기간이다. 재산분할청구 후 제척기간이 지나면 그때까지 청구 목적물로 하지 않은 재산에 대해서는 특별한 사정이 없는 한 제척기간을 준수한 것으로 볼 수 없다. 그러나 청구인 지위에서 대상 재산에 대해 적극적으로 재산분할을 청구하는 것이 아니라, 이미 제기된 재산분할청구 사건의 상대방 지위에서 분할대상 재산을 주장하는 경우에는 제척기간이 적용되지 않는다.
> ㄴ. 당사자가 이혼이 성립하기 전에 이혼소송과 병합하여 재산분할의 청구를 한 경우에, 아직 발생하지 아니하였고 구체적 내용이 형성되지 아니한 재산분할청구권을 미리 양도하는 것은 가능하며, 법원이 이혼과 동시에 재산분할로서 금전의 지급을 명하는 판결이 확정된 이후부터만 채권양도의 대상이 될 수 있는 것이 아니다.
> ㄷ. 재산분할재판에서 분할대상인지 여부가 전혀 심리된 바 없는 재산이 재판확정 후 추가로 발견된 경우에는 이에 대하여 추가로 재산분할청구를 할 수 있다. 이 경우에 추가 재산분할청구는 이혼한 날부터 2년 이내라는 제척기간을 준수할 필요가 없다.
> ㄹ. 부부 일방의 특유재산일지라도, 상대방이 적극적으로 그 특유재산의 유지에 협력하여 그 감소를 방지하였거나 그 증식에 협력하였다고 인정되는 경우 분할의 대상이 될 수 있다. 또한 소극재산이 적극재산을 초과하지만 재산분할청구의 상대방이 자신에게 귀속되어야 할 소극재산보다 더 적은 소극재산을 부담하고 있는 경우에는 재산분할을 명할 수 있다.

ㅁ. 재산분할로 취득한 재산에 대하여 증여세를 부과할 수 없고 재산분할에 의한 자산의 이전은 특별한 사정이 없는 한, 양도소득세 과세대상에 해당하는 유상양도에 포함되지 않는다.

ㅂ. 아직 이혼하지 않은 당사자가 장차 협의상 이혼할 것을 합의하는 과정에서 이를 전제로 재산분할청구권을 포기하는 서면을 작성한 경우, 섣불리 '재산분할에 관한 협의'로서의 '포기약정'이라고 보아서는 아니 된다.

ㅅ. 부부가 협의이혼을 예정하고 미리 재산분할 협의를 한 경우라면 협의이혼에 따른 재산분할에 있어 분할의 대상이 되는 재산과 액수는 협의이혼이 성립한 날(이혼신고일)을 기준으로 정하여야 한다.

① ㄱ, ㄴ, ㄹ, ㅂ   ② ㄴ, ㄷ, ㅁ, ㅅ   ③ ㄷ, ㄹ, ㅁ, ㅅ
④ ㄱ, ㄷ, ㄹ, ㅂ, ㅅ   ⑤ ㄱ, ㄹ, ㅁ, ㅂ, ㅅ

해설

ㄱ. [O] [1] 민법 제843조, 제839조의2 제3항은 협의상 또는 재판상 이혼 시의 재산분할청구권에 관하여 '이혼한 날부터 2년을 경과한 때에는 소멸한다.'고 정하고 있는데, 위 기간은 제척기간이고, 나아가 재판 외에서 권리를 행사하는 것으로 족한 기간이 아니라 그 기간 내에 재산분할심판 청구를 하여야 하는 출소기간이다. 재산분할청구 후 제척기간이 지나면 그때까지 청구 목적물로 하지 않은 재산에 대해서는 특별한 사정이 없는 한 제척기간을 준수한 것으로 볼 수 없다. 그러나 <u>청구인 지위에서 대상 재산에 대해 적극적으로 재산분할을 청구하는 것이 아니라, 이미 제기된 재산분할 청구 사건의 상대방 지위에서 분할대상 재산을 주장하는 경우에는 제척기간이 적용되지 않는다.</u> ① 민법 제839조의2 제3항, 제1항은 이혼한 날부터 2년이 지나면 재산분할을 청구할 수 있는 권리, 즉 재산분할청구권이 소멸한다고 정하는바, 위 조항이 규정하는 2년의 제척기간은 재산분할을 청구하는 경우에 적용됨이 법문언상 명백하고 또한 이는 재판청구기간이므로, 결국 위 제척기간은 법원에 재산분할심판을 청구하는 청구인의 권리에 대하여 적용되는 것이다. ② 재산분할심판 사건은 마류 가사비송사건에 해당하는데[가사소송법 제2조 제1항 제2호 (나)목 4], 금전의 지급 등 재산상의 의무이행을 구하는 마류 가사비송사건의 경우 원칙적으로 청구인의 청구취지를 초과하여 의무의 이행을 명할 수 없다(가사소송규칙 제93조 제2항 본문). 따라서 설령 재산분할심판 사건의 심리 결과 청구인이 보유하고 있는 재산이 재산분할 비율에 따른 청구인의 몫을 초과한다는 점이 밝혀지더라도, 상대방이 반심판을 청구하지 않는 이상 원칙적으로 청구인의 재산분할청구가 기각될 뿐, 나아가 청구인에게 초과 보유분의 재산분할을 명할 수는 없다. 결국 상대방의 지위에서 청구인의 적극재산 등을 분할대상 재산으로 주장하는 것은 청구인의 재산분할심판 청구에 대하여 일종의 방어방법을 행사하는 것으로 볼 수 있고, 이를 청구인의 지위에서 적극적으로 대상 재산의 분할심판을 구하는 것과 동일하게 평가할 수 없다. ③ 재산분할사건은 가사비송사건에 해당하고, 가사비송절차에 관하여는 가사소송법에 특별한 규정이 없는 한 비송사건절차법 제1편의 규정을 준용하며(가사소송법 제34조 본문), 비송사건절차에 있어서는 민사소송의 경우와 달리 당사자의 변론에만 의존하는 것이 아니고, 법원이 자기의 권능과 책임으로 재판의 기초가 되는 자료를 수집하는, 이른바 직권탐지주의에 의하고 있으므로(비송사건절차법 제11조), 법원으로서는 당사자의 주장에 구애되지 아니하고 재산분할의 대상이 무엇인지 직권으로 사실조사를 하여 포함시키거나 제외시킬 수 있다. 따라서 상대방의 지위에서 분할대상 재산을 주장하는 것은 재산분할의 대상 확정에 관한 법원의 직권

판단을 구하는 것에 불과하다. ④ 상대방의 분할대상 재산 주장에 대하여 제척기간을 적용하면, 제척기간 도과가 임박한 시점에 청구인이 자신에게 일방적으로 유리하게 분할대상 재산을 선별하여 재산분할심판을 청구한 경우 상대방으로서는 이에 대응할 수 있는 방법이 봉쇄되는바, 이는 부부가 혼인 중 형성한 재산관계를 청산·분배하는 것을 본질로 하는 재산분할제도의 취지에 맞지 않고, 당사자 사이의 실질적 공평에도 반하여 부당할뿐더러, 가사소송법이 재산분할 등 사건에서 직권 또는 신청에 따른 재산명시·재산조회 제도(가사소송법 제48조의2, 제48조의3)를 둔 취지에도 맞지 않다. [2] 양육자로 지정된 양육친이 비양육친을 상대로 제기한 양육비 청구 사건에서 제1심 가정법원이 자녀가 성년에 이르기 전날을 종기로 삼아 장래양육비의 분담을 정한 경우, 항고심법원이 양육에 관한 사항을 심리한 결과 일정 시점 이후에는 양육자로 지정된 자가 자녀를 양육하지 않고 있는 사실이 확인된다면 이를 반영하여 장래양육비의 지급을 명하는 기간을 다시 정하여야 한다. 민법 제843조, 제837조 제3항, 제4항은 이혼 소송에서 당사자 사이에 미성년 자녀의 양육에 관한 사항의 협의가 이루어지지 아니하거나 협의할 수 없는 때에 가정법원이 직권으로 자녀의 의사, 연령과 부모의 재산상황, 그 밖의 사정을 참작하여 양육에 관한 사항을 결정하도록 규정하고 있고, 여기에는 양육자의 결정, 양육비용의 부담, 면접교섭권의 행사 여부 및 그 방법이 포함된다. 가사소송규칙 제93조 제2항은 가정법원이 금전의 지급을 구하는 청구에 대하여는 청구의 취지를 초과하여 의무의 이행을 명할 수 없으나, 자의 복리를 위하여 양육에 관한 사항을 정하는 경우에는 그렇지 않은 것으로 규정하고 있다. 따라서 가정법원은 양육비용의 분담을 정함에 있어 자녀의 복리를 위하여 청구에 구애받지 않고 직권으로 양육비용의 분담에 관한 기간을 정할 수 있다. 위 양육비용의 분담을 포함하여 가정법원이 양육에 관한 사항을 정함에 있어서는 친자법을 지배하는 기본이념인 '자녀의 복리를 위하여 필요한지'를 기준으로 하여야 하고, 그 결정이 궁극적으로 자녀의 복리에 필요한 것인지에 따라 판단하여야 한다(대법원 2022. 11. 10. 자 2021스766 결정).

ㄴ. [×] 이혼으로 인한 재산분할청구권은 이혼을 한 당사자의 일방이 다른 일방에 대하여 재산분할을 청구할 수 있는 권리로서, 이혼이 성립한 때에 법적 효과로서 비로소 발생하며, 또한 협의 또는 심판에 의하여 구체적 내용이 형성되기 전까지는 범위 및 내용이 불명확·불확정하기 때문에 구체적으로 권리가 발생하였다고 할 수 없다. 따라서 당사자가 이혼이 성립하기 전에 이혼소송과 병합하여 재산분할의 청구를 한 경우에, 아직 발생하지 아니하였고 구체적 내용이 형성되지 아니한 재산분할청구권을 미리 양도하는 것은 성질상 허용되지 아니하며, 법원이 이혼과 동시에 재산분할로서 금전의 지급을 명하는 판결이 확정된 이후부터 채권 양도의 대상이 될 수 있다(대법원 2017. 9. 21. 선고 2015다61286 판결).

ㄷ. [×] 민법 제839조의2 제3항, 제843조에 따르면 재산분할청구권은 협의상 또는 재판상 이혼한 날부터 2년이 지나면 소멸한다. 2년 제척기간 내에 재산의 일부에 대해서만 재산분할을 청구한 경우 청구 목적물로 하지 않은 나머지 재산에 대해서는 제척기간을 준수한 것으로 볼 수 없으므로, 재산분할청구 후 제척기간이 지나면 그때까지 청구 목적물로 하지 않은 재산에 대해서는 청구권이 소멸한다. 재산분할재판에서 분할대상인지 여부가 전혀 심리된 바 없는 재산이 재판확정 후 추가로 발견된 경우에는 이에 대하여 추가로 재산분할청구를 할 수 있다. 다만 추가 재산분할청구 역시 이혼한 날부터 2년 이내라는 제척기간을 준수하여야 한다(대법원 2018. 6. 22. 자 2018스18 결정).

ㄹ. [○] 민법 제839조의2에 규정된 재산분할제도는 혼인 중에 취득한 실질적인 공동재산을 청산 분배하는 것을 주된 목적으로 하는 것이므로, 부부가 이혼을 할 때 쌍방의 협력으로 이룩한 재산이 있는 한, 법원으로서는 당사자의 청구에 의하여 그 재산의 형성에 기여한 정도 등 당사자 쌍방의 일체의 사정을 참작하여 분할의 액수와 방법을 정하여야 하는바, 이 경우 부부 일방의 특유재산은 원칙적으로 분할의 대상이 되지 아니하나 특유재산일지라도 다른 일방이 적극적으로 그 특유재산의 유지에 협력하여 그 감소를 방지하였거나 그 증식에 협력하였다고 인정되는 경우에는 분할의

대상이 될 수 있다(대법원 2002. 08. 28. 자 2002스36 결정). 이혼 당사자 각자가 보유한 적극재산에서 소극재산을 공제하는 등으로 재산상태를 따져 본 결과 <u>재산분할 청구의 상대방이 그에게 귀속되어야 할 몫보다 더 많은 적극재산을 보유하고 있거나 소극재산의 부담이 더 적은 경우에는 적극재산을 분배하거나 소극재산을 분담하도록 하는 재산분할은 어느 것이나 가능하다고 보아야 하고,</u> 후자의 경우라고 하여 당연히 재산분할 청구가 배척되어야 한다고 할 것은 아니다. 그러므로 <u>소극재산의 총액이 적극재산의 총액을 초과하여 재산분할을 한 결과가 결국 채무의 분담을 정하는 것이 되는 경우에도 법원은 채무의 성질, 채권자와의 관계, 물적 담보의 존부 등 일체의 사정을 참작하여 이를 분담하게 하는 것이 적합하다고 인정되면 구체적인 분담의 방법 등을 정하여 재산분할 청구를 받아들일 수 있다 할 것이다.</u> 그것이 부부가 혼인 중 형성한 재산관계를 이혼에 즈음하여 청산하는 것을 본질로 하는 재산분할 제도의 취지에 맞고, 당사자 사이의 실질적 공평에도 부합한다. 다만 재산분할 청구 사건에 있어서는 혼인 중에 이룩한 재산관계의 청산뿐 아니라 이혼 이후 당사자들의 생활보장에 대한 배려 등 부양적 요소 등도 함께 고려할 대상이 되므로, 재산분할에 의하여 채무를 분담하게 되면 그로써 채무초과 상태가 되거나 기존의 채무초과 상태가 더욱 악화되는 것과 같은 경우에는 채무부담의 경위, 용처, 채무의 내용과 금액, 혼인생활의 과정, 당사자의 경제적 활동능력과 장래의 전망 등 제반 사정을 종합적으로 고려하여 채무를 분담하게 할지 여부 및 분담의 방법 등을 정할 것이고, <u>적극재산을 분할할 때처럼 재산형성에 대한 기여도 등을 중심으로 일률적인 비율을 정하여 당연히 분할 귀속되게 하여야 한다는 취지는 아니라는 점을 덧붙여 밝혀 둔다</u>(대법원 2013. 6. 20. 선고 2010므4071 전원합의체 판결). **[보충해설]** 이 판결을 통하여 "부부 일방이 청산의 대상이 되는 채무를 부담하고 있어 총재산가액에서 채무액을 공제하면 남는 금액이 없는 경우에는 상대방의 재산분할 청구는 받아들여질 수 없다."는 대법원 2002. 9. 4. 선고 2001므718 판결은 폐기되었다.

ㅁ. **[O]** 협의이혼시 부부사이에 재산분할 및 위자료의 명목으로 이전된 부동산에 대한 증여세부과처분의 취소가 문제된 사안과 관련하여 1997. 10. 30. 헌법재판소는 96헌바14호 사건에서 구 상속세법(1994. 12. 22. 법률 제4805호로 개정되기 전의 것) 제29조의2 제1항 제1호 중 "이혼한 자의 일방이 민법 제839조의2 또는 동법 제843조의 규정에 의하여 다른 일방으로부터 재산분할을 청구하여 제11조 제1항 제1호의 규정에 의한 금액을 초과하는 재산을 취득한 경우로서 그 초과 부분의 취득을 포함한다."는 부분이 헌법에 위반된다는 결정을 선고하였으므로, 과세처분의 근거조항인 법 제29조의2 제1항 제1호는 그 효력을 상실하게 되었으며, 그 위헌결정은 당해 사건인 이 사건에 소급하여 그 효력이 미친다고 할 것이므로, 위 과세처분은 결과적으로 법률상의 근거가 없이 행하여진 위법한 처분이 되었으며, 증여된 부동산의 가액 중 일부를 위자료로 인정한 원심의 조치가 여러 사정에 비추어 부당하게 과다하여 위법하고, 위 금원 상당액이 위자료가 아니라 재산분할에 해당하여도, 이러한 <u>재산분할 상당액에 대하여는 증여세를 부과할 수 있는 법적 근거가 없어지게 되었다</u>(대법원 1997. 11. 28. 선고 96누4725 판결). 민법 제839조의2에 규정된 재산분할제도는 혼인 중에 부부 쌍방의 협력으로 이룩한 실질적인 공동재산을 청산 분배하는 것을 주된 목적으로 하는 것인바, 이와 같이 협의이혼시에 실질적인 부부공동재산을 청산하기 위하여 이루어지는 재산분할은 그 법적 성격, 분할대상 및 범위 등에 비추어 볼 때 실질적으로는 공유물분할에 해당하는 것이라고 봄이 상당하므로, 재산분할의 방편으로 행하여진 자산의 이전에 대하여는 공유물분할에 관한 법리가 준용되어야 할 것이므로, 이혼시 재산분할의 일환으로 부부 각자의 소유명의로 되어 있던 각 부동산을 상대방에게 서로 이전하였다고 하여도 특별한 사정이 없는 한, 공유물분할에 관한 법리에 따라 그와 같은 부동산의 이전이 유상양도에 해당한다고 볼 수 없고, 또한 재산분할이 이루어짐으로써 분여자의 재산분할의무가 소멸하는 경제적 이익이 발생한다고 하여도, 이러한 경제적 이익은 분할 재산의 양도와 대가적 관계에 있는 자산의 출연으로 인한 것이라 할 수 없으므로, <u>재산분할에 의한
</u>

자산의 이전이 양도소득세 과세대상이 되는 유상양도에 포함되지 않는다(대법원 1998. 2. 13. 선고 96누14401 판결).

ㅂ. [O] 민법 제839조의2에 규정된 재산분할제도는 혼인 중에 부부 쌍방의 협력으로 이룩한 실질적인 공동재산을 청산·분배하는 것을 주된 목적으로 하는 것이고, 이혼으로 인한 재산분할청구권은 이혼이 성립한 때에 법적 효과로서 비로소 발생하는 것일 뿐만 아니라 협의 또는 심판에 따라 구체적 내용이 형성되기까지는 범위 및 내용이 불명확·불확정하기 때문에 구체적으로 권리가 발생하였다고 할 수 없으므로, 협의 또는 심판에 따라 구체화되지 않은 재산분할청구권을 혼인이 해소되기 전에 미리 포기하는 것은 성질상 허용되지 아니한다. 아직 이혼하지 않은 당사자가 장차 협의상 이혼할 것을 합의하는 과정에서 이를 전제로 재산분할청구권을 포기하는 서면을 작성한 경우, 부부 쌍방의 협력으로 형성된 공동재산 전부를 청산·분배하려는 의도로 재산분할의 대상이 되는 재산액, 이에 대한 쌍방의 기여도와 재산분할 방법 등에 관하여 협의한 결과 부부 일방이 재산분할청구권을 포기하기에 이르렀다는 등의 사정이 없는 한 성질상 허용되지 아니하는 '재산분할청구권의 사전포기'에 불과할 뿐이므로 쉽사리 '재산분할에 관한 협의'로서의 '포기약정'이라고 보아서는 아니 된다(대법원 2016. 01. 25. 자 2015스451 결정).

ㅅ. [O] 협의이혼을 예정하고 미리 재산분할 협의를 한 경우 협의이혼에 따른 재산분할에 있어 분할의 대상이 되는 재산과 액수는 협의이혼이 성립한 날(이혼신고일)을 기준으로 정하여야 한다. 따라서 재산분할 협의를 한 후 협의이혼 성립일까지의 기간 동안 재산분할 대상인 채무의 일부가 변제된 경우 그 변제된 금액은 원칙적으로 채무액에서 공제되어야 한다. 그런데 채무자가 자금을 제3자로부터 증여받아 위 채무를 변제한 경우에는 전체적으로 감소된 채무액만큼 분할대상 재산액이 외형상 증가하지만 그 수증의 경위를 기여도를 산정함에 있어 참작하여야 하고, 채무자가 기존의 적극재산으로 위 채무를 변제하거나 채무자가 위 채무를 변제하기 위하여 새로운 채무를 부담하게 된 경우에는 어느 경우에도 전체 분할대상 재산액은 변동이 없다(대법원 2006. 09. 14. 선고 2005다74900 판결).

정답 ⑤

204 / 신분관계 /

신분관계에 관한 설명 중 옳은 것은? (다툼이 있으면 판례에 의함)

① 이혼에 따른 재산분할의 경우에 법원으로서는 당사자의 주장에 구애되지 아니하고 재산분할의 대상과 가액을 직권으로 조사·판단할 수는 없다. 다만 재산분할액 산정의 기초가 되는 재산의 가액은 반드시 시가감정에 의하여 인정하여야 하는 것은 아니지만 객관성과 합리성이 있는 자료에 의하여 평가하여야 할 것인바, 법원으로서는 기록에 나타난 객관적인 자료에 의하여 개개의 공동재산의 가액을 정하여야 한다.

② 이혼한 부부 사이에서 일방이 과거에 미성년 자녀를 양육하면서 생긴 비용의 상환을 상대방에게 청구하는 경우, 그 권리의 소멸시효는 자녀가 미성년이어서 양육의무가 계속되는 동안에는 진행하지 않고 자녀가 성년이 되어 양육의무가 종료된 때부터 진행한다.

③ 제3자가 부부의 일방과 부정행위를 함으로써 배우자에게 정신적 고통을 가하는 행위는 원칙적으로 부부의 일방의 행위와 구별되는 별도의 불법행위를 구성한다. 따라서 부정행위를 한 부

부의 일방이 배우자에게 공동불법행위로 인한 손해배상금을 지급한 경우 그 변제의 효과는 제3자에 대하여 효력이 없다.

④ 당사자의 친권상실 청구가 있으면 가정법원은 친권상실 사유에는 해당하지 않지만 친권의 일부 제한이 필요하다고 볼 경우라도 당사자의 청구를 기각하여야 하므로 친권의 일부 제한을 선고할 수는 없다.

⑤ 부부의 일방이 상대방 배우자의 부정행위로 혼인관계가 파탄되었다고 주장하면서 배우자를 상대로 위자료 청구를 하였으나, 법원이 혼인관계 파탄에 관한 부부 쌍방의 책임정도가 대등하다고 판단하여 위자료 청구를 기각하는 경우라도 배우자의 부정행위에 가공한 제3자에게 이혼을 원인으로 하는 손해배상책임은 인정된다.

[해설]

① [×] [1] 협의상 이혼한 자 일방은 다른 일방에 대하여 재산분할을 청구할 수 있고(민법 제839조의2 제1항), 재판상 이혼에 따른 재산분할청구권에도 위 민법 제839조의2가 준용된다(민법 제843조). 재산분할사건은 마류 가사비송사건에 해당하고[가사소송법 제2조 제1항 제2호 (나)목 4)], 금전의 지급 등 재산상의 의무이행을 구하는 마류 가사비송사건의 경우 원칙적으로 청구인의 청구취지를 초과하여 의무의 이행을 명할 수 없다(가사소송규칙 제93조 제2항 본문). 그러나 한편 가사비송절차에 관하여는 가사소송법에 특별한 규정이 없는 한 비송사건절차법 제1편의 규정을 준용하며(가사소송법 제34조 본문), 비송사건절차에 있어서는 민사소송의 경우와 달리 당사자의 변론에만 의존하는 것이 아니고, 법원이 자기의 권능과 책임으로 재판의 기초가 되는 자료를 수집하는, 이른바 직권탐지주의에 의하고 있으므로(비송사건절차법 제11조), 법원으로서는 당사자의 주장에 구애되지 아니하고 재산분할의 대상과 가액을 직권으로 조사·판단할 수 있다. 따라서 재산분할사건에서 재산분할 대상과 가액을 주장하는 것은 그에 관한 법원의 직권 판단을 구하는 것에 불과하다. [2] 재판상 이혼을 전제로 한 재산분할에서 분할의 대상이 되는 재산과 그 액수는 이혼소송의 사실심 변론종결일을 기준으로 정하는 것이 원칙이다. 재산분할액 산정의 기초가 되는 재산의 가액은 반드시 시가감정에 의하여 인정하여야 하는 것은 아니지만 객관성과 합리성이 있는 자료에 의하여 평가하여야 할 것인바, 법원으로서는 위 변론종결일까지 기록에 나타난 객관적인 자료에 의하여 개개의 공동재산의 가액을 정하여야 한다(대법원 2024. 5. 30. 선고 2024므10370 판결).

② [O] 이혼한 부부 사이에서 어느 일방이 과거에 미성년 자녀를 양육하면서 생긴 비용의 상환을 상대방에게 청구하는 경우, 자녀의 복리를 위해 실현되어야 하는 과거 양육비에 관한 권리의 성질상 그 권리의 소멸시효는 자녀가 미성년이어서 양육의무가 계속되는 동안에는 진행하지 않고 자녀가 성년이 되어 양육의무가 종료된 때부터 진행한다고 보아야 한다. 상세한 이유는 다음과 같다. (가) 자녀가 아직 미성년인 동안 이혼한 부부 사이에서 자녀에 대한 과거 양육비의 지급을 구할 권리는 당사자의 협의 또는 가정법원의 심판에 의하여 구체적인 청구권의 범위와 내용이 확정되지 않는 이상 그 권리의 성질상 소멸시효가 진행하지 않는다고 볼 특별한 사정이 있다고 보아야 한다. ① 이혼한 부부 사이에서 자녀 양육비의 지급을 구할 권리는 당사자의 협의 또는 가정법원의 심판에 의하여 구체적인 청구권의 내용과 범위가 확정되기 전에는 '상대방에 대하여 양육비의 분담액을 구할 권리를 가진다.'라는 추상적인 청구권에 불과하고 당사자 사이의 협의 또는 가정법원이 당해 양육비의 범위 등을 재량적·형성적으로 정하는 심판에 의하여 비로소 구체적인 액수만큼의 지급청구권이 발생한다. 미성년인 자녀가 성장하는 동안 물가 상승 등 경제상황의 변동, 양육자의 취업이나 실직, 파산 등에 따른 사정변경 등으로 양육환경에 예상하지 못한 변화가 생길 수 있고, 자녀

의 상급학교 진학 등으로 자녀의 건강한 성장과 안정된 생활유지에 필요한 양육비 수준에도 큰 변동이 생길 수 있다. 심지어 가족관계의 변화나 가족 사이의 협의 결과에 따라서는 양육자나 양육방법이 크게 바뀔 수도 있다. 양육비에 관한 당사자의 협의나 재량적·형성적으로 이루어지는 가정법원의 심판은 이처럼 자녀가 미성년인 동안에 액수 등이 고정되어 있지 않고 변동 가능성이 내재되어 있는 양육비를 구체적으로 정하는 것이다. ② 장래 양육비와 마찬가지로 과거 양육비에 관한 권리는 당사자의 협의나 가정법원의 심판으로 구체적인 내용과 범위가 정해지기 전에는 그 권리의 내용이 확정되지 아니하여 친족법상의 신분으로부터 독립하여 처분이 가능한 완전한 재산권이라고 보기 어렵고, 또 단순히 금전지급의무의 이행을 구하는 것이라기보다 미성년 자녀에 대한 친족법상 신분에 기한 양육의무의 이행을 구하는 권리의 성질을 주로 가지므로 그 권리의 성질상 소멸시효가 진행하지 않는다고 보아야 한다. ③ 자녀가 미성년인 동안 과거 양육비에 관한 권리에 대하여 소멸시효가 진행한다고 보는 것은 자녀의 복리에 부합하지 않는다. 자녀가 미성년인 동안 과거 양육비에 관한 권리는 장래 양육비에 관한 권리와 마찬가지로 현재 또는 장래 양육의 필요에 제공된다고 볼 수 있으므로, 자녀의 복리를 위하여 자녀가 성년이 되기 전까지는 시효로 소멸하지 않는다고 보아야 한다. (나) 자녀가 성년이 되어 양육의무가 종료되면, 당사자의 협의 또는 가정법원의 심판에 의하여 구체적인 청구권의 범위와 내용이 확정되지 않은 이상 자녀에 대한 과거 양육비의 지급을 구할 권리의 소멸시효는 자녀가 성년이 된 때부터 진행한다고 보아야 한다. ① 과거 양육비에 관한 권리는 구상권의 실질을 가지는데, 자녀가 성년이 되어 양육의무 자체가 종료한 이상 이를 과거에 형성된 사실관계를 바탕으로 인정되는 일반적인 금전채권과 비교하여 보더라도 재산적 권리라는 본질에서 아무런 차이가 없다. 따라서 과거 양육비에 관한 권리가 아직 당사자의 협의나 가정법원의 심판에 의하여 그 내용과 범위가 확정되지 않았다는 사정만으로 소멸시효가 진행할 수 있는 채권 내지 재산권에 해당하지 않는다고 할 수는 없다. ② 자녀가 성년에 이르게 되면 과거 양육비의 지급을 구하는 권리에 관하여는 자녀양육의무의 이행을 청구한다는 특성이 상당히 옅어지고 이미 지출한 비용의 정산 내지 구상이라는 순수한 재산권으로서의 특성이 전면적으로 나타나게 되며, 이로써 그 권리의 내용과 범위가 실질적으로 정해진 것과 다름없는 상태가 된다고 볼 수 있다. 이러한 사정을 고려하면 과거 양육비에 관한 권리는 자녀가 성년이 되어 양육의무가 종료된 때부터는 아직 당사자의 협의나 가정법원의 심판으로 구체적인 금액이 확정되지 않더라도 친족법상의 신분으로부터 독립하여 처분이 가능한 완전한 재산권이 된다고 할 수 있고, 더 이상 친족법상 신분에 기한 양육의무의 이행을 구할 권리의 성질이 드러난다고 볼 수 없으므로, 그 권리의 소멸시효가 진행한다고 보아야 한다. ③ 자녀가 성년이 된 후에도 당사자의 협의 또는 가정법원의 심판에 의해 확정되지 않은 과거 양육비에 관한 권리에 대하여 소멸시효가 진행하지 않는다고 하면, 과거 양육비에 관한 권리를 행사하지 않은 사람이 협의 또는 심판청구 등의 적극적인 권리행사를 한 사람보다 훨씬 유리한 지위에 서게 되는 부조리한 결과가 생긴다. 양육을 담당하였던 부모의 일방이 언제든지 자신이 원하는 시기에 과거 양육비의 지급을 청구할 수 있다면, 상대방은 일생 동안 불안정한 상태를 감수하여야 하고 시간의 흐름에 따라 증거가 없어지는 등으로 적절한 방어방법을 강구하기도 어려워진다. 이러한 결과는 소멸시효 제도의 취지에 부합하지 아니 한다(대법원 2024. 7. 18. 자 2018스724 전원합의체 결정).

③ [×] 제3자가 부부의 일방과 부정행위를 함으로써 혼인의 본질에 해당하는 부부공동생활을 침해하거나 그 유지를 방해하고 그에 대한 배우자로서의 권리를 침해하여 배우자에게 정신적 고통을 가하는 행위는 원칙적으로 불법행위를 구성한다. 그리고 이에 따라 제3자가 부담하는 불법행위책임은 부정행위를 한 부부의 일방이 배우자에 대하여 부담하는 불법행위책임과 공동불법행위책임으로서 부진정연대채무 관계에 있다. 부진정연대채무자 상호 간에 채권의 목적을 달성시키는 변제와 같은 사유는 채무자 전원에 대하여 절대적 효력을 발생하므로, 부정행위를 한 부부의 일방이 배우자에게

공동불법행위로 인한 손해배상금을 지급한 경우 그 변제의 효과는 부진정연대채무자인 제3자에 대하여도 효력이 있다. 다만, 부정행위를 한 부부의 일방이 이혼과정에서 배우자에게 위자료 등의 명목으로 금원을 지급하였는데 그 금원에 위자료뿐만 아니라 재산분할금이나 양육비 등 다른 성격의 금원이 포함되어 있고, 그러한 이유로 그 금원 중 공동불법행위로 인한 위자료를 구분·특정하기 어려운 경우가 있다. 이러한 경우 법원은 부부의 일방이 배우자에게 위자료의 일부로서 금원을 지급한 사정을 제3자가 부담하는 위자료 액수를 산정할 때 참작할 수 있다(대법원 2024. 6. 27. 선고 2023므12782 판결). [동지판례] 대법원 2024. 6. 27. 선고 2023므13723 판결도 동일한 취지이다. 이 판결은 원고가 부정행위를 한 배우자를 상대로 한 위자료 청구 소송에서 일부 승소하여 그 판결에 따라 위자료 2,000만 원을 지급받은 후, 배우자와 부정행위를 한 피고를 상대로 위자료를 청구한 사안임. 원심은, 피고에 대한 위자료 액수를 1,500만 원으로 정한 다음, 배우자가 원고에게 지급한 2,000만 원의 절대적 효력을 인정하여 원고의 피고에 대한 위자료 채권이 모두 소멸하였다고 판단하였음. 대법원은 원심을 수긍하여 상고를 기각함.

④ [×] 민법은 친권 남용 등의 중대한 사유가 있는 때 법원이 친권 상실을 선고할 수 있다는 규정만을 두고 있었으나(제924조), 2014. 10. 15. 민법을 개정할 당시 친권 상실 선고 외에도 친권의 일시 정지(제924조)와 친권의 일부 제한(제924조의2)을 선고할 수 있다는 규정을 신설하고 친권 상실 선고 등의 판단 기준도 신설하였다(제925조의2). 가사소송규칙 제93조는 (마)류 가사비송사건에 대하여 가정법원이 가장 합리적인 방법으로 청구의 목적이 된 법률관계를 조정할 수 있는 내용의 심판을 하도록 하고 있고(제1항), 금전의 지급이나 물건의 인도, 기타 재산상의 의무이행을 구하는 청구에 대하여는 청구취지를 초과하여 의무의 이행을 명할 수 없다고 하면서도 자녀의 복리를 위하여 양육에 관한 사항을 정하는 경우를 제외하고 있다(제2항). 위와 같은 규정 내용과 체계 등에 비추어 친권 상실이나 제한의 경우에도 자녀의 복리를 위한 양육과 마찬가지로 가정법원이 후견적 입장에서 폭넓은 재량으로 당사자의 법률관계를 형성하고 그 이행을 명하는 것이 허용되며 당사자의 청구취지에 엄격하게 구속되지 않는다고 보아야 한다. 따라서 민법 제924조 제1항에 따른 친권 상실 청구가 있으면 가정법원은 민법 제925조의2의 판단 기준을 참작하여 친권 상실사유에는 해당하지 않지만 자녀의 복리를 위하여 친권의 일부 제한이 필요하다고 볼 경우 청구취지에 구속되지 않고 친권의 일부 제한을 선고할 수 있다(대법원 2018. 5. 25. 자 2018스520 결정).

⑤ [×] 부부의 일방이 상대방 배우자의 부정행위로 인하여 혼인관계가 파탄되었다고 주장하면서 배우자를 상대로 위자료 청구를 하였으나, 법원이 혼인관계 파탄에 관한 부부 쌍방의 책임정도가 대등하다고 판단하여 위자료 청구를 기각하는 경우 상대방 배우자에게 혼인관계 파탄에 대한 손해배상의무가 처음부터 성립하지 않는다고 보아야 한다. 이혼을 원인으로 하는 손해배상책임을 인정하는 근거는 부정행위 등 이혼의 원인이 되는 개별적 유책행위에 있는 것이 아니라 그로 인하여 혼인관계가 파탄되어 이혼에 이르게 된 데에 있으므로, 혼인관계 파탄에 대하여 부부 쌍방의 책임정도가 대등한 경우 부부 일방에게 혼인관계 파탄의 책임을 지울 수 없기 때문이다. 나아가 부정행위를 한 배우자의 손해배상의무가 성립하지 않는 이상 배우자의 부정행위에 가공한 제3자에게도 이혼을 원인으로 하는 손해배상책임이 인정되지 않는다고 할 것이다. 그리고 이러한 법리는 부부의 일방이 상대방 배우자의 부정행위로 인하여 혼인관계가 파탄되었다고 주장하면서 배우자를 상대로 본소로 위자료 청구를 하고 이에 대하여 상대방 배우자가 반소로 위자료 청구를 하였으나, 법원이 혼인관계 파탄에 관한 부부 쌍방의 책임정도가 대등하다고 판단하여 본소·반소 위자료 청구를 모두 기각하는 경우에도 마찬가지이다(대법원 2024. 6. 27. 선고 2023므16678 판결).

정답 ②

205 /후견제도/

후견제도에 관한 설명 중 옳지 않은 것을 모두 고른 것은? (다툼이 있으면 판례에 의함)

> ㄱ. 한정후견의 개시를 청구한 사건에서 의사의 감정 결과 등에 비추어 성년후견 개시의 요건을 충족하고 본인도 성년후견의 개시를 희망한다면 법원이 성년후견을 개시할 수 있지만, 성년후견 개시를 청구하고 있다면 한정후견을 개시할 수는 없다.
>
> ㄴ. 후견계약이 등기된 경우 본인의 이익을 위한 특별한 필요성이 인정되어 민법 제9조 제1항 등에서 정한 법정후견 청구권자, 임의후견인이나 임의후견감독인의 청구에 따라 법정후견 심판을 한 경우 후견계약은 임의후견감독인의 선임과 관계없이 본인이 성년후견 또는 한정후견 개시의 심판을 받은 때 종료한다고 보아야 한다.
>
> ㄷ. 가정법원이 민법 제924조의2에 따라 부모의 친권 중 양육권만을 제한하여 미성년후견인으로 하여금 자녀에 대한 양육권을 행사하도록 결정한 경우에, 민법 제837조를 유추적용하여 미성년후견인은 비양육친을 상대로 가사소송법에 따른 양육비심판을 청구할 수 있다고 봄이 타당하다.
>
> ㄹ. 제959조의20 제1항은 "후견계약이 등기되어 있는 경우에는 가정법원은 본인의 이익을 위하여 특별히 필요할 때에만 임의후견인 또는 임의후견감독인의 청구에 의하여 성년후견, 한정후견 또는 특정후견의 심판을 할 수 있다. 이 경우 후견계약은 본인이 성년후견 또는 한정후견 개시의 심판을 받은 때 종료된다."라고 규정하고 있는데, 위 규정은 본인에 대해 한정후견개시심판 청구가 제기된 후 심판이 확정되기 전에 후견계약이 등기된 경우에는 적용이 없다.
>
> ㅁ. 성년후견인의 임무에는 피성년후견인의 재산관리 임무뿐 아니라 신상보호 임무가 포함되어 있고, 신상보호 임무 역시 재산관리 임무 못지않게 피성년후견인의 복리를 위하여 중요한 의미를 가지기 때문에, 특별한 사정이 없는 한 성년후견인 변경사유를 판단함에 있어서는 재산관리와 신상보호의 양 업무의 측면을 모두 고려하여야 한다.
>
> ㅂ. 후견심판 사건에서 가사소송법 제62조 제1항에 따른 사전처분으로 후견심판이 확정될 때까지 임시후견인이 선임된 경우, 사건본인은 의사능력이 있는 한 임시후견인의 동의가 없이도 유언을 할 수 있고, 아직 성년후견이 개시되기 전이라면 의사가 유언서에 심신회복 상태를 부기하고 서명날인하도록 요구한 민법 제1063조 제2항은 적용되지 않는다.

① ㄱ, ㅂ   ② ㄱ, ㄹ   ③ ㄴ, ㄷ, ㅁ
④ ㄷ, ㄹ, ㅁ   ⑤ ㄹ, ㅂ

[해설]

ㄱ. [X] [1] 성년후견이나 한정후견에 관한 심판 절차는 가사소송법 제2조 제1항 제2호 (가)목에서 정한 가사비송사건으로서, 가정법원이 당사자의 주장에 구애받지 않고 후견적 입장에서 합목적으로 결정할 수 있다. 이때 성년후견이든 한정후견이든 본인의 의사를 고려하여 개시 여부를 결정한다

는 점은 마찬가지이다(민법 제9조 제2항, 제12조 제2항). 위와 같은 규정 내용이나 입법 목적 등을 종합하면, 성년후견이나 한정후견 개시의 청구가 있는 경우 가정법원은 청구 취지와 원인, 본인의 의사, 성년후견 제도와 한정후견 제도의 목적 등을 고려하여 어느 쪽의 보호를 주는 것이 적절한지를 결정하고, 그에 따라 필요하다고 판단하는 절차를 결정해야 한다. 따라서 <u>한정후견의 개시를 청구한 사건에서 의사의 감정 결과 등에 비추어 성년후견 개시의 요건을 충족하고 본인도 성년후견의 개시를 희망한다면 법원이 성년후견을 개시할 수 있고, 성년후견 개시를 청구하고 있더라도 필요하다면 한정후견을 개시할 수 있다고 보아야 한다.</u> [2] 가사소송법 제45조의2 제1항은 "가정법원은 성년후견 개시 또는 한정후견 개시의 심판을 할 경우에는 피성년후견인이 될 사람이나 피한정후견인이 될 사람의 정신상태에 관하여 의사에게 감정을 시켜야 한다. 다만 피성년후견인이 될 사람이나 피한정후견인이 될 사람의 정신상태를 판단할 만한 다른 충분한 자료가 있는 경우에는 그러하지 아니하다."라고 정하고 있다. 이 규정의 의미는 <u>의사의 감정에 따라 정신적 제약으로 사무를 처리할 능력이 부족하거나 지속적으로 결여되었는지를 결정하라는 것이 아니라, 의학상으로 본 정신능력을 기초로 하여 성년후견이나 한정후견의 개시 요건이 충족되었는지 여부를 결정하라는 것</u>이다. 따라서 <u>피성년후견인이나 피한정후견인이 될 사람의 정신상태를 판단할 만한 다른 충분한 자료가 있는 경우 가정법원은 의사의 감정이 없더라도 성년후견이나 한정후견을 개시할 수 있다</u>(대법원 2021. 6. 10. 자 2020스596 결정).

ㄴ. [O] [1] 민법 제959조의20 제1항은 "후견계약이 등기되어 있는 경우에는 가정법원은 본인의 이익을 위하여 특별히 필요할 때에만 임의후견인 또는 임의후견감독인의 청구에 의하여 성년후견, 한정후견 또는 특정후견의 심판을 할 수 있다. 이 경우 후견계약은 본인이 성년후견 또는 한정후견 개시의 심판을 받은 때 종료된다."라고 정하고, 제2항은 "본인이 피성년후견인, 피한정후견인 또는 피특정후견인인 경우에 가정법원은 임의후견감독인을 선임함에 있어서 종전의 성년후견, 한정후견 또는 특정후견의 종료 심판을 하여야 한다. 다만 성년후견 또는 한정후견 조치의 계속이 본인의 이익을 위하여 특별히 필요하다고 인정하면 가정법원은 임의후견감독인을 선임하지 아니한다."라고 정하고 있다. 이와 같은 <u>민법 규정은 후견계약이 등기된 경우에는 사적 자치의 원칙에 따라 본인의 의사를 존중하여 후견계약을 우선하도록 하고, 예외적으로 본인의 이익을 위하여 특별히 필요할 때에 한하여 법정후견</u>(성년후견, 한정후견 또는 특정후견을 가리킨다)<u>을 개시할 수 있도록 하고 있</u>다. 민법 제959조의20 제1항에서 후견계약의 등기 시점을 특별히 제한하지 않고 제2항 본문에서 본인에 대해 이미 법정후견이 개시된 경우에는 임의후견감독인을 선임하면서 종전 법정후견의 종료 심판을 하도록 한 점 등에 비추어 보면, 위 제1항은 본인에 대해 <u>법정후견 개시심판 청구가 제기된 후 심판이 확정되기 전에 후견계약이 등기된 경우에도 적용된다고 보아야 하고, 그 경우 가정법원은 본인의 이익을 위하여 특별히 필요하다고 인정할 때에만 법정후견 개시심판을 할 수 있다.</u> [2] 민법 제959조의20 제1항 전문은 후견계약이 등기된 경우에는 본인의 이익을 위하여 특별히 필요한 때에만 법정후견 심판을 할 수 있다고 정하고 있을 뿐이고 <u>임의후견감독인이 선임되어 있을 것을 요구하고 있지 않다.</u> 또한 법정후견 청구권자로 '임의후견인 또는 임의후견감독인'을 정한 것은 임의후견에서 법정후견으로 원활하게 이행할 수 있도록 민법 제9조 제1항, 제12조 제1항, 제14조의2 제1항에서 정한 법정후견 청구권자 외에 임의후견인 또는 임의후견감독인을 추가한 것이다. 민법 제959조의20 제1항 후문은 "이 경우 후견계약은 성년후견 또는 한정후견 개시의 심판을 받은 때 종료된다."고 정하고 있고, '이 경우'는 같은 항 전문에 따라 법정후견 심판을 한 경우를 가리킨다. 이러한 규정의 문언, 체제와 목적 등에 비추어 보면, <u>후견계약이 등기된 경우 본인의 이익을 위한 특별한 필요성이 인정되어 민법 제9조 제1항 등에서 정한 법정후견 청구권자, 임의후견인이나 임의후견감독인의 청구에 따라 법정후견 심판을 한 경우 후견계약은 임의후견감독인의 선임과 관계없이 본인이 성년후견 또는 한정후견 개시의 심판을 받은 때 종료한다고 보아야 한다.</u>

[3] 민법 제959조의20 제1항에서 후견계약의 등기에 불구하고 법정후견 심판을 할 수 있는 요건으로 정한 '본인의 이익을 위하여 특별히 필요할 때'란 후견계약의 내용, 후견계약에서 정한 임의후견인이 임무에 적합하지 않은 사유가 있는지, 본인의 정신적 제약 정도, 그 밖에 후견계약과 본인을 둘러싼 여러 사정을 종합하여, <u>후견계약에 따른 후견이 본인의 보호에 충분하지 않아 법정후견에 의한 보호가 필요하다고 인정되는 경우</u>를 말한다(대법원 2021. 7. 15. 자 2020으547 결정).

ㄷ. [O] [1] 민사법의 실정법 조항의 문리해석 또는 논리해석만으로는 현실적인 법적 분쟁을 해결할 수 없거나 사회적 정의관념에 현저히 반하게 되는 결과가 초래되는 경우에는 법원이 실정법의 입법정신을 살려 법적 분쟁을 합리적으로 해결하고 정의관념에 적합한 결과를 도출할 수 있도록 유추적용을 할 수 있다. [2] 가사소송법 제2조 제1항 제2호 (나)목 3)은 '민법 제837조(동조가 준용되는 경우 포함)에 따른 자녀의 양육에 관한 처분과 그 변경'을 마류 가사비송사건으로 정하고, 민법 제837조는 '양육자의 결정, 양육비용의 부담'을 자의 양육에 관한 사항으로 정하며(제2항), '가정법원은 부·모·자 및 검사의 청구 또는 직권으로 자의 양육에 관한 사항을 변경하거나 다른 적당한 처분을 할 수 있다.'고 정하고 있다(제5항). 가사소송규칙 제99조 제1항은 '자의 양육에 관한 처분과 변경에 관한 심판은 부모 중 일방이 다른 일방을 상대방으로 하여 청구하여야 한다.'고 정하고 있다. 또한 민법은 친권의 상실(제924조), 법률행위 대리권·재산관리권의 상실(제925조)에 관한 규정만을 두고 있었으나, 2014. 10. 15. 개정되면서 가정법원은 친권 상실사유에 이르지 않더라도 미성년 자녀의 복리를 위해서 친권의 일부를 제한할 수 있다는 규정(제924조의2)을 신설하였고, 가정법원은 미성년 자녀의 보호에 공백이 생기는 것을 막기 위해 친권의 일부 제한 등으로 그 제한된 범위의 친권을 행사할 사람이 없는 경우 미성년후견인을 직권으로 선임하며(제932조 제2항, 제928조), 이 경우 미성년후견인의 임무는 제한된 친권의 범위에 속하는 행위에 한정되는 것으로 정하였다(제946조). 이에 따라 가정법원은 부모가 미성년 자녀를 양육하는 것이 오히려 자녀의 복리에 반한다고 판단한 경우 부모의 친권 중 보호·교양에 관한 권리(민법 제913조), 거소지정권(민법 제914조) 등 자녀의 양육과 관련된 권한(이하 '양육권'이라고 한다)만을 제한하여 미성년후견인이 부모를 대신하여 그 자녀를 양육하도록 하는 내용의 결정도 할 수 있게 되었다. 앞서 본 규정 내용과 체계, 민법의 개정 취지 등에 비추어 보면, <u>가정법원이 민법 제924조의2에 따라 부모의 친권 중 양육권만을 제한하여 미성년후견인으로 하여금 자녀에 대한 양육권을 행사하도록 결정한 경우에 민법 제837조를 유추적용하여 미성년후견인은 비양육친을 상대로 가사소송법 제2조 제1항 제2호 (나)목 3)에 따른 양육비심판을 청구할 수 있다</u>고 봄이 타당하다(대법원 2021. 5. 27. 자 2019스621 결정).

ㄹ. [X] 민법 제959조의20 제1항은 "후견계약이 등기되어 있는 경우에는 가정법원은 본인의 이익을 위하여 특별히 필요할 때에만 임의후견인 또는 임의후견감독인의 청구에 의하여 성년후견, 한정후견 또는 특정후견의 심판을 할 수 있다. 이 경우 후견계약은 본인이 성년후견 또는 한정후견 개시의 심판을 받은 때 종료된다."라고 규정하고, 같은 조 제2항은 "본인이 피성년후견인, 피한정후견인 또는 피특정후견인인 경우에 가정법원은 임의후견감독인을 선임함에 있어서 종전의 성년후견, 한정후견 또는 특정후견의 종료 심판을 하여야 한다. 다만 성년후견 또는 한정후견 조치의 계속이 본인의 이익을 위하여 특별히 필요하다고 인정하면 가정법원은 임의후견감독인을 선임하지 아니한다."라고 규정하고 있다. <u>이와 같은 민법 규정은 후견계약이 등기된 경우에는 사적자치의 원칙에 따라 본인의 의사를 존중하여 후견계약을 우선하도록 하고, 예외적으로 본인의 이익을 위하여 특별히 필요할 때에 한하여 법정후견에 의할 수 있도록 한 것으로서, 민법 제959조의20 제1항에서 후견계약의 등기 시점에 특별한 제한을 두지 않고 있고, 같은 조 제2항 본문이 본인에 대해 이미 한정후견이 개시된 경우에는 임의후견감독인을 선임하면서 종전 한정후견의 종료 심판을 하도록 한 점 등에 비추어 보면, 위 제1항은 본인에 대해 한정후견개시심판 청구가 제기된 후 심판이 확정되기 전에 후견계약이 등기된 경우에도 적용이 있다고 보아야 하므로, 그와 같은 경우 가정법원은</u>

본인의 이익을 위하여 특별히 필요하다고 인정할 때에만 한정후견개시심판을 할 수 있다. 그리고 위 규정에서 정하는 후견계약의 등기에 불구하고 한정후견 등의 심판을 할 수 있는 '본인의 이익을 위하여 특별히 필요할 때'란 후견계약의 내용, 후견계약에서 정한 임의후견인이 임무에 적합하지 아니한 사유가 있는지, 본인의 정신적 제약의 정도, 기타 후견계약과 본인을 둘러싼 제반 사정 등을 종합하여, 후견계약에 따른 후견이 본인의 보호에 충분하지 아니하여 법정후견에 의한 보호가 필요하다고 인정되는 경우를 말한다(대법원 2017. 6. 1. 자 2017스515 결정).

ㅁ. [O] 가정법원은 직권 또는 친족 등의 청구에 의하여 성년후견인을 변경할 수 있는데(민법 제940조), 그 변경의 요건은 '피성년후견인의 복리를 위하여 후견인을 변경할 필요가 있다고 인정되는 경우'이다. 성년후견제도의 도입 취지 및 목적, 성년후견인의 임무와 범위, 가정법원의 감독권한 등을 종합하면 성년후견인의 변경사유인 '피성년후견인의 복리를 위하여 후견인을 변경할 필요가 있다고 인정되는 경우'는 가정법원이 성년후견인의 임무수행을 전체적으로 살펴보았을 때 선량한 관리자로서의 주의의무를 게을리하여 후견인으로서 그 임무를 수행하는 데 적당하지 않은 사유가 있는 경우로서 그 부적당한 점으로 피후견인의 복리에 영향이 있는 경우라고 봄이 상당하다. 또한 성년후견인의 임무에는 피성년후견인의 재산관리 임무뿐 아니라 신상보호 임무가 포함되어 있고, 신상보호 임무 역시 재산관리 임무 못지않게 피성년후견인의 복리를 위하여 중요한 의미를 가지기 때문에, 특별한 사정이 없는 한 성년후견인 변경사유를 판단함에 있어서는 재산관리와 신상보호의 양 업무의 측면을 모두 고려하여야 한다(대법원 2021. 2. 4. 자 2020스647 결정).

ㅂ. [O] 가사소송법 제62조 제1항은 후견심판이 확정될 때까지 사건본인의 보호 및 재산의 관리·보전을 위하여 임시후견인 선임 등 사전처분을 할 수 있음을 정하였고, 가사소송규칙 제32조 제4항은 가사사건의 재판·조정 절차에 관한 필요한 사항에 대하여 대법원규칙으로 정하도록 한 위임규정(가사소송법 제11조) 및 그 취지(가사소송규칙 제1조)에 따라 '가사소송법 제62조에 따른 사전처분으로 임시후견인을 선임한 경우, 성년후견 및 한정후견에 관한 사건의 임시후견인에 대하여는 특별한 규정이 없는 이상 한정후견인에 관한 규정을 준용한다.'고 정하였다. 가정법원은 피한정후견인에 대하여 한정후견인의 동의를 받아야 하는 행위를 정할 수 있고(민법 제13조 제1항), 피한정후견인이 한정후견인의 동의가 필요한 법률행위를 동의 없이 하였을 때는 이를 취소할 수 있다(같은 조 제4항). 한편 민법 제1060조는 '유언은 본법의 정한 방식에 의하지 아니하면 효력이 발생하지 아니한다.'고 정하여 유언에 관하여 엄격한 요식성을 요구하고 있으나, 피성년후견인과 피한정후견인의 유언에 관하여는 행위능력에 관한 민법 제10조 및 제13조가 적용되지 않으므로(민법 제1062조), 피성년후견인 또는 피한정후견인은 의사능력이 있는 한 성년후견인 또는 한정후견인의 동의 없이도 유언을 할 수 있다. 위와 같은 규정의 내용과 체계 및 취지에 비추어 보면, 후견심판 사건에서 가사소송법 제62조 제1항에 따른 사전처분으로 후견심판이 확정될 때까지 임시후견인이 선임된 경우, 사건본인은 의사능력이 있는 한 임시후견인의 동의가 없이도 유언을 할 수 있다고 보아야 하고, 아직 성년후견이 개시되기 전이라면 의사가 유언서에 심신 회복 상태를 부기하고 서명날인하도록 요구한 민법 제1063조 제2항은 적용되지 않는다고 보아야 한다(대법원 2022. 12. 1. 선고 2022다261237 판결).

정답 ②

206 / 신분관계 /
신분관계에 관한 설명 중 옳은 것을 모두 고른 것은? (다툼이 있으면 판례에 의함)

> ㄱ. 자녀가 성년이 된 후에는 과거 양육비 분담액을 정할 때에 변동 가능성이 내재된 장래 양육비 분담액과 조화롭게 조정하는 과정을 거칠 필요가 없고, 과거 양육비에 관한 권리가 현재 또는 장래 양육의 필요에 제공될 여지가 없으므로 자녀의 복리에 미칠 영향을 고려할 필요도 없게 된다.
>
> ㄴ. 유책배우자에 대한 위자료 액수를 산정함에 있어서는, 유책행위에 이르게 된 경위와 정도, 혼인관계 파탄의 원인과 책임, 배우자의 연령과 재산상태 등 변론에 나타나는 모든 사정을 참작하여 법원이 직권으로 정하여야 하고, 이러한 사정에는 혼인관계의 파탄 이후 최종적 이혼에 이르기까지 발생한 모든 사정이 포함되며, 개별적 유책행위에 대하여 별개의 손해배상청구를 할 수 있다고 하여 달라지지 않는다.
>
> ㄷ. 친생자 출생신고가 인지의 효력을 갖는 경우, 그로 인한 친자관계를 다투기 위하여는 친생자관계부존재확인의 소가 아니라 인지에 관련된 소송을 제기하여야 한다.
>
> ㄹ. 미성년 자녀가 있는 성전환자의 성별정정 허가 여부를 판단할 때에는 성전환자의 기본권의 보호와 미성년 자녀의 보호 및 복리와의 조화를 이룰 수 있도록 법익의 균형을 위한 여러 사정들을 종합적으로 고려하여 실질적으로 판단하여야 한다. 따라서 단지 성전환자에게 미성년 자녀가 있다는 사정만을 이유로 성별정정을 불허하여서는 아니 된다.
>
> ㅁ. 친생자관계존부 확인소송은 소송물이 일신전속적인 것이므로, 제3자가 친자 쌍방을 상대로 제기한 친생자관계 부존재확인소송이 계속되던 중 친자 중 어느 한편이 사망하였을 때에는 생존한 사람만 피고가 되고, 사망한 사람의 상속인이나 검사가 절차를 수계할 수 없다. 이 경우 사망한 사람에 대한 소송은 종료된다.
>
> ㅂ. 가족관계등록부는 그 기재가 적법하게 되었고 기재사항이 진실에 부합한다는 추정을 받는다. 그러나 가족관계등록부의 기재에 반하는 증거가 있거나 그 기재가 진실이 아니라고 볼만한 특별한 사정이 있을 때에는 그 추정은 번복될 수 있다.

① ㄱ, ㄴ, ㄷ, ㅂ ② ㄴ, ㄷ, ㄹ, ㅂ ③ ㄱ, ㄷ, ㅂ
④ ㄱ, ㄴ, ㄹ, ㅁ, ㅂ ⑤ ㄴ, ㄷ, ㄹ, ㅁ

[해설]

ㄱ. [O] [1] 자녀의 양육에 드는 비용인 양육비는 자녀를 공동으로 양육할 책임이 있는 부모가 원칙적으로 공동으로 부담하여야 한다. 그런데 어떠한 사정으로 부모 중 어느 한쪽만이 자녀를 양육하게 된 경우에는 양육하는 사람이 상대방에게 현재와 장래의 양육비 중 적정 금액의 분담을 청구할 수 있고, 나아가 특별한 사정이 있는 경우를 제외하고는 과거의 양육비에 대하여 상대방이 분담하는 것이 상당한 비용의 상환을 청구할 수 있다. 다만 과거 양육비의 경우 양육비를 청구하기 이전에 이미 소요된 비용을 한꺼번에 상대방에게 부담시키게 되면 상대방은 예상하지 못하였던 금액을 일

시에 부담하게 되어 지나치게 가혹하거나 신의성실의 원칙 또는 형평의 원칙에 어긋날 수도 있으므로, 반드시 이행청구 이후의 양육비와 동일한 기준에서 정할 필요는 없고, 부모 중 한쪽이 자녀를 양육하게 된 경위와 그에 소요된 비용의 액수, 그 상대방이 부양의무를 인식한 것인지 여부와 그 시기, 그것이 양육에 소요된 통상의 생활비인지 아니면 이례적이고 불가피하게 소요된 다액의 특별한 비용(치료비 등)인지 여부와 당사자들의 재산 상황이나 경제적 능력과 부담의 형평성 등 여러 사정을 고려하여 적절하다고 인정되는 분담의 범위를 정할 수 있다. 특히 현재와 장래의 양육비나 과거 양육비를 불문하고 양육비의 분담 범위를 정할 때에 당사자들의 재산 상황이나 경제적 능력과 부담의 형평성 등과 관련하여, 혼인관계 해소 시의 재산분할은 당사자 사이에 청산적 요소뿐만 아니라 이혼 후의 부양적 요소, 정신적 손해(위자료)를 배상하기 위한 급부로서의 성질 등을 포함하여 이루어지는 것이므로, 당사자들의 이혼 시 이루어진 재산분할 또는 재산상 합의의 유무와 내용, 그러한 재산분할 상황 등과 양육비 부담과의 관계 등을 고려할 필요가 있다. 자녀를 두고 혼인관계를 해소하는 부모로서는 이혼 후 자녀의 양육 문제와 혼인 중 공동으로 형성한 재산의 청산 문제를 결정하면서 이 두 가지가 상호 긴밀한 영향을 미치는 관계 속에서 자녀의 양육자 및 양육비, 재산분할 등에 관한 합의에 이르거나 재산분할 또는 양육비의 청구 여부를 결정하게 되기 때문이다. [2] 자녀가 성년에 이르게 되면 이혼한 부부가 공동으로 부담하는 자녀양육의무는 종료하고, 더 이상 자녀에 대한 장래 양육비를 결정하거나 분담하여야 하는 문제가 생기지 않는다. 그 부부 사이에는 어느 일방이 과거에 자녀의 양육을 위해 지출한 비용을 서로 정산하여야 하는 관계만이 남게 된다. 나아가 자녀에 대한 과거 양육비의 분담과 관련하여, 자녀가 성년이 된 때부터는 관련 당사자 사이의 협의나 가정법원의 심판은 과거의 양육 상황과 지출 비용 등에 대한 확인과 평가를 거쳐 과거 양육비 중 상대방이 분담함이 상당하다고 인정되는 금액을 구체적으로 확정한다는 의미만을 가지게 되고, 자녀의 복리를 위해 필요한 양육비 분담액을 재량적으로 형성한다는 의미는 사라지게 된다. 자녀가 성년이 된 후에는 과거 양육비 분담액을 정할 때에 변동 가능성이 내재된 장래 양육비 분담액과 조화롭게 조정하는 과정을 거칠 필요가 없고, 과거 양육비에 관한 권리가 현재 또는 장래 양육의 필요에 제공될 여지가 없으므로 자녀의 복리에 미칠 영향을 고려할 필요도 없게 된다. 이와 같이 사건본인이 이미 성년에 달한 경우와 미성년자인 경우는 그 과거 양육비의 확정 및 분담의 의미가 다르므로, 이혼한 부부 사이에 성년이 된 자녀에 대한 과거 양육비의 분담을 결정하는 법원으로서는 이러한 차이를 바탕으로 당사자들의 재산 상황이나 경제적 능력, 부담의 형평성 등에 관하여 심리하여 그 결과를 반영할 필요가 있다(대법원 2024. 10. 8. 자 2023스637 결정).

ㄴ. [O] 이혼을 원인으로 하는 위자료청구권은 상대방 배우자의 유책불법한 행위에 의하여 혼인관계가 파탄상태에 이르러 이혼하게 될 경우 그로 인하여 입게 된 정신적 고통을 위자하기 위한 손해배상청구권으로서, 이혼의 원인이 되는 개별적 유책행위의 발생으로부터 최종적 이혼에 이르기까지 일련의 경과가 전체로서 불법행위로 파악되어 최종적 이혼시점에서 확정, 평가된다. 유책배우자에 대한 위자료 액수를 산정함에 있어서는, 유책행위에 이르게 된 경위와 정도, 혼인관계 파탄의 원인과 책임, 배우자의 연령과 재산상태 등 변론에 나타나는 모든 사정을 참작하여 법원이 직권으로 정하여야 하고, 이러한 사정에는 혼인관계의 파탄 이후 최종적 이혼에 이르기까지 발생한 모든 사정이 포함되며, 개별적 유책행위에 대하여 별개의 손해배상청구를 할 수 있다고 하여 달라지지 않는다(대법원 2024. 10. 25. 선고 2024므11526 판결).

ㄷ. [×] 인지에 대한 이의의 소 또는 인지무효의 소는 생부 또는 생모가 인지신고를 함으로써 혼인외의 자를 인지한 경우에 그 효력을 다투기 위한 소송이며, 위 각 법조에 의한 인지신고에 의함이 없이 일반 출생신고에 의하여 호적부상 등재된 친자관계를 다투기 위하여는 위의 각 소송과는 별도로 민법 제865조가 규정하고 있는 친생자관계부존재확인의 소에 의하여야 할 것인 바, 호적법

제62조에 부가 혼인외의 자에 대하여 친생자 출생신고를 한 때에는 그 신고는 인지의 효력이 있는 것으로 규정되어 있으나, 그 신고가 인지신고가 아니라 출생신고인 이상 그와 같은 신고로 인한 친자관계의 외관을 배제하고자 하는 때에도 인지에 관련된 소송이 아니라 친생자관계부존재확인의 소를 제기하여야 한다(대법원 1993. 7. 27. 선고 91므306 판결). [관련판례] 당사자가 입양의 의사로 친생자 출생신고를 하고 입양의 실질적 요건이 모두 구비되었다면 형식에 다소 잘못이 있더라도 입양의 효력이 발생한다. 이때 친생자 출생신고는 법률상의 친자관계인 양친자관계를 공시하는 입양신고의 기능을 한다. 따라서 파양에 의하여 양친자관계를 해소할 필요가 있는 등 특별한 사정이 있는 경우 호적기재 자체를 말소하여 법률상 친자관계의 존재를 부인하게 하는 친생자관계부존재확인청구가 허용될 수 있다. 이와 같은 양친자관계를 해소하기 위한 친생자관계부존재확인청구의 인용판결이 확정되면 확정일 이후부터는 더 이상 양친자관계의 존재를 주장할 수 없다(대법원 2023. 9. 21. 선고 2021므13354 판결). → 신분행위에서 무효행위의 전환이 인정된 경우에, 그 신분관계를 해소시키려는 자는 신고된 형식을 기준으로 다투면 된다는 의미의 판결이다.

ㄹ. [O] (가) 인간은 누구나 자신의 성정체성에 따른 인격을 형성하고 삶을 영위할 권리가 있다. 성전환자도 자신의 성정체성을 바탕으로 인격과 개성을 실현하고 우리 사회의 동등한 구성원으로서 타인과 함께 행복을 추구하며 살아갈 수 있어야 한다. 이러한 권리를 온전히 행사하기 위해서 성전환자는 자신의 성정체성에 따른 성을 진정한 성으로 법적으로 확인받을 권리를 가진다. 이는 인간으로서의 존엄과 가치에서 유래하는 근본적인 권리로서 행복추구권의 본질을 이루므로 최대한 보장되어야 한다. 한편 미성년 자녀를 둔 성전환자도 부모로서 자녀를 보호하고 교양하며(민법 제913조), 친권을 행사할 때에도 자녀의 복리를 우선해야 할 의무가 있으므로(민법 제912조), 미성년 자녀가 있는 성전환자의 성별정정 허가 여부를 판단할 때에는 성전환자의 기본권의 보호와 미성년 자녀의 보호 및 복리와의 조화를 이룰 수 있도록 법익의 균형을 위한 여러 사정들을 종합적으로 고려하여 실질적으로 판단하여야 한다. 따라서 위와 같은 사정들을 고려하여 실질적으로 판단하지 아니한 채 단지 성전환자에게 미성년 자녀가 있다는 사정만을 이유로 성별정정을 불허하여서는 아니 된다. 그 이유는 다음과 같다. ① 성전환자도 우리 사회의 동등한 구성원으로서 인간으로서의 존엄과 가치를 가지며 행복을 추구할 권리와 인간다운 생활을 할 권리가 있고 이러한 권리는 마땅히 보호받아야 하므로, 성전환자의 성별정정 허가 여부를 판단할 때에도 성전환자의 이러한 인간으로서의 기본권이 최대한 보장될 수 있도록 하여야 한다. ② 미성년 자녀를 둔 성전환자의 성별정정을 허가하는 것이 그의 가족관계에 변화를 가져오는 부분도 없지 않지만, 이는 부 또는 모의 성전환이라는 사실의 발생에 따라 부모의 권리와 의무가 실현되는 모습이 그에 맞게 변화하는 자연스러운 과정일 따름이다. 이렇게 형성되는 부모자녀 관계와 가족질서 또한 전체 법질서 내에서 똑같이 존중받고 보호되어야 한다. 성전환자가 이혼하여 혼인 중에 있지 않다거나 가족관계등록부상 성별정정이 이루어진다고 하여 이러한 점이 달라지지 않는다. 미성년 자녀를 둔 성전환자도 여전히 그의 부 또는 모로서 그에 따르는 권리를 행사하고 의무를 수행하여야 하며 이를 할 수 있다. ③ 미성년 자녀가 있는 성전환자의 성별정정을 허가하는 것이 그 자체로 친권자와 미성년 자녀 사이의 신분관계에 중대한 변동을 초래하거나 자녀의 복리에 현저하게 반한다거나 미성년 자녀를 사회적인 편견과 차별에 무방비 상태로 노출되도록 방치하는 것이라고 일률적으로 단정하는 것은 옳지 않다. ④ 미성년 자녀를 둔 성전환자의 성별정정을 허가할 경우 성별정정된 가족관계등록부의 제출이나 공개 등으로 미성년 자녀가 사회적 차별과 편견에 무방비 상태로 노출되어 방치된다거나 생활상 어려움에 처하게 된다고 단정할 수도 없다. 설령 가족관계등록부의 노출로 미성년 자녀가 사회적인 편견과 차별을 당할 우려가 있다고 하더라도, 이는 국가가 성전환자와 미성년 자녀의 기본권 보장 및 사생활 보호를 위하여 위와 같은 노출을 차단하기 위한 조치를 취해 미성년 자녀를 보호해야 하는 것이지, 이를 미성년 자녀를 둔 성전환자의 성별정정을 허가하지 않을 이유로 삼는

것은 옳지 않다. (나) 미성년 자녀를 둔 성전환자의 성별정정을 허가할지 여부를 판단할 때에는 성전환자 본인의 인간으로서의 존엄과 가치, 행복추구권, 평등권 등 헌법상 기본권을 최대한 보장함과 동시에 미성년 자녀가 갖는 보호와 배려를 받을 권리 등 자녀의 복리를 염두에 두어야 한다. 따라서 이때에는 성전환자의 성별정정에 필요한 일반적인 허가 기준을 충족하였는지 외에도 미성년 자녀의 연령 및 신체적·정신적 상태, 부 또는 모의 성별정정에 대한 미성년 자녀의 동의나 이해의 정도, 미성년 자녀에 대한 보호와 양육의 형태 등 성전환자가 부 또는 모로서 역할을 수행하는 모습, 성전환자가 미성년 자녀를 비롯한 다른 가족들과 형성·유지하고 있는 관계 및 유대감, 기타 가정환경 등 제반 사정을 고려하여 성전환자의 성별정정 허가 여부가 미성년 자녀의 복리에 미치는 영향을 살펴 성별정정을 허가할 것인지를 판단하여야 한다. (다) <u>성전환자에게 미성년 자녀가 있는 경우 성전환자의 가족관계등록부상 성별정정이 허용되지 않다는 취지의 대법원 2011. 9. 2. 자 2009스117 전원합의체 결정을 비롯하여 그와 같은 취지의 결정들은 이 결정의 견해에 배치되는 범위에서 모두 변경하기로 한다</u>(대법원 2022. 11. 24. 자 2020스616 전원합의체 결정).

ㅁ. [O] 민법 제865조의 규정에 의하여 이해관계 있는 제3자가 친생자관계 부존재확인을 청구하는 경우 친자 쌍방이 다 생존하고 있는 경우는 친자 쌍방을 피고로 삼아야 하고, 친자 중 어느 한편이 사망하였을 때에는 생존자만을 피고로 삼아야 하며, 친자가 모두 사망하였을 경우에는 검사를 상대로 소를 제기할 수 있다. <u>친생자관계존부 확인소송은 소송물이 일신전속적인 것이므로, 제3자가 친자 쌍방을 상대로 제기한 친생자관계 부존재확인소송이 계속되던 중 친자 중 어느 한편이 사망하였을 때에는 생존한 사람만 피고가 되고, 사망한 사람의 상속인이나 검사가 절차를 수계할 수 없다. 이 경우 사망한 사람에 대한 소송은 종료된다</u>(대법원 2018. 5. 15. 선고 2014므4963 판결).

ㅂ. [O] [1] 가족관계등록제도는 국민의 출생·혼인·사망 등 가족관계의 발생 및 변동사항을 가족관계의 등록 등에 관한 법률이 정한 절차에 따라 가족관계등록부에 등록하여 공시·공증하는 제도이다(제1조, 제9조). 따라서 <u>가족관계등록부는 그 기재가 적법하게 되었고 기재사항이 진실에 부합한다는 추정을 받는다</u>. 그러나 가족관계등록부의 기재에 반하는 증거가 있거나 그 기재가 진실이 아니라고 볼만한 특별한 사정이 있을 때에는 그 추정은 번복될 수 있다. 따라서 <u>어떠한 신분에 관한 내용이 가족관계등록부에 기재되었더라도 기재된 사항이 진실에 부합하지 않음이 분명한 경우에는 그 기재내용을 수정함으로써 가족관계등록부가 진정한 신분관계를 공시하도록 하여야 한다</u>. [2] 甲은 현재 가족관계등록부의 성명란에 성이 '김(金)'으로 기재되어 있지만 주민등록표에는 '금(金)'으로 기재되어 있고, 여권과 자동차운전면허증에도 각각 '금'으로 기재되어 있는데, 甲의 어머니가 사망한 후 甲이 상속재산에 대하여 상속등기신청을 하였으나, 관할 등기소에서 신청서와 가족관계증명서상 상속인의 성명이 다르다는 이유로 위 신청을 각하하자 법원에 가족관계등록부상 성(姓)의 정정을 구한 사안에서, 甲이 출생 시 또는 유년시절부터 한자 성 '金'을 한글 성 '금'으로 사용하여 오랜 기간 자신의 공·사적 생활영역을 형성하여 왔고, 가족관계등록부 기재내용의 진실성을 확보하여 진정한 신분관계를 공시하는 가족관계등록제도 본래의 목적과 기능 등을 고려할 때 甲의 가족관계등록부의 성을 '금'으로 정정하는 것이 타당하다고 한 사례(대법원 2020. 1. 9. 자 2018스40 결정).

정답 ④

207 / 부양제도 /
부양에 관한 설명 중 옳지 않은 것은? (다툼이 있는 경우 판례에 의함)

① 성년의 자녀는 객관적으로 보아 생활비 수요가 자력 또는 근로에 의하여 충당할 수 없는 곤궁한 상태인 경우에 한하여, 부모를 상대로 부모가 부양할 수 있을 한도 내에서 생활필요비에 해당하는 부양료를 청구할 수 있을 뿐이다. 따라서 특별한 사정이 없는 한 유학비용의 충당을 위해 성년의 자녀가 부모를 상대로 부양료를 청구할 수는 없다.

② 혼인이 사실상 파탄되어 부부가 별거하면서 서로 이혼소송을 제기하는 경우라도, 특별한 사정이 없는 한 이혼을 명한 판결의 확정 등으로 법률상 혼인관계가 완전히 해소될 때까지는 부부간 부양의무가 소멸하지 않는다.

③ 부부 일방이 사망하고 생존한 상대방이 재혼하지 않았다면, 사망한 부부 일방의 부모와 생존한 상대방 사이에는 생계를 같이하는지 여부와 관계없이 서로 부양의무가 인정된다.

④ 이혼으로 인하여 부모 중 1명이 친권자 및 양육자로 지정된 경우 그렇지 않은 비양육친이 미성년자의 부모라는 사정만으로 미성년 자녀에 대하여 감독의무를 부담한다고 볼 수 없다. 다만 비양육친도 부모로서 자녀와 면접교섭을 하거나 양육친과의 협의를 통하여 자녀 양육에 관여할 가능성이 있는 점을 고려하면, 비양육친의 감독의무를 인정할 수 있는 특별한 사정이 있는 경우에는, 비양육친도 감독의무 위반으로 인한 손해배상책임을 질 수 있다.

⑤ 제826조 제1항 본문은 "부부는 동거하며 서로 부양하고 협조하여야 한다."라고 규정하고, 제833조는 "부부의 공동생활에 필요한 비용은 당사자 간에 특별한 약정이 없으면 부부가 공동으로 부담한다."라고 규정하고 있다. 제826조 제1항은 부부간의 부양·협조의무의 근거를, 제833조는 부양·협조의무 이행의 구체적인 기준을 제시한 조항이다. 따라서 제833조에 의한 생활비용청구가 제826조와는 무관한 별개의 청구원인에 기한 청구라고 볼 수 없다.

[해설]

① [○] 민법 제826조 제1항에서 규정하는 미성년 자녀의 양육·교육 등을 포함한 부부간 상호부양의무는 혼인관계의 본질적 의무로서 부양을 받을 자의 생활을 부양의무자의 생활과 같은 정도로 보장하여 부부공동생활의 유지를 가능하게 하는 것을 내용으로 하는 제1차 부양의무이고, 반면 부모가 성년의 자녀에 대하여 직계혈족으로서 민법 제974조 제1호, 제975조에 따라 부담하는 부양의무는 부양의무자가 자기의 사회적 지위에 상응하는 생활을 하면서 생활에 여유가 있음을 전제로 하여 부양을 받을 자가 자력 또는 근로에 의하여 생활을 유지할 수 없는 경우에 한하여 그의 생활을 지원하는 것을 내용으로 하는 제2차 부양의무이다. 따라서 성년의 자녀는 요부양상태, 즉 객관적으로 보아 생활비 수요가 자기의 자력 또는 근로에 의하여 충당할 수 없는 곤궁한 상태인 경우에 한하여, 부모를 상대로 그 부모가 부양할 수 있을 한도 내에서 생활부조로서 생활필요비에 해당하는 부양료를 청구할 수 있을 뿐이다. 나아가 이러한 부양료는 부양을 받을 자의 생활정도와 부양의무자의 자력 기타 제반 사정을 참작하여 부양을 받을 자의 통상적인 생활에 필요한 비용의 범위로 한정됨이 원칙이므로, 특별한 사정이 없는 한 통상적인 생활필요비라고 보기 어려운 유학비용의 충당을 위해 성년의 자녀가 부모를 상대로 부양료를 청구할 수는 없다(대법원 2017. 8. 25. 자 2017스5 결정).

② [O] 부부간 부양의무는 혼인관계의 본질적 의무로서 부양받을 자의 생활을 부양의무자의 생활과 같은 정도로 보장하여 부부공동생활의 유지를 가능하게 하는 것이다. 따라서 혼인이 사실상 파탄되어 부부가 별거하면서 서로 이혼소송을 제기하는 경우라고 하더라도, 특별한 사정이 없는 한 이혼을 명한 판결의 확정 등으로 법률상 혼인관계가 완전히 해소될 때까지는 부부간 부양의무가 소멸하지 않는다고 보아야 한다. ① 부부간에 부양받을 자의 생활을 부양의무자와 같은 정도로 보장하고자 하는 부부간 부양의무는 부부가 동거하면서 정상적인 부부관계를 유지하는 경우보다는 부부가 어떤 이유에서든지 별거하여 배우자 일방이 상대방에 대하여 부양의무를 이행할 필요성이 있는 경우에 더 큰 의미가 있다. ② 민법상 혼인관계의 해소는 혼인이 무효이거나 취소된 때가 아닌 한 협의 또는 재판상 이혼에 의해야 하므로 그와 같은 이혼의 효력이 발생되지 않으면 여전히 법률상 부부관계가 남아 있는 것이고 당사자의 의사에 따라 언제든지 다시 정상적인 부부관계로 회복될 여지가 있다. 협의이혼 신고의 수리 전 철회나 재판상 이혼청구(반소 포함)의 종국판결 확정 전 취하를 통해 사실상 종료된 혼인관계를 다시 유지할 수도 있기 때문이다. ③ 재산분할청구 사건에서 혼인 중 이룩한 재산관계의 청산뿐 아니라 이혼 이후 당사자들의 생활보장에 대한 배려 등 부양적 요소, 사실심 변론종결 당시까지의 부양 상황 등을 함께 고려하여 재산분할의 대상과 액수를 정하게 되는데, 이러한 재산분할에 따른 권리는 이혼의 확정을 전제로 발생하는 것이므로 이혼이 확정되기 전까지의 부양적 요소는 별도의 부양료 심판 등에서 고려될 필요가 있고, 특히 부양이 필요한 배우자가 소득이 없는 경우에는 더욱 그러하다. ④ 재판상 이혼의 경우 일방의 이혼, 위자료 및 재산분할 등을 구하는 본소 제기는 물론 이에 대한 상대방의 이혼 등의 반소 제기는, 모두 이혼의 의사가 있으니 법원의 형성판결을 통해 혼인관계를 해소하고 혼인파탄의 책임 및 부부공동재산의 범위를 따져 위자료 및 재산분할 내용을 정해 달라는 재판상 청구권을 행사하는 것이다. 따라서 부양의무자의 이혼 등 본소에 대하여 부양권리자가 이혼 등의 반소를 제기하였다는 사정은 이혼의사가 합치되었다는 사정에 불과할 뿐 여전히 둘 사이에는 혼인파탄의 책임 및 부부공동재산의 범위에 관한 분쟁이 남아 있어 혼인이 완전히 해소되었다고 볼 수는 없다. ⑤ 따라서 배우자 일방이 스스로 정당한 이유 없이 동거를 거부하면서도 상대방에게 부양료의 지급을 청구할 수는 없지만, 그러한 귀책사유 없는 배우자 일방이 상대방에게 부양료의 지급을 청구하는 것은 부양료 지급의 요건 및 필요성이 인정되지 않는 특별한 사정이 없는 한 비록 당사자 쌍방이 이혼소송을 서로 제기한 경우라도 인정되어야 한다(대법원 2023. 3. 24. 자 2022스771 결정).

③ [X] 민법 제775조 제2항에 의하면 부부의 일방이 사망한 경우에 혼인으로 인하여 발생한 그 직계혈족과 생존한 상대방 사이의 인척관계는 일단 그대로 유지되다가 상대방이 재혼한 때에 비로소 종료하게 되어 있으므로 부부의 일방이 사망하여도 그 부모 등 직계혈족과 생존한 상대방 사이의 친족관계는 그대로 유지되나, 그들 사이의 관계는 민법 제974조 제1호의 '직계혈족 및 그 배우자 간'에 해당한다고 볼 수 없다. 배우자 관계는 혼인의 성립에 의하여 발생하여 당사자 일방의 사망, 혼인의 무효·취소, 이혼으로 인하여 소멸하는 것이므로, 그 부모의 직계혈족인 부부 일방이 사망함으로써 그와 생존한 상대방 사이의 배우자 관계가 소멸하였기 때문이다. 따라서 부부 일방의 부모 등 그 직계혈족과 상대방 사이에서는, 직계혈족이 생존해 있다면 민법 제974조 제1호에 의하여 생계를 같이 하는지와 관계없이 부양의무가 인정되지만, 직계혈족이 사망하면 생존한 상대방이 재혼하지 않았더라도 민법 제974조 제3호에 의하여 생계를 같이 하는 경우에 한하여 부양의무가 인정된다(대법원 2013. 08. 30. 자 2013스96 결정).

④ [O] 미성년자가 책임능력이 있어 스스로 불법행위책임을 지는 경우에도 그 손해가 미성년자의 감독의무자의 의무 위반과 상당인과관계가 있으면 감독의무자는 민법 제750조에 따라 일반불법행위자로서 손해배상책임이 있다. 이 경우 그러한 감독의무 위반사실과 손해 발생과의 상당인과관계는 이를 주장하는 자가 증명하여야 한다. 미성년 자녀를 양육하며 친권을 행사하는 부모는 자녀를 경

제적으로 부양하고 보호하며 교양할 법적인 의무가 있다(민법 제913조). 부모와 함께 살면서 경제적으로 부모에게 의존하는 미성년자는 부모의 전면적인 보호·감독 아래 있으므로, 그 부모는 미성년자가 타인에게 불법행위를 하지 않고 정상적으로 학교 및 사회생활을 하도록 일반적, 일상적으로 지도와 조언을 할 보호·감독의무를 부담한다. 따라서 그러한 부모는 미성년자의 감독의무자로서 위에서 본 것처럼 미성년자의 불법행위에 대하여 손해배상책임을 질 수 있다. 그런데 이혼으로 인하여 부모 중 1명이 친권자 및 양육자로 지정된 경우 그렇지 않은 부모(이하 '비양육친'이라 한다)에게는 자녀에 대한 친권과 양육권이 없어 자녀의 보호·교양에 관한 민법 제913조 등 친권에 관한 규정이 적용될 수 없다. 비양육친은 자녀와 상호 면접교섭할 수 있는 권리가 있지만(민법 제837조의2 제1항), 이러한 면접교섭 제도는 이혼 후에도 자녀가 부모와 친밀한 관계를 유지하여 정서적으로 안정되고 원만한 인격발달을 이룰 수 있도록 함으로써 자녀의 복리를 실현하는 것을 목적으로 하고, 제3자와의 관계에서 손해배상책임의 근거가 되는 감독의무를 부과하는 규정이라고 할 수 없다. 비양육친은 이혼 후에도 자녀의 양육비용을 분담할 의무가 있지만, 이것만으로 비양육친이 일반적, 일상적으로 자녀를 지도하고 조언하는 등 보호·감독할 의무를 진다고 할 수 없다. 이처럼 비양육친이 미성년자의 부모라는 사정만으로 미성년 자녀에 대하여 감독의무를 부담한다고 볼 수 없다. 다만 비양육친도 부모로서 자녀와 면접교섭을 하거나 양육친과의 협의를 통하여 자녀 양육에 관여할 가능성이 있는 점을 고려하면, ① 자녀의 나이와 평소 행실, 불법행위의 성질과 태양, 비양육친과 자녀 사이의 면접교섭의 정도와 빈도, 양육 환경, 비양육친의 양육에 대한 개입 정도 등에 비추어 비양육친이 자녀에 대하여 실질적으로 일반적이고 일상적인 지도, 조언을 함으로써 공동 양육자에 준하여 자녀를 보호·감독하고 있었거나, ② 그러한 정도에는 이르지 않더라도 면접교섭 등을 통해 자녀의 불법행위를 구체적으로 예견할 수 있었던 상황에서 자녀가 불법행위를 하지 않도록 부모로서 직접 지도, 조언을 하거나 양육친에게 알리는 등의 조치를 취하지 않은 경우 등과 같이 비양육친의 감독의무를 인정할 수 있는 특별한 사정이 있는 경우에는, 비양육친도 감독의무 위반으로 인한 손해배상책임을 질 수 있다(대법원 2022. 4. 14. 선고 2020다240021 판결).

⑤ [O] 민법 제826조 제1항 본문은 "부부는 동거하며 서로 부양하고 협조하여야 한다."라고 규정하고, 민법 제833조는 "부부의 공동생활에 필요한 비용은 당사자 간에 특별한 약정이 없으면 부부가 공동으로 부담한다."라고 규정하고 있다. 제826조의 부부간의 부양·협조는 부부가 서로 자기의 생활을 유지하는 것과 같은 수준으로 상대방의 생활을 유지시켜 주는 것을 의미한다. 이러한 부양·협조의무를 이행하여 자녀의 양육을 포함하는 공동생활로서의 혼인생활을 유지하기 위해서는 부부간에 생활비용의 분담이 필요한데, 제833조는 그 기준을 정하고 있다. 즉 제826조 제1항은 부부간의 부양·협조의무의 근거를, 제833조는 위 부양·협조의무 이행의 구체적인 기준을 제시한 조항이다. 가사소송법도 제2조 제1항 제2호의 가사비송사건 중 마류 1호로 '민법 제826조 및 제833조에 따른 부부의 동거·부양·협조 또는 생활비용의 부담에 관한 처분'을 두어 위 제826조에 따른 처분과 제833조에 따른 처분을 같은 심판사항으로 규정하고 있다. 따라서 제833조에 의한 생활비용청구가 제826조와는 무관한 별개의 청구원인에 기한 청구라고 볼 수는 없다(대법원 2017. 8. 25. 자 2014스26 결정).

정답 ③

208 / 신분관계 /

신분관계에 관한 설명 중 틀린 것은? (다툼이 있으면 판례에 의함)

① 민법 제844조 제1항의 친생추정은 반증을 허용하지 않는 강한 추정이므로, 처가 혼인 중에 포태한 이상 그 부부의 한쪽이 장기간에 걸쳐 해외에 나가 있거나, 사실상의 이혼으로 부부가 별거하고 있는 경우 등 동거의 결여로 처가 부(夫)의 자를 포태할 수 없는 것이 외관상 명백한 사정이 있는 경우에만 그 추정이 미치지 않을 뿐이고, 이러한 예외적인 사유가 없는 한 누구라도 그 자가 부의 친생자가 아님을 주장할 수 없다.

② 대한민국 국민과 혼인을 한 후 입국하여 체류자격을 취득하고 거주하다가 한국어를 습득하기 충분하지 않은 기간에 이혼에 이르게 된 외국인이 당사자인 경우, 미성년 자녀의 양육에 있어 한국어 소통능력이 부족한 외국인보다는 대한민국 국민인 상대방에게 양육되는 것이 더 적합할 것이라는 추상적이고 막연한 판단으로 해당 외국인 배우자가 미성년 자녀의 양육자로 지정되기에 부적합하다고 평가하는 것은 옳지 않다.

③ 가정법원은 상대방 배우자에게 혼인신고 당시 혼인의사가 없었던 것인지, 혼인 이후에 혼인을 유지할 의사가 없어진 것인지에 대해서 구체적으로 심리·판단하여야 하고, 혼인의사라는 개념이 다소 추상적이고 내면적인 것이라는 사정에 기대어 상대방 배우자가 혼인을 유지하기 위한 노력을 게을리하였다거나 혼인관계 종료를 의도하는 언행을 하는 등 혼인생활 중에 나타난 몇몇 사정만으로 혼인신고 당시 혼인의사가 없었다고 추단하여 혼인무효 사유에 해당한다고 단정할 것은 아니다.

④ 가정법원이 면접교섭의 허용 여부를 판단할 때에는 자녀의 복리에 적합한지를 최우선적으로 고려해야 한다. 따라서 가정법원은 면접교섭이 자녀의 복리를 침해하는 특별한 사정이 있는 경우에 한하여만 당사자의 청구 또는 직권에 의하여 면접교섭을 배제할 수 있는 것은 아니다.

⑤ 미성년자인 자녀의 법정대리인이 인지청구의 소를 제기한 경우에는 그 법정대리인이 부 또는 모의 사망사실을 안 날이 민법 제864조에서 정한 제척기간의 기산일이 된다. 그러나 자녀가 미성년자인 동안 법정대리인이 인지청구의 소를 제기하지 않은 때에는 자녀가 성년이 된 뒤로 부 또는 모의 사망을 안 날로부터 2년 내에 인지청구의 소를 제기할 수 있다고 보아야 한다.

[해설]

① [O] 민법은 친생추정 규정을 두면서도 남편에게 친생부인의 사유가 있음을 안 날부터 2년 내에 친생부인의 소를 제기할 수 있도록 하고 있다. 이는 진실한 혈연관계에 대한 인식을 바탕으로 법률적인 친자관계를 진실에 부합시키고자 하는 남편에게 친생추정을 부인할 수 있는 실질적인 기회를 부여한 것이다. 친생부인의 소가 적법하게 제기되면 부모와 출생한 자녀 사이에 생물학적 혈연관계가 존재하는지가 증명의 대상이 되는 주요사실을 구성한다. 결국 혈연관계가 없음을 알게 되면 친생부인의 소를 제기할 수 있는 제소기간이 진행하고, 실제로 생물학적 혈연관계가 없다는 점은 친생부인의 소로써 친생추정을 번복할 수 있게 하는 사유이다. 이처럼 <u>혈연관계 유무나 그에 대한 인식은 친생부인의 소를 이유 있게 하는 근거 또는 제소기간의 기산점 기준으로서 친생부인의 소를 통해 친생추정을 번복할 수 있도록 하는 사유이다. 이를 넘어서 처음부터 친생추정이 미치지 않도</u>

록 하는 사유로서 친생부인의 소를 제기할 필요조차 없도록 하는 요소가 될 수는 없다. 혈연관계가 없다는 점을 친생추정이 미치지 않는 전제사실로 보는 것은 원고적격과 제소기간의 제한을 두고 있는 친생부인의 소의 존재를 무의미하게 만드는 것으로 현행 민법의 해석상 받아들이기 어렵다. 친생부인권을 실질적으로 행사할 수 있는 기회를 부여받았는데도 제소기간이 지나도록 이를 행사하지 않아 더 이상 이를 다툴 수 없게 된 경우 그러한 상태가 남편이 가정생활과 신분관계에서 누려야 할 인격권, 행복추구권, 개인의 존엄과 양성의 평등에 기초한 혼인과 가족생활에 대한 기본권을 침해한다고 볼 수 없다. 다만 친생추정 규정은 부부가 정상적인 혼인생활을 영위하고 있는 경우를 전제로 가정의 평화를 위하여 마련된 것이어서 그 전제사실을 갖추지 않은 경우까지 적용하여 요건이 엄격한 친생부인의 소로써 부인할 수 있도록 하는 것은 제도의 취지에 반하여 진실한 혈연관계에 어긋나는 부자관계를 성립하게 하는 등 부당한 결과를 가져올 수 있다. 대법원 2019. 10. 23. 선고 2016므2510 전원합의체 판결에서도 이러한 입장이 변경되지 아니하였다. 따라서 민법 제844조 제1항의 친생추정은 반증을 허용하지 않는 강한 추정이므로, 처가 혼인 중에 포태한 이상 그 부부의 한쪽이 장기간에 걸쳐 해외에 나가 있거나, 사실상의 이혼으로 부부가 별거하고 있는 경우 등 동거의 결여로 처가 부(夫)의 자를 포태할 수 없는 것이 외관상 명백한 사정이 있는 경우에만 그 추정이 미치지 않을 뿐이고, 이러한 예외적인 사유가 없는 한 누구라도 그 자가 부의 친생자가 아님을 주장할 수 없다(대법원 2021. 9. 9. 선고 2021므13293 판결).

② [O] [1] 법원이 민법 제837조 제4항에 따라 미성년 자녀의 양육자를 정할 때에는, 미성년 자녀의 성별과 연령, 그에 대한 부모의 애정과 양육 의사의 유무는 물론, 양육에 필요한 경제적 능력의 유무, 부와 모가 제공하려는 양육방식의 내용과 합리성·적합성 및 상호 간의 조화 가능성, 부 또는 모와 미성년 자녀 사이의 친밀도, 미성년 자녀의 의사 등의 모든 요소를 종합적으로 고려하여, 미성년 자녀의 성장과 복지에 가장 도움이 되고 적합한 방향으로 판단하여야 한다. 별거 이후 재판상 이혼에 이르기까지 상당 기간 부모의 일방이 미성년 자녀, 특히 유아를 평온하게 양육하여 온 경우, 이러한 현재의 양육 상태에 변경을 가하여 상대방을 친권자 및 양육자로 지정하는 것이 정당화되기 위해서는 현재의 양육 상태가 미성년 자녀의 건전한 성장과 복지에 도움이 되지 아니하고 오히려 방해가 되고, 상대방을 친권자 및 양육자로 지정하는 것이 현재의 양육 상태를 유지하는 경우보다 미성년 자녀의 건전한 성장과 복지에 더 도움이 된다는 점이 명백하여야 한다. 재판을 통해 비양육친이 양육자로 지정된다고 하더라도 미성년 자녀가 현실적으로 비양육친에게 인도되지 않는 한 양육자 지정만으로는, 설령 자녀 인도 청구를 하여 인용된다고 할지라도 강제집행이 사실상 불가능하다. 미성년 자녀가 유아인 경우 '유아인도를 명하는 재판의 집행절차(재판예규 제917-2호)'는 유체동산인도청구권의 집행절차에 준하여 집행관이 강제집행할 수 있으나, 유아가 의사능력이 있는 경우에 그 유아 자신이 인도를 거부하는 때에는 집행을 할 수 없다고 규정하고 있다. 위와 같이 양육자 지정 이후에도 미성년 자녀를 인도받지 못한 채 현재의 양육 상태가 유지된다면 양육친은 상대방에게 양육비 청구를 할 수 없게 되어, 결국 비양육친은 미성년 자녀를 양육하지 않으면서도 양육비를 지급할 의무가 없어지므로 경제적으로는 아무런 부담을 갖지 않게 되는 반면, 양육친은 양육에 관한 경제적 부담을 전부 부담하게 된다. 이러한 상황은 자의 건전한 성장과 복지에 도움이 되지 않는다. 따라서 비양육친이 자신을 양육자로 지정하여 달라는 청구를 하는 경우, 법원은 양육자 지정 후 사건본인의 인도가 실제로 이행될 수 있는지, 그 이행 가능성이 낮음에도 비양육친을 양육자로 지정함으로써 비양육친이 경제적 이익을 누리거나 양육친에게 경제적 고통을 주는 결과가 발생할 우려가 없는지 등에 대해 신중하게 판단할 필요가 있다. [2] 대한민국 국민과 혼인을 한 후 입국하여 체류자격을 취득하고 거주하다가 한국어를 습득하기 충분하지 않은 기간에 이혼에 이르게 된 외국인이 당사자인 경우, 미성년 자녀의 양육에 있어 한국어 소통능력이 부족한 외국인보다는 대한민국 국민인 상대방에게 양육되는 것이 더 적합할 것이라는 추상적이고 막연한 판단으로 해당 외국

인 배우자가 미성년 자녀의 양육자로 지정되기에 부적합하다고 평가하는 것은 옳지 않다. 대한민국은 공교육이나 기타 교육여건이 확립되어 있어 미성년 자녀가 한국어를 습득하고 연습할 기회를 충분히 보장하고 있으므로, 외국인 부모의 한국어 소통능력이 미성년 자녀의 건전한 성장과 복지에 있어 중요한 의미를 가진다고 보기 어렵다. 오히려 가정법원은 양육자 지정에 있어 한국어 소통능력에 대한 고려가 자칫 출신 국가 등을 차별하는 의도에서 비롯되거나 차별하는 결과를 낳게 될 수 있다는 점, 외국인 부모의 모국어 및 모국문화에 대한 이해 역시 자녀의 자아 존중감 형성에 중요한 요소가 된다는 점 등에 대해서도 유의하여야 한다. 문화다양성의 보호와 증진에 관한 법률은 모든 사회구성원은 문화적 표현의 자유와 권리를 가지며, 다른 사회구성원의 다양한 문화적 표현을 존중하고 이해하기 위하여 노력하여야 한다(제4조)고 규정하고 있다. 나아가 외국인 배우자가 국제결혼 후 자녀의 출산 등으로 한국어를 배우고 활용할 시간이 부족하였다는 사정 등을 외면한 채 이혼 시점에 한국어 소통능력이 다소 부족하다는 사정에만 주목하여, 외국인 배우자의 한국어 소통능력 역시 사회생활을 해 나가면서 본인이 의식적으로 노력한다면 계속하여 향상될 수 있다는 점을 놓쳐서는 안 된다. 특히 다문화가족지원법은 국가와 지방자치단체가 다문화가족에 대한 사회적 차별 및 편견을 예방하고 사회구성원이 문화적 다양성을 인정하고 존중할 수 있도록 다문화 이해교육을 실시하고 홍보 등 필요한 조치를 취하도록 할 책임이 있음을 규정하고 있고(제5조 제1항), 결혼이민자 등이 대한민국에서 생활하는 데 필요한 기본적 정보를 제공하는 것은 물론 언어소통 능력 향상을 위한 한국어교육 등을 받을 수 있도록 필요한 지원을 할 수 있으며(제6조 제1항), 해당 법률이 다문화가족이 이혼 등의 사유로 해체된 경우에도 그 구성원이었던 자녀에 대해 적용되는 것으로(제14조의2) 규정하고 있다. [3] 가정법원은 혼인 파탄의 주된 원인이 누구에게 있는지에 대한 당사자들 사이의 다툼에만 심리를 집중한 나머지 친권자 및 양육자 지정 등에 관한 심리와 판단에 있어 소홀해지는 것을 경계할 필요가 있다. 특히 가정법원은 가사소송법 제6조, 가사소송규칙 제8조 내지 제11조에 따라 가사조사관에게 조사명령을 하고, 이에 따라 사실조사를 마친 가사조사관이 작성한 조사보고서를 보고받는 방법으로도 양육 상태나 양육자의 적격성 심사에 필요한 자료 등을 얻을 수 있다. 가정법원은 충실한 심리를 통해 실제의 양육 상태와 양육자의 적격성을 의심케 할 만한 사정이 있는지에 관하여도 구체적으로 확인하여야 한다(대법원 2021. 9. 30. 선고 2021므12320 판결).

③ [O] 민법 제815조 제1호가 혼인무효의 사유로 규정하는 '당사자 간에 혼인의 합의가 없는 때'란 당사자 사이에 사회관념상 부부라고 인정되는 정신적·육체적 결합을 생기게 할 의사의 합치가 없는 경우를 의미한다. 혼인무효 사건은 가류 가사소송사건으로서 자백에 관한 민사소송법의 규정이 적용되지 않고 법원이 직권으로 사실조사 및 필요한 증거조사를 하여야 하는바(가사소송법 제12조, 제17조), 일방 배우자가 상대방 배우자를 상대로 혼인신고 당시에 진정한 혼인의사가 없었다는 사유를 주장하면서 혼인무효 확인의 소를 제기하는 경우, 가정법원으로서는 직권조사를 통해 혼인의사의 부존재가 합리적·객관적 근거에 의하여 뒷받침되는지 판단하여야 한다. 민법은 혼인성립 이전의 단계에서 성립 요건의 흠결로 혼인이 유효하게 성립하지 않은 혼인무효(민법 제815조)와 혼인이 성립한 후 발생한 사유로 혼인이 해소되는 이혼(민법 제840조)을 구분하여 규정하고 있다. 또한 혼인무효는 이혼의 경우에 비하여 가족관계등록부의 처리 방식이 다르고, 이혼과 달리 혼인무효의 소가 제기되지 않은 상태에서도 유족급여나 상속과 관련된 소송에서 선결문제로 주장할 수 있어 유리한 효과가 부여된다. 따라서 가정법원은 상대방 배우자에게 혼인신고 당시 혼인의사가 없었던 것인지, 혼인 이후에 혼인을 유지할 의사가 없어진 것인지에 대해서 구체적으로 심리·판단하여야 하고, 혼인의사라는 개념이 다소 추상적이고 내면적인 것이라는 사정에 기대어 상대방 배우자가 혼인을 유지하기 위한 노력을 게을리하였다거나 혼인관계 종료를 의도하는 언행을 하는 등 혼인생활 중에 나타난 몇몇 사정만으로 혼인신고 당시 혼인의사가 없었다고 추단하여 혼인무효 사유에 해당한다고 단정할 것은 아니다. 우리나라 국민이 외국인 배우자에 대하여 혼인의 의사가 없다는 이유로 혼인무효

소송을 제기한 경우, 가정법원은 위 법리에 더하여 통상 외국인 배우자가 자신의 본국에서 그 국가 법령이 정하는 혼인의 성립절차를 마친 후 그에 기하여 우리나라 민법에 따른 혼인신고를 하고, 우리나라 출입국관리법령에 따라 결혼동거 목적의 사증을 발급받아 입국하는 절차를 거쳐 비로소 혼인생활에 이르게 된다는 점, 언어장벽 및 문화와 관습의 차이 등으로 혼인생활의 양상이 다를 가능성이 있는 점을 고려하여 외국인 배우자의 혼인의사 유무를 세심하게 판단할 필요가 있다(대법원 2021. 12. 10. 선고 2019므11584 판결).

④ [×] 민법 제837조의2 제1항은 "자를 직접 양육하지 아니하는 부모의 일방과 자는 상호 면접교섭할 수 있는 권리를 가진다."라고 하고, 제3항은 "가정법원은 자의 복리를 위하여 필요한 때에는 당사자의 청구 또는 직권에 의하여 면접교섭을 제한·배제·변경할 수 있다."라고 규정한다. 부모와 자녀의 친밀한 관계는 부모가 혼인 중일 때뿐만 아니라 부모의 이혼 등으로 자녀가 부모 중 일방의 양육 아래 놓인 경우에도 지속될 수 있도록 보호할 필요가 있는바, 면접교섭권은 이를 뒷받침하여 자녀의 정서안정과 원만한 인격발달을 이룰 수 있도록 하고 이를 통해 자녀의 복리를 실현하는 것을 목적으로 하는 제도이다. 이는 자녀의 권리임과 동시에 부모의 권리이기도 하다. 이러한 관련 규정의 문언 및 면접교섭의 취지 및 성질 등을 고려하면, <u>가정법원이 면접교섭의 허용 여부를 판단할 때에는 자녀의 복리에 적합한지를 최우선적으로 고려하되, 부모에게도 면접교섭을 통해 자녀와 관계를 유지할 기본적인 이익이 있으므로 이를 아울러 살펴야 한다. 따라서 가정법원은 원칙적으로 부모와 자녀의 면접교섭을 허용하되, 면접교섭이 자녀의 복리를 침해하는 특별한 사정이 있는 경우에 한하여 당사자의 청구 또는 직권에 의하여 면접교섭을 배제할 수 있다.</u> 다만 이 경우에도 부모의 이혼 등에 따른 갈등 상황에서 단기적으로 자녀의 복리에 부정적인 영향을 미치는 요인이 일부 발견되더라도 장기적으로 면접교섭이 이루어질 때 자녀의 복리에 미치는 긍정적인 영향 등을 깊이 고려하여, 가정법원은 개별 사건에서 합목적적인 재량에 따라 면접교섭의 시기, 장소, 방법 등을 제한하는 등의 방법으로 가능한 한 자녀의 성장과 복지에 가장 도움이 되고 적합한 방향으로 면접교섭이 이루어질 수 있도록 하여야 하고, 이러한 고려 없이 막연한 우려를 내세워 면접교섭 자체를 배제하는 데에는 신중하여야 한다. 이때 면접교섭이 자녀의 복리를 침해하는지 여부는 자녀의 연령, 건강상태, 면접교섭에 대한 의사와 함께 면접교섭을 청구하는 부모 일방과 자녀 사이의 유대관계나 친밀도, 면접교섭을 청구하는 의도나 목적, 자녀의 현재 양육환경에 비추어 면접교섭이 양육자인 부모 일방과 자녀 사이의 갈등을 유발하거나 자녀가 새로운 양육환경에 적응하는 데 장애가 되는지, 면접교섭 청구인에게 양육자인 부모 일방 또는 자녀에 대한 현저한 비행이나 아동학대 등의 전력이 있는지 등을 종합적으로 고려하되, <u>면접교섭이 자녀의 복리에 단기적·장기적으로 어떠한 영향을 미치는지를 구체적으로 살펴 자녀의 성장과 복지에 가장 도움이 되고 적합한 방향으로 판단하여야 한다</u>(대법원 2021. 12. 16. 자 2017스628 결정).

⑤ [○] 자녀와 그 직계비속 또는 그 법정대리인은 부 또는 모를 상대로 하여 인지청구의 소를 제기할 수 있고, 이 경우에 부 또는 모가 사망한 때에는 그 사망을 안 날로부터 2년 내에 검사를 상대로 인지청구의 소를 제기하여야 한다(민법 제863조, 제864조). 이때 미성년자인 자녀의 법정대리인이 인지청구의 소를 제기한 경우에는 <u>그 법정대리인이 부 또는 모의 사망사실을 안 날이 민법 제864조에서 정한 제척기간의 기산일이 된다. 그러나 자녀가 미성년자인 동안 법정대리인이 인지청구의 소를 제기하지 않은 때에는 자녀가 성년이 된 뒤로 부 또는 모의 사망을 안 날로부터 2년 내에 인지청구의 소를 제기할 수 있다고 보아야 한다.</u> 인지청구권은 자녀 본인의 일신전속적인 신분관계상의 권리로서 그 의사가 최대한 존중되어야 하고, 법정대리인에게 인지청구의 소를 제기할 수 있도록 한 것은 소송능력이 제한되는 미성년자인 자녀의 이익을 두텁게 보호하기 위한 것일 뿐 그 권리행사를 제한하기 위한 것이 아니기 때문이다(대법원 2024. 2. 8. 선고 2021므13279 판결).

정답 ④

209 / 신분관계 /

신분관계에 관한 설명 중 틀린 것은? (다툼이 있으면 판례에 의함)

① 민법 제815조 제1호에서 혼인무효의 사유로 정한 '당사자 간에 혼인의 합의가 없는 때'란 당사자 사이에 사회관념상 부부라고 인정되는 정신적·육체적 결합을 생기게 할 의사의 합치가 없는 경우를 뜻한다. 가정법원은 상대방 배우자가 혼인을 유지하기 위한 노력을 게을리하였다거나 혼인관계 종료를 의도하는 언행을 하였다는 사정만으로 혼인신고 당시에 혼인의사가 없었다고 단정할 것은 아니다.

② 혼인외 출생자의 경우에 모자관계는 인지를 요하지 아니하고 법률상 친자관계가 인정될 수 있지만, 부자관계는 부의 인지에 의하여서만 발생하는 것이므로, 부가 사망한 경우에는 그 사망을 안 날로부터 2년 이내에 검사를 상대로 인지청구의 소를 제기하여야 하고, 생모나 친족 등 이해관계인이 혼인외 출생자를 상대로 혼인외 출생자와 사망한 부 사이의 친생자관계존재확인을 구하는 소는 허용될 수 없다.

③ 법률상 혼인을 한 사람이 배우자와 별거하면서 제3자와 혼인의 의사로 실질적인 부부생활을 하였다면, 법률상 배우자와 사실상 이혼상태였다는 등의 특별한 사정이 없더라도 제3자와의 관계를 사실상 혼인관계로 인정하여 법률혼에 준하는 보호를 할 수 있다.

④ 친권자는 자녀에 대한 재산 관리 권한에 기하여 자녀에게 지급되어야 할 돈을 자녀 대신 수령한 경우 그 재산 관리 권한이 소멸하면 그 돈 중 재산 관리 권한 소멸 시까지 정당하게 지출한 부분을 공제한 나머지를 자녀 또는 그 법정대리인에게 반환할 의무가 있다. 이 경우 친권자가 자녀를 대신하여 수령한 돈을 정당하게 지출하였다는 점에 대한 증명책임은 친권자에게 있다.

⑤ 성·본 변경을 청구하는 부, 모 중 일방이 단지 이를 희망한다는 사정은 주관적·개인적인 선호의 정도에 불과하며 이에 대하여 타방이 동의를 하였더라도 그 사정만으로는 성·본 변경허가의 요건을 충족하였다고 보기 어렵다.

해설

① [O] [1] 국제사법 제36조 제1항은 "혼인의 성립요건은 각 당사자에 관하여 그 본국법에 의한다."라고 정하고 있다. 따라서 대한민국 국민과 베트남 국민 사이에 혼인의 성립요건을 갖추었는지를 판단하는 준거법은 대한민국 국민에 관해서는 대한민국 민법, 베트남 국민에 관해서는 베트남 혼인·가족법이다. 대한민국 민법 제815조 제1호는 당사자 사이에 혼인의 합의가 없는 때에는 그 혼인을 무효로 한다고 정하고 있고, 베트남 혼인·가족법 제8조 제1항은 남녀의 자유의사에 따라 혼인을 결정하도록 정하고 있다. 따라서 대한민국 국민에게만 혼인의 의사가 있고 상대방인 베트남 국민과 혼인의 합의가 없는 때에는 대한민국 민법과 베트남 혼인·가족법 어느 법에 따르더라도 혼인의 성립요건을 갖추었다고 볼 수 없다. 국제사법 제36조 제1항은 실체법적인 혼인의 성립요건을 판단하기 위한 준거법을 정한 것이고, 성립요건을 갖추지 못한 혼인의 해소에 관한 쟁송 방법이나 쟁송 이후의 신분법적 효과까지 규율하고 있는 것은 아니다. 따라서 <u>대한민국 국민이 당사자 사이에 혼인의 합의가 없어 혼인이 성립되지 않았음을 이유로 혼인의 해소를 구하는 소송에 관하여 법원은 대한민국 민법에 따라 혼인무효 여부를 판단할 수 있다.</u> [2] 민법 제815조 제1호에서 혼인무효의 사유로 정한 '당사자 간에 혼인의 합의가 없는 때'란 당사자 사이에 사회관념상 부부라고 인정

되는 정신적·육체적 결합을 생기게 할 의사의 합치가 없는 경우를 뜻한다. 가정법원은 혼인에 이르게 된 동기나 경위 등 여러 사정을 살펴서 당사자들이 처음부터 혼인신고라는 부부로서의 외관만을 만들어 내려고 한 것인지, 아니면 혼인 이후에 혼인을 유지할 의사가 없어지거나 혼인관계의 지속을 포기하게 된 것인지에 대해서 구체적으로 심리·판단해야 하고, 상대방 배우자가 혼인을 유지하기 위한 노력을 게을리하였다거나 혼인관계 종료를 의도하는 언행을 하였다는 사정만으로 혼인신고 당시에 혼인의사가 없었다고 단정할 것은 아니다. 대한민국 국민이 베트남 배우자와 혼인을 할 때에는 대한민국에서 혼인신고를 할 뿐만 아니라 베트남에서 혼인 관련 법령이 정하는 바에 따라 혼인신고 등의 절차를 마치고 혼인증서를 교부받은 후 베트남 배우자가 출입국관리법령에 따라 결혼동거 목적의 사증을 발급받아 대한민국에 입국하여 혼인생활을 하게 되는 경우가 많다. 이와 같이 대한민국 국민이 베트남 배우자와 혼인을 하기 위해서는 양국 법령에 정해진 여러 절차를 거쳐야 하고 언어 장벽이나 문화와 관습의 차이 등으로 혼인생활의 양상이 다를 가능성이 있기 때문에, 이러한 사정도 감안하여 당사자 사이에 혼인의 합의가 없는지 여부를 세심하게 판단할 필요가 있다(대법원 2022. 1. 27. 선고 2017므1224 판결).

② [O] 혼인외 출생자의 경우에 모자관계는 인지를 요하지 아니하고 법률상 친자관계가 인정될 수 있지만, 부자관계는 부의 인지에 의하여서만 발생하는 것이므로, 부가 사망한 경우에는 그 사망을 안 날로부터 2년 이내에 검사를 상대로 인지청구의 소를 제기하여야 하고, 생모나 친족 등 이해관계인이 혼인외 출생자를 상대로 혼인외 출생자와 사망한 부 사이의 친생자관계존재확인을 구하는 소는 허용될 수 없다(대법원 2022. 1. 27. 선고 2018므11273 판결).

③ [X] [1] 공무원연금법을 비롯한 여러 법령은 그 법에 따른 급여의 수급권자가 사망하면 그의 사실혼 배우자가 유족으로서 급여를 받도록 규정하고 있으므로, 사망한 사람과의 사실혼 관계는 유족급여수급권과 관련된 법률관계의 전제가 된다. 그러므로 급여수급권을 주장하는 사람이 검사를 상대방으로 하여 과거의 사실상 혼인관계에 관한 존부 확인의 소[가사소송법 제2조 제1항 제1호 (나)목 1)]를 제기하는 것은 유족급여와 관련된 분쟁을 한꺼번에 해결하는 적절한 방법이어서 확인의 이익이 인정된다. [2] 법률상 혼인을 한 사람이 배우자와 별거하면서 제3자와 혼인의 의사로 실질적인 부부생활을 하더라도, 법률상 배우자와 사실상 이혼상태였다는 등의 특별한 사정이 없는 한 제3자와의 관계를 사실상 혼인관계로 인정하여 법률혼에 준하는 보호를 할 수는 없다(대법원 2022. 3. 31. 선고 2019므10581 판결).

④ [O] 친권자는 자녀가 그 명의로 취득한 특유재산을 관리할 권한이 있는데(민법 제916조), 그 재산관리 권한이 소멸하면 자녀의 재산에 대한 관리의 계산을 하여야 한다(민법 제923조 제1항). 여기서 '관리의 계산'이란 자녀의 재산을 관리하던 기간의 그 재산에 관한 수입과 지출을 명확히 결산하여 자녀에게 귀속되어야 할 재산과 그 액수를 확정하는 것을 말한다. 친권자의 위와 같은 재산 관리 권한이 소멸한 때에는 위임에 관한 민법 제683조, 제684조가 유추적용되므로, 친권자는 자녀 또는 그 법정대리인에게 위와 같은 계산 결과를 보고하고, 자녀에게 귀속되어야 할 재산을 인도하거나 이전할 의무가 있다. 한편 부모는 자녀를 공동으로 양육할 책임이 있고 양육에 소요되는 비용도 원칙적으로 공동으로 부담하여야 하는 점을 고려할 때, 친권자는 자녀의 특유재산을 자신의 이익을 위하여 임의로 사용할 수 없음은 물론 자녀의 통상적인 양육비용으로도 사용할 수도 없는 것이 원칙이나, 친권자가 자신의 자력으로는 자녀를 부양하거나 생활을 영위하기 곤란한 경우, 친권자의 자산, 수입, 생활수준, 가정상황 등에 비추어 볼 때 통상적인 범위를 넘는 현저한 양육비용이 필요한 경우 등과 같이 정당한 사유가 있는 경우에는 자녀의 특유재산을 그와 같은 목적으로 사용할 수 있다. 따라서 친권자는 자녀에 대한 재산 관리 권한에 기하여 자녀에게 지급되어야 할 돈을 자녀 대신 수령한 경우 그 재산 관리 권한이 소멸하면 그 돈 중 재산 관리 권한 소멸 시까지 위와 같이 정당하게 지출한 부분을 공제한 나머지를 자녀 또는 그 법정대리인에게 반환할 의무가 있다. 이

경우 친권자가 자녀를 대신하여 수령한 돈을 정당하게 지출하였다는 점에 대한 증명책임은 친권자에게 있다. 친권자의 위와 같은 반환의무는 민법 제923조 제1항의 계산의무 이행 여부를 불문하고 그 재산 관리 권한이 소멸한 때 발생한다고 봄이 타당하다. 이에 대응하는 자녀의 친권자에 대한 위와 같은 반환청구권은 재산적 권리로서 일신전속적인 권리라고 볼 수 없으므로, 자녀의 채권자가 그 반환청구권을 압류할 수 있다(대법원 2022. 11. 17. 선고 2018다294179 판결).

⑤ [O] [1] 민법 제781조 제6항 본문은 "자의 복리를 위하여 자의 성과 본을 변경할 필요가 있을 때에는 부, 모 또는 자의 청구에 의하여 법원의 허가를 받아 이를 변경할 수 있다."라고 규정하고, 이에 따른 성·본 변경허가 심판은 '라류 가사비송사건'에 속한다[가사소송법 제2조 제1항 제2호 (가)목 6)]. 가사비송사건은 가정법원이 후견적인 지위에서 재량에 의해 합목적적으로 법률관계를 형성하는 재판으로서, 직권탐지주의가 적용된다(가사소송규칙 제23조 제1항). 특히 라류 가사비송사건은 상대방이 없는 비대심적 구조로서 비송재판으로서의 성격이 더욱 두드러진다. 앞서 본 민법 제781조 제6항의 문언과 성·본 변경허가제의 도입 취지, 가사소송법이 성·본 변경허가 재판을 라류 가사비송사건으로 규정한 점에 비추어 보면, 가정법원은 청구인의 주장에 구애되지 않고 직권으로 탐지한 자료에 따라 '성·본 변경이 청구된 자녀의 복리에 적합한지'를 최우선적으로 고려하여 후견적 입장에서 재량권의 범위에서 그 허가 여부를 판단하여야 한다. [2] 민법 제781조 제6항에서 '자녀의 복리를 위하여 자의 성과 본을 변경할 필요가 있을 때'에 해당하는지 여부는 자녀의 나이와 성숙도를 감안하여 자 또는 친권자·양육자의 의사를 고려하되, 성·본 변경이 이루어지지 아니함으로 인하여 가족 구성원 사이의 정서적 통합, 가족 구성원에 대한 편견이나 오해 등으로 학교생활이나 사회생활에서 겪게 되는 불이익과 함께 성·본 변경으로 초래될 자녀 본인의 정체성 혼란, 자녀와 성·본을 함께 하고 있는 친부나 형제자매 등과의 유대관계 단절 등의 사정을 심리한 다음, 자녀의 복리를 위하여 성·본의 변경이 필요하다고 인정되어야 한다. 또한 성·본 변경으로 인하여 학교생활이나 사회생활에 있어서의 불편 내지 혼란, 타인에게 불필요한 호기심이나 의구심 등을 일으키게 하여 사건본인의 정체성 유지에 영향을 미칠 개연성 등의 불이익 등도 함께 고려하여 허가 여부를 신중하게 판단하여야 한다. [3] 자의 성·본 변경허가 청구에 관하여 가사소송규칙은 가정법원이 부, 모 등의 의견을 청취할 수 있다고만 규정하고 있을 뿐(가사소송규칙 제59조의2 제2항), 법령상 부, 모 등의 동의를 요건으로 하지 않는 점(민법 제781조 제6항 참조) 등에 비추어 보면, 성·본 변경을 청구하는 부, 모 중 일방이 단지 이를 희망한다는 사정은 주관적·개인적인 선호의 정도에 불과하며 이에 대하여 타방이 동의를 하였더라도 그 사정만으로는 성·본 변경허가의 요건을 충족하였다고 보기 어렵다. 특히 미성년 자녀를 둔 부부가 이혼한 후 부 또는 모가 자의 성·본 변경허가를 청구하는 경우, 성·본 변경허가 청구에 이르게 된 경위에 관하여 설령 청구인이 표면적으로는 자녀의 복리를 내세우더라도 비양육친이 미성년 자녀에 대해 당연히 지급하여야 할 양육비(민법 제837조, 제843조 참조)의 지급 여부나 그 액수 혹은 비양육친과 미성년 자녀가 상호 간 지닌 면접교섭권(민법 제837조의2 제1항 참조) 행사에 관련된 조건과 연계된 것은 아닌지, 양육비의 지급이나 면접교섭권의 행사를 둘러싼 갈등 상황에서 이를 해결하기 위해 마련된 법적 절차(가사소송법 제64조의 이행명령 및 그 위반 시 같은 법 제67조 제1항의 과태료, 같은 법 제68조 제1항의 감치 등)를 거치지 않고 상대방을 사실상 압박하기 위함이 주요한 동기는 아닌지, 자녀의 성과 본을 변경함으로써 비양육친과 미성년 자녀의 관계 자체를 차단하려는 의도가 엿보이는지, 이혼 당사자가 스스로 극복하여야 하는 이혼에 따른 심리적 갈등, 전 배우자에 대한 보복적 감정 기타 이혼의 후유증에서 벗어나기 위한 수단으로 여겨지는 등 미성년 자녀가 아닌 청구인의 관점이나 이해관계가 주로 반영된 측면은 없는지, 나아가 이혼 이후의 후속 분쟁에서의 유불리를 고려한 것은 아닌지 역시 살펴보아야 한다(대법원 2022. 3. 31. 자 2021스3 결정). [관련판례] 종중이란 공동선조의 분묘수호와 제사 및 종원 상호 간의 친목 등을 목적으로 하여 구성되는 자연발생적인 종족집단이므로, 종중의 이러한 목적과 본질에 비추어 볼

때 공동선조와 성과 본을 같이 하는 후손은 성별의 구별 없이 성년이 되면 당연히 그 구성원이 된다. 민법 제781조 제6항에 따라 자녀의 복리를 위하여 자녀의 성과 본을 변경할 필요가 있어 자녀의 성과 본이 모의 성과 본으로 변경되었을 경우 성년인 그 자녀는 모가 속한 종중의 공동선조와 성과 본을 같이 하는 후손으로서 당연히 종중의 구성원이 된다(대법원 2022. 5. 26. 선고 2017다260940 판결).

정답 ③

제 6 편

상속법

민법선택형진도별모의고사

210 /상속/

상속에 관한 설명 중 옳은 것을 모두 고른 것은? (다툼이 있으면 판례에 의함)

ㄱ. 민법(2002. 1. 14. 법률 제6591호로 개정된 것) 제999조 제2항의 '상속권의 침해행위가 있은 날부터 10년' 중 민법 제1014조에 관한 부분은 헌법에 위반된다.

ㄴ. 상속포기나 한정승인을 할 수 있는 고려기간 중에 하는 상속재산관리에 관한 처분은 상속개시 후 그 고려기간이 경과되기 전에 한하여 청구할 수 있고, 그 심판에서 정한 처분의 효력은 심판청구를 할 수 있는 시적 한계 시까지만 존속한다.

ㄷ. 상속인이 상속받은 손해배상채권을 변제받은 행위는 상속재산의 보전행위에 해당하여 법정단순승인이 되지 않으므로, 그 이후에 한 상속포기는 유효하다.

ㄹ. 민법 제1034조 제1항에 따라 배당변제를 받을 수 있는 '한정승인자가 알고 있는 채권자'에 해당하는지 여부는 배당변제를 하는 시점이 아니라 한정승인자가 채권신고의 최고를 하는 시점을 기준으로 판단하여야 한다.

ㅁ. 상속개시 후 상속재산분할이 완료되기 전까지 상속재산으로부터 발생하는 상속재산 과실은 상속개시 당시에는 존재하지 않았던 것이다. 상속재산분할심판에서 상속재산 과실을 고려하지 않은 채, 분할의 대상이 된 상속재산 중 특정 상속재산을 상속인 중 1인의 단독소유로 하고 그의 구체적 상속분과 특정 상속재산의 가액과의 차액을 현금으로 정산하는 대상분할의 방법으로 상속재산을 분할한 경우, 상속재산 과실까지도 소급하여 그 특정 상속재산을 분할받은 상속인이 단독으로 차지하게 된다고 볼 수는 없다.

ㅂ. 주식은 주식회사의 주주 지위를 표창하는 것으로서 금전채권과 같은 가분채권이므로, 공동상속하는 경우 공동상속인들이 이를 준공유하는 것이 아니라 법정상속분에 따라 당연히 분할하여 귀속하는 것이다.

ㅅ. 상속인은 아직 상속 승인, 포기 등으로 상속관계가 확정되지 않은 동안에도 잠정적으로나마 피상속인의 재산을 당연 취득하고 상속재산을 관리할 의무가 있으므로, 상속채권자는 그 기간 동안 상속인을 상대로 상속재산에 관한 가압류결정을 받아 이를 집행할 수 있다. 그 후 상속인이 상속포기로 인하여 상속인의 지위를 소급하여 상실한다고 하더라도 이미 발생한 가압류의 효력에 영향을 미치지 않는다.

① ㄱ, ㄴ, ㅁ, ㅅ
② ㄱ, ㄷ, ㅁ, ㅅ
③ ㄴ, ㄷ, ㅁ, ㅂ
④ ㄴ, ㄹ, ㅂ, ㅅ
⑤ ㄴ, ㄷ, ㄹ, ㅂ

해설

ㄱ. [O] ○ 심판대상조항은 상속개시 후 인지 또는 재판확정에 의하여 공동상속인이 된 자가 상속분가액지급청구권을 행사할 경우 그 기간을 '상속권의 침해행위가 있은 날부터 10년'으로 한정하고 그 후에는 상속분가액지급청구의 소를 제기할 수 없도록 하고 있으므로, 청구인의 재산권과 재판청구권을 제한한다. ○ 재산권의 내용과 한계 및 재판청구권의 실현은 형식적 의미의 법률에 의한 구체

적 형성이 불가피하므로 원칙적으로 입법형성의 자유에 속한다. 다만, 헌법이 재산권 및 재판청구권을 법률로 구체화하도록 정하고 있더라도(헌법 제23조 제1항, 제27조 제1항), 입법자가 이를 행사할 수 있는 형식적 권리나 이론적 가능성만을 제공할 뿐 권리구제의 실효성을 보장하지 않는다면 재산권 및 재판청구권의 보장은 사실상 무의미할 수 있으므로, 재산권 및 재판청구권에 관한 입법은 단지 형식적인 권리나 이론적인 가능성만을 허용해서는 아니되고, 권리구제의 실효성을 상당한 정도로 보장해야 한다. ○ 민법 제1014조의 상속분가액지급청구권은 인지 또는 재판확정으로 공동상속인이 추가되기 전에 기존 공동상속인이 상속재산을 분할·처분한 경우, 추가된 공동상속인에게 민법 제999조의 상속회복청구의 방식 중 '원물반환의 방식'을 차단하여 그 분할·처분의 효력을 유지함으로써 제3취득자의 거래 안전을 존중하는 한편, 추가된 공동상속인에게는 '가액반환의 방식'만을 보장함으로써 기존 공동상속인, 제3취득자, 추가된 공동상속인 사이의 이해관계를 조정한다. ○ 그런데 민법 제999조 제2항의 제척기간은 상속분가액지급청구권에서 제3취득자의 거래 안전과는 무관한 것이므로, 결국 '기존의 공동상속인과 추가된 공동상속인' 사이의 권리의무관계를 조속히 안정시킨다는 기능만 수행한다. ○ 이때 '침해를 안 날'은 인지 또는 재판이 확정된 날을 의미하므로, 그로부터 3년의 제척기간은 공동상속인의 권리구제를 실효성 있게 보장하는 것으로 합리적 이유가 있다. 그러나 '침해행위가 있은 날'(상속재산의 분할 또는 처분일)부터 10년 후에 인지 또는 재판이 확정된 경우에도 추가된 공동상속인이 상속분가액지급청구권을 원천적으로 행사할 수 없도록 하는 것은 '가액반환의 방식'이라는 우회적·절충적 형태를 통해서라도 인지된 자의 상속권을 뒤늦게나마 보상해 주겠다는 입법취지에 반하며, 추가된 공동상속인의 권리구제 실효성을 완전히 박탈하는 결과를 초래한다. ○ 물론, 기존 공동상속인으로서는 인지 또는 재판확정으로 가액을 반환하게 되는 것이 당혹스러울 수 있다. 그러나 ㉠ 기존 공동상속인이 받았던 상속재산은 자신의 노력이나 대가 없이 법률규정에 의해 취득한 재산이므로 '추가된 공동상속인의 상속권'을 회복 기회 없이 희생시키면서까지 '기존 공동상속인의 상속권'만을 더 보호해야 할 특별한 이유가 없는 점, ㉡ 기존 공동상속인이 상속재산의 유지·증가에 특별히 기여하였다면 그 기여분은 상속재산에서 공제되므로 이를 통해 기존 공동상속인과 추가된 공동상속인의 이해관계가 조정될 수 있는 점(민법 제1008조의2), ㉢ 민법 제1014조는 제3취득자 보호를 위해 원물반환을 인정하지 않는 대신 가액반환이라는 절충적 형태로 피인지자의 상속권을 보장하겠다는 취지이므로 그 가액반환청구권 행사 가능성 자체를 박탈하는 것은 정당화되기 어려운 점, ㉣ 제척기간은 일단 권리가 발생하여 일정기간 존속함을 전제로 하는데 '공동상속인이 아니었던 시점'에 이미 10년 제척기간이 도과된다면 상속분가액지급청구권의 보장은 시원적으로 형해화되는 점, ㉤ 민법은 인지청구의 소를 '사망을 안 날로부터 2년'으로 제한하고(제864조) 상속분가액지급청구권의 행사도 '침해를 안 날부터 3년'으로 제한하므로(제999조 제2항) 인지재판의 확정을 바탕으로 한 상속분가액지급청구권의 행사가 무한정 늦춰지지 않도록 이중으로 제한하는 점을 함께 고려해야 한다. ○ 결국 상속개시 후 인지 또는 재판의 확정에 의하여 공동상속인이 된 자의 상속분가액지급청구권의 경우에도 '침해행위가 있은 날부터 10년'의 제척기간을 정하고 있는 것은, 법적 안정성만을 지나치게 중시한 나머지 사후에 공동상속인이 된 자의 권리구제 실효성을 외면하는 것이므로, 심판대상조항은 입법형성의 한계를 일탈하여 청구인의 재산권 및 재판청구권을 침해한다(헌법재판소 2024. 6. 27. 자 2021헌마1588 결정).

ㄴ. [○] 민법 제1023조는, 이해관계인 또는 검사의 청구에 의하여 상속재산의 보존에 필요한 처분을 명할 수 있도록 규정하고 있는바, 이 규정은 상속의 승인이나 포기를 위한 이른바, 고려기간 중에는 그 고유재산에 대하는 것과 동일한 주의로 상속재산을 관리하여야 하고(민법 제1022조), 상속을 포기하더라도 그 포기로 인하여 상속인이 된 자가 상속재산을 관리할 수 있을 때까지 그 재산의 관리를 계속하도록 규정한 것(민법 제1044조 제1항)과 관련되어 상속인이나 상속을 포기한 자의 관리가 부적절하거나 불가능한 경우에는 다른 공동상속인이나 이해관계인의 입장에서는 상속재산의

보존을 위한 조치를 취할 필요가 있게 된다는 취지이므로 상속포기나 한정승인을 할 수 있는 고려기간 중에 하는 상속재산관리에 관한 처분은 상속개시 후 그 고려기간이 경과되기 전에 한하여 청구할 수 있고, 그 심판에서 정한 처분의 효력은 심판청구를 할 수 있는 시적 한계 시까지만 존속한다(대법원 1999. 6. 10. 자 99으1 결정).

ㄷ. [X] [1] 상속인이 상속재산에 대한 처분행위를 한 때에는 단순승인을 한 것으로 보는바, 상속인이 피상속인의 채권을 추심하여 변제받는 것도 상속재산에 대한 처분행위에 해당한다. [2] 상속인이 피상속인의 갑에 대한 손해배상채권을 추심하여 변제받은 행위는 상속재산의 처분행위에 해당하고, 그것으로써 단순승인을 한 것으로 간주되었다고 할 것이므로, 그 이후에 한 상속포기는 효력이 없다(대법원 2010. 4. 29. 선고 2009다84936 판결).

ㄹ. [X] 한정승인자는 한정승인을 한 날로부터 5일 내에 일반상속채권자와 유증받은 자에 대하여 한정승인의 사실과 일정한 기간(이하 '신고기간'이라고 한다) 내에 그 채권 또는 수증을 신고할 것을 공고하여야 하고, 알고 있는 채권자에게는 각각 그 채권신고를 최고하여야 한다(민법 제1032조 제1항, 제2항, 제89조). 신고기간이 만료된 후 한정승인자는 상속재산으로서 그 기간 내에 신고한 채권자와 '한정승인자가 알고 있는 채권자'에 대하여 각 채권액의 비율로 변제(이하 '배당변제'라고 한다)하여야 한다(민법 제1034조 제1항 본문). 반면 신고기간 내에 신고하지 아니한 상속채권자 및 유증받은 자로서 '한정승인자가 알지 못한 자'는 상속재산의 잔여가 있는 경우에 한하여 변제를 받을 수 있다(민법 제1039조 본문). 여기서 민법 제1034조 제1항에 따라 배당변제를 받을 수 있는 '한정승인자가 알고 있는 채권자'에 해당하는지 여부는 한정승인자가 채권신고의 최고를 하는 시점이 아니라 배당변제를 하는 시점을 기준으로 판단하여야 한다. 따라서 한정승인자가 채권신고의 최고를 하는 시점에는 알지 못했더라도 그 이후 실제로 배당변제를 하기 전까지 알게 된 채권자가 있다면 그 채권자는 민법 제1034조 제1항에 따라 배당변제를 받을 수 있는 '한정승인자가 알고 있는 채권자'에 해당한다(대법원 2018. 11. 9. 선고 2015다75308 판결).

ㅁ. [O] 상속개시 후 상속재산분할이 완료되기 전까지 상속재산으로부터 발생하는 과실(이하 '상속재산 과실'이라 한다)은 상속개시 당시에는 존재하지 않았던 것이다. 상속재산분할심판에서 이러한 상속재산 과실을 고려하지 않은 채, 분할의 대상이 된 상속재산 중 특정 상속재산을 상속인 중 1인의 단독소유로 하고 그의 구체적 상속분과 특정 상속재산의 가액과의 차액을 현금으로 정산하는 방법(이른바 대상분할의 방법)으로 상속재산을 분할한 경우, 그 특정 상속재산을 분할받은 상속인은 민법 제1015조 본문에 따라 상속개시된 때에 소급하여 이를 단독소유한 것으로 보게 되지만, 상속재산 과실까지도 소급하여 상속인이 단독으로 차지하게 된다고 볼 수는 없다. 이러한 경우 상속재산 과실은 특별한 사정이 없는 한, 공동상속인들이 수증재산과 기여분 등을 참작하여 상속개시 당시를 기준으로 산정되는 '구체적 상속분'의 비율에 따라, 이를 취득한다고 보는 것이 타당하다(대법원 2018. 8. 30. 선고 2015다27132 판결).

ㅂ. [X] 금전채권과 같이 급부의 내용이 가분인 채권은 공동상속되는 경우 상속개시와 동시에 당연히 법정상속분에 따라 공동상속인들에게 분할하여 귀속하고, 특별수익이 존재하거나 기여분이 인정되는 등 특별한 사정이 있는 경우에는 가분채권도 상속재산분할의 대상이 될 수 있다. 주식은 주식회사의 주주 지위를 표창하는 것으로서 금전채권과 같은 가분채권이 아니므로 공동상속하는 경우 법정상속분에 따라 당연히 분할하여 귀속하는 것이 아니라 공동상속인들이 이를 준공유하는 법률관계를 형성하고, 주택공급을 신청할 권리와 분리될 수 없는 청약저축의 가입자가 사망하여 공동상속이 이루어진 경우 공동상속인이 청약저축 예금계약을 해지하려면 금융기관과 사이에 다른 내용의 특약이 있다는 등의 특별한 사정이 없는 한 전원이 해지의 의사표시를 하여야 한다(대법원 2023. 12. 21. 선고 2023다221144 판결).

ㅅ. [O] ★ [사례형] 상속인은 상속개시된 때부터 피상속인의 재산에 관한 포괄적 권리의무를 승계한다(민법 제1005조 본문). 다만 상속인은 상속개시 있음을 안 날로부터 3월 내에 단순승인이나 한정승인 또는 포기를 할 수 있고(민법 제1019조 제1항 본문), 상속의 포기는 상속개시된 때에 소급하여 그 효력이 있다(민법 제1042조). 상속인은 상속포기를 할 때까지는 그 고유재산에 대하는 것과 동일한 주의로 상속재산을 관리하여야 한다(민법 제1022조). 상속인이 상속을 포기할 때에는 민법 제1019조 제1항의 기간 내에 가정법원에 포기의 신고를 하여야 하고(민법 제1041조), 상속포기는 가정법원이 상속인의 포기신고를 수리하는 심판을 하여 이를 당사자에게 고지한 때에 효력이 발생하므로, 상속인은 가정법원의 상속포기신고 수리 심판을 고지받을 때까지 민법 제1022조에 따른 상속재산 관리의무를 부담한다. 이와 같이 상속인은 아직 상속 승인, 포기 등으로 상속관계가 확정되지 않은 동안에도 잠정적으로나마 피상속인의 재산을 당연 취득하고 상속재산을 관리할 의무가 있으므로, 상속채권자는 그 기간 동안 상속인을 상대로 상속재산에 관한 가압류결정을 받아 이를 집행할 수 있다. 그 후 상속인이 상속포기로 인하여 상속인의 지위를 소급하여 상실한다고 하더라도 이미 발생한 가압류의 효력에 영향을 미치지 않는다. 따라서 위 상속채권자는 종국적으로 상속인이 된 사람 또는 민법 제1053조에 따라 선임된 상속재산관리인을 채무자로 한 상속재산에 대한 경매절차에서 가압류채권자로서 적법하게 배당을 받을 수 있다(대법원 2021. 9. 15. 선고 2021다224446 판결).

정답 ①

211 /상속분/
각 사례에 관한 다음 설명 중 옳지 않은 것을 모두 고른 것은? (다툼이 있는 경우에는 판례에 의함)

〈사례 1〉

甲에게는 자녀 乙과 丙이 있고, 乙에게는 자녀 A가 있으며, 丙에게는 자녀 B와 C가 있고, 그 외 다른 상속인은 없다.

ㄱ. 甲이 사망하기 전에 乙과 丙이 모두 사망한 경우, 甲의 재산에 대한 A, B, C의 상속분은 각 1/3, 1/3, 1/3이다.

ㄴ. 甲이 사망하고 乙과 丙이 모두 상속을 포기한 경우, 甲의 재산에 대한 A, B, C의 상속분은 각 1/2, 1/4, 1/4이다.

〈사례 2〉

甲에게는 부친 乙과 자녀 丙이 있고, 丙에게는 배우자 A가 있으며, 그 외 다른 상속인은 없다.

ㄷ. 甲의 사망 후 丙이 사망한 경우, 甲의 재산은 A가 단독상속한다.

ㄹ. 甲과 丙이 민법 제30조에 의해 동시사망한 것으로 추정되는 경우, 甲의 재산은 A가 단독상속한다.

〈사례 3〉

甲에게는 배우자 乙과 자녀 丙, 丁이 있고, 그 외 다른 상속인은 없다. 甲은 채권자 A에 대한 7천만 원의 금전채무를 남기고 사망하였고, 다른 재산은 없다.

ㅁ. 이 경우 乙은 3천만 원, 丙과 丁은 각 2천만 원의 채무를 상속한다.
ㅂ. 乙, 丙, 丁이 상속재산분할협의를 하여 7천만 원의 채무를 모두 乙이 부담하기로 한 경우, 丙과 丁이 위 약정에 의해 상속채무를 면하기 위해서는 A의 승낙이 필요하다.

① ㄱ
② ㄴ, ㄷ
③ ㄱ, ㄴ
④ ㄹ, ㅁ, ㅂ
⑤ ㄱ, ㄴ, ㄷ

[해설]

ㄱ. [×] 피상속인의 자녀가 상속개시 전에 전부 사망한 경우 피상속인의 손자녀는 본위상속이 아니라 대습상속을 한다(대법원 2001. 3. 9. 선고 99다13157 판결). 대습상속인은 피대습상속인의 상속분의 범위 내에서 자신의 상속분에 따라 상속을 받게 된다. 따라서 A, B, C의 상속분은 1/2, 1/4, 1/4이다.

ㄴ. [×] 채무자인 피상속인이 그의 처와 동시에 사망하고 제1순위 상속인인 자 전원이 상속을 포기한 경우, 상속을 포기한 자는 상속 개시시부터 상속인이 아니었던 것과 같은 지위에 놓이게 되므로 같은 순위의 다른 상속인이 없어 그 다음 근친 직계비속인 피상속인의 손들이 차순위의 본위 상속인으로서 피상속인의 채무를 상속하게 된다(대법원 1995. 9. 26. 선고 95다27769 판결). 상속 포기는 대습상속의 사유가 아니므로 이 경우에는 본위 상속이 된다. 따라서 A, B, C의 상속분은 각 1/3, 1/3, 1/3이다.

ㄷ. [×] **제1000조 (상속의 순위)** ① 상속에 있어서는 다음 순위로 상속인이 된다. 1. 피상속인의 직계비속 2. 피상속인의 직계존속 3. 피상속인의 형제자매 4. 피상속인의 4촌 이내의 방계혈족. **제1003조 (배우자의 상속순위)** ① 피상속인의 배우자는 제1000조 제1항 제1호와 제2호의 규정에 의한 상속인이 있는 경우에는 그 상속인과 동순위로 공동상속인이 되고 그 상속인이 없는 때에는 단독상속인이 된다. [지문정리] 甲의 사망 후 丙이 사망한 경우, 甲의 재산은 제1000조 제1항 제1호에 의해 甲의 직계비속인 丙이 단독상속하나, 그 후 丙이 사망한 경우 제1003조 제1항에 의해 丙의 배우자 A와 직계존속 乙이 공동상속한다.

ㄹ. [O] [1] ① 우리 나라에서는 전통적으로 오랫동안 며느리의 대습상속이 인정되어 왔고, 1958. 2. 22. 제정된 민법에서도 며느리의 대습상속을 인정하였으며, 1990. 1. 13. 개정된 민법에서 며느리에게만 대습상속을 인정하는 것은 남녀평등·부부평등에 반한다는 것을 근거로 하여 사위에게도 대습상속을 인정하는 것으로 개정한 점, ② 헌법 제11조 제1항이 누구든지 성별에 의하여 정치적·경제적·사회적·문화적 생활의 모든 영역에 있어서 차별을 받지 아니한다고 규정하고 있고, 헌법 제36조 제1항이 혼인과 가족생활은 양성의 평등을 기초로 성립되고 유지되어야 하며 국가는 이를 보장한다고 규정하고 있는 점, ③ 현대 사회에서 딸이나 사위가 친정 부모 내지 장인장모를 봉양, 간호하거나 경제적으로 지원하는 경우가 드물지 아니한 점, ④ 배우자의 대습상속은 혈족상속과 배우자상속이 충돌하는 부분인데 이와 관련한 상속순위와 상속분은 입법자가 입법정책적으로 결정할 사항으로서 원칙적으로 입법자의 입법형성의 재량에 속한다고 할 것인 점, ⑤ 상속순위와 상속분은 그 나라 고유의 전통과 문화에 따라 결정될 사항이지 다른 나라의 입법례에 크게 좌우될

것은 아닌 점, ⑥ 피상속인의 방계혈족에 불과한 피상속인의 형제자매가 피상속인의 재산을 상속받을 것을 기대하는 지위는 피상속인의 직계혈족의 그러한 지위만큼 입법적으로 보호하여야 할 당위성이 강하지 않은 점 등을 종합하여 볼 때, 외국에서 사위의 대습상속권을 인정한 입법례를 찾기 어렵고, 피상속인의 사위가 피상속인의 형제자매보다 우선하여 단독으로 대습상속하는 것이 반드시 공평한 것인지 의문을 가져볼 수는 있다 하더라도, 이를 이유로 곧바로 <u>피상속인의 사위가 피상속인의 형제자매보다 우선하여 단독으로 대습상속할 수 있음이 규정된 민법 제1003조 제2항이 입법형성의 재량의 범위를 일탈하여 행복추구권이나 재산권보장 등에 관한 헌법규정에 위배되는 것이라고 할 수 없다.</u> [2] 원래 대습상속제도는 대습자의 상속에 대한 기대를 보호함으로써 공평을 꾀하고 생존 배우자의 생계를 보장하여 주려는 것이고, 또한 동시사망 추정규정도 자연과학적으로 엄밀한 의미의 동시사망은 상상하기 어려운 것이나 사망의 선후를 입증할 수 없는 경우 동시에 사망한 것으로 다루는 것이 결과에 있어 가장 공평하고 합리적이라는 데에 그 입법 취지가 있는 것인바, 상속인이 될 직계비속이나 형제자매(피대습자)의 직계비속 또는 배우자(대습자)는 피대습자가 상속개시 전에 사망한 경우에는 대습상속을 하고, 피대습자가 상속개시 후에 사망한 경우에는 피대습자를 거쳐 피상속인의 재산을 본위상속을 하므로 두 경우 모두 상속을 하는데, 만일 피대습자가 피상속인의 사망, 즉 상속개시와 동시에 사망한 것으로 추정되는 경우에만 그 직계비속 또는 배우자가 본위상속과 대습상속의 어느 쪽도 하지 못하게 된다면 동시사망 추정 이외의 경우에 비하여 현저히 불공평하고 불합리한 것이라 할 것이고, 이는 앞서 본 대습상속제도 및 동시사망 추정규정의 입법 취지에도 반하는 것이므로, <u>민법 제1001조의 '상속인이 될 직계비속이 상속개시 전에 사망한 경우'에는 '상속인이 될 직계비속이 상속개시와 동시에 사망한 것으로 추정되는 경우'도 포함하는 것으로 합목적적으로 해석함이 상당하다</u>(대법원 2001. 3. 9. 선고 99다13157 판결).

ㅁ. [O] **제1009조 (법정상속분)** ① 동순위의 상속인이 수인인 때에는 그 상속분은 균분으로 한다. ② 피상속인의 배우자의 상속분은 직계비속과 공동으로 상속하는 때에는 직계비속의 상속분의 5할을 가산하고, 직계존속과 공동으로 상속하는 때에는 직계존속의 상속분의 5할을 가산한다. **[지문정리]** 배우자 乙은 3천만 원, 직계비속인 丙과 丁은 각 2천만 원의 채무를 상속한다.

ㅂ. [O] 상속재산 분할의 대상이 될 수 없는 상속채무에 관하여 공동상속인들 사이에 분할의 협의가 있는 경우라면 이러한 협의는 민법 제1013조에서 말하는 상속재산의 협의분할에 해당하는 것은 아니지만, 위 분할의 협의에 따라 공동상속인 중의 1인이 법정상속분을 초과하여 채무를 부담하기로 하는 약정은 면책적 채무인수의 실질을 가진다고 할 것이어서, <u>채권자에 대한 관계에서 위 약정에 의하여 다른 공동상속인이 법정상속분에 따른 채무의 일부 또는 전부를 면하기 위하여는 민법 제454조의 규정에 따른 채권자의 승낙을 필요로 하고, 여기에 상속재산 분할의 소급효를 규정하고 있는 민법 제1015조가 적용될 여지는 전혀 없다</u>(대법원 1997. 6. 24. 선고 97다8809 판결).

정답 ⑤

212 /상속회복청구권/

상속회복청구권에 관한 다음 설명 중 옳은 것을 모두 고른 것은? (다툼이 있으면 판례에 의함)

ㄱ. 진정상속인이 참칭상속인의 최초 침해행위가 있은 날부터 10년의 제척기간이 경과하기 전에 참칭상속인에 대한 상속회복청구 소송에서 승소의 확정판결을 받았다고 하더라도 위 제척기간이 경과한 후에는 제3자를 상대로 상속회복청구의 소를 제기하여 상속재산에 관한 등기의 말소 등을 구할 수 없다.

ㄴ. 공동상속인 중 1인이 협의분할에 의한 상속을 원인으로 하여 상속부동산에 관한 소유권이전등기를 마친 경우, 협의분할이 다른 공동상속인의 동의 없이 이루어진 것이어서 무효라는 이유로 다른 공동상속인이 위 등기의 말소를 청구하는 소는 상속회복청구의 소에 해당한다.

ㄷ. 상속인의 상속회복청구권에 관한 규정은 포괄적 유증의 경우에는 적용되지 않으므로, 상속회복청구권의 제척기간에 관한 규정 또한 포괄적 유증의 경우에는 유추적용 되지 않는다.

ㄹ. 법원은 상속회복청구의 소에 있어서 제척기간의 준수 여부에 관하여 직권으로 조사한 후 기간도과 후에 제기된 소는 부적법한 소로서 이를 각하하여야 한다.

ㅁ. 자신이 진정한 상속인임을 전제로 그 상속으로 인한 재산권의 귀속을 주장하면서 참칭상속인으로부터 상속재산에 관한 권리를 취득한 제3자를 상대로 상속재산인 부동산에 관한 등기의 말소를 청구하는 소는 상속회복청구의 소라고 볼 수 없다.

ㅂ. 상속회복청구권이 제척기간의 경과로 소멸하게 되면, 진정상속인은 상속에 따라 승계한 개개의 권리의무를 상실하게 되고, 그 반사적 효과로 인해 참칭상속인의 지위가 확정되어 상속재산은 상속 개시일로 소급하여 참칭상속인의 소유로 된다.

① ㄱ, ㄹ   ② ㄱ, ㄴ, ㄹ, ㅂ   ③ ㄴ, ㅂ
④ ㄴ, ㄷ, ㅁ   ⑤ ㄷ, ㄹ, ㅁ, ㅂ

[해설]

ㄱ. [O] 참칭상속인의 최초 침해행위가 있은 날로부터 10년이 경과한 이후에는 비록 제3자가 참칭상속인으로부터 상속재산에 관한 권리를 취득하는 등의 새로운 침해행위가 최초 침해행위시로부터 10년이 경과한 후에 이루어졌다 하더라도 상속회복청구권은 제척기간의 경과로 소멸되어 진정상속인은 더 이상 제3자를 상대로 그 등기의 말소 등을 구할 수 없다 할 것이며, 이는 진정상속인이 참칭상속인을 상대로 제척기간 내에 상속회복청구의 소를 제기하여 승소의 확정판결을 받았다고 하여 달리 볼 것은 아니라 할 것이다(대법원 2006. 9. 8. 선고 2006다26694 판결). **[보충해설]** 제척기간에는 소멸시효와 달리 중단이라는 제도가 없기 때문이다.

ㄴ. [O] 자신이 진정한 상속인임을 전제로 그 상속으로 인한 소유권 또는 지분권 등 재산권의 귀속을 주장하면서 참칭상속인 또는 참칭상속인으로부터 상속재산에 관한 권리를 취득하거나 새로운 이해관계를 맺은 제3자를 상대로 상속재산인 부동산에 관한 등기의 말소 등을 청구하는 경우에는, 그 소유권 또는 지분권이 귀속되었다는 주장이 상속을 원인으로 하는 것인 이상 그 청구원인 여하

에 관계없이 이는 민법 제999조가 정한 상속회복청구의 소에 해당한다. 그리고 상속회복청구의 상대방이 되는 참칭상속인은 정당한 상속권이 없음에도 재산상속인임을 신뢰케 하는 외관을 갖추고 있는 사람이나 상속인이라고 참칭하여 상속재산의 전부 또는 일부를 점유하는 사람을 가리키는 것이므로, 상속재산인 부동산에 관하여 공동상속인 중 1인 명의로 소유권이전등기가 경료된 경우, 그 등기가 상속을 원인으로 경료된 것이라면 등기명의인의 의사와 무관하게 경료된 것이라는 등의 특별한 사정이 없는 한 그 등기명의인은 재산상속인임을 신뢰케 하는 외관을 갖추고 있는 사람으로서 참칭상속인에 해당한다. 따라서 <u>공동상속인 중 1인이 협의분할에 의한 상속을 원인으로 하여 상속부동산에 관한 소유권이전등기를 마친 경우에 그 협의분할이 다른 공동상속인의 동의 없이 이루어진 것으로 무효라는 이유로 다른 공동상속인이 그 등기의 말소를 청구하는 소 역시 상속회복청구의 소에 해당한다</u>(대법원 2011. 3. 10. 선고 2007다17482 판결).

ㄷ. [✗] 상속인의 <u>상속회복청구권에 관한 규정은 포괄적 유증의 경우에도 적용된다</u>(대법원 2001. 10. 12. 선고 2000다22942 판결).

ㄹ. [O] 상속회복의 소는 제척기간을 정하고 있는바, 이 기간은 제소기간으로 볼 것이므로, 상속회복청구의 소에 있어서는 <u>법원이 제척기간의 준수 여부에 관하여 직권으로 조사한 후 기간도과 후에 제기된 소는 부적법한 소로서 흠결을 보정할 수 없으므로 각하하여야 할 것이다</u>(대법원 1993. 2. 26. 선고 92다3083 판결).

ㅁ. [✗] <u>진정상속인이 참칭상속인으로부터 상속재산을 양수한 제3자를 상대로 등기말소 청구를 하는 경우에도 상속회복청구권의 단기의 제척기간이 적용되는 것으로 풀이하여야 할 것이다</u>. 왜냐하면 상속회복청구권의 단기의 제척기간이 참칭상속인에게만 인정되고 참칭상속인으로 부터 양수한 제3자에게는 인정되지 않는다면 거래관계의 조기안정을 의도하는 단기의 제척기간 제도가 무의미하게 될 뿐만 아니라 참칭상속인에 대한 관계에 있어서는 제척기간의 경과로 참칭상속인이 상속재산상의 정당한 권원을 취득하였다고 보면서 같은 상속재산을 참칭상속인으로부터 전득한 제3자는 진정상속인의 물권적 청구를 감수하여야 한다는 이론적 모순이 생기기 때문이다(대법원 1981. 1. 27. 선고 79다854 전원합의체 판결).

ㅂ. [O] 상속회복청구권이 제척기간의 경과로 소멸하게 되면 상속인은 상속인으로서의 지위 즉 상속에 따라 승계한 개개의 권리의무 또한 총괄적으로 상실하게 되고, <u>그 반사적 효과로서 참칭상속인의 지위는 확정되어 참칭상속인이 상속개시의 시로부터 소급하여 상속인으로서의 지위를 취득한 것으로 봄이 상당하므로, 상속재산은 상속 개시일로 소급하여 참칭상속인의 소유로 된다</u>(대법원 1998. 3. 27. 선고 96다37398 판결).

정답 ②

213 /상속과 대습상속/
상속과 대습상속에 관한 설명 중 옳지 않은 것을 모두 고른 것은? (다툼이 있으면 판례에 의함)

ㄱ. 민법 부칙 제25조 제2항은 "실종선고로 인하여 호주 또는 재산상속이 개시되는 경우에 그 실종기간이 구법 시행기간 중에 만료하는 때에도 그 실종이 본법 시행일 후에 선고된 때에는 그 상속순위, 상속분 기타 상속에 관하여는 본법의 규정을 적용한다."고 규정하고 있는데, 여기서 '재산상속이 개시되는 경우'란 일응 상속인이던 자가 행방불명으로 인하여 실종선고를 받은 결과 재산상속의 개시 내지는 대습상속 사유가 발생한 경우도 포함된다.

ㄴ. 상속인이 될 자(사망자 또는 결격자)의 배우자는 민법 제1003조에 의하여 대습상속인이 될 수 있고, 피대습자(사망자 또는 결격자)의 배우자가 대습상속의 상속개시 전에 사망하거나 결격자가 된 경우, 그 배우자에게 다시 피대습자로서의 지위가 인정될 수도 있다.

ㄷ. 상속결격은 법정사유가 인정되면 상속권 박탈이라는 중대한 효과가 법률상 당연히 발생하므로 그 사유를 엄격하게 해석하여야 하고, 유추에 의하여 상속결격사유를 확장하는 것은 허용되지 않는다.

ㄹ. 피상속인이 피대습인을 피보험자로 하되 대습상속인을 보험수익자로 지정한 생명보험계약을 체결하고 보험계약자로서 보험료를 납부하다가 피대습인이 사망하여 대습상속인이 생명보험금을 수령한 경우, 대습상속인을 보험수익자로 지정한 때 이미 실질적으로 피상속인의 재산을 감소시키는 증여가 있었다고 봄이 타당하다.

ㅁ. 공동상속인들이 상속재산을 공유하는 동안 상속재산에 부과된 재산세는 공동상속인들이 연대하여 납부할 의무를 지고, 그중 1인이 위 재산세를 납부함으로써 공동면책을 얻었다면 그 공동상속인은 다른 공동상속인들을 상대로 각자의 법정상속분에 따라 구상할 수 있다. 다만 구상을 하지 않은 상태에서 상속재산분할 절차가 진행되는 경우 그 절차에서 위와 같이 납부된 재산세가 고려될 수 있으나, 이에 대한 고려가 이루어지지 않았고 그 상속재산을 재산세를 납부한 공동상속인의 단독소유로 하는 내용의 상속재산분할이 이루어졌다면 다른 공동상속인들을 상대로 구상할 수 없다.

① ㄱ, ㄴ ② ㄱ, ㄹ ③ ㄴ, ㄷ
④ ㄴ, ㅁ ⑤ ㄹ, ㅁ

해설

ㄱ. [O] [1] 민법 부칙(1958. 2. 22.) 제25조 제2항은 "실종선고로 인하여 호주 또는 재산상속이 개시되는 경우에 그 실종기간이 구법 시행기간 중에 만료하는 때에도 그 실종이 본법 시행일 후에 선고된 때에는 그 상속순위, 상속분 기타 상속에 관하여는 본법의 규정을 적용한다."고 규정하고 있는데, 여기서 '재산상속이 개시되는 경우'란 피상속인의 실종선고로 인하여 재산상속이 개시되는 경우뿐만 아니라 일응 상속인이던 자가 행방불명으로 인하여 실종선고를 받은 결과 재산상속의 개시 내지는 대

습상속 사유가 발생한 경우도 포함된다. [2] 상속인이던 사람이 민법 시행 후 실종선고를 받아 구민법 시행기간 중에 사망한 것으로 간주된 사안에서, 망인의 사망 효과로서 발생된 대습상속의 경우에도 민법 부칙(1958. 2. 22.) 제25조 제2항이 적용되므로, 구 관습법이 아닌 당시 민법 규정에 따라 상속분을 산정하여야 한다고 본 원심판결을 수긍한 사례(대법원 2011. 05. 13. 선고 2009다94384 판결).

ㄴ. [×] ★ [사례형] 민법 제1000조 제1항, 제1001조, 제1003조의 각 규정에 의하면, 대습상속은 상속인이 될 피상속인의 직계비속 또는 형제자매가 상속개시 전에 사망하거나 결격자가 된 경우에 사망자 또는 결격자의 직계비속이나 배우자가 있는 때에는 그들이 사망자 또는 결격자의 순위에 갈음하여 상속인이 되는 것을 말하는 것으로, 대습상속이 인정되는 경우는 상속인이 될 자(사망자 또는 결격자)가 피상속인의 직계비속 또는 형제자매인 경우에 한한다 할 것이므로, 상속인이 될 자(사망자 또는 결격자)의 배우자는 민법 제1003조에 의하여 대습상속인이 될 수는 있으나, 피대습자(사망자 또는 결격자)의 배우자가 대습상속의 상속개시 전에 사망하거나 결격자가 된 경우, 그 배우자에게 다시 피대습자로서의 지위가 인정될 수는 없다. [이유] 기록에 의하면, 피고 옥명희, 옥순호, 옥영호, 옥성효는 소외 박두생의 부였던 소외 옥을구와 그의 전처 김분주 사이에 출생한 자들이고, 옥을구는 박두생이 사망하기 전에 사망하였음이 분명하므로, 위 피고들의 직계존속인 옥을구는 박두생의 남편으로서 이 사건 상속개시 당시에 생존해 있었다면 박두생을 대습하여 피상속인 박팔용의 상속인이 될 수 있었던 자라고 하더라도 그가 박두생이 사망하기 전에 먼저 사망한 이상 박두생의 상속인이 될 수는 없고, 또한 옥을구의 직계비속인 위 피고들도 박두생과 배우자의 관계에 있는 옥을구를 대습하여 박두생의 상속인이 되거나 이를 전제로 하여 옥을구와 박두생을 순차 대습하여 피상속인 박팔용의 상속인이 될 수도 없다고 할 것이다(대법원 1999. 7. 9. 선고 98다64318 판결).

ㄷ. [O] 상속결격은 법정사유가 인정되면 상속권 박탈이라는 중대한 효과가 법률상 당연히 발생하므로 그 사유를 엄격하게 해석하여야 하고, 유추에 의하여 상속결격사유를 확장하는 것은 허용되지 않는다. 상속인 결격사유의 하나로 규정하고 있는 민법 제1004조 제5호 소정의 '상속에 관한 유언서를 은닉한 자'라 함은 유언서의 소재를 불명하게 하여 그 발견을 방해하는 행위를 한 자를 의미하는 것으로, 공동상속인들 사이에 그 내용이 널리 알려진 유언서에 관하여 피상속인의 사망 후 일정한 기간이 경과한 시점에서 비로소 그 존재를 주장하는 등의 사정만으로 이를 두고 유언서의 은닉에 해당한다고 단정할 수 없다(대법원 2023. 12. 21. 선고 2023다265731 판결).

ㄹ. [O] [1] 민법 제1008조는 공동상속인 중에 피상속인으로부터 재산의 증여 또는 유증을 받은 특별수익자가 있는 경우 공동상속인들 사이의 공평을 기하기 위하여 그 수증재산을 상속분의 선급으로 다루어 구체적인 상속분을 산정할 때 이를 참작하도록 하려는 데 그 취지가 있다. 대습상속인이 대습원인의 발생 전에 피상속인으로부터 증여를 받은 경우 이는 상속인의 지위에서 받은 것이 아니므로 상속분의 선급으로 볼 수 없다. 그렇지 않고 이를 상속분의 선급으로 보게 되면, 피대습인이 사망하기 전에 피상속인이 먼저 사망하여 상속이 이루어진 경우에는 특별수익에 해당하지 아니하던 것이 피대습인이 피상속인보다 먼저 사망하였다는 우연한 사정으로 인하여 특별수익으로 되는 불합리한 결과가 발생한다. 따라서 대습상속인의 위와 같은 수익은 특별수익에 해당하지 않는다고 봄이 타당하다. [2] 구체적 상속분 산정을 위한 분할대상 상속재산에 포함되는 증여에 해당하는지 여부를 판단할 때에는 피상속인의 재산처분행위의 법적 성질을 형식적·추상적으로 파악하는 데 그쳐서는 안 되고, 재산처분행위가 실질적인 관점에서 피상속인의 재산을 감소시키는 무상처분에 해당하는지 여부에 따라 판단해야 한다. 피상속인이 피대습인을 피보험자로 하되 대습상속인을 보험수익자로 지정한 생명보험계약을 체결하고 보험계약자로서 보험료를 납부하다가 피대습인이 사망하여 대습상속인이 생명보험금을 수령한 경우, 대습상속인을 보험수익자로 지정한 때 이미 실질적으로 피상속인의 재산을 감소시키는 증여가 있었다고 봄이 타당하다. 이와 같이 대습상속인이 대습원인 발생 전에 보험수익자로 지정된 이상 그 후에 피대습인의 사망이라는 조건 성취

에 따라 생명보험금을 수령하였더라도, 그 보험금은 대습상속인이 상속인의 지위에서 받은 것이 아니므로 상속분의 선급인 특별수익으로 볼 수 없다(대법원 2024. 6. 13. 자 2024스525 결정).

ㅁ. [×] [1] 상가건물 임대차보호법 제3조는 '대항력 등'이라는 표제로 제1항에서 대항력의 요건을 정하고, 제2항에서 "임차건물의 양수인(그 밖에 임대할 권리를 승계한 자를 포함한다)은 임대인의 지위를 승계한 것으로 본다."라고 정하고 있다. 상속에 따라 임차건물의 소유권을 취득한 자도 위 조항에서 말하는 임차건물의 양수인에 해당한다. 임대인 지위를 공동으로 승계한 공동임대인들의 임차보증금 반환채무는 성질상 불가분채무에 해당한다. 불가분채무자가 변제 등으로 공동면책을 얻은 때에는 다른 채무자의 부담부분에 대하여 구상할 수 있다. 민법 제1007조는 "공동상속인은 각자의 상속분에 응하여 피상속인의 권리·의무를 승계한다."라고 정하는데 위 조항에서 정한 '상속분'은 법정상속분을 의미한다. 따라서 임대인 지위를 공동으로 승계한 상속인 중 1인이 변제 등으로 공동면책을 얻은 때에는 다른 공동상속인들을 상대로 법정상속분에 따라 구상할 수 있다. [2] 상속재산분할심판에서 분할대상 상속재산 중 특정 상속재산을 공동상속인 중 1인의 단독소유로 하고 그의 구체적 상속분과 그 특정 상속재산의 가액과의 차액을 현금으로 정산하는 방법(이른바 대상분할의 방법)으로 상속재산을 분할하였는데 그 특정 상속재산이 상가건물 임대차보호법 제3조 제1항이 정한 대항요건을 갖춘 임대차의 목적물인 경우 그 공동상속인은 임대차보증금반환채무를 면책적으로 인수하고 다른 공동상속인들은 임대차관계에서 탈퇴하여 임차인에 대한 임대차보증금반환채무를 면하게 된다. 그런데 상속재산분할심판에서 임대차보증금반환채무가 분할대상에서 제외된 가운데 임대차 목적물을 단독으로 상속받게 된 공동상속인이 그 임대차보증금반환채무를 면책적으로 인수하면서 다른 공동상속인들에게는 이러한 채무인수를 고려하지 않은 방식에 따라 산정된 차액을 지급하게 되면, 그는 본래 상속재산분할에서 의도되었던 것보다 과도한 부담을 안을 수 있어 부당하다. 이러한 경우 다른 공동상속인들이 임대차보증금반환채무를 면하는 것을 정당화할 만한 특별한 사정이 없는 한 공동상속인들 사이에서는 임대차보증금반환채무에 관하여 법정상속분에 따른 내부적 부담부분이 그대로 유지되고, 그 임대차 목적물을 단독소유하게 된 공동상속인이 나중에 임대차보증금을 반환한 때에는 다른 공동상속인들을 상대로 구상할 수 있다. [3] 민법 제1007조는 "공동상속인은 각자의 상속분에 응하여 피상속인의 권리·의무를 승계한다."라고 정하는데, 위 조항에서 정한 '상속분'은 법정상속분을 의미하므로 일단 상속이 개시되면 공동상속인은 각자의 법정상속분 비율에 따라 모든 상속재산을 승계한다. 또한 민법 제1006조는 "상속인이 수인인 때에는 상속재산은 그 공유로 한다."라고 정하므로, 공동상속인들은 상속이 개시되어 상속재산의 분할이 있을 때까지 민법 제1007조에 기하여 각자의 법정상속분에 따라 이를 공유한다. 그리고 공유물에 관계되는 지방세는 공유자가 연대하여 납부할 의무를 지고, 이에 관하여는 출재채무자의 구상권에 관한 민법 제425조를 준용한다(지방세기본법 제2조 제1항 제22호, 제44조 제1항, 제5항). 한편 민법 제1015조는 "상속재산의 분할은 상속개시된 때에 소급하여 그 효력이 있다. 그러나 제삼자의 권리를 해하지 못한다."라고 규정함으로써 상속재산분할의 소급효를 인정하고 있으나, 상속재산분할에 소급효가 인정된다고 하더라도, 상속개시 이후 공동상속인들이 상속재산의 공유관계에 있었던 사실 자체가 소급하여 소멸하는 것은 아니다. 따라서 위와 같이 공동상속인들이 각자의 법정상속분에 따라 상속재산을 공유하는 동안 상속재산에 부과된 재산세는 공동상속인들이 연대하여 납부할 의무를 지고, 그중 1인이 위 재산세를 납부함으로써 공동면책을 얻었다면 그 공동상속인은 특별한 사정이 없는 한 다른 공동상속인들을 상대로 각자의 법정상속분에 따라 구상할 수 있다. 그리고 구상을 하지 않은 상태에서 상속재산분할 절차가 진행되는 경우 그 절차에서 위와 같이 납부된 재산세가 고려될 수 있으나, 이에 대한 고려가 이루어지지 않았다면 그 상속재산을 재산세를 납부한 공동상속인의 단독소유로 하는 내용의 상속재산분할이 이루어졌다고 해도 여전히 다른 공동상속인들을 상대로 구상할 수 있다(대법원 2024. 8. 1. 선고 2023다318857 판결).

정답 ④

214 /한정승인/

한정승인에 관한 설명 중 옳은 것을 모두 고른 것은? (다툼이 있으면 판례에 의함)

ㄱ. 민법 제1026조 각호의 사유가 있으면 단순승인을 한 것으로 보게 되는데, 민법 제1026조에 정해진 법정단순승인 사유 중 제3호는 "상속인이 한정승인이나 포기를 한 후에 상속재산을 은닉하거나 부정소비하거나 고의로 재산목록에 기입하지 아니한 때"이다. 제3호의 법정단순승인 사유가 있으면 그 전에 상속인이 한 한정승인 또는 포기의 효력이 소멸하고 단순승인의 효과가 발생하여 상속인의 고유재산에 대하여도 집행할 수 있게 된다. 이러한 점 때문에 민법 제1026조 제3호는 상속인의 배신적 행위에 대한 제재로서 의미를 가지고 있다.

ㄴ. 민법 제1019조 제3항이 적용되는 사건에서 상속인이 단순승인을 하거나 민법 제1026조 제1호, 제2호에 따라 단순승인한 것으로 간주된 다음 한정승인신고를 하여 이를 수리하는 심판을 받았다면, 상속채권에 관한 청구를 심리하는 법원은 위 한정승인이 민법 제1019조 제3항에서 정한 요건을 갖춘 특별한정승인으로서 유효한지 여부를 심리·판단할 수 없다.

ㄷ. 상속채권자가 피상속인에 대하여는 채권을 보유하면서 상속인에 대하여는 채무를 부담하는 경우, 상속이 개시되면 위 채권 및 채무가 모두 상속인에게 귀속되어 상계적상이 생기지만, 상속인이 한정승인을 하면 상속이 개시된 때부터 민법 제1031조에 따라 피상속인의 상속재산과 상속인의 고유재산이 분리되는 결과가 발생하므로, 상속채권자의 피상속인에 대한 채권과 상속인에 대한 채무 사이의 상계는 제3자의 상계에 해당하여 허용될 수 없다.

ㄹ. 민법 제1019조 제3항에서 말하는 '상속채무가 상속재산을 초과하는 사실을 중대한 과실로 알지 못한다.' 함은 상속인이 조금만 주의를 기울였다면 상속채무가 상속재산을 초과한다는 사실을 알 수 있었음에도 이를 게을리함으로써 그러한 사실을 알지 못한 것을 뜻하고, 이에 대한 증명책임은 상속인에게 상속채무의 이행을 청구하는 자에게 있다.

ㅁ. 판례는 미성년 상속인의 법정대리인이 인식한 바를 기준으로 특별한정승인의 제척기간이 이미 지난 것으로 판명되었더라도, 그 후 상속인이 성년이 된 이후에 상속개시 있음과 상속채무 초과사실에 관하여 상속인 본인 스스로의 인식을 기준으로 특별한정승인 규정이 적용되고 제척기간이 별도로 기산되어야 함을 내세워 특별한정승인을 할 수 있다는 입장이다.

① ㄱ, ㄴ   ② ㄱ, ㄷ   ③ ㄱ, ㄴ, ㄷ
④ ㄷ, ㄹ   ⑤ ㄹ, ㅁ

[해설]

ㄱ. [O] [1] 민법 제1026조 각호의 사유가 있으면 단순승인을 한 것으로 보게 되는데, 민법 제1026조에 정해진 법정단순승인 사유 중 제3호는 "상속인이 한정승인이나 포기를 한 후에 상속재산을 은

닉하거나 부정소비하거나 고의로 재산목록에 기입하지 아니한 때"이다. 이러한 제3호의 법정단순승인 사유가 있으면 그 전에 상속인이 한 한정승인 또는 포기의 효력이 소멸하고 단순승인의 효과가 발생하여 상속인의 고유재산에 대하여도 집행할 수 있게 된다. 이러한 점 때문에 민법 제1026조 제3호는 상속인의 배신적 행위에 대한 제재로서 의미를 가지고 있다. "상속인이 한정승인이나 포기를 한 후에 상속재산을 은닉하거나 부정소비하거나 고의로 재산목록에 기입하지 아니한 때"(민법 제1026조 제3호)에서 '고의로 재산목록에 기입하지 아니한 때'라 함은 한정승인을 함에 있어 상속재산을 은닉하여 상속채권자를 사해할 의사로써 상속재산을 재산목록에 기입하지 않는 것을 뜻하므로, 위 규정에 해당하기 위해서는 상속인이 어떠한 상속재산이 있음을 알면서 이를 재산목록에 기입하지 아니하였다는 사정만으로는 부족하고, 상속재산을 은닉하여 상속채권자를 사해할 의사, 즉 그 재산의 존재를 쉽게 알 수 없게 만들려는 의사가 있을 것을 필요로 한다. 위 사정은 이를 주장하는 측에서 증명하여야 한다. [2] 민법은 상속에 있어 법적 안정성이라는 공익을 도모하기 위하여 포괄·당연승계주의를 채택하면서, 상속인이 피상속인의 채무를 무한정 상속하여 파탄에 빠지는 것을 막아 상속인을 보호하기 위해 상속인으로 하여금 그의 의사에 따라 상속의 효과를 귀속시키거나 거절할 수 있는 자유를 주고자 상속의 포기·한정승인제도를 두고 있는 것이므로, 법원으로서는 위와 같은 한정승인제도의 취지와 의의를 염두에 두고 민법 제1026조 제3호의 의미와 효과를 고려하여, 민법 제1026조 제3호의 '고의로 재산목록에 기입하지 아니한 때'에 해당하는지를 신중하게 판단하여야 한다. 한정승인에 의한 청산절차에서 재산목록에 기재되었는지와 무관하게 실제 상속채권자의 지위에 있으면 청산절차의 대상이 되고 그의 재산목록에 기재되지 않았다는 이유로 실권효가 발생하지 않기 때문이다. 특히 소송 등의 분쟁이 예상되거나 계속 중인 상태에서 상속이 개시된 경우, 한정승인을 하는 상속인으로서는 분쟁과 관계된 재산이나 채권, 채무 등을 재산목록에 기입하게 되면 자칫 분쟁의 결과에 따라 그 내용이 사실과 달라지거나, 또는 이로 인해 소송 상대방의 주장을 인정하는 결과가 될 수 있다는 우려로 이를 기입하지 않는 경우가 있을 수 있으므로, 그러한 경우에는 상속재산을 은닉하여 상속채권자를 사해할 의사가 있는지 여부를 더욱 신중하게 판단하여야 한다. [3] 甲의 상속인인 乙과 丙에게 부과된 상속세를 乙이 모두 납부한 후 丙을 상대로 구상금 청구의 소를 제기하였고, 丙은 乙을 상대로 상속재산분할심판청구를 하였는데, 丙이 사망하자 그 상속인인 丁 등이 위 소송과 상속재산분할심판절차를 수계하였으며, 丁은 한정승인신고를 하면서 상속재산목록에 적극재산이 전혀 없다고 기입한 사안에서, 丁으로서는 상속재산분할심판에서 법원의 판단에 따라 자신의 상속재산에 대한 권리 유무 및 범위가 달라질 입장에서 섣불리 적극재산에 상속재산을 기입하기 어려웠을 것으로 보이므로, 丁에게 그 재산의 존재를 쉽게 알 수 없게 만들려는 의사, 즉 상속재산을 은닉하여 상속채권자를 사해할 의사가 있었다고 단정하기 어려운데도, 丁이 상속재산이 있다는 사실을 알면서도 이를 재산목록에 기입하지 않았다는 사정만을 들어 민법 제1026조 제3호의 '고의로 재산목록에 기입하지 아니한 때'에 해당한다고 본 원심판결에 법리오해 등의 잘못이 있다고 한 사례(대법원 2022. 7. 28. 선고 2019다29853 판결).

ㄴ. [×] 가정법원의 한정승인신고 수리의 심판은 일응 한정승인의 요건을 구비한 것으로 인정한다는 것일 뿐 그 효력을 확정하는 것이 아니고, 한정승인의 효력이 있는지 여부에 대한 최종적인 판단은 실체법에 따라 민사소송에서 결정될 문제이다. 가사소송규칙 제75조 제3항은 가정법원의 한정승인신고 수리 심판서에 신고 일자와 대리인에 관한 사항을 기재하도록 정할 뿐 민법 제1019조 제1항의 한정승인과 같은 조 제3항의 특별한정승인을 구분하여 사건명이나 근거조문 등을 기재하도록 정하고 있지 않고, 재판실무상으로도 이를 특별히 구분하여 기재하지 않고 있다. 따라서 민법 제1019조 제3항이 신설된 후 상속인이 단순승인을 하거나 단순승인한 것으로 간주된 후에 한정승인신고를 하고 가정법원이 특별한정승인의 요건을 갖추었다는 취지에서 수리심판을 하였다면 상속인이 특별한정승인을 한 것으로 보아야 한다. 그렇다면 민법 제1019조 제3항이 적용되는 사건에서

상속인이 단순승인을 하거나 민법 제1026조 제1호, 제2호에 따라 단순승인한 것으로 간주된 다음 한정승인신고를 하여 이를 수리하는 심판을 받았다면, 상속채권에 관한 청구를 심리하는 법원은 위 한정승인이 민법 제1019조 제3항에서 정한 요건을 갖춘 특별한정승인으로서 유효한지 여부를 심리·판단하여야 한다(대법원 2021. 2. 25. 선고 2017다289651 판결).

ㄷ. [O] 상속인이 한정승인을 하는 경우에도, 피상속인의 채무와 유증에 대한 책임 범위가 한정될 뿐 상속인은 상속이 개시된 때부터 피상속인의 일신에 전속한 것을 제외한 피상속인의 재산에 관한 포괄적인 권리·의무를 승계하지만(민법 제1005조), 피상속인의 상속재산을 상속인의 고유재산으로부터 분리하여 청산하려는 한정승인 제도의 취지에 따라 상속인의 피상속인에 대한 재산상 권리·의무는 소멸하지 아니한다(민법 제1031조). 그러므로 상속채권자가 피상속인에 대하여는 채권을 보유하면서 상속인에 대하여는 채무를 부담하는 경우, 상속이 개시되면 위 채권 및 채무가 모두 상속인에게 귀속되어 상계적상이 생기지만, 상속인이 한정승인을 하면 상속이 개시된 때부터 민법 제1031조에 따라 피상속인의 상속재산과 상속인의 고유재산이 분리되는 결과가 발생하므로, 상속채권자의 피상속인에 대한 채권과 상속인에 대한 채무 사이의 상계는 제3자의 상계에 해당하여 허용될 수 없다. 즉, 상속채권자가 상속이 개시된 후 한정승인 이전에 피상속인에 대한 채권을 자동채권으로 하여 상속인에 대한 채무에 대하여 상계하였더라도, 그 이후 상속인이 한정승인을 하는 경우에는 민법 제1031조의 취지에 따라 상계가 소급하여 효력을 상실하고, 상계의 자동채권인 상속채권자의 피상속인에 대한 채권과 수동채권인 상속인에 대한 채무는 모두 부활한다(대법원 2022. 10. 27. 선고 2022다254154 판결).

ㄹ. [X] [1] 상가건물 임대차보호법 제3조는 '대항력 등'이라는 표제로 제1항에서 대항력의 요건을 정하고, 제2항에서 "임차건물의 양수인(그 밖에 임대할 권리를 승계한 자를 포함한다)은 임대인의 지위를 승계한 것으로 본다."라고 정하고 있다. 이 조항은 임차인이 취득하는 대항력의 내용을 정한 것으로, 상가건물의 임차인이 제3자에 대한 대항력을 취득한 다음 임차건물의 양도 등으로 소유자가 변동된 경우에는 양수인 등 새로운 소유자(이하 '양수인'이라 한다)가 임대인의 지위를 당연히 승계한다는 의미이다. 소유권 변동의 원인이 매매 등 법률행위든 상속·경매 등 법률의 규정이든 상관없이 이 규정이 적용되므로, 상속에 따라 임차건물의 소유권을 취득한 자도 위 조항에서 말하는 임차건물의 양수인에 해당한다. 임대인 지위를 공동으로 승계한 공동임대인들의 임차보증금 반환채무는 성질상 불가분채무에 해당한다. [2] 민법 제1019조 제3항에서 말하는 '상속채무가 상속재산을 초과하는 사실을 중대한 과실로 알지 못한다.' 함은 상속인이 조금만 주의를 기울였다면 상속채무가 상속재산을 초과한다는 사실을 알 수 있었음에도 이를 게을리함으로써 그러한 사실을 알지 못한 것을 뜻하고, 상속인이 상속채무가 상속재산을 초과하는 사실을 중대한 과실 없이 민법 제1019조 제1항의 기간 내에 알지 못하였다는 점에 대한 증명책임은 상속인에게 있다. [3] 민법 제1026조 제3호는 상속인이 한정승인이나 포기를 한 후에 상속재산을 은닉하거나 부정소비하거나 고의로 재산목록에 기입하지 않은 때에는 상속인이 단순승인을 한 것으로 본다고 규정하고 있는데, 여기서 '고의로 재산목록에 기입하지 아니한 때'란 한정승인을 할 때 상속재산을 은닉하여 상속채권자를 해할 의사로써 상속재산을 재산목록에 기입하지 않는 것을 뜻한다(대법원 2021. 1. 28. 선고 2015다59801 판결).

ㅁ. [X] [1] 민법 제1019조 제3항은 민법 부칙 제3항, 제4항에 따라 ① 1998. 5. 27.부터 위 개정 민법 시행 전까지 상속개시 있음을 안 상속인과 ② 1998. 5. 27. 전에 상속개시 있음을 알았지만 그로부터 3월 내에 상속채무 초과사실을 중대한 과실 없이 알지 못하다가 1998. 5. 27. 이후 상속채무 초과사실을 알게 된 상속인에게도 적용되므로, 이러한 상속인들도 위 부칙 규정에서 정한 기간 내에 특별한정승인을 하는 것이 가능하였다. 그러나 위 부칙 규정상 1998. 5. 27. 전에 이미 상속개시 있음과 상속채무 초과사실을 모두 알았던 상속인에게는 민법 제1019조 제3항이 적용되지 않으

므로, 이러한 상속인은 특별한정승인을 할 수 없는 것으로 귀결된다. [2] 민법 제1019조 제1항, 제3항의 각 기간은 상속에 관한 법률관계를 조기에 안정시켜 법적 불안 상태를 막기 위한 제척기간인 점, 미성년자를 보호하기 위해 마련된 법정대리인 제도와 민법 제1020조의 내용 및 취지 등을 종합하면, 상속인이 미성년인 경우 민법 제1019조 제3항이나 그 소급 적용에 관한 민법 부칙 제3항, 제4항에서 정한 '상속채무 초과사실을 중대한 과실 없이 제1019조 제1항의 기간 내에 알지 못하였는지'와 '상속채무 초과사실을 안 날이 언제인지'를 판단할 때에는 법정대리인의 인식을 기준으로 삼아야 한다. 따라서 미성년 상속인의 법정대리인이 1998. 5. 27. 전에 상속개시 있음과 상속채무 초과사실을 모두 알았다면, 앞서 본 민법 부칙 규정에 따라 그 상속인에게는 민법 제1019조 제3항이 적용되지 않으므로, 이러한 상속인은 특별한정승인을 할 수 없다. 또한 법정대리인이 상속채무 초과사실을 안 날이 1998. 5. 27. 이후여서 상속인에게 민법 제1019조 제3항이 적용되더라도, 법정대리인이 위와 같이 상속채무 초과사실을 안 날을 기준으로 특별한정승인에 관한 3월의 제척기간이 지나게 되면, 그 상속인에 대해서는 기존의 단순승인의 법률관계가 그대로 확정되는 효과가 발생한다. [3] 미성년 상속인의 법정대리인이 인식한 바를 기준으로 '상속채무 초과사실을 중대한 과실 없이 알지 못하였는지 여부'와 '이를 알게 된 날'을 정한 다음 이를 토대로 살폈을 때 특별한정승인 규정이 애당초 적용되지 않거나 특별한정승인의 제척기간이 이미 지난 것으로 판명되면, 단순승인의 법률관계가 그대로 확정된다. 그러므로 이러한 효과가 발생한 이후 상속인이 성년에 이르더라도 상속개시 있음과 상속채무 초과사실에 관하여 상속인 본인 스스로의 인식을 기준으로 특별한정승인 규정이 적용되고 제척기간이 별도로 기산되어야 함을 내세워 새롭게 특별한정승인을 할 수는 없다고 보아야 한다(대법원 2020. 11. 19. 선고 2019다232918 전원합의체 판결). → 최근 민법 개정으로 의미를 상실한 판결이다. **[개정법] 제1019조 (승인, 포기의 기간)** ① 상속인은 상속개시 있음을 안 날로부터 3월내에 단순승인이나 한정승인 또는 포기를 할 수 있다. 그러나 그 기간은 이해관계인 또는 검사의 청구에 의하여 가정법원이 이를 연장할 수 있다. ② 상속인은 제1항의 승인 또는 포기를 하기 전에 상속재산을 조사할 수 있다. ③ 제1항에도 불구하고 상속인은 상속채무가 상속재산을 초과하는 사실(이하 이 조에서 "상속채무 초과사실"이라 한다)을 중대한 과실 없이 제1항의 기간 내에 알지 못하고 단순승인(제1026조 제1호 및 제2호에 따라 단순승인한 것으로 보는 경우를 포함한다. 이하 이 조에서 같다)을 한 경우에는 그 사실을 안 날부터 3개월 내에 한정승인을 할 수 있다. ④ 제1항에도 불구하고 미성년자인 상속인이 상속채무가 상속재산을 초과하는 상속을 성년이 되기 전에 단순승인한 경우에는 성년이 된 후 그 상속의 상속채무 초과사실을 안 날부터 3개월 내에 한정승인을 할 수 있다. 미성년자인 상속인이 제3항에 따른 한정승인을 하지 아니하였거나 할 수 없었던 경우에도 또한 같다. **부칙 제2조 (미성년자인 상속인의 한정승인에 관한 적용례 및 특례)** ① 제1019조 제4항의 개정규정은 이 법 시행 이후 상속이 개시된 경우부터 적용한다. ② 제1항에도 불구하고 이 법 시행 전에 상속이 개시된 경우로서 다음 각 호의 어느 하나에 해당하는 경우에는 제1019조 제4항의 개정규정에 의한 한정승인을 할 수 있다. 1. 미성년자인 상속인으로서 이 법 시행 당시 미성년자인 경우 2. 미성년자인 상속인으로서 이 법 시행 당시 성년자이나 성년이 되기 전에 제1019조 제1항에 따른 단순승인(제1026조 제1호 및 제2호에 따라 단순승인을 한 것으로 보는 경우를 포함한다)을 하고, 이 법 시행 이후에 상속채무가 상속재산을 초과하는 사실을 알게 된 경우에는 그 사실을 안 날부터 3개월 내 **[제안이유]** 현행법은 상속인이 상속개시 있음을 안 날부터 3개월 내에 단순승인·한정승인 또는 포기를 할 수 있도록 하고 3개월의 법정기간을 적극적인 선택 없이 경과하면 단순승인으로 의제하되, 상속인이 상속채무가 상속재산을 초과하는 사실을 중대한 과실 없이 위 기간 내에 알지 못하고 단순승인을 한 경우를 구제하기 위하여 그 사실을 안 날부터 3개월 내에 특별한정승인을 할 수 있도록 규정하고 있음. 그러나 미성년자 상속인의 경우 스스로 법률행위를 할 수 없기 때문에 법정대리인이 상속을 단순승인하거나 특별한정승인을 하지 않으면 상속채무가 상속재산을 초과하더라도 미성년자 상속인 본인의 의사와 관계 없이 피상속인의 상속채무를 전부 승계하여 상속채무에서 벗어날 수 없고 성년이 된 후에도 정상적인 경제생활을 영위하기 어렵게 되는 문제가 있음. 이와 관련하여 대법원 2020. 11. 19. 선고 2019다232918 전원합의체 판결에서도 상속채무가 상속재산을 초과함에도 미성년자 상속인의 법정대리인이 한정승인이나 포기를 하지 않는 경우의 미성년자 상속인을 특별히 보호하기 위하여 별도의 입법조치가 바람직하다는 다수 의견이 있었음. 이에 상속개시 당시 미성년자인 상속인의 법정대리인이 상속을 단순승인을 하였더라도 이와 관계 없이 미성년자인 상속인이 성년이 된 후 한정승인을 할 수 있는 특별절차를 마련함으로써 미성년자 상속인의 자기결정권 및 재산권을 보호하려는 것임. [주요내용] 가. 미성년 상속인은 상속채무가 상속재산을 초과하는 상속을 성년이 되기 전에 법정대리인이 단순승인(의제)한 경우 미성년 시기의 법정대리인의 인식 여부와 관계 없이 성년이 된 후 본인이 상속의 상속채무 초과사실을 안 날부터 3개월 내에 한정승인을 할 수 있음(제1019조 제4항 전단 신설). 나. 제1019조 제3항의 특별한정승인의 요건을 충족하지 못하거나, 해당 요건에 해당하지만 그에 따라 한정승인을 하지 아니하는 경우에도 제1019조 제4항에 따라 신설되는 특별한정승인 규정이 적용된다는 것을 명확히 함(제1019조 제4항 후단 신설). 다. 제1019조 제4항에 미성년 상속인을 위한 특별한정승인 절차를 신설함에 따라 해당 규정에 따른 한정승인을 한 경우에도 현행법의 한정승인과 관련된 규정이 적용될 수 있도록 정비하되, 입법취지에 맞게 제1038조 제1항 후단에 따른 특별한정승인 전의 변제로 인한 손해배상책임의 적용 범위에서 제외함(제1030조, 제1034조 제2항 및 제1038조 제2항). 라. 이 법의 시행일을 공포한 날(註 ; 2022. 12. 13)로 명시하되, 제1019조 제4항은 상속채무가 상속재산을 초과하는 상속을 단순승인하였거나 단순승인한 것으로 의제되는 미성년 상속인을 보호하기 위한 목적에서 신설되는 것이므로 그 보호범위를 실효적으로 확대하기 위한 취지에서 시행일 당시 미성년자인 상속인의 경우와 이 법 시행 당시 성년자이거나 성년이 되기 전에 단순승인을 하거나 단순승인이 의제되고 이 법 시행 이후 상속채무가 상속재산을 초과하는 사실을 알게 되는 경우까지 제1019조 제4항이 소급적용될 수 있도록 부칙에 특례를 규정함(부칙 제2조 제2항).

정답 ②

215 / 공동상속과 특별수익 /

甲(女)은 乙(男)과 혼인하여 아들 A를 두었다. 이후 甲은 乙과 별거하고 丙(男)과 동거생활을 하였고 이들 사이에 아들 B와 딸 C를 두었다. 그 후 지병을 앓던 乙은 사망하였고, 몇 달 뒤 甲과 丙이 함께 교통사고를 당하여, 丙이 사망하였고 일주일 후 甲도 사망하였다. 甲의 상속재산으로는 적극재산 6억 원과 D에 대한 6,000만 원의 금전채무가 있다. 다음 설명 중 옳지 않은 것을 모두 고른 것은? (다툼이 있으면 판례에 의함)

ㄱ. 甲이 생전에 B에게 3억 원을 증여하였다면, B가 실제 상속재산으로 받는 것이 없으므로 B는 상속채무 역시 부담하지 않는다.

ㄴ. 만약 상속인 A, B, C가 甲의 상속재산을 협의분할 한다면, 분할협의 시에 분할의 대상이 되는 상속재산은 적극재산 뿐만 아니라 D에 대한 채무도 원칙적으로 포함된다.

ㄷ. B가 증여받은 재산을 특별수익으로 계산할 때, 그 가액은 상속개시시의 가액을 기준으로 평가하여야 한다.

ㄹ. 만약 B의 배우자가 甲으로부터 증여를 받은 경우, B의 상속분 산정에 있어서 특별수익으로 고려할 여지가 없다.

ㅁ. 만약 甲이 자신의 전 재산을 丙에게 유증한다고 유언하였다면, 丙에 대한 유증은 丙의 상속인 B와 C가 상속하여 결국 B와 C가 포괄적 유증을 받게 되고, A는 상속에서 제외되지만 유류분을 청구할 수는 있다.

① ㄱ, ㄴ, ㄹ ② ㄱ, ㄴ, ㄹ, ㅁ ③ ㄴ, ㄷ, ㅁ
④ ㄴ, ㄷ, ㄹ, ㅁ ⑤ ㄱ, ㄴ, ㄷ, ㄹ, ㅁ

해설

ㄱ. [×] ㄴ. [×] 모와 자의 친생자관계는 출생으로 당연히 인정되므로, 甲의 상속인은 A, B, C가 공동상속인이 된다. 그리고 상속인의 구체적 상속분을 계산할 때, 甲의 사망 당시 적극재산 6억 원과 B에게 증여한 3억 원의 특별수익을 합한 금액을 상속재산으로 한다. 여기에 추상적 상속분(1/3)을 곱한 금액 즉, 3억 원이 구체적 상속분이 된다. 그리고 특별수익자 B는 증여재산이 자기의 상속분에 달하지 못한 때에 그 부족부분의 한도에서 상속분이 있으므로 생전 증여로 이미 3억 원을 받은 B가 실제 상속 받을 상속재산은 0원이 된다. [관련판례] 공동상속인 중에 특별수익자가 있는 경우의 구체적인 상속분의 산정을 위하여는, 피상속인이 상속개시 당시에 가지고 있던 재산의 가액에 생전 증여의 가액을 가산한 후, 이 가액에 각 공동상속인별로 법정상속분율을 곱하여 산출된 상속분의 가액으로부터 특별수익자의 수증재산인 증여 또는 유증의 가액을 공제하는 계산방법에 의하여 할 것이고, 여기서 이러한 계산의 기초가 되는 "피상속인이 상속개시 당시에 가지고 있던 재산의 가액"은 상속재산 가운데 적극재산의 전액을 가리키는 것으로 보아야 옳다(대법원 1995. 3. 10. 선고 94다16571 판결). 한편, 상속채무 중 분할가능 한 금전채무는 상속개시와 동시에 당연히 법정상속분에 따라 분할 귀속되고 상속재산분할의 대상이 아니므로 A, B, C는 각 2,000만 원씩 채무를 부담한다. [관련판례] [1] 금전채무와 같이 급부의 내용이 가분인 채무가 공동상속된 경우, 이는 상속 개시와 동시에 당연히 법정상속분에 따라 공동상속인에게 분할되어 귀속되는 것이므로, 상속재산 분할의 대상이 될 여지가 없다. [2] 상속재산 분할의 대상이 될 수 없는 상속채무에 관하여 공동상속인들 사이에 분할의 협의가 있는 경우라면 이러한 협의는 민법 제1013조에서 말하는 상속재산의 협의분할에 해당하는 것은 아니지만, 위 분할의 협의에 따라 공동상속인 중의 1인이 법정상속분을 초과하여 채무를 부담하기로 하는 약정은 면책적 채무인수의 실질을 가진다고 할 것이어서, 채권자에 대한 관계에서 위 약정에 의하여 다른 공동상속인이 법정상속분에 따른 채무의 일부 또는 전부를 면하기 위하여는 민법 제454조의 규정에 따른 채권자의 승낙을 필요로 하고, 여기에 상속재산 분할의 소급효를 규정하고 있는 민법 제1015조가 적용될 여지는 전혀 없다(대법원 1997. 6. 24. 선고 97다8809 판결). [비교판례] [1] 금전채권과 같이 급부의 내용이 가분인 채권은 공동상속되는 경우 상속개시와 동시에 당연히 법정상속분에 따라 공동상속인들에게 분할되어 귀속되므로 상속재산분할의 대상이 될 수 없는 것이 원칙이다. 그러나 가분채권을 일률적으로 상속재산분할의 대상에서 제외하면 부당한 결과가 발생할 수 있다. 예를 들어 공동상속인들 중에 초과특별수익자가 있는 경우 초과특별수익자는 초과분을 반환하지 아니하면서도 가분채권은 법정상속분대로 상속받게

되는 부당한 결과가 나타난다. 그 외에도 특별수익이 존재하거나 기여분이 인정되어 구체적인 상속분이 법정상속분과 달라질 수 있는 상황에서 상속재산으로 가분채권만이 있는 경우에는 모든 상속재산이 법정상속분에 따라 승계되므로 수증재산과 기여분을 참작한 구체적 상속분에 따라 상속을 받도록 함으로써 공동상속인들 사이의 공평을 도모하려는 민법 제1008조, 제1008조의2의 취지에 어긋나게 된다. 따라서 이와 같은 특별한 사정이 있는 때는 상속재산분할을 통하여 공동상속인들 사이에 형평을 기할 필요가 있으므로 가분채권도 예외적으로 상속재산분할의 대상이 될 수 있다. [2] 상속개시 당시에는 상속재산을 구성하던 재산이 그 후 처분되거나 멸실·훼손되는 등으로 상속재산분할 당시 상속재산을 구성하지 아니하게 되었다면 그 재산은 상속재산분할의 대상이 될 수 없다. 다만 상속인이 그 대가로 처분대금, 보험금, 보상금 등 대상재산을 취득하게 된 경우에는, 대상재산은 종래의 상속재산이 동일성을 유지하면서 형태가 변경된 것에 불과할 뿐만 아니라 상속재산분할의 본질이 상속재산이 가지는 경제적 가치를 포괄적·종합적으로 파악하여 공동상속인에게 공평하고 합리적으로 배분하는 데에 있는 점에 비추어, 대상재산이 상속재산분할의 대상으로 될 수는 있다(대법원 2016. 5. 4. 자 2014스122 결정).

ㄷ. [O] 공동상속인 중에 피상속인으로부터 재산의 증여 또는 유증 등의 특별수익을 받을 자가 있는 경우에는 이러한 특별수익을 고려하여 상속인별로 고유의 법정상속분을 수정하여 구체적인 상속분을 산정하게 되는데, 이러한 구체적 상속분을 산정함에 있어서는 상속개시시를 기준으로 상속재산과 특별수익재산을 평가하여 이를 기초로 하여야 할 것이고, 다만 법원이 실제로 상속재산분할을 함에 있어 분할의 대상이 된 상속재산 중 특정의 재산을 1인 및 수인의 상속인의 소유로 하고 그의 상속분과 그 특정의 재산의 가액과의 차액을 현금으로 정산할 것을 명하는 방법(소위 대상분할의 방법)을 취하는 경우에는, 분할의 대상이 되는 재산을 그 분할시를 기준으로 하여 재평가하여 그 평가액에 의하여 정산을 하여야 한다(대법원 1997. 3. 21. 자 96스62 결정).

ㄹ. [X] 민법 제1008조는 '공동상속인 중에 피상속인으로부터 재산의 증여 또는 유증을 받은 자가 있는 경우에 그 수증재산이 자기의 상속분에 달하지 못한 때에는 그 부족한 부분의 한도에서 상속분이 있다.'고 규정하고 있는바, 이와 같이 상속분의 산정에서 증여 또는 유증을 참작하게 되는 것은 원칙적으로 상속인이 유증 또는 증여를 받은 경우에만 발생하고, 그 상속인의 직계비속, 배우자, 직계존속이 유증 또는 증여를 받은 경우에는 그 상속인이 반환의무를 지지 않는다고 할 것이나, 증여 또는 유증의 경위, 증여나 유증된 물건의 가치, 성질, 수증자와 관계된 상속인이 실제 받은 이익 등을 고려하여 실질적으로 피상속인으로부터 상속인에게 직접 증여된 것과 다르지 않다고 인정되는 경우에는 상속인의 직계비속, 배우자, 직계존속 등에게 이루어진 증여나 유증도 특별수익으로서 이를 고려할 수 있다고 함이 상당하다(대결 2007. 8. 28. 자 2006스3 결정).

ㅁ. [X] 유증은 유언자의 사망 전에 수증자가 사망한 때에는 그 효력이 생기지 아니한다(제1089조 제1항). 따라서 수증자인 丙이 유언자인 甲보다 먼저 사망했으므로 유증은 무효가 된다. 또한 丙(男)이 혼인 외의 출생자 B와 C를 인지한 바 없으므로, B와 C가 丙(男)의 상속인이 될 수 없다.

정답 ②

216 /상속재산의 분할/
상속재산의 분할에 관한 설명 중 옳지 않은 것은? (다툼이 있으면 판례에 의함)

① 상속포기의 신고가 법원에 수리되지 않고 있는 동안 포기자를 제외한 나머지 공동상속인들 사이에 상속재산 분할협의를 한 경우, 그 후 상속포기 신고가 적법하게 수리되면 기존의 분할협의는 소급하여 유효하게 된다.

② 상속개시 당시에는 상속재산을 구성하던 재산이 그 후 처분되거나 멸실·훼손되는 등으로 상속재산분할 당시 상속재산을 구성하지 아니하게 되었다면 그 재산은 상속재산분할의 대상이 될 수 없다. 다만 상속인이 그 대가로 처분대금, 보험금, 보상금 등 대상재산(代償財産)을 취득하게 된 경우, 그 대상재산(代償財産)이 상속재산분할의 대상이 될 수 있다.

③ 상속재산분할심판에 따른 등기가 이루어지기 전에 상속재산분할의 효력과 양립하지 않는 법률상 이해관계를 갖고 등기를 마쳤으나 상속재산분할심판이 있었음을 알지 못한 제3자에 대하여는 상속재산분할의 효력을 주장할 수 없다. 이 경우 제3자가 상속재산분할심판이 있었음을 알았다는 점에 관한 주장·증명책임은 상속재산분할심판의 효력을 주장하는 자에게 있다.

④ 이미 상속을 포기한 자가 상속재산 분할협의에 참여하였다면, 그 분할협의의 내용이 이미 포기한 상속지분을 다른 상속인에게 귀속시킨다는 것에 불과하여 나머지 상속인들 사이의 상속재산분할에 관한 실질적인 협의에 영향을 미치지 않는 경우라도 그 분할협의는 무효이다.

⑤ 상속재산 분할협의에 따라 무상으로 양도된 것으로 볼 수 있는 상속분은 양도인의 사망으로 인한 상속에서 유류분 산정을 위한 기초재산에 포함된다고 보아야 한다.

[해설]

① [O] 상속의 포기는 상속이 개시된 때에 소급하여 그 효력이 있고(민법 제1042조), 포기자는 처음부터 상속인이 아니었던 것이 된다. 따라서 상속포기의 신고가 아직 행하여지지 아니하거나 법원에 의하여 아직 수리되지 아니하고 있는 동안에 포기자를 제외한 나머지 공동상속인들 사이에 이루어진 상속재산분할협의는 후에 상속포기의 신고가 적법하게 수리되어 상속포기의 효력이 발생하게 됨으로써 공동상속인의 자격을 가지는 사람들 전원이 행한 것이 되어 소급적으로 유효하게 된다. 이는 설사 포기자가 상속재산분할협의에 참여하여 그 당사자가 되었다고 하더라도 그 협의가 그의 상속포기를 전제로 하여서 포기자에게 상속재산에 대한 권리를 인정하지 아니하는 내용인 경우에는 마찬가지이다(대법원 2011. 6. 9. 선고 2011다29307 판결).

② [O] [1] 상속재산분할은 법정상속분이 아니라 특별수익(피상속인의 공동상속인에 대한 유증이나 생전 증여 등)이나 기여분에 따라 수정된 구체적 상속분을 기준으로 이루어진다. 구체적 상속분을 산정함에 있어서는, 상속개시 당시를 기준으로 상속재산과 특별수익재산을 평가하여 이를 기초로 하여야 하고, 공동상속인 중 특별수익자가 있는 경우 구체적 상속분 가액의 산정을 위해서는, 피상속인이 상속개시 당시 가지고 있던 재산 가액에 생전 증여의 가액을 가산한 후, 이 가액에 각 공동상속인별로 법정상속분율을 곱하여 산출된 상속분의 가액으로부터 특별수익자의 수증재산인 증여 또는 유증의 가액을 공제하는 계산방법에 의한다. 이렇게 계산한 상속인별 구체적 상속분 가액을 전체 공동상속인들 구체적 상속분 가액 합계액으로 나누면 상속인별 구체적 상속분 비율, 즉 상속재산분할의 기준이 되는 구체적 상속분을 얻을 수 있다. 한편 위와 같이 구체적 상속분 가액을 계산한 결과 공동

상속인 중 특별수익이 법정상속분 가액을 초과하는 초과특별수익자가 있는 경우, 그러한 초과특별수익자는 특별수익을 제외하고는 더 이상 상속받지 못하는 것으로 처리하되(구체적 상속분 가액 0원), 초과특별수익은 다른 공동상속인들이 그 법정상속분율에 따라 안분하여 자신들의 구체적 상속분 가액에서 공제하는 방법으로 구체적 상속분 가액을 조정하여 위 구체적 상속분 비율을 산출함이 바람직하다. 결국 초과특별수익자가 있는 경우 그 초과된 부분은 나머지 상속인들의 부담으로 돌아가게 된다. [2] 상속개시 당시에는 상속재산을 구성하던 재산이 그 후 처분되거나 멸실·훼손되는 등으로 상속재산분할 당시 상속재산을 구성하지 아니하게 되었다면 그 재산은 상속재산분할의 대상이 될 수 없다. 다만 상속인이 그 대가로 처분대금, 보험금, 보상금 등 대상재산(代償財産)을 취득하게 된 경우, 대상재산(代償財産)은 종래의 상속재산이 동일성을 유지하면서 형태가 변경된 것에 불과할 뿐만 아니라 상속재산분할의 본질이 상속재산이 가지는 경제적 가치를 포괄적·종합적으로 파악하여 공동상속인에게 공평하고 합리적으로 배분하는 데에 있는 점에 비추어, 그 대상재산(代償財産)이 상속재산분할의 대상이 될 수 있다. [3] 가정법원이 상속재산분할을 함에 있어 분할 대상이 된 상속재산 중 특정 재산을 일부 상속인 소유로 현물분할 한다면, 전체 분할 대상 재산을 분할 시 기준으로 평가하여, ① 특정 재산 가액이 그의 구체적 상속분에 따른 취득가능 가액을 초과하는 상속인이 있는 경우 차액을 정산하도록 하여야 하고(구체적 상속분을 산정함에 있어 유증이나 생전 증여 등으로 인한 초과특별수익과 달리, 산정된 구체적 상속분에 따른 취득가능 가액을 초과하여 분할받게 되는 부분은 다른 상속인들에게 정산해야 한다), ② 특정 재산 가액이 그의 구체적 상속분에 따른 취득가능 가액을 초과하지 않을 경우에도 위와 같은 현물분할을 반영하여 상속인들 사이의 지분율을 다시 산정해서 남은 분할 대상 상속재산은 수정된 지분율로 분할해야 한다. 이를 위해 전체 분할 대상 상속재산의 분할 시 기준 평가액에 상속인별 구체적 상속분을 곱하여 산출된 상속인별 취득가능 가액에서 각자 소유로 하는 특정 재산의 분할 시 기준 평가액을 공제하는 방법으로 구체적 상속분을 수정한 지분율을 산정할 수 있다(대법원 2022. 6. 30. 자 2017스98 결정).

③ [O] [1] 상속재산의 분할은 상속이 개시된 때에 소급하여 그 효력이 있다. 그러나 제3자의 권리를 해하지 못한다(민법 제1015조). 이는 상속재산분할의 소급효를 인정하여 공동상속인이 분할 내용대로 상속재산을 피상속인이 사망한 때에 바로 피상속인으로부터 상속한 것으로 보면서도, 상속재산분할 전에 이와 양립하지 않는 법률상 이해관계를 가진 제3자에게는 상속재산분할의 소급효를 주장할 수 없도록 함으로써 거래의 안전을 도모하고자 한 것이다. 이때 민법 제1015조 단서에서 말하는 제3자는 일반적으로 상속재산분할의 대상이 된 상속재산에 관하여 상속재산분할 전에 새로운 이해관계를 가졌을 뿐만 아니라 등기, 인도 등으로 권리를 취득한 사람을 말한다. [2] 상속재산인 부동산의 분할 귀속을 내용으로 하는 상속재산분할심판이 확정되면 민법 제187조에 의하여 상속재산분할심판에 따른 등기 없이도 해당 부동산에 관한 물권변동의 효력이 발생한다. 다만 민법 제1015조 단서의 내용과 입법 취지 등을 고려하면, 상속재산분할심판에 따른 등기가 이루어지기 전에 상속재산분할의 효력과 양립하지 않는 법률상 이해관계를 갖고 등기를 마쳤으나 상속재산분할심판이 있었음을 알지 못한 제3자에 대하여는 상속재산분할의 효력을 주장할 수 없다고 보아야 한다. 이 경우 제3자가 상속재산분할심판이 있었음을 알았다는 점에 관한 주장·증명책임은 상속재산분할심판의 효력을 주장하는 자에게 있다고 할 것이다(대법원 2020. 8. 13. 선고 2019다249312 판결).

④ [×] 상속재산분할협의에 이미 상속을 포기한 자가 참여하였다 하더라도 그 분할협의의 내용이 이미 포기한 상속지분을 다른 상속인에게 귀속시킨다는 것에 불과하여 나머지 상속인들 사이의 상속재산분할에 관한 실질적인 협의에 영향을 미치지 않은 경우라면 그 상속재산 분할협의는 효력이 있다고 볼 수 있다(대법원 2007. 9. 6. 선고 2007다30447 판결).

⑤ [O] 유류분에 관한 민법 제1118조에 따라 준용되는 민법 제1008조는 '특별수익자의 상속분'에 관하여 "공동상속인 중에 피상속인으로부터 재산의 증여 또는 유증을 받은 자가 있는 경우에 그 수증재

산이 자기의 상속분에 달하지 못한 때에는 그 부족한 부분의 한도에서 상속분이 있다."라고 정하고 있다. 공동상속인 중에 피상속인으로부터 재산의 생전 증여로 민법 제1008조의 특별수익을 받은 사람이 있으면 민법 제1114조가 적용되지 않으므로, 그 증여가 상속개시 1년 이전의 것인지 여부 또는 당사자 쌍방이 유류분권리자에 손해를 가할 것을 알고서 하였는지 여부와 관계없이 증여를 받은 재산이 유류분 산정을 위한 기초재산에 포함된다. 공동상속인이 다른 공동상속인에게 무상으로 자신의 상속분을 양도하는 것은 특별한 사정이 없는 한 유류분에 관한 민법 제1008조의 증여에 해당하므로, 그 상속분은 양도인의 사망으로 인한 상속에서 유류분 산정을 위한 기초재산에 포함된다. 위와 같은 법리는 상속재산 분할협의의 실질적 내용이 어느 공동상속인이 다른 공동상속인에게 자신의 상속분을 무상으로 양도하는 것과 같은 때에도 마찬가지로 적용된다. 따라서 상속재산 분할협의에 따라 무상으로 양도된 것으로 볼 수 있는 상속분은 양도인의 사망으로 인한 상속에서 유류분 산정을 위한 기초재산에 포함된다고 보아야 한다(대법원 2021. 8. 19. 선고 2017다230338 판결).

정답 ④

217 / 기여분과 특별수익 /
기여분 및 특별수익과 관련된 설명 중 옳지 않은 것은? (다툼이 있으면 판례에 의함)

① 배우자가 장기간 피상속인과 동거하면서 피상속인을 간호한 경우, 가정법원은 배우자의 동거·간호가 '특별한 부양'에 이르는지 여부와 더불어 동거·간호의 시기와 방법 및 정도뿐 아니라 동거·간호에 따른 부양비용의 부담 주체, 상속재산의 규모와 배우자에 대한 특별수익액, 다른 공동상속인의 숫자와 배우자의 법정상속분 등 일체의 사정을 종합적으로 고려하여 공동상속인들 사이의 실질적 공평을 도모하기 위하여 배우자의 상속분을 조정할 필요성이 인정되는지 여부를 가려서 기여분 인정 여부와 그 정도를 판단하여야 한다.

② 생전 증여를 받은 상속인이 배우자로서 일생 동안 피상속인의 반려가 되어 그와 함께 가정공동체를 형성하고 이를 토대로 서로 헌신하며 가족의 경제적 기반인 재산을 획득·유지하고 자녀들에 대한 양육과 지원을 계속해 온 경우, 그 생전 증여에는 위와 같은 배우자의 기여나 노력에 대한 보상 내지 평가, 실질적 공동재산의 청산, 배우자의 여생에 대한 부양의무의 이행 등의 의미도 함께 담겨 있다고 봄이 상당하므로 그러한 한도 내에서는 위 생전 증여를 특별수익에서 제외하더라도 자녀인 공동상속인들과의 관계에서 공평을 해친다고 말할 수 없다.

③ 공동상속인들 사이에서 상속재산의 분할이 마쳐지지 않았음에도 특정 공동상속인에 대하여 특별수익 등을 고려하면 그의 구체적 상속분이 없다는 등의 이유를 들어 그 공동상속인에게는 개개의 상속재산에 관하여 법정상속분에 따른 권리승계가 아예 이루어지지 않았다거나, 부동산인 상속재산에 관하여 법정상속분에 따라 마쳐진 상속을 원인으로 한 소유권이전등기가 원인무효라고 주장하는 것은 허용될 수 없다.

④ 피상속인이 유언으로 상속인 일방에게 기여분을 지정한 경우, 그 상속인의 구체적인 상속분은 고유의 상속분에 기여분을 더한 금액으로 된다. 또한 상속재산분할 후에는 피인지자나 재판의 확정에 의하여 공동상속인이 된 자의 상속분에 상당한 가액의 지급청구가 있는 경우라도 기여분의 결정청구를 할 수 없다.

⑤ 상속결격사유가 발생한 이후에 결격된 자가 피상속인에게서 직접 증여를 받은 경우, 그 수익은 상속인의 지위에서 받은 것이 아니어서 원칙적으로 상속분의 선급으로 볼 수 없다. 따라서 결격된 자의 수익은 특별한 사정이 없는 한 특별수익에 해당하지 않는다.

> [해설]

① [O] [1] 배우자가 장기간 피상속인과 동거하면서 피상속인을 간호한 경우, 민법 제1008조의2의 해석상 가정법원은 배우자의 동거·간호가 부부 사이의 제1차 부양의무 이행을 넘어서 '특별한 부양'에 이르는지 여부와 더불어 동거·간호의 시기와 방법 및 정도뿐 아니라 동거·간호에 따른 부양비용의 부담 주체, 상속재산의 규모와 배우자에 대한 특별수익액, 다른 공동상속인의 숫자와 배우자의 법정상속분 등 일체의 사정을 종합적으로 고려하여 공동상속인들 사이의 실질적 공평을 도모하기 위하여 배우자의 상속분을 조정할 필요성이 인정되는지 여부를 가려서 기여분 인정 여부와 그 정도를 판단하여야 한다. 배우자의 장기간 동거·간호에 따른 무형의 기여행위를 기여분을 인정하는 요소 중 하나로 적극적으로 고려할 수 있다. 다만 이러한 배우자에게 기여분을 인정하기 위해서는 앞서 본 바와 같은 일체의 사정을 종합적으로 고려하여 공동상속인들 사이의 실질적 공평을 도모하기 위하여 배우자의 상속분을 조정할 필요성이 인정되어야 한다. [2] 피상속인 甲과 전처인 乙 사이에 태어난 자녀들인 상속인 丙 등이 甲의 후처인 丁 및 甲과 丁 사이에 태어난 자녀들인 상속인 戊 등을 상대로 상속재산분할을 청구하자, 丁이 甲이 사망할 때까지 장기간 甲과 동거하면서 그를 간호하였다며 丙 등을 상대로 기여분결정을 청구한 사안에서, 甲이 병환에 있을 때 丁이 甲을 간호한 사실은 인정할 수 있으나, 기여분을 인정할 정도로 통상의 부양을 넘어서는 수준의 간호를 할 수 있는 건강 상태가 아니었고, 통상 부부로서 부양의무를 이행한 정도에 불과하여 丁이 처로서 통상 기대되는 정도를 넘어 법정상속분을 수정함으로써 공동상속인들 사이의 실질적 공평을 도모하여야 할 정도로 甲을 특별히 부양하였다거나 甲의 재산 유지·증가에 특별히 기여하였다고 인정하기에 부족하다는 이유로 丁의 기여분결정 청구를 배척한 원심판단에는 민법 제1008조의2에서 정한 기여분 인정 요건에 관한 법리오해 등의 잘못이 없다고 한 사례(대법원 2019. 11. 21. 자 2014스44 전원합의체 결정).

② [O] 민법 제1008조는 "공동상속인 중에 피상속인으로부터 재산의 증여 또는 유증을 받은 자가 있는 경우에 그 수증재산이 자기의 상속분에 달하지 못한 때에는 그 부족한 부분의 한도에서 상속분이 있다."라고 규정하고 있는데, 이는 공동상속인 중에 피상속인에게서 재산의 증여 또는 유증을 받은 특별수익자가 있는 경우에 공동상속인들 사이의 공평을 기하기 위하여 수증재산을 상속분의 선급으로 다루어 구체적인 상속분을 산정할 때 이를 참작하도록 하려는 데 그 취지가 있다. 여기서 어떠한 생전 증여가 특별수익에 해당하는지는 피상속인의 생전의 자산, 수입, 생활수준, 가정상황 등을 참작하고 공동상속인들 사이의 형평을 고려하여 당해 생전 증여가 장차 상속인으로 될 자에게 돌아갈 상속재산 중 그의 몫의 일부를 미리 주는 것이라고 볼 수 있는지에 의하여 결정하여야 하는데, 생전 증여를 받은 상속인이 배우자로서 일생 동안 피상속인의 반려가 되어 그와 함께 가정공동체를 형성하고 이를 토대로 서로 헌신하며 가족의 경제적 기반인 재산을 획득·유지하고 자녀들에게 양육과 지원을 계속해 온 경우, 생전 증여에는 위와 같은 배우자의 기여나 노력에 대한 보상 내지 평가, 실질적 공동재산의 청산, 배우자 여생에 대한 부양의무 이행 등의 의미도 함께 담겨 있다고 봄이 타당하므로 그러한 한도 내에서는 생전 증여를 특별수익에서 제외하더라도 자녀인 공동상속인들과의 관계에서 공평을 해친다고 말할 수 없다(대법원 2011. 12. 8. 선고 2010다66644 판결).

③ [O] 민법 제1007조는 "공동상속인은 각자의 상속분에 응하여 피상속인의 권리·의무를 승계한다."라고 정하는바, 위 조항에서 정한 '상속분'은 법정상속분을 의미하므로 일단 상속이 개시되면 공동

상속인은 각자의 법정상속분의 비율에 따라 모든 상속재산을 승계한다. 또한 민법 제1006조는 "상속인이 수인인 때에는 상속재산은 그 공유로 한다."라고 정하므로, 공동상속인들은 상속이 개시되어 상속재산의 분할이 있을 때까지 민법 제1007조에 기하여 각자의 법정상속분에 따라서 이를 잠정적으로 공유하다가 특별수익 등을 고려한 구체적 상속분에 따라 상속재산을 분할함으로써 위와 같은 잠정적 공유상태를 해소하고 최종적으로 개개의 상속재산을 누구에게 귀속시킬 것인지를 확정하게 된다. 그러므로 공동상속인들 사이에서 상속재산의 분할이 마쳐지지 않았음에도 특정 공동상속인에 대하여 특별수익 등을 고려하면 그의 구체적 상속분이 없다는 등의 이유를 들어 그 공동상속인에게는 개개의 상속재산에 관하여 법정상속분에 따른 권리승계가 아예 이루어지지 않았다거나, 부동산인 상속재산에 관하여 법정상속분에 따라 마쳐진 상속을 원인으로 한 소유권이전등기가 원인무효라고 주장하는 것은 허용될 수 없다(대법원 2023. 4. 27. 선고 2020다292626 판결).

④ [×] 유언사항은 법률이 정한 것에 한정된다. 기여분은 공동상속인의 협의에 의하여 결정하여야 하고, 협의가 되지 아니하거나 할 수 없는 때에는 가정법원이 정하는 것으로 정하고 있으므로(제1008조의2), 유언사항이 아니어서 피상속인이 유언으로 기여분을 정하였다고 하더라도 이는 무효이다. **[판례]** 기여분은 상속재산분할의 전제문제로서의 성격을 갖는 것이므로 상속재산분할의 청구나 조정신청이 있는 경우에 한하여 기여분결정청구를 할 수 있고, 다만 예외적으로 상속재산분할 후에라도 피인지자나 재판의 확정에 의하여 공동상속인이 된 자의 상속분에 상당한 가액의 지급청구가 있는 경우에는 기여분의 결정청구를 할 수 있다고 해석되며, 상속재산분할의 심판청구가 없음에도 단지 유류분반환청구가 있다는 사유만으로는 기여분결정청구가 허용된다고 볼 것은 아니다(대법원 1999. 8. 24. 자 99스28 결정).

⑤ [○] 민법 제1008조는 공동상속인 중 피상속인에게서 재산의 증여 또는 유증을 받은 특별수익자가 있는 경우 공동상속인들 사이의 공평을 기하기 위하여 수증재산을 상속분의 선급으로 다루어 구체적인 상속분을 산정할 때 이를 참작하도록 하려는 데 취지가 있는 것이므로, 상속결격사유가 발생한 이후에 결격된 자가 피상속인에게서 직접 증여를 받은 경우, 그 수익은 상속인의 지위에서 받은 것이 아니어서 원칙적으로 상속분의 선급으로 볼 수 없다. 따라서 결격된 자의 수익은 특별한 사정이 없는 한 특별수익에 해당하지 않는다(대법원 2015. 7. 17. 자 2014스206 결정).

정답 ④

218 /유언/

유언에 관한 다음 설명 중 옳은 것을 모두 고른 것은? (다툼이 있으면 판례에 의함)

ㄱ. 甲은 제1유언으로 혼인 외의 자 乙을 인지하고 이를 철회하지 않겠다는 뜻을 유언 속에 표시하였으나, 그 후 제2유언으로 인지를 철회하고 사망한 경우, 甲과 乙 사이에 진실한 친자관계가 존재한다면, 제1유언에 의한 인지신고를 할 수 있다.

ㄴ. 민법 제1070조 소정의 구수증서에 의한 유언에서 '유언취지의 구수'라 함은 말로써 유언의 내용을 상대방에게 전달하는 것을 뜻하므로, 증인이 제3자에 의하여 미리 작성된, 유언의 취지가 적혀있는 서면에 따라 유언자에게 질문을 하고, 유언자가 동작이나 간략한 답변으로 긍정하는 방식은 특별한 사정이 없는 한 유언취지의 구수로 볼 수 없다.

ㄷ. 유언증서가 성립한 후에 멸실되거나 분실되었다면 유언은 실효되는 것이고 이해관계인은 유언증서의 내용을 증명하여 유언의 유효를 주장할 수 없다. 이는 녹음에 의한 유언이 성립한 후에 녹음테이프나 녹음파일 등이 멸실 또는 분실된 경우에도 마찬가지이다.

ㄹ. 공증인이나 촉탁인의 피용자 또는 공증인의 보조자는 원칙적으로 공정증서에 의한 유언에서 증인도 될 수 있다.

ㅁ. 법원은 유언집행자의 사망, 해임 등으로 유언집행자가 전혀 없게 된 경우만이 아니라 결원이 없는 경우에도 유언집행자의 추가 선임이 필요하다고 판단될 경우 이를 선임할 수 있다.

ㅂ. 유언자인 망인이 상속인인 여러 명의 자녀들에게 재산을 분배하는 내용의 유언을 하였으나 민법상 요건을 갖추지 못하여 유언의 효력이 부정되는 경우, 유언을 하는 자리에 동석하였던 일부 자녀와 사이에서만 '청약'과 '승낙'이 있다고 보아 사인증여로서의 효력을 인정한다면, 자신의 재산을 배우자와 자녀들에게 모두 배분하고자 하는 망인의 의사에 부합하지 않고 그 자리에 참석하지 않았던 나머지 상속인들과의 형평에도 맞지 않는 결과가 초래된다.

① ㄱ, ㅁ
② ㄴ, ㄷ, ㅁ
③ ㄱ, ㄴ, ㅂ
④ ㄷ, ㄹ, ㅁ
⑤ ㄴ, ㅁ, ㅂ

해설

ㄱ. [✗] 전후의 유언이 저촉되거나 유언후의 생전행위가 유언과 저촉되는 경우에는 그 저촉된 부분의 전 유언은 이를 철회한 것으로 본다(제1109조). [관련판례] 민법 제1108조 제1항에 의하면 유언자는 언제든지 유언 또는 생전행위로써 유언의 전부나 일부를 철회할 수 있고, 유언 후의 생전행위가 유언과 저촉되는 경우에는 민법 제1109조에 의하여 그 저촉된 부분의 전유언은 이를 철회한 것으로 본다. 또한 민법 제1073조 제1항에 의하면 유언은 유언자가 사망한 때로부터 그 효력이 생기고, 유언자는 위와 같이 생전에 언제든지 유언을 철회할 수 있으므로, 일단 유증을 하였더라도 유언자가 사망하기까지 수유자는 아무런 권리를 취득하지 않는다고 보아야 한다(대법원 2015. 08. 19. 선고 2012다94940 판결).

ㄴ. [O] [1] 민법 제1065조 내지 제1070조가 유언의 방식을 엄격하게 규정한 것은 유언자의 진의를 명확히 하고 그로 인한 법적 분쟁과 혼란을 예방하기 위한 것이므로, 법정된 요건과 방식에 어긋난 유언은 그것이 유언자의 진정한 의사에 합치하더라도 무효라고 하지 않을 수 없다. [2] 민법 제1070조 소정의 '구수증서에 의한 유언'은 유언자가 2인 이상의 증인의 참여로 그 1인에게 유언의 취지를 구수하고 그 구수를 받은 자가 이를 필기낭독하여 유언자와 증인이 그 정확함을 승인한 후 각자 서명 또는 기명날인하여야 하는 것인바, 여기서 '유언취지의 구수'라 함은 말로써 유언의 내용을 상대방에게 전달하는 것을 뜻하는 것이므로, 증인이 제3자에 의하여 미리 작성된, 유언의 취지가 적혀 있는 서면에 따라 유언자에게 질문을 하고 유언자가 동작이나 간략한 답변으로 긍정하는 방식은, 유언 당시 유언자의 의사능력이나 유언에 이르게 된 경위 등에 비추어 그 서면이 유언자의 진의에 따라 작성되었음이 분명하다고 인정되는 등의 특별한 사정이 없는 한 민법 제1070

조 소정의 유언취지의 구수에 해당한다고 볼 수 없다. [3] 유언 당시에 자신의 의사를 제대로 말로 표현할 수 없는 유언자가 유언취지의 확인을 구하는 변호사의 질문에 대하여 고개를 끄덕이거나 "음", "어"라고 말한 것만으로는 민법 제1070조가 정한 유언의 취지를 구수한 것으로 볼 수 없다고 한 사례(대법원 2006. 3. 9. 선고 2005다57899 판결).

ㄷ. [×] 유언증서가 성립한 후에 멸실되거나 분실되었다는 사유만으로 유언이 실효되는 것은 아니고 이해관계인은 유언증서의 내용을 증명하여 유언의 유효를 주장할 수 있다. 이는 녹음에 의한 유언이 성립한 후에 녹음테이프나 녹음파일 등이 멸실 또는 분실된 경우에도 마찬가지이다(대법원 2023. 6. 1. 선고 2023다217534 판결). → 변호사가 망인의 유언을 휴대전화로 녹음한 다음 녹음 원본파일을 망인의 상속인에게 카카오톡으로 전송한 후 삭제하였고, 유언 검인기일에는 녹음 사본파일만이 제출되어 유언검인조서가 작성된 경우 유언의 효력이 문제되었음. 대법원은 제반 사정에 비추어 유언 검인기일에 제출된 녹음 사본파일이 녹음 원본파일과 동일성이 있는 파일인 사실이 인정된다는 이유로 망인의 유언이 민법 제1067조의 요건을 갖춘 것으로서 유효하다고 판단한 원심을 수긍하여 상고를 기각함.

ㄹ. [×] 민법 제1068조는 공정증서에 의한 유언은 유언자가 증인 2인이 참여한 공증인의 면전에서 유언의 취지를 구수하고 공증인이 이를 필기낭독하여 유언자와 증인이 그 정확함을 승인한 후 각자 서명 또는 기명날인하여야 하는 것으로 규정하고, 민법 제1072조 제2항은 공정증서에 의한 유언에는 공증인법에 의한 결격자는 증인이 되지 못하는 것으로 규정하고, 구 공증인법(2009. 2. 6. 법률 제9416호로 개정되기 전의 것)은 제33조 제3항 제6호, 제7호에서 촉탁인이 참여시킬 것을 청구한 경우를 제외하고는 공증인이나 촉탁인의 피용자 또는 공증인의 보조자 등은 참여인이 될 수 없도록 규정하고 있다. 이에 비추어 보면 공증인이나 촉탁인의 피용자 또는 공증인의 보조자는 촉탁인이 증인으로 참여시킬 것을 청구한 경우를 제외하고는 공정증서에 의한 유언에서 증인도 될 수 없다(대법원 2014. 07. 25. 자 2011스226 결정).

ㅁ. [O] 민법 제1096조에 의한 법원의 유언집행자 선임은 유언집행자가 전혀 없게 된 경우뿐만 아니라 유언집행자의 사망, 사임, 해임 등의 사유로 공동유언집행자에게 결원이 생긴 경우와 나아가 결원이 없어도 법원이 유언집행자의 추가선임이 필요하다고 판단한 경우에 이를 할 수 있는 것이고, 이 때 누구를 유언집행자로 선임하느냐의 문제는 민법 제1098조 소정의 유언집행자의 결격사유에 해당하지 않는 한 당해 법원의 재량에 속하는 것이다(대법원 1995. 12. 4. 자 95스32 결정).

ㅂ. [O] [1] 유증은 유언으로 수증자에게 일정한 재산을 무상으로 주기로 하는 행위로서 상대방 없는 단독행위이다. 사인증여는 증여자가 생전에 무상으로 재산의 수여를 약속하고 증여자의 사망으로 약속의 효력이 발생하는 증여계약의 일종으로 수증자와의 의사의 합치가 있어야 하는 점에서 단독행위인 유증과 구별된다. [2] 망인이 단독행위로서 유증을 하였으나 유언의 요건을 갖추지 못하여 효력이 없는 경우 이를 '사인증여'로서 효력을 인정하려면 증여자와 수증자 사이에 청약과 승낙에 의한 의사합치가 이루어져야 하는데, 유언자인 망인이 자신의 상속인인 여러 명의 자녀들에게 재산을 분배하는 내용의 유언을 하였으나 민법상 요건을 갖추지 못하여 유언의 효력이 부정되는 경우 유언을 하는 자리에 동석하였던 일부 자녀와 사이에서만 '청약'과 '승낙'이 있다고 보아 사인증여로서의 효력을 인정한다면, 자신의 재산을 배우자와 자녀들에게 모두 배분하고자 하는 망인의 의사에 부합하지 않고 그 자리에 참석하지 않았던 나머지 상속인들과의 형평에도 맞지 않는 결과가 초래된다. 따라서 이러한 경우 유언자인 망인과 일부 상속인 사이에서만 사인증여로서의 효력을 인정하여야 할 특별한 사정이 없는 이상 그와 같은 효력을 인정하는 판단에는 신중을 기해야 한다(대법원 2023. 9. 27. 선고 2022다302237 판결).

정답 ⑤

219 /유류분/

유류분에 관한 다음 설명 중 옳은 것을 모두 고른 것은? (다툼이 있으면 판례에 의함)

ㄱ. 유류분반환청구권의 행사는 재판상 또는 재판 외에서 상대방에 대한 의사표시의 방법으로 할 수 있고, 이 경우 그 의사표시는 침해를 받은 유증 또는 증여행위를 지정하여 이에 대한 반환청구의 의사를 표시하면 그것으로 충분하며, 이로 인하여 생긴 목적물의 이전등기청구권이나 인도청구권 등을 행사하는 것과 달리 그 목적물을 구체적으로 특정하여야 하는 것은 아니다.

ㄴ. 민법 제1112조 제1호부터 제3호가 유류분상실사유를 별도로 규정하지 아니한 것은 불합리하고 기본권제한입법의 한계를 벗어나 헌법에 위반된다.

ㄷ. 유류분반환의 범위를 판단할 경우에 증여받은 재산의 시가는 상속개시 당시를 기준으로 하여 산정하여야 한다. 다만 증여 이후 수증자나 수증자에게서 증여재산을 양수한 사람이 자기 비용으로 증여재산의 성상(性狀) 등을 변경하여 상속개시 당시 가액이 증가되어 있는 경우에는 증여 당시의 성상 등을 기준으로 상속개시 당시의 가액을 산정하여야 한다.

ㄹ. 포괄적 유증을 받은 사람이 승계하는 소극재산은 유류분 산정의 기초가 되는 재산액을 산정할 때 전액 공제되므로, 공제 후 남은 적극재산 중 유류분 부족액에 해당하는 범위 내에서 유증은 효력을 상실하게 된다. 따라서 포괄적 유증을 받은 사람이 승계하는 소극재산 중 일부가 유류분제도 존재나 유류분반환청구권 행사로 인해 유류분권리자에게 승계된다고 볼 수 있다.

ㅁ. 민법 제1113조 제1항은 "유류분은 피상속인의 상속개시시에 있어서 가진 재산의 가액에 증여재산의 가액을 가산하고 채무의 전액을 공제하여 이를 산정한다."라고 규정하고 있다. 이때 공제되어야 할 채무란 상속채무, 즉 피상속인의 채무를 가리키는 것이고, 여기에 상속세, 상속재산의 관리·보존을 위한 소송비용 등 상속재산에 관한 비용도 포함된다.

ㅂ. 유류분 권리자가 원물반환의 방법에 의하여 유류분반환을 청구하고 그와 같은 원물반환이 가능하다면 달리 특별한 사정이 없는 이상 법원은 유류분권리자가 청구하는 방법에 따라 원물반환을 명하여야 한다. 나아가 유류분반환의 목적물에 부동산과 금원이 혼재되어 있다거나 유류분권리자에게 반환되어야 할 부동산의 지분이 많지 않다는 사정은 원물반환을 명함에 아무런 지장이 되지 아니함이 원칙이다.

① ㄱ, ㄹ, ㅁ, ㅂ ② ㄱ, ㄴ, ㄷ, ㅂ ③ ㄴ, ㄷ, ㅁ, ㅂ
④ ㄱ, ㄴ, ㄷ, ㅁ ⑤ ㄷ, ㄹ, ㅁ, ㅂ

[해설]

ㄱ. [O] [1] 민법 제1115조 제1항은 "유류분권리자가 피상속인의 제1114조에 규정된 증여 및 유증으로 인하여 그 유류분에 부족이 생긴 때에는 부족한 한도에서 그 재산의 반환을 청구할 수 있다."라고

규정하고 있는바, 유류분반환청구권의 행사에 의하여 반환하여야 할 증여 또는 유증의 목적이 된 재산이 타인에게 양도된 경우, 그 양수인이 양도 당시 유류분권리자를 해함을 안 때에는 양수인에 대하여도 그 재산의 반환을 청구할 수 있다. [2] 민법 제1117조는 유류분반환청구권은 유류분권리자가 상속의 개시와 반환하여야 할 증여 또는 유증을 한 사실을 안 때로부터 1년 내에 행사하지 아니하면 시효에 의하여 소멸한다고 규정하고 있는데, 여기서 <u>유류분반환청구권의 행사는 재판상 또는 재판 외에서 상대방에 대한 의사표시의 방법으로 할 수 있고, 이 경우 그 의사표시는 침해를 받은 유증 또는 증여행위를 지정하여 이에 대한 반환청구의 의사를 표시하면 그것으로 충분하며, 이로 인하여 생긴 목적물의 이전등기청구권이나 인도청구권 등을 행사하는 것과 달리 그 목적물을 구체적으로 특정하여야 하는 것은 아니다</u>(대법원 2016. 1. 28. 선고 2013다75281 판결).

ㄴ. [O] [1] 유류분제도는 피상속인의 재산처분행위로부터 유족의 생존권을 보호하고, 법정상속분의 일정비율에 상당하는 부분을 유류분으로 산정하여 상속재산형성에 대한 기여, 상속재산에 대한 기대를 보장하려는 데에 그 취지가 있고, 가족의 연대가 종국적으로 단절되는 것을 저지하는 기능을 가지는바, 입법목적의 정당성이 인정된다. [2] 유류분권리자와 유류분을 개별적으로 적정하게 입법하는 것이 현실적으로 매우 어려운 점, 법원이 구체적 사정을 고려하여 정하도록 하는 것은 법원의 과도한 부담 등을 초래할 수 있는 점 등을 고려하면, 민법 제1112조가 유류분권리자와 유류분을 획일적으로 규정한 것이 매우 불합리하다고 단정하기 어렵다. 그러나 패륜적인 상속인의 유류분을 인정하는 것은 일반 국민의 법감정과 상식에 반한다고 할 것이므로, <u>민법 제1112조 제1호부터 제3호가 유류분상실사유를 별도로 규정하지 아니한 것은 불합리하고 기본권제한입법의 한계를 벗어나 헌법에 위반된다</u>. 또한 상속재산형성에 대한 기여나 상속재산에 대한 기대 등이 거의 인정되지 않는 피상속인의 형제자매에게까지 <u>유류분을 인정하는 민법 제1112조 제4호 역시 불합리하고 기본권제한입법의 한계를 벗어나 헌법에 위반된다</u>. [3] 민법 제1113조는 유류분권리자를 보호하는 한편, 공정하고 객관적인 유류분의 산정을 위한 것으로 수긍할 수 있고, 민법 제1114조 전문은 선의의 수증자를 보호하고 거래의 안전을 위한 것으로서 합리적이라 할 것이므로 위 조항들은 재산권을 침해하지 않는다. [4] 당사자 쌍방이 유류분권리자에게 손해를 가할 것을 알고 증여를 한 경우 그러한 증여는 더 이상 보호할 필요가 없으므로, 민법 제1114조 후문을 통해 거래의 안전보다 유류분권리자를 두텁게 보호하려는 입법자의 의사는 합리적이라고 할 수 있으며, 법원은 해의의 요건을 엄격하게 해석하여 수증자가 불측의 피해를 보는 것을 방지하고 있다. 한편, <u>민법 제1008조를 유류분에 준용하는 민법 제1118조 부분</u>은, 공동상속인들 사이의 공평을 기하기 위하여 그 수증재산을 상속분의 선급으로 다루어 구체적인 상속분이나 유류분을 산정함에 있어 이를 참작하도록 하려는 것으로, 유류분권리자를 보호하고 관계 당사자들의 이해관계를 합리적으로 조정하기 위한 것이라고 볼 수 있으므로 위 조항들은 재산권을 침해하지 않는다. [5] 민법 제1115조는 유류분 권리자의 보호와 함께 수증자의 이해관계 및 거래의 안전을 모두 고려하고 유류분반환의무자 사이의 공평하고 합리적인 부담을 도모하는 것으로 볼 수 있고, 민법 제1116조는 수증자의 신뢰보호 필요성이 수유자보다 큰 점을 고려하여 거래의 안전을 보호하려는 것으로서 불합리하다고 보기 어려우므로 위 조항들은 재산권을 침해하지 않는다. 또한 민법 제1001조, 제1010조를 유류분에 준용하는 민법 제1118조 부분은 대습상속인의 상속에 대한 기대를 보호하고 상속에서의 공평을 실현하고자 하는 이념을 유류분에도 적용하기 위한 것으로 합리성이 인정되므로 재산권을 침해하지 않는다. [6] <u>기여분에 관한 민법 제1008조의2를 유류분에 준용하는 규정을 두고 있지 않은 민법 제1118조</u>는, 피상속인을 오랜 기간 부양하거나 상속재산형성에 기여한 기여상속인이 기여의 대가로 받은 증여재산을 비기여상속인에게 반환하여야 하는 부당한 상황을 발생시키고, 기여상속인에게 보상을 하려고 한 피상속인의 의사를 부정하는 불합리한 결과를 초래하는 등 현저히 불합리하므로 <u>기본권제한입법의 한계를 일탈하여 헌법에 위반된다</u>. [7] <u>형제자매의 유류분을 규정한 민법 제1112</u>

조 제4호는 위헌결정을 통하여 재산권에 대한 침해를 제거함으로써 합헌성이 회복될 수 있으므로 단순위헌을 선언한다. 하지만 민법 제1112조 제1호부터 제3호와 기여분에 관한 제1008조의2를 유류분에 준용하는 규정을 두지 아니한 민법 제1118조에 대하여 위헌결정을 선고하여 효력을 상실시키면, 법적 혼란이나 공백 등이 발생할 우려가 있으므로, 위 조항들에 대하여는 2025. 12. 31.까지 계속적용을 명하는 헌법불합치결정을 선고하기로 한다(헌법재판소 2024. 4. 25. 자 2020헌가4 결정).

ㄷ. [O] 유류분반환의 범위는 상속개시 당시 피상속인의 순재산과 문제 된 증여재산을 합한 재산을 평가하여 그 재산액에 유류분청구권자의 유류분비율을 곱하여 얻은 유류분액을 기준으로 산정하는데, 증여받은 재산의 시가는 상속개시 당시를 기준으로 하여 산정하여야 한다. 다만 증여 이후 수증자나 수증자에게서 증여재산을 양수한 사람이 자기 비용으로 증여재산의 성상(性狀) 등을 변경하여 상속개시 당시 가액이 증가되어 있는 경우, 변경된 성상 등을 기준으로 상속개시 당시의 가액을 산정하면 유류분권리자에게 부당한 이익을 주게 되므로, 이러한 경우에는 그와 같은 변경을 고려하지 않고 증여 당시의 성상 등을 기준으로 상속개시 당시의 가액을 산정하여야 한다(대법원 2015. 11. 12. 선고 2010다104768 판결).

ㄹ. [X] 포괄적 유증이란 적극재산은 물론, 소극재산까지도 포괄하는 상속재산 전부 또는 일부의 유증을 말하는 것이고, 포괄적 유증을 받은 사람(포괄적 수증자)은 상속인과 동일한 권리 의무가 있다(민법 제1078조). 유류분제도는 피상속인의 증여 및 유증으로 그 유류분에 부족이 생긴 유류분권자에게 그 부족한 한도 내에서 이를 회복하기 위하여 마련된 것으로서 유류분권리자가 유류분반환청구권을 행사한 경우 그의 유류분을 침해하는 범위 내에서 유증 또는 증여는 소급적으로 효력을 상실하고, 상대방은 그와 같이 실효된 범위 내에서 유증 또는 증여의 목적물을 반환할 의무를 부담한다. 한편 유류분권리자의 유류분 부족액은 유류분액에서 특별수익액과 순상속분액을 공제하는 방법으로 산정하는데, 피상속인이 상속개시 시에 채무를 부담하고 있던 경우 유류분액은 민법 제1113조 제1항에 따라 피상속인이 상속개시 시에 가진 재산의 가액에 증여재산의 가액을 가산하고 채무의 전액을 공제하여 유류분 산정의 기초가 되는 재산액을 확정한 다음, 거기에 민법 제1112조에서 정한 유류분 비율을 곱하여 산정한다. 이와 같이 포괄적 유증을 받은 사람이 승계하는 소극재산은 유류분 산정의 기초가 되는 재산액을 산정할 때 전액 공제되므로, 공제 후 남은 적극재산 중 유류분 부족액에 해당하는 범위 내에서 유증은 효력을 상실하게 된다. 따라서 포괄적 유증을 받은 사람이 승계하는 소극재산 중 일부가 유류분제도 존재나 유류분반환청구권 행사로 인해 유류분권리자에게 승계된다고 볼 수 없다(대법원 2025. 5. 29. 선고 2022다220014 판결). → 원고와 피고 등은 A, B의 자녀로서 A 사망 후 B가 사망하였고, B는 사망 전 원고에게 재산 전부에 대해 포괄적 유증을 하였으며 원고, 피고 등 A의 상속인은 A의 소극재산 및 A 사망으로 발생한 상속세를 모두 납부하였는데, 원고가 B의 채무(A의 소극재산 중 B의 상속분 및 A 사망으로 B에게 발생한 상속세 포함) 중 일부를 피고 등이 승계하였다고 주장하며 구상금을 청구한 사안임. 원심은, 포괄적 유증이 있는 경우 유언자 채무가 유증을 받은 자에게 승계되나, 유류분제도의 존재로 인해 포괄적 유증을 받은 원고가 승계하는 채무는 B의 채무 전체의 1/2을 한도로 하고, 원고를 포함한 공동상속인들이 나머지 채무를 유류분 비율로 승계한다고 판단하였음. 대법원은 B로부터 포괄적 유증을 받은 원고만 B의 채무를 승계할 뿐, 피고는 유류분제도 존재나 유류분반환청구권 행사로 인해 B의 채무를 승계하지 않는다고 보아, 이와 달리 판단한 원심을 파기·환송함.

ㅁ. [X] 민법 제1113조 제1항은 "유류분은 피상속인의 상속개시시에 있어서 가진 재산의 가액에 증여재산의 가액을 가산하고 채무의 전액을 공제하여 이를 산정한다."라고 규정하고 있다. 이때 공제되어야 할 채무란 상속채무, 즉 피상속인의 채무를 가리키는 것이고, 여기에 상속세, 상속재산의 관리·보존을 위한 소송비용 등 상속재산에 관한 비용은 포함되지 아니한다(대법원 2015. 05. 14. 선고 2012다21720 판결).

ㅂ. [O] 우리 민법은 유류분제도를 인정하여 제1112조부터 제1118조까지 이에 관하여 규정하면서도 유류분의 반환방법에 관하여 별도의 규정을 두고 있지 않으나, <u>증여 또는 유증대상 재산 그 자체를 반환하는 것이 통상적인 반환방법이라고 할 것이므로, 유류분 권리자가 원물반환의 방법에 의하여 유류분반환을 청구하고 그와 같은 원물반환이 가능하다면 달리 특별한 사정이 없는 이상 법원은 유류분권리자가 청구하는 방법에 따라 원물반환을 명하여야 한다.</u> 한편 증여나 유증 후 그 목적물에 관하여 제3자가 저당권이나 지상권 등의 권리를 취득한 경우에는 원물반환이 불가능하거나 현저히 곤란하여 반환의무자가 목적물을 저당권 등의 제한이 없는 상태로 회복하여 이전하여 줄 수 있다는 등의 예외적인 사정이 없는 한 유류분권리자는 반환의무자를 상대로 원물반환 대신 그 가액 상당의 반환을 구할 수도 있을 것이나, 그렇다고 하여 유류분권리자가 스스로 위험이나 불이익을 감수하면서 원물반환을 구하는 것까지 허용되지 아니한다고 볼 것은 아니므로, 그 경우에도 법원은 유류분권리자가 청구하는 방법에 따라 원물반환을 명하여야 한다. 나아가 <u>유류분반환의 목적물에 부동산과 금원이 혼재되어 있다거나 유류분권리자에게 반환되어야 할 부동산의 지분이 많지 않다는 사정은 원물반환을 명함에 아무런 지장이 되지 아니함이 원칙이다</u>(대법원 2014. 02. 13. 선고 2013다65963 판결).

정답 ②

220 /유류분/

유류분에 관한 다음 설명 중 옳은 내용을 모두 고른 것은? (다툼이 있으면 판례에 의함)

> ㉠ 개정 민법 시행 전에 이행이 완료된 증여 재산이 유류분 산정을 위한 기초재산에서 제외된다고 하더라도, 위 재산은 당해 유류분 반환청구자의 유류분 부족액 산정 시 특별수익으로 공제되어야 한다.
>
> ㉡ 피상속인으로부터 생전 증여를 받은 상속인이 피상속인을 특별히 부양하였거나 피상속인의 재산의 유지 또는 증가에 특별히 기여하였고, 피상속인의 생전 증여에 상속인의 위와 같은 특별한 부양 내지 기여에 대한 대가의 의미가 포함되어 있는 경우와 같이 상속인이 증여받은 재산을 상속분의 선급으로 취급한다면 오히려 공동상속인들 사이의 실질적인 형평을 해치는 결과가 초래되는 경우에는 생전 증여를 특별수익에서 제외할 수 있다.
>
> ㉢ 피상속인으로부터 특별수익인 생전 증여를 받은 공동상속인이 상속을 포기한 경우에는 민법 제1114조가 적용되지 아니하므로, 그 증여가 상속개시 전 1년간에 행한 것이거나 당사자 쌍방이 유류분권리자에 손해를 가할 것을 알고 한 경우가 아니라도 유류분 산정을 위한 기초재산에 산입된다고 보아야 한다.
>
> ㉣ 유언자가 임차권 또는 근저당권이 설정된 목적물을 특정유증하면서 유증을 받은 자가 그 임대차보증금반환채무 또는 피담보채무를 인수할 것을 부담으로 정한 경우에도 상속인이 상속개시 시에 유증 목적물과 그에 관한 임대차보증금반환채무 또는 피담보채무를 상속하므로 이를 전제로 유류분 산정의 기초가 되는 재산액을 확정하여 유류분액을 산정하여야 한다.

ⓜ 증여 이후 수증자나 수증자로부터 증여재산을 양수받은 사람이 자기의 비용으로 증여재산의 성상 등을 변경하여 상속개시 당시 그 가액이 증가되어 있는 경우, 유류분 부족액을 산정할 때 기준이 되는 증여재산의 가액에 관해서는 그와 같은 변경이 있기 전 증여 당시의 성상 등을 기준으로 상속개시 당시 가액을 산정해야 한다.

① ㉠, ㉡, ㉢, ㉣　　② ㉠, ㉢, ㉣, ㉤　　③ ㉡, ㉢, ㉣, ㉤
④ ㉠, ㉢, ㉣　　　　⑤ ㉠, ㉣, ㉤

[해설]

㉠ [O] 유류분 제도가 생기기 전에 피상속인이 상속인이나 제3자에게 재산을 증여하고 이행을 완료하여 소유권이 수증자에게 이전된 때에는 피상속인이 1977. 12. 31. 법률 제3051호로 개정된 민법(이하 '개정 민법'이라 한다) 시행 이후에 사망하여 상속이 개시되더라도 소급하여 증여재산이 유류분 제도에 의한 반환청구의 대상이 되지는 않는다. 개정 민법의 유류분 규정을 개정 민법 시행 전에 이루어지고 이행이 완료된 증여에까지 적용한다면 수증자의 기득권을 소급입법에 의하여 제한 또는 침해하는 것이 되어 개정 민법 부칙 제2항의 취지에 반하기 때문이다. 개정 민법 시행 전에 이미 법률관계가 확정된 증여재산에 대한 권리관계는 유류분 반환청구자이든 반환의무자이든 동일하여야 하므로, 유류분 반환청구자가 개정 민법 시행 전에 피상속인으로부터 증여받아 이미 이행이 완료된 경우에는 그 재산 역시 유류분산정을 위한 기초재산에 포함되지 아니한다고 보는 것이 타당하다. 그러나 유류분 제도의 취지는 법정상속인의 상속권을 보장하고 상속인 간의 공평을 기하기 위함이고, 민법 제1115조 제1항에서도 '유류분권리자가 피상속인의 증여 및 유증으로 인하여 그 유류분에 부족이 생긴 때에는 부족한 한도 내에서 그 재산의 반환을 청구할 수 있다'고 규정하여 이미 법정 유류분 이상을 특별수익한 공동상속인의 유류분 반환청구권을 부정하고 있다. 이는 개정 민법 시행 전에 증여받은 재산이 법정 유류분을 초과한 경우에도 마찬가지로 보아야 하므로, 개정 민법 시행 전에 증여를 받았다는 이유만으로 이를 특별수익으로도 고려하지 않는 것은 유류분 제도의 취지와 목적에 반한다고 할 것이다. 또한 민법 제1118조에서 제1008조를 준용하고 있는 이상 유류분 부족액 산정을 위한 특별수익에는 그 시기의 제한이 없고, 민법 제1008조는 유류분 제도 신설 이전에 존재하던 규정으로 민법 부칙 제2조와도 관련이 없다. 따라서 개정 민법 시행 전에 이행이 완료된 증여재산이 유류분 산정을 위한 기초재산에서 제외된다고 하더라도, 위 재산은 당해 유류분 반환청구자의 유류분 부족액 산정 시 특별수익으로 공제되어야 한다(대법원 2018. 7. 12. 선고 2017다278422 판결).

㉡ [O] 유류분에 관한 민법 제1118조에 따라 준용되는 민법 제1008조는 '특별수익자의 상속분'에 관하여 "공동상속인 중에 피상속인으로부터 재산의 증여 또는 유증을 받은 자가 있는 경우에 그 수증재산이 자기의 상속분에 달하지 못한 때에는 그 부족한 부분의 한도에서 상속분이 있다."라고 정하고 있다. 이는 공동상속인 중에 피상속인으로부터 재산의 증여 또는 유증을 받은 특별수익자가 있는 경우에 공동상속인들 사이의 공평을 기하기 위하여 그 수증재산을 상속분의 선급으로 다루어 구체적인 상속분을 산정하는 데 참작하도록 하기 위한 것이다. 여기서 어떠한 생전 증여가 특별수익에 해당하는지는 피상속인의 생전의 자산, 수입, 생활수준, 가정상황 등을 참작하고 공동상속인들 사이의 형평을 고려하여 당해 생전 증여가 장차 상속인으로 될 자에게 돌아갈 상속재산 중 그의 몫의 일부를 미리 주는 것이라고 볼 수 있는지에 의하여 결정하여야 한다. 따라서 피상속인으로부터 생전 증여를 받은 상속인이 피상속인을 특별히 부양하였거나 피상속인의 재산의 유지 또는 증가에 특별히 기여하였고, 피상속인의 생전 증여에 상속인의 위와 같은 특별한 부양 내지 기여에 대한

대가의 의미가 포함되어 있는 경우와 같이 상속인이 증여받은 재산을 상속분의 선급으로 취급한다면 오히려 공동상속인들 사이의 실질적인 형평을 해치는 결과가 초래되는 경우에는 그러한 한도 내에서 생전 증여를 특별수익에서 제외할 수 있다. 여기서 피상속인이 한 생전 증여에 상속인의 특별한 부양 내지 기여에 대한 대가의 의미가 포함되어 있는지 여부는 당사자들의 의사에 따라 판단하되, 당사자들의 의사가 명확하지 않은 경우에는 피상속인과 상속인 사이의 개인적 유대관계, 상속인의 특별한 부양 내지 기여의 구체적 내용과 정도, 생전 증여 목적물의 종류 및 가액과 상속재산에서 차지하는 비율, 생전 증여 당시의 피상속인과 상속인의 자산, 수입, 생활수준 등을 종합적으로 고려하여 형평의 이념에 맞도록 사회일반의 상식과 사회통념에 따라 판단하여야 한다. 다만 유류분제도가 피상속인의 재산처분행위로부터 유족의 생존권을 보호하고 법정상속분의 일정비율에 해당하는 부분을 유류분으로 산정하여 상속인의 상속재산 형성에 대한 기여와 상속재산에 대한 기대를 보장하는 데 그 목적이 있는 점을 고려할 때, 피상속인의 생전 증여를 만연히 특별수익에서 제외하여 유류분제도를 형해화시키지 않도록 신중하게 판단하여야 한다(대법원 2022. 3. 17. 선고 2021다230083 판결).

ⓒ [×] [1] 민법 제1008조는 공동상속인 중에 피상속인으로부터 재산의 증여 또는 유증을 받은 특별수익자가 있는 경우에 공동상속인들 사이의 공평을 기하기 위하여 그 수증재산을 상속분의 선급으로 다루어 구체적인 상속분을 산정할 때 이를 참작하도록 하려는 데 그 취지가 있다. 피대습인이 생전에 피상속인으로부터 특별수익을 받은 경우 대습상속이 개시되었다고 하여 피대습인의 특별수익을 고려하지 않고 대습상속인의 구체적인 상속분을 산정한다면 대습상속인은 피대습인이 취득할 수 있었던 것 이상의 이익을 취득하게 된다. 이는 공동상속인들 사이의 공평을 해칠 뿐만 아니라 대습상속의 취지에도 반한다. 따라서 피대습인이 대습원인의 발생 이전에 피상속인으로부터 생전 증여로 특별수익을 받은 경우 그 생전 증여는 대습상속인의 특별수익으로 봄이 타당하다. [2] 유류분에 관한 민법 제1118조는 민법 제1008조를 준용하고 있으므로, 공동상속인 중에 피상속인으로부터 재산의 생전 증여로 민법 제1008조의 특별수익을 받은 사람이 있으면 민법 제1114조가 적용되지 않고, 그 증여가 상속개시 1년 이전의 것인지 여부 또는 당사자 쌍방이 유류분권리자에 손해를 가할 것을 알고서 하였는지 여부와 관계없이 증여를 받은 재산이 유류분 산정을 위한 기초재산에 산입된다. 그러나 피상속인으로부터 특별수익인 생전 증여를 받은 공동상속인이 상속을 포기한 경우에는 민법 제1114조가 적용되므로, 그 증여가 상속개시 전 1년간에 행한 것이거나 당사자 쌍방이 유류분권리자에 손해를 가할 것을 알고 한 경우에만 유류분 산정을 위한 기초재산에 산입된다고 보아야 한다. 민법 제1008조에 따라 구체적인 상속분을 산정하는 것은 상속인이 피상속인으로부터 실제로 특별수익을 받은 경우에 한정되는데, 상속의 포기는 상속이 개시된 때에 소급하여 그 효력이 있고(민법 제1042조), 상속포기자는 처음부터 상속인이 아니었던 것이 되므로, 상속포기자에게는 민법 제1008조가 적용될 여지가 없기 때문이다. 위와 같은 법리는 피대습인이 대습원인의 발생 이전에 피상속인으로부터 생전 증여로 특별수익을 받은 이후 대습상속인이 피상속인에 대한 대습상속을 포기한 경우에도 그대로 적용된다(대법원 2022. 3. 17. 선고 2020다267620 판결).

ⓔ [O] [1] 유류분권리자의 유류분 부족액은 유류분액에서 특별수익액과 순상속분액을 공제하는 방법으로 산정하는데, 피상속인이 상속개시 시에 채무를 부담하고 있던 경우 유류분액은 민법 제1113조 제1항에 따라 피상속인이 상속개시 시에 가진 재산의 가액에 증여재산의 가액을 가산하고 채무의 전액을 공제하여 유류분 산정의 기초가 되는 재산액을 확정한 다음, 거기에 민법 제1112조에서 정한 유류분 비율을 곱하여 산정한다. 그리고 유류분액에서 공제할 순상속분액은 특별수익을 고려한 구체적인 상속분에서 유류분권리자가 부담하는 상속채무를 공제하여 산정하고, 이때 유류분권리자의 구체적인 상속분보다 유류분권리자가 부담하는 상속채무가 더 많다면 그 초과분을 유류분액에 가산하여 유류분 부족액을 산정하여야 한다. [2] 유언자가 자신의 재산 전부 또는 전 재산의 비율적 일

부가 아니라 일부 재산을 특정하여 유증한 특정유증의 경우에는, 유증 목적인 재산은 일단 상속재산으로서 상속인에게 귀속되고 유증을 받은 자는 유증의무자에 대하여 유증을 이행할 것을 청구할 수 있는 채권을 취득하게 된다. 유언자가 임차권 또는 근저당권이 설정된 목적물을 특정유증하면서 유증을 받은 자가 그 임대차보증금반환채무 또는 피담보채무를 인수할 것을 부담으로 정한 경우에도 상속인이 상속개시 시에 유증 목적물과 그에 관한 임대차보증금반환채무 또는 피담보채무를 상속하므로 이를 전제로 유류분 산정의 기초가 되는 재산액을 확정하여 유류분액을 산정하여야 한다. 이 경우 상속인은 유증을 이행할 의무를 부담함과 동시에 유증을 받은 자에게 유증 목적물에 관한 임대차보증금반환채무 등을 인수할 것을 요구할 수 있는 이익 또한 얻었다고 할 수 있으므로, 결국 그 특정유증으로 인해 유류분권리자가 얻은 순상속분액은 없다고 보아 유류분 부족액을 산정하여야 한다. 나아가 위와 같은 경우에 특정유증을 받은 자가 유증 목적물에 관한 임대차보증금반환채무 또는 피담보채무를 임차인 또는 근저당권자에게 변제하였다고 하더라도 상속인에 대한 관계에서는 자신의 채무 또는 장차 인수하여야 할 채무를 변제한 것이므로 상속인에 대하여 구상권을 행사할 수 없다고 봄이 타당하다. 위와 같은 법리는 유증 목적물에 관한 임대차계약에 대항력이 있는지 여부와 무관하게 적용된다. [3] 유언자가 부담부 유증을 하였는지는 유언에 사용한 문언 및 그 외 제반 사정을 종합적으로 고려하여 탐구된 유언자의 의사에 따라 결정되어야 하는데, 유언자가 임차권 또는 근저당권이 설정된 목적물을 특정유증하였다면 특별한 사정이 없는 한 유증을 받은 자가 그 임대보증금반환채무 또는 피담보채무를 인수할 것을 부담으로 정하여 유증하였다고 볼 수 있다(대법원 2022. 1. 27. 선고 2017다265884 판결).

㉤ [O] [1] 유류분제도에 관한 민법 제1112조, 제1113조, 제1118조와 제1008조가 피상속인의 재산처분의 자유와 수증자의 재산권을 과도하게 침해함으로써 헌법 제23조 제1항과 제37조 제2항에 위반된다고 할 수 없다. 그 이유는 다음과 같다. 유류분제도는 피상속인의 재산처분행위로부터 유족의 생존권을 보호하고 법정상속분의 일정 비율에 해당하는 부분을 유류분으로 산정하여 상속인의 상속재산 형성에 대한 기여와 상속재산에 대한 기대를 보장하는 데 그 목적이 있다. 민법 제1118조에 따라 준용되는 민법 제1008조는 공동상속인 중에 피상속인으로부터 재산의 증여 또는 유증을 받은 특별수익자가 있는 경우에 공동상속인 사이의 공평을 도모하기 위하여 수증재산을 상속분의 선급으로 다루어 구체적인 상속분을 산정하는 데 참작하도록 하려는 데 그 취지가 있다. 유류분제도가 피상속인이 생전에 자유롭게 처분하는 것을 원천적으로 막는 것은 아니다. 또한 공동상속인이 피상속인으로부터 받은 증여가 모두 유류분반환의 대상인 특별수익이 되는 것은 아니고, 어떠한 생전 증여가 특별수익에 해당하는지는 피상속인의 생전의 자산, 수입, 생활수준, 가정상황 등을 참작하고 공동상속인 사이의 형평을 고려하여 생전 증여가 장차 상속인으로 될 사람에게 돌아갈 상속재산 가운데 그의 몫 일부를 미리 주는 것이라고 볼 수 있는지에 따라 판단된다. 유류분의 범위도 법정상속분의 일부로 제한되어 있다. 따라서 유류분제도에 관한 민법 제1112조, 제1113조, 제1118조와 제1008조에 따라 피상속인의 재산처분 자유와 수증자의 재산권이 과도하게 침해된다고 보기 어렵다. [2] 민법은 유류분의 반환방법에 관하여 별도의 규정을 두고 있지 않다. 그러나 증여 또는 유증대상 재산 그 자체를 반환하는 것이 통상적인 반환방법이므로, 유류분권리자가 원물반환의 방법으로 유류분반환을 청구하고 그와 같은 원물반환이 가능하다면 특별한 사정이 없는 한 법원은 유류분권리자가 청구하는 방법에 따라 원물반환을 명하여야 한다. 증여나 유증 후 그 목적물에 관하여 제3자가 저당권이나 지상권 등의 권리를 취득한 경우에는 원물반환이 불가능하거나 현저히 곤란하므로, 반환의무자가 목적물을 저당권 등의 제한이 없는 상태로 회복하여 이전해 줄 수 있다는 등의 예외적인 사정이 없는 한 유류분권리자는 반환의무자를 상대로 원물반환 대신 그 가액의 반환을 구할 수 있다. 그러나 그렇다고 해서 유류분권리자가 스스로 위험이나 불이익을 감수하면서 원물반환을 구하는 것까지 허용되지 않는다고 볼 것은 아니므로, 그 경우에도 법원은 유류분권리자가 청구하는

방법에 따라 원물반환을 명하여야 한다. [3] 유류분반환의 범위는 상속개시 당시 피상속인의 순재산과 문제 된 증여재산을 합한 재산을 평가하여 그 재산액에 유류분청구권자의 유류분비율을 곱하여 얻은 유류분액을 기준으로 산정하는데, 증여받은 재산의 시가는 상속개시 당시를 기준으로 산정해야 한다. 어느 공동상속인 1인이 특별수익으로서 여러 부동산을 증여받아 그 증여재산으로 유류분권리자에게 유류분 부족액을 반환하는 경우 반환해야 할 증여재산의 범위는 특별한 사정이 없는 한 민법 제1115조 제2항을 유추적용하여 증여재산의 가액에 비례하여 안분하는 방법으로 정함이 타당하다. 따라서 유류분반환 의무자는 증여받은 모든 부동산에 대하여 각각 일정 지분을 반환해야 하는데, 그 지분은 모두 증여재산의 상속개시 당시 총가액에 대한 유류분 부족액의 비율이 된다. 다만 증여 이후 수증자나 수증자로부터 증여재산을 양수받은 사람이 자기의 비용으로 증여재산의 성상 등을 변경하여 상속개시 당시 그 가액이 증가되어 있는 경우, 유류분 부족액을 산정할 때 기준이 되는 증여재산의 가액에 관해서는 위와 같이 변경된 성상 등을 기준으로 증여재산의 상속개시 당시 가액을 산정하면 유류분권리자에게 부당한 이익을 주게 되므로, 그와 같은 변경이 있기 전 증여 당시의 성상 등을 기준으로 상속개시 당시 가액을 산정해야 한다. 반면 유류분 부족액 확정 후 증여재산별로 반환 지분을 산정할 때 기준이 되는 증여재산의 총가액에 관해서는 상속개시 당시의 성상 등을 기준으로 상속개시 당시의 가액을 산정함이 타당하다. 이 단계에서는 현재 존재하는 증여재산에 관한 반환 지분의 범위를 정하는 것이므로 이와 같이 산정하지 않을 경우 유류분권리자에게 증여재산 중 성상 등이 변경된 부분까지도 반환되는 셈이 되어 유류분권리자에게 부당한 이익을 주게 되기 때문이다(대법원 2022. 2. 10. 선고 2020다250783 판결).

정답 ①

221 / 유류분 /
유류분에 관한 다음 설명 중 판례의 입장이 아닌 것은?

① 피상속인이 자신을 피보험자로 하되 공동상속인이 아닌 제3자를 보험수익자로 지정한 생명보험계약을 체결하거나 중간에 제3자로 보험수익자를 변경하고 보험회사에 보험료를 납입하다 사망하여 그 제3자가 생명보험금을 수령하는 경우, 피상속인은 보험수익자인 제3자에게 유류분 산정의 기초재산에 포함되는 증여를 하였다고 봄이 타당하다.

② 유류분권리자의 구체적인 상속분보다 유류분권리자가 부담하는 상속채무가 더 많다면, 즉 순상속분액이 음수인 경우에는 그 초과분을 유류분액에 가산하여 유류분 부족액을 산정할 수는 없다. 그러나 유류분권리자의 구체적인 상속분보다 유류분권리자가 부담하는 상속채무가 더 많은 경우라도 유류분권리자가 한정승인을 했다면, 그 초과분을 유류분액에 가산하여 유류분 부족액을 산정할 수 있다.

③ 증여 또는 유증을 받은 재산 등의 가액이 자기 고유의 유류분액을 초과하는 수인의 공동상속인이 유류분권리자에게 반환하여야 할 재산과 그 범위를 정함에 있어서, 수인의 공동상속인이 유증받은 재산의 총 가액이 유류분권리자의 유류분 부족액을 초과하는 경우에는 그 유류분 부족액의 범위 내에서 각자의 수유재산을 반환하면 되는 것이지 이를 놓아두고 수증재산을 반환할 것은 아니다.

④ 유류분반환청구권은 유류분권리자가 상속의 개시와 반환하여야 할 증여 또는 유증을 한 사실을 안 때로부터 1년 내에 하지 아니하면 시효에 의하여 소멸한다. 이러한 유류분반환청구권 단기소멸시효의 기산점으로서 '반환하여야 할 증여 또는 유증을 한 사실을 안 때'는 증여 또는 유증이 있었다는 사실 및 그것이 반환하여야 할 것임을 안 때라고 해석하여야 한다.
⑤ 피상속인이 상속개시 전에 재산을 증여하여 그 재산이 유류분반환청구의 대상이 된 경우, 수증자가 증여받은 재산을 상속개시 전에 처분하였거나 증여재산이 수용되었다면 민법 제1113조 제1항에 따라 유류분을 산정함에 있어서 증여재산의 가액은 증여재산의 현실 가치인 처분 당시의 가액을 기준으로 상속개시까지 사이의 물가변동률을 반영하는 방법으로 산정한다.

[해설]

① [O] ② [X] [1] 공동상속인이 아닌 제3자에 대한 증여는 원칙적으로 상속개시 전의 1년간에 행한 것에 한하여 유류분반환청구를 할 수 있고, 다만 당사자 쌍방이 증여 당시에 유류분권리자에 손해를 가할 것을 알고 증여를 한 때에는 상속개시 1년 전에 한 것에 대하여도 유류분반환청구가 허용된다(민법 제1114조 참조). 증여 당시 법정상속분의 2분의 1을 유류분으로 갖는 배우자나 직계비속이 공동상속인으로서 유류분권리자가 되리라고 예상할 수 있는 경우에, 제3자에 대한 증여가 유류분권리자에게 손해를 가할 것을 알고 행해진 것이라고 보기 위해서는, 당사자 쌍방이 증여 당시 증여재산의 가액이 증여하고 남은 재산의 가액을 초과한다는 점을 알았던 사정뿐만 아니라, 장래 상속개시일에 이르기까지 피상속인의 재산이 증가하지 않으리라는 점까지 예견하고 증여를 행한 사정이 인정되어야 하고, 이러한 당사자 쌍방의 가해의 인식은 증여 당시를 기준으로 판단하여야 하는데, 그 증명책임은 유류분반환청구권을 행사하는 상속인에게 있다. [2] 피상속인이 자신을 피보험자로 하되 공동상속인이 아닌 제3자를 보험수익자로 지정한 생명보험계약을 체결하거나 중간에 제3자로 보험수익자를 변경하고 보험회사에 보험료를 납입하다 사망하여 그 제3자가 생명보험금을 수령하는 경우, 피상속인은 보험수익자인 제3자에게 유류분 산정의 기초재산에 포함되는 증여를 하였다고 봄이 타당하다. 또한 공동상속인이 아닌 제3자에 대한 증여이므로 민법 제1114조에 따라 보험수익자를 그 제3자로 지정 또는 변경한 것이 상속개시 전 1년간에 이루어졌거나 당사자 쌍방이 그 당시 유류분권리자에 손해를 가할 것을 알고 이루어졌어야 유류분 산정의 기초재산에 포함되는 증여가 있었다고 볼 수 있다. 이때 유류분 산정의 기초재산에 포함되는 증여 가액은 피상속인이 보험수익자 지정 또는 변경과 보험료 납입을 통해 의도한 목적, 제3자가 보험수익자로서 얻은 실질적 이익 등을 고려할 때, 특별한 사정이 없으면 이미 납입된 보험료 총액 중 피상속인이 납입한 보험료가 차지하는 비율을 산정하여 이를 보험금액에 곱하여 산출한 금액으로 할 수 있다. [3] 유류분권리자가 반환을 청구할 수 있는 '유류분 부족액'은 '유류분액'에서 유류분권리자가 받은 특별수익액과 순상속분액을 공제하는 방법으로 산정하는데, 유류분액에서 공제할 순상속분액은 특별수익을 고려한 구체적인 상속분에서 유류분권리자가 부담하는 상속채무를 공제하여 산정한다. 이처럼 유류분액에서 순상속분액을 공제하는 것은 유류분권리자가 상속개시에 따라 받은 이익을 공제하지 않으면 유류분권리자가 이중의 이득을 얻기 때문이다. 유류분권리자의 구체적인 상속분보다 유류분권리자가 부담하는 상속채무가 더 많다면, 즉 순상속분액이 음수인 경우에는 그 초과분을 유류분액에 가산하여 유류분 부족액을 산정하여야 한다. 이러한 경우에는 그 초과분을 유류분액에 가산해야 단순승인 상황에서 상속채무를 부담해야 하는 유류분권리자의 유류분액 만큼 확보해줄 수 있기 때문이다. 그러나 위와 같이 유류분권리자의 구체적인 상속분보다 유류분권리자가 부담하는 상속채무가 더 많은 경우라도 유류분권리자가 한정승인을 했다면, 그 초과분을 유류분액에 가산해서는

안 되고 순상속분액을 0으로 보아 유류분 부족액을 산정해야 한다. 유류분권리자인 상속인이 한정승인을 하였으면 상속채무에 대한 한정승인자의 책임은 상속재산으로 한정되는데, 상속채무 초과분이 있다고 해서 그 초과분을 유류분액에 가산하게 되면 법정상속을 통해 어떠한 손해도 입지 않은 유류분권리자가 유류분액을 넘는 재산을 반환받게 되는 결과가 되기 때문이다. 상속채권자로서는 피상속인의 유증 또는 증여로 피상속인이 채무초과상태가 되거나 그러한 상태가 더 나빠지게 되었다면 수증자를 상대로 채권자취소권을 행사할 수 있다(대법원 2022. 8. 11. 선고 2020다247428 판결).

③ [O] 유류분권리자가 유류분반환청구를 함에 있어 증여 또는 유증을 받은 다른 공동상속인이 수인일 때에는 각자 증여 또는 유증을 받은 재산 등의 가액이 자기 고유의 유류분액을 초과하는 상속인에 대하여 그 유류분액을 초과한 가액의 비율에 따라서 반환을 청구할 수 있다. 한편 민법 제1116조에 의하면, 유류분반환청구의 목적인 증여와 유증이 병존하고 있는 경우 유류분권리자는 먼저 유증을 받은 자를 상대로 유류분 침해액의 반환을 구하여야 하고, 그 이후에도 여전히 유류분 침해액이 남아 있는 경우에 한하여 증여를 받은 자에 대하여 그 부족분을 청구할 수 있다. 따라서 증여 또는 유증을 받은 재산 등의 가액이 자기 고유의 유류분액을 초과하는 수인의 공동상속인이 유류분권리자에게 반환하여야 할 재산과 그 범위를 정함에 있어서, 수인의 공동상속인이 유증받은 재산의 총 가액이 유류분권리자의 유류분 부족액을 초과하는 경우에는 그 유류분 부족액의 범위 내에서 각자의 수유재산을 반환하면 되는 것이지 이를 놓아두고 수증재산을 반환할 것은 아니다. 이 경우 수인의 공동상속인이 유류분권리자의 유류분 부족액을 각자의 수유재산으로 반환함에 있어서 분담하여야 할 액은 각자 증여 또는 유증을 받은 재산 등의 가액이 자기 고유의 유류분액을 초과하는 가액의 비율에 따라 안분하여 정하되, 그중 어느 공동상속인의 수유재산의 가액이 그의 분담액에 미치지 못하여 분담액 부족분이 발생하더라도 이를 그의 수증재산으로 반환할 것이 아니라, 다른 공동상속인들 중 자신의 수유재산의 가액이 자신의 분담액을 초과하는 공동상속인들이 위 분담액 부족분을 위 비율에 따라 다시 안분하여 그들의 수유재산으로 반환하여야 한다(대법원 2014. 08. 26. 선고 2012다77594 판결).

④ [O] [1] 유류분반환청구권은 유류분권리자가 상속의 개시와 반환하여야 할 증여 또는 유증을 한 사실을 안 때로부터 1년 내에 하지 아니하면 시효에 의하여 소멸한다(민법 제1117조). 이러한 유류분반환청구권 단기소멸시효의 기산점으로서 '반환하여야 할 증여 또는 유증을 한 사실을 안 때'는 증여 또는 유증이 있었다는 사실 및 그것이 반환하여야 할 것임을 안 때라고 해석하여야 한다. [2] 유류분권리자가 피상속인으로부터 그 소유 부동산의 등기를 이전받은 제3자를 상대로 등기의 무효사유를 주장하며 소유권이전등기의 말소를 구하는 소를 제기하고 관련 증거를 제출하였으나, 오히려 증여된 것으로 인정되어 무효 주장이 배척된 판결이 선고되어 확정된 경우라면, 특별한 사정이 없는 한 그러한 판결이 확정된 때에 비로소 증여가 있었다는 사실 및 그것이 반환하여야 할 것임을 알았다고 보아야 한다(대법원 2023. 6. 15. 선고 2023다203894 판결). → 망인이 조카인 피고에게 부동산을 증여하고 매매를 원인으로 한 소유권이전등기를 마쳐주고 사망하자, 망인의 배우자로서 유일한 상속인인 원고가 피고를 상대로 소유권이전등기가 무효인 명의신탁에 의한 것이라 주장하면서 말소를 구하는 선행 소송을 제기하였지만 망인이 피고에게 증여한 것으로 볼 여지가 충분하다는 내용의 원고 청구기각의 패소판결이 선고·확정되자, 피고를 상대로 유류분반환청구의 소를 제기하였음. 원심은, 선행 소송 제1심판결이 선고되었을 당시부터는 유류분반환청구권 단기소멸시효가 진행되어 소멸시효가 완성되었다는 피고 항변을 배척하고, 부동산 이외에 망인의 다른 적극적 상속재산이 없음을 전제로 부동산의 1/2 지분에 관하여 소유권이전등기를 명하였음. 대법원은 불법행위 채권 단기소멸시효 기산점에 관하여, 손해배상책임을 인정하는 내용의 관련사건 제1심판결 선고 무렵이 아니라 그 판결이 확정된 때 피해자가 불법행위의 요건사실을 현실적·구체적으로 인식하였다고 볼 여지가 있다고 판단한 대법원 2019. 12. 13. 선고 2019다259371 판결을 참조 판결로 인

용하면서, 유류분권리자가 피상속인으로부터 부동산의 등기를 이전받은 제3자를 상대로 등기의 무효 사유를 주장하며 소유권이전등기의 말소를 구하는 소를 제기하고 관련 증거를 제출하였으나, 오히려 증여된 것으로 인정되어 무효 주장이 배척된 판결이 선고되어 확정된 경우라면, 특별한 사정이 없는 한 판결이 확정된 때에 증여가 있었다는 사실 및 그것이 반환하여야 할 것임을 알았다고 보아야 한다고 판시하고, 소멸시효항변을 배척한 원심의 판단을 수긍함.

⑤ [O] 민법 문언의 해석과 유류분 제도의 입법 취지 등을 종합할 때 피상속인이 상속개시 전에 재산을 증여하여 그 재산이 유류분반환청구의 대상이 된 경우, 수증자가 증여받은 재산을 상속개시 전에 처분하였거나 증여재산이 수용되었다면 민법 제1113조 제1항에 따라 유류분을 산정함에 있어서 그 증여재산의 가액은 증여재산의 현실 가치인 처분 당시의 가액을 기준으로 상속개시까지 사이의 물가변동률을 반영하는 방법으로 산정하여야 한다. 구체적인 이유는 다음과 같다. ① 민법 제1113조 제1항은 "유류분은 피상속인의 상속개시 시에 있어서 가진 재산의 가액에 증여재산의 가액을 가산하고 채무의 전액을 공제하여 이를 산정한다."라고 정하고 있을 뿐 구체적인 가액산정 방법에 대하여는 규정을 두고 있지 않다. 따라서 증여재산의 가액산정 방법은 법원의 해석에 맡겨져 있다. ② 민법 제1113조 제1항의 문언과 더불어 증여재산의 가액산정은 상속개시 당시 피상속인의 순재산과 문제 된 증여재산을 합한 재산을 평가하여 유류분반환의 범위를 정하기 위함이라는 점 및 위 규정에서 증여재산의 가액을 가산하는 이유가 상속재산에서 유출되지 않고 남아 있었을 경우 유류분권리자가 이를 상속받을 수 있었을 것이라는 점에 근거를 두고 있는 점 등에 비추어, 증여재산은 상속개시 시를 기준으로 산정하여야 한다. 따라서 수증자가 증여재산을 상속개시 시까지 그대로 보유하고 있는 경우에는 그 재산의 상속개시 당시 시가를 증여재산의 가액으로 평가할 수 있다. ③ 이에 비하여 수증자가 상속개시 전에 증여재산을 처분하였거나 증여재산이 수용된 경우 그 재산을 상속개시 시를 기준으로 평가하는 방법은 위의 경우와 달리 보아야 한다. 민법 제1113조 제1항이 "상속개시 시에 있어서 가진 재산의 가액"이라고 규정하고 있을 뿐이므로 상속개시 시에 원물로 보유하고 있지 않은 증여재산에 대해서까지 그 재산 자체의 상속개시 당시 교환가치로 평가하라는 취지로 해석하여야 하는 것은 아니다. 따라서 상속개시 전에 증여재산이 처분되거나 수용된 경우 그 상태대로 재산에 편입시켜 유류분을 반환하도록 하는 것이 타당하다. 대법원은 유류분반환에 있어서 증여받은 재산이 금전일 경우에는 그 증여받은 금액을 상속개시 당시의 화폐가치로 환산하여 이를 증여재산의 가액으로 봄이 상당하고, 그러한 화폐가치의 환산은 증여 당시부터 상속개시 당시까지 사이의 물가변동률을 반영하는 방법으로 산정하는 것이 합리적이라고 판시하였다. 부동산 등 현물로 증여된 재산이 상속개시 전에 처분 또는 수용된 경우, 상속개시 시에 있어서 수증자가 보유하는 재산은 수증자가 피상속인으로부터 처분대가에 상응하는 금전을 증여받은 것에 대하여 처분 당시부터 상속개시 당시까지 사이의 물가변동률을 반영하는 방법으로 상속개시 당시의 화폐가치로 환산한 것과 실질적으로 다를 바 없다. ④ 유류분 제도는 피상속인의 재산처분행위로부터 유족의 생존권을 보호하고 법정상속분의 일정 비율에 해당하는 부분을 유류분으로 산정하여 상속인의 상속재산 형성에 대한 기여와 상속재산에 대한 기대를 보장하는 데 그 목적이 있지, 수증자가 피상속인으로부터 증여받은 재산을 상속재산으로 되돌리는 데 목적이 있는 것은 아니다. 증여재산이 상속개시 전에 처분되었음에도 그와 같이 이미 처분된 재산을 상속개시 시의 시가로 평가하여 가액을 산정한다면, 수증자가 상속개시 당시 증여재산을 원물 그대로 보유하는 것으로 의제하는 결과가 된다. 수증자가 재산을 처분한 후 상속개시 사이에 그 재산의 가치가 상승하거나 하락하는 것은 수증자나 기타 공동상속인들이 관여할 수 없는 우연한 사정이다. 그럼에도 상속개시 시까지 처분재산의 가치가 증가하면 그 증가분만큼의 이익을 향유하지 못하였던 수증자가 부담하여야 하고, 감소하면 그 감소분만큼의 위험을 유류분청구자가 부담하여야 한다면 상속인 간 형평을 위하여 마련된 유류분제도의 입법 취지에 부합하지 않게 된다. 특히 증여재산인 토지 일대에 개발사업이

시행된 결과 상속개시 전에 협의취득 또는 수용에 이른 경우 증여토지의 형상이 완전히 변모하고 개발사업의 진행 경과에 따라 가격의 등락이 결정되게 되는바, 이를 수증자나 다른 공동상속인들의 이익이나 손실로 돌리는 것은 부당하다. 정부의 부동산 정책과 개발사업에 따라 부동산 가액 변동성이 매우 큰 우리나라의 상황이 고려되어야 한다. ⑤ 유류분 반환 범위는 상속개시 시에 상속재산이 되었을 재산, 즉 그러한 증여가 없었다면 피상속인이 보유하고 있었을 재산이 기준이 된다. 만약 피상속인이 재산을 보유하다가 자신의 생전에 이를 처분하거나 재산이 수용된 후 사망하였다면 재산 자체의 시가상승으로 인한 이익이 상속재산에 편입될 여지가 없다. 그런데 피상속인이 생전에 증여를 한 다음 수증자에 의하여 처분되거나 수용되었다고 하여 그 재산의 시가상승 이익을 유류분 반환대상에 포함시키도록 재산가액을 산정한다면 수증자의 재산 처분을 제재하는 것과 마찬가지가 된다(대법원 2023. 5. 18. 선고 2019다222867 판결). → 유류분반환청구 사건에서 피고가 증여받은 재산이 상속개시 전에 수용된 경우 그 재산의 가액산정 방법이 쟁점이 된 사안임. 대법원은 위 법리에 따라, 증여재산의 현실 가치인 처분 당시의 가액을 기준으로 상속개시까지 사이의 물가변동률을 반영하는 방법으로 증여재산의 가액을 산정하여야 한다고 판단하여, 이와 달리 상속이 개시된 때를 기준으로 증여재산의 가액을 산정한 원심을 일부 파기·환송함.

정답 ②

제 7 편

판례색인

민 법 선 택 형 진 도 별 모 의 고 사

대법원 결정

대결[전합] 2019.11.21. 2014스44 ················ 539
대결[전합] 2022.11.24. 2020스616 ················ 505
대결[전합] 2024.7.18. 2018스724 ················ 496

대결 1972.5.15. 72마401 ················ 353
대결 1990.2.13. 89다카26250 ················ 235
대결 1994.11.29. 94마417 ················ 186
대결 1995.12.4. 95스32 ················ 542
대결 1997.3.21. 96스62 ················ 535
대결 1999.6.10. 99으1 ················ 520
대결 1999.8.24. 99스28 ················ 540
대결 2000.8.16. 99그1 ················ 176
대결 2001.7.2. 2001마212 ················ 160
대결 2002.8.28. 2002스36 ················ 493
대결 2007.8.28. 2006스3 ················ 535
대결 2007.11.30. 2005마1130 ················ 248
대결 2009.5.28. 2008마109 ·········· 182, 329
대결 2010.11.9. 2010마1322 ················ 199
대결 2011.6.15. 2010마1059 ················ 166
대결 2011.9.21. 2011마1258 ················ 258
대결 2013.8.30. 2013스96 ················ 507
대결 2014.7.25. 2011스226 ················ 542
대결 2015.7.17. 2014스206 ················ 540
대결 2016.5.4. 2014스122 ················ 535
대결 2017.6.1. 2017스515 ················ 501
대결 2017.8.21. 2017마499 ················ 285
대결 2017.8.25. 2014스26 ················ 508
대결 2017.8.25. 2017스5 ················ 506
대결 2018.1.25. 2017마1093 ················ 160
대결 2018.5.25. 2018스520 ················ 497
대결 2018.6.22. 2018스18 ················ 492
대결 2020.1.9. 2018스40 ················ 505
대결 2020.5.22. 2018마5697 ················ 353
대결 2021.2.4. 2020스647 ················ 501
대결 2021.5.27. 2019스621 ················ 500
대결 2021.6.10. 2020스596 ················ 499
대결 2021.7.15. 2020으547 ················ 500
대결 2021.12.16. 2017스628 ················ 512
대결 2022.3.31. 2021스3 ················ 515
대결 2022.6.30. 2017스98 ················ 537
대결 2022.7.28. 2022스613 ················ 250
대결 2022.11.10. 2021스766 ················ 492
대결 2023.3.24. 2022스771 ················ 507
대결 2024.4.30. 2023그887 ················ 84
대결 2024.6.13. 2024스525 ················ 528
대결 2024.6.13. 2024스536 ················ 482
대결 2024.10.8. 2023스637 ················ 503

대법원 판결

대판[전합] 1977.2.8. 76다1720 ················ 83
대판[전합] 1981.1.27. 79다854 ················ 525
대판[전합] 1983.7.12. 82다708·709,
  82다카1792·1793 ················ 111
대판[전합] 1985.4.9. 84다카1131 ················ 152
대판[전합] 1994.4.26. 93다24223 ················ 313
대판[전합] 1995.3.28. 93다47745 ················ 247
대판[전합] 2002.6.20. 2002다9660 ················ 153
대판[전합] 2005.7.21. 2002다1178 ················ 21
대판[전합] 2007.4.19. 2004다60072 ················ 17
대판[전합] 2009.7.16. 2007다15172 ················ 115
대판[전합] 2012.5.17. 2010다28604 ················ 123
대판[전합] 2012.5.17. 2011다87235 ················ 244
대판[전합] 2013.6.20. 2010므4071 ················ 493
대판[전합] 2013.7.18. 2012다5643 ················ 264
대판[전합] 2013.9.26. 2011다53683 ·········· 36, 43
대판[전합] 2013.11.21. 2011두1917 ················ 96
대판[전합] 2014.12.18. 2011다50233 ················ 332
대판[전합] 2016.5.19. 2009다66549 ················ 126
대판[전합] 2016.5.19. 2014도6992 ················ 145
대판[전합] 2017.1.19. 2013다17292 ················ 3
대판[전합] 2017.12.21. 2013다16992 ················ 184
대판[전합] 2018.3.22. 2012다74236 ················ 472
대판[전합] 2018.10.30. 2013다61381 ················ 80
대판[전합] 2019.7.18. 2014다206983 ················ 469
대판[전합] 2019.10.23. 2016므2510 ················ 510
대판[전합] 2019.12.19. 2016다24284 ················ 309
대판[전합] 2020.5.21. 2017다220744 ················ 462
대판[전합] 2020.5.21. 2018다879 ················ 241
대판[전합] 2020.11.19. 2019다232918
  ················ 532, 533
대판[전합] 2021.2.18. 2016도18761 ················ 141
대판[전합] 2021.7.22. 2020다248124 ················ 362
대판[전합] 2021.9.9. 2018다284233 ················ 148
대판[전합] 2022.7.21. 2018다248855 ················ 231
대판[전합] 2022.8.25. 2017다257067 ················ 457
대판[전합] 2022.8.25. 2019다229202 ················ 255

대판 1960. 7. 21. 4292민상773	374	대판 1985. 4. 9. 84다카130	382
대판 1961. 12. 14. 4293민상893	194	대판 1985. 9. 24. 85다카451	136
대판 1962. 1. 18. 4294민상493	407	대판 1985. 12. 24. 85다카1362	29
대판 1962. 2. 15. 4294민상794	111	대판 1987. 4. 14. 86다카520	35, 345
대판 1962. 5. 17. 62다161	324	대판 1987. 6. 23. 86다카1411	53
대판 1962. 12. 16. 67다1525	215	대판 1987. 6. 23. 86다카2951	135, 447
대판 1963. 11. 21. 63다634	253	대판 1987. 7. 7. 86다카1004	63
대판 1965. 7. 27. 65다947	404	대판 1987. 9. 8. 86다카754	59
대판 1965. 9. 21. 65다1302	408	대판 1988. 1. 19. 87다카1315	319
대판 1966. 9. 20. 65다2506	74	대판 1988. 2. 23. 87다카600	24
대판 1967. 7. 11. 67다893	119	대판 1988. 4. 12. 87다카2641	170
대판 1968. 4. 30. 67다2862	111	대판 1988. 4. 27. 87누915	7
대판 1968. 5. 28. 68다480	51	대판 1989. 2. 14. 87다카3073	12
대판 1970. 9. 22. 70다1611	29	대판 1989. 2. 28. 87다카2114·2115·2116	413
대판 1972. 1. 31. 71다2697	313	대판 1989. 2. 28. 88다카2114	220
대판 1972. 5. 30. 72다548	164	대판 1989. 4. 11. 87다카131	65
대판 1973. 7. 24. 69다60	53	대판 1989. 4. 25. 86다카1147	378, 440
대판 1974. 2. 12. 73다298	24	대판 1989. 5. 9. 88다카2271	395
대판 1975. 2. 10. 74다584	359	대판 1989. 7. 11. 88다카21029	157
대판 1975. 12. 23. 73다1086	259	대판 1989. 11. 14. 88다카29962	323
대판 1976. 7. 13. 75다1086	252	대판 1990. 1. 23. 88다카7245	414
대판 1977. 4. 12. 76다1124	4	대판 1990. 2. 13. 89재다카89	112
대판 1978. 1. 17. 77다1872	102	대판 1990. 2. 27. 89다카1381	6, 305
대판 1978. 10. 10. 78다75	53	대판 1990. 4. 10. 89다카24834	329
대판 1980. 4. 22. 79다1980	329	대판 1990. 5. 22. 90다카230	369
대판 1980. 5. 27. 80다565	260	대판 1990. 11. 9. 90다카10305	333
대판 1980. 6. 24. 80다756	292	대판 1990. 11. 13. 90다카17153	463
대판 1980. 9. 9. 80다7	125	대판 1990. 12. 26. 90다카24816	208
대판 1981. 5. 26. 80다211	213, 402	대판 1991. 1. 29. 89다카1114	304
대판 1981. 9. 8. 80다1468	178	대판 1991. 3. 12. 90다카27570	103
대판 1982. 1. 26. 81다1220	155	대판 1991. 3. 22. 91다70	101
대판 1982. 2. 23. 81누204	69	대판 1991. 3. 27. 90다17552	78, 257
대판 1982. 4. 27. 80다851	392	대판 1991. 3. 27. 90다19930	218
대판 1982. 5. 25. 81다1349	51	대판 1991. 4. 12. 90다9407	239, 243
대판 1982. 7. 27. 80다2968	380	대판 1991. 4. 23. 90다19695	415
대판 1982. 11. 23. 80다2825	111	대판 1991. 5. 28. 90다19770	38
대판 1982. 11. 23. 81다카1110	382	대판 1991. 5. 28. 90다카16761	382
대판 1982. 12. 28. 81다454	111	대판 1991. 7. 9. 91다11490	235
대판 1983. 1. 18. 81다89	388	대판 1991. 7. 12. 90다17774	329
대판 1983. 6. 14. 80다3231	3, 4	대판 1991. 7. 26. 91다8104	226
대판 1983. 12. 27. 83다카1561	103	대판 1991. 8. 27. 91다3703	100
대판 1984. 2. 28. 82므67	490	대판 1991. 10. 11. 91다25369	230
대판 1984. 7. 10. 84다카440	237	대판 1991. 10. 22. 90다20244	301
대판 1985. 2. 8. 84다카188	250	대판 1991. 10. 22. 91다17207	258
대판 1985. 3. 12. 84다카2093	335	대판 1991. 10. 25. 91다22605	215
대판 1985. 3. 26. 84다카2001	11	대판 1991. 11. 12. 91다9503	353

대판 1991.12.24. 91다11223	406
대판 1992.1.21. 91다30118	7
대판 1992.2.14. 91다24564	18
대판 1992.2.25. 91다9312	250
대판 1992.3.27. 91다44407	187
대판 1992.4.10. 91다43138	39
대판 1992.5.12. 91다2151	398
대판 1992.5.12. 92다4581	225
대판 1992.5.22. 92다5584	67
대판 1992.7.14. 92다12827	430
대판 1992.7.24. 91다38723	361
대판 1992.10.13. 92다30597	186
대판 1992.10.13. 92다6433	13
대판 1992.11.10. 92다30016	253
대판 1992.11.27. 92다23209	235
대판 1993.1.19. 92다31323	399
대판 1993.1.19. 92다37727	400
대판 1993.2.12. 92다25151	284
대판 1993.2.23. 92다52436	55
대판 1993.2.26. 92다3083	71, 525
대판 1993.3.26. 91다14116	166
대판 1993.4.13. 92다24950	26
대판 1993.4.23. 92다41719	235
대판 1993.4.23. 93다289	256
대판 1993.5.11. 92다48918	24
대판 1993.5.11. 92다52870	257
대판 1993.5.14. 92다45025	402
대판 1993.5.25. 92다51280	115
대판 1993.5.27. 92다20163	404
대판 1993.6.25. 92다20330	153
대판 1993.7.16. 92므372	483
대판 1993.7.27. 91므306	504
대판 1993.7.27. 92다52795	71
대판 1993.7.27. 93다6386	415
대판 1993.8.14. 91다41316	293
대판 1993.9.10. 92다42897	358
대판 1993.10.12. 93다18914	59
대판 1993.10.12. 93다9903	329
대판 1993.11.9. 93다19115	440
대판 1993.11.9. 93다28928	402
대판 1994.1.11. 93다21477	190
대판 1994.2.22. 93다53696	472
대판 1994.2.22. 93다55241	423
대판 1994.2.25. 93다39225	135
대판 1994.5.10. 93다47615	388
대판 1994.5.13. 94다8440	407
대판 1994.5.13. 94다9856	354
대판 1994.5.24. 92다50232	146
대판 1994.5.27. 93다21521	350
대판 1994.6.24. 94다10900	64
대판 1994.8.9. 94다10931	472
대판 1994.8.12. 92다41559	374, 375
대판 1994.9.27. 94다20617	49
대판 1994.11.11. 94다22446	232
대판 1994.11.25. 94다12234	7
대판 1994.11.25. 94다35930	379
대판 1994.12.9. 94다27809	414
대판 1994.12.27. 94다46008	5
대판 1995.1.12. 94누1234	95
대판 1995.2.10. 94다18508	160
대판 1995.3.10. 94다16571	534
대판 1995.3.10. 94다5731	472
대판 1995.4.11. 94다39925	151, 250
대판 1995.4.25. 94다37073	5
대판 1995.5.12. 94다6246	472
대판 1995.6.29. 94다22071	101
대판 1995.6.29. 94다6345	24
대판 1995.6.30. 95다14190	402
대판 1995.7.11. 94다4509	228
대판 1995.7.14. 94다19600	472
대판 1995.7.25. 95다5929	226
대판 1995.7.28. 94다19129	229
대판 1995.7.28. 95다2074	228
대판 1995.9.5. 95다24586	115
대판 1995.9.26. 94다33583	178
대판 1995.9.26. 95다27769	522
대판 1995.9.29. 94므1553・1560	489
대판 1995.11.7. 93다25585	103
대판 1995.12.26. 95다29888	104
대판 1996.1.26. 94다30690	56
대판 1996.1.26. 95다43358	394
대판 1996.1.26. 95다44290	11
대판 1996.2.9. 95다27998	260
대판 1996.2.27. 95다43044	388
대판 1996.3.8. 95다36596	198
대판 1996.4.12. 94다37714	395
대판 1996.4.12. 95다54167	243
대판 1996.4.26. 94다12074	42
대판 1996.4.26. 95다52864	26, 152
대판 1996.6.14. 95다54693	398
대판 1996.6.14. 96다14517	418
대판 1996.6.25. 95다6601	227

대판 1996. 6. 28. 96다18281 ······ 308	대판 1999. 1. 15. 98다48033 ······ 235
대판 1996. 7. 12. 96다7106 ······ 430	대판 1999. 1. 26. 97다48906 ······ 101
대판 1996. 7. 26. 96다14616 ······ 404	대판 1999. 2. 12. 98다40688 ······ 115
대판 1996. 7. 30. 94다51840 ······ 7	대판 1999. 2. 12. 98다55154 ······ 472
대판 1996. 7. 30. 95다16011 ······ 389	대판 1999. 3. 12. 98다18124 ······ 84
대판 1996. 8. 23. 95다8713 ······ 165	대판 1999. 6. 8. 98다60484 ······ 447
대판 1996. 9. 20. 96다22655 ······ 304	대판 1999. 7. 9. 98다13754 ······ 219
대판 1996. 9. 20. 96다25302 ······ 90	대판 1999. 7. 9. 98다64318 ······ 527
대판 1996. 10. 11. 96다27476 ······ 325	대판 1999. 7. 9. 99다12376 ······ 324
대판 1996. 10. 25. 96다30113 ······ 237	대판 1999. 8. 20. 99다18039 ······ 311
대판 1996. 12. 10. 94다43825 ······ 228	대판 1999. 8. 24. 99다22281 ······ 335
대판 1997. 2. 25. 96다43454 ······ 440	대판 1999. 9. 3. 97다56099 ······ 56
대판 1997. 5. 30. 97다8601 ······ 439	대판 1999. 9. 3. 99다20926 ······ 116
대판 1997. 5. 7. 96다39455 ······ 401	대판 1999. 9. 7. 98다47283 ······ 208
대판 1997. 6. 24. 97다8809 ······ 523, 534	대판 1999. 9. 7. 99다30534 ······ 215
대판 1997. 7. 25. 97다4357 ······ 385	대판 1999. 9. 17. 98다31301 ······ 156
대판 1997. 7. 25. 97다5541 ······ 364	대판 1999. 9. 21. 99다26085 ······ 195
대판 1997. 9. 9. 96다16896 ······ 135, 447	대판 1999. 10. 8. 98므1698 ······ 482
대판 1997. 9. 26. 97다10314 ······ 119	대판 1999. 10. 26. 99다48160 ······ 399
대판 1997. 9. 30. 95다39526 ······ 41	대판 2000. 1. 14. 99다40937 ······ 382
대판 1997. 10. 10. 97다28391 ······ 298	대판 2000. 2. 11. 99다49644 ······ 215
대판 1997. 10. 10. 97다8687 ······ 178	대판 2000. 2. 25. 97다30066 ······ 381, 403
대판 1997. 11. 11. 97다35375 ······ 176	대판 2000. 3. 10. 99다63350 ······ 114
대판 1997. 11. 28. 96누4725 ······ 493	대판 2000. 4. 11. 99다23888 ······ 311
대판 1997. 12. 9. 96다47586 ······ 114	대판 2000. 4. 11. 99다51685 ······ 41
대판 1997. 12. 12. 96다50896 ······ 299	대판 2000. 4. 25. 2000다11102 ······ 81
대판 1997. 12. 23. 97다37753 ······ 417	대판 2000. 5. 12. 2000다12259 ······ 44
대판 1997. 12. 26. 97다22676 ······ 257	대판 2000. 6. 9. 98다18155 ······ 239
대판 1998. 2. 13. 96누14401 ······ 494	대판 2000. 6. 9. 99다15122 ······ 160
대판 1998. 3. 13. 95다30345 ······ 440, 447	대판 2000. 6. 23. 99다65066 ······ 205
대판 1998. 3. 13. 97다54604 ······ 218	대판 2000. 7. 6. 2000다11584 ······ 244
대판 1998. 3. 13. 97다6919 ······ 354, 447	대판 2000. 9. 5. 2000다2344 ······ 65
대판 1998. 3. 27. 96다37398 ······ 525	대판 2000. 9. 29. 2000다25569 ······ 273
대판 1998. 3. 27. 97다48982 ······ 56	대판 2000. 12. 8. 2000다51339 ······ 336
대판 1998. 5. 22. 96다24101 ······ 9	대판 2000. 12. 22. 2000다55904 ······ 317
대판 1998. 6. 26. 98다5777 ······ 298	대판 2001. 1. 16. 2000다51872 ······ 119
대판 1998. 7. 10. 98다18643 ······ 103, 166	대판 2001. 1. 19. 2000다20694 ······ 55
대판 1998. 7. 10. 98다18988 ······ 49	대판 2001. 1. 19. 2000다37319 ······ 344
대판 1998. 7. 10. 98다8554 ······ 414	대판 2001. 1. 19. 2000다51919 ······ 39
대판 1998. 7. 24. 97다55706 ······ 472	대판 2001. 2. 9. 2000다51797 ······ 274
대판 1998. 8. 21. 98다15439 ······ 318	대판 2001. 2. 9. 2000다57139 ······ 267
대판 1998. 11. 10. 98다42141 ······ 90	대판 2001. 3. 9. 2000다70828 ······ 11
대판 1998. 11. 10. 98다43441 ······ 188	대판 2001. 3. 9. 2000다73490 ······ 319
대판 1998. 12. 8. 98다43137 ······ 414	대판 2001. 3. 9. 99다13157 ······ 522, 523
대판 1998. 12. 11. 98다43250 ······ 146	대판 2001. 3. 27. 2000다43819 ······ 405
대판 1999. 1. 15. 98다46082 ······ 305	대판 2001. 4. 24. 2001다6237 ······ 191

대판 2001.4.27. 2000다69026 ·················· 322
대판 2001.5.29. 2000다3897 ···················· 54
대판 2001.6.1. 2001다21854 ··················· 198
대판 2001.6.1. 99다60535 ······················· 416
대판 2001.6.1. 99다63183 ······················· 261
대판 2001.6.12. 2000다47187 ·················· 305
대판 2001.6.12. 2000다70989 ·················· 445
대판 2001.6.12. 99다1949 ························ 90
대판 2001.6.29. 2001다21441 ·················· 384
대판 2001.7.24. 2001다3122 ···················· 213
대판 2001.8.21. 2001다22840 ·················· 295
대판 2001.9.4. 2000다66416 ····· 261, 276, 286
대판 2001.9.4. 2001다14108 ···················· 268
대판 2001.9.25. 99다19698 ················ 57, 58
대판 2001.10.9. 2000다51216 ·················· 311
대판 2001.10.12. 2000다22942 ················ 525
대판 2001.11.9. 2001다47528 ·················· 194
대판 2001.11.13. 2001다12362 ················ 472
대판 2001.12.11. 2000다13948 ·· 132, 292, 457
대판 2001.12.11. 2001다45355 ················ 468
대판 2001.12.11. 2001다59866 ················ 165
대판 2001.12.27. 2000다73049 ················ 287
대판 2002.1.8. 2001다60019 ······················ 7
대판 2002.1.25. 2001다30285 ·················· 374
대판 2002.1.25. 2001다52506 ·················· 242
대판 2002.1.25. 99다57126 ····················· 235
대판 2002.2.5. 2001다62091 ··················· 157
대판 2002.2.8. 99다23901 ······················· 228
대판 2002.2.26. 2000다25484 ··················· 82
대판 2002.3.15. 2001다77352 ··················· 64
대판 2002.3.29. 2000다13887 ·················· 176
대판 2002.4.23. 2001다81856 ·················· 200
대판 2002.4.26. 2000다16350 ··················· 95
대판 2002.4.26. 2000다50497 ·················· 226
대판 2002.4.26. 2000다8878 ····················· 80
대판 2002.4.26. 2001다59033 ·················· 311
대판 2002.4.26. 2001다8097 ····················· 71
대판 2002.5.10. 2002다12871 ·················· 336
대판 2002.6.11. 99다41657 ····················· 200
대판 2002.6.14. 2000다30622 ·················· 135
대판 2002.6.28. 2001다49814 ··················· 55
대판 2002.7.12. 99다68652 ····················· 337
대판 2002.7.26. 2001다53929 ·········· 195, 334
대판 2002.7.26. 2001다68839 ·········· 318, 366
대판 2002.7.26. 2001다76731 ·················· 126
대판 2002.8.23. 99다66564 ····················· 165

대판 2002.9.27. 2002다15917 ·················· 292
대판 2002.10.22. 2000다59678 ·········· 178, 187
대판 2002.11.13. 2002다46003 ················ 416
대판 2002.11.22. 2001다6213 ·················· 109
대판 2002.11.26. 2001다73022 ················ 189
대판 2002.12.6. 2001다2846 ············ 182, 407
대판 2002.12.26. 2000다56952 ················ 237
대판 2003.1.24. 2000다22850 ··········· 226, 392
대판 2003.2.11. 2002다37474 ·················· 286
대판 2003.2.26. 2000다40995 ·················· 361
대판 2003.3.14. 2000다32437 ·················· 372
대판 2003.3.28. 2000다24856 ·················· 214
대판 2003.3.28. 2003다5917 ··················· 125
대판 2003.4.8. 2002다64957 ····················· 74
대판 2003.4.11. 2001다12430 ··················· 29
대판 2003.4.11. 2001다53059 ·················· 357
대판 2003.5.30. 2002다21592 ·················· 439
대판 2003.5.30. 2003다16214 ··················· 73
대판 2003.7.11. 2001다73626 ···················· 17
대판 2003.7.11. 2003다19435 ·················· 267
대판 2003.7.11. 2003다19572 ·················· 276
대판 2003.7.22. 2002다64780 ···················· 17
대판 2003.7.25. 2001다64752 ·················· 113
대판 2003.7.25. 2002다27088 ···················· 18
대판 2003.9.5. 2001다32120 ··················· 139
대판 2003.9.5. 2003다26051 ··················· 153
대판 2003.10.24. 2003다37426 ················ 321
대판 2003.11.13. 2001다33000 ·················· 48
대판 2003.11.14. 2001다61869 ·················· 11
대판 2003.11.14. 2003다30968 ················ 213
대판 2003.12.11. 2001다3771 ·················· 312
대판 2003.12.11. 2003다49771 ·········· 373, 376
대판 2003.12.12. 2003다44059 ·················· 54
대판 2003.12.12. 2003다44370 ················ 445
대판 2004.1.27. 2001다24891 ···················· 71
대판 2004.1.27. 2003다14812 ···················· 35
대판 2004.1.27. 2003다45410 ·················· 305
대판 2004.2.27. 2002다39456 ·················· 233
대판 2004.3.12. 2001다79013 ·················· 372
대판 2004.3.25. 2002다20742 ·················· 189
대판 2004.3.26. 2003다34045 ·················· 472
대판 2004.4.23. 2004다8210 ··················· 402
대판 2004.5.28. 2002다32301 ·················· 357
대판 2004.5.28. 2003다70041 ···················· 41
대판 2004.6.25. 2001다2426 ··················· 330
대판 2004.6.25. 2004다6764 ··················· 257

대판 2004.7.9. 2004다13083 ········· 323	대판 2007.2.22. 2005다65821 ········· 86, 87
대판 2004.9.3. 2002다37405 ········· 375	대판 2007.4.26. 2005다34018 ········· 400
대판 2004.9.24. 2004다31463 ········· 99	대판 2007.4.26. 2005다38300 ········· 194
대판 2004.11.12. 2004다22858 ········· 204	대판 2007.5.10. 2006다82700 ········· 249
대판 2004.12.23. 2004다56554 ········· 319, 414	대판 2007.7.26. 2007다29119 ········· 274
대판 2004.12.24. 2004다20265 ········· 464	대판 2007.8.23. 2006다62942 ········· 69
대판 2005.1.14. 2003다33004 ········· 386	대판 2007.9.6. 2007다30447 ········· 537
대판 2005.4.15. 2004다70024 ········· 240, 260	대판 2007.11.15. 2005다31316 ········· 68
대판 2005.4.29. 2005다11893 ········· 472	대판 2007.12.27. 2006다9408 ········· 236
대판 2005.5.26. 2002다43417 ········· 126	대판 2008.2.14. 2006다33357 ········· 269
대판 2005.5.27. 2004다67806 ········· 277	대판 2008.2.15. 2006다68810 ········· 137
대판 2005.6.9. 2004다17535 ········· 268	대판 2008.2.28. 2006다10323 ········· 26
대판 2005.6.9. 2005다4529 ········· 423	대판 2008.2.28. 2007다77446 ········· 264
대판 2005.6.10. 2002다15412 ········· 321	대판 2008.3.13. 2006다29372 ········· 156, 161
대판 2005.6.24. 2005다16713 ········· 237	대판 2008.3.13. 2007다73765 ········· 274
대판 2005.7.22. 2005다7566 ········· 377	대판 2008.4.11. 2005다36618 ········· 201
대판 2005.7.29. 2003다40637 ········· 187	대판 2008.5.8. 2007다36933 ········· 101, 103
대판 2005.10.13. 2003다24147 ········· 298	대판 2008.5.15. 2007다14759 ········· 51
대판 2005.11.25. 2004다66834 ········· 345	대판 2008.5.29. 2007다4356 ········· 418
대판 2005.11.25. 2005다51457 ········· 261	대판 2008.6.12. 2007다37837 ········· 262
대판 2005.12.22. 2003다55059 ········· 176	대판 2008.6.26. 2004다32992 ········· 369
대판 2006.1.12. 2004다46922 ········· 375	대판 2008.6.26. 2006다84874 ········· 230
대판 2006.1.13. 2004므1378 ········· 482	대판 2008.8.21. 2007다79480 ········· 53
대판 2006.1.26. 2005다17341 ········· 181	대판 2008.8.21. 2007다8464 ········· 226
대판 2006.1.27. 2005다19378 ········· 472	대판 2008.10.9. 2008다34903 ········· 420
대판 2006.1.27. 2005다39013 ········· 242	대판 2008.10.23. 2008다43693 ········· 135
대판 2006.2.10. 2004다11599 ········· 405	대판 2008.12.11. 2007다66590 ········· 345
대판 2006.2.10. 2004다2762 ········· 333	대판 2009.1.15. 2008다58367 ········· 14
대판 2006.2.23. 2005다53187 ········· 369	대판 2009.1.15. 2008다70763 ········· 113
대판 2006.2.24. 2005다58656 ········· 366	대판 2009.1.30. 2008다79340 ········· 51
대판 2006.3.9. 2005다57899 ········· 542	대판 2009.2.26. 2008다76556 ········· 241
대판 2006.3.23. 2005다66534·66541 ········· 65	대판 2009.4.23. 2008다95861 ········· 49
대판 2006.4.13. 2005다70090 ········· 269	대판 2009.4.23. 2009다3234 ········· 240
대판 2006.5.12. 2005다68783 ········· 99	대판 2009.5.28. 2008다98655 ········· 371
대판 2006.6.16. 2005다39211 ········· 386	대판 2009.5.28. 2009다4787 ········· 244
대판 2006.6.29. 2004다3598 ········· 87	대판 2009.6.11. 2008다75072 ········· 324
대판 2006.8.24. 2004다26287 ········· 82	대판 2009.6.25. 2007다70155 ········· 303
대판 2006.9.8. 2006다26694 ········· 71, 524	대판 2009.7.9. 2009다18526 ········· 369
대판 2006.9.14. 2005다74900 ········· 494	대판 2009.7.9. 2009다23313 ········· 140
대판 2006.9.22. 2004다56677 ········· 64	대판 2009.8.20. 2007다7959 ········· 298
대판 2006.9.22. 2006다24049 ········· 364	대판 2009.9.24. 2009다15602 ········· 121
대판 2006.10.26. 2004다63019 ········· 237, 472	대판 2009.9.24. 2009다37831 ········· 395
대판 2006.11.9. 2004다67691 ········· 100	대판 2009.9.24. 2009다40684 ········· 168
대판 2006.12.22. 2006다56367 ········· 463	대판 2009.10.15. 2007다83632 ········· 137
대판 2007.1.11. 2005다47175 ········· 409	대판 2009.10.29. 2006다37908 ········· 131
대판 2007.2.9. 2006다39546 ········· 461	대판 2009.10.29. 2009다47685 ········· 316

대판 2009.11.26. 2009다35903 ······ 459	대판 2011.9.8. 2009다49193 ······ 99
대판 2009.11.26. 2009다59671 ······ 220	대판 2011.10.13. 2010다80930 ······ 258
대판 2009.12.24. 2008다71858 ······ 137	대판 2011.12.8. 2010다66644 ······ 539
대판 2009.12.24. 2009다63267 ······ 392	대판 2011.12.8. 2011다55542 ······ 263
대판 2010.1.14. 2007다55477 ······ 456	대판 2011.12.13. 2009다5162 ····· 168, 169, 170
대판 2010.1.28. 2009다90047 ······ 264	대판 2012.1.27. 2011다74949 ······ 106
대판 2010.2.25. 2009다83933 ······ 120	대판 2012.2.9. 2011다72189 ······ 168
대판 2010.3.11. 2009두18622 ······ 145	대판 2012.2.9. 2011다77146 ······ 271
대판 2010.4.15. 2009다96953 ······ 8	대판 2012.2.23. 2010다97426 ······ 224
대판 2010.4.29. 2007다24930 ······ 399	대판 2012.2.23. 2011다76426 ······ 407
대판 2010.4.29. 2009다84936 ······ 520	대판 2012.3.15. 2011다75775 ······ 14
대판 2010.4.29. 2009다99105 ······ 82	대판 2012.3.15. 2011다77849 ······ 51
대판 2010.5.27. 2009다44327 ······ 15	대판 2012.3.29. 2011다100527 ······ 248
대판 2010.5.27. 2009다85861 ······ 343	대판 2012.3.29. 2011다93025 ······ 367
대판 2010.5.27. 2010다10276 ······ 423	대판 2012.5.10. 2010다2558 ······ 124
대판 2010.6.10. 2007다61113 ······ 331	대판 2012.5.10. 2011다52017 ······ 110
대판 2010.6.24. 2010다17284 ······ 88, 258	대판 2012.5.24. 2009다88303 ······ 326
대판 2010.6.24. 2010다17840 ······ 178	대판 2012.6.14. 2011다56873 ······ 395
대판 2010.6.24. 2010다20617 ······ 264	대판 2012.6.28. 2010다73765 ······ 472
대판 2010.6.24. 2010다2107 ······ 9	대판 2012.8.17. 2010다87672 ······ 269
대판 2010.7.15. 2009다50308 ······ 37	대판 2012.9.13. 2012다26947 ······ 472
대판 2010.7.29. 2009다69692 ······ 368	대판 2012.9.27. 2011다76747 ······ 292
대판 2010.8.19. 2010다31860 ······ 373	대판 2012.10.11. 2011다12842 ······ 33
대판 2010.8.19. 2010다43801 ······ 12	대판 2012.10.11. 2012다55860 ······ 411
대판 2010.9.30. 2007다2718 ······ 269	대판 2012.10.25. 2010다89050 ······ 361
대판 2010.9.30. 2009다46873 ······ 307	대판 2012.11.29. 2010다8624 ······ 121
대판 2010.11.11. 2010다43597 ······ 246	대판 2012.12.27. 2012다75239 ······ 248
대판 2010.11.25. 2009두19564 ······ 29	대판 2013.2.15. 2012다48855 ······ 334
대판 2010.11.25. 2010다56685 ······ 90	대판 2013.2.15. 2012다49292 ······ 41
대판 2010.12.9. 2010다57626 ······ 464	대판 2013.2.28. 2011다49608 ······ 416
대판 2011.1.13. 2009쿠103950 ··· 222, 223, 224	대판 2013.3.14. 2010다42624 ······ 25
대판 2011.1.27. 2010다81957 ······ 28	대판 2013.3.28. 2012다68750 ······ 107
대판 2011.3.10. 2007다17482 ······ 525	대판 2013.4.25. 2012다118594 ······ 3
대판 2011.4.28. 2008다15438 ······ 19, 20	대판 2013.4.26. 2011다50509 ······ 380, 391
대판 2011.4.28. 2010다101394 ······ 350	대판 2013.5.9. 2011다75232 ······ 178
대판 2011.4.28. 2010다107408 ······ 97	대판 2013.5.9. 2012다115120 ······ 47
대판 2011.5.13. 2009다94384 ······ 527	대판 2013.5.9. 2012다118976 ······ 53
대판 2011.6.9. 2011다29307 ······ 536	대판 2013.5.23. 2010다50014 ······ 246, 255
대판 2011.6.30. 2009다30724 ······ 392	대판 2013.5.24. 2012다39769 ······ 24
대판 2011.6.30. 2010다16090 ······ 214	대판 2013.6.27. 2011다17106 ······ 463
대판 2011.6.30. 2011다8614 ······ 310	대판 2013.6.27. 2011다50165 ······ 106
대판 2011.7.14. 2009다76522 ······ 457	대판 2013.6.28. 2013다8564 ······ 263
대판 2011.7.14. 2011다21143 ······ 471	대판 2013.7.11. 2012다36760 ······ 47
대판 2011.7.28. 2010다70018 ······ 351	대판 2013.8.22. 2013다30882 ······ 456
대판 2011.8.18. 2011다30666 ······ 198	대판 2013.8.22. 2013다32574 ······ 171
대판 2011.8.25. 2011다24814 ······ 346	대판 2013.9.26. 2010다42075 ······ 37

대판 2013.9.26. 2012다43539 ············ 455	대판 2014.12.11. 2013다28025 ············ 177
대판 2013.10.11. 2013다52622 ············ 33	대판 2015.1.15. 2014다216072 ············ 36
대판 2013.11.14. 2011다29987 ············ 306	대판 2015.1.29. 2013다215256 ············ 71
대판 2013.11.14. 2013다46023 ······ 296, 347	대판 2015.1.29. 2013다79870 ············ 70
대판 2013.11.28. 2011다80449 ············ 136	대판 2015.1.29. 2014다205683 ············ 3
대판 2013.11.28. 2012다103325 ············ 24	대판 2015.2.12. 2014다227225 ············ 389
대판 2013.11.28. 2013다202922 ············ 45	대판 2015.2.12. 2014다228440 ············ 89
대판 2013.11.28. 2013다48364 ············ 417	대판 2015.2.26. 2014다21649 ············ 117
대판 2013.12.12. 2011다78200 ············ 117	대판 2015.2.26. 2014다37040 ············ 142
대판 2013.12.12. 2013다14675 ············ 388	대판 2015.2.26. 2014다63315 ············ 139
대판 2014.11 27. 2014다52612 ············ 128	대판 2015.3.20. 2012다99341 ············ 180
대판 2014.1.16. 2013다30653 ············ 366	대판 2015.3.26. 2013다77225 ············ 321
대판 2014.2.13. 2011다64782 ············ 97	대판 2015.3.26. 2014다203229 ············ 41
대판 2014.2.13. 2013다65963 ············ 546	대판 2015.3.26. 2014다233428 ············ 131
대판 2014.2.27. 2013다213038 ············ 61	대판 2015.4.9. 2012다118020 ············ 310
대판 2014.3.13. 2009다105215 ············ 124	대판 2015.4.9. 2014다80945 ············ 320
대판 2014.3.13. 2013다205693 ············ 217	대판 2015.4.23. 2014다231378 ············ 404
대판 2014.3.13. 2013다34143 ······ 238, 386	대판 2015.5.14. 2012다21720 ············ 545
대판 2014.4.10. 2012다29557 ············ 220	대판 2015.5.14. 2014다12072 ············ 310
대판 2014.4.10. 2013다59753 ············ 41	대판 2015.5.28. 2014다81474 ······ 86, 87
대판 2014.4.10. 2013다76192 ············ 172	대판 2015.5.29. 2012다92258 ············ 174
대판 2014.4.24. 2013다218620 ············ 31	대판 2015.6.11. 2012다10386 ············ 337
대판 2014.6.12. 2013다75892 ············ 225	대판 2015.6.11. 2014다237192 ············ 264
대판 2014.6.26. 2013다45716 ············ 88	대판 2015.6.11. 2014므8217 ············ 480
대판 2014.6.26. 2014다14115 ············ 31	대판 2015.6.23. 2013므2397 ············ 485
대판 2014.7.10. 2013다25552 ············ 458	대판 2015.7.9. 2013두3658 ············ 98
대판 2014.7.24. 2010다58315 ············ 238	대판 2015.8.19. 2012다94940 ············ 541
대판 2014.7.24. 2013다214871 ············ 74	대판 2015.9.10. 2013다55300 ······ 149, 248
대판 2014.7.24. 2013다97076 ············ 47	대판 2015.9.10. 2014다29971 ············ 354
대판 2014.8.20. 2014다26521 ············ 292	대판 2015.9.24. 2014다74919 ············ 250
대판 2014.8.20. 2014다28114 ············ 286	대판 2015.10.29. 2013다69804 ············ 30
대판 2014.8.26. 2012다77594 ············ 552	대판 2015.10.29. 2015다32585 ············ 348
대판 2014.9.4. 2011다73038 ············ 152	대판 2015.11.12. 2010다104768 ············ 545
대판 2014.9.25. 2012다58609 ············ 207	대판 2015.11.12. 2011다55092 ············ 80
대판 2014.9.25. 2014다211336 ······ 246, 259	대판 2015.11.17. 2012다2743 ············ 320
대판 2014.10.6. 2013다84940 ············ 90	대판 2015.11.17. 2014다10694 ············ 158
대판 2014.10.15. 2012다100395 ············ 123	대판 2015.11.26. 2014다71712 ············ 337
대판 2014.10.15. 2012다88716 ············ 88	대판 2015.12.23. 2012다202932 ············ 146
대판 2014.10.27. 2013다25217 ······ 246, 256	대판 2015.12.24. 2014다49241 ············ 321
대판 2014.10.27. 2013다91672 ············ 161	대판 2016.1.14. 2013다219142 ············ 164
대판 2014.10.30. 2014다42967 ············ 128	대판 2016.1.25. 2015스451 ············ 494
대판 2014.11.13. 2010다63591 ············ 79	대판 2016.1.28. 2013다74110 ············ 218
대판 2014.11.27. 2011다68357 ············ 238	대판 2016.1.28. 2013다75281 ············ 544
대판 2014.11.27. 2014다32007 ············ 31	대판 2016.1.28. 2014다220132 ············ 286
대판 2014.12.11. 2012다15602 ············ 455	대판 2016.3.10. 2013다99409 ············ 167
대판 2014.12.11. 2013다14569 ············ 382	대판 2016.3.24. 2014다13280 ············ 76

대판 2016.4.2. 2015다221286 ········· 205	대판 2017.10.12. 2016다9643 ········· 359
대판 2016.4.29. 2015도5665 ············ 176	대판 2017.11.14. 2015다10929 ········ 359
대판 2016.5.12. 2014다52087 ············ 164	대판 2017.11.29. 2016다259769 ······ 213
대판 2016.5.12. 2016다200729 ····· 225, 396	대판 2017.12.5. 2017다225978 ········ 470
대판 2016.5.26. 2016다203315 ············ 52	대판 2017.12.22. 2017다360 ············ 98
대판 2016.5.27. 2014다230894 ·········· 272	대판 2018.1.24. 2015다69990 ·········· 451
대판 2016.5.27. 2015다21967 ············ 324	대판 2018.1.24. 2016다234043 ········ 168
대판 2016.6.9. 2013다215676 ············ 420	대판 2018.1.24. 2017다37324 ·········· 465
대판 2016.6.23. 2015다13171 ············ 200	대판 2018.2.28. 2016다45779 ············ 90
대판 2016.7.14. 2015다71856 ······ 315, 462	대판 2018.3.15. 2015다239508 ········ 420
대판 2016.7.29. 2016다214483 ·········· 109	대판 2018.3.27. 2015다3914 ······ 114, 407
대판 2016.8.25. 2016다2840 ·············· 304	대판 2018.3.29. 2013다2559 ············ 108
대판 2016.8.29. 2015다236547 ·········· 252	대판 2018.4.10. 2016다272311 ····· 267, 271
대판 2016.9.28. 2016다205915 ·········· 253	대판 2018.4.10. 2017다257715 ········ 139
대판 2016.10.27. 2013다7769 ············ 226	대판 2018.4.10. 2017다283028 ········ 195
대판 2016.10.27. 2015다52978 ·········· 134	대판 2018.4.24. 2017다287891 ········ 263
대판 2016.11.25. 2013다206313 ········ 117	대판 2018.5.15. 2014므4963 ············ 505
대판 2016.12.15. 2014다14429 ·········· 379	대판 2018.5.15. 2016다211620 ········ 301
대판 2016.12.15. 2016다205373 ········ 102	대판 2018.5.30. 2018다201429 ········ 205
대판 2016.12.29. 2013므4133 ············ 270	대판 2018.6.15. 2018다206707 ········ 108
대판 2017.1.12. 2014다11574 ············ 440	대판 2018.6.15. 2018다215947 ········ 200
대판 2017.1.25. 2014다52933 ············ 411	대판 2018.6.28. 2016다1045 ············ 262
대판 2017.2.3. 2016다41425 ·············· 376	대판 2018.6.28. 2016다221368 ·········· 67
대판 2017.3.9. 2016다47478 ·············· 403	대판 2018.6.28. 2018다210775 ·········· 59
대판 2017.3.15. 2013다79887 ············ 459	대판 2018.7.11. 2017다292756 ·· 184, 185, 342
대판 2017.3.15. 2015다252501 ·········· 412	대판 2018.7.12. 2015다36167 ·········· 312
대판 2017.4.7. 2016다248431 ············ 411	대판 2018.7.12. 2017다278422 ········ 547
대판 2017.4.7. 2016다35451 ················ 76	대판 2018.7.20. 2015다207044 ········ 218
대판 2017.4.26. 2014다221777 ·········· 190	대판 2018.7.20. 2018다222747 ········ 278
대판 2017.4.26. 2014다72449 ············ 418	대판 2018.7.24. 2017다291593 ········ 366
대판 2017.4.27. 2016다271226 ·········· 473	대판 2018.7.26. 2016다242334 ·········· 28
대판 2017.4.28. 2016다239840 ············ 76	대판 2018.8.30. 2015다27132 ·········· 520
대판 2017.5.17. 2016다270049 ·········· 354	대판 2018.9.13. 2015다209347 ········ 351
대판 2017.5.30. 2017다205073 ·········· 266	대판 2018.9.13. 2015다78703 ·········· 401
대판 2017.5.31. 2017다216981 ·········· 131	대판 2018.9.13. 2018다215756 ········ 276
대판 2017.6.8. 2016다249557 ·············· 5	대판 2018.9.28. 2016다246800 ········ 402
대판 2017.6.15. 2015다247707 ·········· 279	대판 2018.11.9. 2015다75308 ·········· 520
대판 2017.6.29. 2017다213838 ····· 53, 465	대판 2018.11.29. 2015다19827 ········ 277
대판 2017.7.11. 2016다261175 ·········· 421	대판 2018.11.29. 2017다247190 ······ 276
대판 2017.7.11. 2016다52265 ············ 218	대판 2018.11.29. 2017다286577 ······ 470
대판 2017.7.18. 2016다254740 ·········· 452	대판 2018.11.29. 2018다200730 ········ 98
대판 2017.8.18. 2016다30296 ············ 202	대판 2018.12.13. 2015다72385 ········ 449
대판 2017.8.29. 2017다212194 ·········· 422	대판 2018.12.27. 2015다73098 ········ 407
대판 2017.9.12. 2016두58901 ············ 486	대판 2018.12.27. 2016다274270 ····· 230, 388
대판 2017.9.21. 2015다61286 ············ 492	대판 2018.12.27. 2017다290057 ······ 283
대판 2017.9.26. 2015다38910 ············ 284	대판 2018.12.28. 2017다265815 ····· 267, 284

대판 2018.12.28. 2018다272261	279
대판 2019.1.17. 2018다260855	274
대판 2019.4.11. 2015다254507	429
대판 2019.4.11. 2016다276719	213
대판 2019.4.11. 2017다269862	252
대판 2019.5.16. 2016다8589	82
대판 2019.5.30. 2017다53265	469
대판 2019.6.13. 2017다246180	142
대판 2019.6.13. 2018다300661	206
대판 2019.7.10. 2018다242727	363
대판 2019.7.25. 2019다205206	450
대판 2019.7.25. 2019다212945	77
대판 2019.8.14. 2019다216435	296
대판 2019.9.10. 2017다272486	443
대판 2019.9.25. 2017므11917	485
대판 2019.10.31. 2019다247651	369
대판 2019.11.14. 2016다227694	425
대판 2019.12.13. 2019다259371	552
대판 2019.12.19. 2016다24284	443
대판 2020.1.16. 2019다247385	170
대판 2020.1.30. 2018다204787	336
대판 2020.1.30. 2019다268252	442
대판 2020.1.30. 2019다280375	42
대판 2020.2.13. 2019다271012	91
대판 2020.3.2. 2017두41771	84
대판 2020.3.26. 2019다288232	44
대판 2020.4.9. 2014다51756	185
대판 2020.5.14. 2016다12175	5, 46
대판 2020.5.28. 2020다211085	127
대판 2020.6.11. 2020다201156	442
대판 2020.7.9. 2016다244224	425
대판 2020.7.23. 2018다42231	302
대판 2020.8.13. 2019다249312	537
대판 2020.9.3. 2018다283773	143
대판 2020.10.15. 2017다216523	469
대판 2020.10.15. 2019다222041	342
대판 2020.10.15. 2019다245822	133
대판 2020.10.29. 2017두52979	272
대판 2020.10.29. 2018다228868	463
대판 2020.11.5. 2020다241017	429
대판 2020.11.12. 2017다228236	34
대판 2020.11.26. 2016다13437	237
대판 2020.12.10. 2019다267204	33
대판 2020.12.10. 2020다245958	316
대판 2020.12.10. 2020다254846	6
대판 2021.1.14. 2018다223054	67
대판 2021.1.14. 2020다222580	448
대판 2021.1.14. 2020다261776	342
대판 2021.1.28. 2015다59801	531
대판 2021.1.28. 2018다286994	195
대판 2021.1.28. 2019다207141	302
대판 2021.2.4. 2018다271909	271
대판 2021.2.4. 2019다202795	408
대판 2021.2.25. 2016다232597	78, 343
대판 2021.2.25. 2017다289651	531
대판 2021.2.25. 2018다278320	129
대판 2021.3.11. 2017다278729	341
대판 2021.3.11. 2020다253430	66
대판 2021.3.25. 2019다208687	477
대판 2021.4.8. 2017다202050	400
대판 2021.4.29. 2018다261889	106
대판 2021.4.29. 2021다202309	422
대판 2021.5.7. 2017다220416	390
대판 2021.5.7. 2018다259213	233
대판 2021.5.7. 2018다25946	349
대판 2021.5.7. 2020다300176	388
대판 2021.5.13. 2020다255429	428
대판 2021.5.27. 2017다254228	371
대판 2021.5.27. 2018다252014	373
대판 2021.6.3. 2016다34007	142
대판 2021.6.3. 2018다276768	213
대판 2021.6.10. 2021므10898	484
대판 2021.6.24. 2018다243089	484
대판 2021.7.8. 2020다290804	364, 390, 403
대판 2021.7.8. 2021다209225	148
대판 2021.7.21. 2019다266751	149
대판 2021.7.29. 2017다243723	35
대판 2021.7.29. 2017다3222	218
대판 2021.7.29. 2018다228486	476
대판 2021.7.29. 2019다207851	452
대판 2021.7.29. 2019다216077	163
대판 2021.8.12. 2021다210195	71
대판 2021.8.19. 2017다230338	538
대판 2021.8.19. 2018다244976	377
대판 2021.8.19. 2018다270876	474
대판 2021.8.19. 2020다266375	119
대판 2021.8.19. 2021다213866	72
대판 2021.9.9. 2021므13293	510
대판 2021.9.15. 2021다224446	521
대판 2021.9.16. 2017다271834	154
대판 2021.9.30. 2019다266409	279
대판 2021.9.30. 2021다239745	338

대판 2021.9.30. 2021므12320 ············ 511	대판 2022.4.14. 2020다240021 ············ 508
대판 2021.10.14. 2021다243430 ············ 53	대판 2022.4.14. 2020다254228 ············ 418
대판 2021.10.28. 2016다248325 ············ 202	대판 2022.4.14. 2020다268760 ············ 233
대판 2021.10.28. 2017다224302 ············ 408	대판 2022.4.14. 2021다263519 ············ 203
대판 2021.10.28. 2018다223023 ············ 280	대판 2022.4.14. 2021다294186 ············ 390
대판 2021.10.28. 2019다293036 ············ 221	대판 2022.4.28. 2019다300422 ············ 150
대판 2021.10.28. 2020다224821 ············ 155	대판 2022.5.12. 2017다278187 ············ 192
대판 2021.10.28. 2020다278354 ············ 369	대판 2022.5.12. 2019다249428 ············ 111
대판 2021.10.28. 2021다238650 ············ 432	대판 2022.5.12. 2021다280026 ············ 85
대판 2021.10.28. 2021다247937 ············ 338	대판 2022.5.13. 2019다215791 ············ 361
대판 2021.11.11. 2019다272725 ············ 149	대판 2022.5.26. 2017다260940 ············ 516
대판 2021.11.11. 2021다238902 ············ 22	대판 2022.5.26. 2019다213344 ············ 15
대판 2021.11.25. 2016다263355 ············ 281	대판 2022.5.26. 2020다215124 ············ 9
대판 2021.11.25. 2019다277157 ············ 35	대판 2022.5.26. 2020다239366 ············ 354
대판 2021.11.25. 2019다285257 ············ 432	대판 2022.5.26. 2021다216421 ············ 461
대판 2021.11.25. 2020다294516 ······ 234, 326	대판 2022.5.26. 2021다288020 ············ 281
대판 2021.12.10. 2019므11584 ············ 512	대판 2022.5.26. 2022다211416 ············ 449
대판 2021.12.16. 2021다247258 ············ 192	대판 2022.6.9. 2020다208997 ············ 145
대판 2021.12.16. 2021다255648 ············ 196	대판 2022.6.16. 2017다289538 ············ 223
대판 2021.12.30. 2018다268538 ············ 159	대판 2022.6.16. 2018다301350 ············ 164
대판 2021.12.30. 2018다40235 ············ 159	대판 2022.6.16. 2022다203804 ············ 380
대판 2021.12.30. 2021다233730 ············ 432	대판 2022.6.30. 2020다209815 ············ 108
대판 2022.1.13. 2019다272855 ············ 326	대판 2022.6.30. 2021다276256 ············ 128
대판 2022.1.14. 2018다295103 ············ 282	대판 2022.6.30. 2022다200089 ············ 352
대판 2022.1.14. 2021다264819 ············ 474	대판 2022.7.14. 2019다281156 ············ 282
대판 2022.1.14. 2021다271183 ············ 377	대판 2022.7.14. 2020다212958 ············ 347
대판 2022.1.27. 2017다265884 ············ 549	대판 2022.7.14. 2021다216773 ············ 357
대판 2022.1.27. 2017므1224 ············ 514	대판 2022.7.14. 2021다294674 ············ 383
대판 2022.1.27. 2018다259565 ············ 376	대판 2022.7.28. 2017다16747 ············ 297
대판 2022.1.27. 2018므11273 ············ 514	대판 2022.7.28. 2017다204629 ············ 118
대판 2022.1.27. 2019다289815 ············ 21	대판 2022.7.28. 2017다245330 ············ 395
대판 2022.2.10. 2020다250783 ············ 550	대판 2022.7.28. 2019다29853 ············ 530
대판 2022.2.17. 2016다278579 ············ 453	대판 2022.8.11. 2017다225619 ············ 183
대판 2022.3.11. 2017다207475 ············ 396	대판 2022.8.11. 2017다256668 ············ 183
대판 2022.3.11. 2021다232331 ············ 221	대판 2022.8.11. 2018다202774 ············ 290
대판 2022.3.17. 2020다267620 ············ 548	대판 2022.8.11. 2020다247428 ············ 552
대판 2022.3.17. 2021다230083 ············ 548	대판 2022.8.11. 2022다202498 ············ 427
대판 2022.3.17. 2021다276539 ············ 340	대판 2022.8.19. 2020다220140 ············ 445
대판 2022.3.31. 2017다247145 ············ 375	대판 2022.8.25. 2021다311111 ············ 73
대판 2022.3.31. 2017다263901 ············ 208	대판 2022.9.7. 2022다230165 ············ 255
대판 2022.3.31. 2017다9121 ············ 128	대판 2022.9.7. 2022다244805 ············ 130
대판 2022.3.31. 2018다21326 ············ 172	대판 2022.9.29. 2018다224408 ······ 224, 474
대판 2022.3.31. 2019므10581 ············ 514	대판 2022.9.29. 2018다243133 ············ 298
대판 2022.4.14. 2017다266177 ············ 203	대판 2022.9.29. 2019다204593 ············ 384
대판 2022.4.14. 2019다292736 ············ 235	대판 2022.9.29. 2021다292425 ············ 467
대판 2022.4.14. 2019다299423 ············ 35	대판 2022.9.29. 2021다299976 ············ 397

대판 2022.10.14. 2018다244488	467	대판 2023.6.29. 2023다218353	446
대판 2022.10.14. 2022다246757	443	대판 2023.7.13. 2022다265093	189
대판 2022.10.27. 2017다243143	316	대판 2023.7.13. 2023다223591	97
대판 2022.10.27. 2022다238053	386	대판 2023.7.27. 2023다228107	195
대판 2022.10.27. 2022다254154	531	대판 2023.8.18. 2021다249810	106
대판 2022.11.17. 2018다294179	515	대판 2023.8.18. 2022다227619	230
대판 2022.11.17. 2022다253243	130	대판 2023.8.18. 2022다269675	112
대판 2022.11.30. 2016다26662	475	대판 2023.8.31. 2019다295278	168
대판 2022.11.30. 2017다232167	208, 354	대판 2023.9.14. 2016다12823	458
대판 2022.11.30. 2017다257043	465	대판 2023.9.14. 2023다214108	9
대판 2022.11.30. 2022다255614	220	대판 2023.9.21. 2021므13354	504
대판 2022.12.1. 2021다266631	428	대판 2023.9.21. 2023다234553	269
대판 2022.12.1. 2022다247521	318	대판 2023.9.21. 2023므10861	488
대판 2022.12.1. 2022다261237	14, 501	대판 2023.9.27. 2022다302237	542
대판 2022.12.16. 2022다218271	352	대판 2023.10.12. 2020다210860	441
대판 2022.12.29. 2017다261882	339	대판 2023.10.12. 2022다285523	452
대판 2022.12.29. 2019다272275	123	대판 2023.10.18. 2023다237804	288
대판 2022.12.29. 2022다266645	66	대판 2023.11.2. 2023다244895	412
대판 2023.1.12. 2020다296840	173	대판 2023.11.2. 2023다249661	420
대판 2023.2.2. 2020다283578	302	대판 2023.11.9. 2023다257600	436
대판 2023.2.2. 2022다255126	434	대판 2023.11.16. 2022다265994	478
대판 2023.2.2. 2022다260586	434	대판 2023.11.16. 2023도11885	119
대판 2023.2.2. 2022다276789	340	대판 2023.12.7. 2022다279795	428
대판 2023.3.16. 2022다272046	289	대판 2023.12.7. 2023다273206	133
대판 2023.3.30. 2021다264253	293	대판 2023.12.14. 2022다210093	77
대판 2023.3.30. 2022다289174	444	대판 2023.12.14. 2023다226866	437
대판 2023.3.30. 2022다296165	327, 434	대판 2023.12.21. 2018다303653	80
대판 2023.4.13. 2021다305338	340	대판 2023.12.21. 2023다221144	520
대판 2023.4.13. 2021다309231	289	대판 2023.12.21. 2023다265731	487, 527
대판 2023.4.13. 2022다309337	435	대판 2023.12.21. 2023므11819	72
대판 2023.4.27. 2017다227264	44	대판 2023.6.1. 2023다217534	542
대판 2023.4.27. 2020다292626	540	대판 2024.1.4. 2022다256624	398
대판 2023.4.27. 2021다276225	95	대판 2024.1.4. 2022다286335	475
대판 2023.4.27. 2022다273018	163	대판 2024.1.4. 2022므11027	488
대판 2023.4.27. 2022다306642	154	대판 2024.1.4. 2023다225580	60
대판 2023.4.27. 2023두30833	22	대판 2024.1.4. 2023다263537	22
대판 2023.5.18. 2019다222867	554	대판 2024.1.11. 2023다258672	437
대판 2023.5.18. 2020다8432	387	대판 2024.2.8. 2021므13279	512
대판 2023.6.1. 2023다209045	435	대판 2024.2.15. 2019다208724	477
대판 2023.6.15. 2022다247422	34	대판 2024.2.15. 2019다238640	266
대판 2023.6.15. 2023다203894	552	대판 2024.2.15. 2023다272883	467
대판 2023.6.29. 2020다276914	430	대판 2024.2.29. 2023다289720	367, 384
대판 2023.6.29. 2021다243812	460	대판 2024.3.12. 2019다29013	473
대판 2023.6.29. 2022다244928	289	대판 2024.3.12. 2023다301682	246
대판 2023.6.29. 2022다300248	183	대판 2024.3.12. 2023다301712	38
대판 2023.6.29. 2022다309474	477	대판 2024.3.28. 2023다308911	466

대판 2024. 4. 12. 2023다309020 ·················· 417
대판 2024. 4. 12. 2023다315155 ·················· 172
대판 2024. 4. 25. 2022다254024 ·················· 409
대판 2024. 5. 17. 2024므10721 ·················· 488
대판 2024. 5. 23. 2020므15896 ·················· 490
대판 2024. 5. 30. 2024다208315 ·················· 274
대판 2024. 5. 30. 2024므10370 ·················· 495
대판 2024. 6. 13. 2020다258893 ·················· 181
대판 2024. 6. 13. 2022다228667 ·················· 438
대판 2024. 6. 13. 2024다215542 ·················· 438
대판 2024. 6. 13. 2024다231391 ·················· 364
대판 2024. 6. 27. 2022다302022 ·················· 450
대판 2024. 6. 27. 2022므13504 ·················· 487
대판 2024. 6. 27. 2023다254984 ·················· 21
대판 2024. 6. 27. 2023다275530 ·················· 467
대판 2024. 6. 27. 2023다302920 ·················· 80
대판 2024. 6. 27. 2023다307024 ·················· 433
대판 2024. 6. 27. 2023므12782 ·················· 497
대판 2024. 6. 27. 2023므13723 ·················· 497
대판 2024. 6. 27. 2023므16678 ·················· 497
대판 2024. 8. 1. 2023다318857 ·················· 528
대판 2024. 8. 1. 2024다204696 ·················· 351
대판 2024. 8. 1. 2024다206760 ·················· 45
대판 2024. 8. 1. 2024다227699 ·················· 347
대판 2024. 9. 13. 2024다256116 ·················· 421
대판 2024. 9. 27. 2024다224645 ·················· 453
대판 2024. 10. 8. 2024다257362 ·················· 459
대판 2024. 10. 8. 2024다258921 ·················· 336
대판 2024. 10. 25. 2024다232066 ·················· 301
대판 2024. 10. 25. 2024다233212 ·················· 83
대판 2024. 10. 25. 2024다252305 ·················· 300
대판 2024. 10. 25. 2024므11526 ·················· 503
대판 2024. 10. 31. 2024다202317 ·················· 133
대판 2024. 10. 31. 2024다232523 ·················· 96
대판 2024. 10. 31. 2024다257812 ·················· 335
대판 2024. 10. 31. 2024다241152 ·················· 85
대판 2024. 11. 14. 2023다272289 ·················· 216
대판 2024. 11. 14. 2024다268997 ·················· 155
대판 2024. 12. 24. 2020다275744 ·················· 110
대판 2025. 3. 13. 2024다315046 ·················· 424
대판 2025. 3. 27. 2024다291102 ·················· 207
대판 2025. 4. 15. 2024다312566 ········ 272, 292
대판 2025. 4. 24. 2022므15371 ·················· 481
대판 2025. 4. 24. 2024다221455 ·················· 433
대판 2025. 4. 24. 2024다248290 ·················· 315
대판 2025. 5. 1. 2024다293580 ·················· 372

대판 2025. 5. 15. 2023다258504 ·················· 445
대판 2025. 5. 15. 2023다290416 ·················· 79
대판 2025. 5. 15. 2024다310980 ·················· 78
대판 2025. 5. 15. 2024다317332 ·················· 348
대판 2025. 5. 29. 2022다220014 ·················· 545
대판 2025. 6. 26. 2025다205399 ·················· 143
대판 2025. 6. 26. 2025다209893 ·················· 363

헌법재판소 결정례

헌재 1997. 10. 30. 96헌바14 ·················· 493
헌재 2013. 12. 26. 2011헌바234 ·················· 435
헌재 2024. 4. 25. 2020헌가4 ·················· 545
헌재 2024. 6. 27. 2021헌마1588 ·················· 519

하급심 판례

서울지방법원 2001. 8. 24. 2001나11955 ·········· 11

편저자 김 남 훈

● **약 력**
- 강릉고등학교, 건국대학교 법학과 졸업
- 제47회 사법시험 합격, 제37기 사법연수원 수료
- 국제세무법인 소속변호사
- 윌비스한림법학원 민사법 강사
- 건국대학교 법학전문대학원 겸임교수

● **주요저서**

[변호사 시험 대비]

Ⅰ. 민사법 이론서
- Essential 민법
- Essential 상법
- Essential 민사소송법
- Essential 최근 3개년 민사법 판례정리

Ⅱ. 민사법 실무서
- Practice 민사집행법
- Practice 민사기록형 암기장

Ⅲ. 민사법 암기장
- Essential 민법 핵심암기장
- Essential 상법 핵심암기장
- Essential 민사소송법 핵심암기장
- Essential 민사법 키워드암기장

Ⅳ. 민사법 선택형 기출문제집
- Fouette 민법 선택형 기출지문총정리
- Fouette 상법 선택형 기출지문총정리
- Fouette 민사소송법 선택형 기출지문총정리
- Fouette 민사법 선택형 기출지문총정리 정지문 핸드북
- Fouette 민사법 선택형 법전협 전개년 모의기출 중요문제

Ⅴ. 민사법 선택형 예상문제집
- Fouette 민법 선택형 진도별 모의고사
- Fouette 상법 선택형 진도별 모의고사
- Fouette 민사소송법 선택형 진도별 모의고사
- Fouette 민사법 선택형 예상지문총정리 정지문 핸드북

Ⅵ. 민사법 사례형·기록형 기출문제집
- Fouette 민사법 변시 사례형 기출
- Fouette 민사법 법전협 사례형 기출
- Fouette 민사법 변시 기록형 기출
- Fouette 민사법 법전협 기록형 기출

[법무사 시험 대비]

Ⅰ. 1차 민법
- Essential 동차 민법
- Essential 법무사 최근 3개년 민법 판례정리
- Fouette 법무사 1차 민법 핵심지문총정리
- Fouette 법무사 1차 민법 핵심지문총정리 정지문 핸드북

Ⅱ. 2차 민법
- Essential 동차 민법
- Fouette 법무사 민법사례연습
- Essential 법무사 2차 민사법 키워드 암기장

Ⅲ. 2차 민사소송법
- Essential 민사소송법
- Fouette 법무사 민사소송법사례연습
- Essential 법무사 2차 민사법 키워드 암기장

Ⅳ. 2차 민사사건관련서류의 작성
- Essential 법무사 민사서류작성법
- Fouette 법무사 민사서류작성연습

푸에테 로스쿨 민법 선택형 진도별 모의고사 (제7판)

초 판 발행	2019년 08월 12일	**제2판 발행**	2020년 08월 17일
제3판 발행	2021년 08월 11일	**제4판 발행**	2022년 08월 10일
제5판 발행	2023년 08월 22일	**제6판 발행**	2024년 08월 14일
제7판 인쇄	2025년 07월 29일		
제7판 발행	2025년 08월 06일		

편저자 김 남 훈
발행인 송 주 호
발행처 ㈜윌비스
등 록 119-85-23089
주 소 서울시 관악구 신림로 129-1
전 화 02)883-0202 / Fax 02)883-0208

저자와의 협의에 의해 인지를 생략합니다.

ISBN 979-11-6618-979-1 / 13360   **정가** 34,000원

이 책은 도서출판 윌비스가 저작권자와의 계약에 따라 발행하였습니다.
저작권법에 의해 보호를 받는 저작물이므로 본사의 허락 없는 무단 전재와 무단 복제를 금합니다.